고전소설 연구보정
上

고전소설 연구보정

上

조희웅

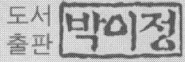

| 저자 소개 |

조희웅(曺喜雄)
서울 출생
서울대학교 문리과대학 국어국문학과 졸업
동 대학원 문학석사·박사
한양대학교 교수 역임
하버드대학 및 큐슈대학 객원교수 역임
현재 국민대학교 교수

저서
『口碑文學槪說』(共著 1971)
『朝鮮後期 文獻說話l 硏究』(1980)
『韓國口碑文學大系』, 1-1; 1-4; 1-6; 1-9(1980-1984)
『韓國說話의 類型』(1983; 增訂版 1996)
『說話學綱要』(1989)
『이야기문학 모꼬지』(1995)
『古典小說 異本目錄』(1995)
『古典小說 作品硏究 總覽』(2000)
『古典小說 文獻情報』(2000)
『古典小說 줄거리 集成 (I·II)』(2002)
『경기북부 구전자료집』(공편, 전 2책, 2001)
『영남 구전자료집(설화편)』(공편, 전 8책, 2003)
『영남 구전민요 자료집』(공편, 전 3책[정선 CD별첨], 2005)
  외 논저 다수

<고전소설 연구자료 총서 V>
고전소설 연구보정 上

인쇄 2006년 2월 10일
발행 2006년 2월 15일

지은이 조희웅
펴낸이 박찬익

펴낸곳 도서출판 **박이정**
130-070 서울시 동대문구 용두동 129-162
Tel 922-1192~3, Fax 928-4683
Http://www.pjbook.com, E-mail book@pjbook.com
온라인 (국민) 729-21-0137-159
등록 1991년 3월 12일 제1-1182호
ISBN 89-7878-829-7 (세트)
      89-7878-830-0 93810
ⓒ 2006, 조희웅

값 50,000원

머리말

무언가 좋은 일이 있을 것만 같은 새천년에 접어든 지도 벌써 5년이 지났다. 하지만 그 동안 우리는 지구 곳곳에서 테러와 전쟁과 이상 기온 혹은 지진이라는 정말 기억하기조차 싫은 일들을 수없이 경험했고, 앞으로 또 무슨 일이 눈앞에 닥칠지 예측조차 할 수 없는 불안한 삶을 살아가고 있다.

이제 본총서의 첫째 권을 냈던 1999년에서 꼭 5년의 세월이 흘렀다. 그때 필자는 본 고전소설 연구 총서를 처음 간행하면서 새 밀레니엄을 맞는 감격과 성급함으로 인하여 많은 오류와 누락이 있을 것을 예견하고 후일의 보완판 내지는 증보판을 다짐한 바 있다. 하지만 그때 희망했던 연감식 축차 보정판은 단순한 개인적 바람으로 그쳤고, 다행히 이제 최소한 5년 만의 증보판 약속은 이루어지게 되었다.

그간 필자는 늘 이 보정판을 염두에 두고 틈틈이 새 자료를 추가하거나 오류들을 바로잡는 일에 골몰하였다. 그리하여 본서에서는 '깁고 더함'의 원칙을 충실히 반영하도록 노력하였다. 본서는 어느 면으로는 기간서들과는 별개의 새 책이면서도 깁고 더했다는 의미에서는 상당한 연관이 있는 책이다.

첫 책을 낸 후 여러 동학 혹은 선·후학으로부터 많은 격려의 말씀, 혹은 질정 교시를 받았다. 그때마다 크나큰 고무를 받음과 아울러 나의 무지, 단견 혹은 실수를 자각하고 식은 땀을 흘린 적이 한두 번이 아니었다. 하지만 한편으로는 많은 연구자들의 논저에서 본 총서의 이용을 확인할 때마다 '연구의 초석'이 되겠다는 애초의 의도가 헛일로 끝난 것은 아니라는 점을 느끼고 위안을 삼기도 했다.

이번 보정판의 역점을 두었던 점은 다음과 같은 것들이다.

첫째, <u>기간 『문헌정보』에 거두었던 '관계기록'들에 번역을 덧붙였다는 점이다. 이와 병행하여 상당한 원문 오기도 바로잡았다.</u> 물론 역문 작성에는 실질적으로 기왕의 많은 연구자들의 업적을 크게 참조하였으나, 책의 성격상 특별한 경우 외에는 일일히 참고문헌을 밝히지는 못했다.

둘째, <u>이본 목록을 새로 많이 보강하였다.</u> 특히 김종철, 박순호, 여태명, 이태영, 임형택,

정명기, 홍윤표, 미도민속관 등 여러 개인 및 기관의 방대한 소장 목록들을 새로 넣거나 추가할 수 있었음은 이 책이 이룬 커다란 성과라 할 수 있다. 하지만 대부분 현물을 보지 못하고 작성한 것들이라 미비된 점이나 오류가 많을 줄 안다. 이런 것들은 다시 한번 후기를 기할 수밖에 없다. 박순호소장본 목록은 금번 보정판에 소장자 자신이 작성한 '가장 목록'을 첨가하였다. 따라서 먼저 판에 실렸던 목록 중 '박순호[家目]'으로 된 것들은 이번 판과의 중복을 피하기 위하여 【削】 표시가 없어도 모두 폐기하는 것으로 하겠다. 물론 먼저 판 중 '박순호[필총]'이라 되어 있는 것은 이번 판에는 수록하지 않았으며, 그것들은 여전히 유효하다. 임형택 소장본 목록은 새로 작성하였으므로 이번 판의 것으로 기간본의 것을 대치한다.

셋째, **국립중앙도서관 소장 활자본 소설을 인터넷상에서 원본을 확인하여 대폭 정보하였다.** 하지만 동 목록 중 일부 미심적은 점들에 대하여는 직접 도서관을 방문하여 확인 후 바로잡지 못했음을 매우 유감스럽게 여긴다.

넷째, **2000년 이후에 발표된 많은 논저들을 추가하였고, 기간본에 누락되었거나 잘못된 것을 상당수 바로잡았다.** 대체로 논문류는 2004년 말까지, 학위논문 목록은 2005년 2월 학위 취득분까지를 모두 실었다. 물론 개인 능력상 여기에서 빠진 것이 상당히 많을 줄 아나 이 역시 후일의 보완 과제로 넘긴다.

다섯째, **기간본의 오류·오기 사항 들을 상당수 바로잡았다.** 원자료 입수 곤란이나 또는 저자의 견문이 부족한 관계로 아직도 많은 사항이 바로잡히지 못했을 줄 안다. 아무쪼록 앞으로 동학 여러분의 기탄없는 질정을 바탕으로 하여 올바로 잡히기를 바란다.

여섯째, 『문헌정보』에 붙였던 '古典小說 表題 總目'을 새로 보정하여 다시 붙였다. 첫 판에 수록하였던 고전 소설 858개 항목 중 「창난전」과 「심부인전」은 다른 작품의 이본임이 밝혀져 제외하였고, 한편 새로 발굴 추가된 작품의 수가 총 29종에 달하므로, 본서에서 다룬 고전 소설의 수는 총 885종으로 늘어났다.

일곱째, **본 총서에서 이용한 논저들을 검증할 수 있도록 총서 전체에 대한 참고문헌 목록을 새로 붙였다.** 두말할 필요도 없이 본 총서는 전적으로 고전문학 나아가 고전소설 연구자들의 오랜 세월에 걸친 연구 성과를 종합한 것이다. 물론 본 총서 집필시 직접 이용하지는 않았지만 간접 이용의 형태로 참고된 수많은 문헌들이 본의 아니게 누락되었을 수 있다. 그런 분들의 선구적 업적을 제대로 드러내지 못한 저자의 무능함에 대하여 혜량 있으시길 바란다.

본 총서 작업이 진행되는 동안 많은 기관이나 개인에게 음으로 양으로 크나큰 은혜를 입었음을 밝히고 다시 한번 깊은 감사를 드리고자 한다. 우선 관계 자료의 열람, 복사 혹은 사진 촬영의 기회까지도 허락해 준 국립중앙도서관, 국회도서관, 국민대, 단국대 천안캠퍼스, 서울대, 연세대, 이화여대, 큐슈대, 하버드대 같은 공공기관들에게 진심으로 감사드리고 싶다. 그 밖에 고려대, 서강대 및 성균관대 도서관의 도서 검색을 통해서도 많은 도움을 받았다. 또한 문헌정보 수정 및 추가에는 국중 및 국회도서관, 학진 홈페이지 등을 많이 이용하였음을 밝혀 둔다.

위에서 언급한 바 있지만 개인 소장 자료 목록을 손수 작성하여 보내 주신 김종철, 박순호, 여태명, 이태영, 임형택, 정명기, 홍윤표 교수들에게 다시 한번 깊은 감사의 말씀 드리며, 박재연교수 외 많은 분들이 귀중한 관계 논저를 보내주신 데 대해서도 감사드린다. 사실 개인이 각 연구자의 논저를 모두 파악한다는 것은 불가능하기 때문에 커다란 한계를 지닐 수밖에 없는 것인데, 여러 분들이 기꺼이 귀중한 논저를 보내주어 참고할 수 있게 해 주었다. 책을 받는 족족 감사의 편지라도 띄웠어야 할 것이나, 게으른 천성 때문에 차일피일 미루다 오늘에야 비로소 이 계제를 빌어 사의를 올린다. 또한 이루 초들기 어려울 정도로 많은 분들의 개인적인 관심 표명과 조언도 크나큰 힘이 되었음을 밝힌다.

관계 기록 해석에 바쁜 중에도 여러 번에 걸쳐 자문에 응해 준 임형택교수에게 특별히 감사를 드린다. 또한 역문 작성에 많은 참고를 한 이가원,『이조한문소설선』(1961); 김창룡,『한국의 가전문학』(1997-1999); 성현경 외,『광한루기 역주 연구』(1997); 윤광봉,『개정 한국연희시 연구』(1997); 무악고소설연구회 편,『한국고소설관련자료집』I(2001); 최자경, "유만주의 소설관 연구"(2001) 등을 비롯한 여러 참고 문헌 및 그 저자들에게 감사의 말씀을 드린다. 그 밖에 개인 논문에 힘입은 관계 기록 발굴 및 역문, 신발굴 이본 및 그 서지적 사항 등의 사항은 이 자리에서 일일이 밝히지 못하는 대신 해당 개처나 참고 서지에 명기하는 것으로 헌사를 대신할까 한다.

끝으로 많은 어려운 여선 속에서도 희생을 감수하고 선뜻 출판을 맡아주신 박찬익사장님, 그리고 골치 아픈 편집을 묵묵히 끝내 주신 편집실 여러 분께도 깊은 감사를 드린다.

2006. 1. 10. 저자

일러두기

본서의 기술 양식은 대체로 '기간본'¹⁾에서 적용했던 기술 양식을 따른다. 따라서 될 수 있는 한 기간본 범례에서 이미 서술했던 기술 원칙들에 대해서는 중복 서술하지 않는다.

1. 본서 전반에 걸쳐 사용한 부호 중 주요한 것은 다음과 같다.
   ① 「　」: 독립적인 고전 소설로 인정될 수 있는 작품 표제들에 붙였다.
   　　총서 중 맨처음 간행되었던 『이본목록』에는 총 858개 작품들에 이 기호 뒤에 일련번호를 쓰고 표제명을 썼으나, 이후 계속된 연구 결과에 따라 새로운 표제 항목을 삽입할 필요성이 생김에 따라, 이미 설정되었던 번호에 '줄표(-)'를 쓴 후 '1, 2, 3…'을 붙였다. 그런데 처음 설정했던 표제 번호 1.~858. 중에서 690.「창난전」은 「창란호연록」의 이본이며, 364.「심부인전」은 「이해룡전」의 이본임이 밝혀졌으므로, 원 번호를 삭제하는 대신 전자를 후자의 이본으로 처리하였고, 또한 초간 이후에 새로 발굴된 다음과 같은 29종의 소설들을 편입시킨 결과, 전체 작품 숫자는 총 885종으로 늘어나게 되었다.

   　　[추가 삽입 작품 항목]
   　　　　32-1 곽종운전 / 38-1 광문자전 / 80-1 김산해전 / 100-1 김황후전 / 105-1 낙동야언 / 126-1 논개실기 / 151-1 마두영전 / 155-1 만신주봉공신록 / 239-1 분장루 / 251-1 / 사대춘추 / 280-1 서시전 / 285-1 서진사전 / 336-1 소헌몽록 / 434-1 오일론심기 / 439-1 옥기린 / 449-1 옥린전 / 488-1 원회록 / 510-1 유소낭전 / 516-1 유오룡전 / 530-1 육염기 / 570-1 이한림전 / 581-1 일지매실기 / 622-1 저승전 / 668-1 주왕전 / 727-1 최현전 2 / 730-1 춘추대성전 / 754-1 투색지연의 / 781-1 한철골 / 836-1 황명배신전]

   ② ◐ : 작품명 정도가 알려진 채 일실된 작품이거나 또는 '미발굴 작품'임을 나타낸다.
   ③ ▶ : 동종이명 작품 즉 내용은 같으나 작품명이 다를 경우 '보내기' 표시를 하기 위한 것이다.
   ④ ■ : 한 작품만이 아닌 여러 편의 작품을 묶은 '작품집'임을 나타낸다.
   ⑤ ★ : 소설이라기보다는 포괄적인 이야기문학 작품.
   ⑥ ◎ : <참고자료>나 <관계자료> 원문 뒤에 넣어, 이하의 (　) 안이 역문임을 나타냈다.
   ⑦ 「　」/ 『　』『　』: 「　」는 작품명 표시; 『　』는 단행본 표시임.
   ⑧ 표제에 사용한 [ ] / [[ ]] / { } : [ ]는 장편, [[ ]]는 단편, { }는 미상 작품임을 나타낸다.
   ⑨ 본문 중에 사용한 [ ] : 원문에 없던 내용을 저자가 주로써 삽입한 것으로, 다음과 같은 경우에

---

1) 여기에서 말하는 '기간본'이란 集文堂 출판사를 통하여 이미 간행된 『고전소설 이본목록』(1999)·『고전소설 작품연구 총람』(2000)·『고전소설 문헌정보』(2000)·『고전소설 줄거리 집성』(2002)들을 가리킨다.

사용하였다.
   가) 같은 뜻의 낱말 표시. 예) 시단[騷壇]; 임금[主]; 한글 어휘에 대한 한자 어휘; 인물의 본명 등.
   나) 연호로 쓰여진 연대의 서력 환산²)이나 생몰연대.
   다) 원본의 오자 표시. [sic]이라 한 후 닫는 대괄호 앞에 올바른 글짜를 써 넣었다.
⑩ →/← : 관계 항목 찾아가 보기. → 다음에는 주로 각 작품집에 수록되어 있는 작품들을 나타내기 위해 사용했고, ← 다음에는 같은 작품에 대한 異名을 나타내는 데 사용했다.
⑪ * : 동종이명 중 내용이 상당히 다른 이본임을 나타내기 위해 사용했다.
⑫ 각주 번호 표시 ( ) 또는) : 본서에 새로 적용되는 각주는 '주'를 붙여 일련번호로 나타냈고, 원본에 있던 각주번호는 '(주)'로써 나타냈다. 따라서 기간 원본에 있던 각주는 본서에서 그 내용을 바꾸지 않는 한 기간본의 번호만 보이고 각주 내용은 생략하였다.
⑬ 【增】: 본서에 새로 증보된 항목이나 내용임을 나타낸다. 대체로 【增】이 붙은 행이나 문단의 추가를 나타내지만, <자료>·<연구>·<관계기록>·<작자>·<작품연대>·<비교연구>·<이본연구>·<판본연대>·<회목> 등처럼 증가된 내용이 여러 항에 걸칠 경우에는 【增】자 표시를 한 후 행을 바꾸어 차례로 나열하였다.
⑭ 【削】 = 기간본에 있던 문단이나 행 전체의 삭제를 나타낸다. 단 일부만을 삭제할 경우에는 【削'......'】처럼 삭제하여야 할 부분을 '작은따옴표'안에 넣어 나타냈다.
⑮ ~ : 생몰 연대·페이지·권수 표시의 경우에 '내지'의 뜻으로 사용하였다.
⑯ f.와 p.; et passim과 a.: f.는 '장'수를 나타내며, 쪽[面] 수의 경우 단수 페이지는 p.; 복수 페이지는 pp.로 나타냈다. 그리고 'sic'는 '원문 그대로'를 나타내는 약어이고, 'et passim'은 수개 처 즉 '이 곳 저 곳'에서 인용한 경우에 사용하고, 'a.'는 연대를 표시할 경우 '경(頃)'의 뜻으로 사용하였다.
⑰ ...... : 원문 인용의 생략 혹은 기간본 내용의 '이하 인용 생략'을 나타낸다.
⑱ 기간본에 오자, 탈자, 추가, 한자 교체처럼 일부를 수정한 경우에는 '굵은 자체와 밑줄'로써 나타냈다.

2. 본서의 서술 항목 순서 및 주기 사항은 다음과 같다.
   ① 작품 번호 및 표제: 기간서들의 항목 번호들을 종합하여 모두 수록함과 동시에 오기도 바로잡았으나, 보정된 자구를 일일이 밝히지는 않았다.
   ② <제의>: 기간 『작품연구 총람』의 것에서 새로 보정된 것 이외에는 넣지 않았다.
   ③ <작자>와 ④ <출전>: 기간서에 수록했던 것을 모두 옮겨 적되, 수정된 경우는 밑줄 및 고딕체 활자로 표시하였다. 작자설에 대한 이론이 추가된 경우는 【增】표시를 한 후 인용 논저의 발표순·필사냉의 가나나순을 참조하여 순차직으로 수록히었다.
   ⑤ <작품연대>: 역시 수정된 경우는 밑줄 및 고딕체 활자로 밝히고, 이설이 추가된 경우는 위의 원칙을 적용하였다.
   ⑥ <참고자료>: 기간서에 수록하였던 원문을 모두 재수록한 후 역주를 붙였다. 이 책의 자료를 정본으로 삼는다는 생각에서 오기의 수정을 일일이 밝히지는 않았다. 그 밖에 새로 추가된 자료의 수록

---

2) 활자본 소설(이른바 딱지본 소설)의 판권지에 발행 연도를 표시하기 위해 사용되었던 광무·융희 등의 발행 연도 표시는 원문 그대로 나타내되 [ ]속에 서력 환산 연도를 넣어 附記했다. 단 1910년 이후에 간행된 모든 간행물에 쓰인 일본식 연호 표시 중 '明治'로 되어 있는 경우를 제외한 나머지 경우는 매번 서기 환산 연도를 첨부해야 하는 번거로움을 피하기 위해 일괄적으로 서력으로 바꾸어 썼다.

원칙은 위와 같다.
⑦ <관계기록>: 위와 같다.
⑧ <비교연구>: 위 ⑤에 적용한 원칙을 따랐다.
⑨ <이본연구>: 위와 같다.
⑩ <판본연대>: 위와 같다.
⑪ 이본 목록: 이본목록의 배열 순서는 국문필사본 - 국문경판본 - 국문안성본 - 국문완판본 - 국문판각본 - 국문활자본 - 한문필사본 - 한문등사본 - 한문판각본 - 한문활자본 - 한문현토본 - 중어번역본 - 일어번역본 - 영어번역본 - 독어번역본 - 불어번역본 - 기타번역본 - 판소리창본 순으로 했다. 행 앞머리에 【增】 표시가 있는 것은 기간서에는 없던 것이 새로 추가되었음을 뜻한다.
⑫ <자료>: 【增】 표시가 있는 것은 기간서에 없던 것이 추가되었음을 뜻한다. 단,
  가) 【增】 표시에 이어 부기 사항이 있는 경우는 그 부기 사항만이 새로 추가되었음을 뜻하며,
  나) 【增】 표시에 이어 부기사항이 없는 경우는 이하에 나열된 사항들이 모두 새로 추가된 것임을 뜻한다.
  다) 대항목 자체가 새로 추가된 경우(예컨대 새로운 소설 발굴) 이하의 기재 사항들에는 일일이 【增】 표시를 붙이지 않았다. 따라서 대항목 이하에 부기된 사항은 모두 이 책에 새로 추가된 것들이다.
⑬ <연구>: 위와 같다.
⑭ <회목>: 새로 추가된 경우만 수록했지만, 간혹 기간서의 오기를 바로잡은 경우도 있다.
⑮ <줄거리>: 새로 밝혀진 경우만 수록했으나, 기간서의 줄거리 소개가 소략했던 것을 대체하는 뜻에서 새로 바꾸어 넣기도 했다. 그 밖에 기간서의 오기를 바로잡은 사항도 있다.

3) 『문헌정보』 관련 사항
① 원문과 역문 사이에는 ◐표를 넣어 구별하였다.
② 번역문은 새로 번역해 넣은 것을 제외하고는 기간의 번역들을 참조하되 오역의 정정이나 문장을 다듬는 정도로 하였다. 단, 최초 번역자를 확인하기가 어려워 특수한 경우 외에는 일일이 원역자를 밝히지 못했다.
③ 역문은 가급적 풀어 쓰려 하였으나 그래도 원문의 한자 어휘를 그대로 쓴 경우가 많다. 하지만 일반 독자를 위하여 가급적 상세한 원문주 및 각주를 붙이려 노력하였다.

4) 『이본목록』 관련 사항: 국립중앙도서관 소장 활자본이나 그 밖에 개인 소장 활자본에 의거하여 활자본 이본 목록을 대폭 수정 보완하게 됨에 따라 적용한 기본 원칙은 다음과 같다.
① 단별 기재 순서는 대체로 제1단 표제, 제2단 국중(청구 기호) 판차, 제3단 권책 표시로 하였다.
② 제1단 표제 제시는 표지가 아닌 내지 표제에 의거하되, 국문 표제와 한문 표제순으로 기재함을 원칙으로 했다. 따라서 한문 표제가 국문 표제 먼저 있거나, 양자가 병기되어 있을 경우라도 이 원칙에 따라 국문 표제를 앞에 내세웠다. 표제 중 ( )가 붙은 경우는 표제에 앞서 붙은 수식어를 나타난 것으로, 이러한 것은 대체로 활자본 고전소설의 경우 중심 표제에 앞서 단행, 혹은 2행의 細字로 붙어 있다.
③ 제2단 청구기호의 경우 동일본을 소장했을 경우도 소장번호를 각각 기재했고, 판차는 청구번호 뒤에 적었으며, 별종의 책 표시는 '/'로써 구분했다. 판차가 다른 소장본일 경우 청구기호 뒤에 판차를 보였으며, 초판본만 있을 경우는 구태어 '초판' 표시를 하지 않았다.

④ 제3단에는 서지 사항을 적되, ( )에 앞서 권·책수를 표시하였고, ( ) 내에는 구체적 여러 서지적 사항들을 적어 넣었다. 기재 원칙은 장회 수 - 서두의 참고 기재 사항[예: 저자 표시, 기타] - 저작자 혹은 발행자 - 발행사 - 판차에 따른 발행연월 - 페이지 수 순으로 하였다.

⑤ 서지적 상황을 보이는 맨처음에는 본문에 사용된 문자를 구별해 적었다. 주로 국문만으로 된 본문이라면 특별히 이를 밝히지 않았으나, 국문과 한자가 병기되어 있는 경우는 '국한자 병기'(國漢字倂記)라고 했고, 국문에 이어 ( ) 속에 한자가 注記되어 있을 경우는 '국한자 순기'(國漢字順記)라고 했다. 단 한자의 괄호 주기가 가끔 보이는 경우는 특별히 밝히지 않았다. 한편 국문과 한자가 섞여 쓰여진 경우에는 '국한자 혼기'(國漢字混記)라고 구별했다.

⑥ 장회 표시는 총 장회 수를 적되, 분책의 경우에는 권책에 따라 제 몇 회에서 제 몇 회까지 수록하고 있음을 밝혔다.

⑦ '화자 표시'란 본문의 지문에 이어 등장인물의 대화 표시를 나타내기 위하여 ( ) 속에 화자 표시를 보이는 경우를 가리킨다.

⑧ 활자본 소설의 경우는 대체로 발행자가 저작자를 겸한 경우가 많아, 이를 판권지에서 확인할 수 있다. 본서에서 [著·發]은 원서에 '著作者 兼 發行人'이라 한 것을 나타내고, [編·發]은 '編纂者 兼 發行人'를 나타내며, 간혹 저작자 겸 발행인이 다른 경우 [著]는 저작자를, [發]은 발행자를 나타낸다.

⑨ 출판사 표시가 표지의 것과 판권지 혹은 본문 서두의 것이 틀릴 경우, 본서는 대체로 판권지의 것을 따랐다. 그리고 표지에는 단일 출판사로 나타나는 것이라도 판권지에 하나 이상의 출판사 명의로 되어 있는 경우는 모두 기재함을 원칙으로 삼았다.

⑩ 발간 연도 표시는 원전에 있는 그대로 하되 [ ]속에 서력 환산 연도를 밝혀 놓았다. 그리고 연월일 표시는 판권지에 있는 대로 옮겨 적되, 미확인의 경우는 목록상에 있는 대로 연 표시만 하거나 혹은 불명으로 놓아두었다.

⑪ 작품 총 페이지 수는 분책의 구별 없이 일련 숫자로 되어 있는 경우는 총 페이지수를 적고, 분책의 경우 각각으로 페이지 수가 붙어 있을 경우는 분책별로 나타냈으며, 간혹 총 페이지 수 속에 다른 작품이 들어 있을 때에는 각주 속에서 이를 밝혔다.

5. 띄어쓰기는 '교육부 제88-1호 한국 맞춤법 고시 규정'에 대체로 따랐으나, 예외로 ① 명사에 붙이는 호칭(예: 당나라; 박씨; 김부인; 박도령, 김진사, 회양태수 등), ② 국가 이름과 임금 이름을 병렬시킬 때(예: 이태조; 당태종)는 윗말에 붙여 썼다. 그리고 인용된 문헌정보의 논저 이름이나 고전 원전 인용의 경우는 원 필자의 뜻을 존중하여 띄어쓰기 규정을 정확히 지키지는 않았다.

6. 기간본에서는 필자명, 논문명, 게재지, 발간저 등의 사항은 가급적 본래 표기대로 씀을 원칙으로 삼았으나, 새로 원본의 국문/한자 표기가 바뀌어져야 할 경우라도, 본서에서는 오기의 경우가 아닌 단순한 음과 한자 문제라면, 번거로움을 피하여 가급적 바꾸지 않기로 했다.

7. 인명 표기의 경우 '권율'이 아닌 '권률'로 하고, 한자 '娘'의 음은 '낭'으로 통일했다.

차 례

[상권]

- 가 13
- 나 169
- 다 195
- 마 219
- 바 267
- 사 319
- 아 561

[하권]

- 자 833
- 차 977
- 카 1107
- 타 1111
- 파 1145
- 하 1159
- 부록 1295
- 참고문헌 1337

가

▶〈가루지기타령 → 변강쇠전〉

◪1.[[가수재전 賈秀才傳]] ←『단량패사』
　〈작자〉　金鑢(1766~1821)
　〈출전〉『藫庭遺藁』, 9, '丹良稗史'
　〈관계기록〉
　　① 「賈秀才傳」, 結尾 : 異矣 夫夫[sic, 賈]秀才之爲人也 抱奇偉之才 負卓犖之志 何爲是猖狂自恣 使人慌然莫知其端倪也 殆古所謂隱君子類耶 駒城[龍仁]鄭叔訪余廬陵 道其事甚詳 余欲往見之 及至寺 去已三日矣◐(이상하도다. 가수재의 사람됨이여. 기이한 재주와 뛰어난 뜻을 지니고서 어찌하여 이처럼 미친 듯 날뛰고 제멋대로 하여 사람들로 하여금 얼떨떨하여 그 갈피를 잡을 수 없게 하였는가? 이는 아마 옛날에 이른바 은군자¹)의 부류가 아니겠는가? 구성[龍仁]의 정숙²)이 나를 여릉으로 방문하여 그 이야기를 매우 자세히 하기에 내가 가서 찾아보려 하여 절에 이른즉 그가 떠난 지 이미 3일이나 되었다).

1.1. 〈자료〉
　Ⅱ. (역주)
　　【增】
　　1) 신해진.『朝鮮朝傳系小說』. 월인, 2003.

◐{가실전}

▶〈가심쌍완기봉 → 방한림전〉

◪2.[[가야진용왕당기우록 伽倻津龍王堂奇遇錄]]
　〈작자〉　太虛堂(1636~1695)
　〈출전〉『東溪集』

---

1) 세상을 질시하여 자기의 종적을 숨기고 살아가는 사람.
2) '정씨 성의 아저씨'란 뜻.

가

▶(가인기우 佳人奇遇 → 사각전)
◐{가인지전 佳人之傳}
◈3.[[가자송실솔전 歌者宋蟋蟀傳]] ←『문무자문초』
  〈작자〉 李鈺(1760~1813)³⁾
  〈출전〉 金鑢(1766~1821)⁴⁾의『藫庭叢書』, 19, '文無子文鈔'

 3.1.〈자료〉
  Ⅱ.(역주)
  【增】
   1) 실시학사 고전문학연구회 역주.『역주 이옥전집』, 2. 소명출판, 2001.

【增】◐{가정소설}
  국문필사본
  가정소설   박순호[家目]   1(40f.)

◐{가짜신선타령}
 〈관계기록〉
  ① '觀優戱'[1843?](宋晩載 1788~1851), 제18수 : 光風癡骨願成仙 路入金剛問老禪 千歲海桃千日酒 見欺何物假喬佺◐(훤한 사람 못난 주제가 신선 되려고 금강산 들어가 노승에게 물었다네. 천년 묵은 복숭아와 천일 묵힌 술을 가짜 신선 王喬⁵⁾와 偓佺⁶⁾에게 무엇이라고 속았는가?).

 2.〈연구〉
  Ⅲ.(학술지)
  【增】
   1) 인권환. "「가짜신선타령」과「金剛誕遊錄」: 형성과정과 관련양상 및 인물의 문제."『어문논집』, 40[홍문표교수화갑기념호](안암어문학회, 1999. 8).『판소리 唱者와 失傳辭說 硏究』(집문당, 2002. 8)에 재수록.

▶(각간선생실기 角干先生實記 → 흥무왕연의)
◈4.[[각로선생전 却老先生傳]]
  〈작자〉李鈺(1760~1813)⁷⁾
  〈출전〉金鑢(1766~1821)⁸⁾의『藫庭叢書』, 22, '花石子文鈔'

---

3)『이본목록』·『작품연구 총람』·『문헌정보』·『줄거리 집성』모두 수정(이하 '모든 사전 수정'으로 약칭).
4) 모든 사전 수정.
5) 王子喬. 본명이 晉이므로 王子晉이라고도 한다. 중국 주나라 靈王의 태자로 즐겨 笙簧을 불었는데 봉황이 울었다고 하며, 嵩山에 오른 지 30여 년 만에 登仙했다고 전한다.
6) 중국 상고 시대의 신선. 陶唐氏 때 槐山에서 약초를 캐며 松實을 즐겨 먹었는데 몸에 털이 나 날을 수 있었다고 한다.
7) 모든 사전 수정.

4.1. 〈자료〉
　Ⅱ.(역주)
　　【增】
　　　1) 실시학사 고전문학연구회 역주.『역주 이옥전집』, 2. 소명출판, 2001.

◐5.[[각저소년전 角觝少年傳]]
　〈작자〉卞鍾運(1790~1866)
　〈출전〉『歗齋詩抄』

5.2. 〈연구〉
　Ⅱ.(역주)
　　【增】
　　　1) 朴熙秉 標點·校釋.『韓國漢文小說 交合句解』. 소명출판, 2005. (『歗齋詩抄』)

◐{간간소사야셩긔}
　〈관계기록〉
　　①『諺文古詩』(가람본), '언문칙목녹', 181:「간간소ᄉ야셩긔」.

【增】◐{간택기}
　　국문활자본
　　간택긔　　　　　　　　　　　이수봉[家目]　　　　　　1

▶(감용전 → 김용전)
【增】▶(감응록 感應錄 → 태상감응편)
▶(감의록 感義錄 → 창선감의록)
【增】◐{감지성졀역간병}
　　【增】국문필사본
　　【增】감지성졀역간병 권디일　박순호[家目]　1(병인정월삼십일일쳥파셔박필노츄셔ᄒᆞ다, 8f.)9)

【增】▶(갑진록 甲辰錄 → 임진록)
◐6.[강감찬실기 姜邯贊實記] ← 강감찬전 / 강시중전
　　【增】국문필사본
　　강감찬전　　　　　　　　　성대(D07B-0073)　　　　1(병술?)

────────────
8) 모든 사전 수정.
9)「남초가」(6f.)·「시초별가」 합철.

가

국문활자본

〈강감찬실기〉

| 강감찬실긔 | [Sk](5)/[尋是齋 家目] | 1(永昌書舘, <u>1928,</u> 45pp.) |

〈강감찬전〉

| 【增】姜邯贊傳 | [權純肯, 164] | 1(高麗舘, 1926) |

〈강시중전〉

| 고려강시즁전 단 高麗姜侍中傳 | 국중(3634-3-8=5)/[仁活全](1) | 1(10회, 편즙즈 박건회, [編]朴健會, 朝鮮書舘, 1913. 1. 10, 45pp.) |

6.1. 〈자료〉

Ⅰ. (영인)

6.1.2. 仁川大民族文化硏究所 編. 『舊活字本古小說全集』, 1. 銀河出版社, 1993<u>; (再刊) 國際아카데미, 2002.</u> (조선서관판, 「고려강시즁전」)

▶(강감찬전 姜邯贊傳 → 강감찬실기)

◘7. [강남홍전 江南紅傳] → 옥련몽

【增】〈이본연구〉

1) 「강남홍전」은 「옥루몽」의 서사 내용이 변이되면서 당시의 상업 유통에 적합하도록 개작되었다. 먼저 들 수 있는 것이 因果性을 고려한 생략이다. 「강남홍전」은 여주인공인 강남홍을 중심으로 개작하되 양창곡과의 結緣, 전쟁에서의 공훈, 부귀영화의 향유로 사건을 전개하고 있다. 이것은 일반 소설의 보편적인 구성이기도 하다. 이렇게 구성하다 보니 「옥루몽」 후반부의 장황한 부귀담이나 군담이 절실한 내용이 될 수 없었다. 여성 영웅으로서의 활약을 여실히 보이고, 그 보답으로 부귀영화를 구가했다는 간략한 내용만 서사하면 족했기 때문이다. …… 다음으로 들 수 있는 것이 여성 중심으로 사건을 구성했다는 점이다. 「옥루몽」이 양창곡을 중심으로 하면서, 여성들의 다양한 능력을 서사했다면, 이 작품은 시종일관 여성을 사건 전개의 主動으로 그리고 있다. …… 이는 「옥루몽」의 여주인공을 중심으로 전형적인 여성 영웅 소설로 개작하면서 나타난 현상이라 하겠다. 다음으로 들 수 있는 것이 고전 소설의 구성 수법에서 改新된 면모를 드러낸다는 점이다. 이는 순차적인 시공간의 제시나 시간적 일대기에 따라 주인공을 그리는 고전 소설의 일반적인 틀에서 벗어나, 특정한 사건을 먼저 제시하고 이어서 그 사건의 해당 인물을 그리는 수법을 구사한 것이다. 사건을 통하여 그 인물됨을 구체적으로 파악하고, 그 인물이 누구인지를 밝히는 이른바 귀납적 서사 형태를 구축한 것이다. 그러다 보니 자연스럽게 강남홍을 소개하는 자리에 앞서, 그녀에게 가장 큰 위난으로 다가왔던 전당호 투신 장면을 冒頭에 제시한 것이다. 이는 극적 장면을 먼저 서사하여 독자의 관심 촉발을 의도한 결구라 하겠다. …… 이는 또한 이 작품이 신소설이나 근대 소설과 병치되면서 유통되었기에 가능했던 것이기도 하다(김진영, "「강남홍전」의 연구: 「옥루몽」의 개작과 변이를 중심으로," 『語文硏究』, 32[1999. 12], pp. 207~208).

국문활자본			
강남홍전 江南紅傳	국중(3634-2-46=1)<재판>		1([著‧發]洪淳泌, 京城書籍業組合, 초판 1926.<u>1. 15</u>; 재판 同年 <u>12.20,</u> 105pp.)⁽³⁾
【削】姜邯贊傳	[權純肯, 164]		1(高麗舘, 1926)
강남홍전 江南紅傳	국중(813.5-강685ㅂ)		1(博文書舘<u>, 1926, 105pp.</u>)

7.1. 〈자료〉

Ⅰ. (영인)

    7.1.1. 仁川大民族文化研究所 編.『舊活字本古小說全集』, 18; <u>(再刊) 國際아카데미, 2002.</u> 銀河出版社, 1984. (회동서관판)

7.2. 〈연구〉

Ⅲ. (학술지)

【增】

    1) 김진영. "「강남홍전」의 연구:「옥루몽」의 개작과 변이를 중심으로."『語文硏究』, 32(語文硏究學會, 1999. 12).

■『강도록 江都錄』→ (강도)몽유록 / 오대변송문 / 작여오상송문
◘8.[[강도몽유록 江都夢遊錄]] ←『강도록』/ 몽유록 ①

한문필사본		
(강도록)		
【增】江都錄	정명기[尋是齋 家目]	1 ¹⁰⁾
【增】江都錄	정명기[尋是齋 家目]	1 ¹¹⁾
(강도몽유록)		
【增】江都夢遊錄	버클리대(미국)¹²⁾	
(몽유록)		
【增】夢遊錄	국중[『東國野史』]	

8.1. 〈자료〉

Ⅱ. (역주)

【增】

    1) 朴熙秉 標點‧校釋.『韓國漢文小說 交合句解』. 소명출판, 2005.

8.2. 〈연구〉

Ⅲ. (학술지)

---

10) 표제는「柳與梅爭春」으로 되어 있다.
11)「南漢日記」와 합철되어 있다.
12)「船遊問答」附載.

가

【增】
1) 양언석. "壬·丙 兩亂期 小說硏究:「江都夢遊錄」을 中心으로."『關東語文學』, 9·10(關東大 關東語文學會, 1999. 11).
2) 장준기. "壬·丙兩亂 관련 夢遊錄系小說 연구:「달천몽유록」과 「江都夢遊錄」을 중심으로." 『국어국문학』, 18(동아대 국어국문학과, 1999. 12).
3) 조혜란. "「江都夢遊錄」 연구."『古小說硏究』, 11(韓國古小說學會, 2001. 6).
4) 梁彦錫. "「江都夢遊錄」 硏究史."『人文學硏究』, 5(관동대 인문과학연구소, 2002. 2).
5) 梁彦錫. "「江都夢遊錄」." 刊行委員會 編. 『古小說硏究史』(月印, 2002. 12).
6) 조혜란. "원귀들의 통곡성:「강도몽유록」."『여성이론』, 7(여성문화이론연구소, 2002. 12).

◈9.[강로전 姜虜傳] ←『화몽집』

〈작자〉權伋(1599~1667)
〈출전〉『花夢集』
〈관계기록〉

① 『葵窓遺稿』(李健 1614~1662), 권 11「姜虜傳」: 有諺文傳世者 公譯之◐(한글로 전하는 것이 있는데, 그것은 이공[李健]이 번역한 것이다).
② 『忠烈錄』, 4,「諸家記述」: (姜虜傳) 出權伋所撰「姜虜傳」◐(출전은 권칙이 편찬한 「강로전」이다).
③ 『金將軍遺事』(李時恒): (姜虜傳) 出權伋「姜虜傳」◐(출전은 권칙의 「강로전」이다).

【增】
1) 『欽英』(兪晩柱 1755~1788), 6, 1778. 9. 9 : 閣夜平讀 無言子「姜虜傳」洪忠正公「西征日記」◐(밤에 서재에서 평이 무언자[權伋]의 「강로전」과 홍충정공[洪翼漢, 1586~1637]의 「서정일기」를 읽었다).
2) 同上, 16, 1783. 11. 13 : 夜重閱「姜虜傳」 凡人生世間 有不可以一例論斷 如姜弘立平生 亦豈不大是異常◐(밤에 「강로전」을 다시 보았다. 무릇 세상살이에는 한 가지로 논단할 수 없는 것이 있으니, 강홍립[1560~1627]의 일생 같은 것은 또한 어찌 보통과 매우 다르지 않은가?).
3) 同上, 21, 1786. 5. 28 : 書于凜 申求四傳·『春秋』試送示「姜虜傳」◐(늠에게 편지하여 4서[13])와 『춘추』[14])를 거듭 부탁하고, 일단 「강로전」을 보내주었다).

한문필사본

| 【增】 姜虜傳 | 임형택[莽蒼蒼齋 家目] | (崇板 庚午秋 無言子記, 10f.)[15]) |
| 【增】 姜虜傳 | 천리대(일본)[今西文庫 :『東史襀錄』] | |

9.1.〈자료〉
Ⅱ.(역주)

---

13) 중국의 고전인『논어』·『중용』·『대학』·『맹자』의 네 책.
14) 중국의 고전인 '五經' 중의 한 책. 중국 魯나라의 隱公 1년(B.C. 722)에서 哀公 12년(B.C. 481)까지의 12대 242 년간의 사적을 노나라의 사관이 편년체로 기록한 것을 孔子가 비판적 입장에서 수정을 가하고 正邪善惡의 가치 판단을 내린 것.
15)「南漢錄」·「江都錄」 등과 합철되어 있다.

【增】
1) 朴熙秉 標點·校釋, 『韓國漢文小說 交合句解』, 소명출판, 2005. (국사편찬위원회 소장)

▶(강릉매화전 江陵梅花傳 → 매화전)
▶(강릉매화타령 江陵梅花打令 → 매화가)
◘10.[강릉추월 江陵秋月] ← 강릉추월옥소전 / *봉황금 / *소운전 / *소정월봉기 / *소학사전 / *소한림전 / *옥소기연(봉) / *월봉(산)기 / 이춘백전 / *천도화 / 추월전 / 춘백전

〈이본연구〉

【增】
1) [「강릉추월전」의] 필사본과 활자본의 이본 대비를 통한 문학적 의미는 필사본이 부모의 원수 갚기에 초점을 둔다면, 활자본은 원수를 살려 주는 용서와 화해하기에 관심을 두고 있다. 필사본이 영웅성을 강조하는데 반하여, 활자본은 '강능추월' 옥소의 신기함을 강조한 것이다. 그리고 필사본에 비하여 활자본이 치밀하고 극적인 구성을 보이고 있어서 독자층을 겨냥한 의식을 보여 준다. 이것은 필사본의 시대와 활자본의 출판 시기가 다를 뿐 아니라 독자층의 성향과 시대적인 배경이 다르기 때문이다(김재웅, "「江陵秋月傳」 研究," 啓明大, 『韓國學論集』, 26[1999. 12], p. 264).

2) 고려대본 「강능츄월」은 필자가 살펴 본 30종의 「강능추월전」 유통본 중 어소저의 孝烈이 첨가된 장편 12종에서도 그 계통을 독자적으로 달리 하고 있어 주목된다. 고려대본 「강능츄월」은 단형에 비해 서사 내용을 보충한 장형으로 충·효·열을 갖추었고 또한 정연한 章回體 형식을 보이며, 영웅의 일생이라는 수미일관하는 서사 구조에 적강적 요소를 구체적으로 제시하여 남성 내지 양반 식자층 독자보다는 아녀자를 위한 재창작 내지는 개변한 계열로 추정된다. ……「강능츄월」은 장편 10종 중에서 하나의 계통을 형성하고 있다. 대략 10종의 유통본은 6종의 유통 계열로 구분된다. 그 중 8종이 4계열로 갈래를 이루는 반면 고려대본 「강능츄월」과 정신문화연구원 소장본 「강능츄월전」은 각각 독자적인 계열을 이루고 있다. 話題의 친소를 비교하여 본 결과 고려대본 「강능츄월」은 네 계열 중 국립중앙도서관본 「강능츄월옥쇼젼」과 박순호본 「江陵秋月玉簫傳」 상·하본 계열과 동일 계열로 볼 수 있는 내용을 많이 공유하고 있어 계통상의 친연성을 보인다(朴光洙, "「江陵秋月傳」 流通系列 一考察: 고려대도서관 소장본 「강능츄월」을 중심으로," 『語文研究』, 32[1999. 12], p. 237 및 p. 239).

3) 검토한 작품의 이본[「강릉추월전」]은 기본형 '김1'[김광순 소장, 『필사본한국고소설전집』, 1 수록, 70장본]', '김2'[동상, 67장본]', '노본'[노재순 소장]이고 부연형 '김3'[김광순 소장, 『필사본한국고소설전집』, 2 수록 139장본], '국도본'[국립중앙도서관 소장 「강릉추월옥소전」, 상·하]이며, 변이형 '활자본' 등 모두 6종이다. 기본형은 이본의 서사 단락이 동일하지만, 작품의 전개 과정에서 약간의 부연과 확대를 보이고 있다. '김1', '김2'본에 비하여 '노본'이 축약되어 있을 뿐 아니라, 일관성 있는 서사 단락을 구비하고 있어, 비교적 선본(善本)에 가까운 것으로 보인다. 부연형 '김3'과 '국도본'은 서사 단락이 동일하지만 군담 대목에서 변이가 많이 일어나고 있다. 군담 대목에서 '김3'은 상당히 확대·부연·첨가되어 있다면 '국도본'은 축약·삭제되어 있다. '김3'보다 '국도본'이 비교적 선본에 가까운 것으로 생각된다. 변이형은 가장 변이가 많은 것으로 '활자본'이

다. 변이형은 기본형과 부연형에 등장하는 내용을 변모시킨 경우와 새로운 내용을 첨가시킨 경우가 있다. 필사본과 활자본의 대비를 통해서 알 수 있는 사실은 필사본이 가족 이합 과정에서 원수 갚기에 초점을 둔다면, 활자본은 화해하기에 관심을 둔 것이다. 필사본은 이춘백 부자의 영웅성을 강조한다면, 활자본은 '강능추월' 옥소의 신기한 효과를 더 강조한다. 해룡과 어소저의 결혼 대목에서 필사본이 별다른 장애가 발생하지 않는다면, 활자본은 사위의 재주에 대한 장인의 시험이 존재하고 있다. 그리고 필사본에 비하여 활자본이 천상적 징표가 강화되어 있을 뿐 아니라, 가족의 극적인 만남과 구조적 치밀성을 보여 준다(김재웅, "「江陵秋月傳」의 이본에 대한 연구," 啓明大, 『韓國學論集』, 27[2000. 12], p. 154).

【增】〈판본연대〉
1) 고려대본 「강능츄월」은 후반부의 落張에도 불구하고 149면에 '강능츄월 권지칠 병오즁하슌 일필ᄒ노라'라는 筆寫記가 기록되어 있다. 간지로 보면 병오년은 1846년, 1906년, 1966년에 해당한다. 그러나 유통본 중 가장 이른 시기인 '경인 정월' 즉 1890년의 필사기를 가지고 있는 박순호본 「강능추월이춘빅젼」보다 시기적으로 선행하기 어려운 점으로 서사 내용의 정연함을 들 수 있겠다. 따라서 1846년을 필사 연대로 잡기에는 무리가 있으며, 1966년의 경우도 고소설의 필사 유통의 시기로는 늦은 시기로, 1906년 정도에 필사 유통되었다고 보는 것이 유력하겠다(朴光洙, "「江陵秋月傳」流通系列 一考察: 고려대도서관 소장본 「강능츄월」을 중심으로." 『語文研究』, 32[1999. 12], pp. 236~237).
2) 「강능추월전」의 이본은 필사본과 활자본을 합쳐 74종이 존재한다. 이 작품은 필사본이 활자본보다 선행본이고, 필사본 중에서는 제1계통본이 제2계통본보다 선행본이다. 이 작품은 제1계통본이 형성, 유통된 뒤에 제2계통본으로 변모되고, 제3계통본 활자본으로 개작되면서 약 100 년간 세 계통본으로 파생되었다. 따라서 「강능추월전」은 필사본 제1, 2계통본이 부모의 원수 갚기에서 재생을 통한 원혼 풀어주기로 변모되고, 제3계통본에서는 부모의 원수를 용서, 화해하는 것으로 개작되었다. …… 개별적 특성은 제1, 2, 3계통본에서 남성의 충효 의식, 여성의 효열 의식, 남녀의 화합 의식 등을 강조하고 있다. 이 작품은 조선 후기 사회와 조선 후기 소설의 영향을 동시에 수용하여 제1계통본이 형성, 유통된 것으로 보인다. 제2계통본은 여성의 효열 의식을 강조하는 재생 대목을 첨가하여 변모되고, 제3계통본은 1915년 활자본으로 간행되면서 남녀의 화합을 강조하는 방향으로 개작되었다. 이상에서 「강능추월전」은 중국 소설의 영향을 벗어나, 조선 후기 소설로서 변모되는 과정을 뚜렷이 보여 준 매우 독특한 소설이다. 이 작품은 적어도 1861년 이전부터 필사본이 존재했으며, 1915년 활자본으로 개작되면서 다양하게 재창작되는 과정을 끊임없이 보여 주었다(김재웅, "「강능추월전」의 이본 형성과 변모에 관한 연구," 계명대 대학원, 博論[2003. 2], pp. 168~169).

국문필사본

(강릉추월)

【增】강남츄월젼	계명대[古綜目](고811.35강남추)	1
강릉츄월옥소젼	국중[고1](한-48-21)/정문연[韓古目] 2-2(병신, 상:44f.; 하34f.) (8: R35N-002916-1)	
강능츄월젼 江陵秋月傳	김동욱:정문연[韓古目]	1(歲在癸卯元月二十五日

			(13: R35P-000001-2)/[筆叢](1)	辰時 李大煥投筆, 冊主豊基逸洞李生員新田宅, 85f.)[10]
【增】	강능추월전	노재순[김재웅, 博論]		1(무자, 60f.)
【增】	강녕츄월전	박순호[家目]		1(기사년정월염파일, 칙쥬인 안소지……, 54f.)
【增】	강능추월옥퉁소전이라 江陵秋月玉洞簫傳	박순호[家目]		1(戊戌貳月什二日畢, 35f.)
【增】	강능추월전 권지단	박순호[家目]		1(단기四二八九[1956]년 월十三일, 58f.)
【增】	강능츄월젼 솟씨초권이라	박순호[家目]		(40f.)
【增】	강능츄월젼 솟씨초권이라	박순호[家目]		(20f.)[16]
【增】	강능츄월 옥소전이라	박순호[家目]		1(임인년삼월 등사, 60f.)
【增】	강능츄월젼	박순호[家目]		1(칙쥬난 오쳔두월딕, 45f.)
	강능츄월	성대[古2](D7B-5)		2(신희삼월쵸오일필억ᄒ노라, 151f.)
	강릉츄월전	성대[古](D7B-1)		3-3(세재기해납월염일사원등서책, 책주는 양주광암 윤지사댁, 전주이씨, 214f.)
	강능츄월전	여승구[『古書通信』, 15(1999.9)]		2(淸溪全義李夫人)[17]
	강능츄월옥소견	연대[古2](811.93/1)		1(86f.)
【增】	강능추월이춘백전	이부영(문경시 점촌읍) [김재웅, 博論]/김재웅(복사)		1(48f.)[18]
【增】	강능추월전	장정룡[김재웅, 博論]		1(49f.)
【增】	江陵秋月傳	정명기[尋是齋 家目]		1[19]
【增】	강릉추월젼	정명기[尋是齋 家目] /[김재웅, 博論]		낙질 1(중: 77f.)
【增】	강릉추월젼	정명기[尋是齋 家目] /[김재웅, 博論]		1(62f.)
	강능츄월젼	정문연(D7B-131) /[韓古目](12: R16N-001131-1)		1([표지]임슐오월일, 75f.)
【增】	강능추월전	조종업[김재웅, 博論]		1(40f.)
【增】	강릉추월전	풍산김씨[김재웅 博論]		1(82f.)
【增】	강능추월전	홍시낙(문경시 동로면 간송) [김재웅 博論]/김재웅(복사)		1(133f.)[20]

---

16) 윗책에 합철되어 있다.
17) 권말에 「화조가」가 附記되어 있다.
18) 권말에 「부인행실록」이 附記되어 있다.
19) 「女子嘆」과 합철되어 있다.
20) 권말에 「조순일전」이 합철되어 있다.

【增】 강능추월옥소전		홍윤표[家目]	1(59f.)
(이춘백전)			
이춘빅전		단국대[漢目](古853.5/이886)	1(낙장 32f.)
국문활자본			
(강릉추월)			
강릉츄월 옥소전 江陵秋月玉簫傳		국중(3634-3-62=3)	1([著·發]金天熙, 廣韓書林, 초판 1928.11.5, 79pp.)
【增】 강능추월 옥소전		국중(3634-3-62=4)	1([著·發]金天熙, 廣韓書林, 초판 1915, 107pp.)
강릉츄월 옥소전 江陵秋月 玉簫傳		국중(3634-3-62=6)<초판>/국중(3634-2-14=1)<3판>/국중(3634-3-2=4)<4판>/국중(3634-3-62=5)<6판>/국중(3634-3-11=4)<8판>/[亞活全](5)·[仁活全](18)<6판>/이대·哈燕[韓籍簡目1](K5973.5/4290)<8판>	1(10회, [著發]金東縉, 德興書林, 초판 1915.11.9, 107pp.; 3판 1917.12.5; 4판 1918.3.7; 6판 1922.2.18, 79pp.; 7판 1924; 8판 1928.11.27, 74pp.)
【削】 강능츄월 옥소전 江陵秋月玉簫傳		[李周映, 博論]	1(德興書林, 1915, 107pp.)
【削】 강릉추월옥소전		이대/哈燕[韓籍簡目1](K5973.5/4290)	1(德興書林, 1924/1928, 74pp.)
강능츄월 옥소전 江陵秋月玉簫傳		김종철[家目]	1(博文書舘, ……)
강능츄월 江陵秋月		국회[目·韓II](811.31)/대전대[이능우寄目](1110)/박순회[家目]/조동일[국연자](20)/조희웅[家目]	1(10회, 申泰三, 世昌書舘, 1950.8.30; 1952, 68pp.
강능츄월 옥소전 江陵秋月 玉簫傳		국중(3634-3-62=2)	1([著·發]洪淳泌, 朝鮮圖書株式會社, 1925.12.15, 74pp.)

10.1. 〈자료〉

Ⅰ. (영인)

10.1.1. 仁川大民族文化硏究所 編,『舊活字本古小說全集』, 18. 銀河出版社, 1984; (再刊) 國際아카데미, 2002. (덕홍서림판)

10.2. 〈연구〉

【增】 Ⅰ. (단행본)

1) 박광수,『강릉추월전 연구』. 충남대출판부, 2002. 2.

【增】Ⅱ. (학위논문)
〈박사〉
  1) 김재웅. "「강능추월전」의 이본 형성과 변모에 관한 연구." 博論(啓明大 大學院, 2003. 2).
〈석사〉
  1) 신용현. "「강능추월전」 이본 연구." 碩論(강릉대 교육대학원, 2000. 8).

Ⅲ. (학술지)
【增】
  1) 申貞淑. "「江陵秋月傳」硏究."『論文集』, 15(京畿工專, 1981. 12).
  2) 朴光洙. "「江陵秋月傳」一考察: 鶴山文庫本을 中心으로."『韓國言語文學』, 42(韓國言語文學會, 1999. 5).
  3) 김재웅. "「강릉추월전」 연구."『韓國學論集』, 26(啓明大 韓國學硏究院, 1999. 12).
  4) 朴光洙. "「江陵秋月傳」流通系列 一考察: 고려대도서관 소장본「강능츄월」을 중심으로."『語文硏究』, 32(語文硏究學會, 1999. 12).
  5) 박광수. "「강릉추월전」의 결말부 부연과 그 의미."『語文學』, 70(韓國語文學會, 2000. 6).
  6) 박광수. "「강릉추월전」의 '맺음'과 '풀이'."『어문연구』, 33(어문연구학회, 2000. 6).
  7) 김재웅. "「江陵秋月傳」의 이본에 대한 연구."『韓國學論集』, 27(啓明大 韓國學硏究院, 2000. 12).
  8) 김재웅. "「강능추월전」의 여성 독자층과 독자 수용의 태도."『語文學』, 75(韓國語文學會, 2002. 2).
  9) 백운용. "「강능추월전」의 구조와 '헤어짐과 만남'."『어문론총』, 38(한국문학언어학회, 2003. 6).
  10) 김진영. "「江陵秋月玉簫傳」의 離合構造와 音樂의 關係: 玉簫를 중심으로."『韓國言語文學』, 51(한국언어문학회, 2003. 12).

▶(강릉추월옥소전 江陵秋月玉簫傳 → 강릉추월)
▶(강산전 → 심청전)
【削】▶(강상누 → 강상루)
▶(강상련 江上蓮 → 심청전)
【削】◐{강상루 江上淚}21)
◨11.[강상월 江上月]

국문활자본

【增】 강상월	정명기[尋是齋 家目]	낙질 1(하편, 盛文堂書店, 1926, 서두 낙장)
강상월 江上月 상편/하편	국중(3634-3-20=4)<초판>/국중(3634-3-29=1)<재판>/[啓明: 新小全](6)	1([著·發]高裕相, 滙東書館, 上·下合, 1913.1.7, 상: 101pp; 하: 114pp., 합 217pp.; 재판 1916.11.30, 181pp.)

---

21) 신소설 작품. 따라서 이하의 본항목 이본들을 모두 삭제한다.

【增】11. 2. 〈연구〉

Ⅲ.(학술지)

   1) 차충환. "「강상월」과 「부용헌」: 고소설의 개작본." 『인문학연구』, 6(경희대학교 인문학연구원, 2002. 12). "「강상월」과 「부용헌」: 「창선감의록」과 「홍백화전」의 개작"으로 『韓國古典小說 作品硏究』(월인, 2004. 10)에 재수록.

▶(강시중전 姜侍中傳22)) → 강감찬실기)
◐{강씨부인실기록 姜氏夫人實記錄}
【增】▶(강씨접동전 → 접동새)
▶(강원조생원전 → 조생원전 ①)
◘12.[강유실기 大膽姜維實記] ← 강유전 / 대담강유실기

   국문필사본

   【增】(강유전)

강위전	박순호[家目]	1(62f.)

   국문활자본

   【增】(강유실기)

되담강유실긔 젼 (大膽) 姜維實記 全	국중(3634-3-36=1)/ [仁活全](1)	1(총 16회, 朴健會著, [著·發] 朴健會, 大昌書院·普及 書舘, 1922.3.**10**, 160pp.)
【增】 강유실기 大膽姜維實記	조희웅[家目]	1([著·發] 朴健會, 永昌書舘, 1922. 3. 5, 160pp.)
【增】 大膽姜維實記	김종철[家目]	1(漢城圖書株式會社, 1922)

12.1. 〈자료〉

   Ⅰ. (영인)

      12.1.1. 仁川大民族文化硏究所 編. 『舊活字本古小說全集』, 1. 銀河出版社, 1993; (再刊) 國際아카데미, 2002. (대창서원·보급서관 발매)

【增】▶(강유전 姜維傳 → 강유실기)
◐{강천각소하록 江天閣銷夏錄}
▶(강태공실기 姜太公實記 → 강태공전)
◘13.[강태공전 姜太公傳] ← 강태공실기

   국문활자본

강틱공젼 姜太公傳	국중(3634-2-46=5)/[仁活全](1)	1([著·發] 勝木良吉, 大昌書院·普及書舘, 1920.12.30,

---

22) 원제목은「고려강시즁젼」이다. 젼 10회.

		77pp.)
【增】강틱공전 姜太公傳	박순호[家目]	1(博文書館, 4판 1925.9.15, 73pp.)
강태공전 古代小說姜太公傳	국회[目·韓Ⅱ](811.31) /[尋是齋 家目] ……	
강틱공실긔 권지이	박순호[필총](1)	2(장회본, 上: 37f.; 二: 33f.)
【增】강태공전	박순호[家目]	1(71f.)23)
【增】강태공전	정명기[尋是齋 家目]/ 김종철[家目]	1(영화출판사, 1953)
강틱공실기 姜太公實記	국중(3634-2-37=6)<초판> /국중(3634-2-46=6)<재판> /[仁活全](1)	1(16회, 國漢字 併記, [編發] 朴健會, 快齋著, 朝鮮書舘, 초판 1913. 11. 5; 재판 1915. 2. 22, 120pp.)
(고딕소설)강틱공전	국중(3634-2-46=4)	1([著·發] 高裕相, 滙東書舘, 1925. 12.25, 73pp.)

13.1. 〈자료〉
  Ⅰ. (영인)
    13.1.2. 仁川大民族文化硏究所 編,『舊活字本古小說全集』, 1. 銀河出版社, 1983; (再刊) 國際아카데미, 2002. (조선서관 1915 재판,「강틱공실긔」)
    13.1.3. 仁川大民族文化硏究所 編,『舊活字本古小說全集』, 1. 銀河出版社, 1983; (再刊) 國際아카데미, 2002. (대창서원·보급서관판,「강틱공전」)

【增】◐{강희원전}

　국문필사본　

강희원전	박순호[家目]	1(47f.)

◘14.[개과몽선록 改過夢仙錄]
◐{개과천선록 改過遷善錄}
▶(개국공실기 開國公實記 → 홍무왕연의)
▶(개똥추임록 → 십생구사)

◘15.[개벽연의 開闢演義]
  〈참고자료〉
    ① 「開闢衍釋通俗志傳」六卷 八十回: 明周游撰 …… 卷首有崇禎乙亥(八年) 王譽序 所記自盤古氏開天闢地起 至周武王弔民伐罪止◯(명나라 주유가 편찬한 것이다. …… 책머리에 숭정 을해

---
23) 첫머리 1면 반이 훼손됨.

가

[1635]년에 쓴 왕횡의 서문이 있다. 내용은 반고[24]씨가 하늘과 땅을 연 데서부터 시작하여 주 무왕[B.C. 1169~B.C. 1116][25]이 백성을 위문하고 은 탕왕[26]의 죄를 물은 데서 그치고 있다[孫楷第, 『中國通俗小說書目』, p. 24].

〈관계기록〉
(한문)
① 『靑莊館全書』(李德懋 1741~1793), '嬰處雜稿', 1: 余嘗見小說書目中 有「開闢演義」雖不開見 觀其名目 怪斯極矣●(내 일찍이 소설 서목을 보니 그 중에 「개벽연의」란 것이 있었다. 그 내용을 훑어 보니 괴이하기 짝이 없었다).
② 『玉鴛再合奇緣』[1786~1790](溫陽鄭氏 1725~1799), 15, 表紙 裏面: 「기벽연의」.
③ 『中國歷史繪模本』(完山[映嬪]李氏, 1762), no. 1: 「開闢演義」.

【增】
1) 『字學歲月』[1744](尹德熙 1685~1766): 「開闢衍繹」.
2) 『私集』(尹德熙 1685~1766), 4, 「小說經覽者」(1762): 「開闢衍繹」.
3) 『海南尹氏群書目錄』(國立中央圖書館所藏): 「開闢演義」.

【增】〈이본연구〉
1) 「開闢衍繹」의 전명은 「新刻按鑑編纂開闢衍繹通俗志傳」으로 모두 6권 80회로 이루어져 있고, '五岳山人周游仰止集 靖竹居士王黌子承釋'이라 되어 있다. 명나라 주유가 지은 것이다. 주유 왕횡 및 다른 평점자들의 생몰 연대나 출신, 내력은 알려져 있지 않다. 왕횡의 「開闢衍義敍」가 崇禎 8년[1635]에 쓰여진 것으로 봐서 주유 등이 숭정 전후 사람임을 추측할 수 있을 뿐이다. …… 여기서 지적하여야 할 것은 「개벽연의」의 완성은 주로 '여러 책을 수집하여' 이루어진 것이다. 당시에는 "천지개벽이나 삼황오제 하·상·주 여러 대의 사적을 그린 소설이 없었다. 그리하여 '按鑑參演 補入遺闕'(王黌, '開闢衍義敍')하였고, 이 소설에서 다룬 소재들은 작가가 모두 출처가 있으며 순수하게 창작한 부분은 많지 않다. 역사 기록을 그대로 옮겨 놓은 것이 대부분으로 총체적으로 보건대 예술성이 그다지 높지 않다. …… 필자가 대조해 본 결과 이 번역 필사본[기벽연역]의 원전은 명 숭정 乙亥[1635]에 나온 「開闢衍繹通俗志傳」의 번역이다. …… 「기벽연역」은 대체로 원전에 충실하게 번역되었으나, 전사를 거치는 과정에서 잘못 옮겨 적은 곳이 많이 보이며, 52회에서 65회까지 14회 분량의 번역이 생략되어 있다. 박재연 校註, 『기벽연역·분장누』[2002. 11], pp. 10, 11, 14, et passim)

15.1.〈자료〉
【增】Ⅰ. (영인)

---

24) 천지개벽할 때 이 세상에 나와 다스렸다는 중국 신화상의 임금 이름. 『述異記』에는 '옛날 반고씨가 죽자 그 머리는 四嶽이 되고, 두 눈은 해와 달이 되고, 기름은 강과 바다로 되고, 머리카락은 초목으로 되었다.'고 하였고, 같은 책의 또다른 곳에서는 '秦漢 시대의 속설에 의하면, 반고씨의 머리가 東岳이 되고, 배는 中岳으로 되었으며, 왼팔은 南岳이 되고, 오른팔은 北岳이 되고, 다리는 西岳으로 되었다.'고 하였다.
25) 중국 주나라 문왕의 아들. 呂尙[姜太公]을 太師로 삼고 아우 旦과 협력하여 紂王을 토벌한 후 은나라 왕조를 타도하고 주왕조를 창건하였다.
26) 중국 은나라의 첫 번째 왕. 하나라의 무도한 桀王을 내쫓고 왕위에 올랐다. 成湯.

1) 박재연 校註『기벽연역·분장누 開闢衍繹·粉粧樓』. 조선시대 번역고소설 총서 4. 이회, 2002.[27)]
   (서울대 규장각 소장)

【增】Ⅱ. (역주)

1) 박재연 校註『기벽연역·분장누 開闢衍繹·粉粧樓』. 조선시대 번역고소설 총서 4. 이회, 2002.
   (서울대 규장각 소장)

15.2. 〈연구〉

【增】Ⅲ. (학술지)

1) 朴在淵. "「기벽연역(開闢衍繹)」·「분장누(粉粧樓)」의 주석 연구."『기벽연역·분장누 開闢衍繹·粉粧樓』(이회, 2002. 12).

〈회목〉

(규장각 필사본『기벽연역』) (중국본「開闢衍繹通俗志傳」)

[권 1]

1: 반고시기텬탹디	盤古氏開天闢地
2: 텬황시뎡강지감	天皇定干支甲子
3: 디황분일월셩신	地皇分日月星辰
4: 인황분산쳔귀귀	人皇分山川九區
5: 텬디인삼황녁가	天地人三皇曆歌
6: 오룡녈시티텬하	五龍列氏治天下
7: 유쇼시교민가옥	有巢氏敎民架屋
8: 슈인시결승티졍	燧人氏結繩治政
9: 복희획괘뎡텬하	伏羲畫卦定天下
10: 농마부하도낙셔	龍馬負河圖洛書
11: 녀와시흥병듀공공	女媧氏興兵誅共工
12: 츅늉시대젼강회	祝融氏大戰康回
13: 녀와시년셕보텬	女媧氏練石補天
14: 녀황대봉녈국후	女皇大封列國侯

[권 2]

15: 신롱교민죵오곡	神農敎民種五穀
16: 친샹빅초뇨민질	親嘗百草療民疾
17: 졍위공쥬방신션	精衛公主訪神仙
18: 빅셩징살슉사시	百姓爭殺夙沙氏
19: 칠뎨계뎐승텬하	七帝繼傳承天下
20: 헌원구가멸치우	軒轅救駕滅蚩尤
21: 헌원시즉황뎨위	軒轅氏卽黃帝位

---

27) 중국본인 崇禎 乙亥「開闢衍繹通俗志傳」과 嘉慶二年「繡像粉粧樓全傳」(寶華樓梓)이 영인 부재되어 있다.

가	22: 뎨용뉵샹티텬하	帝用六相治天下
	23: 황뎨졔면뉴궁실	黃帝制冕旒宮室
	24: 원비교민양즈무	元妃敎民養蠶絲
	25: 뎨도셩뇽영승텬	帝道成龍迎昇天
	26: 쇼호즉위도곡부	少昊卽位都曲阜
	27: 구후봉지졍구려	九侯奉旨征九黎
	28: 구룡공셩암퇴[병]	勾龍攻城暗退兵

[권 3]

	29: 젼욱고양시즉위	顓頊高陽氏卽位
	30: 구태즈통병졍구려	九太子統兵征九黎
	31: 구태즈대젼구려	九太子大戰九黎
	32: 구룡퇴위멸구려	勾龍退圍滅九黎
	33: 젼욱멸녀복亽이	顓頊滅黎伏四夷
	34: 뎨곡고신시즉위	帝嚳高辛氏卽位
	35: 요솔팔원간뎨지	堯率八元諫帝摯
	36: 즁졔후폐쥬닙요	衆諸侯廢摯立堯
	37: 요뎨즉위도평양	堯帝卽位都平陽
	38: 요명평예샤구일	堯命平羿射九日
	39: 예격대풍뎨슈해	羿繳大風除獸害

[권 4]

	40: 평예부쳐입월궁	平羿夫妻入月宮
	41: 亽악긔곤티홍슈	四岳擧鯀治洪水
	42: 요뎨강구텽동요	堯帝康衢聽童謠
	43: 대순궁경어녁산	大舜躬耕於歷山
	44: 요뎨방현양텬하	堯帝訪賢讓天下
	45: 요양순텬하이붕	堯讓舜天下而崩
	46: 순뎨즉위쇼팔개	舜帝卽位召八愷
	47: 순뎨가남풍지시	舜帝歌南風之詩
	48: 순뎨명우졍삼묘	舜帝命禹征三苗
	49: 순명우티슈구민	舜命禹治水救民
	50: 순남슈션위어우	舜南狩禪位於禹
	51: 우왕승위회졔후28)	禹王承位會諸侯
	52:	禹惡旨酒貶儀狄
	53:	諸侯立啓卽帝位
	54:	罪宣禹訓廢太康
	55:	仲康卽位斬羲和

---

28) 이하 규장각본에는 제65회까지가 번역되지 않았다.

56:	后羿簒夏弑帝相
57:	寒浞誘民殺后羿
58:	少康中興滅寒浞
59:	七帝仁明享太平
60:	劉累醢龍貢孔甲
61:	桀寵妹喜殺龍逢
62:	桀王囚湯于夏臺
63:	桀王擧鼎會諸侯
64:	湯聘伊尹于莘野
65:	湯伊尹放桀滅夏

[권 5]

66: 걸왕상국주남소	桀王喪國走南巢
67: 탕즉위졔망삼면	湯卽位除網三面
68: 뉵스즈칙우상님	六事自責雨桑林
69: 이윤주후폐태갑	伊尹奏后廢太甲
70: 옥뎡승위곡이윤	沃丁承位哭伊尹
71: 듕뎡명무함벌이	仲丁命巫咸伐夷
72: 조을쳔도슈하결	祖乙遷都修河決
73: 반경작셔부흥샹	盤庚作書復興商
74: 무뎡판튝득부열	武丁版築得傅說
75: 부열봉지벌귀방	傅說奉旨伐鬼方
76: 무을무도피뇌진	武乙無道被雷震
77: 태뎡명계력졍노	太丁命季歷征虜
78: 계력슈봉셔빅후	季歷受封西伯侯
79: 듀통달긔은국상	紂寵妲己殷國喪
80: 쥬모왕됴민벌죄	周武王弔民伐罪

국문필사본

긔벽연역 開闢衍繹 권지일/……권지오	서울대[奎](古4330-2)	5(1: 55f.; 2: 52f.; 3: 44f.; 4: 40f.; 오: 56f.)
긔국연의 開闢演義	임형택[莽蒼蒼齋 家目]	……

15.1. 〈자료〉

【增】 Ⅰ. (영인)

1) 박재연 校註 『긔벽연역·분장누 開闢衍繹·粉粧樓』. 조선시대 번역고소설 총서 4. 이회, 2002.[29]
(서울대 규장각 소장)

---

29) 중국본인 崇禎 乙亥 「開闢衍繹通俗志傳」과 嘉慶二年 「繡像粉粧樓全傳」(寶華樓梓)이 영인 부재되어 있다.

【增】Ⅱ.(역주)

1) 박재연 校註『긔벽연역·분장누 開闢衍繹·粉粧樓』. 조선시대 번역고소설 총서 4. 이회, 2002. (서울대 규장각 소장)

15.2. 〈연구〉

【增】Ⅲ.(학술지)

1) 박재연. "「긔벽연역(開闢衍譯)」·「분장누(粉粧樓)」의 주석 연구." 『긔벽연의·분장누』(이회, 2002. 11).

◐{**개소문전** 蓋蘇文傳}
▶(거평위윤공전 → 윤지경전)
◘16.[[**검객모소전** 劍客某小傳]]
　〈작자〉兪漢雋(1732~1811)
　〈출전〉『著庵集』

◐{**검선룡채합이록** 劍仙龍釵合二錄}
◘17.[[**검승전** 劍僧傳]]
　〈작자〉申光洙(1712~1775)
　〈출전〉『石北文集』, 권16
　〈관계기록〉
　　①「劍僧傳」, 結尾(部分): 外史氏曰 劍師 俠而隱者乎 當壬辰之難 草埜勇[原注 二字缺, 鷟土?] 如洪季男·金應瑞輩 多奮起捍賊 立奇功 劍師伏而不[弗]出 不欲以功名自願 何哉 彼有異術 誠知壬辰之變 天數也 非區區智力可弭 自古智勇無能之士 多不免 小國尤甚焉 雖以國朝言之 南怡·金德齡皆是已 故劍師寧老死嵁巖 而不[弗]悔也 豈世傳二子所遇白頭隱者·草衣客之流也歟 至若不言其姓名 尤奇矣哉☯(외사씨가 말하기를, 검사는 협객이면서 은자인 듯싶다. 임진년의 난을 당하여 초야의 용사들인 홍계남·김응서[金應河 1580~1619] 같은 무리들이 모두 떨쳐 일어나 적을 막고 공을 세웠으나, 검사는 숨고 나오지 않아 공명으로써 스스로 드러내려 하지 않았음은 어쩐 까닭인가? 그는 이상한 술법을 지녔으나, 임진년의 변란은 천수요 구구한 지력으로써는 어쩔 수 없었던 것이다. 옛부터 지혜와 용기가 뛰어난 사람들이 모두 이 같음을 면치 못했는데, 우리 나라 같은 작은 나라에서는 더욱 심했다. 이제 국조[조선조]로써 말하더라도 남이[1441~1468]·김덕령[1567~1596] 같은 이들이 모두 그러했다. 고로 검사는 차라리 바위 틈에서 늙어 죽을지언정 후회하지 않았다. 어찌 세상에 전하는 것처럼 '두 사람이 만났던 백두은자와 초의객30)의 무리'가 아니겠는가? 그가 자신의 이름을 말하지 않았음에 이르러서는 더욱 기이하다 할 것이다).

17.1. 〈자료〉
　Ⅱ.(역주)

---

30) 속세를 떠나서 숨어 사는 사람.

【增】
　　1) 신해진.『朝鮮朝傳系小說』. 월인, 2003.
　　2) 朴熙秉 標點·校釋.『韓國漢文小說 交合句解』. 소명출판, 2005.

17.2. 〈연구〉
　Ⅲ. (학술지)
　【增】
　　1) 정하영. "「劍僧傳」의 人物型과 갈등 양상."『古典文學研究』, 22(韓國古典文學會, 2002. 12).

▶(겁지전 → 두껍전)
▶(게우사 → 계우사)
◘18. [견우직녀 牽牛織女]

국문활자본			
견우직녀 七月七夕 牽牛織女	국회[目·韓Ⅱ](811.31)/대전대[이능우 寄目](1149) 【削 '/조동일'】	1(世昌書館, ……

◐{경성유록 京城遊錄}
【增】▶(경암계암전 → 황릉몽환기)
◐{경애전}
▶(경화수궁전 瓊華水宮傳 → 토끼전)
▶(경화연 鏡花緣 → 제일기언)
◐{계명산 鷄鳴山}
◘19. [계상국전 桂相國傳] ← 계월선전
　〈관계기록〉
　　① Courant, 830:「계월선전 桂月仙傳」.

국문필사본

(계상국전)

【增】 계상국전 삼이라 桂相國傳三	박순호[家目]	1(3: 己酉臘月十八日, 50f.)
【增】 계상국전 삼이라 桂相國志傳 第參	박순호[家目]	낙질 1(3: 歲在丙戌四月初五日于書羅山下柳堤上柳峴……, 43f.)
【增】 계상국전 쵸 桂相國傳 初	박순호[家目]	낙질 1(37f.)
【增】 계월선전 권지사 桂相國傳 第四	박순호[家目]	1(4: 45f.)
【增】 桂相國傳	정명기[尋是齋 家目]	낙질 1(권3)

19.1. 〈자료〉
【增】Ⅱ.(역주)
　　1) 김수봉.『필사본고소설주해 1: 계상국전』. 세종, 2000. 1.

19.2. 〈연구〉
Ⅲ. (학술지)
　　19.2.4. 崔元午. "「계상국전」 연구."『語文論叢』, 14·15(全南大 國語國文學硏究會, 1994. 8).『한국고전산문의 탐구』(월인, 2002)에 재수록.

▶(계순전 桂荀傳 → 홍백화전)
▶(계심쌍환기봉[31] 桂心雙還奇逢 → 방한림전)
▶(계씨보은록 季氏報恩錄 → 이장백전)

◘20. [계우사 誠友詞][32]

20.2. 〈연구〉
Ⅱ. (학위논문)
〈석사〉
【增】
　　1) 이수정. "「이춘풍전」 연구:「계우사」와의 대비를 중심으로." 碩論(성균관대 대학원, 2000. 8).
　　2) 배선희. "「계우사」와「이춘풍전」 대비 연구." 碩論(신라대 교육대학원, 2002. 8).

Ⅲ. (학술지)
【增】
　　1) 金埈亨. "「계우사」 연구의 몇 가지 문제에 대하여."『韓國文學論叢』, 27(韓國文學會, 2000. 12).
　　2) 김현양. "「계우사」의 서술시각과 그 성취."『동방고전문학연구』, 4(東方古典文學會, 2002. 9).
　　3) 박일용. "구성과 더늠형 사설 생성의 측면에서 본 판소리의 전승 문제:「배비장타령」,「강릉매화타령」,「계우사」의 예를 중심으로."『판소리연구』 14(판소리학회, 2002. 10).

▶(계월선전 桂月仙傳 → 계상국전)
▶(계월전 桂月傳 → 홍계월전)
▶(계월충렬록 桂月忠烈錄 → 홍계월전)

◐{계천몽감록}
〈관계기록〉
　　① 『諺文古詩』(가람본), '언문칙목녹', 59:「계천몽감녹」.

◘21. [계축일기 癸丑日記] ← 서궁록 / 서궁일기 상

---
31) 꾸랑의『조선서지』(848) 주에는 '계심'은 여자 주인공의 이름이라 하고 있다.
32) 이 작품이 失傳된 판소리인「무숙이타령」임이 밝혀졌다.

〈작자〉 仁穆大妃의 內人[33]
〈관계기록〉

① 「癸丑日記」, 2, 末尾: 다 쓰려 ㅎ면 남산의 대를 다 버히다 엇디 다 니르쓰며 다 니르랴 ㅎ면 션뎐디 진ㅎ고 후뎐디 니른 믈 다 녜아기 삼아 보랴 닉인들이 잠간 긔록ㅎ노라.

【增】

1) 『[演慶堂]諺文冊目錄』(1920; 藏書閣所藏): 159. 「癸丑日記」 2冊.

21.1. 〈자료〉

Ⅱ. (역주)

【增】

1) 구인환. 『계축일기』. 우리고전 다시읽기 6. 신원문화사, 2002.
2) 조재현 옮김. 『계축일기』. 서해문집, 2003.

21.2. 〈연구〉

Ⅲ. (학술지)

21.2.51. 정은임. "朝鮮朝 王室에서의 少母妃에 대한 孝意識: 「癸丑日記」와 「恨中錄」을 中心으로." 『韓國學論集』, 3(강남대 한국학연구소, 1995. 12). "조선조 왕실에서의 年少母后에 대한 효의식: 「계축일기」・「한중록」을 중심으로"로 문학을 생각하는 모임 지음, 『한국문학에 나타난 노인의식』, Ⅰ(백남문화사, 1996. 10)에 재수록.

【增】

1) 韓相姬. "「癸丑日記」의 表現 特性論." 『崇田語文學』, 1(崇田大 國語國文學科, 1967. 12).
2) 민영복. "「계축일기」(일명 「서궁록」) 소고." 『論文集』, 8(空士官學校, 1978. 7).
3) 정은임. "「계축일기」는 과연 소설인가?: 장르 파악을 위한 재조명." 『원우논총』, 4(숙명여대 대학원 총학생회, 1986. 8).
4) 김정석. "「계축일기」 인물성격 고: 내인들의 성격을 중심으로." 『우리어문연구』, 12(우리어문학회, 1999. 2).
5) 朴大福. "朝鮮朝 敍事文學에 受容된 詛呪와 天觀念 Ⅰ: 「謝氏南征記」・「癸丑日記」・「仁顯王后傳」을 中心으로." 『語文硏究』, 108(韓國語文敎育硏究會, 2000. 12).
6) 朴大福. "朝鮮朝 敍事文學에 受容된 詛呪와 天觀念 Ⅱ: 「謝氏南征記」・「癸丑日記」・「仁顯王后傳」을 中心으로." 『語文硏究』, 109(韓國語文敎育硏究會, 2001. 3).

◪22. [계해반정록 癸亥反正錄]

(계향전 桂香傳 → 정향전)

◐{계화몽 桂花夢}

◐{계화전 桂花傳}

▶(고금기관 古今奇觀[34] → 금고기관)

---

33) 인목대비 자작설, 혹은 貞明公主와 그의 나인들의 합작설도 제기된 바 있다. 낙선재본 제2권 말미에 '內人들이 잠간 긔록하노라'라는 구절이 보인다.

◐{고금비원 古今秘苑}
◆23.[고금열녀집 古今烈女集]
　23.1.〈자료〉
　　Ⅰ.(영인)
　　　23.1.1. 仁川大民族文化硏究所 編.『舊活字本古小說全集』, 19. 銀河出版社, 1984; (再刊) 國際아카데미, 2002. (세계서관판)

▶(고담 古談 → 임진록)
■『고담요람 古談要覽』→ **영영전 / 운영전 / 위경천전**
　　한문필사본
　　古談要覽　　　　　　　　임형택[荈蒼蒼齋 家目]　　　　……

■『고담주옥 古談珠玉』35) → **영영전**
▶(고대동선기 → 동선기)
【增】◐{고도독정충효의록 高都督貞忠孝義錄}
　　국문필사본
　　고도독뎡튱효의록 高都督貞忠孝義錄　　임형택[荈蒼蒼齋 家目]　　낙질 1(제3권)

▶(고독각씨전 孤獨閣氏傳 → 꼭두각시전)
▶(고려강시중전 高麗姜侍中傳 → 강감찬전)
◐{고려태조 高麗太祖}
◐{고성효행록 雇星孝行錄}
　〈관계기록〉
　　① 金台俊,『朝鮮小說史』, p. 161:「雇星孝行錄」

■『고소설 古小說』→ **최원정화풍남태설 / 王秀才娶妻得龍說 / 李進士者智就三計說 / 洪彥陽義捐千金說**
◐{고씨세대록 高氏世代錄}36)
◆24.[[고압아 古押衙]]37) ←『전기』/ 무쌍전38)

---

34)『今古奇觀』의 원명.
35) 작자 및 연대 미상의 작품집. 소설 작품인「相思洞餞客記」외에「擬張良招四皓書」·「紫葉賦」·「白愁詩」·「御製祭文」등이 수록되어 있다.
36) 현재 미발견 작품이나, 정신문화연구원 소장「뉴시삼딕록」(낙질본, 권 14 1책)의 후기에 본 작품명이 나타나 있다.
37) 중국 당나라 때 薛調(830~872)가 지은 전기 소설「無雙傳」(薛調作)의 번역.『태평광기』, v. 486 雜傳記 3에 수록되어 있다.
38) 모든 사전 수정.

〈출전〉「고압아전기」라는 표제 안에 당나라의 전기 소설인 「無雙傳」, 「紅線傳」 및 「裴諶」의 3편이 번역되어 수록되어 있다(배심과 「홍선」에 관하여는 각각 해당 항목을 참조할 것).

〈참고자료〉

① 劉無雙: 唐 劉震女 震甥王仙客因父早亡 與母同歸外氏 仙客之母臨歿 曾乞以無雙歸仙客 朱泚之亂 震受僞命處極刑 無雙沒入掖庭 押往園陵 仙客往求古押衙 押衙求茅山道士藥 使無雙婢仮作中使 以無雙逆黨 賜藥令自盡 因贖其屍歸仙客 無雙復活 押衙自刎死 仙客與無雙歸襄鄧偕老◐(당나라 때 유진의 딸이다. 유진의 생질인 왕선객이 아버지를 일찍 여의고 어머니와 더불어 외가로 가서 살았다. 선객의 어머니가 임종에 이르러 무쌍을 선객에게 시집 보낼 것을 당부했다. 주자의 난에 유진이 부득이 위명을 받은39) 까닭으로 극형에 처해지고 무쌍은 강제로 궁중에 몰입되었다. 그 후 무쌍이 원릉 청소 작업에 동원됨을 안 선객이 고압아40)을 찾아가 방책을 구하니, 압아는 모산도사의 약을 써서 무쌍의 옛 여종을 시켜 무쌍을 역당이라 하여 약을 먹여 자결토록 했다. 그러한 후 그 시체를 매수하여 선객에게 돌려 주니 무쌍이 다시 살아났다. 압아는 사실이 드러남을 두려워하여 스스로 칼로 찔러 죽고 말았다. 선객과 무쌍은 고향인 양등으로 돌아가 해로하였다)[臧勵和 等編, 『中國人名大辭典』, 上海書店, 1980, p. 1470].

② 古押衙: 唐 建中時俠客 鄭尙書震有女名無雙 才色雙絶 曾許其甥王仙客 後震以受僞命處極刑 無雙遂沒入禁掖 後復供園林灑掃 一日仙客於褥下得書云 富平縣古押衙 人間有心人 今能求之否 仙客遂造訪古 卒賴其力 返無雙◐(당나라 건중[780~783] 연간의 협객. 그때 정상서 진에게 무쌍이라는 딸이 있어 재색이 뛰어났다. 일찍이 정진의 조카 왕선객에게 혼약을 했더니, 후에 진이 위명을 받아들인 까닭에 극형을 당하고 무쌍은 궁중에 몰입되었다. 후에 무쌍은 다시 원림 청소 작업을 맡아 하게 되었다. 하루는 선객이 자리 밑에서 편지를 얻었는데, 거기 하였으되 '부평현의 고압아는 세상에도 인정이 많은 사람인데, 이제 그를 만날 수 있겠는가?'라고 하였다. 선객이 드디어 고압아를 찾아가서 마침내 그의 도움을 얻어 무쌍을 돌아오게 하였다)[同上, p. 171].

24.2. 〈연구〉

Ⅲ. (학술지)

【增】

1) 노영근. "「고압아전기」 작품 분석." 『국민어문연구』, 5(국민대국어국문학연구회, 1997. 3).

▶(고열녀전 古列女傳 → 열녀전)

◐{고전소설 古典小說}

국문필사본

| 【增】 (한글소설) | 綠雨堂[古文獻] | 1 |
| 【增】 (한글소설) | 綠雨堂[古文獻] | 1 |

---

39) 반란군의 벼슬을 받음.
40) '압아'는 근위 사관을 일컫는다. 薛調의 「劉無雙傳」에는 이름이 '古洪'으로 되어 있다.

【增】(한글소설)	綠雨堂[古文獻]	1
【增】(한글소설)	綠雨堂[古文獻]	1
【削】(고전소설)	조동일/정문연[韓古目](37: R16N-000504-7)	1(44f.)

■『고향옥소사 古香屋小史』→ 申生傳 / 呂夫子傳 / **오대검협전** / 李景明先生傳 / 李生傳 / 李彦瑱傳

〈작자〉金祖淳(1765~1832)
〈출전〉金鑢(1766~1821)의 『藫庭叢書』, 12, 古香屋小史
〈관계기록〉

① 金鑢, 『藫庭遺藁』, 9, 丹良稗史, '題丹良稗史卷後': 余於壬子年間 與楓翁 收拾所著文字 爲『虞初續志』 未幾 余北竄南謫 遺亡太牛 其謫中所著 數十首 金穆如希天 持去 癸酉希天沒 問諸其孤 已失之矣 可勝惜哉 玆又搜取兩家文字 爲二卷 一曰『古香屋小史』 一曰『丹良稗史』 云爾 戊寅仲夏下澣 藫叟書◐(내가 임자년[1792] 간에 풍옹[金祖淳]과 함께 앞서 지은 글들을 수습하여 『우초속지』를 엮기로 했으나, 내가 그 사이 남북으로 멀리 귀양 다니느라고 그 대부분을 잃어 버리고 말았다. 그리고 귀양 중에 지은 수십 편을 목여 김희천이 가지고 갔는데, 계유년[1813]에 희천이 세상을 떠나서 그 아들에게, '이 책이 남아 있느냐?'고 물었더니, '이미 잃어 버렸다' 하니, 애석함을 이루 말할 수 없다. 이제 다시 김공과 우리 집에 남아 있는 글들을 모아 두 권을 만들고, 한 권은 『고향옥소사』라 하고 다른 한 권은 『단량패사』라 했다. 무인년[1818] 여름 하순에 담수[김려]가 쓰다).

② 同上, 10, 叢書題後, '題古香屋小史卷後': 余少時 與楓皐金[祖淳]相公 讀『虞初新志』 甚喜之 相與收拾 所著五十餘首 爲二絥 闕後姜左視借一卷 未及索還 余坐左視飛語獄 謫寧城 一卷 借寧城土人姜祥國鷹野 未幾 余被逮 下錦衣 旋配嶺南 及解歸 貽書鷹野 求之甚懇 鷹野二千里專人送之 而盡□缺 又逸其牛 文章之厄苦哉 玆分兩家所著 爲二絥云◐(내가 젊었을 적에 풍고 김상공[김조순 金祖淳, ?~1831]과 함께 『우초속지』를 읽고 매우 좋아하여, 서로 앞서 지은 글 50편씩을 모아 두 권으로 만들었다. 후에 그 중 한 권을 강좌시[姜彛天 1769~1801][41])가 빌려 갔었는데, 미쳐 돌려받기도 전에 내가 그의 '비어' 옥사[42])에 연좌되어 영성[富寧]으로 귀양 갔고, 또 한 권은 영성의 선비인 상국 강응야가 빌려 갔더니, 얼마 아니하여 내가 체포되어 다시 영남 땅[鎭海]으로 귀양을 갔다. 내가 귀양에서 풀려나 돌아와 응야에게 편지를 띄워 간절히 책을 구하니, 응야는 이천 리 길에 사람을 사서 책을 보내 주었다. 그러나 책은 이미 몹시 훼손되고 또 그 반 정도는 없어져 버렸다. 아아, 문장의 액운이 이처럼 심한가? 이에 김상공과 내 집의 글들을 모아 두 권으로 만들었다).

---

41) 화가로 이름 높은 姜世晃(1712~1791)의 손자. 어렸을 때부터 천재란 소문이 나 12살 무렵에 동몽으로 뽑혀 대궐에 들어가 시를 지어 바쳐 임금에게 칭찬까지 받았으나, 29세 때 이른바 '飛語獄'에 걸려 제주도로 유배를 갔다. 이때 正祖에게 그의 문체가 小品體라는 지탄을 받았다. 이후 1801년 辛酉獄事에 연루되어 심문을 당한 끝에 고문으로 인해 죽었다.

42) 1797년에 강이천 등이 주문모와 접촉하면서 천주교 교리를 배우며 妖言으로 민심을 혼란시킨다고 조정에 보고되어, 이에 연좌된 여러 인물들이 형조의 탄핵을 받아 유배에 처해진 사건.

【增】 ▶(고황후전 高皇后傳 → 고후전)
◐{고후전 高后傳} ← 고황후전
  【增】〈관계기록〉
   1) 『大畜觀書目』(19C初?):「高皇后傳」諺四冊.
   2) 『[演慶堂]諺文冊目錄』(1920; 藏書閣所藏): 117.「高后傳」4冊.

【增】 ▶(골생원전 骨生員傳 → 매화가)43)
◐{공명선생실기 孔明先生實記}
◘25.[공문도통 孔門道統]
  【增】〈관계기록〉
   1) 『[演慶堂]諺文冊目錄』(1920; 藏書閣所藏): 163.「孔門道統」1冊.

  국문필사본

  공문도통 孔門道統44)   정문연[장서각](4-6783)……

◘26.[[공방전 孔方傳]]
  〈작자〉林椿(1170년 경)
  〈출전〉『西河集』, 5; 『東文選』, 100, '傳'

 26.2.〈연구〉
   Ⅱ.(학위논문)
   〈석사〉
   【增】
    1) 이현숙. "한중「공방전」류 연구." 碩論(한양대 교육대학원, 2002. 8).

   Ⅲ.(학술지)
   【增】
    1) 김창룡. "실의와 곤궁이 빚어낸 술과 돈의 사색:「국순전」·「공방전」." 『가전 산책』(한성대출판부, 2004. 4).

◘27.[공부자동자문답 孔夫子童子問答] ← 공부자언행록 / 동자문답
 27.2.〈연구〉
   Ⅲ.(학술지)
   【增】
    1) 허원기. "희롱거리가 된 공자의 모습:「공자문답」." 『문헌과해석』, 18(문헌과해석사, 2002. 2).

---

43) 모든 사전 수정.
44) 원래 單行이어야 할 것이 『이본목록』에는 別行으로 誤植되었다.

▶(공부자언행록 孔夫子言行錄 → 공부자동자문답)
【增】◐{공신록전}

국문필사본

공신록전 　　　　　　박순호[家目]　　　　1(병오십일월십삼일, 칙쥬은 봉화군 봉성면원둔이 윤인기, 34f.)

◐{공자월훈교언행록}
【增】◐{곽광전 霍光傳}
〈관계기록〉
1) 『[演慶堂]諺文冊目錄』(1920; 藏書閣所藏): 193. 「霍光傳」 1冊.
2) 『[가람]칙목녹』(奎章閣所藏): 「곽광뎐 단」.

◆28.[곽낭자전 郭娘子傳] ← 곽씨전 / 곽씨열녀전 / 곽씨효행록 / *김부인열행록 / 곽열녀전 / 열녀전② / *옥낭자전[45])
〈이본연구〉
① 「옥낭자전」은 비교적 단편에 속하는 작품으로 이본에 板本은 없고, 필사본과 활자본으로 몇 종이 전해지고 있는데, 필사본 가운데 「곽낭자전」과 「곽씨전」이 주목된다. 필사 연대는 「곽씨전」만 나타나는데, 병자년으로 서기 1936년과 1876년이 해당되나 1876년으로 추정하였다. 「옥낭자전」과 「곽낭자전」 및 「곽씨전」의 핵심적인 사건 내용은 동일하나, 배경과 인물의 이름 및 성씨, 그리고 부분적인 장면, 문체 및 表現上 등에서 서로 차이를 보여 주고 있다. 위와 같은 차이는 「옥낭자전」과 다른 이본인 「곽낭자전」 및 「곽씨전」과는 큰 차이가 없는 것으로 확인되었다. 특히 후자들은 전자에 비하여 소설적인 수준에 미흡한 점이 많으며, 실제적이고 현실적인 모습을 지니고 있다(田溶文, "「玉娘子傳」 硏究," 『古小說硏究』, 1[1995. 12], pp. 457~458).

【增】
1) 「곽낭자전」의 이본은 형태 및 분량, 사건 전개상 「곽낭자전」 계열과 「열여전」 계열, 그리고 「옥낭자전」 계열로 구분된다. 그런데 「곽낭자전」 계열과 「열여전」 계열은 분량 및 형태면에서 축소되고, 간략하게 이루어진 반면에, 「옥낭자전」 계열은 이보다 크게 확대·발전된 모습을 갖추고 있다. 그리고 내용면에서도 「곽낭자전」 계열과 「열여전」 계열은 내용이 대체로 단순하고 간략하게 나타나는데 비하여, 「옥낭자전」 계열에서는 내용이 크게 확대·부연되고, 아울러 합리적이고 구체적인 모습을 지녔음을 볼 수 있다. 아울러 표현상에서도 동일한 장면에서도 「곽낭자전」 계열과 「열여전」 계열은 단순·간략하게 축소되어 있는 반면에, 「옥낭자전」 계열에 와서는 저보다 윤색·부연되어 장황하고 풍성하게 표현되었음을 볼 수 있다. 이런 점은 필사본류가 아직까지 현실적인 모습을 벗어나지 못했음을 말해 주는 반면에, 「옥낭자전」 계열은 전보다

---

45) 본 총서 중 『이본목록』의 고전 소설 표제 항목들이 27. 「공부자동자문답」 – 28. 「곽분양전」 – 29. 「곽삭전」 – 30. 「곽씨전」 – 31. 「곽장양문록」 순으로 잘못되어 있으므로, 이를 다른 책들처럼 27. 「공부자동자문답」 – 28. 「곽낭자전」 – 29. 「곽분양전」 – 30. 「곽삭전」 – 31. 「곽장양문록」 순으로 바로잡는 동시에, 『이본목록』 30. 「곽씨전」 항목은 없애고 그 중에 있던 기사들은 모두 28. 「곽낭자전」으로 옮긴다.

진일보하여 소설적인 표현으로 변형되었음을 말해 준다고 하겠다. 곧 조잡하고 무미건조했던 필사본류를 합리적이고도 극적인 수준으로 보완·변형시켜 「옥낭자전」 계열을 형성시켰으리라 추정된다. 다음으로 「곽낭자전」 계열은 열행을 감행한 전기적 인물이나 실재적 인물에 의한 전설 내지 실화를 효측·거양하기 위해 전기화하거나 미화시킨 작품이다. 이 작품의 내용이 실제적인 모습을 지녔기에 곽씨 집안이 세거지로 삼고 있는 경상도 현풍 지역에서 생성되었을 가능성이 많다고 보겠다. 그리하여 그 형태나 내용을 그대로 지닌 채로 인근을 벗어나 전국적으로 유전되는 가운데, 처음에는 「곽낭자전」 계열과 같은 이본이 만들어졌을 것이라 본다. 이어 주인공의 열행에 초점을 두고 그 표제명을 「열여전」 계열로 명명한 이본의 출현도 일어났던 것이다. 필사본류가 독자의 구미에 맞도록, 그리고 상업적 욕구를 충족시키기 위해 그것이 벗어나지 못한 조잡하고 미진한 부분을 합리적이고도 극적으로 보완하고, 나아가 소설적인 수준으로 확대·변형시켜 마침내 활자본 「옥낭자전」 계열과 같은 이본이 형성되기에 이른 것으로 추정된다(전용문, "「곽낭자전」 이본의 연구," 『韓國言語文學』, 49[2002. 12], pp. 22~23).

국문필사본

〈곽낭자전〉

곽낭자전	전용문[전용문, "「곽낭자전」 이본의 연구," 『한국언어문학』, 49]	1(14f.)[48]

(【增】 곽씨열녀전 / 곽씨전)

【增】 곽시젼	김종철[家目]	1(25f.)[46]
【增】 곽씨젼이라	김종철[家目]	1(20f.)[47]
【增】 곽씨전 霍氏傳	단국대[羅孫]/[筆叢](1)	1(f.)
【增】 곽시열여젼이라	박순호[家目]	1(40f.)[48]
【增】 곽씨전 단권	박순호[家目]	1(17f.)
【增】 렬녀곽씨젼	박순호[家目]	1(38f.)[49]
【增】 열여곽씨젼	박순호[家目]	1(22f.)
【增】 곽열여젼이라	박순호[家目]	1(16f.)
【削】 곽씨열녀젼	여승구[『古書通信』, 15(1999.9)]	1(權泰珌書, 丙子)
【增】 곽씨열여젼이라	여태명[家目](350)	1(18f.)
【增】 곽시젼	여태명[家目](446)	1(38f.)
곽씨열여젼 淸風郭氏烈女傳[49]	연대[古2](811.93/4)	1(17f.)
곽씨전 郭氏傳	임형택[莘蒼蒼齋 家目]	1(경신유월, 12f.)[50]

---

46) 「계여셔」와 합철.
47) 「주봉전」, 「장끼전」과 합철.
48) 「미화전 단이라」 합철.
49) 「쏙쏙각시이약이」(1f.) 합철.

〈곽씨열행록 / 곽씨효행록〉

	곽씨(효힝록)	고대(C15-A12)/정문연[韓古目] (50: R35N-003033-13)	1(경오이월십이일슈 후인이, 46f.)
	곽씨효힝녹	金約瑟[국회:古綜目]	1(庚午, 46f.)
【削】	곽씨회힝녹 霍氏傳 郭氏忠香錄	단국대[羅孫]-[漢目](古853.5/ 곽965)/정문연[韓古目](49: R35P -000001-4)/[筆叢](1)	낙질 1([표지]甲辰年謄書, [권말]光州鉢山居崔生員羅 州竹村, 癸卯十一月初三日, 권두파손, 19f.)
【增】	곽씨열힝녹	임형택[莽蒼蒼齋 家目]	1(병오원월십육일필 종, 20f.)⁵⁰⁾
	곽씨열힝녹	현곡서원(고창)[典籍目 4]	1(63f.)

〈열녀전 ②〉

열녜젼	박순호[필총](30)	1(37f.)⁽⁵¹⁾
열여전니라	박순호[필총](75)	1(15f.)

28.2. 〈연구〉

Ⅲ.〈학술지〉

「곽낭자전」

【增】

1) 전용문. "「곽낭자전」 이본의 연구." 『韓國言語文學』, 49(韓國言語文學會, 2002. 12).

◐{곽부용전}

▶(곽분양실기 郭汾陽實記 → 곽분양전)

◪29.[곽분양전 郭汾陽傳] ← 곽분양실기 / 곽분양충장록 / 곽분양충행록 / 안녹 산전

〈관계기록〉

① 『諺文古詩』(가람본), '언문칙목녹', 56:「곽분양츙중녹」.
② Courant, 788:「곽분양전 郭汾陽傳」.
③ Courant, 789:「곽분양츙힝록 郭汾陽忠行錄」.
④ Courant, 3351:「郭汾陽傳」.

【增】

1) 『欽英』(兪晩柱 1755~1788), 17, 1784. 3. 2: 宿蘭洞 夜聽「郭汾陽傳奇」令人大呵◐(난동에서 묵었다. 밤에 「곽분양전기」를 들었는데, 사람을 껄껄 웃게 만들었다).
2) 『[演慶堂]諺文冊目錄』(1920; 藏書閣所藏): 125.「郭武王忠壯錄」2冊.
3) 『[演慶堂]諺文冊目錄』(1920; 藏書閣所藏): 90.「郭汾陽傳」2冊.

---

50) 『붕당논』이란 책에 합철되어 있다.

국문필사본			
	곽분양튱장녹	계명대[古綜目](고811.35곽분양)	1

국문활자본			
(빅즈천손)곽분양젼	국즁(3634-2-47=1)	1([著·發]洪淳泌, 京城書籍業組合, 1926.12.20, 86pp.)(45)	
【削】 곽분양젼 郭汾陽傳	[仁活全](1)(47) 재판	1(新舊書林, 1917, 86pp.)	
곽분양젼 (百子千孫) 郭汾陽實記51)	국즁(3634-2-47=5)<재판>/[仁活全](1)52)<재판>/국즁(813.6-곽831ㅅ)<?판>/조동필/정문연[韓古目](48: R16N-000509-13)/홍윤표[家目]	1([著·發] 池松旭, 新舊書林, 초판 1913. 10. 25; 재판 1917.1 1.7; 3판 1921. 12. 20; 1923, 86pp.)	

29.1. 〈자료〉

Ⅰ. (영인)

29.1.2. 仁川大民族文化硏究所 編, 『舊活字本古小說全集』, 1. 銀河出版社, 1983; (再刊) 國際아카데미, 2002. (신구서림판)

▶(곽분양충장록 郭汾陽忠壯錄 → 곽분양전)
▶(곽분양충행록 郭汾陽忠行錄 → 곽분양전)

◨30.[[곽삭전 郭索傳]]

〈작자〉權韠(1569~1612)
〈출전〉『石洲集』, 外集, 1
〈관계기록〉

①「郭索傳」, 結尾: 太史公曰 郭索佳公子也 剛外而黃中 其學易者耶 觀其被堅執銳 凜然有橫草之氣 而卒死於草澤 悲夫 世或以無腸譏索 豈不過也☯(태사공이 말하였다. 곽삭은 훌륭한 공자로 밖은 굳세고 안은 누른 빛이니 그는 주역을 배운 자가 아니겠는가? 그의 굳세고 날카로움을 보면 늠름하여 횡초53)의 기상이 있었으나 마침내 초택54)에서 죽었다. 아, 슬프구나. 세상 사람들이 혹은 그를 무장공자라고 놀리니 이 어찌 잘못이 아니겠는가?).

30.2. 〈연구〉

Ⅲ. (학술지)

【增】

1) 김창룡. "게를 통해 본 묵시적 자아 및 현실 인식: 「곽삭전」." 『가전 산책』(한성대출판부, 2004. 4).

---

51) 판권지에는 '(古代小說)郭汾陽傳'으로 되어 있다.
52) 판권지는 없으나, 영인본 목차에는 신구서림판으로 되어 있다.
53) 풀을 휩쓰러뜨릴 듯한 기세.
54) 초원이나 늪. 뜻이 전하여 민간이나 在野의 뜻으로 쓰임.

가

◐{곽소저전}
【增】 ◐{곽씨경전}

국문필사본

| 곽씨경전 | 박순호[家目] | 1(27f.) |

▶(곽씨경전 → 옥단춘전)
▶(곽씨양문록 郭氏兩門錄 → 곽장양문록)
▶(곽씨열녀전 郭氏烈女傳 → 곽낭자전)
▶(곽씨열행록 郭氏烈行錄 → 곽낭자전)
▶(곽씨전 郭氏傳 / 霍氏傳 → 곽낭자전)
▶(곽씨효행록 郭氏孝行錄 → 곽낭자전)

◐{곽양부자전}55)

국문필사본

| 곽양부자전 | 여승구[『古書通信』, 15(1999.9)] | 1 |

▶(곽열녀전 郭烈女傳 → 곽낭자전)

◐{곽왕전}
  〈관계기록〉
   ① 『諺文古詩』(가람본), '언문칙목녹', 153: 「곽왕전」

▶(곽장군전 郭將軍傳 → 곽재우전)

◘31.[곽장양문록 郭張兩門錄]56)
〈작품연대〉
【增】
  1) 「곽장양문록」은 이미 「제일기언」에 그 제목이 제시되고 있으며, 꾸랑의 서목과 『언문책목록』에도 있다. 그리고 김태준은 『조선소설사』에서 「곽씨양문록」을 소개하고 있는데, 이것은 아마 「곽장양문록」일 것이다. …… 「제일기언」이 번역된 것이 1835~1848년임을 생각할 때, 「곽장양문록」은 그 이전에는 창작되었음이 분명하다(정병설, "「몽옥쌍봉연록」 연구," 『대전어문학』, 13[1996. 2], p. 31).
  2) 「몽옥」 연작의 창작 시기를 추정해 볼 수 있는 단서는 「몽옥」과 「곽장」에 添記되어 있는 필사기들이다. 이를 통해서 보면 「몽옥」의 필사 연도는 1855년(철종 6, 을묘)이고, 「곽장」의 필사 연도는 '홍본'이 1773년(영조49, 계사), '김본'이 1839년(헌종 5, 道光 己亥)이다. 이로써 「몽옥」 연작은 늦어도 1773년 이전에 창작된 소설임이 입증되어진 셈이다. 그런데 1773년에 필사된 '홍본'은 책 중간중간 여러 곳에 결락이 있어, 적어도 이것이 작자의 원작을 저본으로

---

55) 『이본목록』의 표제 순서 정정.
56) 「몽옥쌍봉연록」의 속작으로 알려져 있는 작품이다.

하여 필사한 것이 아니라, 당시에 유통되고 있던 어떤 전사본을 저본으로 하여 필사한 사실을 말해 주고 있다. 이러한 사실은 이「몽옥」연작이 1773년 필사 당시보다는 상당히 오래 전에 창작된 것임을 말해 준다. 또「곽장」~「차천」이 합본 형태로 필사된 것은「소현성록」과「소씨삼대록」이 용인이씨(1652~1712)에 의해「소현성록」이라는 단일 표제 하에 합본 형태로 필사된 것과 유사성을 갖는다. 다만「소현성록」연작은 2부작이고「몽옥」연작은 3부작이라는 차이가 있다. 현재까지는「소현성록」연작이 연작 소설로서는 가장 이른 시기에 나온 것으로 추정되고 있는데, 아무래도 최초 작에 있어서는 3부작보다는 2부작이 앞에 나왔을 것으로 보는 것이 자연스럽다는 점에서,「몽옥」연작이「소현성록」연작보다는 뒤에 나왔을 것으로 생각된다. 본고에서는 이상의 추론을 바탕으로,「몽옥」연작의 창작 시기를「소현성록」연작이 나온 뒤인, 17세기 후반 즉「창선감의록」과 같은 類의 장편 소설들이 활발히 창작되었던 숙종조로부터 18세기 중반 사이(1675~1750)를 그 창작 시기로 추정하였다(최길용, "「몽옥쌍봉연록」 연작의 서지적 고찰," 『古小說硏究』, 12 [2001. 12], pp. 256~257).

〈관계기록〉
① 『第一奇諺』(洪羲福 1794~1859), 序: 녁대 연의에 뉴는 임의 진셔로 번역흔 빈니 말솜을 고쳐 보기의 쉽기를 취흘 쓴이요 그 ᄉ실은 ᄒᆞᆺ지여니와 그 밧 『뉴시삼대록』・『미소명힝』・『조시삼대록』・『츙효명감녹』・『옥원지합』・『님화경연』・『구리공숑녈긔』・『곽쟝냥문록』・『화산션계록』・『명힝졍의록』・『옥닌몽』・『벽허담』・『완월회빙』・『명쥬보월빙』 모든 쇼셜이 슈삼십 죵의 권질이 호대ᄒᆞ야 혹 빅 권이 넘으며 쇼불하 슈십 권에 니르고 그 남아 십여 권 슈삼 권식 되ᄂᆞᆫ 스오십 죵의 지ᄂᆞ니.
② 「몽옥쌍봉연록」: 댱가 빙물은 슌금 팔지오 곽가 답빙은 빅옥 구란치라 곽녹의 ᄀᆞ초 긔록ᄒᆞ니라.
③ 동상: 쇼쥐 금궐의 쥬ᄉᆞᄒᆞ고 왕ᄌᆞ의게 가ᄒᆞ니라 이 가온ᄃᆡ 긔이흔 셜화 이셔 쳐엄부터 긔록ᄒᆞ야 「곽댱양문녹」이 되니라.
④ 동상: 쟝왕의 님종 슈연과 ᄌᆞ녀의 부귀 영총은 「곽쟝냥문녹」의 이셔 쇼셜이 되엿ᄂᆞᆫ 고로 베푸지 아녓ᄂᆞᆫ지라.
⑤ Courant, 910: 「곽쟝냥문녹」
⑥ 金台俊, 『朝鮮小說史』, p. 161, 「郭氏兩門錄」
⑦ 『諺文古詩』(가람본), '언문칙목녹', 7: 「곽즁양문녹」

【增】
1) 홍태선 소장 「곽댱냥문녹」, 1, 緖頭: 원닉 쟝공 본젼 ᄉᆞ덕과 삼부인 셜화ᄂᆞᆫ「몽옥긔린뎐」의 이셔 임의 대강을 긔록ᄒᆞ엿ᄂᆞᆫ 고로 드듸여 댱광염의 무궁흔 ᄉᆞ덕과 ᄉᆞ공자 혜의 허다 곡졀이 긔이ᄒᆞ미 만흔 고로 이에 별로 긔록ᄒᆞ야 슈졔 「곽댱냥문녹」이라 ᄒᆞᆷ은 일작 곽문 ᄌᆞ여로써 혜영과 갓ᄒᆞ고 일ᄏᆞ르미오 별회 차편이라 ᄒᆞᆫ 댱공ᄌᆞ 곽쇼져의 슉셰가연을 탄상ᄒᆞ미라.
2) 김준영 소장본 「곽댱양문녹」, 1, 緖頭: 원리 쟝공 본젼의 사젹과 삼부인 셜화ᄂᆞᆫ「몽옥긔」란 칙이 잇셔 임의 ᄃᆡ강을 긔록ᄒᆞ연는 고로 듸듸여 공의 쟝여 광염의 무궁한 사젹과 사공ᄌᆞ 쟝혜의 허다 곡졀이 긔이ᄒᆞ미 만흔 고로 이예 별로 긔록ᄒᆞ야 슈졔 「곽댱양문녹」이라 ᄒᆞᆷ은 일작 곽문 ᄌᆞ여로써 혜염과 가튼 고로 일카르미요 별회 ᄎᆞ쳔긔합이라 ᄒᆞᆷ은 쟝공ᄌᆞ 곽쇼져의 슉셰 긔연을 탄샹ᄒᆞ미라.

가

【增】〈이본연구〉

1) 「곽장양문록」의 '김본'[김준영 소장본]은 제2권이 결본인 채 1권과 3권부터 8권까지 모두 7권 7책이 전하는데, 민간에서 전사된 것으로 중간중간 둔필로 조악하게 쓰여진 곳들이 있고, 또 책의 보존 상태가 좋지 않아 군데군데 책장이 마멸된 곳과 결락이 있을 뿐 아니라, 오·탈자는 물론 난필로 인해 판독에 어려움을 주는 곳이 많은 것이 흠이다. 그러나 두 자료['김본'과 '홍본']의 존재는 상호 대교를 통해서 각 자료가 가지고 있는 불완전성을 보완하여 원작의 내용을 복원해 낼 수 있다는 점에서 큰 의미를 갖는다 할 수 있다. 즉 '김본'은 그 자체만으로는 '홍본'[홍두선·홍태한 소장본]에 비해 불완전한 부분들이 상대적으로 많아 자료적 가치가 떨어진다고 할 수 있지만 '홍본'이 가지고 있는 결락과 오·탈자, 탈문 등과 같은 자료적 결함들을 상당한 정도로 복원해 줄 수 있다는 점에서 또 '홍본' 못지않게 중요한 의미를 갖는다. 한편 '김본'은 작품의 표제를 1권부터 6권까지는 「곽당양문녹」이라 하고, 7권과 8권에는 여기에 「차천 긔합」이라는 표제를 덧붙여서 놓고 있어서 「차천」이 「곽장」에 연속되는 이야기이면서 따로 존재하는 독립 소설임을 보여 주고 있다. 이로써 '김본'은 지금까지 「곽장」을 한 편의 작품으로 여겨 왔던 잘못을 바로 잡아, 「곽장」-「차천」이 합본 형태로 전승되어온 연작 소설이라는 사실을 알 수 있게 하였다. 그리고 이것이 또 전편인 「몽옥」으로 연결됨으로써, 이 연작이 「몽옥」-「곽장」-「차천」으로 이어지는 3부 연작 소설이라는 사실이 밝혀지게 되었다. 그 밖에 '홍본'과 '김본'은 66년이란 시차를 두고 필사된 자료로서 필사 연대가 분명하고, 특히 구개음화 현상과 복자음[ㅼ]이 된소리[ㅆ]으로 변하는 현상이 뚜렷하게 나타나기 때문에 국어학 자료로서도 가치가 인정될 수 있을 것으로 생각된다(최길용, "「몽옥쌍봉연록」 연작의 서지적 고찰," 『古小說硏究』, 12 [2001. 12], p. 256).

〈판본연대〉

【增】

1) 이로써[지연숙의 논문] 이 '홍본'[홍두선 소장본]은 최소한 1786년 이전에 필사된 사실이 확인되었는데, 뒤에 '홍본' 1~2권[홍태한 소장본]이 추가로 발견됨으로써 그 필사 시기를 정확히 알 수 있게 되었다. 즉 '홍본' 1권 표지 안쪽에는 이 책의 필사 간기와 경위를 다음과 같이 밝혀 놓고 있다. …… [원문 생략] …… 이로써 이 '홍본'의 필사 시기는 癸巳年 2월 곧 1773년 2월임을 알 수 있다. 그런데 成氏가 의빈에 책봉된 것은 1783(정조7)년의 일이므로 의빈이 이 '홍본'의 5권과 6권의 필사자로 기록된 사실은 이 5권과 6권은 적어도 1783년에서 1786년 사이에 필사된 것이라는 사실을 말해 준다. 즉 이 10권의 책은 계사년에 동시에 필사된 한 질의 책들이 아니고 필사 시기가 다른 책들이 섞여 있음을 알 수 있다. 어떻든 현전 '홍본'의 필사가 시작된 시기는 1773년이므로 그 창작 연대는 이보다 앞선 시기임이 틀림없다(최길용, "「몽옥쌍봉연록」 연작의 서지적 고찰," 『古小說硏究』, 12[2001. 12], pp. 227~228).

국문필사본

| 【增】 곽댱냥문녹57) | 김준영 | 낙질 7(1: 45f.; 2: 결; 3: 기해삼월이십일일츄필낙셔하노라, 51f.; 4: 기해사월초오일이라, 43f.; 5: 36f.; 6: |

---

57) 표제가 권 7은 '곽댱양문녹 권지뎨칠 차천긔합 별견'; 권 8은 '곽댱양문녹 권지팔 차천긔합 별견'으로 되어 있다.

| 곽장양문록(53) | 洪斗善 | 63f.; 7: 도광기해[1839]사월십오일셔, 65f.; 8: 도광기해사월염오일경인셔, 52f.; 9: 이하 결) |
| 【增】 곽댱양문녹 | 홍태선 | 낙질 8(1~2 결; 3: 【削 'q'】 48f.; ······ 낙질 2(1: [표지이면]계ᄉ듕츈의「곽댱냥문녹을쓰이고두궁과모든닉인들이벗기니일권일궁ᄌ갑소오시니······, 44f.; 2: 48f.; 3: 이하 결) |

31.2. 〈연구〉

Ⅲ.(학술지)

【增】

1) 최길용. "「몽옥쌍봉연록」 연작의 서지적 고찰: 홍두선본「곽장양문록」과 김준영본「곽장양문록」의 비교를 중심으로."『古小說硏究』, 12(韓國古小說學會, 2001. 12).

〈줄거리〉

【增】

(권 1) 곽문영의 차자 선경[14세]이 영처사에게 수학하던 중 문영의 고우(故友) 가급사를 만났다. 가급사의 초대를 받고 찾아가다가 선인(仙人)을 만나 천녹보 2권을 배우고 용력이 증진되었다. 가급사의 차녀 선도[12세]를 본 후 마음을 빼앗겼으나 모친이 위중하다는 연락을 받고 급히 돌아가게 되고, 뜻밖에 장홍의 장녀 광염과 이미 정혼했다는 소식을 들었다. 선경은 선도와 혼인하지 못하게 되었으므로 광염과의 혼인을 못마땅하게 여겼다. 장원급제를 축하하는 연회에서 선경이 창기와 대무하자 장홍은 오히려 창기들에게 상을 내렸다. 선경과 광염이 혼인했다. 선경은 광염의 자색과 인품을 보고 기뻐하나 가씨를 잊지 못하고, 광염은 예법을 굳게 지키고 잘못을 가차없이 지적하는 등 유순하지 않으므로 금실이 화락하지 못했다. 선경은 가급사 일가의 피화(被禍)를 듣고 가씨를 단념한 후, 주태수의 장녀가 미색임을 듣고 꿈에 신인의 계시를 받았다고 계교를 꾸며 혼인했다. 광염이 선경의 길복을 짓느라 무리한 나머지 쓰러졌다. 선경이 주씨에게 빠져 광염을 돌아보지 않자, 장홍이 광염을 데려갔다. 친정에서 건강이 회복되고 회임했음을 알게 되나 곽부에는 비밀로 했다. 진부인과 광염이 만나주지 않자 선경은 더욱 주씨를 총애했다. 안성공주의 딸 한씨가 선경의 풍채를 사모하여 황제의 사혼을 받았다. 한씨는 간악한 심성을 감추고 효우와 공경에 힘써 구고의 사랑을 얻고, 선경은 꽃 같은 용모와 능란할 말솜씨에 이끌려 총애했다. 이때 창기 8인이 선경을 사모하여 곽부에 머물고 있었는데, 주씨와 한씨가 늦게야 이를 알고 분노했다

(권 2) 한씨가 유모 설녀를 시켜 주씨의 투기를 부추기고 자신은 창기를 너그럽게 대하니 가중이 모두 한씨를 칭찬하나 선경과 현경[문영의 장남]은 한씨의 실체를 꿰뚫어 보았다. 선경이 장부(張府)에 문안하러 갔다가 광염의 득남을 알게 되었다. 인보의 출생 이후 선경이 장부에 머무르자 주씨·한씨기 분하게 여겼다. 선경과 곽문영이 광염을 돌려보낼 것을 거듭 청했으나 장홍과 진씨가 허락하지 않다가, 분양왕[곽자의]의 생일연에서 곽자의가 청하자 비로소 돌려보냈다. 구고와 가중이 모두 광염를 칭송하고 선경도 광염과 잘 지내 보려고 노력했지만 광염이 너무 엄숙하여 화락하기 어려웠다. 팔창(八娼)이 광염에게 명첩을 올리니 주씨·한씨가 분노하고, 한씨의 충동질로 주씨가 팔창을 매질했다. 선경이 산동순무

어사가 되어 떠났다. 노상에서 피화(被禍)한 가급사댁 자제를 만났는데, 선경은 그가 선도임을 눈치채고 데려다가 보호했다. [선경이 떠난 후 가급사와 부인이 기세하고, 무성현령의 구혼을 두 공자가 허락하지 않자, 현령이 공자 형제를 잡아 가두고 소저 형제를 핍박했다. 두 소저가 도주하여 옛집에 숨었으나 무성현령이 다시 태안현령에게 의뢰하여 집에 불을 질렀다. 이에 백도는 우물에 빠져 죽고 선도는 도망쳐서 산에 숨어 지내던 중 선경을 만났다.] 선경이 무성현령과 태안현령을 벌하고 가공자 형제를 구했으나 무성현령의 아들이 자객을 보내 공자 형제를 살해했다. 선경이 선도를 표숙 고한림에게 보내고, 직임을 마치고 돌아와 태학사가 되었다. 선경이 일가에게 가씨의 일을 고하여 혼사를 허락받자 한씨가 모친[안성공주]에게 부탁하여 가씨를 황제의 후궁으로 삼으려 했다. 그러나 가씨가 선경을 위해 절행을 지켰음이 알려져 오히려 선경과의 혼사가 빨리 진행되었다. 광염이 딸을 낳고 주씨가 아들을 낳아 후대를 받으므로 한씨가 분노하여 선경에게 회심단을 먹였다. 선경이 며칠 고생했을 뿐 약효가 없자 한씨는 광염이 약을 먹인 것처럼 소문을 냈다. 가중이 모두 놀랐으나 선경은 한씨의 소행임을 알고 덮어두려 했다. 황숙 담의 딸이 용모가 매우 추하지만 경륜과 지략을 지녔으므로 부모가 제갈량 같은 사위를 구했다. 선경이 자청하여 혼인했다. 이어 가씨를 맞으니, 광염과 이씨는 서로 심복하고 가씨는 광염을 공경했다. 선경이 가씨만 총애하자 주씨·한씨·팔창의 원망이 깊어졌다. 한씨가 자신은 온순한 체하면서 온갖 거짓말까지 꾸며 주씨의 분노를 더하니 주씨가 투부(妬婦)로 지목받았다. 한씨와 한씨의 보모 설녀는 현재 총애받고 있는 가씨보다 광염이 장래에 더 위협이 된다고 판단하여 제거를 결심하고 재물로 비복과 팔창의 마음을 얻었다. 분양왕이 기세(棄世)하여 곽상서 내외가 강서로 내려가고, 장홍이 취국하고, 선경은 외조모가 와병했다는 소식을 듣고 무양으로 떠났다. 노상에서 광염·가씨의 간부를 자처하는 두 명의 수재를 만나 크게 의심하지만, 외조모를 구병하고 돌아오는 길에 양처사의 가르침으로 모함임을 깨달았다. 한씨가 아들을 낳고, 선경은 여행의 후유증으로 앓았다. 이에 한씨가 일부러 병든 척하고, 설녀가 술사를 불렀다. 술사가 선경·한씨·한씨의 아들이 죽기를 빈 축사와 목인(木人)을 파냈는데, 모두 광염의 글씨였다(지연숙, "「몽옥쌍봉연록」-「곽장양문록」 연작의 창작 기반과 문제 의식." 李樹鳳 외, 『韓國家門小說硏究論叢』, II[1999. 7], pp. 342~344).

◘32.[곽재우전 郭再祐傳] ← 곽장군전 / 홍의장군전

〈관계기록〉

① 金台俊, 『朝鮮小說史』, p. 70.

② 金起東, 『李朝時代小說論』, p. 589.

32.2. 〈연구〉

Ⅲ. (학술지)

「곽장군전」

【增】

1) 郭正植. "「곽재우전」과「곽장군전」의 비교 연구." 『東洋漢文學硏究』, 17(東洋漢文學會, 2003. 4).

「곽재우전」

【增】
1) 郭正植. "「곽재우전」과「곽장군전」의 비교 연구." 『東洋漢文學硏究』, 17(東洋漢文學會, 2003. 4).

【增】◘32-1. [곽종운전]

〈제의〉 '곽종운'의 전기

국문필사본

| 곽종운전 | 京都大[河合弘民]
三十七統三戶 崔載謹謄書, 33f.) | 1(隆熙二年[1908]戊申正月
初五日終 中部塔洞 |

32-1.2. 〈연구〉

Ⅲ. (학술지)
1) 윤경아. "「곽종운전」: 계모와 열녀의 운명." 『문헌과 해석』, 28(문헌과해석사, 2004. 9).

〈줄거리〉

명나라 때 윤주 땅에 사는 전 이부상서 곽부응은 고향에서 산업과 덕행에 힘쓰는 인물이었다. 꿈에 선관으로부터 구슬 하나를 받으며 귀자를 잘 길러 후사를 이으라는 전언을 들은 뒤 아들 소옥을 낳았다. 그런데 부인 이씨가 병이 나서 죽고 말았다. 곽부응은 상처한 지 3년 만에 가까이 사는 심씨 가문의 딸과 재혼하였다. 그런데 그는 항상 죽은 이씨 부인만을 생각하면서 전처 소생인 소옥을 더욱 애지중지하였다. 이 때문에 심씨는 소옥을 시샘하게 되고, 급기야는 소옥을 해칠 마음을 품게 되었다. 그리고 소옥이 장씨와 혼인한 날 밤, 심씨는 하인에게 신랑 소옥의 머리를 베어 오게 했다. 곽부응은 자식의 죽음을 확인한 후 망연자실해 있다가 곧 자기 집안 사람의 소행이라 여겨 집으로 돌아와 하인들을 엄책했다. 곽부응은 심씨와 심씨 소생들을 다 죽인 뒤, 심씨 집안 사람들에게 결박당하였다가 도망하여 스님이 되었다. 신부 장씨는 열 달 뒤에 유복자 곽종운을 낳아 길렀다. 곽종운은 어려서 어머니로부터 과거사를 듣고는 아버지의 원수를 갚고 할아버지를 찾으리라 다짐했다. 열 살이 되어 과거를 보러 길을 떠났다가 도사를 만나 천문지리와 육도삼략을 배우고 하산했다. 곽종운은 증양도에 사는 진현의 집에 하룻밤 머무르며 진현과 고금사를 의논하고, 진현 부부는 종운을 사랑하여 사위로 삼았다. 곽종운은 혼인 후 과거에 급제하여 한림학사가 되었다. 곽종운은 암행어사가 되어 길을 가다가 산에서 할아버지 곽부응을 만나 고향으로 보낸 뒤, 증양도로 가서 진현 부부와 부인을 만나고 고향 윤주로 갔다. 장씨는 시아버지 곽부응을 만나 눈물을 흘리며 기뻐하고, 곽부응은 장씨에게 곽종운이 어사가 되었음을 알려 주었다. 장씨는 아들에게 며느리가 보고 싶다고 말하며 빨리 데려 오도록 하고, 이에 진현이 진부인을 데려 오자, 모친 장씨는 덕이 있는 며느리라며 기뻐했다. 곽종운이 경성에 올라가려 하는데, 장씨가 자살 의도를 내비치면서 할아버지 곽부응을 정성껏 모실 것을 당부했다 어머니의 자살을 간신히 만류한 곽종운이 방으로 돌아와 밤 늦도록 어머니를 걱정하며, 진부인에게 어머니를 잘 모실 것을 당부한 뒤 잠자리에 들었다. 늦잠을 잔 곽종운 부부는 어머니의 침소에 갔다가 어머니의 죽음을 확인하고 애통해 했다. 황제가 정려문을 내렸다. 3년 상을 마치자 할아버지가 죽었다. 3년 상을 마친 후, 곽종운은 부인과 아이를 두고 상경했다. 외적이 침입하자 곽종운이 대사마대장군이 되어 군사를 이끌고 출전했다. 곽종운은 전쟁터에 도착하

가

여 상대편의 격서를 받고 분기대발하며 우장 설응을 내보냈다. 설응은 적장 장철과 싸워 이겼으나, 이어 나온 다른 적장의 칼에 맞아 죽었다. 다음 날 곽종운측의 장수 황재경이 충변측의 장수를 죽이고, 그 이튿날 충변측의 가국이 황재경을 사로잡아 죽였다. 다음 날 곽종운이 가국을 죽이자, 적진에서 장수 둘이 나와 곽종운과 싸우다가 승패를 보지 못하고 각각 본진으로 돌아갔다. 이튿날 곽종운이 이들을 죽이니 충변은 진을 굳게 닫고 곽종운과 대적하지 않는 한편, 일군의 군사들을 시켜 황성으로 쳐들어가서 황제의 항복을 받도록 작전을 변경했다. 충변의 공격을 받은 황제는 다른 장군을 내보냈지만 속수무책으로 당하고 포위됐다. 곽종운은 천문을 살펴 황성의 변고를 헤아린 뒤, 군대를 나누어 황성으로 가서 적들을 소탕하고 다시 본진으로 돌아와 충변과 대적했다. 충변측의 가맹과 곽종운이 대결했으나 승부를 내지 못하고 각각 본진으로 돌아갔다가 이튿날에야 곽종운이 가맹을 죽이고 적군을 엄살했다. 충변은 도망가고, 곽종운은 왕에 봉해졌다. 산으로 도망한 충변은 기인 석원출을 찾아내고, 원출은 충변의 정성에 마음을 움직여 곽종운과 대적하기로 결심했다. 석원출과 충변은 군사를 이끌고 황성으로 향했다. 충변이 재침입하자, 곽종운이 기병하여 방비하러 나섰다. 석원출과 곽종운은 서로 대적하여 싸우다가 승부를 내지 못하고 각각 본진으로 돌아갔다. 다음 날 곽종운이 원출을 사로잡고 그 기세를 몰아 적군을 소탕했다. 곽종운은 변왕에 봉해지고, 충변과 원출은 복주됐다. 곽종운은 가속과 나라를 잘 다스리고, 백성들은 태평한 세월을 보냈다(윤경아, "「곽종운전」: 계모와 열녀의 운명," 『문헌과 해석』, 28[2004. 9], pp. 229~231).

◙33. [곽해룡전 郭海龍傳] ← 쌍두장군전

국문필사본

【增】 郭海龍傳	정명기[尋是齋 家目]	1
【增】 곽해룡젼	정명기[尋是齋 家目]	1
【增】 곽희룡젼	橫山弘[이윤석 외, 『貰冊古小說研究』, 73]	낙질 1(2: 셰즈경유스월)

국문활자본

(곽해룡젼)

【增】 (古代小說)郭海龍傳 곽희룡젼	국중(3634-2-46=3) 재판	1([발행자 불명], 초판 1917. 12.1; 재판 1924.1.25)
곽희룡젼 古代小說 郭海龍傳	국회[目·韓II](811.31)/대전대 [이능우 寄目](1145) /박순희[家目]/조희웅[家目]	1([著·發]申泰三, 世昌書舘, 1952 .12.30, 40pp.)
곽해룡젼 (古代小說)郭海龍傳	국중(3634-2-46=2)<초판> /조윤제[李 : 古硏, 272]<재판> 【削'/[국회:古綜目]'】	1([著·發]池松旭, 新舊書林, 1917. 12. 5; 재판 1924, 58pp.)
곽희룡젼 (古代小說)郭海龍傳	국중(3634-2-29=5)/국중 (3634-2-30=9)<이상 1925 년판>/[亞活全](1)<1929>	1([著·發]姜義永, 永昌書舘·韓興書林·三光書林, 1917; 1925.11.20; 1929, 47pp.)

【削】 곽히룡젼	[우쾌재, 123]	1(韓興書林, 1925)
(쌍두장군전)		
쌍두장군젼 雙頭將軍傳	국중(3634-2-7=5)/[仁活全](5)	1(9회, 朴健會著, [編發]朴健會, 朝鮮書舘, 1917.10.10, 55pp.)

33.1. 〈자료〉
Ⅰ. (영인)
「쌍두장군전」
    33.1.4. 仁川大民族文化硏究所 編, 『舊活字本古小說全集』, 5. 銀河出版社, 1983; (再刊) 國際아카데미, 2002. (조선서관판)

33.2. 〈연구〉
【增】 Ⅱ. (학위논문)
  1) 권유은. "「곽해룡전」의 구조와 의미." 碩論(경북대 대학원, 2004. 8).

34. [[관부인전 灌夫人傳]]
〈작자〉 成汝學(1592년경)
〈출전〉 『續禦眠楯』
〈관계기록〉
  ① 「灌夫人傳」 結尾: 史臣曰 夫人之德 其至矣 溫潤之性 能使人心歸向 生殺之權 能與春秋匹美 開闔則順陰陽之理 含忍則有容物之度 其他承乾生成之德 有不可殫記 後有人 作夫人小池詩一絶句曰 兩脚山中有小池 池南池北艸離離 無風白浪翻天起 一目朱龍出入時 亦可謂記實也 ◉(사신이 말하기를, "부인의 덕은 참으로 지극하구나. 온윤[58]한 성품은 능히 사람의 마음을 돌아서게 하고 죽이고 살리는 힘은 능히 『춘추』[59]에 짝할 수 있다. 여닫음은 음양의 이치를 따르고, 참고 받아 들임은 만물을 포용하는 풍도가 있다. 그 밖에 하늘의 뜻을 받들어 생성하는 덕은 이루 다 적을 수가 없다. 후에 어떤 사람이 '부인 소지'라는 절구시 한 편을 지었는데 그 내용은 이러하다. '양각산 가운데 작은 연못 있고 못의 남북쪽엔 풀들이 가득하다. 외눈박이 용이 못을 드나들 때 바람 없이 일어나는 흰 물결은 하늘까지 치솟는다'").

35. [[관성자전 管城子傳]]
〈작자〉 韓星履(1880년경)
〈출전〉 『可軒未定稿』
〈관계기록〉
  ① 「管城子傳」, 結尾: 野史氏曰 余讀「管城子傳」 歎其有及人之量 而無自己之實得也 胡不蓄銳

---
58) 마음씨가 따뜻하고 온화한 기운이 있음.
59) 중국의 고전인 '五經' 중의 한 책. 중국 魯나라의 隱公 1년(B.C. 722)에서 哀公 12년(B.C. 481)까지의 12대 242년 간의 사적을 노나라의 사관이 편년체로 기록한 것을 孔子가 비판적 입장에서 수정을 가하고 正邪善惡의 가치 판단을 내린 것.

而養精 以裨其壽 而苟有人求 不計摩頂放踵 而應之 以招外譏 何其不自惜也 惜乎其小此也 ●(야사씨가 말하였다. 내가 「관성자전」을 읽어보고 그가 남에 못지 않는 기량을 갖고 있으면서도 자신의 실을 얻은 바 없음을 한탄하였다. 어찌 날카로움을 모으고 정기를 길러 그 목숨을 보태지 않았던고? 참으로 남이 그를 구하는 바가 있으면 이마가 닳고 발뒤꿈치가 해어짐을 가리지 않고 응하여 다른 이들의 비웃음을 초래하니 어찌 그 스스로 아끼지 않는가? 아깝다. 이를 작게 여김이여!).

◙36. [관운장실기 關雲長實記] → *삼국지

국문활자본

| (만고명장) 관운장실기 | 국중(3634-2-47=3)<재판>/ 조윤제[李 : 古硏, 272] | 1([著·發]洪淳泌, 京城書籍業組合, 초판 1926.1. 15; 재판 同年 12.20, 79pp.)(55) |
| (만고명장)관운장실기 | 국중(3634-2-47=2)<3판> | 1(국한자 순기, [著·發]李鍾楨, 光東書局, 초판 1917. 10. 27; 재판 1918. 1.25; 3판 1918. 12. 30, 80pp.) |

36.1. 〈자료〉
Ⅰ. (영인)
    36.1.1. 仁川大民族文化硏究所 編. 『舊活字本古小說全集』, 19. 銀河出版社, 1984; (再刊) 國際아카데미, 2002. (세창서관판)

◙37. [[관자허전 管子虛傳]]
〈작자〉李德懋(1741~1793)
〈출전〉『靑莊館全書』, 4
〈관계기록〉
    ①「管子虛傳」, 結尾(部分): 贊曰 余嘗聞子虛之側 鳳凰降味 其有實德也 管本竹氏 其仕於舜者 改姓管●(찬하여 말한다. 내 들으니 자허의 곁에 봉황이 내려와 죽실[竹實]을 맛보았다 하니, 이는 실제의 덕이 있기 때문이다. 관씨는 원래 죽씨였는데 순임금에게 벼슬하여 성을 관씨로 고쳤다 한다).

▶(광문전 廣文傳 → 광문자전)
◙38. [[광문자전 廣文者傳]] ← 『방경각외전』
〈작자〉朴趾源(1737~1809)
〈출전〉『燕岩外集』, '放璃閣外傳'
〈관계기록〉
    ①『燕巖集』(朴趾源), 8, 別集, 放璃閣外傳, '自序': 廣文窮丐 聲聞過情 非好名者 猶不免刑 矧復盜竊 要假以爭 於是述「廣文」●(광문은 궁한 거지였다. 명성과 소문이 실제보다 과하기는

했지만, 그가 이름을 좋아하는 자가 아니었음에도 오히려 형벌을 면치 못했거늘, 하물며 명성을 도덕질하여 가짜를 위하여 다툼질하는 자들이야 어떠하겠는가? 그러므로 '광문'을 짓는다).

② 同上, '書廣文傳後': 余年十八時 嘗甚病 常夜召門下舊傔 徵問閭閻奇事 其言大抵廣文事 余亦幼時 見其貌極醜 余方力爲文章 作爲此傳 傳示諸公長者 一朝以古文辭 大見推詡 蓋文時已南遊湖嶺諸郡 所至有聲 不復至京師 數十年 海上丐兒 嘗乞食於開寧[金陵]水多寺 夜聞寺僧 閒話廣文事 皆愛慕感嘆 想見其爲人 於是丐兒泣 衆怪問之 於是丐兒囁嚅 遂自稱廣文兒 寺僧皆大驚 時嘗予飯瓢 及聞廣文兒 洗盂盛飯 俱匙箸蔬醬 每盤而進之 時嶺中妖人 有潛謀不軌者 見丐兒如此其盛待也 冀得以惑衆 潛說丐兒曰 爾能呼我叔 富貴可圖也 乃稱廣文弟 自名廣孫 以附文 或有疑廣文 自不知姓 生平獨無昆弟妻妾 今安得忽有長弟壯兒也 遂上變 皆得逐捕 及對質驗問 各不識面 於是遂誅其妖人 而流丐兒 廣文旣得出 老幼皆往觀 漢陽市 數日爲空☯(내 나이 열여덟 살[1754]에 병을 몹시 앓으면서 밤이 되면 우리 집의 오래 된 하인들을 불러서 세상에 돌아다니는 이야기들을 물었는데, 그 대부분은 광문에 대한 것이었다. 나도 역시 어렸을 때 그를 본 적이 있었는데, 퍽 추하게 생겼었다. 그때 나는 글짓기를 공부하고 있던 터라, 이 전을 지어 여러 어른들께 돌려 보여 드렸더니, 하루 아침에 갑자기 글 잘 짓는 사람으로 크게 칭찬을 받게 되었다. 그때 이미 광문은 호남과 영남의 여러 고을을 떠돌아다녔는데 이르는 곳마다 그의 이름이 자자하였고, 그가 다시 서울에 돌아오지 않은 지는 벌써 수십 년이 흘렀다. 해상의 한 거렁뱅이 아이가 일찍이 개녕[金陵]의 수다사에 걸식을 하러 들렀다가, 밤중에 그 절 중들이 광문에 대한 이야기를 한가롭게 주고받는 소리를 듣게 되었는바, 중들이 모두 광문의 사람됨을 멋대로 상상하여 그리워하고 감탄함을 본 거렁뱅이 아이는 흐느껴 울었다. 모두 괴상히 여겨 그 이유를 물으니, 아이는 목멘 소리로 제가 광문의 아들이라고 하였다. 뭇 중들은 깜짝 놀랐다. 그 전에는 바가지쪽에다가 밥을 담아 주더니 광문의 아들이라는 말을 들은 후로는 사발을 씻어 밥을 가득 담고 수저와 장과 나물을 갖추어 밥상에 받치어 대접하였다. 그때 영남에는 요인이 있어 역적질을 꾀하더니, 거렁뱅이 아이가 그처럼 성대하게 대접받음을 보고 잘 이용해서 사람들을 속이려고 거렁뱅이 아이에게 가만히 말했다. "네가 나를 작은 아버지라 부른다면 부자가 될 수 있을 게다." 그러고 광문의 아우라 하고, 그 이름도 '광문'과 항렬을 맞추어 '광손'이라 했다. 혹 광문의 일을 의심하는 사람이 있어, "광문은 제 성도 모를 뿐더러, 평생 독신으로 형제나 처첩이 없었는데, 이제 어떻게 갑자기 장성한 아우와 아이가 있을 수 있단 말이냐?" 하고 변고를 관부에 고하자, 관에서 그들을 모두 잡아들여 대질 심문을 하였으나 그들은 서로 얼굴조차 몰랐다. 이에 드디어 그 요사스런 사람은 베임을 받고 거지아이는 귀양을 보냈다. 그 후 광문이 옥에서 풀려나자 늙은이나 어린아이 할 것 없이 모두 나아가 구경하느라 한양의 저자가 여러 날 동안 텅 비다시피하였다).

38.1. 〈자료〉

Ⅱ.〈역주〉

【增】

1) 郭正植.『쉽게 읽는 고소설』. 신지서원, 2001.

38.2. 〈연구〉

Ⅲ.〈학술지〉

38.2.6. 奇元舒. "燕岩小說에 表出된 諷刺性 小考: 「兩班」·「廣文者傳」을 中心으로." 『仁荷』, 13(仁荷大, 1976. 12).

【增】

1) 金鍾運. "燕巖小說에 나타난 實學思想 考察: 「許生傳」·「兩班傳」·「虎叱」·「廣文者傳」을 中心으로." 『청람어문학』, 20(청람어문학회, 1998. 1).

◑38-1. [[광문자전 廣門子傳]][60]

국문필사본

광문자전   金英漢[71.5 어문전시](2238)   1(68f.)

▶ (광한루 廣寒樓 → 춘향전)
▶ (광한루기 廣寒樓記[61] → 춘향전)

〈작자〉水山
〈관계기록〉[62]

① 「廣寒樓記」[1845?](水山), '敍「成春香傳」': 吾友水山先生 嘗論文章之法曰 文章如畵 今有畵 金剛山 而直畵萬二千峯者 非畵也 先畵東海 次畵海上諸峯 或出或沒 然後 次次畵水畵石畵 林間寺 畵雲中菴 最後毘盧一峯 忽起於千岩萬壑之間 則是眞名畵也 近世小說 得其妙者 唯「廣寒樓記」而已 余聞而欣然 固願一見 而未得其書也 一日先生携酒 過余於白雲山中 袖出 一冊曰 此「廣寒樓記」也 余忙手開卷 則洒[乃]倡優場上 藉藉之「春香傳」耳 余撫曰 是說也 奚足一經於眼哉 先生曰 不然 春香之玉貌氷心松竹之節 可謂千古之佳人烈女也 若使施耐菴·金聖歎之類 出於東方 則必鋪張翰墨之場 留爲吾輩 淸玩不翅[啻]「西廂」之傳奇 而豈使倡優之徒 一任其淫聲亂調於村蠢野癡之間耶 且吾袖中之書 非俗本也 而子不見而先貶 是亦未免於貴名賤實之科矣 余時唯唯 而心則不服 後十餘年 有事嶺湖之間 東泛洛東之間 南登伽倻之山 由智異北麓 西出于帶方 歷覽千餘里江山而歸 則自不無微悟於文章之境耳 因思水山之言 出所藏「廣寒樓記」而讀之 果非優場諺傳 而眞個絕世之奇事妙文也 春畫酒酣 玩而索之 其敍南原形勝[63]畵東海也 其敍李桃隣風流文采 畵海上諸峯也 其敍情敍別 畵水畵石也 其敍元崇諸人 畵林間寺也 其敍芙蓉諸妓 畵雲中菴也 一編八回之中 或正敍或夾敍 一番隱 一番現 半是空半是色 忽然虎嘯而龍吟 忽然燕語而鶯歌 一人之錦腸繡肚 變幻出千態萬狀 正似金剛山一萬二千峯 羅列於周圍五百里間 片片奇絕 箇箇神妙 其敍春香之艷態貞節 則前迎而後送 左酬而右應 宛然毘盧之峯 縹緲而特立者也 此非大奇事乎 此非大妙文字乎 余始服水山之

---

60) 尹柱弼의 연구에 따라 표제를 독립 설정하였다.
61) 1922년에 남원군청에서 발간이 된 데 이어 다시 1927년에 중간되었다. 장회체 (9회). 卷頭에 雲林樵客의 敍와 小庵主人 (張混 1759~1828)의 後敍, 讀廣寒樓記法 등이 있고, 본문 처음에는 '水山過客題 雲林樵夫編 小庵主人'이라 되어 있다. 시대적 배경이 고려조 공민왕대의 홍건적 란으로 설정되어 있고, 등장 인물은 「춘향전」의 이도령이 桃隣(혹은 花卿)으로, 방자가 金漢(혹은 금한)으로 되어 있으며, 월매와 춘향은 그대로 나타나나 향단이는 등장하지 않는다.
62) 아래의 번역은 성현경·조융희·허용호 공역의 『광한루기 역주 연구』(박이정, 1997)를 많이 참조하였다.
63) '形勝'이 '大致'로 되어 있는 이본도 있다.

論果爲正法眼藏而「廣寒樓記」不可以不讀也 噫 近世小說 自歸於聲聞辟支之果 而水山先生 「廣寒樓記」獨畫金剛山眞面矣 時靑蛇端陽 雲林樵客書◯(일찍이 나의 벗 수산선생이 글 짓는 법에 대하여 논한 적이 있다. "글은 그림과 같다. 금강산을 그릴 경우, 막바로 1만 2천 봉을 그린다면, 그건 그림이 아니다. 맨 먼저 동해를 그리고, 다음으로 그 위로 들쭉날쭉 솟아 있는 여러 봉우리들을 그린 다음, 차례로 계곡 물·돌·숲 속의 절·구름 속의 암자를 그려 넣고, 맨 나중에 온갖 바위와 골짜기 사이로 우뚝 솟은 비로봉을 그려 넣는다면, 이것이 진정한 명화다. 근세 소설들 가운데 이러한 오묘함을 얻은 것은 오직「광한루기」뿐이다." 내가 듣고 기뻐하면서 굳이 한 번 보기를 원했으나 그 책을 얻어 보지 못했다. 하루는 수산이 술병을 들고 백운산으로 나를 찾아와 소매 속에서 책 한 권을 꺼내 놓고 말했다. "이것이「광한루기」이다." 내가 얼른 받아 책을 펼쳐 보니 바로 광대들의 판소리판에서 자자한「향낭전」일 따름이었다. 나는 물끄러미 바라보며 말했다. "이런 이야기를 어떻게 거들떠볼 수나 있는가?" 수산이 말했다. "그렇지 않다. 향낭의 옥 같은 모양과 얼음 같은 마음, 송죽 같은 절개는 천고의 가인이요, 열녀라고 할 만하다. 만일 시내암[1296?~1370?]64)과 김성탄[1608~1661]65) 같은 사람들이 우리 나라에서 태어났다면, 반드시 글자리를 펼쳐 우리들의 감상거리를 만든 것이「서상기」와 같은 전기에 그치지는 않았을 것이다, 그러니 어찌 광대들로 하여금 촌 무지렁이와 어리석은 사람들에게 음란한 소리와 어지러운 곡조를 하도록 내버려 두었겠는가? 그리고 내 소매에서 꺼낸 책은 속본이 아닌데도 그대는 보지도 않고 헐뜯기부터 하니, 이 또한 이름만 중히 여기고 내용은 무시하는 죄를 면하지 못할 것이다." 나는 이때 "그래, 그래." 했지만, 마음 속으로는 수긍하지 않았다. 10여 년 뒤에 영호남 지역에 일이 있어, 동쪽으로는 낙동강에 배를 띄우고, 남쪽으로는 가야산에 올랐으며, 지리산 북쪽 기슭을 경유하여 서쪽의 대방[南原]으로 나왔다. 1천여 리의 강산을 유람하고 돌아오니 자연히 글에 대한 적은 깨달음이 있었다. 그리하여 수산의 말을 생각하고는 간직하고 있던 「광한루기」를 꺼내어 읽어 보았더니, 과연 광대들이 상스러운 말로 전하는 것이 아닌, 참으로 절세의 기이한 일이며 묘한 글이었다. 어느 봄날 낮, 술 기운이 무르익었을 때 그 책을 감상하면서 살펴보았는데, 그 책에서 남원의 빼어난 경치를 서술한 것은 동해를 그린 것이요, 이도린66)의 풍류와 문채를 서술한 것은 바다 위의 여러 봉우리를 그린 것이요, 정을 서술하고 이별을 서술한 것은 물을 그리고 돌을 그린 것이요, 원숭67) 등 여러 인물을 서술한 것은 숲 속의 절을 그린 것이요, 부용68) 등의 여러 기생을 서술한 것은 구름 속의 암자를 그린 것이었다. 8회로 구성된 이 한 편 가운데는 정서69)도 있고 협서70)도 있으며, 한 번은 숨기고 한 번은 드러내며, 반은

---

64) 중국 元末 明初의 인물로, 이름은 子安이고, 자가 내암. 원나라 至順 연간에 진사가 되어 錢塘에서 2년간 벼슬한 것을 빼고는 죽을 때까지 벼슬길에 나아가지 않고 저술 활동만 하였다. 「수호전」을 펴낸 것으로 유명하다.
65) 明末 淸初의 문예비평가. 본래의 성명은 張采인데 김씨의 양자로 들어가 개명하였다. 이름은 喟, 또는 人瑞, 字는 聖嘆. 長洲人. 「수호전」, 「서상기」등을 개작했고, 소설과 詞曲의 評解를 잘하였으며, 不敬罪로 사형당했다.
66) 「춘향전」의 '이도령'에 해당하는, 「광한루기」의 남주인공.
67) 「춘향전」의 변학도에 해당하는, 「광한루기」의 등장인물.
68) 「광한루기」에 등장하는 기생 이름. 남원의 신임 사또의 衙客인 장철의 情妓로, 춘향에게 절개를 꺾고 부사의 말을 따르도록 권한다.
69) 작품의 각회 앞뒤에 붙어 있는 評者의 回評을 말함.
70) 작품 본문의 行間에 夾註로 삽입되어 있는 작자의 느낌이나 의견 따위를 말함.

공[空]이요 절반은 색[色]이었다. 갑자기 호랑이가 울부짖고 용이 소리치는 듯하다가, 갑자기 제비가 재재거리고 꾀꼬리가 노래하는 것 같기도 하였다. 한 사람의 훌륭한 문장이 변화하여 천태만상을 표출해 낸 것이 흡사 금강산 1만 2천 봉이 주위 500리 사이에 펼쳐 있는 것과 같아서, 하나하나가 모두 빼어나고 신묘하였다. 향낭의 아름다운 자태와 곧은 정절을 그림에 있어, 먼저는 맞이하였다가 뒤에서는 전송하며, 왼쪽에서는 수작하고 오른쪽에서는 대꾸하는 것이, 마치 비로봉이 아득하게 우뚝 솟아 있는 것과 같았다. 이는 어찌 매우 기이한 일이 아니며, 매우 묘한 글이 아닌가? 나는 비로소 수산의 논의가 과연 정법안장[71)이라는 사실에 탄복하여, 「광한루기」를 읽지 않을 수 없었다. 아! 근세의 소설들이 나름대로 성문벽지[72)의 결과에서 비롯된 것이지만, 수산 선생의 「광한루기」만큼은 금강산의 진면목을 그린 것이다. 청사 단오[乙巳 1845?]에 운림초객이 쓰다).

② 同上, 小广主人 後敍[序二]: 余讀「西廂記」以爲天下後世 更無如此才子矣 更無如此佳人矣 更無如此奇文矣 近又讀水山「廣寒樓記」窃喜天下後世所無之奇文 得之於今日 而其書之所 載之人[所藏]之事 又皆天下後世所無之佳人才子也 方與二三君子 亟加評訂 圖所以廣其傳 未也 或有難之者曰 子欲以「廣漢[寒]樓記」一偏 師爭「西廂」已成之功多見 其未可也 余笑而 應曰 豈有是也 古今之人 孰不著書 若「三國誌」·「水滸傳」並行於一世 而各有長短 是在後人 取捨之如何耳 豈耐菴之爭功於陳壽也哉 抑又論之「西廂」之爲鶯鶯易 而「廣寒樓」之爲春香 難 「西廂」之張君瑞小 而「廣寒樓」之李花卿則大也 盖其以情誘之踰墻相從一也 鶯鶯則往而 會之 春香則坐而待之 其腸斷淚枯怊悵送別一也 鶯鶯則失身於音書不絶之時 春香則保節於 困苦將死之際 是則不同也 其瓊琚相投指心爲約一也 君瑞則背之 花卿則踐之 是又不同也 故「西廂」之辭 哀而促 「廣寒樓」之辭 樂而緩 此又觀風者之所可辨也 然則大將旗鼓 安知不歸 於「廣漢[寒]樓」而爲「西廂」者 不得不堅降幡也 若夫錦心繡口 千幻萬變 提古人之性情 煥時 人之耳目 則水山與聖歎 雖謂之同可也 雖謂之不同亦可也 難之者 唯唯而退 遂書以附其尾 端陽後一日 小广主人 題于石榴花下◯(나는 「서상기」를 읽고, 천하 후세에 이와 같은 재자가 다시 없고, 이와 같은 가인이 다시 없고, 이와 같은 기이한 글이 다시 없다고 생각했다. 근래에 또한 수산의 「광한루기」를 읽고, 천하 후세에 없을 기이한 글을 오늘 얻어 그 책에 실린 인물과 관련된 사건 또한 모두 천하 후세에 없을 재자가인[73)이라는 점에 대하여 은근히 기뻐했다. 바야흐로 두세 군자와 함께 재빨리 평정을 가하여 아직 전파되지 않은 이 책을 널리 퍼뜨리고자 하였더니, 어떤 사람이 이에 대하여 비난하며 말했다. "당신은 일개 「광한루기」를 가지고 이미 성공을 거둔 「서상기」와 앞을 다투고자 하는데 가당치 않다." 내가 웃으면서 대답했다. "어찌 그런 일이 있겠는가? 옛 사람이나 요즘 사람이나 누가 책을 짓지 않았겠는가? 만약 「삼국지」와 「수호전」 같은 것들이 한 시대에 병행하였으나 제각기 장단점이 있는 것은 후세 사람이 취하고 버림이 어떠한가에 달려 있을 따름이다. 어찌 시내암이 진수[233~297][74)와 공을 다투었겠는가?

---

71) '正法眼藏'은 석가모니가 깨달음을 얻은 '直指人心見性成佛'의 묘리. 사람의 마음에 본래 갖추어져 있는 오묘한 덕. 또는 비밀스럽고 깊은 깨달음으로 이신전심하는 묘법.
72) '聲聞'은 명성, 평판, 소문, 또는 '불교의 가르침을 듣고 四諦의 이치를 깨달음'을 뜻한다. '辟支'는 '辟支迦佛 陀'를 줄인 말로, 과거에는 緣覺[남의 도움을 통해 깨달음]의 뜻을 지녔었는데, 현재는 獨覺[도움없이 스스로 깨달음]의 뜻으로 사용되고 있다. 요컨대 '성문'은 부처님의 가르침을 듣고 깨닫는 것, '벽지'는 스스로 인연의 이치를 생각하여 깨닫는 것으로서, 양쪽 모두 得道를 일컫는다.
73) 재주 있는 젊은 남자와 아름다운 여자.

또 논하건대, 「서상기」에서 앵앵의 행위는 쉬우나, 「광한루기」에서 향낭의 행위는 어렵다. 「서상기」의 장군서가 소인이라면, 「광한루기」의 이화경은 대장부다. 대체로 정에 끌려 담을 넘어 서로 따른다는 점에서는 공통적이지만, 앵앵이 가서 만났다면, 향낭은 앉아서 기다렸다. 애간장이 끊어지고 눈물이 말라 버릴 정도로 슬프게 이별하는 점은 같지만, 앵앵은 소식이 끊어지기도 전에 절개를 잃었으나, 향낭은 곤란하고 고통스러워 죽을 지경에 이르러서도 절개를 지킨 점은 다르다. 서로 물건을 주고 받으며 마음으로 약속한 점은 같지만, 장군서는 그 약속을 저버렸고, 이화경은 약속을 실천한 점은 또한 다르다. 그러므로 「서상기」의 언어는 슬프고도 촉급하고, 「광한루기」의 언어는 즐거우면서도 느긋하니, 이는 글을 볼 줄 아는 사람이라면 가려 낼 수 있는 일이다. 그러므로 대장의 기와 북이 「광한루기」에게로 돌아가고, 「서상기」는 어쩔 수 없이 항복의 깃발을 세우게 된다는 것을 어찌 모를 수 있겠는가? 만일 뛰어난 문장력으로 천만 가지 변화를 주면서 옛 사람들의 성정을 끌어다가 당시 사람의 이목을 띄게 한 점에서라면, 수산과 성탄은 같다고 해도 옳고, 다르다고 해도 옳은 것이다. 비난하던 사람이 수긍하고 물러갔기에, 마침내 이 내용을 적어 끝에 붙인다. 단오 이튿날 소엄주인이 석류화 아래에서 쓰다).

③ 同上, 讀「廣寒樓記」法:

一. 宜飮酒讀可以助氣 宜彈琴讀可以助韻 宜對月讀可以助神 宜看花讀可以助格◉(마땅히 술을 마시며 읽어야 기운을 돋굴 수 있으며, 마땅히 거문고를 타면서 읽어야 운치를 돋굴 수 있으며, 마땅히 달을 마주하고 읽어야 정신을 돋굴 수 있으며, 마땅히 꽃을 보면서 읽으면 격조를 돋굴 수 있다).[75]

一. 春香是上上佳人 花卿是上上才子 爲一箇上上佳人立傳 固難放手放脚 況又夾一個上上才子立傳 尤宜着眼着膽◉(향낭은 가장 훌륭한 가인이며, 화경은 가장 훌륭한 재자다. 한 명의 가인을 전을 지을 경우에도 진실로 팔다리를 놀리기 힘들거늘, 하물며 거기에다 한 명의 훌륭한 재자를 덧붙여 전을 짓는다면 더욱 착안하여 신경을 써야 할 것이다).

一. 冬烘先生 見「廣寒樓記」則 必曰淫書 是固三家村中常談也 彼曷嘗知淫與不淫乎 但見男女間事則 輒以淫字當之 若使關雎之詩 無樂而不淫之訓 則彼必以寤寐轉輾等句 屬之淫邊矣 故水山之爲「廣寒樓記」也 千發願萬發願 却不使冬烘先生讀之◉(동홍선생[76]이 「광한루기」를 본다면, 분명 "이것은 음서야, 음서!" 이렇게 말할 것이니, 이는 궁벽한 촌구석에서나 있을 법한 이야기다. 그가 어찌 음란한 것과 음란하지 않은 것을 알겠는가? 그저 남녀 사이의 일만 보아도 언제나 '음란하다'는 말[淫字]을 갖다 붙일 것이니, 가령 『시경』 「관저」편의 시에 '즐거우면서도 지나치지 않다[樂而不淫]'는 주석[77]이 없었다면, 그는 분명 '자나깨나', '몸을 뒤적이며'와 같은 구절을 음란한 것으로 치부해 버렸을 것이다.[78] 그러므로 수산이

---

74) 西晉의 역사가. 삼국 시대에는 蜀나라에 봉사했으나 나라가 망한 후 晉나라에 봉사하여, 중국의 正史 중의 하나인 「三國志」를 저술하였다.
75) 원래 下記 ④ '讀法'은 이 다음에 삽입되어 있는 것이다.
76) 金聖歎 「西廂記」 評批에 등장하는 인물.
77) 『논어』, 「八佾」편에서 공자는 『시경』, 「관저」장에 대하여 '즐겁되 지나치지 않고, 슬프되 마음을 상하지 않는다(樂而不淫, 哀而不傷)'고 평가했으며, 宋代에 朱熹도 『詩集傳』에서 이 평가를 그대로 인용하면서 「관저」편을 해석했다.
78) 「관저」장은 周나라 文王의 后妃의 덕을 노래한 것으로 해석되는 것이 일반적이다. 고루하여 앞뒤가 꽉 막힌 사람은 좋은 작품을 보더라도 부분적인 어휘에만 집착한 나머지 작품의 훌륭함을 알아보지 못하고 평가절하게 된다는 것이 본문의 의미이다.

「광한루기」를 지으면서 천만 번 원하기는 제발 동홍선생이 읽지 않았으면 하는 것이었다).

一.「廣寒樓記」英雄豪傑讀之喜 才子佳人讀之喜 樵童牧竪讀之喜 凡普天下有人情者 莫不讀之而喜 獨平生不敢讀 平生不敢讀者 惟三家村中 冬烘先生一人而已◐(「광한루기」는 영웅호걸이 읽어도 기뻐하며, 재자가인이 읽어도 기뻐하고, 나무하는 아이나 목동이 읽어도 기뻐할 것이며, 온 천하에 인정을 가진 자 치고 읽고 기뻐하지 않을 자는 없을 것이다. 다만 평생 동안 읽어 보지도 않고, 평생 동안 기뻐하지도 않은 사람은 궁벽한 촌구석[三家村]에 사는 동홍선생 한 사람뿐이리라).

一. 冬烘先生 見「廣寒樓記」至東林送別之時 亦含淚稱悲 吾則曰 眞個大悲事 在【削·於】花卿之視春香 而春香之注目處 此等悲事 豈冬烘先生之所敢知也◐(동홍선생이「광한루기」를 보면, 역시 동림에서 송별하는 장면에서 눈물을 머금으며 슬프다고 하겠지만, 나 같으면 정말 슬픈 사건은 화경이 향낭을 바라보고, 향낭이 화경을 응시하는 대목에 있다고 말할 것이다. 이와 같은 슬픈 일을 어찌 동홍선생이 감히 알 수 있겠는가?).

一. 冬烘先生 見「廣寒樓記」至繡衣露跡之時 亦掀髥稱快 吾則曰 眞個大快之事 在於花卿之召春香 而春香之回身處 此等快事 豈冬烘先生所敢知也◐(동홍선생이「광한루기」를 보다가 수의어사가 자취를 드러내는 때에 이르면 또한 수염을 쓰다듬으며 통쾌하다고 칭탄하겠지만, 나 같으면 "정말로 통쾌한 일은 화경이 향낭을 부르자 향낭이 몸을 돌리는 대목에 있다."고 말할 것이다. 이같이 통쾌한 일을 동홍선생이 어찌 감히 알 수 있겠는가?).79)

一. 冬烘先生 見「廣寒樓記」忽然搖頭轉目曰 三年之間 春香豈無一番通信於花卿 而花卿亦豈無聞春香之消息乎 理不到也 說不去也 以吾觀之 此眞謂三家村語也 彼冬烘眼中 但見近日賣酒乾婆 寄情於獵戶漁家 朝往夕來之樣 而自不知天下人間 別有才子佳人 做出驚世絶俗之事也 哀哉先生◐(동홍선생이「광한루기」를 보면, 갑자기 머리를 흔들고 눈을 굴리며, "3년 동안 향낭이 어떻게 한 번도 화경에게 소식을 전하지 못하고, 화경도 어떻게 향낭의 소식을 듣지 못했겠는가? 이치에 닿지도 않으며, 말이 되지도 않는다."고 말할 것이다. 내가 보기에 이것은 정말 궁벽한 촌구석에서나 있을 말이다. 저 동홍선생의 눈으로는 요즘에 술 파는 쭈그렁 할머니가 사냥꾼이나 어부에게 정을 붙이고 조석으로 왕래하는 것만 보았기 때문에, 천하의 인간들 가운데에는 특별한 재자 가인이 있어 세상을 놀라게 할 만큼 빼어난 일을 한다는 것을 모르는 것이 당연하다. 슬프다, 선생이여!).

一. 誠若先生之言 春香之悲辭苦語 告急於花卿 而花卿也 東賑西托 以濟春香之困則 是乃尋常人汗[sic, 閑]漫事也 奚足爲半分濡毫之資乎 盖春香則以爲彼公子者 雖若可恃 吾何以苟且之說 動搖其心乎 任命而已 花卿則以爲彼美人兮 雖不可忘 吾何以輕薄之態 蕩漾其情乎 待時而已 是果上上佳人 上上才子 驚世絶俗之事也 冬烘先生 何以知之◐(진실로 동홍선생의 말처럼 하자면, 향낭이 비통하고 괴로운 말을 담아 화경에게 급한 처지를 알리고, 화경도 이리저리 부탁하여 힘든 상황에 있는 향낭을 구해 주어야 하겠는데, 이렇게 한다면 그것은 보통 사람의 보잘것없는 이야기가 되고 말 것이니, 어찌 반 푼어치나 붓을 놀려 글을 쓸 대상이 될 수 있겠는가? 향낭은 '저 분은 신의 있는 분이니, 내가 어찌 구차한 말로 그의 마음을 동요시키리오? 운명에 맡길 뿐이다.'라고 생각할 것이며, 화경은 '저토록 아름다운 사람을 잊을 길 없지만, 내가 어찌 경박한 태도로 그녀의 마음을 휘저어 놓겠는가?

---

79) 上記 2문단은 내용 전개 순서상 위와 같이 위치를 맞바꾸어야 할 것이다.

때를 기다릴 뿐이다.'라고 생각할 것이다. 이는 과연 가장 뛰어난 가인과 가장 뛰어난 재자의, 세상을 놀라게 할 만큼 빼어난 일이다. 동홍선생이 이러한 것을 어떻게 알겠는가?).

④ 同上, 讀法:
(飮酒以助氣) 客有過小广而叩之曰「廣寒樓記」何爲而作也 主人悽然 起而對曰 吾非作「廣寒樓記」者也 何以知「廣寒樓記」之何爲而作也 雖然作「廣寒樓記」者 其必有痛哭古人留贈後人之意也 嗚呼 自吾以前而有千世萬世之人 自吾以後而有千世萬世之人 自吾以前 吾可得以知其名也 自吾以後 吾不得以知其名也 吾可得以知名者 則其人皆有所留贈於吾 而吾之所以慟哭者 其人之迹也 吾不得以知名者則 吾亦有所留贈於其人 而其人之所以慟哭者 吾之迹也 吾之所以慟哭者 其人皆飮酒之人也 吾之所以留贈者 其人皆飮酒之人也 吾雖未見古之人之飮酒 而以吾之飮酒推之 則 古之人亦吾也, 後之人雖未見吾之飮酒 而以後之人之飮酒 推之 則吾亦後之人也, 飮酒而不見古之人 則吾不可以不慟哭也 飮酒而不見後之人 則吾不可以不留贈也 然則所謂「廣寒樓記」者80) 果飮酒者之所作而必也 慟哭而飮酒 留贈而飮酒81)◯(음주를 통해 기운을 돕는다: 어떤 사람이 소엄에 들러 문을 두드리고는 말했다. "「광한루기」는 어떤 연유로 지은 것입니까?" 주인이 처연하게 일어나서 대답했다. "내가 「광한루기」를 짓지 않았는데, 「광한루기」가 어떤 연유로 지어졌는지 어떻게 알겠습니까? 그렇다고는 하더라도 「광한루기」를 지은 사람은 분명 옛사람에 대하여 통곡하고 후인들에게 남겨 주려는 뜻이 있었기 때문일 것입니다.82) 아! 나보다 앞서 천세 만세 동안 사람이 있었고, 나보다 뒤로 천세 만세 동안 사람이 있을 텐데, 내 앞으로 천만세 동안 있었던 사람들은 내가 그 이름을 알지만, 내 뒤로 천만세 동안 있을 사람들은 내가 그 이름을 알지 못합니다. 내가 그 이름을 알 수 있는 사람들은 그 사람들이 모두 나에게 남겨 준 것이 있어서이니, 내가 통곡하는 것은 그들의 자취입니다. 내가 그 이름을 알 수 없는 사람들은 내가 또한 남겨 줄 것이 있으니, 그들이 통곡할 것은 내가 남길 자취일 것입니다. 내가 통곡하는 대상이 되는 사람들은 모두 술을 마시는 사람들이며, 내가 남겨 줄 것이 있는 사람들도 모두 술을 마실 사람들입니다. 나는 옛 사람들이 술 마시는 것을 보지 못했지만 내가 술을 마시는 것으로 미루어 보건대 옛 사람 또한 나와 같았을 것이오, 후대 사람들은 내가 술 마시는 것을 보지 못하겠지만 자신들이 술 마시는 것에서 유추한다면 나 또한 후대인과 같을 것입니다. 술을 마셔도 옛 사람을 보지 못하니 내가 통곡하지 않을 수 없는 것이오, 술을 마셔도 후대 사람을 보지 못하니 내가 남겨 주지 않을 수 없는 것입니다. 그러니 「광한루기」라고 하는 것은 과연 술을 마시는 사람이 지은 것으로, 그는 분명 옛 사람들을 통곡하면서 술 마시고, 뒷사람들에게 남겨 주면서 술을 마셨을 것입니다").83)

(彈琴以助韻) 樂備於八音之中 莫善於絲 絲音之中 莫善於琴 琴者音中之至淸 而樂中之大雅也 琴以弄鳳凰之曲 則文君之心 可挑矣 琴以奏雍門之関 則薛公之淚 可洒矣 嗚呼「廣寒樓

---

80) 『문헌정보』에 원래 '所以哭者何□「廣寒樓記」也 所以贈者何也「廣寒樓記」也 所以「廣寒樓記」也 何也'로 되어 있던 것은 위와 같이 '然則所謂「廣寒樓記」者'로 바꾸어야 할 것이다.
81) 윗 책에 '而慟哭留贈者也'로 되어 있던 것은 위와 같이 '而必也 慟哭而飮酒 留贈而飮酒'로 되어야 할 것이다.
82) 聖嘆外書 「서상기」 책머리에 '序一 慟哭古人'과 '序二 留贈後人'이란 글이 실려 있는데 이를 두고 한 말이다(『懸吐註解 西廂記』[唯一書舘, 1913] 및 『鮮漢雙文 西廂記』[회동서관, 1916] 참조).
83) 이 대목은 김성탄의 글 「慟哭古人」·「留贈後人」과 같은 맥락에서 씌어졌다.

가

記」一編 莫非琴調也 有哀調焉 有怨調焉 有艶調焉 有蕩調焉 方其哀也 可以啼巫峽之猿 而凋湘江之竹矣 方其怨也 可以叫關山之鴻 而墮易水之楓矣 其艶則 陽臺之雲雨 而其蕩則 曲江之花柳矣 讀「廣寒樓記」而不知其叶於琴調者 何足與論於樂云乎哉◎(거문고를 타면서 운치를 돕는다. 음악은 8음[84])에서 갖추어지는데, 8음 가운데 현악기의 음보다 더 훌륭한 것은 없고, 현악기의 음 가운데 거문고의 음보다 더 좋은 것은 없다. 거문고는 음악 가운데에서 가장 맑으면서 우아하다. 거문고로「봉황곡」[85])을 연주하면 탁문군[86])의 마음을 흔들어 놓고, 거문고로「옹문곡」[87])을 연주하면 설공의 눈물을 뿌리게 만든다. 아!「광한루기」 한 편에 거문고 곡조가 안 들어 있는 곳이 없다. 애조가 있고, 원조가 있고, 염조가 있고, 탕조가 있다. 곡조가 애처로울 때에는 무협의 원숭이[88])를 울게 하고, 상강의 대나무[89])를 시들게 할 만하다. 곡조가 원망하는 듯한 것일 때에는 관산의 기러기를 울게 하고, 역수의 단풍을 떨어뜨릴 만하다.[90]) 곡조가 흐드러질 경우에는 양대의 운우[91])와 같고, 곡조가 자유 분방할 경우에는 곡강의 화류[92])와도 같다.「광한루기」를 읽고도 그것이 거문고 곡조와 어울린다는 것을 알지 못하는 사람과 어찌 함께 음악을 논할 수 있겠는가?).

(看花以助格) 哀哉乎 花之爲花也 胡然而開也 胡然而落也 有開之理而開 有落之理而落者

---

84) 여덟 가지의 악기, 곧 金[鐘]·石[磬]·絲[絃]·竹[管]·匏[笙]·土[壎]·革[鼓]·木[柷敔].
85) 옛날 중국 한나라 때 司馬相如가 臨邛 땅에 가 머물 때, 그 곳 부자인 卓王孫의 딸 文君이 갓 과부가 되어 있었는데, 사마상여가 벽 틈으로 그녀를 엿보고 거문고를 연주하여 유혹했는데, 그 곡조를 '鳳求凰曲'이라고 한다.
86) 탁문군은 한나라 蜀郡 臨邛의 부호 卓王孫의 딸. 문군이 과부가 되어 집에 와 있을 때, 司馬相如가 문군의 부친 탁왕손의 초청으로 잔치에 참석하여 거문고를 타면서 음률을 좋아하는 문군의 마음을 돋우니, 문군이 거문고 소리에 반하여 밤중에 집을 빠져 나와 사마상여의 집으로 가서 그 아내가 되었다. 그 뒤 탁문군은 사마상여가 茂陵의 여자를 첩으로 삼으려는 것을 보고 못마땅하게 생각하여「白頭吟」을 지었다.
87)「雍門曲」은 중국 전국 시대에 齊나라의 雍門에 살았던 周가 연주하여 孟嘗君을 감격시킨 거문고 곡. 맹상군이 薛 땅에 봉해졌으므로 본문에 언급된 薛公은 맹상군을 가리킨다.
88) 무협은 중국 揚子江 중류의 협곡으로, 瞿塘峽·西陵峽과 함께 '삼협'이라 불리우는데, 배를 타고 삼협을 지나가면 많은 원숭이들이 매우 처량하게 우는 소리를 들을 수 있다고 한다. 李白[701~762]의 시「早發白帝城」에도 삼협을 지날 때의 장면을 '양쪽 언덕에서 원숭이 울음을 그치지 않는데, 가벼운 배는 벌써 첩첩 산중을 지났네(兩岸猿聲啼不住 輕舟已過萬重山)'라고 묘사해 놓은 구절이 있다.
89) 舜임금이 죽자, 그의 두 아내인 娥皇과 女英이 그를 그리워하다가 湘水[상강]에 몸을 던져 水神이 되었으며, 상수 근처에 나는 대나무에는 아황과 여영의 눈물이 얼룩져 있다고 한다. 白居易(772~846)의 시「江上送客」에도 '두견새 소리는 통곡하는 듯하고, 상수의 대나무는 피로 얼룩진 듯하네(杜鵑聲似哭 湘竹斑如血)'라고 하여 상수의 대나무를 묘사한 구절이 있다.
90) '關山의 기러기'는 漢武帝 때 흉노에 억류되었던 蘇武가 고향을 그리워했던 고사에 의거한 것이며, '易水의 단풍'은 전국 시대 燕의 자객 荊軻가 진시황을 저격하러 가기 전 역수에서 읊었던 이별시로부터 유래한 것이다.
91) 楚나라의 襄王이 高唐에서 놀다가 낮잠을 자는데, 꿈에 한 부인이 나타나서 "저는 巫山의 여자로서 高唐의 나그네가 되어 왕께서 여기 계시다는 소문을 듣고 왔으니, 枕席을 같이 해 주시기를 원합니다."라고 하자, 왕은 하룻밤을 같이 잤다. 이튿날 아침에 부인이 떠나면서 "저는 무산의 양지쪽 높은 언덕에 사는데 매일 아침이면 구름이 되고 저녁에는 비가 됩니다."라고 하였다. 과연 그 말대로 되었으므로 왕은 그 곳에 祠堂을 짓고 이름을 '朝雲'이라고 하였다.
92) 杜甫(712~770)의 시「曲江陪鄭南史飮」에 '참새가 강가의 노란 버들꽃을 쪼네(雀啄江頭黃柳花)'라는 구절이 있다.

天也 有開之理而開 而不知所以開 有落之理而落 而不知所以落者 人也 見其開而謂之開 見其落而謂之落者 天人之際也 夫「廣寒樓」之爲記也 非天也 非人也 其天人之際也 一回二回 所謂有開之理而開者也 三回四回 所謂有落之理而落者也 五回六回 所謂有開之理而開 而不知所以開者也 七回八回 所謂有落之理而落 而不知所以落者也 合八回之文 而爲「廣寒樓記」 則所謂見其開而謂之開 見其落而謂之落者也 噫 一部「廣寒樓記」 果非名花一朶耶◉ (꽃을 보면서 격조를 돕는다: 아! 꽃은 어째서 피고 어째서 지는 것일까? 피는 원리가 있어서 피고, 지는 원리가 있어서 지는 것은 천[天]이요, 피는 원리가 있어서 피는데도 그 피는 까닭을 알지 못하고, 지는 원리가 있어서 지는데도 그 지는 까닭을 알지 못하는 것은 인[人]이요, 그것이 피는 것을 보고 핀다고 말하고 그것이 지는 것을 보고 진다고 말하는 것은 천과 인의 중간이다. 이 「광한루기」라고 하는 것은 천도 아니고, 인도 아니며, 천과 인의 중간이다. 제1회와 제2회는 이른바 피는 원리가 있어서 피는 것이고, 제3회와 제4회는 이른바 떨어지는 원리가 있어서 떨어지는 것이며, 제5회와 제6회는 이른바 피는 원리가 있어서 피는데도 피는 까닭을 알지 못하는 것이며, 제7회와 제8회는 이른바 떨어지는 원리가 있어서 떨어지는데도 떨어지는 까닭을 알지 못하는 것이다. 여덟 회의 글이 합쳐져서 「광한루기」가 되었으니 이른바 그 피는 것을 보고 피었다고 말하고, 떨어지는 것을 보고 떨어진다고 말하는 것이다. 아! 한 편의 「광한루기」는 정말로 이름난 한 송이 꽃이 아니겠는가?).

(對月以助神) 嗚呼 一輪月千古一色也 奈之何 見之者千萬人 而千萬人 各有懷抱也 彼團團明月 豈能知千萬人之懷抱 唯千萬人之懷抱不同故也 讀書之法 亦然 對月而讀淸曠之書 則書益淸而月益曠 對月而讀悲凉之書 則書益悲而月益凉 今「廣寒樓記」 兼此數者而書矣 或淸而曠 或悲而凉 願普天下錦繡才子 看得「廣寒樓記」中一輪明月 自有無限色態 然後 歸而讀之也◉(달을 마주하면서 정신을 돕는다: 아! 한 조각 둥근 달은 오랜 세월이 지나도록 한 가지 색깔인데, 어찌하여 그것을 보는 사람은 천만 인이면 천만 인이 제각기 천만 가지의 회포를 지니게 되는 것일까? 저 둥글둥글하고 밝은 달로 어떻게 천만 인의 회포를 알 수 있겠는가? 천만 인의 회포가 같지 않은 까닭이다. 책을 읽는 방법도 그와 같다. 달을 마주하여 맑고 밝은 책을 읽으면, 책은 더욱 맑아지고 달은 더욱 밝아질 것이오, 달을 마주하여 슬프고 처량한 책을 읽으면, 책은 더욱 구슬퍼지고 달은 더욱 처량해질 것이다. 지금 「광한루기」는 이러한 여러 가지를 두루 갖추고 있어서, 맑으면서 밝기도 하고, 구슬프면서 처량하기도 하다. 원컨대, 온 천하의 훌륭한 재주 있는 사람들은 「광한루기」 가운데에서 하나의 둥글고 밝은 달이 스스로 무한한 색깔과 모양을 지니고 있다는 것을 깨닫고 난 다음에 돌아가서 이 책을 읽어야 할 것이다).

⑤ 同上: (第一回 評論) 所謂俗本「春香傳」 寫春香極妖冶 寫花卿極放蕩 殊不知大方之家 別有救韓走魏之妙 驚東備西之法 噫 非此輩之罪也 乃此輩耳目之罪也◉(이른바 속본 「향낭전」에는 향낭이 너무 요염93)하게 묘사되어 있고, 화경이 지나치게 방탕하게 묘사되어 있으니, 이는 강호의 식자들이 갖추고 있는 '한나라를 구하기 위해 위나라로 달려들어가는 묘법'과 '동쪽을 놀라게 한 뒤 서쪽을 차지하는 방법'을 너무 모르고 있기 때문이다. 아! 이것은 이 무리들의 죄가 아니며 이 무리들의 식견에 문제가 있기 때문이다).

(第二回 評論)「廣寒樓」之文與「西廂」之文 有三同而二異「西廂」之文 如雨灑巫峽「廣寒樓」

---

93) 요염하게 아름다움.

之文 如月映湘江「西廂」之文 以文行情 文過於情「廣寒樓」之文 以情行文 情勝於文 所以異者二也 其所以同者 則「西廂」之文奇 而「廣寒樓」之文亦奇「西廂」之文精 而「廣寒樓」之文亦精「西廂」之文華麗「廣寒樓」之文亦華麗 此三同也94)然而讀「西廂」之文 難而易何也 鶯鶯之心隱而露 讀「廣寒樓」之文 易而難何也 春香之心露而隱 能知如何是難如何是易如何是露 可謂善讀「廣寒樓記」而不負水山之苦心也◑「광한루기」의 문장과 「서상기」의 문장에는 세 가지 같은 점과 두 가지 다른 점이 있다. 「서상기」의 문장은 비가 무협95)에 뿌려지는 것과 같고, 「광한루기」의 문장은 달이 상강에 비치는 것과 같다. 「서상기」의 문장은 글로써 정을 나타내어 글이 정보다 지나치고, 「광한루기」의 문장은 정으로써 글을 나타내어 정이 글보다 나으니, 다른 점이 두 가지다. 이들 두 작품이 같은 바는, 「서상기」의 문장이 기이한데 「광한루기」의 문장 또한 기이하고, 「서상기」의 문장이 정교한데 「광한루기」의 문장 또한 정교하고, 「서상기」의 문장이 아름다운데 「광한루기」의 문장 또한 아름답다는 것이다. 이것이 세 가지 같은 점이다. 그러나 「서상기」의 글을 읽으면 어려운 듯하면서도 쉬우니 무슨 까닭인가? 앵앵의 마음이 숨은 듯하면서도 드러나 있기 때문이다. 「광한루기」의 글을 읽는 것이 쉬운 듯하면서도 어려우니 무슨 까닭인가? 향낭의 마음이 드러나는 듯하면서도 숨어 있기 때문이다. 어째서 이렇게 어렵고, 어째서 이렇게 쉬우며, 어째서 이렇게 숨어 있으며, 어째서 이렇게 드러나는지를 안다면, 가히 「광한루기」를 잘 읽었다고 할 수 있으며, 수산의 애쓴 마음을 저버리지 않았다고 할 수 있다).

(第四回 評論) 或問於水山曰 舊本「春香傳」花卿出金鏡留贈 春香奉玉環贐行 以爲他日相憑之跡 若延津之劒 成都之鏡者 可謂奇矣 今「廣寒樓記」之無此一段何也 …… 所謂舊本「春香傳」 無非倡夫輩局見曲論 而子何取於是也 況其鏡其環之有無 不足以損益於文理人情 則子又何恨於「廣寒樓記」也◑(어떤 사람이 수산에게 물었다. "구본「향낭전」에서는 화경이 금거울을 내어 정을 남기고, 향낭이 옥가락지를 받들어 이별의 선물을 함으로써 나중에 서로 확인하는 징표로 삼았다. 이것은 연진의 칼이나 성도의 거울96)처럼 특별하다고 하겠다. 지금 「광한루기」에 이러한 구절이 없는 것은 무엇 때문인가?" …… 이른바 구본「향낭전」이라고 하는 것은 광대들의 좁은 견해가 아닌 것이 없는데, 그대는 어찌하여 이것을 취하는가? 하물며 그 거울과 가락지의 있고 없음이 글의 이치와 인정에 아무런 영향을 끼치지 못하는데, 그대는 또한 「광한루기」에서 무엇을 한스러워하는가?).

(第六回 評論) 花落能成實 鏡破豈無聲 乃聖祖龍興之夢 而無學尊者所解也 俗本敢用此語 不敬甚矣 今並改正◑('꽃이 지면 능히 열매를 맺을 것이오, 거울이 깨지면 어찌 소리가 나지 않으리오?'는 성조[조선조 太祖]께서 왕위에 오를 꿈을 꾸셨을 때 무학대사(1327~1405)97)가 풀이한 것이다.98) 속본에서는 감히 이 말을 인용했으나, 매우 불경한 짓이기에 여기서는 모두

---

94) 제2회에 이하 추가.
95) 중국 사천성 무산현 동쪽에 있는 골짜기로 험하기로 유명하며, 西陵峽·瞿塘峽과 아울러 '三峽'으로 불리운다. 골짜기 이름은 '巫山'으로 인해 생겼다.
96) '破鏡重圓'의 고사. 중국 陳나라 때 徐德言이 樂昌公主와 혼인하였다가 후에 난리를 만나 헤어지게 되자 거울을 반으로 갈라 각각 한 쪽씩을 가지며 다시 만났을 때의 증표로 삼기로 했는데, 후에 그 거울로 인하여 부부가 다시 만나게 되었다는 이야기.
97) 고려 말 이조 초기의 고승. 이태조의 스승.
98) 무학대사의 해몽 운운은 착오이거나 민간 전설을 인용한 것인 듯하다. 成俔의『慵齋叢話』에도 과거를

없애 버렸다).

(第七回 評論) 此輩誠欲爲文 欲知文理 欲知奇處妙處 則讀水山之文可也99) 水山嘗讀經傳矣 嘗讀史記矣 嘗讀諸子百家矣 嘗讀九流三敎矣 又嘗讀稗官小說矣 凡於天下之文 無所不讀 故其爲文 往往有合於難合處 腕之所運 心亦從之 心之所到 文已成矣◉(이 무리가 참으로 글의 이치를 알고 기이한 곳이나 오묘한 곳을 알고자 한다면, 수산의 글을 읽어야 한다. 수산은 경전을 읽었고, 『사기』를 읽었고, 제자백가의 글을 읽었고, 구류100)와 삼교101)의 글을 읽었고, 패관 소설도 읽었다. 두루 천하의 글을 읽지 않은 것이 없었으므로, 그의 글은 합치시키기 어려운 곳도 합치시킨 경우가 종종 있었으며, 팔을 움직여 쓰는 대로 마음 역시 따라갔고, 마음이 이르는 곳에 글을 이미 이룩되었다).

(第八回 評論) 金樽玉椀燭淚歌聲之句 卽華人爲作 而辭意太露 固不足取也◉(황금항아리의 맛 좋은 술은 천 사람의 피요, 옥 쟁반의 살진 안주는 만백성의 기름이라. 촛농이 떨어질 때 백성의 눈물 떨어지고, 노래 소리 높은 곳에 원성도 높구나. 이것은 중국인이 지은 것102)으로, 의미가 가볍게 드러나 진실로 취할 바는 못된다).

⑥ 同上, 小引: 余家雲林 自號樵客 每見花開葉落 以知春到秋來 枕石漱流 敢曰高蹈 盟鷗友鹿 聊寓閑情 四時岩屋 或値董仲舒三餘 一區硯田 所得白香山六帖 經史子集 前人之述頗詳 仙佛卜醫 後世之惑 滋甚至 夫於「水滸」·「三國」·「西遊」·「西廂」 已被狗盜狐白 亦多鐵成金黃 可惜 廣寒樓明月 久染倡優場汗塵 小技粗效於彫蟲高節 特著於附驥 旣勞一身上腕鬼舌妖 堪作萬人間笑柄話木覇◉(나는 집이 운림103)에 있어 '초객'104)을 호로 삼았다. 언제나 꽃이 피고 잎이 지는 것을 보면서 봄이 오고 가을이 오는 것을 알았으며, 돌을 베개로 삼고 흐르는 물에 양치질을 하면서 감히 은거한다고 말했다. 갈매기와 짝하고 사슴을 벗하면서 한가로운 마음으로 사시 사철 암자에서 기거하니, 동중서[179~104 B.C.]의 세 가지 여가105)와 맞먹는 경우도 있었고, 벼루를 통해 여섯 폭 짜리 백향산[白居易 772~846] 그림106)을 얻는 경우도 있었다. 경·사·자·집에는 선인들이 전술한 것이 매우 자세하게 들어 있는데도, 후인들은 도교·불교·점복·의학 관련 서적에 심히 현혹되었다. 그러나 저 「수호전」·「삼국지」·「서유기」·「서상기」에 이르러서는, 이미 천한 기예의 영향을 받았으면서도 쇠가 황금으로 변한 것107)과

보러 가던 세 선비가 각각 거울이 땅에 떨어지고, 허수아비가 문 위에 달려 보이며, 바람에 꽃이 떨어지는 꿈을 꾸었는데 점쟁이가 길몽으로 해몽했던바, 과연 세 사람 모두 급제하였다는 민간 설화가 실려 전한다.
99) 이상을 제7회에 추가.
100) 중국 漢나라 때에 학문을 아홉 가지로 나누어 일컫던 말. 儒家·道家·陰陽家·法家·名家·墨家·縱橫家·雜家·農家의 총칭.
101) 유교·도교(혹은 仙敎)·불교의 총칭.
102) 중국 명나라 때 丘濬이 지은 『伍倫全備』 권 3에는 '頻斟美酒千人血 細切肥羊百姓膏燭淚落時人淚落 歡聲高處怨聲高'란 시가 들어 있는데, 같은 시를 두고 李喜謙의 『靑野漫輯』에는 명나라 장수 趙都司가 우리 나라에 와서 벼슬아치들의 부패상을 보고 읊은 시라 하고 있다.
103) 구름 낀 숲.
104) 나무꾼.
105) 동중서는 漢나라 武帝에게 건의하여 유교를 국교로 정한 학자. 세 가지 여가는 겨울·밤·흐리고 비오는 때를 가리키는데[冬·夜·雨], 이 때가 바로 학문을 하기에 가장 좋다는 것이다.
106) 백거이가 刑部尙書 벼슬을 내어놓은 후 향산 승려 如滿과 더불어 香火社를 만들고 스스로 香山居士라 하였다. 그가 『六帖』 30권을 남겼는데, 이것을 후세 사람들이 흔히 '香山六帖'이라 부른다.
107) 원문의 '鐵成金黃'을 번역한 것으로, '點鐵成金'과 같은 말. '점철성금'은 古人의 진부한 시구를 가지고서

가

같은 곳 또한 많았다. 광한루의 밝은 달이 오래도록 광대들의 마당에서 더러운 먼지에 오염된 것을 안타까워한 나머지, 보잘 것 없는 기예로 하찮은 재주를 부리면서 자그마한 능력108)을 사용하여 높은 절개를 특별히 드러내고자 했다. 이 한 몸이 귀신과 도깨비 같은 팔과 혀를 놀렸으니, 모든 사람들의 웃음거리와 시빗거리가 될지도 모를 일이다).

⑦ 重刊「廣寒樓記」(白定基), 敍[1922]: 今此所謂「廣寒樓記」者 亦未知果出於何許人之手 夫以未知何許年代之事 與未知何許人之記◐(이제 이 「광한루기」라는 것은 누구의 손에서 나왔는지도 모르고, 어느 사람의 일인지도 모르며, 어떤 사람이 기록한 것인지도 모른다).

⑧ 「廣寒樓記」, 李東漢, 發刊辭[1922]: 古筒 藏來一書 書古而語古 頗多奇絶 酒余適莅兹土 縱觀雲物山川之勝 樓臺之景 亦不無今古之觀 然天然景物 喚起千古佳人才子之恨 到此始知此書出於慟哭 古之留贈後人之意 而述者之婆心 安久孤寂於匧筒之間哉 於是 引出臨梓 蒼然古墨 完帶昔日風味 可與供一時之消遣 作之者云誰 不詳其姓與字 而曰水山先生 記之事其何亦不知何許事 而曰「廣寒樓記」也◐(오래된 상자에 갈무리해 두었던 책 한 권이 있는데, 책도 오래 되고 말도 오래 된 것이어서 꽤 기이한 바가 많았다. 이에 내가 이곳에 부임하여 왔을 때 비록 구름이나 산천의 경치나 누대의 경관을 보니 역시 옛날과 지금의 느낌이 다른 바가 없지는 않았으나, 천연의 풍물은 천고의 가인재자의 한을 일깨웠다. 이에 이르러 비로소 이 책이 통곡에서 나왔으며 이 책을 후세 사람에게 남겨 준 고인의 뜻을 알게 되었다. 노파심에서 어찌 오랫동안 상자 속에서 고적하게 내버려 둘 수만 있겠는가? 이에 끌어 내어 책을 대하니 창연109)한 오랜 글씨들이 완연히 옛날의 풍미를 띠어 가히 더불어 한때의 소견거리가 되었다. 이것을 지은 사람이 누구인지 그 성과 이름은 자세치 않으나 수산선생이라고 했다. 기록한 일이 그 무엇이며 또한 어느 때의 일인지를 알지 못하여 그냥 「광한루기」라고 하였다)

〈판본연대〉
① [「廣寒樓記」의] 一簀本은……

▶(광한루악부 廣寒樓樂府110) → 춘향전)
〈작자〉尹達善
【增】
1) 이 「廣寒樓樂府」는 그의 小序에도 말한 바와 같이 尹元[達]善씨가 「觀劇詩」 수십 수를 보고 느끼는 바 있어 哲宗 壬子[1852]에 그가 59세 때에 지금의 洗劍亭 뒤에 있는 僧伽寺의 北禪院에 避暑 겸 몸을 靜養하러 나갔다가 심심풀이로 지어 본 것이라 하였습니다. 最後에 壺山居士라고 한 것은 그의 號일 것이요, 未定稿라고 한 것은 아마 더 修正推敲를 하려 하였거나, 또는 科白을 完備시키렸던 계획이었던지 알 수 없습니다(김태준, "「廣寒樓樂府」 解題," 『學燈』,

---

발전적인 새로운 뜻을 지어내는 것 즉 기존의 것을 바탕으로 하여 더욱 나은 수준으로 나아간 것을 일컫는 말.
108) '자그마한 능력'은 원문의 '附驥'를 의역한 것이다. '부기'란 파리가 駿馬에 붙어 천 리를 갈 수 있는 것처럼 後進이 선배의 덕택으로 입신양명함을 일컫는다.
109) 물건이 오래 되어 예스러운 빛이 드러남.
110) 「춘향가」를 칠언 절구로 번안한 악부시. 총 108疊 3,024字. 원제목은 「廣寒樓樂府百八疊」이며, '香娘舊譜'라는 부제가 붙어 있다.

13[1935. 11], pp. 25~26).

〈관계기록〉

① 『廣寒樓樂府』, 兼山[李啓五], '廣寒樓樂府一百八疊題': 閭巷風謠 發於咨嗟詠歎之餘者 採其 自然之音響節族 播之於歌 叶之於詩 然後 淸濁高低 長短緩促 莫不畢備 不待敲金擊石 彈絲品竹 曲彰旁通 眩幻耳目 使傍聽傍觀 曉然知其所以然者 而淨丑劇戲之場 得其所謂「香娘歌」者 顧其說則 不過稗官俚諺而止 其人情物態 咄咄逼眞 這叫做才子佳人 風流情種 無一毫差爽 雖古之優孟衣冠 抵掌談笑 謂叔敖復生 亦蔑以加此 然而歌不盡言 言不盡意 神凝妙入之境 往往 有罅漏未備者 故壺山詞宗 迺於霜晨雨夜 刻苦精妙 收拾其全部歌曲 以口中爐鞴 点化俚語 [寓之 歌而載於詩] 演成「廣寒樓樂府」 盖其橋畔邂逅 有若牛女跂睆 枕上蕩漾 有若鴛鴦戢翼 有會必散 而雜佩以贈 難忘易思 而首疾甘心 使君誘羅敷之節則 靡他矢死 直指伏繡斧之威 則見此良人蘊 保貞玉 夫榮婦貴 才子佳人 悲歡離合之情 歌場優戲 勸懲善惡之態 委曲宛轉於百八唾珠一篇之 中 描寫其千態萬狀者 皆合音節 能形歌喉 所不能形容者 吾必謂爲此詩者 知其歌而可以備風謠 之未備者云 壬子臨月 兼山題◉(민간의 풍속을 읊은 노래는 차탄[咨嗟]하고 영탄하는 나머지 나오는 것인데, 그 자연스런 음향과 절족111)을 가려 내어 노래에 올리고 시로 다듬은 후에 청탁 고저와 장단 완급이 갖춰지지 않음이 없게 한다. 갖가지 악기의 연주112)가 없다 하더라도, 자세히 알게 하고 훤히 통하게 하며 이목을 어지럽혀서 듣고 보는 사람들로 하여금 그 사정을 훤히 알게 한다. 연극판[淨丑劇戲之場]113)의 이른바「향낭가」란 것을 얻어 그 이야기를 훑어보니 패관의 속된 말에 지나지 않았으나, 인정 물태를 참말인 것처럼 묘사하여 재자들의 풍류와 정을 조금도 차이없이 그려냈다. 이는 옛날의 우맹이 숙오의 의관 차림을 하고 손바닥 치며 웃고 떠들어 숙오가 다시 살아났다고 했던 것도 이에 비하면 아무것도 아닌 것이다114). 그러나 가끔 노래는 말을 다하지 못하고 말은 뜻을 다 드러내지 못하여, 신이 어린 묘한 대목이 가끔 빠진 것이 있어, 이를 호산[尹達善] 사종115)이 서리 내리는 새벽과 비 내리는 밤을 틈타 그 전체 가곡을 잘 추스려 입속의 풀무로써 이어를 점화시켜 노래에 붙이고 시에 올려「광한루악부」를 만들었다. 대체로 이야기 속에서 다리 가에서 남녀가 만남은 마치 견우직녀116)가 지완하는 것 같고 베갯머리에서 탕양117)함은 원앙이 날개를 접는 것과 같다. 만남에는 반드시 헤어짐이 있는지라 패물을 주었고, 잊기는 어렵고 생각기는 쉬운지라 머리는 아프나 마음은 달게 여겼다. 사군118)이 나부119)의 절개를 이끌어, 죽을지언정 맹세코 다른 사람을 따르지는 않게 하고120),

---

111) 節奏. 음의 강약 관계가 되풀이되는 구조. 리듬.
112) '鼓金擊石'·'彈絲品竹'은 모두 갖가지 악기를 연주함을 말한다.
113) '淨丑'은 광대. '淨'은 얼굴을 검게 칠한 배우이며, '丑'은 얼굴을 희게 칠한 배우.
114) '우맹'은 중국 춘추 시대 초나라의 이름난 배우로 초장왕을 섬겼다. 孫叔敖가 죽은 후 그 아들이 빈곤하였으므로 우맹이 손숙오로 분장하여 그의 의관을 차리고 노래를 지어 장왕을 감동시켜, 드디어 숙오의 아들에게 벼슬을 내리게 했다. 따라서 '優孟衣冠'은 '우맹이 손숙오의 의관을 차렸다'는 뜻으로, 겉모습은 비슷하나 실제 내용은 다를 때 쓰는 비유이다. 즉 비슷하면서도 다름을 의미한다.
115) 글을 잘 짓는 사람. 문장 대가.
116) 은하수 동서쪽에 있는 견우성과 직녀성. 전설에 의하면 칠월 칠석이 되면 까막까치들이 이 두 별을 만나게 하기 위해 은하수에 다리를 놓는다고 하는데, 때문에 이 다리를 烏鵲橋라고 부른다.
117) 물이 질펀히 넘쳐흐르는 모양.
118) 나라의 사절로 온 사람. 이 글에서는 암행어사로 파견된 남주인공 이도령을 가리킨다.
119) 중국 전국 시대 조나라 邯鄲의 여자로, 성은 秦이며, 趙王의 신하인 王仁의 아내. 조왕이 누각 위에서

수의어사[21]의 위세로 이끌어, 이 여자[良人]가 굳은 절개를 지켜 부부가 부귀영화를 누렸다. 재자가인이 슬퍼하다 기뻐하고 헤어졌다가 만나는 정과, 연극판 광대 놀이의 선을 권하고 악을 징치하는 모습이, 이 108편으로 이루어진 한 편의 글 속에 자세하고도 거침없이 표현되었다. 그 천태만상을 모두 음절에 맞게 하여 광대들이 능히 형용할 수 없는 것까지도 그려냈다. 이 시를 지은 사람은 틀림없이 노래를 알고, 풍요의 미비한 바까지도 갖출 수 있게 할 수 있는 분이라 하겠다. 임자년[1852] 임월에 겸산이 쓰다).

② 同上, 玉田山人[尹瓊純]序: 我國倡優之戱 一人立一人坐 而立者唱 坐者以鼓節之 凡雜歌十二腔 「香娘歌」卽其一也 聽「香娘歌」者 當知有三件奇事 始與李郎君爲劉阮之遇 一奇也 中間閱歷風霜 鎖鸚打鴨 無所不至 而終守柏舟之節 一奇也 末乃藁砧 仗繡斧南來 樂昌之鏡 旣分而復合 亦一奇也 此雖出於一時稗官俚語 其庶乎國風之好色而不淫 而與桑濮之音有間矣 惜乎 自香娘去後 上下幾百年 錦繡才子 亦何恨 無一人播詠於聲律之間 而徒付之淨丑劇戱之場也 吾友兼山者 好古博覽人也 慨其事之無傳 於是依其歌而作小曲百八疊 以記之 名之曰 「廣寒樓樂府」 噫 其間一肌一容 一笑一語 一涕一沱 無非爲香娘精神 而其喜也 如春雨乍晴 百鳥吟哢而自得 其悲也 如聞隴水嗚咽 峽猿啼號 不覺悽然而淚下 其快也 如公孫娘舞劒 但見逗紅閃日天地 爲之低昻 此文章之妙境也 若便香娘見之則 豈有不嫣然而笑 背面而羞者乎 香娘則已矣 子試於櫻桃花下 飛 一盞酒 酹其神 便復引觴痛飮 以此詩借朱脣歌之 則一生胸中磈礧不平之氣 亦可以盡澆也 壬子臨月 玉田山人 書于眠琴軒中●(우리 나라 광대들이 놀이를 할 적에는 한 사람은 서고 한 사람은 앉아서 하되, 선 자는 노래를 하고 앉은 자는 북으로써 박자를 맞춘다. 무릇 잡가에는 12마당[十二腔]이 있는데 그 중에 하나가 「향낭가」다. 「향낭가」를 듣는 사람은 마땅히 세 가지의 기이한 사건이 있음을 알 수 있을 것이다. 처음에 이낭군과 유완[劉晨과 阮肇][122]의 만남이 하나요, 중간에 모진 시련을 다 겪어 가두고 매를 쳐 온갖 극형을 당하여도 끝내 백주의 절개를 지킴[123]이 또 하나며, 마지막에 어사가 되어[藁砧] 수부를 가지고[124] 남으로 돌아와 이미 나누어 가졌던 악창의 거울[125]을 다시 합함이 또 하나다.

밭둑에서 나부가 뽕을 따는 것을 바라보고 그 아름다움에 혹하여 강압하려 하였으나, 나부가 쟁을 연주하며 「맥상상」이란 노래를 하여 자신에게 남편이 있음을 알려 왕의 뜻을 접게 했다. 이 글에서는 여주인공 '향낭'을 '나부'에 빗대고 있다.

120) 『시경』, 「鄘風」, 「栢舟」장에 나오는 말. 이 노래는 원래 어머니로부터 재혼을 강요당한 여자가 죽기로 맹세하고 거절한 노래라 한다. [원문] '髧彼中河 實維我儀 之死 矢靡他(두 줄기 더벅머리 나의 짝이었나니 죽을지언정 맹세코 달리는 않겠나이다)'

121) 암행어사를 영화롭게 이르는 말. '繡衣'는 수를 놓은 옷.

122) 둘 다 중국 후한 때의 사람. 함께 天台山에 들어가 약을 캐던 중 선녀를 만나 머물다가 반 년 만에 돌아와 보니 그 사이 10세나 되어 온 세상이 완전히 변해 버렸다고 한다(劉阮返棹).

123) 중국 춘추 시대 衛나라의 태자 共伯의 아내로, 『詩經』 庸風에 들어 있는 「柏舟」란 시의 작자. 이 시는 그녀가 남편이 죽은 후 개가를 권하는 부모의 제의를 거절하면서 지은 것으로 수절의 뜻을 나타낸 것이라 한다.

124) 어사가 됨을 뜻한다.

125) 중국 晉나라 때 徐德言이 그 부인인 樂昌公主와 헤어질 때 거울을 둘로 나누어 가졌다가 후에 다시 반 쪽 거울을 합쳐 보고 원만히 일생을 함께 하였다는 고사가 있다. 악창공주는 陳後主의 누이로 자색이 있더니 서덕언에게 시집갔다. 진나라가 기울매 덕언이 공주에게 말하기를, "나라가 망하면 반드시 권세가로 들어갈 것이다."라 하고, 거울을 쪼개어 각각 반 쪽씩 지니며 후일 정월 보름에 도시에서 팔라고 약속해 두었다. 진이 망하자 공주는 楊素의 수중으로 들어갔다. 덕언이 서울에 이르렀을 때, 하인을

이것은 비록 한때의 패관의 속된 말들에서 나왔으나 국풍[126]의 호색에 가까워 음란스럽지 않아 상복의 소리[桑濮之音][127]와는 거리가 있다. 슬프다. 향낭이 죽은 지 거의 몇 백 년 동안에 비단옷 입은 재자들이 또한 얼마나 한탄했으리오마는, 그러나 단 한 사람도 노래에 실어 읊조리지 못하고, 다만 정축극의 마당에 부치었다. 그런데 나의 벗 겸산[尹達善]은 옛것을 좋아하고 본 것이 많은 사람이라, 그 일이 전하지 못할 것을 애석히 여기고, 이에 그 노래를 의지하여 소곡 108첩을 짓고 기록하여 이름하기를 「광한루악부」라 하였다. 아아, 그 속에 나타나는 한 몸과 한 얼굴과 한 웃음과 한 말과 한 울음과 한 눈물이 향낭의 정신을 전하지 않는 것이 없으니, 그 기쁨은 마치 봄비가 잠깐 개자 온갖 새가 지저귀며 만족하는 것 같고, 그 슬픔은 마치 농수[128]가 흐느껴 울고 골짜기의 잔나비가 부르짖어 자기도 모르게 슬퍼져서 눈물이 흐르는 것도 깨닫지 못하는 것 같고, 그 즐거움은 공손낭[129]이 칼춤을 출 때 무지개빛 같은 것이 번뜩이고 그 때문에 하늘과 땅이 낮아졌다 높아졌다 하는 것과 같으니, 이는 문장의 묘한 경지 때문인 것이다. 만약 향낭으로 하여금 이를 보게 하였다면 어찌 살포시 웃고 얼굴을 가리고 부끄러워함이 없겠는가? 향낭은 이미 가버렸다. 그대는 시험삼아 앵두나무 꽃 아래에서 한 잔 술을 따라 그 신에게 제사드리고, 다시 술잔을 당기어 통음하며, 이 시를 붉은 입술을 빌어 노래하게 한다면, 일생 동안에 가슴 속에 맺혔던 불평한 기운들이 역시 말끔히 사라질 것이다. 임자년[1852] 납월 16일 옥전산인이 면금헌 중에서 쓰다.

③ 同上, 白鶴山人[尹達善]題: 紫霞申侍郎 作觀劇詩數十首 其風流韻響 卽近世絶唱 然詩甚些畧 良可惜也 歲甲寅初秋 飮暑患痁 調病於僧伽寺之北禪院 當淸閑無寐之時 收拾精神 依「香娘歌」一遍作小曲一百八疊 名之曰「廣寒樓樂府」余不敢與霞詩 幷騷騷壇 然其趣味則一也 至於閭巷風謠之辭 悲歡離合之情 不得其描寫萬一 眞憂憂乎 其難於措手矣 然藏之巾笥 花下樽前 聊以自懷 白鶴山人題 ◐(자하 신시랑[申緯 1769~1847]이「관극시」수십 수를 지었는데, 그 풍류와 소리가 곧 근세의 절창이었다. 그러나 시가 심히 간략하여 참으로 애석했다. 갑인년초[1854] 가을에 더위를 먹고 병이 들어 승가사 북쪽 선원에서 조섭을 하고 있었는데, 날씨가 시원하고 잠이 오지 않자, 생각을 가다듬어「향낭가」1편을 바탕으로 108첩의 작은 노래를 짓고「광한루악부」라 이름지었다. 내가 감히 자하의 시와 함께 시단[騷壇]에 어깨를 나란히 할 수는 없지만, 그 취미는 마찬가지인 셈이다. 그런데 슬퍼하고 기뻐하며, 헤어지고 만나는 정과 여항 풍요[130]의 노래 사설은 만의 하나도 그려낼 수가 없어[131], 진실로 알알하여 붓을

시켜 반 쪽 거울을 팔려 하는 사람이 있음을 보고 시를 지어 읊으니, 공주가 시를 얻어 보고 슬피 울며 식음을 전폐하였다. 양소가 이를 알고 덕언에게 공주를 돌려 보냈다.

126) 옛날 중국에서 제후가 백성들의 노래를 모아 천자에게 드리던 노래.『詩經』의 한 장의 이름이기도 하다. 『시경』의 국풍에는 正風과 變風의 둘로 나뉘어, 전자는 周南, 召南 등 25편, 후자는 邶로부터 豳에 이르는 13국의 시 총 135편이 수록되어 있다.
127) 음란한 소리. 桑間濮上의 준말. 은나라 주왕 때 師延을 시켜 화려한 음악을 만들게 했더니, 나라가 망하자 사연이 濮水에 몸을 던져 죽고 말았다. 그 후 師涓이 그 곳을 지나다가 한밤중에 그 음악 소리를 듣고 晉 平公을 위해 연주했으므로 '桑間濮上'이라 한다. '상한'은 '뽕나무 사이'를 말하고 '복상'은 '복수의 위'를 뜻한다. 일설에는 '상한'은 지명이라고도 한다.
128) 중국 甘肅城에 있는 물 이름.
129) 중국 당나라 때의 敎坊의 기생으로 검무를 잘 추었다. 公孫大娘이라고도 한다. 두보의 시에 舞妓 공손대낭의 검무를 두고 읊은 시가 유명하다.
130) 판소리「향낭가」나 국문본「향낭전」일 듯하다.

놀리기 어렵기 짝이 없었다. 그러나 명주 상자에 담아 두고 꽃 그늘 아래 술동이를 앞에 한 채 애오라지 스스로 즐길 만했다. 백학산인이 쓰다).

◐{광한사 廣寒史}
◪39.[광해주실기 光海主實記]
▶(괴똥어미전 → 괴똥전)
★[[괴똥전]]132) ← 괴똥어미전 / 『노처녀의 비밀』 / 복선화음록

국문필사본		
(괴똥전)		
【增】 깃똥전	여태명[家目](185)	1(48f.)
【增】 괴똥젼	정명기[尋是齋 家目]	1 133)
【增】 괴똥젼	정명기[尋是齋 家目]	1 134)
【增】 괴똥젼	정명기[尋是齋 家目]	1 135)
(복선화음록)		
【增】 복선화음이라	綠雨堂[古文獻]	1
【增】 복선화음이라	박순호[家目]	1(23f.)

▶(괴산정진사전 塊山鄭進士傳 → 정진사전)
◪40.[괴화기록 槐花記錄]
◐{교각로영일기}
〈관계기록〉
　① 『諺文古詩』(가람본), '언문칙목녹', 133: 「교각노영일긔」, 십권.

【增】 ◐{교만흥전}
　【增】 국문필사본
　【增】 교만흥젼니라　　　　　　　박순호[家目]　　　　　　1(뎡미뎡월십이
　　　　　　　　　　　　　　　　　　　　　　　　　　　　　 일종필, 52f.)

▶(교산소설 蛟山小說) → 홍길동전 / 남궁선생전 / 손곡산인전 / 순군부군청기 / 엄처사전 / 장산인전 / 장생전
　2. 〈연구〉
　　Ⅱ. (학위논문)

---
131) 자료에 따라 이 부분은 '至於閭巷風謠之辭 悲歡離合之情' 혹은 '至於悲歡離合之情 閭巷風謠之辭'처럼 엇바뀌어 있다.
132) 『문헌정보』 표제 항목을 고딕체로 수정.
133) 『편지책』 所收. 「두껍젼」과 합철되어 있다.
134) 「진대방젼」과 합철되어 있다.
135) 「부용젼」과 합철되어 있다.

〈석사〉
【增】
1) 전준이. "허균 전의 양식적 특성과 입전의식 연구." 碩論(성균관대 대학원, 2001. 8).

Ⅲ. (학술지)
【增】
1) 김혜순. "허균 한문소설의 특성 연구."『建國大學校大學院論文集』(建國大 大學院, 1987. 2).
2) 朴三緒. "韓國文學과 道敎思想 12; 蛟山의 道仙觀과 그의 小說."『先淸語文』, 18(서울大 師範大 國語國敎育科, 1989. 8).
3) 蔡進弘. "洪命熹의「林巨正」과 許筠 小說의 比較 硏究."『語文論集』, 33(고려대 국어국문학연구회, 1994. 12).
4) 金 泳. "朝鮮後期 傳의 變化樣相에 관한 硏究: 許筠의 傳을 중심으로."『國語敎育硏究』, 7(仁荷大 師範大學, 1995. 6).
5) 杜銀球. "蛟山의 神仙系 '傳' 硏究."『批評文學』, 13(韓國批評文學會, 1999. 7).
6) 梁彦錫. "許筠의 思想과 傳 硏究."『關大論文集』, 29(關東大, 2001. 2).

▶(구공청행록 寇公淸行錄 → 구래공전)
▶(구두장군 九頭將軍 → 김원전)136)
◈41.[구래공(전) 寇萊公(傳)]137) ← 구래공정충직절기 / 구래공충렬기 / 구래공충효록
〈관계기록〉
① 「명주옥연기합록」, 21: 이셕 구리공이 정위의 모함을 닙어 익쥐의 폄젹ᄒᆞ미 진왕등이 ᄉᆞ직ᄒᆞ고 부군을 ᄯᆞ라 만니 졀히의 도라ᄀᆞ고 약간 친척이 경ᄉᆞ의 잇고 구부는 노복이 직희엿시니 년후 ᄌᆞ셰흔 ᄉᆞ연은 「구리공정츙직결긔」의 긔록ᄒᆞ엿시미 츠젼의는 명쥬옥연긔합ᄒᆞ는 ᄉᆞ연만 긔록ᄒᆞ무로 다른 말은 다 쌕히다.
② 『第一奇諺』(洪羲福 1794~1859), 序: 녁대 연의에 뉴는 임의 진셔로 번역흔 비니 말슴을 고쳐 보기의 쉽기를 취흘 ᄯᆞᆫ이요 그 소실은 흔ᄀᆞ지여니와 그 밧 「뉴시삼대록」·「미소명회」·「조시삼대록」·「츙효명감녹」·「옥원직합」·「남화경연」·「구리공츙녈긔」·「곽쟝냥문록」·「화산션계록」·「명힝졍의록」·「옥닌몽」·「벽허담」·「완월회밍」·「명쥬보월빙」 모든 쇼셜이 슈삼십 죵의 권질이 호대ᄒᆞ야 혹 벡 권이 넘으며 쇼불하 슈십 권에 니르고 그 남아 십여 권 슈삼 권식 되는 ᄉᆞ오십 죵의 지ᄂᆞ니.
③ 『諺文古詩』(가람본), '언문칙목녹', 121:「구리공졍츙직절긔」.
④ Courant, 796:「구공쳥ᄒᆡᆼ록 寇公淸行錄」.
⑤ Courant, 796:「구리공츙효록 寇萊公忠孝錄」.

국문필사본

【增】 구리공전 寇萊公傳   계명대[古綜目](고811.35구래공)   3

---
136) 원래『이본목록』에 있던「구두장군」이본 항목을 삭제하는 대신「김원전」이본 항목으로 옮겼다.
137) 『이본목록』·『작품연구 총람』수정.

구리공졍튱직졀긔	국중[고1](한-48-222);정문연[韓古目] (63:R35N-002979-2/64: R35N-002916-8)	낙질 1(권 21, **58f.**)
【增】구리공 寇萊公傳	김종철[家目]	낙질 1(권2:63f.)
구리공졍츙직졀긔[138]	서울대(古3350-70)/정문연 [韓古目](60: R35N-002987-8)	57-19(18: 丙午閏四 月旬日,**1,327f.**)
구리공젼		
【增】구래공젼	성대(D07B-0084)	1(1920경)
【增】구래공젼	성대(D07B-0084a)	1(1920경)
【增】구리공뎐	여태명[家目](444)	1(35f.)
【增】구래공 권지삼 寇萊公 卷三	홍윤표[家目]	1(57f.)[139]

41.2. 〈연구〉

Ⅲ. (학술지)

41.2.2. 沈慶昊. "낙선재본 소설「구래공정충직절기」에 관하여." 『정신문화연구』, 44[14: 3](한국정신문화연구원, 1991. 9). '낙선재본 소설「구래공정충직절기」'로『국문학 연구와 문헌학』(태학사, 2002.2)에 재수록.

41.2.3. 崔吉容. "「寇萊公貞忠直節記」의 서사구조." 『한글문화』, 5(한글학회 전북지회, 1991. 5). 『朝鮮朝 連作小說 硏究』(亞細亞文化社, 1992. 12)에 재수록.

▶(구래공정충직절기 寇萊公貞忠直節記 → **구래공전**)
▶(구래공충렬기 寇萊公忠烈記 → **구래공전**)[140]
▶(구래공충효록 寇萊公忠孝錄 → **구래공전**)

◐{구룡전 九龍傳}
  〈관계기록〉
  ① 「한강현전」(이수봉 소장본) 말미: 구룡의 행실과 양비의 사적이 다 「구룡전」에 있으니 찾아 얻어 보소서.

◆42.[구봉기 九峰記] ← **구봉정기**
  〈관계기록〉
  ①「九峰記」結尾: 嗚呼 歲月流邁 丞相夫妻 亦以天年終 太學士孔文宗 爲述忠烈文二篇 藏之石室 厥後一百五十年 秦火孔酷 卓行茂蹟 入於雜燒之中 遂使鄭乘 久闕忠烈 可不惜哉 迄今千有餘年 檜州古老 爲誦美蹟 作爲古談 故余於暇日 深惜忠烈之泯沒 採以輯之 作爲二篇 名之曰「九峰記」戊寅春三月旣望 畢書藏之於篋 伊後三十五年 壬子秋七月二十三日 卽余還甲之年月日也 出遊十數年自昇平 同年八月二十一日還家 始閱手績 則此扁爲多人之借覽 衣落字缺 難以接目 故更爲親筆謄出 衣以裝之 以俟後人之繼作者 文理製作 雖無可觀處 然於修身

---

138) 표제인 '구리공졍츙직졀긔'와 별제인 '구리공젼'이 별행으로 인쇄되어 있는 것을 單行으로 처리하였다.
139) 「거창가」와 언간 등(9장)이 후첨되어 있다.
140) 『문헌정보』 표제항목 중 '구래공전'을 고딕체로 수정.

戒色之方 亦未必無少補云爾◐(아아, 세월의 흐름이 빨라 승상 부처가 천수를 다하고 별세하니, 태학사 공문종이 충렬문 2편을 만들어 석실에 갈무리하였다. 그 후 150년을 지나 진나라 화마[焚書坑儒]가 매우 심해서 뛰어난 행적과 성대한 자취가 불구덩 속에 섞여 타 버렸다. 마침내 정나라의 역사에서 오랫동안 충렬의 행적을 빠뜨리게 되었으니 아깝지 아니한가? 지금에 이르기까지 천여 년 동안 회주 땅의 고로들이 아름다운 행적을 칭송하여 고담으로 만들매, 내가 틈을 내어 충렬이 없어짐을 매우 애석히 여겨 채록하여 편집하여 두 편으로 만들고「구봉기」라 이름하였다. 무인년 봄 3월 16일에 쓰기를 마치고 책상자에 갈무리하였다. 그 후 35년이 되는 임자년 가을 7월 23일은 곧 내 환갑날이었다. 승평년으로부터 출유한 지 십수 년 만인 동년[壬子年] 8월 21일 집으로 돌아와 비로소 수적들을 훑어보니, 이 책을 많은 사람들이 빌려다 보아 겉장이 떨어지고 글자들도 닳아져 읽기 어렵게 되었으므로, 다시 친히 베끼고 책 표지도 다시 하여, 후인이 뒤이어 짓기를 기다리기로 하였다. 문리와 제작이 비록 가히 보암직하지는 못하지만 몸을 닦고 여색을 경계하는 데는 반드시 작으나마 보탬됨이 적지 않을 것으로 여긴다).

42.2. 〈연구〉
Ⅲ. 〈학술지〉
  42.2.1. 車溶柱. "「九逢記」攷." 『淵民李家源先生七秩頌壽紀念論叢』(正音社, 1987. 4).

▶(**구봉정기 九峰亭記 → 구봉기**)
◐{**구양공충효선행록 歐陽公忠孝善行錄**}
 〈관계기록〉
  ① 『諺文古詩』(가람본), '언문칙목녹', 9:「구양공충효션힝녹」일빅삼의 죵.

▶(**구운기 九雲記 → 구운몽**)[141]
◪**43. [구운몽 九雲夢] ← *구운기 / 선회록 / 운선전 / 탄몽설 / 현화록**
 〈작자〉金萬重(1637~1692)
 〈관계기록〉
 (한문)
  ① Courant, 770:「九雲夢」.

(국문)[142]
  ① 『三官記』(李縡 1680~1746), 耳部: 西浦金公 性至孝 自以遺腹子生 不識父面 爲終身痛 事母尹夫人 有深愛 其所以娛悅親意者 殆類古之弄雛兒啼 以夫人好書 聚古史異書 以至稗史雜記 日夜談說 左右以資一笑 自少至老 非有公故 未嘗去其側 其異宮之後 每日早朝往省 人定時方還 隣人窃識之 一不差失 公之誠孝如此 而爲國盡言 則不以親老自解 始公赴謫也 夫人怡然曰 嶺海之行 前修所不免 行矣自愛 勿以我爲念 聞者莫不出涕 稗說有「九雲夢」者 卽西浦所作 大旨以功明富貴 歸之於一場春夢 要以慰釋大夫人憂思 其書盛行閨閤間 余兒時慣聞其

---
141) 김만중이 지은「九雲夢」을 중국에서 增訂 번역한 작품이다.
142) 이하의 기록들은 국문본을 말하는지 혹은 한문본을 말하는지는 확실치 않으나, 기왕의 통설에 따라 이곳에 모아 놓았다.

說 盖以釋迦寓言 而中多楚騷遺意云◐(서포 김공은 그 성품이 지극히 효성스러웠으니, 유복자로서 태어난 이래 아버지의 얼굴을 모르는 것을 종신토록 애통해 하였다. 모부인을 섬기되 깊은 사랑이 있었으니, 어버이의 뜻을 즐겁게 하는 일이 어린애 흉내를 내어 어른을 기쁘게 했다는 옛사람의 효도하는 모습과 거의 같은 것이었다. 어머니가 책을 좋아했으므로 고사와 이서를 모은 것이 패사143)잡기에까지 미치었고, 밤낮으로 이야기하여 드림으로써 좌우가 기뻐하였다. 젊어서부터 늙을 때까지 공적인 일 때문이 아니면 그 곁을 떠난 적이 없었다. 분가한 후에는 매일 이른 아침에 찾아가 문안을 드리고, 성문을 닫을 시간에야 돌아오곤 했는데, 이웃 사람이 가만히 보았더니 한번도 거른 적이 없었다. 공의 정성과 효도가 이 같았으나 나라를 위해 말을 다해야 할 경우에는 어머니가 늙었다는 것으로써 자신을 변명하지 않았다. 비로소 공이 귀양 떠날 때 어머니가 태연히 말하되 "이번 네가 영해144)에 귀양감은 선인[前修]145)들도 오히려 면치 못했으니, 가거든 몸을 스스로 중히 여기고 나를 생각지 말라."고 하였다. 듣는 사람이 눈물 흘리지 않는 이가 없었다. 패설에 「구운몽」이라는 것이 있으니 서포가 지은 것이다. 그 대강의 뜻은 공명과 부귀를 누리는 것은 한바탕 봄꿈[一場春夢]으로 돌아가고 만다는 것으로, 요컨대 이것은 어머니의 근심과 걱정을 위로하고 풀어드리고자 한 것이다. 그 책이 부녀들간에 성행하여서, 나[李縡]도 어렸을 때에 늘 그 이야기를 들었는데, 대체로 석가모니의 우언인바, 그 가운데에는 초사[離騷146)]가 남긴 뜻이 많다).

② 『西浦年譜』(天理大 今西文庫本): 丁卯府君五十一歲 …… 九月 …… 赴宣川謫所 …… 府君旣到配 値尹夫人生朝 有詩曰 遙想北堂思子淚 半緣死別半生離 又著書寄送 俾作消遣之資 其旨以爲一切富貴繁華 都是幻夢 亦所以廣其意以慰其悲也 因謫寓之地 自號西浦◐(정묘년[1687]에 부군이 51세 때 …… 9월 …… 선천 귀양지로 갔다. …… 부군[金萬重]이 이미 귀양지에 도착하여 윤부인의 생일[9월 25일]을 맞이하였다. 시를 지어 읊되, '멀리 어머님께서 자식 생각에 흘리실 눈물 생각해 보니 하나는 이별 하나는 죽어 이별이로다'라고 하였다. 또 책을 지어 부쳤는데 소일거리를 삼게 하려는 것이었다. 그 뜻은 일체의 부귀와 변화가 도무지 몽환이라는 것이다. 또한 이런 뜻을 넓혀서 자신의 슬픔을 달래기 위한 것이었다. 귀양살이하는 곳의 이름을 따 스스로 서포라 호하였다).

③ 『磻溪集』(李養吾 1737~1811), 6, '題九雲夢後': 剪燈文成無伯中 誰家更做「九雲夢」 縱橫走筆生變化 風流話柄恣儯弄 楊家小兒千里駒 蓮華釋子親抱送 彩鳳鳴時柳條碧 蟾月照處櫻花白 爲仙爲鬼春雲態 乍陰乍陽驚鴻翩 瓊貝宮中評古調 簫和樓上聞喜鵲 凌波仙去裊煙沈 富貴繁華翻一局 初如燦燦無根花 復如忽忽空中閣 詩言志也何奇截 箇箇眞珠出蚌胎 十二峯頭雲雨深 夢中人去夢中來 出入有無無痕迹 黃梁未熟經劫灰 使人對此心浩蕩 文章妙處瓊琪堆 嬌聲嫩語如在耳 花鬘月鬢相徘徊 始覺人情好不經 鄭衛之音何可聽 不如歸讀聖賢書 堂堂大論懸日星◐(『전등신화』가 이루어진 후 감히 짝할 만한 것이 없더니, 누가 다시 「구운몽」을 지었는고? 종횡으로 붓을 달려 변화를 일으키고, 풍류 이야기는 멋대로 희롱하도다. 양씨가의 어린아이[양소유는 천리구147)]인데, 연화봉 스님께서 친히 보내신 것이라. 채봉[秦彩鳳]이 우는 때라 버들가지

---

143) 사관 아닌 사람이 이야기 모양으로 꾸며서 쓴 역사 기록.
144) '嶺南'으로 되어 있는 본도 있다.
145) 전대의 사람.
146) 屈原이 지은 楚辭 작품.
147) 천리마. 자제가 뛰어나게 잘남을 칭찬하는 말.

푸르렀고, 초승달[蟾月, 계섬월]이 비치는 곳에 앵두꽃이 희도다. 선녀도 되었다가 귀신도 되는 봄구름[春雲, 가춘운]의 자태는, 금새 그늘졌다 금새 햇볕 비치듯하여 죽지 편 기러기를 놀래더라[驚鴻, 적경홍]. 경패[정경패, 영양공주]로 치장된 궁중에선 옛 가락을 품평하고, 퉁소 불어 화답하는[簫和, 蘭陽公主]148) 누대 위에선 기쁜 까치 소리 듣도다. 밀려오는 파도[백능파]에 신선은 떠나고 하늘하늘한 저녁 연기[裊煙, 심요연] 잠겼으니, 부귀영화 한순간에 뒤바뀌누나. 처음엔 찬란하여 뿌리 없는 꽃 같더니, 이어서는 황홀한 공중 누각 같구나. 시는 뜻을 말함인데 어찌 그리 기절149)한가? 알알이 박힌 진주 조개[蚌胎]에서 쏟아지듯하누나. 열두 봉우리에 비구름[雲雨]이 깊은데, 꿈 속에 왔다가 꿈 속에 돌아가노라. 오고가는 흔적 없으니, 황량150)이 익기도 전151)에 겁회152)를 경과하도다. 사람으로 하여금 이 글을 대할 때 마음을 호탕케 하나니, 문장이 묘한 곳에 구슬이 쌓이듯하누나. 고운 소리 어여쁜 말씨 귓가에 남아 있고, 꽃 같은 머리털과 반달 같은 살쩍이 서로 어른거리네. 비로소 사람의 마음이 불경을 좋아하는 줄 깨달았으나, 정나라와 위나라의 노랫소리153)를 어찌 가히 들을쏜가. 돌아가 성현의 글을 읽어 당당한 큰 논의를 하늘에 걸린 해나 별같이 펼치니만 못하리라).

④ 『五洲衍文長箋散稿』(李圭景 1788~?), 7, '小說辨證說': 我東人則量淺才短 亦不能領略 閭巷間流行者 只有「九雲夢」西浦金萬重所撰 稍有意義「南征記」北軒金春澤所著也 世傳西浦竄荒時 爲大夫人銷愁 一夜製之◐[이러한 소설은 우리 나라 사람의 경우, 국량154)이 얕고 재주가 짧아서 또한 요령을 얻지 못하였으니, 민간에 유행하는 것은 다만 「구운몽」이 있는데, 서포 김만중이 지은 것으로 자못 뜻이 있고, 「남정기」는 북헌 김춘택[1670~1717]이 지은 것이다. 세상에 전하기를 [「구운몽」은] 서포가 귀양갔을 때 대부인의 근심을 풀어드리기 위해 하룻밤에 지었다고 한다.

⑤ 『玉鴛再合奇緣』[1786~1790](溫陽鄭氏 1725~1799), 15, 表紙 裏面: 「구운몽」.

⑥ 『象胥記聞』[1794?](小田幾五郎 1754~1831): 朝鮮小說「張風雲傳」·「九雲夢」·「崔賢傳」·「蘇大成傳」·「張朴傳」·「林將軍忠烈傳」·「蘇雲傳」·「崔忠傳」外「泗氏傳」·「淑香傳」·「玉橋黎」·「李白慶傳」類 …… 其外「三國志」類 諺文書本有◐(조선의 소설로는「장풍운전」·「구운몽」·「최현전」·「소대성전」·「장박전」·「임장군충렬전」·「소운전」·「최충전」 외에 「사씨전」·「숙향전」·「옥교리」·「이백경전」 따위가 있고 …… 그 밖에 「삼국지」 등의 국문 소설이 있다).

⑦ 『碧蘆集』(金進洙 1797~1865), 前集, 1, '燕京雜詠': 墨鳶裹虎迄無休 篇什叢殘盡刻舟 豈但梅花空集句「九雲夢」幻「九雲樓」◐(묵자의 나무연띄우기[墨鳶]155)나 배민의 호랑이잡이[裹虎]156)

---

148) 時皇太后 有一男一女 皇上及越土 蘭陽公主也 …… 蘭陽公主名簫和 其玉簫刻簫和二字 故以此名之.
149) 매우 기이함.
150) 메조. 알이 굵고 빛이 노르며 끈기가 적은 조.
151) 중국의 전기 작품인 「枕中記」에 나오는 '黃梁夢'의 고사를 가리킨다. 당나라 때 盧生이 邯鄲 땅 주막에서 도사 呂翁에게 베개를 빌어 잠이 들어, 부귀영화를 누리며 80살까지 잘 산 꿈을 꾸었는데, 깨어 본즉 아까 주인이 짓던 좁쌀밥이 채 익지 않았더라고 한다.
152) 세계가 파멸될 때 일어난다는 큰불의 재. 劫火. 여기에서는 '겁' 즉 '오랜 세월'의 뜻으로 사용되었다.
153) 음란한 노래라는 평이 있는 『시경』의 鄭風과 衛風을 말한다. 朱子는 『논어』의 '衛靈公' 편에 나오는 '鄭聲은 淫'이라 한 것을 들어, 정풍과 위풍에 있는 시들을 음란한 시로 간주했는데, 사실은 이들 시의 내용은 대체로 애정시다. ('子曰 行夏之時 乘殷之輅 服周之冕 樂則韶舞 放鄭聲 遠佞人 鄭聲淫 佞人殆'[『詩經』, 魏靈公])
154) 도량과 재주.

는 여태까지도 쉼이 없으니, 자잘한 문장을 모으는 것[篇什叢殘]은 각주구검157)이나 다를 바 없도다. 어찌 다만 매화시158)를 헛되이 집구159)하며, 「구운몽」을 변화시켜 「구운루」로 하였는가?).

⑧ 同上, 割註: 我東小說「九雲夢」增演其意 如楊少遊系以楊震 賈春雲系以賈充 他皆倣此 皆寫像於卷首 如聖歎四大書 著爲十册 改名曰「九雲樓」 自序曰 余官西省也 於舟中得見「九雲夢」卽朝鮮人所撰也 事有可采 而朝鮮不嫺於稗官野史之書 故改撰云●(우리 나라의 소설인 「구운몽」을 자신의 뜻에 따라 분량을 늘이고 부연하였으니, 예를 들면 양소유를 양진의 후손으로 하고, 가춘운을 가충의 후손으로 한 것 등이다. 다른 인물들도 모두 이와 마찬가지다. 권두에는 김성탄[1608~1661]의 4대 기서처럼 각 인물의 삽화를 그려 넣어 10책으로 만들고, 서명을 「구운루」로 고쳤다. 자서에 말하기를, "내가 서성에 벼슬을 하고 있을 때 배에서 「구운몽」을 얻어 읽었는데, 즉 조선 사람이 지은 것이었다. 내용은 가히 채택할 만한 것이 있었으나, 조선에서 패관 야사의 책을 짓는 데 능숙하지 않아 이를 고쳐 지었다."라고 하였다).

⑨ 同上, 黃鍾顯, 評語: 集句之法 蓋始於石曼卿 以一題集二百首 可爲古今奇才 若稗史緟義 半屬烏有 而以至楊少游系出楊震 八仙女皆有系派 寫影於篇首 以無爲有 反虛實實 有關傷敗風俗 康熙時毁破聖歎「水滸傳」刻板 亦有是耳●(집구의 법은 아마도 예전에 석만경[石延年 994~1041]에서 시작되었을 것이다. 그런데 한 가지 소재로서 2백 수를 모은 것 자체가 이미 고금의 기이한 재주라고 하겠다. 그러나 패사 연의[小說]와 같은 것은 절반이 근거 없는 허황된 것에 속하는데, 양소유를 양진의 후손으로 하고, 8선녀에게도 모두 계파가 있게 하고, 권두에 등장 인물의 모습을 그려 넣은 것은 무에서 유를 만들고 허를 실로 꾸미는 것이니, 이는 미풍양속을 해치는 바이다. 강희 연간[1662~1722]에 김성탄[1608~1661]의 「수호전」 판각이 불태워진 것도 바로 이와 같은 이유 때문일 것이다).

⑩ 『松南雜識』(趙在三, 1801~1834), 桃卷, 稽古類, '南征記'條(草稿, 서울大 所藏本): 世傳金北軒著「九雲夢」·「南征記」等小說 使宮女朝夕諷誦 欲感悟聖寵 期返閎殿也●(세상에 전하기를 김북헌[金春澤 1670~1717]이 지은 「구운몽」·「남정기」 등의 소설은 궁녀로 하여금 아침저녁으로

---

155) 『韓非子』, 「外儲記左上篇」에 있는 고사. 墨子가 3년이 걸려 나무로 연을 만들어 띄웠는데, 하루를 날려 본 후 망가져 버렸다. 제자들이 말하기를, "나무연을 날리시다니 선생님의 기술이 참으로 대단하십니다."라고 하자, 이 말을 들은 묵자는, "수레 끌채의 쐐기를 만드는 기술보다는 못하니라. 지척의 나무로서 한 시대가 다하도록 없어지지 않고 서른 섬의 무게를 이끌 수 있으니 그러하다. 그것은 멀리 가고 많은 힘을 내며 오랜 세월을 견디는데, 지금 나는 3년간 연을 만들어 한 순간에 망치고 말았다."라고 말했다. 惠子는 "묵자가 수레 끌채의 쐐기를 만드는 데는 능하고 연을 만드는 데는 서투르다."고 말했다.
156) 배민이라는 사람이 호랑이 사냥에 능하여 일찍이 하루에 서른 마리를 잡은 적이 있다. 한 노인이 와서 그것은 호랑이와 비슷하지만 사실은 작은 범에 속하는 표범이라고 하면서 장군이 진짜 호랑이를 만나면 어찌하지 못할 것이라고 했다. 그 노인은 그 곳에서 북쪽으로 30리 되는 곳에 호랑이가 때때로 출몰하니 가보라고 일렀다. 배민이 말을 몰아 달려가 보니 우거진 숲속에서 과연 진짜 호랑이가 나타났다. 체구는 작아도 기세등등하여 사납게 생겼다. 땅에 엎드려 우렁차게 부르짖으니 산과 바위가 무너지는 듯했다. 배민이 두려워하여 뒷걸음쳐 활과 화살을 모두 떨어뜨리고 하마터면 목숨까지 잃을 뻔했다. 그 후 배민은 더 이상 호랑이 사냥을 하지 않았다(李肇, 『國史補』).
157) 배에서 칼을 떨어뜨리고 떨어진 자리에 표를 해 놓았다가 배가 정박한 뒤에 칼을 찾는다는 뜻으로(『呂氏春秋』), 사람이 미련해서 융통성이 없음을 비유한 말.
158) 청나라 康熙시대 사람인 羅景星이 매화 시구 7언율시와 7언절구 각각 100수를 모아 책을 간행하였음.
159) 옛사람들이 지은 글구를 모아서 한 구의 새 시를 만듦.

풍송160)하게 하여 임금을 감오161)시켜 민중전[仁顯王后 1667~1701]162)을 돌아오게 하고자 한 것이라 한다).

⑪ 『夢遊野談』(李遇駿 1801~1867), 上, 夢遊者自序: 今世之人 於「疑禮問解」・「五經辨義」・「擊蒙要訣」等文 皆不耽看 必癖於「三國志」・「水滸傳」・「西廂記」・「九雲夢」諸篇 家藏櫃置 莫不嗜玩 是其所趨 從而其所好然也◐(지금 세상 사람들은 「의례문해」・「오경변의」・「격몽요결」 등을 모두 잘 보지 않고, 반드시 「삼국지」・「수호전」・「서상기」・「구운몽」 같은 여러 책에 치우쳐, 집안의 나무궤 속에 갈무리해 두고 애완하지 않음이 없으니, 이는 그 추세가 좋아하는 바에 따르기 때문에 그러한 것이다).

⑫ 同上, 下, '小說': 又所謂「九雲夢」公在謫時所作 六觀大師徒弟性眞 與南岳八仙女 相戲得罪 謫下人間 還生於楊家之事也 楊小遊 文章勳業 冠于一世 出將入相 身極富貴 因以八仙女相會 做緣一生懽洽 終而限滿還歸空門 其意盖以功名富貴 歸之於一場夢境 以釋迦寓言 帶得楚騷遺意 爲上下二卷 中原文士見之 以爲機軸甚好 而恨不能舖張其事以成大篇帙云◐(또 이른바 「구운몽」은 공이 귀양지에 있을 때 지은 것이다. 육관대사의 제자 성진과 남악의 팔선녀가 서로 희롱하다 죄를 짓고 인간 세상에 귀양 와 양씨 가문에 환생한 이야기다. 양소유는 문장과 훈업이 일세에 으뜸되어 출장입상하여 몸이 부귀를 지극히 누리고, 인하여 팔선녀와 만나 인연을 맺어 일생을 즐겁게 누린 후 마침내 기한이 되어 공문163)에 귀환하니, 그 뜻은 대개 공명부귀가 일장춘몽임을 석가의 우언으로 경계짓고 초사[楚辭]164) 이소[離騷]165)의 남긴 뜻을 띠었으니, 상하 두 권으로 되어 있다. 중국의 문사가 이 책을 보고 그 줄거리가 매우 좋기는 하나 그 사건을 넓혀 크게 만들지 못했음을 한스러이 여겼다고 한다).

⑬ 『白雲仙翫春結緣錄』: 桂蟾月狄驚鴻 雖聞也 何能當此也◐(계섬월과 적경홍은 비록 들었다 하더라도 어찌 능히 이들을 당할 수 있으랴?).

⑭ 『金鰲新話』, 李樹廷 1842~1886, 跋文[1884]: 朝鮮固多小說 然皆有根據 盖野史之類 其傳奇之作 甚稀 僅有梅月堂『金鰲新話』金春澤「九雲夢」數種而已「九雲夢」向爲淸人某所評點成十卷 印行於世◐(조선에는 실로 소설이 많으나 모두 근거가 있으며, 대개 야사류의 것으로 전기 작품은 매우 드물어서, 가까이로 매월당[金時習 1435~1493]의 『금오신화』나 김춘택의 「구운몽」 등 수종이 있을 뿐이다. 「구운몽」 먼젓번에 청나라 사람 아무가 평점하여 10권으로 만든 책이 세상에 간행된 바 있다).

⑮ 『海東竹枝』[1925](崔永年 1856~1935), 中編, 俗樂遊戲, '舞童牌': 舊俗演出 朝鮮小說「九雲夢」性眞及八仙女事 白衲紅裙舞於人肩上 善舞者或三層 稱之曰 '무동패' ~ 桃花八顆買仙橋 演出風流掌上嬌 掌上不如肩上舞 春風彩鷰弄飄飄◐(예전의 풍속에 조선의 소설인 성진과 8선녀 이야기를 연출하여, 흰 고깔에 붉은 치마를 입고 사람의 어깨 위에서 춤을 추는데, 춤을 잘

---

160) 글을 읽고 시를 읊음.
161) 마음에 깊이 느끼어 깨달음.
162) 조선조 제19대 숙종의 繼妃. 閔維重의 딸. 숙종 7년(1681)에 왕비가 됐으나, 궁녀 張禧嬪의 농간으로 15년(1689)에 폐위되었다가 다시 복위되었다.
163) 불교의 법문.
164) 중국 漢나라 때 劉向이 편찬한 책 이름. 楚나라 屈原의 辭賦와 그 문하 및 후인이 굴원의 작품을 모방해서 굴원을 추모하고 아울러 그 뜻을 폈던 사부 들을 모았다.
165) 屈原(B.C. 343?~277?)이 지은 楚辭 작품.

추는 자는 혹 3층에서도 춤을 춘다. 이를 '무동패'라 한다. 복숭아꽃 여덟 송이로 신선들의 다리[橋]를 사서 손바닥 위의 교태를 풍류로 연출하네. 손바닥 위의 춤이 어깨 위의 춤만 못하니 봄바람에 채색 난새166)가 가볍게 희롱하네).

⑯ 『紅白花傳』, 序: 大明成化年間 有桂荀兩家 生才子 桂則男 荀則女也 以表兄表弟之義 欲爲結緣也 其間有呂相之子 房彦欲納□於美人 乃論婚事於荀家之女 女乃喟然而歎 亡逃於蘭之家 着男子巾幅 伴爲桂 先聚於薛儀賓之女 幽蘭乃□□□□儀賓 賓乃罷呂家之婚 以其子同事 桂處士之子 乃以兩夫人同心補遺 無以抄間 以論此事者 乃歎贊其行 乃逑其事 其文若「九雲夢」
◐(대명 성화[1465~1487] 연간에 계·순 양가에서 재자를 낳으니 계가에서는 아들[계동영의 아들 일지]을 낳고 순가에서는 딸[순경화의 딸 직소]을 낳아 표형표제167)의 의를 맺고 결연하고자 하였다. 그때 여승상의 아들 방언이 미인을 맞고자 하여 순가에 구혼하였다. 여자[계직소]가 위연168)히 탄식하고 난지[계일지의 妹]의 집에 도망하여 남자의 복건을 착용한 후 계씨로 이름을 바꾸고 설의빈의 딸[유란]과 인연을 맺었다. 유란이 의빈에게 …… 빈이 이에 여씨 집안과 파혼하고 그 딸로써 계처사의 아들[계일지]을 함께 섬기게 하니, 양부인이 한 마음으로 부족한 점을 보충하여 조금도 어그러짐이 없었다. 이 일을 논하는 사람들이 그 행위를 찬양하고 그 일을 서술하니 그 내용이 「구운몽」과 같았다).

⑰ 『諺文古詩』(가람본), '언문칙목녹', 203: 「구운몽」.

⑱ 「구운몽」(임형택 소장본) 結尾: 딕져 부여의 슬필 거시 규줌과 여게 외난 업슬 거신 고로 이 칙에 졀죠와 도리난 분예[婦女]라도 븅 즉[紡織] 여가에 가히 보암즉하기로 우리 조부긔오셔 번역ᄒ시여 기시는 고로 이번 봉심[奉審] 후 슈퇵[手澤]을 직키랴 ᄒ얏던이 슉부긔오셔 본칙 습권 말즁에 기록ᄒ삼 잇슴을 보고 번셔하얏스나 오호라 조부 만셰 후로도 슈퇵이 오히려 게시온 유즈 손자 보시오면 엇지 늣김이 업스실가 죠부 봉효공 필젹으로 「구운몽」과 「충션감의록」 수질을 번역ᄒ삼이니 「구운몽」 일질은 슉부게오셔 기록ᄒ심이 인난 고로 딕퇵[大宅]에 잇스옵고 「감의록」 일질은 봉효공 친필 퇵에 두셧논이 맛당히 보빅오리 잇스면 번등ᄒ여 가지실 것시오 원본은 셰셰 유전할지어다 「구운몽」 번셔ᄒᆞᆸ기난 무슐 원월 기망에 ᄒ압고 습권은 우리 아부긔오셔 친필노 번등하삼이온이 졍히 간슈ᄒ시여 젼케 할지어다 셰 무슐 추월 하완에 안송련은 필셔ᄒ노라.

⑲ 『金光淳所藏 筆寫本韓國古小說全集』, 26, p. 403: 연화봉 다리 우의 셩진이 팔션션녀 희롱인 듯.

⑳ 「배비장전」(세창서관판): 빅비쟝 한 권씩 쑈아 들고 옛날 츈향의 랑군 리도령이 츈향 싱각ᄒ며 글 읽듯ᄒ것다 「삼국지」·「수호지」·「구운몽」·「셔유긔」 칙 졔목만 잠간식 보고 「슉향젼」 반즁둥 싹 져치고.

㉑ 「춘향전」(高大本): 춘풍셕교 파한 후의 승진대사 읍셔신이 션여 어디 닛시릿가.

㉒ 「춘향전」(李古本): 저 건너 송남 중의 하양 읫득하고 별진 잘속 하이 아마도 션녀 하강하얏나보다 방자놈 대답하되 도련님 망녕이오 신선 출처 들러 보오 춘풍 셕교 놉흔 곳의 승진이 업셔신니 션녀 희롱 뉘가 할가 션녀란이 될 말이오.

㉓ 「흥부전」: 육관대사 법고같이 둥두렷이 달렷거날.

---

166) 상상의 새. 모양이 봉황과 같은데, 깃은 붉은빛에 오색 무늬가 있고, 그 울음소리는 오음에 맞는다고 한다.
167) 외사촌 형제.
168) 탄식하는 모양.

㉔「新飜九雲夢」(同文書林版), 上, '緒言' [1913]: 是書는 金公春澤氏의 著훈 바이라 모든 小說에 比컨딘 其文이 奇ᄒ고 其事ㅣ 最히 奇훈 고로 至今轉送ᄒ야 二百年間에 樵童牧豎라도 歌謠 아니리 업서 수히 其觀이 됨이라 原本은 三卷이니 完營에 板이 在ᄒ다가 임의 燬失ᄒ고 일즉이 淸方大家ㅣ 歎賞ᄒ고 다시 增衍ᄒ야 六卷을 作ᄒ나 쏘한 傳흠이 無ᄒ도다 近來에 文運이 隆盛ᄒ야 비록 尋常훈 俚言이라도 가히 興感홀 者를 收錄ᄒ거든 하믈며「九雲夢」은 樂而不淫 ᄒ고 且群仙圖 景致가 具備ᄒ則 다만 風流勝事로만 認치 말고 一團和氣를 涵養ᄒ야 齊家之節 에 幽閒貞靜의 旨趣를 寓홀ᄉ 이에 諺文으로써 新飜ᄒ야 每回에 보기 極히 便ᄒ고 스름의 마암을 無限히 愉樂케 ᄒ노니 噫라 浮生이 夢과 如ᄒ니 快活的 思想이 아니면 爲觀이 幾何오 大正 元年[1912] 八月 日 編輯者.

㉕「화진젼」(同上) 권말: 셰숭의 소설이 만ᄒ되 이갓치 긔이훈 글이 읍ᄂ지라 무릇 풍유호ᄉ와 의긔남ᄌ가 셔로 구ᄒ야 입신양명흠과 요쳡니 참소ᄒ야 현부가 ᄒ당흠은 「샤씨남경긔」와 일반이 요 군ᄌ와 숙녀가 호구ᄒ고 (쯕을 맛ᄂ) 부귀공명이 현혁흠은 「구운몽」과 방불ᄒ지라 이로 말미음어 보건되 쇼설 중 제일거셔라.

㉖「윤선옥젼」(『김광순 소장 필사본 한국고소설전집』, 26): 연화봉 다리 우의 셩진이 팔션 션녀 희롱인 듯……

㉗「丁香傳」(東洋文庫本): 其歡喜之情 無以異於楊少遊之遇春雲●(그 기뻐하는 정은 양소유가 가춘운을 만난 것과 다름이 없었다).

㉘ Courant, 771:「구운몽」.

㉙「新飜九雲夢」(同文書林, 1913): 是書ᄂ 金公春澤의 著훈 바이라 모든 小說에 比컨딘 其文이 奇ᄒ고 …… 原本은 三卷이니 完營에 板이 在ᄒ다가 임의 燒失ᄒ고 일즉이 淸大方家 歎賞ᄒ고 다시 增衍ᄒ야 六卷을 作ᄒ나 쏘한 傳흠이 無ᄒ도다.

㉚「漢陽歌」: 횡츅(橫軸)을 볼즉시면「구운몽」성진이가 팔션녀 희롱ᄒ여 투화셩쥬(投花成珠) ᄒᄂ 모양……

㉛「居士歌」: 이곳이 요지런가 서왕모의 짓이로다 형산에 팔선년가 남악의 위부인가 위공의 자란인가 당명황의 양귀빈가.

㉜「봉산탈춤」대사(任晳宰 採錄): 천하명승 오악지중에 츈산이 높엇으니 서산대사 출입 후에 상좌중 능통자로 용궁에 출입드니 석교상 봄바람에 팔션녀 노던 죄로 적하인간 하직하고 대사당 돌아들 때 요저숙녀는 좌우로 벌여 있고 난양공주 진채봉이 세운 같은 계섬월과 심요연 백능파와 이 세상 시일토록 노니다가 서산에 일모하여 귀가하여 돌아오던 차에……

㉝「康翎탈춤」(任晳宰 採錄), 第七科程: 六字 한 장 들고 봐라 六環大師 性眞이 石橋上 좁은 길에 八仙女를 戱弄하고……

㉞ 同上: 또 한편얼 바라보니 六環大師 性眞이가 石橋上 돌다리에 야들 個 구실로 八仙女럴 얼려 있고 …….

㉟ 同上 第十科程: 風流郞 張君瑞년 일곱 줄 거문고로 최앵앵이럴 얼려 있고 六環大師으 弟子 性眞이넌 야들 개 구실로 石橋上에 八仙女럴 얼려 있으나 나넌 거문고도 없고 글도 없고 구실도 없고 허니 오독독이 춤으로나 얼려 보자.

【增】
1) 『松泉筆談』(沈鋅): 稗史有「九雲夢」者 卽西浦所作 大旨以公明富貴 歸之於一場春夢 要以慰 釋大夫人憂思 其書盛行閨閤間 余兒時慣聞其說 蓋以釋迦寓言 而中多楚騷遺意●(패사69)

중에 「구운몽」이란 것이 있는데, 이는 곧 서포 김만중의 지은 것이다. 그 대강의 뜻은 공명과 부귀를 누리는 것은 한바탕 봄꿈[一場春夢]으로 돌아가고 만다는 것으로, 요컨대 이것은 어머니의 근심과 걱정을 위로하고 풀어드리고자 한 것이다. 그 책이 부녀들 간에 성행하여서, 나[李縡]도 어렸을 때에 늘 그 이야기를 들었는데, 대체로 석가모니의 우언인바, 그 가운데에는 초사[離騷]가 남긴 뜻이 많다).

2) 『花源樂譜』, no. 660[170]: 天下名山 五岳之中에 衡山이 ᄀ장놋턴지 六觀大師의 說法濟衆헐제 相佐[171]中 靈通者로 龍宮에 奉命ᄒ가 石橋上에 八仙女 만나 戲弄ᄒ 罪로 幻生人間ᄒ야 龍門에 놉히 올ᄂ 出將入相타가 太史堂 도라드러 蘭陽公主 李簫和 英陽公主 鄭瓊貝며 賈春雲 陳彩鳳과 桂蟾月 翟驚鴻 沈裊烟 白凌波로 슬ᄏ쟝 노니다가 山鐘一聲에 쟈던 쑴을 ᄃ 씨여고나 世上에 富貴功名이 이러흔가 ᄒ노라.

3) 「직롱가 才弄歌/載弄歌」[172]: 瑤池宴의 西王母[173] 노듯 仙官 노름이 유자션 노듯 八仙女 틈의 性眞이 노듯.

4) 「각설이타령」[174]: 그자 저자는 낙자가 되고 6자나 한자나 들고봐 육환대사[175] 성진이 육환장[176]을 손에 잡고 8선녀를 거느리고 6십리 너른 들에 목화동냥 늘어졌다.

5) 「배비장전」(金三不 교주본): 배비장 무료하여 하는 말이 하릴없다 고담이나 얻어 오너라 하더니 할 일없이 남원부사 자제 이도령이 춘향 생각하며 글 읽듯 하던가 보더라 「삼국지」·「구운몽」·「경업전」 다 후리쳐 버리고 「숙향전」 내어놓고 보아 갈 제……

6) 『[演慶堂]諺文冊目錄』(1920; 藏書閣所藏): 50. 「九雲夢」 4冊.

〈비교연구〉

【增】

1) 「空空幻」과 「구운몽」은 구조적인 측면을 비롯하여 제 측면에서 유사하다. 양자의 근친적 면모는 무엇보다 먼저, '夢'字와 '幻'字를 제목으로 취하여 '空'의 의미를 적극 드러냈다는 것과 16回 章回小說이라는 동일 체제, 그리고 분량의 비슷함 등에서 찾아진다. 물론 이 외에도 서사 진행, 삽화나 모티프, 유사한 詩句의 존재나 상황 묘사, 인물 형상, 환몽 구조 등과 같은 작품 내부의 근친성을 들 수 있다(전성운, "「九雲夢」의 창작과 명말 청초 艷情小說", 『古小說硏究』, 12[2001. 12], p. 68).

〈이본연구〉

【增】

---

169) 패관이 소설과 같은 형식으로 꾸며서 쓴 역사 이야기. 여기서는 소설을 가리킨다.
170) 鄭炳昱, 『時調文學事典』, 新丘文化社, 1979, p. 474.
171) 上佐. 속인으로 절에 들어가 불도를 연구하는 사람. 혹은 師僧의 대를 이을 여러 사람 중에서 가장 높은 사람.
172) 李泰極, "「직롱가(載弄歌)」攷", 『古典文學硏究論攷』(1973. 6), p. 492.
173) 중국 상대에 받들던 선녀. 주나라 穆王이 서쪽으로 崑崙山에 사냥을 갔다가 서왕모를 만나서 瑤池에서 노닐며 돌아옴을 잊었다고 한다. 또 한나라 무제가 장수하기를 원하자 서왕모가 그를 가상히 여겨 하늘에서 仙桃 일곱 개를 가져다가 무제에게 주었다고 한다.
174) 姜恩海 채록, 『국어국문학』, 85(1981. 5), p. 384.
175) '육관대사'[六觀大師]의 잘못.
176) 六環杖. 스님이 짚고 다니는 고리가 여섯 개 달린 지팡이.

1) 「구운몽」 한문본의 변이는 이런 큰 계통[老尊師系와 蓮花峯系]이 있다 해도 판소리계 소설처럼 본격적 변이, 굴절이 아닌 부분적 誤謬, 相異, 漏缺, 添補 등에 머무르고 있다. 老尊師系에서 蓮花峯系가 새로운 계통을 형성한 것은 비교적 초기에 일어난 일이다. 또 老尊師本이 직접 연화봉계 乙巳本으로 옮아간 것이 아니고, 蓮花峯系의 한 手寫本이 판각화됨으로씨 1차 板刻 한문본인 羅州판 을사본이 출현하게 되었다. …… 을사본에는 두 종류의 異板이 있다. 하나는 『景印古小說板刻本全集』에 수록된 (가)본[丁奎福 소장]이고, 다른 하나는 『九雲夢原典의 研究』에 수록된 (나)본[姜銓燮 소장]이다. 이들은 刊記가 모두 '崇禎後 再度 乙巳 錦城午門 新刊'으로 되어 있으나, 한 판본에 대해 다른 한 판본은 覆刻에 의한 이판이다. …… (가)본과 (나)본의 관계는 두 본이 각기 완친한 覆刻을 추구하였으나, 우연한 실수로 생긴 原板과의 거리가 (가)본과 (나)본의 相異로 볼 수 있다. …… '崇禎後 再度乙巳'인 1725년이 初板刻이 아닌 覆刻異板에 그대로 판각되고 있음은 방각본 소설 중에서 유일하게 羅州板으로 남아 있는 현존 을사본 「구운몽」 (나)본은 후기에 복각된 이판으로서, 癸亥本과 함께 全州에서 복각되고, 보급되었을 수도 있음을 보여 준다. 이와 함께 초기의 한문 「구운몽」이 18세기 초반에 이미 방각 소설화되어 상층 지식인의 독서물이 되어 상업성을 획득하게 되자, 이의 영향으로 한글 판각 소설이 출판되었고, 「구운몽」만은 한글본 「구운몽」의 보급과 함께 한문본으로서 原乙巳本에서, 또 이 原板이 낡자 부분 補板 나아가서는 복각판이 출현했고, 그 과정에서 계해본이란 새로운 계통본이 판각되어, 여러 계해본의 이판이 방각 보였음을 짐작할 수도 있다. …… [完板 「九雲夢」은] 나주판 한문본인 을사본이 나온 78년 후에 全州에서 판각된 목판본이다. 이는 을사본 (가), (나)본을 계승한 2차 한문 坊刻本이며 6권 3책으로, 각 52장, 58장, 59장의 모두 169장이다. 필치는 대체적으로 達筆이나, 전체가 한 사람의 필치가 아니고 좀 拙筆로 된 필치도 더러 있다. 卷尾에 '崇禎後三度 癸亥'란 간기가 있어, 純祖 3년인 1803년에 판각된 것이므로 일반적으로 '계해본'이라 칭하고 있다. 계해본계 이판에는 金東旭교수 소장본 이외에 국립도서관 소장본이 있다. 이 국립도서관 소장본은 행수나 내용은 일반 계해본과 같으나 같은 행내에서 글자의 수가 다르다. …… 또 완판 한문본으로 보이는 이본이 韓國古書同友會에서 출품한 韓國小說千年展의 자료에서 나타났다. …… 계해본이 을사본의 (가)본이나 (나)본을 대본으로 판각한 것이지만, 새로운 판이 이루어지는 과정에서 상당한 변이를 나타내었다. …… 계해본은 상하 두 권으로 된 을사본을 6권으로 재분류를 하고, 각 권의 첫 줄에는 '九雲夢 卷之一'식으로 권수 표시를 한 행에 판각하는 등 독자적 개성도 추구하지만, 근본적으로는 을사본과 동일한 行文의 배열을 추구하였다. …… 또 을사본은 상권이 86장, 하권이 83장으로 총 169장으로 되어 있으므로 계해본도 1책이 52장, 2책이 58장, 3책이 59장으로 총 69장으로 일치시켰다. 이는 성진의 大覺 장면의 漏缺이 단순한 실수가 아닌 의도적 결과임을 추정하게 하는 또 다른 근거가 된다. …… 이러한 출판의 뒷 상황은 결과적으로 「구운몽」의 대단원인 성진의 대각 장면의 논리적 전체에 중요한 손실을 가져오게 되어, 독자들의 「구운몽」 이해에 상당한 결함 요인이 되는 결과를 초래하였다. …… 전주에서 판각된 한글 목판본은 2권 2책으로, 본문은 상권 55장, 하권 50장으로 총 105장본이지만 목록이 한 장 더 있으므로 실제는 106장본이다. …… 한글로 표기된 [2字 略] 丁未本은 한문으로 서술된 [2字 略] 을사본에 비하여 엄청난 축약 서술을 나타내었다. 특히 정미본은 작가가 觀念小說, 思想小說로서의 「구운몽」에서 가장 역점을 두고 구성한 꿈과 현실의 관계 제시를 위한 莊子齊物論의 인용, 팔선녀의 佛法歸依에 나타난 구체적 상황, 성진의 「金剛經」 큰 법을 깨우치는 순간의 묘사, 성진이 衣鉢을 전수받아

가

중생을 구제함과 육관대사의 西域으로 들어감 등의 주요 요소와 장면들의 제시에 결정적인 결점을 주게 되었다. …… 서울에서 목판 인쇄된 京板 한글본은 간기가 없는 32장본인 (가)본과 丁亥年 布洞에서 간행된 29장본인 (나)본과 孝橋 新刊으로 나온 32장본인 (다)본의 세 이판이 있다. (가)본은 …… 分章이 없이 연철되었고, 行書體로 되어 있어 易讀性은 높지 않다. (가)본과 (다)본은 31장까지의 내용은 行文까지 동일하나, 끝장인 32장에서는 부분적인 語句의 차이가 있다. 또 字型은 전체가 다르기 때문에 (다)본은 (가)본의 이판 신간으로 판단된다. (나)본은 28장의 후면까지는 (가)본을 복각한 것으로 보이고, 끝장인 29장은 (가)본의 29장 2행에서 끝장까지의 103행을, 29장 전면 2행에서 29장 후면까지의 27행으로 크게 축약시켰다. …… 한문본에서 계해본이 16회장의 대각 장면의 한 장을 생략하여 텍스트로서 크게 결점을 드러냈듯이, 경판 (나)본도 회장에서 (가)본, (다)본의 80행을 단 20행으로 크게 축약하였기 때문에 작품의 敍事美와 思想性을 생명으로 한 「구운몽」의 본질을 드러내는 데 손상을 가하였다(설성경, "坊刻 古小說의 본문비평," 설성경·박태상 공저, 『고소설의 구조와 의미』[1986. 6], pp. 394~395, 398, 400~401, 403~404, 408~409, 412, et passim).

〈판본연대〉

【增】

1) [완판 「구운몽」의] 刊記는 상권은 '壬戌孟秋 完山開板'이고, 하권은 '丁未仲春 完南開刊'으로 되어 있는데, 壬戌은 1862년으로 이 板이 原刻本이고, 丁未는 1907년으로 임술판의 補刻時에 나타난 간기를 보인다. 즉 임술의 간기가 있는 상권에서는 5, 6, 16, 43, 44, 45, 46, 52장의 여덟 장이 보각되었고, 丁未의 간기가 있는 하권에서는 29, 34, 35, 36, 42, 50장의 여섯 장이 보각되었는데, 보각시에 하권의 끝 장인 50장에 새 간기인 '丁未開刊'을 넣은 것으로 보인다. 그런데 현재 남아 있는 텍스트는 대부분 梁珍泰의 명의로 발행된 多佳書舖本이다. 이는 1909년 日帝가 출판물 규제를 위한 출판법을 시행한 후, 朝鮮總督府 警務總監部의 인가를 받기 위하여 판권지를 첨부한 出版記이므로, 壬戌 및 丁未의 板元들을 가지고 1916년에 인쇄하여 출판한 사실을 알려 준다(설성경, "坊刻 古小說의 본문비평," 설성경·박태상 공저, 『고소설의 구조와 의미』 [1986. 6], p. 405).

국문필사본

(구운몽)

구운몽	계명대[古綜目](고811.35김만중구)	1(歲在乙丑暮春書)
구운몽	계명대[古綜目](고811.35김만중ㄱ)	3(戊戌年, 水原 逸院精舍)
【增】 구운몽	계명대[古綜目](고811.35.김만중구우)	낙질 1
【增】 구운몽	김광순[筆全](67)	1(말미 낙장 52f.)
【增】 구운몽 권지즁 九雲夢 卷之三	김광순[筆全](67)	낙질 1(3: 89f.)
구운몽	이대[古](811.31김41ㄱB)	낙질 9(10책 중 권5 결, 1: 셰졍미초동 금호셔; 3: 셰졍미동 유호셔; 4: 셰졍미쵸동 유호셔; 6: 同上; 7:

			셰졍미동 유호셔; **8**: 셰졍미쵸동 유호셔; **9**: 셰졍미동유호셔; **10**: 셰졍미쵸동 유호셔)⁽⁸⁶⁾
【增】	구운몽 권지삼	박순호[家目]	낙질 1(3: 64f.)
【增】	구운몽 권지일	박순호[家目]	낙질 1(1: 68f.)
【增】	구운몽 상권이라	박순호[家目]	낙질 1(67f.)
【增】	구운몽 제일/권지이/계삼	박순호[家目]	1(1: 임ᄌ삼월졸필이라, 全北金堤郡邑內面玉山里金泳珠, 43f.; 2: 임ᄌ사월일이라, 50f.; 3: 임ᄌ유월하한이라, 임ᄌ슴월부터 오월의 이르러 구운몽전 슴권을 졸필로다 기록……, 57f.)
【增】	구운몽: 연정구운몽 상권	박순호[家目]	1(107f.)
【增】	구운몽	박순호[家目]	1(낙장 78f.)¹⁷⁷⁾
【增】	구운몽	박순호[家目]	2–1(2–3 합철, 2: 48f.; 3: 26f.)
【增】	구운몽 九雲夢 上/下	이태영[家目]	2–1(셰지신묘납월ᄒ간의 셔필우삼순ᄒ졍옥ᄒ노라)
	구운몽	임형택[莽蒼蒼齋 家目]	4(1: 셰무슐추월ᄒ완에만 송은필셔ᄒ노라, 각 약 39f.)
【增】	구운몽	정명기[尋是齋 家目]	1

국문경판본

【增】 구운몽 권지단	박순호[家目]	1(32f.)

국문완판본

【增】 九雲夢	계명대[古綜目](고811.35김만중구운)	6–3(崇禎後三度癸亥 [1803])
【增】 구운몽하	김종철[家目]	낙질 1(하권: 丁未 仲花日 完南開刊, 50f.)
【增】 九雲夢	미도민속관[생활사 도록](71)	1(丁未仲花日完南開刊)
【增】 구운몽	미도민속관[생활사 도록](75)	1(壬戌孟秋 完山開板)
【增】 九雲夢目錄	박순호[家目]	1(庚子十二月初五日, 15f.)
【增】 구운몽 샹 九雲夢	박순호[家目]	1(壬戌孟秋, 55f.)

---

177) 1f. 낙장.

【增】 구운몽 하	박순호[家目]		1(44f.)
【增】 구운몽 하	박순호[家目]		1(丁未仲花[178]完南開刊, 50f.)
【增】 구운몽 샹	박순호[家目]		1(乙卯臘月六日, 壬戌孟秋完山開板, 55f.)
【增】 구운몽 하	박순호[家目]		1(丁未仲花完南開刊, 50f.)
【增】 구운몽 샹	박순호[家目]		1(壬戌孟秋完山開板, 55f.)
【增】 구운몽 하	박순호[家目]		1(丁未仲花完南開刊, 明治四十四[1911] 八月二十二日發行, [著·發]卓鍾佶·梁元仲, 西溪書舖, 50f.)
【增】 구운몽하	이태영[家目]		낙질 1(丁未仲花日 完南開刊, 大正三年[1914] 十一月二十五日發行, 50f.)
구운몽	정문연[韓古目](77: R16N-001131-44)		낙질 1(3: 完南開刊, 丁未仲花日, 52f.)

국문활자본

연뎡구운몽 九雲夢	김종철[家目]		1(대산서림, 하: 93pp.)
(신번)구운몽 권지샹/권지하 新飜九雲夢	국중(3634-2-9=3)<샹>/국중(3634-2-9=4)<하>/정규복/김근수/[仁活全](19)		2(국한자 순기, 16회, [編·發]玄櫶, 同文書林, 상: 1~8회, 1913. 2. 20, 120pp. ; 하: 9~16회, 1913. 3. 10, 138pp.)[95]
【削】 연뎡구운몽 演訂九雲夢	吳漢根[藏目]		2(金容俊編, 53회, 上下, 博文書館, 1917)[179]
구운몽 권지일/권지이 古代小說 九雲夢[180]	上編/下編 국중(3634-2-74=3)<초판 낙질 하>/김종철[家目]/박순호[家目]/吳漢根[藏目]		2(上·下編, [著·發]金容俊, 博文書舘, 초판 1917.2.28; 재판 1918, 上: 제1회~ 제9회, 118pp.; 下: 10-16회, 96pp.)[181]
구운몽 (古代小說) 九雲夢[182]	上下合編 국중(813.5-3-45)/국중(일모813.5-세299ㅇ)/박순호[家目]/조동일[국연자](20)		1(상하합편, [표지]申泰三, 世昌書舘, 檀紀 4285[1952], 176pp.)
【削】 연뎡구운몽 演訂九雲夢	[李周映, 博論]		1(世昌書舘, 176pp.)

---

178) '花'자 밑에 '日'자를 붙여 썼다. 이하 '丁未仲花完南開刊'에 쓰인 '花'자는 모두 이와 같음을 밝혀 둔다.
179) 이가원이 1955년에 分章 구분 없이 연철된 自藏本「九雲夢」의 주석서를 내면서(德基出版社) 이 본의 장회명을 襲用하였다.
180) 표지에는 '古代小說 九雲夢', 본문 첫머리에는 '연뎡 구운몽 演訂九雲夢'으로 되어 있다.
181) 위의 각주 179)와 같다.
182) 본문 서두에는「고대소설 연뎡 구운몽」으로 되어 있다.

	(신번)구운몽 권지상/권지하 (新飜)九雲夢 卷之上/卷之下	국중(3634-2-74=5) <下 재판>	2([著·發]玄檍, 新舊書林·同文書林, 상: 3판 1913. 7, 108 pp.; 下: 초판 1913.2.20; 재판 1920.5.25; 4판 1920. 5, 106pp.
	(연명)구운몽 하권 演訂 九雲夢	국중(3634-2-74=2)	낙질 1([著·發]姜義永, 永昌書舘·韓興書舘·三光書林, 하: 1925. 10. 30, 95pp.)
	(연명)구운몽 古代小說 演訂九雲夢	국중(3634-2-9=2)<상>/ 국중(3634-2-9=5)<하>/ [仁活全](2)	1(국한자 순기, 총53회, [編·發]南宮濬, 唯一書舘, 상: 1913. 7. 25, 118pp.; 하: 1913. 7. 30, 118pp.)[(99)]
【刪】	구운몽 演訂九雲夢	[李 : 古硏, 273]	2([著·發]南宮濬, 唯一書舘·漢城書舘, 上: 1916. 9, 110pp, 下: 1916. 9, 107pp.)
【刪】	구운몽	[『산양딕젼』(1916) 광고]	2(漢城書舘)
【增】	(연명)구운몽 상권/하권	국중(3634-2-44=2)<상>/ 국중(3634-2-44=3)<하>	1(漢城書舘, 상: 1916, 110pp.; 하: 1916, 107pp.)
【增】	(연명)구운몽 하권	국중(3634-2-57=2)<하>	1(漢城書舘, 1917, 118pp.)
【增】	구운몽	김종철[家目]	1(上下, 鄕民社, 1971)

한문필사본			
【增】	九雲夢	강전섭[漢少目, 英2-3]	낙질 1(권 1)
【增】	九雲夢	강전섭[漢少目, 英2-5]	낙질 1(권 3-4)
【增】	九雲夢	강전섭[漢少目, 英2-6]	낙질 1(中: 권3-4)
【增】	九雲夢	김광순[漢少目, 英2-19]	1(上下)
【增】	九雲夢	金東箕[漢少目, 英2-21]	2(上下, 甲申十月二拾六日)
【增】	九雲夢	김동욱/(R35P-000001-9) [漢少目, 英2-25]	낙질 1(坤, 105f.)
【增】	九雲夢	김동욱/(R35P-000001-11) [漢少目, 英2-24]	낙질 1(下)
【增】	九雲夢	김동욱[漢少目, 英2-22]	1
【增】	九雲夢	김종철[家目]	낙질 1(55f.)
【增】	九雲夢	김종철[家目]	낙질 1(卷上, 70f.)
【增】	九雲夢	김종철[家目]	낙질 1(권3, 38f.)
【增】	九人夢	김종철[家目]	낙질 1(卷下, 東國 金春澤 所著, 49f.)
【增】	九雲夢	김종철[家目]	낙질 1(上卷, 庚申年三月 十七日冊主安東權氏冊, 69f.)
【增】	九雲夢	大谷森繁[漢少目, 英2-27]	낙질 1(上, 乙丑, 65f.)

가

	九雲夢 幻化錄	동양문고(VII-4-442)	6-3[109]
[增]	九雲夢	文熊[漢少目, 英2-28]	1
[增]	九雲夢 卷之下	박순호[家目]	1(自甲午春至己亥, 75f.)
[增]	九雲夢 下	박순호[家目]	1(102f.)
[增]	九雲夢 下	박순호[家目]	1(丙午臘月日加衣, 66f.)
[增]	九雲夢	버클리대(미국)	6-3
	九雲夢	연대[古2](811.939/1)	1(歲在庚子秋臘, 116f.)[114]
[增]	九雲夢	영남대[漢少目, 英2-54]	1
[增]	九雲夢	李樹鳳(『罷睡說』)[漢少目, 英2-57][183]	
	九雲夢	일본 국회(860-18)/[日所在韓古目, 3](國會, p. 54)	2
	九雲夢	임형택[莽蒼蒼齋 家目]	2(上下, 戊寅六月日, 上: 81f.; ……)
[增]	九雲夢	임형택[莽蒼蒼齋 家目]	1(丁巳巳月晩醒書, 110f.)[184]
	九雲夢	정규복[『九雲夢硏究』]	낙질 1(上: 辛亥, 69f.)[119]
[增]	九雲夢	정규복[漢少目, 英2-66]	낙질 1(권 2, 癸未)
[增]	九雲夢	정규복[漢少目, 英2-67]	낙질 1(乾, 大正九年庚申陽五月十七日寫於京畿道加平郡邑內里華雲姜翰善)
[增]	九雲夢	정규복[漢少目, 英2-68]	낙질 1(권 5)
[增]	九雲夢	정규복[漢少目, 英2-69]	1(榮州人鄭奎華君寄贈 金家藏書)
[增]	九雲夢	정규복[漢少目, 英2-70]	낙질 1(권 1, 己酉季四月日 後壬子七月懷中孫斗敢)
[增]	九雲夢	정명기[尋是齋 家目]	1
[增]	九雲夢	정명기[尋是齋 家目]	1
[增]	九雲夢	정명기[尋是齋 家目]	1
[增]	九雲夢	정명기[尋是齋 家目]	1(낙장본)
[增]	九雲夢	정명기[尋是齋 家目]	낙질 1(卷上)
[增]	九雲夢	정명기[尋是齋 家目]	낙질 1(卷下)
[增]	九雲夢 九雲夢傳	정명기[尋是齋 家目]	낙질 1(卷上)
[增]	九雲夢	정명기[尋是齋 家目]	1 [185]
[增]	九雲夢	정명기[尋是齋 家目]	낙질 1(卷上)
[增]	九雲夢	정명기[尋是齋 家目]	1
[增]	九雲夢	정명기[尋是齋 家目]	1

---

183) 「剪燈新話句解」·「王慶龍傳」 합철.
184) 口訣로 현토되어 있다.
185) 『택리지』와 합철되어 있다.

【增】九雲夢	정명기[尋是齋 家目]	2
【增】九雲夢	정명기[尋是齋 家目]	1(낙장)
【增】九雲夢	정명기[尋是齋 家目]	1(권1~2, 서두 낙장)[186]
【增】九雲夢	秦東赫[漢少目, 英2-72]	1
九雲夢	哈燕【削'哈燕'】(K5973.5/8142b.1-3)	3(上中下)
【增】九雲夢	洪斗善[漢少目, 英2-84]	낙질 1(上)

한문나주본

【增】九雲夢 楊八夢遊錄	김종철[家目]	6-3(崇禎後三度癸亥[1803])
九雲夢	리차드·러트【削'~'】[『九雲夢硏究』]	낙질 1(乙巳本系, 下: 84f.)
【增】九雲夢 上/下	박순호[家目]	1(西浦金萬重作 一嶽藏本, 崇禎後三度癸亥, 上: 34f.; 下: 34f.)
【增】九雲夢 卷之一/卷之二	박순호[家目]	6-3(崇禎後三度癸亥, 1: 20; 2: 32f.; 3: 34f.; 4: 25f.; 5: 27f.; 6: 34f.)
九雲夢	임형택[荇蒼蒼齋 家目]	2(上下, 崇禎後再度乙巳[1725] 金城午門新刊, 上: 86f.)
【增】九雲夢	정명기[尋是齋 家目]	낙질 1(下)

한문완판본

【增】九雲夢	계명대[古綜目](고811.35 김만중구운)	6-3(崇禎後三度癸亥[1803])
【增】九雲夢	계명대[古綜目](이811.35 김만중ㄱ)	낙질 2(권 1-2; 권 5-6, 崇禎後三度癸亥[1803])
【增】구운몽하	김종철[家目]	낙질 1(하권: 丁未 仲花日 完南開刊, 50f.)
【增】九雲夢	원광대[漢少目, 英2 木2 11]	
九雲夢 九雲夢 上/中/下	이태영[家目]	6-3(崇禎後三度癸亥[1803년], 上:32f.; 中: 24f.; 下: 34f.)[187]
【增】九雲夢	정규복[漢少目, 英2-木2-17]	
【增】九雲夢	정명기[尋是齋 家目]	낙질 2(권2~3)
【增】九雲夢	정명기[尋是齋 家目]	낙질 2(권1; 권3)

---

186) 「완산록」외 여러 편의 가사(「츙호ㄱ」, 「회심곡」, 「懶婦歌」, 「지로ㄱ」, 「과시탄」 등)가 내지에 적혀 있다.
187) 동종의 이본을 두 종 소장하고 있다.

가

한문판각본

【增】九雲夢	계명대[古綜目](고811.35 김만중구○)		1
九雲夢	임형택[莽蒼蒼齋 家目]		낙질 1(권2)
【增】九雲夢 少遊傳	정명기[尋是齋 家目]		낙질 1(卷上)

한문현토본

(漢文諺吐)九雲夢 全	국중(3634-2-80=2)<6판>/ 서울대(3350-66)/정규복/정문연 (D7C-16L)<6판>/홍윤표[家目]/ [고려 1]	3-1(장희본[188], [編·發]洪 淳泌, 京城書籍業組合, 초 판 1916.10.20/ 6판 1927.2. 25, 115pp.)
【削】漢文懸吐九雲夢	서울대(3350-66)/홍윤표[家目]/ [고려 1]	3-1([著·發] 洪淳泌, 京城書籍 業組合, 초판 1916. 10. 20; 6판 1927.2. 25, 115pp.)
【削】漢文諺吐九雲夢	[정규복:『九雲夢研究』]	3-1(唯一書舘, 115pp.)
(漢文諺吐)九雲夢 全	계명대[古](811.35)/국중(3634-2-80 =1)<초판>/국중(3634-2-80=4)<재 판>/국중(3634-2-80=3)<3판>/국중 (3634-2-44=1)<4판>/국중[고6](일 모고3636.122)/김종철[家目]<3판>/ 정명기[尋是齋 家目]<4판>	3-1(16회, [編·發]南宮濬, 唯 一書舘·新舊書林·漢城書 舘[189], 초판 1916.10.20; 재판 1917.5. 31; 3판 1919.1.16; 4판 1920.9. 6, 115pp.)
(漢文諺吐)九雲夢	김근수[李: 古硏, 273]/단국대[未 刊目](古 853.5 김695고)/박순호 [家目]/영남대[目續](도남813.5)	3-1([著·發]洪淳泌, 朝鮮圖書 株式會社, 1916. 10. 20; 1925, 1: 51pp.; 2: 58pp.; 3: 57pp.)
【削】漢文懸吐九雲夢	[우쾌재, 123]	3~1(漢城書林, 1916)

일어번역본

原文和譯對照 謝氏南征記·九雲夢	全 고려대/국중(朝46-A66)/단국대 [未刊目](古 853.5 김695ㅅ)/서울대	1(朝鮮研究會古書珍書刊行 第一輯, 전 16회[190], [編·發]靑 柳綱太郞, 朝鮮研究會, 1914.3. 17)[191]

영어번역본

---

188) 回目은 있으나 回次는 없다.
189) 표지에는 '新舊書林·唯一書舘 藏版'으로 되어 있으나 판권지에는 발행소가 '唯一書舘·新舊書林·漢城書 舘'으로 되어 있다.
190) 回次는 붙어 있지 않다.
191) 【削】'편집 겸 발행인은 靑柳綱太郞.' 癸亥本系.

【增】 *Virtuous Women: Three masterpieces of traditional fiction* Richard Rutt (Seoul: Korean National Commission for UNESCO, 1974)

43.1. 〈자료〉

Ⅰ. (영인)

43.1.10. 仁川大民族文化硏究所 編.『舊活字本古小說全集』, 2. 銀河出版社, 1983; (再刊) 國際아카데미, 2002. (유일서관판, 『연명구운몽』)

43.1.11. 仁川大民族文化硏究所 編.『舊活字本古小說全集』, 19. 銀河出版社, 1984; (再刊) 國際아카데미, 2002. (동문서림판)

Ⅱ. (역주)

【增】

1) 韋旭昇 註解·序文.『九雲夢』. 北岳文藝出版社, 1985.
2) 金萬重 原著/洪文杓 譯註.『九雲夢』(韓國古典文學 Ⅲ). 明知大學校出版部, 1989.
3) 田英鎭 編著.『구운몽(九雲夢)』. 홍신문화사, 1995.
4) 김선아.『구운몽』(우리가 정말 알아야 할 우리고전). 현암사, 2000.
5) 구인환.『구운몽』. 우리고전 다시읽기 8. 신원문화사, 2002.

43.2. 〈연구〉

Ⅰ. (단행본)

「구운몽」

【增】

1) 사재동 편.『서포문학의 새로운 탐구』. 중앙인문사, 2000.
2) 최창록.『환몽소설과 꿈이야기』. 푸른사상, 2000.
3) 김병국.『서포 김만중의 생애와 문학』. 서울대 출판부, 2001.
4) 배영희.『구운몽과 동서 철학의 만남』. 상하. 민속원, 2001.

Ⅱ. (학위논문)

「구운몽」

〈석사〉

【增】

1) 우에다 히로아키. "「구운몽」이 일본문학에 수용된 과정과 그 영향." 博論(경북대 대학원, 2004. 8).

〈석사〉

【增】

1) 박하철. "구운몽 연구: 사상과 구조 및 교육방안을 중심으로." 碩論(인하대 교육대학원, 2000. 2).
2) 이영림. "김만중의 「구운몽」과 헤르만 헤세의 「나르치스와 골드문트」주인공들의 자기실현 과정 비교 연구 :융의 분석심리학을 토대로." 碩論(서강대 교육대학원, 2000. 8).
3) 공봉진. "고교에서의 고전소설(「구운몽」) 지도 방안 연구." 碩論(아주대 교육대학원, 2001. 2).
4) 김윤영. "「구운몽」연구: 유식사상을 바탕으로." 碩論(공주대 대학원, 2001. 2).

5) 박용철. "「구운몽」의 문학교육적 연구." 碩論(고려대 교육대학원, 2001. 2).
6) 박은주. "「구운몽」에 나타난 사상 연구." 碩論(호남대 대학원, 2001. 2).
7) 이숙희. "「구운몽」의 사상기반과 주제지향: 플롯을 중심으로." 碩論(성균관대 교육대학원, 2001. 2).
8) 박지경. "「구운몽」 연구: 사상을 중심으로." 碩論(한남대 교육대학원, 2001. 8).
9) 사성구. "「구운몽」의 희곡적 성격 연구." 碩論(서강대 대학원, 2001. 8).
10) 안윤선. "이광수의「꿈」연구:「조신」설화 및 김만중「구운몽」과의 비교를 중심으로." 碩論(단국대 대학원, 2001. 8).
11) 배명숙. "「구운몽」의 문학교육적 연구: 정의적 특성의 내면화를 중심으로." 碩論(경희대 교육대학원, 2002. 2).
12) 허현숙. "「구운몽」의 불교 사상에 대한 교육방법 연구: 윤리 교과와의 연계를 통하여." 碩論(공주대 교육대학원, 2002. 2).
13) 김진철. "「구운몽」의 의사 소통 지도 방법." 碩論(부산대 교육대학원, 2002. 8).
14) 성기수. "「조신」설화와「구운몽」의 비교 연구: 작품의 구조와 의미를 중심으로." 碩論(전주대 교육대학원, 2002. 8).
15) 이윤희. "수용론적 문학교육 방법의 연구:「구운몽」을 중심으로." 碩論(성균관대 교육대학원, 2002. 8).
16) 강신관. "「구운몽」 연구: 욕망의 문제를 중심으로." 碩論(인하대 교육대학원, 2003. 2).
17) 김영선. "「구운몽」에 나타난 불교의 유식사상연구: 카톨릭 사상과의 비교를 중심으로." 碩論(세종대 대학원, 2003. 2).
18) 이용균. "「구운몽」교수·학습의 개선 방안 연구: 제7차 고등학교 국어과 교육 과정과 학습 실태의 분석." 碩論(성균관대 교육대학원, 2003. 2).
19) 박은주. "「구운몽」의 문학교육 방법 연구." 碩論(세명대 교육대학원, 2003. 8).
20) 정미숙. "「구운몽」에 나타난 인물들의 관계양상." 碩論(순천대 교육대학원, 2003. 8).
21) 정인영. "「옥수기」연구: 가문소설, 군담소설,「구운몽」과의 비교를 중심으로." 碩論(가톨릭대 대학원, 2003. 8).
22) 김수영. "「구운몽」과『서포연보』의 관련양상." 碩論(건국대 교육대학원, 2004. 2).
23) 박래동. "「구운몽」여주인공들의 삶의 형상과 그 의미." 碩論(경남대 교육대학원, 2004. 2).
24) 신선혜. "「구운몽」에 대한 학문적 연구성과의 교육현장 수용을 위한 연구." 碩論(경북대 교육대학원, 2004. 2).
25) 이승혜. "제7차 교육과정에 따른「구운몽」학습지도 방안 연구." 碩論(성균관대 교육대학원, 2004. 2).
26) 도진희. "「구운몽」의 교육 현황과 개선 방안 연구: 제 7차 교육과정『국어』교과서 중심으로." 碩論(성균관대 교육대학원, 2004. 8).
27) 박정구. "고전소설 교수~학습 단계 연구:「구운몽」을 중심으로." 碩論(한남대 교육대학원, 2004. 8).
28) 최윤경. "「구운몽」을 이용한 문학치료 연구." 碩論(건국대 교육대학원, 2004. 8).
29) 김미애. "「구운몽」의 감상과 재창작을 통한 문학치료 연구." 碩論(건국대 교육대학원 2005. 2).
30) 朴文源. "「九雲夢」研究." 碩論(群山大 大學院, 2005. 2).
31) 박미경. "「구운몽」을 통한 문학치료와 교육적 활용 연구." 碩論(건국대 교육대학원 2005. 2).

32) 嚴泰植. "「九雲夢」의 異本과 典故 研究." 碩論(璟園大 大學院, 2005. 2).
33) 이상현. "제임스 게일(James Scarth Gale)의 「구운몽」 번역과 문화의 변용: 「구운몽」 영역본의 생성기반과 「구운몽」의 수용양상을 중심으로." 碩論(성균관대 교육대학원, 2005. 2).

Ⅲ. (학술지)
「구운기」
43.2.72. 崔溶澈. "「九雲記」에 나타난 「紅樓夢」의 영향 연구." 『中國語文論叢』, 5(高麗大 中國語文研究會, 1992. 12).
43.2.74. 丁奎福. "「九雲夢」與「九雲記」之比較研究," 『中國學論叢』, 6(高麗大 中國學研究會, 1992. 12).
43.2.75. 崔溶澈. "「九雲記」的作者及其與「紅樓夢」的關係." 『紅樓夢學刊』, 56(北京: 文化藝術出版社, 1993. 5).
43.2.77. 陸宰用. "「九雲記」 연구의 현황과 문제점 검토." 『韓民族語文學』, 28(韓民族語文學會, 1995. 12).

「구운몽」
43.2.162. 丁奎福. "「九雲夢」 '老尊本'의 研究(上·下)." 『教育論叢』, 7~8(高麗大 教育大學院, 1977. 10~1978. 10).
43.2.184. 李相澤. "「九雲夢」과 「春香傳」: 그 對稱 位相." 金烈圭·申東旭 編, 『金萬重研究』(새문社, 1983. 3). 『한국고전소설의 이론』, Ⅰ(새문社, 2003. 3)에 재수록.
43.2.199. 史在東. "「九雲夢」 研究序說." 『語文研究』, 14(語文研究會, 1985. 11). 『佛教系 國文小說의 研究』(中央文化社, 1994. 11)에 재수록.
43.2.212. 설성경. "「九雲夢」의 주인공론." 『梅芝論叢』, 3(延世大 梅芝學術研究所, 1987. 2). 韓國古小說研究會 編, 『韓國古小說의 照明』(亞細亞文化社, 1990. 1)에 재수록.
43.2.213. 佐藤慶子. "樋口一葉文學에 及ぼした 半井挑水의 影響: 「春香傳」과 「九雲夢」의 受容." 『日本學』, 6(東國大 日本學研究所, 1987. 2).
43.2.219. 柳炳環. "「九雲夢」의 佛教思想의 研究를 爲한 地盤 : 作家的 사실로서의 『西浦集』·『西浦漫筆』과 작품의 사실로서의 「九雲夢」." 『論文集』, 26(公州師大, 1988. 12). 동국대 한국문학연구소 엮음, 『불교사상과 한국문학』(아세아문화사, 2001. 2)에 재수록.

【削】
43.2.20. 金昌龍. "「九雲夢」의 몇 가지 問題." 『論文集』, 9(한성대, 1985. 12).
43.2.250. 金一烈. "金萬重과 「九雲夢」." 『古典小說新論』(새문사, 1991. 12).
43.2.277. 【削】 史在東. "「九雲夢」 研究序說." 『佛教系 國文小說의 研究』(中央文化社, 1994. 11). → 43.2.199
43.2.279. 김종철. "「구운몽」의 세계와 그 표현." 『한글』, 226(한글학회, 1994. 12). 刊行委員會, 『澤民金光淳教授停年紀念論叢』(새문社, 2004. 11)에 재수록.
43.2.287. 張孝鉉. "「九雲夢」의 主題와 그 受容史에 관한 研究." 丁奎福 외, 『金萬重文學研究』(國學資料院, 1995. 2). "「九雲夢」의 主題와 그 受容史"로 『韓國古典小說史研究』(고려대출판부, 2002. 11)에 재수록.
43.2.288. 鄭出憲. "「九雲夢」의 作品世界와 그 理念的 基盤." 丁奎福 외, 『金萬重文學研究』(國學

資料院, 1995. 2).『고전소설사의 구도와 시각』(소명출판, 1999. 5)에 재수록.
43.2.299. 李金喜. "古小說에 나타난 어른(老人)의 태도 및 염원:「謝氏南征記」・「九雲夢」・「烈女春香守節歌」를 중심으로."『국어교육』, 92(한국국어교육연구회, 1996. 9); 石軒丁奎福博士古稀紀念論叢刊行委員會 編,『韓國古小說史의 視覺』(國學資料院, 1996. 10). 문학을 생각하는 모임 지음,『한국문학에 나타난 노인의식』, I(백남문화사, 1996. 10)에 재수록.
43.2.301. 李岩. "「九雲夢」的 불교경향." 石軒丁奎福博士古稀紀念論叢刊行委員會 編,『韓國古小說史의 視覺』(國學資料院, 1996. 10). "金萬重「九雲夢的」佛敎傾向,"『朝鮮文學思想史硏究』(國學資料院, 1994. 11)에 수록.
43.2.302. 이원수. "「구운몽」의 구조와 그 중층적 의미."『고전소설 작품세계의 실상』(영남대출판부, 1996. 12); 刊行委員會,『澤民金光淳敎授定年紀念論叢』(새문社, 2004. 11)에 재수록.
43.2.318. 김영철. "「구운몽」에 나타난 전통 가정교육."『새교육』, 528(대한교육연합회, 1998. 10).

【增】

1) 신구현. "西浦 金萬重과「九雲夢」."『朝鮮文學』, 10(평양 : 조선작가동맹출판사, (1957. 10.).
2) 丁奎福. "A Comparative study on the Fantasy structure of *Kuunmong*."『*Korea Journal*』, 12:1(Korean National Commission for UNESCO, UNESCO, 1972. 1).
3) 丁奎福. "「九雲夢」'乙巳本'上卷攷."『人文論集』, 19(高麗大學校文科大學, 1974. 5).
4) 兪允在. "西浦와「九雲夢」: 常山本을 中心으로."『國語國文學硏究』, 17(嶺南大 國語國文學會, 1977. 4).
5) 姜圭善. "「九雲夢」의 創作의 動機."『長安論叢』, 1(長安實業專門大學, 1981. 2).
6) 최선욱. "고대소설에 대한 서사구조 연구:「홍길동전」・「박씨부인전」・「구운몽」・「춘향전」을 중심으로."『學位論叢』, 7(圓光大 大學院, 1981. 8).
7) 맹택영. "「구운몽」연구."『論文集』, 16(淸州大, 1983. 12).
8) 金昌龍. "「九雲夢」의 몇 가지 문제."『漢城語文學』, 3(漢城大 國語國文學科, 1984. 5).
9) 李丙元. "「九雲夢」의 文體論的 硏究."『學術論叢』, 10(檀國大 大學院, 1986. 12).
10) 이영희. "「구운몽」에 나타난 재생의식."『敎育論叢』, 4(中央大 敎育大學院, 1987. 2).
11) 김성열. "고전의 변용과 구원의 궤도: 최인훈의「구운몽」."『語文論集』, 27(고려대 국어국문학연구회, 1987. 12).
12) 김윤식. "한국문학 번역의 두 가지 형식 1:「구운몽」과 시조의 경우."『예술세계』, 25(한국예술문화단체총연합회, 1992. 10).
13) 沈東福. "西浦小說의 一考察:「九雲夢」과「謝氏南征記」의 相關性을 中心으로."『論文集』, 1(裡里農工專門大, 1992. 12).
14) 설성경. "「구운몽」과 인도인의 불법 전교."『韓印文化』, 12(한인문화연구회, 1996. 5).
15) 설성경. "「구운몽」의 본질과 현대 개작의 방향성."『애산학보』, 19(애산학회, 1996. 12).
16) Bouchez, Daniel. "원문 비평의 방법론에 관한 小考:「남정기」와「구운몽」을 중심으로."『東方學志』, 95(延世大學校國學硏究院, 1997. 3).
17) 崔鍾雲. "「九雲夢」과「玉樓夢」의 對比 考察: 思想의 背景을 中心으로."『大邱語文論叢』, 15(대구어문학회, 1997. 9).
18) 정규복. "關於「九雲夢」原本의 問題."『순천향어문논집』, 5(순천향대, 1998. 8).

19) 崔溶澈. "韓國古典小說「九雲夢」與「紅樓夢」的結緣"『中國學論叢』, 11(高麗大 中國學研究所, 1998. 12).
20) 정상진. "「구운몽」, 무엇을 가르칠 것인가."『外大論叢』, 19~Ⅴ(釜山外大, 1999. 2).
21) 강준호. "음란소설「구운몽」연구."『배달말교육』, 20(배달말교육학회, 1999. 6).
22) 최기숙. "소설의 기능과 고전의 가치, 깨달음을 통한 자기완성의 서사:「구운몽」읽기."『동방고전문학연구』, 1(동방고전문학회, 1999. 8).
23) 최기숙. "깨달음의 인식적 도정과 욕망의 탐구:「구운몽」."『17세기 장편소설 연구』(月印, 1999. 12).
24) 양언석. "「九雲夢」의 構造와 特性研究."『人文學研究』, 3(관동대 인문과학연구소, 2000. 2).
25) 엄기주. "등장인물을 중심으로 본 구운몽의 구조와 그 의미." 반교어문학회 편,『고소설의 사적전개와 문학적 지향』(반교어문학서 3, 보고사, 2000. 3).
26) 정규복. "「九雲夢」老尊本의 添補作業."『東方學志』, 107(延世大學校國學研究院, 2000. 3).
27) 김호준. "외설소설「구운몽」이 교과서에 실려서는 안된다."『배달말교육』, 21(배달말교육학회, 2000. 6).
28) 진경환. "「구운몽」의 주제 시비."『古典의 打作』(月印, 2000. 6).
29) 鄭相珍. "김만중과「구운몽」."『韓國古典小說研究』(三知院, 2000. 7).
30) 최웅권. "장편소설 출현과「구운몽」·「사씨남정기」."『북한의 고전소설 연구』(지식산업사, 2000. 9).
31) 전용문. "「구운몽」과「장국진전」의 비교연구."『한국고전문학연구』[청봉최태호박사화갑논총] (역락, 2000. 10).
32) 김병국. "서포 김만중의 생애와 문학:「구운몽」을 중심으로."『서포문학의 새로운 탐구』(中央人文社, 2000. 11).
33) 서인석. "「구운몽」후기 이본의 변모 양상."『서포문학의 새로운 탐구』(中央人文社, 2000. 11).
34) 설성경. "「구운몽」과「남정기」의 위상."『서포문학의 새로운 탐구』(中央人文社, 2000. 11).
35) 유병환. "「구운몽」의 사상적 실상."『서포문학의 새로운 탐구』(中央人文社, 2000. 11)
36) 崔昌錄. "「구운몽」의 진지함과 비꼼의 어조."『幻夢小說과 꿈이야기』(푸른사상, 2000. 11).
37) 강상순. "「구운몽」과 17세기 장편소설의 정신분석."『배달말』, 27(배달말학회, 2000. 12).
38) 김일렬. "「구운몽」과『금강경』관계 논쟁의 행방."『배달말』, 27(배달말학회, 2000. 12).
39) 설성경. "「구운몽」의 현대적 계승: 무용극과 마당극을 중심으로."『배달말』, 27(배달말학회, 2000. 12).
40) 김정애. "「九雲夢」과 '南白月二聖 努肹不得 怛怛朴朴'조의 관련 양상."『고전산문의 계보적 연구』(국학자료원, 2001. 4).
41) 김영희. "세책필사본(貰冊 筆寫本)「구운몽」(九雲夢) 연구."『연세학술논집』, 34(연세대 대학원 총학생회, 2001. 8).
42) 전성운. "「九雲夢」의 인물 형상과 소설사적 의미."『한국문학이론과 비평』, 12(한국문학이론과 비평학회, 2001. 9).
43) 강상순. "「구운몽」의 형식과 주제에 대한 역사적 고찰."『한국문학이론과 비평』, 13(한국문학이론과 비평학회, 2001. 12).
44) 권순긍. "문제제기를 통한 古小說 教育의 방향과 시각:『고등학교 국어』교과서 소재「九雲夢」·「春香傳」·「興夫傳」을 중심으로."『古小說研究』, 12(韓國古小說學會, 2001. 12).
45) 金承鎬. "「구운몽」에 나타난 三教融合과 이면적 의미."『東岳語文論集』, 38(東岳語文學會,

2001. 12).
46) 김종철. "그림으로 읽는「구운몽」."『문학과교육』, 18(문학과교육연구회, 2001. 12).
47) 박정수. "夢, 幻, 그리고 되돌아온 욕망의 서사「구운몽」."『한국문학이론과 비평』, 13(한국문학이론과 비평학회, 2001. 12).
48) 설성경. "서포의 세계인식과「구운몽」의 우의성."『人文科學』, 83(延世大 人文科學硏究所, 2001. 12).
49) 이재선. "한국소설의 이중성의 상상력:「九雲夢」과 이중자아 테마."『西江人文論叢』, 15(西江大 人文科學硏究院, 2001. 12).
50) 전성운. "「九雲夢」의 창작과 명말 청초 艶情小說:「空空幻」과의 비교를 중심으로."『古小說硏究』, 12(韓國古小說學會, 2001. 12). "구운몽과 염정소설"이란 제목으로『한중소설 대비의 지평』(보고사, 2005. 2)에 재수록.
51) 전성운. "비교 문학적 측면에서의「구운몽」창작과 소설사적 의미."『한국문학이론과 비평』, 13(한국문학이론과 비평학회, 2001. 12).
52) 지연숙. "「구운몽」텍스트 연구: 서울대본·노존B본·노존A본의 위상에 대해."『한국문학이론과 비평』, 13(한국문학이론과 비평학회, 2001. 12).
53) 孫敏强. "夢幻情結 儒道互補與'士'人的心性人格: 兼論「九云夢」作者的人格精神."『中韓人文科學硏究』, 8(中韓人文科學硏究會, 2002. 6).
54) 이주영. "「구운몽」에 나타난 욕망의 문제."『古小說硏究』, 13(韓國古小說學會, 2002. 6).
55) 임형택. "동아시아 敍事學 試論:「九雲夢」과「紅樓夢」을 중심으로."『大東文化硏究』, 40(成均館大 大東文化硏究院, 2002. 6).
56) 정길수. "「구운몽」의 독자는 누구인가."『古小說硏究』, 13(韓國古小說學會, 2002. 6).
57) 김승호. "「구운몽」에 나타난 삼교융합."『한국어문학연구』, 38(한국어문학연구학회, 2002. 8).
58) 薛盛璟. "「구운몽」의 주제와 표제의 의미망."『韓國民族文化』, 19·20(釜山大 韓國民族文化硏究所, 2002. 10).
59) 전성운. "「구운몽」의 인물 형상과 소설사적 의미."『조선후기 장편국문소설의 조망』(보고사, 2002. 10).
60) 송성욱. "17세기 소설사의 한 국면:「사씨남정기」,「구운몽」,「창선감의록」,「소현성록」을 중심으로."『한국고전연구』, 8(한국고전연구학회, 2002. 12).
61) 정길수. "傳奇小說의 전통과「九雲夢」."『韓國漢文學硏究』, 30(韓國漢文學硏究會, 2002. 12).
62) 송성욱. "「구운몽」을 읽는 재미."『세계문학전집: 구운몽』(민음사, 2003. 1).
63) 차충환. "「구운몽」의 현재적 상상력."『한국문학평론』, 가을·겨울호(한국문학평론가협회, 2003. 1). 이정재,『고전문학 다시 읽기』(민속원, 2004. 9)에 재수록.
64) 서인석. "「구운몽」의 문체적 변주: 김광순본「구운몽」의 경우."『고전문학과 교육』, 5(한국고전문학교육학회, 2003. 2). 刊行委員會,『澤民金光淳敎授定年紀念論叢』(새문社, 2004. 11)에 재수록.
65) 이주영. "「구운몽」연구의 현황과 과제."『국문학연구』, 9(국문학회, 2003. 6).
66) 지연숙. "「구운몽」의 텍스트."『장편소설과 여와전』(보고사, 2003. 8).
67) 심치열. "「구운몽」의 현대적 계승과 변용 연구: 한승원의「꿈」을 중심으로."『古小說硏究』,

16(韓國古小說學會, 2003. 12).
68) 전성운. "「번언남정기」, 노존A「구운몽」과 18세기 장편소설의 진로." 『한국문학연구』, 4(고려대 한국문학연구소, 2003. 12).
69) 정규복. "「구운몽」 텍스트 문제의 근황." 『民族文化研究』, 40(민족문화연구원, 2004. 6).
70) 사재동. "「구운몽」의 문체에 대하여." 刊行委員會, 『澤民金光淳敎授定年紀念論叢』(새문社, 2004. 11).
71) 이원수. "「구운몽」의 구조와 그 중층적 의미." 刊行委員會, 『澤民金光淳敎授定年紀念論叢』(새문社, 2004. 11).
72) 소메야 토모유키[染谷智幸]. "동아시아 고소설과 불교:「구운몽」과「好色一代男」의 비교." 『古小說研究』, 18(韓國古小說學會, 2004. 12).
73) 윤채근. "김만중 사유의 세계표상 양식과「구운몽」: 공의 의미와 통속성을 중심으로." 『韓國漢文學研究』, 34(韓國漢文學會, 2004. 12).
74) 장효현. "「구운몽」 영역본의 비교 연구." 『Journal of Korean Culture』, 6(고려대 BK21 한국학교육연구단, 2004. 12).
75) 정병설. "17세기 동아시아 소설과 사랑:「九雲夢」·「玉嬌梨」·「好色一代男」의 비교." 「冠嶽語文學研究』, 29(서울大 國語國文學科, 2004. 12).
76) 전성운. "「구운몽」과 공관념(空觀念)." 『한중소설 대비의 지평』(보고사, 2005. 2).
77) 신은경. "「구운몽」과「겐지모노가타리」(源氏物語)의 비교연구: 불교적 이니시에이션(initiation)의 두 모델." 『比較文學』, 35(韓國比較文學會, 2005. 2).
78) 김현주. "문장체 고소설과 판소리 서사체의 언어조직 방식:「구운몽」과「열녀춘향가」를 중심으로 한 시론적 비교 연구." 『古小說 研究』, 19(韓國古小說學會, 2005. 6).

〈회목〉
(동문서림판 『신번구운몽』)

〈회목〉
(한문 목판본, 金光淳 編. 『金光淳所藏 韓國筆寫本古小說全集』, 9 / 朝鮮研究會, 『原文和譯對照 謝氏南征記·九雲夢 全』[1914])
......

【增】
(빅문서관판「구운몽」[1917], 권2)

10:	원슈한가흐믈타션비를두다리고	元帥偸閑叩禪扉
	공주미복으로규슈를찻다	公主微服訪閨秀
11:	량미인이손을잇그러슈레를갓치ᄒ고	兩美人攜手同車
	장신궁에일곱거름에글을이루다	長信宮七步成詩
12:	량소유꿈에텬문에놀고	楊少游夢遊天門
	가츈운이교ᄒ게옥어를젼ᄒ다	賈春雲巧傳玉語
13:	합근셕에란양이셔로일홈을휘ᄒ고	合卺席英陽相諱名
	헌슈연에홍월이쌍으로쳔장ᄒ다	獻壽宴鴻月雙擅場
14:	락유원에모도여산양ᄒ고츈식을다토고	樂遊原會獵鬪春色

유벽거초요ㅎ야녯풍광이러라	油碧車招搖古風光
15: 부마금잔슐을벌노마시고	駙馬罰飮金卮酒
셩주은혜로취미궁을빌니시다	聖主恩借翠微宮
16: 량승샹이놉은ᄃᆡ올나멀니바라고	楊丞相登高望遠
진샹인이근본에도라가환원ᄒᆞ다	眞上人返本還元

▶(국문소설 → 고전소설)

【增】▶(국복전 國福傳 → 임진록)

◧44.[[국선생전 麴先生傳]]

〈작자〉 李奎報(1168~1241)

〈관계기록〉

① 「麴先生傳」, 結尾: 史臣曰 麴氏世本農家 聖以醇德淸才 作王心腹 斟酌國政 有沃帝心 幾致大平旣醉之功 盛哉 及其泰寵 幾亂國經 雖禍及於子無憾 然晩節知足自退 能以壽終 易曰 見幾而作 聖庶幾焉◐(사신이 말하기를, "국씨는 대대로 농가에 근본을 두었는데, 성[麴聖]이 너그러운 덕과 해맑은 재질로써 임금의 심복이 되어 국정을 헤아려 처리하고, 임금의 마음을 기름지게 하여, 거의 태평 얼큰한 공을 이룩하였으니 장하구나! 그러나 임금의 총애가 극도에 미쳐서는 마침내 나라 기강을 거의 어지럽혔으니, 비록 화가 아들에게까지 미쳤다 해도 한할 것은 없다 하겠다. 그는 만년에 분[晩節]을 지킬 줄 알아 스스로 물러나서 천수[天壽]로 세상을 마칠 수 있었으니, 『주역』에 '기미를 보아 처신하라[見幾而作]'고 했던바, 국성이 거의 여기에 가깝다 하겠다.").

44.1. 〈자료〉

Ⅱ. (역주)

【增】

1) 金俊榮·李月英. 『古小說論』. 月印, 2000.

44.2. 〈연구〉

Ⅲ. (학술지)

【增】

1) 이근우. "려말 가전문학 고찰: 이규보의 「국선생전」를 중심으로." 『대전어문학』, 8(대전대 국어국문학회, 1991. 2).
2) 김종군. "「국순전」과 「국선생전」에 나타난 출퇴관(出退觀) 비교연구." 김현룡 외, 『한국문학과 윤리의식』(박이정, 2000. 8).
3) 김창룡. "술·거북 가전에 관심한 동기와 시기: 「국선생전」·「청강사자현부전」." 『가전 산책』(한성대출판부, 2004. 4).

◐{국소저전}

◐{국수재전 麴秀才傳 ①}

〈작자〉 李奎報 (1168~1241)

45. [[국수재전 麴秀才傳 ②]]
〈작자〉 崔演(1503~1549)
〈출전〉『艮齋集』
〈관계기록〉
① 『補閑集』(崔滋 1186~1260), 中: 文順公(李奎報)……弱冠時 作「麴秀才傳」李史館允甫 初登第時 效之 亦作「無腸公子傳」公見之而甚善 每唱於詞林間 曰近得能文者李允甫 眞良史才也◉(문순공 이규보[1168~1241]가 약관시에「국수재전」을 지었다. 사관 이윤보가 처음 급제하였을 때 이것을 모방하여 역시「무장공자전」을 지었더니, 문순공이 이것을 보고 매우 잘 됐다고 여겨 매번 선비들 사이에서, "요즈음 글에 능한 자는 이윤보, 그는 참으로 훌륭한 사관의 재주가 있다."고 하였다).

45.2. 〈연구〉
Ⅲ. (학술지)
【增】
1) 연해진. "「麴秀才傳」硏究."『開新語文硏究』, 16(開新語文學會, 1999. 12).

46. [[국순전 麴醇傳]]
〈작자〉 林椿(1170년 경)
〈출전〉『西河集』, 5;『東文選』, 100, '傳'
〈관계기록〉
① 『麴醇傳』, 結尾: 史臣曰 麴氏之先 有功於民 以淸白遺子孫 若鬯之在周 馨德格于皇天 可謂有祖風矣 醇以挈瓶之智 起於甕牖 早中金甌之選 立談樽俎 不能獻可替否 而迷亂王室 顧而不扶 卒取笑於天下 巨源192)之言 有足信矣◉(사신이 말하기를, "국씨의 조상은 백성들에게 공헌한 바 있고, 청백한 기상을 자손에게 끼쳐, 창[鬯酒]193)이 주나라에 있어서는 향그러운 덕이 하늘에까지 이르렀으니, 가히 그 조상의 풍도가 있다 할 만하다. 국순이 들병[挈瓶]만한 작은 지혜를 바탕으로 독들창[甕牖]을 한 가난한 집에서 몸을 일으켜, 일찍 금구의 뽑힘[金甌之選]194)을 입고, 술단지와 도마[樽俎] 사이195)에 서서 담론하면서도, 능히 옳은 일을 받아들이고 그릇된 것을 마다하지 못해서, 왕실이 어지러워 엎어져도 이를 붙들지 못한 나머지 마침내 천하 사람들의 웃음거리가 되었으니, 거원[山濤]의 말196)이 족히 믿음직하구나!").

46.2. 〈연구〉

---
192) 중국 晉나라 때 竹林七賢中의 한 사람인 山濤.
193) 향기나는 술. 香酒.
194) 재상이 됨. 중국 당나라 때 현종이 재상을 뽑을 때 늘 먼저 그 해당자들의 이름을 쓴 종이를 금주발로 덮고 사람을 시켜 하나를 뽑게 하여 재상으로 임명했다는 고사. 이 이야기에서 후일 재상을 임명하는 일을 '甌卜'이라고 일컫게 되었다.
195) 조정의 연회석상.
196) 「국순전」 본문에 나오는 말. "술이 영향아처럼 잘났지만, 천하를 그르치는 자도 필경 술일 것이다(何物老嫗 生此寧馨兒 然誤天下蒼生者 未必非此人也)"라 하였음.

【增】Ⅱ.(학위논문)
〈석사〉
  1) 하경희. "술 의인화 가전의 문학적 변용 양상과 의미." 碩論(우석대 교육대학원, 2003. 2).
Ⅲ. (학술지)
【增】
  1) 김종균. "「국순전」과 「국선생전」에 나타난 출퇴관(出退觀) 비교연구." 김현룡 외, 『한국문학과 윤리의식』(박이정, 2000. 8).
  2) 김창룡. "실의와 곤궁이 빚어낸 술과 돈의 사색: 「국순전」·「공방전」." 『가전 산책』(한성대출판부, 2004. 4).

【增】●{국조전}

【增】 국문필사본

【增】 국조전이라　　　　　박순호[家目]　　　　1(29f.)

◆47.[[국청전 麴淸傳]]
〈작자〉朴允黙(1771~1849)
〈출전〉『存齋稿』, 25, 雜著

◆48.[[굴승전 屈乘傳]]
〈작자〉南有容(1698~1773)
〈출전〉『雷淵集』, 27
〈관계기록〉
  ①「屈乘傳」, 結尾: 太史公曰 始乘以儵儻 不羈之才 受辱於奴隷人之手 豈嘗知一朝遇知己者 而遂橫行萬里 得志於天下 若此之壯也 諺稱 良玉不遂埋於泥沙 文木不空朽於山林 非虛語也 少盡其力 而老棄之 君眞少恩哉●(태사공이 말하였다. 처음에 굴승이 꿋꿋하여[倜儻197)] 얽매임 없는 기상을 타고났으나, 도중 노예의 손에 곤욕을 받다가 하루 아침에 자기를 알아주는 이를 만나 드디어 만리를 누비고 천하에 뜻을 얻는 이 같은 장한 일을 하게 될 줄이야 어찌 알았을 것이랴? 속담에 '훌륭한 옥은 결국 진흙 속에 묻히지 않고 아름다운 나무는 부질없이 숲속에서 썩지 않는다' 한 것이 헛말이 아니었다. 나이 젊어서 있는 기운 다하고 늙으매 버림받았으니, 임금의 은혜가 진정 가볍구나!).

◆49.[굴원전 屈原傳] ← *김희경전

국문필사본

굴원전 屈原傳 全　　　　박순호[家目]　　　　1(66f.)

───────────
197) 뜻이 크고 기개가 있음.

【增】◐{굿시하간전}
　【增】 국문필사본
　【增】 굿시 하간전　　　　　　박순호[家目]　　　　　　1(慶尙北道尙州郡銀尺面武
　　　　　　　　　　　　　　　　　　　　　　　　　　陵里細谷, 檀紀四二八三年
　　　　　　　　　　　　　　　　　　　　　　　　　　1950]경인이월이일종, 21f.)

◐{궁수재사혼부가}
▶(권경채전 → 권용성전)
◐{권률장군전 權慄將軍傳}
　〈관계기록〉
　　① 金起東,『李朝時代小說論』, p. 589.

▶(권선동전 權仙童傳 → 권익중전)
▶(권신랑전 權新郎傳 → 권용선전)
◪50.[권용선전 權龍仙傳] ← 권신랑전 / 규중담화 / 규중한화 / 수매청심록 / 이중백전198)
　〈관계기록〉
　　①『한글필사본고소설자료총서』(月村文獻硏究所 編), 26, p. 576: 이 칙은 달이 「슈미청심녹」이 안이라 오소졔 일즉 쳔지을 니별ᄒᆞ고 스고 무친쳑ᄒᆞ기로 작슉 니시랑을 의탁ᄒᆞ야 슈미졍의 거쳐ᄒᆞ다가 그 후 군쥬의 환을 입어 남강의 망명ᄒᆞ야 형쥬 희츄현 심표 믲씨듸의 은신홀식 쳥심당의 거쳐흔 고로 명왈 「슈미쳥심녹」 닌이 그리 아라 보소셔.
　　②『諺文古詩』(가람본), '언문칙목녹', 88: 「슈미쳥심녹」.

　국문필사본
　(권용선전)
　　【增】 權龍仙傳　　　　　　정명기[尋是齋 家目]　　　　1
　(규중담화 / 규중한화)
　　규중한화　　　　　　　　綠雨堂[古文獻]　　　　　　1([표지]甲戌元月日始題)
　(수매청심록)
　　슈미쳥심녹　　　　　　　계명대[古綜目](의)811.35수매청) 1
　　【增】 슈미쳥심록 권지초　 김광순[筆全](67)　　　　　　1(말미 낙장 129f.)
　　수매청심록　　　　　　　남수여(尙州郡 洛東面 花山里)
　　　　　　　　　　　　　　[李源周, "고전소설 독자의 성향,"
　　　　　　　　　　　　　　『韓國學論集』, 3(1975)]199)

198) 작중 인물 권승상의 아들 3형제 중 주인공인 용선의 字가 '중백'이다.

가	슈미쳥심록 <u>權龍仙傳</u>[200]	단국대[漢目](古853.5/수1583)	낙질 1
	【增】 수매쳥심록 권지상 水梅淸心錄	박순호[家目]	1(庚申正月日, 55f.)
	【增】 슈미쳥심녹 권디상	박순호[家目]	1(94f.)
	【增】 슈미쳥심녹 권젼지하	박순호[家目]	낙질 1(하: 56f.)
	【增】 슈미쳥심녹 권지상 李仲伯傳 卷之	박순호[家目]	1(庚寅元月初二日, 85f.)
	【增】 슈미쳥심녹 권지상	박순호[家目]	1(67f.)
	【增】 슈미쳥심녹 권지일 니즁빅견일너라	박순호[家目]	낙질 1(1: 41f.)
	【增】 슈미쳥심녹 권지ᄒᆞ라 이즁빅견이라	박순호[家目]	낙질 1(하: 大正十三年 [1924]甲子正月三十日 終, 冊主少彼堂, 29f.)
	【增】 슈미쳥심녹 권지ᄒᆞ	박순호[家目]	낙질 1(하: 임신연납월초 삼일부터시즉 갑슐연칠 월십팔일끗, 십오셰최연 희필셔, 59f.)
	【增】 슈미쳥심녹	박순호[家目]	1(南陽洪氏幼令[齡]十 有四以筆跡, 97f.)
	【增】 슈미쳥심록 권지단	박순호[家目]	1(54f.)
	【增】 슈매쳥심녹	여태명[家目](417)	1(23f.)
	【增】 搜梅淸心錄	정명기[尋是齋 家目]	1
	【增】 수매쳥심록	정명기[尋是齋 家目]	1
	【增】 수매쳥심록	정명기[尋是齋 家目]	1
	【增】 수매쳥심록	정명기[尋是齋 家目]	1
	【增】 수매쳥심록	정명기[尋是齋 家目]	낙질 1(권1)
	슈미쳥심녹 閨中話談	정문연[南涯藏目]/정문연 (D7B-18)/[韓古目](567: R16N-001146-2)	1(병오, 35f.)

(중백전/이중백전)

	【增】 즁빅젼 슈마쳥심록	박순호[家目]	1(을축경월이십구일등ᄉᆞ 라, 62f.)
	【增】 리쥬벽젼 권지상 李仲伯傳	박순호[家目]	1(병인년시월일초126f.)

국문활자본

(권용선전)

---

199) 소장자의 가나다순 배열 원칙에 따라 위치를 이동시켰다.
200) 『이본목록』의 눈금자 위치를 조정해야 함.

권용션전 古代小說 權龍仙傳	국회[目·韓II](811.31)/김종철[家目]/ 대전대[이능우寄目](1147)/조희웅 [家目]	1([著·發]申泰三, 世昌書 舘, 1952; 1957. 12. 30, 87pp.)
(고딕소설)권룡션전 (古代小說) 權龍仙傳	국중(3634-2-4=6)<초판>/국중(3634 -2-47=4)<초판>/국중(3634-2-33=2) <재판>/[亞活全](1)/정문연[韓古目] (107: R35N-003046-2)	1([著·發]池松旭, 新舊書 林, 초판 1918.1.15; 재판 1920.4.20, 98pp.)

◖51.[권용성전 權龍星傳] ← 권경채전

국문필사본

(권용성전)

權龍星傳	국중[고1](한-46-95)/정문연[韓古目] (108: R35N-002979-5)	1(1878, 42f.)

▶(권익중실기 權益重實記 → 권익중전)

◖52.[권익중전 權益重傳] ← 권선동전 / 권익중실기 / 선동전

국문필사본

【增】 권익중전	계명대[古綜目](고811.35권익중)	1
【增】 권익둥전	박순호[家目]	1(54f.)
【增】 권익준전 권이라	박순호[家目]	1(54f.)
【增】 권익중전 權益重傳	박순호[家目]	1(38f.)
【增】 권익즁전	여태명[家目](56)	1(소화삼년도[1928]정묘 랍월일셔 고령오실죠만 즁는 셔하노라, 54f.)
【增】 권익중전	여태명[家目](93)	1(庚申陰中冬, 69f.)
【增】 권닉중전 權益中傳	여태명[家目](294)	1(기히 사월니십사일, 35f.)
【增】 權益重傳	정명기[尋是齋 家目]	1

국문활자본

권익중전	조희웅[家目]/[대조 1]	1(大造社, 1959, 51pp.)
권익중실긔 (忠義小說) 權益重傳 全	국중(3634-2-36=2)/[亞活全] (1)/[仁活全](19)	1([著·發]朴永瑞, 大邱 新 興書舘, 1936. 8. 30, 80pp.)
권익중전 權益重傳 一名 權仙童	박순호[家目]<1958> /홍윤표[家目]<1954>	1([著·發] 姜根馨, 永和出 版社, 1954.5.20; 1958.3.7, 60pp.)
【增】 권익중전 權益重傳 一名 權仙童	박순호[家目]	1([著·發]朴彰緒, 大邱: 鄕 民社, 1962.10.30, 51pp.)

52.1. 〈자료〉
Ⅰ. (영인)

52.1.2. 仁川大民族文化硏究所 編.『舊活字本古小說全集』, 19. 銀河出版社, 1984; (再刊) 國際아카데미, 2002. (신흥서관판「권익중실긔」)

52.2. 〈연구〉
【增】Ⅱ. (학위논문)

〈석사〉

1) 하준봉. "「권익중전」 연구." 碩論(한국교원대학교 대학원, 2000. 2).

Ⅲ. (학술지)

【增】

1) 곽정식. "「권익중전」의 열녀 형상과 작자의식."『새국어교육』, 66(한국국어교육학회, 2003. 12).
2) 곽정식. "「권익중전」의 구조와 의미지향." 刊行委員會,『澤民金光淳敎授定年紀念論叢』(새문社, 2004. 11).

◆53.[권장군전 權將軍傳] ← 양신랑전 ②201)

〈제의〉 '권장군'(권훈)의 전기. '양신랑'은 남주인공인 '권신랑'[권훤]과 '홍신랑'[홍천경]을 가리킨다.

【增】〈판본연대〉

1)「兩新郞傳」의 필사 연대는 작품의 말미에 나타나는 '병슐 원월 초칠일 시죽ᄒ여 십칠일 죵셔ᄒ오나 죨서 너모 아니 느오니 타인 보실가 츰괴ᄒ옵'의 기록으로 추정할 수밖에 없는데, 이 작품은 어휘의 측면에서 거의 구개음화가 이루어지고 있지는 않지만, 글자로서의 표기는 보수성이 있다는 사실을 감안해 볼 때,「양신랑전」은 1826년 혹은 1886년 1월 7일부터 17일 사이인 10일 동안에 필사된 것으로 추정할 수 있겠다(유재일, "「兩新郞傳」 해제,"『열상고전연구』, 1[1988. 4], p. 317).

국문필사본		
권당군젼 權將軍傳	단국대[羅孫]-[漢目] (古853.5/권279)/정문연 [韓古目](113:R35P-000008-7)	1(낙장, 37f.)(132)202)

국문활자본		
【增】 롱가셩진 쌍신랑 弄仮成眞 雙新郞	방민호[家目]	1(德興書林, 1930. 9. 15)

〈줄거리〉

【替】

---

201)『이본연구』·『작품연구 총람』에 추가.
202)『이본사전』의 1~2행을 붙일 것.

신라 시대에 이정이란 사람이 있어 벼슬이 관찰사에 이른 뒤 사은하였으나, 왕이 계속 정사를 맡기려 하자 자연의 법칙을 내세워 퇴조(退朝)하였다. 이정은 나이 50세에 가깝도록 위부인 사이에 한 딸만을 두었는데, 그녀의 이름은 옥영으로 재색을 겸비하여 부모의 사랑을 가득 얻었고, '아들을 가진 재상지가(宰相之家)에서는 구름같이 몰려와 구혼을 청하였으나, 택선(擇選)을 신중히 하는 가운데, 친척들은 후사(後嗣)를 걱정하여 이정에게 양자들일 것을 권했지만 그는 사위로서 조상의 제사를 받들겠다고 대답했다. 이때 이정의 친구이며 우승지인 김의가 나타나 옥영의 가랑(佳郎)으로서 남양인(南陽人) 권후의 아들인 권훈(字는 수눌)을 천거하게 되고, 이정은 기뻐하며 그에게 중매를 부탁했다. 김의는 무장군(武將軍) 권후에게 가서 혼사의 말을 건네며, 이정은 혼일을 8월 15일로 정하니, 양가는 기뻐하며 혼구를 준비하게 되었다. 그런데 7월 16일 이정이 남산에서 대연(大宴)을 베푸는 가운데 대취한 황안은 자신과 처족(妻族)인 권훈의 성품이 불순 방자하다고 이정에게 말하면서, 권훈과 옥영의 정혼을 재삼 고려하기를 권했다. 이 소리에 이정은 형제 같은 김의가 자신을 속였다고 원망하며 마땅한 가랑을 황안에게 청하자, 그는 승지 홍윤의 아들 홍천경을 소개하게 되고, 이정은 부중(府中)으로 돌아와 황안을 환대하며 중매인이 되기를 원하면서 사람을 시켜 권씨가에 퇴혼(退婚)함을 전하게 했다. 이 같은 혼사의 진행은 이공의 가운(家運)과 권공의 재운(財運)을 시기한 황안 때문에 일어나게 된 것인데, 결국 이정은 김의의 간언(諫言)을 물리치고 홍씨가(洪氏家)와의 혼일을 권씨가와 약속했던 8월 15일로 잡았다. 8월 14일이 되자 홍씨가의 신랑이 도착하여 환대받고 있을 때 권훈이 또한 이공의 집에 당도하니, 이것은 이공의 사람이 권공에게 퇴혼을 전하러 가는 도중에 병을 얻어 그 소식을 전하지 못한 까닭이었다. 권훈의 삼촌인 권수는 일의 자초지종을 알고 크게 화를 내며 말을 재촉해서 돌아가고자 하나, 권훈은 혼인이 인력으로만 될 수 없고 하늘의 뜻에 달려 있다고 하면서, 칭병(稱病)과 배고품을 이유로 돌아가기를 피하니, 권수는 먼저 길을 떠나 노중(路中)에서 기다리게 되었다. 홀로 남은 권훈은 잠에 들게 되는데 꿈 속에서 도포를 입고 추풍선(秋風扇)을 쥔 한 도사가 자기를 향해 웃고 있음을 알고 존명(尊名)을 묻게 되니, 그는 옥제(玉帝)의 소임을 맡아 천하를 통치하는 제산도사였다. 권훈이 제산도사에게 부부를 정하는 이치를 물었을 때, 도사는 홍사(紅絲)로 부부의 발을 묶게 된다고 하면서 권훈을 향해 부채질을 하자, 홍사의 한편은 권훈의 발에 묶이고 다른 한편은 이공의 집안에 들어가게 되었다. 또한 도사는 청의(靑衣)를 만나면 길하리라는 말을 남기고 표연히 사라졌다. 권훈이 잠에서 깨어 사방을 살필 때 외모가 비상하고 청라의(靑羅衣)를 입은 어린 동자를 발견하고서는 꿈의 징조에 유념하여 그를 안으로 맞아들이니, 그 소년은 이공의 조카로서 옥영과는 사촌간이었다. 권훈은 기뻐하며 황금 수낭(黃金繡囊)과 금장도를 동자에게 주고 정의를 깊이 한 뒤 자신의 서간을 옥영에게 전하도록 했다. 두 신랑을 구경한 노복과 시녀들이 이공에게 돌아와 권훈의 사람됨을 높이고 옥영의 배필로서 권훈을 기리니, 이공은 할 일 없이 이 말이 내당(內堂)에 전해지지 못하게 단속하지만, 그 소리는 옥영의 귀에까지 들리게 될 즈음 동자가 권훈의 봉서(封書)를 전하게 되는데, 옥영은 이를 보고서 깊은 수심에 빠졌다. 소식이 있기를 고대하던 권훈은 동자를 통해서 옥영이 머물고 있는 거처를 알아 낸 다음 가만히 담을 넘어 빙선당에 다다라 옥영과 대면하고자 하였다. 옥영이 놀라고 부끄러워하는 가운데 권훈은 야심(夜深)함에도 불구하고 옥영의 침소를 찾은 부득이한 이유를 말하고, 옥영을 향하여 이미 자신과 옥영과의 혼사는 이공이 허락한 일이고 세상이 모두 아는 일이므로, 가연(佳緣)

을 맺을 것을 청하고서는 벽에 걸린 칼을 뽑아 대답을 기다렸다. 옥영은 다음날이 되면 일이 모두 밝혀져 권훈에게 누가 있을까 염려하면서 세 번 생각하기를 권고했으나, 권훈은 결심을 흐트러뜨리지 않고 일관되게 언약을 이루고자 함으로써, 결국 권훈과 옥영은 함께 잠자리에 들게 되었다. 홍천경과의 혼일인 다음날 옥영의 침소에서 권훈을 발견한 위부인은 실색을 하게 되고 소문이 이정에게 전해지나, 그는 귀가 심히 어두워 상황과는 전혀 어긋나는 대답을 계속하자, 부인은 지필을 준비하여 권훈의 일을 이정에게 알리니, 그의 얼굴빛은 흙과 같이 변하면서 말을 잊게 되었다. 종족이 모인 가운데 이공의 숙부인이라는 명분을 앞세워 권훈과 옥영의 육례 치를 것을 권하여 드디어 두 사람은 행례(行禮)를 하게 되니, 신랑인 권훈의 특출한 풍모는 만좌의 사람들을 압도했다. 한편 홍생은 권훈이 옥영과 혼례를 치루고 연회를 벌인다는 전언을 듣고 크게 크게 노하

여 집으로 돌아갔다. 이공 부부는 사위를 맞아 전일의 바람을 이루어 크게 기뻐하는 가운데 권훈은 과거에 급제해서 왕으로부터 어화 청삼(御花靑衫)을 받고 한림학사에 제수되어 이부(李府)로 돌아오니, 가족의 기쁨은 더욱 커지기만 했다. 권훈은 금의환향하여 부모를 모시고 경사(京師)로 올라온 뒤 부친과 함께 왕을 배알(拜謁)하니, 왕은 그에게 호부시랑(戶部侍郞)을 맡겨 양가 집안은 감축(感祝)했다. 이때 당고종(唐高宗)이 소정방(蘇定方)에게 명을 내리어 신라왕을 앞세우고 백제를 공격하게 하는데 김유신(金庾信)으로 선봉을 삼았으나 부장(部將)을 얻지 못하다가 권훈이 봉사(封事)하여 공을 이루고 승전하니, 왕은 권훈을 병부상서(兵部尙書)에 제수하고 더욱 총애하여 우의정의 직임을 맡기니, 복록이 일국에 으뜸이 되고 가운은 더욱 번성하였다(유재일, "「양신랑전」해제," 『열상고전연구』, 1[1988. 4], pp. 317~319).

【增】 ◐{권장자전 權長者傳}

【增】 국문필사본

【增】 권쟝주젼 福善禍淫錄　　　임형택[莽蒼蒼齋 家目]　　　1(13f.)203)

【增】 ◐{권저주전}

【增】 국문필사본

【增】 권저주전　　　　　　　　박순호[家目]　　　　　　1(73f.)

◐{권진사전 權進士傳}
◐{권홍낭전}
★[[귀매 鬼魅]]

〈출전〉『靑邱野談』(東洋文庫本), 207, 「饋飯卓見困鬼魅」

◐{귀여아전}
◪54.[귀영전]

---

203) 「둑겁젼」과 합철되어 있다.

▶(규문고사 閨門古史 → 달기전)
◐{규소젼}
▶(규중담화 閨中談話 → **권용선전**)
▶(규중문어 閨中門語 → **소운전**)
▶(규중칠우공론 閨中七友公論 → **규중칠우쟁론기**)
◘**55.[[규중칠우쟁론기 閨中七友爭論記]]** ← 규중칠우공론
  55.2.〈연구〉
    Ⅲ. (학술지)
    【增】
      1) 정난아. "「규중칠우쟁론기」를 어떻게 가르칠 것인가." 『배달말가르침』, 7(경상대 사대 국어교육학과, 1983. 3).
      2) 鄭震權. "「閨中七友爭論記」考察." 『국어교육』, 48(한국국어교육연구회, 1984. 7).
      3) 鄭明淑. "閨房隨筆의 諷刺性과 회해성:「閨中七友爭論記」를 中心으로." 『隨筆學』, 2(韓國隨筆學研究所, 1995. 3).

▶(규중한화 閨中閑話 → **권용선전**)
◘**56.[규한록 閨恨錄]**204)
  〈작자〉李氏夫人(1804~1863)
  56.2.〈연구〉
    Ⅲ. (학술지)
    【增】
      1) 조혜란. "고전 여성 산문의 서술 방식:「규한록」을 중심으로." 『梨花語文論集』, 17(梨花女大 梨花語文學會, 1999. 10).

★[[그 아내]]
  〈출전〉『靑邱野談』(東洋文庫本), 208, 「成勳業不忘糟糠」

◘**57.[[금강공주전 金剛公主傳]]**205)
■『금강유산기 金剛遊山記』 → 백화국재설중흥록 / 백화국전 / 안빙몽유록 / 여용국평란기 / 오화전 / 유여매쟁춘 / 홍선전206)
▶(금강취류 → 금강취유)

---

204) 소설이라기보다는 필자 이씨부인의 自傳的 기록이다. 현재 해남 윤씨 宗家에 보존되어 있으며, 원래 표제가 없는 것을 假稱한 것이다.
205) 『여시아문록』·『팔상명힝녹』(보월찬)·『팔상녹』(무우자찬)·『팔상녹』(안진호 편, 1922)·『팔상록』(이종익 편, 1978) 등에 포함되어 있다.
206) 그 밖에 「금강산유산일긔」·「요디가」·「슈양가」 및 고시조 90수 등이 수록되어 있다.

58. [금강취유(기)²⁰⁷⁾ 金剛聚遊(記)]

국문활자본

금강취류 金剛聚遊	국중(3634-2-17=3)/정문연 [韓古目](123: R35N-003046-9) /哈燕[韓籍簡目 1](K4973.5/4290) /[亞活全](1)		1([著·發]李容漢, 東美書市, 1915. 4. 12, 94pp.)
【削】 금강취유	[李 : 古研, 274]		1(滙東書舘 재판 1918, 72pp.)
금강취류 金剛聚遊	국중(3634-2-42=4)<재판>		1([著·發]李容漢, 滙東書舘, 초판 1915.4.12; 재판 1918. 1.31, 72pp.)

59. [[금강탄유록 金剛誕游錄]]

〈작자〉安瑞羽(1664~1735)

〈출전〉安鼎福의 『覆瓿』 제26책에 수록된 안서우의 『兩棄齋集』.

59.1. 〈자료〉

Ⅱ. (역주)

【增】

1) 朴熙秉 標點·校釋. 『韓國漢文小說 交合句解』. 소명출판, 2005. (국립중앙도서관 소장 『腹藁』, 26, 『兩棄齋遺稿』, 續集)

59.2. 〈연구〉

Ⅲ. (학술지)

【增】

1) 인권환. "「가짜신선타령」과「金剛誕遊錄」: 형성과정과 관련양상 및 인물의 문제." 『어문논집』, 40[홍문표교수화갑기념호](안암어문학회, 1999. 8).『판소리 唱者와 失傳辭說 硏究』(집문당, 2002. 8)에 재수록.

60. [금고기관 今古奇觀] ← 고금기관

〈참고자료〉

① 『今古奇觀』凡四十卷四十回 序謂『三言』與『拍案驚奇』合之共二百事 觀覽難周 故抱甕老人選刻爲此本 據『宋明通俗小說流傳表』則取『古今小說』者 四十八篇 取『醒世恒言』者十一篇 取『拍案驚奇』者七篇 二刻三篇 三言二拍 印本今頗難覯 可借此窺見其大略也◐『금고기관』40권 40회. 서문에 '3언'과『박안경기』를 합한 모두 200가지의 이야기를 모두 보기는 어려운 고로, 포옹노인이 가려 뽑아 이 책을 만들었다'고 하고 있다. 『송명통속소설유전표』에 의하면, 『고금소설』에서 48편, 『성세항언』에서 11편, 『박안경기』에서 7편, 2각에서 3편을 뽑았다고 한다. 3언 2박의 간행본은 지금 구하기 어려우므로, 이처럼 대략밖에 살필 수 없으니 애석하다)[魯迅,

---

207) 『이본목록』·『작품연구 총람』 수정.

『中國小說史略』, pp. 163~164].
② 「今古奇觀」 四十卷 四十篇 (原名 「古今奇觀」): 明無名氏輯 題'姑蘇抱甕老人輯'·'笑花主人閱' 首姑蘇笑花主人序 不記年月 選『三言』及初二刻『拍案驚奇』◐(명나라의 무명씨 찬이다. 고소 포옹노인이 편집하고 소화주인이 교열하였다고 되어 있으며, 책머리에 고소 소화주인의 서문이 있으나 연월은 기록되어 있지 않다. 3언 및 초각·2각『박안경기』에서 뽑은 것이다)[孫楷第, 『中國通俗小說書目』, p. 94].
③ 『今古奇觀』是三言·二拍的選輯本 這是一本流傳了三四百年 無人不知的白話短篇小說集 由於他選擇得宜 反而把原書的光芒掩蓋不少 許多人不知道三言·二拍 却無人不知『今古奇觀』它共選了通俗小說四十篇 編輯者署名抱甕老人 我們已無法獲知他的眞實姓名了 它問世的時間總在二刻『拍案驚奇』流行以後 所以多半是崇禎十年前後的事 卷首有笑花主人的序說◐(『금고기관』은 3언 2박의 선집본이다. 이 책은 3~4백 년 전부터 유전하는 것으로, 지은이를 알 수 없는 백화 단편 소설집이다. 다른 책[3언 2박]에서 좋은 것만을 가려 뽑은 반면 원서[3언 2박]의 빛남을 가려 버린 바가 적지 않은데, 많은 사람들이 3언 2박은 알지 못하고 도리어 『금고기관』을 모르는 사람은 없다. 이것은 통속 소설 40편을 뽑은 것인데, 편집자의 이름은 포옹노인으로 되어 있으나, 우리는 이미 그의 참 성명이 무엇인지 알 도리가 없다. 그의 생존 시기가 모두 2각『박안경기』가 유행한 이후이기 때문에, 내용이 대부분 숭정 10년[1637] 전후의 일로 되어 있다. 권머리에 소화주인의 서문이 있다(孟瑤, 『中國小說史』, 第二冊, p. 265].

〈관계기록〉
(한문)
① 『中國歷史繪模本』(完山[映嬪]李氏, 1762), no. 28: 「今古奇觀」.
【增】
1) 『字學歲月』[1744](尹德熙 1685~1766): 『今古奇觀』.
2) 『私集』(尹德熙 1685~1766), 4, 「小說經覽者」[1762]: 『今古奇觀』.
3) 『欽英』(兪晩柱 1755~1788), 3, 1777. 6. 4: 見明人序 小說以爲 宋孝宗以天下養太上 命侍從訪民間奇事 日進一回 謂之說話人 而通俗演義一種 乃始盛行 然事多鄙俚 加以忌諱 讀之嚼蠟 殊不足觀◐(명나라 사람의 소설 서문『今古奇觀』笑花主人序]을 보았더니, "송효종이 천하를 태상황 고종으로부터 넘겨받았을 때, 시종에게 백성들 사이에 떠도는 기이한 이야기를 수집하여 매일 한 번씩 바치라고 명하였으니, 이들을 설화인이라고 하였다. 이리하여 통속 연의라는 것이 성행하게 되었다. 그러나 그 이야기가 비루한 것이 많고 꺼려야 할 것도 덧부태고 있으니, 그것을 읽으면 마치 밀랍을 씹는 것 같아서 매우 볼 만한 것이 못된다."라고 되어 있었다).
4) 『[演慶堂]諺文冊目錄』(1920; 藏書閣所藏): 188. 『今古奇觀』 1冊.

국문필사본

【增】 今古奇觀	선문대[중한번역문헌연구소]	1
금고긔	정문연(D7B-26)/[韓古目](124: R16N-001132-13)	1(72f.)
금고기관(139)	정문연[장서각]	1(52f.)

가

국문활자본		
〈고금긔관〉		
고금긔관 古今奇觀	대전대[이능우 寄目](1209) /[仁活全](18)/정명기[尋是齋 家目](서두 낙장)	1([著·發]朴健會, 新舊書林·共進 書舘, 1918. 1. 30, 142pp.)

60.1. 〈자료〉

Ⅰ. (영인)

60.1.1. 仁川大民族文化硏究所 編. 『舊活字本古小說全集』, 18. 銀河出版社, 1984; (再刊) 國際아카데미, 2002. (신구서림·공진서관판)

【增】 Ⅱ. (역주)

1) 박재연·김영·이수진 校註. 『금고긔관』. 鮮文大學校 中韓飜譯文獻硏究所, 2004.²⁰⁸⁾ (신구서림판 / 낙선재 소장 / 고려대 소장)

60.2. 〈연구〉

Ⅲ. (학술지)

60.2.4. 李慧淳. "韓國古代飜譯小說硏究 序說 : 樂善齋本 『금고긔관』을 中心으로." 『韓國古典散文硏究』[張德順先生華甲紀念](同和文化社, 1981. 9). 박재연·김영·이수진 校注, 『금고긔관』(선문대종합번역문헌연구소, 2004. 5)에 재수록.

60.2.7. 金連浩. "『今古奇觀』의 飜譯樣相: 高大本을 中心으로." 『語文論集』, 27 및 『石軒丁奎福博士還曆紀念論叢』(高麗大 國語國文學硏究會, 1987. 12). 박재연·김영·이수진 校注, 『금고긔관』(선문대종합번역문헌연구소, 2004. 5)에 재수록.

▶(금광공주전 → 금강공주전)
◐{금국화}
▶(금낭이산 金囊二山 → 보심록)
◐{금대옥환전 金帶玉環傳}

〈관계기록〉

① Courant, 851: 「금듸옥환젼」.

▶(금대환전 金帶環傳 → 금대옥환전)
▶(금덕전 → 금송아지전)²⁰⁹⁾
【增】▶(금도야지전 金猪傳 → 이수문전)
▶(금독전 金犢傳 → 금송아지전)

---

208) 중국 北京大 소장 崇禎序文本 『今古奇觀』이 영인 부재되어 있다.
209) Courant, 926 「금덕젼」은 아마도 「금독젼」의 오기일 것으로 생각된다.

【增】 ▶(금돼지전 金猪傳 → 이수문전)
▶(금령전 金鈴傳 → 금방울전)
◐{금목토초상화}
◘61.[금방울전] ← 금령전 / 능견난사

〈관계기록〉
① 『諺文古詩』(가람본), '언문칙목녹', 178:「금영전」.
② Courant, 804:「금방울젼 金鈴傳」.

〈이본연구〉
【增】
1) 먼저 확인했던 사항은 세책본과 경판본의 관계였다. 그 동안 「금령전」 이본 중 가장 선본인 것으로 알려진 경판본은 서사 전개에 있어서 오류를 지니고 있는 본임을 새롭게 확인했다. 경판본에 이런 오류가 발생한 원인은 여러 가지 가능성을 생각해 볼 수 있지만, 현존하는 「금령전」 이본군의 상황, 세책본·경판본의 유통 시기 등을 고려했을 때, 경판본이 세책본을 저본으로 사용하고 이를 축약하고 변형하는 과정에서 생긴 것으로 판단된다. 따라서 경판본의 저본은 세책본이며, 경판본 텍스트 형성에서 세책본이 밀접한 관련을 맺고 있음이 확인된다. 다음 살펴보았던 사항은 세책본과 구활자본의 관계였다. 선행 연구에서는 구활자본은 경판본을 저본 (底本)으로 만들어진 것으로 보았다. 그러나 세책본과 구활자본을 비교·검토한 결과, 경판본에서 볼 수 없었던 일부 장면과 문장 부연 등의 원인은 경판본을 부연하면서 생긴 것이 아니라 구활자본 업자가 세책본을 그대로 출판하면서 생긴 현상임을 확인할 수 있었다(유춘동, "세책본 「금령전」의 텍스트 위상 연구." 『洌上古典研究』, 20[2004. 12], p.115)

국문필사본		
(금령전 / 금방울전)		
【增】 금방울젼 권지단	김광순[筆全](55)	1(16f.)

국문경판본		
【增】 금방울젼	박순호[家目]	1(28f.)
【增】 금방울젼 권지단	박순호[家目]	1(16f.)
금방울젼	정문연[韓古目](134: R16N-001132-16)	1(翰南書林, 1921, 18f.)

국문활자본		
(금방울전)		
【削】 금방울젼 金鈴傳	[仁活全](19)[147]	1([著·發]洪淳泌, 朴健會輯, 京城書籍業組合, 초판 1925. 11. 10; 재판 1926. 12. 20, 59pp.)[148]

	원본 금방울젼 金鈴傳	국중(3634-2-56=5)<재판>/조희웅[家目]<재판>/[仁活全](19)[210]	1(9회, [著·發]洪淳泌, 京城書籍業組合, 초판 1925.<u>11.10</u>; 재판 1926.12.20, 50pp.)[211]
	금방울전	박순희[家目]/조희웅[家目]/[대조 3]	1(大造社, 1959, 27pp.)
	금방울전 金鈴傳	국회[目·韓II](811.31)/<u>김종철</u>[家目]/박순희[家目]/정명기[尋是齋 家目](n.d.)/조동일[국연자](20)	1([표지]申泰三, 世昌書舘, ……
	금방울젼 金鈴傳	국중(3634-2-56=1)<3판>	1(9회, [著·發]朴健會, 新舊書林, 초판 1916.1.5; 재판 1917.2.10; 3판 1921.<u>12.31</u>, 59pp.)
【增】	금방울젼 金鈴傳	국중(3634-3-7=5)	1(9회, 朴健會 著, 朝鮮圖書株式會社, 1917, ??pp.)
(능견난사)			
	능견난스_能見難思	국중(3634-2-56=2)	1([著發]<u>朴英鎭</u>_世昌書舘, 1917.10.15, 61pp.)

61.1. 〈자료〉

Ⅰ. (영인)

【增】

  1) 金光淳 編. 『金光淳所藏 筆寫本韓國古小說全集』, 55. 박이정출판사, 1994. (김광순 소장)

Ⅱ. (역주)

  61.1.15. 권택무·최옥희 윤색 및 주해. 『토끼전(장끼전·금방울전·두껍전)』. 조선고전문학선집, 44. 평양: 문예출판사, 1992; 海外우리語文學硏究叢書, 50. 한국문화사, 1995(영인) ; 조선고전문학선집, 31. 연문사, 2000(영인).

【增】

  1) 정병헌·이유경 엮음. 『한국의 여성 영웅소설』. 태학사, 2000.

61.2. 〈연구〉

Ⅱ. (학위논문)

〈석사〉

【增】

  1) 김철영. "「금방울전」 연구: 김동욱 소장 '경판 20장본'을 중심으로." 碩論(경기대 교육대학원, 2004. 8).

---

210) 판권지는 없으나 영인본 목차에 '경성서적업조합'판으로 되어 있다.
211) 판권란에는 京城書籍業組合으로 되어 있으나, 내면 첫머리에는 작품명에 이어 '永昌書舘版'으로 되어 있다. 京城書籍業組合 간행 『圖書分類目錄』(1921 改正)에 이미 「금방울」(700원), 「김령전」(250원), 「금방울전」(100원)의 3종이 보인다.

Ⅲ. 〈학술지〉
    61.2.23. 윤경수. "「금방울전」에 나타난 용신관념과 신화적 고찰."『泮橋語文硏究』, 9(泮橋語文學會, 1999. 2). 반교어문학회 편,『고소설의 사적전개와 문학적 지향』(반교어문총서 3, 보고사, 2000. 3)에 재수록.

【增】
  1) 임수현. "「금방울전」의 인지구조 연구."『西江論集』, 11(서강대 대학원 총학생회, 1997. 12).
  2) 정상진. "「금령전」 연구."『최동원선생회갑논총』(논총간행위원회, 1998. 6).
  3) 朴湧植. "「金鈴傳」 硏究: 꿈과 變身의 神話의 範疇."『중원인문논총』, 17(건국대 부설 중원인문연구소, 1998. 8).
  4) 윤경수. "「금령전」의 신화적 관계 양상."『우리문학연구』, 12(우리문학회, 1999. 12).
  5) 유춘동. "세책본「금령전」의 텍스트 위상 연구."『洌上古典硏究』, 20(洌上古典硏究會, 2004. 12).
〈회목〉
(경성서적업조합판)212)

◐{금봉회봉}
〈관계기록〉
  ①『諺文古詩』(가람본), '언문칙목녹', 197:「금봉회봉」.

◨62.[[금산몽유록 錦山夢遊錄]]
〈작자〉金晃運(1775~1839)
〈출전〉『梧淵集』, 4, 雜著
〈관계기록〉
  ①「錦山夢遊錄」結尾: 遂其記顚末 爲「錦山夢遊錄」 以供好事者一笑 非敢譏切當世 鍼砭俗耳也◯(드디어 그 전말을 적고「금산몽유록」이라 하여 호사가들의 한번 웃음거리에 이바지하게 하였다. 감히 당세를 희롱하려 함이 아니라 풍속에 침을 놓으려 할 뿐이다).

한문필사본

  錦山夢遊錄 梧淵先生文集   계명대(『梧淵集』)[古綜目](고811.081김면운◯)

62.2.〈연구〉
Ⅲ. 〈학술지〉
    62.2.3. 정용수. "「錦山夢遊錄」 연구."『泮橋語文硏究』, 7(泮橋語文硏究會, 1996. 12). 반교어문학회 편,『고소설의 사적전개와 문학적 지향』(반교어문총서 3, 보고사, 2000. 3)에 재수록.

◐{금산사 金山寺}
▶(금산사기 金山寺記 → 금산사몽유록)
◨63.[금산사몽유록 金山寺夢遊錄]213) ← **금산사몽회록 / 금산사창업연록 / 금**

---
212) 신구서림판이나 조선도서주식회사판도 같다.

가

산사창업연몽유록 / 금산사창업연회록 / 금산사창업연의 / 금화령회록 / 금화사경회록 / 금화사기 / 금화사몽유록 / 금화사태평연기 / 금화사태평연몽유록 / 부용당 / 김화령전 / 성생전 / *왕회전214) / 제왕연회기 / 『화몽집』

【增】〈작자〉

1) 필자가 연구 대상으로 삼은 「금산사기」[洪在烋 소장]의 작자에 대해 조사한 바를 간략히 소개하도록 한다. 이 소설의 작자는 내용의 標題인 「金山寺記」란 題下에 '南平人文後嘆漢命改作'이라 밝혀 놓아, 「금산사기」의 작자가 文漢命(1839~1894)임을 알 수 있다(權友荇, "「金山寺記」 연구," 曉星女大 博論[1991. 2], pp. 63~64).

〈작품연대〉

【增】

1) 이 주장215)은 설득력이 없다. 왜냐하면 한글본인 「금산사몽유록」의 冒頭에 '화설 청나라 강희 말년'이 시대적 배경으로 설정되어, 정주동이나 장덕순의 주장처럼, 이 작품은 병란 이후 청에 대한 적개심의 울분을 우의한 것이기 때문이다. 시대적 배경이 청나라 강희 말년으로 되어 있으며, 원왕조를 침략 왕조로 설정했으나, 청에 대한 언급을 회피한 것은 이 작품의 제작 시기가 청의 지배를 받고 있었던 사회적 제약으로 인해 의식적인 언급을 회피한 것이 된다. 이는 한족 중심의 중화 사상을 표출한 것이 아니라 조선을 침략한 침략 왕조에 대한 우리 민족 의식의 반영이라 하겠다(양언석, "「金華寺夢遊錄」의 敍述類型 硏究," 江陵大 『人文學報』 [1995, 6], p. 36).

2) 「왕회전」에서는 「금화사몽유록」과 관련하여 "'崇禎 己卯年間'에 한 서생이 금화사에 투숙하였다가 한 꿈을 얻었다."고 하고 있고, 남호거사의 꿈 속에서도 소식이 숭정 기묘년에 네 황제가 모셨다고 서술하고 있어, 지금까지 미상인 채로 있었던 「금화사몽유록」의 창작 시기를 가늠할 수 있는 단서를 제공하고 있다. '崇禎 己卯年'은 1639년[仁祖 17]으로, 인조가 청나라에게 항복[1637]한 지 2년 정도 지난 시기이다. 여러 정황을 고려할 때, 「왕회전」에서 언급한 '崇禎 己卯年間' 즉 1639년을 「금화사몽유록」의 창작 시기로 보아도 무리는 없을 것이다(林治均, "「王會傳」 연구," 『藏書閣』, 2[1999. 12], p. 85).

3) 하나 더 추가하여 볼 것은 「금화사몽유록」과 합철되어 전하는 작품들 중 「崔陟傳」, 「雲英傳」, 「洞仙記」와 같은, 17세기 전·중반기에 산출된 작품들의 題名이 보인다는 점이다. 「최척전」, 「운영전」, 「동선기」 등은 주지하다시피 애정을 그 소재로 취하고 있는 작품들인데, 이들과 「금화사몽유록」은 소재나 주제 면에서 함께 묶어 읽힐 만한 작품이 아니다. 그럼에도 合寫되어 전한다는 사실은 이들이 비슷한 시기에 창작·향유되었을 가능성을 말해 주는 것이 아닐까 한다. 「금화사몽유록」을 둘러싸고 있는 작품 내·외적 상황, 즉 작품에 반영된 華夷觀, 작품의 양식적 특질, 그리고 「왕회전」 발문의 기록, 이본의 유통 상황 등을 고려할 때, 이 작품은 병자호란

---

213) 각 이본에 나타나고 있는 '금산사'와 '금화사'는 원래 별개의 절로서, '금산사'는 중국 강소성 진상현 금산 위에 있는 절이고, '금화사'는 절강성 금화현 북쪽 20리에 위치한 금화산 꼭대기에 있는 절이라 한다(정용수, "「金山寺夢遊錄」계의 창작 배경과 주제의식," 『古小說硏究』, 10[2000. 12], pp. 182~183 참조).

214) 『이본목록』·『작품연구 총람』 수정.

215) 「금산사몽유록」의 '명조 멸망 이전 창작'을 주장한 車溶柱의 주장(위의 〈작품 연대〉② 참조).

이후 明朝 마지막 황제인 崇禎帝 재위 기간(1628~1644)이 끝나는 1644년 이전의 어느 시기에 지어진 것이 아닐까 한다(김정녀, ""金華寺夢遊錄" 硏究史," 刊行委員會, 『古小說硏究史』 [2002. 12], pp. 229~230).

〈관계기록〉

(한문)

① 「王會傳」(金濟性, 1803~1894, 韓國精神文化硏究院藏本): 南湖居士 金濟性者 駕洛王之後裔也 年纔弱冠 識濟文翰 捷貫場屋 負才放曠 如醉如狂 退不知止 退不知定 卽一百愚 無狀之人也 然而 潘岳之丈彩 著於家風 陸機之世德 光于詞賦 盖其聲韻 世趾其美也 歲在崇禎紀元後 庚子之春 居士方有意於做誦之工 佇立明窓之下 端坐於淨案之前 將蘇子瞻前後赤壁賦 大讀一遍 忽爲春陽所困 睡魔來侵 乍倚案几之上 游魂於虛無之境 馳神於廣漠之鄕 不知何處定了 忽見一道士 頭戴椰子之冠 身被鶴氅之衣 驅神馬 駕尻輪御冷風 昻然而來 長揖於前 居士曰 公何爲者 道士曰 子果不知也 我乃東坡居士蘇軾也 居士愕然曰 大宋熙寧元豊之間 至今幾八百年矣 公何以延生而至此乎 道士微笑曰 人生則有死 古今自然之理 必然之事也 雖然 吾之生死 異於凡人 生而聲名 聞於一世 沒而精靈 留於千秋 如水之在地中 無所往而不存者也 如子者 可謂信之 深思之至 焄蒿悽滄 若或見之 故誦其詩讀其書 有所感慕於千載之下矣 我有一段神妙之言 將欲見子而托耳 居士曰 何言也 道士曰 子或聞「金華寺創業演義」乎 居士曰 雖或聞其說 而未詳其實 此說或有可據之道耶 道士曰 果是有之 而抑有一說焉 崇禎己卯年間 漢高祖與唐宋明 四國 刱業之主 共會於洛陽 禮請列國 敍幽冥未盡之懷 設太平同樂之宴 誅伐僭逆 封賞勳勞 于斯時也 我以文淵閣太學士 草詔製倫承恩被獎 此可謂千載一際之會也 筒中事蹟言行 不可泯滅 無聞而非子則無可托轉 故特來告子 子幸勿泛émis也 乃自首至尾 一遍說道 昭昭歷歷 無所胡迷 言訖 飄然羽衣登空而去 居士覺而異之 遂次以編錄 名曰 「王會傳」云爾 歲崇禎紀元後 四庚子 三月下澣 南湖居士記☯(남호거사 김제성이란 이는 가락왕의 후예다. 나이 겨우 약관216)에 문한217)에 통달하여 장옥218)에서 급제하고 재주를 품어 활달하고 거리낌이 없어 취한 듯 미친 듯하였다. 물러감에 멈출 것을 몰랐고 물러나매 정처를 알지 못하였다. 곧 그는 일백우요 무상한 사람이었다. 그러나 반악[?~300]219)의 풍채가 가풍에서 드러나고 육기[261~303]220)가 대를 이어 쌓아온 덕이 사부221)에서 빛나니, 대개 그가 지은 시는 세상이 그 아름다움을 기렸다. 숭정 기원 후 경자년[1660] 봄에 거사가 바야흐로 주송의 공부에 뜻이 있어서 밝은 창 아래 우두커니 서고 깨끗한 책상 앞에 단정히 앉아 막 소자첨[蘇軾 1036~1101]의 '전·후적벽부'를 큰소리로 한번 읽을 적에, 갑자기 봄볕으로 인하여 몸이 노곤해지고 졸음이

---

216) 남자 나이 20세를 일컫는다.
217) 문필에 관한 일.
218) 과거 시험장.
219) 중국 西晉 때 사람으로, 어릴 때부터 문장이 뛰어나고 풍채 좋기로 유명했다. 陸機와 함께 서진 문학의 대표적 작가로 병칭되었다.
220) 중국 西晉 때 사람으로, 조부 遜은 삼국 시대 吳나라의 재상이었다. 어려서부터 異材가 있었고 문장이 당대에 으뜸이었다. 20세 때 오나라가 멸망하였기 때문에 고향에 퇴거하여 10년간 학문에만 전념하였는데, 그의 시는 修辭에 중점을 두고 미사여구와 對句의 기교를 살려 육조 시대의 화려한 시풍의 선구자가 되었다.
221) 韻字를 달아 지은 한시의 총칭.

가 와서 잠깐 책상에 기대어 허무의 경지에 혼이 노닐고 광막한 곳에 정신이 달리게 되었다. 어딘지 모르는 곳에 이르렀더니 홀연 한 도사를 만났는데, 머리에 야자나무잎으로 만든 관을 쓰고 몸에는 학창의222)를 입고 있었는데, 신마가 끄는 마차를 타고 바퀴 꽁무니에 찬바람을 몰고 앙연223)히 앞으로 오더니 길게 허리를 굽혀 절했다. 거사가 묻기를 "공은 뉘신지요?" 도사가 말하기를 "그대는 과연 모르겠는가? 나는 동파거사 소식이로다." 거사가 깜짝 놀라 말하기를, "대송 희령[1068~1077]·원풍[1078~1085] 연간이 지금 800여 년이 지났는데 공이 어떻게 목숨을 늘여 여기에 이르렀단 말인가?" 도사가 미소를 지으며 말하기를, "인생에는 죽음이 있음은 고금 자연의 이치요 필연적인 일이다. 그러나 나의 생사는 보통 사람과는 다르니, 태어나서 이름이 일세에 드날리고 죽어서는 정령이 천추에 남았다. 마치 물이 땅속에 있어 가는 바 없어도 머물러 있지 않는 것이다. 이는 마치 저 소동파의 이른바 '믿음이 깊고 생각이 지극하여, 향 냄새를 피워 기분을 신비롭게 만들면 혹 볼 수도 있을 것 같다'224)는 것이다. 그 시를 외우고 그 책을 읽고 느낀 바 있어 천 년 후에도 그리워한다. 내가 일단의 신묘한 말이 있어 장차 그대에게 부탁하고자 하노라." 거사가 말하기를, "무슨 말인가?" 도사가 말하기를, "그대는 혹「금화사창업연의」에 대하여 들어보았는가?" 거사가 말하기를, "비록 간혹 그 말을 들어는 보았으나 그 사실에 대하여는 자세히 알지 못하노라. 이 설을 혹시 근거해 볼 만한 길이 있는가?" 도사가 말하기를, "과연 있으니, 애오라지 한 가지 설이 있도다. 숭정 기묘[1639] 연간에 한고조와 당·송·명의 네 나라 임금이 낙양에 함께 모여 예의로써 여러 나라를 청하고 유명225)의 미진한 회포를 풀며 태평 동락의 잔치를 베풀고 참역226)을 주벌227)하고 공훈을 상 줄 때, 내가 문연각 태학사로써 조서를 쓰는 일을 맡아 임금의 은혜를 입고 표창을 받았으니, 이는 천 년에나 한번 있을 기회였도다. 그 중에 사적과 언행을 모두 없애 들리지 않게 할 수가 없고, 그대가 아니면 편집을 부탁할 사람이 없으므로 가져 와서 그대에게 고하는 것이니, 그대는 행여 흘려 듣지를 말라." 이에 처음부터 끝까지 두루 말하니 밝고 뚜렷하여 조금도 미혹228)스런 곳이 없었다. 말을 마치자 표연229)히 공중으로 날아가니 거사가 깨어나 이상히 여기고 차례로 써서「왕회전」이라 하였다. 숭정 기원 후 네 번째 경자년[1840] 3월 하순 남호거사가 기록하노라).

② Courant, 776:「金山寺夢會錄」.

【增】

1)「王會傳」, 跋文: 大明崇禎己卯年間 有一書生 放浪遊散 至於江南金華寺 日暮投宿 其夜得一夢漢高祖與明太祖唐太宗宋太祖 設宴於堂上 對酌設樂 盡歡而散 此說傳播於世間而未得其詳焉◯(명나라 숭정 기묘[1639] 연간에 한 서생이 방랑하며 이곳 저곳을 떠돌아다니다가, 강남

---

222) 옛날 웃옷의 한 가지. 흰 창의에 가를 돌아가며 검은 헝겊으로 넓게 꾸밈.
223) 자신에 차 당당한 모습.
224) 소동파의「潮州韓文公廟碑」에 나오는 구절. '焄蒿'는 氣 끓어 나오는 모양, '淒愴'은 정신이 悚然한 모양. 모두 귀신의 氣를 형용하는 말이다. 曰 不然 公之神 在天下者 如水之在地中 無所往而不在也 而潮人獨信之深 思之至 焄蒿淒愴 若或見之.
225) 이승과 저승.
226) 분수를 모르고 윗사람을 어기고 반역함.
227) 죄 지은 사람을 꾸짖어서 침.
228) 정신이 헷갈려 갈팡질팡 헤맴.
229) 훌쩍 떠나가는 모양.

금화사에 이른 적이 있었다. 날이 저물어 그 절에 투숙하였다. 그 날 밤에 꿈을 꾸었는데, 한고조가 명태조·당태종·송태조와 더불어서 당상에서 잔치를 베풀었다. 술잔을 마주하고 음악을 베풀어 즐기다가 즐거움이 다하자 흩어졌다. 이러한 이야기가 세상에 전파되어 있으나 자세한 내용은 알 수 없다).
2) 「金山寺創業宴錄」(하버드대 소장본): 金山寺裡創業宴 自漢英雄實集 武侯以無私公平分輕重 於四代文武將臣 千古人物 無量才德 歷代得失 於斯一篇小說備知夫◯(금산사 창업연에 한나라로부터 영웅들이 모두 모여, 제갈량[181~234]이 무사 공평하게 4대에 걸친 문무 신하들에 있어서의 경중을 나누었으니, 천고 인물들의 끝없는 재덕과 역대의 득실이 이 한 편의 소설에서 갖추었음을 알 것이다).

(국문)
① 『諺文古詩』(가람본), '언문칙목녹', 61: 「금숀사충업련록」.
② Courant, 777: 「금산ᄉ몽유록」.

〈비교연구〉
【增】
1) 이 작품의 특색은 「삼국지연의」의 영향을 많이 받았다는 사실이다. 「삼국지연의」는 임란 이후에 성행하였고, 숙종조를 전후하여 호당에서 「삼국지연의」의 내용을 시제로 시험한 것으로 보아 상당히 성행하였음을 알 수 있다. 이 작품에서 유비는 소열왕으로 칭하지만, 위의 제왕은 조조와 같이 실명만이 거론된다. 이것은 南宋의 朱子의 『資治通鑑綱目』 및 그 계통의 史書와 같이 촉을 정통으로 삼을 경우에는 劉備를 그 시호에 따라 昭烈皇帝라 하여 후한 獻帝의 뒤를 잇는다. 흥미 있는 것은 蜀漢을 정통으로 삼는 역사 소설 『삼국지연의』가 여전히 선주, 후주란 호칭법을 사용하고 있는 점인데, 그 대신 魏의 武帝, 文帝 이하는 모두 曹操, 曹丕라는 식으로 실명만을 불리는 것은 역사 소설 「삼국지연의」의 영향으로 보인다(양언석, "「金華寺夢遊錄」의 敍述類型 研究," 『人文學報』, 19[1995. 6], p. 37).

〈이본연구〉
【增】
1) 3본[「金山寺記」·「金山寺夢遊錄」·「金華寺夢遊錄」]을 비교해 본 결과 내용면에서는 크게 다른 점이 없으나 「금화사몽유록」에 비해서 「금산사기」는 文治 중심에 작가 의식이 모여지고 있으며, 「금산사몽유록」은 이러한 작가 의식이 약화되면서 흥미 본위로 흐르고 있음을 볼 수 있었으며, 사상적인 면에서 도교 사상이 타본에 비해 강화되어 나타나고 있음을 특징으로 들 수 있겠다. 「금산사기」는 「금화사몽유록」에 비해 도교 사상이 강화되고 「금산사몽유록」은 「금산사기」에 비해 더 강화되고 있다. 이러한 현상은 「금산사기」가 三敎의 기능 자체를 소설 구성에 원용했기 때문이며, 동시에 縱的 질서의 회복을 위해서는 도교가 강화될 수밖에 없다 하겠다. 「금산사몽유록」에 있어서의 도교 사상은 「금산사기」에 비해 논리적으로 강화된 것이 아니라 흥미 위주로 강화되었다 하겠다. 이러한 현상은 조선조 말기로 내려오면서 민간 신앙이 유행했음과 무관하지 않다 하겠다. 도교는 혼란한 현세를 떠나 신선 등의 희구로 나타나고 있는데, 「금산사몽유록」에는 이러한 현실이 반영되었다 하겠다. 「金華寺記」 등 일련의 작품들은 「금화사몽유록」으로 확대되고, 다시 文後嘆에 의해서 「금산사기」라는 작품으로 총결산되고 「금산사몽유록」은 「금산사기」를 흥미 본위로 개작했다 하겠다. 「금산사몽유록」群은 「금화사몽유록」(「金華寺記」) 계열과

가

「금산사기」 계열, 「금산사몽유록」 계열로 유형이 나누어진다는 것을 알 수 있다(權友荇. "「金山寺記」 연구." 曉星女大 博論[1991. 2], pp. 55~56).

2) 이들 이본[「금산사몽유록」계와 「금화사몽유록」계에서 찾아 볼 수 있는 특이한 현상은 제명이 '금화사'라고 된 이본들은 거의 漢文本으로 존재하고, '금산사'라고 된 이본들은 국립도서관에 소장되어 있는 한문본 「金山寺夢會錄」을 제외하고는 모두 한글본으로 존재하고 있다는 점이다. 세창서관에서 발행한 한글 활자본이 「금산사몽유록」인 것과 한글 필사본인 연경도서관본의 제명이 「금산사창업연록」인 것도 이러한 양상과 무관하지 않을 것이다. 이렇게 본다면 이들 필사자들은 한문본과 한글본의 제목을 서로 달리하여 적는다는 암묵적인 의식을 가지고 있었던 듯하다. 「금산사창업연록」은 한문본에서 볼 수 없는 내용이 있다. 이는 「금산사창업연록」의 특징을 살피는 데 매우 좋은 단서가 된다. 첫째, 몽유자가 성허라고 하는 구체적 인물이 아니라 그냥 막연한 秀才이다. 둘째, 입몽 과정이 분명하지 않다. 셋째, 천상적 이미지가 강화되어 있다. 넷째, 원세조가 침입하고 명태조가 격퇴한 것으로 되어 있다. 다섯째, 각몽 후에 작품이 나오게 된 후일담과 신뢰성이 장황하게 적혀 있다. 이러한 모습은 고려대학교 소장본인 「금산사창업연록」(한글본)과 정신문화연구원 소장본인 「금산사창업연의」에서도 동일하게 나타난다(임치균, "「금산사창업연록」," 李相澤 외 3인 엮음, 『고전소설의 기초 연구』[2001. 10], pp. 299~300).

3) 그(金濟性, 1803~1894)가 개작한 「왕회전」이 「금산사몽유록」계의 경개와 대체로 일치하고 있는 점으로 보아, 이미 있었던 선행본으로서의 금산사 계열이 18,9세기에 와서는 금화사 계열로 바뀐 것이 아닌가 추측된다. …… 금산사 계열의 작품과 금화사 계열의 작품을 비교해 볼 때, 금산사 계열에서 언급된 주인공 '일수재'와 '금산사'라는 작품 배경이 창작 시기에 유행된 17세기 설화와 일치하는 반면, 금화사 계열은 '成虛'와 '錦山' 등으로 주인공과 지명이 변모되면서 작품의 변화가 나타나기 시작한다는 점에서 금산사 계열이 선행본일 것으로 추측되는 것이다. …… 병자호란 직후인 1639년에 창작된 것으로 추정되는 「금산사몽유록」계가 금산사를 배경으로 삼은 데는 금산사의 연기 설화가 반영된 것으로 보이는데, 17세기 후반기 이후에 청 聖祖에 의해 江天寺로 개명 뒤부터 존명 의식이 강화되면서 금화사계 작품이 생겨난 것으로 추측한다. 이런 점은 두 계열을 검토했을 때, 금산사 계열이 몽유자나 몽유 공간에서 설화와 일치하는데 반해, 금화사계는 이미 전대 설화와 다른 많은 변개된 모습을 보여주는 데서 보다 뚜렷해지고 있다(정용수, "「金山寺夢遊錄」계의 창작 배경과 주제의식," 『古小說研究』, 10[2000. 12], pp. 182~182, 198, et passim).

국문필사본

(금산사몽유록 / 금산사몽회록)

| 금산ᄉ몽유록 | 임형택[莽蒼蒼齋 家目] | 1(을유칠월이십칠일필셔, 69f.) |

【增】(금화사몽중기)

| 【增】 금화사몽듕기 | 정명기[尋是齋 家目] | 1 |

국문활자본

| 【削】 금산ᄉ몽유록 金山寺夢遊錄 | [亞活全](1) | 1(國漢字 倂記, 滙東 |

금산ᄉ몽유록	金山寺夢遊錄 국중(3634-2-21=2)/[亞活全](1)	書舘, 1915, 59pp.)⁽¹⁵⁹⁾ 1(국한자 병기, [著]李圭瑢, 滙東書館, 1915. 11.30, 59pp.²³⁰))

한문필사본

【增】(금산사기)

【增】萬古帝王宴 金山寺記	김광순[筆全](65)	1(18f.)
【增】金山寺記	洪在烋("「金山寺記」고," 『國文學硏究』, 9[1986])	(南平人文後嘆漢命 [1839~1894]改作, 44f.)

(금산사몽유록)

【增】金山寺夢遊錄	국중	1(33f.)
【增】金山寺夢遊錄	김종철[家目]	1(26f.)
【增】金山寺夢遊錄 單 錦山寺夢遊錄	박순호[家目] 사재동[家目](0121) /(R16N-001251-14)	1(17f.) 1(同治三年甲子仲秋)
【增】金山寺夢遊錄	정문연(D7C-14)	1(丙申十月十八日 石城啇中謄書, 22f.)²³¹)
【增】金山寺夢遊錄	정문연[『閒容集』](D7C-21) [漢少目, 夢12-25]	

(금산사창업연기 / 금산사창업연회록)

【增】金山寺創業宴記	고려대[晚松](C14-A68)²³²⁾ [漢少目, 夢12-5]	
【增】金山寺創業演義	연세대(811.939/1)[漢少目, 夢12~17]	(歲在庚子秋謄)²³³⁾

(금화사기)

【增】金華寺記	姜東燁²³⁴⁾	
金華寺記	權泰乙(鄭容秀, 『淵民學志』 2, 361)	1(13f.)
金華寺記	今西龍[日所在韓古目, 1](今西, p. 158) /天理大[今西](96114 7) ¹²³⁵⁾	
【增】金華寺記 夢遊錄	유탁일[漢少目, 夢12-21]	1
【增】金華寺記	임형택[莕蒼蒼齋 家目]	1(25f.)
【增】金華寺記	임형택[莕蒼蒼齋 家目]	1(歲乙酉仲夏書, 21f.)

---

230) 총 74쪽 중 p. 60부터는 「삼사긔 三士記」가 합철되어 있다.
231) 「雲英傳」 합철.
232) 『類錄』 所載.
233) 「九雲夢」・「丁香傳」 합철.
234) 「浮碧夢遊錄」 합철.
235) 「崔陟傳」 不分卷.

【增】金華寺記		정명기[尋是齋 家目]	1(서두 낙장)[236]
【增】金華寺記		정명기[尋是齋 家目]	1
【增】金華寺記		정명기[尋是齋 家目]	1 [237]
【增】夢勝錄 金華寺記		정명기[尋是齋 家目]	1
金華寺記		정문연(鄭容秀, 『淵民學志』 2, 361)	1(28f.)[238]
【增】金華寺記 金華寺夢會錄		정문연(權友苧, "「金山寺記」 硏究", 博論, 1991. 2)	1(旨乙未午月上旬 碧溪歌罷모故虛書于 求平一東面沙光幕, 13f.)
(금화사몽유록)			
金華寺夢會錄 金花寺夢遊錄		국중[고1](한-48-275)/정문연[韓古目](162: R35N-002916-11)/[亞筆全](3)	1(壬之仲夏里洞性軒草人謄書, 17f.)
【增】金華寺夢遊錄		今西龍[日所在韓古目, 2](今西, p. 54)/ 天理大[今西](598540)	1
【增】金華寺夢遊錄		정명기[尋是齋 家目]	1
【增】金華寺夢遊錄		정문연	1(25f.)
(금화사태평연기)			
金華寺太平宴記 金華寺太平宴夢遊錄·壬辰後亂錄		단국대[羅孫]~[漢目](古853.5/금3662ㄱ)/정문연[韓古目](163: R35P-000002-13)/[筆叢](5)	1(20f.)[239]
金華寺太平宴記		趙炳舜[典目](4-1414)[166]	(歲在壬午至月念日 畢書)

63.2. 〈연구〉

Ⅱ. (학위논문)

「금산사기」

〈박사〉

  63.2.1. 權友苧. "「金山寺記」 연구." 博論(曉星女大 大學院, 1991. 2.).

Ⅲ. (학술지)

「금산사몽유록」

【增】

 1) 정용수. "「金山寺夢遊錄」계의 창작배경과 주제의식." 『古小說硏究』, 10(韓國古小說學會, 2000. 12). 반교어문학회 편, 『고소설의 사적전개와 문학적 지향』(반교어문총서 3, 보고사, 2000. 3)에 재수록.

【增】「금산사창업연록」

---

236) 「李石丹傳」과 합철되어 있다.
237) 「辯誣奏」와 합철되어 있다.
238) 『寶鑑抄』에 합철되어 있다.
239) 「壬辰後亂錄」(20f.) 합철(영인본, pp. 224~264).

1) 林治均. "「금산사창업연록」." 李相澤·朴熙秉·林治均·宋晟旭 엮음,『고전소설의 기초 연구』(태학사, 2002. 10).

「금화사경회록」/「금화사몽유록」
【增】
1) 김정녀. "「金華寺夢遊錄」의 양식적 특징과 그 의미."『古小說研究』, 13(韓國古小說學會, 2002. 6).
2) 金貞女. "「金華寺夢遊錄」."刊行委員會 編.『古小說研究史』(月印, 2002. 12).
3) 김정녀. "「金華寺夢遊錄」의 異本 계열과 善本."『民族文化研究』, 41(민족문화연구원, 2004. 12).

▶(금산사몽회록 金山寺夢會錄 → 금산사몽유록)
▶(금산사창업연록 金山寺創業宴錄 → 금산사몽유록)
▶(금산사창업연몽유록 金山寺創業宴夢遊錄 → 금산사몽유록)
▶(금산사창업연회록 金山寺創業宴會錄 → 금산사몽유록)
▶(금산사창업연의 金山寺創業演義 → 금산사몽유록)

◪64.[금상첨화 錦上添花]

국문활자본		
금샹쳠화 錦上添花	국중(3634-3-55=2)<5판>/국중(3634-3-21=6)<6판>/영남대[目續](도남813.6)	1(국한자 순기,[著·發]池松旭, 新舊書林, 초판 1913.10.28; 5판 1920.10.11; 6판 1921.11.25; 1924, 90pp.)[削]⁽¹⁶⁷⁾

▶(금생이문록 琴生異聞錄 → 금오몽유록)
▶(금생전 琴生傳 → 금오몽유록)
▶(금선각 金仙閣 / 金仙覺 → 장풍운전240))
▶(금섬노인전 金蟾老人傳 → 섬동지전)
◪65.[금섬전 金蟾傳 ①]
▶(금섬전 金蟾傳 ② → 섬처사전)

◐{금싱씽연회합녹}
〈관계기록〉
① 『諺文古詩』(가람본), '언문칙목녹', 22:「금셩쌍연회흡녹」.

◐{금성쌍인기}
〈관계기록〉
① 『諺文古詩』(가람본), '언문칙목녹', 126:「금셩쌍인긔」.

---

240) 「금선각」이 「장풍운전」의 이본임이 확인됨에 따라 본총서 『이본목록』 「금선각」항에 있던 이본들을 「장풍운전」항으로 옮겼다.

가

【增】 ◐{금소년전}

국문필사본

| 【增】 금소년젼 권지라 | 여태명[家目](60) | 1(게유년 정월십팔에 쓴책이라, 안소제가 쓴 칙이라, 24f.) |

▶(금소전 → 금송아지전)

◘66.[금송아지전] ← 금독전 / 금소전 / 금우전 / 금우태자전 / 오색송아지전 / 오색우전 / 『일대장관』

국문필사본

(금소전)

【增】 금소젼지일라	박순호[家目]	1(임슐이월이튼날 금소젼을써 셔 삼월초이틀날 다뻐다, 36f.)[241]
금소젼	전남대[古1]	1(73f.)[242]
금소젼	정문연(D7B-181)/정문연 [韓古目](145: R16N-001144-11)	낙질2(상: 47f.; 중: 27f.)

국문활자본

| (羅漢譎降)금송아치젼 金牛太子傳 | 국중(3634-2-17=2)/ [亞活全](1) | 1([著·發]池松旭, 新舊書林, 1923.11.30, 35pp.) |

66.2. 〈연구〉

Ⅲ. (학술지)

「금우태자전」

【增】

1) 김진영. "「금우태자전」의 구조적 특성과 의미."『남용호의장기념문집』(화갑기념문집간행위원회, 1997. 10). "「금우태자전」의 구조적 특성과 연행"으로『한국서사문학의 연행양상』(이회, 1999. 9)에 재수록.

◘67.[금수기몽 禽獸奇夢]

〈관계기록〉

① 金起東,『李朝時代小說論』, p. 596.

■『금수전 禽獸傳』[243]) → 녹처사연회 / 황새결송

---

241) 「퇴계선생궁장가」 합철.
242) 「금소전 일권」 앞에 「회심곡젼이라」·「징기전이라」·「직문가라」가 합철되어 있다.
243) 『삼설기』 전 3책 중 제3책에서 「노섬상좌기」를 제외한 「황새결송」과 「녹처사연회」만 떼어낸 것이다.

68. [[금오몽유록 金烏夢遊錄]] ← 금생전 / 금생이문록

〈작자〉崔晛(1563~1640)
〈출전〉『一善志』부록
〈관계기록〉

① 『一善志』(崔晛 1563~1640), 貞, '題崔季昇所撰琴生傳後'(李埈 1560~1635): 余於辛卯秋 草出「琴生傳」示朴君純伯 純伯贊之曰 此吾先祖龍巖之遺意也 壬辰之亂 失其稿 甲午夏 余訪純伯于古谷 純伯屬余曰 鄕賢典型日邈 君宜撰『一善志』以壽其傳 仍以蠹 簡數紙 示之 乃余前日所草「琴生傳」也 不忘先世好德之心 欲揄揚先輩之諷則 雖此等類俳語 尙爲其所護持 純伯用意之勤誠 可敬而仰也●(내가 신묘[1591]년 가을에「금생전」을 지어 박군 순백[朴遂一]에게 보였더니, 그가 찬탄하여 말하기를, '이 책은 우리 선조 용암[朴雲]의 남긴 뜻'이라고 하였다. 임진년 난리에 그 원고를 잃어 버렸는데, 갑오[1594]년 여름에 내가 고곡으로 순백을 찾아가자, 순백이 나에게 부탁하여 말하기를, '고을 현인들의 법식이 날로 멀어져 가니 그대가 마땅히 『일선지』를 엮어서 오래도록 전하도록 해야 할 것'이라고 하면서 좀먹은 간지[簡紙] 몇 장을 보여 주었다. 그것은 전에 내가 초록한「금생전」이었다. 선대의 덕을 좋아하는 마음을 잊지 아니하고, 또 선현들의 풍도를 드러내어 찬양하고자 하였으니, 비록 이들이 우스갯말과 같다고 하더라도 오히려 보호되고 지켜져야 할 것이다. 순백의 마음쓰기를 부지런히 하는 정성스러움은 가히 공경스럽고 우러를 만하다).

② 『一善志』,「訒齋年譜」: 甲午 先生三十二歲「琴生異聞錄」成 此乃先生寓言 而發揮鄕賢事蹟者也 作於辛卯 失於亂中 甲午因健齋朴公得草本 乃更輯成 蒼石李公跋●(갑오년[1594] 선생[최현]이 32세 때「금생이문록」이 지어졌다. 이는 선생이 우언으로 시골 선비의 사적을 드러내고자 한 것이다. 신묘년[1591]에 지었는데, 난리 중에 잃었다가 갑오년에 건재 박공[朴遂一]으로부터 그 초고를 다시 얻어 고치고 해서 완성했다. 창석 이공[李埈]이 발문을 지었다).

【增】 | 한문판각본 |

琴生異聞錄　　　　　善山文化院[『一善誌』부록]
　　　　　　　　　　[漢少目, 夢4-1]

68.2. 〈연구〉

Ⅲ. (학술지)

「금생이문록」

【增】

1) 申海鎭. "夢遊錄에서의 좌정대목이 지니는 意味:「琴生異聞錄」·「撻川夢遊錄」(尹繼善)을 중심으로."『韓國言語文學』, 43(韓國言語文學會, 1999. 12).
2) 김동협. "「琴生異聞錄」의 창작배경과 서술의식." 刊行委員會,『澤民金光淳敎授定年紀念論叢』(새문社, 2004. 11).
3) 문범두. "「琴生異聞錄」의 作家意識과 主題."『한민족어문학』, 45(한민족어문학회, 2004. 12).

■『금오신화 金鰲新話』→ 남염부주지 / 만복사저포기 / 용궁부연록 / 이생규장전 / 취유부벽정기

〈작자〉 金時習(1435~1493)
〈작품연대〉
【增】

1) 작자 金時習은 世祖 簒立時의 生六臣의 1인이다. 어려서부터 천재로 이름을 날려 특히 세종의 귀여움을 받고, 젊어 삼각산에 들어가 주야로 글을 읽어 世用을 기약하였더니, 의외에 세조가 찬립하였다는 말을 듣고 홀연히 통곡하면서 서책을 불사르고 儒服을 찢어 버리고 중이 되어, 혹은 假狂人이 되어 江陵·襄陽 등지에 놀다가 晩年에는 金鰲山에 파묻히어 筆墨을 벗을 삼아 평생의 울분을 상실코자 하다가 드디어 마쳤다 하니, 『金鰲新話』는 곧 그의 만년의 작이다. 『東京雜記』고적조에 '風流奇話細搜尋'이라 한 것도 곧 이것을 말하는 것인데, 말하자면 작자 김시습이 世事에 뜻을 잃고 몸을 物外에 抛擲하여 붓을 縱橫으로 휘날려 자유로이 그의 幻覺을 그려낸 것일 것이다(趙潤濟, 『國文學史』[1949. 5], p. 132).

2) 『金鰲新話』를 金鰲山에서 지었다고 한다면 『금오신화』 제작 연대는 時習이 금오산에 은거한 연대를 잡아내면 되는 것이다. …… 이때까지 여러 학자들이 금오산 入山期를 晩年으로 잡은 것은 遺稿의 상세한 검토가 없이 이상 所傳의 기록244)들을 誤認한 결과라 하겠다. 이미 말한 바와 같이 時習이 금오산에 은거한 시기는 31세부터 36세까지 사이이고 그 후에 금오산에 있었다는 기록은 찾아 볼 수 없다. …… 「南炎浮洲志」의 첫머리에 시대적 배경을 '成化初 慶州有朴生者'라는 것이 있음은 『금오신화』가 30대에 금오산에서 지었다는 사실을 굳게 뒷받침해 주는 것이다. '성화 초년'은 世祖 10년[1465]이라, 이때는 시습이 金鰲山室을 卜築하던 해와 부합되는 것이다. 곧 『금오신화』는 세조 10년 이전에 지은 것이 아닌 동시에 시습이 금오산에 입산하여 얼마 되지 않아 지은 것이라고 보아진다. 다음 『금오신화』를 제작한 계절이 봄이며 봄 중에서도 주로 밤이라는 것이다. 『신화』에 나오는 계절의 배경이 춘절이 많을 뿐 아니라 「題金鰲新話詩」에 '滿窓梅影月明初 …… 閑著人間不見書'라는 것으로서도 『신화』를 저술한 때가 봄이 아닐까 한다. …… 이와 같이 『금오신화』는 성화 초 곧 시습이 금오산 입산의 초기 春節에 주로 밤을 타 제작된 것을 짐작할 수 있는데, 구체적으로 따져 본다면 성화 초년 곧 세조 10년의 봄은 산실을 복축하느니 서울 圓覺寺 낙성회에 참석하기 때문에, 세조 13년 봄은 東鶴寺 祭享次 출타하였기 때문에 틈이 없어 결국 입산 초기 중에서도 세조 11년 내지 12년 봄 중에 된 것이 아닐까 한다(鄭鉒東, 『梅月堂 金時習 硏究』[1965. 7], pp. 457, 459~460, et passim).

3) 김시습의 유적은 전국 곳곳에 남아 있지만, 그가 은거하여 저술을 할 만한 여건을 지닌 장소는 여러 기록으로 보아 금오산과 수락산의 두 장소로 압축된다. 본고에서 새롭게 주장하는 수락산 매월당은, 그가 머문 시간을 고려해도 금오산의 5년 남짓한 세월보다 거진 두 배 가까이 오랜 동안 머물렀던 곳이었다. 그의 대다수 저작이 수락산 시기에 이루어졌음으로 미루어 금오신화의 창작 장소로 수락산 매월당이 금오산보다 더 신빙성이 있음을 짐작할 수 있었다. 더구나 수락산을 중심으로 한 양주(楊州)에서 생겨난 풍류 기화가 여러 여건상 경주 금오산에서보다 쉽게 접할 수 있었으리라 추측되며, 이 이야기가 금오신화의 〈이생규장전〉 내용과 상통하고 있는 점과, 당시 민간에 성행한 귀신 이야기와 15세기 귀신론의 시대적 의미를 고려해 보면 수락산 창작설이

---

244) 金時習의 『梅月堂文集』, 「圓覺寺落成會詩序」, 曹尙治의 『靜齋曺先生實記下』, 許穆의 『生六臣合集』「淸士列傳」 등.

훨씬 설득력이 강함을 알 수 있었다. 따라서 그 창작 시기의 문제에 국한해 볼 경우, 대략 수락산 은거 시기를 중심으로 1472년에서 1480년까지가 된다(安東濬, "金時習 文學思想 硏究," 韓國學大學院 博論[1994. 8], p. 40).

〈관계기록〉

① 『梅月堂文集』(金時習 1435~1493), 詩集, 6, '書『金鰲新話』: 矮屋靑氈暖有餘 滿窓梅影月明初 挑燈永夜焚香坐 閑著人間不見書 玉堂揮翰已無心 端坐松窓夜正深 香挿銅鑪烏几淨 風流奇話細搜尋◐(오두막집의 푸른 방석이 포근하여라. 매화 그림자 창에 가득한 달 밝은 밤, 등잔 돋구어 놓고 긴 밤에 향을 사르며 앉아, 인간 세계에서는 보지 못한 글을 한가로이 지어내네. 옥당245)에서 글 짓는 일에는 이미 욕심이 없고, 소나무 창 옆에 단정히 앉았노라니 밤은 정히 깊었어라. 청동 화로에다 향을 피우고 검은 책상 깨끗이하여 풍류스런 기이한 이야기 낱낱이 찾아 엮어 내네).

② 『龍泉談寂記』(金安老 1481~1537) : 東峯金時習自髫齔已有能詩聲 遂擺落糾紛 祝髮爲僧 改名雪岑……爲詩典重少蔬筍氣 入金鰲山 著書藏石室曰 後世必有知岑者 其書大抵述異寓意 效『剪燈新話』等作也◐(동봉 김시습은 매우 어릴 때부터 이미 시를 지을 줄 알았으나, 드디어 속세에 매임[糾紛]을 털어 버리고[擺落] 머리를 깎고 중이 되어 이름을 '설잠'이라 고쳤다. …… 그의 시는 전중246)하고 소순의 기247)가 적었다. 금오산에 들어가 책을 지어 석실에다 감추고서 후세에 반드시 잠[金時習]을 알 자가 있으리라 했다. 그 책은 대체로 술이248)와 우의249)로 되어 있는데 『전등신화』 등의 작품을 모방하여 지은 것이다).

③ 『退溪先生文集』(李滉 1501~1591), 33, '答許美叔': 世人以金梅月之披緇爲不足觀 在筠之意 以爲梅月遯世一節 固未合於中庸之道 然而身中淸 廢中權 如此看則何如 梅月別是一種異人 近於索隱行怪之徒 而所置之世適然 遂成其高節耳 觀其「與柳襄陽書」·『金鰲新話』之類 恐不可太以高見遠識許之也◐(세상 사람들이 김시습이 중의 옷을 입었기에 볼 만한 인물이 못 된다고 하였으나, 제[許筠 1551~1588] 생각으로는 매월이 세상을 피한 절개는 참으로 중용의 도에는 맞지 않으나, '처신함이 청절250)에 맞고 폐인 노릇함이 권도251)에 맞는다[虞仲夷逸 身中淸 廢中權]'고 하겠으니, 이렇게 보는 것은 어떻겠습니까? 매월은 특별한 일종의 이인으로 궁벽한 것을 캐고 괴상한 짓을 행하는 무리[索隱行怪252)]에 가까운데, 만난 세상이 그러하였기 때문에 드디어 그의 높은 절개를 이루게 된 것뿐입니다. 그가 유양양[柳自漢]에게 보낸 글이나 『금오신화』와 같은 글을 보면, 아마 높은 소견과 앞을 내다보는 지식은 인정할 수는 없을 것 같습니다)

④ 『河西全集』(金麟厚 1510~1560), 7, '借『金鰲新話』於尹禮元'253):「新話」卽 梅月堂金時習所

---

245) 弘文館의 별칭.
246) 언행이 격식에 맞고 점잖음.
247) 야채나 죽순만 먹고 육식을 하지 않는 기풍. '語帶煙霞從古少 氣含蔬筍到公無'(蘇軾,「贈詩僧道通」)
248) 이상한 일을 서술함.
249) 다른 사물을 붙여서 그 뜻을 풍자함.
250) 淸節. 깨끗한 정조. 결백한 節操.
251) 權度. 좇아야 할 규칙이나 법도.
252) 은벽한 것을 찾고 괴이한 일을 행하여 남에게 특수하게 보이려는 것인데, 정상·중용의 도의에는 맞지 않는 것이다.

撰] 金鰲居士傳新話 白月寒梅宛在玆 暫借河西揩病目 頭風從此快痊之◑(「금오신화」는 매월당 김시습이 찬한 책이다 금오거사가 새로운 이야기를 세상에 전하였어라. 하얀 달과 차가운 매화가 완연히 여기 있었네. 내[河西] 잠시 빌려 침침한 눈 씻고 보니, 두통이 이 때문에 거뜬히 나았다네).

⑤ 『大東韻府群玉』(權文海 1534~1591): 金時習字悅卿江陵人……所著有『梅月堂集』・『歷代年紀』・『金鰲新話』行于世◑(김시습의 자는 열경이고 강릉인이다. …… 그가 지은 책으로는 『매월당집』・『역대년기』・『금오신화』가 지금 세상에 전하고 있다).

⑥ 同上, 5, 下平聲 豪 '金鰲'條: 金東峯居金鰲山 著『遊金鰲錄』又有『金鰲新話』◑(김동봉[김시습]은 금오산에 거주하면서 『유금오산』과 『금오신화』를 지었다).

⑦ 同上, 14, 去聲 卦 '金鰲新話'條: 金鰲山在東都 金東峯嘗住此山 效『剪燈新話』著『金鰲新話』數卷 作詩書 其後云 矮屋靑氈[毛氊]暖有餘 滿窓[牕]梅影月明初 挑燈永夜焚香坐 閑[閒]著人間不見書 玉堂揮翰已無心 端坐松窓夜正深 香揷銅鑪烏几淨 風流奇話細搜尋◑(금오산은 동도254)에 있는데, 김동봉이 일찍이 여기에 살며 『전등신화』를 모방하여 『금오신화』 수권과 시서를 지었다. 그 후서에 이르기를, '오두막집의 푸른 포대기가 포근하여라. 매화 그림자 창에 가득한 달 밝은 밤, 등잔을 돋구어 놓고 긴 밤에 향을 사르며 앉아서 한가롭게 인간 세계에서는 보지 못한 글을 지어내네. 옥당[弘文館]에서 글 짓는 일에는 이미 욕심이 없고 소나무 창 옆에 단정히 앉았노라니 밤은 정히 깊었어라. 청동 화로에다 향을 피우고 먹물 함뿍 갈아서 오꽤 깨끗한 데서 풍류스런 기이한 이야기를 낱낱이 찾아서 엮어 내네').

⑧ 『稗官雜記』(魚叔權): 東國少小說……本朝…… 徐四佳居正『太平閑話』・『筆苑雜記』・『東人詩話』姜晋山希孟『村談解頤』金東峯時習『金鰲新話』……◑(우리 나라에는 소설이 적은데 오직 고려의 …… 본조[朝鮮朝]에는 …… 서사가 거정[四佳 徐居正 1420~1488]이 지은 『태평한화』・『필원잡기』・『동인시화』, 강진산 희맹[晋山府院君 姜希孟 1424~1483]이 지은 『촌담해이』, 김동봉 시습[東峯 金時習 1435~1493]이 지은 『금오신화』…… 등이 세상에 전한다).

⑨ 『芝峰類說』(李晬光 1563~1628), 7, 經書部 3, 著述: 我朝二百年間 著書傳世者 甚罕 而小說之可觀者 亦無幾 徐居正『筆苑雜記』・『東人詩話』李陸『靑坡劇談』金時習『金鰲新話』南孝溫『秋江冷話』曺伸『謏聞瑣錄』成俔『慵齋叢話』金正國『思齋撫言』申光漢『企齋記異』魚叔權『稗官雜記』李耔『陰厓日錄』沈守慶『遣閑雜錄』權應仁『松溪漫錄』李濟臣『鯸鯖瑣語』許篈『海東野言』李廷馨『東閣雜記』『黃兎記事』車天輅『五山說林』其未刊行者 亦多 恐久而泯沒也 今錄于此 以備考云◑(우리 조선 200년 동안의 저서 중에 세상에 전하는 것은 매우 적어서 소설로 볼 만한 것 역시 거의 없다. 서거정의 『필원잡기』・『동인시화』, 이륙의 『청파극담』, 김시습의 『금오신화』, 남효온의 『추강냉화』, 조신의 『소문쇄록』, 성현의 『용재총화』, 김정국의 『사재척언』, 신광한의 『기재기이』, 어숙권의 『패관잡기』, 이자의 『음애일록』, 심수경의 『견한잡록』, 권응인의 『송계만록』, 이제신의 『후청쇄어』, 허봉의 『해동야언』, 이정형의 『동각잡기』, 『황토기사』, 차천로의 『오산설림』 같은 것들로, 그 중에는 아직 간행되지 않은 것도 역시 많다. 오래 되어 묻혀 버릴까 두려워 이에 적어 둠으로써 참고에 이바지한다).

---

253) 시제에 나와 있는 '尹禮元'이 어떤 인물인지는 확실치 않으나, 같은 책에 수록되어 있는 「送尹元禮復榮還南鄕」이란 시에 나타나 있는 尹復[元禮]의 오기일 듯하다.
254) 慶州.

⑩ '答尤庵書'(趙光亭): 『金鰲新話』弟家本無 兄之所聞或差也耶(☯『금오신화』는 우리 집에 본래 없으니, 귀형[宋時烈 1589~1667]께서는 혹시 잘못 들으신 지나 모르겠다).

⑪ 『莊陵誌』(1741): 至於『金鰲新話』『元生夢遊錄』等書 雖是寓言 亦有可觀(☯『금오신화』·「원생몽유록」등과 같은 책에 이르면 비록 우언이지만 역시 가히 보암직한 바가 있다).

⑫ 『大東野乘』所收, 權鼈, 『海東雜錄』, 2: 嘗往金鰲山 效『剪燈新話』著『金鰲新話』數卷☯(일찍이 금오산에 살며 『전등신화』를 모방하여 『금오신화』 수권을 지었다).

⑬ 『金鰲新話』, 依田百川, 序文[1884]: 余嘗讀朝鮮人 申叔舟『海東諸國記』李退溪經義諸書 歎服其學問淵博 才識超凡 殆與唐宋諸賢 對立無愧色 從未知有麗情□思能洞悉人情 如金時習『金鰲新話』者也 此篇蓋擬明人瞿宗吉『剪燈新話』而其才情飄逸 文氣富贍 琦句瑰辭 璀璨如錦 有過而無不及焉 然其「樗蒲記」·「窺牆傳」二篇 辭句美矣 未能脫淫靡之習「浮碧亭記」則樂而不淫 哀而不傷 得風人之旨「浮洲志」則借閻王說性命之理 議論卓越 非才識具備者 決不能辨也「赴宴錄」則文章雄峻 詩賦雅麗 可以見其該博之學 與俊拔之才矣 叔舟退溪著作 久傳吾邦 學者知其爲名士 而金子此著 世絶無知者 大塚君彦家藏此書 盖二百餘年 不知何人著 頃聞彼人士在我者 始知出金子乎 遂付之梓 以永其傳 朝鮮與我同好久矣 近日交最密 情最親 其有才賢 猶在我也 表其隱而揭之 亦善隣之一端也 乃喜而爲之序 明治十七年七月 學海居士 依田百川識☯(내가 일찍이 조선 사람이 지은 신숙주[1417~1475]의 『해동제국기』 및 이퇴계[退溪 李滉 1501~1570]의 경서의 뜻에 관한 여러 책들을 읽어 보고 그 학문의 넓음과 재식의 뛰어남에 탄복했는데, 자못 당송의 제현과 비교해 보아도 부끄러울 바가 없었다. 비록 알 수는 없으나 아름다운 뜻과 깊은 생각은 능히 인정을 통찰하였다. 김시습의 『금오신화』와 같은 것은 대개 명나라 사람 구종길[瞿祐 1341~1427][255])의 『전등신화』를 모방한 것이나 그 품은 뜻이 뛰어나고 글기운이 넉넉하며 아름다운 글구들이 빛남은 비단과 같아, 『전등신화』에 비하여 더하면 더했지 못하지 않다. 그러나 그 중에도 「만복사저포기」나 「이생규장전」 2편은 글구가 아름다우나 음란한 폐습을 벗어나지 못하였고, 「취유부벽정기」는 즐거우나 음란하지 않으며 슬프나 마음을 상하지 않아 풍인[256])의 뜻을 얻었다. 「남염부주지」는 염라대왕을 빌려 성명에 대한 이치를 말했는데, 그 의론이 탁월하여 재주와 식견을 구비한 사람이 아니면 결코 판별할 수가 없는 것이다. 「용궁부연록」은 문장이 힘차며 시부가 우아하고 아름다워 가히 그 해박한 학식과 더불어 뛰어난 재주를 엿볼 수 있게 한다. 신숙주와 이퇴계의 저작들은 오랫동안 일본에 전하여 학자라면 모두 그 이름을 알고 있으나, 김시습의 이 책은 세상에서 끊어져 알지 못하는 것이다. 대총언[大塚彦]군의 집에 이 책이 소장된 지 약 20여 년이 되도록 누구의 작인지를 모르다가 저번에 그가 김시습임을 비로소 알고 드디어 간행하여 영구히 전하게 했다. 조선과 일본은 서로 사이좋게 지낸 지 이미 오래 되더니, 근일에는 그 관계가 더욱 친밀하고 정의가 더욱 가까워졌다. 조선에 재현[257])이 있음은 오히려 일본에 있음과 같으니, 그 나타나지 않음을 드러냄도 선린[258])의 한 단서라 생각하여, 이에 기꺼이 위하여 서문을 쓰노라. 명치 17년[1884] 7월 학해거사 의전백천이 기록한다).

⑭ 同上, 李樹廷[1842~1886] 跋文[1884]: 朝鮮固多小說 然皆有根據 盖野史之類 其傳奇之作

---

255) '종길'은 구우의 字.
256) 시부에 능한 사람. 시인.
257) 재주가 뛰어나 현명한 사람.
258) 이웃과 사이 좋게 지내는 일.

가 甚稀 僅有梅月堂『金鰲新話』金春澤「九雲夢」數種而已 「九雲夢」向爲淸人某所評點成十卷 印行於世 惟『金鰲新話』只有謄本 以梅月堂 有重名於世之以其書 全倣『剪燈新話』其中「龍宮赴宴錄」尤肖「水宮慶會錄」也 然不可爲非先生之作 考以年代 瞿佑 明季之人 在先生之後百餘年 故後人疑其雷同 而且書中 詩詞不甚工 遂有魚目之辨 其實取固有者載之 非梅月堂之杜撰故爾 余以爲本邦士子 畏淸議不敢著稗官怪譎之事 明朝亦然 瞿佑終以著『剪燈』之罪見謫 若後人之擬作者 豈敢效尤而欲襲其禍哉 惟梅月堂與春澤 皆磊落方外之士 故能縱筆於閨閣香艶仙鬼奇幻之事 以寓其懷 殆楚詞之比歟 此書爲日本大塚氏所藏 已二百二十餘年 書之古可知矣 今上於梓 以壽其傳 乃知大塚氏 重其人也 讀此者 宜致思焉 大朝鮮開國四百九十三年 甲申之秋 漢陽 李樹廷識◯(조선에는 실로 소설이 많다. 그러나 모두 근거가 있는 것으로 대체로 야사류이고, 전기 작품은 매우 드물어 근래의 매월당[金時習 1435~1493]의 『금오신화』나 김춘택[1670~1717]의 「구운몽」 정도다. 「구운몽」은 얼마 전에 청나라 사람 아무가 평점을 하여 10권으로 만든 것이 세상에 인행되고 있으나, 『금오신화』는 다만 등본만이 있어 매월당을 그 책으로 인하여 이름을 높이게 하였다. 이 책은 전적으로 『전등신화』를 모방한 것인데, 그 중에 「용궁부연록」은 「수궁경회록」과 매우 유사하나, 그렇다고 하여 선생의 작이 아니라고 할 수는 없다. 연대를 고찰하건대, 구우는 명나라 말엽의 사람으로 선생의 이후 백여 년이 되는 고로 후의 사람이 그 뇌동[259]함을 의심한다. 또 책 중의 시구가 매우 정교치 못하여 어목[260]의 변이 있는데, 그 실은 원래 있던 것을 취해 실은 것이지 매월당의 두찬[261]인 때문은 아니다. 나는 우리 나라 선비들이 청의[262]를 두려워하여 감히 패관의 괴휼[263]한 책을 짓지 아니한다고 여긴다. 명나라에서도 그러하여, 구우는 마침내 『전등신화』를 지은 죄로 귀양을 갔으니, 만약 훗날의 모방하여 짓는 사람이 어찌 감히 흉내를 내며, 더구나 그 화를 뒤집어쓰려 하겠는가? 오직 매월당과 김춘택은 모두 뇌락[264]한 방외인[265]으로 능히 규합[266]의 향염[267]이나 신선 또는 귀신들에 대한 기괴한 환술 이야기에 붓을 달려 그 회포를 풀었으니 자못 초사에 비할지어다. 이 책은 일본 대총씨의 소장으로 이미 220여 년 되었으니 책의 오래 됨을 가히 알지로다. 이제 간행하여 오래 전하게 하니, 대총씨는 그 사람을 중히 여기는 것이다. 이 작품을 읽는 이는 마땅히 생각할지어다. 대조선 개국 493년 갑신년[1884] 가을에 한양 이수정이 기록한다).

⑮ 同上, 蒲生重章 跋文[1884]: 大塚彦 將鑴朝鮮人金時習所著『金鰲新語[話]』携來示余 余閱之 歎曰 蓋作者成化初 抱才學 與時不遇 故發憤慨於此焉耳 如其「萬福寺樗蒲記」・「李生窺墻傳」・「南炎浮洲志」・「龍宮赴宴錄」諸篇或情致纏綿 或感慨鬱勃 或悲壯淋漓 或議論明快 或豪懷骯髒 一讀 使人擊節不已 但諸篇 多『虞初』體 特乏聖賢正大之筆氣矣 而獨如「醉遊浮碧亭記」一篇 其文則歐蘇 而詩則老杜之忠憤 而許渾劉禹錫之筆墨也 實是爲壓卷 嗚呼 如此奇書 埋沒不顯者 四百餘年矣 今因大塚生 而顯于世 可謂奇遇……明治十七年甲申 撰於靑天白日

---

259) 주변이 없이 남의 의견에 좇아 함께 어울림. 여기서는 '모방'의 뜻으로 사용함.
260) 진주 비슷하지만 아니라는 뜻으로, '가짜가 진짜를 어리럽힘'을 빗대어 하는 말.
261) 典據가 확실치 못한 작품. 틀린 것이 많은 작품.
262) 높고 깨끗한 언론.
263) 이상한 것으로 남을 속임.
264) 마음이 활달하여 작은 일에 구애받지 아니함.
265) 儒家 외의 학문에 힘 쓰는 사람. '방외'는 儒家에서 道家・佛家를 가리키는 말.
266) 閨中. 부녀가 거처하는 방.
267) 아름답고 고움.

樓中 白賁道人 蒲生重章●(대총언이 조선인 김시습이 지은『금오신화』를 간행하려고 가지고 와서 내게 보여주었다. 내가 보고난 뒤 탄식하여 말했다. 대개 작자는 성화[1465~1487] 초년에 재주와 학문을 품었으나 때를 만나지 못해 이 글에 분개함을 나타냈을 뿐이다. 예컨대 「만복사저포기」·「이생규장전」·「남염부주지」·「용궁부연록」 등의 여러 작품은 혹 정치268)가 뒤얽히고 혹 감개가 터져 나오며[울발269)] 혹 비장함이 흥건하고 혹 의논이 명쾌하며 혹 크나큰 회포가 꿋꿋[항장270)]하여 한번 읽으면 사람으로 하여금 격절271)함을 마지않게 한다. 단 여러 편들은 '우초272)'의 체가 많아 특히 성현의 정대한 필치가 부족하다. 다만 「취유부벽정기」 같은 1편은 그 글은 구양수[1007~1072]·소동파[蘇軾 1036~1101]요 시는 두보[712~770]의 충분273)을 지녀 허혼[a. 844 전후]이나 유우석[772~842]의 필법과 같아 실로 압권이라 하겠다. 아아, 이 같은 기이한 책이 묻히고 드러나지 않은 지 400여 년이라. 이제 대총생에 의하여 세상에 나타나게 되니 가히 기이한 만남이라 할 수 있다. 명치 17년 갑신[1884] 청천백일루 중에서 백분도인 포생중장이 찬하다).

⑯ 同上, 梅外仙史 批評[1884]: 通編 文章華麗 詩賦淸腴 紀事傳奇之佳者也 余曾讀淸人蒲留仙『聊齋志異』亦稗史中 上最妙者也 今讀此篇 其事奇而其詩則正 決非狂怪之辭也 意者彼其巧全在文章故 篇篇用意 時挿四六之辭 此編不然 其巧全在詩賦 如後卷雖有「炎浮」之文 至「龍宮赴宴」則 頻挿騷體之賦 其意之所在 亦可知而已 而其所論 非尋常傳奇之類也 他日必當上木欲重觀之 梅外仙史批評 岡蓁窓書●(전편은 문장이 화려하며 시부가 맑고 살져 기사 전기 중에 아름다운 작품이다. 내가 일찍이 청나라 사람 포류선[蒲松齡, 1640~1715]274)의『요재지이』를 읽었는데, 역시 패사 중 가장 묘한 것이었다. 이제 이 작품을 읽으니 그 사건이 기묘하고 그 시는 바르어 결코 미치꽹이의 말이 아니다. 작자가『요재지이』의 경우는 기교가 문장에 있어 편편마다 때때로 4·6문을 집어넣었으나, 이 작품은 그렇지 않아 그 기교가 시부에 있다. 예컨대 후권에는 「염부」가 있으나 「용궁부연」에 이르면 자주 이소부275)체를 집어넣어 그 뜻의 소재를 역시 가히 알 수 있으나, 그 논하는 바가 결코 보통의 전기 부류는 아니다. 훗날 반드시 상목276)에 당하여 중히 보고자 한다. 매외선사가 비평하고 강진창에서 쓴다).277)

⑰ 同上, 小野愿誌: 余近衰耄 披尋常書多不能經卷 而此卷披讀 殆不能釋手 空覺愉快 可謂奇書矣 甲申初秋於陽硏樓北堂下 湖山七十一叟 小野愿誌●(내가 요즈음 쇠로하여 여느 책을 펼치면 흔히 끝까지 읽어 내지를 못하는데, 이 책을 펼치니 자못 손에서 놓을 수가 없어 부질없이 유쾌함을 느꼈으니 가히 기이한 책이로다. 갑신년[1884] 초가을 양연루 북당 아래에서 호산

---

268) 좋은 감정을 자아내는 흥치.
269) 속에 꽉 찬 기운이 터져 나올 듯이 성함.
270) 꿋꿋함.
271) 박자를 맞춤.
272) '우초'는 원래 중국 한나라 때의 方士인데 의술에 능통하여 무제의 총애를 받았다. 그가 지은 '周說'은 주나라 때의 전설을 모은 것으로 소설의 시조로 우러러져 후에는 뜻이 전하여 소설을 일컫는 말로 되었다.
273) 충의로 인하여 일어나는 분한 마음.
274) 청나라 때의 소설가·극작가.
275) 중국 초나라의 屈原(B.C. 343?~B.C. 277?)이 지은 초사 작품.
276) 목판에 올리다. 上梓하다. 간행하다.
277)『문헌정보』에서 梅外仙史의 '批評'과 小野愿의 '誌'를 동일 항목으로 잘못 처리했던 것을 별개의 항목(⑰)으로 분리함과 동시에 後者에도 새 번호를 부여한다.

71세 노인 소야원이 쓴다).

⑱『大東稗林』: 金時習『金鰲新話』中「南炎浮洲志」實小說之第一也 其一理論 有同大庭之策 禪位制 遠過學士之手 不特此也 其對問世間之事 旣斥邪歸正 而高論治亂之由 又迹其平生 之志 余讀之 未嘗不撫卷三歎 但其藐叙大槪 以蹈襲瞿宗吉『剪燈新話』而立意出於則過之 豈但靑於藍而已哉◐(김시습의『금오신화』중「남염부주지」는 실로 소설 중에서 제일이다. 그「일리론」은 대정278)의 책문과 같고 선위제279)는 학사의 솜씨를 훨씬 뛰어넘었다. 뿐만 아니라 그 세간 일에 대해 묻는 대목은 이미 사악함을 배척하고 바름으로 돌아가게 하였으며, 치란의 비롯함을 크게 논하였고, 또 평생의 뜻을 서술하였다. 내 이것을 읽고 책을 어루만지며 세 번 탄식하지 않을 수 없었다. 다만 그 여러 서술들은 대개 구종길[瞿佑 1347~1427]280)의 『전등신화』를 답습하였으나, 뜻을 세움은 그보다 더하니 어찌 다만 푸름이 쪽에서 나온 것 정도뿐이겠는가?).

【增】
1) 自居金鰲不愛遠遊 因之中寒疾病相連 但優遊海濱 放曠郊廛 探梅問竹 常以吟醉自誤 辛卯春 因請入京 壬辰秋隱城東瀑泉精舍 卜築終年云 癸巳春志◐(금오산에 거주하면서부터는 멀리 노닐기를 좋아하지 않았다. 이 때문에 중한증281) 같은 질병이 그치지를 않았다. 다만 바닷가로 놀러 나가거나 교외로 소풍을 하면서 매화나 대나무를 찾아 늘 취하여 읊조리며 스스로 즐겼다. 신묘년[1471] 봄에 부름을 받아 서울에 들어갔다가 임진년[1472] 가을에는 성동 폭천정사에 집을 짓고 은거하며 그 해를 보냈다. 계사년[1473] 봄에 적는다).

【增】〈이본연구〉
1) 지금까지 국내에 알려진 김시습의『금오신화』는 [7자 略] 일본에서 간행된 판본들이었다. 그 중에서 가장 이른 시기에 간행된 것은 日本 承應二年(1653) 간본으로서 道春 林羅山[1583~1657] 의 訓點本이다. 권말에 '承應二年仲春崑山館道可處士刊行'이라고 간기와 간행자를 밝히고 있다. 현재 일본 內閣文庫에 소장되어 있다. 다음은 그로부터 7년 뒤인 萬治三年(1660)에 앞의 道春訓點本을 그대로 覆刻한 간본으로, 본문의 형태는 그대로이며, 마지막에 刊記만을 고쳐서 '萬治三曆仲夏吉旦'이라고 새기고 있다. 이 책은 일본의 와세다대학에 소장되어 있고, 미국 하버드대학에도 한 부가 소장되어 있으며, 또한 이번에 조선 간본이 발견된 중국 大連圖書館의 大谷光瑞文庫 중에도 역시 소장되어 있다. 일본 天理大學 소장본으로서 국내에 소개된 萬治本 『금오신화』 마지막 장에 '萬治三曆仲夏吉旦'의 간기가 있지만, 다시 그 뒤의 겉표지 안쪽에 '寬文十三年丑年仲春福森兵左衛門板行'이라고 새로운 刊記를 쓰고 있는데, 필사체이다. ……
道春訓點本이 나온 이후 220여 년이 지난 明治 十七年(1884)에 일부 일본과 조선의 학자들이 공동으로 일본 東京에서『금오신화』를 간행했다. 서문에 따르면 이 판각은 大塚家에서 2백여 년 전해 오던 것이라고 하였다. 발문은 당시 일본에서 조선어를 가르치던 李樹廷이 썼으며, 양국의 학자 여러 명이 동시에 評語를 덧붙였다. 이 책이 바로 崔南善이 1927년에 우리 나라 『啓明』 제19호에 소개한 판본으로서,『금오신화』가 근세 이후 한국에 처음 소개된 바로 그

---
278) 임금이 국정을 듣던 곳. 外朝.
279) 선위하는 칙명을 전하는 문서.
280) '宗吉'은 명나라 때의 문인인 瞿佑의 字이다.
281) 추위로 팔다리가 뻣뻣해지거나, 심장에 통증을 느끼거나 인사불성에 빠지는 병.

판본이다. 현재 국립도서관에 영인본이 소장되어 있으며, 亞細亞文化社 영인본에는 寬文本과 明治本이 함께 실려 있다(崔溶澈·張本義, "『金鰲新話』朝鮮刊本의 發掘과 版本에 관한 고찰," 『民族文化硏究』[1999. 12], pp. 379~380).

2) 朝鮮刊本『금오신화』의 발굴로 인해 우리는 한국 문학사상 중요한 몇 가지 사실을 새롭게 인식할 수 있게 되었다. 우선 한국 소설사 최초의 본격적인 소설로 평가되는 『금오신화』가 분명히 우리 나라에서 먼저 간행되었으며, 이 판본이 일본으로 전해져 日本刊本의 祖本이 되었다는 사실이다. 구체적인 판본상의 차이를 비교한 결과 일본 간본은 조선 간본의 서문격인 尹春年의 '梅月堂先生傳'과 권말의 '後志'를 생략하고 나머지는 거의 정확하게 모든 원문을 가감없이 옮겼음이 증명되었다. 극히 일부 글자만이 異體字를 쓰거나 다른 글자를 사용하기도 하였다. '承應本'[1653]과 '萬治本'[1660]은 기본적으로 동일한 道春訓點本이어서 문자의 차이가 없지만, 그로부터 2백여 년 뒤에 나온 '明治本'[1884]은 약간의 차이가 발견되었다. 그러나 그것 역시 앞서의 '萬治本' 등을 거의 그대로 답습하였음이 분명하였다. 일본 간본이 조선 간본에서 권두의 서문과 권말의 후지를 생략한 것은 현재 남아 있는 판본의 형태로 보건대 이미 전파 당시부터 落張이 되지 않았나 생각된다. 오늘날 낙장된 '梅月堂先生傳'과 '後志'의 경우, 尹春年의 문집인『學音稿』나 宣祖 연간에 간행된『梅月堂集』에서 확인할 수 있지만, 당시 일본에서는 이를 보충할 수 없었으므로, 이를 제외하고 작품의 본문만 간행한 것으로 생각할 수 있기 때문이다(최용철, "『金鰲新話』朝鮮刊本의 刊行과 傳播,"『한국 고소설의 자료와 해석』[2001. 10], pp. 32~33).

【增】〈판본연대〉

1) 현존 판본의 최초 藏書印은 '牧安'과 '養安院藏書'란 두 가지 인장인데, 둘 다 유명한 일본 장서가인 曲直瀨正淋(1565~1611)의 것으로 밝혀졌다. 曲直瀨正淋은 養庵, 玉翁 등의 호를 썼는데, 文祿, 慶長 연간에 활약한 저명한 의사였다. 그는 당시 많은 사람의 병을 고쳐 주었는데, 임진왜란(1592~1597) 때 한양에 진입하여 수많은 조선 도서를 약탈해 간 왜장 浮田秀家(후에 宇喜多秀家라고 바꿈) 부인의 괴질을 치료해 준 이후 그 사례로 수많은 朝鮮本의 귀중서를 선물로 받았다. 그 부인인 豪姬는 바로 豊臣秀吉의 딸이었다. 그 도서는 대부분 中宗·明宗 연간에 간행되었던 책들이었다. 曲直瀨正淋은 자신의 장서에 '養安院藏書'란 장서인을 찍었고, '牧安'이라고 쓰는 경우도 있었다. '牧'字는 '養'字의 古字다. 현재 조선간본『금오신화』에는 맨 아래쪽에 향로형의 장서인이 있는데, 향로의 몸통에 새겨진 두 글자가 바로 '牧安'인 것으로 판독되며, 그 위에 장방형의 해서체 장서인이 '養安院藏書'였다(최용철, "『金鰲新話』朝鮮刊本의 刊行과 傳播,"『한국 고소설의 자료와 해석』[2001. 10], p. 31).

한문판각본

道春訓點 金鰲新話	成簀堂文庫(일본)[국회:古綜目]/天理大(日本)	……
金鰲神話	中國 大連圖書館 / 崔溶澈(복사)	……

1. 〈자료〉

Ⅰ. (영인)

4) 亞細亞文化社 編.『金鰲新話』. 國語國文學資料叢書, 15. 亞細亞文化社, 1973. (大塚本)

【增】

1) "道春訓點『金鰲新話』." 『人文論集』, 24(高慮大, 1979). (일본 내각문고 소장)
2) "『金鰲新話』朝鮮刊本." 『民族文化研究』, 36(高麗大, 2002. 6). (중국 대련도서관 소장)

Ⅱ. (역주)

【增】

1) 심경호 역. 『금오신화』. 홍익출판사, 2000. (중국 따렌[大連]도서관 소장 목판본)
2) 郭正植. 『쉽게 읽는 고소설』. 신지서원. 2001.
3) 구인환. 『금오신화』. 우리고전 다시읽기 11. 신원문화사, 2003.

2. 〈연구〉

【增】 Ⅰ. (단행본)

1) 이대형. 『금오신화 연구』. 보고사, 2003.
2) 최용철 편. 『금오신화의 판본』. 국학자료원, 2003.

Ⅱ. (학위논문)

〈박사〉

【增】

1) 이대형. "『금오신화』의 서사방식 연구." 博論I연세대 대학원, 2001. 8).
2) 이재성. "『金鰲新話』·『伽婢子』의 比較硏究." 博論(大邱大 大學院, 2001. 8).
3) 정환국. "『금오신화』 연구: 발화행위와 서술자를 중심으로." 博論(청주대 대학원, 2000. 8).
4) 이복자. "『금오신화』의 우의성 연구." 博論(경성대 대학원, 2004. 8).

〈석사〉

【增】

1) 곽현주. "『金鰲神話』의 構成과 揷入詩 硏究." 碩論(성신여대 대학원, 1999. 2).
2) 우옥자. "『금오신화』 현장 교육적 방안 연구." 碩論(인천대 교육대학원, 2000. 8).
3) 신혜숙. "『금오신화』의 작가의식 연구." 碩論(조선대 대학원, 2001. 8).
4) 심형근. "『금오신화』 공간 구조 연구." 碩論(고려대 인문정보대학원, 2001. 8).
5) 이정우. "『금오신화』에 나타난 한의 서사원리 연구." 碩論(계명대 교육대학원, 2001. 8).
6) 정유진. "한국·중국·베트남 전기소설의 여성형상 비교 연구: 『금오신화』·『전등신화』·『전기만록』을 중심으로." 碩論(인하대 대학원, 2002. 2).
7) 최일규. "고전소설 교육의 개선 방안 연구: 『금오신화』를 중심으로." 碩論(공주대 대학원 2002. 2).
8) 홍대봉. "『금오신화』에 나타난 김시습의 사상 연구』." 碩論(중부대 인문사회과학대학원, 2002. 2).
9) 김순자. "『금오신화』에 나타난 귀신관과 전기성의 상호연계성 연구." 碩論(성신여대 교육대학원, 2002. 8).
10) 서명이. "작가의식을 통해 본 『금오신화』의 인물 연구." 碩論(한남대 교육대학원, 2002. 8).
11) 양정현. "김시습의 『금오신화』에 관한 연구." 碩論(전주대 교육대학원, 2002. 8).
12) 임선희. "『금오신화』에 나타난 여성상 연구." 碩論(군산대 교육대학원, 2003. 2).
13) 김영재. "전기소설 교육 연구: 『금오신화』를 중심으로." 碩論(상명대 교육대학원, 2003. 8).

14) 송수익. "『금오신화』의 작가의식 연구." 碩論(공주대 대학원, 2004. 2).
15) 이길원. "『금오신화』에 나타난 김시습의 사상 연구." 碩論(공주대 대학원, 2004. 2).
16) 임수진. "『금오신화』에 나타난 죽음의 의미와 내세관:「만복사저포기」와「이생규장전」을 중심으로." 碩論(성균관대 교육대학원, 2004. 8).
17) 정희진. "『금오신화』의 현대적 계승 및 변용 연구: 고전의 가치에 대한 인식의 일환으로." 碩論(성신여대 교육대학원, 2004. 8).
18) 박수진. "전기소설의 학습자 중심 교육 방안 연구:『금오신화』의 환상성을 이끌어 내며." 碩論(계명대 교육대학원, 2005. 2).

Ⅲ. (학술지)
17) 鄭柱東. "金時習 및『金鰲新話』硏究序說."『語文論集』, 1(慶北大 文理大 國語國文學科, 1962. 1).
59) 丁奎福. "『金鰲新話』의 內閣文庫本 解題."『人文論集』, 24(高麗大 文科大, 1979. 12).
128) 金一烈. "金時習과『金鰲新話』."『古典小說新論』(새문社, 1991. 12).
131) 정출헌. "古典小說에서의 현실주의 논의 검토: 15세기『금오신화』에서 18세기초「金英哲傳」까지."『민족문학사연구』, 2(민족문학사연구소, 1992. 7). "초기 한문소설에서의 현실주의 논의와 그 전망: 15세기『금오신화』에서 18세기초「김영철전」까지"란 제목으로『고전소설사의 구도와 시각』(소명출판, 1999. 5)에 재수록.
141) 金美蘭. "『金鰲新話』의 心理的 考察: 갈림길 이미지와 관련하여."『기전어문학』, 8·9(수원대 국어국문학회, 1994. 11).
155) 金昌辰. "時空의 變化를 중심으로:『金鰲新話』를 살핌 (2)."『어문학보』, 20(강원대 사범대 국어교육과, 1997. 6), 혹은『석우박민일박사화갑기념 국어국문학논총』(동 간행위원회, 1997. 6).

【增】
1) Lee, Sang Eun. "(書評) *Keum-o Sin-hwa* 金鰲新話(a new story about *keum-o*)."『*Bulletin of the Korean Research Center*』, 13(1960. 12).
2) Wolff, Ernst. "The *Kumo sinhwa*(金鰲新話) and the *Chien teng hsin hua*(前燈新話)."『*Korean Affairs*』, 3:3(Council on Korean Affairs, 1964. 12).
3) 김연식. "『금오신화』의 비극적 성격."『敎育論叢』, 1(東國大 敎育大學院, 1981. 7).
4) 문영오. "한문소설에 삽입된 한시의 기능연구:『금오신화』와 언암소설을 중심으로"『韓國文學硏究』, 4(東國大 韓國文學硏究所, 1981. 12).
5) 김기련. "『금오신화』의 삽입시 고찰."『睡蓮語文論集』, 12(釜山女大 國語敎育科, 1985. 2).
6) 孫吉元. "古小說에 나타난 靈魂觀 硏究:『金鰲新話』를 中心으로."『論文集』, 7(仁川專門大, 1986. 12).
7) 김미연. "『금오신화(金鰲新話)』의 문학사적 의의."『誠信漢文學』, 1(誠信漢文學會, 1988. ??).
8) 朴炳完. "『金鰲新話』의 創作動機 究明을 위한 一試論: '題金鰲新話'의 記號論的 分析을 中心으로."『學術論叢』, 12(檀國大 大學院, 1988. 12).
9) 전혜경. "베트남 傳奇小說『傳奇漫綠』에 대한 硏究: 동양권 傳奇小說과의 비교적 관점에서."『東南亞硏究』, 1(한국외대 동남아연구소, 1991. 12).

10) 김창진. "시공의 변화를 중심으로 『금오신화』를 살핌 (1)."『慶熙語文學』, 17(慶熙大 國文科, 1997. 2).
11) 김창진. "『금오신화』 순환구조의 의미와 원리."『한국문화의 원본사고』(민속원, 1997. 7).
12) 김화경. "소설 장르 성립에 관한 고찰『금오신화』와 설화와의 관계를 중심으로"『國語國文學研究』, 25(嶺南大學校國語國文學會, 1997. 12).
13) 윤채근. "金時習 文學의 存在美學的 考察:『金鰲新話』창작의 基底意識 해명을 위하여."『語文論集』, 38(안암어문학회, 1998. 8).
14) 상기숙. "금오신화의 애정소설 연구."『고전작가 작품의 이해』(박이정, 1998. 9).
15) 김욱동. "한국소설의 환상적 전통:『금오신화』와『홍길동전』에서 최근의 인기작까지."『文學思想』, 313(文學思想社, 1998. 11).
16) 전혜경. "『剪燈新話』(中)·『金鰲新話』(韓)·『傳奇漫錄』(越)의 比較研究 (其二):「水宮慶會錄」,「龍宮赴宴錄」,「龍庭對訟錄」의 비교를 중심으로."『東南亞研究』, 7(한국외대 동남아연구소, 1998. 12).
17) 孫吉元. "『금오신화』의 초월성과 도선적 역설."『고소설에 나타난 도선사상 연구』(민속원, 1999. 8).
18) 김광순. "『金鰲神話』의 研究史的 檢討와 爭點."『어문론총』, 33(경북어문학회, 1999. 12).
19) 全惠卿. "『금오신화』(韓)·『전등신화』(中)·『전기만록』(越) 염정류 작품군의 비교 연구."『東南亞研究』, 8(한국외대 외국학종합연구센터 동남아연구소, 1999. 12).
20) 崔溶澈·張本義. "『金鰲新話』朝鮮刊本의 發掘과 版本에 관한 考察."『民族文化研究』, 32(高麗大學校民族文化研究所, 1999. 12).
21) 정상구. "『금오신화』작가 김시습의 저항적 생애."『국회보』, 399(국회사무처, 2000. 1).
22) 朴熙秉. "한국·중국·베트남 傳奇小說의 미적 특질 연구:『金鰲新話』·『剪燈新話』·『傳奇漫錄』을 대상으로."『大東文化研究』, 36(성균관대 동아시아학원 대동문화연구원, 2000. 6).
23) 이민정. "朝鮮初 傳奇小說의 출현과 소설사적 의의:『金鰲新話』를 중심으로."『동국어문학』, 12(동국대 사대 국어교육과, 2000. 12).
24) 全惠卿. "『금오신화』(韓),『전등신화』(中)와『전기만록』(越) 염정류 신괴류 작품군의 비교 연구."『東南亞研究』, 9(한국외대 외국학종합연구센터 동남아연구소, 2000. 12).
25) 송경미. "김시습의 생애와『금오신화』의 심리학적 접근."『대전어문학』, 18(대전대 국어국문학회, 2001. 2).
26) 이쟁성. "『金鰲新話』와 伽婢子의 비교연구." 한국도교문학회 편,『한국도교문학연구』(푸른사상, 2001. 2).
27) 崔溶澈. "『金鰲神話』朝鮮刊本의 刊行과 傳播." 中國延邊科學技術大學 韓國學研究所編,『韓國學研究』, 1(太學社, 2001. 6). 한국고소설학회 編.『한국고소설의 자료와 해석』(아세아문화사, 2001. 10)에 재수록.
28) 朴逸勇. "『금오신화』와『전등신화』에 나타난 애정 모티프의 형상화 방식과 그 의미."『민족문화연구』35 (고려대 민족문화연구원, 2001. 12). 고려대 민족문화연구원,『東아시아文學 속에서의 韓國漢文小說 硏究』(월인, 2002. 5)에 재수록.
29) 大谷森繁. "朝鮮と日本における明淸小說受容の樣相と特色:『剪燈新話』と『封神演義』を中心として."『大谷森繁博士古稀記念 朝鮮文學論叢』(白帝社, 2002. 3).

30) 邊恩典. "朝鮮刊本『金鰲新話』と林羅山."『大谷森繁博士古稀記念 朝鮮文學論叢』(白帝社, 2002. 3).
31) 邊恩典. "日本 江戶時代에 있어서의『剪燈新話句解』와『金鰲新話』의 수용." 고려대 민족문화연구원,『東아시아文學 속에서의 韓國漢文小說 研究』(월인, 2002. 5).
32) 최용철. "[解題]『金鰲新話』朝鮮刊本의 發掘과 그 意義",『민족문화연구』, 36(민족문화연구원, 2002. 6).
33) 張孝鉉. "金時習의 世界 인식과 金鰲新話."『韓國古典小說史研究』(고려대출판부, 2002. 11).
34) 金學周. "『金鰲新話』에 나타난 鬼神의 媒介役割과 作中人物의 別世界 歸鄕."『東아시아 古代學』, 6(東아시아 古代學會, 2002. 12).
35) 蘇仁鎬. "『金鰲新話』." 刊行委員會 編『古小說研究史』(月印, 2002. 12). "김시습의『금오신화』"로『한국 전기소설사 연구』(집문당, 2005. 3)에 재수록.
36) 정환국. "『金鰲新話』와『剪燈新話』의 志向과 구현화 원리."『古典文學研究』, 22(韓國古典文學會, 2002. 12).
37) 강소영. "전기소설에 나타난 삽입 시사의 기능:『금오신화』를 중심으로."『東方學』, 9(韓瑞大 東洋古典研究所, 2003. 12).
38) 정출헌. "고독한 중세 지식인의 시각으로 읽어보는『금오신화』."『문학과경계』, 11(문학과경계사, 2003. 12).
39) 정출헌. "초기 한문소설에서의 현실주의 논의와 그 전망: 15세기『金鰲新話』에서 18세기 초「金英哲傳」까지." 刊行委員會,『澤民金光淳敎授定年紀念論叢』(새문社, 2004. 11).
40) 윤채근. "『金鰲新話』: 탈계보주의, 혹은 존재를 쫓는 모험."『한국문학이론과 비평』, 25(한국문학이론과 비평학회, 2004. 12).
41) 신태수. "『金鰲新話』의 世界觀的 基底와 그 小說史的 位相."『어문학』, 87(한국어문학회, 2005. 3).

69.[[금옥연 金玉緣 ①]]

국문활자본

| 금옥연 金玉緣 | 국중(3634-3-55=3)<초판>/국중(3634-3-2=5)<3판> | 1([著]李匡夏, 東美書市, 초판 1914.9.26; 재판 1916.<u>5.8</u>; 3판 1917.<u>4.25</u>, 79pp.) |

▶(금옥연 金玉緣 ② → 홍루몽)
▶(금우전 金牛傳 → 금송아지전)
▶(금우태자전 金牛太子傳 → 금송아지전)

70.[[금의공자전 金衣公子傳]]282)

〈작자〉黃玹(1855~1910)
〈출전〉『梅泉續集』, 2

---

282) 金三樂의『雙修堂集』에도「金衣公子傳」이 들어 있으나 너무 단편이라 제외하였다(金均泰 編,『文集所在傳資料集』, 2. 啓明文化社, 1986 참조).

〈관계기록〉

① 「金衣公子傳」, 結尾(部分): 外史曰 方天寶之季 上志旣蠹 不可以立談回天 然上素英明 如得師曠東方朔之徒 微諫譎諷 抵隙墾摯 則未必無悔悟之萌 鸎非其人乎 乃容悅謀身而止 惜哉 然韓休張九齡死後 士大夫亦無人 於鸎何責焉 惟見幾而作 超然禍網之外 其智有足稱者矣◐
(외사가 말하되, 바야흐로 천보[742~755] 연간 말년에 임금의 마음이 이미 고혹[283])해져 여느 말로써는 임금의 마음을 돌릴 수가 없게 되었다. 그러나 임금은 본래 영명[284])하여, 만약 사광[285])이나 동방삭[B.C. a. 161~B.C. a. 87][286]) 같은 인물을 얻어, 그들이 은근히 간하고 완곡하게 풍자하여 틈을 물리치고 간곡히 할 것 같으면, 뉘우치는 싹이 없지는 않았을 텐데, 앵은 그러한 사람은 못 되었구나. 기쁜 모양을 하고 제 몸을 도모한 다음 그만두었으니 애석한 일이로다. 그러나 당현종[685~762][287]) 때의 한휴[673~740][288])나 장구령[673~740][289]) 같은 신하가 죽은 뒤에 사대부 또한 사람이 없었으니 앵을 어떻게 책하겠는가? 오직 봄철을 거진 지내 행동하여 초연히 화근이 되는 그물 밖으로 벗어나니 그 지혜가 족히 칭찬할 것이 있으리라).

◘71. [[금잠가연 金簪佳緣]] ← 『오옥기담』
〈출전〉『五玉奇談』(1906)

◘72. [[금포기우록 芩浦奇遇錄]]
【增】

72.1. 〈자료〉
Ⅰ. (영인)
1) 이수봉. "「여선담전」외 작품 해제 및 원문: 「금포긔우록」." 『古小說研究』, 10(韓國古小說學會, 2000. 12).

◐{금해림랑 金薤琳琅}
◘73. [금향정기 錦香亭記][290]) ← 종경기전 / 종성전
〈작품연대〉
【增】
1) 「금향정」의 유입 연대가 1800년이라 밝혀지고, 경판본 「금향뎡긔」의 번역 출판 연대가 1847~1856

---

283) 남을 迷惑되게 함. 남을 꾀어 속임.
284) 뛰어나게 슬기롭고 총명함.
285) 중국 춘추 시대 晉나라의 악사. 진평공이 사치스런 궁실을 지으려 하매 부당한 일이라며 충간하였다.
286) 중국 한나라 무제 때의 사람. 해학과 변설로 유명. 속설에는 그가 서왕모의 복숭아를 훔쳐 먹고 장수하였으므로 '삼천갑자 동방삭'이라고도 한다. 그는 무제가 마땅치 않은 일을 하면 서슴지 않고 간하였으니, 이를테면 무제가 막대한 인력을 동원하여 上林苑을 지으려 하자 거리낌없이 반대하였다.
287) 중국 당나라의 제6대 황제. 처음에는 정사를 바로하여 盛唐 시대를 이루었으나, 만년에는 총비인 양귀비에게 빠져서 정치를 돌보지 아니하다가 安祿山을 만났다.
288) 당 현종 때에 재상을 지냈던 문인. 文辭에 뛰어났다.
289) 당나라 때의 문인. 字는 子壽, 광동성 曲江人. 玄宗을 섬겨 재상에까지 올라서 명망이 높았다.
290) 「양현문직절기」와 동계의 작품이다.

년 사이라는 연구 성과를 수긍한다면, '정문연본'의 창작 연대를 추정할 수 있다. 정문연본의 각 권의 말미에 있는 刊記를 살펴보면, "권지일에는 '경슐일월상빅셕동등출이라……'; 권지이에는 '경슐이월상현의빅셕동등출이라이칙쥬인은니싱원댁이니누구던지보시고즉시젼ᄒ시읍'; 권지삼에는 '경슐이월즁현의빅셕동등출이라'……"이라는 기록이 있다. 이를 종합하여 보면 '경슐(1910) 일월 상현부터 이월 즁현까지 백석동에 사는 이생원댁의 누군가가 필사'한 것이다. 정문연본은 경판본이 출판되어 인기를 누리자 제목을 동일하게 하여 창작했으므로, 창작 연대가 경판본보다는 앞 설 수 없고, 1860년 이전은 될 수 없으며, 고대본이 1877년, 서울대본이 1891년에 필사된 점으로 미루어, 1870년 이후 1909년 사이에 창작되었으리라 생각된다(文湧植, "정신문화연구원본「금향경긔」 연구," 『韓國學論集』, 17[1990. 2], p. 162).

〈참고자료〉

① 「錦香亭」 四卷 十六回: 淸無名氏撰 題'古吳素庵主人編'·'茂苑種花小史閱'☯(청나라 무명씨가 편찬한 것으로, 책머리에 '옛 오 땅의 소암주인이 편찬하고 무원의 종화소사가 교열하였다'고 되어 있다)[孫楷第, 『中國通俗小說書目』, p. 142].

〈관계기록〉

① 『諺文古詩』(가람본), '언문칙목녹', 111: 「금향경긔」, 칠권.
② Courant, 791: 「금향졍긔 金香亭記」.
③ Courant, 3352: 「金香亭記」.

【增】

1) 『私集』(尹德熙 1685~1766), 4, 「小說經覽者」[1762]: 「錦香亭」.
2) 『欽英』(俞晩柱 1755~1788), 21, 1786. 1. 16: 卽還閱「錦香亭」(三冊) 稱古吳素菴主人編云 …… 云 封李長源爲鄴王 拜左丞相 郭令公爲汾王 拜右丞相 高力士爲掌印司禮監 追封張巡爲東平王 許遠爲淮南王 皆加大字 却又言護上皇之臣 有李白杜甫 以雷海淸爲雷萬春之兄 此自小說例套 鑿空架虛 不嫌舛誤 大抵作者之意 每欲故示罅隙 使其編纂 明爲寓言也☯(곧 돌아와 「금향정」 3책을 보았다. 옛 오 땅의 소암주인이 편했다고 되어 있다. …… '이장원을 업왕으로 봉하여 좌승상을 제수하고, 곽영공을 분왕으로 삼아 우승상을 제수하였으며, 고역사는 장인사례감으로 삼고, 장순은 동평왕으로 추봉하고 허원은 회남왕을 삼는다.'라고 하였으니, 모두 과장된 말을 더한 것이다. 또 황제를 보호하는 신하로 이백과 두보가 있다고 말하고, 뇌해청이 뇌만춘의 형이라고 하니, 이것은 소설에서 상투적으로 쓰는 표현이다. 허공을 뚫고 빈 데 시렁을 매면서 사실과 어ᄂ너시는 것을 꺼리지 않으니, 대개 삭자의 뜻은 매번 일부러 어그러진 틈을 보여주고서, 편찬한 바가 우언임을 밝히려는 것이다).

〈비교연구〉

【增】

1) 작가는 전대의 여러 유형 구조를 수용하되 각 유형 구조의 모티브를 발전적으로 변이시켰다. ① 혼사 장애담의 이야기 구조는 천강기봉류(天降奇逢類) 구조나 「옥중중합록」의 信物 motif를 수용하되, 신물의 기능을 매개적 기능에서 중핵적 기능으로 발전시켜 이야기의 각 장면을 그럴듯하게 전개시킨다. ② 취처담의 이야기 구조는 「六美堂記」의 남녀 이합형 취처담의 기본 유형을 근저로 하고 있지만, 주인공을 초월적 영웅에서 일상인으로 탈바꿈시켰다. ③ 쟁총담의 이야기 구조는 「조생원전」의 서사 구조와 인물의 기본틀 위에 「옥루몽」의 쟁총담 구조를 복합시

킨 형태이지만, 대립의 쌍을 二元的인 대립에서 三元的인 대립으로 변모시켜 가정 불화의 책임이 궁극적으로 가족 전체에게 있음을 심층적으로 해부한다(文湧植, "정신문화연구원본 「금향정긔」 연구," 『韓國學論集』, 17[1990. 2], pp. 188~189).

2) 필자는 우연한 기회에 日本 寶歷 甲戌(1754年)의 舶載書目에 所載한 岐園藏版 4권 16회로 구성된 중국 소설 「錦香亭」을 구해 볼 수 있었다. 이늘 방각본[「錦香亭記」]이 나온 시기(1847~1856)보다 약 100년 정도 앞선 것이므로, 우리 소설 「금향뎡긔」가 번안작인지 아닌지를 판별하는데 충분한 비교 자료가 된다. 그리고 이 16회본 「금향정」은 梨大圖書館 소장 28회본 「繡像徽倣錦香亭」과 매우 현격한 차이가 있고, 한국본 「금향뎡긔」가 28회본의 창조적 번안 소설이 아니고, 16회본과 서사 단락과 인물의 성격 등이 거의 일치하는 번역에 가까운 소설이라는 것을 비교하는 과정에서 알아 낼 수 있었다(임명옥, "「금향정」 소고," 『中國學論叢』, 7[韓國中國文化學會, 1998. 12], pp. 343~344).

〈이본연구〉

【增】

1) 이능우 소장 낙질본 「금향뎡긔 일」(20장)의 1책은 종경기가 서천만호로 좌천되어 떠나는 도중 폭우를 피하기 위해 '명경수'라는 절을 발견하는 장면에서 끝나고 있다. 이는 2권 2책본으로 오해할 수 있으나, 3책으로 권수를 늘인 3권 3책본의 일권과 같은 판본이다. 따라서 이능우 소장본은 2권과 3권이 없는 유실본이다. 필사본인 국립중앙도서관본 「금향뎐기」는 그 내용이 경판본과 동일한 계통이다. 특히 3권 3책본과 같은 삭제 변이를 보이고 있어, 경판본 중 3권 3책본을 모본으로 한 이본임이 확실하다. 따라서 현존 이본 중 경판 3권 3책본과 같은 계통은 이능우 소장 경판 3권 3책의 낙질본과 필사본인 국립도서관본이 3권 3책과 같은 계통이다. 이외에 필자가 2권 2책본과 이본을 대조해 본 결과 필사본인 서울대본 「금향뎡긔」는 2권 2책본과 동일 계통이며, 서울대본은 동미서관(1916) 구활자본인 「금향정긔」와 같은 계통이다. 이외의 이본이 2권 2책과 동일 계통으로 「금향뎡긔」는 크게 경판과 같은 동일 계통으로, 이는 다시 2권 2책본 계통과 3권 3책본 계통으로 필사본이 분화되었음을 알 수 있다. 이외에 서대석본 「종경긔젼」의 경우 다른 이본이 '금향정'이라는 작품의 소재에 의한 제목을 붙이고 있는데, 이는 남주인공의 이름을 제목으로 붙인 특징을 갖고 있으나, 내용은 경판 2권 2책본과 일치하고 있어, 이것도 경판본과 같은 계통으로 보인다. 이를 종합해 볼 때, 「금향뎡긔」는 경판본에서 이를 조본으로 필사본이 전승되고, 필사본은 다시 구활본의 조본으로 전승되고 있는 경판본을 맥종으로 하고 있다. 이는 현존 필사본의 생산 시기를 보더라도 이를 짐작할 수 있다. 이상의 재검토를 중심으로 이본 계통을 도표로 정리하면 다음과 같다.

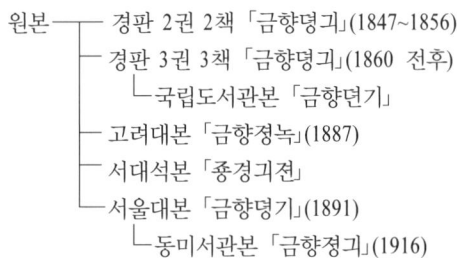

(맹택영, "「금향뎡긔」 硏究: 3권3책본을 중심으로," 淸州大, 『인문과학논집』, 14[1995. 9], p. 12).

2) 「금향정」 16회본[중국원본]과 이본의 기준본이라고 할 수 있는 '경판68장본'[파리 동양어학교 소장]과 '약현본'[필사본, 서울대 소장]을 통해 「금향정기」의 이본은 크게 두 계열로 구분되는데, 양 계열은 대본인 「금향정」의 내용을 어떻게 차별적으로 수용했는가 하는 점에서 크게 두 계열로 구분됨을 알 수 있었다. 이러한 비교 작업을 통해, 「금향정기」는 중국 소설 「금향정」을 대본으로 번역했다는 사실을 알 수 있었고, 경판 계열은 축약 번안본에 가깝고, 세책본은 축약 번역본이지만 원전에서는 볼 수 없었던 내용들의 첨가가 이루어진 축약 번역본이란 사실을 알 수 있었다. 이를 바탕으로 「금향정기」를 검토한 결과 「금향정기」는 경판 계열과 세책본 계열로 구분됨을 알 수 있었다. 경판 계열 이본의 특징은 필사 과정에서 어구나 표현 등을 조금 변형시키거나 권 체제를 무시하고 단 권이나 두 권으로 필사했지만 내용상으로는 큰 변화 없이 내용 그대로 필사했음을 알 수 있었다. 다만 고대본의 경우, 이러한 경판 계열의 이본과는 다르게 경판본을 대본으로 내용의 생략과 변형을 시도한 본임을 알 수 있었다. 따라서 경판 계열의 이본은 큰 편폭 없이 경판 계열을 수용됐음을 알 수 있다. 세책본 계열에 해당되는 5종의 이본을 대상으로 세책본 사이의 관계와 특징을 살펴보았다. 이 사실을 통해 알 수 있었던 사실은 세책본 사이에 큰 변화가 없이 필사되었음을 알 수 있었고, 세책본 사이에 일정한 친연 관계가 존재한다는 사실을 확인할 수 있었다. 아울러 구활자본 신구서림본(新舊書林本)의 비교를 통해 구활자본의 대본은 세책본이었음을 확인할 수 있었다(兪春東, "「금향정기」의 연원과 이본 연구," 碩論[연세대 대학원, 2002. 2], p.70).

3) 이 작품[「종성전」]은 「금향정기」의 새로운 이본임을 확인할 수 있었는데, 작품의 제명이 「종성전」인 이유는 「금향정기」의 남주인공인 '종경기'를 필사자가 '종생'이라고 지칭하고 필사한 데서 생긴 것으로 보인다. 현재 남아 있는 「종생전」은 낙질본이다. 1장부터 27장 앞면 '금향정긔 권지일이라'까지 필사된 내용은 '종생의 부모가 죽은 뒤부터, 종생이 갈명화를 만날 때'까지의 내용이고, 이후 28장부터 마지막 장까지는 '종생이 과거 급제 후 안록산을 탄핵하고 이로 인해 귀양을 가던 도중, 호랑이를 만나 죽음의 위기에 처한 순간 뇌만춘의 도움으로 구출되는 장면'까지 내용을 담고 있다. 「금향정기」의 전체 내용을 고려했을 때, 「종생전」은 「금향정기」의 1/3 정도의 내용만이 필사된 것이다. 「종성전」은 「금향정기」 이본 계열 중에서, 경판본 계열을 대본으로 필사한 것이다. 경판본 계열은 「금향정기」의 이본 중에서 경판과 이것을 대본으로 필사한 본을 지칭하는데, 「종생전」은 이 계열에 해당된다. 그러나 경판본 계열의 이본을 그대로 필사한 것이 아니라, 경판본 계열의 내용을 바탕으로 필사자가 작품의 내용을 고친 개작본이다. 「종생전」의 개작은 등장 인물과 서사 내용에서 많은 부분이 이루어졌다. 등장 인물의 경우, 「금향정기」에 등장하는 홍우·창두·곽국부인의 이름이 매향·노귀·진국부인으로 바뀌었다. 내용의 경우, 「금향정기」의 원 내용을 필사자가 부연 설명한 부분이 많다(유춘동, "성균관대 소장 「종성전」 소개," 『동방고전문학연구』, 5[2003. 12], pp.189~190).

국문필사본

【增】錦香亭記　　　　　　京都大[河合弘民]　　　　5(1: 25f.; 2: 무슐스월일이현셔, 27f.; 3: 무슐스월일이현필셔,

가

			27f.; 4: 무슐ᄉ월일이현은필셔, 27f.; 5: 셰주무슐오월일이현필셔, 26f.)
	금향뎐긔 錦香亭記	국즁[고1](한-48-168)/정문연目](154: R35N-002916-12)	1(융희삼연긔유[韓古[1909]십일월초육, 42f.)
【增】	종샹셔삼취록 合 금향졍긔 合	박순호[家目]	낙질 1(3: 甲寅五月二日謄書于養芝齋, 32f.)
	금향젼 단 금향견긔 일	사재동[家目](0125)	1(63f.)
	금향정(뎡)긔 錦香亭記(181)	서울대(古3350-59)/정문연[韓古目](155: R35N-002986-6)	7(1: 歲在辛卯孟冬藥峴畢書, 셰직신묘딩동일약현필셔, 17f.; 2: 셰신묘딩동일약현필셔, 17f.; 3~4: 셰신묘딩동일약현필셔, 각 16f.; 5: 16f.; 6: 셰신묘딩동일약현필셔, 17f.; 7: 셰신묘딩동일약현필셔, 18f.)
	금향정기	영남대[漢目](813.5)	낙질 6(1: 셰갑진납월일필셔; 2: 갑지진십이월 남쇼동셔; 3: 셰갑진십이월 남슈동셔; 4: 셰을사원월쵸삼일 남쇼동셔; 5: 셰을사원월일셔; 6: 셰을ᄉ원월일 향목동셔)

(종경기전)

종경긔젼 권지샹/권지하		사재동[家目](0360-0361)	2(샹: 41f.; 하: 35f.)

【增】 (종성전)

종성전		성대[古2](D7B-42)	낙질 1(무슐졍월시무아래ᄉ연산……필셔, 49f.)291)

국문경판본

	금향뎡긔 金香亭記	동양어학교(파리)[Courant](3352)	3(由洞新刊, 1: 10f.; 2:12f.; 3: 12f.)
【增】	금향뎡긔 金香政記292)	맹택영	3(由洞新刊, 1: 20f.; 2: 24f.; 3: 23f.)
【增】	금향뎡긔	박영돈-현대문학관	낙질 1(권 1)
【增】	금향뎡긔	성대(D07B-0053)[『古書硏究』, 14]	1(1900경)

---

291) 본총서『이본목록』◐「종성전」항으로 독립 기재되어 있던 이 작품이 「금향정기」의 이본임이 밝혀짐에 따라, 「금향정기」항으로 옮겼다.
292) 표제명은 후에 필사된 것이다.

국문활자본		
【增】 금향졍긔 錦香亭記	국중(3634-2-76=3)	1(총 15회, [著·發]朴健會, 東美書市, 1916. 1.25, 101pp.)
금향졍긔 錦香亭記	국중(3634-2-76=5)<재판>	1(장회293), [著·發]朴健會, 新舊書林 초판 1916. 1.18; 재판 1924.1. 20, 101pp.)

73.1. 〈자료〉

Ⅱ. (역주)

【增】

1) 강문종·박재연 校註.『금향졍긔』. 조선시대번역소설총서 23. 이회, 2005. (서울대 규장각 소장)

【增】 Ⅲ. (활자)

「종성전」

1) 유춘동. "성균관대 소장「종성전」소개."『동방고전문학연구』, 5(東方古典文學會, 2003. 12).

73.2. 〈연구〉

Ⅱ. (학위논문)

〈석사〉

【增】

1) 유춘동. "「금향졍기」의 연원과 이본 연구." 碩論(연세대 대학원, 2002. 2).
2) 박은숙. "조선조 애정소설에 나타난 여성 인물 연구:「금향졍기」,「숙영낭자전」,「채봉감별곡」을 중심으로." 碩論(한국외국어대 교육대학원, 2003. 8).

Ⅲ. (학술지)

【增】

1) 유춘동. "성균관대 소장「종성전」소개."『동방고전문학연구』, 5(東方古典文學會, 2003. 12).

〈회목〉

【增】

(신구서림판,「금향졍기」)

1:	鍾公子呈卷待榜	종공즈 글을 밧치고 방을 기다리며
	葛小姐步院賞春	갈소져 후원에 거름ᄒ야 봄을 구경ᄒ다.
2:	誰和綾巾詩	능건시을 누가 화답ᄒ얏ᄂ뇨
	春濃錦香亭	금향졍에 봄이 무르록도다.
3:	葛姐之親事誰媒乎	갈져의 혼ᄉ는 누가 즁ᄆᆡᄒ고
	女之春心可憎	곽녀의 츈심이 가증ᄒ도다

---

293) 회차 표시 없이 회목이 나타나 있다.

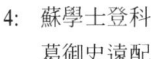

```
 4:  蘇學士登科              소학스는 등과하고
     葛御史遠配              갈어스는 원비한다.
 5:  蘇萬戶配路厄            소만호 빈에 익이 잇거늘
     雷萬春盡力救            뢰만츈이가 진력히 구한다.
 6:  學士公靑年姐成親        학스공 청년져는 성친하고
     雷萬春南霽雲結義        뢰만츈 남제운은 결의한다.
 7:  安祿山起兵奪位          안록산은 군스를 이르켜 위를 쎅앗고
     葛小姐逢亂被捉          갈소져는 란리를 맛나 피착한다.
 8:  紅娘代命碎骨            홍낭은 명을 딕신하야 쇄골하고
     碧珠妙計出城            벽쥬는 묘게로 셩에 나가다.
 9:  魏九之姐荐困而逢恩人    위구의 소져은 거듭 곤난을 당하민 은인을 봉하고
     張順之妾自頸而食飢軍    장순의 쳡은 스스로 목질너 죽어 쥬린 군스를 먹이다.
10:  首陽李光弼堅守          슈양에 리광필이 견슈하니
     范陽安景世西退去        범양에 안경세가 퇴거한다.
11:  紅娥神入紫庵月          홍아의 신은 주운암 달밤에 오고
     楊女魂飛馬驛秋          양귀비는 혼이 마외역에서 날다.
12:  天子之駕還御            텬주의 멍에가 환어하시니
     祿山之亂掃蕩            록산의 란이 탕하다.
13:  葛小姐幸入汾陽宮        갈쇼져는 다힝이 분양궁에 닙하고
     雷夫人能破史明陣        뢰부인은 능히 스명진을 파하다.
14:  汾陽裁書于鍾學士        분양은 지셔하야 종학스의게 보니고
     葛霞成親于范陽城        갈명하는 범량성에서 성친한다.
15:  功業著麟閣              공업이 린각에 현젼하니
     福祿多鳳孫              부록은 봉 갓탄 손자 만타.

(동양서시판「금향정기」)
 1:  鍾公子星券[成卷]待榜   종공주은글쟝을맛치고방을기들이고
     葛小姐步院賞春         갈소져는후원의거름하야봄을귀경한다
 2:  誰和綾巾詩             능건시를누가화답하얏고
     春濃錦香亭             금향정에봄이무르록다
 3:  葛小姐之親事誰媒       갈쇼져의친스를누가중민하고
     虢夫人之春心可憎       곽부인의춘심을가증이라
 4:  蘇學士登科             소학스는등과하고
     葛御史遠配             갈어스는원비한다
 5:  蘇萬戶配路厄           소만호가비로에익이잇거늘
     雷晚春盡力救           뢰만츈이가진력하여구한다
 6:  學士公靑年姐成親       학스공청년며는성친하고
     雷晚春南齊雲結義       뢰만츈남제운은결한다
 7:  安祿山起兵奪位         안록산은군스를이리켜위를탈하고
```

8:	葛小姐逢亂被捉	갈쇼져는 날리를 맛느 피착ᄒ고
	紅娘代命碎骨	홍랑은 명을 디신ᄒ야 쇄골ᄒ고
	碧珠妙計出城	벽쥬는 묘계를 ᄒ야 셩에 나가다
9:	魏九之姐荐困而逢恩人	위구의 쇼져는 거듭 곤란을 당ᄒ미 은인을 맛느고
	張順之妾自頸而食飢軍	쟝슌의 쳡은 스스로 목질너 쥭어 쥬린 군ᄉ를 먹이다
10:	洙陽李光弼堅守	슈양리광필이 견슈ᄒ니
	范陽安景世退去	범양안경셰가 퇴거ᄒ다
11:	紅娥神人紫菴月	홍아의 신령은 ᄌ운암월에 오고
	楊女魂飛馬驛秋	양귀비는 혼이 마녁츄에 ᄂᆞᆯ다
12:	天子之駕還御	텬ᄌ의 명에 가환어ᄒ시니
	祿山之亂掃蕩	록산의 난이 소탕ᄒ다
13:	葛小姐幸入汾陽宮	갈쇼져는 다힝이 분양궁에 님ᄒ고
	雷夫人能破史明陣	뇌부인은 능히 ᄉ명진을 파ᄒ다
14:	汾陽裁書于鍾學士	분양은 직셔ᄒ야 종학ᄉ에게 보ᄂᆡ고
	明霞成親于范陽城	명하는 범양성에 셩친ᄒ다
15:	功業著麟閣	공업을 긔린각에 져ᄒ고
	福祿多鳳孫	복록은 봉손이 만타

〈줄거리〉
(중국본 「錦香亭」)[294]

▶(금화령회록 → 금산사몽유록)
▶(금화사경회[295]록 金華寺慶會錄 → 금산사몽유록)
▶(금화사기 金華寺記 → 금산사몽유록)
▶(금화사몽유록 金華寺夢遊錄 → 금산사몽유록)
▶(금화사태평연기 金華寺太平宴記 → 금산사몽유록)
▶(금화사태평연몽유록 金華寺太平宴夢遊錄 → 금산사몽유록)
◐{금화외편 金華外篇}
  〈작자〉 愼後聃[296]
▶(금환기봉 金環奇逢[297] → 김희경전)
  【增】〈제의〉 남녀 주인공 김희경과 설빙이 信物로 白金과 金指環을 교환하고 백년가약을 맺었다가 갖은 고난을 겪은 끝에 재결합하는 이야기
  【增】〈관계기록〉

---

294) 중국본의 보다 상세한 줄거리는 兪春東, "「금향정기」의 연원과 이본 연구," 석론(연세대 대학원, 2002. 2), pp. 21~31을 참조할 수 있다.
295) 『이본목록』·『작품연구 총람』 수정.
296) 『이본목록』·『작품연구 총람』 수정.
297) 표제는 남녀 주인공 김희경과 설빙이 信物로 白金과 金指環을 교환하고 백년가약을 맺었다가 갖은 고난을 겪은 끝에 재결합하는 이야기란 뜻이다.

1) 『[演慶堂]諺文冊目錄』(1920; 藏書閣所藏): 44.「金環奇逢」 6冊

◐{**금환재합연** 金環再合緣}298)
  〈관계기록〉
    ① 「엄씨효문청행록」, 結尾: 좌간의 뉴츄밀 홍태샹 범각노 조태사 김상셔 등이 각각 딸을 가져 청혼하니 태사와 츄밀이 흔흔 쾌허하매 졔공이 각각 신믈을 내니 이 즁 뉴범·조 삼공은 더욱 자별한지라 졔졔히 다 남녀 취가하여 비상한 화란과 자미있는 간고를 겪든 셜해 「금원재합」의 셰셰히 이시니 쇼셜을 구하여 보면 긔묘한 말이 만흐니라 …… 쇼져의 화란이 신혼초로붓허 비상하대 또한 후록이 잇셔 엄부 남녀자손의 남혼 여가며 다쇼 액경을 격든 그긔한 셜화 「금원재합연」의 해비한 고로 이의 긋치다 …… 태사부부와 츄밀공 부부며 장휘 자녜 졔손의 무궁한 영효를 바다 백년 션종하니 셜해 수다한 고로 임의 후록을 두어 「금환재합연」의 해비한 고로 차편은 다만 효문공과 청행공의 비상 탁츌한 효우 재덕을 긔록하나니 후인은 지실할지어다. 션후 말을 알고져 하거든 「금환재합」을 차자 자시 셩남할지어다 차하를 미지의로다 아지 못게라 능히 오슈향명하여 「금환재합」을 작셔하미 될까.
    ② 『諺文古詩』(가람본), '언문칙목녹', 53: 「금환직흡엄시후록」.
    ③ 金台俊, 『朝鮮小說史』, p. 229.

▶(**기갑록** 己甲錄 → **인현왕후전**)
  【削】 │국문필사본│
  【削】 긔갑녹   임형택(家目)   1(同治肆年[1865]歲在乙丑三月, 30f.)

■『**기담수록** 奇談隨錄』299) → **고총각 / 김참판 / 진포수전 / 한량전**
▶(**기몽** 奇夢 → **대관재기몽**)
◘74.[[**기몽설** 記夢說]]
  〈작자〉 李玄錫(1647~1703)
  〈출전〉 『游齋集』, 권 19

◐{**기봉성취록** 奇逢成娶錄}300)
  〈관계기록〉
    ① 『諺文古詩』(가람본), '언문칙목녹', 18: 「긔봉성취록」.
    ② Courant, 843:「긔봉졍취록 奇逢正聚錄」.
    ③ 金台俊, 『朝鮮小說史』, p. 229:「奇逢正聚譜」.
◐{**기봉쌍룡기** 奇逢雙龍記}
  〈관계기록〉

---
298)「엄씨효문청행록」의 권 30 말미에 그 속작으로 「금환재합연」이 있음을 기록하고 있다.
299) 한문 단편 소설집(김태준, 『朝鮮小說史』, p. 163 참조).
300) 제명으로 미루어 이 「기봉성취록」과 아래의 「기봉정취록」, 「기봉정취보」 들은 같은 작품일 것으로 보인다.

① 『諺文古詩』(가람본), '언문칙목녹', 120: 「긔봉쌍연기」.
② Courant, 837: 「긔봉쌍농긔 奇逢雙龍記」.

◐{기봉장애 奇逢長涯}
〈관계기록〉
① Courant, 853: 「긔봉쟝이」.

▶(기봉정취록 奇逢正聚錄 → 기몽성취록)
▶(기봉정취보 奇逢正聚譜 → 기몽성취록)
▶(기우록 奇遇錄 → 최척전)
■『기재기이 企齋記異』301) → 서재야회록 / 안빙몽유록 / 최생우진기 / 하생기우전
〈작자〉申光漢(1484~1555)
〈관계기록〉
① 『企齋記異』, 申濩, 跋文[1553]: 自古昔以來 不朽有三 立言其一也 下經史子集而言 若齊諧稗官是已 然而 之人也 之書也 徒能騁力於言語文字之末 顧於義理 空空焉 尙論之士 烏足取哉 『記異』一帙 卽今贊成事 企齋相公所著也 嘗游戲翰墨 無意於奇 而自不能不奇 及其至也 使人喜 使人愕 有可以範世 有可以警世 其所以扶樹民彛 有功於名敎者 不一再 彼尋常小說 不可同年以語 則盛行於世固也 第寫本承訛 好事者 病焉 校書館著作 趙君完璧氏 與余同年進士也 俱出相公門下 一日會芸閣 語及之 囑余校讎 亟欲鋟諸梓 余難之曰 君是學甚善 竊念相公方領敝館 不知者 謂出於相公之意則 得無近於嫌乎 曰咈 相公功名事業 冠冕廟堂 道德文章 衣被儒林 今此編 視平生著述 不啻若泰山一毫 奚足爲相公輕重焉 而樂與人公共者 吾索志也 伏而不出 吾不忍也 古詩云 一代不數人 吾何暇別嫌焉 余曰 子之言 得矣 仍略序其語爲跋 時嘉靖紀元之三十二年孟秋 望後三日 門人 校書館別提 申濩 謹百拜以書◐(예부터 불후302)한 것 세 가지가 있으니, 입언303)이 그 하나다. 경사자집304) 외의 것으로 말하자면 제해305)와 패관과 같은 것이 그것이다. 그러나 이러한 사람과 이러한 글은 한갓 언어 문자의 말단적인 것에만 힘을 기울여, 의리를 돌아본다면 매우 공허한 것이다. 상론306)하는 선비가 어찌 넉넉히 취하리오. 『기재기이』한 질은 지금 찬성사 기재 상공께서 지으신 바다. 상공께서 일찍이 장난삼아 쓴 것으로 기이한 것에 뜻을 두지는 않았는데 저절로 기이하게 되었다. 그 지극함에 미쳐서는 사람으로 하여금 기쁘게도 하고 놀라게도 하며, 어떤 것은 가히 세상에 모범이 될 만한 것도 있고, 어떤 것은 세상 일깨울 만한 것도 있다. 그리하여 백성의 떳떳한 도리[民彛]를 붙들어 세워 명분 있는 가르침[儒敎]에 공이 있음이 하나 둘이 아니니, 보통의 소설과 같이 놓고 말할

---

301) 수록되어 있는 네 작품 중 「하생기우전」을 제외한 「서재야회록」·「안빙몽유록」·「최생우진기」의 세 작품은 규장각 소장인 「수성지」에도 들어 있다.
302) 영구히 전함. '太上有立德 其次有立功 其次有立言 雖久不廢 此之爲不朽'(左傳, 襄, 24).
303) 후세에 교훈이 될 만한 말.
304) 중국 서적 중에 經書·史書·諸子·文集의 네 가지 부류의 총칭.
305) 옛 책의 이름. 일설에는 중국 齊나라 때 있었던 해학서라고도 하고, 혹은 괴담을 잘하던 사람의 이름이라고도 한다. 후대에는 일반적으로 해학적인 서적을 일컫는 말로 쓰여졌다.
306) 옛사람의 언행을 논의함.

수는 없는 바다. 이 책이 세상에 성행함은 당연한 일이다. 다만 사본이 와전된 것이 전해져 호사자가 병 되게 생각하였다. 교서관 저작307) 조완벽은 나의 동년308) 진사이니, 상공의 문하에서 같이 나온 제자다. 하루는 운각309)에서 모여 말이 이것[『기재기이』]에 미치자, 나에게 교열을 부탁하면서 급히 판각하고자 했다. 나는 곤란하다고 여겨, "그대의 이 거사는 심히 좋으나, 가만히 생각건대 상공이 바야흐로 교서관을 맡고 계시니, 알지 못하는 사람들은 [이 책을 간행하는 것이] 상공의 뜻에서 나왔다고 할 것인즉 혐의스럽지 않겠는가?"하고, 안 된다고 말하였다. [그러자 조완벽은] "상공께서 공명과 사업은 조정에 으뜸이고, 도덕과 문장은 유림310)들에 영향을 끼쳤네. 이제 이 편[『기재기이』]을 평생 저술한 것과 비교할 것 같으면 태산의 한 터럭에 불과할 뿐이니, 어찌 족히 상공에 대하여 경중이 되겠는가? 사람으로 더불어 즐거움을 같이 하고자 하는 것은 나의 본래의 뜻이요, 덮어놓고 드러내지 않는 것은 내가 차마 하지 못하겠네. 옛 시에 가로되, '같은 대에는 여러 사람이 나오지 않는다.' 했거늘, 내가 어느 겨를에 혐의되는 것을 가리리오?" 나는 말하기를, "그대의 말이 옳다."고 하였다. 이에 그때에 한 말을 간략히 서술하여 발문을 삼는다. 때는 가정 32[1553] 년 음력 7월 18일 문인 교서관 별제 신호가 삼가 백배하며 쓰다).

② 『芝峰類說』(李睟光 1563~1628,), 7, 經書部 3, 著述: 我朝二百年間 著書傳世者 甚罕 而小說之 可觀者 亦無幾 徐居正『筆苑雜記』·『東人誇話』李陸『靑坡劇談』金時習『金鰲新話』南孝溫 『秋江冷話』曹伸『謏聞瑣錄』成俔『慵齋叢話』金正國『思齋撫言』申光漢『企齋記異』魚叔 權『稗官雜記』李籽『陰厓日錄』沈守慶『遣閑雜錄』權應仁『松溪漫錄』李濟臣『鰦鯖瑣語』 許筠『海東野言』李延馨『東閣雜記』·『黃兎記事』車天輅『五山說林』其未刊行者 亦多 恐久 而泯沒也 今錄于此 以備考云◐(우리 조선 200년 동안의 저서 중에 세상에 전하는 것은 매우 적어서 소설로 볼 만한 것 역시 거의 없다. 서거정의 『필원잡기』·『동인시화』, 이륙의 『청파극담』, 김시습의 『금오신화』, 남효온의 『추강냉화』, 조신의 『소문쇄록』, 성현의 『용재총화』, 김정국의 『사재척언』, 신광한의 『기재기이』, 어숙권의 『패관잡기』, 이자의 『음애일록』, 심수경의 『견한잡록』, 권응인의 『송계만록』, 이제신의 『후청쇄어』, 허봉의 『해동야언』, 이정형의 『동각잡기』, 『황토기사』, 차천로의 『오산설림』 같은 것들로, 그 중에는 아직 간행되지 않은 것도 역시 많다. 오래 되어 묻혀 버릴까 두려워 이에 적어 둠으로써 참고에 이바지한다).

【增】

1) 『駱村集』(朴啓賢 1524~1580), 부록, 「題企齋記異卷後」: 文章事業古人如 隅一編成未見書 啜罷茶甌仍數遍 松齋春日午眠餘◐(문장·사업이 옛 사람과 같더니, 한 모퉁이 들 듯311) 엮어 못 보던 책 이루었도다. 차 마시며 거듭거듭 읽노라니 소나무 숲 서재에서 봄날 낮잠을 깨고 난 듯하네).

---

307) 校書館의 정8품 벼슬.
308) 同榜. 한때 과거에 급제하여 榜目에 같이 적힘. 또는 그 사람.
309) 교서관의 별칭.
310) 儒道를 닦는 학자들.
311) 『論語』, 「述而」: '子曰 不憤不啓 不悱不發 擧一隅 不以三隅反 則不復也(공자 말하기를, 알려고 답답해 하지 않으면 지도하지 않고, 표현하지 못해 괴로워하지 않으면 일깨우지 않는다. 한 귀퉁이를 들어주어 다른 세 귀퉁이를 알지 않으면 되풀이하지 않는다.)'

1. 〈자료〉

Ⅰ. (영인)

1) 蘇在英. "申光漢의『企齋記異』."『崇實語文』, 3. 崇實大 崇實語文硏究會, 1986. 6. (일본 天理大 今西龍文庫 소장)

2. 〈연구〉

Ⅰ. (단행본)

【增】

1) 柳奇玉.『申光漢의 企齋記異 硏究』. 한국문화사, 1999.

Ⅱ. (학위논문)

〈석사〉

【增】

1) 李智瑛. "『金鰲新話』와「企齋記異」의 比較硏究: 空間構造를 중심으로." 碩論(서울大 大學院, 1996. 8).
2) 이경규. "申光漢의『企齋記異』硏究." 碩論(한남대 대학원, 1999. 2).
3) 金仁京. "『企齋記異』硏究: 형상화 방식과 '奇異'의 성격을 중심으로." 碩論(高麗大 大學院, 2005. 2).
4) 김인경. "『기재기이』연구: 형상화 방식과 '기이'의 성격을 중심으로." 碩論(고려대 대학원, 2005. 2).

Ⅲ. (학술지)

3) 蘇在英. "企齋 申光漢論: 문학적 재평가를 위하여."『崇實語文』, 6(崇實大 崇實語文硏究會, 1989.
4)『國文學論考』(崇實大出版部, 1989. 9);『韓國文學論叢』, 14(韓國文學會, 1993. 11)에 재수록.
5) 【削】蘇在英. "企齋 申光漢論."『國文學論考』(崇實大出版部, 1989. 9).
13) 蘇仁鎬. "朝鮮朝 初·中期 傳奇小說:『企齋記異』."『韓國傳奇文學硏究』(國學資料院, 1998. 9). "신광한의『기재기이』"로『한국 전기소설사 연구』(집문당, 2005. 3)에 재수록.

【增】

1) 유기옥. "『企齋記異』의 小說史的 意義."『논문집』, 14(우석대, 1992. 3).
2) 尹采根. "『企齋記異』: 寓意의 小說美學."『韓國漢文學硏究』, 24(韓國漢文學會, 1999. 10). "『기재기이』의 우의화된 주체"로『소설의 주체, 그 탄생과 전변: 한국 전기소설사』(월인, 1999. 11)에 재수록.
3) 권도경. "『기재기이』의 전기소설사적 의의 연구."『韓國古典硏究』, 6(韓國古典硏究學會, 2000. 12).
4) 정상균. "신광한(申光漢)『기재기이(企齋記異)』연구."『국어교육』, 105(한국국어교육연구회, 2001. 6).
5) 柳奇玉. "『企齋記異』." 刊行委員會 編.『古小說硏究史』(月印, 2002. 12).
6) 申相弼. "『기재기이(企齋記異)』의 성격과 위상."『민족문학사연구』, 24(민족문학사학회 민족문학사연구소, 2004. 3).

7) 신태수. "『기재기이』의 환상성과 교환 가능성의 수용 방향."『古小說硏究』(韓國古小說學會, 2004. 6).
8) 김보현. "『기재기이(企齋記異)』의 사상적 토대와 미의식."『韓國古典硏究』, 10(韓國古典硏究學會, 2004. 12).

◐{기화몽 奇花夢}
〈관계기록〉
① 『諺文古詩』(가람본), '언문칙목녹', 202:「긔화몽」.

▶(길동록 吉童錄312) → 홍길동전)
▶(김각간실기 金角干實記 → 흥무왕연의)

◪75.[김경여전 金慶餘傳]
〈작자〉金震粹가 짓고(1655) 송씨가 번역(1658)313)
【增】〈관계기록〉
(한글)
1) 『증조고가장초』: 이제 손자 진수가 아비를 여희고 하 서러워 가장을 기록하나 빠진 말이 많건마는 이루 다 못하였으나 훗자손 겨집아이들이나 알게 그 대강을 번역하여 미망인 팔십사세 노인 송씨는 친히 서하노라.
【增】

국문필사본	
김경여전	[『증조고가장초』]

【增】

한문판각본	
金慶餘傳	국중/서울대 규장각『松厓續集』, 2,「家狀略」]

75.2. 〈연구〉
Ⅲ.(학술지)
【增】
1) 史在東 解題. "어머니가 쓴 아들의 드라마: 歷史小說의 한 起點,「金慶餘傳」~ 宋氏夫人 著."『文學思想』, 34(文學思想社, 1975. 7).

◪76.[[김광택전 金光澤傳]]
〈작자〉柳本學(1770년 경)
〈출전〉『問菴文藁』, 上冊

---

312) 『이본목록』·『작품연구 총람』·『문헌정보』 수정.
313) 한문본은「家狀略」(규장각 및 국도 소장『송애속집』권 2)에, 국문본(사본)은「증조고가장초」에 들어 있다.

【增】■『김기현교수본 한문소설 필사집 金基鉉敎授本漢文小說筆寫集』→『선현유음』
▶(김길동전 金吉童傳 → 홍길동전
◐{김낭자전 金娘子傳}
【增】◐{김대왕대비전}
   【增】 국문필사본
     【增】 김대왕듸비젼 교민서   박순호[家目]   1(17f.)

◖77.[김덕령전 金德齡傳] ← 김장군전
 77.1.〈자료〉
  Ⅰ. (영인)
   77.1.1. 仁川大民族文化硏究所 編,『舊活字本古小說全集』, 19. 銀河出版社, 1984; (再刊) 國際아카데미, 2002. (덕흥서림판,『김덕령전』)
 77.2. <연구>

 【增】Ⅱ. (학위논문)
 〈석사〉
  1) 민보영. "김덕령에 대한 설화와 소설의 비교 연구." 碩論(전남대 대학원, 2004. 2).

 Ⅲ.(학술지)
 【增】
  1) 이승수. "深河戰役과「金將軍傳」."『韓國文學硏究』, 26(東國大 韓國文學硏究所, 2002. 12).

◖78.[김봉본전 金鳳本傳][314]
 78.2.〈연구〉
 Ⅲ. (학술지)
 【增】
  1) 김찬기. "근대계몽기 전(傳) 양식의 근대적 성격:『神斷公案』의 제4화와 제7화를 중심으로."『상허학보』, 10(깊은샘, 2003. 2).

◖79.[김부식전 金富軾傳]
▶(김부인열행가 金夫人烈行歌 → 김부인열행록)
◖80.[김부인열행록 金夫人烈行錄][315] ← *곽낭자전 / *곽씨전 / *곽씨효행록 / 열녀전 ② / *옥낭자전
   국문필사본

---

314) 한문 소설. 원래『皇城新聞』에 1906. 5. 19일부터 12. 31일까지 연재된「神斷公案」중 네 번째 이야기로 봉이 김선달의 이야기이다.
315) 가사체 작품이다.

[김부인전 / 김씨부인전]

【增】 김부인젼	박순호[家目]	1(28f.)
김씨부인여젼 金氏夫人傳	임형택[莽蒼蒼齋 家目]	1(21f.)³¹⁶

80.1. 〈자료〉
Ⅱ. (역주)
【增】
   1) 洪在烋 校註. "「金夫人烈行錄」." 『月刊中央』, 71(中央日報社, 1974. 2).

80.2. 〈연구〉
Ⅲ. (학술지)
【增】
   1) 서인석. "여성 생활과 여성 문화: 봉건시대 여성의 이념과 행동: 「박효랑전」과 「김부인열행록」의 경우." 『한국고전여성문학연구』, 6(한국고전여성문학회, 2003. 6).

◆80-1.[김산해젼 金山海傳]
【增】〈비교연구〉
   1) 「김산해전」에서 김산해가 도적의 두목이 되어 황제와 대결하는 내용은 「전우치전」과 「홍길동전」을 연상하게 한다. 두 작품에서 주인공은 뛰어난 능력을 바탕으로 지배 세력에 대항한다는 점에서 「김산해전」과 많이 닮아 있다. …… 결말 부분에서도 「홍길동전」은 「김산해전」, 「전우치전」과 상통하는 면이 있다. 바로 홍길동은 조선에서 도적의 두목이 되어 왕과 대결하다가 병조판서를 제수받은 후에는 조선을 떠나 율도국 왕이 되어 부귀영화를 누린다는 점이다. …… 그 밖에도 주인공이 마음대로 도술을 부리고 신장과 귀졸을 불러 내는 초월적 존재라는 점에서도 「김산해전」, 「전우치전」, 「홍길동전」의 공통점을 찾을 수 있다. 「김산해전」에서 피리를 불어 하길통을 제압했던 장면은 자객과 대결하는 「홍길동전」에서도 유사하게 나타난다. 또한 「전우치전」과 「김산해전」의 주인공은 모두 공주와 변신 경쟁을 벌이는 초월적 능력을 지니고 있다. …… 이처럼 「김산해전」, 나손본 「전우치전」, 「홍길동전」에는 정도의 차이는 있지만, 모두 '아기장수' 모티프를 수용하고 있으면서 주인공이 왕과 대결한다는 점에서 기본적으로 그 성향이 반체제적이라고 볼 수 있다. 다만, 설화로 전승되는 '아기장수'는 지배 질서와 대결하여 패배하는 데 반하여, 「김산해전」 등의 소설 작품에서는 주인공이 고귀한 신분의 배필을 만나 부귀영화를 누리고 있어 구별된다(이지영, "「김산해전」 연구," 『聖心語文論集』, 23[2001. 2]. pp. 188, 190~191).

국문필사본

金山海傳	서울대[가람古](813.5-G425)	1(1915, 58f.)
	/정문연[韓古目](168: R35N-002986-5)	
김산희젼	趙炳舜[典目](4-1348)	1(긔미원월십오일, 48f.)

---
316) [원주] 192. 「수연희쟝문」(10f.) 등이 합철되어 있다.

【增】 80-1.2. 〈연구〉

Ⅲ. (학술지)

1) 이지영. "「김산해전」 연구." 『聖心語文論集』, 23(가톨릭大 國語國文學科, 2001. 2).

【增】 〈줄거리〉

골용산[곤륜산]에 사는 김처사 부부가 꿈을 꾸고 아들 산해를 낳았다. 산해는 용맹과 근력이 남다르고 재주가 비상하였다. 그는 힘이 너무 세어 산을 무너뜨려 못을 메우고 활을 쏘아 마고선녀의 시녀를 맞추었으므로, 김처사가 노한 용왕에게 사죄하고 또 마고선녀의 벌을 대신 받았다. 후환이 두려워진 김처사가 산해를 밤에 죽여 황하수에 빠뜨렸는데, 연화산 도사가 죽은 산해를 살려내어 도술을 가르쳤다. 산해가 하산하여 유람하다가 금릉에서 금옥을 만나게 되고, 하길통과 대결하여 승리한 후 금옥과 결연하고 길을 떠났다. 도중 산해는 요괴에게 시달리는 주소저를 만나 요괴의 장난을 퇴치한 후 주소저와 결연하고 길을 떠났다. 이어 그는 도적에게 잡혀 온 화소저를 만나 결연하고 도적을 제압하여 두목이 되었다. 산해가 황제의 진상물을 도술로써 빼앗자 범인을 잡아들이라는 포고가 내려 그는 자수하였다. 산해가 황제와 신하들 앞에서 도술을 선보였는데[황제와 승상이 그의 재주를 보고 죽이려 함], 공주가 비둘기가 되어 산해의 도술을 구경하였다. 산해가 매로 되어 비둘기가 된 공주를 쫓아가서 결연하고 산채로 돌아왔다. 주소저가 본관 태수의 청혼을 거부하다 도망쳐 김처사를 찾아갔다. 산해는 남만의 침노 사실을 듣고 연화산 도사에게 가서 철퇴와 화경을 받아 하산한 후 귀향하여 주소저와 성친하였다. 남만이 침노에 맞서 황제가 산해를 대원수로 삼으니, 산해는 만왕과 싸워 대승하였다. 이때 운남국 군사가 만왕을 구원하러 오니, 산해가 이를 쳐서 항복시켰다. 다시 유구국이 모반하니 황제가 산해에게 출정을 명하였다. 금릉에서는 금옥이 산해를 기다리는데 본관 태수가 금옥에게 수청을 강요했다. 산해가 행진하다가 금릉에 이르러 본관을 유배하고 금옥과 상봉했다. 원수가 이르렀다는 소식에 겁을 먹은 유구국 왕은 항복하고 말았다. 산해가 개선하니 황제는 그를 군후에 봉하고 또 공주의 부마로 간택하여 성친하였다. 그 후 산해는 부귀영화를 누리고 그 자손들이 계계승승하였다. 처사가 홀연 득병 기세하고 부마와 부인들도 차례로 기세했다(이지영, "「김산해전」 연구," 『聖心語文論集』, 23[2001. 2]. pp. 175~176).

▶ **(김상국전 金相國傳 → 화산숭몽기[317])**

▶ **(김상서재세록 金尙書再世錄 → 김희경전)**
  〈관계기록〉
  ① Courant, 867:「김샹셔지세록」.

▶ **(김상서재합록 金尙書再合錄 → 김희경전)**
  〈관계기록〉
  ① 金起東, 『국어국문학』 51, p. 106:「金尙書再合錄」.

---

317) 『이본목록』·『작품연구 총람』 수정.

가

▶(김상서전 金尙書傳 → 김희경전)
◐{김상헌전 金尙憲傳}
◐{김생록 金生錄}

국문필사본

김싱녹　　　　　임형택[芚蒼蒼齋_家目]　　　1(셰지무슐이월이십뉵일필셔라, 30f.)

◘81.[김생전 金生傳]
▶(김선각 → 금선각)
▶(김성운전 金成運傳 → 진성운전)
◘82.[김순부전 金淳夫傳]
　〈작자〉李光庭(1552~1627)
　〈출전〉『訥隱文集』, 20

82.1. 〈자료〉
　【增】 Ⅱ.(역주)
　　1) 신해진.『朝鮮朝傳系小說』. 월인, 2003.

▶(김시각전 → 진대방전)
▶(김신부부사혼기 金申夫婦賜婚記 → 김신부부전)
◘83.[[김신부부전 金申夫婦傳]] ← 김신부부사혼기 / 동상기(찬)
　〈작자〉李德懋(1741~1793)
　〈출전〉『雅亭遺稿』, 3
　〈관계기록〉
　　①『正祖實錄』, 32(正祖 15年 辛亥 六月): 五部進勸婚男女別單凡二百八十一人 幼學申德彬女與 幼學金喜集議婚 特命戶曹判書趙鼎鎭 宣惠提調李秉模 備資裝設宴 牢以成之 命閣屬官能文者 作傳記其事◑(5부318)에서 혼인을 시켜야 할 남녀의 별지 명단을 바쳤는데 모두 281인이었다. 유학 신덕빈의 딸이 유학 김희집과 혼인말이 났으므로, 특별히 호조판서 조정진과 선혜청319) 제조320) 이병모를 시켜 혼수를 준비하고 잔치를 베풀어 혼인케 하고, 규장각 관리들 중에 글 잘하는 사람을 시켜 이 일에 대한 전을 짓게 했다.)
　　②『雅亭遺稿』, 3,「金申夫婦傳」: 辛亥六月 筋過時未昏 仍有金·申兩家親事 命紀其事 載內閣曆 …… 仍命內閣檢書懋 曰如此奇事 可無佳傳 爾其筆記一通 爲「金申夫婦傳」以奏◑(신해년 6월에 시기를 놓쳐 혼인하지 못한 데 대하여 칙명이 있었고, 인하여 김씨·신씨 두 집의 혼사가

---

318) 조선조 때 한성부를 중부·동부·서부·남부·북부로 나눈 다섯 구획. 또는 그 각 구획 안에 여러 사무를 맡은 다섯 관아의 일컫는다.
319) 조선조 때에 大同米나 大同木 등의 출납을 맡아 보던 관청. 선조 41년(1608)에 처음으로 두었다가, 고종 31년(1894)에 폐지하였다.
320) 각 司 또는 각 廳의 관제상의 우두머리가 아닌 사람이 그 관아의 일을 다스리게 하는 벼슬로서, 종1품 또는 2품의 品秩을 가진 사람이 되는 경우의 일컫는다.

있었다. 그 일을 기록하여 내각 일력321)에 실었다. …… 인하여 내각의 검서322) 이덕무에게 명하기를, "이 같은 기이한 일에 아름다운 전이 없을 수 없으니, 네가 한 통을 베껴 김·신 부부의 전[「김신부부전」]을 만들어서 아뢰어라").

③「金申夫婦傳」, 結尾: 夫金申之媾始定 而雨又需然不移晷 天人之孚感 若是其捷也 故朝野誦之日 至治之世 蓋三代之祈天永命 亦不過曰 導揚和氣而已 嗚呼 休哉◉(대체로 김·신 부부의 혼사가 처음 결정되자 비도 패연323)히 내렸으니, 하늘과 사람의 서로 감동됨이 이같이 재빠르도다. 그러므로 조야가 모두 찬송하기를, '지치324)의 시대'라 하였으니, 대체 옛날 3대에 하늘에다 영원한 천명을 빌었던 것325)도 역시 '화목한 기운을 이끌어 널리 떨치게 함'에 지나지 않는 것이었다. 아아, 아름답구나!).

【增】

1) 『稗林』, 正宗紀事, 24: 命各部未婚未葬者 各別顧助 其中金禧集申德彬子·女之過期不得婚者 令戶惠堂造成婚需以官力成婚◉(각부의 아직 혼인하지 못했거나 장사 지내지 못한 사람들을 각별히 돕도록 명했다. 그 중에 김희집과 신덕빈의 자녀는 혼기가 지났는데도 혼인하지 못했다. 호조와 선혜청으로 하여금 혼수를 장만하게 하여 관청의 힘으로 성혼케 했다).

2)「金申賜婚記題辭」(李鈺 1760~1813): 歲辛亥六月 炎而霖 人不堪其苦 欲治學業則無窓伴 難自强 欲事古文及詩則非徒才不逮 興亦漫矣 欲看書則睡輒至 欲睡則便有數十蠅 舐睫吮鼻 不可得夢 欲起而走 雨且泥 尼不得出 其勢不可奈何 亦不能自保其不狂且病也 小奚歸自市門 說所聞甚新 曰奇哉盛矣 吾可以已吾閑 起弄筆作劇一篇 覺手稍開 眼稍揩 凡塡詞一日 讐校一日 謄錄一日 所消爲三日閑 是三日無雨無暑無蠅 在余所得 亦多矣 幸有看官 勿問事之或訛 勿問文之爲何體裁 亦勿須問作者之爲誰某 而只消閑爲用 則亦可爲半晌之助云爾 梅花宕癡儂題◉(신해년[1791] 6월, 찌는 듯한 더위에 장마가 겹쳐 사람들은 그 괴로움을 견디지 못하였다. 과거 공부를 해 보려고 해도 함께 공부할 창반326)이 없으니 혼자 억지로 하기도 어렵고, 고문과 시를 지어 보려 해도 재주가 미치지 못할 뿐만 아니라 흥미도 시들하다. 책을 보고자 해도 졸음이 금방 밀려오고 잠을 자려 하면 어느 새 수십 마리 파리 떼가 눈썹을 핥고 코를 빨아 꿈을 이룰 수도 없다. 일어나 나가 보려 해도 비가 오는 데다 땅이 질척거려 발이 빠지니 나가 볼 수도 없다. 형편이 어찌할 수 없는지라 또한 미치고 병나지 않는다고 스스로 보장할 수도 없었다. 아이 종이 장터에서 돌아와 들은 것을 이야기해 주는데, 전혀 새로운 것이었다. 나는 그것을 듣고, "기이하도다. 거룩하도다. 그리고 나의 한가로움을 물리칠 수 있겠다."고 하고 몸을 일으켜 붓을 놀려 한 편 희곡을 지으니, 손이 조금 풀리고 눈이 조금 맑아짐을 느꼈다. 무릇 글을 짓는데[塡詞327] 하루, 교정을 보는데 하루, 등사하는데 또 하루, 모두 3일 동안의 한가함을 해소할 수 있었다. 이 3일 동안은 비도 파리 떼도 문제가 되지 않았으니, 내가 얻은

---

321) 규장각의 일기.
322) 규장각의 종7품 벼슬.
323) 沛然. 비가 세차게 쏟아지는 모양.
324) 세상이 잘 다스려진 정치. 혹은 중국 원나라 英宗(1321~1323) 때의 연호?
325) 『周書』「召誥」에 의하면 周召公이 成王에게 "王其德之用 祈天永命(임금이 훌륭한 덕행으로 백성을 다스려 하늘의 명이 영원하도록 기원하라)"고 훈계한 것이 있다.
326) 同接. 과거 공부를 함께 하는 벗.
327) '塡詞'는 원래 중국 송나라 때 전성했던 한시의 한 격식이다.

바가 또한 많았다. 행여 관객이 계신다면 사건이 혹 거짓인가 묻지 말 것이며, 이 글이 어떠한 체재인지도 묻지 말 것이며, 또한 모름지기 작자가 누구인지도 묻지 말 것이다. 다만 한가함을 해소하는 데 소용이 된다면 또한 반나절의 도움은 될 것이다. 매화탕치농은 쓴다).

83.1. 〈자료〉
Ⅱ. (역주)
【增】
1) 신해진. 『朝鮮朝傳系小說』. 월인, 2003.

83.2. 〈연구〉
Ⅲ. (학술지)
【增】
1) 여세주. "「김신부부전」과 「동상기」의 장르 전용." 『어문학』, 64(한국어문학회, 1998. 6).
2) 孫燦植. "「東廂記」와 「金申夫婦傳」의 比較考察." 史在東 編, 『韓國戲曲文學史의 硏究』, Ⅴ(文硏究學術叢書 第7輯, 中央人文社, 2000. 3).

◐84. [[김신선전 金神仙傳]]328) ← 『방경각외전』
〈작자〉朴趾源(1737~1809)
〈출전〉『燕岩外集』, '放璚閣外傳'
〈관계기록〉
① 『燕嚴集』(朴趾源), 8, 別集, 放璚閣外傳, '自序': 弘基大隱 洒隱於遊 淸濁無失 不忮不求 於是述金神仙◐(홍기는 은사로서 유[방랑 생활]에 숨고 있는 것인데, 맑은 데나 흐린 데나 실수가 없으며, 남을 시기하지도 않고 남에게 무엇을 요구하지도 않는 것이다. 그러므로 김신선의 이야기를 적는다).

② 同上,「金神仙傳」: 或曰 弘基年百餘 所與遊皆老人 或曰 不然 弘基年十九娶 卽有男 今其子纔 弱冠 弘其年 計今可五十餘 或言 金神仙 採藥智異山 隕崖不返 今已數十年 或言 巖穴窅冥 有物熒熒 或曰 此老人眼光也 山谷中時聞長欠聲 今弘基 惟善飮酒 非有術 獨仮其名而行云 然余又使童子福 往求之 終不可得 歲癸未也◐(혹은 말하기를 홍기의 나이가 백 살이 넘었고 그의 친구들도 모두 노인들이라고 하고, 혹은 말하기를 홍기가 나이 열아홉에 장가를 들어 곧 아들을 낳았는데 지금 그 아들이 겨우 삼십 내외니, 그렇게 따져서 홍기의 나이는 50여 세쯤밖에 안 되었을 것이라고 하였다. 혹은 말하기를 김신선이 지리산으로 약을 캐러 들어갔다가 벼랑에 떨어져서 돌아오지 못하는 지 벌써 수십 년째라고 하고, 혹은 말하기를 그 산에는 깊숙한 바윗굴이 있고 그 속에서 물건이 환하게 비치고 있다고 하고, 혹은 이르기를 이것이 노인의 눈에서 흘러나오는 빛이니 산골짜기에서 이따금 길게 하품하는 소리도 들을 수 있다고 하였다. 이제 홍기로 말하면 술을 잘 먹다 뿐이지 다른 도술이 있는 것은 아닌데 공연히 김신선이라는 이름만 빌어 가지고 다니는 것이라고 하였다. 그러나 내가 복이라는 아이놈을 시켜서도 알아보았건만 끝내 찾아 내지 못했다. 그 해가 계미년[1763]이다).

---
328) 趙熙龍의 『壺山外記』에도 「金神仙傳」이 있다.

84.1. 〈자료〉

Ⅱ. (역주)

【增】

1) 郭正植.『쉽게 읽는 고소설』. 신지서원, 2001.
2) 신해진.『朝鮮朝傳系小說』. 월인, 2003.

84.2. 〈연구〉

Ⅲ. (학술지)

【增】

1) 崔俊夏. "朴趾源과 趙熙龍의 「金神仙傳」."『韓國 實學派 私傳의 硏究』(이회, 2001. 3).

◘85. [김씨남정기 金氏南征記]
▶ (김씨봉효록 金氏奉孝錄 → 김씨효행록)
◘86. [김씨열행록 金氏烈行錄][329]

〈비교연구〉

【增】

1) 新小說「九疑山」은 고전 소설「金氏烈行錄」을 개작한 것인데, 구성에 있어 기본 사건 구조는 동일하나, 「김씨열행록」은 順行的·평면적 구성으로 김씨부인의 효열에 초점을 맞추었기 때문에 '행복→고난→행복→고난→행복'의 구조로 되어, 후반부에 화씨에 의한 김씨의 투옥 사건이 전개되었다. 반면「구의산」은 逆行的·입체적 구성으로 개화 사조의 가미와 흥미 위주의 명쾌한 결말을 요구하는 상업성 때문에 신랑 오복이를 죽게 하지 않고, 일본으로 피했다가 돌아와 상봉하는 '행복→고난→행복'의 구조로 결구했다고 보인다. …… 타 작품과의 영향 관계에서는, 繼母殺子의 모티브가『太平廣記』의 '徐鐵臼'에서 영향을 받은「장화홍련전」과 많은 관련이 있고, 「鄭乙善傳」과도 스토리 관계상 관련되는 부분이 있다. 그러나「김부인열행록」은 유사한 작품이기는 하나 스토리 전개가 별개인 것으로 보아 관련성이 별로 없다고 본다. 이상과 같은 고찰을 통해 볼 때, 고전 소설「김씨열행록」을 개작한 신소설「구의산」을 사건·인물·배경·주제·사상 등에 있어 독창성을 인정할 수 없으나, 고전 소설의 전통적 기초 위에 당시의 시대 사조인 開化思潮를 반영하려는 의도에서 후반부에 오복이가 일본으로 피신했다 돌아오는 등의 구성에선 다소의 독창성을 인정할 수 있는 정도이므로「구의산」을 창작 소설이라고 할 수는 없겠다(金明植, "「金氏烈行錄」과「九疑山」: 古典小說의 改作樣相,"『韓國文學硏究』, 8[1985. 6], pp. 255~256).

【增】〈이본연구〉

1) 3단계 구조 속에서 세 작품[「조생원전」·「김씨열행록」·「구의산」]은 부분의 차이로 인해 서로 변별성을 갖기도 하는데, 특히「김씨열행록」은 후반부에 '화씨'라는 새로운 인물의 영입과 그에 따른 주도권 갈등을 다시 한 번 반복함으로써「조생원전」이나 「성부인전」과 구분된다. 반면「조생원전」과 「성부인전」은 서사 구조상 좀더 가까운 이본 관계에 있다고 할 수 있겠다.

---

329) 이해조의 신소설 작품인「九疑山」은 이 작품을 번안한 것이다.

가
하지만 구체적인 내용에 있어서는 「성부인전」과 「김씨열행록」이 많은 부분 유사성을 보이는데, 「성부인전」은 기존의 「조생원전」과 「김씨열행록」만을 대상으로 한 두 작품 간의 친연성에 좀더 부드러운 연결 고리의 역할을 한다. 시부인 조생원에서 며느리 성부인으로 서술의 초점이 넘어가, 서술 내용이 차츰 며느리의 역할을 비중 있게 다루기 시작하다가 '열행(烈行)'이라는 구체적인 단어를 표제에 붙임으로써 본격적으로 며느리의 행적을 그리게 되는 것이다. 이에 따라서 작품 안에서 사건의 전면에 나서는 며느리의 적극성과 직접성이 조금씩 강도를 더해 가게 된다. 「성부인전」은 서사 구조상 「조생원전」과 가깝지만, 며느리인 성부인과 김씨부인에 초점을 맞추어 볼 때는 「성부인전」과 「김씨열행록」이 더 유사하다. 따라서 「성부인전」은 「조생원전」과 「김씨열행록」의 중간적인 특징을 지니고 있는 작품이라고 이해된다. …… 「조생원전」과 「김씨열행록」을 비교하였을 때 드러나는 현격한 차이를, 「성부인전」이 두 작품의 중간적 성격으로 위치하면서 그러한 차이가 나타나는 이유를 원활하게 설명해 주고 있다. 우선 표제에서 보이는 초점이 되는 인물의 변화, 즉 시아버지에서 며느리로 인물의 비중이 변화되는 과정이 「성부인전」을 거치면서 자연스러운 양상을 보인다. 「조생원전」이라는 표제는 어디까지나 조생원의 집 안에서 일어난 계모와 전처 자식 간의 비극이라는 의미가 깊지만, 「성부인전」이나 「김씨열행록」은 며느리인 성부인, 김씨부인이 남편의 억울하고 괴이한 죽음을 풀어 나가는 과정에 의미를 두고 있는 것이다. 이때 성부인과 김씨부인의 모든 행위는 '열행'으로 결말지어진다. 따라서 「조생원전」에서 「김씨열행록」이라는 직접적이고 노골적인 표제가 나타나기 이전에, 「성부인전」이라는 단계를 거쳐 인물 비중의 변화를 피한 뒤에야 비로소 '열행'이라는 행위의 의미를 표제에 붙이게 되었다고 본다면 좀더 자연스러운 변화의 과정이라 할 수 있다(이윤경, "「성부인전」을 통해 본 「조생원전」의 변모양상." 돈암어문학회 편, 『문학적 맥락에서 본 국문학』[2003. 2], p. 299; p. 313).

▶(김씨효문록 金氏孝門錄 → 김씨효행록)
◐{김씨효행록 金氏孝行錄 ①} ← 김씨봉효록 / 김씨효문록
〈관계기록〉
　① Courant, 879: 「김시효문록 金氏孝門錄」.
　② 『諺文古詩』(가람본), '언문칙목녹', 41: 「김시효힝록」, 칠권.
　③ 金台俊, 『朝鮮小說史』, p. 161: 「金氏奉孝錄」.

국문필사본

〈김씨효행록〉

【增】 金氏孝行錄	京都大[河合弘民]	낙질 1(3: 졍유칠월십오일필셔, 27f.)
【增】 김씨효힝녹	졍명기[尋是齋 家目]	1(셰□졍유칠월십칠일필셔)
【增】 김씨효힝녹	橫山弘[이윤석 외, 『貰冊古小說硏究』, 73]	낙질 4(4: 셰지졍유 칠월; 7: 밍츄; 8: 힝동셔; 9: 밍하 □□필셔)

▶(김씨효행록 金氏孝行錄 ②) → 괴똥전
▶(김연단전 → 연당전)

◈87.[김영철전 金英哲傳] ← 김철전

〈작자〉洪世泰

【增】

1) 그 동안 학계에 알려진 「金英哲傳」 이본으로는 洪世泰(1663~1725)의 『柳下集』에 수록된 것과 단국대 나손문고 소장본(국문본) 등 2종이 있다. 그리고 『유하집』에 이 작품이 수록돼 있다 보니 자연히 그 작자를 홍세태로 간주해 왔다. 그러나 『유하집』에 전하는 '讀金英哲遺事'라는 시의 幷序로 미루어, 그 문집에 실린 「김영철전」은 홍세태의 순수 창작이 아니라, 기존의 '김영철유사'라는 것을 토대로 기술됐을 가능성이 높았던 것이 사실이다. 그런 가운데 최근 우리는 『유하집』 수록본과 크게 다른 한문 필사본 한 종을 새롭게 발견하였다. 이 필사본은 『유하집』 수록본보다 무려 5배나 긴 분량으로, 이본 대조 결과 『김영철전』 원작 계열의 한 이본이었다. 『유하집』 수록본은 어떤 선행 이본을 대폭 축약한 것으로, 홍세태가 언급한 그 '김영철유사'라는 자료는 이 필사본과 거의 동일한 양태의 「김영철전」을 가리키는 것으로 보인다. 또한 일명 「김철전」이라는 국문본도 이 필사본과 거의 동일한 어떤 한문본을 번역한 것이었다(양승민·박재연, "원작 계열 「金英哲傳」의 발견과 그 자료적 가치," 『古小說硏究』, 18[2004. 12], pp. 85~86).

〈출전〉『柳下集』

〈작품연대〉

【增】

1) 「김영철전」에는 주인공 김영철이 癸亥年(1683, 숙종 9년) 85세의 나이로 죽은 것으로 되어 있으며(歲癸卯亥[亥] 英哲以天年不病而終 時年八十五歲矣), 이를 읽고 傳 형태로 고쳐 쓴 홍세태는 1663년부터 1725년까지 살았다. 따라서 그 창작 시기는 숙종 연간임이 거의 확실하다(양승민·박재연, "원작 계열 「金英哲傳」의 발견과 그 자료적 가치," 『古小說硏究』, 18[2004. 12], p. 106 각주 41).

〈관계기록〉

① 『橐山全集』(金鎭恒): 外史氏曰 余嘗讀 古人所撰「金英哲傳」見其孤蹤 飄迫於殊域者 久矣 終得還歸故土 老死父母之邦 其事固希 而但其兩妻諸子 散在他境 終身未能得一面 北望流涕 茹根而卒◐(외사씨가 말하기를, "내가 일찍이 옛 사람이 지은「김영철전」을 읽었는데, [김영철이] 그 고단한 자취가 이역에 떠돈 지 오래더니 마침내 고향으로 돌아와 부모의 나라에서 늙어 죽었으니, 그런 일은 참으로 드물다고 하겠다. 다만 그 두 아내와 여러 아들들은 다른 땅에 흩어져 살아 끝내 대면할 수가 없어 북을 향하여 눈물을 흘리고 뿌리를 캐 먹다가 죽었다.").

【增】

1) 『柳下集』(洪世泰), 十三, 詩,「讀金英哲遺事」(『李朝後期閭巷文學叢書』, 1): 鐵石金英哲 千秋事可悲 一心唯父母 兩國亦妻兒 竊馬穿山險 潛船越海危 生還反爲客 老死守殘陴 (注) 金英哲 平安道永柔縣人 戊午深河之戰 從軍陷虜中 有妻子 逃入皇朝居登州 亦有妻子 後潛附我使船東還 則家業一空 爲慈母山城守卒而死 年八十餘矣 余甚悲之 爲立傳◐('군은 마음의 김영철, 천추에 그 일 슬퍼할 만하네. 일심으로 부모님을 그리워하여 양국의 처자도 모두 버렸네. 말 훔쳐 험한 산 넘는가 하면, 배에 숨어 거친 바다 건너왔다네. 도리어 고국에서 나그네 신세 죽도록 수졸로 성을 지켰네.' 注: 김영철은 평안도 영유현 사람인데 1618년에 심하의 전쟁에

종군했다가 오랑캐의 포로가 되었다. 그 곳에 처자를 두었지만 도망하여 중국의 등주에 거하였다. 그 곳에서도 처자를 두었다. 그 뒤 우리 사행선[使行船]에 몰래 타고 고국으로 귀환했다. 그러나 가산이 아무 것도 없이 자모산성의 수졸이 되어 나이 80여 세에 죽었다. 내가 매우 슬피 여겨 그의 전을 지었다).

〈이본연구〉

【增】

1) 종전에 알려진 이본들과 대비해 본 결과 새로 발견된 「김영철전」은 洪世泰의 『柳下集』 소재 「김영철전」의 전신에 해당하는 원작 계열의 이본임을 알 수 있었다. 동시에 홍세태가 언급한 '金英哲遺事'는 이번에 발견된 「김영철전」과 동일 계열의 이본에 다름 아니라는 사실도 새롭게 유추해 낼 수 있었다. 뿐만 아니라 일명 「김철전」이라는 국문본은 한문본 원작 계열의 「김영철전」을 번역한 것이라는 사실도 새롭게 드러났다. 박본[박재연 소장본] 「김영철전」이 발견됨에 따라 종전에 알려진 이본들의 형성 문제를 둘러싼 의문점과 이본적 위상까지도 뚜렷이 밝혀지는 성과를 거두게 된 셈이다. 새로 발견된 박본은 이렇듯 「김영철전」 원작 계열의 이본이란 점에서 그 자료적 가치가 대단히 높다고 할 수 있다. 무엇보다도 박본은 『유하집』 소재 홍본[홍세태본]을 통해서는 감상할 수 없는 빼어난 형상화 국면들을 지니고 있다는 점에서 소중하다. 기본적 서사 골격이야 양자가 유사하지만 소설 장르의 생명인 디테일에 있어서 아주 현격한 차이를 드러낸다. 박본을 통해 본 「김영철전」은 작중 인물의 내면 심리 묘사가 몹시 탁월할 뿐 아니라 현실과의 갈등과 대결 양상이 유달리 돋보인다는 점에서, 한마디로 사건의 형상화가 매우 구체적이고 생동감 넘치는 역작이라 할 수 있다. 이와 달리 홍본은 대화체를 서술체로 바꾸는가 하면, 사건의 '결과'만을 '요약 보고식'으로 서술하는 따위의 줄이기 방식에 따라 그 곡진미가 대폭 삭감되었다(양승민·박재연, "원작 계열 「金英哲傳」의 발견과 그 자료적 가치," 『古小說硏究』, 18[2004. 12], p. 107).

【增】 한문필사본

【增】 金英哲傳　　　　　　　　　박재연　　　　　　　　　　　　　　1(35f.)

한문활자본

【增】 金英哲傳　　　　　　　　　동양문고 『雪橋集』, 上](Ⅶ-3-24)
　　　　　　　　　　　　　　　　/(栖碧外史海外蒐逸本, 亞細亞文化社, 1986)

【增】 魯認金永哲崔陟　　　　　　『硏經齋全集』, 권54

87.1. 〈자료〉

Ⅱ. (역주)

【增】 「김영철전」

【增】

1) 김진규. "「김영철전」의 역해." 『새얼語文論集』, 12(새얼어문학회, 1999. 12).
2) 신해진. 『朝鮮朝傳系小說』. 월인, 2003.
3) 朴熙秉 標點·校釋. 『韓國漢文小說 交合句解』. 소명출판, 2005. (『柳下集』, 9)

「김철전」
   1) 권혁래.『조선후기 역사소설의 탐구』. 월인, 2001. (단국대 소장)

87.2.〈연구〉
「김영철전」
   87.2.3. 정출헌. "古典小說에서의 현실주의 논의 검토: 15세기『금오신화』에서 18세기초「金英哲傳」까지."『민족문학사연구』, 2(민족문학사연구소, 1992. 7). "초기 한문소설에서의 현실주의 논의와 그 전망: 15세기『금오신화』에서 18세기초「김영철전」까지"란 제목으로『고전소설사의 구도와 시각』(소명출판, 1999. 5)에 재수록.
   87.2.4. 권혁래. "나손본「김철전」의 史實性과 여성적 시각의 변모."『古典文學研究』, 15(韓國古典文學會, 1999. 6).『조선후기 역사소설의 탐구』(월인, 2001. 10)에 재수록.

【增】
   1) 김진규. "「金英哲傳」의 포로소설적 성격."『새얼語文論集』, 13(새얼어문학회, 2000. 12).
   2) 양승민. "김영철전(金英哲傳)의 형상화 방식과 그 작가 의식."『口碑文學研究』, 19(한국구비문학회, 2004. 12).
   3) 양승민·박재연. "원작계열「金英哲傳」의 발견과 그 자료적 가치."『古小說研究』, 18(韓國古小說學會, 2004. 12).
   4) 정출헌. "초기 한문소설에서의 현실주의 논의와 그 전망: 15세기『金鰲新話』에서 18세기 초「金英哲傳」까지." 刊行委員會,『澤民金光淳教授定年紀念論叢』(새문社, 2004. 11).

【增】▶(김요문전 金堯門傳 → 정수경전)
◐{김용귀전 金龍貴傳}
【增】◐{김용대전}
   【增】 국문필사본
   【增】 김용딕젼이라   박순호[家目]   1(105f.)

◉88.[김용전]
◐{김용주전 金龍珠傳}
   국문필사본
   【增】 김용쥬젼   박재연[中韓飜文展目(2003)]   1(光武十年[1906])

◉89.[김원전 金圓傳] ← 구두장군
〈관계기록〉
   ①『諺文古詩』(가람본), '언문칙목녹', 175:「김원전」.
   ② Courant, 810:「김원전 金圓傳」.
【增】〈이본연구〉
   1) 이들 [「김원전」의] 이본들은 전체적인 줄거리에 있어서는 큰 차이가 없으며, 구체적인 장면의

표현에 얼마간의 차이가 보이고 있을 따름이다. 이 중 파리 동양어학교본인 방각본의 경우는 하버드본과 비교하여 거의 동일한 내용과 표현상의 기법이 나타나고 있어 상당히 유사하다고 볼 수 있다. 그런데 하버드본의 경우는 고려대본과 파리대본에 비해 다음과 같은 대목에서 큰 특징을 보이고 있다. 가) '가련ᄒ다 김원슈 소인의 쇠에 싸져 죽겟도다 어이흘고.' 나) '원슈 경상 ᄯᆇ흔번 츠목 가련ᄒ엿다 산호치라 봉미션과 ᄌ금투고 황금쾌ᄌ 쳐셔 삼권 어듸 갓던고.' 가)는 김원이 삼공주를 구두아귀에게서 구출하고 난 뒤 부하인 강문초의 배신으로 인해 아귀 소굴을 빠져 나가지 못하는 상황에서 나온 표현이며, 나)는 김원이 용녀와 연적을 가지고 왕성으로 돌아가던 중 점사에서 하루를 유숙하다가 점주에게 살해당한 뒤에 나오는 표현이다. 이는 고대본 이나 파리본에는 없는 표현으로 어떤 상황에 대한 작가의 변 즉 편집자적 논평이 적극적으로 나타나고 있음을 보여 주고 있는 부분이다. …… 그런데 이 하버드본을 자세히 들여다보면 여기에서도 논리적으로 앞뒤의 연결이 부자연스러운 곳이 보인다. 가령, 김원이 철마산에서 수련하던 중 구두아귀가 삼공주를 납치해 가는 것을 목격하는 장면에서 수년이 지난 후 조정에서 천자가 삼공주를 잃는 장면은 동시에 발생한 사건인데, 실제 작품에서는 수년의 시간이 지난 것으로 설정해 놓고 있다. 하버드본의 이러한 논리적 결함은 고대본에서는 잘 보이지 않는다. 고대본에서는 김원 일가가 낙향한 후 수년이 흘렀을 때 우연히 아귀의 납치 장면을 목격하는 것으로 나오고 뒤이어 삼공주가 조정에서 납치되는 장면을 소급하여 서술하고 있다(송성욱, "「김원전」," 李相澤 외 3인 엮음, 『고전소설의 기초 연구』[2001. 10], pp. 33~34).

국문필사본

김원전 金圓傳	고대(C15-A16)/정문연[韓古目] (173: R35N-003034-8)	1([乾]셰신츅십월일스 직동셔, 33f.; [坤]을스 오월일 향목동즁셔, 35f.)
【增】 김원젼 권지단 金願傳 卷之單	미도민속관[생활사 도록](7)	1(庚午十二月初六日)
【增】 김원전 권지단	박순호[家目]	1(39f.)
【增】 金圓傳	정명기[尋是齋 家目]	낙질 1(권1)

국문경판본

【增】 김원젼 金原傳	서울대[일석](813.5-G43jp)	1(30f.)
【增】 김원젼	연대[古1](811.36김원전.판)	1(30f.)

【削】 국문판각본

【削】 김원젼	연대[古1](811.36김원전.판)	1(30f.)

국문활자본

【增】 (구두장군)

【增】 九頭將軍傳	김종철[家目]/[『삼션긔』(1918) 광고]	1(以文堂, 1917, 54pp.)

(김원젼)

김원젼 金圓傳　　　　　　　국중(3634-2-31=3)　　　　　1([著·發]金然奉, 東亞書舘, 1917.5.15, 76pp.)

89.2. 〈연구〉

Ⅲ. (학술지)

【增】

1) 박종성. "「金圓傳」 一考."『德成語文學』, 9(덕성여대 국문과, 1996. 5).『구비문학 분석과 해석의 실제』(월인, 2002. 10)에 재수록.
2) 宋晟旭. "「김원젼」." 李相澤·朴熙秉·林治均·宋晟旭 엮음,『고전소설의 기초 연구』(태학사, 2002. 10).

▶(김유신실기 金庾信實記 → 흥무왕연의)
▶(김유신전 金庾信傳 → 흥무왕연의)

◘90. [김윤전 金允傳 / 金倫傳]

〈이본연구〉

【增】

1) 羅孫本[「金允傳」]은 單卷으로 전하고 있는데, 도합 113장이고, 매 면 10행, 매 행 17~24자가 기재된 한글 필사본이다. 紙質은 일제시의 罫紙를 사용하였고, 조악한 閭巷體로 휘갈겨 놓은 데다가 지면이 심하게 얼룩으로 점철되어 있어서 판독이 무척 힘든 부분이 많다. 특히 시작 부분이 심하게 얼룩져 있어서 거의 판독이 불가능에 가까운데, 어렵게 판독한 바에 따르면, 원래 羅孫本은 上·下 二冊이었는데, 現傳本은 上冊이 逸失된 下冊 부분임을 알 수 있다. 작품 내용은 燕京本 1·2권과 3권 앞부분이 散失된 상태에서 시작되고 있는데, 燕京本 3~6까지 4책으로 분권되어 있는 153장 분이 羅孫本에서는 113장 단권으로 묶여 있다. 每面의 글자 수는 兩本이 엇비슷한 점으로 볼 때, 羅孫本은 燕京本 약 40장 분이 삭제 또는 축약되었음을 알 수 있는데, 이미 말했듯이 결말 부분 8장 분의 내용이 삭제된 채 마무리되었음을 배려한다 해도, 약 30장 분의 내용이 진행 과정에서 축약되었다는 사실을 알 수 있다(이상택, "金允傳," 李相澤 외 3인 엮음,『고전소설의 기초 연구』[2001. 10], pp. 317~318).

90.2. 〈연구〉

Ⅲ. (학술지)

90.2.1. 李相澤. "「金允傳」 硏究."『震檀學報』, 83(震檀學會, 1997. 6).『한국고전소설의 이론』, Ⅱ(새문社, 2003. 3)에 재수록.

【增】

1) 노영근. "「김윤傳」에 대하여."『北岳論叢』, 15(國民大 大學院, 1997. 7).
2) 李相澤. "「金允傳」." 李相澤·朴熙秉·林治均·宋晟旭 엮음,『고전소설의 기초 연구』(태학사, 2002. 10).

◘91. [김응서실기 金應瑞實記]

91.1. 〈자료〉

가

Ⅰ. (영인)
    91.1.1. 仁川大民族文化硏究所 編.『舊活字本古小說全集』, 19. 銀河出版社, 1984; (再刊) 國際아카데미, 2002. (판본 미상)

◘92. [김이양문록 金李兩門錄]
◘93. [김인향전 金仁香傳 / 金燐香傳] ← 인향전

국문필사본			
(김인향전)			
仁香傳	임형택[莽蒼蒼齋 家目]	1(丁未正月十八日庚戌終, 22f.)	
【增】金仁香傳	정명기[尋是齋 家目]	1	
(인향전)			
【增】인향전 단	박순호[家目]	1(己亥七月日, 기히칠월십팔일, 41f.)	
【增】인향전	박순호[家目]	1(40f.)	
【增】일향전 김인향전	박재연[家目]/[中韓飜文展目(2003)]	1(昭和十年[1935])	

93.1. 〈자료〉
Ⅱ. (역주)
「인향전」
【增】
  1) 申海鎭 選註.『朝鮮後期 家庭小說選』. 月印, 2000. (중흥서관판)

93.2. 〈연구〉
Ⅱ. (학위논문)
〈석사〉
【增】
  1) 김현수. "「김인향전」 연구." 碩論(부산외국어대 교육대학원, 2004. 2).
  2) 구제찬. "「김인향전」 연구." 碩論(한국교원대 교육대학원, 2005. 2).

Ⅲ. (학술지)
【增】
  1) 한상현. "「김인향전」 주인공의 인격적 성향과 가정비극의 상관성."『古典文學硏究』, 17(韓國古典文學會, 2000. 6).
  2) 李金喜. "「金仁香傳」." 刊行委員會 編.『古小說硏究史』(月印, 2002. 12).
  3) 이금희. "「김인향전」에 나타난 노인(어른) 삶의 양상."『문명연지』, 4:2(한국문명학회, 2003. 5).
  4) 이금희. "「김인향전」 연구."『古小說硏究』, 15(韓國古小說學會, 2003. 6).
  5) 이금희. "계모형 소설 연구: 장화홍련전」「김인향전」을 중심으로."『古小說 硏究』, 19(韓國古小說學會, 2005. 6).

▶ (김장군전 金將軍傳 → 김덕령전)
◧ 94. [김전전 金銓傳]330)
〈작품연대〉
【增】
1) 「김전전」은 「숙향전」을 소재적 원천으로 활용하고 「장풍운전」의 구성 방식을 차용해 창작한 작품처럼 보인다. 물론 그 선후 관계를 확언할 수는 없지만, 이들과의 친연성은 분명하며, 그 필사 시기인 嘉慶 2년[1797]에 비춰 본다면 18세기 중·후반경에는 이미 형성되었을 것으로 보인다(田城芸, "長篇 國文小說의 變貌와 英雄小說의 形成," 高麗大 博論[2000. 8], p. 146).

〈비교연구〉
【增】
1) 김전전: 「장풍운전」이나 「숙향전」과 매우 유사한 면모를 보이면서도 이들 작품과는 일정한 차이가 있다. 「김전전」은 숙향의 아버지인 김전과 이름이 동일한 점이라든가, 잡힌 거북이를 놓아 보내는 모티프 등의 유사성에도 불구하고 「숙향전」과 달리 지극히 사실적인 구성 방식을 취하고 있다. 이 점에 있어서는 오히려 「장풍운전」과도 흡사하다. 외적의 침입으로 전쟁에 나간 부친과 이별하고 난중에 어머니와 헤어지기까지의 구성 방식은 물론이고, 위승상이 지인지감을 발휘하여 전처 소생의 딸 형옥의 남편으로 삼는다는 것, 위승상이 죽으면서 딸 형옥에게 유서를 남기는 점, 계모 설씨의 박대가 자심하여 가출하며, 형옥도 계모 설씨가 재가시키려 하자 가출하여 김전의 모친 곽부인과 함께 지내는 점 등이 모두 「장풍운전」과 동일하다. 다만 「장풍운전」에 보이는 군담이나 勒婚에 의한 처첩 갈등이 보이지 않는다는 점 등은 차이가 있다. 즉 구성 방식에서 본다면 「장풍운전」의 전반부를 떼어 내어 사실성을 강화하는 방향으로 한문 소설화한 것처럼 보인다. 「장풍운전」과의 구성상의 혹사함에도 불구하고 [「김전전」에] 문예문이 빈번히 드러난다는 점에서는 현저한 차이가 있다(田城芸, "長篇 國文小說의 變貌와 英雄小說의 形成," 高麗大 博論[2000. 8], pp. 146~147).

◧ 95. [김진옥전 金振玉傳/金鎭玉傳] ← 진옥전

국문필사본		
【增】 金珍玉傳	京都大[河合弘民]	1(冊主金麟性, 87f.)
【增】 김진옥젼니라	김종철[家目]	1(낙장 47f.)
【增】 김진옥진 단권이라	박순호[家目]	1(무진ᄉ월이 김진옥전칙얼 등서ᄒ노라, 63f.)
【增】 김진옥전	박순호[家目]	1(경기광쥬군죠헌면, 66f.)
【增】 김진옥전이라	박순호[家目]	1(52f.)
【增】 김진옥젼	박순호[家目]	1(경신구월십월일시르, 91f.)
【增】 김진옥젼이라	박순호[家目]	1(三月二十八日, 78f.)
【增】 김진옥전	성대(D07B-0085)	1(庚戌?)
【增】 김진옥전	여태명[家目](34)	1(딕종삼연음 형월이십육일, 64f.)

---

330) 「숙향전」과 유사한 작품이다.

【增】 김진옥젼이라	여태명[家目](50)	1(丁酉腦月日成粧, 49f.)
金鎭玉傳	임형택[莃蒼蒼齋 家目]	1(35f.)
【增】 金振玉傳	정명기[尋是齋 家目]	1
【增】 김진옥젼	정명기[尋是齋 家目]	1
【增】 김진옥젼	정명기[尋是齋 家目]	1
【增】 김진옥젼	정명기[尋是齋 家目]	1(낙장)
【增】 김진옥젼	정명기[尋是齋 家目]	1(낙장)
【增】 김진옥젼	정재영[中韓飜文展目(2003)]	1
【增】 (김진옥젼)331)	홍윤표[家目]	1(22f.)

(진옥전)

【增】 진옥젼 단	박순호[家目]	1(을묘정월쵸육일쵸, 55f.)
【增】 진옥젼 상이라	박순호[家目]	1(南先面亭下洞 金, 46f.)

국문활자본

김진옥젼	국중(3634-2-23=2)	1([著·發]勝本良吉, 大昌書院·普及書舘, 1920.12.30, 64pp.)
【削】 김진옥젼	[李 : 古研, 275]	1(德興書林, 1916, 96pp.)
【削】 김진옥젼	[李 : 古研, 275]	1(德興書林, 3판 1918, 70pp.)
【削】 김진옥젼 金振玉傳	영남대[目續](도남813.5)/[亞活全](2)	1(德興書林·博文書舘, 초판 1916; 6판 1923, 64pp.)
【削】 김진옥젼	[李 : 古研, 275]	1(德興書林, 1916, 96pp.)
【削】 김진옥젼	[李 : 古研, 275]	1(德興書林, 3판 1918, 70pp.)
【削】 김진옥젼 金振玉傳	영남대[目續](도남813.5)/[亞活全](2)	1(德興書林·博文書舘, 초판 1916; 6판 1923, 64pp.)
김진옥젼 金振玉傳	국중(3634-2-56=4)<초판>/국중(3634-2-23=3)<3판>/국중(3634-2-56=7)<6판>/국중(3634-2-23=8)<6판>/영남대[目續] (도남813.5)/[亞活全](2)	1([著·發]金東縉, 德興書林, 초판 1916.5.8, 96pp.; 재판 1917.3.25; 3판 1918.3.7, 70pp.; 6판 1922.1.16332), 64pp.)
김진옥젼 金振玉傳	국중(3634-2-23=4)	1([著·發]盧益亨, 博文書館, 1917.5.28, 68pp.)333)
김진옥젼 金振玉傳	국회[目·韓Ⅱ](811.31)/김종철[家目]	1(世昌書舘, 1952, 53pp.)

---

331) '김서랑전'이라고 필사하였으나 후대에 필사한 제목인 듯하다.
332) 판권지에 따르면 같은 6판이나 漢城圖書株式會社에서 인쇄된 것(국중 3634-2-56=7)은 1922.1.16 발행으로, 大和商會印刷所에서 인쇄된 것(국중 3634-2-23=8)은 1923.12.29일 발행으로 되어 있다.
333) 박문서관 간행 「심청전」(1916)의 광고란에 이미 나타나 있다.

김진옥전 金振玉傳	국중(3634-2-56=3)/대전대 [이능우 寄目](1172)/여승구	1([著·發]姜義永, 永昌書舘·韓興書林·三光書林, 1925.<u>10.20</u>, 64pp.)
【增】김진옥전	국중(3634-2-23=1)	1([著·發]金東縉, 以文堂, 1923, 64pp.)
김진옥전 <u>金振玉傳</u>	<u>국중(3634-2-56=6)</u> <u>/김종철[家目]</u>	1(<u>[著·發]姜夏馨</u>, 太華書舘, 192<u>9.11.28</u>, 64pp.)

95.1. 〈자료〉

【增】

1) 김유경 지음. 『월왕전·김진옥전·김홍전』. 연세국학총서 34-세책 고소설 6. 이회문화사, 2005.

95.2. 〈연구〉

Ⅱ. (학위논문)

〈석사〉

Ⅱ. (역주)

1) 김진태 윤색 및 주해. 백학선전(정수정전·김진옥전). 평양: 문예출판사, 1988; 서울: 연문사, 2000(영인).
2) 이윤선. "「김진옥전」에 나타난 늑혼 갈등 양상과 그 의미." 碩論(경북대 대학원, 2002. 2).

Ⅲ. (학술지)

【增】

1) 오종근·백미애. "「金振玉傳」 異本考." 『조선조 가정소설』(월인, 2001. 8).

▶(김철전 → 김영철전)

◼96.[김취경전 金就景傳]

96.1. 〈자료〉

【增】 Ⅱ. (학위논문)

1) 최종문. "「김취경전」의 구조와 의미." 碩論(경북대 교육대학원, 1999. 8).
2) 이현정. "「김취경전」의 서사구조와 주제의식 연구." 碩論(성신여대 교육대학원, 2003. 2).
3) 박민정. "「김취경전」연구." 碩論(한국교원대 대학원, 2004. 2).

◐{김태백전}

국문필사본

김틱빅젼	계명대[古綜目](이)811.35김태백)	1

▶(김태자전 金太子傳 → 육미당기)

◼97.[[김풍헌전 金風憲傳]]

〈작자〉 柳本學(1770년 경)

〈출전〉 『問菴文藁』, 上冊

가

〈관계기록〉

① 「金風憲傳」, 結尾(部分): 外史氏曰 …… 如金風憲者 豈非眞人之類乎 古有隱於市卒者 有隱於 賣藥者 風憲其隱於吏胥者歟 以奇術治人奇疾 而輒復韜跡者 嫌其事洩也 吾聞眞人不死 安知 非風憲 與永郞述郞演法眞人 只今翶翔於方壺琳圃之間耶 吁亦異哉◐(외사씨가 말하되 "…… 김풍헌과 같은 자는 어찌 저 진인334)의 무리가 아니겠는가? 옛날에 저자에 숨는 자도 있고, 약을 팔며 숨는 자도 있었은즉 풍헌은 이서335)로 숨은 자가 아니었겠는가? 그가 기이한 술법으로 써 이상한 병을 치료하고는 문득 그 자취를 감춘 것은 일이 세상에 누설될까 의심한 때문이 아닌가? 내 들은즉 '진인은 죽지 않는다' 하니, 어찌 풍헌이 저 영랑·술랑·연법진인336) 등으로 더불어 이제까지 방호337)·임포338) 사이에 어슬렁거리고 있지 않는지를 누가 알겠는가? 아아, 역시 이상한 일이로다").

◆98.[김학공전 金鶴公傳] ← 김학사전 / 김학사재생록 / *박만득 박금단전 / * 신계후전339) / *탄금대

〈비교연구〉

【增】

1) 추노계 야담 중 「김학공전」 등의 추노계 소설과 밀접한 관련을 가진 것으로 판단되는 작품을 제시하면 다음과 같다. ①「復讐說」(李光庭, 『訥隱集』), ②「有窮士推叛奴」(安錫儆, 『雪橋別集 』), ③「京中士人沈姓者」(辛敦復, 『鶴山閑言』), ④「父命忠婢完三節」(『靑邱野談』). 위에 제시된 작품 중에서 ③과 ④는 동일한 내용으로 되어 있다. 시기상으로 볼 때 『청구야담』의 편자가 『학산한언』의 것을 그대로 옮겨 적은 것이라 볼 수 있다. 그리고 ①은 그 내용으로 보아 정통 한문 문체로서의 '說'이 아니라, 당시 구전되던 한 편의 이야기를 채록한 것이기 때문에 '복수 이야기' 정도로 받아들이는 것이 좋을 듯하다. ①, ②, ③은 그 내용으로 보아 동일 계통의 이야기로 알려져 오던 것이 비슷한 시기에 서로 다른 사람에 의해 채록 정착되었을 가능성을 강하게 시사하고 있다. 이렇게 동일한 내용의 이야기가 李光庭(1674~1756), 辛敦復(肅宗~英祖 代), 安錫儆(1718~1774)에 의해 거의 동시에 채록 정착된 것은, 이들이 각각 당시에 구전되던 실사적 이야기를 서로 다른 경로를 통해 듣고 기록한 결과 나타난 현상이라 하겠다. 그렇기 때문에 핵심 사건이나 전체적인 구성이 동일하며, 세부 내용에 있어서만 조금씩 다른 모습을 보이게 된 것이다. 요컨대 ①, ②, ③은 18세기 당시 奴-主 갈등에 얽힌 어떤 이야기가 實事에 바탕을 두고 널리 구전되다가 이광정, 신돈복, 안석경에 의해 野談으로 기록·정착된 것이라 할 수 있다. …… 추노계 야담 중 변장 모티프를 수용하고 있는 「復讐說」, 「有窮士推叛奴」, 「京中士人沈姓者」, 「乞父命忠婢完三節」 등은 그 나름의 원리에 따른 독특한 유형성을 보이고 있다. 그 중에서도 「복수설」은 '아버지 → 아들'로 추노 주체가 轉移됨으로 인해 작품의 전반적인

---

334) 도교의 진리를 깨달은 사람.
335) 각 관아에 딸린 벼슬아치의 통칭. 胥史.
336) 신라 때의 선인.
337) 발해 동쪽에 있는, 신선이 산다는 다섯 섬 중의 하나. 일명 方丈. 다른 네 섬은 岱輿·員嶠·瀛洲·蓬萊.
338) 道院.
339) 「신계후전」은 이 작품의 배경을 국내로 변개한 작품으로 알려져 있다. 이해조의 「彈琴臺」도 이 작품의 번안작이다.

성격이 복수로 치닫고 있어 「김학공전」과 가장 유사한 면모를 보인다. 작품 구성과 주제적 의미로 볼 때 「김학공전」의 형성에 직접적인 영향을 미친 작품은 「복수설」이라 단정지을 수 있다(정준식, "추노계 야담의 소설적 변용," 『韓國文學論叢』, 15[1994. 12]. pp. 187~188 및 205).

2) 추노계 설화[D(『禦睡神話』 수록 설화)·E(『青邱野談』 권2 「劫舊主叛奴受刑」)·F(『雪橋別集』 권5 漫錄 6 「有窮士推叛奴」)]와 「김학공전」과 일치되는 점이 많다. 특히 F의 선비가 여자의 희생으로 생명을 건지는 대목은 '학공'이 아내의 희생으로 奴屬들의 손에서 빠져 나오는 대목과 일치되어 우리의 관심을 끈다. 이러한 공통점은 「김학공전」의 형성 문제 해결에 좋은 시사가 된다. …… 그러면 前引한 한문 단편들과는 어느 것이 먼저 형성되었으며, 둘 사이의 영향 관계는 어떠할까? 이에 대하여 명확한 대답을 할 수 없다. 그러나 필자의 견해로는 현실에서 취재한 講談師들의 강담 내용이 하나의 이야기로서 구전되다가 한글 소설 작가에 의하여 「김학공전」으로 재구성되는 한편, 한문 단편 작가에 의하여 한문 단편으로 구성되어 기록되기도 한 것이라 생각된다(崔雲植, "「金鶴公傳」 研究," 『국어국문학』, 74[1977. 4], pp. 79~80).

【增】〈판본연대〉

1) 추노계 소설인 「김학공전」·「신계후전」·「탄금대」·「살신성인」의 선후 문제 및 이들이 맺고 있는 관련의 실상을 검토해 보았다. 지금으로서는 네 작품 중 필사 혹은 창작 연대가 가장 앞서는 작품이 1906년에 발표된 「살신성인」[340]이며, 「김학공전」·「탄금대」는 1912년[341], 「신계후전」은 1915년[342]으로 필사 연대를 올려 잡을 수 있다. 이들 네 작품은 모두 「復讐說」류의 추노계 야담을 근간으로 삼아 소설화된 것인데, 「김학공전」과 「살신성인」, 「신계후전」과 「탄금대」가 다른 작품과의 관계에 비해 상대적으로 밀접한 관련을 가지는 것으로 파악했다. 그러나 네 작품이 19세기 말에서 20세기 초에 이르는 거의 비슷한 시기에 지어진 것이기 때문에 선후 및 영향 관계의 확정이 큰 의미를 가지는 것은 아니다(정준식, "추노계 야담의 소설적 변용," 『韓國文學論叢』, 15[1994. 12]. pp. 205~206).

2) 필자는 오히려 …… 중국을 배경으로 한 「김학공전」보다 한국을 배경으로 한 <김학공전>이 먼저 형성되었을 것이라 추정하는데, 그 근거는 다음과 같다. 첫째, 활자본에는 다른 이본에는 전혀 나오지 않는 새로운 부분이 발견된다. …… 둘째, 활자본에는 표기가 옳지 않거나 문맥이 통하지 않는 부분이 있다. …… 다른 이본에는 이 부분이 모두 옳게 표기되어 있음을 볼 때, 이 또한 활자본이 후대본임을 드러내는 하나의 증거이다. 활자본이 여러 면에서 김동욱본 A와 가장 유사하다는 지적을 감안해 볼 때, 한국 배경의 필사본이 중국 배경의 김동욱본 B를 거쳐 활자본으로 이어진 것이 아닐까 한다. 셋째, 활자본에 생략된 내용이 필사본에는 모두 나와 있다. …… 한국 배경의 이본 모두와 중국 배경의 김동욱본 A에는 …… [활자본의] 내용 중 생략된 부분이 전혀 없는데 유독 활자본에만 생략된 부분이 있다는 것은, 활자본이 중국 배경을 한국 배경으로 개작한 이본 중에서도 가장 후대본임을 말해 준다. …… 이런 사정을

---

340) 이 소설은 1906. 10. 22~11. 3에 걸쳐 『帝國新聞』에 연재되었다(정준식, "추노계 야담의 소설적 변용," 『韓國文學論叢』, 15[1994. 12], p. 200 참조).
341) 단국대 소장 필사본(羅孫本) 「김학공전」 중 필사 연대가 '경슐[1910]정월 초사일 시작'이라 한 것과 '임자[1912]이월십팔일 시종'이라 되어 있는 것이 있으며, 「탄금대」는 『每日申報』에 1912. 3. 14~4. 30에 연재되었다.
342) 여러 이본 중 이화여대 소장 「신계후전」의 필사 연대가 '을묘정월십팔일등셔'로 되어 있다.

감안해 볼 때 「김학공전」은 오히려 한국 배경의 이본이 먼저 나왔으며, 중국 배경의 이본은 활자본이 간행되던 시기에 한국 배경의 이본을 개작하면서 이루어진 것이라 할 수 있다(정준식, "「金鶴公傳」 연구의 성과와 과제," 『古小說研究史』[2002. 12], pp. 672~675, et passim).

국문필사본

(김학공전)

【增】 김학공전 金學孔傳	박순호[家目]		1(34f.)
【增】 김학공전 권지단	서울대[일석](813.5-G43hp)		1(경슐지월일, 33f.)

국문활자본

(김학공전)

김학공전 (古代小說)金鶴公傳	국중(813.5-김929ㄱ)/국회[目·韓II] (811.31)	1(世昌書館, 1952, 60pp.)
김학공전 古代小說 金鶴公傳	홍윤표[家目]/[尋是齋 家目]	1([著·發]盧益煥, 新舊書林, 1932. 1. 30, 60pp.)
【增】 김학공전	국중(3634-2-24=2)	1([발행자불명], [발행년도 미상], 60pp.)

98.2. 〈연구〉

【增】 Ⅱ.(학위논문)

1) 권덕해. "「김학공전」의 형성 배경과 주노 갈등의 의미." 碩論(경북대 교육대학원, 2004. 8).

Ⅲ. (학술지)

【增】

1) 정인모. "推奴譚의 小說化 樣相考: 「김학공전」에 대하여." 『金龜論叢』, 7(경북과학대, 1999. 12).
2) 정준식. "「김학공전」 연구의 성과와 과제." 『한국민족문화』, 19·20(부산대학교 한국민족문화연구소, 2002. 10).
3) 郭俊植. "「金鶴公傳」." 刊行委員會 編. 『古小說研究史』(月印, 2002. 12).
4) 정준식. "「김학공전」 이본 재론: 중국·한국 배경의 선후 문제를 중심으로." 『古小說研究』, 16(韓國古小說學會, 2003. 12).

▶(김학사재생록 金學士再生錄³⁴³) → 김학공전)
▶(김학사전 金學士傳 → 김학공전)
◐{김한택전}
◘99.[김해진전]
　99.1. 〈자료〉

---

343) 「김학공전」의 개작이다.

Ⅱ.(역주)

99.1.1. 리창유 윤색. 『김해진전』. 평양: 조선미술출판사, 1988.

▶(김현감호 金現感虎 → 호원)
〈출전〉 『三國遺事』. 5, 感通 第7, '金現感虎'

◘100.[김홍전 金鴻傳 / 金弘傳 / 金紅傳]
〈관계기록〉
① Courant, 808: 「짐홍젼 金紅傳」.
② Courant, 827: 「짐홍젼 ??傳」.

국문필사본

| 金鴻傳 | 서울대(古3350-60)/정문연[韓古目] | 4(세진경인이월일 토정서, 139f.) |
| | (186: R35N-002990-9) | |

100.1. 〈자료〉
Ⅱ.(역주)
【增】
1) 김유경 지음. 『월왕전·김진옥전·김홍전』. 연세국학총서 34-세책 고소설 6. 이회문화사, 2005.

▶(김화령전 金華靈傳 → 금산사몽유록)

◘100-1.[김황후전 金皇后傳]
【增】〈제의〉 당태종의 황비인 '김황후'의 전기
【增】〈비교연구〉
1) 조선 후기 소설에서 흔히 지적되는 특징의 하나는 제 유형의 소설을 모방하거나 합성하여 한편의 소설로 창작한 경우가 많았다는 것이다. 「김황후전」은 여러 유형 가운데 가정 소설(「사씨남정기」), 궁중 소설(「인현왕후전」), 송사 소설(「염라왕전」과 친연성을 내재한 것으로 보인다. 물론 「사씨남정기」만큼 「김황후전」에 크게 영향을 끼친 작품은 찾기 힘들다. …… 대강만 보더라도, 「사씨남정기」에서 시작되는 쟁총형 소설의 테두리에 넣더라도 문제가 없을 정도만큼 사건, 인물 배치에서 유사적 구조가 눈에 띈다. 「사씨남정기」의 배경이 가정이고 「김황후전」의 배경이 궁이라는 차이가 있기는 하지만, 작품 간 유사성을 이로써 부정할 수는 없다. 먼저 「사씨남정기」에서의 선량한 처와 악독한 첩의 대응이 「김황후전」에서는 황후와 후궁으로 인물 설정이 바뀌었음이 드러난다. …… 인물의 기능적 측면에 비추어 「사씨남정기」의 구조를 그대로 승계하는 듯하지만, 엄폐된 공간에서 비밀에 덮인 궐내의 사건 및 현실 판단 능력을 상실한 황제의 처신은 「인현왕후전」에서의 숙종과 대응된다. 더구나 인현왕후에 못지않게 김황후는 재색을 겸비한 이상적 여인으로 형상화된다. …… 여기에 「김황후전」의 후궁과 희빈 장씨는 여러 모로 흡사한 점을 간직하고 있다. 인현황후는 후사를 고대하는 숙종에게 후궁 들이기를 청했고, 뒤이어 입궐한 희빈 장씨는 본성대로 왕후 축출을 위해 요언을 꾸미는 등 갖은 악행으로 중궁 폐위의 원(願)을 관철한다. 마찬가지로 김황후가 태자를 낳자 실세에 불안감을 느낀 후궁이 제춘과

협잡하여 황비를 음행한 여인으로 몰고 가는데, 이는 역사 인물인 희빈 장씨의 악행과 비견된다. 궁중 소설이 역사를 바탕에 두되, 법도가 악인들에 의해 허물어짐을 고발하는 한편 감계적 교훈을 목적했다면, 「김황후전」은 궁중 내 사건과 무관한 허구담에 불과한 것이어서 기존의 궁중 소설적 정의에 그대로 부합된다고 하기는 주저스럽다. 「김황후전」은 「인현황후전」을 의식했으되, 궁중 소설이 갖는 한계를 요령껏 피해 갔다고 할 만하다. …… 마지막으로 송사 모티브를 수용하고 있는 「염라왕전」과 「김황후전」 사이의 관련성을 살피기로 한다. 이는 「김황후전」에 「염라왕전」 등에 보이는 '속일 만해서 속이기' 일화가 끼어 있기 때문이다. …… 「김황후전」은 역사적 증언과는 무관한 피상적 묘사와 설명에 머물며 궁중내 비사라고 할 정황이 포착되지 않아 「인현왕후전」·「계축일기」·「한중록」 등이 궁인, 나인, 세자비들이 서술의 주체로서 나서 비사와 함께 궐내(闕內)의 인정 물태 및 상황을 생생하게 부조한 것과는 큰 차이가 있다(김승호, "「김황후전」 연구: 「사씨남정기」와의 대비를 중심으로," 『국어국문학』, 134[2003. 9], pp. 234~235, 238~239, 241, et passim).

【增】〈줄거리〉

재색을 겸한 김민의 딸이 황후가 된 후 당태종에게 간신배를 척결하도록 하는 등 백성들 사이에 성덕이 자자했다. 황제가 아름답지만 교활한 최씨녀를 후궁으로 맞아들이고 나서 황비와 후궁이 각각 아이를 잉태하였는데 후궁은 장래에 불안을 느낀 나머지 시녀 제춘을 시켜 황비 소생 남아를 자신의 여아와 바꾸었다. 후궁이 제춘을 사주하여 조작한 간부서가 황제에게 발각되어 황비가 조주 땅으로 정배되었다. 시비 일매와 함께 이역을 방황하며 갖은 고초를 겪던 황비가 수월암에 들어가 삭발위승하였다. 황제가 승하하고 태자가 황위를 승계한 후 조주의 어사로 조문직이 부임하자 황비가 정문을 올려 신설(伸雪)해 줄 것을 간곡히 청하였다. 황제가 조문직으로부터 황비 정배의 내막을 보고받고 시비를 가리도록 조문직에게 전권을 위임하였다. 조문직이 지하에 염라국 대웅전을 가설(假設)하고 시녀 후궁들을 납치한 뒤 스스로 염라왕으로 분하여 후궁과 제춘의 악행으로 무고하게 황후가 수난당했음을 밝혔다. 조문직의 심문을 근거로 황제가 후궁과 시녀를 국문하여 악인들의 죄를 확인하는 한편 조문직을 파견하여 왕비를 경성으로 모셔오니 황제와 태황후의 해후가 이루어졌다. 제춘을 능지처참하고 후궁을 조주 땅에 안치한 뒤 황후를 태상황후로, 조문직은 좌승상 겸 태학사 충렬후로 봉하였다. 태상황후가 조문직의 공훈을 잊지 못해 그 가문에 대대로 사면의 보은을 내리도록 하니 태평한 시대가 내내 계속되었다(김승호, "「김황후전」 연구: 「사씨남정기」와의 대비를 중심으로," 『국어국문학』, 134[2003. 9], pp. 234~235).

국문필사본

<u>김황후젼 단이라 金皇后傳</u>　　국중[의산](古3736-17)/정문연　　1([서두]癸酉十二月初
　　　　　　　　　　　　　　　　[韓古目](187: R35N-002978-2)　　六日; [말미]癸酉十二月
　　　　　　　　　　　　　　　　　　　　　　　　　　　　　　　　初十日<u>斷, 21f.</u>)

【增】100~1.2.〈연구〉

1) 김승호, "「김황후전」 연구: 「사씨남정기」와의 대비를 중심으로," 『국어국문학』, 134(국어국문학회, 2003. 9).

◪101.[김효증전 金孝曾傳]³⁴⁴⁾　→　*육효자전

101.2. 〈연구〉
【增】 Ⅱ.(학위논문)
〈석사〉
  1) 조상수. "「김효증전」 연구." 碩論(한국교원대 대학원, 2001. 2).

◐102.[김희경전 金喜慶傳 / 金凞敬傳] ← 금환기봉 / 김상서전 / 쌍문충효록 / *여중호걸 / 장씨효행록

국문필사본

(김희경전)

【增】 김희경전 권지이	김종철[家目]	낙질 1(권2: 冊主人 金參判宅, 40f.)
【增】 金凞慶傳	정명기[尋是齋 家目]	낙질 1(권2)
【增】 김희경전	정명기[尋是齋 家目]	낙질 1(권하)

국문활자본

(김희경전)

| 김희경전 金喜慶傳 | 국중(3634-2-30=11)<초판>/국중(3634-2-29=3)<3판>/국중(3634-2-30=10)<3판>/[亞活全](2)<3판> | 1([著]鄭基誠, 廣文書市 초판 1917.11.20; 재판 1919.11.3.10; 3판 1922.2.20, 120pp.) |

【增】 (여중호걸)

| 【增】 (츙효졀의)녀중호걸 女中豪傑 | 국중(3634-2-86=1)<재판> | 1([著]鄭基誠, 光文書市, 초판 1917.11.29; 재판 1919.1.25, 120pp.) |
| 【增】 충효절의 여중호걸 | 김종철[家目] | 1(박문서관, 1925) |

102.2. 〈연구〉
Ⅲ. (학술지)
【增】
  1) 정준식. "「김희경전」연구." 『國語國文學』, 26(부산대 국어국문학과, 1989. 4).

【增】 ◑{김희량전}

국문필사본

| 김희량전 | 계명대[古綜目](고811.35김희량) | 1 |

◐103.[김힐문전 金詰紋傳] ← 힐문전
◐104.[까치전]

국문필사본

---

344) 「육효자전」의 첫 번째 이야기도 '김효증'의 이야기이다.

　　　　【削】까치젼　　　　　이수봉[家目]　　　　　　1(17f.)³⁴⁵⁾

104.2. 〈연구〉
【增】Ⅱ.(학위논문)
〈석사〉
　1) 서상희. "「까치전」 연구." 碩論(한국교원대 대학원, 2002. 2).
　2) 이난주. "「까치젼」에 나타난 근대지향 의식 연구." 碩論(서강대 교육대학원, 2000. 8).

Ⅲ. (학술지)
【增】
　1) 이석우. "「까치전」의 人物 相關 構造를 통한 諷刺性 硏究." 『대전어문학』, 18(대전대 국어국문학회, 2001. 2).

▶(까토리전 → 장끼전)
▶(까투리와 장끼가 → 장끼전)

◪105. [꼭두각시전]³⁴⁶⁾ ← 고독각씨전 / 곡독각씨전 / 『노처녀의 비밀』

국문필사본

【增】 군ᄌ영슉녀	여태명[家目](162)	3~1(62f.)
쏙독각시젼 츈별곡		
【增】 꼭두각시젼	정명기[尋是齋 家目]	1³⁴⁷⁾

국문활자본

| (로쳐녀)고독각시 | 국중(3634-2-20=6)/국중 | 1(국한자 병기, 박건회 편즙, [著· |
| (老處女)孤獨閣氏 | (3634-3-47=7)/[仁活全](1) | 劵)朴健會, 廣明書館, 1916. 9.16, 20p p.)³⁴⁸⁾ |

105.1. 〈자료〉
　Ⅰ. (영인)
　　105.1.1. 仁川大民族文化硏究所 編. 『舊活字本古小說全集』, 1. 銀河出版社, 1983; (再刊) 國際아카데미, 2002. (광명서관판, 「고독각씨전」)

105.2. 〈연구〉
【增】Ⅱ.(학위논문)

---

345) '까치전'이 아니라 '자치전'의 誤讀임이 밝혀졌다(최진형, "고소설 향유 관습의 한 양상," 『古小說硏究』, 18[2004. 12], p. 19).
346) '꼭두각시'를 주인공으로 한 의인 소설이다.
347) 「回心曲」과 합철되어 있다.
348) 본문에 이어 pp. 20~41에는 35편의 짧은 이야기가 들어 있는 「福善禍淫篇」이 합철되어 있다.

〈석사〉
1) 전영민. "「노처녀가」의 장르적 변환과 「꼭독각시전」." 碩論(대전대 대학원, 2000. 2).
2) 하준봉. "「권익중전」 연구." 碩論(한국교원대 대학원, 2000. 2).

▶(꿩의 자치가 雌雉歌 → 장끼전)
▶(꿩전 → 장끼전)

나

【增】◎105-1. [낙동야언 洛東野言]1)

〈작자〉權浩爾(思鼎)

한문필사본

洛東野言　　　　　南權熙(경북대)　　　(총8회, [표지]永嘉權思鼎浩爾戲著, 28f.)

〈회목〉
1: 琴歌奇遇
2: 畵畵相思
3: 總角信誓
4: 纖手牢籠
5: 才子聯璧
6: 小娥談夢
7: 紅燭奇談
8: 黃鸝好音

〈줄거리〉

(1) 낙수(洛水)의 동쪽에 사는 오응석(吳應錫)—불우한 문인 오도(吳燾)의 아들은 그림과 음악은 물론 문장에 뛰어난 재자로 19세에 과거 보러 가다가 왕양(汪洋)에 도착하여 방년 18세의 가인 양애옥(楊愛玉) — 어사 양혁(楊爀)의 외동딸을 담장 너머로 엿보게 되었다. 심리적 갈등 끝에 드디어 그는 월장하여 양애옥의 거문고 연주에 사랑의 노래로 화답했다. 방 안으로 들어온 오응식을 양애옥은 남녀 사이의 대의로써 준엄하게 꾸짖고 자리를 피하자, 오응석은 우녀상사도(牛女相思圖)에 한 편의 제화시(題畵詩)를 남기고 객사로 돌아갔다. (2) 양애옥은 오동나무에 봉황이 내려앉는 꿈을 꾸고 오응식을 만나게 되었다. 겉으로는 남녀 간의 대의를 들어 그를 거절하지만, 그의 풍채와 기개에 빠져 그가 떠난 후 오매불망 전전반칙했다. 그리움에 사무친 그녀는 시비 츈앵(春鶯)을 불러 그를 만나고

---

1) 「鳳凰朝百禽」・「遺睡魔說」・「呑蝨屑文」・「反求論」・「雙溪堂記」・「禁松禊書」・「請燭文」에 이어 당 작품이 수록되어 있다.

싶은 자신의 속내를 고스란히 털어놓으며 그를 찾기 위해 제화시가 쓰여진 우녀상사도를 춘앵으로 하여금 남장을 하고 거리에 나가 팔도록 했다. (3) 오응석 역시 양애옥을 향한 그리움에 몸부림쳤다. 그러던 중 표형(表兄)인 정생(鄭生)으로부터 우녀상사도를 파는 미소년의 이야기를 전해 듣고 오응석은 그를 찾아갔다. 미소년이 팔던 그림이 양애옥의 것임을 확인한 오응식은 그를 남장한 양애옥으로 오인하고는 동침하려 했다. 이에 시비 춘앵은 자신의 정체를 밝히며 불가한 이유를 들어 그를 물리쳤다. 비로소 사태를 파악한 오응석은 춘앵에게 진심으로 사과했다. 춘앵으로부터 양애옥 역시 오응석을 그리워하면서 부부 되기를 간절히 소망하고 있다는 얘기를 듣고 날아갈 듯이 기뻐했다. (4) 권문세가인 유근(劉瑾)이 양어사(楊御使)에게 혼인을 청해 왔다. 양애옥은 집안의 안위를 염려하여 아버지 양어사에게 유근 아들과의 혼사를 허락하게 했다. 그렇지만 양애옥은 자신의 경솔한 행동을 후회하고 곧장 사태 해결에 직접 나섰다. 그녀는 남장을 하고 또다른 권문세가인 왕찬(王瓚)을 찾아가 권력을 유지하기 위해선 유근 가문과의 혼사가 필수적이라는 점을 역설하여 왕찬으로부터 중매의 일을 위탁받았다. 한편 유근을 찾아가서도 부귀영화를 지속하기 위해선 왕찬 가문과의 혼인이 절실함을 강조했다. 그리하여 두 가문의 혼사를 성사시키고 드디어 늑혼(勒婚)의 위기에서 벗어났다. (5) 오응석은 장원급제하여 환로에 진출하기로 마음을 다져먹고 학업에 몰두했다. 그러던 중 양애옥이 유근의 아들과 정혼했다는 얘기를 전해 듣고 탄식했다. 한참 뒤에 정생으로부터 유근 가문에서 혼사를 왕찬 가문으로 옮겼다는 얘기를 전해 듣고 기뻐했다. 오응석은 장원으로 급제한 뒤 정생을 중매쟁이로 양어사에게 보내 청혼했다. 양어사는 여러 번 거절하다가 오응석의 됨됨이와 정생의 지극 정성에 감복하여 양애옥과의 혼인을 허락했다. (6) 양애옥은 어떤 사람이 콩 두 개와 벼 열 말을 가지고 한 쌍의 나무 사이로 날아와 자신이 차고 있던 붉은 옥환(玉環)을 풀어 주고 가는 꿈을 꾸었다. 시비 춘앵은 이를 오응석이 등과하여 한림학사가 되는 것으로 풀이했다. 한편 양애옥은 아버지의 얼굴과 어머니의 음성을 통해 오응석과의 혼인이 결정되었음을 미리 알아차렸다. (7) 오응석은 양애옥과 정혼한 사실을 부모에게 고했다. 처음에는 다소 섭섭하게 생각했지만, 자식의 선택을 담담히 받아들였다. 드디어 길일을 택하여 혼사를 치르고 첫날밤 그들은 문장 겨루기 희작(戲作)을 하며 운우지정(雲雨之情)을 나누었다. (8) 절동(浙東)의 부자 한희(韓希)가 춘앵의 미색을 탐하여 속량하여 데려가고자 했다. 양애옥은 아버지 양어사에게 그 부당함을 곡진히 말한 뒤 춘앵의 지조를 시험해 보고 그녀를 굳게 지켜 주었다. 한편 양애옥은 오응석이 춘앵에게 마음이 있음을 알아차리고 그가 눈치채지 못하게 하여 춘앵에게 모시도록 시켰다. 그 여자가 춘앵인 줄 모르고 오응석은 여자가 시키는 대로 굳은 맹세를 글로 남겼다. 이튿날 동침한 여자가 바로 춘앵이라는데 놀라고 더욱이 그 일을 부인이 주선한 사실에 당황하여 허겁지겁 맹세의 글을 지웠지만 부인에게 들통나고 말았다. 부인은 춘앵을 다정인(多情人)이라고 추켜세우면서 오응석을 용서했다(鄭炳浩, "19세기 漢文小說「洛東野言」解題 및 註釋," 『東方漢文學』, 25 [2003. 12], pp. 362~364).

105~1.〈자료〉
Ⅱ.(역주)
1) 鄭炳浩. "19세기 漢文小說「洛東野言」解題 및 註釋."『東方漢文學』, 25(동방한문학회, 2003. 12).

105~2.〈연구〉
1) 鄭炳浩. "19세기 漢文小說「洛東野言」解題 및 註釋."『東方漢文學』, 25(동방한문학회, 2003. 12).
2) 鄭炳浩. "「洛東野言」의 類型的 性格: 人物形象을 중심으로."『大東漢文學』, 21(大東漢文學會, 2004. 12).

●{낙성긔우록}
〈관계기록〉
①『諺文古詩』(가람본), '언문칙목녹', 44:「낙셩긔우록」.

●106.[낙셩비룡 落星飛龍 / 洛城飛龍²⁾] ← 비룡전 / 셩룡전
〈관계기록〉
① 高麗大 所藏「星龍傳」, 제46장 앞면: 사적이 하 긔특ᄒᆞ미 잠간 긔록ᄒᆞ야 셰상의 젼ᄒᆞ나니 쳥후 부뷔 만나 영화와 주여의 사적은 별젼이 잇난 고로 쵸쵸이 긔록ᄒᆞ난니 후인은 ᄎᆞ쳥ᄒᆞ회ᄒᆞ라 후록은「니운셩취록」십오 권 잇시나 다 못 긔록ᄒᆞ로라.
【增】
1)『[演慶堂]諺文冊目錄』(1920; 藏書閣所藏): 152.「洛城飛龍」2冊.
2)『[가람]칙목녹』(奎章閣所藏):「낙셩비룡」공이.

국문필사본

(낙셩비룡)
낙셩비룡 권지일/권지이　　　　　　김광순[筆全](52)　　2(1: 갑ᄌᆞ납월십오일, 47f.; 2: 38f.)

106.1.〈자료〉
Ⅰ.(영인)
【增】
1) 金光淳 編.『金光淳所藏 筆寫本韓國古小說全集』, 52. 박이정출판사, 1994. (김광순 소장)

106.2〈연구〉
Ⅲ.(학술지)
「낙셩비룡」
106.2.6. 曺嘉推. "「洛城飛龍」과「蘇大成傳」의 比較考察."『冠岳語文研究』, 3(서울大, 1978. 12)
『이야기문학 모꼬지』(박이정, 1995. 10)에 재수록.

---

2) '洛城飛龍'은 '落星飛龍'의 誤記이다.

▶(낙성전 落星傳 → **방한림전**)
▶(낙양삼사기 洛陽三士記 → **삼사횡입황천기**)
▶(낙양삼절록 洛陽三絶錄 → **홍백화전**)
　〈관계기록〉
　　① 『羅孫本筆寫本古小說資料叢書』, 6, 후언, 保景文化社, 1991: 본칙 젼호는 「홍빅젼」이니 계당 주닌이 언서로 번역홀시 젼혀 계상셔 순부닌 설부닌 삼졀싁의 ᄉ젹을 긔록ᄒᆞ민 고로 젼호을 고쳐 「낙양삼졀녹」이라 ᄒᆞ노라.

◪**107.[낙천등운 落泉登雲]**
　【增】〈관계기록〉
　　1) 『[演慶堂]諺文冊目錄』(1920; 藏書閣所藏): 85. 「落泉登雲」 5冊.
◐{난동리해룡전}
◪**108.[난봉기합 鸞鳳奇合]**
　〈작자〉 金敎濟

◐{난사군방 蘭社群芳}
▶(난조재세기연록 鸞鳥再世奇緣錄 → **난초재세록**)³⁾
◪**109.[난초재세록 蘭蕉再世錄]**←**난초재세기연록**⁴⁾
　〈관계기록〉
　　① 『諺文古詩』(가람본), '언문칙목녹', 87: 「난쵸ᄌᆡ셰연」.
　　② Courant, 866: 「난조ᄌᆡ셰긔연록 鸞鳥再世奇緣錄」.⁵⁾
　【增】
　　1) 『[가람]칙목녹』(奎章閣所藏): 「난쵸ᄌᆡ셰긔」 공이.

109.1. 〈자료〉
　【增】 Ⅱ. (역주)
　　109.1.1. 지정엽 윤색 및 번역. 『난초재세기연록·천군연의』. 조선고전문학선집, 48. 평양: 문학예술종합출판사, 1994; 海外우리語文學硏究叢書, 103. 한국문화사, 1996(영인); 조선고전문학선집, 34. 연문사, 2000(영인).

　【增】 Ⅲ. (활자)
　　1) 지정엽 윤색 및 번역. 『난초재세기연록·천군연의』. 조선고전문학선집, 48. 평양: 문학예술종합출판사, 1994; 海外우리語文學硏究叢書, 103. 한국문화사, 1996(영인); 조선고전문학선집, 34. 서울: 연문사, 2000(영인).

---

3) 『이본목록』에 추가.
4) 모든 사전에 추가.
5) 제명으로 미루어 「난조재세기연록」과 「난초재세록」은 같은 작품일 것으로 생각된다.

109.2. 〈연구〉
Ⅲ. 〈학술지〉
【增】
1) 徐信惠. "「蘭焦再世奇緣錄」 연구:「孔雀東南飛」의 변용을 중심으로." 『溫知論叢』, 8(溫知學會, 2002. 12).

▶〈난학기 鸞鶴記 → 난학몽〉
◪110.[난학몽 鸞鶴夢]
〈작자〉鄭泰雲(1849~1909)
【增】
1) 「난학몽」 한글본이 안성[죽산]에서 읽혔던 것을 볼 때 안성 지역에서 한문본이 지어지고, 다시 이 지역에서 한글본으로 번역되었으며 이후 한문본과 한글본이 읽혔을 가능성이 크다. ……「난학몽」 창작의 시기가 대원군의 약 10여 년 간의 집정기를 거친 이후로, 정태운 개인에게 있어서나 사회적으로 모두 힘들고 어려웠던 시기이며, 이러한 점이 오히려 「난학몽」 창작의 중요한 원인이 되었음을 짐작할 수 있다. …… 이 작품이 창작되던 1871년은 신미양요가 일어난 시점이었고, 이보다 앞서 1866년에 병인양요가 발생했던 때여서, 당시 사족들이 느낀 불안감과 위기 의식은 매우 강하였다(이기대, "「난학몽」에 나타난 역사의 변용 과정과 작가의식." 『古小說硏究』, 15[2003. 6], pp. 207~208).

〈작품연대〉
② 「난학몽」은 적어도 1871년 이전 정태운에 의해 한문으로 창작되어……
【增】
1) 이 작품의 정확한 창작 시기를 고증하지 못하였으나 대개 19세기 말에서 1908년 이전에 지어진 것으로 보인다. 이 시기는 「삼한습유」, 「육미당기」, 「옥수기」, 「한당유사」 등의 소설이 창작된 19세기 중엽으로부터 최초의 신소설 이인직의 「혈의루」가 신문에 연재된 1906년 사이의 공백기에 해당한다(金庚美, "「鸞鶴夢」 硏究," 『梨花語文論集』, 12[1992. 2], p. 618).

〈관계기록〉
① 「난학몽」, 序頭: 首陽山人 鄭泰雲悟軒纂 咸城後人 李敏濟肯齋譯◐(수양산인 오헌 정태운이 찬하고 함종 후인인 긍재 이민제가 번역했다).
② 『諺文古詩』(가람본), '언문칙목녹', 119 :「난흑긔」.
【增】
1) 「鸞鶴夢」, 幷序 : 余近蟄蓬戶之下 出門無與人接 而仰感昔人誠善之事 俯嘆今世功利之輩 著述此書以寓一時之意云爾 辛未二月十五日 竹亭書 ◐(내가 근래에 누추한 집에 칩거하여 문을 나서 사람과 접촉함이 없어 우러러 옛사람의 진실하고 선한 일에 감격하고, 굽어 요즘 세상의 공리를 좇는 무리들을 탄식하여, 이 책을 지어 한때의 뜻을 부친다. 신미년 3월 15일에 죽정은 쓰노라.)
2) 同上, 跋文: 若乃倣興瑞之說話 據韓通之節義 或撰出新語 或摘取古籍 惡之甚者終受其禍戮 善之大者終致其慶福 著成一編之書者 卽予金鸞玉鶴之夢也 …… 是故 傳曰 吉人爲善惟日不足 凶人爲不善亦惟日不足 蓋愛其親 忠其君 悌其長 信其友 孝其舅姑 敬其君子 義其伯叔

慈其子弟者 皆賢人淑女之事也 借使不幸而遭罔極之變 必有吉祥隨之而救護 不孝於父母 不忠於君上 不信乎朋友 淫暴人之婦女 離間人之骨肉 陷無辜之人 誣修德之士者 姦臣淫婦之事也 雖幸而保全性命 必有凶禍隨之而誅滅 此予此書所以作也◐(이에 흥의 단서가 되는 이야기를 흉내내고 한통6)의 절의에 의거하여, 혹은 새로이 이야기를 지어내고 혹은 옛 책들에서 취하여, 매우 악한 자는 마침내 화를 받아 죽게 하고, 매우 선한 자는 복을 누리게 하여, 한 편의 책을 지으니, 이것이 곧 나의 금난 옥학의 꿈이다 …… 그러므로 전에 말하기를, "착한 사람이 선을 행하는데 때가 부족한 듯하고, 악한 사람이 악을 행하매 또한 때가 부족한 듯하다."고 했으니, 대개 그 부모를 사랑하고 임금에게 충성하며 윗 사람을 공경하고 벗에게는 신의가 있으며 시부모에게 효도하고 남편을 공경하고 형제에게 의롭게 하며 자녀들에게 자애스러움은 모두 현인·숙녀의 일이니, 비록 불행하게도 망극한 변을 당하더라도 반드시 상서로운 기운이 그를 따라 구해 줄 것이다. 그러나 부모에게 불효하고 임금에게 불충하며 벗에게 신의가 없으며 남의 여인을 음란케 하며 남의 골육을 이간시키고 무고한 사람을 모함하고 덕을 닦은 선비를 속임은 간신·음부의 일이니, 비록 요행히 성명을 보존할지라도 반드시 재앙이 그를 따라 죽일 것이다. 이것이 내가 이 책을 지은 까닭이다).

3) 『海州鄭氏大同譜』, 4 : 以文學著名當世 有遺稿「鸞鶴夢」三卷詩集◐(문학으로 당대에 이름 높았다. 유고로는 「난학몽」 3권 및 시집이 있다).

한문필사본

鸞鶴夢 上/中/下 鸞鶴夢 天/地/人　　鄭基邦(『悟軒散稿』)　　3(上: [序文]辛未三月十五日竹亭[鄭泰雲]序, 68f.; 中: 60f.; 下: 56f.)

110.1. 〈자료〉

Ⅰ. (영인)

【증】

1) 張孝鉉 編. 『鄭泰運全集』, 1~2. 태학사, 1998. (서울대 소장 한글본 / 鄭基邦 소장 한문본)

110.2. 〈연구〉

Ⅱ. (학위논문)

〈석사〉

110.2.1. 鄭昌權. "「鸞鶴夢」 研究." 碩論(高麗大 大學院, 1996. 2).

Ⅲ. (학술지)

【증】

1) 이병직. "「鸞鶴夢」의 구성원리와 작가의식." 『文昌語文論集』, 36(文昌語文學會, 1999. 12).
2) 이병직. "「鸞鶴夢」." 刊行委員會 編. 『古小說研究史』(月印, 2002. 12).
3) 이기대. "「난학몽」에 나타난 역사의 변용 과정과 작가의식." 『古小說硏究』, 15(韓國古小說學會,

---

6) 중국 오대 때 周나라 사람. 송나라 태조가 陳橋까지 이르러 여러 군사들의 추대로 황제가 되었다는 말을 듣고 빨리 돌아가지 않으려 하여 軍校인 왕언승에게 살해되었다.

2003. 6).
4) 조광국. "19세기 고소설에 구현된 정치이념의 성향 :「玉樓夢」·「玉樹記」·「鸞鶴夢」을 중심으로."『古小說硏究』, 16(韓國古小說學會, 2003. 12).

◐{남가몽 南柯夢}
◐{남강기우}
◪111.[남강월(전) 南江月(傳)7)]
〈관계기록〉
① 「一代勇女南江月」(德興書林版), 緖言 : 대져 죠화옹이 사람을 셰상에 님이 비록 남녀에 분별은 잇스나 그 의긔와 용밍과 지죠와 지죠난 차등이 업느니 이러홈으로 공손디랑과 홍션에 검무이며 목란과 슌관의 젼공이며 쥭비졀부와 왕명부에 의렬은 천고에 유명ᄒ니 뉘 아니 흠탄ᄒ며 근디 ᄉ젹으로 의론ᄒᆞᆯ진딘 이 남강월에 검슐로 딘공을 일움과 화경옥에 지혜와 졍렬이며 두여화에 졀힝과 언ᄉᄂ 진실로 긔이ᄒ고 희한ᄒᆞᆫ 고로 셔셰벽등에 그 ᄒᆡᆼ젹을 디강 긔록ᄒᆞ야 차셰에 젼파ᄒᆞ노니 보시ᄂ 니ᄂ 심샹ᄒᆞᆫ 소셜로 역이지 아니ᄒᆞ심을 두터이 브라노라.
② 同上, 結尾 : 차후로 황씨에 일문에 부귀 훤혁ᄒᆞ고 ᄌᆞ손이 창셩ᄒ니 그 뒤일을 알고져 할진딘 「황경량문록」을 볼지어다.

[국문활자본]
(일딘용녀)남강월 (一代龍女)南江月   국중(3634-2-14=5)/[亞活全](2)   1(國漢字 倂記, [著·發]金東縉, 德興書林, 초판 1915. 12. 25, 85pp.)

111.1.〈자료〉
Ⅰ. (영인)
  111.1.2. 仁川大民族文化硏究所 編.『舊活字本古小說全集』, 20. 銀河出版社, 1984 ; (再刊) 國際아카데미, 2002. (덕흥서림판)

◪112.[남계연담 南溪演談 / 南溪聯譚]
〈관계기록〉
① 「玉鴛再合奇緣」[1786~1790](溫陽鄭氏 1725~1799), 15, 表紙 裏面 :「남계연의」.
② 『諺文古詩』(가람본), '언문칙목녹', 200 :「남기연담」.
【增】
1) 『[가람]칙목녹』(奎章閣所藏):「남계연담」 공ᄉ.

[국문필사본]
남계연담 南溪演談   정문연[장서각](4-6788)   낙질 2(권1 결, 133f.)
                   /정문연[韓古目]
                   (207 : R35N~000020~2)

―――――――――
7) 『이본목록』·『작품연구 총람』 수정.

◐113. [[남궁선생전 南宮先生傳]]

〈작자〉許筠(1569~1618)
〈출전〉『惺所覆瓿藁』, 8. 文部, 5, '傳'
〈관계기록〉

① 「南宮先生傳」, 結尾(部分): 萬曆戊申秋 筠罷公州家扶安 先生自古阜步訪於旅邸 因以四經奧 旨授之 且以遇師顚末 詳言之如右 先生今年八十三 而容若四十六七歲人 視聽精力 不少衰 鸞瞳綠髮 翛然如瘦鶴 或數日絶食不寐 誦參同黃庭不綴 …… 許子曰 傳言東人尙佛不尙道 自羅逮鮮 數千載 未聞有一人得道仙去者 其果徵哉 然余所覩南宮先生言之 可異焉 先生所師 者 何果人 而得於相師者 未必的可信 所說亦未必盡然 要之 影響之間也 但以先生年貌看 之 非眞能得道者耶 那能八十 而若是康健也 此又不可決以爲實無是事也◐(만력 무신년[明 穆宗 36, 1608] 가을에 내[허균]는 공주에서 파직을 당하고 잠시 부안에 살고 있었다. 선생이 고부로부터 걸어서 내가 묵고 있는 객사를 찾아왔다. 인하여 네 가지 경의 오묘한 뜻을 나에게 전하고, 또 그가 선사를 만났던 전말을 앞서 했던 이야기처럼 상세히 했다. 선생의 나이는 그때 벌써 여든 셋이었으나 얼굴이 마치 열예닐곱 살 된 젊은이와 같았고, 보고 듣는 정력이 조금도 쇠퇴치 않았고, 파라안 눈동자나 까만 머리털이나 모든 풍채가 마치 여윈 학과도 같았고, 가끔 며칠을 먹지 않고 졸지 않고서『참동계』8)와『황정경』9) 외기를 쉬지 않았다. …… 허재[허균의 자]치는 말하기를, 전해 오는 이야기에 '동국 사람들은 불을 숭상하여 도는 높지 않았다' 하였는데, 신라로부터 조선에 이르기까지 수천 년이 지났으나 한 사람도 도를 얻어 신선이 되었다는 말을 듣지 못했으니 과연 그 말이 옳도다. 그러나 내가 본바 남궁선생으로 말하면 정말 이상한 일이었다. 선생의 스승은 과연 어떤 사람이며, 또는 그가 의상대사에게서 들었다는 말도 반드시 다 옳은 것이라고 믿을 것도 없거니와 그의 이야기도 또한 결코 이런 일이 없었다고 우길 수는 없을 것이다. 요컨대 이는 저 그림자나 메아리처럼 그 무엇에 지나지 않을 것이다. 다만 선생의 나이와 얼굴을 따져 본다면 어찌 참으로 도를 통한 이가 아니겠는가? 어찌하여 여든 살의 고령으로 이같이도 건강할 수 있겠는가? 이로 보아서는 또한 '결코 이런 일이 없다'고 우길 수는 없을 것이다).

② 『惺所覆瓿藁』, 21, 文部, 18, 尺牘, '與李蓀谷 庚戌十月': 翁素奬我 騷賦婉麗 不佞則不敢自信 焉 僕之文 近進而翁猶不知之 故謹寫「閑情錄序」・「朴氏山庄」・「王塚二記」・「十二論」・「李節度 誄」・「關廟碑」・「南宮生傳」・「對詰者」曁「北歸賦」・「毁璧辭」爲一通 付卞生而去 幸敎之如何◐ (옹께서는 본디 제 시가 아름답다고 칭찬하셨습니다. 그러나 제[不佞10)]는 감히 스스로 그렇게 믿지 못합니다. 저의 문장은 근래에 진보했는데, 옹께서 오히려 알아주시지 못하므로, 삼가 「한정록서」・「박씨산장」・「왕총이기」・「십이론」・「이절도뢰」・「관묘비」・「남궁생전」・「대힐 자」및「북귀부」・「훼벽사」를 한 통으로 만들어 변생에게 부쳐 보냅니다. 가르쳐 주시는 게 어떻습니까?).

---

8) 중국 한나라 때 魏伯陽이 편찬한 책 이름. 周易參同戒.
9) 도교에서 쓰는 경문 또는 경전.
10) 문장에서 자기를 겸손히 일컫는 말.

113.1. 〈자료〉

Ⅱ. (역주)

【增】

1) 신해진. 『朝鮮朝傳系小說』. 월인, 2003.
2) 朴熙秉 標點·校釋. 『韓國漢文小說 交合句解』. 소명출판, 2005. (국립중앙도서관 소장 『惺所覆瓿稿』)

113.2. 〈연구〉

Ⅲ. (학술지)

113.2.16. 車充煥. "「南宮先生傳」의 서사적 성격." 『高凰論集』, 17(慶熙大 大學院, 1996. 2). 『韓國古典小說 作品研究』(월인, 2004. 10)에 재수록.

【增】

1) 차충환. "「남궁선생전」과 『동야휘집』 소재 남궁두 이야기의 대비 고찰." 『경희어문학』, 16(경희대 국어국문학과, 1996. 6). 『韓國古典小說 作品研究』(월인, 2004. 10)에 재수록.
2) 崔昌錄. "'종려전도'와 「남궁선생전」의 수련득도." 『幻夢小說과 꿈이야기』(푸른사상, 2000. 11).
3) 차충환. "「南宮先生傳」의 意味構造와 作家意識." 『인문학연구』, 5(경희대학교 인문학연구원, 2001. 12). 『韓國古典小說 作品研究』(월인, 2004. 10).
4) 전성운. "허균소설의 배경 사상과 태주학파:「남궁선생전」을 중심으로." 『한국고소설학회 제61차 정기학술대회 발표집』(韓國古小說學會, 2003. 5). "「남궁선생전」과 태주학파"로 『한·중소설 대비의 지평』(보고사, 2005. 2)에 재수록.

◧114. [[남령전 南靈傳 ①]]

〈작자〉 李義老(1760~1792)
〈출전〉 『蟾齋遺稿』, 3
〈관계기록〉

① 李義老,「南靈傳」, 結尾: 大禹疏儀狄[11] 宣尼放鄭聲 二聖人者 幾後世之以麴蘗聲色 蠱人也夫 今有七八歲者 與南氏嬉 其父雖日撻而禁之 不得 嗚呼 草尙以風◯(대우[12])가 의적[13]을 멀리하였고, 선니[14]가 정나라 음악[15]을 밀어냈으니, 두 성인은 후세에 술과 음악이 사람을 고혹[16]케 만들 줄 아셨던 것이로구나. 이제 7~8세 어린아이조차 남씨와 어울려 즐기되, 그 아비가 아무리 매일 회초리로 못하게 해도 아니 되는 것이니, 아아, 풀은 늘 바람을 좇아 쓸려 가도다).

---

11) '儀狄'은 중국의 夏나라 때 술을 처음으로 만들었다는 전설상의 인물.
12) 하나라 초대 임금인 禹임금.
13) 하나라 때 사람으로 술을 처음으로 만들었다고 한다.
14) 공자.
15) 鄭風. 『詩經』 國風의 하나인 정풍은 총 21편으로 이루어져 있는데 그 중에는 남녀의 失行을 노래한 시들이 꽤 들어 있어 예부터 淫辭라는 비난이 있어 왔다. 孔子도 『논어』에서 '鄭聲은 淫'이라 했는데, 실은 이들 시의 내용은 대체로 애정시이다. '子曰 行夏之時 乘殷之輅 服周之冕 樂則韶舞 放鄭聲 遠佞人 鄭聲淫 佞人殆'(『詩經』, 魏靈公)
16) 남을 꾀어 속임.

◐115.[[남령전 南靈傳 ②]]

〈작자〉李鈺(1760~1813)[17]
〈출전〉金鑢(1766~1821)[18]의『藫庭叢書』, 21, '梅花外史'
〈관계기록〉

① 李鈺,「南靈傳」, 結尾: 花史氏曰 昔韓慕盧菼 與南煙及麴生 爲忘形友 人問 二者不可兼 當去何者 韓公沈吟良久曰 皆不可去 若不獲已 其去麴生乎 至於煙 有死不可去 余於南君亦然 於是爲立傳以紀 或曰 其先呂宋人●(화사씨가 이르기를, 이전에 한모려[19] 담이 남연과 국생으로 더불어 망형[20]의 벗을 하였는데, 어떤 사람이 "두 사람을 한번에 사귈 수 없다면 어느 쪽을 버리겠소?"하고 묻자, 한공이 한참 동안 가만 생각하더니, "모두 버릴 수 없습니다만, 부득이하다면 국생을 버리겠소 연[煙]으로 이르자면 죽는다 해도 버릴 수가 없소"라고 하였다. 나의 남군에 대한 심정 또한 다를 게 없어 이에 전으로 밝혀 기록하는 바다. 어떤 이는 말하기를, '남령의 조상은 여송[21] 사람이었다'고 한다).

115.1.〈자료〉
Ⅱ.(역주)

【增】
1) 실시학사 고전문학연구회 역주.『역주 이옥전집』, 2. 소명출판, 2001.

115.2.〈연구〉
Ⅱ. (학위논문)
<석사>

【增】
1) 오명경. "이옥의「남령전」연구." 碩論(한국교원대 대학원 2005. 2).

【增】 ◐{남룡전 南龍傳}

【增】 국문필사본

【增】 남용전 南龍傳   박순호[家目]   1(辛酉二月一日, 49f.)

◐116.[남송연의 南宋演義]

〈관계기록〉
(한문)

①『旬五志』(洪萬宗 1643~1725), 下: 古說之表表 可稱者「西遊記」·「水滸傳」外 如列國 東西漢 齊魏五代 唐 南北宋 各有演義 皆行於世 至大明末諸文士 尤尙浮藻鑿空搆虛 輒成一部 至於坐衙按簿之官 越視職事務 得新語得一欹則附會增演 作爲卷帙 故其爲也 汗牛充棟 宇指

---

17) 모든 사전 수정.
18) 모든 사전 수정.
19) 청나라 사람으로 '모려'는 字이다. 지론이 분명하여 兩家之說을 하지 않았다 한다.
20) 제 몸을 돌보지 않음.
21) 필리핀군도의 북쪽의 큰 섬인 '루손'섬. '여송연'은 바로 여기서 나는 향기가 진한 葉卷煙이다.

不勝屈 徒爲好事者之傳玩而仍成習 競相慕效 遂使世道萎靡 竟致宗社之瓦裂 有若晋代之尙 以淸談誤世 可勝歎哉.◑(옛 이야기 가운데 뛰어나[表表] 일컬어질 만한 것으로서「서유기」 ·「수호전」외에 역국 때로부터 동서한·제·위·오대·당·남북송에 이르기까지 모두 연의가 있어 세상에 유행하였다. 명나라 말엽에 이르러 여러 문사들이 더욱 들뜬 글[文詞]를 숭상하여 공허한 이야기를 엮어서 문득 한 권의 책을 만들어냈다. 심지어 관청에서 장부를 살피는 관원까지도 맡은 일을 등한시하고 새로운 이야깃거리를 하나 얻으면 곧 덧붙이고 늘려서 권질을 만들었다. 이렇게 하여 만든 책이 하도 많아서 손가락으로 꼽을 수 없을 정도였다. 한갓 호사자들이 전하여 즐기던 것이 습속을 이루어 다투어 서로 흠모하고 본떠서 드디어 세상의 도의[世道]를 시들게 하고 마침내 종묘 사직이 허물어지는 데까지 이르게 되었다. 마치 진나라[晋代] 말엽에 청담22)으로 세상을 그르친 것과 같으니, 탄식할 일이로다)
② 『中國歷史繪模本』(完山[映嬪]李氏, 1762), no. 12 :「南宋演義」.

【增】
1) 『字學歲月』[1744](尹德熙 1685~1766) :「南宋衍義」.
2) 『私集』(尹德熙 1685~1766), 4,「小說經覽者」[1762] :「南宋衍義」.
3) 『海南尹氏群書目錄』(國立中央圖書館所藏):「南北兩宋傳」.

(국역)
① 「玉鴛再合奇緣」[1786~1790](溫陽鄭氏 1725~1799), 15, 表紙 裏面 :「남송연의」.
② 「華山仙界錄」(낙선재본), 21 : 남숑황데 됴광윤의 텬하 엇던 뎐후 소덕이「남숑연의」의 셰셰히 긔록훈 고로 추년의 지리후여 쎈히다.
③ 『諺文古詩』(가람본), '언문칙목녹', 96 :「남송연의」.
④ Courant, 765 :「남송연의 南宋演義」.

국문필사본

남송연의	박재연[家目]/[中韓韓文展目(2003)]	7(歲在丙申季秋書傳于後昆)23)

▶(남씨충렬록 南氏忠烈錄 → 양씨전)
▶(남씨충효록 南氏忠孝錄 → 양씨전)
◑117.[[남염부주지 南炎浮州志]] ←『금오신화』
〈작자〉金時習(1435~1493)
〈출전〉『金鰲神話』
〈관계기록〉
① 『六臣傳合集』(趙基永編), 8 附錄 上 撫遺 :『金鰲新話』中「南炎浮洲志」小說之第一也 大槪蹈襲瞿佑宗吉『剪燈新話』而出語卽過之 豈但靑出於藍而已哉◑(김시습의『금오신화』중「남염부주지」는 실로 소설 중에서 제일이다. 대개 구우종길24)의『전등신화』를 답습하였으나, 거기에

---

22) 중국 魏·晋 시대에 선비들이 세상을 버리고 산림에 은거하며 老·莊의 空理를 논하던 일. '竹林七賢'이 가장 유명하다.
23) 李謙魯씨 구장본.
24) '宗吉'은『剪燈新話』의 저자인 瞿佑의 字.

② 『金鰲新話』, 依田百川 序文[1884] : 「浮洲志」 則借閻王說心命之理 議論卓越 非才識具備者 決不能辨也●(「남염부주지」는 염라대왕의 성명에 대한 이치를 빌어 탁월함을 의론하여 재주와 식견을 갖춘 사람이 아니면 결코 구별해 낼 수가 없는 것이다).

나오는 말은 『전등신화』보다도 월등하니 어찌 다만 푸름이 쪽에서 나온 것[靑出於藍25)] 정도뿐이 겠는가?).

③ 同上, 蒲生重章 跋 [1884]: 大塚彦 將鐫朝鮮人金時習所著 『金鰲新語[話]』 携來示余 余閱之歎曰 盖作者成化初 抱才學與時不遇 故發憤慨於此焉耳 如其「萬福寺樗蒲記」・「李生窺墻傳」・「南炎浮洲志」・「龍宮赴宴錄」 諸篇或情致纏綿 或感慨鬱勃 或悲壯淋漓 或議論明快 或豪懷骯髒 一讀 使人擊節不已●(대총언이 조선인 김시습이 지은 『금오신화』를 간행하려고 가지고 와서 내게 보여 주었다. 내가 보고 난 후 탄식하여 말하기를, "대개 이 글의 작자는 성화[1465~1487] 초년에 재주와 학식을 품었으나 때를 만나지 못해 여기에 분개함을 나타냈을 뿐이다. 예컨대 「만복사저포기」・「이생규장전」・「남염부주지」・「용궁부연록」 등은 혹 정치26)가 뒤얽히고 혹 감개가 터져 나오며[鬱勃27)] 혹 비장함이 흥건하고 혹 의논이 명쾌하며 혹 크나큰 회포가 꿋꿋[骯髒28)]하여 한번 읽으면 사람으로 하여금 격절29)함을 마지 않게 한다.").

④ 同上, 梅外仙史 批評[1884]: 通編 文章華麗 詩賦淸腴 紀事傳之佳者也 余曾讀淸人蒲留仙 『聊齋志異 亦稗史中 上最妙者也 今讀此篇 其事奇而其詩則正 決非狂怪之辭也 意者彼其 巧全在文章故 篇篇用意 時揷四六之辭 此編不然 其巧全在詩賦 如後卷雖有「炎浮」之文 至「龍宮赴宴」則 頻揷騷體之賦 其意之所在 亦可知而已 而其所論 非尋常傳奇之類也 他日必 當上木欲重觀之 梅外仙史批評 岡蓁窓書●(전편은 문장이 화려하고 시부는 맑고 살쪄 기사 전기 중에 아름다운 작품이다. 내가 일찍이 청나라 사람 포류선[蒲松齡, 1640~1715)30)의 『요재지이』를 읽었는데, 역시 패사 중 가장 묘한 것이었다. 이제 이 작품을 읽으니 그 사건이 기묘하고 그 시는 바르어 결코 미치괭이의 말이 아니다. 작자가 『요재지이』의 경우는 기교가 문장에 있어 편편마다 때때로 4·6문을 집어넣었으나, 이 작품은 그렇지 않아 그 기교가 시부에 있다. 예컨대 후권에는 「염부」가 있으나 「용궁부연」에 이르면 자주 이소부31)체를 집어넣어 그 뜻의 소재를 역시 가히 알 수 있으나, 그 논하는 바는 보통의 전기류는 아니다. 훗날 반드시 상목을 당하여 중히 보고자 한다. 매외선사가 비평하고 강진창에서 쓴다).

117.1. 〈자료〉

Ⅱ. (역주)

【增】

1) 金俊榮・李月英. 『古小說論』. 月印, 2000.

2) 朴熙秉 標點・校釋. 『韓國漢文小說 交合句解』. 소명출판, 2005. (尹春年 편집본 『금오신화』)

---

25) 쪽에서 나온 푸른 물감이 쪽보다 더 푸르다는 뜻으로, 제자가 스승보다 더 나음을 일컫는다.
26) 좋은 감정을 자아내는 흥과 韻致.
27) 속에 꽉 찬 기운이 터져 나올 듯이 성함.
28) 꿋꿋함.
29) 박자를 맞춤.
30) 중국 청나라 때의 소설가・극작가.
31) 중국 초나라의 屈原(B.C. 343?~B.C. 277?)이 지은 초사 작품.

117.2. 〈연구〉
Ⅲ. (학술지)

117.2.20. 金一烈. "金時習과 『金鰲新話』(「南炎浮洲志」)." 『古典小說新論』(새문社, 1991. 12).

117.2.21. 엄기주. "「南炎浮洲志」의 寓意性." 『泮橋語文研究』, 5 (泮橋語文學會, 1994. 4). 반교어문학회 편, 『고소설의 사적전개와 문학적 지향』(반교어문총서 3, 보고사, 2000. 3).

117.2.24. 진경환. "「남염부주지」의 반어." 『古典文學研究』, 13(韓國古典文學會, 1998. 6); 『古典의 打作』(月印, 2000. 6); 刊行委員會, 『澤民金光淳敎授定年紀念論叢』(새문社, 2004. 11)에 재수록.

【增】

1) 金珖成. "「南炎浮洲志」와 『剪燈神話』의 比較 研究." 『論文集』, 15(京畿工專, 1981. 12).
2) 정 경. "시대상황에서의 갈등극복의 양태 : 「남염부주지」와 「홍길동전」의 비교." 『태능어문』, 3(서울여대 국어국문학회, 1986. 2).
3) 설중환. "『金鰲神話』의 易學的 考察 : 「南炎浮洲志」와 「龍宮赴宴錄」을 중심으로." 『省谷論叢』, 27(省谷學術文化財團, 1996. 8).
4) 文範斗. "「南炎浮洲志」에 나타난 作家的 問題意識." 『韓民族語文學』, 34(韓民族語文學會, 1999. 10).
5) 임수현. "「南炎浮洲志」의 환상성 연구." 『西江語文』, 15(서강어문학회, 1999. 12).
6) 설중환. "『周易』으로 본 「南炎浮洲志」." 刊行委員會, 『澤民金光淳敎授定年紀念論叢』(새문社, 2004. 11).

▶ (남용성전 南龍成傳 → 양씨전)
▶ (남원고사 南原古詞 → 춘향전)
【增】▶ (남윤선전 → 남윤전)

◧ 118. [남윤전 南允傳] ← 남윤선전

〈관계기록〉

① 『諺文古詩』(가람본), '언문칙목녹', 161: 「남유젼」.

국문필사본		
남눈젼 南允傳[32]	국중[고1](한-48-200)/정문연[韓古目](210: R35N-002917-6)/[亞筆全](6)	1(권말 낙장 43f.)
【增】남윤선전	박순호[家日]	1(45f.)

118.2. 〈연구〉

【增】Ⅱ. (학위논문)

〈석사〉

1) 정서영. "『남윤전』 연구." 碩論(숭실대 대학원, 2000. 2).

Ⅲ. (학술지)

【增】

---

32) 『이본목록』에는 한문표제 '南允傳'이 소장자항으로 밀려 가 있다.

1) 김진규. "「남윤전」의 捕虜小說的 性格."『동양한문학연구』, 15(동양한문학회, 2001. 11).
2) 장준기. "「南允傳」연구."『국어국문학』, 20(동아대학교 국어국문학과, 2001. 12).

〈줄거리〉
(下 14行) 단천부사[李景熙] → 단천부사[李星海]33)

◐119.[남이장군실기 南怡將軍實記] ← 남이장군전

〈관계기록〉
　①『潭庭叢書』(金鑢 1766~1821), 24,「崔生員傳」(李鈺 1760~1813) 結尾 : 世傳 南怡將軍怡 能威鬼妖 若景秀才之辟山魈者 豈人固畏鬼 而鬼亦有畏之人也◐(세상에 이르기를 '옛날 남이장군이 능히 요귀를 물리치기를 마치 경수재34)가 산소35)를 휘몰아낸 것과 같이 했다.' 하였으니, 어찌 사람만이 귀신을 두려워하겠는가? 귀신도 역시 두려워하는 사람이 있는 것이다).

국문활자본

(남이장군실기)

| 【削】 용맹무적 남이장군실긔 | 勇猛無敵南怡將軍實記 [仁活全](2) | 1(張道斌著, 德興書林, 1926. 12. 30, 50pp.) |
| (용맹무적)남이장군실긔 (勇猛無敵)南怡將軍實記 | 국중(3634-2-66=14)<초판>/국중(3634-2-66=13)<재판>/[仁活全](2) | 1(화자 표기, 초판 [著]張道斌, 德興書林, 1926.12.30; 재판 [著·發]金東縉, 1935.12.15, 50pp.) |

119.1.〈자료〉
Ⅰ. (영인)
　119.1.1. 仁川大民族文化硏究所 編.『舊活字本古小說全集』, 2. 銀河出版社, 1983; (再刊) 國際아카데미, 2002. (덕흥서림판,『남이장군실긔』)

119.2.〈연구〉
Ⅲ. (학술지)
【增】
1) 류권석. "「남이전」연구: 비극적 영웅상을 중심으로."『語文硏究』, 108(韓國語文敎育硏究會, 2000. 12).

▶(남이장군전 南怡將軍傳 → 남이장군실기)
◐{남장군전 南將軍傳}
▶(남정기 南征記36) → 사씨남정기)

---

33) 단천부사의 이름이 '이경희'로 되어 있는 이본도 있다.
34)「최생원전」의 작자인 李鈺이 자칭한 것이다.
35) 산의 요괴.

◐{남정전승사실}37)

〈관계기록〉

① 「玩月會盟宴」(서울대본), 142 : 이에 명ᄒᆞ여 민 거슬 그르고 장젼의 올녀 다시 경계ᄒᆞ여 대됴 은퇵을 널리 베푸며 항복 긔슈ᄒᆞ여 나라흘 보젼ᄒᆞ미 져의게 복되믈 경계ᄒᆞ니 셔융이 진실노 감덕ᄒᆞ여 명일 출향ᄒᆞ여 ᄌᆞᄌᆞ 손손이 텬됴 덕화를 목욕ᄒᆞ여 원슈를 닛지 ᄋᆞ니며 대국 은화를 감히 항거ᄒᆞ여 져ᄇᆞ리지 아니믈 밍셰ᄒᆞ니 원슈 의관과 안마를 주어 제신으로 도로 보내니 기간 샤젹 셜화 다 「남정젼승ᄉᆞ실」의 히비ᄒᆞ미 다시 긔록디 아니코 그 대강을 초ᄒᆞ다.

◪120. [남정팔난긔 南征八難記]38) ← 팔장사전

〈관계기록〉

① 박순호 소장본 「남정팔난긔」, 권지십 末尾 : 샹황이 시어사좌복야 박경희를 명ᄒᆞ야 승평왕에 젼후 ᄉᆞ젹를 기록ᄒᆞ야 후셰의 젼케 ᄒᆞ라 ᄒᆞ시니 경희 황지를 밧ᄌᆞ와 믈너 가 「남졍팔난긔」 십삼 편을 지어 드리니 상이 일일이 보시고 …… 칙 일홈 곳쳐 「오호썅연경회록」이라 ᄒᆞ시고 …… 박경희의 ᄌᆞ는 공션이오 별호는 옥쳔산인이라 밀성인이라 집이 가ᄂᆞᄒᆞ나 글 닑긔를 됴화ᄒᆞ고 일즉 평왕에 ᄌᆞ초 ᄉᆞ젹을 익이 아ᄂᆞ지라 벼슬이 좌복야에 잇더니 황명을 밧ᄌᆞ와 「남졍팔난긔」를 지은지라 …… 밀성후인 박경희 한묵을 희롱하여 ᄉᆞ젹과 ᄌᆞ최를 후셰의 오리 젼코져 ᄒᆞ미러니 붕우 즁 츙원의 후인 지득한이 유젼ᄒᆞ여 드른 말과 경회록과 모든 글을 슈습ᄒᆞ여 셩편ᄒᆞ니 후인은 젹실ᄒᆞ믈 알지어라.39)

② Courant, 824: 「남졍팔난긔 南征八難記」, 2책.

〈이본연구〉

【增】

1) [「남정팔난기」의] 이본을 계열별로 분류해 보면 다음과 같다.

　　14권 14책 계열: ……
　　3권 3책 계열: ……
　　방각본 계열: ……
　　한문본: ①[大阪府立圖書館]

　국문본의 유통 양상을 중심으로 14권14책 계열, 3권 3책, 방각본 계열로 나눈 것이고, 한문본은 따로 분류하였다. 한문본을 따로 분류한 것은 표기 문자의 상이(相異)함, 서사의 변화, 유통의 측면에서 유의미한 소설사적 의미기 국문본과는 변별되기 때문이다. 국문본을 14권 14책 계열, 3권 3책, 방각본 계열로 다시 분류한 것은 이들 사이에서 변모를 찾을 수 있기 때문이다. 그러나

---

36) 특별한 장회 표시가 없는 경우 대체로 12회로 구성되어 있다.
37) 「남정전승ᄉᆞ실」이 「완월회맹연」의 속작인 것으로 나타나나(「완월회맹연」, 권 142), 아직 발견되지 않았다(金鎭世, "李朝後期 大河小說 硏究," 『韓國小說文學의 探究』, 一潮閣, 1978, p. 106).
38) 『이본목록』·『작품연구 총람』 수정. 주인공 황극이 南征 도중 겪게 되는 '8가지 고난'[八難]에서 因名. 8가지 고난이란 '모친과의 이별, 화재, 호환, 도둑으로의 오인, 전염병, 도둑에 피납, 난파, 뱀에 물릴 위기'이다.
39) 조동필 소장본 「남정팔난긔」에는 '밀성후인'이 '동ᄂᆡ후인'으로, '박경희'가 '명임천'으로 되어 있으며, '밀성인이라'라는 말이 빠져 있다.

14권 14책 계열, 3권 3책, 방각본 계열이 14권 14책에서 3권 3책으로, 다시 방각본으로, 시간적 흐름에 따라 변모한 것을 의미하는 것은 아니다. 14권 14책 계열의 장편의 분량이 시간의 흐름에 따라 3권 3책 계열, 방각본 계열로 축소되었을 수도 있지만 꼭 그러한 것만은 아니다. 이본들 가운데 가장 뒤늦게 나타난 것이 활자본인데, 활자본은 14권 14책 계열에 속하는 것을 보아도 그러하다. 「남정팔난기」에서 국문본을 14권 14책 계열, 3권 3책 계열, 방각본 계열로 나눈 것은 작품의 변이 양상을 살펴볼 수 있기 때문으로, 이러한 변이 양상은 향유자들의 미의식의 변모와 관련된다. …… 「남정팔난기」는 한문본과 국문본이 모두 존재한다. 국문본과 한문본은 인물, 삽화 전개, 서사 전개 등에서 많은 차이가 있다. 동일한 대상을 다르게 표현하거나 지칭하는 단순한 차이는 논외로 하더라도 내용의 전개, 인물 형상 등과 같이 작품의 특질을 새롭게 규정할 만한 차이도 적지 않다. …… 국문본과 한문본의 차이는 크게 다음 두 가지 측면으로 나누어 볼 수 있다. 먼저 형식이나 체재적인 차이와 내용상의 차이가 그것이다. …… 형식적인 측면에서 차이점은 크게 두 가지를 지적할 수 있다. 첫째는 한문본에는 서문에 해당하는 도입문과 발문에 해당하는 내용이 들어가 있는데 반해, 국문본에는 이에 해당하는 것이 없다. …… 다음으로, 장회의 형식과 관련된 측면이다. 한문본은 16회로 구분되어 있으며, 매회마다 장회의 내용을 압축적으로 제시하고 있다. 이같은 방식은 장회 소설의 일반적 특징이라 할 만하다. 물론 국문본 가운데 규장각본과 장서각본에 일부 장회가 있어, 한문본만의 특징으로 지적되기 곤란한 측면도 없지 않다. 하지만 국문본 장회의 경우 극히 일부만 있을 따름이고, 이같은 장회 구분하는 방식이 모든 이본의 특징도 아니다. 또 활자본이 38회의 장회체로 이루어져 있지만, 한문본과는 회수, 분회 위치, 장회명 등이 전혀 다르다. 한문본이 갖추고 있는 형식적인 체재가 국문본과는 전혀 다름을 볼 수 있다. 때문에 장회 구분은 한문본만의 특징이라고 할 수 있다. …… 그런데 「남정팔난기」는 이와 같은 형식적인 체재, 그리고 그에 내포된 의미에서뿐만 아니라 서사 전개와 같은 내용적 측면에서도 상당한 차이가 있다. …… 「남정팔난기」의 한문본과 국문본을 비교·대조해 본 결과 두 텍스트본 사이의 거리를 확인할 수 있었다. 가장 큰 차이는 한문본에는 연왕과의 전투가 빠져 있으며, 후일담 부분이 국문본에 비해 축소되어 있다는 것이다. 반대로 국문본에서 빠져 있거나 축소되어 있는 부분은 지나치게 도불적 성향이 강한 내용, 충효나 예의에 관련된 내용, 배경 묘사와 같은 내용 등임을 알 수 있다. 이는 한문본의 비현실적, 환상적, 비윤리적 내용에 비해 국문본이 현실적이고 합리적인 내용을 중심으로 서사를 이끌려는 의도가 반영된 것이라 할 수 있다(崔允姬, "「남정팔난기」 英雄形象과 小說史的 意味," 高麗大 博論 [2004. 8], pp. 26, 27~28, 30~31, 40, et passim).

2) 10권10책 계열인 박순호본과 5권 5책 계열을 놓고 볼 때 작품의 시대 배경이 박순호본에는 '딕송신무황뎨시졀'로 되어 있는데, 5권 5책 계열인 서울대 규장각 소장본과 성균관대 소장본, 서강대 도서관본에는 '딕송신종황졔시졀'로 되어 있다. 그런데 '신무황제'는 역사 속에 없는 인물이고, '신종황제'는 1067년~1085년까지 실존한 송의 황제다. 그리고 박순호본에는 장회 소설의 면모가 없는데, 5권 5책 계열인 규장각본, 성균관대본, 서강대학교 도서관본에는 장회 제목이 나타난다. 그런데 3권 3책 계열인 나손본은 시대 배경은 박순호본을 따르고 있으면서, 권지일에 장회 제목의 흔적인 '황시랑비봉상져련'이란 장회 제목과 같은 글귀가 남아 있어 주목을 끈다. 그런데 본고에서 다루려는 동양문고본은 시대 배경은 '대송신무황제'를 따르고 있으나, 장회 제목은 박순호본과 같이 전혀 없다. …… 동양문고본 「남정팔난기」는 세책으로 3권 3책 계열인 나손본과 친연성이 가장 돋보인다. 그런데 분량이 가장 많은 10권 10책 계열인

박순호본과 이들 이본을 비교해 보면 전체적인 내용과 틀을 그대로 유지해 가면서 축약과 생략이 이본 형성의 가장 큰 기준임을 알 수 가 있다. 그리고 나손본은 박순호본을 그 내용이나 전체적 틀을 전혀 손상하지 않고 축약해 나간 것이고, 이것이 그대로 동양문고본에 이어지고 있어서, 「남정팔난기」의 경우 필사자가 작품 자체의 이해와 문학적 역량이 있었던 계층으로 여겨지고, 그 분량의 측면에서나 세책의 대출 비용에서나 시간적 경제적 여유가 있는 계층이 독자였을 가능성이 있어, 독자 계층이 최하층 계층인 노비까지 있었다는 사실에 의문을 제기할 수 있다. 그리고 구활자본 고소설로 출간된 「八壯士傳」이 동양문고본과 거의 일치하고 있어서, 구활자본 고소설의 원천이 세책이라는 사실의 구체적 예를 다시 한 번 드러내 준다(김경숙, "동양문고본 「남정팔난기」 연구," 『洌上古典研究』, 20[2004. 12], p. 39및 p. 64).

〈판본연대〉

① ······ (曺熙卿, "「남정팔난기」 연구," 서울대 석론[1998. 8], p. 11).

【增】

1) 한문본 「남정팔난기」는 국문본 「남정팔난기」에 선행한다. 그것은 다음과 같은 사실을 고려할 때 분명하다. 첫째, 지명이나 인명이 국문본보다 한문본이 타당하며, 내용의 전개상 합리적이다. ······둘째, 인물에 대한 정보를 제공하는 내용인 인정 기술과 관련된 측면이다. ······ 셋째, 서사 전개와 관련된 측면이다. ······ 마지막으로 제목에서 드러나는 팔난의 순차적 제시와 관련된 부분이다. ······ 이와 같이, 지명, 인명, 인정 기술의 완정성, 서사적 완비성, 제목의 타당성 등을 두루 고려하면, 국문본은 한문본을 토대로 개작한 것임에 분명하다. 국문본 개작자는 한문본을 토대로 서사 진행에 불필요한 내용을 삭제하고, 후반부를 확대해서 국문본 「남정팔난기」를 창출한 것으로 볼 수 있다. ······ 한 작품이 언제 소설사에 출현됐는가에 대한 정확한 정보를 얻을 수 없다면, 작품의 내외적 특징을 가지고 추정할 수밖에 없다. 「남정팔난기」 역시 많은 고소설 작품들과 마찬가지로 그 출현 시기를 확정하는 것은 至難한 일이다. 「남정팔난기」의 출현 시기는, 30장본 「남정팔난기」의 판각 시기와 정확한 필사 시기를 알 수 있는 필사본(성대본 광서 13년, 1887), 간기를 통해 추정할 수 있는 필사본(정문연본 갑인년, 1854)의 존재를 고려하면, 19세기 중반 이전에 이미 출현했음이 분명하다. 여기서 「남정팔난기」가 창작되어 유행하여 판각되는 시기를 고려한다면 「남정팔난기」는 늦어도 18세기 말엽에는 출현한 것으로 추정할 수 있다(崔允姬, "「남정팔난기」 英雄形象과 小說史的 意味," 高麗大 博論[2004. 8], pp. 40~44, 137~138, et passim).

국문필사본

【增】南征八難記	京都大[河合弘民]	낙질 7(6: 셰지긔희□월일이현필셔, 29f.; 7: 29f.; 8: 26f.; 9: 28f.; 10: 27f.; 13: 29f.; 14: 셰지긔희십월일이현필셔, 29f.)
【增】 남정팔란긔 권지일/······/권지팔	김광순[筆全](56)	10-5(1~2: 79f.; 3~4: 72f.; 5~6: 72f.; 7~8, 81f.; 9~10: 68f.)
【削】 남정팔난기	大阪府立圖[韓本目錄](韓14-29) 3	

【增】南征八難記		서강대(古書 남732)	5(4: 게사졍월일판곡 文郞 廳宅□)
【增】南征八難記		이상택	3-1(2: 갑진년사월초구일필 젹리라)
【增】남정팔난긔		橫山弘[이윤석 외, 『貫册古小說研究』, 73]	낙질 1(권2)

국문경판본

【增】남정팔난긔		국중(古3636-182)	3-1(1: 20f.; 2: 20f.; 3: 19f.)

국문활자본

(팔장사전)

【增】팔장사전		정명기[尋是齋 家目]	1(京城書籍業組合, 1926, 후미 낙장)
팔장사전 八壯士傳 上下合部		박순호[家目]/조희웅[家目]	1([著·發]申泰三, 世昌書舘, 1962.12.30, ……)
팔장사전		정문연(D7B-45)	낙질 1(제1책 결, 朴健會 編, 新舊書林, 1917)
팔장사전		정문연(D7B-45A)	낙질 1(제2책 결, 朴健會 編)

【增】 한문필사본

【增】남정팔난기		大阪府立圖[韓本目錄](韓14-29)	3(전 17회, 天 제1~6회, 55f.; 地: 제7~11회, 52f.; 人: 제 13~17회, 48f.)

120.1. 〈자료〉

Ⅰ. (영인)

【增】

1) 金光淳 編. 『金光淳所藏 筆寫本韓國古小說全集』, 56. 박이정출판사, 1994. (김광순 소장)
2) 창성편집위원회 편. 『韓國古文學資料叢書 : 古小說筆寫本篇』, 13. 창성, 2001. (단국대[羅孫] 소장)

120.2. 〈연구〉

Ⅱ. (학위논문)

【增】 <박사>

1) 崔允姬. "「남정팔난기」 英雄 形象과 小說史的 意味." 博論(高麗大 大學院, 2004. 8).

Ⅲ. (학술지)

「남정팔난기」

【增】

1) 최윤희. "「남정팔난기」 유통 형태의 변화와 의미."『우리어문연구』, 21(우리어문학회, 2003. ??).
2) 최윤희. "「남정팔난기」의 여성 영웅과 영웅성 발현 양상."『한국고전여성문학연구』, 7(한국고전여성문학회, 2003. 12).
3) 김경숙. "동양문고본「남정팔난기」연구."『洌上古典硏究』, 20(洌上古典硏究會, 2004. 12).

〈회목〉
【增】
(大阪府立圖書館 소장「南征八難記」)

1: 膺奇夢天細臨凡	定佳耦尙書留約
2: 結義弟南花訪老師	遺大蟲黃極經一難
3: 皇極辰脫裾鹿鳴村	朱鳳珍大鬧赤松峴
4: 登龍河合水路天鬼	紫雲洞受揭西域僧
5: 擒龍妖怪蔣山驛了八難	遇尼老揚子江濟兩人
6: 華萼山壯士得神駿	綿竹城孤軍抗勁敵
7: 設凶計孫萬興喪命	打賊將法聰師逞能
8: 西湖子敗逃山中	黃軍師智取蜀郡
9: 假節鉞白衣拜大將	求隣助阿達使彌陀
10: 般若山道師講玄理	靑泥峴元戎復舊都
11: 黃元帥打破八門陣	楚雲紅暗獻三條計
13: 五行山馬健伏誅	兩國界蠻王興兵
14: 馬선詐降擒梟將	彌陀駈獸成畫餠
15: 搭郞甸兩國克俘	永昌郡元帥建醮
16: 貴溪村遼老夫人	泰和宮設落成宴
17: 賦愛日興孝一國	設大醮羽化三淸

【增】◐{남한연의 南漢演義}
【增】〈관계기록〉
1)『[演慶堂]諺文冊目錄』(1920; 藏書閣所藏): 118.「南漢演義」3冊.

▶(남호몽록 南湖夢錄 → 왕회전)40)
◨121.[남홍량전 南洪量傳]
〈작자〉玄圃
【增】〈작품연대〉
1) 작가나 창작 시기를 추정할 수 있는 첫 번째 근거는 "丙辰年月日 玄圃題于河人停車場"이라는 작품 말미의 기록이다. 현재까지 '현포'라는 인물이나 '하인정거장'의 구체적 지명은 찾지 못했다. 여기서 활용할 수 있는 것은 병진년에 題했다는 기록이다. 병진년에 해당하는 해는 1856년,

---
40)『이본목록』에 추가.

1916년이다. 작품 속에 드러나 있는 願納錢, 東洋, 總理라는 명칭, 비행거 같은 기계에 대한 관심, 전쟁의 성격이나 양상 등은 「남홍량전」을 적어도 19세기 말 이후의 작품인 것으로 추정할 수 있게 하는 근거가 된다. 그런데 題가 의미하는 것이 정확히 필사를 의미하는지, 창작을 의미하는지가 명확하지 않다. 사람이 많이 드나드는 정거장에서 창작을 했다는 것이 쉽게 설득되지 않기 때문이다. 또 '題'는 '기록하다'는 뜻으로도 쓰이고, '짓다'라는 뜻으로도 쓰이기 때문에, 이 병진년이 창작한 해인지 필사한 해인지도 쉽게 판단하기는 어렵다. 그러나 말미 기록이 필사자의 기록이든 창작자의 기록이든 간에 이 기록은 1916년을 작품 창작의 하한선으로 잡게 해주는 지표가 된다. 따라서 이 작품의 창작 시기는 '19세기 말에서 20세기 초반 즉 1916년 이전'으로 잡아도 무방할 것 같다. 작가나 작품의 성격에 대해 추정할 수 있게 해 주는 두 번째 근거는 작품 내에 있는 「금산사몽유록」에 대한 언급이다. 작품 뒷부분에 서치우가 남홍량에게 금산사에서 꿈에 창업 잔치에 참석했다는 언급이 나온다(김경미, "「南洪量傳」 연구,"『古小說研究』, 12[2001. 12], pp. 283~284).

【增】〈비교연구〉

1) 「홍장군전」과 함께 이해조가 편집했다고 거론되는 「한씨보응록」은 「홍장군전」과 아주 공통점이 많다. 두 작품 모두 시대 배경이 같고, 세조 정변의 두 인물을 주인공으로 하고 있다. 또한 「한씨보응록」은 「홍장군전」과 마찬가지로 「수호지」의 삽화를 빌어온 것이 눈에 뜨인다. 그리고 수양대군을 긍정적인 시각에서 그린 고전 서사물은 단 이 두 작품뿐이라는 것 또한 무척 흥미롭다. 전해 오는 민간 설화들에서도 '나쁜 수양대군, 불쌍한 단종'이라는 민중의 의식은 분명한 것이었다. 하지만, 두 작품은 수양을 미화하여 그리고 있다. 특히, 「한씨보응록」에서는 작품 전체적으로 「홍장군전」에서보다 더 수양의 미화에 많은 양을 할애하고 있다. …… 이상에서 살펴본 결과 「홍장군전」과 「한씨보응록」은 자매편과 같은 성격을 가지고 있다. 두 작품에서의 작자의 시각이 비슷한 데다가, 작품 내에서의 역사적 사실과 관계 없는 허구들도 서로 일치하고 있다. 특히, 홍윤성이 전라감사로 가게 된 배경, 문종렬의 세조 암살 시도 사건이 「한씨보응록」에서는 구체적으로 서술되어 있는데 반해, 「홍장군전」에서는 별다른 설명 없이 간략히 사건의 개요만을 이야기하고 있어, 「한씨보응록」을 이미 읽은 사람들만이 충분히 이해할 수 있도록 되어 있다. 이는 「한씨보응록」이 지어진 후, 동일한 작가 혹은 같은 시각을 가진 다른 작가가 「홍장군전」을 지었음을 추측할 수 있게 한다(오윤선, "「홍장군전」의 창작경위와 인물형상화의 방향,"『古小說硏究』, 12[2001. 12], p. 299 ; p. 300).

121.2 〈연구〉

Ⅲ. (학술지)

【增】

1) 김경미. "「南洪量傳」 연구."『古小說硏究』, 12(韓國古小說學會, 2001. 12).

〈줄거리〉

【替】

남양(南陽) 남쪽, 안서(安西) 서쪽, 당(唐)과 채(蔡)의 경계, 공(邛)과 황(黃)의 사이에 남홍량과 서치우 두 명사가 살았다. 이들은 어려서부터 이웃에 살며 함께 공부한 절친한 친구였다. 남·서 두 사람은 문필, 재주가 다 뛰어났는데 금강산의 승경을 듣고 함께 유람을 떠났다. 남홍량의 아버지 남계찬(南繼瓚)은 숭정전설서 겸 평장사이고, 서치우의 아버지 서붕거(徐鵬擧)는 영남호서관찰 겸 수륙군대도독으로 변방에서 오랑캐를 막았다. 이때 서돌궐이 강성하여 군대를 늘이고 무기를 갖추자 남접역국의 시어사인 심수패(鐔洙覇)가 임금에게 주(奏)를 올려 인재를 고루 등용할 것과 재곡(財穀)을 축적할 것과 군대를 모을 것을 건의하였다. 임금이 시어사의 건의를 받아들여 과거 시험을 보고 인재를 얻었다. 왕이 또 국가의 비용이 부족함을 염려하여 비용을 늘일 방책을 올리라고 하자 총리 엄연평이 토지 제도를 5년 시한으로 바꾸어 시행하여 조세를 늘이고, 원납전(願納錢)을 거두어 부를 늘이는 등 부국책(富國策)을 건의하였다. 왕이 이를 받아들여 시행하였다. 용천(龍天)장군이 군대를 모을 것을 건의하니 왕이 군사 80만을 뽑아 훈련시키게 하였다. (1차 전쟁) 북훈족과 계속 사돈을 맺어 형제의 나라로 지내던 서돌궐이 북훈족에게 밀서를 보내 남접역국을 치자고 하니 북훈족이 여기에 동의하여 함께 쳐들어왔다. 선관(仙官)이 이들에게 글을 보내 경계하였으나 듣지 않고 촌락을 약탈하여 군대를 먹이면서 쳐들어왔다. 각 성의 사람들은 그 기세에 항복하거나 달아나거나 문을 열어주거나 사절(死節)하였다. 이때 공하군장(邛河郡長) 이만흥(李萬興)이 성중의 의병 1천여 명을 모아 항거하여 적장의 목을 베고 달아나니 남은 군사 100여 명도 함께 달아났다. 서돌궐과 북훈족이 남접역국에 격서를 보내 조세를 많이 거두고, 돈과 곡식을 빼앗는 가혹한 정치를 바로 잡기 위해 온 것이라고 하니, 남접역국왕이 분노하여 서돌궐과 북훈족의 다섯 가지 죄를 따져 쓴 답서를 보냈다. 남접역국은 군대와 말을 뽑아 이틀 간 훈련시킨 뒤에 내보내 적과 싸우게 하였다. 그러나 적의 기세가 강한 것을 보고 배인평(裵仁平)이 달아나 왕에게 이를 알리고 군대를 더해 달라고 하였다. 한편 의병장 이만흥은 안남군 태수 양여후를 찾아가 함께 의병을 모으고 무기를 만들었다. 왕이 이들에게 상을 내리고 10만 냥을 하사하였다. 남접역국의 장군인 북궁자우(北宮子羽)가 다시 경사(京師)로 가서 왕에게 이길 수 없는 형세를 이야기하고 남계찬·서붕거·이만흥·배인평·용천 5명과 군대 백만을 달라고 하니 왕이 그 말대로 하였다. 전쟁에 나간 군대는 그대로 두고, 용천장군이 혼자 불과 물로 4천만 적군을 재로 만들고 궁궐은 못으로 만든 뒤 북훈족에게 편지를 보내 회유하였다. 용천장군이 이기고 돌아오자 남접역국의 왕이 기뻐하며 용천장군은 영양왕에, 남계찬은 안서공에, 서붕거는 요동백에, 북궁자우는 청해후에 봉하고 잔치를 베풀었다. 남계찬, 서붕거가 각각 아들들에게 권학서(勸學書)를 보내 공부할 것을 격려하였다. 남접역국이 다시 태평해지니 왕이 15년 간 조세를 줄이고 환과고독을 돌보며, 놀고 먹는 자들을 경계하고 벌을 주겠다고 하였다. 영양왕 용천장군이 참소로 작위를 잃고 서인(庶人)이 되었다. 남홍량은 두태을(杜太乙)의 딸과, 서치우는 여득의(呂得意)의 두 손녀와 혼인을 하고 4, 5년 뒤에 자식을 낳았다. 그리고 30세, 31세의 나이로 과거에 합격하여 한림학사에 제수되었다. 유람을 떠나 나라가 망한 것을 모르고 있던 서돌궐의 왕자 점리(點利)가 돌아와 나라가 망한 것을 듣고 절치부심하여 10여 년 간 부국강병에 힘썼다. 남계찬, 서붕거는 사직하고 집에 돌아와 친지들과 더불어 여생을 즐기다가 차례로 세상을 떠났다. 남홍량, 서치우가 3년상을 마치고 벼슬에 다시 나왔다. (2차 전쟁) 서돌궐이 전쟁 준비를 마치고 진군하여 남접역국에 이르러 바로 경성으로 들어가 경성을 함락시키니 왕이 적의 기세를 보고 해도(海島)로 달아났다. 서돌궐 군대가 계속 진격하며 약탈과 방화를 일삼으니 순식간에 잿더미가 되었다. 이를 보고 의병이 운집하여 설만호를 의병장으로 삼았다. 서돌궐 군대가 닥치는 대로 양민을 죽이고 방화, 약탈을 일삼다가 돌아간 뒤, 해도에 있던 남홍량, 서치우가 용천장군을 찾아와 이를 설치하겠다고 하니, 왕이 이를 허락하고 용천의 작위를 회복시켜 주고 선유문을 주어 용천장군에게 보냈다. 용천을 찾아갔으나 이미 운남(雲南)으로 떠났다고 해서 남홍량, 서치우가 험한 길을 무릅쓰고 찾아가던 도중에 남후연(南後淵)을 만나 용천이 공안에 있다는 말을 듣고 공안으로 가서 용천을 찾았다. 용천이 처음에는 거절하다가 왕의 조서를 보고 허락하고 돌궐을 섬멸하였다. 돌궐을 섬멸하고 돌아가는 길에 교남(交南)의 승경을 유람하다가 주흥중(朱興中), 사무기(史無忌), 문여옥(文如玉) 등의 인재를 만나 왕에게 추천하고 벼슬을 내렸다. 남만(南蠻)은 용천의 군대가 교남에 와 있다는 것을 듣고 자진해서 속국이 되었다. 남홍량, 서치우는 집안이 화목하고 각각 아들 일곱과 아들 여덟을 두었는데 재주가 출중하였다. 남홍량은 왕의 총애를 받는 신하로 조정에서 왕의 물음에 막힘없이 대답하고, 기계로 가뭄을 해결해 주며, 묘법신술(妙法神術)을 보여주기도 하였다. 남홍량이 서치우와 수요(壽夭)와 부귀, 천정(天定)에 대해 문답한 뒤 간현무(簡賢賦)를 올려 서치우를 칭찬하니 왕이 관직을 올려주었다. (3차 전쟁) 동남쪽에 있는 염요가 침략하러 온다는 주(奏)가 올라오자 서치우가 자원해서 싸울 것을 청하고, 지남팔풍비행거(指南八風飛行車)와 오릉응심기(五稜應心機)를 제작하여 물, 불로 섬멸하였다. 서치우가 기계를 써서 이기고 돌아오자 왕이 염요까지 가서 섬멸하고 오라고 하였다. 서치우가 이를 반대하니 왕이 화를 내면서 다시 또 쳐들어올까 염려해서이고 앞으로 기계를 쓸 줄 아는 사람이 없어지기 전에 도움을 받기 위해서라고 하였다. 본래 이 기계들은 남홍량이 생각해 낸 것이라 그 아들 영옥(英玉)에게 전수하였다. 염요왕은 공격하러 간 군대가 섬멸되었다는 말을 듣고 다시는 공격할 의논을 못하게 하였다(김경미, "「南洪量傳」 연구,"『古小說硏究』[2001. 12], 13, pp. 265~268).

◐{남홍기사 南興記事}
  〈작자〉愼後聃(1702~1761)
  〈관계기록〉
    ① 金台俊,『朝鮮小說史』, p. 157.
    ② 金起東,『李朝時代小說論』, p. 600.

 2.〈연구〉
  Ⅲ.〈학술지〉
  【增】
    1) 양승민. "18세기 窮經實學者 하빈 신후담과 「남흥기사」."『古典文學硏究』, 21(韓國古典文學會, 2002. 6).

▶(낭자전 娘子傳 → 숙영낭자전)
◪122.[[내성지 奈城志]]
  〈작자〉金壽民 (1734~1811)
  〈출전〉『明隱集』, 18
  〈관계기록〉
    ① 金壽民,『明隱集』, 18, '答屯崔碑' : 蓋我少時 爲忠義所激感 著「奈城誌」彙緝皇明史記及『魯陵誌』『東閣記』『六臣傳』合爲一部 依本文有褒貶之端 而謹嚴正直 惻怛慨惋 讀此而不流涕

者 眞所謂無人心者也 然則是書也 建諸天地而不悖 質諸鬼神而無疑 百世而俟聖人而不惑◐
(내가 젊었을 때에 충과 의에 격렬히 느낀 바 있어「내성지」를 지었는데,『황명사기』·『노릉지』·『동각기』·『육신전』을 합하여 엮어서 한 부로 하였다. 본문에 의거하여 칭찬과 비방의 단서를 두었는데, 내용이 근엄 정직하고 슬프고 한탄스러워 이를 읽고서 눈물을 흘리지 않는 자는 진실로 이른바 사람의 마음이 없는 자이다. 그러므로 이 책은 세상에 내놓아도 도리에 거스르지 않고 귀신에게 질정하여도 의심이 없으며, 백세 후에 성인을 기다려서도 의혹이 없을 것이다).

122.2. 〈연구〉

Ⅱ. (학위논문)

〈석사〉

【增】

1) 손종태. "「내성지」의 창작배경과 역사담론 연구." 碩論(동아대 교육대학원, 2004. 2).

Ⅲ. (학술지)

【增】

1) 김정녀. "「내성지」의 양식적 특징과 그 의미."『漢文學報』, 5(우리한문학회, 2001. 12).
2) 손종태. "「奈城誌」의 창작배경과 역사담론."『동양한문학연구』, 19(동양한문학회, 2004. 6).

◐{내충요람전}

▶(녀 → 여)

▶(녈 → 열)

▶(노릉육신기 魯陵六臣記 → 육신전)

▶(노산전 魯山傳 → 육신전)

◐123.[[노섬상좌기 老蟾上坐記]] ← 삼설기 / *섬동지전

   【刪】〈출전〉『三國遺事』, 5, 感通 第 7, '金現感虎'

◐{노옹별기 老翁別記}

〈관계기록〉

① 『諺文古詩』(가람본), '언문칙목녹', 117 : 「노옹별긔」.

★[[노옹화구 老翁化狗]]

〈출전〉『大東韻府群玉』, 12

〈관계기록〉

① 『大東韻府群玉』(權文海 1534~1591), 12, '老翁化狗': 新羅殊異傳 崔致遠作.

◐{노인전 老人傳}

【增】◐{노정기}

   【增】 국문필사본

   【增】 노정기라 權生員   박순호[家目]   1(26f.)[41]

◐124. [[노쳐녀가 老處女歌]]42) ← 『노처녀의 비밀』 / 노쳐자가 / 『삼셜기』

| 국문필사본 |

(노쳐자젼)

노쳐자젼이라　　　　　　　　박순호[필총](6)　　　　　　1(6f.)

124.1. 〈자료〉
Ⅰ. (영인)
　124.1.3. 仁川大民族文化硏究所 編.『舊活字本古小說全集』, 20. 銀河出版社, 1984; (再刊) 國際아카데미, 2002. (조선서관판『삼셜긔』)

124.2. 〈연구〉
【增】Ⅱ. (학위논문)
〈석사〉
　1) 전영민. "「노처녀가」의 장르적 변환과 「꼭독각시젼」." 碩論(대전대 대학원, 2000. 2).
　2) 윤지혜. "「노처녀가」의 서사 지향적 변모 양상." 碩論(홍익대 교육대학원, 2001. 8).

Ⅲ. (학술지)
　124.2.11. 최규수. "『삼셜기』본 「노처녀가」의 갈등 형상화 방식과 그 의미."『韓國詩歌硏究』, 5(韓國詩歌學會, 1999. 8).
【增】
　1) 金英泰. "「老處女歌」의 表現."『新天地』, 3 ; 3(서울新聞社, 1948. 3).

▶(노쳐녀곡독각씨젼 → 꼭두각시젼)
■『노처녀의 비밀』→ 고독각씨 / 괴똥어미 / 노쳐녀가
▶(노쳐자젼 老處子傳 → 노쳐녀가)
◐{녹두장군 綠豆將軍}
◐125. [녹모란 / 녹목단 綠牧丹]
　【增】〈관계기록〉
　　1)『集玉齋書目』:「綠牡丹」六卷.

| 국문필사본 |

【增】녹목단 권지일/……/권지륙　　　김광순[筆全](57~58)　　6(1: 94f.; 2: 92f.; 3: 96f.; 4:
　　　綠牧丹 禮/樂/射/御/書/數 四望亭　　　　　　　　　　　　79f.; 5: 98f.; 6: 89f.)

125.1. 〈자료〉
【增】Ⅰ. (영인)
　1) 金光淳 編.『金光淳所藏 筆寫本韓國古小說全集』, 57~58. 박이정출판사, 1994. (김광순 소장)

---

41)「고향뉴랑가라」(5f.) 합철.
42) 이 작품은 소설이 아니라 서사체의 장편 가사다.

Ⅱ. (역주)
   1.1.1. 박재연.『녹목단』. 중국소설·희곡번역자료총서, <u>10</u>. 선문대 번역문헌연구소, 1998.

◐{녹의인전 綠衣人傳}43)
   〈관계기록〉
   ① 仁宣王后 張氏 1618~1674의 諺簡[1652~1674]44): 글월 보고 무양ㅎ니 깃거ㅎ며 보는 듯 든든 반기노라 그리 나간디 여러 날이 되두록 아마도 섭섭 무류ㅎ여 ㅎ노라 「녹의인뎐」은 고려 보내려 ㅎ니 깃거 ㅎ노라.

◪126.[[녹처사연회 鹿處士宴會]] ←『금수전』 /『삼설기』 /『일대장관』
【增】◪126-1.[논개실기 論介實記] ← 임진명기논개실기45)
   국문활자본
   (임진명기논개실기)
   임진명기 론개실긔 壬辰名妓論介實記   방민호[家目]   1(玄丙周著, 德興書林, 19??)

▶(놀부가 → 흥부전)
▶(놀부전 → 흥부전)
▶(농가성진쌍신랑 弄假成眞雙新郞 → 전수재전)
▶(농문전 → 용문전)
▶(뉴 → 유)
▶(뉵 → 육)
▶(능견난사 能見難思 → 금방울전)
▶(니 → 이)
▶(님 → 임)

---
43) 瞿佑의『剪燈新話』중의 한 편인「綠衣人傳」의 번역이다.
44) 仁宣王后가 淑明公主에게 준 편지(金一根 編註,『親筆諺簡總覽』, 景印文化社, 1974, No. 56).
45) 모든 사전에 추가.

▶ (다람의 소지 → 서대주전)

◑ 127.[[다람전]]¹⁾ ← 다람쥐전

국문필사본

【增】다람젼이라　　　　　　　　박순호[家目]　　　　　1(융희이년[1908]칠월, 12f.)

▶ (다람쥐전 → 다람전)

■『단량패사 丹良稗史』→ 가수재전 / 삭낭자전 / 안황중전 / 유구왕세자외전 / 이안민전 / 장생전 ② / 포수이사룡전 ① / 한숙원전

〈작자〉 金鑢(1766~1821)

〈출전〉 金鑢, 『藫庭遺稿』, 9

〈관계기록〉

① 『藫庭遺藁』(金鑢 1766~1821), 9, 丹良稗史, '題丹良稗史卷後': 余於壬子年間 與楓翁 收拾所著 文字 爲『虞初續志』未幾 余北竄南謫 遺亡太半 其謫中所著 數十首 金穆如希天 持去 癸酉希天沒 問諸其孤 已失之矣 可勝惜哉 玆又搜取兩家文字 爲二卷 一曰『古香屋小史』一曰『丹良稗史』云爾 戊寅仲夏下澣 藫叟書◐(내가 임자년[1792] 간에 풍옹²⁾과 함께 앞서 지은 글들을 수습하여 『우초속지』를 엮기로 했으나, 내가 그 사이 남북으로 멀리 귀양 다니느라고 그 대부분을 잃어 버리고 말았다. 그리고 귀양 중에 지은 수십 편을 목여 김희천이 가지고 갔는데, 계유년[1813]에 희천이 세상을 떠나 그 아들에게, "이 책이 남아 있느냐?"고 물었더니, "이미 잃어 버렸다"하니, 애석함을 이루 말할 수 없었다. 이제 다시 김공과 우리 집에 남아 있는 글들을 모아 두 권을 만들고, 한 권은 『고향옥소사』라 하고 다른 한 권은 『단량패사』라 했다. 무인년[1818] 여름 하순에 담수가 쓰다).

〈작품연대〉

② 金祖淳[1765~1832]은 1792년[정조 16] 이후로 稗史小品과는 결별한 것으로 되어 있다. 김조순과

---

1) 「다람전」은 「서대주전」과 매우 관계가 깊은 작품이다. 그러나 전자가 국내 배경인데 비하여 후자는 중국 배경일 뿐 아니라, 양자는 삽화 및 인물 묘사나 성격 표현 따위가 상당히 다른 작품이다.

2) 楓皐 金祖淳(1765~1832).

는 달리 김려는 1797년 유배갈 때에도 문체가 문제 된 점으로 보아, 1792년 이후에도 계속적으로 패사 소품에 몰두했던 것으로 보인다. 또한 『사유악부』의 자주에 나타나는 작품명을 보거나, 그의 총서나 외사제후의 글들 자체가 소품인 점을 통해서도 이를 확인할 수 있다. 그러나, 『단량패사』와 관련하여 볼 때, 전들이 지어진 시기는 여전히 유배 이전의 시기를 넘지 못할 것 같다(허준구, "『丹良稗史』의 야사적 성격과 그 의미," 『泰東古典硏究』, 14[1997. 12], pp. 78~79).

◐{단장록 斷腸錄}
〈관계기록〉
① 金起東, 『국어국문학』, 51, p. 104 「斷腸錄」(活版本).

◐128.[단종대왕실기 端宗大王實記] ← 장릉혈사

국문활자본			
(단종대왕실기)			
단종대왕실긔 端宗大王實記	이수봉[家目]/김종철[家目]<3판>		1(德興書林, 1929. 9. 17; 3판 1935)

◐129.[달기전 妲己傳] ← 규문고사 / 소달기전

국문필사본			
(달기전)			
【增】 우화젼 달긔젼	박순호[家目]		1(35f.)

국문활자본			
소달긔젼 (古代小說)蘇妲己傳	국중(3634-2-30=5)/국중(3634-2-30=8)		1(국한자 순기, [著·發]李鍾楨, 光東書局·太學書館, 1917.11.15, 86pp.)

【增】 한문필사본			
【增】 (달기전)			
【增】 商王本紀 달기젼	선문대[중한번역문헌연구소]		1

◐130.[[달천몽유록 達(㺚)川夢遊錄 ①]] ← 몽유달천록 / 『화몽집』
〈작자〉 尹繼善(1577~1604)
〈관계기록〉
①『芝峯類說』(李睟光 1563~1628), 8, 文章部 1 文評: 尹繼善「達川夢遊錄」雖出於寓言 而語涉鬼怪 非生人所可道也 不數年而夭 亦異矣◐윤계선의 「달천몽유록」은 비록 우언에서 나온 것이

나, 말이 귀신과 괴이함을 다루고 있는 바 산 사람이 말할 수 있는 바가 아니다. 그가 수년이 못 되어 일찍 죽었으니 역시 이상한 일이다).

② 郎善君 李俁[1637~1693], 『先君遺卷』, 「古戰場」: 古戰場 (次尹生[尹繼善] 「夢遊錄」韻) 極目1) 沙場草色新 東風愁殺2) 往來人 當時功業歸何處 白骨于今幾度春●(온눈 가득 사장의 풀빛은 푸르른데 동풍 불어 왕래인을 몹시도 근심스럽게 하는구료. 당시의 공업은 어디로 가고 지금은 백골만이 남아 또 몇 번이나 봄을 보내야 할꼬).

| 한문필사본 |

| 羍川夢遊錄 | 고대[만송](C19-B10)/(漢目索 : 晚,246)(3) |
| 羍川夢遊錄 | 서울대[奎6586][『大東野乘』, 29 : 趙慶男撰 亂中雜錄 四 庚子年下九月] |
【削】 達川夢遊錄   서울대[奎]
【增】 羍川夢遊錄   정명기[尋是齋 家目]   1 3)
【增】 羍川夢遊錄   (黃中允[1577-1648], 『東溟文集』,   (서두 낙장, 11f.)
                  黃景九撰 家狀)/김광순[筆全](61)

130.1. 〈자료〉

Ⅱ. (역주)

130.1.2. 김윤세. 『림경업전(·몽유달천록·영영전)』. 조선고전문학선집, 39. 평양: 문학예술종합출판사, 1992; 海外우리語文學研究叢書, 47. 한국문화사, 1995(영인); 연문사, 2000(영인).

【增】

1) 朴熙秉 標點·校釋. 『韓國漢文小說 交合句解』. 소명출판, 2005. (고려대도서관 소장 『達川夢遊錄·愁城誌』)

2) 안영훈. "「달천몽유록」 역해." 『새얼어문논집』, 16. 새얼어문학회, 2004. 2.

Ⅲ. (활자)

【增】

1) 김윤세. 『림경업전(·몽유달천록·영영전)』. 조선고전문학선집, 39. 평양: 문학예술종합출판사, 1992; 海外우리語文學研究叢書, 47. 한국문화사, 1995(영인); 연문사, 2000(영인). (한문 원문)

130.2. 〈연구〉

Ⅱ. (학위논문)

〈석사〉

【增】

1) 박해숙. "「達川夢遊錄」 研究." 碩論(영남대 대학원, 1999. 2).

Ⅲ. (학술지)

---

1) 눈에 보이는 한.
2) 몹시 근심함. '殺'는 정도의 심함을 나타내는 접미사.
3) 「定齋 朴應敎直諫記」·「六臣傳」과 합철되어 있다.

【削】130.2.18. 박해숙. "「達川夢遊錄」硏究." 碩論(영남대 대학원, 1999. 2)
【增】
　4) 宋龍恩・朴賢玉. "尹繼善 文學硏究: 獺川夢遊錄을 中心으로"『論文集』, 17(圓光保健專門大, 1994. 12).
　5) 장준기. "壬・丙兩亂 관련 夢遊錄系小說 연구:「달천몽유록」과「江都夢遊錄」을 중심으로."『國語國文學』, 18(東亞大 國語國文學科, 1999. 12).
　6) 申海鎭. "夢遊錄에서의 좌정대목이 지니는 意味:「琴生異聞錄」・「㺚川夢遊錄」(尹繼善)을 중심으로."『韓國言語文學』, 43(韓國言語文學會, 1999. 12).

◆131.[[달천몽유록 㺚川夢遊錄 ②]]
〈작자〉黃中允(1577~1648)
〈출전〉『黃東溟小說集』
〈관계기록〉
　① 黃中允,『東溟文集』, 黃㫤九撰 '家狀': 辛亥春 參增廣解 歸路關雨於忠州彈琴臺下 卽申總兵 砬背水陣壚也 有異夢 作「㺚川夢遊錄」◐(신해년[1611] 봄에 증광시4)에 참여하였다가 돌아오던 길에 충주 탄금대 아래에서 비를 만났는데, 그 곳은 곧 총병 신립이 배수진을 쳤던 곳이다. 이상한 꿈을 꾸고 나서「달천몽유록」을 지었다).

한문필사본		
【增】㺚川夢遊錄	鄭明基[漢少目, 夢7-1]	1

◆132.[담낭전 談囊傳]

국문필사본		
【增】고담낭젼 古談單	김광순[筆全](69)	1(셰직계ᄉ정월이십뉵일 아현직셔, 23f.)5)
【增】고담낭전	여태명[家目](266)	1(경인츄칠월, 19f.)
【增】(허생전)		
【增】허생젼	박재연[家目]/[中韓飜文展目(2003)]	1

132.2 〈연구〉
Ⅱ. (학위논문)
〈석사〉
【增】
　1) 장인수. "「담낭전」 연구." 碩論(한국교원대 교육대학원, 2003. 8).

◆133.[[담바고전 淡婆姑傳]]
〈작자〉林象德(1683~1719)

---

4) 나라에 경사가 있을 때 보이던 과거 시험.
5) 말미에 가사 「황셩풍경녹」 합철.

〈출전〉『老村集』

【增】◐{담자 啖蔗}6)
▶(담정소설 潭庭小說) → 가수재전 / 『단량패사』 / 삭낭자전 / 『우초속지』 / 유구왕세자외전 / 이안민전 / 장생전 ② / 포수이사룡전 / 한숙원전

1. 〈연구〉
   Ⅲ.(학술지)
   【增】
   1) 朴晙遠, "朝鮮後期 傳의 事實受容樣相: 燕巖·文無子·담정의 경우를 중심으로." 『韓國漢文學硏究』, 12(韓國漢文學研究會, 1989. 9).

◐{담화몽 曇花夢}
◐{담화사기}
◐{당산의렬록 唐山義烈錄}
◐{당씨충효록 唐氏忠孝錄}
   〈관계기록〉
   ① Courant, 887:「당씨충효록 唐氏忠孝錄」.
   ② 金台俊, 『朝鮮小說史』, p. 151 :「孝唐氏忠錄」.

【增】◐{당유전}
   【增】 국문필사본
   【增】 당유전　　　　　　　　박순호[家目]　　　　　　　1(정유정월십팔릴이라, 34f.)

◼134.[당진연의 唐秦演義]
   〈관계기록〉
   ①『月汀漫錄』(尹根壽 1537~1616): 安市城主抗唐太宗精兵 卒全孤城 其功偉矣 姓名不傳 我東之書籍鮮少而然耶 抑朱氏時無史而然耶 壬辰倭亂後 天朝將官出來者 有吳宗道謂余曰 安市城主姓名梁萬春 見『太宗東征記』云 頃見李監司時發 曾見「唐書衍義」則安市城主果是粱萬春 而又有他人守將凡二人云◐(안시성주가 당태종의 정예병에 대항하여 싸운 끝에 외딴 성을 보전하였으니 그 공이 크다 하겠다. 그러나 그의 이름은 전하지 않는데, 우리 나라의 서적이 드물어서 그런 것인가? 아니면 고구려 때 사적이 없어서 그런 것인가? 임진왜란 후에 중국 사신으로 우리 나라에 왔던 오종도란 사람이 말하기를, "안시성주의 이름은 양만춘으로 『태종동정기』에 보인다."고 했다. 저번에 감사 이시발[1569~1626]을 만났더니, 이감사가 "일찍이 『당서연의』를 보니 안시성주는 과연 양만춘이며, 그 외에도 안시성을 지키던 장수가 두 사람이나 더 있었다."고 했다).

---

6)『이본목록』·『작품연구 총람』 수정.

② 『涪溪記聞』(金時讓 1581~1643): 安市城主以蕞爾孤城 能抗王師 不特籌略不世 登城拜辭 辭氣從容 得禮之正 實聞道君子也 惜乎史失其名 至明時「唐書演義」出表其名爲梁萬春 未知得之何書 安市之功 輝暎簡冊 苟非明不失傳『通鑑綱目』及『東國史記』不應幷遺 豈特數百年 始出於演義耶 殆不可信也●(안시성주는 조그마한 외딴 성에서 천자의 군대를 능히 막아 냈으니, 세상에 보기 드문 주략⁷)이었다. 그가 성에 올라 작별 인사를 하는데, 말에 여유가 있고 예의가 바르었으니 참으로 도를 아는 군자였다. 그러나 안타깝게도 사서에 그의 이름이 전하지 않더니, 명나라 때에 이르러 「당서연의」에서 그의 이름을 양만춘이라 밝히고 있다. 어느 책에서 찾아냈는지 알 수 없으나, 안시성의 공이 빛나게 기록되고 있다. 이름이 유실되지 않고 전해졌더라면, 『통감강목』이나 『동국사기』에 응당 모두 유실되지는 않았을 것이다. 어떻게 수백 년이 지난 후 연의에 실리게 되었는지 믿기 어려운 일이다).

③ 「玉鴛再合奇緣」(溫陽鄭氏 1725~1799), 15, 表紙 裏面: 「당진연의」.

④ Courant, 762 : 「당진연의 唐秦演義」.

⑤ 『諺文古詩』(가람본), '언문칙목녹', 99 : 「당진연의」.

【增】

1) 『[演慶堂]諺文冊目錄』(1920; 藏書閣所藏) : 54. 「唐晋演義」 13冊.
2) 『[演慶堂]諺文冊目錄』(1920; 藏書閣所藏) : 87. 「唐秦演義」 6冊.
3) 『海南尹氏群書目錄』(國立中央圖書館所藏) : 「唐書演義」.

국문필사본

당진연의 唐秦演義　　동양문고(VII-4-271)　　17(1: 셰경슐지월일향목동즁슈, 35f.; 2: 31f.; 3: 셰지경슐오월일향슈동즁슈, 32f.; 4: 셰신츅뉴월일향슈동필셔, 32f.; 5: 31f.; 6~7: 셰임자이월일향목동셔, 각 30f.; 8~14: 셰임자삼월일향목동셔, 각 30f.; 15: 셰임자사월일향목동셔, 29f.; 16: 셰임자사월일향목동셔, 29f.)

134.2. 〈연구〉

Ⅲ. (학술지)

【增】

1) 박재연. "낙선재본 「당진연의」 解題." 『당진연의』(鮮文大 飜譯文獻研究所, 1997. 10).

★[[당태종모란자병화화 唐太宗牡丹子幷畫花]]

〈출전〉 『三國史節要』, 8, 新羅善德王元年

〈관계기록〉

① 『三國史節要』(盧思愼 1417~1498 外編), 8, '新羅善德王元年 : 『殊異傳』唐太宗以牧丹子幷畫花遺之 王見花 笑謂左右曰 此花妖艶富貴 雖號花王 畫無蜂蝶 必不香 帝遺此 豈朕以女人爲

---

7) 계책과 모략.

王也 亦有微意 種待花發 果不香●(당태종이 모란 씨와 꽃그림을 보내 왔다. 왕이 꽃을 보고 웃으며 좌우 신하들에게 말했다. "이 꽃은 요염하고 귀티가 있어 비록 꽃의 왕이라고 불리우나, 그림에 벌과 나비가 없으니 반드시 향기가 없을 것이다. 황제가 이것을 보낸 것은 짐이 여자로서 왕이 된 것을 빗댄 것이 아니겠는가? 미묘한 뜻이 있도다." 씨를 심어 꽃이 피기를 기다리니 과연 향기가 없었다).

◪135. [당태종전 唐太宗傳] ← 세민황제전

〈관계기록〉

① Courant, 786 :「당틱종젼 唐太宗傳」.

국문필사본		
〈당태종전〉		
【增】唐太宗傳	정명기[尋是齋 家目]	1
〈세민전 / 세민황제전〉		
【增】세민황제젼	박순호[家目]	1(35f.)
【增】세민황제젼	박순호[家目]	1(칙쥬 고부 허문이, 32f.)

국문경판본		
당틱종젼	임형택[莘蒼蒼齋 家目]	1(17f.)
당틱종젼	정문연(D7B-102)/정문연[韓古目] (241: R16N-001133~3)	1(【增】翰南書林, 大正十[1921], 24f.)

국문활자본		
【增】〈당태종전〉		
(복션화음)당태종젼	국중(3634-2-29=10)<재판>/국중(3634-2-29=7)<재판>/단국대[羅孫]~漢目(古853.5/당3151ㄱ)/[仁活全](2)<재판>	1(져작즈 박건회, [著·發]朴健會, 東美書市, 초판 1915. 12. 10; 재판 1917.1.22, 42pp.)[15]
(福善禍淫)唐太宗傳		
【增】당틱종젼	[權純肯, 155]	1(東美書市, 1913. 12. 10)
당틱종젼	국중(3634-2-29=6)/대전대[이능우 寄目](1186)	1([著·發]宋敬煥, 東洋大學堂, 1929, 38pp.)
당틱종젼 古代小說 唐太宗傳	국회[·韓II](811.31)/김종철[家目]/박순호[家目]<1948>/조희웅[家目]/홍윤표[家目]	1([著·發]申泰三, 世昌書舘, 檀紀 4281[1948].2.30 ; 1951 ; 1952. 12. 30 ; 1961. 12. 30, 32pp.)
당틱종젼	국중(3634-2-66=12)	1([著發]池松旭, 新舊書林, 1917, 38pp.)

135.1. 〈자료〉

Ⅰ. (영인)

135.1.3. 仁川大民族文化硏究所 編.『舊活字本古小說全集』, 2. 銀河出版社, 1982 ; (再刊) 國際아카데미, 2002. (동미서시 1917년 재판본)

135.2. <연구>

Ⅲ. (학술지)

【增】

1) 정규복. "「당태종전」의 이본에 대하여."『慕山學報』, 10(慕山學術硏究所, 1998. ??).

▶(당 → 장)

136. [[대관재기몽 大觀齋記夢]] ← 기몽 / 대관재몽기 / 대관재몽유록 / 몽기 ②

〈작자〉沈義(1475~?)

〈출전〉『大觀齋亂稿』, 또는 安鼎福,『雜同散異』(서울대)

〈관계기록〉

① 沈義(1475~?),「奇夢」: 噫 人生於世 窮達有數 豈有覺夢兼之者 咄怪而志夢旨 嘉靖八年季冬上澣也 義之書于大觀齋云◐(아아, 슬프다. 사람이 세상에 태어나서 빈궁과 영달에는 운수가 있으니, 어찌 각[覺]과 몽[夢]의 둘을 겸한 자가 있으랴? 아아, 괴이하여 꿈의 내용을 기록하노라. 가정 8년 늦은 겨울 상한에 심의가 대관재에서 쓰다).

②『寄齋雜記』(朴東亮 1569~1635), 3 : 自號大觀齋 著大觀小觀賦以示意 又著「記夢」以寓言◐(스스로 '대관재'라 호를 짓고 대관·소관부를 지어 그 뜻을 나타냈다. 또 우언으로써 「기몽」을 지었다).

한문필사본

【增】沈義記夢　　　　　　서울대[『海東文獻總錄』]

136.1. 〈자료〉

Ⅰ. (영인)

【增】

1)『韓國文集叢刊』, 19. 民族文化推進會, 1988. (『大觀齋亂稿』)

2) 印權煥 外編.『韓國古典散文選』. 太學社, 1995. (서울대 규장각 소장『海東文獻總錄』)

136.2. 〈연구〉

Ⅲ. (학술지)

【增】

1) 김형석. "「大觀齋夢遊錄」에 반영된 沈義의 現實認識 硏究."『韓南語文學』, 27(韓南大 國語國文學會, 2003. 3).

2) 엄기영. "「大觀齋記夢」의 창작방법 연구: 창작 소재를 중심으로."『古小說硏究』, 18(韓國古小說學會, 2004. 12).

〈줄거리〉
(p.273 右段 上 10行) 이달진(李達震) → 이달충(李達衷)[?~1385]
(동상, 下 14~15行) 승(僧) 선원(禪垣) → 승(僧) 선탄(禪坦)

▶(대관재몽기 大觀齋夢記 → 대관재기몽)
▶(대관재몽유록 大觀齋夢遊錄 → 대관재기몽)
▶(대담강유실기 大膽姜維實記 → 강유실기)
▶(대명국유충렬전 大明國劉忠烈傳 → 유충렬전)
▶(대명성주현신개운전 → 대명영렬전)

137.[대명영렬전 大明英烈傳]

〈참고자료〉

① 「皇命開運英武傳」(卽「英烈傳」) 明無名氏撰 相傳爲嘉靖時武定侯郭勳所作 今演明開國事者 以此書爲最早 此書今所見明本有三本 書名卷數不同 實一書☯(명나라 무명씨 찬. 전해 오기를 가정 연간에 무정후 곽훈이 지은 것이라는데, 오늘날 명나라 개국 때의 일을 적은 것은 이 책이 가장 앞선 것이다. 오늘날 볼 수 있는 이 책의 명나라 때 판본은 세 가지나 있어, 그 책 이름이나 권수가 한결같지 않으나, 실제로는 같은 책이다)[孫楷第, 『中國通俗小說書目』, p. 56].

【增】〈관계기록〉
1) 『字學歲月』[1744](尹德熙 1685~1766) : 「大明英烈傳」.
2) 『私集』(尹德熙 1685~1766), 4, 「小說經覽者」[1762] : 「大明英烈傳」.
3) 『大畜觀書目』(19C初?) : 「大明英烈傳」 諺一套七冊.
4) 『大畜觀書目』(19C初?) : 「皇明英烈傳」 六冊.
5) 『[演慶堂]諺文冊目錄』(1920; 藏書閣所藏) : 42.「大明英烈傳」 8冊.
6) 『閱古觀書目』: 「皇明英烈傳」 一卷 不帙.
7) 『海南尹氏群書目錄』(國立中央圖書館所藏) : 「明英烈傳」.

【增】〈이본연구〉
1) 민간 소장본으로는 朴順浩교수 소장본「대명영렬전」이 유일한데 애석하게도 권지오와 권지뉵 두 권만 남아 있다. 이는 낙선재본「대명영렬전」권지육·권지칠과 같은 것이다. 이 소설의 원전은 그 동안 알 수 없었다. 흔히 볼 수 있는 활자본「영렬전」은 모두 후기에 나온「영렬전(일명「雲合奇踪」)으로 낙선재 번역본과는 일치하지 않아 번역 양상의 대조가 불가능했다. 낙선재 번역 필사본의 원전은「皇命英烈傳」으로 영렬전 계열의 소설로서는 초기에 나온 것이다. 이 원전은 현재 대영박물관에 소장된 제1권 낙질이 90년대 초에 와서야 북경 중화서국에 의해 '고소설총간'의 하나로 영인되었고, 일본 日光晃山慈眼堂 소장 明刊本이 상해고적출판사에 의해 전 6권이 영인됨으로써 그 전모를 엿볼 수 있게 되었다. …… 낙선재본「대명영렬뎐」은 [원전인「황명영렬전」의] 줄거리를 다치지 않는 범위 내에서 작품 중간중간의 상주문, 시 등 고문의 번역을 생략하였으나, 대체로 원문에 충실하였다(朴在淵, "낙선재본「대명영렬뎐」 연구,"『中國小說論叢』, VI[1997. 3], pp. 53~54, 84).

【增】〈판본연대〉

1) [낙선재본「대명영렬뎐」은] 번역문의 고어와 고문체로 보건대 18세기에 번역되어 늦어도 19세기에 전사된 것으로 추정된다(朴在淵, "낙선재본「대명영렬뎐」 연구,"『中國小說論叢』, VI[1997. 3], p. 84).

국문필사본

【增】(개운전)

| 【增】 개운뎐 단이라 | 박순호[家目] | 1(정월열엿세씬 날긋, 44f.) |

(대명영렬전)

| 딕명영녈젼 大明英烈傳 | 임형택[荐蒼蒼齋 家目] | 낙질 6(전 7책 중 제4 결, 뉵월이 십뉵일차칙은셩호미, 각 약 57f.) |

▶ (대명정태비전 大明鄭太妃傳 → 정비전)[8]
▶ (대방전 大方傳 → 진대방전)
▶ (대방화사 帶方花史 → 춘향전)
▶ (대봉전 大鳳傳 → 이대봉전)

【增】●{대봉황전}

【增】 국문필사본

| 【增】 딕봉황전 권지일이라 | 박순호[家目] | 1(87f.) |

◘138. [[대부송전 大夫松傳]]

〈작자〉趙纘韓(1572~1631)
〈출전〉『玄洲集』, 15
〈관계기록〉

① 「大夫松傳」, 結尾: 余登泰山 其上有五大夫村 五公之於大夫 非有所干 而彼自外至 則公何屈於秦哉 雖與孤竹二子 讓國稱貞者小閒 不恥汚官 其柳下惠之徒乎 雖然 子曰 歲寒然後知其後凋 其亦有所取哉 ☯ (내가 태산에 올라 보니 아직도 그 위에 오대부 마을이 있었다. 다섯 분의 공[公]이 대부로 나간 것은 제 쪽에서 구하여 가진 바가 아니라, 외부 저쪽으로부터 다가온 것이라 할 수 있으니, 공이 어찌 진[秦]에 굽혔다 할 것인가? 나라를 양보하고 지조 있는 자를 칭송하는 일에서 고죽군의 두 아들[9]과는 조금 거리가 있고, 더러운 벼슬을 부끄러워하지 않았으니 바로 유하혜[10] 같은 부류이겠구나! 공자도 '매운 계절이 닥쳐야 그 늦게 시듦을 알리'라

---

8) 『이본목록』과 『문헌정보』 수정
9) 伯夷와 叔齊. 원래 중국 殷나라 孤竹國(河北省 昌黎縣 부근)의 왕자들로 아버지가 죽은 뒤 서로 왕위를 사양하다가 끝내 두 사람 모두 나라를 떠났다. 그 무렵 周武王이 은나라의 紂王을 토멸하여 주왕조를 세우자, 두 사람은 주나라의 곡식을 먹기를 거부하고 首陽山에 몸을 숨겨 고사리를 캐어 먹고 지내다가 굶어 죽었다.
10) 중국 춘추 시대 노나라 사람. 본명은 展獲, 자는 季. 일찍이 죄인을 다스리는 士師 벼슬을 하여 柳下 땅을 식읍으로 받아 살았고, 시호가 惠였으므로 '유하혜'라 부르게 되었다.

고 하였는데, 그 또한 취해 올 바가 있을진저!).

▶(대성용문전 大成龍文傳[11]) → 소대성전 / 용문전)
▶(대성전 大成傳 → 소대성전)
◐{대성훈몽전 大聖訓蒙傳}
◐{대송흥망기[록] 大宋興亡記[錄]}[12])
　〈관계기록〉
　　① 『諺文古詩』(가람본), '언문칙목녹', 146 : 「딕숑흥망긔」.
　【增】
　　1) 『[演慶堂]諺文冊目錄』(1920 ; 藏書閣所藏): 124. 「大宋興亡錄」 2冊.
　　2) 『[가람]칙목녹』(奎章閣所藏): 「대숑흥망녹」 공이.

◐{대순전 大舜傳}
▶(대왕전 大王傳 → 서한연의)
▶(대월서상기 待月西廂記 → 서상기)
◐{대의각미록 大意各美錄}
▶(뎍 → 적)
▶(뎐 → 전)
◪139.[[도깨비말]]
139.1.〈자료〉
　Ⅰ. (영인)
　　139.1.1. 仁川大民族文化研究所 編.『舊活字本古小說全集』, 19. 銀河出版社, 1984; (再刊) 國際아카데미, 2002. (세계서림본)

【增】 ▶(도마무전 都馬武傳 → 제마무전)
★[[도미 都彌]]
　〈출전〉『三國史記』, 48, 列傳 8, 都彌
2.〈연구〉
　【增】 Ⅱ. (학위논문)
　〈석사〉
　　1) 이준희. "도미설화 연구." 碩論(한국교원대 교육대학원, 2002. 2).
　Ⅲ. (학술지)
　　4) 盧泰朝. "都彌傳承의 流通樣相." 『語文研究』, 21(語文研究會, 1991. 7).『國文傳記研究』(正訓出版社, 1992. 2); 史在東 編, 『韓國戲曲文學史의 研究』, Ⅱ(文研究學術叢書 第3輯, 中央人文社,

---

11) 「대성용문전」은 연작 소설인 「소대성전」과 「용문전」을 합본한 작품이다.
12) 『이본목록』과 『작품연구 총람』 수정.

2000. 3)에 재수록.

【增】
1) 張德順. "三國說話와 現代韓國小說 : 都彌·廣德·溫達說話를 中心으로." 『文化批評』, 1 : 3(亞韓學會, 1969. 10).
2) 都守熙. "百濟의 「都彌傳」에 관한 몇 문제." 『韓國敍事文學史의 硏究』[敬山史在東博士華甲紀念論叢](中央文化社, 1995. 5).
3) 崔雲植. "都彌說話의 傳承 樣相." 『古文化』, 49(韓國大學博物館協會, 1996. 12).
4) 이성희. "도미설화(都彌說話) 연구." 『高凰論集』, 26(慶熙大 大學院, 2000. 7).
5) 손정인. "「都彌傳」의 인물형상과 서술방법." 『어문학』, 80호(한국어문학회, 2003. 6).

▶(도상옥중화 圖像獄中花 → 춘향전)
▶(도술이 유명한 서화담 徐花潭 → 서화담전)
◘140.[도앵행 桃櫻杏] ← 영평공주전13)
〈관계기록〉
① 서울대본 말미 : 고령박씨 외조모셔 삼척부인 수필이신듸「스시남정긔」두 권과 합 네 젼을 짠님 박유헌듸긔 느리신 거신듸 계유년 박유헌듸 상사 후의 손녀드려 츳즈 가라 ᄒ오셔 가져 왓더니 이 칙이 어드로셔 온 줄이나 알리오 풍양됴시는 우연이 보다가 감챵ᄒ여 이 칙 긋헤 적어 보게 ᄒ니 옛 존고의 외조모 수필인 줄 알라 허푸이 말고 공경ᄒ여 보아라 존고븟터 안면은 모르니 존고의 외됴모를 엇지 알리마는 젼홀 곳 업셔 이리 온 칙 근본을 모르게 되어시니 챵감흔 심회 층냥 업다 경주 삼월이십삼일 풍양됴시 눌말 구셰 쓰노라 눌셜.
②「玉鴛再合奇緣」(溫陽鄭氏 1725~1799), 14, 表紙 裏面 :「도앵행」.
③『諺文古詩』(가람본), '언문칙목녹', 222 :「잉도힝」.14)
④ Courant, 901 :「됴밍힝 趙孟行」.15)

【增】
1)『[가람]칙목녹』(奎章閣所藏) :「도잉힝」공이.

국문필사본		
【增】(도앵행)		
【增】동잉힝	계명대[古綜目](고811.35동앵행)	낙질 1
【增】도잉힝 권지일[이] /권지습수 桃罵嚶	박순호[家目]	2(일: 84f.; 습수: 34f.)
【增】(영평공주전)		
【增】16)녕평공주본젼	사재동[家目](0130)	낙질 1(권 2)

13)『이본목록』과 『작품연구총람』 수정.
14)「도앵행」이 오기된 듯하다.
15) Courant, 901의 「됴밍힝」은 「도잉힝」의 오기로 보인다.
16)『이본목록』'◐ {영평공주본전 寧平公主本傳}'조에 있는 이본 목록을 이 곳으로 이동.

| 【增】寧平公主傳 下 | 홍윤표(복사) | 1(1: 서두 낙장, [말미] 임신삼월초뉵일총총필셔, 36f.; 2: 30f.; 이어쓰다: 22f.) |

140.2. 〈연구〉
Ⅲ. 〈학술지〉
【增】
1) 李昇馥. "인물 형상을 통해 본 「도앵행」의 의미 :「옥환기봉」과 관련하여." 『국어교육』, 107(한국국어교육연구학회, 2002. 2).

141. [도원결의록 桃園結義錄]
▶ (도원수권률전 都元帥權慄傳 → 권률장군전)
【增】◐{도원전}

국문필사본

| 도원전 | 박순호[家目] | 1(丙午八月, 34f.)[17] |

【增】◐{도척전 盜跖傳}
〈관계기록〉
1) 『[가람]칙목녹』(奎章閣所藏) :「도척뎐 단」.

◐{도화선 桃花扇}[18]
【增】〈관계기록〉
(한문)
1) 『欽英』(兪晩柱 1755~1788), 14, 1782. 11. 6 :「桃花扇」一書 演稗說作優戲本 供兒女笑噱 明季事有可考者 其所謂作者雲亭山人 似若髮薙而心存者耶 扮其兄曰老贊禮 無名氏也 扮其舊君曰弘光帝 小生也 貌像醜怪 自滅倫理而曰 此書有關於天下 後世者何耶 其漫述曰 每當演戲笙歌靡麗之中 或有掩袂獨坐者 則故臣遺老也, 燈炧酒爛噓唏而散 其小引曰 旨趣本于三百篇而義則『春秋』又曰 一字一句 抉心嘔成 又曰 識焦桐者 豈無中良余姑俟之[余姑俟之何意歟 余看「桃花扇」似若借優戲以鼓動遺民悲憤之心耶 其罵筵一場 挿入錢謙益土鐸 興一滾說 其截磯一場評曰 寧南此死泰山耶 鴻毛耶 千古不解 其劫寶一場曰 明朝天下 送在黃得功之手 俱有所見 而其末評曰 南朝之忠史閣部心在明朝 左寧南心在崇禎 黃靖南心在弘光 心不相同 故力不相協 明朝之亡 非亡于流冠 實亡于四鎭 而責尤在黃 其意若謂倂力 則天下事 猶復可爲耶 嗚呼 余看此書 竊有痛於左良玉氣兵一事 夫弘光失德 天下至今悲憤 而以其君臣大倫 則崇禎弘光 何分焉 姦臣雖起大獄 太子不辨眞仮 而東林餘人盡殲 寇迫門庭 而爲將臣者 不思赴難 乃倒戈而攻曰 將除君側之 惡可謂忠乎 明史載良玉檄書 引胡澄事 暴揚祖宗過失

---
17)「세황가」(4장) 합철.
18) 중국 소설의 번역이다.

尤無臣分 而特以論列姦臣之罪 甚悉 故天下快之 然良玉一敗南朝 兵力分而大事遂去 余謂明朝之亡 非亡于建虜 實亡于良玉之手 嘗見鄒漪啓禎野乘 論左帥非叛 而牧齋深旨其言云 噫 錢謙益辱身敗節 反愧馬士英 內應一疏之死 而乃又護良玉之叛 滅君臣之倫 何其無忌憚之甚 明季史論 多謬如鄒漪所述 反有愧於「桃花扇」矣 偶書志感.

2) 『五洲衍文長箋散稿』(李圭景 1788~?), 7, '小說辨證說': 有「桃花扇」・「紅樓夢」・「續紅樓夢」・「續水滸志」・「列國志」・「封神演義」・「東遊記」其他爲小說者 不可勝記◐(「도화선」・「홍루몽」・「속홍루몽」・「속수호지」・「열국지」・「봉신연의」・「동유기」 등의 작품이 있고, 그 밖의 이루 다 헤아릴 수 없는 작품이 있다).

3) 『集玉齋書目』:「桃花扇」四卷.

■『도화유수관소고 桃花流水館小藁』 → 이홍전 / 장복선전 / 최생원전 / 협효부전

〈작자〉 李鈺(1760~1813)[19]
〈출전〉 金鑢(1766~1821)[20], 『藫庭叢書』, 24, 桃花流水館小藁
〈관계기록〉

① 『藫庭遺藁』(金鑢 1766~1821), 10, 叢書題後, '題桃花流水館小稿卷後': 世或訾李其相[李鈺]之文 曰非古文也 是小品也 余竊笑之曰 是奚足語文章哉 論人之文者 論其古今可也 論其大小可也 若云 小品而非古 則此耳食者之言耳 越絶秘辛 何嘗非小品 而又何嘗非古文耶 且看文如看花 以牡丹芍藥之富艷 而棄石竹繡毬 以秋菊冬梅之枯淡 而惡緋桃紅杏 是可謂知花者乎 余讀其稿 拈出小題略干首 別爲一糾 名曰『桃花流水舘小稿』云◐(세상에서 혹 일컫기를 이옥의 글은 고문이 아니라 소품이라 한다. 나는 이를 그윽히 웃으며 말한다. "이것이 어찌 족히 문장을 말한 것이겠는가? 남의 문장을 논하는 자는 고금을 논할 수 있고, 대소를 논할 수 있지만, 만약 이르기를 소품이라 하고 고문이 아니라 한다면, 이는 귀로 음식의 맛을 보려는 자[이식자[21]]의 말일 뿐이다. 월절[22]이나 비신[23] 같은 것이 일찍이 어찌 소품이 아니며 또 어찌 고문이 아니겠는가? 또 문장을 보는 것은 꽃을 봄과 같아서, 모란이나 함박꽃의 아름다움을 보고 석죽이나 수국화[繡毬]를 버리며, 가을 국화나 겨울 매화의 고담함을 좋아하여 붉은 복숭아꽃이나 붉은 살구꽃을 싫어한다면 꽃을 아는 자라 할 수 있는가? 내가 그 원고를 읽어 보고 소제[小題] 약간 편을 끄집어 내어 별도로 한 편을 만들어 『도화유수관소고』라 이름하였다).

▶(독갑이말 → 도깨비말)

◐{돈수언전}

◐{동각일사 東閣逸事}
〈관계기록〉

① 『諺文古詩』(가람본), '언문칙목녹', 214 :「동각일亽」.

---

19) 모든 사전 수정.
20) 모든 사전 수정.
21) 남의 말을 듣기만하고 그대로 믿는 자.
22) 漢나라 때 袁康이 지은 책으로 전 15권. 혹은 子貢의 저라는 설도 있다. 원전은 25편이나 후세에 5편은 분실함. 周代의 越나라 흥망에 대해 기술했다.
23) 중국 漢魏의 총서류로 소품들을 모아 놓은 책.

◈142. [동국사기 東國史記][24]
　[국문필사본]
　　【增】 동국사기라　　　　　박순호[家目]　　　　1(41f.)
　　　　동국사긔　　　　　　임형택[莽蒼蒼齋_家目]　1(46f.)

◈143. [동국습유 東國拾遺]
◐{동국역대전 東國歷代傳}
【增】 ◐{동국조판서전}
　【增】 [국문필사본]
　　【增】 동국조판셔젼　　　박순호[家目]　　　　1(37f.)

▶(동국지 東國志 → 임진록)
◐{동명왕실기 東明王實記}
◐{동방기}
　〈관계기록〉
　　① 『諺文古詩』(가람본), '언문칙목녹', 130 :「동방긔」.[25]

◈144. [[동방일사전 東方一士傳]]
　〈작자〉 李瀷(1681~1763)
　〈출전〉 『星湖先生文集』, 68

▶(동봉소설 東峯小說 → 매월당소설)
【增】 ◐{동봉전}
　【增】 [국문필사본]
　　【增】 동봉전　　　　　　박순호[家目]　　　　1(무신연 二月十五日, 이칙임자
　　　　　　　　　　　　　　　　　　　　　　　　　은옥진이라, 봉동진충요이칙이라,
　　　　　　　　　　　　　　　　　　　　　　　　　57f.)

◈145. [동상기 東廂記][26] ← 김신부부전 / 사혼기 / 『이야기』
　〈작자〉 李德懋[1741~1793]가 撰한「金申夫婦傳」을 梅花癡儂이 개작함[27]
　〈관계기록〉

---

[24] 조선 태조 건국 설화로부터 영조 때까지의 역대 왕과 장수의 기담을 紀年體로 엮은 稗史小說. '이조 건국담'·'南怡 장군담'·'申汝哲 장군 공훈담'·'숙종과 李氏妣 인연담' 등이 수록되어 있다.
[25] 「東廂記」의 오기일지도 모르겠다.
[26] 희곡 형식으로 되어 있으나, 실제 연극의 대본이라기보다는「서상기」형식을 모방하여 쓴 작품이다.
[27] 1791년(정조 15년) 6월 汶陽山人이 국가로부터 3일 간의 휴가를 얻어 이 작품을 지었다고 한다. 가람본 『靑邱野談』에는 李鈺이 지은 것으로 되어 있다.

① 「東廂記纂」(翰南書林版), 序 : …… 夫何挽[sic 晚]近에 猥雜淫藝之小說이 盛行ᄒᆞ야 稱以書籍界라 ᄒᆞ니 便是人人著作이오 家家鋟梓ᄒᆞ야 不數年에 緗裝縹帙이 幾與木覓齊矣라 彼一時之食硯者ㅣ 始出於蠅頭微利로 藉以糊口之計ᄒᆞ야 終不料筆端之害ㅣ 及於千千萬萬個人이로다 由是而文益衰萎ᄒᆞ고 俗益淪靡ᄒᆞ리니 惜哉ᆞᆫ져 白君心齋ᄂᆞᆫ 大隱者也라 家藏書ㅣ 倂二酉ᄒᆞ야 談笑에 必於是ᄒᆞ며 飮食에 必於是ᄒᆞ며 起居出入에 必於是ᄒᆞ야 未嘗須臾離也ᄒᆞ니 雖曰 不文이라도 人必謂之學矣리라 故로 多費翔楮ᄒᆞ야 不斬壽棗ᄒᆞ고 信余之言ᄒᆞ야 間嘗就質이러니 頃者에 以所著「東廂記纂」으로 出示而請校正이어늘 初以病且眼昏으로 辭러니 屢有書懇키로 重違其意ᄒᆞ야 久而後에 强焉ᄒᆞ니 披閱이 才[sic 纔]數十頁에 乃整襟起坐而言曰 余ㅣ 平生에 不解讀艷詞瑣記ᄒᆞ야 但聞之ᄒᆞ야도 輒蹙頞이러니 今見是纂ᄒᆞ니 不覺怡然이라 上稽國乘ᄒᆞ고 旁撫野談하야 俱有確據ᄒᆞ고 爰作便覽ᄒᆞ니 可知心齋之苦心矣로다 書凡六卷이니 首列原記ᄂᆞᆫ 重前人文字也요 次分原記之正目ᄒᆞ야 纂而爲四ᄒᆞ니 …… 末附補遺ᄂᆞᆫ 槪多闕漏ᄒᆞ야 未盡採取也러라 原記ㅣ 名曰「東廂」은 倣「西廂」而作也나 然而吏套俗諺이 荒駁沒鵾ᄒᆞ야 驟看之에 不甚了然이러니 至於逐節懸吐而鼠鬚ㅣ 活動ᄒᆞ야 曲盡其事狀ᄒᆞ니 信乎第一才子에 換乎傳神之文法也라 使人으로 可以拍案驚奇而若無心齋之纂이면 不過歸之於戱場副墨而觀止矣리니 安能使末世之庸男愚婦로 警醒勸勗ᄒᆞ야 敦五倫ᄒᆞ며 邇百福哉리요 或이 云 體裁ㅣ 不類ᄒᆞ니 不當曰「東廂記纂」이요 當曰「金申夫婦傳纂」이 可也라ᄒᆞ니 其言이 亦復佳로다 第今日에 遇心齋而始得刊布ᄒᆞ야 有裨風化ᄒᆞ니 豈非「東廂記」之慶幸歟이 使汶陽散人而在면 盡討索一大釀ᄒᆞ야 與書林諸益으로 醉飽而兼頌主人之德이리요 ᄒᆞ니 心齋ㅣ 飄然不已어늘 於是乎序而贈之ᄒᆞ니 時ᄂᆞᆫ 徒維敦牂[戊午, 1918]之首夏月 浴佛日에 其友蓮波居士也러라◯무릇 어찌하여 최근에 잡스럽고 음란스런 소설이 성행하여 서적이라고 칭하기에 이르니, 곧 이는 사람마다 짓고 집집마다 간행하여 수년이 못 되어 비단으로 장정을 한 책갑이 거의 남산과 나란히 하게 되기에 이르렀다. 이는 저 한때의 글을 팔아먹고 사는 자들이 처음에는 아주 작은 이익에서 호구지책을 빙자하여 시작하였으나 마침내는 붓끝의 해가 천만인에게 미칠 줄을 생각지 않았도다. 이런 연유로 문은 더욱 쇠퇴 위축되고 풍속은 더욱 투미[28]해지리니 애닯도다. 심재 백두용은 큰 은자라. 집에 소장한 책이 2유[29]에 달하여 담소하는데 반드시 이 책들에 근거하였으며 식사 때에도 반드시 여기에 근거하였으며, 기거하고 출입함에도 반드시 여기에 근거하여 일찍이 잠시라도 떠난 적이 없었으니, 비록 문[文]은 아니라 하더라도 사람들이 반드시 학이라 하리라. 고로 많은 종이를 소비하여 수조를 아끼지 않고 내 말을 믿어 때때로 나아와 묻더니, 저번에 그가 지은 「동상기찬」을 내어 보이며 교정을 청하거늘, 처음에는 병들고 또 눈이 침침하여 사양했지만, 누차 편지로 요청하거늘 거듭 그 뜻을 어겼었다. 오랜 후에 강제하거늘 책을 보기 겨우 수십 페이지에 옷깃을 단정히 하고 일어나 앉아 말하였다. "내 평생에 사랑타령[艷詞]과 자질구레한 일들을 기록한 것 따위는 읽지 않고 다만 이야기만 들어도 곧 이마를 찌푸렸는데, 지금 이 「동상기찬」을 보니 나도 모르게 즐거워졌다. 위로는 국승[30]을 상고하고 한편으로는 야담에 의거하여 확실한 증거를 갖추었고 보기에 편리하게 만드니 가히 심재의 고심을 알 수 있다." 이 책은 6권으로 되어 있으니, 머리에 열거된 원기는 예전 사람이

---

28) 더러워질 투(渝). 썩을 미, 쓰러질 미(靡).
29) 장서가 많음을 일컫는 말. 옛날 중국 호남성에 大酉·小酉 두 산의 동굴에 고서 1천 권을 감추었다 한다.
30) 國史.

썼던 문자를 다시 썼고, 이어 원기의 정목을 나누어 편찬하여 넷31)으로 하였으며 …… 끝에 붙인 보유는 대개 빠진 것이 많고 채취한 것이 미진하다. 원기를 이름하여 '동상'이라 함은 '서상'을 모방하여 만든 것이나, 이두32)와 속언이 잡박하게 섞여 얼른 보기에 심히 요연33)하지는 않더니, 절을 따라 토를 달아 서수34)가 활동하여 그 사상이 곡진하니, 제1재재「서상기」보다 미덥고 신이 전하는 문법보다 환하도. 사람으로 하여금 가히 책상을 치며 놀라 일어나게 하였다. 만약 심재의 이 찬이 없다면 연희장의 부묵35)으로 돌려 보는데 지나지 않을 것이니, 어찌 능히 말세의 용부나 우부로 하여금 타일러 깨우치게 하고 힘써 권하여 오륜을 도탑게 하며 백복이 있게 하겠느뇨? 혹시 체제가 맞지 않으니「동상기찬」이라 함은 부당하고「김신부부전찬」이라 함이 마땅하다 하니 그 말이 역시 좋도다. 다만 오늘날 심재를 만나게 되어 비로소 간행되어 풍화36)를 돕게 되니, 어찌「동상기」를 위하여는 다행한 일이 아닌가? 문양산인이 있으면 어찌 일대 갹출을 하여 한남서림의 여러 이익을 취포37)케 하고 주인의 덕까지 찬송하겠는가 하니, 심재가 웃기를 마지 않으니 이에 서문을 써 주었다. 때는 1918년 첫여름달 욕불일38)에 그 벗 연파거사가 쓴다).

② 同上, 自序 : 噫라 慕浮海之乘ᄒᆞ고 招還山之弄 而知不可得일ᄉᆡ 聊將「東廂記」ᄒᆞ야 纂而解之ᄒᆞ노니 自顧蕪淺ᄒᆞ야 不敢現身說法이오나 或値猿馬擾亂之時ᄒᆞ거든 掃靑苔地ᄒᆞ야 焚艾蒻ᄒᆞ고 盥水展卷ᄒᆞ야 朗誦一二則ᄒᆞ면 仮使聖嘆으로 復起而評이라도 其必曰 不亦快인져 ᄒᆞ리로다 伏願普天下에 愛讀ᄒᆞ시ᄂᆞᆫ 僉君子ᄂᆞᆫ 當作如是觀ᄒᆞ노이다 歲在戊午[1918]之仲春上浣에 心齋白斗鏞은 書于翰南書林에 桃花雨中ᄒᆞ노라◑(아아, 바다에 배를 타고 나감을 그리워하고 산으로 돌아갈 농을 부르나 이룰 수 없음을 알았을 때, 애오라지「동상기」를 가지고 찬하여 풀이하노니, 스스로 무천39)하여 감히 현신의 설법을 하지는 못하나 혹 원숭이와 말이 교란40)의 때를 만나면 푸른 이끼 낀 곳을 쓸고 쑥을 태우고 손으로 책을 펼쳐 한두 편[則]을 낭송하면, 설령 김성탄[1608~1661]이 다시 살아나 평을 하더라도 그는 반드시 "역시 쾌하지 아니한가?"라고 말하리라. 엎드려 원하기는 천하에 이 책을 애독하시는 모든 분들은 마땅히 이같이 보옵소서. 무오년 중춘 상완에 심재 백두용은 한남서림에서 매화 핀 우중에 쓰노라).

한문현토본		
東廂記纂	건국대[漢綜](고913)/고대(C14-A19)/국중(N62-79)/단국대 ……	5-1([著]白斗鏞, 翰南書林, 大正七年[1918]十一月二十日發行, 17f.)

---

31) 才賢·德慧·眷澤·福祿.
32) 이두. 한자의 음과 뜻을 빌어 우리 나라 말을 표기하는 데 쓰이던 문자.
33) 명확한 모양.
34) 쥐 수염으로 만든 붓.
35) 문자.
36) 풍습을 교화함.
37) 술을 배불리 마시게 하고 음식을 배불리 먹도록 함.
38) 4월 초파일. 불상에다가 향수를 머리부터 끼얹어 목욕을 시킴.
39) 아는 것이 별로 없음.
40) 휘저어 어지럽게 함.

145.1. 〈자료〉

Ⅱ. (역주)

145.1.1. 【創'和田'】天民散史. "「東廂記」, (一)~(二)." 『朝鮮』, 145~146(朝鮮總督府, 1927. 6~7).

145.2. 〈연구〉

Ⅱ. (학위논문)

【增】

1) 박유경. "「東廂記」의 형성과 희곡적 특성." 碩論(부산대 대학원, 2000. 2).

Ⅲ. (학술지)

145.2.10. 景一男. "「東廂記」의 劇本的 實相과 戱曲史的 價値." 『語文研究』, 22(語文研究會, 1991. 12). 史在東 編, 『韓國戱曲文學史의 研究』, Ⅴ(文研究學術叢書 第7輯, 中央人文社, 2000. 3)에 재수록.

145.2.11. 孫燦植. "「東廂記」研究:「金申夫婦傳」과의 比較考察." 石軒丁奎福博士古稀紀念論叢 刊行委員會 編, 『韓國古小說史의 視覺』(國學資料院, 1996. 10). "「東廂記」와 「金申夫婦傳」의 比較考察"로 史在東 編, 『韓國戱曲文學史의 研究』, Ⅴ(文研究學術叢書 第7輯, 中央人文社, 2000. 3)에 재수록.

145.2.12. 윤일수. "한문 희곡 「東廂記」의 중국극 수용 양상." 『韓民族語文學』, 32(韓民族語文學會, 1997. 12).

【增】

1) 孫燦植. "「동상기」 고(「東廂記」考)." 『국어교육』, 51·52(한국국어교육연구회, 1985. 3).
2) 심재숙. "「東廂記」의 형성과정과 주제의식." 『한국극예술연구』, 4(한국극예술학회, 1995. 6).
3) 여세주. "「김신부부전」과 「동상기」의 장르 전용." 『어문학』, 64(한국어문학회, 1998. 6).
4) 孫燦植. "「東廂記」의 成立背景과 作者問題." 史在東 編, 『韓國戱曲文學史의 研究』, Ⅴ(文研究學術叢書 第7輯, 中央人文社, 2000. 3).
5) 경일남. "「동상기」의 서민적 작품 성향." 『語文研究』, 41(語文研究學會, 2003. 4).

▶(동상기서 東床奇書 → 동상기)
▶(동상기찬 東床記纂 → 동상기)

◈**146.** [동선기 洞僊記 / 洞仙記] ← 동선사[41] / 동선전 / 동선화 / 『화몽집』

한문필사본

洞仙記	국중[고1](한-48-219)/정문연[韓古目] (262 : R35N-002918-4)	1(上章閹茂[庚戌]窊月 [三月]旬間畢書于小龍 洞宅, 36f.)[42]
【增】洞仙記(西門籍傳·洞賓記)	朴現圭[漢少目, 愛1-5]	1(丁巳)[43]
洞仙記	天理大[今西龍]/[日所在韓古目](793)	1(37f.)

---

41) 『이본목록』에 추가.
42) 「鬪色誌演義」 합철.
43) 「天磨記」 합철.

146.2. 〈연구〉

Ⅱ. 〈학위논문〉
〈석사〉
【增】
1) 김찬화. "「동선기」 연구." 碩論(인천대 대학원, 2000. 2).

Ⅲ. 〈학술지〉
【增】
1) 박현규. "「동선기」의 이본실태와 사상 구도." 『順天鄕語文論集』, 6(順天鄕語文研究會, 2000. 2).
2) 권도경. "「洞仙記」 연구 : 17세기 애정류 전기소설에 나타난 異界의 성격변모와 그 의미." 『梨花語文論集』, 18(梨花女大 梨花語文學會, 2000. 10).
3) 양승민. "「洞仙記」의 작품세계와 소설사적 위상." 『古小說研究』, 11(韓國古小說學會, 2001. 6).
4) 鄭煥局. "「洞仙記」의 志向과 소설사적 의미 : 17세기 소설 轉變의 한 양상." 『大東漢文學』, 14(大東漢文學會, 2001. 6).

▶(동선사 洞仙事 → 동선기)
▶(동선전 洞仙傳 → 동선기)
▶(동선화 洞仙花 → 동선기)
◐{동오왕자녀별전 東吳王子女別傳}
  〈관계기록〉
  ① 『諺文古詩』(가람본), '언문칙목녹', 176 : 「동오왕ᄌ녀별젼」.

◪147. [동유기 東遊記]

〈참고자료〉
① 今有'四遊記'行于世 其書凡四種 著者三人 不知何人編定 惟觀刻本之狀 當在明代耳 一曰「上洞八仙傳」亦名「八仙出處東遊記傳」二卷五十六回 題'蘭江吳元泰著'◯(오늘날 세상에 유행하는 「사유기」는 무릇 4종에다 저자가 3인이라 누가 編定한 것인지는 알 수 없으나, 각본의 모양으로 보아 마땅히 명나라 때로 생각될 뿐이다. 또는 일컫기를 「상동팔선전」이라고도 하고, 「팔선출처동유기전」이라고도 한다. 전 2권 56회로 표제에 '난강 오원태저'라고 되어 있다) [魯迅, 『中國小說史略』, p. 118].
② 「東遊記」二十四章 (一名「西遊記釋喩」) : 清無名氏撰 題'顧道民脫稿'·'客夫人校字' 每章後 有'竹坡評' 末附「尾談」一卷 字多古體 自造字尤多 遽難辨識 竹坡不知卽張竹坡否 …… 此書 之作至早不能過康熙二十八年其文支言曼延 若斷若續 書中所記亦猥褻太甚 而作者熟於乙 丙部書 記頌淵博 決非淺學之士 但不知何以蓄意作此書耳◯(청나라 무명씨 찬으로 표제에 '고도민 탈고'·'객부인 교자'라고 되어 있고, 매장마다 끝에 '죽파'의 평이 있다. 전 1권이다. 글자가 고체가 많아서 조자가 퍽 많으므로 얼른 알아보기가 어렵다. 죽파가 누군인 줄은 알 수 없으나 장죽파가 아닐까 한다. ……이 책을 지은 것은 빨라야 강희 28년[1689]을 넘을 수가 없다. 그 글에 곁가지말이 만연하여 끊어질 듯 이어질 듯하고, 책 중의 기록된 내용 또한 매우 외설스럽다. 작자는 을부와 병부의 책44)에 익숙한 듯하여 기송[記頌]이 깊고 해박하니 결코

천학한 선비의 글은 아니나, 다만 어찌하여 이 책을 썼는지 하는 함축된 뜻은 알 수 없다)[孫楷第, 『中國通俗小說書目』, p. 158].

③「東遊記」二卷 (封面題「全像東遊記上洞八仙傳」) : 明吳元泰撰 題‘蘭江吳元泰著’·‘社友凌雲龍校’ 首余象斗序◐(명나라 오원태의 편찬. 책머리에 '난강 오원태 저·사우 능운룡 교정'이라 되어 있고, 책머리에는 여상두[45])의 서문이 있다)[同上, p. 170].

〈관계기록〉

(한문)

① 『中國歷史繪模本』(完山[映嬪]李氏, 1762), no. 57 : 「東遊記」.
② 『五洲衍文長箋散稿』(李圭景 1788~?), 7, 「小說辨證說 : 「齊諧記」·「夷堅志」·「諾皐記」·「琵琶記」·「水滸傳」·「西湖游覽誌」·「三國演義」·「錢塘記」·「宣和遺事」·「金瓶梅」·「西廂記」·「眞珠舶」·……·「桃花扇」·「紅樓夢」·「續紅樓夢」·「續水滸志」·「列國志」·「封神演義」·「東游記」……「聊齋志異」·「九雲夢」·「南征記」·「芙蓉堂」·「雙渠怨」·「風月須知」.

【增】

1) 『字學歲月』[1744](尹德熙 1685~1766) : 「東遊記」.
2) 『私集』(尹德熙 1685~1766), 4, 「小說經覽者」[1762] : 「東遊記」.
3) 『海南尹氏群書目錄』(國立中央圖書館所藏): 「東遊記」.

147.1. 〈자료〉

【增】 Ⅰ. (영인)

1) 박재연·김영 校註.『동유긔 東遊記』. 조선시대 번역고소설 총서 15. 이회, 2004.[46] (뻬쩨르부르그 동방학연구소 애스턴 구장)

【增】 Ⅱ. (역주)

1) 박재연·김영 校註.『동유긔 東遊記』. 조선시대 번역고소설 총서 15. 이회, 2004. (뻬쩨르부르그 동방학연구소 애스턴 구장)

▶(동자문답 童子問答 → 공부자동자문답)
▶(동주연의 東周演義 → 열국지)[47])
▶(동주열국지 東周列國誌 → 열국지)

◼148. [동진연의 東晋演義]

〈참고자료〉

①「東西晉演義」(西晉四卷 東晉八卷): 明無名氏撰 題‘秣陵陳氏尺蠖齋評釋’·‘繡谷周氏大業堂校梓’ 首雉衡山人序 (卽楊爾曾) 正文前有東西晉及十六國元魏東西魏紀年 每卷記年代起訖 此書東西晉分敍 不標回數◐(명 무명씨 찬. 표제에 '말릉 진씨 척확 평석'·'수곡 주씨 대업당

---

44) 세상의 모든 책을 甲乙丙丁의 네 부류로 나눈 四部書 중 두 번째와 세 번째 부문에 속하는 책들.
45) 호는 三台山人. 주로 중국 명나라 隆慶(1566~1572)~萬曆(1572~1620) 연간에 활동했으며, 당시의 유명한 소설 편자이자 간행자. 그가 펴낸 소설로는 「皇命諸司公案傳」·「三國志傳評林」·「西遊記」 등이 있다.
46) 北京大圖書관 소장 崇禎序文本「掃魅敦倫東度記」의 영인본이 附載되어 있다.
47) 『이본목록』에 추가.

교자'라고 되어 있으며, 책머리에는 치형산인(즉 양이증)의 序가 있다. 정문의 앞에 동서진 및 16국, 원위, 동·서위의 기년48)이 있고, 매권에는 연대의 시작됨과 끝남을 적고 있다. 이 책은 동·서진으로 나누어 서술하고 회수는 나타내지 않았다)[孫楷第, 『中國通俗小說書目』, p. 39].

〈관계기록〉
(한문)
① 『中國歷史繪模本』(完山[映嬪]李氏, 1762), no. 8 : 「東晉演義」.
【增】
1) 『海南尹氏群書目錄』(國立中央圖書館所藏) : 「東西兩晉演義」
(국역)
① 『諺文古詩』(가람본), '언문칙목녹', 142 : 「동진긔」.

149. [동한연의 東漢演義]

〈참고자료〉
① 「東漢十二帝通俗演義」 十卷 一百四十六則: 明謝詔撰 大業堂本 題 '金川西湖謝詔編輯' · '金陵周氏大業堂評訂' 首陳繼儒序●(명나라 때 사조의 편찬. 대업당본. 책머리에는 '금천 서호 사조 편집' · '금릉 주씨 대업당 평정'이라 되어 있으며, 또한 진계유49)의 서문이 있다)[孫楷第, 『中國通俗小說書目』, p. 29].

〈관계기록〉
(한문)
① 『惺所覆瓿稿』(許筠 1569~1618), 13, 文部 10, 題跋, '西遊錄跋': 余得戱家說數十種 除「三國」·「隋唐」外 「兩漢」齷 「齊魏」拙 「五代殘唐」率 「北宋」略 「水滸」則姦編機巧 皆不足訓而著於一人手 宜羅氏之三世啞也●(내가 희가의 소설 수십 종을 얻어 읽어 보니, 「삼국지연의」와 「수호지전연의」를 제외한 그 밖의 '양한연의'는 앞뒤가 맞지 않고, '제·위지'는 치졸하며, 「잔당오대지연의」는 경솔하고, 「북송연의」50)는 소략하고, 「수호전」은 간사하고 거짓되어 가르치기에 적당치 않은데, 이것들이 한 사람의 손에 의해 지어졌다 하니, 나씨[나관중 1330~1400]51)가 3세에 걸쳐 벙어리가 되었다 함은 마땅하다).
② 『東溟先祖遺稿』, 8, '逸史目錄解'(黃中允 1577~1648) : 或問於余曰 「天君記」 何爲而作也 曰慨余之半生迷亂失途 而欲返轡復路之辭也 曰然則謂之逸史 而各分爲題目者何也 曰此效史家衍義之法也 嘗考諸「列國誌衍義」·「楚漢衍義」及「東漢衍義」·「三國誌衍義」·「唐書衍義」及「宋史衍義」·「皇明英烈傳衍義」等諸史 則皆爲目錄 其意盖欲易於引目 務於悅人 而使觀者不厭●(어떤 사람이 나에게 묻기를 "「천군기」를 왜 지었는가?"하였다. 나는 대답하기를 "나의

---

48) 기원으로부터 셈을 한 햇수.
49) 중국 명나라 때 사람. 호는 尾公 혹은 白石山樵. 昆山 남쪽에서 은거하다가 후에 東余山에서 살았다. 시문에 능했고 서화로도 이름 높았다.
50) 「北宋三遂平妖傳」·「宋太祖龍虎風雲會」
51) 중국 원나라 때의 소설가. 『수호지』·『삼국지연의』·『수당지전』·『잔당오대지연의』 등이 그가 지은 것이라고 전한다.

반생이 미란52)하여 갈 길을 잃음을 슬퍼해서 고삐를 돌려 돌아오고자 하는 말"이라고 대답하였다. 또 묻기를 "그렇다면 그것을 '일사'라고 하고, 각각 나누어 제목을 정했음은 왜 그런가?" 하니, 내가 대답하기를, "이것은 사가의 연의의 방법을 본뜬 것이다. 「열국지연의」·「초한연의」·「동한연의」·「삼국지연의」·「당서연의」·「송사연의」·「황명영렬전연의」 등 제사를 보면 다 목록을 만들어 제목을 구별하였는데, 그 뜻은 대개 눈으로 보기가 쉽고, 다른 사람이 기뻐하도록 하는 데 힘써, 보는 사람이 싫어하지 않도록 하고자 함"이라고 했다).

③ 『旬五志』(洪萬宗 1643~1725), 下 : 古說之表表 可稱者「西遊記」·「水滸傳」外 如列國·東西漢·齊·魏·五代唐·南北宋 皆有演義皆行於世◐(옛 이야기 가운데 뛰어나[表表] 일컬어질 만한 것으로서 「서유기」·「수호전」외에 열국 때로부터 동서한·제·위·오대·당·남북송에 이르기까지 모두 연의가 있어 세상에 유행하였다).

④ 『中國歷史繪模本』(完山[映嬪]李氏, 1762), no. 6 : 「東漢演義」.

⑤ 「漢唐遺事」[1852?](朴泰錫) : 自有書契以來 稗說之家多矣 如「三國」·「列國」·「東·西漢演義」·「西廂」·「西遊」·「水滸」等書 或附會事跡 或述記寓言 使覽之者欣然忘食 聞之者怡然解頤 於斯時也, 擧天下之物 似不足以喩其樂也 此等書例多荒誕 醇儒莊士之所不道 況其下此者乎◐(글자[書契]가 생긴 이래로 패설가들이 많으니, 「삼국지연의」·「열국지」·「동·서한연의」·「서상기」·「서유기」·「수호전」 등의 책과 같은 것이다. 혹은 사적을 부회하고, 혹은 우언을 써서 보는 사람으로 하여금 재미있어서 먹는 것을 잊게 하고, 듣는 사람으로 하여금 즐거워서 웃음이 나오게 한다. 이럴 때에는 천하의 물건을 들어도 그 즐거움을 비유하기에 부족하다. 이런 책들은 매우 터무니없는 것이고, 순수한 선비라면 입에 올릴 바가 못 되는데, 하물며 이보다 못한 책들이야 말해 무엇하겠는가?).

【增】
1) 『字學歲月』[1744](尹德熙 1685~1766) : 「東漢記」.
2) 『私集』(尹德熙 1685~1766), 4, 「小說經覽者」[1762]. 「東漢記」

(국역)
① 「玉鴛再合奇緣」(溫陽鄭氏 1725~1799), 15, 表紙 裏面 : 「동한연의」
② 『諺文古詩』(가람본), '언문칙목녹', 107 : 「동한연의」
③ Courant, 754 :「동한연의 東漢演義」, 6책

【增】
1) 『大畜觀書目』(19C初?):「東漢演義」諺六冊
2) 『[演慶堂]諺文冊目錄』(1920; 藏書閣所藏) : 111.「東漢演義」6冊.

▶(됴 → 조)
▶(두껍대전 → 섬동지전)
▶(두껍전 ① → 섬동지전)
▶(두껍전 ② → 섬처사전)
◐{두씨정절록 杜氏貞節錄}

---

52) 정신이 어지러워 흐리멍덩함.

◐{두호기연록}
〈관계기록〉
① 『諺文古詩』(가람본), '언문칙목녹', 79:「두호긔연녹」.

◘150.[두홍전 頭紅傳]
【增】150.2.〈연구〉
Ⅲ. (학술지)
1) 김진규, "「두홍전」 연구."『한국문학논총』, 36(한국문학회, 2004. 4).

【增】◐{둘재전}
【增】 국문필사본
【增】 둘겨젼이라   박순호[家目]   1(계묘칠월의 시작ᄒ여 시묘일월연간
                                    의필셔ᄒ나……, 68f.)

◘151.[[등대윤귀단가사 滕大尹鬼斷家私]] → 금고기관 / ← *행락도
〈출전〉『喩世明言』, 제 10 및『今古奇觀』, 제 3 53)

◐{등하미인전 燈下美人傳}
〈관계기록〉
① 金起東,『李朝時代小說論』, p. 597.

---

53) 이 작품을 국내에서 번안 출판한 것이 新小說「行樂圖」인 것으로 알려져 있다.

마

● {마고산실기 馬古山實記}
◐ 151-1. [마두영전 馬斗榮傳]

【增】〈이본연구〉

1) 홍윤표 교수본이 간호윤본에 비하여 부연되었음은 물론 吏讀의 사용과 한자의 露出 등이 도드라짐을 찾아 낼 수 있다. 독서자는 이러한 홍윤표 교수본에서 더욱 읽는 재미를 느낄 수 있을 것이다. 이외에도 홍윤표 교수본은 비교적 한문투가 많이 보이는 간호윤본에 비하여 '황진사'를 '누렁진사'라고도 하는 등, 때에 따라서는 국문으로 바꾸려는 저의도 충분히 읽을 수 있다. 또 홍윤표 교수본에는 사투리가 많이 섞여 있으며, 문장이 洗練되지 못한 점, 感情的인 표현, 曲盡한 文章, 口語體 사용 따위가 간호윤본에 비하여 뚜렷하다. 따라서 두 본을 비교할 때, 홍윤표 교수본의 필사자가 적극적인 改作意志와 서민적 기호가 짙음을 충분히 읽을 수 있다. 결론으로 홍윤표 교수본과 간호윤본은 줄거리에 차이점이 없는 것으로 미루어 비교적 이른 시기 동일한 저본을 대상으로 필사한 것이 분명하다. 다만 간호윤본은 충실히 필사에 치중한 반면, 홍윤표 교수본은 필사자의 의도가 분명히 감안된 점으로 미루어 볼 때, 비교적 祖本에 가까운 것은 간호윤본으로 보아야 할 것 같다(간호윤,『馬斗榮傳 硏究』[2003. 11], pp. 14~15).

국문필사본

【增】 마두영젼 馬斗榮傳	간호윤	1(신문쳔퇴책니라, [표지]黑虎[壬寅]大簇月[正月]之用下澣, [서두]임인졍월십이일, [말미]임인년 이십사일 긔록ᄒ노라, 44f.)
【增】 마두영젼	김광순[筆全](69)	1([표지]디졍오연[1916]이월일, 말미 필사 중단 27f.)

151-1.1. 〈자료〉

Ⅰ. (영인)
  1) 간호윤.『馬斗榮傳 硏究』. 景仁文化社, 2003. (간호윤 소장)

Ⅱ. (역주)
  1) 간호윤.『馬斗榮傳 硏究』. 景仁文化社, 2003. (간호윤 소장)

Ⅲ. (활자)

1) 간호윤. 『馬斗榮傳 硏究』. 景仁文化社, 2003. (간호윤 소장)

151-1.2. 〈연구〉

Ⅰ. (단행본)

1) 간호윤. 『馬斗榮傳 硏究』. 景仁文化社, 2003.

【增】〈줄거리〉

명나라 시절 절강 땅에 황가[홍윤표 교수 소장본(이하 '홍본'): '황낙']와 마가[홍본: '마광'] 두 승상이 살았다. 황가는 이름이 낙인데, 아내 최씨[홍본, '심씨']는 초월이라는 아름다운 딸을 두고 죽었다. 황가는 초월이 8세[홍본: '10세']에 새로 처 변씨를 맞았으나 어질지 못하여 초월[홍본: 얼굴이 반갈 같아 초월이라 불렀다 함]을 해하려고 했다. 마가는 마두영이라는 아들이 있는데 나이가 8세였다. 초월과 생월 생시가 한날 한시였으며, 얼굴이 관옥 같고 풍채가 비범하였다. 5살에 어머니를 여의어 계모 호씨에게 지성으로 효를 다하였으나 계모는 늘 미워했다. 하루는 황가와 마가가 초월과 두영이 목욕하는 곳에 선 무지개를 보고 놀랐다. 황가는 마가에게 집으로 가자 하고 두영과 변씨를 불러 시를 한 구씩 주고받게 하여 후일 인연을 맺을 신표로 삼게 했다. 황가의 후처인 변씨가 딸을 낳았다. 이름은 홍연이라 했는데, 모든 면에서 초월만 못하여 황승상이 못마땅해 했다. 마가의 후처인 호씨도 아들을 낳았는데 용렬하여 마승상은 이름을 용자라 지어 못마땅해 했다. 마가의 후처인 호씨가 황가의 후처인 변씨에게 가장들이 마두영과 초월만을 위하는 섭섭한 마음을 담은 편지를 보내어 두 아이들을 해칠 의사가 있는지 물었다. 황가의 후처인 변씨가 답장을 보내 마두영과 초월을 없애고 홍연과 용자를 혼인시키자고 했다. 하루는 호씨가 떡을 변씨에게 보내어 초월을 죽이려 했으나 하늘이 도와 홍연이 대신 먹고 병신이 되었다. 변씨는 이러한 사정을 호씨에게 알려 원통함을 호소하니 호씨는 경성에 사는 호성태라는 꼼수가 많은 사람에게 도움을 요청했다. 호성태가 돈을 요구하자 호씨는 마진사가 화음 선산에 성묘하러 간 틈을 타서 편지를 보내어 변씨를 오라고 했다. 호씨가 변씨를 보고는 그 미색에 빠져 돈 대신 몸을 요구하자 변씨는 이에 흔쾌히 응하여 그날 밤을 즐겼다. 황제가 죽고 8세인 천자가 즉위하자 영의정 공문원이 섭정하니, 도죽군[홍본: 도주군]이 역모에 뜻을 두고 천하 호걸을 모으자 조정의 신하들이 모두 이에 기울어졌다. 마진사가 성묘를 갔다 오다가 이를 듣고는 황낙을 청해 만나고 도죽군의 죄상을 성토하는데 이 자리에서 호성태도 합석했다. 호성태는 다음 날 도죽군에게 이 일을 고해 바치자, 도죽군은 다시 황제에게 마광과 황낙이 자신을 음해한다고 거짓으로 아뢰었다. 천자가 크게 노하여 마광과 황낙을 잡아 오라고 하여 붙잡혀 갔다[홍본: 초설은 통곡하고 두영은 마장을 찾아 경성으로 갔다. 천자가 자신의 삼촌인 도죽군에게 무슨 죄가 있냐고 문초하니 마광이 최윤성에게서 들었다고 했다. 최윤성을 잡아들여 문초하니, 윤성은 도죽군을 크게 꾸짖고는 머리를 부딪쳐 죽고, 마광과 황낙은 남해로 귀양을 보냈다. 이때 변씨가 마두영에게 왜 아버지를 따라 가지 않느냐고 꾸짖어 경성으로 보냈다[홍본: 위 참조]. 마두영은 노자도 없이 온갖 고생 끝에 경성에 도착하여 아버지의 근황을 물으니 이미 남해로 귀양 간 뒤였다. 마두영이 종로에 앉아서 우니 승상대 청지기가 저간의 사정을 말해 주자 마두영은 아버지가 귀양 간 곳을 찾아 정처 없는 유랑길에 올랐다. 호성태가 양 진사를 귀양 보내고 돌아오자 변씨는 호성태에게 초월을 죽이라고 했다. 호성태는 경성으로 들어가 천자를 보고는 호왕이 중국 제일의 미인을 구한다는 편지를 보내 왔다고 하며 초월을 추천하여 천자의 근심을 없애라 했다. 호성태의 말을 듣고 천자는 초월을 잡아 오라고 명령을 내렸다. 초월을 잡아서는 호왕에게 데려가니 뒤늦게 영문을 안 초월은 천지신명께 빌며 혼절했다. 호왕은 초월의 미색이 뛰어남을 보고는 흠뻑 마음에 들어 하여 여정의 피로를 풀 겸 10일 간의 말미를 주고 좋은 음식을 내렸다. 초월은 호왕이 내린 음식을 먹지 않다가 호왕의 딸 소패[홍본 : 소상]의 지극한 정성으로 조금씩 수저를 들었다① 홍본 : 하늘에서 월광보살의 명을 받은 시비가 내려와 보명환이란 약을 주어 받아 먹으니 꿈이었다. ② 보명환을 먹은 이후 먹지 않아도 배가 고프지 않고 죽을 마음이 점차 사라졌다]. 호왕이 초월을 잡아들이라 하자[홍본 : 참예 혹은 재미로 표현] 소패가 거짓으로 초월이 지금까지 아무 것도 먹지 않았다 하고는 마음을 화순케 한 후 불러들이라고 했다. 그러자 호왕은 초월이 죽을까봐 금연을 불러 거문고를 타 위로하라고 했다. 초월이 금연을 크게 꾸짖어 물리치차 금연은 호왕에게 이를 일러 바쳤다. 이 날 밤 호왕은 초월을 달랬으나 거절하자 북해상 굴 속에 넣어 버렸다. 마두영은 아버지를 찾아 헤매다 도죽군의 난을 피하는 한 사람으로부터 초월을 호국에 보냈다는 말을 듣고 [홍본: 외가댁 고로 갑전이에게 들었다. 갑전은 함께 산으로 피하자고 하나 두영이 거절했다.]는 물에 뛰어드나 청학이 건져냈다. 황건을 쓴 한 노인이 나타나 만호봉 신령이라 하며 따라 오라 했다. 신령이 술 석 잔을 먹여 기운을 돕게 하고 금갑주[홍본 : 황금투구]와 천사금, 용총마를 주며 도죽군을 치라 했다. 마두영이 부친만 걱정하자 신령이 왜 초월은 걱정하지 않느냐고 했다. 마두영이 초월은 이미 죽었을 것이라 하자 신령은 두영과 초월이 천상 연인

이라 지상으로 보낸 것이라 하고 어서 가서 아비와 초월을 구하라고 했다. 도죽군이 황제를 폐하고 그 자리에 오르자 병조판서 맹겸과 청주자사 소준이 기병하였다. 군사 오천에 선본장은 소준무, 후군장은 설인[홍본: 설인태], 대사매[홍본: 대원쉬는 맹겸이었다. 호성태는 유주자사가 되어 변씨를 찾고 그 동안 변씨는 호성태의 딸을 낳았다. 다음 날 변씨는 병신이 된 딸 홍연을 거짓말로 방에 가두고는 호성태와 길을 떠나니, 호씨도 의지할 곳이 없다며 이들과 함께 익주로 갔다. 그러나 용자는 호성태가 자기를 해할 것을 짐작하여 집에 남았다. 하루는 용자의 유모가 수족을 못 쓰는 여자아이를 업고 왔는데 홍연이었다. 용자는 유모에게 홍연의 사정 이야기를 듣고 더욱 모친을 원망하고는 홍연을 불쌍히 여겨 데리고 있었다. 용자가 마침 지나가던 의원을 재워 주며 홍연을 고쳐주기를 청하였다. 의원이 병을 고쳐 주자 홍연은 아름다움을 되찾았고, 유모의 권유[①홍본 : 유모가 두영과 초월의 연분이 어려워졌으니 홍연과 용자가 대신 연분을 맺어 부모의 유언을 이으라고 말했다. ② 용자는 부모의 허락없이 짝을 찾을 수는 없다 했으나 유모가 일을 진행했다.]로 용자와 연분을 맺었다. 황진사와 마진사는 도망하다 호성태의 행차를 보고는 의아스러워 하다가 시비 양춘에게 저간의 사정을 모두 듣고는 상황을 이해했다. 황진사와 마진사는 양춘을 보고 호성태를 따라가라 하고는 헤어져 자취를 감추었다. 마두영이 황성으로 가나가 황배사, 마신사, 황신사의 사약을 갖고 가는 군사들을 만나 모두 죽였다. 마두영은 황태자를 만나러 가다가 병조판서 맹겸을 만났다. 마두영은 맹겸에게 사정을 말하니 맹겸은 선봉을 삼았다. 마두영은 군사 오천을 얻어 황태자를 만나러 길을 떠났다. 마두영이 간 뒤 도죽군이 보낸 군사가 도착하고 소준무가 나가 적장을 베었다. 동태산 청머루, 북태산 흑머루[홍본: 혁머루], 서태산 백머루, 남태산 홍머루 등 네 장수가 차례로 나와

위엄을 자랑하니, 맹겸이 대적치 못하고 마두영이 올 때만 기다렸다. 마두영은 태자를 죽이려는 군사를 베고 구출하니, 태자는 마두영에게 대원수를 제수하고 사직을 회복하면 천하를 반분하자고 하며 잔치를 배설했다. 절도사 이광뇌가 군사 팔천과 말 천 필을 문밖에 대기시켰다[홍본: ① 절도사 이광록이 찾아와 마두영과 태자를 절도부중에 모시고 들어가 잔치를 열고는 발연춘으로 하여금 태평곡을 부르게 했다. ② 운남산으로 가는 도중 백성들이 행차를 따르니 수십만이었다]. 마두영과 태자는 함께 운남산으로 향했다. 마두영은 운남산에서 적을 맞이하여 동태산 청머루, 북태산 흑머루를 차례로 죽이고 남태산 홍머루와 싸워 이겼다. 홍머루는 마두영이 보통 사람이 아니라며 탄식하고는 서태산 백머루와 함께 밤을 타 도망했다. 이 소식을 들은 도죽군은 자결했다. 이때 두 진사는 구의산에 들어가 초당을 짓고 살았는데, 지나던 중이 마두영에 의해 국권이 회복된 것을 알려 주었다. 마진사는 마두영에게 그런 용맹이 있었는가 의심하며 다음 날 운남성으로 떠났다. 호성태도 이야기를 듣고 변씨에게 사실을 말하고는 자결했다[홍본 : 호씨도 제 오라비가 죽은 것을 보고는 놀라 기절하여 죽었다]. 변씨는 방자 막동의 집에 의탁하다가, 오십에 홀아비가 된 막동 아비에게 겁탈당하고 탁주 장사를 하며 살았다[홍본 : 막동이 홀아비와 가연을 맺어 주고 막동은 짚신 장사를 하고 변씨는 탁주 장사를 하여 목숨을 연명했다]. 마두영은 태자와 광주역에 들어가 유숙하다 도죽군이 죽었다는 기별을 받고 기뻐했다. 이 날 잔치를 열었는데 마진사와 황진사가 찾아와 그 간의 회포를 풀었다. 다음 날 유주에서 사람이 와 호성태와 호씨도 죽었고, 변씨는 막동의 아비인 막손이가 데리고 술 장사를 한다는 보첩이 왔다. 황진사가 변씨를 잡아 오라 했으나, 마진사가 이미 천인이 되었으니 더욱 잘 될 것이라고 말려 그냥 두었다. 이튿날 황제와 함께 일행은 황성으로 향했다. 마두영 일행은 황성으로 가다가 절강을 지나치자 살던 집을 찾아보았다. 황진사의 집은 이미 쑥밭이 되었고, 마진사의 집 또한 퇴락했다. 마진사가 집으로 들어서자 용자와 홍연이 나와 맞았다. 사연을 묻자 용자의 유모가 그간의 이야기를 하고 모두 기뻐했다. 황궁으로 돌아오자 황제가 천하를 마두영에게 반분하려 하나 두영이 이를 극력 사양하자 좌우 승상[홍본: 우승상]을 삼았다. 마두영은 황제에게 호국을 치러 들어가겠다고 청했다. 천자가 맹겸을 선봉 삼고 소준무를 후봉 삼아 오랑캐를 치러 가게 했다[홍본 : ①황태후가 도죽군 때문에 자결했기 때문에 홀로 되니 황제가 사월 초파일에 새 황후를 맞이했다. ② 마두영은 맹겸을 선봉장으로, 소준무를 후군장으로 삼고, 설인태를 도총병마를 삼아 길을 떠나니 이때가 임오년 가을 칠월이었다]. 마두영이 오랑캐 장수 굴돌통과 수만 명의 군사를 죽였다[홍본: 마두영이 오랑캐 수만 명을 죽이니 호왕 남굴치에게 이를 보고했다]. 오랑캐 왕은 호태산을 보내니 마두영과 종일 싸워도 결판을 못 내다 다음 날 호태산과 다시 싸워 이겼다[홍본: 없음] 오랑캐 왕은 또 북굴치를 보냈으나 마두영이 이기고 오랑캐 씨를 남기지 않고 죽였다. 북귈치가 도망쳐 오자 호왕 남굴치가 직접 나섰다. 마두영이 호왕을 사로잡으려 수많은 군사를 죽이니, 보다 못한 호왕이 항복했다. 마두영은 호왕을 결박하여 꿇어앉히고는 꾸짖으며 초월이 있는 곳을 물었다. 호왕은 초월이 죽었다 하기도 하고 도망갔다 하며 거짓말을 했다. 마두영이 노하여 호왕의 코를 베니 북해산 굴 속에 있다고 했다. 마두영이 의심하여 다시 칼을 겨누자 호왕이 기절하고 딸 소패[홍본: 쇼샹]가 사실이라며 애걸했다. 마두영이 북해산 굴 속으로 갔다. 이때 초월은 굴 속에서 밥을 굶기도 하고 심춘이 꾐을 꾸짖기도 하고 호왕에게 봉욕[홍본 : 호왕에게 봉욕을 당하는 부분이 없음]을 당하는 등 온갖 고초를 겪었다. 초월이 혼미 중에 중국 사람이 들어와 업고 나가는 꿈을 꾸었다. 마두영이 초월을 구하여 서로 저간의 이야기를 하고 오랑캐 궁궐에 와 묵었다. 마두영이 호왕을 참하라 하니 그의 딸 소패가 눈물로 말리고 초월도 소패에게 은혜를 입은지라 살려 달라고 했다. 마두영이 용서한다 하니 호왕은 참회하고 소패는 벽장에서 초월의 의복을 주었다. 마두영은 호왕에게 조공을 바치게 하고 초월을 데리고 돌아오니 황제와 온 백성이 기뻐했다[홍본 : 이후 낙장] 초월과 부친이 안고 통곡하니 모두 슬피 울었다. 황제는 초월에게 저간의 이야기를 듣고 초월에게 정렬부인을 내렸다. 길일을 가려 두영과 초월이 혼인을 했다. 두영과 초월은 태성왕 마광을 모시고 정청궁에 거하고, 용자와 홍연은 안천공 황낙을 모시고 백화당에 살았다. 두영과 초월은 다섯 아들을 두었는데 모두 현달했다. 어느 날 백학과 청학이 내려와 호왕과 초월을 하늘로 데리고 올라갔다(간호윤, 『마두영전 연구』[2003. 11], pp. 7~13).

▶(마무전 馬武傳 → 제마무전)

◪152. [마원철록 馬元哲錄]

◪153. [[마장전 馬駔傳]] ← 『방경각외전』

〈작자〉 朴趾源(1737~1805)
〈출전〉 『燕岩外集』, '放璚閣外傳'
〈관계기록〉
① 『燕巖集』(朴趾源), 8, 別集, 放璚閣外傳, '自序': 友居倫季 非厥疎卑 如土於行 寄王四時 親義別叙 非信奚爲 常若不常 友酒正之 所以居後 酒殿統斯 三狂相友 遯世流離 論厥讒諂 若見鬚眉 於是述馬駔◐(벗이 오륜의 맨 끄트머리에 있는 것은 그것이 멀거나 낮은 것이 아니다. 마치 오행의 퇴[土]가 사시 어디에서나 가 붙어서 활동하는 것1)과 같다. 부자간의 친밀과 군신간의 의리와 부자간의 구별과 장유간의 차서2)도 모두 신의가 아니고야 어떻게 시행될 것인가? 만약 윤리가 윤리로서 시행되지 않는다면, 벗이 이것을 바로잡아 주기 때문에, 오륜의 맨 뒤에 있어서 이것을 통괄하게 된다. 미치광이 세 사람이 벗을 지어가지고 세상을 피하여 돌아다니면서 남을 참소하고 남에게 아첨하는 무리들을 논란하는 것이 거의 그런 무리들의 수염과 눈썹을 보듯 한다. 그러므로 말거간의 이야기를 적는다).

153.1. 〈자료〉
Ⅱ. (역주)
【增】
1) 郭正植. 『쉽게 읽는 고소설』. 신지서원, 2001.

153.2. 〈연구〉
Ⅱ. (학위논문)

---

1) 5행을 4시와 결합해서 봄을 木, 여름을 火, 가을을 金, 겨울을 水라고 한 다음 나머지 土는 4시의 끝에 붙였다. 그것을 '寄旺四時'라고 하는 것이니 王은 旺과 같은 뜻으로 쓰였다.
2) 親은 父子有親, 義는 군신유의, 別은 男女有別, 敍는 長幼有序로, 5륜 중에 위로 네 가지를 가리키는 것. 敍는 序와 같은 뜻으로 쓰이었다. '非信奚爲'의 '信'이 5륜의 맨 마지막으로 남은 하나인 朋友有信을 가리킴은 물론이다. 바로 그것을 가리킨다기보다는 암시한데 지나지 않는 것이 다른 것과는 다르다.

〈석사〉
【增】
1) 김인수. "「마장전」 연구 : 윤리의식을 중심으로." 碩論(인하대 교육대학원, 2000. 2).

Ⅲ. 〈학술지〉
【增】
1) 박기석. "「馬駔傳」 硏究." 『인문논총』, 8(서울여대 인문과학연구소, 2001. 12).

◐{마철전}
◐{만가춘설 萬家春說}
◘154.[[만덕전 萬德傳]]3)
〈작자〉蔡濟恭(1720~1799)
〈출전〉『樊巖集』, 55
〈관계기록〉
① 『樊巖集』(蔡濟恭 1720~1799), 55, 傳, '萬德傳' 結尾: 於是 叙其事爲「萬德傳」笑而與之 聖上二十一年丁巳夏至日 樊巖蔡相國七十八 書于忠肝義膽軒◐(이에 그 일을 서술하여 「만덕전」을 써서 한번 웃으며 그에게 주었다. 그때는 우리 임금 21년 정사년[1797] 하지였다. 번암 채상국의 나이가 일흔여덟에 이 글을 '충간의 담헌'4)에서 쓰다).
② 『正祖實錄』, 45, 20年[1796] 丙辰 12月條: 丙寅 濟州妓萬德 散施貨財 賑活饑民 牧使啓聞將施賞 萬德辭 願涉海上京 轉見金剛山 許之 使沿邑給糧◐(병진년에 제주 기생 만덕이 재화를 흩어 굶주리는 백성을 구제하매 목사가 장계를 올려 상을 주려 하니, 만덕이 사양하고 바다를 건너 상경하여 금강산 보기를 원했다. 허락하고 연읍으로 하여금 양식을 주게 했다).

【增】
1) 『孝田散稿』(沈魯崇 1762~1837), 「桂纖傳」: 前年耽羅妓萬德出粟助賑 朝廷驛召隷局婢首 遊金剛往來 乘驛官饋 命題敍傳 試閣中諸學士 嚮余在島中 聞德事頗詳 性凶悋 視金從之 金盡而去 輒奪其衣袴 所藏男子衣袴累百數 每纏纚出點晒 郡妓唾罵之 北商以德敗者相續 德富甲一島 兄弟有丐食者不顧 至是 島飢納穀 願至京遊金剛 謂其言落落可觀 諸學士敍傳多稱之 余旣爲桂纖傳 又附見萬德事如此 竊悲夫世之名實相舛者多此類 若纖所謂遇不遇與何足道也◐(지난 해 제주 기녀 만덕이 곡식을 내어 진휼5)하니 조정에서는 그녀를 예국의 우두머리 종으로 삼고 금강산 유람까지 시켜 주면서 말과 음식을 제공하였으며, 조정의 학사들로 하여금 그녀의 전을 짓도록 명하여 규장각의 여러 학사들을 시험하였다. 지난날 내가 제주에 있을 때 만덕의 얘기를 상세하게 들었다. 만덕은 품성이 음흉하고 인색해 돈을 보고 따랐다가 돈이 다하면 떠나는데, 그 남자가 입은 바지저고리까지 빼앗으니, 이렇게 해서 가지고 있는 바지저고리가 수백 벌이 되었다. 매번 쭉 늘어놓고 햇볕에 말릴 때면, 군의 기녀들조차도 침을 뱉고 욕을 하였다. 육지에서 온 상인이 만덕으로 인해 패가망신하는 이가 잇달았더니, 이리하여 그녀는

---

3) 『正祖實錄』, 45, 20年 丙辰 12月條에 관계 기록이 보인다.
4) 번암의 서재 이름.
5) 흉년에 곤궁한 백성을 구원하여 도와줌.

제주 최고의 부자가 되었던 것이다. 그 형제 가운데 음식을 구걸하는 이가 있었는데 돌아보지도 아니하다가, 도에 기근이 들자 곡식을 바치고는 서울과 금강산 구경을 원한 것인데, 그녀의 말이 웅대하여 볼 만하다고 여겨 여러 학사들은 전을 지어 많이 칭송하였다. 내가 「계섬전」을 짓고 나서 나시 만덕의 일을 이와 같이 덧붙인다. 무릇 세상의 명과 실이 어긋나는 것이 이같이 많음을 혼자 슬퍼하나니, 계섬의 이른바 만나고 만나지 못하는 것이야 말해 무엇하겠는가?).

154.1. 〈자료〉

Ⅱ.(역주)

【增】

1) 신해진,『朝鮮朝傳系小說』. 월인, 2003.

◪155. [[만복사저포기 萬福寺摴蒱[6]記]] ← 『금오신화』/『신독재수택본전기집』

〈작자〉 金時習(1435~1493)

〈출전〉『金鰲新話』

〈관계기록〉

① 『金鰲新話』, 依田百川, 序文[1884] : 如金時習『金鰲新話』者也 此篇盖擬明人瞿宗吉『剪燈新話』而其才情飄逸 文氣富贍 琦句瑰辭 璀璨如錦 有過而無不及焉 然其「摴蒲記」·「窺牆傳」二篇 辭句美矣 未能脫淫靡之習◉(김시습의『금오신화』와 같은 것은 대개 명나라 사람 구종길[瞿祐 1341~1427][7]의『전등신화』를 모방한 것이나 그 품은 뜻이 뛰어나고 글기운이 넉넉하며 아름다운 글구들이 빛남은 비단과 같아, 『전등신화』에 비하여 더하면 더했지 못하지 않다. 그러나 그 중에도 「만복사저포기」나 「이생규장전」 2편은 글구가 아름다우나 음란한 폐습을 벗어나지 못하였고, 「취유부벽정기」는 즐거우나 음란하지 않으며 슬프나 마음을 상하지 않아 풍인[8]의 뜻을 얻었다).

② 同上, 蒲生重章, 跋文[1884] : 大塚彦 將鐫朝鮮人金時習所著『金鰲新語[話]』携來示余 余閱之歎曰 盖作者成化初 抱才學與時不遇 故發憤慨於此焉耳 如其「萬福寺摴蒲記」·「李生窺墻傳」·「南炎浮洲志」·「龍宮赴宴錄」諸篇或情致纏綿 或感慨鬱勃 或悲壯淋漓 或議論明快 或豪懷骯髒 一讀 使人擊節不已 但諸篇 多虞初体 特乏聖賢正大之筆氣矣◉(대총언이 조선인 김시습이 지은『금오신화』를 간행하려고 가지고 와서 내게 보여주었다. 내가 보고난 뒤 탄식하여 말했다. 대개 작자는 성화[1465~1487] 초년에 재주와 학문을 품었으나 때를 만나지 못해 이 글에 분개함을 나타냈을 뿐이다. 예컨대 「만복사저포기」·「이생규장전」·「남염부주지」,「용궁부연록」 등의 여러 작품은 혹 정치[9]가 뒤얽히고 혹 감개가 터져 나오며[鬱勃[10]] 혹 비장함이 흥건하고 혹 의논이 명쾌하며 혹 크나큰 회포가 꿋꿋[骯髒[11]]하여 한번 읽으면 사람으로 하여금 격절[12]함을

---

6) 근래 발굴된 大連圖書館 소장 '조선간본『금오신화』'에 의거하여 본 총서의 「만복사저포기」항 표제를 모두 수정한다. '摴'와 '蒲'는 모두 그 訓이 '노름'을 뜻하므로, '摴蒲보다는 '摴蒱'가 옳을 듯하다(최용철 편, 『금오신화의 판본』[2004] 참조).
7) '종길'은 구우의 字.
8) 시부에 능한 사람. 시인.
9) 좋은 감정을 자아내는 흥취.
10) 속에 꽉 찬 기운이 터져 나올 듯이 성함.
11) 꿋꿋함.

마지 않게 한다. 단 여러 편들은 우초의 체가 많아 특히 성현의 정대한 필치가 부족하다).

155.1. 〈자료〉

Ⅰ. (영인)

【增】

1) 정학성 역주.『17세기 한문소설집』. 삼경문화사, 2000. (『愼獨齋手澤本傳奇集』)
2) 조규익·장경남 편.『국문학강독』. 보고사, 2003. (천리대 소장)

Ⅱ. (역주)

【增】

1) 金俊榮·李月英.『古小說論』. 月印, 2000.
2) 정학성 역주.『17세기 한문소설집』. 삼경문화사, 2000.
3) 郭正植.『쉽게 읽는 고소설』. 신지서원, 2001.
4) 朴熙秉 標點·校釋.『韓國漢文小說 交合句解』. 소명출판, 2005. (尹春年 편집본『금오신화』)

Ⅲ. (활자)

【增】

1) 郭正植.『쉽게 읽는 고소설』. 신지서원, 2001.

155.2. 〈연구〉

Ⅲ. (학술지)

【訂】

155.2.21. <u>나리사와 마사르(成澤勝)</u>. "『金鰲新話』의 傳奇的 位相에 對하여:「萬福寺樗蒲記」를 中心으로."『弘益論叢』, 11(弘益大, 1980. 2).

155.2.39. 李<u>大</u>揆. "「萬福寺樗蒲記」와「李生窺墻傳」의 해석."『국어교육』, 67·68合(한국국어교육연구회, 1989. 12).

155.2.52. 이동근. "「침중기」·「조신전」·「만복사저포기」의 기술 방법 비교 연구." <u>『어문학』, 63(한국어문학회, 1998. 2).</u>『陽圃李相澤敎授還曆紀念 韓國 古典小說과 敍事文學, 下』(集文堂, 1998. 9)에 재수록.

【增】

1) 김정석. "『금오신화』에 나타난 金時習의 創作意識:「萬福寺樗蒲記」를 중심으로."『啓明語文學』, 6(啓明語文學會, 1991. 10).
2) 金榮哲. "「紫女」의 방법고:「만복사저포기」와의 관련 가능성."『韓國學論集』, 20(漢陽大 韓國學研究所, 1992. 2).
3) 鄭明權. "「萬福寺樗蒲記」의 揷入詩 役割硏究."『仁川語文學』, 13(仁川大, 1997. 2).
4) 林漢鎔. "「萬福寺樗蒲記」硏究:시간론을 중심으로."『語文論叢』, 14(동서어문학회, 1999. 9).
5) 박정숙. "고전소설 수업방법에 관한 연구:「만복사저포기」를 중심으로."『語文敎育論集』, 17(釜山大 國語敎育科, 2000. 3).

---

12) 박자를 맞춤.

6) 정운채. "「만복사저포기」의 문학치료학적 독해."『고전문학과 교육』, 2(청관고전문학회, 2000. 6).
7) 한상현. "「만복사저포기」의 삽입시 기능에 대한 무속제의적 고찰."『고전산문의 계보적 연구』(국학자료원, 2001. 4).
8) 김현양. "「만복사저포기」의 서사적 특성과 장르적 위상."『열상고전연구』, 15(열상고전연구회, 2002. 6).
9) 채연식. "「萬福寺樗蒲記」의 구조와 愛情類 傳奇小說로서의 미적가치."『漢城語文學』, 21(한성대 한국어문학부, 2002. 8).
10) 이복자. "「만복사저포기」의 우의성 고찰."『새국어교육』, 65(한국국어교육학회, 2003. 3).
11) 박일용. "「만복사저포기」의 형상화 방식과 그 현실적 의미."『古小說研究』, 18(韓國古小說學會, 2004. 12).

◐155-1.[만신주봉공신록 萬身主封功臣錄] ← 봉공록13)
155-1.2 〈연구〉
Ⅲ. (학술지)
【增】
155-1.2.1. 정병설. "몸의 정치학 :「萬身主封功臣錄」."『문헌과해석』(태학사, 2000. 11).

◐156.[[만옹몽유록 謾翁夢遊錄]] ← 몽유록 ②
〈제의〉 '만옹'[작자의 아호]이 몽유한 기록14)
〈출전〉『謾翁遺稿』, 1

한문석인본

【削 '謾翁'】夢遊錄   고려대[『謾翁遺稿』, 1]
【增】夢遊錄   연세대[『謾翁遺稿』, 1]
【增】Ⅲ. (학술지)
1) 김정녀. "「謾翁夢遊錄」 研究."『古小說研究』, 9(韓國古小說學會, 2000. 6).

◐157.[[만하몽유록 晩河夢遊錄]]15) ← 몽유록 ③
〈작자〉金光洙 (1883~1915)
〈출전〉『晩河遺稿』, 1, 雜著

157.1. 〈자료〉
【增】Ⅰ. (영인)
1)『歷代文集叢書』, 376. 景印文化社, 1990.

---

13)『이본목록』·『작품연구 총람』 수정.
14) 원래 <제의>는『작품연구 총람』에만 넣은 것인데,『줄거리집성』에도 誤入되어 있어 뒤엣것은 삭제한다.
15) 원본의 표제가「夢遊錄」으로 되어 있는 것을, 이 작품을 학계에 소개한 金起東이 다른 몽유록 작품과 구별시키기 위하여 작자의 호인 '晩河'를 덧붙여「晩河夢遊錄」이라 가칭하였다.

157.2. 〈연구〉
Ⅲ. (학술지)
【增】
1) 조용호. "金光洙의「夢遊錄」硏究."『古小說硏究』, 11(韓國古小說學會, 2001. 6).
2) 조상우. "「晚河夢遊錄」硏究"『漢文學報』, 18(우리한문학회, 2001. 6). "「晚河夢遊錄」에 나타난 위정척사사상의 계승과 변화"로『愛國啓蒙期 漢文散文의 硏究』(다운샘, 2002. 11)에 재수록.
3) 조상우. "근대 전환기 여성담론 : 애국계몽기 한문소설에 표출된 지식인의 여성 인식~「만하몽유록」과「여영웅」을 중심으로."『한국고전여성문학연구』, 8(한국고전여성문학회, 2004. 6).
4) 張孝鉉. "애국계몽기 고전장편소설의 역사현실 대응 :「鄭氏福善錄」과「晚河夢遊錄」."『語文論集』, 33(高麗大 國語國文學硏究會, 1994. 12). "애국계몽기 고전소설의 역사현실 대응 :「정씨복선록」과「만하몽유록」"으로『韓國古典小說史硏究』(고려대출판부, 2002. 11)에 재수록.
5) 서신혜. "만하몽유록(晚河夢遊錄)에서 작시와 유람의 기능."『어문론집』, 41(한국문학언어학회, 2004. 12).

▶(만화본 춘향가 晚華本春香歌 → 춘향전)
◐{망남아전 亡男兒傳}
◐{매당편 梅棠篇}
〈관계기록〉
① Courant, 918 :「민당편 梅棠篇」.

158. [[매생전 梅生傳]]
〈작자〉尹致英(19C 초)
〈출전〉『石梧續集』, 4
〈관계기록〉
①「梅生傳」, 結尾: 梅之族 泂貴顯 而皆居寂寞之濱 獨榮歲寒之時 視桃夭杏韶 與春風華競者 不可同日語 後世之金注惛惛者 盍以生爲軌乎◐(매생의 겨레붙이가 진실로 높은 지체로 이름이 현달하였건만, 모두 다 적막한 물가에 살면서 한겨울 세한[6])의 시절에도 홀로 번영을 누리나니, 요염한 복사꽃과 살랑대는 살구꽃이 봄바람에 번화로움을 다투는 모양을 보면 같은 경지로서 말할 수 없는 것이다. 그런데 저 세상의 황금에 집착하여 어리석고 흐린 자여, 어찌 매생으로 그 본보기를 삼지 않는가?).

▶(매월당소설 梅月堂小說) → 『금오신화』/ 남염부주지 / 만복사저포기 / 용궁부연록 / 이생규장전 / 취유부벽정기

159. [매화가 梅花歌] ← 강릉매화타령 / 골생원전[17]) / 매화타령
〈관계기록〉

---

16) 추운 계절. 겨울.
17) 모든 사전 수정.

① '觀優戲'[1843?](宋晩載 1788~1851), 제12수 : 一別梅花尙淚痕 歸來蘇小只孤墳 癡情轉墮迷人圈 錯認黃昏返倩魂◑(매화와 이별한 뒤 눈물이 흥건하네. 와보니 임은 가고[18] 외로운 무덤뿐. 반한 정 어설커 인정이 흐리, 황혼에 반혼인가 착각하는도다).
② 『松南雜識』(趙在三, 1855) : 「梅花打令」卽裴裨將事 載『四佳漫錄』◑(「매화타령」은 배비장의 일과 같으니, 『사가만록』에 기록되어 있다).
③ '烏蟾歌'(申在孝 1812~1884) : 또 한가지 우슬 이리 강능 칙방 골생원을 미화가 속이랴고 빅쥬에 손스름을 거줏도이 쥭엇다고 활신 벽겨 압셰우고 상에 뒤를 싸라가며 이 스름도 건드리고 져 스름도 건드리며 즈지예 방울 츠고 달랑달랑 노는 것이 그도 쏘한 굿실네라.
④ 『敎坊歌謠』(鄭顯奭, 1872), '倡歌'條: 「梅花打令」惑妓忘騙 此懲淫也◑(「매화타령」은 기생에 혹하여 제 몸을 잃음을 쓴 것인데, 이는 음탕함을 징계한 것이다).

〈비교연구〉

【增】
1) 「강릉매화타령」이야기는 사대부들의 풍류담으로 존재하던 『東人詩話』 등에 전하는 朴信의 사건 전개에 『實事叢談』 所在의 「風流陳中一御史」類의 '妓弄官長모티프'가 혼합되면서 사대부의 위선을 풍자하는 이야기로 형성되었다. 「惑鬼爲鬼」라는 야담 형식과 「여자에게 빠져 벗고 다닌 사람」 등의 구비 설화적 형태가 남아 있고, 「강릉매화타령」을 소설화한 것으로 보여지는 「오유란전」과 「종옥전」이 있다. 「오유란전」은 평민적 指向을, 「종옥전」은 사대부적 지향을 각각 보여주는데, 「오유란전」에는 판소리 문학의 특징인 '場面化다'의 흔적이 남아 있어서 「강릉매화타령」을 내용 개작 없이 충실하게 소설화한 작품이라는 추론이 가능하다(鄭興謀, "「강릉매화타령」이야기 연구," 高麗大 碩論[1986. 2], p. 74.)

국문필사본

【增】(골생원전)

| 【增】 골싱원젼이라 | 김석배(복사) | 낙장 1(말미 낙장, 26f.)[19] |

(매화가)

159.1. 〈자료〉

【增】 Ⅲ.(활자)
1) 김헌선. "「매화가」라." 『판소리硏究』, 10(판소리학회, 1999. 12).
2) 한정미. "「梅花歌라」의 전반적 이해." 『판소리硏究』, 10(판소리학회, 1999. 12).

159.2. 〈연구〉

Ⅱ. (학위논문)
〈석사〉
【增】
1) 이진숙. "「강릉매화타령」 연구." 碩論(경기대 교육대학원, 2000. 2).

---

18) 蘇小는 蘇小小. 南齊 때의 錢塘의 기생. 嘉興縣前有妓蘇小小墓(「吳地記」).
19) 제1장부터 제21장까지는 漢詩集의 이면에, 제22장부터 끝까지는 덧붙인 종이에 필사하였다.

Ⅲ. (학술지)
159.2.7. 인권환. "失傳 판소리 사설연구 :「강릉매화타령」·「무숙이타령」·「옹고집타령」을 중심으로"『東洋學』, 26(檀國大 東洋學硏究所, 1996. 10).『판소리 唱者와 失傳辭說 硏究』(집문당, 2002. 8)에 재수록.

【增】

「강릉매화타령 / 매화가」
1) 한정미. "「매화가라」의 전반적 이해."『판소리硏究』, 10(판소리학회, 1999. 12).
2) 박일용. "구성과 더늠형 사설 생성의 측면에서 본 판소리의 전승 문제 :「배비장타령」,「강릉매화타령」,「게우사」의 예를 중심으로."『판소리연구』 14(판소리학회, 2002. 10).
3) 김석배. "「강릉매화타령」의 판짜기 전략."『문학과언어』, 26(문학과언어학회, 2004. 5). 刊行委員會,『澤民金光淳敎授定年紀念論叢』(새문社, 2004. 11)에 재수록.

「골생원전」
1) 김석배. "『골생원전』 연구."『古小說硏究』, 14(韓國古小說學會, 2002. 12).

▶(매화양류전 梅花楊柳傳 → 매화전)
■『매화외사 梅花外史』→ **남령전 / 文廟二義僕傳 / 부목한전 / 生烈女傳 / 守則傳 / 신병사전 / 심생전 / 유광억전 / 車崔二義士傳 / 포호처전**
〈작자〉李鈺(1760~1813)[20]
〈출전〉金鑢(1766~1821)[21],『藫庭叢書』, 21, 梅花外史
〈관계기록〉
① 『藫庭遺藁』(金鑢 1766~1821), 10, 叢書題後, '題梅花外史卷後': 余愛李其相[李鈺]詩文 其奇情異思 如蠶絲之吐 如泉竅之湧 今見此卷 卽其雜著外書也 譬若聽善謳者之歌 其始也 渢渢乎正始之音 而變之爲商聲瀏亮 羽聲凄苦 此孟嘗 所以下淚於雍門之琴者也 讀者病其時或有俚語然 亦才之過耳 誦芬譽言 其相筆端有舌 余以爲善評云☯(내가 이기상[李鈺 1760~1813]의 시문을 사랑하였다. 그 기이한 정과 이상한 생각은 누에가 실을 토해 냄과 같고 샘이 구멍에서 솟음과 같다. 지금 이 책을 보니 잡서·외서이지만, 비유하자면 노래를 잘하는 사람의 노래를 들음과 같아, 그 처음은 범범[22]한 정시의 소리이던 것이 변하여 상성[23]의 맑고 밝은 소리가 되고, 우성[24]의 처량하고 괴로운 소리가 되는 것과 같다. 이는 맹상군[?~BC 279?][25]이 일찍이 옹문의 거문고[26] 타는 사람 때문에 눈물을 흘린[27] 이치와 같다. 독자는 그가 때때로 속어를

---

20) 모든 사전 수정.
21) 모든 사전 수정.
22) 물소리.
23) 商調. '商'의 음을 주로 하는 음계. 구슬프고 처량한 가락. 우리 음악에서는 '界面調'라고 한다.
24) 羽調. 오음의 하나. 씩씩하고 시원스럽고 엄한 특징을 지닌 가락.
25) 중국 戰國時代 말기 齊나라 사람. 본명은 田文이고 '맹상군'은 封號다. 宣王의 庶弟인 아버지의 뒤를 이은 다음, 천하의 인재들을 모아 후하게 대접했다. 秦 昭襄王의 초빙을 받아 宰相이 되었으나 의심을 받아 살해 위기에 처했을 때 좀도둑질과 닭울음 소리를 잘 내는 식객들의 도움으로 위기를 모면했다. 이것이 '鷄鳴狗盜'의 故事다. 후일 齊나라와 魏나라 재상을 역임하고 독립하여 諸侯가 되었다.
26) 雍門鼓琴. 중국 전국 시대 齊나라의 雍門에 살던 周가 거문고를 잘 탔는데, 그가 거문고로써 맹상군을

사용하고 있음을 병통으로 여기지만, 그러나 또한 재주가 지나친 것일 뿐이다. 송분자가 일찍이 말하기를 '이기상의 붓 끝에 혀가 달렸다.'고 하였는데, 나도 좋은 평이라 여긴다).

◙160.[매화전 梅花傳] ← 강릉매화전 / 매화양류전 / 설중매화전

〈관계기록〉

① '觀優戲'[1843?](宋晩載 1788~1851), 제12수: 一別梅花尙淚痕 歸來蘇小只孤墳 癡情轉墮迷人圈 錯認黃昏返倩魂◐(매화와 이별한 뒤 눈물이 흥건, 와보니 임은 가고28) 외로운 무덤뿐 반한 정 어설켜 인정이 흐려 황혼에 반혼인가 착각을 하네).

【增】〈이본연구〉

1) [「매화전」] 27종의 이본은 4개의 계열로 분류된다. 먼저 작품 말미에 임진왜란이 없는 나손본과 박본ⓐ[필총 60, pp.1~65], 연세대본, 정명ⓑ본[40장]의 A계열과, 그리고 임진왜란이 삽입되어 있는 낙은본ⓐ[강전섭 소장 24장], 박광수본, 대전대본, 박본ⓓ[필총 59, 646~722], 박본ⓖ[필총 59, 789~857], 김기동본, 정병욱본, 정명ⓒ본[「민유전」], 단대④본[끝부분 낙장, 32장]의 B계열, 임진왜란을 선계인 구월산에서 보내고 출세하여 입신양명하는 박본ⓒ[필총 22, 100~195], 박본ⓗ[필총 10, 276~366], 박본ⓘ[필총 10, 367~443], 낙은본ⓑ[첫장 낙장, 26장], 정병욱본, 정명ⓐ본[표지 없음, 48장], 단대①[44장, 丙寅], 단대②[52장], 단대③[「매화전·양류전」, 34장], 정문연①[癸丑, 29장], 정문연②[임□, 34장], 홍윤표본 등의 c계열, 임진왜란의 서술없이 선계인 구월산에서 지내다가 출세하여 입신양명하는 박본ⓑ[필총 60, 66~185], 박본ⓔ[필총 59, 755~788]·ⓕ[필총 59, 723~754], 단대⑤본[壬寅~癸卯, 30장] 등을 제D계열로 분류할 수 있었다. …… 도입부와 전개부, 종결부의 서사 내용을 비교해 볼 때, 도입부에서는 적강에 의한 주인공의 출생과 타고난 운명으로 기아가 되는 C계열의 박본이 발단부가 단순한 晩得女로의 출생과 부친에 대한 시기로 家禍를 만나 棄兒가 되는 다른 계열의 이본과는 현저한 대조를 이루었다. 전개부는 거의 동일한 내용이었음에 비하여 종결부의 서사 내용은 임진왜란과 입신출세 등으로 변별되었던바 서사 전개상 주인공의 행위와 사건에 전혀 관계가 없는 임란이 후대에 첨가되었다면, 임진왜란이 없는 A계열과 임란이 없으나 종결부의 내용이 부연된 D계열이 보다 先行本이라 할 수 있겠고, 임진왜란이 삽입되어 있는 B계열과 C계열은 자연 後代的 異本이라 할 수 있겠다(박광수,『매화전 연구』[2002. 9], pp. 39~40).

| 국문필사본 |

(매화전)

| 【增】 梅花傳 | 강전섭[박광수,『매화전 연구』, p. 15] | 1(국한자 혼용, 24f.) |
| 【增】 (민화젼) | 강전섭[박광수,『매화전 연구』, p. 16] | 1(26f.) |

감동시켜 눈물을 흘리게 했다고 한다.
27) 맹상군이 齊나라 재상일 때 雍門周의 거문고 소리를 듣고 감동하여 눈물을 흘렸다는 고사.
28) 「매화가」항 <관계기록> ①의 각주 참조.

【增】 믹화젼 권지일	김종철[家目]	1(66f.)	
【增】 믹화젼 권지단이라 金梅花傳	김종철[家目]	1(40f.)	
믹화젼이라	박순호(필총)(60)	1(<u>낙장,</u> 60f.)	
【增】 梅花傳 薔花紅蓮傳 附梅花傳	박순호[家目]	1(43f.)29)	
【增】 매화전	박순호[家目]	1(계유연졍월삼십일, 22f.)	
【增】 매화전이라	박순호[家目]	1(43f.)	
【增】 믹화젼	여태명[家目](52)	1(丙申年正月五日, 53f.)	
【增】 믹화젼	여태명[家目](283)	1(48f.)	
【增】 (매화전)	정명기[尋是齋 家目]	1(낙장 48f.)	
【增】 梅花傳	정명기[尋是齋 家目]	1(서천군비인면성내리 册主 林泰奎, 40f.)	
【增】 믹유젼30)	정명기[尋是齋 家目]	1(丙寅원월초오일, 43f.)	
(셜중매화전)			
【增】 셜중믹화	여태명[家目](349)	1(39f.)	
(유화양매록)			
【增】 유화양믹록	박광수[박광수, 『매화전 연구』, p.16]	1(45f.)	
【削】 국문활자본 31)			
【削】 셜중매화	[『圖書分類目錄』 (1921 改正)]	1(京城書籍業組合)	
【削】 셜중매화	서울대(3340-206)	1(김익수, 4판, 1925, 83pp.)	

160.1. 〈자료〉

Ⅱ.(역주)

「매화전」

【增】

1) 김수봉 주해.『매화전·석화룡전·쌍동전·양씨전』. 세종출판사, 2002.
2) 박광수.『매화전 연구』. 충남대출판부, 2002. (정문연 소장 34장본 / 박순호 소장 31장본 / 고려대 경화당문고 40장본 / 단국대 율곡기념도서관 30장본)

160.2. 〈연구〉

【增】 Ⅰ.(단행본)

1) 박광수.『매화전 연구』. 충남대출판부, 2002.

【增】 Ⅱ.(학위논문)

---

29) 「薔花紅蓮傳」과 합철.
30) '양유젼이라 믹화젼이라 합하야 믹화젼이라'라고 기재되어 있다.
31) 박광수,『매화전 연구』(충남대출판부, 2002), p. 9 각주 4)에 의하여,「셜중매화」는「매화전」과는 전혀 내용이 다른 신소설임이 밝혀졌으므로 이본 목록에서 삭제한다.

〈석사〉

1) 안희라. "「매화전」 연구." 碩論(한국교원대 대학원, 2005. 2).

Ⅲ. (학술지)

【增】

1) 오종근. "「매화전」의 一瞥."『韓國言語文學』, 40(韓國言語文學會, 1998. 6). 오종근·백미애, 『조선조 가정소설』(월인, 2001. 8)에 재수록.
2) 이윤경. "「매화전」연구: 애정소설로서의 성격과 상업적 소설로서의 목적을 중심으로."『돈암어문학』, 16(돈암어문학회, 2003. 12).

▶(매화타령 梅花打令 → 매화가)

◐{맹셩호연}32)

〈관계기록〉

① 「玩月會盟宴」(서울대본), 27 : 추시 졍쇼졔 심원 누디의 고싱이 만단인 둥 산후 불평ᄒ여 아조 ᄉ경의 니ᄅ미 시ᄋ 셤옥이 쇼졔를 디신ᄒ여 거즛 죽난 거동을 뵈고 니부 됴부인이 졔오 쇼졔랄 구ᄒ여 그윽ᄒ 곳의 옴긴 후 유ᄋ와 산모를 보호ᄒ미 디극ᄒ믈 힘닙어 쇼졔 죽기를 면하며 셤옥이 미초ᄎ 도라와 쇼졔를 봉시ᄒ니 이 셜화난 「밍셩호연」의 희비ᄒ엿고 당셩의 연부를 ᄎᄌ 셔도의 니ᄅ과 취쳐ᄒ던 셜해며 노영의 드러가 니공을 밧드던 셩효와 젼후 힝젹의 츌셰 비상흠과 졍쇼져의 구가로 드러간 후 익해 무궁ᄒ 셜해 만흐므로 이의 다 긔록디 못ᄒ고 간단이 베프니라.
② 同上, 27 : 챵계 니공의 허다 신긔ᄒ 직조와 젹심 튬의ᄂ 「밍셩호연」의 희비ᄒ얏고 양창명공의 ᄉ젹이 또 「양시가록」의 이시므로 ᄎ젼의 긔록디 아니ᄒ노라.
③ 同上, 29 : 양 니 등 졔공이 망망이 농슈를 밧드러 호흡ᄒ며 딘실노 궁검을 부리실딘디 일반 튱신이 반드시 텬붕지통을 보디 아니키로 긔약ᄒ니 갈츙 디셩이 황텬이 감위ᄒ신 빅 되여 셩슈의 영종ᄒ시믈 어드시니 이 셜화난 「밍셩호연」과 「양시가록」의 이시미 ᄎ젼의ᄂ 대개를 드노라.
④ 同上, 卷 31 : 이 옥ᄉ의 희비ᄒ 셜화와 당공의 젼후 괴패 긔시며 오셰 손ᄋ를 다리고 쵹도의 니ᄅ러 연부인긔 샤죄ᄒ던 ᄉ셜이며 창닌의 등과홈과 졍공의 노영으로 조ᄎ 환됴ᄒ믈 듯고 창황 착급히 몬져 샹경ᄒ여 가샤를 졍쇄ᄒ고 졍시를 빗ᄂ 쳥ᄒ여 ᄉ랑홈과 위로ᄒ믄 니ᄅ도 말고 공경ᄒ며 흠복ᄒ믈 ᄋᄌ의 더ᄒ던 셜해며 박부인의 측량업던 거동은 「밍셩호연」이 올나시므로 ᄎ젼의ᄂ 대략만 쓰니라.

◪161. [메기장군전]33) ← 잉어해몽설

【增】(메기장군전)

---

32) 「완월회맹연」의 속작으로 나타나나(「완월회맹연」, 권 27, 29, 31, 180), 아직 발견되지 않았다(金鎭世, "李朝後期 大河小說 研究,"『韓國小說文學의 探究』, 一潮閣, 1978, p. 104 참조).
33) 『이본목록』,『작품연구 총람』,『문헌정보』에 각주 추가. 【增】민간 설화에도 비슷한 이야기가 전한다(예, 沈宜麟,『朝鮮童話大集』; 李勳鍾,『韓國의 傳來笑話』등 참조).

【增】(잉어해몽설)		
【增】잉어해몽설	이수봉[家目]	[34]

●{명감록 明鑑錄}
〈관계기록〉
  ① 『諺文古詩』(가람본), '언문칙목녹', 5 : 「명감녹」.

●{명당성회록 明堂盛會錄}
●{명문정의 明門正義}
▶(명비전 明妃傳 → 왕소군새소군전)
▶(명사십리 明沙十里 → 장유성전)
  【增】〈제의〉여주인공 왕씨가 탈옥하여 용녀의 도움을 받아 도착하게 된 곳이 남경 땅의 해당화가 만발해 있는 '명사십리'란 곳이다.
  【增】〈작품연대〉
  1) 「明沙十里」는 '귀족적 영웅의 일생'의 유형을 취한 작품들이 일반적으로 지닌 구조적 특징이 부분적으로 파괴되고 있어, 지금까지 알려진 개인 創作界 소설이나 판소리계 소설, 樂善齋本 소설보다도 후대의 작품임을 알 수 있었다. 이렇게 볼 때 이 작품은 신소설기의 작품일 가능성이 높다 하겠다. 만약 다른 판본이 존재하지 않고 활자본의 新作일 경우 이 작품은 구활자본 고전소설 단행본이 처음으로 출판된 1912년 작일 가능성이 높다 하겠다. 이는 「明沙十里」의 이본인 「報心錄」, 「錦囊二山」의 양 작품 모두가 1912년에 출판된 점을 보아도 분명해진다 하겠다. 이러한 점으로 보아서 金台俊이 지적한 바 英·正祖代의 작품이라는 지적은 신빙성이 없다 하겠다(李政隱, "「明沙十里」 攷," 『嶺南語文學』, 19[1991. 6], p. 290).
  2) 「명사십리」에 대해 최초로 언급한 김태준은 이 작품을 英·正祖 시대의 작품으로 추정하였다. 「명사십리」의 창작 시기를 추측할 수 있는 단서로는 활자본의 간행 연도와 필사본의 필사기뿐이다. 구활자본으로 간행된 「명사십리」 중 가장 앞선 시기의 것은 1918년에 간행된 「명사십리」이다. 필사본의 경우 필사기에는 '갑즈연스달의다등서ᄒ야시나'라고 되어 있다. 甲子年은 1924년, 1864년, 1804년이므로 필사한 시기를 1924년으로 본다면 「장유성전」의 필사년과 같은 해가 된다. 필사 연도를 올려 잡아서 1804년이나 1864년으로 본다면 김태준이 언급한 것처럼 「명사십리」는 영·정조 무렵에 창작된 작품으로도 볼 수 있게 된다. 그러나 필사본 「명사십리」의 필사 연도를 1800년대로 추정하기는 어려울 듯싶다. …… 필사본 「명사십리」에서 발견된 '젼[기]광셩쏘니뎟ᄒ난뒤'란 표현이 필사한 시기를 짐작할 수 있는 단서가 되기 때문이다. 전기가 우리 나라에 도입되고 일반화된 시점을 고려한다면 필사본 「명사십리」의 필사된 때는 1924년으로 보는 것이 타당할 것이다. 활자본의 경우 가장 앞선 시기의 것이 1918년이며[東亞書舘·漢陽書籍業組合刊本], 필사본의 경우 1924년에 필사된 것으로 볼 수 있으므로, 김태준이 언급한 英·正 시대까지는 100여 년의 시간적 간격이 존재한다. 김태준이 「명사십리」를 영·정 시대의 작품으로 본 것은 이때 중국 작품의 번역과 번안이 많이 이루어졌으며, 「명사십리」도 중국 원대 잡극 「趙氏孤

---

34) 『이본목록』 '●{잉어해몽설}'조에 있는 이본 목록을 이 곳으로 이동.

兒」의 영향을 받은 작품으로 보았기 때문이다. 「명사십리」가 「조씨고아」의 영향을 받을 수는 있지만, 현존하는 이본만으로는 김태준이 언급한 것처럼 「명사십리」를 영·정 시대에 창작된 작품으로 단정짓기는 어렵다. 오히려 현존하는 이본들과 기록으로 추정할 때 「명사십리」는 19세기 말이나 20세기 초에 등장한 고전 소설일 가능성이 높다 하겠다(박인희, "「張遺星傳」의 淵源과 特徵," 『새국어교육』, 68[2004.12], p. 261).

〈비교연구〉

① 한글 소설 「명사십리」는 張侍郎 一門이 鄭賊에게 죽은 후에 시랑의 舊部下 尹학사와 陳한림이 시랑의 유복자 '遺星' 丑35)을 보호하여 暗密히 양육하다가 乃終에는 장유성이 아버지 원수를 갚는 설화이니, 「列國志」와 元曲 「趙氏孤兒」의 사실을 번안한 듯하며, 趙朔 — 張侍郎; 公孫杵臼 — 尹學士; 程嬰 — 陳翰林; 靈輒 — 金致勤; 朔의 妻 — 王夫人; 趙武 — 張遺星 이와 같이 末端 丑淨이 서로 부합하는 것은 어떤 묵계를 긍정치 아니할 수 없다(金台俊, 『增補朝鮮小說史』[1939], p. 164).

【增】

1) 「明沙十里」는 그 원작인 「趙氏孤兒」가 英雄小說과 비견할 만한 요소가 많아 고전 소설의 대종을 이루고 있는 영웅 소설로 번안되기가 용이했을 것이라는 점이다. 「명사십리」는 「조씨고아」의 모티프들을 거의 전부 수용하면서 인물들과 그들의 기능을 조금씩 변개시킴으로써 이러한 목적을 달성했다. 이 과정에서 비극으로 끝나는 「조씨고아」와는 달리 「명사십리」는 행복한 결말을 가져오는 점에서 달라지는 것을 알 수 있었다. …… 「報心錄」과 「錦囊二山」은 같은 출판사에서 약 한 달 간의 시간차를 두고 출판되고 있고, 거의 모든 면에서 양자가 동일해 「금낭이산」이 「보심록」의 모작임을 알 수 있었다. 그리고 「명사십리」와 「보심록」 및 「금낭이산」의 인물들의 명칭을 비교해 본 결과, 일단 이들 중 마지막 작품은 그 앞의 작품을 모작하면서 맨 처음 나온 작품도 함께 모작을 하는 데 사용했음을 알 수 있었다. 다음으로 「명사십리」는 그 서술 구조나 문체면에 있어서 고전 소설의 관습적인 방식을 그대로 차용하고 있는 擬古的민 작품인 데 반해, 「보심록」은 고전 소설의 양식을 외견상으로는 유지하고 있었지만 세부적으로는 변이가 일어나고 있었고, 「금낭이산」은 고전 소설의 형식을 취하면서도 신소설과 동일한 면모를 보여 주는 부분이 많음을 볼 수 있었다. 이렇게 볼 때 「금낭이산」은 주로 「보심록」을 중점적으로 모방하면서, 한편으로는 「명사십리」도 일부 모방했다고 볼 수 있다는 것이다. …… 「報心綠」의 내용상으로 볼 때, 그것을 옮긴 이는 주로 「명사십리」를 모방하면서도 한편으로는 「명사십리」의 원전인 「조씨고아」를 보고 그것을 부분적이나마 자기 작품 속에 삽입했다는 점을 들 수 있다(李政隱, "「明沙十里」攷," 『嶺南語文學』, 19[1991. 6], pp. 290~291).

2) 김태준이 언급한 것처럼 「명사십리」(「장유성전」)도 「열국지」·「조씨고아」로부터 비롯된 작품이므로 「조무 이야기」에 연원을 두고 있다고 보아야 한다. 따라서 「조무전」이나 「명사십리」(「장유성전」)는 동일한 연원으로부터 비롯된 것으로 볼 수 있다. …… 여기서 관심을 가져야 할 부분은 「조무전」류와 「장유성전」류 사이의 관계이다. 동일한 이야기를 작품의 연원으로 하고 있으며, 동일한 작품들의 영향을 받은 것으로 판단되는 이들 작품들 사이에 아무런 관계가 없다고 보기는 어렵다. …… 「장유성전」류와 「조무전」류는 중국의 「조무 이야기」로부터 비롯된 「조씨고아」와 「열국지」로부터 영향을 받아 등장한 작품들이라는 점에서 공통점을 갖는다. 그리고 갈등의

---

35) '丑'은 '末·旦·丑·淨'의 하나로 중국 연극의 배역을 가리키는 용어이다.

해결 과정에서 군담을 활용하고 있다는 점이 공통점이면서 중국의 것과 확연히 구별되는 두 작품류에서 공통적으로 발견되는 점이다. 두 작품류에 속하는 각 작품들은 세부적인 면에서 약간의 차이를 발견할 수 있지만, 동일한 작품류에 속하는 작품들끼리는 동질성이 더 강한 것을 볼 수 있다. 두 작품류 사이의 영향 관계를 있었음직한 단서는 있지만, 현재의 상황으로서 두 작품류 사이에 직접적인 영향 관계가 있다고 단언하기는 어려운 실정이다. 두 작품류는 중국의 것에 연원을 두고 발전적으로 소설화의 과정을 거친 것으로 보인다(박인희, "「張遺星傳」의 淵源과 特徵," 『새국어교육』, 68[2004.12], pp. 263~264 및 266).

◉{명성쌍의록 明星雙義錄}

국문필사본

명셩쌍의록 권지십　　　　서울대[심악(813.5-M992sp v.10) 낙질　　　　1(권 10)

【增】 ◉{명원전}

【增】 국문필사본

【增】 명원전 권지상 大明錄　　　박순호[家目]　　1(상 : 정유원월이십사일요필이라, 65f.)

◉{명월기함록 明月起涵錄}[36]

〈관계기록〉

① 「尹河鄭三門聚錄」, 83 : 명쇼스의 삼즈일녜 다 슈출 탁아흔 가온딕 모든 군종즈민 즁 직앙이 쏘흔 즈별ᄒ니 츠젼이 하 지리흔 고로 쏘로 「명월긔합녹」이 잇셔 명션긔 스남민 스젹이 잇난 고로 봉닌의 셜화 초조ᄒ니라.

② Courant, 922 : 「명월긔함록 明月起涵錄」.

▶(명월부인박씨전 明月夫人朴氏傳 → 박씨전)
▶(명월부인전 明月夫人傳 → 박씨전)
◉{명의록 明義錄}

〈관계기록〉

① 『諺文古詩』(가람본), '언문칙목녹', 85 : 「명의록」.

◨162.[명주기봉 明珠奇逢][37] ← 명주기연 / 명주기봉쌍린자녀별전

〈관계기록〉

① 「玄氏兩熊雙麟記」: 승샹과 쟝부인의 별셰ᄒ던 셜화와 웅닌 쳔닌 등의 취실ᄒ던 긔긔흔 셜화는 다 후록[明珠奇逢]에 자셰히 잇거늘 차편은 다만 사긔시녀 난혜 가스를 낫낫치 다 일긔ᄒ여

---

36) 「명월기합록」의 오기인 듯하다.
37) 「현씨양웅쌍린기」의 속편. 「명주옥연기합록」으로 이이진다. 「현씨양웅쌍린기」의 주인공인 현수문과 현경문의 자녀들 (14남 6녀)의 결혼 및 그들의 무용담을 그린 내용이다.

닉딕 후셰 사롬이 뎐을 지어 써 뎐ᄒᆞ미.
② 「명주긔봉」, 結尾 : 대강을 긔록ᄒᆞ야시나 오히려 츠면 하회의 아롬다온 충효 ᄉᆞ젹이 만ᄒᆞ미 소셜이 잇ᄂᆞᆫ 고로 이의 ᄡᅳ지 아니코 승상 졔왕 등의 힝젹이 초초이 젼을 닐우워 셰샹의 뎐ᄒᆞ나니 네 낫 진쥬 맛춤내 희빙의 긔연이 된지라 츠고로 「명쥬긔봉」이라.
③ 「명주옥연기합록」, 25 結尾 : ᄎᆞ후 빅연의 이르도록 마쟝업시 지ᄂᆡ니 원ᄂᆡ 오 진 냥공의 ᄉᆞ젹은 「현시냥웅쌍인긔」의 희비ᄒᆞ고 틴ᄉᆞ공과 졔왕의 ᄉᆞ젹은 「명쥬긔봉」의 희비ᄒᆞ고 현시 졔인의 후 ᄉᆞ젹은 「현시팔용긔」 희비ᄒᆞ나 옥화군쥬의 「옥연긔합」과 연의열의 「명주긔합」이 긔이ᄒᆞ무로 현승상 희빅과 병부 희문의 ᄉᆞ젹을 초츌ᄒᆞ여 「명쥬옥연긔합녹」이라 ᄒᆞ여 후셰의 젼ᄒᆞ여 션악의 보응ᄒᆞᆷ을 밝히미니 후인은 다시 현시 후록을 이어 볼지어다.
④ 「玉鴛再合奇緣」(溫陽鄭氏 1725~1799), 14, 表紙 裏面 : 「명쥬긔봉」.
⑤ 『諺文古詩』(가람본), '언문칙목녹', 188 : 「명쥬긔봉」.
⑥ Courant, 842 : 「명쥬긔봉 明珠奇逢」.
⑦ 金台俊, 『朝鮮小說史』, p. 229 : 「明珠奇緣」.

【增】
1) 『大畜觀書目』(19C初?) : 「明珠奇逢」 諺 三套共二十五冊
2) 『大畜觀書目』(19C初?) : 「明珠奇逢」 二十四冊
3) 『[演慶堂]諺文冊目錄』(1920 ; 藏書閣所藏) : 34. 「明珠奇逢」 24冊

국문필사본

【增】 명쥬긔봉 권지일	김광순[筆全](65)	낙질 1(1 : 말미 낙장 25f.)
【增】 명쥬긔봉 권지삼/권지사/권지오	김광순[筆全](65)	낙질 3-1(3 : 25f. ; 4: 22f. ; 5: 24f.)
【增】 명쥬긔봉 권지상	박순호[家目]	1(辛丑二月十六日金甲十二三畢書ᄒᆞ다, 23f.)
【增】 명쥬긔봉 권지이 明珠奇峰	박순호[家目]	1(辛丑十月拾伍日書, 45f.)
【增】 명쥬긔봉 권지이십일 쌍룡ᄌᆞ여별젼	박순호[家目]	낙질 1(21 : 갑자십이월십오일필셔ᄒᆞ다, 징동거할쩍에 등셔, 김싱원장이필셔ᄒᆞ엿다, 쵝쥬의김괴죵씨라, 53f.)
【增】 명쥬긔봉 쌍농ᄌᆞ녀별젼	박순호[家目]	낙질 1(39f.)
【增】 명지기봉젼 쌍용ᄌᆞ여별젼	박순호[家目]	낙질 1(신유팔월쵸사일, 47f.)
【增】 명쥬긔봉 營庫名錄	서울대[심악] (813.5-M992jp)	낙질 4(2 ; 7 ; 19 ; 32)
【增】 明珠奇逢	정명기[尋是齋 家目]	낙질 1(권13)
【增】 명쥬기봉	정명기[尋是齋 家目]	낙질 1(권19)

▶ (명주기봉쌍린자녀별전 明珠奇逢雙麟子女別傳 → 명주기봉)
▶ (명주기연 明珠奇緣 → 명주기봉)

▶ (명주보월 明珠寶月 → 명주보월빙)

◪ 163.[명주보월빙 明珠寶月聘]38)

〈작품연대〉

① '보월빙 연작'은 「보월빙」・「삼문취록」으로 이루어져 있으며, 그 창작 연대는 「제일기언」의 기록으로 미루어 보아도, 1800년대 초 이전에 창작되었을 것으로 보이는 한국 소설이다(崔吉容, 『朝鮮朝連作小說研究』[1992], p. 167).

【增】

1) 『第一奇諺』에 명시되어 있는 번역 연도와 그 당시에 그러한 장편 巨帙의 大河小說이 유행했던 점으로 미루어 보아, 「明珠寶月聘」은 적어도 1835년 이전에 창작되었으리라는 것은 자명하다. 이는 많은 국문 소설들을 소장하고 있는 樂善齋의 건축 연도(헌종 13년, 1847년)보다도 12년을 앞서며 朴燕巖이 1780년 正使 朴明源의 수행원으로 淸國에 가서 中國人 護行官의 수레 안에서 한글로 쓰인 대하 소설 「劉氏三代錄」 두어 책을 보았다는 『熱河日記』의 기록보다 약 50년 뒤지는 연도이다(崔吉容, "「明珠寶月聘」 連作小說 研究," 全北大 碩論[1984. 2], p. 38).

〈관계기록〉

① 「윤하정삼문취록」, 1 : 공의 고집이 태과하므로 자기 일홈을 사책의 빠히니 상이 차셕하시고 됴애 그 튱효 션행을 후셰의 들니지 못하믈 탄하여 조초 「명주보월빙」을 일워 윤하뎡 삼문 제인의 행적을 긔록하대 자질이 대대로 이 문취록[門聚錄]을 일워 삼부 계공의 자녀 혼취와 그 출인션행을 긔록하대 열의 하나흘 긔록지 못하믈 차셕하는 배라.

② 『第一奇諺』(洪羲福 1794~1859), 序 : 녁대연의에 뉴는 임의 진셔로 번역흔 비니 말슴을 고쳐 보기의 쉽기를 취흘 뿐이오 그 소실은 흐ᄌ지여니와 그 밧 「뉴시삼대록」・「미소명힝」・「조시삼대록」・「츙효명감녹」・「옥원직합」・「님화경연」・「구리공츙녈긔」・「곽쟝냥문록」・「화산션계록」・「명힝졍의록」・「옥닌몽」・「벽허담」・「완월회밍」・「명쥬보월빙」 모든 쇼셜이 슈삼십 종의 권질이 호대ᄒ야 혹 빅 권이 넘으며 쇼불하 슈십 권에 니르고 그 남아 십여 권 슈삼 권식 되는 수오십 종이 지ᄂ니.

③ Courant, 921: 「명주보월 明珠寶月」.

【增】

1) 『[演慶堂]諺文冊目錄』(1920 ; 藏書閣所藏): 32. 「明珠寶月聘」 100冊.

국문필사본

| 【增】明珠寶月聘 | 정명기[尋是齋 家目] | 낙질 1(권34) |
| 【增】명쥬보월빙 | 정명기[尋是齋 家目] | 낙질 1(권41) |

163.2. 〈연구〉

Ⅲ. (학술지)

163.2.10. 李相澤. "「明珠寶月聘」 研究: 그 構造와 存在論的 特徵." 『韓國古典小說의 探究』(中央出版, 1981. 3). "「명주보월빙」의 구조와 존재론적 특징"으로 『한국고전소설의

---

38) 「윤하정삼문취록」의 前篇. 崔南善의 "朝鮮의 家庭文學"(『每日申報』, 1938)에서 117권짜리 사본을 언급한 바 있다.

이론』, II(새문社, 2003. 3)에 재수록.

163.2.13. 李相澤. "「寶月聘」連作의 構造的 反復 原理."『백영정병욱선생환갑기념논총 韓國古典文學硏究』(合本) (新丘文化社, 1982. 5). 李樹鳳 外 共著.『韓國家門小說硏究論叢』(景仁文化社, 1992. 6);『한국고전소설의 이론』, II(새문社, 2003. 3)에 재수록.

【增】
1) 장시광. "『명주보월빙』의 여성 반동인물 연구."『古小說硏究』, 14(韓國古小說學會, 2002. 12).
2) 崔吉容. "「明珠寶月聘」連作." 刊行委員會 編.『古小說硏究史』(月印, 2002. 12).

◐{명주보은록 明珠報恩錄}
▶(명주옥연 明珠玉緣 → 명주옥연기합록)
◪164.[명주옥연기합록 明珠玉緣奇合錄]³⁹⁾
〈관계기록〉
① 「명주옥연기합록」, 1 : 셔후 칠근계의 주녀 자최는 명쥬 옥연으로 힝빙 셩혼ᄒ던 셜화 각별 긔이흔 사적이 만흔 고로 후인이 디략을 초ᄒ니라.
② 「명주옥연기합록」, 21 : 이쎠 구리공이 경위의 모함을 닙어 이쥐의 폄젹ᄒᄆ 진왕등이 ᄉ직ᄒ고 부군을 ᄯ라 만나 졀히의 도라ᄀ고 약간 친척이 경스의 잇고 구부는 노복이 직희엿시니 면후 ᄌ셔흔 ᄉ연은 「구리공졍츙직졀긔」의 긔록ᄒ엿시미 ᄎ젼 은의는 명쥬옥연긔합ᄒ는 ᄉ연만 긔록ᄒᄆ로 다른 말은 다 ᄲ히다.
③ 「명주옥연기합록」, 25 結尾 : ᄎ후 빅연의 이르도록 마쟝업시 지ᄂ니 원ᄂ 오진 냥공의 사적은 「현시냥웅쌍인긔」의 희비하고 틱ᄉ공과 졔왕의 ᄉ젹은 「명쥬긔봉」의 히비ᄒ고 현시 졔인의 후 ᄉ젹은 「현시팔용긔」 희비하나 옥화군쥬의 「옥연긔합」과 연의열의 「명쥬긔합」이 긔이ᄒᄆ로 현승상 희틱과 병부 희문의 사적을 츄츌ᄒ여 「명쥬옥연긔합녹」이라 ᄒ여 후세의 젼ᄒ여 션악의 보응ᄒᆷ를 밝히미니 후인은 다시 「현시후록」을 이어 볼지어다.
④ Courant, 859: 「명쥬옥연 明珠玉緣」.

【增】〈비교연구〉
1) 「소씨삼대록」에서 소현성의 10자인 소운필은 혼인 상황만 소개될 뿐 전혀 주목을 받지 못하는 인물이어서 그 자식대에 대한 언급은 더더군다나 없다. 따라서 「明珠玉緣奇合錄」의 「소현성록」 언급은 「명주옥연기합록」에서 별로 중요하지 않은 소세문 이야기가 불필요하게 확산되는 것을 막기 위해 「소현성록」에 가탁한 것으로 보인다. 따라서 「소현성록」과 「명주옥연기합록」 사이에는 아무런 연작 관계가 없다. 다만 「명주옥연기합록」이 「소현성록」을 읽은 작자에 의해서 지어진 작품이거나, 최소한 시대적으로 「소현성록」이 형성된 이후의 작품이라는 것을 알 수 있다(朴英姬, "「蘇賢聖錄」連作硏究," 梨花女大 博論[1994. 2], p. 182).

▶(명주옥연기회록 明珠玉緣奇會錄 → 명주옥연기합록)
◐{명주회봉}

---

39) 「명주기봉」의 續作이자 「현씨양웅쌍린기」의 제3부작. 「현씨양웅쌍린기」의 주인공인 현수문과 현경문의 장남들로 「명주기봉」의 주인공이었던 현웅린과 현천린의 아들들인 희성과 희문을 중심으로 한 내용이다.

〈관계기록〉
① 『諺文古詩』(가람본), '언문칙목녹', 196: 「명[쥬?]회봉」.

◐{명행록 明行錄}
◪165.[명행정의록 明行貞義錄40) / 明行正義錄]41)
〈관계기록〉
① 「玉樹記」(沈能淑 1782~1840), 跋文 : 대져 이 칙[玉樹記] 하회로 볼진딕 가화왕딘[嘉花汪陳] 수가 후진의 소설을 이어 일우면 「님화정연」과 「명힝정의」로 더부러 수양치 아니ᄒᆞ올 듯.
② 「옥원재합기연」, 21, 後人 添記 : 옥원을 지은 재조는 문식과 총명이 진실노 규듕의 팀몰하야 한갓 무용한 잡져를 기술하고 세상의 쓰이디 못하미 가셕가탄이로다. 「명행녹」・「비시명감」・「신옥 긔린」 등이 다 이 한손의 난 배로되 각각 볼사록 신신하고 긔이하며 공교하니 이샹하다.
③ 「玉鴛再合奇緣」[1786~1790](溫陽鄭氏 1725~1799), 14 表紙裏面 : 「명행녹」.
④ 「第一奇諺」(洪羲福 1794~1859), 序 : 녁대연의에 뉴ᄂᆞᆫ 임의 진셔로 번역ᄒᆞᆫ 비니 말음을 고쳐 보기의 쉽기를 취ᄒᆞᆯ 쑨이요 그 수실은 흐ᄃᆞ지여니와 그밧 「뉴시삼대록」・「미소명힝」・「조시삼대록」・「츙효명감녹」・「옥원직합」・「님화정연」・「구릭공츙녈긔」・「곽쟝냥문록」・「화산션계록」・「명힝졍의록」・「옥닌몽」・「벽허담」・「완월회밍」・「명쥬보월빙」 모든 쇼셜이 수삼십 죵의 권질이 호대ᄒᆞ야 혹 빅 권이 넘으며 쇼불하 슈십 권에 니르고 그 남아 십여 권 슈샴 권식 되ᄂᆞᆫ 수오십 죵의 지ᄂᆞ니.
⑤ 『諺文古詩』(가람본), '언문칙목녹', 24) : 「명힝정의록」.
⑥ Courant, 875 : 「명힝정의록 明行貞義錄」.
⑦ 金台俊, 『朝鮮小說史』, p. 161: 「明行貞義錄」.

【增】
1) 『[演慶堂]諺文冊目錄』(1920 ; 藏書閣所藏) : 「名行貞義錄」.

국문필사본

| 【增】 명힝뎡의록 | 박순호[家目] | 1(81f.) |
| 【增】 明行貞義錄 | 정명기[尋是齋 家目] | 낙질 10(1~6 ; 9~10 ; 13; 46) |

165.2.〈연구〉
Ⅲ. (학술지)
【增】
1) 서정민. "「보은기우록」과 「명행정의록」의 연작 양상." 『冠嶽語文研究』, 28(서울大 國語國文學科, 2003. 12).

◪166.[명황계감 明皇誡鑑] ← 명황계감언해

---
40) 『이본목록』, 『삭품연구 총람』, 『문헌성보』에 추가.
41) 「보은기우록」의 續篇이다.

〈관계기록〉

① 『世宗實錄』, 卷93·39, 世宗 23年[1441] 9月 壬成 : 上命戶曹參判 李宣 集賢殿副修撰 朴彭年 著作郎 李塏等曰 古人圖 唐明皇楊妃之事者頗多 然不過以爲戱玩之資耳 予欲採開元天寶成 敗之跡 圖書以觀 昔漢時 乘輿幄坐屛風 畫紂醉踞妲己 作長夜之樂 豈非令世主鑑前轍以自戒 耶 明皇號稱英主 而晩年沉於女色 以至於敗 終始之異 未有如此者也 至若遊月宮見龍女楊通 幽等事 極爲誕妄 似不足書也 然朱子於綱目 亦書帝聞空中神語 以見明皇好怪之實 凡此等語 亦有國家者之所宜深戒也 爾等其纂之 宣等承命撰集 先圖其形 後紀其實 或附以先儒之論 或係以古今之詩 書旣成賜名 曰「明皇誠鑑」◐(임금이 호조참판 이선·집현전 부수찬 박팽년 [1417~1456]·저작랑 이개[1417~1456] 등에게 명하여 말하기를, "옛 사람이 당명황[唐玄宗]과 양귀비[719~756][42]의 일을 그림으로 그린 자가 퍽 많았다. 그러나, 희롱하고 구경하는 자료에 불과하였다. 내가 개원[713~741]·천보[742~755] 연간의 성공하고 실패한 사적을 채집하여 그림을 그려 두고 보려 한다. 예전 한나라 때에 가마와 장막으로 된 자리나 병풍 따위에 주[紂 B.C. 1154~B.C. 1111][43]가 취하여 달기[44]를 걸터타고 긴 밤을 즐기는 그림을 그렸으니, 어찌 뒤를 잇는 임금들로 하여금 앞의 일을 교훈삼아 스스로 경계하게 하려던 것이 아니었겠는가. 명황은 뛰어난 임금이라고 했었는데, 만년에 여색에 빠져 패망하기에 이르렀으니, 처음과 끝이 일치하지 못하기로는 이 같은 경우가 없었다. 월궁에 놀았다든가, 용녀를 보았다든가, 양통유[術士] 등의 일은 지극히 허황하고 망령되어 쓸[書] 만한 것이 못된다. 그러나, 주자도 『강목』[45]에다 '황제가 공중에서 귀신이 말하는 것을 들었다.'고 써서, 명황이 기괴한 것을 좋아하는 사실을 보였으니, 무릇 이런 말들은 역시 국가를 맡은 자가 마땅히 깊이 경계하여야 할 것이다. 너희들은 이 일을 편찬하여라."하니, 이선 등이 명령을 받들어 찬집하되, 먼저 그 그림을 그린 다음 그 사실을 기록하고, 옛 선비들의 논평을 붙이기도 하고, 고금의 시들을 써 넣기도 하였다. 책이 다 만들어지니 이름을 「명황계감」이라고 내렸다).

② 『世祖實錄』, 卷3·8, 世祖 2年[1456] 2月 甲辰 : 傳于集賢殿曰 今明使出來 國家多事「明皇誠鑑」 就本殿出註 勿別開局 姑停修撰六典◐(집현전에 전교하기를, 이제 명나라 사신이 오면 나라에 일이 많으니, 「명황계감」은 집현전[本殿]에서 주를 달고 따로 관청[局]을 설치하지는 말며, 『육전』[46]의 편찬은 중지하게 하라."하였다).

③ 同上, 卷25·21, 世祖 7年[1461] 9月 甲午 : 召藝文提學 李承召 行上護軍 梁誠之 宋處寬 金禮蒙 禮曹參議 徐居正 僉知中樞院事 任元濬 等 以諺文譯「明皇誠鑑」◐(예문관 제학 이승 소, 행 상호군 양성지·송처관·김예몽, 예조참의 서거정·첨지중추원사 임원준 등을 불러 언문으

---

42) 중국 당나라 玄宗의 妃. 현종의 총애를 받다가 安祿山이 반란을 일으키자, 황제와 더불어 사천 지방으로 도망하던 중 長安의 서쪽 馬嵬驛에 이르렀을 때, 양씨 일문에 대한 불만이 폭발한 군사들의 강요에 의해 목을 매어 죽고 말았다.
43) 중국 은나라의 마지막 왕. 애첩 달기와 황음무도한 짓을 일삼아, 夏나라의 마지막 임금인 桀과 함께 중국 역사상 폭군의 전형으로 일컬어진다.
44) 중국 고대 殷나라의 마지막 왕인 紂王의 妃. 주왕이 달기에 혹하여 정사를 돌보지 않게 되자, 周나라의 武王이 주왕을 토벌하여 달기와 함께 죽였다.
45) 『通鑑綱目』. 중국 송나라 때 주자[朱熹]가 지은 중국의 역사 책. 『資治通鑑』을 '강'과 '목'으로 나눈 것으로, 주자가 손수 만든 한 권의 범례에 의하여 그 문인인 趙師淵 등이 전편을 작성했다. 전 59권.
46) 六曹의 집무 규정. 즉 吏典·戶典·禮典·兵典·刑典·工典의 총칭.

로「명황계감」을 번역하게 하였다).

④ 同上, 卷 30·26, 世祖 9年[1463] 5月 甲辰 : 又命中樞院使崔恒 藝文提學李承召 直藝文館李永垠 成均博士朴始亨等 譯「明皇誡鑑」歌詞◐(또 중추원사 최항·예문제학 이승소·직예문관 이영은·성균박사 박시형 등에게 명하여「명황계감」의 가사를 번역하게 하였다).

⑤ 同上, 卷 30·27, 世祖 9年 5月 丁未: 召左承旨李文炯 校「明皇誡鑑」歌詞◐(좌승지 이문형을 불러「명황계감」의 가사를 교정[校]하였다).

⑥『燕山君日記』, 卷57·20, 燕山君 11年[1505] 3月 乙未 : 傳于承政院曰 今觀「明皇誡鑑」明皇幸蜀之時 群臣皆以楊貴妃·楊國忠爲禍根 請殺之 而至於六軍不發逆上請誅 是在下之人 不敬上 擅權而然也 無奈其時 史臣釣名而如是書之耶 玄宗亦英明之主 末年變故 是出於小人用事而然也 豈必由於貴妃乎 且君父之所愛 雖犬馬 爲臣子者 亦當愛敬 況忍此乎 向者 尹弼商等 之奸邪 與唐臣之罪無異 玆置重典 大抵賢臣在朝 則國家有何危亂哉 國家之治亂 在於人臣之賢否 不關於人主 不可以一槪論也 於卿等意何如 承旨等啓 玄宗時 國家危亂 由小人用事 在下者擅權也 其罪不容於天地 幸蜀之變 在於不應 進君子退小人而已 非必由於貴妃 上敎允當◐(승정원에 전교하기를, "이제「명황계감」을 보건대, 명황이 촉으로 거둥할 때에 신하들이 다 양귀비[719~756]·양국충[?~756][47])이 화근이라 하여 죽이기를 청하였으며, 심지어 육군까지 떠나지 않고 상을 거역하며 죽이기를 청하였으니, 이는 아랫사람이 상을 공경치 않고 권세를 마음대로 부려서 그런 것이거늘, 그때의 사신이 명예를 탐내어 그처럼 쓴 것이나 아닌가? 현종도 영명한 임금이었으나, 말년의 변고는 곧 소인이 국사를 운용하였기 때문에 그런 것이지, 어찌 반드시 귀비 때문이었겠는가? 또 임금이 사랑하는 것이면 비록 개나 말일지라도 신하로서는 사랑하고 공경하여야 하거늘, 차마 이럴 수가 있겠는가? 접때 윤필상[1427~1504]이 간사하게 군 죄는 당나라 신하들이 지은 죄와 다름 없으므로 중죄[重典]에 처하였다. 대관절 어진 신하가 조정에 있으면 국가가 어찌 위험하고 어지럽게 되겠는가? 국가가 잘 다스려지는가 어지러워지는가 하는 것은 신하가 어진 어질지 못한가에 달려 있는 것이지, 임금에게 관계되는 것은 아니므로, 한 가지로 논할 수는 없다. 경 등의 생각은 어떠한가?" 하매, 승지들이 아뢰기를, "현종 때의 국가가 소란스럽게 된 것은 소인이 국사를 운용하고 아랫사람이 권세를 마음대로 부림에 말미암았으니, 그 죄는 이 세상에 용납될 수 없는 것이어니와, 촉으로 거둥할 때의 변고는 군자를 쓰지 않고 소인을 물리치지 않았기 때문이지, 귀비 때문에 그렇게 된 것은 아니니, 상의 분부가 지당하십니다." 하였다).

⑦『東文選』, 94, 朴彭年,「明皇誡鑑序」: 正統六年辛酉秋 上命戶曹參判臣李宣 集賢殿副修撰臣朴彭年 著作郞臣李塏等若干 古人圖明皇楊妃之事者頗多 然不過以爲玩戲之資耳 予欲採開元天寶成敗之迹 圖畫以觀 昔漢時乘輿幄坐屛風 畫紂醉踞妲己作長夜之樂 豈非令世主 監前轍以自戒耶 明皇號稱英主 而晩年沈於女色 以至於敗 終始之異 未有如此者也 至若遊月宮見龍女楊通幽等事 極爲誕妄 似不足書也 然而朱子於綱目亦書 帝聞空中神語 以見明皇好怪之實 凡此等語 亦有國家者之所宜深戒也 爾其纂之 於是先圖其形 後紀其實 或附以先儒之論

---

47) 당현종의 총비인 楊貴妃의 친척으로 등용되어, 재상 李林甫와 결탁하여 수완을 발휘함으로써 重用되었다. 후에 이임보가 죽자 재상으로서 제1의 실권자가 되었다. 그러나 백성의 재물을 수탈하는 등 실정을 계속하다가, 安祿山의 난이 일어나자 현종을 따라 四川 지방으로 달아나던 중 馬嵬驛에서 분노한 군사들에게 양귀비와 함께 살해되었다.

或係以古今之詩 書旣成 賜名曰「明皇誡鑑」 命臣彭年 序其卷端◐(정통 6년[1441], 신유년 가을 임금께서 호조참판 신 이선, 집현전 부수찬 신 박팽년, 저작랑 신 이개 등에게 명하여, "옛 사람들이 명황과 양귀비의 일을 기록한 사람이 많지만, 거의가 노리개감으로 삼은데 지나지 않는다. 나는 개원·천보 시대 성패의 자취를 캐내어 그림을 그려 보이고자 한다. 옛날 한나라에서도 천자의 수레 휘장이나 병풍에, 주(紂)가 취해서 달기에게 걸터앉아 밤새도록 즐기는 그림을 그렸으니, 어찌 뒷임금으로 하여금 전철을 보고서 스스로 경계를 하려 함이 아니겠느냐. 명황은 영특한 임금으로 이름났건만 늘그막에는 여색에 빠져 끝내 패하고 말았으니, 처음과 끝이 이와 같이 달랐다. 더구나 월궁에서 놀다가 용녀 양통유를 보았다는 등 너무나도 허황하여 쓸 거리도 되지 못하지만, 주자의 강목에도 역시 황제[현종]가 공중에서 나는 신[神]의 말을 들었다는 것을 써서, 명황이 괴상한 일을 좋아했다는 사실을 보여 주었다. 무릇 이런 종류의 말들은 나라를 가진 자가 마땅히 경계해야 할 바이므로 너희들은 편찬해 들이라." 하였다. 이에 먼저 그 형상을 그리고 뒤에 그 사실을 바로 적어, 어떤 데는 선유들의 의논을, 어떤 데는 고금의 시를 붙였다. 책이 다 이루어지자 「명황계감」이라 이름 붙여 주고, 신 박팽년에게 명하여 책 머리에 서문을 쓰라 했다).

⑧ 同上, 95, 崔恒, 「明皇誡鑑序」: 上卽位之八年夏五月 召臣某若曰 我世宗 博觀前籍 圖恢後規 嘗撫唐明皇故事 手製歌詞一百六十有八章 逐節略敍其事 成敗瞭於偶對 鑑戒昭於詠嘆 婉而顯 暢而宵 誠萬世之龜鑑也 予常昭膺先猷 兢恢往躅 第慮敍事旣簡 謏聞難該 爾其更加刪潤 幷著注解 臣不敢以言蔀拙辭 祇承指授 與臣某某 旁攷諸書 僅就添改 仍係音義 幷附事蹟之不入歌詞者 用資多聞 又會儒士 譯以諺語 河城尉等讎校 永膺大君等再校 臣與某某重校 書成以進 賜名曰「明皇誡鑑」 且命臣序之◐(주상전하[成宗] 즉위하신 8년 여름 5월에 신 아무를 불러 이와 같이 말씀하였다. "우리 세종께서 예전 서적을 널리 보시고 후일의 규모를 갖추고자 하여 일찍이 당명황의 고사를 주워 모아 손수 가사 1백 68장을 지어 대문마다 그 사실을 서술했는데, 성패가 우대[對句]에 보이고 감계[48]를 영탄으로 나타내어 말씨가 완곡하면서도 드러나고 통창(通暢)[49]하면서 그윽하니 진실로 만세의 귀감[50]이 된다. 나는 항상 선세의 정책을 생각하고 지난 날의 끼친 자취를 회복하려 하는데, 다만 서술한 사실이 너무도 간략하여 소소한 문견[謏聞]으로는 알기 어려울까 염려 되니, 너는 다시 수정을 가하고 아울러 주해를 지으라." 하시므로, 신은 학식이 모자라면서도 감히 사양을 못하고, 공경히 지시를 받들어 신 아무 아무와 더불어 여러 서적을 참고하여 겨우 보충하고 고치는 일을 끝내고 음과 뜻을 붙였다. 아울러 가사에 들어 있지 않은 사적까지도 부록하여 많이 들을 수 있도록 만들고, 또 유학자들을 모아 언문으로 번역하여 하성위 등이 교정하고 영웅대군 등이 새교하고 신이 아무 아무와 더불어 삼교하여 완성해서 올리니 이름을 「명황계감」이라 내리시고 또 신에게 명하여 서문을 지으라 하였다).

【增】

1) 『世祖實錄』, 卷 30, 世祖 9年[1463] 5月 癸卯(15日) : 命命永膺大君琰 都承旨洪應·前尙州牧使金守溫等 譯「明皇誡鑑」歌詞◐(영응대군 염, 도승지 홍응, 전상주목사 김수온 등에게 명하여 「명황계감」의 가사를 번역하게 하였다).

---

48) 본받을 만한 훈계.
49) 조리가 밝아 환함.
50) 거울로 삼아 본보기가 될 만한 것.

166.2. 〈연구〉

Ⅲ. (학술지)

【增】

1) 鄭夏英. "「明皇誡鑑諺解」의 敍事文學的 性格."『韓國古典研究』, 6(韓國古典研究學會, 2000. 12).

▶(모란정기 牡丹亭記 → 장국진전)
▶(모란화 牡丹花 → 장익성전)

◘167. [[모영전보 毛穎51)傳補]]52)

〈작자〉南有容(1698~1773)
〈출전〉『雷淵集』, 27
〈관계기록〉

① 「毛穎傳補」, 結尾 : 贊曰 偉乎博哉 四人之功 盖與造化參矣 微四人 聖人無以垂其敎 有國家者 無以宣其化 圖書之跡 黼黻之章 泯然無可徵 而天之理塞矣 嗚呼 微四人 吾誰與歸◐(찬하노라. "거룩하고 대단하여라. 이 네 분의 공로여. 이는 대개 신명의 조화가 함께 하신 것이다. 만약 이 네 사람이 아니었다면 성인은 그 가르침을 드리울 수 없었을 것이고, 나라를 갖고 다스리는 자는 교화를 펼 방법이 없었을 것이다. 도서의 자취와 영롱히 수놓아진 문장은 스러져 나타날 수 없었을 것이요, 하늘의 이치는 막혔으리라. 오호라. 이 네 분 아니었더라면 우린 그 뉘게 의지해 살았을 것이랴!).

한문활자본	
毛穎傳補	[『雷淵集』]

◘168. [[모원봉전 毛元鋒傳]]

〈작자〉朴允黙(1771~1849)
〈출전〉『存齋稿』, 25, 雜著

168.2. 〈연구〉

Ⅲ. (학술지)

【增】

1) 김창룡. "문방사우 가전과 유서 : 「저백전」·「모원봉전」·「진현전」·「석탄중전」."『가전 산책』(한성대 출판부, 2004. 4).

---

51) 『이본목록』·『작품연구 총람』·『문헌정보』 수정.
52) 假傳의 효시작이라 하는 「毛穎傳」은 중국 당나라 때 韓愈(768~824)의 작품으로 '붓'을 의인화한 작품이다. '毛穎傳者 昌黎[韓愈]摹擬史記之文 盖以古文試作小說 而未能成功者也. 微之鶯鶯傳 則似摹擬左傳 亦以古文試作小說 而眞能成功者也'(陳寅恪, 「元白詩箋證稿」, '讀鶯鶯傳'). 『이본목록』·『작품연구 총람』·『문헌정보』 각주 수정.

▶(목단화 牧丹花53) → 장익성전)

◘169.[[목련전 目連傳]]
〈작품연대〉
【增】
1) 盂蘭盆齋는 金邁淳의 「열양세시기」 7월조에서 밝힌 바와 같이 羅麗崇佛의 遺俗이라 하겠다. 그러기에 『目連經』의 淵源이 신라대까지 올라갈 수 있다고 보아진다. 그러나 그것[「目連經」]이 기록에 나타나기는 「高麗史」 世家 睿宗 元年 7월조에 '設盂蘭盆齋于長齡殿 以薦肅宗冥祐 又召名僧講目連經'이라고 한 데서부터라 하겠다. 위 기록의 「목련경」이 바로 이 「목련경」임에 틀림없다면, 그것은 예종 원년 1106년 7월 이전에 이미 撰成되어 있었다는 이야기가 된다. ……「朴通事諺解」의 다음 기사가 주목된다. [인용문 생략] 이것은 고려 승려가 우란분재에서 「목련경」을 俗講한 사실을 直證해 주고 있다. 그 원전인 「朴通事」가 元順帝 至正 7, 8 년간이라면 그 속에 언급된 「목련경」이 1347년경에도 현전하는 그 내용으로 演說되었다는 것이 분명해진다. 經이 속강으로서 俗講僧의 면모와 聽講의 분위기를 전해 주고, 그 결과 「목련경」의 變文的 성격을 확실히 규정해 준다는 점에서 주목되는 바가 있다. 이로써 「목련경」은 일단 한국의 변문이라고 규정하여도 무방할 것이다. 前述한 바와 같이, 「목련경」은 구조 형태와 표현 문체 등에서 소설의 수준을 그대로 유지하고 있다. 그러므로 이 「목련경」은 변문계의 한문 소설이라고 보아야 마땅할 것이다. 실제로 이 작품은 『금오신화』의 名篇이나 「왕랑반혼전」(漢文本)에 비하여 높은 수준을 지니고 있기 때문이다. 그렇다면 이 「목련경」과 同類인 「安樂國太子經」(高麗中末葉)이나 『釋迦如來十地修行記』(毅宗 19년, 1165)의 각 작품 10편 등도 변문계의 소설류에 들어갈 수가 있겠다. 따라서 고려 시대 11·12세기경에는 「목련경」을 중심으로 수준 있는 한문 소설류가 형성되어 있었다는 이야기가 된다(史在東, "「目連經」의 流轉關係," 『韓國語文學』, 22[1983. 12], pp. 78~79).

169.2. 〈연구〉
Ⅲ. (학술지)
169.2.2. 史在東. "目連傳" 硏究 (上).” 『韓國言語文學』, 3(韓國言語文學會, 1965. 12).

◘170.[목시룡전 睦始龍傳] ← 목시룡형제54)충효전 / 목염전 / 목엽전 / 목충효전
【增】〈이본연구〉
1) 연성노서관본 「목중효전」의 내용을 (1)[『筆寫本古典小說全集』, 14 所收 「목시룡전」]과 대비해 보면 중심 인물의 이름, 태몽, 부인들의 관계, 작품 속에 나오는 노래의 작가 등에서 차이를 보인다. 먼저 이름을 살펴보면 연경도서관본에는 시룡, 시호의 아버지가 목사엽, 적대자가 엄승, 시룡의 부인이 선영으로 되어 있는데, (1)은 목염, 엄홍, 혜영으로 되어 있다. 또한 태몽의 경우, 연경도서관본은 청룡과 황룡, 천금 대호 둘이 박 부인에게 달려드는 것으로 되어 있는데, (1)에서는 청룡과 백호가 달려드는 것으로 되어 있다. 부인들의 관계에 있어서도 연경도서관본은 둘 다 윤시랑의 딸로 설정되어 있으나, (1)에서는 시룡은 윤시랑의 딸, 시호는 윤시랑 형님의 딸로

---
53) 「장익성전」을 신소설화한 작품이다.
54) 『이본연구』, 『작품연구 총람』 수정.

되어 있다. 마지막으로 작품 말미에 노래가 나오는데, 연경도서관본은 두 윤부인이 상소하면서 자탄가를 끝에 붙인 것으로, 황제가 이를 보고 감동하여 구주 백성들에게 하송했다고 되어 있고, (1)에서는 유배를 간 목시룡이 구주 사람들을 교화하기 위해서 五倫歌를 지어 부르게 한 것으로 되어 있다. 그런데 (2)[『한글필사본고소설자료총서』, 16 所收「목시룡전이라」]의 경우는 목영, 엄슝, 혜영과 난양으로 되어 있고, 태몽 부분은 (1)과 같으나, 두 부인이 모두 윤시랑의 딸로 설정된 것과 상소문에 노래가 붙어 있는 것은 연경도서관본과 같다. (3)[국립중앙도서관 소장본「목시룡젼」]은 표지에 '睦始龍傳'이라는 한자 표기가 되어 있다. 목염, 엄슌, 혜영으로 되어 있으며, 두 부인이 윤시랑과 윤시랑 형의 딸로 설정되어 있어 (1)과 같으나, 특이한 것은 태몽에 청룡만이 나오고, 노래는 상소가 끝난 후 윤 부인이 시룡을 생각하며 부른 자탄가로 되어 있다는 점이다. …… 이상의 사실을 놓고 볼 때, 이들 이본은 필사하고 전사하는 과정에서 다소의 착종이 일어났지만, 그것을 바탕으로 이본을 계열화하여 분류하기가 어렵다는 사실을 알 수 있다. 이처럼 연경도서관본「목충효전」과 다른 이본들 사이에 내용상 큰 차이는 찾을 수 없다. 다만 연경도서관본의 경우, 큰 특징은「목충효전」은 주인공의 영웅성을 확보해 주는 기능을 하는 태몽을 강조하고 있다는 점이다. 청룡과 황룡, 백호 두 마리를 태몽에 모두 등장시킴으로써 시룡과 시호의 심상치 않은 모습을 보여 준다. 이는 필사자의 의도적인 개입으로 볼 수 있을 것이다(임치균, "「목충효전」," 李相澤 외 3인 엮음, 『고전소설의 기초 연구』[2001. 10], pp. 43~45).

국문필사본

(목시룡전)

목시룡젼 권지단 睦始龍傳	국중[고4][의산](古3636-66) /정문연[韓古目](290: R35N-002974-1)		1([표지]신미스월이십칠닐등셔, [권말]신미십월쵸오일죵 호노라, 52f.)
【增】 목시홍전	김해정[『우석어문』, 2]		1(신히이월쵸스일시작하여, 신히이월팔일죵, 45f.)
【增】 목시용전이라	박순호[家目]		1(임묘납등서, 54f.)
【增】 목시전	성대(D07B~0062)		1(1914)
【增】 목시용젼	여태명[家目](236)		1(긔유졍월이십일, 42f.)

(목염전)

【增】 묵엽전	계명대[古綜目](고811.35묵엽전)		1
【增】 목영전	박순호[家目]		1(기류니월삼일쳥사난근셔, 경술시미니월니십시일팔남, 43f.)

【增】(목엽전)

【增】 木葉傳	정명기[尋是齋 家目]		1

170.2. 〈연구〉

　【增】 II. (학위논문)
〈석사〉

1) 장유림. "「목시룡전」 연구." 碩論(한국교원대 교육대학원, 2002. 2).

Ⅲ. (학술지)

170.2.4. 조춘호. "「목시룡전」 연구."『語文學』, 58(韓國語文學會, 1996. 2).『우애소설연구』(경산대 출판부, 2001)에 재수록.

【增】

1) 노영근. "우애 있는 형제 이야기의 의미:「장현전」과「목시룡전」을 중심으로."『語文學論叢』, 24(國民大語文學硏究, 2005. 2).

【增】「목충효전」

1) 林治均. "「목충효전」." 李相澤·朴熙秉·林治均·宋晟旭 엮음,『고전소설의 기초 연구』(태학사, 2002. 10).

▶(목시룡형제충효전 睦忠孝傳 → 목시룡전)
▶(목염전 → 목시룡전)
【增】▶(목엽전 木葉傳 → 목시룡전)
▶(목충효전 睦忠孝傳 → 목시룡전)
◨171.[[몽견주공기 夢見周公記]]
  〈작자〉朴仁老(1561~1642)
  〈출전〉『蘆溪集』, 권 1

▶(몽결초한송 夢決楚漢訟 → 제마무전)
▶(몽금도전 夢金島傳 → 심청전)
◨172.[[몽기 夢記 ①]]
  〈작자〉許筠(1569~1618)
  〈출전〉『惺所覆瓿藁』, 19, 文部, 16, 雜記

▶(몽기 夢記 ② → 대관재몽기)
◨173.[[몽김장군기 夢金將軍記]]
  〈작자〉張經世(1547~1615)
  〈출전〉『沙村集』, 권 3
  〈줄거리〉
    …… 한유(韓愈)[768~824]의「장중승전 후서 張中丞傳後叙」를 읽고 나서

▶(몽린기 夢麟記 → 옥린몽)
▶(몽린록 夢麟錄 → 옥린몽)
◨174.[[몽사자연지 夢謝自然志]]
  〈작자〉沈義(1475~?)

〈출전〉『大觀齋亂稿』

◐{몽서화}
〈관계기록〉

① 「쌍천긔봉」(한국정신문화연구원 소장본), 18 大尾 : 문졍공 몽챵이 소시로 더브러 썅쳔의 긔특히 합ᄒᆞᆷ믈 인ᄒᆞ야 슈졔 「썅쳔긔봉」이라 ᄒᆞ고 뇨시랑 부인 빙셩을 혼 면에 너허 닐오려 ᄒᆞ더니 본토인 위한은 뇨시랑 문긔 위봉의 ᄌᆞ손이라 위봉이 일즉 뇨시랑 은혜를 닙어 그 집 일긔를 맛타 몰을 일이 업고 쏘 북쥐빅 쟝즈 몽셕의 둘지 부인 뇨시ᄂᆞᆫ 태상의 아우로 허다 사연이 잇ᄂᆞᆫ 고로 드듸여 젼을 지어 졔명ᄒᆞ되 「몽셔화」라 ᄒᆞ야 여러 권 칙을 닐워 두엇더니 위한이 뉴한님과 사괴여 단니더니 「쌍쳔긔」 닐오믈 보고 골오되 범물이 여러 사름의 말을 드르미 번잡ᄒᆞ니 늬게 션죄 끼치신 이러이러ᄒᆞᆫ 칙이 이시니 뇨시랑 부인 말을 쌘히미 가타 ᄒᆞ고 「몽셔화」를 가져와 뵈니 뉴한님이 그 톄를 탄복ᄒᆞ고……

◪175. [몽연록 夢緣錄]
〈작자〉許鍊

▶ (몽옥기 夢玉記 → 몽옥쌍봉연록)
▶ (몽옥성회록 → 몽유성회록)
▶ (몽옥쌍룡기 夢玉雙龍記 → 몽옥쌍봉연록)

◪176. [몽옥쌍봉연록 夢玉雙鳳緣錄][55] ← 몽옥기 / 몽옥쌍룡기 / 몽옥쌍환기봉

〈관계기록〉

① 『諺文古詩』(가람본), '언문칙목녹', 108 : 「몽옥긔」.
② Courant, 835 : 「몽옥쌍룡긔 夢玉雙龍記」.
③ Courant, 846 : 「몽옥쌍환긔봉 夢玉雙環奇逢」.

〈작품연대〉
【增】
1) 이 「몽옥쌍봉연록」 필사기를 보면 70살의 노인이 을묘년 10월에 3권까지 필사하고 다시 같은 해 12월[납월]에 4권을 필사했음을 알 수 있다. 여기서 을묘년은 독후기를 통해서 추정할 수 있다. 4권 말에는 '함풍뉵연 하뉴월 복열을 당ᄒᆞ여 셔증이 발ᄒᆞ미 심심쇼일ᄒᆞ노라 김아댱츈낭 북창하의셔 셔ᄒᆞ노라고 하는 기록이 있는데, 따라서 위의 을묘년은 함풍 6년 이전의 을묘년임을 알 수 있다. 또한 함풍 6년이 1856년임을 생각할 때, 위의 을묘년은 1856년 이전의 을묘년 즉 1855년이나 1795년일 것이다. …… 「몽옥쌍봉연록」의 후손들의 이야기가 씌어진 「곽장양문록」이 1848년 전에 이미 존재했다는 사실을 미루어 유추할 때, 「몽옥쌍복연록」은 이보다 훨씬 이른 시기 즉 18세기 이전에는 창작되었을 것으로 추정된다(정병설, "「몽옥쌍봉연록」 연구," 『대전어문학』, 13[1996. 2], p. 29; p. 31).
2) 국도관본 「몽옥쌍봉연록」의 각권 말미에는 필사자의 필사기 및 필사자 인척들의 후기가 존재한다.

---

55) 『이본목록』, 『작품연구 총람』에 각주 추가. 【增】 이 작품의 속작이 「곽장양문록」이다.

'을묘지월쵸팔일(乙卯至月初八日)', '을묘납월념일일(乙卯臘月念一日)', '함풍뉵년하뉴월(咸豊六年夏六月)' 등의 기록을 통해「몽옥쌍봉연록」의 필사 시기가 1855년임을 알 수 있고, 작품에『說唐全傳』의 尉遲敬德 父子 상봉 삽화가 수용된 것으로 보아『설당전전』初刊 시기인 1736년 이후에 창작된 것으로 추정할수 있다. 따라서 일단「몽옥쌍봉연록」의 창작 가능 시기는 1736년에서 1855년 사이라 하겠다(지연숙, "「몽옥쌍봉연록」~「곽장양문록」연작의 창작 기반과 문제 의식." 李樹鳳 외,『韓國家門小說硏究論叢』, II[1999. 7], p. 324).

3) 「몽옥」연작의 창작 시기를 추정해 볼 수 있는 단서는「몽옥」과「곽장」에 添記되어 있는 필사기들이다. 이를 통해서 보면「몽옥」의 필사 연도는 1855년(철종 6, 을묘)이고,「곽장」의 필사 연도는 '홍본'이 1773년(영조49, 계사), '김본'이 1839년(헌종 5, 道光 己亥)이다. 이로써「몽옥」연작은 늦어도 1773년 이전에 창작된 소설임이 입증되어진 셈이다. 그런데 1773년에 필사된 '홍본'은 책 중간중간 여러 곳에 결락이 있어, 적어도 이것이 작자의 원작을 저본으로 하여 필사한 것이 아니라, 당시에 유통되고 있던 어떤 전사본을 저본으로 하여 필사한 사실을 말해 주고 있다. 이러한 사실은 이「몽옥」연작이 1773년 필사 당시보다는 상당히 오래 전에 창작된 것임을 말해 준다. 또「곽장」-「차천」이 합본 형태로 필사된 것은「소현성록」과「소씨삼대록」이 용인이씨(1652~1712)에 의해「소현성록」이라는 단일 표제하에 합본 형태로 필사된 것과 유사성을 갖는다. 다만「소현성록」연작은 2부작이고「몽옥」연작은 3부작이라는 차이가 있다. 현재까지는「소현성록」연작이 연작 소설로서는 가장 이른 시기에 나온 것으로 추정되고 있는데, 아무래도 최초 작에 있어서는 3부작보다는 2부작이 앞서 나왔을 것으로 보는 것이 자연스럽다는 점에서,「몽옥」연작이「소현성록」연작보다는 뒤에 나왔을 것으로 생각된다. 본고에서는 이상의 추론을 바탕으로,「몽옥」연작의 창작 시기를「소현성록」연작이 나온 뒤인, 17세기 후반 즉「창선감의록」과 같은 類의 장편 소설들이 활발히 창작되었던 숙종조로부터 18세기 중반 사이(1675~1750)를 그 창작 시기로 추정하였다(최길용, "「몽옥쌍봉연록」연작의 서지적 고찰,"『古小說硏究』, 12[2001. 12], pp. 256~257).

〈판본연대〉

【增】

1) 이 책[국립중앙도서관 소장본「몽옥쌍봉연록」]의 필사 연도는 그 3권 말에 쓰여진 '을묘지월 초팔일 월방남창하의셔 셰지 권은 필셔ᄒᆞ나 …… 쏘 ᄒᆞᆫ 권은 어느 쌔 필셔ᄒᆞ리오' 그리고 4권 말에 '을묘 납월 념일일 필셔'라고 한 필사자의 필사기가 말해 주고 있는 바에 의거하여 을묘년임을 알 수 있다. 그리고 그 을묘년은 뒤에 필사자 딸의 첨기로 보이는 글 가운데 있는 '함풍 육년 하 뉴궐'이란 연호와 관련지어 볼 때(함풍 6년은 1856년임), 1855년(철종 6) 을묘임을 알 수 있다. [첨기문 생략] 이로써 이 작품의 창작 시기는 위 러시아본의 존재와 관련지어 볼 때 이 1855년보다는 상당히 앞선 시기 즉 1800년 이전에 이미 창작되어졌을 가능성이 높다(최길용, "「몽옥쌍봉연록」연작의 서지적 고찰,"『古小說硏究』, 12[2001. 12], p. 226).

국문필사본

| 【增】 夢玉雙鳳緣 | 東方學硏究所[러시아]/고려대 민족문화연구원(복사) | 4 |
| 【增】 夢遊雙逢宴錄 | 임형택[莽蒼蒼齋 家目] | 4(셰지님ᄌᆞ[1912] ᄉᆞ월십칠일 필셔ᄒᆞ노라) |

176.2. 〈연구〉

Ⅲ. (학술지)

【增】

1) 전성운. "장편국문소설에 나타난 몽유양식의 양상과 의미 :「현봉쌍의록」・「현몽쌍룡기」・「몽옥쌍봉연록」・「쌍천기봉」・「취미삼선록」을 중심으로."『古小說研究』, 8(韓國古小說學會, 1999. 12).

2) 최길용. "「몽옥쌍봉연록」 연작의 서지적 고찰."『고전산문의 계보적 연구』(국학자료원, 2001. 4).『古小說研究』, 12(韓國古小說學會, 2001. 12)에 재수록.

▶(몽옥쌍환기봉 夢玉雙環奇逢 → 몽옥쌍봉연록)

◘177.[[몽유 夢喩]]

　〈작자〉申最(1619~1658)
　〈출전〉『春沼子集』, 권 5

▶(몽유달천록 夢遊達川錄 → 달천몽유록 ①)
▶(몽유록 夢遊錄 ① → 강도몽유록)
▶(몽유록 夢遊錄 ② → 만옹몽유록)
▶(몽유록 夢遊錄 ③ → 만하몽유록)
▶(몽유록 夢遊錄 ④ → 원생몽유록)
▶(몽유록 夢遊錄 ⑤ → 취은몽유록)

◘178.[몽유성회록 夢遊盛會錄]

　〈관계기록〉
　① 『諺文古詩』(가람본), '언문칙목녹', 60 :「몽옥성회록」.

【增】◐{무곡전}

　국문필사본

　【增】무곡전이라　　　　　여태명[家目](51)　　　　　　1(24f.)

◐{무릉기합록 武陵奇合錄}

　〈관계기록〉
　① 『諺文古詩』(가람본), '언문칙목녹', 68 :「무릉긔흡녹」.

179.◘[무릉도원 武陵桃源] ← 오미인

　〈관계기록〉
　① 金起東,『李朝時代小說論』, p. 596 :「武陵桃源記」.

　국문활자본

　무릉도원 武陵桃源　　　국중(3634-2-42=5)<새판>/엉남대　1(16회, [著・發]姜羲永,永昌

一名 五美人　　　　　　[目續](도남813.5)/[仁活全](3)<재판>　　書舘·韓興書林, 초판 1924. 10. 30, 재판 1928. 1. 6, 146pp.)

179.1. 〈자료〉
Ⅰ. (영인)
179.1.1. 仁川大民族文化硏究所 編, 『舊活字本古小說全集』, 3. 銀河出版社, 1983 ; (再刊) 國際아카데미, 2002. (영창서관·한흥서림 1928년 재판본)

◐{무명록}
◪180.[무목왕정충록 武穆王貞忠錄] ← 설악전
〈참고자료〉
① 「大宋中興通俗演義」 八卷八十則 : 明熊大木撰 題'鰲峯熊大木編輯' 今所見明人演宋中興事者 以此書爲最早 此書傳本甚多 今所見本子 有嘉靖壬子楊氏淸白堂刊本 (此爲原本) 萬曆間 周氏萬卷樓刊本 明內府抄本 皆一本 署'熊大木編' 書名「大宋中興通俗演義」有萬曆間余氏三台館刊本 改題'余應鰲編' 書名「大宋中興岳王傳」有後來天德堂等三本 皆不著撰人 書名「武穆精忠傳」名雖再易 實爲一書◐(명나라 웅대목56)의 편찬으로, 책머리에 '오봉 웅대목 편집'이라 되어 있다. 오늘날 보건대 명나라 사람이 송나라의 중흥한 일을 꾸민 것은 이 책이 가장 앞선다. 이 책은 전본이 심히 많아, 오늘 날 볼 수 있는 책은 가정 임자년[1552] 양씨허백당 간본이 있다. (이것이 원본이고) 만력 연간의 주씨 만권루의 간본과 명나라 내부의 초본은 모두 같은 본이다. '웅대목편'이라 서명되어 있고, 책이름은 「대송중흥통속연의」로 되어 있다. 만력 연간 여씨 삼태관 간본은 개제하여 '여응오편'이라 하였고, 책이름은 「대송중흥악왕전」이라 하였다. 그 후의 천덕당 등 3개의 본은 모두 편찬자가 기록되어 있지 않으며, 서명은 「무목정충전」이라 하여 비록 다시 이름이 바뀌었으나 실제는 같은 책이다)[孫楷第, 『中國通俗小說書目』, p. 50].
② 「岳武穆王精忠傳」 六卷 六十八回 : 明無名氏編 題'鄒元標編訂' 此書卽熊大木本刪節歸倂 回目用偶語 省略處不甚合理 按語論斷均刪去 當係仮託◐(명나라 무명씨 편으로, 표제에는 '추원표 편정'이라 되어 있다. 이 책은 곧 웅대목본의 절들을 간단히 하고 합친 것이다. 회목에는 대우법을 썼으나 생략처가 심히 불합리하다. 말과 논단을 모두 없애고 가탁으로 돌렸다)[同上, p. 51].
③ 「說岳全傳」. 關於說岳飛的書 明代有許多種 岳飛本是萬人崇拜的英雄 明嘉靖時外敵壓境 奸相當國 所以人民很嚮往當時岳飛的功業 故這一類的書在民間很流行 最早有「大宋中興通俗演義」八卷八十則 明熊大木撰 另有「岳飛武穆王精忠傳」六卷六十八回 明無名氏編 題'劉元標編訂 此書係將熊本刪節歸倂而成 第三種名「岳武穆精忠報國傳」七卷二十八則 明于華玉撰……嫌熊本繁瑣 刪爲此書 於崇禎十五年刻 第四種 名「精忠演義說本岳王全傳」卽簡稱「說岳全傳」卽今日之流行本 淸錢彩撰 共二十卷 八十回◐(악비[1103~1141]57)에 관해 이야

---
56) 중국 명나라 때의 소설가. 생몰 연대는 알 수 없으나, 명나라 세종 40년 전후에 살았던 것 같다. 그의 저서로는 『大松中興通俗演義』(一名 岳武穆王精忠傳) 8권 84회, 『全漢志傳』12권, 『唐書志傳通俗演義』 20권 등이 현재 전하고 있다.

기한 책은 명나라 때에 허다한 종류가 있었다. 악비는 원래 만인이 숭배하는 영웅으로, 명나라 가정 때에 외적이 국경을 압박할 때에 간사한 재상이 나라를 맡아 백성들이 악비의 공업을 매우 우러렀기 때문에, 이러한 종류의 책이 민간에 퍽 유행하게 되었다. 가장 이른 것은 「대송중흥통속연의」 8권 80칙으로 명나라 웅대목의 편찬이며, 또 「악비무목왕정충전」 6권 68회는 명나라 때의 무명씨의 편찬인데 표제에 '유원표 편정'이라 되어 있다. 이 책은 웅대목본을 가지고 빼거나 합하여 이루어진 것이며, 제3종의 이름은 「악무정충보국전」으로 7권 28칙인데 명나라 우화옥의 찬이다. 웅대목본의 번거로움을 꺼려 깎아 버린 후 이 책을 만들어 숭정 15년[1642]에 새겼다. 제4종의 이름은 「정충연의설본악왕전전」으로 간략히 「설악전전」이라 이것은 곧 오늘날의 유행본이다. 청나라 전채가 편찬하고 모두 20권 80회다)[孟瑤, 『中國小說史』, 第三冊, p. 348].

〈관계기록〉
(한문)
① 『宣祖修正實錄』, 19·10, 宣祖 18年[1585] 7月 1日 庚午 : 命刊布文天祥·方孝孺·鄭夢周文集 上欲崇表節義 以勸風俗 故有是命 命盧守愼作序文 又刊行「岳王精忠錄」柳成龍作序文◎ (문천상[1236~1282][58])·방효유[1357~1402][59])·정몽주[1337~1392]의 문집을 간행 배포하게 하니 이는 상께서 절개와 의리가 있는 사람을 내세워주어 풍속을 권하려 하였기 때문에 이런 명령을 내린 것이다. 노수신[1515~1590]에게 명하여 서문을 짓고, 또 「악왕정충록」을 간행하고 유성룡[1542~1607]으로 서문을 쓰게 했다).

② 柳成龍 1542~1607, '精忠錄跋'[1585] : 萬曆甲申有譯官來自燕都 以「精忠錄」一帙進者 上覽之嘉歎 下書局印出 而題跋之命 謬及於愚臣 臣敬取而卒業則 凡公平日所著 詩若文及宋史本傳 古今人敍述詠歌之辭 裒集無遺 間爲圖畫以象 公經歷戰陣之跡 英姿颯爽 風采飛動 今人不覺 髮堅冠而目裂眥 繼之以流涕也 嗚呼 非忠匪臣 非孝匪子 前乎百世之上 後乎萬世之下 所以建立人極 紀綱棟樑於宇宙間者 何莫非斯道也 人心無古今之殊 斯道有晦明之異 而國之廢興存亡之關焉 今是編也 其意在於課忠責孝 有勸有懲 其感於人心者 深矣 況君子盡忠而賈禍小人 以諂得志 亦豈非來世之龜鑑耶 然則 聖上之所以嘉歎是錄而欲廣其傳者 其爲世道慮至矣 後之觀者 若但喜其戰陣之形 擊刺之狀 而欲快心於狼居之北 不知以忠孝爲本 則是直衛霍之

---

57) 중국 南宋 초기의 武將. 원래 농가에서 태어나 金나라의 침입으로 北宋이 망할 무렵 의용군에 응모하여 전공을 쌓았으며, 남송 때에는 湖北 일대를 거느리는 大軍閥이 되었다. 그는 다른 군벌과 협력하여 금나라 군사의 침공을 저지하는 전공을 올렸다. 당시 중앙에서는 재상인 秦檜가 和平論을 주장하여 主戰派인 군벌과 분쟁 중이었으나, 1141년 군벌 간의 불화를 틈타 그들의 군대를 중앙군으로 개편하였다. 이때 중앙의 명령에 복종하지 않은 악비는 무고한 누명을 쓰고 투옥된 뒤 살해되었다. 진회가 죽은 후 혐의가 풀리고 명예가 회복되었으며, 救國의 영웅으로 岳王廟에 배향되었고, 1914년 이후에는 삼국 시대 蜀나라의 關羽와 함께 武廟에 合祀되기에 이르렀다.
58) 중국 남송 때의 문인. 1259년 몽고군의 四川省에 침입하여 合州가 포위되고 천도설이 대두되자 지방관으로 있으면서 천도를 강경히 반대하는 글을 올려 면직되었다. 이듬해 元나라 군대가 남하하여 수도에 다다르자 근왕병을 이끌고 맞서 奮戰하였다. 송나라가 원나라에 항복한 후 恭帝의 명을 받아 원나라로 가서 강화를 청하며 抗論하다가 구류되었다. 그 동안에 서울이 함락되고 송나라는 멸망하였다. 그는 北送되던 중 도망하여 殘兵을 모아 싸웠으나 다시 사로잡히고 말았다. 독약을 먹고 자살을 기도하였으나 실패하고, 감옥에 갇혀 있던 중 원나라 세조가 벼슬을 주며 간절히 권하였으나 끝내 거절하고 사형되었다.
59) 중국 明나라 초기의 학자. 1402년 燕王[뒤에 永樂帝]이 皇位를 찬탈한 뒤, 그에게 즉위의 詔書를 기초하도록 명하자, 붓을 땅에 내던지며 죽음을 무릅쓰고 거부하니 연왕이 노하여 그를 극형에 처하였다.

事耳 豈足以知武穆哉 而亦非殿下今日印頒是書之意也 萬曆十三年三月下澣 資憲大夫禮曹判書兼同知經筵春秋館事弘文館提學 臣 柳成龍 奉敎謹跋◯(만력 갑신년[1584]에 역관이 연도[燕京]에서 와 「정충록」 한 질을 올리니, 상께서 보시고 가상히 여기어 감탄하여 마지 않으며 서국60)에 내려 인출하게 하고, 발문을 쓰라는 명령이 외람되게도 어리석은 나에게 잘못 내렸다. 내가 삼가 그 책을 다 읽었다. 무릇 공이 평소의 지은 시문 및 『송사』의 본전과 고금 사람들이 서술한 영가61)를 모아 빠짐 없이 실었고, 사이사이에 그림을 넣어 공이 겪은 싸움터의 자취를 그려 넣었으니, 빼어난 자태가 삽상62)하고 풍채가 살아 있는 듯 움직여, 사람들로 하여금 자신도 모르게 머리털이 쭈뼛하여 갓을 찌르고 눈꼬리가 찢어지고 이어 눈물이 나오게 했다. 오! 충이 아니면 신하가 아니고, 효가 아니면 아들이 아니니, 백세 이전과 만세 뒤까지 사람의 표준을 세워 이 우주 사이에 기강63)과 대들보가 되는 것으로 이 도가 아닌 것이 무엇이 있겠는가? 인심은 고금이 다르지 않는데, 이 도는 어둡고 밝은 차이가 있어 나라의 흥망에 관계가 있다. 지금 이 책을 펴냄에 그 뜻이 충성심을 고무하는 데 있고 효심을 일깨워 권선징악하는 데 있으니, 사람의 마음에 감명을 주는 것이 매우 깊을 것이다. 하물며 군자는 충성을 다하다가 화를 샀고, 소인은 참소로써 뜻을 얻었음은 또한 내세의 귀감이 되지 않겠는가? 따라서 성상께서 이 책을 가상히 여겨 감탄해 마지 않아 널리 전하고자 하는 뜻은 세상의 도의를 위한 지극한 배려에서였다. 뒷날 이 책을 보는 자가 만약 전쟁과 치고 찌르는 형상만을 좋아하고 낭거에서 패배시킨 일만 쾌히 여기고 충효가 근본이 됨을 알지 못한다면, 한낱 이것은 위청[?~B.C. 106]64)과 곽거병[B.C. 140~B.C. 117]65)의 일일 따름이니, 어찌 무목을 잘 알았다고 할 수 있으며, 또 전하께서 오늘날 이 책을 반포하도록 하신 뜻이겠는가? 만력 13년[1585] 3월 하순에 자헌대부 예조판서 겸 동지경연춘추관사 홍문관제학 신 유성룡은 교시를 받들어 삼가 쓴다.)

③ 列聖御製』[1589],「寫本精忠錄序」: 予常愛宋岳武穆之忠義 旣圖繪闕像矣 又別幅作贊矣 又合享永淸矣 近又得唐板「精忠錄」題詩卷首矣 盖此「精忠」一書 最爲詳備 觀其圖而玩其事 貫日之忠 高山之節 凜然乎千載之下 令人不覺起欽而若 夫十二金牌之矯旨三字 傅會而成獄 皆出於姦檜之手 竟使大勳垂成之忠良 慘遭屠戮 而虜酋增氣 酌酒相賀 賣國之罪 尙忍言哉 古人 云每念岳武穆之冤 直欲籲天而無從 予讀斯傳 至殺萬壽觀使事 未嘗不掩卷流涕也 是錄 又有寫本 卽我宣祖十七年甲申冬 命芸閣印出而廣其傳者也 其嘉歎獎勵之意 實與皇朝同符 於乎其至矣 惜乎 大內獨無此印本也 篇之首尾 俱有奉敎序跋文 復何多言 圖寫一通訖 秪以曠百世相感之意 歲在己丑春正月辛未序◯(내가[肅宗] 늘 송나라 악비의 충의를 사랑하여 이미 그 초상을 그리고, 또 별폭에 찬도 썼다. 또 영청66)에 합향했더니, 요즈음 또 당판「정충록」을 얻어 책머리에 시를 써넣었다. 내개 이「정충록」한 책은 가장 상세하여 그 그림을 보면 그

---

60) 옛날 도서의 갈무리와 간행을 맡아 보던 관청.
61) 곡조에 맞추어 노래를 부름. 또는 그 노래.
62) 씩씩하여 시원스러움.
63) 紀律과 法綱.
64) 중국 前漢 武帝 때의 장군. 전후 7회에 걸친 匈奴 정벌에서 공을 세워 長平侯에 이어 大將軍의 위에 올랐고, 그 뒤 郭去病과 함께 大司馬가 되었다.
65) 중국 前漢 武帝 때의 장군. 18세 때 侍中이 되어 衛青을 따라 흉노 토벌에 나서 대공을 세워 冠軍侯로 봉해졌다. 그 후에도 전후 여섯 차례에 걸쳐 흉노를 토벌하여 위청과 함께 大司馬가 되었다. 그가 불과 24세로 죽자 무제는 크게 슬퍼하여 長安 근교 茂陵에 장사 지내 주었다.
66) 현 평남 平原郡 永柔.

일을 짐작하게 하여, 해를 뚫는 충성과 산처럼 높은 절의는 천 년을 두고 늠연[67]하여, 사람으로 하여금 자신도 모르게 공경하는 마음을 일으키게 한다. 대저 12 금패로[68] 성지 3자를 임금의 명이라고 거짓으로 꾸며[矯旨三字] 부회[69]하여 옥사를 이룸은 모두 간사한 진회[秦檜 1090~1155][70]의 손에서 나와 큰 공을 이룬 어진 충신으로 하여금 도륙을 당하게 하고, 오랑캐[老酋]의 기를 더하여 수작하며 축배를 들게 하였으니, 나라를 판 죄는 오히려 차마 말하기 어렵다. 옛 사람이 말하기를 악무목의 원통함을 생각할 때마다 바로 하늘에까지 사무치려 하나 좇지 못한다고 하였다. 내가 이 전을 읽다가 만수관에서 죽임을 당하는 일에 이르러서는 책을 덮고 눈물을 훔치지 않을 수 없었다. 이 기록이 또 사본이 있으니, 선조 17년 갑신[1584] 겨울에 운각[71]에 명해 인출하여 널리 전하게 하였다. 그 장려한 뜻을 가상히 여기심은 실로 황조[72]와 부합하여 이에 이른 것이다. 안타깝도다! 궁중에 유독 이 책이 없다니! 편의 처음과 끝에 임금님의 뜻을 받들어 쓴 서·발문이 있으니 무슨 말을 덧붙일까마는, 쓰기를 마치매 백세에까지 감동의 뜻을 전하고자 외람되이 기록한다. 기축년[1589] 봄 정월 신미에 서를 쓴다).

④ 『伍倫全備諺解』(1721), 引用書目 : 『武穆王精忠傳』.

⑤ 「무목왕정충록」, 12 末, '鄧縣宋岳武穆王廟近侍治祭詩'(英祖): 유세ᄎ 경슐[1730] 십일월삭 이십일일 병슐의 됴선국왕은 삼가 승경원 좌부승지 뉴엄[柳儼 1692~?]을 보내야 송 악무목왕의게 감히 붉게 고ᄒ노라……잇제 내 연거홈에 위연이 고소를 보더니 「졍튱일녹」이 마ᄎᆷ 셔안에 잇도다 강개ᄒ야 흠모ᄒ매 공자 졔에셔 쇼를 드ᄅᆞ심 ᄀᆞᆺ도다[3] 이 칙이 비로소 션묘됴에 긔간ᄒᆞ샤 션됴에 다시 모샤ᄒᆞ신디라 우러러 우리 성고 ᄯᅳᆺ을 싱각ᄒᆞᆸ고 왕의 튱셩된 ᄆᆞ음을 슈ᄎᆞ 싱각ᄒ니 오직 강챵ᄒᆞ미 근졀ᄒᆞᆫ디라 이에 근시를 보내야 듸ᄒᆞ야 잔을 나오니 나의 ᄠᅳᆺ이 엇디 위연ᄒᆞ리오 진실로 풍셩을 심으려 ᄒᆞ미라.

⑥ 『舊活字本 古小說集』, 1, p. 377 : 송고종 즁흥시에 武安王 岳飛와 츙졀이 일월로 징광(爭光)ᄒᆞ며 셩효(誠孝)난 텬디 감응ᄒᆞ며 의긔난 ᄉᆞ람을 심열셩복(心悅誠服)ᄒᆞ며 용밍은 오랑키로 담경심젼(膽驚心戰)ᄒᆞ여 ᄉᆞ회를 평졍ᄒᆞ게 되엿다가 역젹 진회(秦檜)의 모히을 입고 아들 악뇌(岳雷)가 계승ᄒᆞ여 금(金)을 멸ᄒᆞ며 간젹(奸賊)을 소쳥(掃淸)ᄒᆞ고 진회난 지옥에 형벌을 밧고 쳔만셰에 죄를 속(贖)지 못ᄒᆞ여 후인을 권션징악이 간곡ᄒᆞ기로 쳠군ᄌᆞ(僉君子)의 구롬(購覽)ᄒᆞ시기 위ᄒᆞ야 인쇄즁이기로 너용을 광포홈.

---

67) 위엄이 있고 기개가 높음.
68) 진회가 "악비의 적은 군사로는 오래 머물 수 없으니 곧 돌아오게 해야 한다." 해서 하루 동안에 금자패가 12번이나 악비의 진중에 내려갔는데, 악비는 통분하여 울었다(『宋史』, 권 365 岳飛傳).
69) 말이나 이론을 억지로 끌어다 붙임.
70) 중국 南宋 초기의 정치가. 전후 24 년간에 걸쳐 재상의 자리에 있으면서, 계속 남침하는 金나라 군대에 대하여, 철저한 항전을 주장하는 군벌이나 失地 회복을 주장하는 이상주의 관료 등의 여론을 누르고, 금과 남송이 중국을 남북으로 나누어 영유하기로 합의하였다. 이 때문에 후에 민족주의와 이상주의를 내세운 朱子學派로부터 특히 비난을 받았는데, 그의 손에 옥사한 岳飛가 민족의 영웅으로 존경받은 데 반하여, 그에게는 간신이라는 낙인이 찍혔다.
71) 교서관의 별칭.
72) 황제의 조정.
73) 原註에 "쇼는 요순 젹 녜악이니 공직 졔에셔 션ᄒ시고 그 지극히 션ᄒ며 지극히 아름다오믈 깃거ᄒᆞ샤 셕 둘을 음식 마슬 모ᄅᆞ시다"라고 되어 있다.

【增】
1) 『列聖御製』, 肅宗,「岳武穆特令合享於永柔諸葛武侯之廟綸音」: 予於燕閑之時內 未嘗不親近書籍 曾讀『宋史』至岳武穆之事 不覺曠世相感 千載起敬也 噫 當夷虜猖獗 乘輿北徙之日 慨然以一雪國恥 恢復帝業爲己任 力排和議 奮忠破賊 兩宮之還 指日可期而兇賊誤國 忠臣陷於毒手 五國空照寒月 此千秋烈士之扼腕慷慨處 而況其四字之分明肓背 婦人之抱瓶投井 莫非天性之自然 忠孝之所感 可爲凜凜若白日秋霜也 予意欲以此人特爲合享於永柔諸葛武侯之廟 以樹百代豊盛 其令禮官 凜旨擧行◐(내가 한가한 때를 타 책을 가까이 하더니, 일찍이 『송사』의 악비의 고사를 읽기에 이르러 저도 모르게 크게 깨달은 바 있으니 천년을 존경하리로다. 아, 오랑캐가 창궐하여 북방을 침범하자 국치를 설욕하고 제업74)의 회복을 자신의 소임으로 삼아 화친을 배척하고 끓어오르는 충정으로 오랑캐를 무찌르니, 휘종[1082~1135]75)과 흠종[1097~1156]76)의 귀환을 바라볼 수 있었으나, 간신이 나라를 그르치고 충신이 독수에 빠져 5국의 차가운 달빛만 공허히 내리비쳤다. 이는 천년을 두고 열사가 팔을 치며 통탄할 일이다. 그 네 글자의 황당하고, 여자가 병을 껴안고 우물에 뛰어듦은 천성이 그런 것이 아니겠는가? 충효의 느낀 바가 늠름하기 추상같구나. 아, 나의 뜻은 이런 사람을 특별히 영유의 제갈무휴[諸葛亮]의 사당에 합사하여 백대의 풍성을 심으려 하노니 그것을 예관에게 명하여 거행토록 하라).
2) 『必東錄』(李渭輔 1694~?), 1, 凡例, 1 : 終之以寓言者 猶「精忠傳」之於東窓記其報應之理 雖屬茫昧 固非君子之可信 而慷慨之士有所興感 托於言 而聊以洩千古不平之氣 且深得天堂有則 君子登之義 故載之◐(「하생몽유록」의] 마지막을 우언으로 한 것은 「정충전」이 동창에서의 인과응보의 이치를 기록한 것과 같다. 이것이 비록 망매77)의 이야기에 속하여서 진실로 군자가 가히 믿을 만한 것이 아닐지라도, 강개한 선비가 느낀 바 있어 말에 가탁하여서 애오라지 천고의 불평한 기를 쏟아냈고, 또한 천당에도 법칙이 있음을 잘 터득하여 군자가 등재한 뜻이 있을 것이므로 여기에 수록했다).
3) 『私集』(尹德熙 1685~1766), 4,「小說經覽者」[1762] :「精忠傳」.
4) 『海南尹氏群書目錄』(國立中央圖書館所藏) :「精忠傳」

(국역)
① Courant, 935 :「무목왕명츙녹」78)

【增】
1) 『[演慶堂]諺文冊目錄』(1920 ; 藏書閣所藏): 208.「武穆王精忠錄」12冊.79)
2) 『[가람]칙목녹』(奎章閣所藏) :「무목왕졍튱녹」공십이.

---

74) 임금이 이루어 놓은 업적.
75) 중국 북송의 제8대 임금. 신종의 제11자. 철종에 이어 왕위에 올랐다. 百藝에 능한 중에도 서화에 뛰어났다. 도교를 숭봉하여 스스로 '敎主道君皇帝'를 칭했다. 靖康 말년에 欽宗 등과 함께 금나라인의 劫掠을 받았다가 紹興 5년[1135]에 五國城에서 죽었다. 재위 25년.
76) 중국 송나라의 제9대 황제. 아버지 휘종의 뒤를 이어 즉위했으나, 금나라의 압박이 심하여 마침내 '靖康의 變'이 일어나 서울인 汴京이 함락되고 흠종은 상왕 이하 대신과 함께 잡혀 북쪽 五國城으로 끌려 가 그 곳에서 생애를 마쳤다.
77) 견문이 적어 세상 일에 매우 어두움.
78) 「무목왕명츙녹」의 誤記.
79) 상단에 '現在 七冊'이라는 注記가 붙어 있고, 하단 摘要欄에는 '五冊欠'이라 되어 있다.

180.2. 〈연구〉
Ⅲ. (학술지)
【增】
1) 박재연. "『무목왕정튱녹』解題." 『무목왕정튱녹』(학고방, 1996).

◐{무봉전}
◐{무숙이타령}
〈관계기록〉
① '觀優戱'[1843?](宋晩載 1788~1851), 제14수 : 遊俠長安號日字 茜衣草笠羽林兒 當歌對酒東園 裏 誰把宜娘視獲驪☯(장안에서 건달로 노는 자를 왈자라 하는데, 꼭두서니옷에 초립 쓴 우림 패거리라네. 동원에서 노래하고 술 마시며 노는데 뉘가 의랑을 잡고 말[獲驪]80)을 보여 주려는가).

2. 〈연구〉
Ⅲ. (학술지)
4. 인권환. "失傳 판소리 사설연구 : 「강릉매화타령」·「무숙이타령」·「옹고집타령」을 중심으로." 『東洋學』, 26(檀國大 東洋學研究所, 1996. 10). 『판소리 唱者와 失傳辭說 研究』(집문당, 2002. 8)에 재수록.

【增】
1) 金鍾澈. "「무숙이타령」(왈자타령) 연구." 『韓國學報』, 68(一志社, 1992. 9).
2) 崔元午. "「무숙이타령」의 형성에 대한 고찰: 장편가사와 관련하여." 『판소리研究』, 5(판소리학회, 1994. 12).
3) 조광국. "19세기 향락상에 대한 평·천민 女性의 自意識 구현의 한 양상: 「이춘풍전」·「무숙이타령」·삼선기」를 중심으로." 『한국고전여성문학연구』, 1(한국고전여성문학회, 2000. 10).
4) 최원오. "「戒友詞」와 「무숙이타령」의 관계." 『한국고전산문의 탐구』(월인, 2002).

▶(무쌍전 無雙傳 → 고압아)81)
◐{무양공주본전삼련록}
◨181.[[무유선생전 無有先生傳]]
〈작자〉崔東翼(1868~1912)
〈출전〉『晴溪集』, 8

◐{무장공자전 無腸公子傳}82)
〈작자〉李允甫 (高麗 毅宗[1146~1170]代)
〈관계기록〉
①『東國李相國集』(李奎報), 21, '李史館允甫詩跋尾': 予友李史館允甫 以嘗所著詩賦雜著五十

---

80) 獲驪는 우림군의 검은 말. 여기서는 친위대인 우림군의 위용을 뜻한다.
81) 모든 사전에 추가.
82) 現不傳. '무장공자'는 '게'. 山中辰日 稱無腸公子者 蟹也(『抱朴子』).

餘篇 袖而來示之 予讀之 旣將還之曰 彬彬乎 文彩之備也 詩挾風人之體賦含騷客之懷 其若「無腸公子傳」等嘲戱之作 若與退之[韓愈]所著毛穎·下邳[下邳侯革華傳]相較 吾未知孰先孰後也●(내 친구 이사관 윤보가 일찍이 지은 바 시부와 잡저 50여 편을 소매 속에 넣어 가지고 와서 보였다. 내가 읽어 보고 돌려주면서 말했다. "빛나는구나! 문채를 갖춤이여. 시는 풍인[83])의 체에 맞고 부는 시인의 회포를 머금었다. 그 중「무장공자전」같은 희롱의 작품은 마치 한퇴지[韓愈 768~824]가 지은「모영전」이나「하비후혁화전」과 서로 비교해도 나는 그 어느 것이 앞서고 뒤진 줄을 알지 못하겠다).

② 『東文選』, 102, '李史舘允甫詩跋尾': 同上.
③ 『補閑集』(崔滋 1186~1260), 中: 文順公(李奎報) …… 弱冠時 作「麴秀才傳」李史館允甫 初登第時 效之 亦作「無腸公子傳」公見之而甚善 每唱於詞林間 曰近得能文者李允甫 眞良史才也●(문순공 이규보가 약관시에「국수재전」을 지었다. 사관 이윤보가 처음 급제하였을 때 이것을 모방하여 역시「무장공자전」을 지었더니, 문순공이 이것을 보고 매우 잘 됐다고 여겨 매번 선비들 사이에서, "요즈음 글에 능한 자는 이윤보로, 그는 참으로 사관의 재주가 있다."고 하였다).

◐182.[[무하옹전 無何翁傳]]
〈작자〉朴仁老(1561~1642)
〈출전〉『蘆溪集』

◑{무학대사전 無學大師傳}
◑{무후유사 武后遺史}
〈관계기록〉
① 『諺文古詩』(가람본), '언문칙목녹', 217 :「무후유ᄉ」.

■『묵재일기 黙齋日記』→ 설공찬전 / 왕십붕전 / 왕씨전 / 주생전
◐183.[[문구몽전 文九夢傳]]
〈출전〉『江村遺稿』鈔寫本

▶(문렬공기사록 文烈公己巳錄 → 정재전)
■『문무자문초 文無子文鈔』→ 가자송실솔전 / 상낭전 / 성진사전 / 신아전 / 烈女李氏傳 / 장봉사전 / 鄭運昌傳
〈관계기록〉
① 『藫庭遺藁』(金鑢 1766~1821), 10, 叢書題後, '題文無子文鈔卷後': 世言李其相 不能古文 此其相自道也 其相之意 以爲學古而僞者不若學乎 今之猶可爲有用也 耳食者從而和之 以爲其相不能古文 哀哉 其相所著述 多在余篋 今以文無子之文鈔一紬 敬寫以示 世人 要以問世之自以爲善古文者 較此 孰眞孰假 且余於南征十篇 尤有所三復而感歎者 嗚乎 此可與知者道 不可與不知者言也●(세상에서 말하기를 이기상[李鈺 1760~1813]은 고문을 모른다고 했는데,

---
83) 시부에 능한 사람.

이는 기상 스스로도 한 말이다. 기상의 뜻은 고문을 배우면서 가짜라면 배우지 않음만 못한 때문이 아닌가? 지금 오히려 그 유용함이 있다고 할 수 있는데도, 남의 말을 그대로 믿는 자들이 그대로 따라서 그렇다 하는 것은, 기상이 고문을 할 수 없다고 생각해서다. 슬프다. 기상의 저술이 내게 많이 있어, 이제 문무자의 문초 1권을 베껴 세상 사람들에게 보이니, 세상의 자칭 고문을 잘하는 자들과 비교하여 누가 진짜고 누가 가짜인 줄을 묻고자 한다. 또 나는 「남정」 10편에 있어서는 더욱 세 번 거듭하여 감탄하는 바가 있다. 아아, 이는 아는 자와만 더불어 말할 만하고, 알지 못하는 자와는 더불어 말할 수 없는 것이다).

▶ (문무자소설 文無子小說) → 「가자송실솔전」/「상낭전」/「성진사전」/「신아전」/「烈女李氏傳」/「장봉사전」/「鄭運昌傳」

〈작자〉 李鈺(1760~1813)[84]
〈출전〉 金鑢(1766~1821)[85], 『藫庭叢書』, 19, 文無子文鈔
〈관계기록〉

① 『朝鮮王朝實錄』, 36, 正祖 16年[1792] 10月 甲申 : 召見冬至正使朴宗岳·大司成金方行 上敎宗岳曰 昨日出一策題 設問僞書之弊 而近來士趨漸下 文風日卑 雖以功令文字觀之 稗官小品之體 人皆倣用 經傳菽粟之味 便歸弁髦 浮淺奇刻 全無古人之體 噍殺輕薄 不似治世之聲 有關世道 實非細憂 以予矯捄之苦心至意 至有發策之擧 而若徒說其弊 而未責實效 則亦何益哉 如欲拔本而塞源 則莫如雜書之初不購來 前此使行 固已屢飭 而今行則益加嚴飭 稗官小記 姑無論 雖經書史記 凡係唐板者 切勿持來 還渡江時 一一搜檢 雖軍官譯員輩 如有帶來者 使卽屬公于校館 俾無廣布之弊 經史則異於雜書 如是嚴禁 雖似過矣 而我國所存 咸備無闕 誦此讀此 何事不稽 何文不爲 況我國書冊 紙韌而可以久閱 字大而便於常目 何必遠求薄小纖細之唐板乎 此不過便於臥看 必取於此 而所謂臥看 亦豈尊聖言之義乎 宗岳曰 今承聖敎 右文敎扶正學 爲萬世長遠之慮 大哉王言 不勝欽仰 臣當嚴禁 對揚萬一矣 上謂大司成金方行曰 泮試試劵 若有一涉於稗官雜記者 雖滿篇珠玉 黜置下考 仍坼其名而停擧 無所容貸 明日設陞補 會多士而面論此意 俾有實效 日昨儒生李鈺之應製句語 純用小說 士習極爲駭然 方令同成均日課四六滿五十首 頓革舊體 然後許令赴科 而此不過一儒生 所關不大 而至於垂紳正笏 出入文淵之人 亦多有依倣此體者 寧不大可悶哉 日前南公轍之對策中 有數句引用小品體 是誰之子 予亦學於文淸 至誠訓導 始知爲文之方 益其馴雅典重 非比近日文體 故予亦甚好之 是父之子而效此文體其可乎 今日聞此下敎 革心歸正之前 渠雖入闕 而不敢登筵席 在家而何顔拜家廟乎 公轍知製敎之啣 爲先減下 此外交臣 亦多有酷好者 而姑不欲一一指名 令政官詳察諸文臣中爲此體者 勿復擬於敎授望◉(동지정사[86]) 박종악[1735~1795]과 대사성[87] 김방행[1738~1793]을 불러들여 접견하였다. 상이 종악에게 전교하기를, "어제 책문[88]의 제목 하나를 내어서 위서의 폐단에 관해 설문을 해 보았다. 근래 선비들의 취향이 점점 저하되어 문풍도

---

84) 모든 사전 수정.
85) 모든 사전 수정.
86) 조선 때 해마다 동지달이나 정월에 중국에 보내던 사신인 동지사와 정조사. 대개 동지와 정월이 가까이 있으므로 동지사가 정조사를 겸하였다.
87) 조선조 때 성균관의 으뜸벼슬로 정3품.
88) 정치에 관한 계책을 물어 적게 한 글.

날로 비속해지고 있다. 과거 시험의 글을 놓고 보더라도 패관 소품의 문체를 사람들이 모두 모방하여 경전 가운데 늘상 접하여 빠뜨릴 수 없는 의미들은 소용없는 것으로 전락하였다. 내용이 빈약하고 기교만 부려 전연 옛 사람의 체취는 없고 조급하고 경박하여 평온한 세상의 문장 같지 않다. 세상의 도의와 관련된 것이어서 실로 작은 걱정이 아니다. 내가 그것을 바로잡아 보려고 고심 끝에 책문의 제목으로까지 내었던 것인데, 만일 그 폐단만을 말하고 실효를 거두지 못하면 무슨 보탬이 되겠는가? 이러한 폐단의 근원을 아주 뽑아서 없애 버리려면 애당초 잡서들을 중국에서 사 오지 못하게 하는 것이 제일이다. 그리하여 앞서의 사신의 행차 때도 물론 누누이 당부해 왔지만, 이번 사신의 행차에는 더욱더 엄히 단속하여 패관 소기는 말할 것도 없고, 경서나 사기라도 당판인 경우 절대로 가지고 오지 말도록 하고, 돌아오는 길에 압록강을 건널 때 하나하나 조사해서 군관이나 역관 무리라도 만일 가지고 오는 자가 있으면 바로 교서관에서 압수하여 널리 유포되는 폐단이 없게 하라. 경사는 잡서와는 다르므로 이렇게 엄금한다면 다소 지나친 것 같으나, 우리 나라에 있는 것만도 빠진 것 없이 다 갖추어져 있어, 그것만 외우고 읽어도 무슨 일인들 참고하지 못하겠으며, 어떤 문장인들 짓지 못하겠는가? 더구나 우리 나라 서책은 종이가 질겨 오랫동안 두고 볼 수 있으며 글자가 커서 늘 보기에도 편리한데, 하필 종이도 얇고 글씨도 자잘한 당판[89]을 멀리서 구하려 하는 것인가? 그런데 이것을 꼭 찾는 이유는 누워서 보기에 편리해서일 것이다. 이른바 누워서 본다는 것이 어찌 성인의 말씀을 존중하는 도리겠는가?" 하니, 종악이 아뢰기를, "지금 성교[90]를 받자오니 문교를 숭상하고 바른 학문을 북돋워 만세를 두고 영원한 장래를 염려하시는 위대한 전하의 말씀임을 알고 이루 말할 수 없이 흠앙[91]스럽습니다. 신도 당연히 엄히 금하여 만에 하나라도 그 뜻을 받들도록 하겠습니다." 하였다. 상이 대사성 김방행에게 이르기를, "성균관 시험의 시험지 중에 만일 조금이라도 패관 잡기에 관련되는 답이 있으면, 아무리 전편이 주옥 같을지라도 낮은 점수로 평개[下考]하고, 이어 그 사람의 이름을 확인하여 과거를 보지 못하도록 하여 조금도 용서가 없어야 할 것이다. 내일 승보시[92]를 보일 때 여러 선비들을 모아두고 직접 이 뜻을 일러 주어 실제 효과가 있게 하라. 일전에 유생 이옥[1760~1813]의 응제[93] 글귀들은 순전히 소설체를 사용하고 있었으니 선비들의 습성에 매우 놀랐다. 지금 현재 동지성균관사를 시켜 일과로 사륙문만 50수를 주어 완전히 낡은 문체를 완전히 고치게 한 다음 과거에 응시하게 하였다. 그런데 그 사람은 한낱 유생에 불과한 만큼 관계되는 바가 크지 않지만, 띠를 두르고 홀[94]을 들고 문학 관계의 관청[文淵]에 드나드는 사람들도 이런 문체를 모방하는 자들이 많으니 어찌 크게 안타까운 일이 아니겠는가? 일전에 남공철[1760~1840]의 대책[95] 중에도 소품을 인용한 몇 구절이 있었다. 그가 누구의 아들인가? 니도 문청[南有容 1698~1773]에서 배웠시만, 지성으로 가르치고 인도해 주었기에 비로소 글을 짓는 방법을 알았다. 그의 문체는 고상하고 전중하여 요즈음의

---

89) 중국에서 새긴 책판. 또는 그것으로 박아낸 책.
90) 임금의 교명.
91) 공경하여 우러러 사모함.
92) 조선조 때 매년 음력 시월에 성균관장이 四學의 유생을 모아 12일 동안 매일 詩賦를 시험 보이던 일. 이의 합격자에게만 생원·진사과에 응시할 자격을 인정하였다. 개성과 제주에서는 따로 보였다.
93) 임금의 명령에 의하여 시문을 지음.
94) 벼슬아치가 朝見할 때에 조복에 갖추어 손에 쥐던 물건.
95) 어떤 사건 또는 시국에 대한 방책에 대해 쓴 글.

문체에 비할 바 아니었으므로, 나도 그 문체를 매우 좋아하고 있다. 그런데 그런 아버지의 아들로서 그러한 문체를 본받는다면 되겠는가? 오늘 이 하교가 있었음을 듣고서 마음을 고쳐먹고 다시 올바른 길로 가기 전에는 그가 비록 대궐에 들더라도 감히 경연에 오르지는 못할 것이며, 집에 있으면서도 무슨 낯으로 가묘[96]를 배알하겠는가? 공철의 지제교[97] 직함을 우선 떼도록 하라. 그 밖에 문신들 중에서도 너무 좋아하는 자들이 상당히 있으나 일부러 한 사람 한 사람 지명하고 싶지 않다. 정관[98]으로 하여금 문신 중에서 그런 문체를 쓰는 자들을 자세히 살펴 다시는 교수[99]의 후보자로 추천하지 말도록 하라." 하였다.).

② 同上, 己丑 : 承政院以西學教授李相璜繳答啓 教曰 日前見抄啓文臣南公轍對策 引用稗官文字 上齋生李鈺表作純倣小品體裁 鈺則一寒微儒生 雖不足深責 猶且另飭泮長 並與陞庠詩賦 嚴禁 如許不經之體 則名以閣臣 又名以文淸之子 悖家訓負君命 爲此犯禁之事 寧不痛駭乎◐ (승정원에서 서학교수 이상황[1763~1841]이 신문[訊問][100]한 편지에 대한 대답 내용을 보고하니 임금이 지시하였다. "일전에 뽑아 올린 문신 남공철의 책문 제목에 답안을 보았는데 패관 소설을 인용하였으며, 성균관에 기숙하는 유생 이옥[1760~1813]이 지은 표문은 순전히 소설의 체재를 모방하였다. 이옥으로 말하면 일개 한미[101]한 유생인 만큼 그다지 책망할 것이 없지만, 그래도 대사성에게 단단히 일러서 승보시험의 시나 부[賦]에 그런 원칙에 어긋나는 문체는 엄금하도록 하였다. 그런데 명색이 규장각 관리일뿐더러 명색이 문청공의 아들로서 아버지의 교훈을 어기고 임금의 지시를 저버린 채 금령에 저촉되는 이런 짓을 하고 있으니 너무도 놀라운 일이 아닌가?").

2. 〈연구〉

Ⅱ. 〈학위논문〉

〈석사〉

【增】

1) 허종진. "이옥의 현실인식과 문학적 수용 연구." 碩論(부산대 교육대학원, 2000. 2).
2) 박보연. "이옥의 산문에 대한 연구." 碩論(고려대 교육대학원, 2000. 8).
3) 임정현. "이옥 傳 작품의 양식적 특성 연구." 碩論(연세대 대학원, 2000. 8).
4) 정선희. "이옥의 '전'의 양식적 특성과 서사성 연구." 碩論(울산대 교육대학원, 2001. 8).
5) 李成輝. "李鈺의 傳에 나타난 作家意識 硏究." 碩論(安東大 大學院, 2002. 2).
6) 김동판. "이옥의 '전'문학 연구." 碩論(계명대 교육대학원, 2003. 8).
7) 조영신. "이옥의 문학 작품에 나타난 여성의식 연구." 碩論(한국교원대 대학원, 2003. 8).

Ⅲ. 〈학술지〉

【增】

1) 朴畯遠. "朝鮮後期 傳의 事實受容樣相 ; 燕巖·文無子·潭庭의 경우를 중심으로." 『韓國漢文學硏究』, 12(韓國漢文學硏究會, 1989. 9).

---

96) 한 집안의 사당.
97) 조선조 때 敎書 등의 글을 지어 바치던 벼슬.
98) 銓官. 조선조 때 문무관을 전형하는 직위에 있는 吏曹의 당상관과 병조판서의 일컬음.
99) 四學의 유생을 가르치던 벼슬아치.
100) 따져서 물음.
101) 구차하고 지체가 변변치 못함.

2) 소인호. "이옥 전의 특성과 작가의식의 구현 양상."『崇實語文』, 16(崇實語文學會, 2000. 6).
3) 김양진. "李鈺의 傳에 나타난 老人과 늙음의 意味."『인문연구논집』, 8(동의대 인문과학연구소, 2003. 4).
4) 권순긍. "이옥 전의 시정세태 묘사와 풍자."『漢文敎育硏究』, 23(韓國漢文敎育學會, 2004. 12).

◪184.[[문방사우전 文房四友傳]]
〈작자〉安曤

▶(문성궁몽유록 文成宮夢遊錄 → 사수몽유록)
◐{문성기 文成記}
◪185.[문장풍류삼대록 文章風流三代錄] ← 소씨삼대록 ②
〈관계기록〉
① 「蘇賢聖錄」(奎章閣本), 6 : 그 즁예 긔이홈미 잇난디라 일기를 보민 후셰의 젼흐염즉홀시 뎐을 지어 니니 소공 힝젹이 만히 드러시므로 별면은 글은 「소시삼디록」이라 흐노라.
② 『諺文古詩』(가람본), '언문칙목녹', 28: 「소시숨디록」.

【增】
1) 『[演慶堂]諺文冊目錄』(1920 ; 藏書閣所藏) : 8. 「文章風流三代錄」 二冊.
2) 『[演慶堂]諺文冊目錄』(1920 ; 藏書閣所藏) : 194. 「文章風流三代錄」 二冊.
3) 『[가람]칙목녹』(奎章閣所藏):「문쟝풍뉴삼디록」 공이.

◪186.[문중화 文中畵]
〈관계기록〉
① 「문중화」 말미 : 그즁의 문장직담은 진셔 즁의나 볼 거시오나 은문쇼셜은 규즁부인의 편기흐난지라 이 칙이 지미잇시니 니름을 「문즁화」라 하니 편기 즁 편기한 지로다.

◐{문창공전}
【增】▶(문창성요얼탕평 文昌星妖孼蕩平 → 여와전)
【增】▶(문창성평요기 文昌星平妖記 → 여와전)
▶(문창진군탕평록 文昌眞君蕩平錄 → 여와전)
◐{미소명행[록]¹⁰²⁾ 湄蘇明行[錄]}
〈관계기록〉
① 「第一奇諺」(洪羲福 1794~1859), 序 : 녁대연의에 뉴는 임의 진셔로 번역흔 비니 말숨을 고쳐 보기의 쉽기를 취흘 쑨이요 그 스실은 흔가지여니와 그밧 「뉴시삼대록」・「미소명힝」・「조시삼대록」・「츙효명감녹」・「옥원직합」・「님화정연」・「구리공츙녈긔」・「곽쟝냥문록」・「화산션계록」・「명힝졍의록」・「옥닌몽」・「벽허담」・「완월회밍」・「명쥬보월빙」 모든 쇼셜이 슈삼십 죵의 권질이 호대흐야 혹 빅 권이

102) 『이본목록』,『작품연구 총람』 수정.

넘으며 쇼불하 슈십 권에 니르고 그 남아 십여 권 슈샴 권식 되는 수오십 종의 지느니.
② Courant, 874 : 「미소명힝록 湄蘇明行錄」.

【增】
1) 『每日申報』, '說大書': 其書之最文雅有識者이 首曰「眉蘇名行」이오 次月[sic 曰]「玩月會盟」이오◐(그 책 중에 가장 문장이 우아하고 유식한 것은 첫째는「미소명행」이요, 둘째는「완월회맹」이다).

◐187. [미인도 美人圖]

〈이본연구〉

【增】
1) 초간된 회동서관본「미인도」에 나타난 '서두' 부분은 고소설로서의 정석을 완전히 벗어나는 서술 양상을 하고 있으며, 남녀 주인공의 결혼과 관련한 작자의 개입 등도 신소설의 영향을 입은 표현이 아닐 수 없다. 그러나 1950년에 나온 대조사본「미인도」는 전대의 회동서관본과는 전혀 다른 순차적 서술 구조를 취하고 있어 오히려 후대본이 더 고소설다운 면모를 갖추고 있다.「미인도」가 1910년대에 신소설과 함께 병존했고, 어느 정도 신소설적 수법과 그 요소를 담고 있는 점에서 신작 고소설의 성격을 띠고 있으나, 그 전체적 서사 줄거리에서「춘향전」을 비롯한 여타의 조선조 애정 소설과 마찬가지로 유교적 정절 관념을 고양하고 권력자의 부당한 횡포를 고발, 징계하는 등 그 주제나 사상에 있어서도 전형적인 고소설의 모습을 담고 있다(김귀석, "「미인도」 연구," 『韓國言語文學』, 48[2002. 6], p. 15).

국문필사본

【增】 미인도	김종철[家目]	1(을축연작, 41f.)
【增】 美人圖	정명기[尋是齋 家目]	1

국문활자본

【增】 절세미인도	김귀석["「미인도」 연구" 『韓國言語文學』, 48]	1(대조사, 1956. 3. 30, 47pp.)
(슯흔소설)미인도 美人圖	국중(3634-2-113=2)<초판>/국중(3634-2-113=1)<재판>/여승구/홍윤표[家目]	1([著·發]李容漢, 東美書市, 초판 1915.5.17; 재판 1916.7.29, 72pp.)
미인도 絶世 美人圖	[『한국의 딱지본』, 92, 광고/김종철[家目]	1(世昌書舘, 1952)
【增】 절세미인도	강전섭["「미인도」 연구" 『韓國言語文學』, 48]	1(鄕民社, 1972. 9. 15, 47pp.)
(슯흔소설)미인도 美人圖	국중(3634-2-113=3)<?판>/국중(3634-2-113=3)<7판>/[啓明: 新小全](9)<8판>	1([著·發]高裕相, 滙東書舘, 초판 1913.9.20; 재판 1919; 3판 1919.1.23; 5판 1921; 7판 1923.11.15; 8판 1924, 68pp.)

187.2. 〈연구〉
Ⅲ. 〈학술지〉
【增】
1) 경일남. "「미인도」의 인물대립 양상과 의미." 『語文硏究』, 30(語文硏究學會, 1998. 12).
2) 경일남. "「미인도」에 투영된 조선 후기의 사회상." 『語文硏究』, 36(語文硏究學會, 2001. 8).
3) 김귀석. "「미인도」 연구." 『韓國言語文學』, 48(韓國言語文學會, 2002. 6).

▶〈민성후전 閔聖后傳 → 인현왕후전〉

188. [민시영전 閔始榮傳]
188.2. 〈연구〉
Ⅲ. 〈학술지〉
【增】
1) 김귀석. "「민시영전」 연구." 『韓國言語文學』, 40(韓國言語文學會, 1998. 6). 『人文科學硏究』, 20(朝鮮大 人文科學硏究所, 1998. 8)에 재수록.
2) 宋晟旭. "「민시영전」." 李相澤·朴熙秉·林治均·宋晟旭 엮음, 『고전소설의 기초 연구』(태학사, 2002. 10).

189. [[민옹전 閔翁傳]] ← 『방경각외전』
〈작자〉 朴趾源(1737~1809)
〈출전〉 『燕岩外集』, '放璚閣外傳'
〈관계기록〉
① 『燕巖集』(朴趾源), 8, 別集, 放璚閣外傳, '自序': 閔翁蝗人 學道猶龍 託諷滑稽 翫世不恭 書壁自憤 可警惰慵 於是述閔翁☯(민노인은 사람을 메뚜기로 보고 있어서 그의 배운 도가 마치 용과 같아서 헤아릴 수 없으며, 우스개 소리로 풍자하는 체 세상을 희롱하여 버릇이 없어 보이지만, 그가 벽 위에 써 붙여 가면서 스스로 분발한 것은 게으름뱅이를 경계시킬 만하다. 그러므로 민노인의 이야기를 적는다).
② 同上, 「閔翁傳」: 翁能見長年者乎 曰見之 吾朝日 入林中 蟾與兎爭長 兎謂蟾曰 吾與彭祖同年 若乃晩生也 蟾俛首而泣 兎驚問曰 若乃若悲也 蟾曰 吾與東家孺子同年 孺子五歲 乃知讀書 生于木德 肇起攝提103) 迭王更帝 統絶王春 純成一曆 乃閏于秦 歷漢閱唐 暮朝宋明 窮事更變 可喜可驚 吊死送往 支離于今 然而耳目聰明 齒髮日長 長年者 乃莫如孺子 而彭祖 乃八百歲 蚤夭 閱世不多 更事未久 吾是以悲耳 兎乃再拜郤走曰 若乃大父行也☯("노인장은 나이 많은 사람을 보셨겠지요?" "보았구말구. 내 오늘 아침 나절에 우연히 숲속에 들어갔더니 두꺼비와 토끼가 제 각각 '나이가 많다.'고 다투더군. 토끼가 두꺼비에게, '내 나이는 옛날 팽조104)와 동갑이니까 너야말로 후생이야.' 하더군. 그 말을 들은 두꺼비는 아무 말 없이 머리를 숙여 훌쩍훌쩍 울기만 하데. 토끼가 깜짝 놀라, '너는 왜 이리 슬퍼하는가?' 하고 물으니, 두꺼비는

---
103) '攝提'는 古甲子로 '寅'을 가리킨다.
104) 중국 요임금의 신하. 顓頊의 현손이라 일컬어지는 인물인데, 은나라 말년까지 700여 년을 살았다고 하는 仙人이다.

'나는 저 동편 이웃집 어린이와 더불어 동갑이었는데, 그 아이는 다섯 살 적에 벌써 글 읽을 줄 알았으며, 그는 아득한 옛날 천황씨[105] 때에 나서 인년[寅年]에서 역사를 비롯하여 수많은 왕과 제[帝]를 거쳐 주나라 때에 이르러서는 왕통이 끊어지매 책력 하나가 이룩되었고, 진나라 때 윤달 들고, 한·당나라 때를 지나쳐 아침엔 송나라, 저녁엔 명나라가 되었으므로, 모든 사변을 겪고 나니 이에는 기쁘고 놀랄 만한 일이나, 죽은 이를 슬퍼하고 가는 이를 보내는 일 등에서 지리한 세월을 겪고서 오늘에 이른 것이야. 그러나 오히려 귀와 눈이 총명하고 이와 털이 날로 자란단 말일세. 그리고 본즉 나이 많이 산 이로선 저 어린이에 비할 자 없으리라 생각되네. 그런데 팽조야 말로 겨우 800살을 살고서 일찍 사라졌다니, 그는 정말 세상을 겪은 게 많지 못하고 일을 경험하기도 오래지 못한 만큼 그를 슬퍼할 따름이지.' 하더군. 토끼는 그제야 곰배님배 절하고 뒷걸음치며, '당신은 나에게 할아버지 뻘이구려.' 하더라").

③ 同上: 歲癸酉甲戌之間[1753~1754] 余年十七八 病久困劣 留好聲歌書畵 古劍琴彛器 諸雜物 益致客俳諧古談 慰心萬方 無所開其幽鬱 有言閔翁奇士 工歌曲 善譚辨 俶怪譎恢 聽者人 無不爽然意豁也 余聞甚喜 請與俱至 …… 明年翁死 …… 今年秋 余又益病 而閔翁 不可見 遂著其與余爲隱俳詼言談譏諷 爲「閔翁傳」歲丁丑秋也●(계유년 갑술년 사이에 내 나이 열칠 팔 세 되었는데 오랫동안 병으로 몸이 성치 못해서 정신도 피로해 버렸다. 음악, 서화, 옛날의 칼과 그릇[彛器[106]], 기타의 골동품으로 시간을 보내기도 하고, 또 우스갯소리나 옛 이야기를 잘하는 사람들을 불러들여 이리저리 내 마음을 위로하기도 하였으나, 울적한 기분을 풀어 헤치지는 못했다. 그때 어떤 사람이 민노인을 소개하면서 노래도 잘 부르고 언변도 아주 좋고 기걸[107]하고 익살스러워서 그와 만나 이야기하는 사람은 모두 다 속이 시원해진다고 하였다. 나는 그 말을 듣고 대단히 기뻐서 곧 그와 함께 와 줄 것을 청하였다. …… 이듬해 민노인이 죽었다. …… 올 가을 내 병은 더욱 심해지고 있으나 민노인을 만날 수는 없는 것이다. 그래서 나와 더불어 수수께끼, 우스갯소리, 재담, 풍자를 한 것들을 적어서 「민옹전」을 쓴다. 때는 정축년[1757] 가을이다).

189.1. 〈자료〉

Ⅱ. (역주)

【增】

1) 郭正植. 『쉽게 읽는 고소설』. 신지서원, 2001.

189.2. 〈연구〉

Ⅱ. (학위논문)

189.2.1. 이경숙. "「閔翁傳」硏究." 碩論(경희대 교육대학원, 1999. 8).

【增】

1) 이화성. "연암소설의 인물 구성과 서사 전략: 「민옹전」과 「양반전」을 중심으로." 碩論(부산대 교육대학원, 2001. 8).

Ⅲ. (학술지)

---

105) 중국 태고 시대에 전설적인 인물로 삼황 중의 으뜸이다.
106) 나라의 의식에 쓰이는 제구.
107) 풍채가 기이한 호걸풍이 있어 보임.

189.2.12. 【削 '두창구. "「閔翁傳」 構成考." 韓國古小說硏究會 編.『韓國古小說의 照明』(亞細亞文化社, 1990. 1).'】 108)

【增】

1) 박기석. "「閔翁傳」 硏究."『고전문학과 교육』, 6(한국고전문학교육학회, 2003. 8).

【增】 ▶(민중전기 閔中殿記 → **인현왕후전**)109)
▶(민중전덕행 閔中殿德行 → **인현왕후전**)
▶(민중전실기 閔中殿實記 → **인현왕후전**)
▶(민중전전 閔中殿傳 → **인현왕후전**)
◐(민판서대감역사 閔判書大監歷史)

---

108) 189.2.8과 중복되어 삭제.
109) 『이본목록』에 추가.

◑190.[박만득 박금단전] ← *김학공전 / *신계후전
◑191.[박문수전 朴文秀傳] ← 어사박문수전
　〈비교연구〉
　【增】
　　1)「박문수전」은 김태준에 의해 의해 언급된 이래 학계에서 지속적인 논의가 이루어졌으나, 일부를 제외하고는 논의의 대부분이 김태준의 견해를 반복하는 데 그치고 있다. 즉「박문수전」의 본 내용이라 할 수 있는 제1회는 거론하지 않고, 실제 박문수와는 내용상 아무런 관련이 없는 제2, 제3회1)만을 번역·번안 소설로 언급하는 가운데 간략히 거론하고 있는 실정이다. …… 1967년 不二出版社에서 출간한 ……『암행어사 박문수』에는 모두 10편의 소설이 수록되어 있는데, 첫 번째의「神將出道」가「박문수전」제1회를 현대 소설로 개작한 것으로, 이후의 작품에도 많은 영향을 끼쳤다. ……「신장출도」는「박문수전」제1회의 줄거리에 항간에 구전되는 박문수 관련 설화의 내용을 참조하여, 현대 독자들의 구미에 맞게 서술의 합리성과 리얼리티를 고려하여 흥미 위주로 개작한 작품이다……『한국구비문학대계』에 수록된 박문수의 '무주 구천동 순행 설화' 13편의 내용을「박문수전」제1회,「신장출도」와 대비해 본 결과, 스토리의 전개가 소설과 매우 유사하여 이들과 필연적인 관련성이 있다고 생각되는 설화 5편을 확인하였다. 나머지 8편의 설화는 박문수의 '무주 구천동 순행'이라는 기본 모티프는 유지하고 있으나, 삽화의 유사성이 떨어지고 소설의 줄거리와 세부적인 면에서 차이가 드러나 직접적인 상호 영향 관계를 찾기가 어려웠다. …… 5편의 설화 모두 소설에 비해 내용은 축약되었으나, 기본 모티프와 삽화 양면에서 소설과 깊은 관련성이 있는 것으로 확인되어, 영향 관계를 추적하였다. 여기서의 소설은 설화의 소설화 과정이 이미 이루어진 후의 소설을 말하는데, 구연 당시 제보자의 입을 통하여 소설에서 설화로의 직접적인 영향 관계가 확인된 설화도 3편이나 되었다.「박문수전」에서 영향을 받은 설화가 4편,「신장출도」에서 영향을 받은 설화가 1편으로 드러나, 당시 제보자들이 현대 소설보다는 구활자본「박문수전」을 더 많이 읽었음을 알 수 있다(陸宰用, "「朴文秀傳」의 현대 소설·설화로의 변이 양상,"『古小說研究』, 11[2001. 6], pp. 293~294, 300, 305, 311~312, 320, et passim).

---

1) 제2회는 南宮老郡守의 이야기이고 제3회는 중국의 晉國公 裵度의 이야기다.

국문활자본		
어사박문수전 御史朴文秀傳 朴文秀傳	조희웅[家目]/[대조 3]	1(大造社, ……)
(어사)박문슈젼(御史) 朴文秀傳 朴文秀傳	국중(813.5-박338ㅅ)/국회 [目·韓Ⅱ](811.31)/박순호[家目] /홍윤표[家目]	1(3회, [著·發]申泰三, 世昌書舘, 檀紀 4285[1952].8.30, 31pp.)
【增】 박문수전	박순호[家目] 古代小說 原本 朴文洙傳	1([著·發]朴彰緖, 大邱: 鄕民社, 1964. 10.30, 32pp.)

191.1. 〈자료〉

Ⅰ. (영인)

191.1.1. 仁川大民族文化硏究所 編.『舊活字本古小說全集』, 3. 銀河出版社, 1983; (再刊) 國際아카데미, 2002. (경성서적업조합판)

191.2. 〈연구〉

Ⅲ. (학술지)

【增】

1) 육재용. "「朴文秀傳」의 현대소설·설화로의 변이 양상."『古小說硏究』, 11(韓國古小說學會, 2001. 6).

2) 육재용. "「朴文秀傳」의 복합 텍스트성과 형성원리."『古小說硏究』, 14(韓國古小說學會, 2002. 12). 刊行委員會,『澤民金光淳敎授定年紀念論叢』(새문사, 2004. 11)에 재수록.

▶(박부인전 朴夫人傳2) → 박씨전)
◐{박삼출전 朴三出傳}
◨192.[[박수재전 朴秀才傳]]
　〈출전〉金化 沙谷士人 雲峯書,『記說』

▶(박씨부인전 朴氏夫人傳3) → 박씨전)
◨193.[박씨전 朴氏傳] ← 박부인전 / 박씨부인전 / 이시백전 / 충렬부인전

국문필사본		
(박부인전)		
【增】 박부인전 권지단	김종철[家目]	1(46f.)
【增】 박부인젼니라 朴夫人傳 丙辰年度	박순호[家目]	1(병오이월이십일날단문니라, 54f.)
(박씨부인전)		

---

2)『이본목록』수정.
3)『이본목록』수정.

【增】박씨부인전	박순호[家目]	1(47f.)
(박씨전)		
【增】박씨젼	김광순[筆全](63)	1(무진이월이십일박씨젼종이라, 36f.)
【增】박씨젼이라	김종철[家目]	1(45f.)
【增】곽[박]씨회힝녹 霍氏傳 郭氏忠香錄4)	단국대[羅孫]-[漢目](古853.5/곽965)/정문연[韓古目](49: R35P-000001-4)/[筆叢](1)	낙질 1([표지]甲辰年謄書, [권말]光州鉢山居崔生員羅州竹村, 癸卯十一月初三日, 권두파손, 19f.)
【增】박씨젼 朴氏傳	문종률[안산시 와동 747-8]	1([표지]隆熙三年己酉十月, [書末]긔유십월박낭ᄌ난필셔, 52f.)
【增】박씨뎐이라	박순호[家目]	1(辛酉年十四日, 54f.)
【增】박씨전 권지일	박순호[家目]	1(57f.)
【增】박씨전 효열록	박순호[家目]	1(37f.)
【增】절대가인 박씨전 박씨부인전	박순호[家目]	1(44f.)
【增】박씨젼니ᄅ	박순호[家目]	1(37f.)
【增】박씨전	박순호[家目]	1(49f.)
【增】박씨전	박순호[家目]	1(72f.)
【增】박씨전이라	박순호[家目]	1(70f.)
【增】박씨젼니라	박순호[家目]	1(56f.)
【增】박씨젼니라	박순호[家目]	1(86f.)
【增】박씨젼요절이라	박순호[家目]	1(기사연초ᄉ울, 44f.)
【增】박씨젼이라	박순호[家目]	1(41f.)
【增】박씨젼이라	박순호[家目]	1(49f.)5)
【增】朴氏傳	여태명[家目](11)	1(壬申年新正始, 50f.)
【增】朴氏傳單 (박부인젼단)	여태명[家目](58)	1(임ᄌ경월쵸오일용두리졍ᄉ라, 50f.)
【增】朴氏傳	여태명[家目](401)	1(경진이월십이일 이칙등셔, 67f.)
박씨전	임형택[荇蒼蒼齋 家目]	1(임ᄌ이월이십오일시작 임자삼월십삼일니라 필셔ᄒ노라, 츙쳥북도 쳥쥬군 산의일면 덕동니라 한치운이 칙니라, 38f.)
【增】朴氏傳	정명기[尋是齋 家目]	1
【增】박씨젼	정명기[尋是齋 家目]	1

---

4) 단국대 고서목록에서는 본문 첫 행에 있는 內題 「박씨젼이라」를 「곽씨젼이라」로 잘못 읽어 '곽씨전'조에 등재하고 있다.
5) 「장화홍연젼이라」(22f.) 합철.

【增】 박씨젼	정명기[尋是齋 家目]	1
【增】 박씨젼	정명기[尋是齋 家目]	1
【增】 박씨젼	정명기[尋是齋 家目]	1
【增】 박씨젼	정명기[尋是齋 家目]	1
【增】 박씨젼	정명기[尋是齋 家目]	1
【增】 박씨젼	정명기[尋是齋 家目]	1
【增】 박씨젼 권지단	조희웅[家目]	1(73f.)

국문활자본

(박씨부인전)

朴氏夫人傳		1(大昌書院, 1917.9.15, 52pp.)
박씨부인젼 朴氏夫人傳(27)	국중(3634-2-55=5)	1(12회, [編·發]勝本良吉, 大昌書院, 1920.1.27, 52pp.)(28)
박씨부인젼 朴氏夫人傳(29)	서울대[가람](813.53B15) /박순호[家目]<재판>/홍윤표[家目]	1([著·發]朴健會, 博文書舘, 초판 1917. 9. 15; 재판 1923.12.10, 51pp.)
박씨부인젼 朴氏夫人傳6)	국중(3634-2-55=1)<재판>	1(12회, [著·發]洪淳泌, 朝鮮圖書株式會社, 초판 1917.9.15; 재판 1923.12.11, 52pp.)(31)

(박씨전)

박씨젼	조희웅[家目]/[대조 4]	1(大造社, 1959, 46pp.)
박씨젼 朴氏傳	국중(813.5-4-36)<1957>/국회 [目·韓II](811.31)/김종철[家目] /박순호[家目] 1950; 조동일 [국연자](21)/조희웅[家目]/ 홍윤표[家目]	1([著]申泰三, 世昌書舘, 檀紀 4283年[1950].8.30; 1952. 12. 30; 1957. 12. 30;1961. 12. 30, 47pp.)[削]'7)'
【增】 박씨젼	정명기[尋是齋 家目]	1(中興書舘, 연도미상)
박씨젼	국중(3634-2-5=1)/SK[117]	1(편집인 남궁셜, 漢城書舘, 1915. 8.10, 62pp.)(34)
박씨젼 朴氏傳	국중(3634-2-55=4)/SK[117]	1(편집인 남궁셜, [著·發]南宮楔, 漢城書舘·唯一書舘, 1917.12.5, 60pp.)(35)

〈작품연대〉

【增】

1) 「박씨전」은 그 형성을 17세기 후반 이전으로 소급시켜 볼 개연성이 충분하다고 생각된다. 작품의 내용으로 보아 병자호란의 전쟁의 상흔이 아직 반추될 수 있는 시기인 17세기 후반

---

6) 판권란에는 「朴氏傳」으로 되어 있다.
7) 한성서관본과 동일. 세창서관의 1952년 광고란에 이미 나타나고 있다.

이전에 형성되었음직하며, 또한 작품 전반부의 탈갑 변신의 모티프는 설화의 소설화 단계를 밟는 한글 소설 형성 초기의 상황을 잘 보여 준다.「춘향전」과「구운몽」에 이어 가장 많은 이본 수효인 70여 종의 이본이 남아 있는 것으로 보더라도, 이 작품이 장구한 시간에 걸쳐 폭넓게 유통되었던 사실을 확인할 수 있다(장효현, "「朴氏傳」의 제 특성과 형성 배경,"『한글』, 226[1994.3];『한국고전소설사연구』[2002. 11], pp. 200~201 재수록 참조).

193.1.〈자료〉

Ⅱ. (역주)

【增】

1) 로은옥·림왕성·리영규 윤색. 홍길동전(·전우치전·박씨부인전). 조선고전문학선집 11. 평양: 문예출판사, 1985; 서울: 연문사, 2000(영인).
2) 전영진 편저.『홍길동전·박씨부인전』. 홍신문화사, 1995.
3) 郭正植.『쉽게 읽는 고소설』. 신지서원. 2001. (고려대 소장)
4) 정병헌·이유경 엮음.『한국의 여성 영웅소설』. 태학사, 2000.

Ⅲ. (활자)

【增】

1) 郭正植.『쉽게 읽는 고소설』. 신지서원. 2001. (고려대 소장)

193.2.〈연구〉

Ⅱ. (학위논문)

〈석사〉

「박씨부인전」/「박씨전」

【增】

1) 송수언. "「박씨전」이본의 인물현상화 양상과 주제 연구." 碩論(부경대 교육대학원, 2000. 2).
2) 권민숙. "「박씨전」연구: 여성의 대사회 참여와 한계성을 중심으로." 碩論(안동대 대학원, 2001. 8).
3) 김은옥. "「박씨전」과「임경업전」의 비교 연구." 碩論(홍익대 교육대학원, 2002. 8).
4) 金賢珠. "「朴氏傳」硏究: 近代指向的 意識을 中心으로." 碩論(慶熙大 大學院, 2002. 8).
5) 신세윤. "고전소설 속의 환상성 연구:「전우치전」과「박씨전」을 중심으로." 碩論(인하대 교육대학원, 2003. 8).
6) 정미영. "「박씨전」연구: 성 정체성 모색을 위한 교육 방법론." 碩論(전북대 교육대학원, 2003. 8).
7) 안교선. "「박씨전」연구: '고대본'과 '한성서관본'을 중심으로." 碩論(대구가톨릭대 교육대학원, 2004. 2).
8) 박영애. "「박씨전」의 인물형상과 창작의식 연구." 碩論(동의대 교육대학원, 2004. 8).
9) 서보경. "병자호란을 배경으로 한 영웅소설 연구:「임경업전」과「박씨전」을 중심으로." 碩論(울산대 교육대학원, 2004. 8).
10) 여정숙. "「박씨전」에 나타난 현실과 초현실의 중첩성과 그 의미: 환상성을 중심으로." 碩論(성신여대 교육대학원, 2004. 8).
11) 姜昊. "「박씨전」연구." 碩論(高麗大 大學院, 2005. 2).

12) 강선실. "「박씨전」의 여성의식과 교육적 가치." 碩論(중앙대 교육대학원, 2005. 2).
13) 이은화. "「박씨전」의 문학 교육적 내용과 의의." 碩論(부산외국어대 교육대학원, 2005. 2).
14) 임혜진. "「박씨전」의 교육방안 연구: 중학교 제7차 교육과정을 중심으로." 碩論(한양대 교육대학원 2005. 2).
15) 주쌍희. "중학교 고전소설 지도 방안 연구:「박씨전」을 대상으로." 碩論(부경대 교육대학원, 2005. 2)

Ⅲ. (학술지)
193.2.78. 장효현. "「박씨전」의 문체의 특성과 작품형성 배경."『한글』, 226 (한글학회, 1994. 12). "「박씨전」의 제특성과 형성배경"으로『韓國古典小說史硏究』(고려대출판부, 2002. 11)에 재수록.
193.2.82. 崔鎭亨. "「박씨전」의 이념적 구조에 대하여: 現實에 대한 문제 제기와 그 이념적 대응."『泮橋語文硏究』, 7(泮橋語文硏究會, 1996. 12). "「박씨전」의 이데올로기적 구조"로 반교어문학회 편,『고소설의 사적전개와 문학적 지향』(반교어문총서 3, 보고사, 2000. 3)에 재수록.

【增】
1) 최선욱. "고대소설에 대한 서사구조 연구:「홍길동전」·「박씨부인전」·「구운몽」·「춘향전」을 중심으로."『學位論叢』, 7(圓光大 大學院, 1981. 8).
2) 李京雨. "說話의 側面에서 본「朴氏傳」."『論文集』, 3(淸州師大 湖西文化硏究所, 1986. 12).
3) 김기현. "「朴氏傳」의 텍스트와 名稱問題."『우리문학연구』, 9(우리문학회, 1992. 12).
4) 沈東福. "「朴氏傳」과 道敎思想."『論文集』, 4(裡里農工專門大, 1996. 2).
5) 정인모. "여인발복설화의 소설화 양상 고찰:「박씨전」과「심청전」에 대하여."『金龜論叢』, 4(동국전문대, 1996. 12).
6) 심동복. "「박씨전」 연구."『한국도교문학』, 11(한국도교문학회, 1997. 7).
7) 鄭相珍. "「박씨전」의 주제 재고"『이동녕박사정년기념논총』(논총간행위원회, 1998. 6).『韓國古典小說硏究』(三知院, 2000. 7)에 재수록.
8) 곽정식. "「朴氏傳」 연구의 現況과 課題."『文化傳統論集』, 8(경성대 한국학연구소, 2000. 3).
9) 곽정식. "「박씨전」에 나타난 여성의식의 성격과 한계."『국어국문학』, 126(국어국문학회, 2000. 5).
10) 이원수. "「박씨전」에 나타난 여성관."『語文學』, 71(韓國語文學會, 2000. 10).
11) 이강엽·이상진. "억압과 굴종을 넘어서:「박씨전」."『한국문학 평설 20』(북힐스, 2000. 11).
12) 윤분희. "「박씨전」의 여성영웅성 연구: 활자본「박씨부인전」을 중심으로."『한국민족문화』, 18, 부산대학교 한국민족문화연구소, 2001. 12).
13) 정병헌. "「박씨전」의 일상성과 영웅성."『판소리와 한국문화』(亦樂, 2002. 5).
14) 宋晟旭. "「박씨전」." 李相澤·朴熙秉·林治均·宋晟旭 엮음,『고전소설의 기초 연구』(태학사, 2002. 10).
15) 申仙姬. "「朴氏傳」." 刊行委員會 編,『古小說硏究史』(月印, 2002. 12).
16) 김나영. "언어의 육체성, 공감과 경험의 수사학:「남원고사」의 문체 미학."『古小說硏究』, 16(韓國古小說學會, 2003. 12).
17) 조혜란. "여성, 전쟁, 기억 그리고「박씨전」."『한국고전여성문학연구』, 9(한국고전여성문학회, 2004. 12).

◪194.[박안경기 拍案驚奇]
〈참고자료〉
①『拍案驚奇』四十卷 四十篇: 明凌濛初撰 卷首自序 署'卽空觀主人' 濛初字玄房 號初成 別號卽空觀主人 浙江烏程人 官上海縣丞◐(명나라 때 능몽초[1580~1644][8])가 첫 편찬한 것이다. 책머리에 자서가 있는데 '즉공관주인'이라 적고 있다. 능몽초의 처음 자는 현방이고 호는 초성이며 별호는 즉공관주인으로, 절강 땅의 오정 사람이며 벼슬은 상해현승을 지냈다)[孫楷第,『中國通俗小說書目』, p. 96].

②『二刻拍案驚奇』三十九卷 三十九篇: 明凌濛初撰 首崇禎壬申睡鄕居士序 又同時凌氏自撰小引◐(명나라 때 능몽초 찬. 책머리에 숭정 임신년[1632]에 수향거사가 쓴 서문과 같은 때에 능몽초가 친히 쓴 소인이 있다)[동상, pp. 96~97].

【增】〈관계기록〉
1)『私集』(尹德熙 1685~1766), 4,「小說經覽者」[1762]:「拍案驚奇」.
2)『大畜觀書目』(19C初?):「拍案驚奇」十八冊.
3)『大畜觀書目』(19C初?):「拍案驚奇」諺二十三冊.

◪195.[[박열부전 朴烈婦傳]] ← *열녀함양박씨전
〈작자〉釋應允(1743~1804)
〈출전〉『鏡巖集』

▶(박원수전 朴元帥傳 → 장백전)
▶(박응교전 朴應敎傳 → 박태보전)
▶(박정재전 朴定齋傳 → 정재전)
◐{박진사전 朴進士傳}
◪196.[박천남전 朴天男傳][9)]

국문활자본		
(긔담소설)박쳔남젼 (奇談小說)朴天男傳	국중(3634-3-8=4)/[仁活全](3)[(37)]	1(뎌자 박건회, |著·發]朴健會, 朝鮮書舘, 1912.11.25, 47pp.)

196.1.〈자료〉
Ⅰ. (영인)
196.1.1. 仁川大民族文化硏究所 編,『舊活字本古小說全集』, 3. 銀河出版社, 1983; (再刊) 國際아카데미, 2002. (조선서관판)

◪197.[[박천연전 朴天然傳]]
▶(박타령 → 흥부전)

―――――――――――――――――
8) 중국 명나라 말엽의 소설가. 별호 卽空觀主人. 단편 소설집인 初刻『拍案驚奇』와 二刻『拍案驚奇』총 78편을 지었다.
9) 일본의 설화인 '모모따로(桃太郞)' 이야기를 소설화한 작품이다.

▶ (박태보실기 朴泰輔實記 → 박태보전)
◨ 198. [박태보전 朴泰輔傳] ← 박태보실기 / 본조충신박태보전 / 박한림전

【增】〈관계기록〉

1) 『燃藜室記述』, 35 肅宗朝 '睦氏家乘': 「朴定齋傳」自有作者 飜謄諺書 傳播閭港 捏造無根 或內知其不然者 亦從以爲不近人情之論 何其甚也 ◐ (「박정재전」을 어느 누가 지어 놓아 이를 언문으로 베껴 항간에 근거 없는 말을 퍼뜨렸으므로, 혹 그렇지 않음을 아는 이도 역시 따라서 근사하지도 않는 말을 하니 어찌 이리 심한가).

【增】〈작품연대〉

1) (가)[덕흥서림판 「박틱보실긔」]에서 저자는 박태보 사후(1689년) 백년 가까이 되었을 때(1790년 안팎의 시기)에는 이미 그의 전(傳)이 나라 안에 널리 읽혔던 사정을 전하고 있다. 또한 이 기록에서 한문본과 국문본이 창작·번역·개작되면서 사대부가의 여성층에서부터 시정인층에 이르기까지 활발히 유통되었음을 알 수 있다. (가)는 저자가 1916년의 시점에서 18세기의 일을 추정하여 기록한 것이라면, (나)『燃藜室記述』 권35 '朴定齋傳'」는 「박태보전」과 직접적으로 관련 있는 사람이 당대의 일을 기록한 것이라 사정이 더욱 자세하다. (나)의 기록을 보면, 「睦氏家乘」이 지어진 연대는 확인할 수 없으나, 「목씨가승」을 취재한 『연려실기술』이 18세기 말엽에 지어졌고, 이미 그 무렵에 한문본을 저본으로 한 국문 필사본이 민간에 상당수 유통된 것으로 보아, 한문본 「박정재전」은 그 이전에 지어졌음을 알 수 있다. 이 기록은 「박틱보실긔」의 기록과 일치한다. 이로 보아 「박태보전」은 18세기 전반 늦어도 후반까지 창작 시기를 올려 잡을 수 있다(권혁래, "「박태보전」의 적층성과 충적의식의 추이," 『연세어문학』, 28[1996. 2]), p. 31).

【增】〈이본연구〉

1) 「박태보전」은 숙종의 폐비에 대한 박태보 등의 상소와 임금의 친국 사건을 중심으로 구성되어 있는데, 이본들이 표기 문자와 서술 시각, 구성 방식의 면에서 성격의 차이를 보여 주고 있어, 이를 기준으로 네 계열로 분류할 수 있다. 상소와 국문 사건을 중심으로 사실적으로 서술한 김영한 소장 「박학사태보전」과 윤영선 소장 「박응교전」은 한문본 계열로, 박순호 4[필총 64, 「박씨충효록이라」]·5[동, 「박틱부젼니래본은 한문본의 변이 계열로, 허구적인 성격을 강화한 박순호 1[필총 17, 「박틱부젼이라」]·2[동 18, 「본조충신박할님젼」]·3[동 「본조충신박할임젼이라」]·6[동 65, 「본조충신박틱보충향녹」]·7[동 「본조충신박할임젼」]·8[동 「본조충신박할님젼」]·9[동 「본죠충신박한임젼이라」]본과 정신문화연구원 소장 1[「본조충신할님젼이라」]·2[「朴太傳傳」]·3[「본국충신박틱부젼」]본, 김동욱 소장 1본, 국립도서관 소장본 등 12종은 국문본 계열로, 박태보의 일대기를 재구하여 사실적으로 서술한 「박틱보실긔」는 구활자본 계열로 각기 묶어 네 계열로 분류하였다. ……대별하여 보면, 한문본 계열은 18세기 사대부들의 전형적이며 보수적인 충절 의식을, 국문본 계열은 19세기 사대부들과 시정인층의 공격적이며 유동하는 충절 의식을 형상화하고 있다. 특히 국문본 계열은 박태보의 죽음을 신원과 보상이라는 면에서 재해석하여 임금의 불의한 면을 공박하며, 부당한 왕권의 행사는 제약되어야 함을 역설하고 있다(권혁래, "「박태보전」의 적층성과 충적의식의 추이," 『연세어문학』, 28[1996. 2]), p. 23 및 p. 52).

국문필사본

(박응교전)

[박응교] 젼朴應敎傳	綠雨堂[古文獻]	1[10)
【增】 불로츙신 박회보젼 권지단朴應捕傳	綠雨堂[古文獻]	1(乙未初正月十一日書也 海南郡蓮洞 里尹室宅)

(박정재충의록)

【增】 박뎡지튱의록	여태명[家目](145)	1(경인샤월초일 장송산 정의셔등쵸글 엿시나 칠십이셰로인의 글시니 눌어보 소, 35f.)

(박태보전)

【增】 박틱보젼 권지단권이라	김종철[家目]	1(30f.)
【增】 박틱보젼 단	박순호[家目]	1(졍미이월십일 쳥츈의셔등셔, 24f.)
【增】 박틱보젼이라 朴泰輔傳	박순호[家目]	1(丁卯二月五日始, 45f.)
【增】 박틱부젼이라	박순호[家目]	1(49f.)[11)]
【增】 박틱부젼이라 朴太傅傳	박순호[家目]	1(大正四年[1915]陰十二月十八日, 47f.)
【增】 박태보젼	정명기[尋是齋 家目]	1
【增】 박태보젼	정명기[尋是齋 家目]	1(낙장)
본죠츙신박틱보젼	安時淳(보성)[典籍目 6]	1
朴太傅傳朴太傅傳	정문연(D7B-23)/[韓古目] (328: R16N-001145-5)	1(38f.)

(박한림전)

【增】 본죠츙신박홀님젼니ᄅ 本朝忠臣朴翰林傳	미도민속관[생활사 도록] (12)	1
【增】 본조츙신박할님젼	박순호[家目]	1(34f.)[12)]
본조충신 박할님젼이라 졍딕젼	임형택[莽蒼蒼齋 家目]	1(42f.)
【增】 本朝忠臣 朴翰林傳	정명기[尋是齋 家目]	1

국문활자본

(박태보실기)

박틱보실긔 朴泰輔實記	국중(3634~2~37=4)/ 박순호[家目]/[仁活全](3)	1(국한자 순긔, [著·發]金 束緝, 德興書林, 1916.11. 30, 91pp.)

한문필사본

(박응교전)

【增】 朴應校傳	정명기[尋是齋 家目]	1[13)

---

10) 『이본목록』에는 국문 필사본으로 기재되어 있었으나, 한문 필사본의 오기임이 확인되어 기재 위치를 수정했다.
11) 「죠상(졔문)」(7f.) 합철.
12) 「옥셜화담」(3f.) 합철.

【增】定齋 朴應教直諫記	정명기[尋是齋 家目]	1[14)
(박태보전)		
【增】朴泰輔傳 朴應教傳 單	김광순[筆全](51)	1(12f.)
朴泰輔傳	정명기[尋是齋 家目]	1[(42)]
【增】[朴泰輔傳]	정명기[尋是齋 家目]	1
【增】四忠臣遺蹟	정명기[尋是齋 家目]	1[15)

198.1. 〈자료〉

Ⅰ. (영인)

「박태보실기」/「박태보전」

【增】

1) 金光淳 編.『金光淳所藏 筆寫本韓國古小說全集』, 51. 박이정출판사, 1994. (한문본, 김광순 소장)

198.1. 〈자료〉

Ⅰ. (영인)

198.1.1. 仁川大民族文化研究所 編.『舊活字本古小說全集』, 3. 銀河出版社, 1983; (再刊) 國際아카데미, 2002. (덕흥서림판,『박태보실기』)

198.2. 〈연구〉

Ⅱ. (학위논문)

〈석사〉

【增】

1) 염동락. "「박태보전」연구: 실기문학 계열「박학사절녹」을 중심으로." 碩論(동국대 교육대학원, 2000. 2).

2) 주영아. "'문녈공긔사(박태보전)' 연구." 碩論(한양대 대학원, 2004. 8).

Ⅲ. (학술지)

198.3.6. 권혁래. "「박태보전」의 적층성과 충절 의식의 차이."『연세어문학』, 28(연세대 국어국문학과, 1996. 2).『조선후기 역사소설의 탐구』(월인, 2001. 10)에 재수록.

【增】

1) 안동준. "군신갈등 소설의 출현 의미: 「박태보전」을 중심으로."『논문집』, 5(韓國精神文化硏究院大學院, 1990. 12).

2) 閔泳大. "「朴泰輔傳」과 歷史的 事件의 關係."『韓國言語文學』, 32(1994. 5).

3) 권혁래. "왕도정치의 위기 현실 반영: 「박태보전」유형."『조선후기 역사소설의 성격』(박이정, 2000. 5).

---

13)「商周本紀」·「雲英傳」과 합철되어 있다.
14)『달천몽유록』·『육신전』과 합철.
15)「朴泰輔傳」외.

◑{박파주전 朴坡州傳}
【增】 ◑{박판서전가세}
　　【增】 국문필사본
　　【增】 박판셔전가세　　　　　　　박순호[家目]　　　　　　　　1(33f.)

◑{박학사사절록 朴學士死節錄}
▶(박한림전 朴翰林傳 → 박태보전)
▶(박효낭실기 朴孝娘實記 → 박효낭전)
◪199.[박효낭전 朴孝娘傳]16)
　〈작자〉安石儆(1718~1774)
　〈출전〉『雪僑集』
　〈비교연구〉
　【增】
　　1) ㄴ)[李光庭의 「昔有蘇不韋行」과 安錫儆의 「박효랑전」]은 1709년에 일어난 유명한 朴孝狼 사건을 소재로 한 작품들이다. 특히 이광정의 「석유소불위행」은 향촌 사회에서 발생한 살인 옥사를 포착한 것인데, 박효랑의 실화를 다루고 있다. 이 사건은 당대에 유포되면서 문학적 소재로 연변되었고, 마침내 傳과 野談으로 혹은 서사 한시로 정착된다. 흥미로운 점은 이 「석유소불위행」은 마치 중국의 장회체 소설처럼 전체 이야기를 40장으로 나누어 형상하고 있으며, 그 전개 방식은 장회체 소설 그대로라는 것이다. 이는 이조 후기 서사 한시가 소설과 교섭한 증표이다. 한편으로는 이조 후기 한시가 장회체라는 새로운 서사 방식을 적극적으로 받아들여 서사시의 길로 나아간 유형으로 볼 수 있다(진재교, "漢文小說과 記錄傳統과의 관련성에 대한 몇 가지 문제," 『古小說研究』, 11[2001. 6], p. 52).

　　한문석인본
　　【增】 朴孝娘實記　　　　　　　정명기[尋是齋 家目]　　　　　　　2

199.2. 〈연구〉
　Ⅲ. (학술지)
　【增】
　　1) 시인석. "여성 생활과 여성 문화: 봉건시대 여성의 이념과 행동: 「박효낭전」과 「김부인열행록」의 경우." 『한국고전여성문학연구』, 6(한국고전여성문학회, 2003. 6).

▶(박흥보가 朴興甫歌 → 흥부전)
▶(박흥보전 朴興甫傳 → 흥부전)
◪200.[반씨전 潘氏傳]
　【增】〈관계기록〉

---
16) 한문본 「朴孝娘實記」(전 2책)도 있다.

1) 『[演慶堂]諺文冊目錄』(1920; 藏書閣所藏): 123. 「班氏傳」 1冊.

국문필사본

【增】 潘氏傳	박순호[家目]	1(37f.)
【增】 반씨전	박순호[家目]	1(47f.)
【增】 반씨전이라	박순호[家目]	1(82f.)
반씨젼	정문연(D7B-133)/[韓古目](330: R16N-001133-11)	1(총 3회, 83f.)

국문활자본

| 반씨젼 潘氏傳 | 국중(3634-2-38=4)/서울대(3350-7)/[亞活全](2) | 1(3회, [著·發]南宮楔, 大昌書院 普及書院, 1918. 12.15, 26pp.) |

200.2. 〈연구〉

【增】 Ⅱ. (학위논문)

〈석사〉

1) 이연심. "「반씨전」 연구." 碩論(한국교원대 대학원, 2003. 2).

Ⅲ. (학술지)

【增】

1) 이순우. "「潘氏傳」 연구."『順天鄕語文論集』, 7(順天鄕語文學硏究會, 2001. 2).

◘201.[반필석전 班弼錫傳]

201.2. (연구)

【增】 Ⅱ. (학위논문)

<석사>

1) 김일동. "「반필석전」 연구." 碩論(중앙대 대학원, 2005. 2).

Ⅲ. (학술지)

201.2.4. 金權泰. "延命을 위한 探索 이야기의 한 변형: 「班弼錫傳」에 나타난 口述의 敍述原理를 중심으로."『崇實語文』, 8(崇實大 崇實語文研究會, 1991. 7). "延命을 위한 探索譚 類型의 敍述方式: 「班弼錫傳」"으로『한국고소설의 서술방식 연구』(집문당, 2000. 10)에 재수록.

【增】

1) 김근태. "「반필석전」의 단락 분석."『한국 고소설의 서술방식 연구』(집문당, 2001. 1).

▶(반혼기 返魂記 → 설공찬전)
■『방경각외전 放璚閣外傳』→ 광문자전 / 김신선전 / 마장전 / 민옹전 / [봉산학자전] / 양반전 / [역학대도전] / 예덕선생전 / 우상전

【增】〈관계기록〉

1) 『欽英』(兪晩柱 1755~1788), 20, 1785. 11. 13: 仍侍閣『放瓊[璚]閣外傳』(云云別部) 議是一奇文字 也 雜取中庶閭巷間 異聞奇蹟 論次而形容之 如是逼眞 自成古文 非天授之奇才 而能之乎 議是文優於作用 不步亦趍亦於古人糟粕 是爲大難 及 此人政有史才 洵可用於三綱之役 而意 帶玩世 落拓如此 苟行攝入之法 則大有意致也◐(계속해서 아버지를 모시고 『방경각외전』을 보았는데, [別部 인용] 이는 하나의 기이한 문장이라고 생각한다. 중서인과 여항인의 이문과 기적을 두루 취하여 차례로 논하고 형용하기를 이처럼 사실과 아주 비슷하게 하여 스스로 고문을 이루니, 하늘이 낸 기이한 재주가 아니면 가능한 일이겠는가? 논하건대 이 글은 작용에 뛰어나며 또한 옛 사람들의 찌꺼기를 흉내내지 않았으니, 이는 대단히 미치기 어려운 점이다. 이 사람에게는 바로 사관이 될 재능이 있어 참으로 삼강의 일[敎化]에 쓰일 만하지만, 세상을 가벼이 여기고 얽매이지 않음이 이와 같다. 만약 검속17)하는 방법을 행한다면 크게 뜻을 이룰 것이다).

【增】 Ⅱ. (학위논문)

【增】〈석사〉

1) 김경철. "社會·文化的 批評을 통해 본 燕巖小說 硏究:『放瓊閣外傳』七篇을 中心으로." 碩論(연세대 교육대학원, 1989. 2).

【增】 ◐{방씨전}

【增】 국문필사본

【增】 방씨전이라　　　　　　　박순호[家目]　　　　　1(을사윤월 빅한인셔봉셔라, 17f.)

▶(방운전 → 봉래신선록)

▶(방울동자전 → 금방울전)

◪202.[방주전 方酒傳 / 方胄傳]

국문필사본

【增】 方胄傳　　　　　　　　정명기[尋是齋 家目]　　1

202.2.〈연구〉

Ⅲ. (학술지)

【增】

1) 노영근. "「방쥬전」 구성의 특징과 의미."『국민어문연구』, 10(국민대 국어국문학연구회, 2002. 10).

◪203.[방한림전 方翰林傳] ← 가심쌍완기봉 / 계심쌍완기봉 / 낙성전 / 쌍완기봉 / 쌍환기봉

국문필사본

(쌍완기봉)

---

17) 자유 행동을 못하도록 단속함. 억제하고 구속함.

가심쌍완긔봉 雙婉奇逢	정문연(D7B~119)/[韓古目] 1([표지]丙子午月新粧, 39f.)
	(2: R16N~001144~1)

203.1. 〈자료〉

【增】Ⅱ.(역주)

1) 정병헌·이유경 엮음.『한국의 여성 영웅소설』. 태학사, 2000.

203.2. 〈연구〉

【增】Ⅰ.(단행본)

1) 차옥덕.『방한림전과 여성주의』. 아세아, 2000. 6.

Ⅱ. (학위논문)

【增】〈석사〉

1) 송호진. "「방한림전」에 나타난 갈등 양상과 여성 의식." 碩論(숙명여대 교육대학원, 2004. 8).
2) 박은영. "방한림전 연구." 碩論(한남대 교육대학원, 2005. 2).

Ⅲ. (학술지)

【增】

1) 양혜란. "고소설에 나타난 조선조 후기 사회의 性차별 의식 고찰:「方翰林傳」을 중심으로."『韓國古典硏究』, 4(韓國古典硏究學會, 1998. 11).
2) 장시광. "「방한림전」에 나타난 동성결혼의 의미."『국문학연구』, 6(국문학회, 2001. 11).
3) 김하라. "「方翰林傳」에 나타난 知己 관계 변모의 의미."『冠嶽語文硏究』, 27(서울大 國語國文學科, 2002. 12).
4) 최성은. "셰로쉐프스키의「기생 월선이」와 한국 개화기소설에 나타난 근대 한국 여성상 연구: 안국선의「기생」및「방한림전」과의 비교를 통하여."『동서비교문학저널』, 8(한국동서비교문학학회, 2003. 3).

【增】◐{배덕전 裵德傳}

【增】 국문필사본

【增】 빅덕뎐 裵德傳 권지일　　홍윤표[家目]　　　　1(임진이월십구일 문포, 41f.)

◪204.[배비장전 裵裨將傳]

〈관계기록〉

① 『晩華集』[1754](柳振漢 1712~1791),「春香歌」, 제21절: 長城忍忘葛姬眼 濟州將留裵將齒 郎言別恨割肝腸 女道深恩銘骨髓◐(장성에서 갈희의 눈동자를 차마 잊지 못해 하고, 제주에서 바야흐로 배비장의 이빨을 남겨 두누나. 도령은 이별한에 애끊는다 말을 하고, 향낭은 깊은 은혜 뼛속 깊이 새긴다네).
② 「觀優戲」[1843?](宋晩載 1788~1851), 제16수: 慾浪沈淪不顧身 肯辭剃髻復挑齦 中筵負妓裵裨將 自是侳侗可哂人◐(욕심에 홀딱 빠져 체통도 잊고, 기꺼이 상투 짜르고 이빨까지 빼었다네. 술자리서 기생 업은 배비장, 이로부터 얼간이라[侳侗] 웃음을 샀다).

③『嘉梧藁略』(李裕元 1814~1888), 樂府, 觀劇八令[1826], '阿英娘 第六令': 耽羅兒女白天下 垂柳長亭綠裏馬 哭不哭眞笑不眞 麒麟楦對儡人假◐(제주도 아녀자가 환한 세상에, 버들 드리운 역정에 좋은 말 매고 울면서도 거짓 울고 웃음도 거짓, 기린 같은 사내를 허수아비 대하듯하네).
④『松南雜識』[1855](趙在三), '春陽打詠': 梅花打詠 卽裵裨將事 載『四佳漫錄』◐(「매화타령」은 곧 배비장의 일이니,『사가만록』에 실려 있다).
⑤「烏蟾歌」(申在孝 1812~1884): 빈비장 쪼 둘너서 궷속의 잡어넉코 無數한 죠롱 作亂 엇지 아니 허망하리.
⑥ 同上, 쏘 우슐 일 잇는 거시 졔쥬 기싱 이랑이가 졍비장을 후리랴고 강두에 이별할 졔 거즛 스랑 거즛 울음 두 발을 쭉 버치고 두 쥬먹 불근 쥐고 가슴 쾅쾅 두다리며 두다리며 업퍼지락 잡바지락 흐도 통곡 우는 말리.

국문필사본		
【增】배비장전	박순호[家目]	1(50f.)

국문활자본		
신뎡슈샹 빅비장젼 新訂繡像 裵裨將傳	국회[目·韓II](811.31)/대전대[이능우 寄目](1103)/정명기[尋是齋 家目]/조동일[국연자](21)	1([표지]申泰三, 世昌書舘, 1956, 72pp.)
(신뎡슈샹)비비쟝젼 (新訂繡像) 裵裨將傳	국중(3634-2-65=4)<초판>/국중(3634-2-65=1)<5판>/국중(3634-2-33=1)<6판>/국중(3634-2-65=2)<7판>/국중(3634-2-65=3)<8판>/[仁活全](3)<8판>	1(화자 표시, 國漢字 倂記, [著·發]池松旭, 新舊書林, 초판 1916.4.10; 3판 1917; 5판 1919.1.25; 6판 1920.4.30; 7판 1922.8.21, 112pp.; 8판 1923.12.20, 108pp.)

204.1. 〈자료〉

Ⅰ. (영인)

204.1.2. 仁川大民族文化硏究所 編.『舊活字本古小說全集』, 3. 銀河出版社, 1983; (再刊) 國際아카데미, 2002. (신구서림 1920년 제6판본)

Ⅱ. (역주)

【增】
1) 리헌환 윤색.『사씨남정기·배비장전』. 평양: 문예출판사, 1982.
2) 정병헌 외 교주.『배비장전』. 생각나라, 2000.
3) 구인환.『배비장전』. 우리고전 다시읽기 19. 신원문화사, 2003.

204.2 〈연구〉

Ⅱ. (학위논문)

〈석사〉

【增】
1) 김복수. "「배비장전」의 심리학적 연구: 배비장의 Persona를 중심으로." 碩論(고려대 인문정보대학원, 2001. 2).
2) 이재영. "조선조 고소설의 서사전략과 이데올로기 연구:「사씨남정기」·「옹고집전」·「배비장전」을 대상으로." 碩論(서강대 대학원, 2001. 8).
3) 조준호. "「배비장전」에 나타난 골계성 연구." 碩論(대구대 교육대학원, 2003. 2).
4) 임홍택. "방자의 성격 연구:『춘향전』과『배비장전』을 중심으로." 碩論(서남대 교육대학원, 2005. 2).

Ⅲ. (학술지)
204.2.49. 金承鎬. "「裵裨將傳」의 疏通條件樣相."『國語國文學論文集』, 13(東國大 國語國文學科, 1986. 10). "판소리계 소설에 나타난 소통조건양상:「배비장전」을 중심으로,"로『大學院 研究論集』, 16(동국대 대학원, 1986. 12)에도 수록.
204.2.62. 권순긍. "「배비장전」의 풍자 층위와 역사적 성격."『泮橋語文硏究』, 7 (泮橋語文硏究會, 1996. 12). 반교어문학회 편,『고소설의 사적전개와 문학적 지향』(반교어문총서 3, 보고사, 2000. 3); 刊行委員會,『澤民金光淳教授定年紀念論叢』(새문社, 2004. 11)에 재수록.

【增】
1) 박지연. "「이춘풍전」과「배비장전」의 女性 人物 硏究."『대전어문학』, 17(대전대 국어국문학회, 2000. 2).
2) 李明賢. "「烏有蘭傳」과「裵裨將傳」對比 考察: 중심인물의 성격을 중심으로."『語文論集』, 29(中央語文學會, 2001. 12).
3) 권순긍. "국문학과 제주도:「배비장전」의 풍자와 제주도"『泮橋語文學會誌』, 14(泮橋語文學會, 2002. 8).
4) 박일용. "구성과 더늠형 사설 생성의 측면에서 본 판소리의 전승 문제:「배비장타령」,「강릉매화타령」,「게우사」의 예를 중심으로."『판소리연구』 14(판소리학회, 2002. 10).
5) 李殷奉. "「裵裨將傳」." 刊行委員會 編.『古小說研究史』(月印, 2002. 12).

◪205.[배시황전 裵是幌傳]
【增】〈작품연대〉
1)「비시황전」은「북정일록」[李圭景,『五洲衍文長箋散稿』, 60,「羅禪辨證說」條]을 국문으로 번역·개작하면서 형성된 작품이다. 현재 국문본「비시황전」의 사본은 1867년에 필사된 學蕉本이 가장 최고본이다. 하지만 그 상한선이 얼마쯤이 될지는 알기 힘든 일이었다. 그런데 필자는 작중 서술자의 발언 부분 '년전'·'즉금 명현자 영력데' 등을 증거로 하여,「북정일록」및「비시황전」이 제2차 나선 정벌 직후, 적어도 1662년을 전후한 시기에는 형성된 것으로 추정한다(권혁래, "「비시황전 裵是愰傳」연구,"『古小說研究』, 3[韓國古小說學會, 1997. 9], p. 230).
2)「북정일기」를 통해「비시황전」의 형성 하한선을 추정할 수 있다. 申功은 선전관 申命全[1632~1689]이 왔다는 기사 아래 "배시황 일기에는 군사를 출발시키라는 표신을 가지고 자원해서 왔다(裵是愰日記云 持發軍標信 自願而來)"고 각주하였다. 그런데 이 부분은「북정록」,「북정일록」, 현토본「북정록」에는 전혀 나타나지 않으며,「비시황전」에만 보인다. 따라서「북정일기」가

지어진 1760년에는 이미 「비시황젼」이 존재했음을 알 수 있다. 「비시황젼」은 인물 설정과 사건 구성이 「북졍일록」과 대체적으로 일치하며, 번역투가 역력한 부분이 여러 곳이어서 한문본을 번역했음을 알수 있다. 그러나 확대·부연, 축약과 생략을 통해 디테일에는 큰 변화를 가져왔다. 국문본과 한문본의 차이가 이처럼 크다면 한문본의 형성과 거의 동시에 국문본이 형성되었다고 하기 어렵고, 한문본이 형성되고 상당한 시간이 흐른 후에 형성되었다고 보는 것이 온당하다(송하준, "「北征錄」의 소설화 과정과 그 성취," 『古小說研究』, 12[2001. 12], pp. 329~330).

〈관계기록〉

① 朴趾源(1737~1809), 「熱河日記」(一齋本), 5, '進德齋夜話': 余年二十時 讀書奉元寺 有一客能小食 終夜不寢 爲導引法 …… 時爲余談許生事 及廉時道·裵時晃·完興君夫人 疊疊數萬言 數夜不絕 詭奇怪譎 皆可足聽 其時自言姓名爲尹映 此丙子冬也 其後癸巳春 西遊 泛舟沸流江 至十二峯下 有小庵 尹映獨與一僧居此庵 見余躍然而喜 相勞苦 十八年之間 貌不加老 年當八十餘 而行步如飛 余問許生一二有矛盾事 老人卽擧解說 歷歷如昨日事 …… 又曰 子前欲爲許生立傳 文當已就否 余謝未能●(내가 나이 20살[1756] 되었을 때 봉원사에서 글을 읽었는데, 어떤 손님 하나가 음식을 적게 먹으며 밤이 새도록 잠을 자지 않고 선인 되는 법을 익혔다. …… 그는 가끔 나에게 허생의 이야기와 염시도18)·배시황19)·완흥군20)부인 등에 대한 이야기를 늘어놓되 잇달아 몇만 언으로써 며칠 밤을 걸쳐 끊이지 않았다. 그 이야기가 거짓스럽고 기이하고 괴상하고 휼황하기 짝이 없어서 모두 들음직하였다. 그때 그는 스스로 성명을 소개하기를 윤영이라 하였으니, 이는 곧 병자년[1756] 겨울이다. 그 뒤 계사년[1773] 봄에 서쪽으로 구경갔다가 비류강21)에서 배를 타고서 십이봉22) 밑까지 이르자, 조그마한 초암 하나가 있었다. 윤영이 홀로 중 한 사람과 이 초암에 붙여 있었다. 그는 나를 보고 깜짝 놀라는 듯이 기뻐하여 서로 위안의 말을 바꾸었다. 대체 열여덟 해를 지났지마는 그의 얼굴은 더 늙지 않았다. 나이 응당 팔십이 넘었음에도 불구하고 걸음이 나는 듯하였다. 나는 그에게, "허생 이야기 말입니다. 그 중 한두 가지 모순되는 점이 있군요." 하고 물었더니, 노인은 곧 풀이해 주는데 역력히 그저께 겪은 일이나 다름 없었다. …… 또 그가 말하기를, "자네 일찍이 허생을 위해서 전을 쓰려더니 이젠 글이 벌써 이룩되었겠지?"하기에, 나는 아직 짓지 못했음을 사과하였다).

〈비교연구〉

【增】

1) 「북정일록」의 작자는 申瀏[1619~1680]의 「북정록」을 직접 읽었으며 오래지 않은 시기에 소설적인 형태로 변개한 것으로 생각된다. 「북정일록」은 「비시황젼」의 형성 원천이 되었을 뿐만 아니라 「북정일기」[申玏 作], 현토본 「북정록」[張志淵 懸吐]에 이르기까지 큰 영향력을 발휘하였다. 「비시황젼」은 「북정일록」으로부터 어느 정도 시간적 거리를 두고 형성되었을 것으로 보이며, 「북정일기」는 앞서 형성된 「북정일록」, 「비시황젼」에 대한 반작용으로 지어졌다. 張志淵[1864~1

---

18) 申光洙의 『石北雜錄』과 李源命의 『東野彙輯』에는 '廉時道'; 일명씨의 『醒睡叢話』에는 '廉喜道'; 어떤 寫本에는 '廉時度'로 나타난다.
19) 李瀷의 『星湖僿說』에는 '裵是愰'; 李圭景의 『五洲衍文長箋散稿』에는 '裵時悅'으로 되어 있다.
20) 인조 때 靖社功臣 3등 중의 한 사람인 李元榮일 듯하다.
21) 평안도 成川에 있는 강 이름.
22) 성천부 동북 30리에 있는 紇骨山. 속칭 '巫山十二峯'이라 한다.

921]은「비시황전」을 제외한 모든 이본을 접했을 것으로 보인다. 그런데 현토본「북정록」의 내용은「북정일록」에 거의 전적으로 의존하고 있어 20세기 초까지「북정일록」의 영향력이 지속되었다는 것을 보여 준다(송하준, ""北征錄"의 소설화 과정과 그 성취,"『古小說硏究』, 12[2001. 12], p. 333).

【增】〈이본연구〉
1) 제2차 나선 정벌의 체험과 당시의 시대적 정서를 담은 문헌 전승이「북정록」,「북정일록」,「비시황전」등의 일련의 작품들이다. 현재 전해지고 있는 기록으로는 申瀏 작「북정록」, 배시황의 手記로 알려진「북정일록」, 이익의『星湖僿說類選』에 수록된「車漢日記」, 申景濬의『旅菴全書』권1 중의「彊界考車漢」, 成海應의『硏經齋全集』권7 중의「謝談獻車漢」, 申功 작「북정일기」와 국문본「비시황전」2종, 장지연 작의 현토본「북정록」등 9종이 있다. 이상 9종의 작품을 텍스트의 성격과 상호 영향 관계를 기준으로 하여 대별하면, (1)「북정록」계열, (2)「비시황전」계열[「북정일록」23)·「비시황전」·「북정록」], (3)「북」·「비」혼성 계열로 유별할 수 있다. 두말할 것도 없이「북정록」계열이 가장 먼저 성립되었고, 곧 이어 배시황을 중심 인물로 하고 허구적인 요소가 다수 개입된「비시황전」계열이 성립되어 가장 오랜 기간 동안 이어졌으며, 이에 영향을 받고「북정록」계열과「비시황전」계열의 성격이 복합된「북」·「비」혼성 계열이 성립되었다(권혁래, ""비시황전 裵是愰傳" 연구,"『古小說硏究』, 3[1997. 9], pp. 216~217).

국문필사본			
비시황전	朴泰根/국중[고1](한-48-210)/정문연[韓古目] (333: R35N-002923-4)[宋申用寫本]		1(19f.)
비시황전	이경선[漢陽大,『論文集』, 1, "「裵是愰傳」硏究"]		1(同治六年[1867] 上元學蕉戲藁, 22f.)24)

205.1. 〈자료〉
Ⅱ.(역주)
【增】
1) 서문당 역주.『한국고전문학100: 동선기·배시황전·옥소기연』, 1. 서문당, 1984.

205.2. 〈연구〉
Ⅲ. (학술지)
205.2.10. 권혁래. "「비시황전」(裵是愰傳) 연구: 성립과 서사성, 역사의식을 중심으로."『古小說硏究』, 3 (古小說學會, 1997. 9).『조선후기 역사소설의 탐구』(월인, 2001. 10)에 재수록.
【增】
1) 송하준. ""北征錄"의 소설화 과정과 그 성취."『古小說硏究』, 12(韓國古小說學會, 2001. 12).

◪206.[[배심 裵諶]] ←『전기』

---

23) 李圭景의『五洲衍文長箋散稿』, 권60 소재「羅禪辨證說」수록본.
24) 「八道邑誌歌」합철.

【增】206.2 〈연구〉
　Ⅲ. (학술지)
　　1) 노영근. "「고압아전기」 작품 분석." 『국민어문연구』, 5(국민대 국어국문학연구회, 1997. 3).

★[[배정승 拜政丞]]
〈출전〉『靑邱野談』(동양문고 소장), 105, 「憐樵童金生作月老」

◐{백계양문록}
〈관계기록〉
　①『諺文古詩』(가람본), '언문칙목녹', 17:「빅계양문녹」.
【增】
　1)『李家世稿』, 信天翁遺稿, 宋持兢, '祭外王母淑夫人海平尹氏': 淑德薄命 理固難測 未亡深慟 又胡無育 晩境寒餓 不堪其苦 所可慰者 歸告有辭 箱冊盈塵 祖妣所著述「伯季兩門善行錄」巨帙 已成陳迹 懿範達識 於何更覿 觸目愴傷 尙復忍言◐(현숙하고 덕이 있는데도 박명한 것은 이치상 참으로 헤아리기 어렵다. 미망인이 매우 비통해 했는데 또 어찌 혈육마저 없었을까? 말년에 춥고 배고픈 고통을 견딜 수 없을 때 위안을 삼을 수 있었던 것은 돌아가 고할 말이 있다는 것이었다. 돌아가신 할머니가 저술하신 거질25)의 책「백계양문록」은 먼지가 가득하여 이미 묵은 자취가 되었다. 아름다운 범절과 통달한 식견을 어디에서 다시 볼 수 있을 것인가? 보면 슬퍼지니 오히려 다시 말하기 어렵다).

【增】2. 〈연구〉
　1) 한길연. "「백계양문선행록」의 작가와 그 주변: 전주이씨 가문 여성의 대하소설 창작 가능성을 중심으로." 『고전문학연구』, 27(한국고전문학회, 2005. 6).

◐{백극지}
◆207.[백년한 百年恨]26)

국문활자본		
빅년한 百年恨	국중(3634-3-59=3)/[仁活全](4)27)	1(國漢字 倂記, [著·發]洪淳泌, 京城書籍業組合, 1926.12.20, 122pp.)28)
【增】빅년한 百年恨	국중(3634-3-7=3)	1(국한자 병기, 紹雲 著, [編·發]高裕相, 滙東書館, 1913.11.24, 133pp.)
【增】빅년한 百年恨	국중(3634-3-59=4)<재판>	1(국한자 병기, 紹雲 著, [編·發]高裕相, 滙東書館, 초판 1913.11.20; 재판 1917.1.5, 111pp.)

---

25) 아주 큰 저술의 한 벌.
26) 『이본목록』에 각주 추가. 【增】중국 소설『今古奇觀』중「王嬌鸞百年長恨」의 번역 작품이다.
27) 권두 1장이 낙장되어 있다.
28) 【削】'권두 1장이 낙장되어 있다.' 京城書籍業組合 간행『圖書分類目錄』(1921 改正)에 이미 나타나 있다.

【增】 빅년한 百年恨	국중(3634-3-59=5))<3판>	1(국한자 병기, 紹雲 著, [編·發]
	국중(3634-3-59=2)<4판>	高/裕相, 滙東書舘, 초판 1917.9.17;
		재판 1918.12.20; 3판 1923.2.8; 4판
		1924.1.31, 122pp.)
【增】 빅년한 百年恨	국중(3634-3-59=1)<4판>	1(국한자 병기, 紹雲 著, [著·發]高
		裕相, 滙東書舘·廣益書舘, 초판
		1926.10.5; 4판 1929.1.25, 122pp.)

207.1. 〈자료〉

Ⅰ. (영인)

207.1.1. 仁川大民族文化研究所 編.『舊活字本古小說全集』, 4. 銀河出版社, 1983; (再刊) 國際아카데미, 2002. (경성서적업조합판)

❍208.[백련전 白蓮傳 / 百年傳]

208.2.〈연구〉

Ⅲ. (학술지)

【增】

1) 김귀석. "「백년전」 연구."『韓國言語文學』, 42(韓國言語文學會, 1999. 5).

❍{백룡전 伯龍傳}

〈관계기록〉

① 『象胥記聞及拾遺』, 通俗物語條: 「伯龍傳」(金台俊, 『增補朝鮮小說史』[1939], p. 216).
② 金起東,『李朝時代小說論』, p. 594.

❍{백복전 白福傳}

【增】〈관계기록〉

1) 『[演慶堂]諺文冊目錄』(1920; 藏書閣所藏): 107.「百福傳」2冊.

▶(백빈주중봉기 白蘋洲重逢傳 → 사씨남정기)
▶(백상서가 白尙書歌 → 숙영낭자전)
▶(백선군전 白仙君傳 → 숙영낭자전)
❍{백씨전}
▶(백아금 伯牙琴 → 유백아전)
▶(백아전 伯牙傳 → 유백아전)
❍{백알산전}
▶(백옥루 白玉樓 → 옥루몽)
❍{백옥리 白玉梨}

◐{백운무젼}
◘209.[[백운선완춘결연록 白雲仙翫春結緣錄]]
　209.2.〈연구〉
　　Ⅲ.(학술지)
　　　209.2.1. 朴魯春. "「憑虛子訪花錄」·「白雲仙翫春結綠錄」略考 : 旣紹介「英英傳」과의 同一作者說에 重點을 두고."『한메金永驣先生古稀紀念論文集』(螢雪出版社, 1971. 4).
　　【增】
　　　1) 권도경. "「白雲仙翫春結綠錄」의 작품세계와 변심 테마의 전기소설사적 맥락."『古典文學硏究』, 24(2003. 12).
　　　2) 김정숙. "「白雲仙翫春結綠錄」의 통속성 연구: 재자가인소설과 관련하여."『어문논집』, 49(민족어문학회, 2004. 4).

◐{백운젼}29)
◐{백의상} ← 양매결적승연
◐{백이젼 伯夷傳}
▶(백포장군젼 白袍將軍傳 → 셜인귀젼)
◘210.[백학션(젼)30) 白鶴扇(傳)]31) ← 유백로젼
　〈관계기록〉
　　① 「슉영낭ᄌ젼」(경판 16장본, 제21면): 츈힝아 이 빅학션은 쳔하지뵈라 치우면 더운 긔운이 나고 더우면 찬 바람이 나나니 잘 간슈ᄒ엿다가 동츈이 자라거든 쥬어라.
　　② Courant, 807:「빅학션젼 白鶴扇傳」.
　【增】
　　1)『[演慶堂]諺文冊目錄』(1920; 藏書閣所藏): 135.「白鶴扇傳」1冊.

　국문필사본

　(백학션젼)

【增】 白鶴扇傳	京都大[河合弘民]	낙질 1(2: 이현, 27f.)	
빅학션젼	계명대[古綜目](고811.35백학)	1	
【增】 빅학션젼	김기동[『장서각고소설해제』, p. 119]	1(61f.)	
【增】 빅학션젼	김기동[동상]	1(安城邑, 戊申, 52f.)	
【增】 白鶴扇傳	김기동[동상]	1(76f.)	
【增】 白鶴扇傳	김기동[동상]	1(52f.)	
【增】 빅학션젼	박순호[家目]	1(39f.)32)	

---

29)『이본목록』에 ◘[[백운선완춘결연록 白雲仙翫春結緣錄]]과 ◐{백운전}의 항목 배열 순서가 바뀌어 있어 바로잡는다.
30)『이본목록』·『작품연구 총람』 수정
31) 주인공의 이름을 따「유백로젼」으로 되어 있는 것도 있다.

【增】빅학션젼	박순호[家目]	1(그사월월회릴시등, 62f.)
【增】빅학션젼	여태명[家目](21)	1(46f.)
【增】백학션젼	여태명[家目](74)	1(임신팔월, 53f.)

210.1. 〈자료〉

Ⅰ. (영인)

   210.1.4. 仁川大民族文化硏究所 編.『舊活字本古小說全集』, 20. 銀河出版社, 1984; (再刊) 國際아카데미, 2002. (세창서관판)

Ⅱ. (역주)

【增】

  1) 김진태 윤색 및 주해. 백학선전(·정수정전·김진옥전). 평양: 문예출판사, 1988; 서울: 연문사, 2000(영인).

210.2. 〈연구〉

Ⅱ. (학위논문)

〈석사〉

【增】

  1) 정민재. "「백학선전」에 나타난 갈등양상." 碩論(중앙대 교육대학원, 2002. 2).
  2) 김영애. "「백학선전」 연구." 碩論(경남대 교육대학원, 2002. 8).
  3) 박병석. "「백학선전」 연구." 碩論(부산외국어대 교육대학원, 2001. 8).
  4) 김명한. "「백학선전」 연구." 碩論(한국교원대 대학원, 2003. 8).

Ⅲ. (학술지)

【增】

  1) 김진영. "「白鶴扇傳」과 工藝의 상관성."『고전소설과 예술: 예술요소의 기능을 중심으로』(박이정, 1999. 5).

▶(백학선혈루 → 백학선전)

◐{백학진전 白鶴振傳}

▶(백호소설 白湖小說) → 서옥설 / 수성지 / 원생몽유록 / 화사

1. 〈연구〉

Ⅱ. (학위논문)

〈석사〉

【增】

  1) 이순자. "임제소설의 배경사상 연구." 碩論(목포대 교육대학원, 2000. 2).

Ⅲ. (학술지)

【增】

---

32) 「유씨젼 권지단이라」(30f.) 합철.

1) 金光淳. "林白湖의 生涯와 文學."『建國語文學』, 9~10合(建國大 國語國文學會, 1985. 10);
『覓南金一根博士回甲紀念論文集, 語文學論叢』(刊行委員會, 1985. 10).
2) 최웅권. "백호 임제와 그의 의인소설."『북한의 고전소설 연구』(지식산업사, 2000. 9).

◼211.[백화국재설중흥록 百花國再設重興錄] ←『금강유산기』
◼212.[백화국전 百花國傳] ←『금강유산기』
◑{백화전}
◼213.[백후록 白猴錄]
◼214.[[백흑란 白黑蘭]]
〈작자〉洪宇遠 (1605~1687)
〈출전〉『南坡集』

▶(번암소설 樊巖小說) → 溪巖金先生傳 / **만덕전** / 朴永緒傳」/ 朴進士傳 / 朴孝子傳 / 白士良傳 / 白義士傳 / 受南傳 / 辛起金傳 / 李節度傳 / 李進士傳 / **이충백전** / 淸風義婦傳 / 七分傳
〈작자〉蔡濟恭 (1720~1799)
〈출전〉『樊巖集』, 55, 傳

▶(번이화정서전 樊梨花征西傳 → **이화정서전**)
◑{범나부전 范羅夫傳}33)
▶(범문정공충렬록 范文正公忠烈錄 → **범문정충절언행록**)
◼215.[범문정충절언행록 范文正忠節言行錄]34) ← **범문정공충렬록**
〈관계기록〉
① Courant, 764:「범문정공충렬록 范文正公忠烈錄」.
② Courant, 855:「범문져연별젼 范門諸緣別傳」.35)
【增】
1)『[演慶堂]諺文冊目錄』(1920; 藏書閣所藏): 3.「范文正忠節言行錄」31冊.

215.2.〈연구〉
【增】Ⅱ. (학위논문)
〈석사〉
1) 김준범. "「범문정충절언행록」연구." 碩論(서울대 대학원, 2001. 2).

───────────────
33) '范亞夫' 즉 范增의 이야기를 소설화한 것일 듯하다.
34) '범문정공'은 중국의 范仲淹(989~1052)이다.
35)「범문져연별젼」는「범문정공충렬록」이나「범문정충절언행록」과 같은 작품일 것으로 생각된다.

◐{범문제연별전 范門諸緣別傳}
〈관계기록〉
① Courant, 855: 「범문져연별전 范門諸緣別傳」.

【增】 ◐{범방전}

국문필사본

범방젼   여태명[家目](142)   1(무신나월십사일 칠단이
                                                  라 김이균, 29f.)

▶(범수전 → 범저전)
◐{범저전 范雎傳}

한문필사본

【增】 볌슈젼   여태명[家目](452)   1(63f.)

▶(범저전칠국춘추 范雎傳七國春秋 → 범저전)
◘216.[[벽란도용녀기 碧瀾渡龍女記]] ← 『일대장관』
◘217.[벽부용 碧芙蓉]
〈작자〉李圭瑢(紹雲)

국문활자본

벽부용 碧芙蓉   국중(3634-3-5=4)/[啓明: 新小全](5)   1(紹雲 著述, [著·發]高敬
                                                        相, 滙東書舘, 1912.12.12,
                                                        72pp.)

【增】 217.2. 〈연구〉
Ⅲ. (학술지)
  1) 손병국. "「碧芙蓉」 硏究." 『韓國語文學硏究』, 43(韓國語文學硏究學會, 2004. 8).

◘218.[벽성선(전) 碧城仚(傳)]

국문활자본

벽셩션 (萬古忠義)碧城仙 국중(3634-2-55=2)/[仁活全](4)   1([著·發]安景濩, 新舊書
                                                        林, 1922.12.15, 114pp.)

218.1. 〈자료〉
Ⅰ. (영인)
  218.1.1. 仁川大民族文化硏究所 編.『舊活字本古小說全集』, 4. 銀河出版社, 1983; (再刊) 國際아카
           데미, 2002. (신구서림판)

218.2. 〈연구〉

Ⅲ. (학술지)
【增】
1) 김진영. "「벽성선전」의 연구:「옥루몽」의 개작과 분화를 중심으로."『語文硏究』, 44(語文硏究學會, 2005. 4).

◐{벽주금천쌍환 碧珠金川雙環}
〈관계기록〉
① Courant, 849:「벽쥬금천쌍환 碧珠金川雙環」.
② Courant, 932:「벽파금천쌍환긔봉 碧坡金川雙環奇逢」.36)
③ 金台俊,『朝鮮小說史』, p. 229:「碧坡金川雙環」.

▶(벽파금천쌍환기봉 碧坡金川雙環奇逢 → 벽주금천쌍환)
▶(벽허담 碧虛談 → 벽허담관제언록)
◘219.[벽허담관제언록 碧虛談關帝言錄]37) ← 벽허담
〈관계기록〉
①「碧虛談關帝言錄」(정신문화연구원 소장본), 結尾: 하노공의 빅셰 종명홈과 오왕 팔농의 슈다 주녀즁 샌혀는 수적이 긔고 묘묘호되 이 젼은 하시 팔농의 셜화를 긔록호미 지리홈을 쎠려 그 되강만 호고 하시 팔농의 주녀 별젼을 두어 허다 주녀의 초훌홈과 효주의 아름다온 셜화는 별젼의 잇는지라 이젹의 쇼흥부 뉴빅공은 뉴은츈의 아지라 은츈이 대부졍송으로 지어 셰의 면홀시 빅공두려 왈 너 하오왕의 지셰훈 셜화는 히비히 알므로써 그 되강을 긔록호야 셰인이 알게 호느니 네 모로미 하시의 일긔를 보아 그 주손의 아름다온 수젹을 민멸케 말나 뉴빅공이 지비 슈명호고 이의 그 일긔를 구호야 한만훈 셜화를 넛치 아니코 간략이 작권호야 셰의 젼호니 보는 재 흠션치 아니리 업더라 슈졔「벽허담관졔언녹」이라 호믄 요란훈 셜화와 허망훈 수의 셰간의 편힝호야 고인을 의방 빙거호야 잡되고 어즈러오미 만흘시 허언을 믈니치고 모든 언셔 즁 부잡호미 업고 명졍 언슌호미 갓가와 하시 수젹이 읏듬인 고로「관졔언녹」이라 호야 후셰의 젼하야 권션징악고져 호니 경이히 너기지 말지어다.
②「玉駕再合奇緣」(溫陽鄭氏 1725~1799), 14, 表紙 裏面:「벽허담관제언록」.
③「第一奇諺」(洪羲福 1794~1859), 序: 녁대 연의에 뉴는 임의 진셔로 번역훈 비니 말솜을 고쳐 보기의 쉽기를 취훌 쑨이요. 그 수실은 한가지여니와 ᄀ 밧「뉴시삼대록」·「미소명힝」·「조시삼대록」·「츙효명감녹」·「옥원지합」·「님화졍연」·「구리공츙녈긔」·「곽쟝냥문록」·「화산션계록」·「명힝졍의록」·「옥닌몽」·「벽허담」·「완월회밍」·「명쥬보월빙」 모든 쇼셜이 슈삼십 종의 권질이 호대호야 혹 빅 권이 넘으며 쇼불하 슈십 권에 니르고 그 남아 십여 권 슈삼 권식 되는 수오십 종의 지느니.
④『諺文古詩』(가람본), '언문칙목녹', 12:「벽허담관제언록」.
⑤ Courant, 919:「벽허담 碧虛談」.

36) Courant, 849와 932는 같은 작품일 것으로 보인다.
37) 작품 결말부에 '허언을 물니치고 모든 언서 중 …… 으뜸인 고로「관제언록」이라 하여'라고 하고 있는 것으로 보아 작품명의 한문 표기는 '벽허담관제언록'이 옳을 듯하다(崔吉容,『朝鮮朝 連作小說 硏究』, 亞細亞文化社, 1992, p. 267, n. 1).「하씨선행후대록」으로 이어진다.

【增】
  1) 『[演慶堂]諺文冊目錄』(1920; 藏書閣所藏): 46.「碧虛談關帝言錄」26冊.

국문필사본

【增】 벽허당관제언녹	김광순[筆全](54)		낙질 1(116f.)
【增】 벽허담관계언녹 권지슴십	박순호[家目]		낙질 1(30: 칙쥬이슌이듹이라, 30f.)
【增】 벽허담관제언녹 권지십팔	박순호[家目]		낙질 1(18: 병즈연계츈의 즈셔, 칙쥬최우인, 28f.)
【增】 벽허담관제언녹	서울대[심악](813.5-B991e)		낙질 10(3~4; 15~20; 22; 25)
【增】 벽화담 권지십뉵	여태명[家目](135)		낙질 1(16: 경자팔월십사일, 39f.)

219.1. 〈자료〉

Ⅰ. (영인)

【增】
  1) 金光淳 編.『金光淳所藏 筆寫本韓國古小說全集』, 54. 박이정출판사, 1994. (김광순 소장)

▶ (변강쇠가 卞强釗歌 → 변강쇠전)

◘ 220. [변강쇠전 卞强釗傳] ← 가루지기타령 / 변강쇠가 / 송장가 / 횡부가

〈관계기록〉
  ① 「觀優戲」[1843?](宋晩載 1788~1851), 제13수: 官道松堠斫作薪 頑皮嗔眼夢中嘖 紅顏無奈靑山哭 瓜圃癡黏有幾人☯(큰 길 가의 장승[松堠] 패서 땔감 삼으니, 모진 상판 부라린 눈[嗔眼] 꿈에도 호통. 고운 얼굴 속절 없어 산에서 우니, 외밭에 붙은 바보 몇이나 되나).
  ② 李裕元[1814~1888], 『嘉梧藁略』, 6, 樂府, 觀劇八令[1826], '長亭堠 第八令': 堪笑路傍一木人 可能呪挂百千神 莫非主媼緣奇薄 辭或是之不是眞☯(길가의 한 장승 웃지를 마소 온갖 백천 신의 병을 부를 수 있다네. 주인 여자의 연분이야 기박하기 짝이 없지만 말은 혹 옳다 해도 진짜는 아니로세).
  ③ 『平山申氏世譜』, '桐里祖考孝行錄': 晩年以勵世經綸「初頭歌」·「烏蟾歌」著作 古來「兎鼈」·「赤壁」·「沈淸」·「春香」·「興甫」·「橫負歌」等 一一校正 正經緯 刪其淫化 使世人感發忠孝烈之心☯(만년에 세상을 격려하는 경륜으로「초두가」,「오섬가」를 지었고, 예부터 전해 오던「토별」·「적벽」·「심청」·「춘향」·「흥부」·「횡부가」등을 일일이 교정하고 경위[38])를 바르게 하며, 그 음란한 것을 빼어 버리고, 세상 사람들로 하여금 충효열의 마음을 감동시키게 하였다).

〈판본연대〉

【增】

---

38) '涇渭'로도 쓴다. 사물의 옳고 그름이나 이러하고 저러함의 분간. 원래 중국의 涇水의 강물은 흐리고 渭水의 강물은 맑아서 청탁의 구별이 분명한 데서 나온 말이라고 한다.

1)「가로지기打令」의 제작 연대에 대하여서는 다만 작품에 반영된 것을 相考하는 수밖에 도리가 없는 듯하다. 이로써 보건댄, 그의 最終年의 작품이 아닌가 한다. 이것은 또한 이 작품이 다른 다섯 마당에 비하여 적게 전하는 이유와도 상관이 있는 듯하다. 작품에서 그 시대를 傍證하는 근거는 세 대목에서 볼 수 있나니, 첫째 '흔 놈은 農夫歌를 하난대 仙李乾坤太平時節 道德 높은 우리 聖上 康衢微服童謠 듣든 堯人인군의 버금이라'에서 '仙李乾坤'은 李氏 執政을 말함이겠고, '우리 聖上'은 곧 그가 죽었던 당대의 高宗이 아닐까. 그러나 그는 純憲哲高의 4대를 겪었으니 그 누구를 지적한 지는 의문이다. 하나 「春香歌」・「兎鼈歌」의 그것이 고종을 가리킨바, 고종이라 함도 지나친 억측은 아닌 듯하나, 둘째의 근거와 합쳐서 생각할 때 더 분명해지니, 즉 '…… 페당동당 辛巳年 怪疾통에 險惡하게 죽은 송장 내 손으로 다 쳤으니 그 같은 선 송장은 외손의 아들이니 짝을 마저 결단하오 페당동당' 이 '辛巳年'은 곧 고종 18(1881)년의 大疫疾을 말함이니, 첫째의 근거는 不動의 지표가 된다. 적어도 고종 18년 이후의 작품이니 『申氏世譜』가 전하는 바 그의 沒年을 고종 21년으로 보면 죽기 전 4년 사이에 제작된 작품이 된다. 그러나 世譜의 문헌적 가치가 적다는 것을 아울러 생각하면, 셋째의 근거가 또한 극히 중요한 연대적 문제를 제기하나니, 雍씨가 강쇠의 병을 두고 問卜하러 갔을 때 宋봉사 玳瑁算筒을 흔들면서 외는 사설에, '…… 今又太歲乙酉二月 甲子朔初六日己巳 慶尙右道咸陽郡智異山中居女人雍씨 謹伏問家夫壬戌生身卜강쇠가 偶然得病하야 死生을 判斷하니……' '乙酉'의 歲次는 實在의 것이나 架想의 그것이냐의 판단에서 문제 성립의 여부가 결정되는 것이다. 辛巳年의 기록 등을 보아 우선 믿어보는 것도 좋을 듯하다. 왜냐면 축사의 '壬戌生身' 卜강쇠는 a[「가로지기타령」의 도입부에 있어서 靑石關에서 옹씨와 宮合을 볼 때도, '마누래는 무슨 生이오 甲子生이오 예 나난 壬戌生이오 ……'와 통일적 조직을 가졌으며, 옹씨의 말을 빌리면, '…… 山中사리 하제쁘니 長丞 어이 패여 때여 木神動症 少年 주검 모도 자네 自取로 쇠……' 乙酉年을 高[宗] 2년(1885)으로 잡으면, 卜강쇠는 23세의 소년 주검이고, 그때의 옹씨의 芳年은 20세가 된다. 이것은 옹씨의, '애고 애고 설운지고 이내 身世 可憐하다 一身이 고단키로 二十이 바로 넘어 三南을 찾어오니 四顧無親 客地로다.' 望夫詞에서도 20이 바로 넘었다 했으니, 五衛將이 사용한 연대는 조리에 닿는 것이다. 이것은 그의 real한 수법에서 볼 때 당연한 귀결이겠다. 근거 제1, 제2를 아울러 留意할 때, 제3의 '乙酉'가 실재적인 연대라면, 즉 고종 때에 들어서서, 고종 중에서도 고종 18년 이후의 '乙酉'라면 그것이 1885년 즉 世譜에 기재된 沒年인 1884년 다음 해 이후의 작으로 된다. 그러나 '乙酉二月甲子朔初六日乙巳'에서 二月條이니, 그의 세보의 몰년인 갑신년 歲末에 미리 翌年의 책력이 마련되었다고 하겠으나, 오히려 전하는 享壽 연령을 구체적인 일지로 환신할 때 이띤 칙오에 기인한 것이 아닌가 한다. …… 要之컨대 제2의 근거의 고종 18년 이후라는 것은 부동일 것이다(金三不, "申五衛將 硏究 序," 학위논문[1949. 7];『판소리연구』, 10[1999. 12], pp. 445~448, et passim).

220.1. 〈자료〉

【增】

1) 김도설. 『가루지기』. 고전패러디총서 1. 가야, 1988.

220.2. 〈연구〉

Ⅱ. (학위논문)

【增】
1) 정인혁. "「변강쇠가」의 구조 연구." 碩論(서강대 대학원, 2000. 8).
2) 서유석. "「변강쇠가」에 나타난 기괴성의 구현양상과 의미." 碩論(경희대 대학원, 2003. 2).

Ⅲ. (학술지)
220.2.14. 徐鍾文. "「변강쇠歌」의 硏究(上·下): 流浪民의 悲劇的 삶의 形象化." 『創作과 批評』, 39~40[11: 2~3](創作과批評社, 1979. 3; 6).
220.2.44. 정출헌. "판소리에 나타난 하층여성의 삶과 그 문학적 형상:「변강쇠가」의 여주인공 옹녀를 중심으로." 『口碑文學硏究』, 9(한국구비문학회, 1999. 12). "조선후기 하층여성의 인생 역정과 그 문학적 형상:「변강쇠가」의 여주인공 '옹녀'를 중심으로"로 정출헌·조현설·이형대·박영민 공저, 『고전문학과 여성주의적 시각』(소명출판, 2003. 3)에 재수록.

【增】
1) 徐鍾文. "장승 民俗의 文學的 形象化, Ⅱ." 『국어교육연구』, 22(경북대 사범대 국어교육연구회, 1990. 8).
2) 朴鎭泰. "「春香歌」와「변강쇠歌」의 祭儀相關性: 河回別神굿탈놀이와의 대비를 겸하여." 『판소리硏究』, 2(판소리학회, 1991. 9).
3) 金鍾澈. "「변강쇠가」의 미적 특질: 怪奇美 추구와 관련하여." 『판소리硏究』, 4(판소리학회, 1993. 12).
4) 金宗大. "「변강쇠歌」의 敍事構造와 葛藤樣相." 『語文論集』, 24(中央大 文理科大學 國語國文學科, 1995. 8).
5) 이종철. "「변강쇠가」에서의 성상징과 갈등구조." 『民俗學硏究』, 2(국립민속박물관, 1995. 8).
6) 하은하. "변강쇠의 위반과 반문명적 성격: 장승과 강쇠의 대결을 중심으로." 『태릉어문연구』, 7(서울여대 국어국문학회, 1997. 2).
7) 심상교. "「변강쇠가」의 연극적 특성 연구." 『한민족문화연구』, 3(한민족문화학회, 1998. 8).
8) 최혜진. "「변강쇠가」의 여성중심적 성격." 『韓國民俗學』, 30(民俗學會, 1998. 12).
9) 申東瑾 外. "판소리 辭說「변강쇠歌」에 대한 精身力動的 고찰." 『精神分析』, 10:1(韓國精神分析學會, 1999. 6).
10) 이종철·김종대. "판소리「변강쇠가」에 나타난 性." 이종철·김종대, 『민중들이 바라본 性文學』(민속원, 1999. 6).
11) 차가희. "'옹녀'를 통해 본「변강쇠가」의 신화성 고찰." 『동남어문논집』, 10(동남어문학회, 2000. 9).
12) 김경미. "「변강쇠가」에 재현된 하층남성의 이미지." 이화어문학회, 『우리문학의 여성성·남성성(고전문학편)』(월인, 2001. 1).
13) 서은아. "「변강쇠가」의 갈등구조와 그 의미." 『태릉어문연구』, 9(서울여대 국어국문학, 2001. 2).
14) 박경주. "여성문학의 시각에서 본 19세기 하층 여성의 실상과 의미:「변강쇠가」·「미얄과장」·「된동어미화전가」의 비교를 통해." 『국어교육』, 104(한국국어교육연구회, 2001. 2).
15) 장성남. "「변강쇠가」 갈등 구조의 이원성." 『韓國言語文學』, 44(한국언어문학회, 2000. 5).
16) 정천구. "「변강쇠가」의 갈등 양상과 의미 재해석." 『어문학』, 76(한국어문학회, 2002. 6).

17) 李明賢. "「변강쇠가」의 갈등양상." 金慶洙 編, 『古典文學의 現況과 展望』(亦樂, 2002. 9).
18) 정출헌. "천하의 '잡년' 옹녀, 그녀의 기구한 인생역정." 『문학과경계』, 7(문학과경계사, 2002. 11).
19) 송진영. "古代 동아시아의 通俗小說 硏究:「金甁梅」·「好色一代男」·「변강쇠가」를 중심으로" 『中國語文學誌』, 12(中國語文學會, 2002. 12).
20) 이민정. "朝鮮初 傳奇소설의 출현과 소설사적 의의:『金鰲新話』를 중심으로." 『동국어문학』, 12(동국대 사대 국어교육과, 2000. 12).
21) 서유석. "「변강쇠가」에 나타난 奇怪的 이미지와 그 社會的 含意." 『판소리硏究』, 16 (판소리학회, 2003. 10).
22) 정하영. "「변강쇠가」性談論과 의미." 『古小說硏究』, 19(韓國古小說學會, 2005. 6).

▶(변강쇠타령 → 변강쇠가)
◎221.[[변씨열행 卞氏烈行]] ← 『오옥기담』
〈출전〉『五玉奇談』

▶(별삼국지 別三國誌 → 삼국지)
▶(별삼설기 別三說記 → 삼설기)
▶(별숙향전 別淑香傳 → 숙향전 ①)
▶(별주부전 鱉主簿傳 → 토끼전)
▶(별주전 鱉主傳 → 토끼전)
▶(별춘향가 別春香歌 → 춘향전)
▶(별춘향전 別春香傳 → 춘향전)
▶(별토가 鱉兎歌 → 토끼전)
▶(별토문답 鱉兎問答 → 토끼전)
▶(별토전 鱉兎傳 → 토끼전)
◎222.[병인양요 丙寅洋擾] ← 한 장군전 ②
▶(병자란 丙子亂 → 효종대왕실기)
◎223.[병자록 丙子錄]39)
〈관계기록〉
① 『諺文古詩』(가람본), '언문칙목녹', 67:「병즈록」.

223.2. 〈연구〉
【增】Ⅲ.(학술지)
1) 徐宗男. "「산성일기」와 「丙子錄」의 比較硏究." 『새국어교육』, 43~44합(한국국어교육학회, 1988. 6).

---

39) 이 작품은 소설이라기보다는 실기이다.

2) 이광호. "近代 國語 筆寫本 資料에서의 'ㄹ~ㄴ'表記에 대한 小考:「병자록」과「선부군언행유사」를 중심으로."『정신문화연구』, 82(韓國精神文化研究院, 2001. 3).
3) 장경남. "丙子胡亂 實記와 著作者 意識 硏究."『崇實語文』, 17(崇實語文學會, 2001. 6).
4) 이광호. "장서각 소장 '한글필사본 실기류 자료'에 나타난 격조사 체계:「병자록」과「선부군언행유사」를 중심으로."『藏書閣』, 5(韓國精神文化研究院, 2001. 8).
5) 임치균. "장서각 소장 한글 실기 문학 연구:「선부군언행유사」,「고씨효절록」,「병자록」을 중심으로."『藏書閣』, 5(한국정신문화연구원, 2001. 8).

◐224. [병자임진록 丙子壬辰錄][40] ← 천하장군

국문활자본

(歷史野談)丙子壬辰錄　　국중(3634-3-75=4)/啓明: 新小全](21)　1(국한자순기, [著·發]李宗壽, 盛
一名天下將軍　　　　　　　　　　　　　　　　　　　　文堂書店, 1934.11. 25, 30pp.)[77]

★[[보개 寶開]]
⟨출전⟩「太平通載」, 권20[41]

★[[보덕각씨전 普德閣氏傳]][42]
⟨이본연구⟩
1)「普德閣氏傳」도 소설이라기보다 연기 설화에 해당하는 것으로 보는 것이 옳다고 본다. 김태준이 「보덕각씨전」이라고 했으나, 이런 제명의 소설은 아직 공개된 적이 없다. 대신 보덕의 전설 혹은 普德窟의 연기 설화로 인정할 수 있는 각편으로는『梵宇攷』에 오른 보덕굴 연기 설화를 비롯하여『金剛山普德窟沿革』,『普德窟事績拾遺錄』등 대략 3유형담이 전해져 오고 있는 상태이다. …… 현재 보덕굴 연기를 가장 충실히 갈무리한 자료로는 정조 23(1799)년 편찬된 『梵宇攷』소재 '普德窟沿革'과 무풍 4(1854)년 芙林子 保郁이 남긴『普德窟事蹟拾遺錄』이 지목된다. 그 외『靑鶴集』과『梧溪集』등에도 보덕 이야기가 소개되어 있으나 단편적 기록인데다 그 내용도 앞의 것들과 대단한 층위를 보이고 있어 같은 자리에 놓고 논의하기가 어색하다. 상호 비교가 가능한『普德窟拾遺錄』,『普德窟沿革』,『梵宇攷』소재 보덕굴 연기 설화 가운데에서도 '범우고'의 것은 앞의 둘과 조금은 이질적이다. 본래 한가지 이야기였던 것이 후대로 내려오면서 두 갈래로 전승의 갈래가 바뀌어졌던 것으로 파악해야 할 것 같다. 또한『拾遺錄』과 『沿革』을 비교할 때, 서사 부위에 있어 양 설화는 대동소이하면서도 '연혁'이 보다 사찰 연기의 소임을 자각하고 있는 것으로 나타난다. …… 특히 芙林子가 기록한『普德窟事蹟拾遺錄』 은 고구려 승 보덕의 자취가 거세되고 고려 의종 때 승려인 懷正대사로 주인공이 대체되고 자취가 신비 체험 위주로 재편되어 전승하였던 것이다(김승호, "사찰연기설화의 소설적 조명," 『古小說研究』, 13[2002. 6], pp. 204~205, 214~215).

---

40) 소설이라기보다는 野史的 작품이다.
41)『三國遺事』, 3, 塔像, 第4, '敏藏寺'條에도 출전은 없으나 같은 내용이 수록되어 있다.
42) 이 작품은 소설이라기보다는 금강산 '普德窟'의 연기 설화라는 설이 제기되었다. 김승호, "사찰연기설화의 소설적 조명,"『古小說研究』, 13(2002. 6), p. 202 참조.

2. 〈연구〉
Ⅲ. (학술지)
1) 김승호, "사찰연기설화의 소설적 조명: 소위 「朋學同知傳」과 「普德閣氏傳」을 중심으로," 『古小說硏究』, 13(韓國古小說學會, 2002. 6).

〈줄거리〉
(芙林子 保郁撰, 『普德窟事蹟拾遺錄』)

회정대사(懷正大師)가 대비상(大悲像)을 보기를 염원하던 중 몽중에 나타난 백의노파로부터 몰골옹(沒骨翁)과 해명방(解明方)을 찾아가라는 충고를 들었다. 양구 방산에 들어간 회정이 몰골옹을 만나고, 다시 그로부터 해명방의 거처를 알게 되었다. 스님으로서 딸과 산중에 살고 있는 해명방은 회정을 의심하여 일언지하에 그를 내쫓았다. 수행 정진의 정성을 갸륵하게 여긴 해명방이 법요(法要)를 들려주고 사위가 되어 달라는 부탁을 하게 되었다. 회정이 동녀(童女)와 28일 동안 동거했으나 해명방의 반대에도 불구하고 그 곳을 떠나 고향으로 돌아가려 했다. 몰골옹에게 다시 돌아온 회정은 앞서 부녀가 각각 보현과 관음보살임을 전해 듣고 부녀와의 이별을 뒤늦게 후회했다. 해명방·몰골옹 부녀를 더 이상 만나지 못하게 되자, 회정은 송라암에 머물며 홀로 수행 정진했다. 몽중에 다시 백의노파가 나타나 회정의 전신이 보덕임을 일러 주며 만폭동에 그녀가 있다고 일러 주었다. 세건(洗巾) 중인 보덕[동녀]을 만났으나 동녀는 사라지고, 그가 몸을 숨긴 보덕굴 속에는 단지 불경 몇 권과 향로만 남아 있었다. 회정선사는 굴 곁에 절을 짓고 수행했는데 그 영이함으로 하여 이름을 떨쳤다(김승호, "사찰연기설화의 소설적 조명," 『古小說硏究』, 13[2002. 6], pp. 215~216).

◐225. [보심록 報心錄] ← 금낭이산 / *명사십리

국문필사본

(명사십리)

【增】 명ᄉ십리희당화 권지일	김광순[筆全](69)		2(1: 73f.; 2: 임신츄칠월초ᄉ일 권지이죵, 冊/主李基喆, 靑松, 87f.)
【增】 명ᄉ십리 明沙十里	홍윤표[家目]		1(安東郡豊南面, 103f.)

국문활자본

(금낭이산)

금낭이산 샹/하 錦囊 二山 上/下 一名 報心錄	국중(3634-2-17=4)/조희웅[家目]	1(화자 표시, [著·發]高敬相, 廣益書館·滙東書舘, 초판 1912.12.20; 재판 1915. 10.2; 3판 1916. 12.12; 4판 1917. 12.28; 6판 1924.1, 140pp.)
【削】 금낭이산 錦囊二山	김종철[李周映, 博論]	1(廣益書館, 6판 1924, 140pp.)

	금낭이산 상/하 錦囊二山 上/下 一名 報心錄	국중(3634-2-17=1)/[仁活全](18)	1(화자 표시, [著·發]李宗壽, 盛文堂書店, 초판 1922; 소화 11년[1936].11.25, 118pp.)
【削】	금낭이산 錦囊二山	[李周映, 博論]	1(盛文堂書店, 1936, 118pp.)
【增】	금낭이산	정명기[尋是齋 家目]	1(世昌書館, 1952)
【削】	금낭이산	[『출판목록』]	1(永昌書館)
【增】	금낭이산 일명 보심록	국중(3634-2-17=5)	1(화자 표시, [著·發]姜義永, 永昌書館·韓興書林·三書林光, 1925.12.28?, 118pp.)
【增】	금낭이산	김종철[家目]	1(滙東書舘·廣益書舘, 6판 1924)

(명사십리)

명사십리 古代小說 明沙十里	국중(3634-2-62=3)<재판>/ 哈燕[韓籍簡目 1](K4973.5/4290)	1([著發]洪淳泌 京城書籍業組合, 초판 1926.1.20; 재판 1926.12.20, 93pp.)[84]
명사십리 明沙十里	박순호[家目]/조희웅[家目]	1(박승태 편집, 槿興印書舘, 1946. 1. 30, 94pp.)
명사십리	국중(3634-2-62=1)<재판>	1([著·發]朴承台, 大昌書院, 초판 1920.12.14 인쇄; 재판 1920.12. 30, 94pp.)
명사십리	국중(3634-2-62=6)<재판>	1([編發]朴承台, 大昌書院·普及書舘, 초판 1920.1.10; 재판 1921.11.23, 94pp.)
명사십리 明沙十里	국중(3634-2-62=4)	1([著·發]金東縉, 德興書林, 1925.10.30, 93pp.)
명사십리	국중(3634-2-62=5)	1([著·發]朴承台, 東亞書舘·漢陽書籍業組合所, 1918.10.3, 94pp.)
명사십리 明沙十里	이수봉[家目]/정명기[尋是齋 家目]	1(博文書舘, 1928)
명사십리 明沙十里	국중(3634-2-62=2)/국회[目·韓II](811.31)/대전대[이능우 寄目](1098)/정명기[尋是齋 家目]/[Sk](134)	1([編發]申泰三, 世昌書舘, 1934.12.20, 93pp.; 1952, 88pp.)
명사십리 明沙十里	박순호[家目]<1958>/[仁活全](20)<1959>	1([著·發]姜槿馨, 永和出版社, 檀紀 4291[1958].10.20; 1959. 9. 20, 94pp.)
명사십리	[『렬녀전』(1918) 광고] /정명기[尋是齋 家目]	1(太華書舘)
명사십리	김종철[家目]/여승구[『古書通信』, 15(1999. 9)]	1(鄕民社, 1978)

(보심록)		
(고딕소설)보심록 報心錄	국중(3634-3-11=7)/영남대	1(국한자 병기, [著·發]池松旭, 新舊書林, 초판 1918.1.15; 재판 1920.4 .26; 1925, 144pp.)[目續] (도남813.5)
보심록	김종철[家目]/[申基亨, 363]	1(永和出版社, 1953)

225.1. 〈자료〉

Ⅰ. (영인)

「금낭이산」

225..1.1. 仁川大民族文化硏究所 編.『舊活字本古小說全集』, 18. 銀河出版社, 1984; (再刊) 國際아카데미, 2002. (성문당서점)

「명사십리」

225.1.2. 仁川大民族文化硏究所 編.『舊活字本古小說全集』, 20. 銀河出版社, 1984; (再刊) 國際아카데미, 2002. (영화출판사판)

Ⅱ. (역주)

「보심록」

225.1.6. 김영철 윤색 및 주해.『보심록』. 조선고전문학선집, 40. 평양: 문예출판사, 1991; 海外우리語文學硏究叢書, 48. 한국문화사, 1995(영인); 조선고전문학선집, 29. 연문사, 2000(영인).

【增】

1) 조선문학예술총동맹출판사 고전편집부.『보심록』. 평양: 조선문학예술총동맹출판사, 1962.

◘226. [보은기우록 報恩奇遇錄]⁴³⁾

〈관계기록〉

① 『諺文古詩』(가람본), '언문칙목녹', 23:「보운긔우록」.

② Courant, 862:「보은긔우록 報恩奇遇錄」.

【增】

1) 『[演慶堂]諺文冊目錄』(1920; 藏書閣所藏): 93.「報恩奇遇錄」18冊.

국문필사본

보은긔우록	국중[고4][의산](古3636-78)/정문연 [韓古目](364: R35N-002948-6)	낙질 1(37f.)
【增】 報恩奇遇錄	김기동[『장서각고소설해제』, p. 129]	낙질 1(53f.)
【削】 현봉쌍의록 報恩奇遇錄	단국대[羅孫]-[漢目](古853.5/ 보958)/정문연[韓古目](363: R35P-000006-6)	1(권말 미완, 37f.)⁽⁸⁸⁾

---

43)「명행정의록」으로 이어진다.

226.2. 〈연구〉

Ⅱ. (학위논문)

〈석사〉

【增】

1) 최수현. "「보은기우록」의 구성과 갈등구조 연구." 碩論(이화여대 대학원, 2005. 2).

Ⅲ. (학술지)

【增】

1) 서정민. "「보은기우록」과 「명행정의록」의 연작 양상." 『冠嶽語文研究』, 28(서울大 國語國文學科, 2003. 12).

2) 趙光國. "閥閱小說의 孝 具現 樣相에 대한 연구: 「柳孝公善行錄」·「報恩奇遇錄」을 중심으로." 『語文研究』, 33:4[128](韓國語文教育研究會, 2005. 12).

▶ (보은록 報恩錄 → 보심록)
▶ (보응 報應 → 금고기관)44)
◐ {보응유유회기}

〈관계기록〉

① 『諺文古詩』(가람본), '언문칙목녹', 141: 「보응뉴유회긔」.

▶ (보타기문 普陀奇聞 → 육미당기)

◨ 227. [보홍루몽 補紅樓夢]

〈참고자료〉

① 四十八回. 清嘉慶庚辰(二十五年)刊本 石印本. 清魏某撰. 首嘉慶甲戌(十九年)自序◐(48회. 청나라 가경 연간 경진[1820]간본으로 석인본이며 청나라 때 위아무개가 편찬한 것이다. 머리부분에 가경 갑술[1814]에 쓴 자서가 있다)[孫楷第, 『中國通俗小說書目』, 168].

【增】〈관계기록〉

1) 『大畜觀書目』(19C初?): 「補紅樓夢」 三套共二十二冊.

2) 『[演慶堂]諺文冊目錄』(1920; 藏書閣所藏): 75. 「補紅樓夢」 24冊.

【增】〈이본연구〉

1) 낙선재본 「보홍루몽」은 嘉慶 甲戌年[1814] 가을에 鄕嬛山樵가 창작하고, 가경 庚辰年[1820] 여름에 판각한 「보홍루몽」을 번역한 것으로, 총 24권 48회로 이루어진 「홍루몽」 續書 가운데 하나이다. 작가는 작품 서두에 空空道人의 이야기를 통해 작품의 창작 동기를 밝히고 있는데, 曹雪斤의 「홍루몽」 이후 「後紅樓夢」, 「綺樓重夢」, 「續紅樓夢」, 「紅樓復夢」 등이 나왔으나, 人鬼 혼잡하고 情理 합당치 않아 원본과 크게 다름을 한탄하여 이 작품을 세상에 내놓게 되었다고 말하고 있다. …… 「보홍루몽」은 「홍루몽」 120회 이후를 이어 20여 년간의 일들을 다루고 있다. 낙선재본 「보홍루몽」에서 드러나는 번역상의 특징은 直譯과 縮約으로 정리할 수 있겠다(김정녀,

---

44) 『이본목록』, 『작품연구 총람』, 『문헌정보』에 추가.

"낙선재본「보홍루몽」의 번역 양상," 『보홍루몽』[2004. 10], p. 1 및 p. 4).

2) 낙선재본 『보홍루몽』은 鄕嬛山樵의 『보홍루몽』 48회본을 번역한 것이다. 『보홍루몽』은 嘉慶 25년(1820)에 나온 本衙藏板本이 가장 이른 것이다. 내용은 원서의 120회 이후를 이어서 지은 것으로 천상의 太虛幻境과 신선계의 大荒山, 지상의 大觀園 그리고 지하세계인 地府를 오가면서 사건이 전개된다. 태허환경에는 세상을 떠난 임대옥을 비롯한 금릉십이차의 일부 인물이 살고 있으며, 대황산에는 출가한 가보옥과 유상련 등이 묘묘진인과 망망대사의 제자가 되어 수도를 닦고 있고, 대관원에는 아직 세상에 남은 왕부인, 설보차 등의 영국부 인물이 있으며, 지하세계인 지부는 임여해가 다스리고 있다. 설보차의 아들 賈桂芳은 꿈에 태허환경을 노닐다 仙簿를 보고 전후의 인연을 분명히 깨닫게 된다. 다른 속서와는 달리 원작품의 인물들이 훗날 어떻게 살아가는가에 초점을 맞추고 있는 점이 독특하다고 하겠다. 필사 형태는 半葉 10행 19자로 적었으며, 번역 양상은 앞서의 다른 번역본과 비슷한 양상으로, 직역과 축약을 위주로 하고 있으며, 한자어를 많이 쓰거나 중국어를 그대로 차용하는 경우가 역시 나온다. 부분적으로 개작한 곳도 눈에 띄며 남녀 간의 노골적인 애정 행위 등의 장면에서는 상당 부분 축약 혹은 생략을 가하고 있기도 하다(崔溶澈, "韓國에서의 「紅樓夢」 傳播와 飜譯." 鮮文大 中韓飜譯文獻 研究所, 『紅樓夢的傳播與飜譯 홍루몽의 전파와 번역』[2004. 11], p. 76).

【增】〈판본 연대〉

1) 「보홍루몽」이 언제 우리 나라에 유입되었는지는 단정지을 수 없다. 다만 李圭景[1788~??]의 『五洲衍文長箋散稿』 권7 '小說辨證說'에 「속홍루몽」에 대한 기록이 보이고, 趙在三 [1808~1866]의 『松南雜識』 권7 '稽古類 西廂記'에 「紅樓浮夢」에 대한 기록이 보이는 것으로 보아, 이 작품 역시 창작이 이루어지고 얼마 지나지 않은 19세기 후반 이전에는 이미 조선에 유입되었을 것으로 추정된다(김정녀, "낙선재본「보홍루몽」의 번역 양상," 『보홍루몽』[2004. 10], p. 3).

227.1. 〈자료〉

【增】Ⅱ. (역주)

1) 김정녀·최길용·박재연 校註. 『보홍루몽 補紅樓夢』. 조선시대 번역고소설총서 20. 이회, 2004.[45]) (정문연 소장)

227.2. 〈연구〉

【增】Ⅲ. (학술지)

1) 김정녀. "낙선재본「보홍루몽」의 번역 양상." 김정녀·최길용·박재연 校註. 『보홍루몽 補紅樓夢』 (이회, 2004. 10).

2) 金貞女. "樂善齋本「紅樓夢補」와「補紅樓夢」의 飜譯樣相." 『紅樓夢的傳播與飜譯』(鮮文大 中韓飜譯文獻研究所, 2004. 11). 『中國小說論叢』, 21(韓國中國小說學會, 2005. 3)에 재수록.

▶(복선화음록 福善禍淫錄 → 괴똥전)
▶(봉공록 封功錄 → 만신주봉공록)[46])

---

45) 嘉慶二十五年庚辰[1820]本衙藏板「補紅樓夢」(중국본)이 영인 附載되어 있다.

◨228. [봉래신선록 蓬萊神仙錄] ← 방운전 / 봉래신설
　〈작자〉 沈遠明
　〈작품연대〉
　　【增】
　　1) 한글본의 첫 장에 '戊午臘月晦日粧'이라는 기록이 있고, 지질이나 표기 방식 등으로 미루어 1858년에 쓰여진 작품이다라 하겠으며, 한문본에는 '丁巳流火月盡書'라 되어 있으니, 한글본보다 한 해 앞선 1857년에 쓰여졌음을 알 수 있다. 또 한글본의 結尾에 한문본을 번역한 것이라는 부기가 있다(김경미, "「房雲傳」, 「蓬萊新說」 해제," 『洌上古典研究』, 1(洌上古典研究會, 1988. 4), p. 371).

　〈관계기록〉
　　① 「봉래신선록」 結尾: 셰츠 광무 팔년 갑진[1904] 십월 망간에 싱이 홀로 안져 젹젹 무료허기로 니 칙을 지엇슨즉 말도 아니 되고 글씨도 용열허매 눌러 보시옵 심싱우수는 셔.
　　② 이가원 소장 「방운전」 後記: 이 칙은 본듸 진셔칙으로 번역하여 지여시니…… .

228.2. 〈연구〉
　　Ⅲ. (학술지)
　　228.2.3. 심재복. "「봉닉신셜녹」에 대하여." 『語文研究』, 26(語文研究會, 1995. 5). 『대구어문론총』, 13(대구어문학회, 1995. 6)에 재수록.
　　228.2.4. 【削】 심재복. "「봉닉신셜녹」에 대하여." 『대구어문론총』, 13(대구어문학회, 1995. 6).

▶(봉래신설 蓬萊新說 → 봉래신선록)
▶(봉빈전 鳳彬傳 → 이봉빈전)
◐{봉산학자전 鳳山學者傳}[47]
　〈작자〉 朴趾源(1737~1805)
　〈관계기록〉
　　① 『燕巖集』(朴趾源), 8, 別集, 放璚閣外傳, 自序: 入孝出悌 未學謂學 斯言雖過 可警僞德 明宣不讀 三年善學 農夫耕野 賓妻相揖 目不知書 可謂眞學 於是述鳳山學者◐(집에 들어와서 부모에게 효도하고 밖에 나가서 어른에게 공손하다면 공부를 못한 사람도 공부를 했다고 이른다는 그 말[48]이 비록 지나치기는 하나 가짜 도학군자를 경계할 만하다. 공명선[公明宣][49]이 글을 읽지 않으면서도 3년 동안 공부를 잘하였으며, 각결[卻缺][50]이 들에서 밭갈이를 하면서 아내를 대하기 손님과 같이 하였으니, 눈으로 글자를 모를망정 참된 공부라고 말해야 한다. 그러므로 봉산학자의 이야기를 적는다).

---

46) 『이본목록』, 『작품연구 총람』, 『문헌정보』에 추가.
47) 현재 不傳.
48) 『논어』의 인용.
49) 증자의 제자로 그의 문하에 온 지 3년 동안 글은 읽지 않고 선생의 일상 생활만을 배웠다.
50) 각결이 들에서 밭을 갈고 그의 아내가 밥을 가져 왔는데 서로 대하는 것이 마침 손님과 같이 하였다. 때마침 진문공의 심부름으로 그 지방을 지나던 사람이 그것을 보고 진문공에게 천거하여 관리로 등용되게 하였다.

② 同上, 朴宗侃 '後識': 上文之缺 下篇之失 以其聯卷 故並爲遺佚云◐(윗글 「虞裳傳」]의 결실과 하편 「易學大盜傳」·「鳳山學者傳」]의 결실은 연권[聯卷]51)된 때문으로 함께 잃어 버렸다).

◐{봉선루기 逢仙樓記}

〈관계기록〉

① 金起東, 『李朝時代小說論』, p. 596.

◐{봉선화전 鳳仙花傳}

국문필사본

【增】鳳仙花傳　　　　　　여태명[家目](426)　　　　　1(75f.)

▶(봉신연의 封神演義 → 서주연의)52)

◐{봉향진은축}

◪229.[봉황금 鳳凰琴] ← *강릉추월 / *소운전 / *소정월봉기 / *소학사전 / *소한림전 / *옥소기연(봉) / *옥소전 / *월봉(산)기 / *이춘백전 / *천도화

국문필사본

봉황금젼니라 鳳凰琴傳　　단국대[未刊目](古 853.5　　1([표지]歲在庚午十月柒日)
　　　　　　　　　　　　　봉999ㄱ)

국문활자본

【增】 봉황금　　　　　　　김종철[家目]　　　　　　　1(上下, 博文書舘, 1925)
　(쟝션감의)봉황금 상/하　국중(3634-2-55=3)/[仁活全](2)　2~1([著·發]高裕相, 滙東
　鳳凰琴 上/下　　　　　　　　　　　　　　　　　　　書舘, 초판 1922.2.20; 재판
　　　　　　　　　　　　　　　　　　　　　　　　　　1923.2.5, 112pp.)

229.1. 〈자료〉

Ⅰ. (영인)

229.1.1. 仁川大民族文化硏究所 編, 『舊活字本古小說全集』, 2. 銀河出版社, 1982; (再刊) 國際아카데미, 2002. (회동서관판)

Ⅱ. (역주)

【增】

1) 박형균 윤색. 『봉황금』. 평양: 문예출판사, 1987.

▶(봉황대 鳳凰臺 → 이대봉전)
▶(봉황전 鳳凰傳 → 이대봉전)

---

51) 같은 책에 묶여 있다.
52) 모든 사전에 항목 순서가 잘못되어 있으므로 바로잡는다.

■『부담 浮談』53) → 불효부전 / 신방초일 / 해서기문
【增】〈관계기록〉
1)『[演慶堂]諺文冊目錄』(1920; 藏書閣所藏): 174.『浮談』1册.
2)『[가람]칙목녹』(奎章閣所藏):『부담 단』.

◘230. [[부목한전 浮穆漢傳]] ←『매화외사』
〈작자〉 李鈺(1760~1813)54)
〈출전〉 金鑢(1766~1821),55)『藫庭叢書』, 21, '梅花外史'
Ⅱ.(역주)
【增】
1) 실시학사 고전문학연구회 역주.『역주 이옥전집』, 2. 소명출판, 2001.
2) 朴熙秉 標點·校釋.『韓國漢文小說 交合句解』. 소명출판, 2005. (『藫庭叢書』, '梅花外史')
Ⅲ.(활자)

◘231. [[부벽몽유록 浮碧夢遊錄]]
◐{부부화락록 夫婦和樂錄}
▶(부설거사 浮雪居士 → 부설전)
◘232. [[부설전 浮雪傳]]56) ← 부설거사
【增】〈작자〉
1)「浮雪傳」은 暎虛大師 海日(1541~1609)의 詩文集인『暎虛集』권3에 수록되어 있다.『영허집』은 4권 1책으로 되어 있는데, 그 卷首(혹은 卷中)에는 崇禎乙亥(仁祖 13년, 1635) 3월 天台山人 書의 '暎虛大師 詩集序'가 있으며, 卷末(혹은 卷首와 卷中)에는 '大明崇禎8年乙亥(1635) 仲春 日 涵影堂·謹誌'의 '普應堂暎虛大師行蹟'과 '乙亥中夏一日 新坡居士書'의 跋이 있다. 卷之一에는 5언절구 5수와 7언절구 17수가 수록되어 있고, 卷之二에는 5언율시 29수가 있으며, 卷之三에는 7언율시 14수와 賦(五臺山賦·樂天歌·浮雪傳) 3편이 있으며, 卷之四에는 遊山錄(頭流山·香山·金剛山) 3편이 있다. 지금 본 것처럼「浮雪傳」은『暎虛集』권3의 賦 끝에 들어 있다. 그러므로「浮雪傳」은『暎虛集』의 저자인 普應堂 暎虛大師가 著作한 것임을 알 수 있다. 따라서「浮雪傳」이 月明庵에 전해져 있는 筆寫本 외에 板本이 있으며, 그것은『暎虛集』에 수록되어 있다는 사실을 알 수가 있다는 것이다. 그 筆寫本이 작자 暎虛大師의 친필 원본인지는 모를 일이지만, 거기에 작자의 서명이나 작자를 알 만한 아무런 기록이 없는 점으로 미루어서 原草本은 아닌 것 같고,『暎虛集』속에 있는「浮雪傳」만을 抄寫하여 月明庵에 傳藏하였던

---

53) 李秉岐 교주의『要路院夜話記』(乙酉文化社, 1949), pp. 69~97에「新房初日」·「不孝婦傳」·「海西奇聞」의 세 가지 이야기가 수록되었다.
54) 모든 사전 수정.
55) 모든 사전 수정.
56) 김태준의『조선소설사』, p. 42에서는「浮雲居士傳」이라 하였으나, 이는「浮雪居士傳」의 오기임이 밝혀졌다 (黃浿江,『新羅佛敎說話硏究』, 一志社, 1975).

것이 아닌가 싶다(金煐泰, "「浮雪傳」의 原本과 그 作者에 대하여," 『韓國佛敎學』, 1[1975. 12], p. 90).

〈작품연대〉

【增】

1) 海日[暎虛大師]이 이「浮雪傳」을 著述한 것은 그가 得度 寺刹인 楞迦山 實相寺를 떠나 여러 곳으로 高德 善知識을 찾고 많은 공부를 쌓은 뒤에 다시 능가산 실상사로 돌아갔던 己丑年(1589) 그의 49세 때가 아니면, 그의 65세 되는 乙巳(1905) 봄에 또다시 실상사로 들어가 僧侶들을 많이 모아 諸經論을 講하였던 그 때가 아니었을까 하는 것이다. 19세에 출가한 그가 5년 후에 능가산을 떠날 그 동안에는 아직「부설전」을 저술할 수 없으리라고 보기 때문에, 그가 49세 때 능가산에 다시 왔을 때가 아니면 65세 때 또 다시 돌아왔을 때 썼으리라는 것이다. 그의 고향이며 옛산인 능가산은 부설거사 설화의 본고장이기도 하므로, 이곳에서 부설거사의 옛 이야기를 정리하여「부설전」을 저작하였을 것이라고 볼 수 있겠기 때문이다(金煐泰, "「浮雪傳」의 原本과 그 作者에 대하여," 『韓國佛敎學』, 1[1975. 12], p. 95).

〈관계기록〉

① 『韶濩堂集』(金澤榮 1850~1927), 文集定本, 9,「浮雪居士傳」: 金澤榮曰 余至邊山明月庵 臨月淨臺下 觀渤海 山僧示古蹟如此 吾邦拙於文字 除正史外 奇談異事 萬不傳一 況於浮屠之家乎 乃此蹟遠在七百年之外 而能不就湮滅 宜乎 其人之傳爲寶也●(내가 변산 명월암에 이르러 월정대 아래에서 발해를 바라보고 있노라니 산승이 이 같은 고적[「부설전」]을 보여 주었다. 우리 나라는 문자에 졸하여 정사를 제하면 그 밖에 기담이사57)는 만에 하나도 전하지 않는다. 하물며 불가[佛家]에 있어서랴. 이 고적이 멀리 700년 밖에 있어도 능히 인멸치 않은 것은 의당히 사람이 보배로이 여겨서 전하였음이라)

국문활자본		
【增】浮雪居士	[布敎叢書 第7輯]	1(金泰洽著, 佛敎時報社, 1932. 12. 15; 재판 1935. 5; 3판 1936. 2)

한문판각본	
【增】浮雪傳	동국대[暎虛大師 海日, 『暎虛集』, 권3]

한문활자본	
【增】浮雪居士傳	[『朝鮮佛敎月報』, 16~17, 1913. 5~6]58)
浮雪功熟水懸空中	[李能和, 『朝鮮佛敎通史』, 下, pp. 210~215]59)

---

57) 기이한 이야기와 이상한 일.
58) 제16호에는 雙荷子 選, 제17호에는 記者 輯으로 되어 있는 한편 제16호에는 전거가 밝혀져 있지 않으나 제17호에는 '月明庵寄本'으로 되어 있다.

232.1. 〈자료〉
Ⅰ. (영인)

232.1.1. 仁川大民族文化硏究所 編.『舊活字本古小說全集』, 20. 銀河出版社, 1984; (再刊) 國際아카데미, 2002. (禪學院版,『부설거사』)

232.2. 〈연구〉
Ⅲ. (학술지)

【增】

1) 경일남. "「부설전」의 인물대립 의미와 작가의식."『語文硏究』, 34(語文硏究學會, 2000. 12).
2) 김승호 "16세기 승려작가 映虛 및「浮雪傳」의 소설사적 의의."『古小說硏究』, 11(韓國古小說學會, 2001. 6).
3) 오대혁. "「浮雪傳」의 창작연원과 소설사적 의의."『語文硏究』, 47집(語文硏究學會, 2005. 4).

【增】 ◐{부안록 鳧雁錄}

【增】 한문필사본

| 【增】 鳧雁錄 全 | 박순호[家目] | 1(辛亥七月日, 19f.) |

▶(부용당 芙蓉堂 → 금산사몽유록)[60]
◆233. [부용상사곡 芙蓉想思曲][61]

〈관계기록〉

① 「부용의 상사곡」(新舊書林版), 結尾: 엇지 긔이치 아니리오 이에 그 ㅅ젹을 대략 말슴ᄒ거니와 용낭의 문쟝은 따로 「부용집」이 잇기로 이 칙에 긔록지 아니ᄒ노라.

국문활자본

| 부용의 상ᄉ곡 (古代小說)芙蓉의 相思曲 | 국중(3634-2-21=3)<초판>/국중(3634-2-115=5)<3판>/국중(3634-2-115=2)<4판>/대전대[이능우 寄目](1215)/서울대(3350-146)/[亞活全](3) | 1(국한자 병기, [著·發]池松旭, 新舊書林, 초판 1914[62]).9. 30; 재판 1914; 3판 1918.2.20; 4판 1921.12.20, 87pp.) |

233.2. 〈연구〉
Ⅱ. (학위논문)

---

59) 본문 첫머리가『朝鮮佛敎月報』에는 '新羅眞德女主'으로 시작되고 있음에 비하여 본서에는 '新羅善德女主'로 바뀌어져 있다. 그리고 末尾에는 '浮雪居士傳'이란 주가 붙어 있다.
60)『이본목록』에는 표제 순서가 잘못되어 있다.
61) 신소설기에 이루어진 것으로 보이는 고전 소설. 작품 중 '相思別曲'이란 가사의 내용이 상당 부분을 차지하고 있다.
62) 재판본에는 초판본이 1914년에 발간된 것으로 되어 있으나, 4판에는 초간본이 1913년에 발간된 것으로 되어 있다.

⟨석사⟩

【增】

1) 임성진. "구활자본 애정소설 연구:「추풍감별곡」,「부용의 상사곡」,「청년회심곡」을 중심으로." 碩論(성신여대 대학원, 2004. 2).

Ⅲ. ⟨학술지⟩

【增】

1) 조광국. "「부용상사곡」: 자유연애와 남녀평등의 애정 결합."『한국문화와 기녀』(월인, 2004. 2).

▶(부용의 상사곡 → 부용상사곡)
◘234.[부용전 芙蓉傳]

국문필사본

| 【增】 芙蓉傳 | 정명기[尋是齋 家目] | 163) |

234.2. ⟨연구⟩

Ⅲ. ⟨학술지⟩

【增】

1) 오종근. "「부용전」 연구."『人文論叢』, 7(東新大 人文科學研究所, 2000. 12).
2) 오종근·백미애. "「부용전」의 서사구조와 의미."『조선조 가정소설』(월인, 2001. 8).
3) 이선형. "「부용전」 소고."『국민어문연구』, 11(국민대 국어국문학연구회, 2004. 2).

⟨줄거리⟩

【增】

(박순호 소장「부용전」)

명나라 홍무 7년, 성주 땅에 사는 곽춘성이라는 사람이 나이가 30이 되도록 아이가 없었다. 부인 안씨가 춘성에게 후처를 두어 대를 이을 것을 권했지만, 춘성이 마다하고 안씨에게 지성을 드려 아이를 낳으라고 권했다. 과연 그 달부터 태기 있어 첫아이로 딸을 낳아 부용이라 이름을 짓고, 수삼 년 후에 아들을 낳아 뇌성이라고 하였다. 부인이 우연히 병을 얻어 먼저 세상을 뜨고, 수월 후에 춘성도 득병하여 죽게 되었다. (이때 부용의 나이 13세, 뇌성의 나이 10세) 남매가 장례도 치르지 못한 채 빈소를 붙들고 울다가 잠이 들었는데 백수노인이 땅을 가르치며 부모의 묘자리를 봐 주었다. 부용과 뇌성은 남의 집[강한림댁] 하인 노릇을 하여 얻은 돈으로 부모의 장사를 치르자고 하였다. 그래서 강한림 집으로 들어가 사연을 말하고 돈을 얻어 고향에 와 장사를 치렀다. 이때 그 동네 사람들이 모두 나와 도와 주었다. 또 동네 사람들에게 장사 치르고 난 뒤 남은 돈 10냥을 주고 산소를 돌봐 달라고 하였다. 강한림과 그 부인이 뇌성과 부용을 사랑하여 공부도 가르치고 모녀처럼 지냈다. (이때 부용의 나이 16세, 뇌성의 나이 13세) 강한림에게 자매가 있었는데 큰딸은 난총, 둘째딸은 난화였다. 난총이 부용의 재주를 시기하여 음해하려고 하고, 난화는 부용과 동갑으로 의좋게 잘 지냈다. 난총의 나이가 당혼할 때가 되어 황성에서 별송을 하는 손능찬의 아들 병진을 사위로 삼아 정혼하였다. 난총이 황성으로 신행할 때에 부모에게 부탁하여 부용을 심복으로 데리고 갈 수 있도록

---

63)「괴동전」과 합철되어 있다.

부탁하였다. 난화는 난총의 흉계를 꿰뚫고 난총에게 부용을 불쌍히 여겨 달라고 말하였다. 부용이 기주 땅을 지나면서 부모님 산소에 올라가 보니, 전에 없던 복덕비가 있어 놀라던 차에 절벽에 있던 한 동자를 만나 백파강을 조심하라는 경고를 들었다. 또 마을로 내려와 그 무덤에서 여러 번 영험한 일을 겪어 복덕비를 세웠다는 말을 들었다. 황제가 손병진에게 여주자사를 제수하였는데 그 곳의 큰 강[백파강]에 있는 물귀신이 영악하여 왕래하는 사람들이 수륙제를 지냈다. (예쁜 여자로 제사를 지내야 무사히 건널수 있다.) 이 이야기를 듣고 난총이 부용을 죽이려는 묘책을 세워, 부용을 백파강의 제물로 쓰기로 하였다. 난총을 수륙제의 제물로 삼아 배를 띄워 놓았는데, 배가 난파하고 옥 같은 선동이 '부용지선'을 몰고 와 난총을 건져 실었다. 선동은 손병진에게, "만고 효녀를 죽이려고 하니, 상제님이 사해용왕에게 분부하사 난총은 흉계가 불측하야 음해 있으니 복선하여 죽이고, 부용낭자는 인간으로 급히 환송하라."고 꾸짖었다. (난총 죽음) 배를 황성으로 행하게 한 뒤 유리병[천상 화릴주] 하나를 주면서 후에 쓰일 데가 있으리라 하며, 또 부용은 만승 황후가 되고 동생을 만나 부귀가 천하에 진동할 것이라 말해 주었다. 손병진이 황성으로 돌아와 천자에게 백파강에서 있었던 일을 말하여 황제가 부용을 궁으로 불렀다. 천자의 아들인 경화동군[64][15세]의 병환이 위중하였는데, 부용이 화릴주를 올려 쾌차하게 되었다. 천자는 부용의 지성에 감탄하여 경성동군의 배필로 삼아 대왕비[후에 충렬왕비]를 봉하고 봉황궁[만고 충렬왕비 곽씨 부용지문]에 살게 하였다. 또 경성대군이 처를 맞았다고 하여 경과를 베풀었다. 한림이 뇌성의 재주를 안타깝게 여기어 양자로 삼고, 과거 볼 것을 권하였다. 난화는 황성으로 가는 뇌성에게 부용에게 줄 편적를 부탁하였다. 황성으로 올라온 뇌성은 궁궐 이름을 보고 헤어진 누이를 생각하다가, 문지기의 말을 듣고 부용이 왕비가 된 것을 알게 되었다. 이 날 밤에 부용이 꿈을 꾼 뒤 궐문 밖에 있는 뇌성을 찾아 보았지만 만나 보지 못하였다. 경성대군에게 꿈 이야기를 하고, 과거 후에 뇌성을 찾자고 하였다. 다음날 부용의 효를 기려 과거 글제를 "선몸을 팔아 부모를 장사한다"라고 내었다. 뇌성은 자신의 일을 자세히 써 올렸다. 하지만 황제와 경성대군이 뇌성의 글을 읽지 못하자 뇌성의 글이 공중으로 날아와 용상 앞에 놓였다. 이상히 여긴 왕이 이 글을 보고 부용의 동생 뇌성임을 알게 되었다. 상제는 뇌성의 용모를 보고 크게 기뻐하고, 경성대군이 뇌성을 데리고 궐에 들어가 부용과 상봉하였다. 부용은 난화가 보낸 편지를 보고 그 은혜에 감탄하고, 남매는 그간의 회포를 풀었다. 황제는 '효자 곽뇌성'이라는 현판을 써서 충열문에 부용왕비와 함께 붙여 그 효를 기리었다. 또 황제는 뇌성을 대사공 벼슬하는 양득춘의 딸과 혼사를 정하게 하는 한편 뇌성에게 병마대원수로 제수하고, 그 아버지 춘성을 국왕으로 추존하고, 그 부인 안씨[65]는 평숙왕비를 봉하였다. 황후가 우연 득병하여 갑술년 2월 초 10일 사시에 붕어하였다. 천자가 후궁을 택취하려 하자 부용이 천자에게 난화를 추천하였대[이때 난화는 20세]. 천자는 강한림을 불러 난화를 후궁으로 들이고자 한다는 말을 전하니, 한림은 그간 부용의 일을 듣고 놀랐다. 부용은 강한림이 왔다는 이야기를 듣고 만나서 그간의 사연을 이야기하고 날을 잡아 사신을 금릉으로 보내어 난화를 만났다. 부용은 난화에게 그간의 일들을 이야기하였다. 황제는 충렬왕비를 칭찬하고, 뇌성을 초왕으로 봉하였다. 초나라로 떠나는 뇌성은 부용과 황후에게 하직 인사를 하고 선산에 하직하는데, 인근 촌민들과 백관들이 예로써 받드니 7 년간 온나라가 태평하였다. [작가의 평론 : 부모에게 효도하고 친척과 화목하고 친구를 구제하면 積善之家 必有餘慶 積惡之家 必有餘惡. 정미년 정월 13일에 다시 씀](이선형, 「「부용전」소고」, 『국민어문연구』, 11 [2004. 2], pp. 3~5).

235. [부용헌 芙蓉軒]

국문활자본

부용헌 芙蓉軒　　　국중(3634-3-75=3)　　　1(|著|金榮漢, 東美書市, 1914.3.7, 75pp.)

235.2. 〈연구〉

【增】
1) 차충환. "「강상월」과 「부용헌」: 고소설의 개작본." 『인문학연구』, 6(경희대학교 인문학연구원, 2002. 12). 『韓國古典小說 作品研究』(월인, 2004. 10)에 재수록.

236. [부인관찰사 婦人觀察使] ← *이춘풍전

237. [부장양문록 夫張兩門錄] ← 부장양문충효록

국문필사본

【增】 부장양문녹　　　미도민속관[생활사 도록](57B)　　5

【增】 237.2. 〈연구〉
1) 정병설. "여성영웅소설의 전개와 「부장양문록」." 『고전문학연구』, 19(한국고전문학회, 2001. 6).

【增】 ▶(부장양문열효록 夫張兩門烈孝錄 → 부장양문록)

{부홍루몽 復紅樓夢}

〈관계기록〉

① 李能雨, 『入門을 위한 國文學槪論』, p. 6: 「復紅樓夢」, 10卷, 東京大學藏.

【增】
1) 『絹敬堂曝曬書目總錄』:「復紅樓夢」十本欠.
2) 『集玉齋書目』:「復紅樓夢」十卷 又 三十二卷.
3) 『集玉齋書目』:「復紅樓夢」十六卷.

238. [[부휴자전 浮休子傳]]

〈작자〉 成俔(1439~1504) 혹은 李陸(1438~1498)[66]
〈출전〉 『續東文選』, 17, 傳

239. [북송연의 北宋演義]

〈관계기록〉

(한문)

① 『惺所覆瓿稿』(許筠 1569~1618), 13, 文部 10, 題跋, '西遊錄跋': 余得戲家說數十種 除「三國」·

---

64) 이름이 작품 속에서 '경화동군'·'경성동군'·'경성대군' 등으로 혼용된다.
65) 앞에는 '양득춘의 딸'로 되어 있던 것이 뒤에는 '안씨'로 바뀌어 있다.
66) 『동문선』·『대동운부군옥』·『연려실기술』등에는 성현의 작으로 되어 있고, 『朝野輯要』에는 이륙의 작이라 하고 있다.

「隋唐」外「兩漢」齟「齊魏」拙「五代殘唐」率「北宋」略「水滸」則姦編機巧 皆不足訓而著於一人手 宜羅氏之三世啞也◐(내가 희가의 소설 수십 종을 얻어 읽어 보니,「삼국지연의」와「수당연의」를 제외한 그 밖의 '양한연의'는 앞뒤가 맞지 않고, '제·위지'는 치졸하며,「잔당오대연의」는 경솔하고,「북송연의」는 소략하고,「수호전」은 간사하고 거짓되어 가르치기에 적당치 않은데, 이것들이 한 사람의 손에 의해 지어졌다 하니, 나씨[나관중 1330~1400]가 3세에 걸쳐 벙어리가 되었다 함은 마땅하다).

② 『旬五志』(洪萬宗 1643~1725), 下: 古說之表表 可稱者「西遊記」·「水滸傳」外 如列國·東西漢·齊魏·五代唐·南北宋 皆有演義皆行於世◐(옛 이야기 가운데 뛰어나[表表] 일컬어질 만한 것으로서「서유기」·「수호전」외에 열국 때로부터 동서한·제·위·오대·당·남북송에 이르기까지 모두 연의가 있어 세상에 유행하였다).

③ 『中國歷史繪模本』(完山[映嬪]李氏, 1762), no. 13:「北宋演義」.

【增】

1) 『字學歲月』[1744](尹德熙 1685~1766):「北宋衍義」.
2) 『私集』(尹德熙 1685~1766), 4,「小說經覽者」(1762):「北宋衍義」.
3) 『海南尹氏群書目錄』(國立中央圖書館所藏):「南北兩宋傳」.

(국역)

① 「玉鴛再合奇緣」(溫陽鄭氏 1725~1799), 15, 表紙 裏面:「북송연의」.
② 『諺文古詩』(가람본), '언문칙목녹', 97:「북송연의」.
③ Courant, 763:「북송연의 北宋演義」.

【增】

1) 『[演慶堂]諺文冊目錄』(1920; 藏書閣所藏): 114.「北宋演義」5冊.

【增】 ◑239-1.[분장루 粉粧樓]67)

〈제의〉 권 1 및 권 5의 마지막 회목에 나타나는 누각 이름. 그러나 특정 누각의 이름이라기보다는 '단장한 누각' 정도의 뜻을 지닌 명사다.

〈비교연구〉

1) 「粉粧樓」[中國本]는 모두 10권 80회로 원래는 '繡像粉粧樓全傳'이라 되어 있다. 청 嘉慶 시기의 장편 소설이다. 작중인물은 「說唐全傳」을 이어받아 초당 공신의 후예와 간신들의 투쟁을 그린 것으로 「說唐後傳」의 속작에 속한다. …… 「분장누」[한글본]는 가경 2년[1797] 초간본을 토대로 번역했다기보다는 咸豊 3년[1853] 愛日堂本이나 함풍 11년[1861] 維經堂本, 光緒 癸未[1883] 掃葉山房本 등 19세기 후반에 나온 판본을 근거로 번역했을 가능성이 높다(박재연 校註,『기벽연역·분장누』[2002], pp. 12, 15, et passim).

239-1.1. 〈자료〉

Ⅱ. (역주)

1) 박재연 校註『기벽연역·분장누 開闢衍繹·粉粧樓』. 조선시대 번역고소설 총서 4. 이회, 2002.68)

---

67) 모든 사전에 추가.
68) 중국본인 崇禎 乙亥「開闢衍繹通俗志傳」과 嘉慶二年「繡像粉粧樓全傳」(寶華樓梓)이 영인 부재되어 있다.

(서울대 규장각 소장)

239-1.2. 〈연구〉

Ⅲ. (학술지)
1) 朴在淵. "「긔벽연역(開闢衍繹)」·「분장누(粉粧樓)」의 주석 연구." 『긔벽연역·분장누 開闢衍繹·粉粧樓』(이회, 2002. 12).

국문필사본

【增】 분장누 粉粧樓 권지일/······/권지오	선문대 중한번역문헌연구소 [생활사 도록](91)	5(1: 병오 오월 슌 슴일 시쟉ᄒ여 념슴일 필셔, 96f.; 2: 병오 뉴월초 강남창하의 필셔, 78f.; 3: 병오 칠월 념슴일 필셔, 63f.; 4: 병오 팔월초일일 시작ᄒ여 십ᄉ일 필셔, 77f.; 5: 병오 팔월 망일 시쟉ᄒ여 념뉵일 망필셔, 66f.)

〈회목〉

(선문대 중한번역문헌연구소 소장「분장누」)   (嘉慶 2[1797]년 寶華樓刊「粉粧樓」)

[권 1]

1: 계홍승월하연인	졀황긔풍젼별우	繫紅繩月下聯姻	折黃旗風前別友
2: 빅문년셔로위관	나공ᄌ북산샤호	柏文連西路爲官	羅公子北山射虎
3: 분금강의식시원단	경샹쳔우긔ᄌ부	粉金剛義識賽元壇	景上天巧遇祁子富
4: 경샹쳔화젼작벌	긔ᄌ부뉴하ᄉ혼	景上天花前作伐	祁子富柳下辭婚
5: 심뎡방동노싱모	시원단원졍문화	沈廷芳動怒生謀	賽元壇原情問話
6: 분금강좌반츈원	시원단구긔ᄌ부	粉金剛打滿春園	賽元壇救祁子富
7: 경샹쳔이차싱단	분금강양번구우	景上天二次生端	粉金剛兩番救友
8: 옥면[호]삼긔심졍방	싱원단일별영웅우	玉面虎三氣沈廷芳	賽元壇一別英雄友
9: 호규송우젼회안	심겸문병닉셔원	胡奎送友轉淮安	沈謙問病來書院
10: 심겸기본히튱냥	쟝굉송신구은쥬	沈謙改本害忠良	章宏送信救恩主
11: 슈운암부인피화	금난견간샹슈경	水雲庵夫人避禍	鑾鑿殿奸相受驚
12: 의복친신체쥬	츙신ᄉ명투친	義僕親身替主	忠臣舍命投親
13: 노진명험됴독슈	탁가의잉구안신	露眞名險遭毒手	托假意仍舊安身
14: 긔ᄌ부ᄃ녀과활	시원단탐모무흉	祁子富帶女過活	賽元壇探母聞凶
15: 후공ᄌ문흉긔의	빅소져발셔맹심	侯公子聞凶起意	柏小姐發誓盟心
16: 고송임가인진졀	분당누미여도지	古松林佳人盡節	粉粧樓美女逃災

[권 2]

17: 진활명농부셔신	가사인빅가문조	眞活命龍府棲身	假死人柏家聞吊
18: 빅공쟝안면셩	후등송임견귀	柏公長安面聖	侯登松林見鬼
19: 츄홍비의[심]녀쥬	빅소졔교분남장	秋紅婢義尋女主	柏小姐巧扮男裝

20: 시원단분계됴산	옥면호슉아두진	賽元壇奔鷄爪山	玉面虎宿鵝頭鎭
21: 우간호조승봉흉	시밍용나혼장의	遇奸豪趙勝逢凶	施猛勇羅焜仗義
22: 스옥관됴승뎐음	증황금나혼긔신	寫玉版趙勝傳音	贈黃金羅焜寄信
23: 나혼야분회안부	후등효입금명아	羅焜夜奔淮安府	侯登曉入錦亭衙
24: 옥면호공당됴형	긔즈부산듕송신	玉面虎公堂遭刑	祁子富山中送信
25: 념온역나혼득병	민인두호규탐감	染瘟疫羅焜得病	賣人頭胡奎探監
26: 과쳔셩야쳥명의	쳔산갑계젼약포	過天星夜請名醫	穿山甲傳藥鋪
27: 회안부인가외진	시원단쟝부작유	淮安府認假爲眞	賽元壇將無作有
28: 겁법댱딕료회안	츄관병공귀산치	劫法場大鬧淮安	追官兵共歸山寨
29: 계조산초군민마	회안부고급신문	鷄爪山招軍買馬	淮安府告急申文
30: 긔즈부노민미파	후공즈판장민도	祁子富怒罵媒婆	侯公子扳贓買盜
31: 긔즈부문죄튱군	과쳔셩분상민마	祁子富問罪充軍	過天星扮商買馬
32: 과쳔셩암함원긱	빅문년의셕부고인	過天星暗含冤客	柏文連義釋負辜人

[권 3]

33. 긔교운부녀안신	빅옥샹쥬복슈고	祁巧雲父女安身	柏玉霜主僕受苦
34: 미노도오쥬강부	시은덕흥상셩셔	迷路途誤走江北	施恩德險喪城西
35: 진강농야뇨장강	슌산호셩츄야향	鎭海龍夜鬧長安	追山虎星追野港
36: 지노강도지보덕	투친미여차안신	指路强徒知報德	投親美女且安身
37: 분금강운남상노	온원슈시북젼셔	粉金剛雲南上路	瘟元帥塞北傳書
38: 귀쥬부나찬투친	졍희관마요긔신	貴州府羅燦投親	定海關馬瑤寄信
39: 셩쳔즈이신간신	듕공야일지문죄	聖天子二信奸臣	衆公爺一齋問罪
40: 쟝안셩야쥬진환	등쥬부격반졍패	長安城夜走秦環	登州府激反程珮
41: 노국공나히닉경	미니부참모샹부	魯國公拿解來京	米吏部參謀相府
42: 졍국공평공샥직	분금강셩야도지	定國公平空削職	粉金剛星夜逃災
43: 미듕닙견보조병	빅옥샹홍누노면	米中粒見報操兵	柏玉霜紅樓露面
44: 미듕닙이입진강부	빅옥샹듸요망영누	米中粒二入鎭江府	柏玉霜大鬧望英樓
45: 손취아홍누딕가	미듕닙검장조흉	孫翠娥紅樓代嫁	米中粒錦帳遭凶
46: 빅옥샹쥬복도지	온원슈부쳐시용	柏玉霜主僕逃災	瘟元帥夫妻施勇
47: 소온후졍도조심	시졔갈산치관셩	小溫侯京都朝審	賽諸葛山寨觀星

[권 4]

48: 옥면호명망댱안	소온후흔봉민댱	玉面虎盼望長安	小溫侯欣逢妹丈
49: 미듕ᄉ졀회망영누	쇼온후회젼흥평치	米中沙折毀望英樓	小溫侯回轉興平寨
50: 계조산호규긔의	봉황영나찬시위	鷄爪山胡奎起義	鳳凰嶺羅燦施威
51: 분금강쳔니송아미	소쟝긔일신투빅부	粉金剛千里送娥眉	小章琪一身投柏府
52: 즁영웅보의졍교	일쥰걸기회챵음	衆英雄報義訂交	一俊傑開懷暢飮
53: 타오호나찬초지	쥬삼관노션졍계	打五虎羅燦招災	走三關盧宣定計
54: 도녕젼교미음양법	구녕호암증즈웅검	盜令箭巧賣陰陽法	救英豪暗贈雌雄劍

55:	힝가령구츌나공즈	셜진졍구젼분금강	行假令調出羅公子	說眞情救轉粉金剛
56:	노슌안듕도지녕젼	소밍샹반노증힝쟝	老巡按中途遲令箭	小孟嘗半路贈行裝
57:	계죠산나찬투영	쟝안셩농표탐신	鷄爪山羅燦投營	長安城龍標探信
58:	모찬역심겸힝문	하강남졍화겸병	謀簒逆沈謙行文	下江南廷華點兵
59:	빅옥상오입간웅계	금샹쳔암식여쟝남	柏玉霜誤入奸雄計	錦上天暗識女裝男
60:	농표교위빅가인	녈녀노타심공즈	龍標巧遇柏佳人	烈女怒打沈公子
61:	어셔누졍방횡시	도당부소져조형	御書樓廷芳橫尸	都堂府小姐遭刑
62:	쳔산갑우과쳔셩	긔교운쳬빅소졔	穿山甲遇過天星	祁巧雲替柏小姐
63:	겁법쟝농표피착	쥬흑노진환귀산	劫法場龍標被捉	走黑路秦環歸山
64:	빅공샥직젼회안	후등회금투미젹	柏公削職轉淮安	侯登懷金投米賊

[권 5]

65:	빅문년흔봉듕쟉쥬	니봉츈암구각공야	柏文連欣逢衆爵主	衆逢春暗救各公爺
66:	변두관번병입구	망히누당쟝조금	邊頭關番兵入寇	望海樓唐將遭擒
67:	듕간신승난도군	각영웅흥병보원	衆奸臣乘亂圖君	各英雄興兵報冤
68:	샤응등고산현셩	긔교운평지셩션	謝映登高山顯星	祁巧雲平地成仙
69:	분금강창도왕호	금두태셰간타강농	粉臉金剛槍挑王虎	金頭太歲鐗打康龍
70:	심겸의집듕공야	미슌기궁군쟉쥬	沈謙議執衆公爺	米順心窮群爵主
71:	긔교운[가원]입샹부	쳔산갑딕월츌쳔뇌	祁巧雲駕雲入相府	穿山甲戴月出天牢
72:	파쟝안니응외합	입황궁소굴신원	破長安裏應外合	入皇宮訴屈伸冤
73:	듕쟉위우샤졍번	각영웅졔병평구	衆爵主遇赦征番	各英雄提兵平寇
74:	옥면호일창삼관	화안호야평입채	玉面虎日搶三關	火眼虎夜平入寨
75.	소영웅팔노진병	노공야일신귀국	小英雄八路進兵	老公爺一身歸國
76:	헌지도영웅쥬개	슌쳔심호걸슈병	獻地圖英雄奏凱	順天心豪傑收兵
77:	명츙간묘졍집법	보은구됴슈오회	明忠奸朝廷執法	報恩仇衆士娛懷
78:	만츈원영웅흘마	비운젼쳔즈봉관	滿春園英雄歇馬	飛雲殿天子封官
79:	결스라졔히화쵹	승낭봉동슈인연	結絲蘿齊諧花燭	乘鸞鳳同邃姻緣
80.	능연각샹쳔츄표의	분쟝누젼빅셰뉴방	凌烟閣上千秋標義	粉妝樓前百世流芳

◘240.[불기살이젼 不可殺爾傳 / 不可殺議傳奇]

〈관계기록〉

① 「송도말년불가살이젼」(光東書局版, 1921), 첫머리말: 錦江漁父가 距今四年前 夏月에 漢陽公園下에서 이 冊을 記錄하니 初名은 「不可殺議傳奇」러니 是歲 辛酉仲秋에 光化門前에서 修訂하니라.

국문활자본

(송도말년)불가살이젼
松都末年不可殺爾傳

국중(3634-2-48=4)<초판>/국중 (3634-2-48=1)<재판>/서울대 (3350-40)/哈燕[韓籍簡目 3]

1(國漢字 倂記, 15회, 錦江漁父 玄虛舟子 翎仙 著, [著·發]玄丙周, 光東書局, 초판 1921.11.22; 재판 1922.12.

	(K5973.51/1000)/[仁活全]	**25**; 5판 1931, 67pp.)
	(4)⁽¹⁰²⁾/[啓明: 新小全](19)	
【增】 송도말년 불가살이젼 松都末年不可殺爾傳	방민호[家目]	1(15회, 錦江漁父 玄虛舟子 翎仙 著, 東洋大學堂, 1935. 12. 25)

240.1. ⟨자료⟩
Ⅰ. (영인)
    240.1.1. 仁川大民族文化硏究所 編. 『舊活字本古小說全集』, 4. 銀河出版社, 1983; (再刊) 國際아카데미, 2002. (광동서국판)

▶⟨불로초 不老草 → 토끼전⟩
★[[불효부전 不孝婦傳]] ←『부담』
  ⟨출전⟩『浮談』

★[[붕학동지전 朋學同志傳]]⁶⁹⁾
  【增】⟨이본연구⟩
  1) 필자가 확인한 바에 따르면, 소위 「朋學同知傳」과 관련하여 가장 앞선 자료로는『混元集』중 「金剛錄」이다.「金剛錄」은 混元스님(1853~1889)이 계미년(1883년) 여름부터 가을 간 금강산 유람을 떠나 돌아올 때까지의 기행문으로 이 안에 영원암의 緣起가 삽입된 것이다. 여느 기행문에서 확인되는 것처럼 금강산 내 많은 불적, 기묘한 풍광에 대한 묘사가 자세할 뿐더러 여러 사찰의 전설을 채록한 것이 이 기행문의 특징이다. …… 이 외에『혼원집』의 것을 토대로 약간의 윤문을 보탠 이야기가 금강산『유점사본말사지』'장안사'조에도 올라 있음이 확인된다. 아울러 근대기 불교계의 잡지인『불교』[55호, 1929]와『영험실화전설집』(1972)에도 조금씩 변형되었지만 같은 설화에서 나온 이야기가 소개되고 있다.『혼원집』의 내용과 대동소이하지만, 세부적 사실에서의 상호 편차에서 확인되는 것처럼 전승담이 채록된 시기가 다르다 보니 빚어진 결과임을 유추할 수 있는 작품이다(김승호, "사찰 연기설화의 소설적 조명,"『古小說硏究』, 13[2002. 6], pp. 203~204).

2. ⟨연구⟩
Ⅲ. (학술지)
  1) 김승호. "사찰 연기설화의 소설적 조명: 소위 「朋學同知傳」과 「普德閣氏傳」을 중심으로."『古小說硏究』, 13(韓國古小說學會, 2002. 6).

⟨줄거리⟩
  어린 나이에 명학동지에게 출가한 영원조사는 스승이 물욕에 매우 집착한 것을 보고 실망했다. 영원조사는 스승과 더불어 수행처를 옮기고자 했으나 스승이 응하지 않자 홀로 금강산 영원암으로 옮겨가 수행했다. 영원암에서 선정(禪定) 중에 명학동지가 염왕(閻王)에게 불려가

---
69) '朋學同知傳'의 '朋'字는 '明'字의 오기이고, 그 내용도 소설이라기보다는 '영원암'의 연기 설화라는 설이 제기되었다. 김승호, "사찰 연기 설화의 소설적 조명,"『古小說硏究』, 13(2002. 6), p. 202 참조.

치죄(治罪)당하는 것을 목도했다. 이에 영원조사는 스승의 죽음을 애도하고자 본사로 돌아갔으나 도리어 재물을 탐해 돌아온 것으로 오인되는 바람에 곤욕을 당하게 되었다. 영원조사는 죽어 뱀이 된 스승을 불러내 자진함으로써 전생의 업을 참회하도록 유도했다. 명학동지의 혼이 어느 민가로 인도되어 그 집 아들로 환생하자, 영원조사는 아이를 자신의 문하에 받아들여 수행에 전념토록 했다. 쉽게 오도(悟道)의 경지에 이를 수 없는 동자승을 위해 영원조사는 창문 구멍으로 들어오는 황소를 감시하라는 방편을 내리고, 동자승은 이를 지성으로 실천했다. 기한을 다 채우고 마침내 동자승은 전생의 각성과 함께 활연(豁然)히 오도의 경지에 이르게 됐다(김승호, "사찰 연기설화의 소설적 조명," 『古小說硏究』, 13[2002. 6], p. 208).

◪241.[비군전]
【增】〈판본연대〉

1) 이들 소설 자료[설공찬전·왕시전·왕시봉전·비군전·주생전]는 모두 거의 같은 시기에 필사된 것이다. 「왕시봉전」 말미에 '죵셔을튝계츄념팔일진시'란 필사 후기가 나오기 때문이다. 이는 1685년 을축년 9월 28일 아침으로 추정된다. 각주 1번의 저서[이복규 편저, 『초기 국문·국문본 소설』, 1998]에서 필자는 이 을축년을 1625년 을축년으로 보았으나 여기에서 수정한다. 1745년 을축년으로 볼 수도 있겠으나 그렇게 보기에는 17세기 말의 특징을 보여주는 표기법으로 매우 정제되어 있다. 그 가장 특징적인 사항으로 앞에서도 언급한 것처럼 '-링이다'라는 어미가 17세기 말까지만 쓰이고 사라졌다는 점은 물론이고, '사름'으로 일관되게 표기할 뿐 17세기 말 이후에 쓰기 시작한 '스름' 표기가 일체 나타나지 않은 것으로 미루어 1685년으로 보는 게 타당하다. 따라서 『묵재일기』 소재 국문·국역 소설은 1685년을 전후한 17세기 말에 필사되었다고 추정할 수 있다. 세 번째로 들어 있는 「왕시봉전」이 1685년 9월에 필사되었으니, 그 앞에 필사된 「설공찬전」 국역본과 「왕시전」은 1685년 9월 28일 이전에, 「왕시봉전」 뒤에 들어 있는 「비군전」과 「주생전」 국역본은 1685년 9월 28일 이후에 필사되었다고 추정된다(이복규, "「설공찬전」·「주생전」 국문본 등 새로 발굴한 5종의 국문표기 소설 연구," 『古小說硏究』, 6[1998. 12], p. 57).

▶(비룡전 飛龍傳 → 낙성비룡)

◪242.[비소기 悲笑記] → *소운전

◐{비시명감}[70]

〈관계기록〉

① 「옥원재합기연」, 21, 後人 添記: 옥원을 지은 재조는 문식과 총명이 진실노 규듕의 팀몰하야 한갓 무용한 잡져를 긔술하고 세상의 쓰이디 못하미 가셕가탄이로다. 「명행녹」·「비시명감」·「신옥긔린」 등이 다 이 한손의 난 배로되 각각 볼사록 신신하고 긔이하며 공교하니 이샹하다.
② 「玉鴛再合奇緣」[1786~1790](溫陽鄭氏 1725~1799), 14 表紙裏面: 「비시명감」.

◪243.[비환보복일기 悲歡報復日記]
국문필사본

---

70) 온양정씨 필사본 「옥원재합기연」, 권 14에 나타나나 현재까지 미발견이다.

| 비환보복일귀 | 서울역사박물관[특별전시도록(5. 20~8. 18), | 1 |
| | 『조선시대 여인들의 삶과 문화』, 2002] | |

◪244.[[빈소선생전 嚬笑先生傳]]
〈작자〉李瀷(1681~1763)
〈출전〉『星湖先生文集』, 68, '傳'
〈관계기록〉

①『星湖文集』(李瀷), 50, '傳': 先生卽靜菴文正公兄弟之後孫 嘗往謁陶山李子 請爲文正行狀 而李子又作詩 答其勤來之意 詩在退溪集中可考 余悲夫古今逸羣邁[埋]迹之士 藏名草莽 湮 滅無稱者 亦多 故書此 以附「東方一士傳」後◐(선생은 정암 문정공[趙光祖 1482~1519] 형제의 후손[從後孫]으로, 일찍이 도산 이자[李珥 1536~1584]를 찾아가 뵙고 문정공의 행장 짓기를 청한 바 있고, 퇴계가 또 시를 지어 그가 수고로이 찾아온 뜻에 답하기도 했는데, 그 시가 『퇴계집』에 있어 찾아볼 수가 있다. 내가 고금에 재주를 품고 고상한 뜻을 지닌 선비의 이름이 초야에 묻혀 드러나지 않은 사람이 많음을 슬퍼했던 터이므로, 이 글을 써서 「동방일사전」 뒤에 붙여 두는 바이다).

◪245.[[빙도자전 氷道者傳]]
〈작자〉釋慧諶(1178~1234)
〈출전〉『眞覺國師語錄』(月精寺, 1913);『曹溪詩集』
〈관계기록〉

①「氷道者傳」, 結尾: 贊曰 或謂 公平生簡嚴 不喜接衲 卒世無嗣 悲夫 是大不然 覿相而悟 不言而信 潛通暗證者 不可勝計 大振霜華雪竇之道 未有如此公者 惜乎 其所短者 惡熱而已 然趨炎赴熱 道者所忌 不足爲悲◐(찬하노라. 어떤 사람은 '공이 평생 엄하여 중과 가까이함을 좋아하지 않더니, 한세상 마치도록 후계가 없음이 슬프다' 하였으나, 이는 결코 그렇지 않다. 그 모습만 바라봐도 밝게 통하고, 말 없이도 미더워서 넌짓이 통달하여 진리를 깨닫는 자가 이루 헤아릴 수 없었다. 그리하여 상화[71]·설두[72]의 도를 크게 떨침에 공만한 이가 없었으니 애석한 일이로다. 그 단점이란 게 열을 싫어하는 것뿐이었으나, 더운 정도를 넘어서 뜨거운 데로 뛰어듦은 도를 닦는 자의 꺼리는 바이니, 비탄할 일은 못 된다).

◪246.[빙빙전 聘聘傳][73]
〈관계기록〉
(한문)

①『中國歷史繪模本』(完山[映嬪]李氏, 1762), no. 53:「聘聘傳」.
②「周生傳」, 緖頭 部分: 是夜賦高唐 二人相得之好 雖金生之於翠翠 魏郎之於娉娉 未之喩也◐(이 날 밤 「고당부」[74]를 노래 부르며 두 사람이 즐겨하는 것이란 김생이 취취[75]와, 또는 위랑이

---
71) 서리.
72) 움푹 쌓인 눈.
73) 중국본의 원제목은 「娉娉傳」이다.

빙빙76)과의 재미에다 비길 것이 아니었다).
【增】 (국문)
1) 『[演慶堂]諺文冊目錄』(1920; 藏書閣所藏): 96. 「聘聘傳」 5冊.

246.2. 〈연구〉
Ⅲ. (학술지)
【增】
1) 박재연. "낙선재본 「聘聘傳」 解題." 『빙빙뎐』(鮮文大 翻譯文獻研究所, 1995. 5).

◘247. [[빙허자방화록 憑虛子訪花錄]]
247.2. 〈연구〉
Ⅲ. (학술지)
【增】
1) 권도경. "「빙허자방화록(憑虛子訪花錄)」 연구." 『民族文化研究』, 36(민족문화연구원, 2002. 6).
2) 권도경. "「憑虛子訪花錄」의 변심 테마와 전기소설사적 위상." 『古小說研究』, 16(韓國古小說學會, 2003. 12).

◘248. [[빙호선생전 氷壺先生傳]]
〈작자〉 張維(1587~1638)
〈출전〉 『谿谷集』, 3
〈관계기록〉
① 「氷壺先生傳」, 結尾: 論曰 物之遇不遇 莫非命也 要之 亦時而已矣 夫以先生之淡泊寒苦 世之貧人窮士 猶皆厭而斥之 易簡貴者也 迺獨爲其所知 至以徹聞于天子 得美號而終 傳之不朽 是固有命 亦幸會其時焉耳☯(논한다. 사물이 행운을 만나고 못하고는 천명이 아닌 것이 없다. 요컨대, 역시 때를 잘 만나야 할 따름인 것이니, 무릇 선생이 담박하며 고한77)하였음에도 세상의 가난한 이들과 곤궁한 선비들은 오히려 모두 다 싫어하고 물리쳤던 것이다. 이간은 지체 있는 사람이고, 유독 그이에 의해서야 지우를 입게 되었고, 천자에게까지 뻗쳐 알려지기에 이르러서야 아름다운 칭호를 얻은 채로 생을 마쳤으며, 이름이 영구토록 전하여졌다. 이런 경우도 본디 주어진 천명이 있어 그런 것이니, 다름 아니라 때를 잘 만난 행운일 따름이었다).

---

74) 「高唐賦」는 중국 戰國時代 楚 나라의 시인 宋玉이 지은 楚辭의 이름이다. 이 시는 楚王이 고당에서 선녀와 만나 놀았다는 내용을 읊은 것이다. 뒷날 남녀가 몰래 만남을 '高唐'·'陽臺'·'雲雨'·'巫山'에 비유하는데, 이는 모두 「고당부」에서 비롯된 것이다.
75) '김생'과 '취취'는 모두 중국 명나라 때 瞿佑가 지은 소설집 『剪燈新話』 중의 한 편인 「翠翠傳」에 등장하는 남녀 주인공의 이름이다.
76) '위랑'과 '빙빙'은 중국 명나라 때 李禎이 지은 소설집 중의 『剪燈餘話』 중의 한 편인 「賈雲華還魂記」에 등장하는 남녀 주인공의 이름이다. '빙빙'은 여주인공인 가운화의 字다.
77) 추위로 말미암은 고생을 겪음.

사

【增】●{사가기 私歌記}

국문필사본

| 【增】 사가긔 私歌記 | 박순호[家目] | 1(45f.) |

◎249.[사각전 謝角傳] ← 가인기우 / 사객전

국문활자본

(가인기우)

| (古代小說)가인기우 | 국중(3634-3-62=1)<재판>/ [啓明: 新小全](17) | 1([著·發]玄公廉, 大昌書院·普及書舘, 초판 1918.9.25; 재판 1921.11.23, 54pp.) |

▶(사객전 史客傳 → 사각전)

◎250.[[사대기 四代紀]] ← 『황동명소설집』

〈작자〉黃中允(1577~1648)
　① ……(金東協, "「四代記」考察," 東國大慶州캠퍼스『論文集』, 8[1989. 12], p. 127).
〈출전〉『三皇演義』[1]

한문필사본

| 四代紀 | 黃中允後孫宗家(울진) [『三皇演義』] | (39f.) |

250.1.〈연구〉

Ⅲ. (학술지)

【增】
　1) 金東協. "「四代紀」考察."『論文集』, 8(東國大 慶州캠퍼스, 1989. 12).

---

1) 이 표제의 사본 속에「天君紀」를 비롯하여「四代紀」및「玉皇紀」가 수록되어 있다.

◘251.[사대장전 史大將傳] ← 사안전

〈관계기록〉

① 『增補朝鮮小說史』(金台俊), p. 229: 「史大將傳」.

251.1. 〈자료〉

Ⅰ. (영인)

「사대장전」

　251.1.1. 仁川大民族文化研究所 編, 『舊活字本古小說全集』, 4. 銀河出版社, 1983; (再刊) 國際아카데미, 2002. (광학서포판)

251.2. 〈연구〉

Ⅲ. (학술지)

　251.2.5. 김정석. "「史大將傳」의 '短命譚' 수용과 그 의미." 『東洋古典研究』, 8 (東洋古典學會, 1997. 5). 반교어문학회 편, 『고소설의 사적전개와 문학적 지향』(반교어문총서 3, 보고사, 2000. 3)에 재수록.

【增】 ◘251-1.[사대춘추 四代春秋]

〈작자〉 南夏正(1681~1763)

한문필사본

四代春秋	고대[景和堂](B4-A18)[漢少目, 寓9-筆1]		1(睦會敬編, [序]甲午, [筆寫記]戊戌
四代春秋	국중(漢93-108)[漢少目, 寓9-筆2]1)		
四代春秋	南基振[南夏正, 『桐巢全集』][漢少目, 寓9-筆4]		
四代春秋	서울대[奎](古4200-7)[漢少目, 寓9-筆3]		(今上二十七年辛巳……鄭之賢)2)

한문활판본

四代春秋	임형택[芥蒼蒼齋 家目]	1(甲午維夏 南夏正作, 25f.)

한문활자본

四代春秋	국중(漢93-33)[漢少目, 寓9-活1]	1(南遠熙 刊編, 廣文社, 1927, 25pp.)

251-1. 〈연구〉

Ⅲ. (학술지)

　1) 전성운. "「사대춘추」의 창작 기법과 소설사적 의미." 『인문과학논총』, 13(순천향 인문과학연구소, 2004. 8).

---

1) 『東諺抄』내 『東稗洛誦抄』所載.
2) 『海叢』所載.

▶(사명당기 泗溟堂記 → 사명당전)
▶(사명당실기 泗溟堂實記 → 사명당전)
◨252.[사명당전 四溟堂傳] ← 사명당기 / 사명당실기

국문필사본

【增】 ᄉᆞ명당힝녹 권지단   김광순[筆全](55)   1(임진십이월일 익동셔, 10f.)³⁾
       沈淸傳 附四明堂

국문활자본

사명당전   조희웅[家目]/[대조 2]   1(大造社, 1959, 40pp.)
(서산대사)사명당전   국중(220.99-서728ㅅ)   1(世昌書舘 編, 世昌書舘, 檀紀
西山大師와四溟堂傳   4285[1952]; 1959, 56pp.)
사명당전 壬辰倭亂 四溟堂傳 홍윤표[家目]/[仁活全](21)   1([著·發]姜權馨, 永和出版社,
                       /[정명기]尋是齋 家目<연도 미상>⁴⁾ 1954. 5. 20; 1961. 10. 10, 52pp.)

252.1.〈자료〉
  Ⅰ.(영인)
    252.1.1. 仁川大民族文化硏究所 編.『舊活字本古小說全集』, 21. 銀河出版社, 1984; (再刊) 國際아카데미, 2002. (영화출판사판)
  【增】
    1) 金光淳 編.『金光淳所藏 筆寫本韓國古小說全集』, 55. 박이정출판사, 1994. (김광순 소장)

▶(사성기봉 四姓奇逢 → 임화정연)
◨253.[[사성록 四誠錄]]
◨254.[[사수몽유록 泗水夢遊錄]] ← 문성궁몽유록
◨255.[사심보전 謝沁甫傳] ← 송재상사심보전
   【增】〈관계기록〉
     1) [가람]『칙목녹』(奎章閣所藏):「샤심보 단」.

◨256.[사씨남정기 謝氏南征記]⁵⁾ ← 남정기 / 백빈주중봉전 / 사씨부인전 / 사씨전
   〈작자〉金萬重(1637~1692)
   〈관계기록〉
     ①『北軒集』(金春澤 1670~1717), 16, 囚海錄 文, 散藁, 論詩文 附雜說: 西浦頗多以俗諺爲小說 其中所謂「南征記」者 有非等閑之比 余故飜以文字 而其引辭曰 言語文字以敎人 自六經然爾

___
3)「심청전」(12f.)에 합철되어 있다.
4)「서산대사전」이 합철되어 있다.
5) 특별한 단서가 없는 한 대체로 12회로 구성되어 있다.

聖人旣遠 作者間出 少醇多疵 至稗官小說 非荒誕則浮靡 其可以敦民彛裨世敎者 惟「南征記」乎 記本我西浦先生所作 而其事則以人夫婦妻妾之間 然讀之者 無不吞嗟涕泣 豈非感於謝氏處難之節 翰林改過之懿 皆根於天 其於性而然者 其憤痛裂眦 又豈不以喬董之惡哉 不惟如是 推類引義 將無往而非敎人者 所謂放臣怨妻與所天者 天性民彛 交有所發 則如楚辭所謂感發人之善心 懲創人之逸志 則又庶幾乎詩 是烏可與他小說同日道哉 然先生之作之以諺 盖欲使 閭巷婦女 皆得以諷誦觀感 固亦非偶然者 而顧無以列於諸子 愚嘗病焉 會謫居無事 以文字翻 出一通 又不自揆 頗增刪而整釐之 然先生特以其性情思致之妙 而有是書 故於諺之中 猶見詞采 今愚所翻 反有不及焉者 昔太史公作「屈原傳」歐陽子敍「王氏婦事」其文 與兩人節義爭高 愚誠美之 而自無以稱謝氏之賢 然庶幾仰述先生所爲作書敎人 其意非偶然者 是愚之志也 覽者恕焉◐(서포[金萬重 1637~1692]는 속언으로 소설을 꽤 많이 지었다. 그 가운데「남정기」라 하는 것은 등한히 취급할 것이 아니어서 내가 한문으로 번역하고 이에 덧붙여 쓰기를 언어와 문자로 백성을 가르치는 것은 육경6) 때부터 그러했다. 성인이 있은 지 이미 오래고 작자가 간간이 나왔으나 순박함은 적고 허물이 많았다. 패관 소기에 이르러서는 황탄하지 않으면 부미7)하니, 그 가운데 백성의 도리를 두텁게 하고 세상을 가르치는데 도움이 되는 것은 오직「남정기」뿐이다.「남정기」는 본래 우리 서포선생께서 지으신 것으로, 부부와 처첩 사이의 일을 다룬 것이지만, 읽는 이가 탄식하고 눈물을 흘리지 않는 자가 없다. 사씨가 어려움에 처해서도 지킨 절개와, 한림이 잘못을 뉘우치고 고친 아름다움을 보고 어찌 감탄하지 않을 수 있겠는가? 이는 모두 천성에 근본을 두고 성정에 갖추어져 그런 것이 아니겠는가? 또한 눈자위가 찢어질 정도로 분통해 하는 것은 어찌 교씨8)와 동청9)의 악행에 말미암은 때문이 아니겠는가? 이 같을 뿐만 아니라, 비유를 써서 뜻을 드러내어 장차 사람들을 교화시키지 않는 것이 없다. 이른바 '추방된 신하, 원망하는 아내와 아울러 그 주인이 천성과 민이10)를 번갈아 계발하게 하는 점'11)은 초사와 같고, 이른바 '사람의 착한 마음을 감발시키고 안일한 뜻을 징계하게 하는 점'12)은 시에 가깝다 할 것이다. 이 어찌 이 소설을 다른 소설과 함께 논할 수 있겠는가? 선생이 국문으로 지은 까닭은 대개 거리와 마을의 부녀자들로 하여금 암송케 하여 감화를 주고자 함이니 진실로 우연한 것이 아닌데, 제자백가13)의 반열14)에 놓이지 못해서 안타까이 여겼다. 마침 귀양살이를 하는 동안에 일이 없어 한문으로 한 질을 번역해 내었는데, 또 스스로 분수를 헤아리지 않고서 자못 더하고 깎고 하여 가지런하게 다듬었다. 그러나 선생은 그 성정15)과 생각이 오묘한 경지에 이르러 이 책을 남길 수 있었기 때문에, 국문으로 되어 있으나 오히려 그 속에 말의 멋진 표현들[詞

---

6) 중국의 여섯 가지 경서. 곧 詩·書·易·春秋·禮記·樂記. 예기 대신 周禮를 넣기도 함.
7) 들떠 가볍고 화려함.
8) 「사씨남정기」에 등장하는 인물. 喬彩鸞. 유한림[延壽]의 첩실로 들어와 정실인 사씨를 해치려고 갖은 악행을 저지른다.
9) 「사씨남정기」에서 유한림집에 사서로 들어가 한림의 첩실인 교씨와 눈이 맞아 둘이 짜고 사씨를 해치려던 인물.
10) 사람이 지켜야 할 떳떳한 도리. 人倫.
11) 朱熹,『楚辭集註』
12) 朱熹,『論語集註』, 爲政篇, 詩三百章 註
13) 중국의 춘추·전국 시대에 각각 일가의 학설을 내세운 여러 학파를 아울러 일컫는 말.
14) 품계의 신분 등급의 차례.
15) 성질과 심정. 타고난 본성.

采]이 나타나 있어, 지금 내가 번역한 것은 도리어 이에 미치지 못한다. 옛날 태사공[司馬遷 B.C. 145~86]이 「굴원전」을 짓고, 구양수[1007~1072]는 왕씨부인의 일을 서술했을 때, 그 글이 두 사람의 절의와 더불어 높음을 다투어, 내가 실로 이를 아름답게 여기면서도 스스로는 사씨의 현숙함을 드러내지는 못하였다. 그러나 선생이 책을 지어 사람들을 가르치려 한 것을 우러러 조술16)하고자 하였다. 선생의 뜻이 우연이 아니었고, 그것은 곧 나의 뜻이기도 하였다. 보는 이들은 용서하기 바란다.

② 「謝氏南征記」(金春澤 漢譯, 1709) (南基泓 所藏本) '翻諺南征記序': 至稗官小說 非荒誕則浮靡 其可以敦民彝裨世教者 惟「南征記」乎 …… 先生之作之以諺 盖欲使閭巷婦女 皆得以諷誦觀感 固亦非偶然者 而顧無以列於諸子 余嘗病焉 會謫居無事 以文字翻出一通 又不自揆頗增刪而整釐之 然先生特以其性情思致之妙而有是書 故於諺之中 猶見詞采 今愚所翻 反有不及焉者 …… 歲己丑仲秋瀛州謫舍引●(패관 소설에 이르면 황탄하지 않으면 부미하니, 그 중에서 가히 백성의 윤리를 두터이 하고 세상을 가르침에 도움이 되는 것은 오직 「남정기」뿐이다. …… 선생이 한글로 지은 것은 대개 여항의 부녀자들로 하여금 암송하게 하여 감화를 주고자 함이니, 또한 진실로 우연한 것이 아닌데, 제자백가의 반열에 놓이지 못해서 안타까이 여겼다. 마침 귀양살이로 일이 없어 한문으로 한 통을 번역해 내었는데, 또 스스로를 헤아리지 않고서 자못 더하고 깎고 하여 다듬었다. 그러나 선생[김만중]께선 그 성정과 생각이 오묘한 경지에 이르러서 이 글을 지었기 때문에, 언문으로 되어 있으나 오히려 그 속에 말의 멋진 표현들이 나타나 있어, 지금 내가 번역한 것은 도리어 이에 미치지 못하는 바가 있다. …… 기축년 중추에 영주[濟州] 배소에서 쓴다. [附 凡例] 一. 諺與文有異 故所翻字句辭語之間 或多不同於原本●(한글과 한문은 다르므로, 번역된 자구나 말 가운데는 간혹 원본과 다른 곳이 많다); 一. 諺故不能盡同者外 或繁複者刪之 或脫漏字添之 又有或改易修潤者●(언문이기 때문에 똑같을 수 없는 것 이외에는 간혹 번거롭게 중복된 것은 삭제하고 또 누락된 것은 보태기도 하였다. 또한 간혹 원문을 고치거나 윤색한 곳도 있다); 一. 所翻粗欲爲史家文體 如原本湘靈之瑟聲徵矣 洛浦之仙步杳然者等 嫌於小說口氣 故謹刪之●(한문으로 번역할 때에는 사가의 문체로 하고자 했다. 예컨대 원본의 '상령17)의 비파 소리가 들리고 낙포선녀18)의 발걸음이 묘연하다' 등은 소설 말씨로는 맞지 않으므로 삼가 빼버렸다); 一. 原本謝氏初不知白蘋洲 不應如此故改之 又謝氏不知當濟者何人 乘舟以待 或涉自輕 故添以妙喜夢一款 此其大者有●(원본[한글본]에는 사씨가 처음에 백빈주의 약속9)을 기억하지 못하고 있었다. 그러나 이는 부당하므로 고쳤으며, 또 사씨가 마땅히 강을 건널 사람이 누구인 줄 알지 못한 채 배를 타고 가서 기다림으로써,

---

16) 선인의 말을 근본으로 하여 그 뜻을 펴 서술함.
17) 湘水의 靈. 중국 고대 舜임금이 남쪽 순시를 나갔다가 蒼梧野에서 죽었는데, 두 왕비 娥皇과 女英이 그 곳으로 달려 가다가 미치지 못하고 洞庭山에 이르러 눈물을 대나무에 떨어뜨린 것이 후세에 瀟湘斑竹을 이루게 되었고, 또 그들이 익사하여 湘水의 神[湘夫人]으로 되었다고 한다.
18) 水神. 중국 태고 때 宓羲氏의 딸로 洛水에 빠져 하신으로 되었다고 한다. 洛浦宓妃.
19) 「사씨남정기」에서 교녀와 동청의 음모로 시집에서 쫓겨난 사씨가 시부모 묘 아래의 초가집에 의탁하여 살게 되었는데, 교녀와 동청이 기어코 사씨를 죽일 음모를 꾸미자, 시부모가 사씨의 꿈에 나타나 빨리 몸을 피하라 일러주며 '이후 6년 4월 15일에 배를 백빈주에 매었다가 급한 사람을 구하라.'고 했다. 그 후 예고 받았던 그 날 사씨는 백빈주에 배를 준비해 놓고 기다리다가, 마침 교녀와 동청의 하수인들에게 쫓겨 물에 몸을 던진 남편 유한림을 구해내고 부부는 재상봉한다.

그것도 혹시 '경솔한 행위'라는 비난을 받지 않을까 염려하여 '묘희의 꿈' 대목을 더한 것과 같은 예들은 그 주요한 것이다); 一. 原本只有觀音贊 及黜謝氏告廟文 今輒作謝氏答杜夫人書 杜夫人與劉翰林書 翰林譏嚴崇詩 及迎還謝氏告廟文 謝氏祭春香[芳]文等 而幷附于篇末◉(한글 원본에는 다만 '관음찬' 및 '사씨를 내쫓을 때의 사당에 고하는 글'만 있을 뿐인데, 이제 곧 '사씨가 두부인에게 한 답서', '두부인이 유한림에게 보낸 편지', '유한림이 엄숭을 희롱한 시', 그리고 '사씨를 다시 맞아들인다는 고묘문', '사씨가 춘방의 죽음을 애석히 여겨 지은 제문' 등을 맨 끝에 덧붙였다); 一. 略爲論贊之語 輒識於書頭 又其文詞佳處就點圈一◉(간략하게 논찬20)하는 말을 지어 책머리에 썼고, 또 문장이 아름다운 곳에는 둥근점[圈點]을 쳤다).

③「劉翰林迎謝夫人告祠堂歌」(柳振漢 1712~1792): 翰林拜跪夫人泣 十年世事渾滄桑 …… 懷沙亭上獨俳徊 焚玉深憂胸火煬 …… 喬縕就娼董賊誅 事如仙爪爬背痒◉(한림은 무릎 꿇고 절하고 부인은 우니, 십 년간의 세상사가 뽕나무밭[滄桑]21)이 되었도다. 회사정22)에서 홀로 배회하노라니 옥조차 태운 깊은 근심에 가슴 속의 열화가 치미누나. …… 교녀는 창부가 되었다가 처형당하고 동청은 목베임을 당하니, 그 일은 신선의 손톱이 등을 긁은 것 같도다).

④『磻溪先生文集』[草本](李養吾, 1737~1811),「謝氏南征記」後緖: 按「謝氏南征記」不過小說古談 其中盖有可觀焉 自古以來 物不受變則不能成其材 人不閱事 則不得長其智 劉延壽之閱歷事變處 惕然有覺非底意 藹然有遷善底意 此其爲老成之驗而轉灾爲祥者也 又況賢婦之見誣 卒得揚其名 奸徒之陷人 適足戕其身 福善禍淫之理 不可以不信也 但夢感之說 頗涉吊詭奇遇之事 果似敷演 然此亦人事之或然者 豈可以小說古談而歸之孟浪 梅月堂詩曰 語關世敎怪不妨 事涉感人誕可喜23) 其是之謂乎 此傳旣非聖賢文字 故乃敢卞其訛而抹改之 卽其事而論斷之 以爲世戒 其於勸懲之道 亦不無小補云 龍集丙午十二月初吉日 磻溪病叟敍◉(살피건대「사씨남정기」는 소설 고담에 지나지 않으나 그 가운데 가히 볼 만한 것도 있다. 옛날부터 물질은 변화가 없으면 그 재료를 이루지 못하고, 사람도 일을 겪어 보지 않으면 그 지혜를 키우지 못한다. 유연수가 일의 변화를 두루 겪은 곳엔 척연24)히 잘못을 깨닫는 저의가 있으며, 애연25)히 선으로 옮아 가려는 저의가 있었으니, 이는 노성26)한 체험을 겪음으로써 재앙을 상서로움으로 변화시킨 것이다. 또 하물며 어진 부인이 무고27)를 당했다가 마침내 이름을 날리게 되었고, 간사한 무리가 사람을 모함했다가 마침내 족히 자신을 해치게 되었음에랴. 착하면 화를 받고 음란하면 화를 받는 이치를 가히 믿지 않을 수 없다. 다만 꿈 이야기는[夢感] 자못 기이한 데로 돌아가고[弔詭= 怪異] 우연히 만난 일은 과연 억지로 만든 것 같으나, 이것 역시 사람의 일이라 그럴 수도 있는 것이다. 어찌 그것을 소설 고담이라 하여 맹랑한 것으로만 돌려 버릴 수 있겠는가? 매월당의 시에 "말이 세상의 교화에 관계한다면 괴이한 것도 무방하고, 일이

---

20) 史傳을 기술하면서 그 사람의 사업에 관하여 기술자가 가한 논평.
21) 桑田碧海. 뽕나무밭이 변하여 푸른 바다가 되듯, 세상사가 몹시 변해 덧없이 됨을 일컫는다.
22) 「사씨남정기」의 여주인공인 사씨가 시집에서 억울한 누명을 쓰고 쫓겨난 후 갈 곳이 없자 이곳에 이르러 정자 기둥에 글씨를 써 남기고 하늘을 향해 통곡하며 물에 뛰어들어 자살하려 했다.
23) 『梅月堂詩集』, 4, '題剪燈新話後' 중의 한 구절.
24) 근심하고 두려워하는 모양.
25) 화기롭고 온화함.
26) 노련하고 성숙함.
27) 없는 사실을 거짓으로 꾸며 남을 고발함.

사람을 감동시킬 수 있다면 허탄한 것도 좋아할 만하다." 했으니 이를 두고 한 말이 아닌가? 이 전 「謝氏南征記」은 성현의 문자가 아니기 때문에 감히 그 틀린 것을 가려 고치고, 또한 그 일에 대해서 논단하여 세상에 대한 경계로 삼고자 한다. 이 책은 징계하고 권장하는 도리에 있어서는 또한 작은 도움이 되지 않을 수 없다. 용집 병오[1786] 이월 초길일 반계 병수가 쓰다).

⑤ 同上, 南征日錄 下 附史斷 二十三條: 外史曰 謝氏淫樂之戒 本是責善之意 而喬女人豖之說 反爲啓釁之媒 若非心正而鑑明者 何以卞其奸哉 此裙蜂之所以招疑也 市虎之所以見信也 可不愼哉 可不戒哉 書曰 望讒說殄行 …… 外史曰 臘梅雪梅等 爲喬女盡忠 而爲喬女所殺 豈非罪通于天 而天道好還者乎. …… 外史曰 喬女負此一十二罪 豈有不死之理哉 自古誤國之奸臣 無不獻首 彼一喬女不足道也◉(외사 말하되, 사씨의 음란을 경계함은 본래 착함을 권장하는 뜻이고, 교씨가 돼지라는 이야기[28])는 도리어 틈을 만드는 매개가 되었으니, 만일 마음이 바르지 않다면 어찌 그 간악함을 분별하리오. 이것은 옷 속에 든 벌[蜂]이 도리어 의심을 받고, 장판[市場]에 나온 범[虎]이 오히려 신임을 받는 격이다. 어찌 조심하지 않겠으며, 어찌 경계하지 않겠는가? 『서경』에 이르되 '참설을 믿으면 모든 행실은 허물어진다'(讒說殄行)[29]고 하였다). …… 外史曰 喬女猜子之心 一發而日積月累 終至於殺子廢嫡 而禍家亡身 彼其無悔 彼何足道也 自古君子以猜招譏 小人以猜見敗者 滔滔 惟猜之一字可怕也◉(외사 말하되, 교녀가 그의 마음을 시기하여 한번 그러한 마음이 나고는 날로 달로 축적되어서 마침내는 아들을 죽이고, 적자[嫡子]를 폐하고, 집을 망치고, 몸도 따라 망하였으되 그는 뉘우침도 없었으니, 그를 어찌 말로 표현하리오. 옛부터 군자는 시기로써 조롱을 면치 못하고 소인은 시기로써 실패를 오게 하나니, 시기라는 글자가 과연 겁나는도다). …… 外史曰 石郞中旣知董淸之惡而不欲揚之 則托以他事使之自退 可也 嫁禍於劉翰林 何心哉 古君子推及之意 不當如是也◉(외사 말하되, 석낭중이 벌써 동청의 악을 알고도 그를 발표할 수 없었다면, 다른 일로 핑계삼아 정계에서 물러남이 가한 일이어늘, 유한림에게 재앙을 씌우는 것은 무슨 까닭인가? 옛날 군자라도 남을 넓게 생각함이 이와 같지는 않았을 것이다). …… 外史曰 親賢遠小 古人所戒 謝氏之斥董生 可謂得其正矣 翰林不悟 終被其禍 噫 今人不知其行之賢否 而偏愛其令色巧言 親近於門庭者 可不鑑哉◉(외사 말하되, 어진 사람을 친하고 소인을 멀리함은 옛 사람이 경계하던 바니, 사씨가 동생을 멀리함은 그 정당함을 얻은 것이다. 한림이 깨닫지 못하고 마침내 그 화를 당하였으니, 아! 이제 사람들은 그 행실의 어질고 어질지 못함을 알지 못하고, 지나치게 그 아름다운 얼굴과 듣기 좋은 말에 기울어지나니, 자기의 문정[30])에 친근하게 다니는 사람을 어찌 살피지 않을 것인가?) …… 外史曰 近墨者染 入水者濡 此必然之理也 內畜冶容之姬 外接無行之客 實爲誨淫之道 世豈有柳下惠哉 是故 聖人制禮嚴閨門之法也◉(외시 말히되, 먹[墨]에 가까이 하는 자는 물들기 쉽고, 물에 들어가는 자는 젖는다 하더니 이것은 필연의 이치다. 안으로는 얼굴

---

28) 「사씨남정기」의 惡役 인물인 교녀가 갖은 꾀로써 正室 사씨를 모함하던 끝에 마침내 시비 설매를 시켜 자신의 소생인 장주까지도 죽이고 그 죄를 사씨에게 둘러씌우려 했다. 사실을 알지 못한 유연수가 애꿎은 시비 춘방을 잡다가 엄하게 심문하니, 춘방이 설매를 대하여 "네 행위는 개돼지만도 못하다."고 꾸짖은 끝에 죽고 만다. 결국 모든 음모는 '교녀'에게서 나온 것이었으므로, 교녀는 '사람이 아니라 개돼지'라는 말이 되는 셈이다.
29) 『書』, 舜典: 帝曰 龍 朕堲讒說殄行 震驚朕師(용이여, 나는 讒說이 군자의 행동을 끊어 내 백성들을 놀라게 함을 싫어한다).
30) 대문이나 중문 안에 있는 뜰.

다듬는 미인을 두고, 밖으로는 행실이 불정한 손[客]을 두었으나 실제로 음란만을 가르치는 길이라. 세상에는 어찌 유하혜[31] 같은 분이 있으리오. 이런 까닭으로 성인이 예를 마련할 때에 규문의 법을 엄하게 하였느니라). …… (孝女言告言歸 淫婦爲鬼爲蜮) 外史曰 董淸之構陷謝夫人 至於此極 言甚巧矣 機甚密矣 自謂得計莫此若也 計纔得行 禍不旋踵 天道之好還 如此可不懼哉●(외사 말하되, 동청이 사부인을 모함함이 이같이 극도에 달함은 말재주가 심히 교묘하기 때문이요, 기회를 잘 노리는 까닭이다. 스스로 계획을 이룸이 이루 말할 수 없다 하고 참소를 행하자마자 재앙이 당장에 돌아오니 하늘의 도는 이 같은 법이라 어찌 두렵지 않으리오?) …… (君子信讒言 兇人戕愛子) 外史曰 欲陷人而先殺子 是可忍也 孰不可忍也 此所謂 自作孼不可活●(외사 말하되, 남을 모함하기 위하여 먼저 자식부터 죽이니, 이런 일을 차마 행할진대 무슨 일이기로니 차마 못하리오. 이를 말하여 제가 지은 죄는 살아날 길이 없다는 것이다). …… 外史曰 盖以劉翰林之聰明 惑九尾之妖狐 黜十年之賢妻 此則愛有所偏而邪正錯認 心有所蔽而進退乖宜者也 君子亦當正其心 不爲外物所移●(외사 말하되, 대개 유한림 같은 총명으로 구미호 같은 계집에 속아서 10년간 살던 현처를 버리니 이것은 사랑이 기울어진 곳이 있어 간사하고 바른 것이 거꾸로 된 것이요, 마음이 가리운 바가 있어서 진퇴가 정상을 잃었기 때문이다. 군자는 마땅히 마음을 바르게 써서 바깥 사물에 옮기지 말아야 할 것이다). …… (糟糠下堂 舅姑感夢) 外史曰 董淸之僞作是書 必欺以其方 而不諱强字 終露其奸 此所謂天知神知也 今世之僞書作奸者 安能挽天神之目哉●(외사 말하되, 동청이 거짓으로 이 편지를 적어서 그럴 법하게 속였으니, 강짜를 가리우지 못하여 그 간사함이 탄로되었으니 이것을 일러 하늘이 알고 신이 안다는 것이다. 지금 세상에 거짓 길을 만드는 자 어찌 천신의 눈이야 속이겠는가?) …… (懷沙亭呼天 黃陵廟敷衽 婦女依止室門 群小搆成詩案) 外史曰 黃陵廟感夢之事 白衣佛顯靈之說 頗涉怪誕 然自古吉人阽危不無陰助 結草之鬼 墜履之翁 不可謂全然孟浪●(외사 말하되, 황릉묘[32]에 꿈을 이룬 것과 백의를 입은 부처님이 나타났다는 말은 너무도 이상하지마는, 옛날부터 좋은 사람이 액을 당하였을 때는 신의 도움이 없는 것도 아니니, 결초보은하던 귀신[33]과 신발을 떨어뜨리던 황석공[34]을 전혀 허무했다 할 수 없는 것이다). …… 外史曰 凡人心之始迷終悟 若天道之否往泰來 然若不乾乾夕惕 尙何不遠而復哉●(외사 말하되, 범인의 마음은 처음은 갈팡질팡하다가 끝에는 깨우치나니, 하늘의 도가 꽉 막혀 운수가 지나면 다시 한번 좋은 운수가 오는 것과 같으니라. 만일 알뜰히 조심하지 않고서 어찌 오래지 않아 좋은 운수가

---

31) 중국 춘추 시대 魯나라 사람. 字는 季. 버드나무 아래 살다가 벼슬하여 士師가 되고 惠란 시호를 받았기 때문에 '柳下惠'라 부른다. 그 아내가 賢德이 있어 남편을 내조하다가, 남편이 죽은 후 그 덕을 빛나게 했다.
32) 순임금이 남방 순시를 나갔다가 죽자 두 부인[二妃]이 좇아 가려다가 미치지 못하고 湘江에 빠져 죽으니, 백성들이 '황릉묘'를 세워 제사 지냈다.
33) 중국 춘추 시대 晉나라의 魏武子의 아들 顆가 아버지가 죽은 후에 서모를 개가시켜 殉死하지 않게 하였더니, 후에 위과가 전쟁에 나가 싸울 때에 그 서모의 아버지의 혼이 적군의 앞길에 풀을 잡아 맺어 넘어뜨려 위과에게 붙잡히게 하였다고 한다.
34) 중국 진나라 말엽의 병법가. 진시황의 폭정이 도를 더해 갈 무렵 나라를 구할 큰뜻을 품고 있던 張良이 어느 날 다리를 건너가다가 한 누른 옷을 입은 노인[黃石公]을 만났는데, 노인이 일부러 신을 진창 속에 자꾸 떨어뜨리고 장량에게 집어 오라고 명령하여 장량이 공손히 갖다 바친즉 노인이 며칠 뒤 자신을 찾아오라 일렀다. 그 후 장량이 노인을 만나자 노인은 세 권의 秘書를 장량에게 전해 주며 이로써 천하를 도모하게 하였다고 한다.

돌아올 것이라고 생각하는가?) …… 外史曰 甚矣 小人之吹毫覓疵也 李白淸平之詞 蘇軾老檜之詩 所以見讒而招禍也 然千載之下 公論不泯◐(외사 말하되, 심하도다. 소인들의 조그마한 일에도 헐뜯음이여! 이백[701~762]의 「청평사」와 소동파[蘇軾 1036~1101]의 「노회시」가 결국은 참소를 받고 재앙을 부른 것이다. 그러나 천 년 후에는 정당한 비판이 없지 않다). …… (大船調琵琶 甘露洗瘴癘) 外史曰 賈生不死於長沙 東坡不死於惠州 嶺海之外 豈死人哉 劉翰林 初以非罪 見斥 卒以見斥 進秩嚴崇之謀殺 適足以吹噓也◐(외사 말하되, 가의가 장사에서 죽지 않았고35), 소동파가 혜주에서 죽지 않았으니36), 영해의 밖이라고 어찌 사람이 죽을 것인가. 유한림이 나중에는 배척을 받았던 까닭으로 승진을 얻었으니 무섭게 죽이려고 하던 것도 헛일이 되고 말았구려). …… 外史曰 喬女之於麟兒殺之無禁 一下手之間 萬無不死之理 卒得無死者 天也 天道神明 人不可獨殺◐(외사 말하되, 교녀가 인아37)를 죽이도록 했으니, 한번 죽이려 하는데는 살아날 일이 만무했지만, 마침내 죽지 않은 것은 천명이다. 하늘의 도가 밝으니 사람을 함부로 죽일 수는 없는 것이다). …… (使君載妖女 貴客逢故人) 外史曰 翰林至此方 覺董淸之穢其門 喬女之禍其家 惜乎 其覺之不早也◐(외사 말하되, 유한림이 지방에 와서 비로소 동청이 자기의 집을 더럽힌 줄을 알고, 또 교녀가 자기의 집을 망친 줄을 이제야 깨달았으니 애석하도다. 좀 일찍 깨달았더라면). …… 外史曰 尼姑之救翰林 與漁父之濟子胥相類 此所謂高義薄層雲者也 今世之落井下石者 抑何心哉◐(외사 말하되, 중이 한림을 구원함이 어부가 오자서[伍子胥]38)를 구원함과 서로 같은 것이라. 말하자면 높은 곳에는 구름도 없는 것이라. 지금 사람들은 우물에 빠진 사람에게 돌을 던지는 심리들은 과연 무슨 심리인가?) …… (奸人惡稔身斃 天道否極泰來) 外史曰 謝氏以藏蹤觀勢之意 勗翰林 可謂慮事 深矣◐(외사 말하되, 사씨 종적을 감추고 형편을 살핀 것은 한림을 돕는 뜻이니 생각이 깊다 하겠도다). …… 外史曰 臘梅雪梅等 爲喬女盡忠 而爲喬女所殺 豈非罪通于天 而天道好還者乎◐(외사 말하되, 갈매·설매라 하는 것들이 교씨를 위하여 충성을 다했지만 결국 교씨 손에 죽고 말았으니 그 목숨이 하늘에 닿으니 어찌 천도[天罰]가 돌아온 것이 아닌가?) …… 外史曰 董淸之於冷振 同惡相濟 而卒董淸于死者 冷振也 彼以不義交人 而又以不義爲事 故人亦以不義之事 報不義之交也◐(외사 말하되, 동청과 냉진39)이 악으로써 서로 돕다가 동청을 죽였으므로, 결국 악에 몰아넣은 자는 냉진이다.

---

35) 중국 후한 시대의 문인. 나이 20세 때 문제에게 부름을 받아 博士가 되었다가 1년도 못 되어 太中大夫에까지 이르렀다. 그러나 이를 시기하는 자들의 꺼림을 받아 내침을 받아 長沙王의 太傅가 되었다. 33세에 죽었는데, 세상에서는 그를 '賈太傅', 혹은 연소한 수재라고 해서 '賈生'으로도 불렀다. 장사에 살게 되었을 때 어느 날 鵬새기 방안으로 날아들어와 구석에 앉는 것을 보고, 스스로 오래 살지 못할 것을 예감하고 애도하는 시를 지어 읊었다고 한다.
36) '소동파'는 중국 송나라 때의 문인 蘇軾. 蘇洵의 아들, 轍의 형. 王安石의 신법의 불편을 논하는 글을 써서 반대당의 미움을 받아 감옥에 갇혔다가 사면을 받고 황주로 귀양 가 황주 동파에 집을 짓고 스스로 호를 東坡라 했다. 그 곳에서 시를 읊조리며 산림을 산책하며 『前後「적벽부」등을 지었다. 후에 거듭 부침을 거듭하다가 翰林侍讀兩學士를 거친 후 다시 惠州의 지방관으로 물러났다가 常州에서 죽었다. 학술에 조예가 깊어 蜀派를 이루어 程頤의 洛派와 대립하였다. 그는 또 佛老를 좋아하였고, 후세에 그의 시는 송대 제일이라는 칭을 얻었으며, 당송 팔대가의 1인으로 숭앙받았다.
37) 「사씨남정기」의 여주인공 '사씨' 소생 아들.
38) 중국 춘추 시대 초나라 사람. 아버지 奢와 형 尙이 초나라 平王에게 피살되었기 때문에 오나라에 가서 초나라를 쳐 원수를 갚았다 한다.
39) 「사씨남정기」에서 악인 동청의 심복 역할을 하는 인물.

그들은 불의로 사람을 사귀었고, 불의로 일을 삼았기 때문에, 역시 불의의 일로 불의의 친구를 죽임으로 갚은 것이다). …… 外史曰 董淸諂附嚴嵩 猝得大官 而嵩忽敗 淸便誅 今世之不識氷山 而自詫杜竇者 滔滔董淸●(외사 말하되, 동청이 엄숭에게 아첨을 다하여 큰 벼슬자리에 얻었다가 엄숭이 갑자기 실패하매 동청이 죽고 말았으니, 금세에 빙산인 줄 알지 못하고 권력가에 쥐같이 붙어 설치는 자, 모두 동청과 같은 무리이다). …… (母子重會 逆婦就戮) 外史曰 纔經喬女之厄 又薦林氏之賢 似失自謀之道 而實切無後之慮 用心仁矣 持論正矣 因林女而得麟兒 未必非天報之驗也●(외사 말하되, 겨우 교씨의 액이 지나니 또 사씨는 임씨 같은 어진 사람을 추천하였도다. 자기를 도모하는 방법에는 실수가 될 것이나, 뒤에 없을까 염려하는 심정이 절실하기 때문이다. 마음이 어질고 의론이 바르기 때문이다. 임씨를 돌려 보내고, 인아를 얻었으니 하늘이 복을 갚아 주는 바가 아닐 수 없다). …… 外史曰 冷振 初以無賴之輩 殺董淸而取財 得喬女而爲妻 自以爲充其欲矣 醉睡之間 見失於車夫 賭博之餘 致斃於法杖 此皆自取之禍 誰怨誰尤 今世所稱 娼扉酒肆之豪者 何不敢此爲戒哉●(외사 말하되, 냉진은 원래 불량자로서 동청을 죽이고 재물을 취하였더니, 교씨를 얻어서 처를 삼으니 스스로 그 욕심을 충족한 바다. 술에 취하여 잠을 자는 동안에 수레꾼에게 잃어 버렸고, 노름하던 나머지 법에 걸려 죽었으니, 이것은 다 제가 취한 재앙이라, 누구를 원망하고 누구를 허물하랴. 오늘날 창녀와 술집에 다니는 자, 어찌 이에 경계하지 않으리오). …… 外史曰 喬女負此一十二罪 豈有不死之理哉 自古誤國之奸臣 無不獻首 彼一喬女不足道也●(외사 말하되, 교씨가 열두 가지 죄를 저질렀으니, 어찌 죽지 않을 수 있겠는가. 예부터 나라를 망치는 간신들은 죽지 않는 자 없었으니, 저 한낱 교씨는 더 말할 것 없구나!).

⑥ 『象胥記聞』[1794?](小田幾五郎 1754~1831): 朝鮮小說「張風雲傳」·「九雲夢」·「崔賢傳」·「蘇大成傳」·「張朴傳」·「林將軍忠烈傳」·「蘇雲傳」·「崔忠傳」外「泗氏傳」·「淑香傳」·「玉嬌黎」·「李白慶傳」類 …… 其外「三國志」類 諺文書本有●(조선의 소설로는「장풍운전」·「구운몽」·「최현전」·「소대성전」·「장박전」·「임장군충렬전」·「소운전」·「최충전」외에「사씨전」·「숙향전」·「옥교리」·「이백경전」따위가 있고 …… 그 밖에「삼국지」등의 국문 소설이 있다).

⑦ 『澹庭遺稿』(金鑢 1766~1821), 12, 補遺集, '古詩爲張遠卿妻沈氏作': 七歲通諺書 八歲髮點漆 學姊能自梳 時向華燈下 朗吟「謝氏傳」微風送逸響 琼琤破玉片●(7세에 언문에 통달하고 8세에 머리카락 점칠했어라. 언니 본떠 혼자 머리 빗질하고 때때로 밝은 등불 아래 앉아「사씨전」을 읽는다. 미풍이 은은한 소리를 보내 옥조각에 부딪쳐 소리를 내는구나!).

⑧ 『五洲衍文長箋散稿』(李圭景 1788~?), 7, '小說辨證說':「南征記」北軒金春澤所著 世傳西浦竄荒時 爲大夫人銷愁一夜製之 北軒則爲肅廟仁顯王后閔氏巽位 欲悟聖心而制者●(「남정기」는 북헌 김춘택이 지은 것이다. 세상에 전하기를, 서포 김만중이 귀양 갔을 때 대부인의 근심을 풀어 드리고자 하룻밤에 지은 것이라 하는데, 북헌은 숙종이 인현왕후를 손위[廢黜]한 데 대하여 임금님의 마음을 깨우치기 위하여 지었다고 한다).

⑨「一樂亭記」(晩窩翁), 序: 世之謂小說者 語盖鄙俚 事亦荒誕 盡歸於奇談詭諺 而其中所謂「南征記」·「感義錄」數篇 令人說去 便有感發底意矣●(세상에서 소설이라 일컫는 것들은 말이 모두 천하고 내용 역시 황탄40)하여 모두 기담·궤학41)에 빠질 뿐이나, 그 중 이른바「남정기」·「감의록」

---

40) 말이나 하는 짓이 허황됨.
41) 거짓말과 우스갯거리.

등 수편은 사람으로 하여금 속마음을 감발시키는 깊은 뜻이 있다).

⑩ 『松南雜識』(趙在三, 1801~1834), 桃卷, 稽古類, '南征記'條(草稿, 서울대 所藏本): 世傳金北軒著「九雲夢」・「南征記」等小說 使宮女朝夕諷誦 欲感悟聖聰 期返閔殿也 肅廟聽「南征記」而悟曰 無麟兒之 謝氏將焉用哉◯(세상에 전하기를, 김북헌[金春澤 1670~1717]이 지은 「구운몽」・「남정기」 등의 소설은 궁녀로 하여금 아침 저녁으로 풍송42)케 하여 임금의 총명을 깨우쳐 민중전[仁顯王后 1667~1701]을 되돌리고자 한 것인데, 숙종이 「남정기」 이야기를 듣거나 뉘우쳐 말하기를, '인아의 사씨가 없다면 장차 어쩔꼬?' 라 했다고 한다).

⑪ 『夢遊野談』(李遇駿 1801~1867), 下: 金西浦萬重 多以俗諺作小說 有曰「南征記」卽謝女貞玉 有賢德淑行 而爲嬌妾所妬 被驅見逐 遭罹厄窮之事也 其辭激切慘惻 足以感動人心 警勵薄俗 其從孫北軒春澤 以諺書飜謄 行于世 肅廟時流入宮中 感回天意 與司馬長卿長門賦一般◯(서포 김만중이 한글로 소설을 지은 것이 많다. 「남정기」라는 것이 있는데, 이것은 사정옥이 어진 덕과 깨끗한 행실이 있었으나 교첩의 투기로 인하여 궁액을 만나게 된 일을 그린 것이다. 그 말이 아주 간절하고 처량[激切慘惻]해서 능히 사람들의 마음을 감동시키고 천박한 풍속을 경계하고 격려시키는데, 그 종손 북헌 김춘택이 언서로 번역하여 세상에 전한다. 이 책이 숙종 때에 궁중에 흘러 들어가 임금의 뜻을 감동시키고 마음을 돌리게 하였음은 저 사마장경43)의 「장문부」44)의 경우와 같다).

⑫ 『韓史綮』(金澤榮 1850~1927), 4: 甲戌二十年 …… 時張后色衰 王待之稍稍疎 又厭其族之微 有金春澤者 萬基之孫也 豪俠有權數 察知王意 乃爲廢后 作一書 假托閨房寃恨之事 名曰「謝氏南征記」使所善韓重赫 康晩泰等 因宮人以進 因以微言讒張后 王見其書益感悟 欲復廢后之位◯(갑술 20년[1694]에 장희빈[?~1701]의 색태가 좀 쇠하자, 임금이 좀 드물게 대하게 되고 또 그 일가들이 미미해지졌다. 김춘택[1670~1717]이란 사람은 만기[金萬基 1633~1687]의 손자로서 호협45)하고 권모술수가 있었는데, 왕의 뜻을 살피고 폐하여 쫓겨난 왕비를 위하여 규방의 원한의 일에 가탁하여 한 권의 책을 짓고 「사씨남정기」라 했다. 평소에 친히 지내던 한중혁이나 강만태 등으로 하여금 궁인을 시켜 임금에게 올리게 함으로써 미언으로 장희빈을 참하였다. 임금이 그 책을 보고 깨달아 폐해 버린 왕후를 복위시켰다).

⑬ 「玉鴛再合奇緣」(溫陽鄭氏 1725~1799), 15.

⑭ 「南征記」(國立圖中央圖書館本), 序: 余觀小說畧干矣 而或隘而不流 或放而不收 或淫而不貞 或浪而多蕩 取文則或觀也 取操則不可觀也 至於「南征記」則 可取其文 可取其操者也 …… 嘉靖之際「南征之記」・「昌善感義錄」由斯治亂而記也 余至老無聊 故常心玩味於「南征記」則所謂劉翰林延壽者 性本愷悌君子 傷眞於妖態美惑 誤陷淫婦喬女之腹詛胸罵 而頓忘正室之賢淑 妄容狡客董淸之橫被口語 而不覺自己之萌蘗 出此窈窕淑女 使玷荊玉之瑕 而流落於荊楚風浪 庶爲魚腹之冤 而誠意伯世德 感於謝氏 至貞至淑之誠 復享萬福 自己之躬 亦以不活之孼 橫被其毒 泣玦于鴃舌之境 幾爲瘴癘之魂 而劉小師遺蔭 幸於自身之悔過遷善 降之百祥 豈非天道之昭昭乎◯(내가 소설 몇 편을 보니 그 내용이 막혀 흐르지 못하거나, 혹은 너무

---

42) 시문을 읊음.
43) 司馬相如. 「子虛」・「上林」・「大人」 등의 賦로 漢・魏・六朝 문인들의 典範으로 여겨진다.
44) 중국 한나라 때의 사마상여가 지은 賦의 이름. 무제의 陳皇后가 총애를 잃고 장문궁에 있을 때 명을 받아 황후의 悲愁의 모양을 그린 것. 이로 인하여 무제가 황후를 총애하였다고 한다.
45) 호방하고 의협심이 있음.

방만하여 조리가 없고, 혹은 음란하여 부정스럽고 혹은 허랑하여 너무 방탕스러워, 글을 취한다면 혹시 보암직하겠으나 몸가짐을 취한다면 별 볼 일 없는 것이었다. 「남정기」의 경우는 그 글이 보암직할 뿐만 아니라 그 몸가짐도 취할 만하였다. …… 가정 연간을 배경으로 한 「남정기」・「창선감의록」은 이러한 난을 다스리려 쓴 것이다. 내가 늘그막에 이르러 무료한 까닭에 늘 「남정기」를 즐겨 읽었다. 이른바 한림 유연수는 천성이 원래 떳떳한 군자로서 요사한 자태와 미혹46)에 본성을 상하고, 음탕한 여자 교녀의 저주와 흉매47)에 잘못 빠져 본부인의 현숙함을 잊고, 교활한 문객인 동청의 근거 없는 말을 망령되이 받아들여 스스로 화를 자초함을 깨닫지 못하고 요조숙녀를 쫓아내, 형옥48)의 티를 결함으로 여겨 형초 땅의 풍랑 속을 떠돌아 거의 고기밥이 될 지경에 이르게 했으나, 성의백49)의 대대에 걸친 덕이 사씨에게 감응하여 지극히 정숙한 정성이 다시 만복을 누리게 되었다. [유연수는] 자기의 몸 역시 살아날 수 없는 재앙으로 느닷없이 그 독을 입어 격설[鴃舌]50)의 지경에 이르러 거의 풍토병으로 죽을 위기에 처했으나, 유소사의 끼친 음덕으로 다행히 자신의 과오를 고쳐 선하게 되고 많은 상서로움을 내렸으니 어찌 천도의 밝디밝음이 아니겠는가?).

⑮「南征記」引(韓國精神文化硏究院 所藏本): 言語文字以敎人 自六經然爾 聖人旣遠 作者間出 小醇多庇 至稗官小說 非荒誕則浮靡 其可以敦民彛裨世敎者 惟「南征記」乎 記本我西浦先生所作 而其事則以人夫婦妻妾之間 然讀之者 無不吞嗟涕泣 豈非感於謝氏處難之節 翰林改過之懿 皆根於天 其於性而然者 其憤痛裂眦 又豈不以喬童之惡哉 不惟如是 推類引義 將無往而非敎人者 所謂放臣怨妻 與所天者 天性民彛 交有所發 則如楚辭 所謂感發人之善心 懲創人之逸志 則又庶幾乎詩 是烏可與他小說同日道哉 然先生之作之以諺 盖欲使閭巷婦女 皆得以諷誦觀感 固亦非偶然者 而顧無以列於諸子 愚嘗病焉 余謫居無事 以文字翻出一通 又不自揆頗增刪而整釐之 然先生特以其性情思致之妙 而有是書 故於諺之中 猶見詞采 今愚所飜反有不及焉者 昔太史公 作屈原傳 歐陽子叙王氏婦事 其文與兩人節義爭高 愚誠美之 而自無以稱謝氏之賢 然庶幾仰述先生所爲作書敎人 其意非偶然者 是愚之志者也 覽者恕焉◎(역문 생략)51)

⑯「사씨남정긔」(釜山大 圖書館 所藏): 이 칙은 본디 진셔로 잇는 거슬 우리 주씨의 부탁으로 이 무식훈 졸필이 번역ᄒᆞ여 말이 되지 아니ᄒᆞ기로 죵편도 즉시 못ᄒᆞ고 슈연을 소위 싱셰무골몰ᄒᆞ여 과연 분쥬 불가ᄒᆞ기로 진즉 슈필못ᄒᆞ나 금연에 마춤 슈월 죵용훈 고로 빈긱 쳠디훈 후 필역ᄒᆞ려 ᄒᆞ여 그 젼 씬 거슬 주시 보니 나도 아라볼 슈 업고 공연히 허비 졍신훈 일 죄송 결통ᄒᆞ나 이만 거슬 주씨의 부탁 시힝 아니홀 슈 업소와 아무리 말 아니되엿다 ᄒᆞ여도 ᄂᆡ 슈필이라고 우리 주씨게 보닌 후예는 다만 ᄉᆞ름 능문보다가 귀히 보실닷ᄒᆞ여 디강 죵편ᄒᆞ니 이거슨 다만 거시 아니라 되젼은 말과 글시로다 셰셰이 ᄒᆞ면 보는 주 지리홀 닷고 또 ᄉᆞ씨의 ᄂᆡ외 상봉ᄒᆞ면 쳔하에 지낙이라 인아 만닌 거와 교녀 주바 쥬긴 거와 동쳥 닝진 다 치리훈

---

46) 미모로 사람을 현혹시킴.
47) 속으로 마구 욕함.
48) 荊山에서 나는 좋은 옥. 和氏璧을 말한다. 뜻이 전하여 美質이나 賢才 있음을 비유함.
49) 중국 명나라의 개국공신인 劉基의 諡號. 「사씨남정기」에서 유현과 유연수 부자는 역사적 인물인 誠意伯 劉基의 후손으로 설정되어 있다.
50) 야만이 지껄이는 알아들을 수 없는 말. 외국 사람의 말을 낮게 일컫는 말.
51) 위의 ②『北軒集』의 역문 참조.

거시 다 이시나 신기흔 거슨 스씨 닉외 상봉흔 거와 갓흘 슈 업수 이 글 후 다 장황흔 거슨
아니흐여도 과히 흠시 업실가 닉 엇지 세세이 다 아이 흐오리마눈 아무리 우리 즈씨의 능문덕안이
시나 두어 장 보면 다시 볼 마음 업수실 거시니 다 종편흐여 되존이 남의 우슬 짓 말고 다문
하로라도 일즉 보닉여 닉월 츄셕에 즈씨 시로 보신 즈부로 소일이나 흐시기 흐나 싱딜부의
연소덕문으로 추마 현열이 웃지 못하나 심중으로 오즉 비소홀가 더욱 무안하나 우리 자씨게옵셔난
닉 겸수로 아이 아라시고 하로 한 줄도 쓰더보시고 두 줄로 보시면 되존은 말이나 용서흐실가
세상에 측이다 흐면 즈미업고 또 싯흘 뒤강 알고 다 아지 못하야 즈미 더흐며 우에도 발명흐엿거니
와 과연 종편하기 즈미업고 스씨 닉외 상봉하면 측 다흔 거시라 그 후 일은 다 거만 못한
고로 뒤강 종편하엿시니 인아 교씨 동청 닝진 다 싯치 잇는 줄만 아쇼셔.52)

⑰「玉仙夢」(丁奎福 所藏本) 권 5, 後尾 : 稗官之說 有補於世敎者大矣「玉麟夢」一部 與「謝氏南
征記」略同軌範 眞稗說之可觀者也☯(패관 소설은 세상 사람을 가르치는 데 보탬이 되는 바가
크다.「옥린몽」일부와「사씨남정기」는 대략 같은 것으로서 참으로 패관 소설 중에서 가히
볼 만한 것이다).

⑱『諺文古詩』(가람본), '언문칙목녹', 145:「남졍긔」.

⑲「화진젼」(同上) 권말: 세상의 소설이 만흐되 이갓치 긔이흔 글이 업는지라 무릇 풍유호수와
의긔남즈가 서로 구하야 입신양명함과 요졀니 참소하야 현부가 히옵함은「샤씨남정긔」와 일반이
요 군즈와 숙녀가 호구하고 (쪽을 맛논) 부귀공명이 현혁함은「구운몽」과 방불흔지라 이로
말미음어 보건되 쇼설 중 제일긔서라.

⑳「漢陽五百年歌」: 이때에 김익훈은 상부사로 중원 가서 폐비한 줄 몰랏드니 압록강 건너 서서
중전 내침 듣자옵고 가두에 유숙할 제 아무리 생각해도 숙종 회심 어렵도다 등촉을 밝혀 놓고
무삼 책을 지었는고「사씨남정기」로다 유한림은 숙종 되고 사부인은 중전 되고 교녀는 희빈
되고 비유하야 지어내니 이 책 뜻이 무엇인가 유한림은 가장이요 사씨는 정실이요 교녀는
첩이로다. 교녀 마음 요악[妖惡]하야 유한림을 뜻을 마차 사부인을 모함하야 희빈까지 꾀여내니
유한림의 독한 마음 사부인을 박대하야 구축하야 내쳤으니 건곤 이체(理致) 각별커든 하나님이
무심할가 유한림의 어진 마음 날날이 후회로다 봄풀같이 새로 나서 사부인을 모셔 놓고 교녀를
죽였으니 신기하고 이상하다 이 뜻으로 지어내서 숙종께 드릴 적에 숙종대왕 거동 보소 금침을
도드 비고 한림 사연 드러 보니 심신이 불평하야 사부인이 무죄함은 환연(渙然) 대각(大覺)
깨다랏다 벌덕 일어 앉으면서 네가 요 년 교녀로다 주사(做事)함을 생각하니 페비[廢妃]하다
원통하다 급급히 이러서서 희빈을 잡아내여 능지하라 하옵시니 벌떼 같은 저 군졸들이 일시에
달려드러 머리채를 잡아 쥐고 궁정 앞에 나려서서 륜거(輪車)에 올려 놓고 종로로 끌고 가니
그 아들은 누구든고 경종이 이 아닌가.

㉑「思弟歌」: 忘懷나 하려 하고 옛책을 읽어 보니「趙雄傳」·「風雲傳」슬프고 장하도다「張伯傳」
·「鳳凰傳」眞言인가 虛說인가「謝氏傳」·「淑香傳」구비구비 奇談일세.

㉒ Courant, 772:「謝氏南征記」; Courant, 773:「샤시남졍긔」; Courant, 3348:「謝氏南征記」.

【增】

1)『字學歲月』[1744](尹德熙 1685~1766):「南征記」.

---

52) 柳鐸一 編,『韓國古小說批評資料集成』(亞細亞文化社, 1994), pp. 189~190에서 재인용.

2) 『私集』(尹德熙 1685~1766), 4, 「小說經覽者」[1762]: 「南征記」.
3) 『欽英』(俞晩柱 1755~1788), 21, 1786. 1. 7: 偶聽「南征」內文 議說家當用中國人情物態 何其形容 得曲盡至到 乃若東國說家 則又何其庸餒可笑 至此之甚 眞無奈何矣◐(우연히 국문 소설 「남정기」를 들었다. 논하건대 소설가는 응당 중국의 인정물태를 사용하는데, 얼마나 그 형용이 곡진하고 지극한가! 그러나 우리 나라의 소설가로 말하자면 또 얼마나 그 용렬함을 비웃을 만한가! 이렇게 된 것이 심하니 참으로 어찌할 수가 없다).
4) 同上, 1786. 1. 8: 夜續聽「南征」內文 悲懽苦樂 推遷乘除 雖眞亦仮 雖仮亦眞◐(밤에 「남정기」를 이어서 들었는데, 희비고락과 번영성쇠가 있었다. 비록 진실이지만 또한 거짓이고 거짓이지만 또한 진실이다).
5) 「謝氏南征記」(高麗大 所藏), 序: 余觀「謝氏南征記」則謝氏之明哲寬仁 庶近於班姬·莊姜之賢 而入嫁劉翰林家 語黙動靜 莫不以法度矣 年近二毛 無一子女 心憂之 自念身爲家婦 俾絶嗣屬 三千罪中 無後爲大 故擧其喬女 爲所天副室矣 厥後 喬女欲得專寵之意 怏怏不樂 誣捏謝氏 維辟之色 蠱惑丈夫 侍婢之無良姦甚 門客之奸跡不露 姬妾之兇惡不著 則謝氏之賢明 徒何知而豫防乎 未幾 潛瘞兇穢之物 壓殺掌珠之變 偸出玉環之寶 僞造自己之書 則維姬姒之德 蘇張之辯 將不得暴白矣 旣被曖昧之謗 遽當無瑕之罰 仍以黜至於丈夫之門 噫! 漢之班婕妤 事君以禮 固辭同輦 保身以智 廢處長信 衛之莊姜 賢德令名 昭輝靑史 而廢之疎遠 世之論者 或以比幷歸諸天數 貞節之冤 至此爲深也哉◐(「사씨남정기」를 보았다. 사씨의 명철함과 너그러움은 반희[班婕妤3)와 장강54)의 현숙함에 가까웠고, 유한림에게 시집 가서는 말과 행동이 법도에 맞지 않음이 없었다. 그런데 나이가 2모55)에 이르도록 자녀가 없자, 매우 근심하여 생각하기를, '맏며느리로서 후사를 끊다니, 3천 가지 죄 가운데 이게 제일 큰 죄 아닌가?'라 하고, 교녀를 천거하여 지아비의 첩이 되게 하였다. 그 후 교녀는 총애를 독차지하고자 앙앙불락56)하여 사씨를 모함하고 미색으로 장부를 유혹했다. 시비의 못된 행실이 이에 심해졌고, 문객의 간사한 자취가 드러나지 않았으며, 첩의 흉악이 드러나지 않았으니, 현명한 사씨인들 어떻게 알아서 예방하겠는가? 얼마 후 흉악한 물건을 몰래 묻고 자식을 눌러 죽이는 변고를 일으키고, 옥가락지를 훔쳐내고 편지를 위조하였으니, 임사57)의 덕과 소장58)의 변론으로도 밝혀내지 못할 지경이었다. 애매한 비방을 받고서 무고한 죄를 받아 지아비의 집안에서 쫓겨나기까지 하였구나. 아, 한나라의 반첩여59)는 예로써 임금을 섬겨 같이 수레에 타는 걸 굳이 사양하고 지혜롭게 처신하였으나 장신궁에 유폐되었고, 위나라 장강은 현숙한 덕과 아름다운 이름으로 청사에 빛날 만한데 소원하게 버려졌다. 세상 논자들은 혹 이런 일들을 천명으로 돌리곤 하니, 원통함이 이로써 깊어지누나).

---

53) 중국 한나라 때 班況의 딸로, 어질고 시가에 능해 뽑혀 成帝의 후궁이 되었으나 후에 趙飛燕 자매의 시기를 받아 長信宮에 물러가 태후에게 시중을 드는 동안 「怨家行」 등을 지어 불렀는데, 그 말이 매우 슬펐다고 한다.
54) 중국 춘추 시대 위장공의 부인으로, 인물이 아름다우며 현숙했다고 한다.
55) 흰머리가 나기 시작하는 나이. 32세.
56) 마음에 만족치 않아 즐겁지 않음.
57) 부덕으로 유명한 주나라 문왕의 어머니인 太姙과 무왕의 어머니인 太姒.
58) 중국 전국 시대 변론가인 蘇秦과 張儀.
59) 중국 한나라 때의 여류 시인. 成帝 때 뽑혀서 婕妤가 되었으나 趙飛燕 자매에게 미움을 받아 長信宮으로 물려가 태후에게 시중을 드는 동안 「怨歌行」을 지었다.

6) 『孝田散稿』(沈魯崇 1762~1837), 3, 1801. 7. 18: 「南征記」世稱金北軒托諷之作 而意匠固是粗淺 文字亦極鹵陋 但淑慝消長之際 或有可觀 千里之隔 一時之見 其亦果異矣◐(「남정기」는 세칭 김북헌[金春澤 1670~1717]이 가탁해 풍자한 작품이라 하는데, 의장이 거칠고 얕으며 문자 또한 아주 비루하였다. 다만 선과 악이 성해짐과 쇠하여짐에 있어 혹 볼 만하였다. 천 리 먼 곳에서 한때의 볼거리가 되었으니 그 또한 과연 기이한 일이다).
7) 『大畜觀書目』(19C初?): 「南征記」一册.
8) 『[演慶堂]諺文册目錄』(1920; 藏書閣所藏): 13. 「南征記」3册.

〈이본연구〉
【增】
1) [한역「사씨남정기」이본들에는] 장의 표제, 고유명사에 있어서도 공동 원문에 유래한 동일성이 보이는 한편 여러 역자들에게 돌릴 수밖에 없는 차이점들이 섞여 보인다. 이런 조사도 한역서의 복수설을 확인하게 한다. 북헌[金春澤]이 서포의 작품을 먼저 한역[60]한 뒤 둘째의 역자는 원문과 동시에 서문과 범례가 앞에 붙은 그[북헌]의 역서를 읽어서, 소설을 史家의 문체로 번역함에 못마땅하게 여겨서 붓을 든 것 같다. 그는 북헌이 삭제한 두 구절['湘靈之瑟聲微矣'·'洛浦之仙步杳然']을 복원시킬 뿐더러 전편에 걸쳐 화려체로 쓰려고 힘썼다. 백빈주 사건에 대해서는 사씨의 망각을 삭제한 일을 찬성했으나, 묘희의 꿈 이야기 및 설명문이 북헌의 소작임을 알고 그것을 자기도 임의로 바꾸어 버렸다. 북헌이 삽입한 글에 대해서도 그랬거니와, 자기가 짓고 싶은 것까지 지어서 실어 놓았다. 북헌의 역문을 참고하면서, 원본에 있던 관음찬과 고묘문뿐 아니라 사실은 소설 전편을 새로 번역한 것이다.[61] ······ F본[연세대 소장 「南征記 白蘋洲重逢記」]도 역시 틀림없는 새 번역이다. 북헌이 삭제한 것은 다 있고 그가 추가한 것은 하나도 없는 것, 이보다도 원본에 있던 한시의 번역 및 역사적 인물의 이름, 유명한 지명의 再構가 크게 틀린 것 등이 이런 사실을 충분히 증명한다. 뿐만 아니라 위와 같은 F본의 특징들은 그것이 다른 두 사람의 역서[甲類·乙類]를 전혀 모르는 역자에 의한 번역인 것도 명백히 한다. 그 전편을 읽으면 누구나 쉽게 확인할 수 있는 결론이라 하겠다. 그리고 새 번역인 이 F본은 역자·연기 미상임을 밝혀둔다(D. 부셰, "「南征記」漢文本攷," 『백영정병욱선생 환갑기념논총』[1982. 5], pp. 66~67).
2) 연경도서관에 있는 두 종의 [한문본]「사씨남정기」는 그 회장의 목차 등에서 적지 않은 차이를 보이고 있다는 사실을 확인하였다. 그리고 김춘택이 漢譯할 때의 원칙을 바탕으로 하여 현존하는 「사씨남정기」한문본은 김춘택이 한역한 것을 모본으로 하는 계열과 누군가에 의해 성립된 또 다른 한역본을 모본으로 하는 계열로 크게 나눌 수 있다는 점을 밝혔다(박희병, "「사씨남정기」," 李相澤 외 3인 엮음, 『고전소설의 기초 연구』[2001. 10], p. 361).

〈판본연대〉
【增】
1) [金春澤의 初譯에 이은] 「남정기」의 이 둘째 번역이 언제 이루어졌느냐에 대해서 정확한 연대는

---

60) D. 부셰는 이 계통에 속하는 현전 이본들 15편을 '갑류'라 칭하고, 정규복 소장본(A본)과 고려대 경화당문고본(B본)을 대표적인 예로 들었다.
61) 부셰는 위에 적은 두 구절이 보존되어 있는 현전 이본들 22편을 '을류'라 칭하고, 1914년 조선연구회 간행본[青柳綱太郎 編]을 대표적인 예로 들었다.

없다. 스물한 편의 사본 중 열일곱 편은 연기 미상이다. 나머지 네 편 중 연기가 가장 이른 것은 1754년에 복사된 파리 동양어학교도서관 소장의 필사본이다. 그런데 이것은 분명한 誤字 및 脫字가 꽤 있는 것으로 보아 을류의 원본에 가까운 사본이 아님을 판단할 수 있다. 그러므로 을류 역서의 원본은 갑류의 연기인 1709년 후에 얼마 안 된 18세기 초엽에 두 명의 선비에 의해서 이루어진 것으로 추정해도 좋을 것이다(D. 부셰, "「南征記」漢文本攷," 『백영정병욱선생 환갑기념논총』[1982. 5], p. 66).

국문필사본

(남정기)

【增】	남뎡긔 권지숨	박순호[家目] 셔ᄒᆞ노라, 92f.)62)	낙질 1(3: 병자원일염팔일필

(사씨남정기)

【增】	샤시남졍긔라	김광순[筆全](59)	1(70f.)
【增】	사씨남졍긔	김광순[筆全](62)	1(경ᄌᆞ구월이십일의필셔ᄒᆞ노라, 57f.)
【增】	사씨남졍긔	김종철[家目]	1(68f.)
【增】	謝氏南征記	김종철[家目]	1(경슐십이월쵸십일, 21f.)
【增】	사씨남졍긔	김종철[家目]	1(무신 십이월 슌육일, 75f.)
【增】	사시남졍긔	미도민속관[생활사 도록](8)	2(졍미원월일등셔)
【增】	사시남뎡긔 일	박순호[家目]	1(1: 긔유십이월이일가의, 융희숨연[1909]긔유슴월일, 35f.;2: 융희슴년[1909] 십일월일, 36f.)63)
【增】	사씨남졍기초라	박순호[家目]	1(82f.)
【增】	사씨남졍긔 상/하	박순호[家目]	2(상: [內紙]셩상이십육연이라, 긔축소집, 劉監役宅冊, 류진사딕장, 51f.; 하: 셰지경희동의쵸출어이싱디딕책이라, 류감력딕칙이라, 40f.)
【增】	사씨남졍긔 샹	박순호[家目]	낙질 1(상: 辛酉元月晦日, 98f.)
【增】	샤씨남졍긔 샹	박순호[家目]	1(庚子正月日謄, 55f.)
【增】	사씨남졍긔	북경대[中韓飜文展目(2003)]	1
【增】	사씨남졍기	성대(D07B-0003a)	1(1921)
	사씨남졍긔	임형택[莽蒼蒼齋 家目]	2(상·하, 丙午元月初十日, 상: 39f.)
	샤씨남졍긔	임형택[莽蒼蒼齋 家目]	2(상·하, 상: 38f.)
【增】	史氏南征記	정명기[尋是齋 家目]	낙질 1(권상)
【增】	사씨남졍기 史氏南經記	정명기[尋是齋 家目]	2-1

---

62) 「상장」 합철.
63) 권 2 말미에 '謝氏南程記'란 기록이 보인다.

(사씨전)

【增】	사씨젼니라	박순호[家目]	1(113f.)
【增】	사씨젼니라	박순호[家目]	1(大正十三年[1924], 21f.)
【增】	사씨젼	박순호[家目]	1(67f.)
【增】	사씨젼	여태명[家目](146)	1(32f.)
【增】	사씨젼	정명기[尋是齋 家目]	1

국문경판본

| 【削】 | 사시남졍긔 | 계명古(811.35) | 1(大山書林, 1925) |
| 【增】 | 샤시남졍긔 | 이태영[家目] | 낙질 1(하: 歲在辛亥季冬由洞新板, 23f.) |

국문활자본

【削】	샤씨남졍긔	[仁活全](33)	1(전 12회, 李朝肅宗朝之文臣 金春澤原著, 京城書籍業組合, 1927, 107pp.)
	사시남졍긔 젼	국중(3634-2-45=3)	1([著·發]盧益亨, 博文書舘, 1917.5. 28, 81pp.)
	샤씨남졍긔 古代小說 謝氏南征記	조동일[국연자](21)/조희웅[家目]	1([著·發]李冕宇, 博文書舘, 1925. 12. 25, 77pp.)
	사시남졍긔(古代小說) 謝氏南征記	국중(813.5-3-44)/국중(일모813.5-세299ㅅㅅ)/국회[目·韓Ⅱ](811.31)/대전대[이능우 寄目](1151)/이수봉[家目]	1(金萬重 著, [發]申泰三, 世昌書舘, 檀紀 4284[1951], 76pp.; 檀紀 4285[1952], 76pp.)
	샤씨남졍긔상권/하권六錢小說 謝氏南征記	국중(3634-2-107=9)/여승구[李 : 古硏, 285]	2-1([著·發]崔昌善, 新文舘, 1914.7. 9, 상: ??pp.; 하: 75pp.)
	샤씨남졍긔 샹/하 謝氏南征記 上/下	건국대[漢綜](고913.47)/고대[국회:古綜目]/국중(3634-2-107=6)<초판>/국중(3634-2-107=2)<재판>/국중(3634-2-107-4)<3판>/국중(3634-2-107=4)<3판>/국중(3634-2-45=2)<4판>/국중(3634-2-107=3)<4판>/국중(3634-2-107=5)<6판>/정문연(D7B-51)<초판>/홍윤표[家目]/[仁活全](21)	2-1(국한자 순기, [著·發]李鍾楨, 永豊書舘, 초판 1914.6.17[64], 109pp.; 재판 1915.4.5, 109pp.; 3판 1916.3.15, 109pp.; 4판 1916.12.25, 91pp.; 6판 1918.11.6, 83pp.)

---

64) 영풍서관 간행 「사씨남졍긔」 초판본(국립중앙도서관 소장 3634-2-107=6) 판권지에는 초간 날짜가 大正 2年[1913].6.17로 되어 있으나, 同社의 재판 이후 판본들에는 초간 날짜가 모두 大正 3年[1914].6.17로 되어 있다.

【削】 샤씨남정긔		정문연(D7B-51)	1(상하, 永豊書舘, 1913).
【削】 사씨남정기		[李 : 古研, 285]	1(永豊書舘, 초판 1914, 4판 1916, 상하 91pp.)
【削】 사씨남정기		건국대[漢綜](고913.47) /[李 : 古研, 285]	1(永豊書舘, 초판 1916, 6판 1918, 상하 83pp.)
【增】 샤씨남정긔 샹/하 謝氏南征記 上/下		국중(3634-2-107=1)<5판>	1([編·發]李鍾楨, 漢城書舘, 초판 1914.6.17; 재판 1915.4.5; 3판 1916.3.15; 4판 1916.12.25; 5판 1917.6.5, 83pp.)

한문필사본

(남정기)

	南征記	京都大~河合弘民[河合蒐目, 18]	2
【增】	南征記	慶北大[漢少目, 家1-4]	1
【增】	南征記	계명대[古綜目](이811.35김만중ㄴ)	1(崇禎紀元後三丙寅[1806] 錦水旅中書)
	南征記	국중[우촌](古3636-27)/정문연[韓古目] (396: R35N-002979-8)	1(전 12회, [서말]太史公 曰……, 甲申, 77f.)
【增】	南征記	김광순[筆全](51)	2-1(上: 33f.; 下: 37f.)
	南征記	동양어학교(파리)	2(1: 崇禎紀元後三甲戌孟冬 畢書, 51f.; 2: 崇禎紀元後三 甲戌仲冬畢書, 47f.)
【增】	謝氏南征記	박순호[家目]	1(庚午十一月二十八日題者 宋璋燮, 52f.)
【增】	謝氏南征記	박순호[家目]	1(甲午日終, 44f.)
	南征記	임형택[莽蒼蒼齋 家目]	2-1(上下合, 104f.)
	南征記 謝氏南征記	정규복	1(전 12회, [內紙]新城烈女謝 氏行蹟 北軒金春澤撰, 崇禎 紀元後二百十二年庚子 [1840], 49f.)
【增】	南征記	충남대[漢少目, 家1-70]	2(上下)

(사씨남정기)

【增】	謝氏南征記	국사편찬위(D7C-1)[漢少目, 家1-23]	1
【增】	謝氏南征記	국중[東谷](古)3636-83[漢少目, 家1-16]	1
【增】	謝氏南征記	金東箕[漢少目, 家1-30]	1
【增】	謝氏南征記	박순호[漢少目, 家1-43] /(R16N-001311-7)	낙질 1(卷之壹)
	謝氏南征記 南征記	서울대[일사](古813.53g422sa)	낙질 1(1~7회, 上: 58f.)

【增】謝氏南征記	성대(D7C-140)[漢少目, 家1~46]	2(大淸光緒十三年[1887]時憲書)
【增】謝氏南征記	성대(D7C-140a)[漢少目, 家1~47]	2~1
【增】謝氏南征記	영남대[漢少目, 家1-56]	1
【增】謝氏南征記	정명기[尋是齋 家目]	2~1
謝氏南征記	정문연(貴D7C-7A)/(R16N-001384)	1(壬辰二月日重修)
謝氏南征記	정문연(D7C-7)/[韓古目] (399: R16N-001135~3)	1(1-11회[39], [표지]金萬重, 崇禎紀元後歲在壬辰)

(사씨전)

【增】 사씨전	성대(D07B-0081)	1
【增】 사씨전	성대(D07B-0081a)	1

한문현토본

(懸吐)謝氏南征記	국중(3636-35)/[仁活全](33)	1(전 12회, [著]金春澤, 京城書籍業組合, 1927. 2. 25, 107 pp.)[40]
(懸吐)謝氏南征記	국중(3634-2-45=4)<초판>/국중(3634-2-107=8)<재판>/국중(3634-2-107=7)<4판>/국중(일모813.5-김889ㅅ)<4판>/이수봉[家目]/정문연(D7C-7C)/[韓古目](1419: R16N-001135-2)	1(총 12회, 金春澤 原著, [著·發]李柱浣, 永豊書舘, 초판 1914.12.24,; 재판 1916.7.29, 120pp.; 3판 1918.2.22; 4판 1919.12.15, 107pp.)[41]
(懸吐)謝氏南征記	고대(C14-A4)/국중(3634-2-45=1)<5판>/국중(3634-2-45=5)<5판>/서울대[일석](813.53-G422sYgy)/영남대[目續](도남813.5)	1(전 12회, 金春澤 原著, [著·發]李柱浣, 滙東書舘, 초판 1914.12.24; 재판 1916.7.29; 3판 1918.2.22; 4판 1919.12.15; 5판 1923.6.30, 107pp.)

일문번역본

原文和譯對照 謝氏南征記·九雲夢 全	고려대/국중(朝46-A66)/단국대[未刊目](古 853.5 김695ㅅ)/서울대	1(朝鮮研究會古書珍書刊行第一輯, 전 12회[65], [編·發]靑柳綱太郎, 朝鮮研究會, 1914 .3.17)[削][66]
謝氏南征記	국중(朝90-A2)	1(通俗朝鮮文庫 2, 金春澤 著; 島中雄三譯, 細井肇編, 東京: 自由討究社, 1921)

---

65) 回次는 붙어 있지 않다.
66) 편집 겸 발행인은 靑柳綱太郎.

251.1. 〈자료〉

Ⅰ. (영인)

「남정기」

【增】

1) 金光淳 編.『金光淳所藏 筆寫本韓國古小說全集』, 51. 박이정출판사, 1994. (한문본, 김광순 소장)

「사씨남정기」

256.1.6. 仁川大民族文化硏究所 編.『舊活字本古小說全集』, 4. 銀河出版社, 1983; <u>(再刊) 國際아카데미, 2002.</u> (영창서관·한흥서림·진흥서관판)

256.1.7. 仁川大民族文化硏究所 編.『舊活字本古小說全集』, 21. 銀河出版社, 1983; <u>(再刊) 國際아카데미, 2002.</u> (영풍서관판)

256.1.8. 仁川大民族文化硏究所 編.『舊活字本古小說全集』, 33. 銀河出版社, 1984; <u>(再刊) 國際아카데미, 2002.</u> (경성서적업조합판,『현토사씨남정기』)

【增】

1) 金光淳 編.『金光淳所藏 筆寫本韓國古小說全集』, 59. 박이정출판사, 1994. (국문본, 김광순 소장)

Ⅱ. (역주)

【增】

1) 리헌환 윤색.『사씨남정기·배비장전』. 평양: 문예출판사, 1982.
2) 韋旭昇 註解·序文.『謝氏南征記』. 中州古籍出版社, 1985.
3) 김만중.『사씨남정기(한국 대표문학선)』. 고려출판문화공사, 1993.
4) 申海鎭 選註.『朝鮮後期 家庭小說選』. 月印, 2000. (영창서관판)
5) 구인환.『사씨남정기』. 우리고전 다시읽기 5. 신원문화사, 2002.
6) 송성욱 글.『사씨남정기』. 현암사, 2004.

256.2. 〈연구〉

Ⅱ. (학위논문)

〈석사〉

【增】

1) 차완기. "「사씨남정기」의 구조와 인물." 碩論(순천대 교육대학원, 1999. 2).
2) 박순애. "서포 김만중의 여성관 연구:「선비정경부인행장」과「사씨남정기」를 중심으로." 碩論(경산대 대학원, 2001. 8).
3) 이재영. "조선조 고소설의 서사전략과 이데올로기 연구:「사씨남정기」·「옹고집전」·「배비장전」을 대상으로." 碩論(서강대 대학원, 2001. 8).
4) 권정희. "「창선감의록」과「사씨남정기」·「일락정기」 비교 연구." 碩論(홍익대 교육대학원, 2002. 8).
5) 박선희. "「사씨남정기」의 여성인물 연구." 碩論(경원대 교육대학원, 2002. 8).
6) 변은희. "『서포만필』에 비춰 본「사씨남정기」의 주제." 碩論(인하대 교육대학원, 2003. 2).

7) 김은숙. "「인현왕후전」과「사씨남정기」에 나타난 여성 인물의 현실 대응 양상 연구." 碩論(한국교원대 대학원, 2004. 2).
8) 주경은. "「사씨남정기」에 나타난 작가의 현실인식에 관한 연구." 碩論(조선대 교육대학원, 2004. 8).
9) 변혜경. "「사씨남정기」의 관음사상적 연구." 碩論(부산대 교육대학원 2005. 2) .
10) 황태문. "「사씨남정기」교육론." 碩論(전북대 교육대학원 2005. 2)

Ⅲ. (학술지)

256.2.49. D. 부셰. "「南征記」漢文本攷."『韓國古典文學硏究』(合本)[백영정병욱선생환갑기념논총](新丘文化社, 1982. 5).
256.2.61. 李金喜. "「謝氏南征記」硏究(1) : 作品의 構造를 中心으로."『論文集』, 7(尙志大, 1986. 9).
256.2.67. 禹快濟. "「列女傳」의 受容樣相 考察 :「謝氏南征記」를 中心으로."『石軒丁奎福教授還曆紀念論叢』(同刊行委員會, 1987. 12). 韓國古小說硏究會 編,『韓國古小說의 照明』(亞細亞文化社, 1990. 1)에 재수록.
256.2.71. 史在東. "「사씨남정기」의 몇가지 問題."『古小說硏究論叢』[茶谷李樹鳳先生回甲紀念論叢](刊行委員會, 1988. 12).『佛教系 國文小說의 硏究."(中央文化社, 1994. 11);『서포문학의 새로운 탐구』(中央人文社, 2000. 11)에 재수록.
【削】256.2.77. 禹快濟. "「烈女傳」의 受容樣相 考察:「謝氏南征記」를 중심으로." 韓國古小說硏究會 編,『韓國古小說의 照明』(亞細亞文化社, 1990. 1).
256.2.99. 李金喜. "古小說에 나타난 어른(老人)의 태도 및 염원:「謝氏南征記」·「九雲夢」·「烈女春香守節歌」를 중심으로."『국어교육』, 92(한국국어교육연구회, 1996. 9); 石軒丁奎福博士古稀紀念論叢刊行委員會 編,『韓國古小說史의 視覺』(國學資料院, 1996. 10). 문학을 생각하는 모임 지음,『한국문학에 나타난 노인의식』, I(백남문화사, 1996. 10)에 재수록.

【增】
1) 金敏洙. "「謝氏南征記」考"『現代文學』, 1:11(現代文學社, 1955. 11).
2) 沈東福. "西浦小說의 一考察:「九雲夢」과「謝氏南征記」의 相關性을 中心으로."『論文集』, 1(裡里農工專, 1992. 12).
3) 이강현·백운화. "「사씨남정기」연구: 작중인물 구성을 통한 작가의식을 중심으로."『論文集』, 6(中部大, 1995. 9).
4) 朴鎔球. "「謝氏南征記」背景硏究."『國文學硏究』(新陽社, 1996. 2).
5) Bouchez, Daniel. "원문 비평의 방법론에 관한 小考:「남정기」와「구운몽」을 중심으로."『東方學志』, 95(延世大 國學研究院, 1997. 3).
6) 이성권. "「창선감의록」과「사씨남정기」를 통해서 본 초기 가정소설의 세계: 핵심적 갈등상과 인물의 층위에 따른 현실적 성격을 중심으로."『우리어문연구』, 11(우리어문학회, 1997. ??).
7) 박일용. "「사씨남정기」의 갈등구조와 작가의식." 고경식 외,『고전작가 작품의 이해』(박이정, 1998. 9).
8) 설성경. "「사씨남정기」에 형상된 관음의 세계."『서포소설의 선과 관음』(장경각, 1999. 3).
9) 우쾌제. "「謝氏南征記」를 통해 본 知識人의 苦惱와 對應樣相."『우리文學硏究』, 12(우리文學會, 1999. 12). "「사씨남정기」를 통해 본 작자의 고뇌와 문학적 대응 양상 고찰"이란 제목으로

『서포문학의 새로운 탐구』(中央人文社, 2000. 11)에 재수록.

10) 禹快濟. "朝鮮學會 古書珍書 刊行의 意圖 考察:「南征記」의 目的性 主張과의 關係를 中心으로." 『民族文化研究論叢』, 4(仁川大學校 民族文化研究所, 1999. 12).

11) 李來宗. "「謝氏南征記」金春澤 漢譯本 硏究." 『大東漢文學』, 11(大東漢文學會, 1999. 12). "「사씨남정기 김춘택 한역본의 위상"이란 제목으로 『서포문학의 새로운 탐구』(中央人文社, 2000. 11)에 재수록.

12) 최기숙. "人性의 탐구와 事必歸正의 세계 인식:「사씨남정기」." 『17세기 장편소설 연구』(月印, 1999. 12).

13) 김종철. "소설의 사회문화적 위상과 소설교육:「사씨남정기」의 경우." 『국어교육』, 101(한국국어교육연구회, 2000. 2).

14) 엄기주. "「사씨남정기」의 의미와 서포의 작자의식." 반교어문학회 편, 『고소설의 사적전개와 문학적 지향』(반교어문총서 3, 보고사, 2000. 3).

15) 정출헌. "가부장적 가족제도의 질곡과 고전소설:「사씨남정기」의 주요인물에 대한 탐구." 『문학과교육』, 12(문학과교육연구회, 2000. 6). "가부장적 가족제도의 질곡과「사씨남정기」"로 정출헌 외, 『고전문학과 여성주의적 시각』(소명, 2003. 3)에 재수록.

16) 최웅권. "장편소설의 출현과「구운몽」·「사씨남정기」." 『북한의 고전소설 연구』(지식산업사, 2000. 9).

17) 朴大福. "朝鮮朝 敍事文學에 受容된 詛呪와 天觀念 I:「謝氏南征記」·「癸丑日記」·「仁顯王后傳」을 中心으로." 『語文研究』, 108(韓國語文教育研究會, 2000. 12).

18) 이상구. "「사씨남정기」의 갈등구조와 서포의 현실인식." 『배달말』, 27(배달말학회, 2000. 12).

19) 정출헌. "조선후기 가정소설의 전통과「사씨남정기」." 『배달말』, 27(배달말학회, 2000. 12).

20) 지연숙. "「사씨남정기」의 이념과 현실." 『민족문학사연구』, 17(민족문학사학회, 2000. 12). 『장편소설과 여와전』(보고사, 2003. 8)에 재수록.

21) 朴大福. "朝鮮朝 敍事文學에 受容된 詛呪와 天觀念 II:「謝氏南征記」·「癸丑日記」·「仁顯王后傳」을 中心으로." 『語文研究』, 109(韓國語文教育研究會, 2001. 3).

22) 강상순. "「사씨남정기」의 적대와 희생의 논리." 『古小說研究』, 12(韓國古小說學會, 2001. 12).

23) 신재홍. "「사씨남정기」의 선악구도." 『한국문학연구』, 2(고려대학교 민족문화연구원 한국문학연구소, 2001. 12).

24) 우쾌제. "「謝氏南征記」에 나타난 作家意識 考察." 『우리文學研究』, 14(우리文學會, 2001. 12).

25) 禹快濟. "「謝氏南征記」의 目的性 問題와 植民史觀의 視覺." 『古小說研究』, 12(韓國古小說學會, 2001. 12).

26) 김연숙. "「사씨남정기」." 『고소설의 여성주의적 연구』(국학자료원, 2002. 6).

27) 양승민. "「金瓶梅」를 통해 본「謝氏南征記」." 『古小說研究』, 13(韓國古小說學會, 2002. 6).

28) 오출세. "「謝氏南征記」에 반영된 고유사상." 『한국민간신앙과 문학연구』(동국대출판부, 2002. 7).

29) 李金喜. "「사씨남정기」의 주제와 사상." 金慶洙 編, 『古典文學의 現況과 展望』(亦樂, 2002. 9).

30) 朴熙秉. "「사씨남정기」." 李相澤·朴熙秉·林治均·宋晟旭 엮음, 『고전소설의 기초 연구』(태학

사, 2002. 10).
31) 송성욱. "17세기 소설사의 한 국면:「사씨남정기」,「구운몽」,「창선감의록」,「소현성록」을 중심으로."『한국고전연구』, 8(한국고전연구학회, 2002. 12).
32) 韓아름. "「謝氏南征記」." 刊行委員會 編.『古小說硏究史』(月印, 2002. 12).
33) 정출헌. "가부장적 가족제도의 질곡과「사씨남정기」·「운영전」의 중층적 여성갈등과 그 비극적 성격." 정출헌·조현설·이형대·박영민 공저,『고전문학과 여성주의적 시각』(소명출판, 2003. 3).
34) 李來宗. "「謝氏南征記」의 主要 異本 考察."『大東漢文學』, 19(大東漢文學會, 2003. 12).
35) 전성운. "「번언남정기」, 노존A「구운몽」과 18세기 장편소설의 진로."『한국문학연구』, 4(고려대 한국문학연구소, 2003. 12).
36) 이지영. "「사씨남정기」한문본과 한글본의 비교 분석: 규장각 소장본과 장서각 소장본을 중심으로."『한국문학논총』, 37(한국문학회, 2004. 8).

〈회목〉
(京城書籍業組合版「懸吐謝氏南征記」67) /『金光淳所藏 韓國筆寫本古小說全集』, 10,「南征記」/ 國立中央圖書館 所藏 壬子本「南征記」/ 丁奎福 所藏本「南征記」/ 朝鮮研究會,『原文和譯對照 謝氏南征記·九雲夢 全』[1914]
......

◐{사씨별록 謝氏別錄}
〈관계기록〉
① 『諺文古詩』(가람본), '언문칙목녹', 63:「亽시별록」.

▶(사씨부인전 謝氏夫人傳 → 사씨남정기)
▶(사씨언행록 謝氏言行錄 → 유한당사씨언행록)
▶(사씨전 謝氏傳 / 泗氏傳 → 사씨남정기)
▶(사씨행록 謝氏行錄 → 유한당사씨언행록)
▶(사안전 史安傳 → 사대장전)
◨257.[[사우열전 四友列傳]]
◨258.[사육신전 死六臣傳]

국문활자본

| 사륙신젼 死六臣傳 | 국중(3634-3-54=5) | 1(국한자순기, 玄秀峯 著, [著]發]玄丙周, 新舊書林, 초판 1929.11.20; 재판 1935.1.10, 68pp.) |

◐{사은기우록 私恩奇遇錄}
▶(사혼기 賜婚記 → 동상기)

---

67) 영풍서관판이나 회동서관판「懸吐 謝氏南征記」도 같다.

◐258. [[삭낭자전 索囊子傳]] ← 『단량패사』

〈작자〉 金鑢(1766~1821)
〈출전〉 『藫庭遺藁』, 9, '丹良稗史'[68]
〈관계기록〉
① 「索囊子傳」, 結尾: 余見野史 知索囊子事 未嘗不洒然駭也 彼固有其中者耳 顧人未知之也 然人之有道也 何必如是而已也 或言索囊子 名家子 善文章 遭家禍避世云 其言近之◑(내가 야사를 보다가 삭낭자[69]의 이야기를 읽고서는 일찍이 깜짝 놀라지 않을 수 없었는데, 그는 과연 야사 속에 있는 그런 사람이었으나 누구도 그를 아는 사람은 없었다. 그러나 사람에게는 살아가는 도리가 있다. 어찌 꼭 그렇게만 해야 할 것이었으랴? 어떤 사람은 말하기를 삭낭자는 이름난 집안의 자손인데 글도 잘하였지만 집안이 재난을 만나서 세상 사람들을 피해 다닌다고 하였다. 그 말이 그럴 듯하다).

【增】◐{산곤륜전}

【增】 국문필사본			
【增】 산곤륜젼 상/하	박순호[家目]		1(상: 신해슴월십일, 책주 김복, 64f.; 하: 신희사월초삼일 책주 김시옥, 44f.)

◐260. [[산군전 山君傳]]

〈작자〉 崔孝騫(1608~1671)
〈출전〉 『何山集』

◐261. [산양대전 山陽大戰] ← 조자룡실기 / 조자룡전

국문활자본		
산양대젼 됴자룡 (山陽大戰)趙子龍	국중(3634-2-96=8)/국중 (3634-2-96=1)	1(국한자 병기, 총 10장, [著]鄭基誠, 廣文書市, 1917.5.20, 68pp.)
(삼국풍진)산양대젼 (三國風塵)山陽大戰	국중(3634-2-96=5)	1(총 10장, [著·發]趙男熙, 東洋書院, 1925.11.30, 38pp.)
【增】(獨破三國)山陽戰記	국중(3634-2-42=2)/국중 (3634-2-42=6)	1(국한자 병기, 총 10장, [著·發]申龜永, 普及書舘·大昌書院, 1918.3.29, 50pp.)
(삼국풍진)산양디젼 (三國風塵)山陽大戰	국중(3634-2-96=3)/국중 (3634-2-20=7)<초판>/ [仁活全](5) <재판>	1(國漢字 倂記, 총 10장, [著·發]南宮楔, 唯一書舘, 초판 1916.2.29; 재판 1917, 68pp.)[52]
(삼국풍진)산양디젼 (三國風塵)山陽大戰	국중(3634-2-96=2)<5판> /국중(3634-2-96=4)<5판>	1(총 10장, [著·發]南宮楔, 朝鮮圖書株式會社, 초판 1916.8. 29; 5판 1922.1.25, 38p

---

68) 김려 자신이 傳의 말미에서 "내가 야사를 읽다가 삭낭자의 사실에 접하였다."라 하고 있는 것으로 보아 김려는 허목의 영향을 받았을 것으로 추측된다.
69) '삭낭'이란 새끼줄을 엮어서 만든 주머니. ''삭낭자'는 그런 주머니를 가진 사람.

【增】산양대전 　　　　　 정명기[尋是齋 家目]　1(太華書舘, 1947)
(삼국풍진)산양디젼 山陽大戰　　국중(3634-2-96=7)<4판>　1(國漢字 倂記, 10장, [著·發]南宮楔, 漢城書舘, 초판 1916.2. 29; 재판 1917. 7. 23; 4판 1919.2.26; 5판? 1920. 12. 6, 68pp.)

/국중(3634-2-96=6)<5판> p.)

261.1. 〈자료〉
「산양대전」
　　261.1.1. 仁川大民族文化硏究所 編.『舊活字本古小說全集』, 5. 銀河出版社, 1983; (再刊) 國際아카데미, 2002. (유일서관판)

「조자룡실기」
　　261.1.2. 仁川大民族文化硏究所 編.『舊活字本古小說全集』, 14. 銀河出版社, 1983; (再刊) 國際아카데미, 2002. (회동서관판)
　　261.1.3. 仁川大民族文化硏究所 編.『舊活字本古小說全集』, 31. 銀河出版社, 1983; (再刊) 國際아카데미, 2002. (세창서관판)

〈회목〉
(유일서관 판 및 세창서관 판)70)

◪262.[[산양처자전 山陽處子傳]]
〈작자〉 李南珪
〈출전〉『修堂集』,「答尹子三」의 후반부

◐{산중화 山中花}
◪263.[삼강명행록 三綱明行錄]
263.2. 〈연구〉
　Ⅲ. (학술지)
　【增】
　1) 서정민, "「삼강명행록」의 敎養書籍 성격."『고전문학연구』, 28(한국고전문학회, 2005. 12).
〈관계기록〉
　① Courant, 305:「삼강명행록」.

◐{삼강해록 三江海錄}
〈관계기록〉
　①『玉所集』(權燮 1671~1759), 雜著 4, '先妣手寫冊子分排記': 先妣贈 貞夫人 龍仁李氏 手寫冊子 中「蘇賢聖錄」大小說 十五冊 付長孫祚應藏于家廟內「趙丞相七子記」「韓氏三代錄」付我弟

―――――――――
70) 그 밖에 보급서관판「(獨破三國)山陽戰記」나 광문서시판, 동양서원, 조선도서주식회사, 한성서관판「산양대전」의 회목들도 모두 같다.

大諫君 又一件「韓氏三代錄」付我妹黃氏婦「義俠好逑傳」·「三江海錄」一件 付仲房子德性「薛氏三代錄」付我女金氏婦 各家子孫 世世善護可也 崇禎紀元後三己巳至月二十五日不肖孫燮謹書◐(돌아가신 어머니 증정부인 용인이씨[1652~1712]가 손수 베끼신 책자 중 「소현성록」 대소설 15책은 장손 조응[1705~1765]에게 줄 것이니 가묘 안에 갈무리하고, 「조승상칠자기」·「한씨삼대록」은 내 아우 대간군[權瑩 1678~1745]에게 주고, 또 한 건 「한씨삼대록」은 여동생 황씨[黃埴]婦[1681~1743]에게 주고, 「의협호구전」·「삼강해록」 한 건은 둘째아들 덕성[1704~1777]에게 주고, 「설씨삼대록」은 딸 김씨[金漢房]婦에게 주니, 각 가정의 자손은 대대로 잘 보호하여야 할 것이다. 숭정 기원후 세 번째 기사년[1749] 12월 25일 불초자 섭이 삼가 쓰다).

◐{삼교지귀 三敎指歸}

〈관계기록〉

① 金起東, 『李朝時代小說論』, p. 589.

◐264. [삼국대전 三國大戰][71)]

국문활자본

【增】 삼국ᄃᆡ젼 三國大戰 (고ᄃᆡ소셜)삼국대젼	박재연[中韓飜文展目(2003)] 국중(3634-2-81=2)<초판>/국중(3634-2-81=3)<재판>/국중(3634-2-29=4)<재판>/국중(3634-2-81=4)<6판>	1(大山書林, 1926) 1([著·發]姜義永, 永昌書舘, 초판 1918.1.30; 재판 1918.12.22[72)]; 3판 1921; 6판 1923.12.20, 109pp.)
【增】 삼국대전	정명기[尋是齋 家目]	1(中央出版社, 1948)

264.1. 〈자료〉

Ⅰ. (영인)

264.1.1. 仁川大民族文化硏究所 編,『舊活字本古小說全集』, 5. 銀河出版社, 1983; (再刊) 國際아카데미, 2002. (덕흥서림판)

▶(삼국이대장전 三國李大將傳 → 이태경전)

【增】 ◐{삼국주유장록}

【增】 국문필사본

【增】 삼욱듀육장녹이라 규중한화 규문소설박순호[家目]
1(갑자원월상원일, 을츅원월육일기라, 63f.)

◐265. [삼국지 三國志] ← 삼국지연의 / 삼국지통속연의

〈관계기록〉

---

71) 「삼국지」계의 소설이다.
72) 같은 영창서관판으로 초판일자가 1918.1.30으로 같으나 재판 일자가 1918.12.20(국중 3634-2-81=2)인 것과 1920.8.25(국중 3634-2-81=3)인 양종이 있다.

(한문)
① 『眉岩日記』(柳希春 1513~1577), 癸酉[1573]正月十七日條: 十七日 晴 朝師傅朴光玉景瑗來訪 余語及「三國志」朴以丈祖 徐同知祉 藏有不秩者 二十餘冊 當奉贈云◐(17일 맑다. 사부 박광옥 경원이 찾아왔는데, 내 말이 「삼국지」에 미치자, 박광옥은 장조[73])인 동지 서지가 소장하고 있는 중에 권책이 갖추어지지는 않았지만 20여 책이 있는데 마땅히 올리겠다고 했다).

② 同上, 癸酉[1573]正月二十一日條: 二十一日 師傅朴光玉 送「三國志」二十冊 來 雖【削'以'】未備者十冊 然 亦感喜 光玉字景瑗 光鼎之弟也◐(사부 박광옥「삼국지」20책을 보내 왔다. 비록 10책이 갖추어지지는 않았지만 그래도 기뻤다. 광옥의 자는 경원이니 광정의 아우다).

③ 宣祖(1552~1608)의 친필 諺簡

④ 『朝鮮王朝實錄』, 21, 宣祖 2年[1569] 6月 壬辰: 奇大升進啓曰 頃日張弼武引見時 傳敎內張飛一聲走萬軍之語 未見正史 聞在「三國志演義」云 此書出來未久 小臣未見之 而或因朋輩間聞之 則甚多妄誕 如天文地理之書 則或有前隱而後著史記 則初失其傳 後難臆度 而敷衍增益 極其怪誕 臣後見其冊 定是無賴者裒雜言 如加古談 非但雜駁無益 甚害義理 自上偶爾一見 甚爲未安 就其中而言之 如董承衣帶中詔 及赤壁之戰勝處 各以怪誕之事 衍成無稽之言 自上幸恐不知其冊根本 故敢啓 非但此書 如「楚漢衍義」等書 如此類 不一無非害理之甚者也 詩文詞華 尙且不關 況『剪燈新話』·『太平廣記』等書 皆足以誤人心志者乎 自上知誣而戒之則 可以切實於學問之功也 又啓曰 正史則治亂存亡 俱載 不可不見也 然若徒觀文字 而不觀事迹 則亦有害也 經書則深奧難解 史記則事迹不明 人之厭經而喜史 擧世皆然 故自古儒士 雜博則易 精微則難矣『剪燈新話鄙褻可愕之甚者 校書館私給材料 至於刻板 有識之人 莫不痛心 或欲去其板本而因循至今 閭巷之間 爭相印見 其間男女會淫神怪不經之說 亦多有之矣「三國志衍義」則怪誕如是 而至於印出 其時之人 豈無不識 觀其文字 亦皆常談 只見怪僻而已◐(기대승[1527~1572]이 상계하여 아뢰었다. "전에 장필무[1510~1574]를 인견하실 때 전교에 장비[166~221]의 대갈일성[74])에 천군만마가 달아났다 하셨사오나, 그러한 사실은 정사에는 나오지 않고「삼국지연의」에 나온다고 들었습니다. 그 책은 나온 지 얼마 되지 않아 신도 보지 못했사오나, 친구들의 말을 듣건대 심히 황당무계하다 하옵니다. 천문지리 책 같으면 혹은 이전에는 숨겨졌다 가는 나중에는 나타나는 수가 있지만, 역사 기록에서는 처음에 해당 전기를 잃으면 그 후에 억측하기는 곤란할 것입니다. 그런데 부연하고 보충하는 것은 극히 황당하고 괴이한 일입니다. 신이 후에 그 책을 보겠는데, 아마도 그것은 무뢰한들이 잡된 말을 모아 옛 이야기처럼 만든 것이고, 다만 잡스러워 이익이 없을 뿐만 아니라 의리에 심히 해로운 것입니다. 전하는 우연히 한번 보신 것이겠지만 심히 걱정되옵니다. 그 중에 적힌 이야기를 예를 들어 말한다면, '동승[75])이 관복 띠 속에 황제의 지시문을 넣었다'는 것이나, '적벽강 싸움에서 싸워 이겼다'는 대목 같은 것 등은 모두 꾸며낸 허황된 이야기이옵니다. 임금께서 그 책의 근본을 모르실까봐서 감히 장계[76])를 올리는 것입니다. 이 책뿐만 아니라, 「초한연의」같은 것 등은 이치를 심하게 해치지 아니하는 것이 없습니다. 시문이나 문장은 상관 없다지만,『전등신화』나『태평광기』등은 사람의

---

73) 妻祖父.
74) 꾸짖듯 크게 외치는 한 마디 소리.
75) 중국 후한의 장군. 동귀비의 오빠요, 헌제의 國舅. 車騎將軍. 헌제의 밀조를 받고 조조를 제거하려다가 발각되어 죽음을 당하였다.
76) 임금의 명령을 받고 지방에 나간 벼슬아치가 임금에게 글로써 하는 보고.

마음을 그르게 이끌기에 충분합니다. 상께서 그 그릇됨을 아시고 깨치어 이끌어 주신 즉 학문의 공에 충실할 수 있사옵니다." 또다시 장계를 올려 아뢰었다. "정사에는 치란과 존망이 다 기록되어 있으니 꼭 보아야 합니다. 그러나 문자만 보고 그 사적을 보지 않으면 해가 됩니다. 경서는 심오하되 난해하고, 사기는 사적이 불분명하므로, 사람들이 경서를 싫어하고 사기를 좋아하니, 세상이 다 그러하옵니다. 그러므로 옛 부터 선비는 잡박77)하기는 쉬우나 정미78)하기는 어렵다 했습니다. 『전등신화』는 외설스럽기 이루 말할 수 없사온데, 교서관에서 사사로이 물자를 내주어 판각하기에 이르니, 양식 있는 사람치고 통탄해 하지 않는 사람이 없습니다. 그 판본을 없애려고 하였지만, 이제까지 내려와 민간에서 서로 다투어 찍어 내다 보니, 그 남녀 간의 교합과 신괴하고 허황된 이야기가 많습니다. 「삼국지연의」의 허황되기가 이와 같은데 출판되기까지 했으니, 그때 사람들이 무식한 소치가 아니겠습니까? 그 문자를 보건대 흔한 이야기로 괴이하기 짝이 없습니다").

⑤ 『惺所覆瓿稿』(許筠 1569~1618), 13, 文部 10, 題跋, '西遊錄跋': 余得戱家說數十種 除「三國」·「隋唐」外「兩漢」齷「齊魏」拙「五代殘唐」率「北宋」略「水滸」則姦編機巧 皆不足訓而著於一人手 宜羅氏之三世啞也◐(내가 희가의 소설 수십 종을 얻어 보니, 「삼국연의」와 「수당연의」을 제외한 그 밖의 '양한연의'는 앞뒤가 맞지 않고, '제·위지'는 치졸하며, '잔당오대지연의'는 경솔하고, '북송연의'[「北宋三遂平妖傳」]는 소략하고, '수호전'은 간사한 속임수에 기교를 부렸다. 이것들은 모두가 교훈으로 삼기에는 부족한 것들인데 한 사람의 손에 의해 씌어졌으니, 나씨 3대가 벙어리가 된 것도 무리는 아니다).

⑥ 『東溟先祖遺稿』, 8, '逸史目錄解'(黃中允 1577~1648): 或問於余曰「天君記」何爲而作也 曰慨余之半生迷亂失途 而欲返轡復路之辭也 曰然則謂之逸史 而各分爲題目者何也 曰此效史家衍義之法也 嘗考諸「列國誌衍義」·「楚漢衍義」及「東漢演義」·「三國誌演義」·「唐書衍義」及「宋史衍義」·「皇命英烈傳衍義」等 諸史則皆爲目錄以別其題 其意盖欲易於引目 務於悅人 而使觀者不厭也◐(어떤 이가 내게 물어 말하되, "「천군기」는 무엇 때문에 지었는가?" 하니, 내가 대답하기를, "나의 반생이 미란하여 갈 길을 잃었기 때문에 고삐를 돌려 제 길로 가고자 하는 말이다." 또 묻기를, "그렇다면 일사79)라 하면서 각각을 나누어 제목을 붙인 것은 어떤 까닭인가?." 답하기를, "이는 사가 연의80)의 방법을 모방한 것이니, 상고하건대 「열국지연의」·「초한연의」·「동한연의」·「삼국지연의」·「당서연의」·「송사연의」·「황명영렬전연의」 따위의 여러 역사 연의들이 모두 목록을 지어 그 제목을 달리 붙였으니, 그 뜻은 대개 인목[引目]을 쉽게 하고 사람을 기쁘게 하여 보는 이로 하여금 싫증을 내지 않게 하기 위한 것이다."라고 했다).

⑦ 『澤堂集』(李植 1584~1647), 別集, 卷 15, 雜著: 演史之作 初似兒戱文字 亦卑俗 不足亂眞 流傳旣久 眞仮竝行 其所載之言 頗採入類書 文章之士 亦不察而混用之 如陳壽「三國志」馬班之亞也 而爲演義所掩 人不復觀 今歷代各有演義 至於皇朝開國盛典 亦用誕說敷衍 宜自國家痛禁之 如秦代之焚書可也◐(역사를 부연한 작품들은 처음에는 붓장난으로 시작하여 문장이 비속하고 내용도 진실하지 못하다. 또 전해 온 지 이미 오래된 까닭에 참과 거짓이 뒤섞여 있으며, 그 책 속에 인용된 말들이 유서에서 많이 채용되니, 문장을 아는 사람도 살피지 않고

---

77) 마구 얽히거나 뒤섞여 일정한 질서가 없음.
78) 정밀하고 미세함.
79) 正史에 빠진 사실을 기록한 역사.
80) 사실을 부연하여 재미있게 설명함. 또는 그런 책.

섞어 쓰게 되었다. 진수[233~297]의「삼국지」와 같은 것은 사마천[B.C. 145~86,『사기』]과 반고[A.D. 32~92,『한서』][81])에 버금 가는 역사서임에도 불구하고, 연의가 있는 탓으로 사람들은 더 이상 거들떠 보려고도 하지 않는다. 지금 역대에는 각기 연의가 있어, 명나라가 개국한 사실을 쓴 성전에서조차도 역시 허탄한 설을 부연하고 있으므로, 마땅히 국가는 이를 엄중히 금해야 하는바, 진나라 때처럼 책을 태워 버림[82])이 좋을 것이다).

⑧『西浦漫筆』(金萬重 1637~1692), 卷下: 李義山衰師詩曰 或笑張飛鬍 或效鄧艾吃 翼德之鬍 不見於陳志及裵注 歷代君臣圖像 翼德亦見逸 未知義山 時或有史傳外 可據之書否 今所謂 「三國志衍義」者 出於元人羅貫中 壬辰後盛行於我東 婦孺皆能誦說 而我國士子 多不肯讀史 故建安以後 數十百年之事 擧於此而取信焉 如桃園結義・五關斬將・六出祁山・星壇祭風之 類 往往見引於前輩科文中 轉相承襲 眞贗雜糅 如呂布射戟・先主失匕・之盧跳檀溪・張飛據 水斷橋之類 反或疑於不經 甚可笑也 李彛仲爲大提學 嘗出風雪謗[訪]草廬二十韻 排律以試 湖堂諸學士 余謂令公 何以衍義出題 李笑曰 先主之三顧 實在冬月 其冒風雪 不言可知矣 『東坡志林』曰 塗巷中小兒薄劣 其家所厭苦 輒與錢 合聚坐 聽說古話 至說三國事 聞劉玄德 敗 嚬蹙有出涕者 聞曹操敗 卽喜唱快 此其羅氏衍義之權與乎 今以陳壽史傳・溫公通鑑 聚衆 講說 人未必有出涕者 此通俗小說所以作也◎[이의산[李商隱 813~858]의 '곤사' 시에 이르기 를 '혹은 장비의 수염을 웃우워하고 혹은 등애[83])의 말더듬을 흉내낸다'[84])고 했는데, 장비의 수염 이야기는 진수[233~297]의『삼국지』나 배송지[372~451]의 주에는 보이지 않으며, 역대 군신의 도상에도 장비의 그림은 빠져 있다. 이의산의 때에는 사전 외에 혹시 근거될 만한 책이 전하는 것이 있었는지는 모르겠다. 지금의 이른바「삼국지연의」란 것은 원나라 사람 나관중 [1330~1400]에게서 나온 것인데, 임란 후 우리 나라에 성행하여 부녀자와 어린애들까지 능히 외워 말할 정도다. 우리 나라 선비들이 대개 역사 읽기를 즐겨 하지 않는 까닭에, 건안[196~220] 이후 수십・백 년의 일들을 여기[삼국지연의]에 근거해서 믿게 되었다. '도원결의'[85]), '오관참 장'[86]), '육출기산'[87]), '성단제풍'[88])과 같은 것들이 자주 선배들의 과거 문장에도 인용되곤 하였다. 서로 뒤바뀌어 전해지고 그대로 이어받아 참과 거짓이 잡되이 뒤섞이니, '여포사극'[89]), '선주실 비'[90]), '적로도단계'[91]), '장비거수단교'[92])와 같은 것들[93])은 도리어 사실이 아니라고 의심하니

---

81) 중국 후한 때 역사가. 9세에 이미 글에 능했다고 하는데, 明帝 때 校書郞에 임명되고, 후에 蘭臺御史가 되었다. 아버지 班彪가『史記』에 이어 국사 편찬에 뜻을 두었지만, 왕망의 난을 만나 이루지 못하니, 반고가 아버지의 뜻을 이어받아『漢書』를 지었으나 그 중의 志類를 맺지 못하고 獄死하자, 누이동생 昭가 이를 이어 완성시켰다. 한편 章帝 建初 4년 여러 학자들을 '白虎觀'에 모아 오경의 異議를 강론시키고 반고로 하여금 이를 편찬케 하니 이기 곧『白虎通』이다. 그는 辭賦에도 능하여 '西都賦'・'東都賦'・'幽通賦' 등이 이름 높다.
82) 진시황이 즉위 34년에 학자들의 정치 비평을 금하기 위하여 민간의 서적들을 모두 모아 불살라 버렸다.
83) 중국 삼국 시대 위나라의 謀士. 아들 등충과 함께 마천령을 넘어 촉의 성도를 습격하여 촉한을 멸망시키나, 鍾會에게 선무되어 서울로 압송되는 도중에 살해되었다.
84) '衰師我驕兒 美秀乃無匹 …… 或謔張飛胡 或笑鄧艾吃'(『全唐詩』, 卷 541, 「驕兒」).
85) '도원에서 의형제를 맺다.'「삼국지」제1회 '宴桃園豪傑三結義 斬黃巾英雄首立功'.
86) '다섯 관문에서 장수들을 베다.' 同上 제27회 '美髯公千里走單騎 漢壽侯五關斬六將'.
87) '여섯 번 기산으로 출정하다.' 동상 제103회 '上方谷司馬受困 五丈原諸葛禳星'.
88) '칠성단에서 바람 불기를 빌다.' 동상 제49회 '七星壇諸葛祭風 三江口周郞縱火'.
89) '여포가 창을 쏘아 맞추다.' 동상 제16회 '呂奉先射戟轅門 曹孟德敗師適水'.
90) '선주[劉備]가 수저를 떨어뜨리다.' 동상 제21회 '曹操煮酒論英雄 關公賺城斬車冑'.

매우 가소롭다. 이이중[李敏叔 1633~1688]이 대제학으로 있을 적에는 '풍설방초려'94)란 20운 배율을 호당95)의 제학사들에게 시제로 내기도 하였다. 내가 "공께서는 어찌「삼국지연의」에서 출제를 하셨습니까?"하자, 이공은 크게 웃으며 "선주가 삼고초려96)한 때는 실로 겨울철이었으니, 풍설을 무릅썼을 것은 말하지 아니해도 알 만하다." 하였다.『동파지림』97)에 말하기를, '길거리 골목 가운데의 아이들은 천박하고 어리석어, 그 집에서 싫증내고 괴롭게 여기는 바여서, 얼른 돈을 쥐어 주고 모여 앉아 옛날 이야기를 듣게 한다. 삼국의 일을 들려 주는데 이르러, 유현덕[劉備 160~223]이 패했다는 말을 들으면 얼굴을 찡그리고 눈물을 흘리는 아이도 있으며, 조조[154~220]가 패했다는 말을 들으면 즉시 기뻐 소리치니, 이것이 나씨의「삼국지연의」의 힘이다. 이제 진수[233~297]의 사전『삼국지』98)나 온공[司馬光 1019~1086]의 통감[『資治通鑑』]99)을 가지고 여러 사람을 모아 놓고 이야기를 하여도 반드시 눈물을 흘리지는 않을 것이니, 이것이 통속 소설을 짓는 까닭이다.'

⑨『疎齋集』(李頤命 1658~1723), 12, '漫錄': 明末小說之盛行 亦一世變 如「三國演義」·「西遊記」·「水滸傳」等書 最爲大家 其役心運智於虛無眩幻之間者 可謂極勞矣 世傳 作「三國演義」者 病瘖而死云 誠不無此理 其誣諸葛 以怪神者 亦足受此罪矣 至於「水滸」則極形容羣盜猖獗橫行之狀 故明末流賊 悉效此 其標立名稱 以閻天王之類 卽梁山泊玉麒麟·九文龍之遺法 其弊已明著矣 近聞淸人發令禁小說云 果然 則此必有所懲者而然矣 其他淫藝荒怪之作 愈出愈奇 足以亂天下風俗耳☯(명나라 말에 이르러 소설의 성행함은 역시 한 세대가 변했다.「삼국지」·「수호지」·「서유기」같은 것은 그 중 가장 유명한 것들이다. 그 허무하며 어지럽고 헛된 것에 마음과 지혜를 쓴 것은 너무 심한 노고라 할 만하다. 세상에 전하는「삼국연의」를 지은 사람이 벙어리가 되어 죽었다고 하는 것도 참으로 이치가 없는 것은 아니다. 제갈량[181~234]을 무고하여 괴신이라 한 것 역시 이 죄를 받아 마땅하다.「수호전」에 이르러서는 도적 떼가 창궐 횡행하는 모습을 아주 잘 묘사하였기 때문에, 명나라 말기의 유적100)들이 모두 이것을 본받아 염천왕 이름을 붙여 부르고 있으니, 곧 양산박의 옥기린101)·구문룡102)의 유법이라, 그 폐는 이미 밝게 나타났다. 요즘 듣자니 청나라에서 명령을 내려 소설을 금한다 하니, 이것은 반드시 징계하는 바 있어서 그러는 것이다. 그 밖에 음란하고도 황탄한 작품은 나오면 나올수록 더욱 기이해지니 천하의 풍속을 어지럽히기에 족할 따름이다).

---

91) '적로마가 단계를 뛰어 넘다.' 동상, 제34회 '蔡夫人隔屛聽密語 劉皇叔躍馬過檀溪'.
92) '장비가 다리를 끊어 버리다.' 동상 제42회 '張翼德大鬧長坂橋 劉豫州敗走漢津口'.
93) 陳壽의『三國志』에 보이는 내용이다.
94) 「삼국지」제37회 '司馬徽再薦名士 劉玄德三顧茅廬'.
95) 독서당. 조선 세종 때부터 학문에 뛰어난 문관에게 특별 휴가를 주어 오로지 학업을 닦게 한 서재.
96) 중국 삼국 시대 촉한의 유비가 南陽 隆中 땅에 있는 제갈량의 초가를 세 번이나 찾아서 자기의 큰뜻을 말하고 그를 초빙하여 軍師를 삼은 일.
97) 중국 송나라 때의 문인인 蘇軾이 편찬한 잡록집. 전 5책.
98) 중국 晉나라의 陳壽가 편찬한 삼국 시대의 역사를 기록한 책. 魏志 30권, 蜀志 15권, 吳志 20권으로 총 65권이다.
99) 북송의 사마광이 편찬한 편년체의 역사책. 주나라 威烈王으로부터 後周 世宗에 이르기까지의 113 왕 1362 년간의 역사를 기술한 것으로서, 후세 편년사의 전형이 되었다. 총 294권.
100) 여러 곳으로 떠돌아다니면서 노략질하는 도적.
101)「수호지」의 등장인물인 盧俊義의 별명.
102)「수호지」의 등장인물인 史進의 별명.

⑩ 『玉所稿』(權燮 1671~1759), 雜著, 4, '題先祖妣手寫三國志後': 右「三國志」一冊 我祖妣贈貞敬夫人咸平李氏手書也 凡三冊而我宗僉樞君病昏時 越松叔之妻 持去而失其二 余聞而驚駭 推此一冊而來 申囑宗孫濟應 使之整疊 其襞擢改粧而書其面 納于先筆之箱 藏於家廟中 如宗孫之孫支有不肖者 則其子孫之克家者 取去而善護之 可也 崇禎紀元後三己巳至月二十五日 不肖孫燮謹書◐(삼국지」1책은 나의 조모 증정경부인 함평씨[1622~1663]가 쓰신 책이다. 무릇 세 권의 책이 있었는데, 나의 종친 첨추군이 병들었을 때 월송아저씨[越松叔]의 부인이 가지고 가 두 권을 잃었다. 내가 듣고 놀라서 한 권을 찾아다가 종손 제응[1724~1792]에게 부탁하여 책을 정리하고 다시 장식을 바꾸고 그 표지를 써서 선필[先筆]의 상자에 넣어 가묘 중에 보관하였다. 종손의 지손 중에 불초103)한 자가 있으면 자손 중에 가문을 이어갈 자가 가져다가 잘 보관해야 할 것이다. 숭정 기원후 셋째 기사년[1749] 12월 25일 불초손 섭이 삼가 쓰다).

⑪ 『星湖僿說類選』(李瀷 1681~1763), 9, 上, 經史篇, 7; 혹은 『星湖全集』, 5: 宣廟之世 上敎有張飛一聲走萬軍之語 奇高峰大升進曰「三國衍義」出來未久 臣未之見 後因朋輩間聞之 甚多誕妄云云 盖此書始出 而上偶及之 高峯之啓 眞得體矣 在今印出廣布 家戶誦讀 試場之中 擧而爲題 前後相續 不知愧耻 亦可以觀世變矣◐(선조 때 임금의 교서에 '장비의 대갈일성에 만군이 달아났다.' 는 말이 있는데, 고봉 기대승[1527~1572]이 나아가 말하기를 「삼국연의」가 나온 지가 오래지 않아 신이 보지는 못했으나 후에 친구에게 들으니 허황한 말이 매우 많다고 하옵니다.'라 했다고 한다. 대개 이 책이 처음 나오자 임금이 우연히 언급한 것이니, 기고봉의 아룀은 참으로 체통을 얻었다 하겠다. 그런데 지금은 인쇄하여 널리 보급되어 집집마다 암송하고 과거장에서 시제로까지 올리며 부끄러운 줄 모르니 세태가 변했음을 알 수 있다).

⑫ 『櫟泉文集』(宋明欽 1705~1768), 18, 「皇考黙翁府君遺事」: 家中不畜稗書及雜戱 明欽幼不喜看書 府君謂看書玩繹有愈口念 而汝反不知 爲市「三國演義」俾由此習緡閱之味 逮長大偶看是書 府君乃呵禁之◐(집안에서 패서와 잡희104)는 용납하지 않았다. 내[宋明欽 1705~1768]가 어려서 책 보기를 좋아하지 않았다. 부군[宋堯佐 1678~1723]이 이르시기를, "책을 읽고 뜻을 연구하는 것이 입으로 말하는 것보다 나은데 너는 도리어 알지 못한다."고 하시더니, 「삼국연의」를 사주어서 나로 하여금 이로 말미암아 책 읽는 맛을 익히게 하였다. 장성하여 우연히 이 책을 보자 부군은 꾸짖으시며 금하였다).

⑬ 『順菴雜錄』(安鼎福 1712~1791), 42: 余觀唐板小說 有四大奇書 一「三國志」也 二「水滸傳」也 三「西遊記」也 四「金瓶梅」也 試觀「三國」一匣 其評論神奇 多可觀 其凡例亦可觀 其序文亦以一奇字命意 而文法亦甚奇 考其人則金人瑞·毛宗岡也 考其時則順治甲申也 未知金人瑞·毛宗岡爲何如人 而順治甲申歲 此天地變易 華夏淪沒之時 中原衣冠 混入於薙髮左袵之類 文人才子之怨抑 而不遇者 其或托比而寓其志耶 四奇之意 不如三國之鼎峙 則寧流之爲「水滸」 變幻爲「西遊」 否則托跡於酒樓歌屛之中 而消磨此日月者也 然則其志可悲也耳◐(내가 당판소설을 보니 4대 기서가 있었는데, 그 첫째는 「삼국지」요, 둘째는 「수호지」요 셋째는 「서유기」며 넷째는 「금병매」다. 시험삼아 「삼국지」한 갑을 읽어보니, 평론이 신기하여 볼 만한 것이 많았고, 범례 또한 볼 만하며, 그 서문 역시 '奇'라는 한 글자로 뜻을 이루고 있었으며, 글 쓰는 법 또한 기이하였다. 그 작자를 고찰하여 보니 김인서105)와 모종강[a. 1661 전후]106)이었으며, 그

---

103) 어버이의 덕망이나 일을 이을 만한 재질이 없는 사람.
104) 여러 가지의 잡스런 놀음놀이.

때를 고찰하여 보니 순치 갑신년[1644]이었다. 김인서와 모종강이 어떤 사람인지는 알 수 없으나, 순치 갑신년은 천지가 뒤바뀌어 중국이 몰락하던 때라, 중원의 의관이 변발을 하고 옷깃을 좌로 하는 오랑캐의 것과 혼입되어, 문인 재자들 중 원통하고 억울하여 불우한 자가 혹시 이 작품에 의탁하여 그 뜻을 붙인 것이 아닌지나 알 수 없다. 사대 기서의 뜻이 3국의 정치하는 것과는 같지 않으나, 떠돌이 생활은 「수호」가 되고, 변환107)함은 「서유」가 되고, 그도 아니면 술집과 노래판에 자취를 의탁하여 세월을 보내는 것이다. 그런즉 그 뜻이 슬플 뿐이다).

⑭ 『中國歷史繪模本』(完山[映嬪]李氏, 1762), no. 7: 「三國演義」.

⑮~⑯108) 『靑莊館全書』(李德懋 1741~1793), 5, '嬰處雜稿': 同上, '士小節': 小說有三惑 架虛鑿空 談鬼說夢 作之者一惑也 羽翼浮誕 鼓吹淺陋 評之者二惑也 虛費膏咨 魯莽經典 看之者三惑也 作之猶不可 不何心以爲評 評之猶不可 又有續「國誌」者 續「水滸」者 鄙哉鄙哉 尤不足論也 嗚呼 以施耐菴聖嘆輩之才且慧 移此勤於本分事則可不敬之乎 甚者敷淫穢 演僻怪 務悅人目 不知羞恥☯(소설의 세 가지 의혹됨이 있으니, 헛된 것을 내세우고 빈 것을 천착109)하며 귀신과 꿈을 이야기하여 이를 지은 것이 그 첫째 의혹이고, 허황한 것을 부추기고 더러운 것을 고취시켜 이를 평한 것이 그 둘째 의혹이며, 노력과 시간을 허비하고 경전을 거칠고 묵어지게 하여 그것을 보는 것이 세 번째 의혹이다. 그것을 짓는 것도 오히려 불가한데 평을 하는 것은 무슨 마음에서며, 평하는 것도 불가한데 또한 「삼국지」·「수호[전]」의 속편을 짓는 자도 있으니, 천하고 천하다. 논할 꺼리조차 못 된다. 아아, 시내암110)이나 김성탄[1608~1661] 같은 무리의 재주와 지혜를 이것을 본분의 일에 힘썼다면 존경하지 않을 수 있겠는가? 더욱 심한 자는 음란하고 더러운 일을 늘어놓고 괴벽111)한 설을 늘어 놓아 보는 사람의 눈을 기쁘게 하기에 힘쓰면서 부끄러워할 줄을 알지 못한다.

⑰ 同上, 15, 「雅亭遺稿」, 7, 書 2, 「書族姪復初光錫」: 毛聲山亦聖嘆者類 其口業才則才矣 往往露醜 余嘗於人座隅 見「三國演義」至七縱七擒祝融夫人事 評筆大醜 我卽罵而擲去☯(모성산[毛宗崗]112)도 김성탄[金聖嘆 1608~1661]113)의 무리일세. 그의 말솜씨를 보면 재주꾼은 재주꾼이나 왕왕 추태가 드러나더군. 내가 한번 어느 한 좌석에서 「삼국연의」를 보다가 '칠종칠금'과 '축융부인'의 일에 이르러서는 평론한 글이 너무 추하기에 나는 즉시 욕을 하며 책을 팽개쳐 버렸네.

⑱ 『雅亭遺稿』(서울대 奎章閣本) (李德懋), 8, 附錄, '先君府君遺事' : 不肯嘗觀「西遊記」·「三國演義」 先君見輒大責曰 此等雜書 亂正史壞人心 吾爲汝嚴父兼以良師 豈可使吾子弟駸駸然114)

---

105) 별호는 '金聖嘆'이다.
106) 김성탄과 동향인 江蘇省 吳縣 사람으로, 아버지 毛聲山의 사업을 물려받아 「삼국지연의」의 비평을 쓴 것으로 유명하다.
107) 종잡을 수 없이 빠르게 변함.
108) 원래의 ⑮, ⑯은 모두 『靑莊館全書』의 동일처에서 나온 기사를 잘못 나누어 놓은 것이다. 따라서 양 기록은 단일 번호 항목으로 합쳐져야 할 것이다. 단 원문의 순서로 보아 ⑯에 이어 ⑮가 놓여야 한다.
109) 억지로 이치에 닿지 않는 말을 함.
110) 元末明初의 문인으로, 「수호전」의 작자로 알려져 있다.
111) 말과 행동이 궁벽하고 괴상망측함.
112) 중국 청나라 때의 문인인 毛倫. 중년에 눈이 멀어 「琵琶記」와 「三國演義」에 대한 비평을 구술했고, 이것을 아들인 宗崗이 다듬어 완성시켰다고 한다.
113) 중국 청나라 초기 문인. 본명은 人瑞, 聖嘆은 그의 字.

外馳哉 不肖旣承此訓 不敢復近演史稗記◯(불초가 일찍이「서유기」·「삼국지연의」를 보았는데 아버님께서 이를 아시고 크게 꾸지람하였다. "이런 잡서는 정사를 어지럽히고 마음을 약하게 한다. 내가 너의 엄한 아비이자 스승으로서 어찌 자식이 급작스럽게 나쁜 길에 빠지게 하겠느냐?" 이후 불초115)는 교훈을 명심하여 다시는 연사16)나 패관 잡기를 가까이하지 않았다).

⑲『而已广集』(張混 1759~1828), 14, 雜著, '讀水滸傳': 余素不喜稗官傳奇 行年五十七 閱「三國志」數過外 他未嘗窺 乙亥居憂疾多 作兒子輩 請進「水滸傳」余初目也 試從圖像 讀至半部 竊疑年少後生 酷酖是書 讚莫舌捫 愛不手釋 誠未曉其所好何在 其用事 不過善辯者 牽綴踣駁 而無統緖 其作法 專以詼諧口氣 換頭改尾 都沿一套 非是書文章之奇 奇於他書 只緣聖嘆氏 才固奇矣 舞奇才而衒奇瑰之筆 使此文乃稱奇而又奇 豈本有光怪萬變 出神入鬼者 而輒曰 駕馬遷軼昌黎邪 無或與厭南薰 而求穣藜者 類相近邪◯(내가 평소에 패관 전기서들을 좋아하지 않았다. 나이 57세 되도록「삼국지」를 여러 번 본 것 외에는 그 밖에 아직껏 본 것이 없다. 을해년[1815]에 내가 병이 많아 우리 집 아이로 하여금「수호전」을 구해 오도록 청했다. 내가 처음 읽기 시작하여 도상117)에서 시작하여 반쯤 읽었을 때 잠시 생각하기를, 후생이 이 책에 푹 빠져 찬양하여 쉬지 않고 혀를 놀리고 사랑하여 손에서 책을 놓지 못할까 걱정했다. 참으로 그 책의 좋은 점이 어디에 있는지는 확실치 않다. 그 용사는 말을 잘하는 것에 지나지 않아 말을 이끌어 대고 뒤죽박죽이 되어 계통이 없고, 그 작법은 오로지 우스갯소리로써 앞을 바꾸고 뒤를 고쳐 모두 다 그런 투로 일관되어 있으니, 이 책의 문장의 기이함이 다른 책보다 기이한 것은 다만 성탄씨의 재주가 실로 뛰어난 데서 연유한 것이다. 뛰어난 재주를 멋대로 구사하고 기이한 글솜씨를 자랑하여 이 글로 하여금 기이하고도 기이하다는 말을 듣게 하였으니, 어찌 본래 괴이한 빛을 발하고 만 가지로 변화하며 귀신의 경지에 드나듦이 있었겠는가? 그런데도 문득 말하기를, 사마천[司馬遷 B.C.135~87]을 능가하고 한창려[韓愈 768~824]를 앞지른다고 하는가? 이는 아마도 향초가 싫증나서 겨를 구하는 것과 비슷한 것인가?).

⑳『桐漁遺集』(李相璜 1763~1841), '斥稗詩': 羅氏家兒字貫中 自矜薄技解雕蟲 創爲幾種稗官說 說是架虛與鑿空◯(나씨 가문의 아이의 자는 관중인데, 얄팍한 재주를 스스로 자랑하여 작은 기술[雕蟲]118)을 보이네. 몇 종류의 패관 소설을 만들었으니, 이는 허황되고 터무니없는 말뿐이라네).

㉑『洛下生藁』(李學逵 1770~?), 10, 秋樹根齋集, '與某': 昔崔木翁 每言見人家案上 置羅貫中「三國演義」一書 意謂此人必不文 僕嘗問李□□ 詩文能否於□□□□ 笑曰 李嘗作文 其頭曰 愚謹按「事文類聚」云爾 則其他可知矣 吾人有一言而露出本事 一事而傳笑 無窮者 衆楚之咻 固無足恤 而唯一有知識者 隻眼爲可畏耳 此鄕則 以口誦「三國演義」爲能事 家藏『事文類聚』爲稀玩 八九年間 見聞如此 每憶前日數君子之言 不覺浩歎 此呈『嶺南樂府』一冊 或有近取於村塾中流來口說者 顧不爲如足下具眼者所指笑乎 望於金富軾『三國史』及『大東遺事』·『輿地勝覽』諸書 一番攷校可知 僕或不至於大鹵莽也◯(전에 최목옹은 늘 남의 집 책상 위에 나관중의

---

114) '駸駸'은 말이 빨리 달리는 모양; 뜻이 변하여 일이 급속한 것을 이름.
115) '나'의 낮춤 말.
116) 실사를 부연하여 재미나게 쓴 이야기책.
117) 출판업자가 독자의 흥미를 끌기 위해 소설의 일부 내용을 그림으로 그려 책머리 부분에 수록해 놓은 것.
118) 가느다란 細工을 베풂. 시문을 짓는데 자구를 수식함을 이름. 작은 기술의 비유. '雕蟲小技'는 학문 기예 등을 낮춰 말함.

「삼국연의」가 놓여 있는 것을 보면 언제나 이 사람은 반드시 글을 못할 것이라고 말하곤 했다. 내가 일찍이 이아무에게 묻기를 "시문은 [원문 판독 미상]에 능한가?" 웃으며 말했다. 이[李]가 일찍이 글을 짓고 그 첫머리에 쓰기를 '나는 삼가『사문유취』에 의거했다.'고 했으니, 이로써 그 밖의 일은 가히 알 수 있는 것이다. 우리는 말 한 마디로 그 본바탕을 드러내곤 한다. 한 가지 일로 두고두고 웃음거리가 되는 자는 뭇 사람의 입방아감이니, 실로 동정할 게 없는 것이다. 오직 하나의 지식만 있는 자는 외눈이 두려울 뿐이다. 이 시골에서는 입으로「삼국연의」를 읽는 것을 능사로 삼고, 집에 갈무리한『사문유취』를 희귀히 여겨 감상하는데, 8~9년간에 걸쳐 보고 들은 것이 이 같았다. 예전의 여러 군자들의 말을 생각할 때마다 나도 모르게 크게 탄식했다. 여기에 드리는『영남악부』한 책에는 혹 촌구석 서당에서 구설로써 전해 내려온 것에서 취한 것도 있다. 생각컨대 그대 같은 올바른 안식을 갖춘 사람이 보고는 손가락질하며 웃어 버리지나 않을는지? 김부식의『삼국사』및『대동유사』,『여지승람』같은 여러 책들을 한번 교정해 보면 아마 내가 크게 노망하지 않았음을 알 수 있을 것이다).

㉒ 同上, '與或人書': 此鄕古無書籍 以瞿存齋『剪燈新話』爲兀上尊閣 羅貫仲「三國演義」爲枕中秘藏 彼固無意於借人 我亦不擬借於人●(이 고을[金海]에는 옛날에는 책이 없어 구존재[瞿佑 1347~1427]의『전등신화』를 귀히 모셨고, 나관중[1330~1400]의「삼국지연의」를 베갯머리에 비장했다. 그것은 실로 다른 사람에게 빌려 줄 뜻이 없었고, 내 역시 다른 사람에게 빌려 주지 않았다).

㉓『朝鮮王朝實錄』, 47, 正祖 21年[1797] 六月 乙巳: 琉球國人七名 漂到濟州大靜縣 由水路還送 其船前低後高 長八把 廣三把餘 高一把餘 前後左右 俱畫月形 上建木綿占風旗二面 携「通俗三國誌」一卷●(유구국 사람 7명이 제주 대정현에 표착하였으므로, 뱃길로 돌려 보냈다. 그 배는 앞이 낮고 뒤가 높았으며, 높이는 여덟 아름, 넓이는 세 아름, 높이는 한 아름쯤 되었고 앞뒤와 좌우에 달모양의 그림을 그렸으며, 위에는 목면으로 된 바람의 방향을 측정하는 깃발 둘을 세웠으며,「통속삼국지」한 권을 가지고 있었다).

㉔ 同上, 正祖 23年[1799] 五月 壬戌: 予自來不喜看雜書 如所謂「三國志」等書 亦未嘗一番遇目 燕閑之所嘗從事者 不外於聖經賢傳●(내가 본래 잡서 보기를 좋아하지 않아「삼국지」등과 같은 책은 일찍이 한번도 본 적이 없고 등한이 여겨, 일찍이 힘쓴 것은 성경현전뿐이었다).

㉕『五洲衍文長箋散稿』(李圭景 1788~?), 7, '小說辨證說': 其他 傳紀之寓言者 亦有可采 唯「三國衍義」・「錢塘記」・「宣和遺事」・「楊六郎」等書 俚而无味云●(그 밖에 전기 중 우언도 채택할 수 있는데 오직「삼국연의」・「전당기」・「선화유사」・「양육랑」등의 책은 속되고 무미하다).

㉖『智水拈筆』(洪翰周 1798~1868), '水滸傳': 大抵演義之書是皆亂世之文妖也「列國志」・「三國志演義」未知誰作 而「西遊記」則邱長春所作「西廂記」則因元微之「會眞記」演而爲之 是王實甫・關漢卿 兩人共作 元代詩文詞曲極盛 故亦有此等文字 皆當付之焚如者也●(무릇 연의류의 책들은 모두 난세에 이루어진 요사스런 글들이다.「열국지」와「삼국지연의」는 누가 지은 것인지 모르나,「서유기」는 구장춘[邱處機]이 지은 것이고,「서상기」는 원미지[元稹 779~831]의「회진기」를 꾸며 만든 것인데, 왕실보[a. 1250~a. 1336][119]와 관한경[a. 1220~a. 1300][120]이 함께

---

119) 중국 元나라의 희곡 작가. 본명은 王德信. 자세한 것은 알 수 없으나, 13세기 후반 雜劇이 융성하던 시기에 關漢卿・馬致遠 등과 함께 北京에서 활동했다.
120) 중국 元나라 때 초기의 희곡 작가. 馬致遠 등과 더불어 4대가로 칭해진다. 王實甫의「서상기」를 이어

㉗ 『松南雜識』(趙在三, 1801~1834), 桃卷, 稽古類, '三國志': 劉勰所著 欲攻曹扶漢 形容孔明妙計 而便粧出一神妖人 則此不知立言之道也◐(유협[466?~520?][121]이 지은 것은 조조를 공격하고 한나라를 부축하고자 한 것이다. 공명[諸葛亮 181~234]의 묘한 계책을 형용하기를 한 신비하고 요망스런 사람으로 꾸며내니, 이는 입언[122]의 도를 알지 못한 것이다).

㉘ 『夢遊野談』(李遇駿 1801~1867), 上, 夢遊者自序: 今世之人 於「疑禮問解」・「五經辨義」・「擊蒙要訣」 等文 皆不耽看 必癖於「三國志」・「水滸傳」・「西廂記」・「九雲夢」諸篇 家藏櫃置 莫不嗜玩 是其所趨 從而其所好然也◐(지금 세상 사람들은 「의례문해」・「오경변의」・「격몽요결」 등 등을 모두 잘 보지 않고, 반드시 「삼국지」・「수호전」・「서상기」・「구운몽」 등의 여러 책에만 치우쳐 집안에 나뭇궤 속에 갈무리해 두고 애완하지 않음이 없으니, 그 추세가 좋아하는 바에 따르기 때문에 그러한 것이다).

㉙ 同上, 下, '小說': 「三國志」 天下之亂 未有如三國之時也 吳魏蜀 鼎峙局爭 謀臣猛將 如雲若雨 諸葛亮一着三分 神機妙算 其說甚多 是擧一天下而言也 凡家而國而天下 則更無可益 而作者 乃架虛鑿空 層思疊意◐(「삼국지」의 천하 대란은 아직까지 3국 시대와 같은 때가 없었다. 오・위・촉 세 나라가 삼발이 같이 대치하여 다투고, 묘계를 꾸미는 신하와 용맹한 장수는 구름이나 비같이 많았다. 제갈량[181~234]이 한번 착수하매 천하가 3분 되어, 신기묘산[123]의 이야기가 매우 많다. 이는 한 천하를 들어 말한 것이다. 무릇 집안이나 국가, 천하에는 도움이 되는 것이 없는 것이나, 작자는 빈 곳에 시렁을 얽어 매고 허공을 꿰뚫어 생각을 쌓고 생각을 쌓고 뜻을 포개 지어낸 것이다).

㉚ 「廣寒樓記」[1845?](水山), 小广主人 敍二: 余笑而應曰 豈有是也 古今之人 孰不著書 若「三國誌」・「水滸傳」 並行於一世 而各有長短 有後人取捨之如何耳 豈耐菴之爭 功於陳壽也哉 …… 端陽之翌日 小广主人 題于石榴花下◐(내가 웃으면서 대답했다. "어찌 그렇다고 할 수 있겠습니까? 옛 사람이나 지금 사람이나 어느 시대를 막론하고 책을 짓지 않은 적이 있습니까? 저 「삼국지」나 「수호전」은 일시에 병행하여 각기 장단점이 있어 후인의 어떤 것을 취하고 어떤 것을 버리느냐에 달려 있는 것이지, 어찌 시내암이 진수[233~297]와 공을 다투었겠습니까? 단오 이튿날 소엄주인이 석류꽃 아래에서 쓰다).

㉛ 同上, 小引: 余家雲林 自號樵客 每見花開葉落 以知春到秋來 枕石漱流 敢曰高蹈 盟鷗友鹿 聊寓閑情四時岩屋 或値董儒者[董遇]三餘 一區硯田 所得白香山六帖 經史子集 前人之述頗詳 仙佛卜醫 後世之惑 滋甚至 夫於「水滸」・「三國」・「西遊」・「西廂」 已被狗盜狐白 亦多鐵成金黃 可惜◐(내 집이 운림에 있어 초객이라고 자호하였다. 언제나 꽃이 피고 낙엽이 짐을 볼 때마다 봄가을이 이르름을 알았으며, 돌베개를 베고 냇물로 양치질하며 감히 고도[124]를 자처했다. 갈매기와 사슴을 벗삼아 애오라지 한가한 마음으로 사시사철 바위굴 속에서 사노라니 동유재[董遇][125]의 3여[126]와 맞먹었다. 한 개 벼루를 통해 『백향산 육첩』[白孔六帖][127]을 얻는 경우도

썼다.
121) 중국 六朝 梁나라의 문인. 중국에서 가장 오래된 문학 이론서 『文心雕龍』 10권을 저술했다.
122) 후세에 모범이 될 만한 의견을 세움.
123) 헤아릴 수 없는 기략과 용한 꾀.
124) 隱居. 숨어 살음.

있었다. 경사자집128)에는 선인들이 전술한 것이 매우 자세하게 들어 있는데도 후인들은 도 · 불 · 점의 관련 서적에 매우 빠진 바 있다. 그러나 저 「수호전」·「삼국지」·「서유기」·「서상기」에 이르러서는 이미 천한 기예의 영향을 받았으면서도 쇠가 황금으로 변한 것129)과 같은 곳 또한 많았다).

㉜ 「漢唐遺事」[1852?](朴泰錫): 自有書契以來 稗說之家多矣 如「三國」·「列國」·「東·西漢演義」· 「西廂」·「西遊」·「水滸」等書 或附會事跡 或述記寓言 使覽之者欣然忘食 聞之者怡然解頤 於斯時也 擧天下之物 似不足以喩其樂也 此等書例多荒誕 醇儒莊士之所不道 況其下此者乎● (글자[書契]가 생긴 이래로 패설가들이 많으니, 「삼국지연의」·「열국지」·「동서한연의」·「서상기」· 「서유기」·「수호전」 등의 책과 같은 것이다. 혹은 사적을 부회하고, 혹은 우언을 써서 보는 사람으로 하여금 재미있어서 먹는 것을 잊게 하고, 듣는 사람으로 하여금 즐거워서 웃음이 나오게 한다. 이럴 때에는 천하의 물건을 들어도 그 즐거움을 비유하기에 부족하다. 이런 책들은 매우 터무니없는 것이고, 순수한 선비라면 입에 올릴 바가 못 되는데, 하물며 이보다 못한 책들이야 말해 무엇하겠는가?).

㉝ 「玉仙夢」, '稗說論': 由此觀之 稗官之功 亦可微哉 何以明其然也 陳壽作志而忠臣忘軀 水滸成傳而義士奮身 西遊之記出而怪鬼戢其妖術 甁梅之書作而悍婦懲其妬心 演楚漢之義而英雄知曆數之有歸 倡剪燈之話而蕩子知風流之有節●(이로써 보건대, 패관 소설의 공이 역시 작다고 할 수 있는가? 어떻게 그것을 밝힐 수 있겠는가? 진수가 『삼국지』를 지어 충신이 제 몸을 아끼지 않게 되었고, 「수호전」이 만들어져 의사가 제 몸을 일으키게 되었으며, 「서유기」가 나와서 도깨비가 요술을 그만두게 되었고, 「금병매」가 지어져 사나운 여자가 질투심을 고치게 되었으며, 초한 때의 의리가 소설로 만들어져 영웅이 운수의 돌아감을 알게 되었고, 『전등신화』의 이야기에 이끌리어 탕아가 풍류에도 절도가 있음을 알게 되었다).

㉞ 「壬辰錄」(韓國精神文化硏究院 所藏), 序: 竹史主人 頗好集史 「水滸」·「漢演」·「三國志」·「西廂記」 無不味翫 而以至諺冊中 有可觀文則 雖閨門之秘 而不借者 因緣貫來 然會一通 然後以爲快心 肇錫竹下之史 號因其宜矣●(죽사주인이 집사를 꽤 좋아하여 「수호」·「서한연의」· 「삼국지」·「서상기」 등 완상하지 않은 것이 없었는데, 언문책 중 볼만한 글이 있으면 비록 규방의 비밀이어서 빌려 오지 못한 것은 인연에 따라 세를 내어 끝까지 읽고난 후에야 만족스럽게 여겼으니, 조석[肇錫]의 '죽하지사'라는 호는 그 마땅함을 얻었도다).

【增】

1) 『芝峰類說』(李睟光 1563~1628), 7, 文字部 文義: 「三國志」孫灌欲爲子索關羽女 袁術欲爲子索呂布女 後人謂娶婦爲索婦 蓋出於此●(「삼국지」에서 손권은 아들을 위해 관우의 딸을 찾으려 했고, 원술은 아들을 위해 여포의 딸을 찾으려 했으니, 후인들이 며느리를 맞는 것을 '며느리를

---

125) 중국 삼국 시대 위나라 사람. 독서를 '三餘'로 해서 마쳤다고 한다.
126) 겨울은 한 해의 나머지, 밤은 하루의 나머지, 장마는 때의 나머지, 학문을 하는 데에는 이 나머지 시간이면 족하다는 뜻. 或問三餘之意 遇[董遇]言 冬者歲之餘 夜日之餘 陰雨時之餘也(魏志 王肅傳 注).
127) 당나라 때 白居易가 지은 책이름으로 총 30권. 『白孔六帖』은 백거이의 육첩 30권과 송나라 때 孔傳의 續六帖 30권을 합하여 권을 다시 나누어 100권으로 한 것이다. 성어와 고사를 잡다히 실어 詞藻 수식에 이바지하게 하였다. 총 650항목. 인용에 잘못이 많지만 때때로 佚書에서 인용한 것이 있어 존중된다.
128) 중국 서적 중에 經書·史書·諸子·文集의 네 가지 부류의 총칭.
129) 點綴成金. 고인의 진부한 시구를 가지고 발전적인 새 뜻을 지어 냄을 말한다.

찾는다'고 하는 것은 대개 여기에서 나온 것이다).
2) 『寄軒遺稿』(金埼 1721~??), 2, 「與愼敦恒」:「三國誌」者 乃隋儒陳壽所著 而壽與諸葛孔明 有世怨 故其說孔明處 皆陽襃而陰抑 以眩其實 先儒辨之祥矣 而不能取信于史家者也 至世所 行「演義三國」者 後之好事者 托原本而增之 奇談怪說 以爲閒人罷睡之資也 若使後人 求孔明 於三國誌 則孔明不免 爲小丈夫 以「三國誌」爲信史 則孫劉與曹 俱是兒鬪 而安有長智慮之理 乎 孔明長處 不在於新奇妙筭 而在於終始大節◉(삼국지라는 것은 곧 수나라의 유생인 진수 [233~297][130]가 지은 것이다. 진수는 제갈공명[諸葛亮]과 여러 대에 걸친 원한이 있는 고로, 공명에 대해 말하는 것은 모두 겉으로는 높이면서 은근히 깎아 내려 그 실재를 어지럽게 하였다. 옛날 선비들은 논변함이 상세하나 사가보다 믿을 수 없다. 대대로 내려오는 「삼국지연의」라는 것은 후대의 호사가들이 원본에 가탁하여 첨가한 것이다. 기담·괴설로서 한가한 사람들의 파한거리로 삼았다. 만약 후대인으로 하여금 공명을 「삼국지」에서 찾게 한다면, 공명은 소장부임 을 면할 수 없을 것이다. 「삼국지」를 사서로 믿은즉, 손권·유비와 조조는 모두 아이들 놀음에 불과하다. 이 책을 읽고서야 어찌 지혜를 키우는 이치가 있겠는가. 공명의 뛰어난 점은 그의 신기함이나 묘한 계략에 있는 것이 아니라 처음부터 끝까지 크나큰 절의를 지킨 데 있다).
3) 『字學歲月』[1744](尹德熙 1685~1766):「三國志」.
4) 『私集』(尹德熙 1685~1766), 4, 「小說經覽者」(1762):「三國衍義」
5) 『弘齋全書』(正祖 1752~1800), 162, 日得錄: 上嘗有愆候 筵臣或請晉覽小說 以爲消日之方 敎曰 予平生不對此等書 故所謂語錄看亦不解 縱或解得 亦無滋味 反招睡意 故雖如「三國志」 之稱近於史家云者 亦未嘗披閱耳◉(상이 일찍이 나쁜 병환[愆候[131]]이 있어서 경연 신하가 혹 소설을 읽어 소일의 방편으로 삼으라 하자, 정조가 말하기를, "내 평생 그런 책을 대하지 않았으므로 이른바 어록[132]이란 걸 보아도 알 수가 없었다. 혹 알 수 있다 하더라도 재미가 없어 잠만 오더라. 그래서 「삼국지」 같은 것이 비록 역사에 가깝다고 하더라도 일찍이 읽어 본 적이 없다."고 했다).
6) 『欽英』(兪晩柱 1755~1788), 2, 1776. 12. 30: 蓋嘗就四大奇而斷之「三國」戰爭之奇也 故其書長 於機辯「水滸」襄亂之奇也 故其書長於氣義「西廂」幽艶之奇也 故其書長於情懷 第一 炎凉 之奇也 故其書長於入情物態◉(일찍이 '사대 기서'에 대해 논단한 적이 있다. 「삼국지연의」는 전쟁의 기괴한 사건을 다루었으므로 그 책은 임기응변에 뛰어나다. 「수호지」는 난리 가운데 기이한 사건을 다루었으므로 그 책은 의기가 뛰어나다. 「서상기」는 염정의 기이한 사건을 다루었 으므로 그 책은 정회[133]에 뛰어나다. '제1 기서'[「金甁梅」]는 인정의 변화 가운데 기이한 것을 다루었으므로 그 책은 인정 물태에 뛰어나다).
7) 同上, 12, 1781. 12. 22: 閱大本「三國志通俗演義」編二十五冊 晋平陽侯陳壽史傳 後學羅本貫中 編次 有弘治嘉靖時人序或引 始于漢靈帝中平元年 終于晋太康元年凡九十七年 首有識 淸風 金氏子孫世寶石記……余知東原[羅貫中]是極妙理底人 蓋識得後世文章之無以傳後 故通演 「三國」·「水滸」二大奇書◉(대본 『삼국지통속연의』 25책을 보았다. 진의 평양후 진수[233~297] 의 역사서를 후학 나관중[1330~1400]이 편차한 것이다. 홍치·가정[1488~1566] 때 사람의 서문과

---

130) 중국 晋나라 때의 史家로 正史인 『三國志』를 편찬했다.
131) 惡疾. 痼疾.
132) 짧막한 설화를 모은 기록.
133) 정서와 회포.

인이 있다. 한 영제 중평 원년[A.D. 184]에서 시작하여 진 태강 원년[A.D. 280] 에 끝나니, 모두 97년이다. 책머리에 '청풍 김씨 자손 세보'라는 도장이 찍혀 있다.…… 나는 동원이 극히 묘리가 있는 속 깊은 사람이라 후세에 문장을 얻어 전하지 못할 줄 알고,「삼국지」와「수호지」의 2대 기서를 연의화한 줄을 알고 있다).

8) 同上, 12, 1781. 12. 22: 余知東原[羅貫中]是極妙理底人 盖識得後世文章之無以傳後 故通演「三國」·「水滸」二大奇書◐(나는 동원[羅貫中]이 매우 묘리가 있는 사람임을 알았다. 후세에 문장이 전해질 것이 없음을 알고「삼국지」와「수호지」2대 기서를 연의한 것이다).

9) 同上, 12, 1781. 12. 26: 羅貫中 正是一箇英雄 看他演書 將他文章策略 都顯出來 ……「三國志」在四大奇書中武大 當爲小說之魁◐(나관중[1330~1400]은 참으로 하나의 영웅이다. 그 연의서를 보면 그 문장의 책략이 모두 명백히 나온다. ……「삼국지」는 4대기서 중 특히 뛰어난 것으로, 마땅히 소설 가운데 으뜸이다).

10) 『緝敬堂曝曬書目總錄』:「三國志」十二本一匣; 又 八本二匣內□本 一匣欠.
11) 『集玉齋書目』:「三國志」二十卷.
12) 『海南尹氏群書目錄』(國立中央圖書館所藏):「三國演義」.
13) 『大畜觀書目』(19C初?):「三國志」諺三十九冊.
14) 『大畜觀書目』(19C初?):「三國志」二十冊 二冊落.

(국역)

① 『象胥記聞』[1794?](小田幾五郎 1754~1831): 朝鮮小說「張風雲傳」·「九雲夢」·「崔賢傳」·「蘇大成傳」·「張朴傳」·「林將軍忠烈傳」·「蘇雲傳」·「崔忠傳」外「泗氏傳」·「淑香傳」·「玉橋黎」·「李白慶傳」類 …… 其外「三國志」類 諺文書本有◐(조선의 소설로는「장풍운전」·「구운몽」·「최현전」·「소대성전」·「장박전」·「임장군충렬전」·「소운전」·「최충전」외에「사씨전」·「숙향전」·「옥교리」·「이백경전」따위가 있고 …… 그 밖에「삼국지」등의 국문 소설이 있다).

② 「玉鴛再合奇緣」(溫陽鄭氏 1725~1799), 15, 表紙 裏面:「삼국지」.

③ 『第一奇諺』(洪羲福 1794~1859), 序: 닉 일즉 실학ᄒᆞ야 과업을 닐우지 못ᄒᆞ고 휜당을 뫼셔 한가흔 ᄯᅥ 만흐므로 세간의 젼파ᄒᆞᄂᆞᆫ 바 언문쇼셜을 거의 다 열남ᄒᆞ니 대져「삼국지」·「셔유긔」·「슈호지」·「녈국지」·「셔쥬연의」로부터 녁대연의에 뉴ᄂᆞᆫ 임의 진셔로 번역ᄒᆞᆫ 빅니 말솜을 고쳐 보기의 쉽기를 취ᄒᆞᆯ 쭌이요 그 ᄉᆞ실은 ᄒᆞᆫᄀᆞ지여니와…….

④ 『諺文古詩』(가람본), '언문칙목녹', 179:「숨국지」.

⑤ Courant, 755:「三國志」; Courant, 756:「삼국지」.

【增】

1) 『孝田散稿』(沈魯崇 1762~1837), 南遷日錄, 1802年 11月 22日: 終日苦痛 懷益無聊 招來李益倫 使讀諺冊所謂「蘇大成傳」沒味之言 徒增擾聒而已 李益倫來宿 使讀諺書「三國志」·「漢水大戰」尙有勝於所謂「林將軍傳」·「蘇大成傳」而亦沒意趣 不足以消遣也◐(종일 아파서 더욱 무료하기에 이익륜을 불러 소위「소대성전」이라는 언문 소설을 읽게 하였는데, 맛없는 글이 한갓 어수선함만 보탤 뿐이었다. 이익륜이 와서 자게 되어 그로 하여금 언문「삼국지」·「한수대전」을 읽게 하니, 그래도 소위「임장군전」·「소대성전」이니 하는 것보다는 나았으나, 의취[134]가

---

134) 의지와 취향.

없기는 마찬가지여서 소일할 수 없었다).
2) 「배비장전」(金三不 교주본): 배비장 무료하여 하는 말이 하릴없다 고담이나 얻어 오너라 하더니 할 일 없이 남원부사 자제 이도령이 춘향 생각하며 글 읽듯 하던가 보더라 「삼국지」·「구운몽」·「경업전」 다 후리쳐 버리고 「숙향전」 내어놓고 보아 갈 제……
3) 『[演慶堂]諺文冊目錄』(1920; 藏書閣所藏): 81. 「三國志」 39冊
4) 『[가람]칙목녹』(奎章閣所藏): 「삼국지」 공 삼십구

〈이본연구〉

【增】
1) [세책본] 「삼국지」는 최소한 크게 58책본 2종과 69책본 1종이 존재했으리라는 사실을 확인할 수 있다. 먼저 58책본의 존재 가능성은 '향목동'을 간소로 하고 있는 [동양문고 소장본] 권 55의 장회가 모종강본 112회에 해당하고, '향수동'을 간소로 하고 있는 [동양문고 소장본] 권 56의 장회가 모종강 116회라는 점 등에서 그 단서를 구할 수 있다. 곧 모종강본이 120회로 이루어져 있고, 69책본 또한 120회로 끝나고 있다는 점, 그리고 권 56의 장회가 116회라는 점 등을 묶어 생각해 본다면, 117회 이하 나머지 4회는 대략 2권 정도의 분량에 수록될 수 있었을 것이라는 점에서 이렇게 추단할 수 있다. 나아가 58책본은 다시 '향목동'(권 1부터 권 31, 권 33부터 권 39까지, 권 55가 이에 해당)본과 '향슈동'(권 32, 권 40, 권 56이 이에 해당)본이라는 간소에서 확인되듯이 최소 2종의 이본이 유통되었다는 사실 또한 알 수 있다. 이런 점을 근거로 「삼국지」가 2종의 58책본과 1종의 69책본으로 유통되고 있었다는 사실을 어렵지 않게 추단할 수 있다고 하겠다(정명기, "세책본 소설의 간소에 대하여: 동양문고본 「삼국지」를 통하여 본," 이윤석·大谷森繁·정명기 편저, 『貰冊 古小說 硏究』[2003. 8], pp. 127~128).

〈판본연대〉
④ ……(柳鐸一, "「三國志通俗衍義」의 傳來時期와 그 板本," 『碧史李佑成先生定年退職紀念 國語國文學論叢』[1990. 11], pp. 669~770 및 773).

| 국문필사본 |

(삼국지)

【增】 삼국지	김종철[家目]	1(戊子三月, 56f.)
【增】 삼국지	김종철[家目]	낙질 1(권3:丁酉初冬秋城東閣新刊, 42f.)
【增】 三國志 卷之單	미도민속관 [생활사 도록](13)	1(靑蛇元月旬竹仙抄)
【增】 삼국전 칠권합이라	박순호[家目]	낙질 1(7: 78f.)
【增】 삼국지 권지 화룡도라	박순호[家目]	1(59f.)
【增】 삼국지 권지삼	박순호[家目]	낙질 1(3: 47f.)
【增】 三国지 권지三	박순호[家目]	낙질 1(3: 계묘연십7일 칙쥬난됴응셔라, 19f.)
【增】 삼국지 권지삼	박순호[家目]	낙질 1(3: 戊寅小春念五日加衣, 29f.)
【增】 삼국지 권지칠	박순호[家目]	낙질 1(7: 戊申元月十七日書畢, 79f.)

【增】 삼국지 권지습ᄒ	박순호[家目]	낙질 1(3하: 41f.)
【增】 삼국지 삼권이라	박순호[家目]	낙질 1(3: 39f.)
【增】 삼국지 삼권이라	박순호[家目]	낙질 1(3: 졍미십이월쵸십일위시라, 19f.)
【增】 슴국지 권지구하	박순호[家目]	낙질 1(9하: 39f.)
【增】 슴국지 권지십	박순호[家目]	낙질 11(10: 47f.)
【增】 슴국지 권지십일	박순호[家目]	낙질 1(11: 43f.)
【增】 슴국지 권지오	박순호[家目]	낙질 1(5: 34f.)
【增】 슴국지 권지오상	박순호[家目]	낙질 1(5상: 29f.)
【增】 슴국지 권지육	박순호[家目]	낙질 1(6: 56f.)
【增】 슴국지 권지칠	박순호[家目]	낙질 1(7: 56f.)
【增】 슴국지 권지ᄉ상	박순호[家目]	낙질 1(4: 47f.)
【增】 삼국지	박순호[家目]	1(23f.)
【增】 삼국지	박순호[家目]	1(41f.)[135]
【增】 삼국지	박순호[家目]	낙질 1(乙卯新, 59f.)
【增】 삼국지	박재연[中韓飜文展目 (2003)]	19[136]
【增】 三國志	박재연[中韓飜文展目 (2003)]	19[137]
【增】 삼국디 三國諺誌	박재연[中韓飜文展目 (2003)]	낙질 2(권7~8)
【增】 삼국지 鼎峙記	선문대[중한번역문헌 연구소]	낙질 6(권10; 22; 27; 35~36; 39)
【增】 삼국지	성대(D07B-0078)	1
【增】 삼국지	여태명[家目](77)	1(44f.)
【增】 삼국지	여태명[家目](166)	1(37f.)
【增】 삼국지 권지육	여태명[家目](297)	낙질 1(6: 30f.)
【增】 삼국지	여태명[家目](353)	1(62f.)
【增】 三國志	여태명[家目](443)	1(39f.)
【增】 三國誌	정명기[尋是齋 家目]	1
【增】 삼국지	정명기[尋是齋 家目]	낙질 1
【增】 삼국지	정명기[尋是齋 家目]	1

국문안성본

| 【增】 삼국지 | 국중(한古朝48-33-5) | 낙질 2-1(三-四, [著·發]卓鐘佶, 西溪書舖, 明治四十四年[1911]八月二十二日, |

---

135) 「퇴기전이라」(16f.) 합철
136) 완질. 毛宗岡본의 번역.
137) 완질. 毛宗岡본의 번역.

			3: 48f.; 4: 38f.)
【增】 삼국지 권지습	국중(한古朝48-33-4)		낙질 1(권3, 朴星七書店, 안성동문이신판,138) 明治四十五年[1912]七月二十日; 大正六年[1917]十一月二十一日, 20f.)
【增】 삼국지 권지습	박순호[家目]		낙질 1(안성동문이 신판, 18f.)

국문완판본

【增】 언삼국지	계명대[古綜目](고812.35 양승곤ㅇ)	2-1(梁承坤 編, 梁冊房, 1937)
【增】 삼국지라	김종철[家目]	낙질 1(권3~4: 戊申冬完山梁冊房新刊, 85f.)
【增】 삼국지 삼권이라 月,	김종철[家目]	1(西溪書舖, 明治四十四年[1911]八 29f.)
【增】 언삼국지라	김종철[家目]	1(50f.)
【增】 삼국지라	박순호[家目]	낙질 1(47f.)
【增】 삼국지라	박순호[家目]	낙질 1(47f.)
【增】 삼국지라	박순호[家目]	낙질 2(47f.; 37f.)
【增】 삼국지라	박순호[家目]	낙질 2(47f.; 33f.)
【增】 삼국지라 三國誌	박순호[家目]	2(明治四十四年[1911]八月二十二日發行, 朝鮮總督府警務總監部認可, [著·發]全州郡府西四契十三統六戶 卓鍾佶, [印·發]全州郡府西四契十七統六戶, 西溪書舖, 各 47f.; 38f.)139)
【增】 삼국지라 三國誌	박순호[家目]	2(낙장 46f.; 明治四十四年[1911]八月二十二日發行, 卓鍾佶·梁元仲, 西溪書舖, 38f.)
【增】 삼국지라	박순호[家目]	1(47f.; 戊申冬完山梁冊房新刊, 36f.)
【增】 삼국지라	박순호[家目]	2(大正五年[1916]十月八日發行, 梁珍泰, 多佳書舖, 각 47f.; 38f.)
【增】 삼국시 삼권이라	박순호[家目]	2(남긴완산신판이라, 28f.)140)
【增】 언삼국지라	박순호[家目]	1(47f.)141)
【增】 三國志	여태명[家目](37)	1(86f.)
【增】 삼국지 권지삼	여태명[家目](68)	낙질 1(3: 大正五年[1916]十月, 河掌議宅, 85f.)

---

138) 본문 말미에는 '안성동문이신판'으로, 판권란에는 '朴星七書店'으로 되어 있다.
139) 동일 판본 10여 책 소장.
140) 동일 판본 3책 소장.
141) 「공명션칭실긔하라」(18f.) 합철.

【增】	삼국지 삼권이라 三國志 卷之三	이태영[家目]	낙질 1(全州郡府西四溪, 님신완산신 판ㅣ라,明治四十四年[1911]八月二十二 日發行, 29f.)[142]
【增】	삼국지라 三國誌	이태영[家目]	낙질 2-1(明治四十四年[1911]八月二 十二日發行, 3: 47f.; 4: 38f.)
【增】	삼국지라	이태영[家目]	낙질 2-1([말미]서계서포, 3: 47f.; 4: 38f.)[143]
【增】	삼국지라	이태영[家目]	낙질 2-1(全州郡府西四溪, 明治四十 四年[1911]八月二十二日發行, 3: 47f.; 4: 38f.)
	삼국지라	임형택[莽蒼蒼齋 家目]	낙질 2-1(3: 47f.; 4: 38f.)

국문판각본

【增】	삼국지	박재연[中韓飜文展目 (2003)]	낙질 2(권3~4)
【增】	삼국지	여태명[家目](96)	1(46f.)

국문활자본

무쌍언문삼국지 無雙諺文三國誌	국중(3634-2-25=1-5)[144]/ [仁活全](22~23)/조희웅 [家目][145]	…… 大昌書院·普及書舘, 1918. 12. 31, ……
슴국지 第一奇書 三國誌	국중[目·東2](3736-33-3)	낙질 前集3/여승구『古書通信』, 15 (1999. 9)] …… 博文書舘, ……
修正 三國誌	계명대[古綜目](고812.35 박문서시) 3판/국중[目·東2] (3736-5)/김종철[家目]/ 박순희[家目]/정명기 [尋是齋 家目]/홍윤표[家目]	…… 博文書舘 ……
【增】 예일긔셔 슴국지	박재연[中韓飜文展目 (2003)]	8(前集 4책; 後集 4책, 博文書舘, 1917)
原本國文 三國誌 1~5	국중(3736-58=1-5)	5(世昌書舘 編, 世昌書舘, 1965)[76]
原本校正 諺文三國誌	국중(823.5-영414ㅅ=1~2) <낙질 권1~권2>/대전대	5([著·發]姜義永, 永昌書舘·韓興書· 振興書舘, 1928. 12. 15, ……

---

142) 동일 판본 2종 소장함. 한 책은 1쪽이 약간 훼손되었으나 대체로 양호하고, 다른 한 책은 제5쪽 후면이 약간 훼손되었다.
143) 윗책과 글꼴이 다르다, 책이 시작할 때 제목에 다는 어미가 二葉魚尾이나 책의 체재는 똑 같다.
144) 전 5책 완책본 외에 권3 낙질본(3634-2-25-3)이 1종 더 소장되어 있다.
145) '조희웅[家目][仁活全](22~23)'을 '[仁活全](22~23)/조희웅[家目]'순으로 바꾸었다.

	[이능우 寄目](1194-97)	
	(권 3 결)/박순희[家目]/	
	박재연[中韓飜文展目	
	(2003)](권3~권5)/영남대	
	[目續](도남823.5)/홍윤표	
	[家目]	
刪修三國誌	국중[目·東2](3736-8)/국회	······ 朝鮮書舘 ······
	[目·韓II](812.3) 後集 제4권/	
	김종철[家目]<前集 2~3, 3판;	
	後集 3~5, 재판>/吳漢根[藏目]	
	/홍윤표[家目]	
【增】(原本)삼국지	국중(3736-67=1~5)	5(鄕民社, 1965)
【增】 三國誌 1-3	국중(3730-1=1~3)	3(鄕民社 編, 鄕民社, 1965)

한문현토본

懸吐三國誌	김종철[家目]/박순희[家目]	5(博文書館, 1935.10.30)
	/정명기[尋是齋 家目]/종로	
	[目](823.5)	
【增】 原本懸吐三國誌	국중(古3636-22)	(世昌書館, 1962)
懸吐三國志	金大(ㄹ12-1:21)/박재연	5(永昌書館, 1941.7.30 ······
	[中韓飜文展目(2003)][146]/	
	박순희[家目]/서울대[想白]	
	(895.135-N11h-v.1~5)/	
	조동일[국연자](25)~(26)	
懸吐三國誌	국중(무구재고2233-13)	5(李柱浣 編述 永豊書舘, 초판 1916.3.25,
	<낙질 권5>/박순희[家目]	1918)
	/정문연[霞城](D7A-5)	
諺吐三國志	계명대[古綜目](고812.35	1([編·發]李柱浣 編述, 滙東書舘 ······
	김성탄ㅅ) 3판 /김종철	
	[家目]/박순희[家目]/정명기	
	[尋是齋 家目]/조희웅[家目]	
	/홍윤표[家目]/[仁活全](23~24)	

265.1 〈자료〉

Ⅰ. (영인)

265.1.3. 仁川大民族文化研究所 編. 『舊活字本古小說全集』, 22~23. 銀河出版社, 1984; (再刊) 國際아카데미, 2002. (대창서원·보급회관판)

---

146) 周王山 구장본.

265.1.4. 仁川大民族文化研究所 編.『舊活字本古小說全集』, 23~24. 銀河出版社, 1984; (再刊) 國際아카데미, 2002. (회동서관판)

Ⅱ. (역주) [현대어역]
265.1.9. 羅貫中 著, 徐仁局 譯.『三國志』(전 7책). 平凡社, 1953.
265.1.40. 禹玄民 譯.『三國志』(전6책). 博英文庫, 66~71. 博英社, 1974.[147]
265.1.41. 羅貫中, 吉川英治 編, 李仁光 譯.『三國志』(전5책). 中國古典文學選集. 光學社, 1975.[148]
265.1.52. 羅貫中 著, 朴鍾和 옮김.『三國志』(전6책). 三慶出版社, 1978.[149]
265.1.53. 羅貫中 著, 鄭飛石 編譯.『(컬러판) 三國志』. 民晶社, 1979.[150]
265.1.68. 方基煥 譯.『(原本完譯)三國志』, 前1卷 ~ 前5卷(전 5책); 李元燮 譯. 同, 後1卷 ~ 後5卷(전 5책), 三仙出版社, 1983.
265.1.70. 羅貫中 著, 金光洲 譯.『三國志』. 中國古典文學大系, 1~6. 瑞文堂, 1983.
265.1.88. 백운곡.『소설 삼국지』(전3책). 산호, 1991.
265.1.93. 周大荒 著, 安吉煥 譯.『反三國志』(上·中·下). 대제학, 1992.
265.1.94. 羅貫中 著 ; 成元圭 譯.『演義 直譯三國志』(전 10책). 伏翁軒舍, 1992.
265.1.98. 나관중, 박정수 편역.『삼국지』(전 8책). 청목사, 1994.
265.1.99. 나관중 지음, 김홍신 옮김. 삼국지(전 10책). 대산출판사, 1997; 대산미디어, 2001.
265.1.106. 나관중, 황병국 옮김.『원본 삼국지』(전 5책). 범우비평판세계문학선, 41-1~41-5. 범우사, 1999.
265.1.108. 기타카타 겐조, 이계성 역. 영웅 삼국지(전 13책). 서울문화사, 1999~2000.

【增】
1) 羅寬中 著, 李成學 譯.『(全圖增像)三國志演義』(전 10책). 先進文化社, 1958.
2) 羅寬中 著, 申泰和 譯.『三國誌』. 三文社, 1962.
3) 金東里·黃順元·許允碩 共譯.『三國誌』(전 5책). 博英社, 1964.
4) 語文閣.『三國志』(전 6책). 語文閣, 1967.
5) 방기환 저.『三國志』(전 5책). 新韓出版社, 1976.
6) 羅貫中 著, 金河中 譯.『三國志』, 金星出版社, 1978.
7) 鄭飛石 著.『三國志』(전 5책). 大賢文化社, 1981.
8) 許文列 著.『(東西)三國志』. 東西文化社, 1981.
9) 羅貫中 作, 蔡正鉉 譯.『三國志』(전 7책). 三中堂, 1982.
10) 나관중 著, 金東里 역.『三國志』(전 4책?). 宇石, 1984.
11) 김양호·곽준상·이상헌 공저.『(職場人)三國志』. 職場人出版局, 1984.
12) 吉川英治 著, 李仁光 譯.『(中國古代歷史小說)三國志』(전 5책). 한국출판문화공사, 1984.
13) 라관중 저, 최병환 윤색.『(중국고전소설)삼국연의』. 금성청년출판사, 1991.
14) 羅貫中 著, 金光烈·姜範求·崔玉實 譯.『三國志』(전 6책). 삼성출판사, 1993.

---

147) 출판 연도가 수정됨에 따라 '光學社'본과 항목 순서를 바꾸었다.
148) 博英社本의 출판 연도가 수정됨에 따라 항목 순서를 바꾸었다.
149) 출판 연도가 수정됨에 따라 '民晶社'본과 항목 순서를 바꾸었다.
150) 출판 연도가 수정됨에 따라 항목 순서를 바꾸었다.

15) 羅貫中 著, 李容浩 譯.『(小說)三國志』(전 5책). 光信出版社, 1993.
16) 진수 지음. 김원중 옮김.『삼국지』(전 7책). 신원문화사, 1994.
17) 시바다 렌자부로 지음.『신세대 삼국지』. 우리터, 1995.
18) 백운곡 지음.『(易理로 본)小說 三國志』(전 3책). 明文堂, 1996.
19) 村石利夫 엮음, 권대우 감역.『(속독)三國志~한 권으로 통달하는』. 책과길, 1997.
20) 나관중 지음, 이광복 옮김.『삼국지』(전 8책). 대교출판, 1997.
21) 나채훈 지음.『삼국지신문』(전3책). 실천문학, 1997.
22) 주대황 지음, 안길환 옮김.『반삼국지』(상·중·하). 한림원, 1997.
23) 나관중, 최송암 역.『삼국지』(전 3책). 태을출판사, 1998.
24) 박재연 校註.『삼국지통쇽연의』, 1~4. 중국소설·희곡번역자료총서, 11~14. 학고방, 1998.
25) 김광원 지음. 한 권으로 보는 삼국지. 서지원, 1999.
26) 나관중 저, 윤명석 편집.『한권으로 읽는 삼국지』(성인용). 베스트북스, 1999.
27) 검서 편저, 김선민 역.『(新)삼국지』(상·중·하). 중국어문화원, 2000.
28) 나관중 지음, 김덕원 옮김.『삼국지』. 청소년논술필독서 2. 인화, 2000.
29) 나관중 원작, 이항규 편역.『(한 권으로 독파하는)삼국지』. 동해, 2000.
30) 나관중 지음, 장선영 평역.『의리의 삼국지』(전 3책). 옥합, 2000.
31) 나관중 지음. 정소문 옮김.『삼국지』(전 10책). 원경, 2000.
32) 나관중, 이동진 평역.『(에센스)삼국지』. 해누리기획, 2000.
33) 이재운 지음.『소설 삼국지』(전 5책). 동방미디어북스, 2000.
34) 鄭飛石 著, 町田富男 譯.『(小說)三國志』(上·中·下). 光文社, 2000.
35) 정원기 編著.『(매니아를 위한)三國志』, 청양, 2000.
36) 정원기.『삼국지평화』. 청양, 2000.
37) 나관중 지음, 이동진 옮김.『삼국지』. 해누리페이퍼백시리즈 1. 해누리, 2001.
38) 나관중.『삼국지』(전 10책). 열림원, 2001~2002.
39) 나관중 원작, 모종강 편집, 조성기 정역.『삼국지』(전 10책). 열림원, 2001~2002.
40) 나관중 지음, 이행렬 옮김.『삼국지』. 혜원출판사, 2001.
41) 박재연 校註.『삼국지 통속연의 三國志通俗演義』. 조선시대 번역고소설 총서 1. 이회, 2001.
42) 나관중 지음. 사마준 옮김. 주머니속 삼국지(전 5책). 푸르름, 2002.
43) 나관중 지음. 이항규 옮김. 삼국지(포켓). 동해, 2002.
44) 나관중 지음. 최현 옮김. 삼국지(상·중·하). 사르비아총서 502~504. 범우사. 2002.
45) 미요시 토오루 지음. 최문련 옮김.『(흥망)三國志』(전 5책). 예예원, 2002.
46) 사미생 지음, 정원기 옮김.『여인 삼국지』(전 3책). 하이퍼북, 2002.
47) 진순신 지음, 신동기 옮김.『(秘本)삼국지』(전 5책). 자인, 2002.
48) 권오석 지음.『조조 삼국지』(전 3책). 영어정복자(리더스), 2003.
49) 나관중 지음, 김구용 옮김.『삼국지연의』(전 10책). 솔, 2003.
50) 나관중 지음, 장수철 옮김.『삼국지~그림판 삼국연의』(상·중·하), 현암사, 2003.
51) 나관중 지음. 박옥금 옮김.『편지 삼국지』. 문학과청년, 2003.
52) 나관중, 황석영 옮김.『삼국지』(전 10책). 창작과비평사, 2003.
53)『삼국지연의』(전 8책). 국제출판교역, 2003~2004.

54) 유길만 지음.『삼국지(정사소설)』(전 5책). 한국방송출판, 2003.
55) 주대황 지음, 김석희 옮김.『반삼국지』(상중하). 작가정신, 2003.
56) 나관중 원작, 표정훈 편역.『하룻밤에 읽는 삼국지』. 랜덤하우스중앙, 2004.
57) 나관중 지음, 권정현 편역.『청소년 삼국지』(전 5책). 이룸, 2004.
58) 나관중 지음, 박상률 옮김.『삼국지』(전 10책). 시공주니어, 2004.
59) 나관중 지음, 정비석 옮김.『삼국지』(전 6책) 은행나무, 2004.
60) 왕금분 편, 배은정 옮김.『사실화로 보는 삼국지』(전 3책). 혜지원, 2004.
61) 장정일 지음.『삼국지』(전 10책). 김영사, 2004.
62) 나관중 지음, 이재기 옮김.『한글세대 삼국지』(전 10책). 열매출판사, 2005.
63) 리동혁.『본삼국지』(전 11책). 금토, 2005.

265.2.〈연구〉

Ⅰ.(단행본)

【增】

1) 데니스 브라드워즈 저, 全南錫 譯.『三國志 政治學』. 東國出版社, 1980.
2) 守屋洋 著, 林鍾三 譯.『三國志 人間學』. 東國出版社, 1982.
3) 이하라 류이찌 지음, 林鍾三 譯.『三國志 經營學』, 東國出版社, 1983.
4) 韓國經濟社會硏究所 編.『三國志 人間學』. 平生敎育開發院, 1989.
5) 이이녕 편역.『三國志 現場』. 마당, 1990.
6) 유승근 역편.『(에세이 三國志)'도원결의'를 생각하며』. 第三企劃, 1991.
7) 한성미디어 편.『인생파노라마 1: 三國志人間學』. 한성미디어, 1995.
8) 모리야 히로시 지음, 이시헌 옮김.『삼국지 인물여행』. 하나미디어, 1993.
9) 최용현.『삼국지 인물 소프트』. 희성출판사, 1993.
10) 이전원 외 지음, 손경숙 외 옮김.『삼국지 고증학』, 1~2. 청양, 1997.
11) 이규조.『삼국지 인물론』. 세계, 1991.
12) 전략경영연구소.『경영전략과 삼국지』. 21세기북스(북이십일), 1992.
13) 최명 지음.『소설이 아닌 삼국지』. 조선일보사, 1993.
14) 마츠모토 카즈오[松本一男].『에세이 삼국지』, 문학세계사, 1994.
15) 와세다대학삼국지연구회, 고은택 역.『삼국지 대연구』. 진화, 1994.
16) 공학유 지음, 이주영 옮김.『三國志 歷史紀行』. 이목출판, 1995.
17) 松本一男 지음, 이주영 옮김.『삼국지를 읽으면 사람이 보인다』. 이목출판, 1995.
18) 모리야 히로시 지음, 김승일 옮김.『인물 삼국지』. 범우문고 125. 범우사, 1995.
19) 황의백.『삼국지의 지혜』. 범우문고 140. 범우사, 1995; 2004.
20) 조오노 히로시 저, 강태정 역.『삼국지에서 성공을 읽는다』. 서지원, 1996.
21) 편집부 지음.『한 권으로 보는 인물 삼국지』. 자유지성사, 1996.
22) 하야시다 신노스케 지음, 문용수 옮김.『인물로 보는 삼국지』, 1~2. 동광출판사, 1996.
23) 김용장 지음. 또하나의 삼국지. 범우사, 1997.
24) 모토오리 타다시, 정성호 역. 삼국지 경영참모학. 사람과사람, 1997.
25) 이전원·이소선 저, 손경숙김진철 역.『三國志 고증학』, 1~2. 청양, 1997.

26) 가쿠 고조 지음, 이원두 옮김.『90분에 읽는 三國志: 난세의 영웅들』. 동방미디어, 1998.
27) 김진철 편역 지음.『거꾸로 읽는 삼국지』. 청양, 1998.
28) 연구부 편집.『삼국지연의 학술적 분석』. 형성과 창조, 2:4. 한국정신문화연구원, 1998.
29) 정원기.『최근 삼국지연의 연구동향』. 영남대 중국문학연구실 총서 4. 중문출판사, 1998.
30) 상일럅.『진실탐지 삼국지』. 북토피아, 1999.
31) 진기환 지음.『삼국지에서 배우는 인생의 지혜』. 지영사, 1999.
32) 고이데후미히코, 김준영 역.『삼국지인물사전』. 들녘, 2000.
33) 김재웅.『나관중도 몰랐던 삼국지 이야기』. 청년사, 2000.
34) 도경일·도경국 지음.『삼국지 인명록』(上·下). 중앙적성출판사(불잉걸), 2000.
35) 모리야 히로시 지음, 김욱 옮김.『삼국지 영웅론』. 중명, 2000.
36) 심백준·담량소 편저, 정원기·박명진·이은영 역.『三國志事典』. 범우사, 2000.
37) 야마구치 히사카즈, 전종훈 옮김.『사상으로 읽는 삼국지』. 이학사, 2000.
38) 이정우 지음.『21세기 삼국지』. 신성문화사, 2000.
39) 주선 옮겨 엮음.『삼국지 인간경영』. 중명, 2000.
40) 진순신, 오자키 호츠키 엮음, 이재정 옮김.『영웅의 역사, 4: 삼국지의 영웅』. 솔출판사, 2000.
41) 곽우가 지음, 김민호 옮김.『성공하는 리더를 위한 三國志』. 예문, 2001.
42) 김재웅.『나관중도 몰랐던 삼국지 이야기』. 청년사, 2001.
43) 나채훈 지음.『누구도 나를 버릴 수는 없다: 20대가 반드시 익혀야 할 삼국지 리더십』. 청년정신, 2001.
44) 남덕현 지음.『삼국지 문화 답사기』. 미래 M&B, 2001.
45) 니와 순페이, 이강희 역.『삼국지·십팔사략에서 배우는 실패의 교훈』. 사과나무, 2001.
46) 심백준.『다르게 읽는 삼국지 이야기』. 책이있는마을, 2001.
47) 이석훈 지음.『삼국지 리더십』. 북랜드, 2001.
48) 陳起煥 編.『三國志 故事名言 三百選』. 明文堂, 2001.
49) 陳起煥 編.『(新譯)三國志故事成語辭典』. 明文堂, 2001.
50) 최종세.『삼국지 풍류담』. 책이있는마을, 2001.
51) 츠모토 요 외 지음, 이원두 옮김.『리더십의 삼국지』. 도도, 2001.
52) 김문경 지음.『삼국지의 영광』. 오늘 고전을 읽는다 1. 사계절출판사, 2002.
53) 노중호 지음.『삼국지 용병학』. 중명, 2002.
54) 이규완 지음.『이미지 삼국지』. 들녘, 2002.
55) 정체채 지음.『삼국지와 역사 사기극』. 모색, 2002.
56) 타츠마오 시스케·모리야 히로시, 이재정 역.『삼국지의 영웅』. 솔, 2002.
57) 리동혁 지음.『삼국지가 울고 있네』. 금토, 2003.
58) 미요시 토루 지음, 박현석 옮김.『(소설)三國志 外傳』. 주변인의 길, 2003.
59) 세토 타츠야 지음, 임희선 옮김. 삼국지 100년 전쟁. 애니북스, 2003.
60) 장정일·김운회·서동훈 지음.『삼국지 해제』. 김영사, 2003.
61) 강승훈 편저.『(자기혁신에 성공하는)삼국지 인간경영론』. 미디어중화, 2003.
62) 최명 지음.『삼국지 속의 삼국지』, 1~2. 인간사랑, 2003.
63) 츠게 히사요시 지음. 이유영 옮김.『삼국지 전투에서 배우는 이기는 법』. 예문, 2003.

64) 김영진 지음.『삼국지 인간경영』. 큰방, 2004.
65) 김운회 지음.『삼국지 바로 읽기』, 1~2. 삼인, 2004.
66) 김태호·이정모.『삼국지 사이언스』. 휘슬러, 2004.
67) 다카시마 도시오 지음, 이유성 옮김.『삼국지 오디세이』. 심산, 2004.
68) 모리야 히로시 지음, 양원곤 옮김.『삼국지로 읽는 처세의 달인들』. 마당넓은집, 2004.
69) 모리야 히로시 지음. 김욱 옮김.『삼국지로 접근하는 인간학』. 중명, 2004.
70) 신동준.『삼국지 통치학』. 인간사랑, 2004.
71) 이형근 지음.『쾌도난담 삼국지 죽이기』. 미토스북스, 2004.
72) 임용순 지음.『삼국지 그 안의 국제정치』. 나무와숲, 2004.
73) 청쥔이 지음, 박미경 옮김.『유비처럼 경영하고 제갈량처럼 마케팅하라』. 중앙M&B(랜덤하우스중앙). 2004.
74) 홍용선 지음.『홍용선 중국문화기행(삼국지를 따라가는)』. 청어, 2004.
75) 유현민 지음.『시로 읽는 삼국지』. 예문당, 2005.
76) 유현민 평역.『삼국지』. 예문당, 2005.

Ⅲ. (학술지)
265.2.15. 丁奎福. "韓國軍談類小說에 끼친「三國志演義」의 影響 序說."『國文學』, 4(高麗大國文學會, 1960. 9).『韓中文學比較의 硏究』(高麗大出版部, 1987. 10);『韓國文學과 中國文學』(국학자료원, 2001. 5)에 재수록.
265.2.33. 柳鐸一. "「三國志演義」傳來 板本 時期."『國語國文學論叢[碧史李佑成先生定年退職紀念]』(驪江出版社, 1990. 11).
265.2.38. 권순긍. "「삼국지연의」의 수용과 그 지향: 활자본 고소설을 중심으로."『泮橋語文硏究』, 9 (泮橋語文學會, 1999. 2).『활자본고소설의 편폭과 지향』(보고사, 2000. 4)에 재수록.

【增】
1) 권순긍. "「삼국지연의」단편의 작품 성격과 지향."『활자본고소설의 편폭과 지향』(보고사, 2000. 4).
2) 권순긍. "「삼국지연의」의 수용사."『활자본고소설의 편폭과 지향』(보고사, 2000. 4).
3) 장연호. "「赤壁歌」와「三國演義」의 비교연구."『한국문학논총』, 26(한국문학회, 2000. 6).
4) 임정현. "동아시아 삼국의 군담 비교를 통해 한국군담소설의 특징 찾기:「劉忠烈傳」·「平家物語」·「三國志演義」를 중심으로."『東洋古典研究』, 14(東洋古典學會, 2000. 12).
5) 허원기. "西浦 金萬重의「三國志」評說."『정신문화연구』, 23:3[80](한국정신문화연구원, 2000. 12).
6) 허원기. "「赤壁歌」와「三國志演義」의 거리."『고전산문의 계보적 연구』(국학자료원, 2001. 4).
7) 박재연. "조선시대「삼국지연의」한글 번역 필사본의 연구: 서울대본(27책본)을 중심으로."『삼국지통쇽연의』, 1(학고방, 2001. 6). "조선시대「삼국지연의」한글 번역 필사본의 연구: 서울대 규장각본(27책본)을 중심으로"으로『돈암어문학』, 14(돈암어문학회, 2001. 10)에 재수록.
8) 金鍾澈. "「三國志演義」와「赤壁歌」."『中韓人文科學研究』, 8(中韓人文科學研究會, 2002. 6).
9) 정명기. "세책본 소설의 간소에 대하여: 동양문고본「삼국지」를 통하여 본." 이윤석·大谷森繁·정명기 편저,『貰冊 古小說 研究』. 혜안, 2003. 8.

▶(삼국지연의 三國誌演義 → 삼국지)
▶(삼국지통속연의 三國誌通俗演義 → 삼국지)
◐{삼대충효록 三代忠孝錄}
　〈관계기록〉
　　① Courant, 885:「삼디츙효록」.
　　② 金台俊,『朝鮮小說史』, p. 161.

◐{삼도전}
　〈관계기록〉
　　①『諺文古詩』(가람본), '언문칙목녹', 155:「삼도전」.

◘266.[삼문규합록 三門閨合錄]
　〈관계기록〉
　　①『諺文古詩』(가람본), '언문칙목녹', 208:「삼문규흡」.
　　② Courant, 912:「삼문규합록」.

◐{삼문명월기}
　〈관계기록〉
　　①『諺文古詩』(가람본), '언문칙목녹', 109:「슴문명월긔」.

◐{삼문충효록 三門忠孝錄}
　〈관계기록〉
　　① Courant, 889:「삼문츙효록 三門忠孝錄」.
　　② 金台俊,『朝鮮小說史』, p. 161.

■『삼방록 三芳錄』←『삼방요로기 三芳要路記』[151] / → 상사동기 / 왕경룡전 / 요로원(야화)기 / 유영전
▶(삼방요로기 三芳要路記 → 삼방록)
▶(삼사기 三士記 → 삼사횡입황천기)
◘267.[삼사명행록 三士明行錄]
◘268.[[삼사횡입황천기 三士橫入黃泉記]] ← 낙양삼사기 / 삼사기 /『삼설기』/『전수록』
　〈출전〉『三說記』

---

151)「王慶龍傳」(일명 玉檀傳),「柳泳傳」(일명 雲英傳),「相思洞記」(일명 英英傳) 세 작품과「要路院記」를 합친 소설집이다. 이 중「유영전」의 필사기가 '大明天啓 二十一年(1641)'으로 되어 있다.

268.1.〈자료〉
Ⅰ. (영인)

「낙양삼사기」

268.1.1. 仁川大民族文化硏究所 編.『舊活字本古小說全集』, 20. 銀河出版社, 1984; (再刊) 國際아카데미, 2002. (조선서관판,『별삼설긔』)

268.2.〈연구〉
【增】Ⅲ. (학술지)

「삼사횡입황천기」

【增】

  1) 최운식. "「삼설기」의 설화적 배경과 한문단편과의 관계:「삼사횡입황천기」를 중심으로."『國際大學論文集』, 7(國際大, 1979. 4).

  2) 박일용. "「三說記」의 작가의식과 문체적 특징:「三士橫入黃泉記」와「三子願從記」를 중심으로."『人文科學』, 7(弘益大 人文科學硏究所, 1999. 12).

▶(삼산복지지 三山福地志 → 전등신화)
▶(삼생기연 三生奇緣 → 쌍렬옥소삼봉)

◈269.◈[삼생록 三生錄]
〈관계기록〉

  ① Courant, 868:「삼성유혜록 三生有惠錄」.

269.2.〈연구〉
Ⅲ. (학술지)

【增】

  1) 李昇馥. "「삼생록」의 구조적 특성."『고전문학과 교육』, 4(청관고전문학회, 2002. 6).

  2) 서신혜. "「삼생록」의 형상화 특성에 담긴 민중의 꿈."『한국언어문화』, 25(한국언어문화학회, 2004. 6).

▶(삼생유혜록 → 삼생록)

◈270.[삼선기 三仙記]【削'/ 취미삼선록 翠微三仙錄'152)】

국문활자본

| 삼션긔 (古代小說)三仙記 | 국중(3634-2-20=2)/[亞活全](3) | 1([著·發]申龜永, 以文堂, 1918. 2. 13, 90pp.)(88) |

270.2.〈연구〉
Ⅱ.(학위논문)

〈석사〉

【增】

---

152)『이본목록』 수정.

1) 황지웅. "「삼선기」 연구." 碩論(계명대 교육대학원, 2004. 2).

Ⅲ. (학술지)
270.2.9. 李尙九. "「三仙記」 硏究: 구조적 특징과 작가의식을 중심으로." 『語文論集』, 29(高麗大 國語國文學硏究會, 1990. 2).

【增】
1) 李惠淑. "「三仙記」의 諷刺性 硏究." 『論文集』, 2(彗田專門大, 1984. 6)
2) 조광. "「三仙記」에 구현된 조선후기 신흥교방의 한 양상." 『한국문학논총』, 26(한국문학회, 2000. 6).
3) 조광국. "19세기 향락상에 대한 평·천민 女性의 自意識 구현의 한 양상:「이춘풍전」·「무숙이타령」· 삼선기」를 중심으로." 『한국고전여성문학연구』, 1(한국고전여성문학회, 2000. 10).
4) 陳恩眞. "「三仙記」의 構造的 特性과 性格." 『語文硏究』, 113[30:1](韓國語文敎育硏究會, 2002. 3).
5) 조광국. "「삼선기」: 신흥 교방의 자기 합리화미화." 『한국문화와 기녀』(월인, 2004. 2).

■『삼설기 三說記』153) ← *『금수전』 / → 노섬상좌기 / 노처녀가 / 녹처사연회 / 삼사횡입황천기 / 삼자원종기 / 서초패왕기 / 오호대장기 / 황새결송 / 황주목사계자기

〈관계기록〉
① 『諺文古詩』(가람본), '언문칙목녹', 151:「슴설긔」.
② Courant, 825:「삼셜긔 三說記」, 3책.

【增】
1) 『[演慶堂]諺文冊目錄』(1920; 藏書閣所藏): 160. 『三說記』1冊.

국문경판본
【增】삼셜긔 권지삼   박순호[家目]   낙질 1(18f.)
【增】삼셜긔   성대(D07B-0054)   1(1900경)

1. 〈자료〉
Ⅰ. (영인)
3) 仁川大民族文化硏究所 編. 『舊活字本古小說全集』, 20. 銀河出版社, 1984; (再刊) 國際아카데미, 2002. (조선서관판, 『별삼설긔』)
Ⅱ. (역주)
【增】
1) 구인환. 『삼설기·화사』. 우리고전 다시 읽기 13. 신원문화사, 2003.

2. 〈연구〉

───────────────
153) 현재까지 刊記로써 알 수 있는 바로는 최초의 목판본 국문 소설. 「三士橫入黃泉記」·「五虎大將記」· 「黃州牧使記」·「西楚霸王記」·「三子願從記」·「老處女歌」·「황새決訟」·「鹿處士宴會」·「老蟾上座記」의 9개 단편이 수록되어 있다. 매책당 3편씩 묶었으므로 '삼설기'라는 표제를 붙인 것으로 생각된다.

Ⅱ. 〈학위논문〉
〈석사〉
【增】
1) 한승혜. "『삼설기』 연구." 碩論(한양대 교육대학원, 2003. 8).

Ⅲ. 〈학술지〉
12) 李昶憲. "단편소설집『삼설기』(三說記)의 판본에 대한 일 고찰."『冠嶽語文研究』, 20(서울大 國語國文學科, 1995. 12.). "단편소설집『삼설기』의 판본 변모"로『이야기문학 연구』(보고사, 2005. 4)에 재수록.

【增】
1) 손종흠. "『三說記』板本의 研究."『論文集』, 28(방송통신대, 1999. 8).
2) 박일용. "『삼설기』에 나타난 율문적 문체와 그 의미." 김병국교수화갑기념논총위원회,『장르교섭 과 고전시가』(月印, 1999. 11).
3) 이윤석. "묵계월 송서『삼설기』의 국문학적 의의."『삼설기 연구』(개마서원, 2000. 7).
4) 이윤석. "『삼설기』 성격에 대하여."『洌上古典研究』, 14(洌上古典研究會, 2001. 12).
5) 전준이. "『삼설기』의 체재와 유가 담론."『泮橋語文學會誌』, 14(泮橋語文學會, 2002. 8).
6) 신희경. "『三說記』에 나타난 異界 양상 연구."『돈암어문학』, 16(돈암어문학회, 2003. 12).

◘271.[삼성기 三聖記]
〈관계기록〉
① 金起東,『李朝時代小說論』, p. 596.

◐{삼영채진록}
〈관계기록〉
①『諺文古詩』(가람본), '언문칙목녹', 65:「슴영치진녹」.

▶(삼옥삼주기 三玉三奏記154) → 옥주호연)155)
◘272.[[삼자원종기 三子願從記]] ←『삼설기』
〈출전〉『三說記』

272.1.〈자료〉
Ⅰ. 〈영인〉
272.1.2.3. 仁川大民族文化研究所 編,『舊活字本古小說全集』, 20. 銀河出版社, 1984; (再刊) 國際 아카데미, 2002. (조선서관판,『별삼설긔』)
272.2. <연구>

---

154) 작품의 이름은 세 쌍의 남녀 주인공 이름에 각각 '옥(玉)'과 '주(珠)'자가 들어 있는 데서 연유한 것이다. 따라서 한문 표기도「三玉三珠記」라야 옳다.
155)『이본목록』수정.

Ⅲ. (학술지)
【增】
1) 박일용. "「三說記」의 작가의식과 문체적 특징:「三士橫入黃泉記」와「三子願從記」를 중심으로."『人文科學』, 7(弘益大 人文科學硏究所., 1999. 12).

◐{삼조감옥기}
〈관계기록〉
① 『諺文古詩』(가람본), '언문칙목녹', 137: 「슴됴감옥긔」.

▶(삼주기화 三珠奇話 → 옥주호연)
▶(삼출전 三出傳→ 박삼출전)
◪273.[삼쾌정 三快亭]

국문필사본		
【增】 삼쾌젼 상	미도민속관[생활사 도록](14)	1
【增】 삼쾌전초	박순호[家目]	1(39f.)
【增】 삼쾌정 권지단	박순호[家目]	1(戊子年三月十五日登書, 31f.)
【增】 삼쾌정 三快亭	박순호[家目]	1(甲子六月日, 56f.)

국문활자본		
삼쾌정 三快亭	국회[目·韓II](811.31)/대전대[이능우 寄目](1154)/정명기[尋是齋 家目]/홍윤표[家目]	1([著·發]申泰三, 世昌書舘, 1952, 52pp.)
【增】 삼쾌정 三快亭	박순호[家目]	1([發]朴彰緒, 鄕民社, 1962.10.30, 42pp.)
삼쾌정 三快亭	국중(3634-3-9=3)<재판>/박순호[家目]/영남대[目續](도남813.5)/조희웅[家目]	1([著·發]高裕相, 滙東書舘, 초판 1919.6.7; 재판 1921.12.6; 3판 1923. 1. 27; 4판 1924. 10. 30, 74pp.)

◐{삼학사전 三學士傳}
〈관계기록〉
① 『諺文古詩』(가람본), '언문칙목녹', 160: 「슴학[ㅅ]젼」.

한문판각본		
【增】 三學士傳	정명기[尋是齋 家目]	1

◪274.[삼한습유 三韓拾遺][156) ← 의열녀전 / *임열부향낭전 / *향낭전

---

156) 경북 善山 지방에서 있었던 香娘故事를 기반으로 한 작품. 전 2권. 배경 설화는 『東國文獻備考』·『嶺南樂府』·『東寶錄』·『韓山世稿』·『孚齋日記』·『一善邑誌』·『一善義烈圖』(趙龜祥作, 1703, 가람문고본) 등에 나타

〈작자〉 金紹行 (1765~1859)
〈관계기록〉

① 「三韓拾遺」(金紹行), 洪奭周 1774~1842, '書義烈女傳後': 竹溪作「香娘傳」淵泉子讀之 旣終篇慭然而不怡者 良久 有客造而問焉曰 吾聞之於竹溪之文也 心悅之有素矣 其得而讀之也 短什三歎 鋸製十反 或躍然穎悟 或渙然氷解 或腕疲於擊節 或脣濡於流沫157) 近者終霄而輟眠 遠者三月而忘味 蓋知竹溪者 以子爲伯牙之子期 不知竹溪者 以子爲闒跂之衛靈也 久矣 今竹溪之爲是傳也 出入三敎 包括百家 法語根經 實語徵史 厄言配莊 怨辭紹騷 其博也, 宛委酉陽 其詭也, 貳負抑 其闃然而造奧也 宿儒爲之心折 其犂然而近情也, 俚婦爲之口粲 一以爲左丘明·司馬子長 一以爲關漢卿·瞿宗吉 平日不悅於竹溪者 亦不能不謂之天下之奇觀也 吾意子足蹈手舞胡叫而不知顧也◉(죽계가 지은 「향낭전」을 연천자[洪奭周]가 읽기를 마치고 한참 동안 우려하며 기뻐하지 않으니, 한 객이 나아와 물었다. "내가 죽계의 글이 마음을 기쁘게 하는 바가 있다고 듣다가 그것을 얻어 보고는 짧게는 세 번 탄식하고 열 번을 뒤집힐 정도였소. 혹은 뛸 듯이 세속을 벗어나며, 혹은 훤히 얼음 녹듯 풀리고, 혹은 팔이 아프도록 맞장구를 치고 혹은 땀이 물 흐르듯하여, 가까이는 밤새도록 잠을 설치고, 멀리는 3개월 동안이나 입맛을 잃었소. 무릇 죽계를 아는 사람은 당신과 그를 백아158)와 종자기159)에 비하고, 죽계를 모르는 사람은 당신과 그를 인기160)와 위령공161)에 비한 지 오랩니다. 이제 죽계가 이 전을 지음에 유불선 삼교를 넘나들고 백가162)를 아울렀으며, 법어163)는 경전에 근본하고 실어는 역사에서 구하였으며, 치언164)은 장자[B.C. 365~290]165)를 짝할 만하고, 원사166)는 이소를 이을 만하오. 그 해박함은 『유양잡조』167)에 기대고, 그 궤기함은 이부란 신이 재주를 부리는 것과 같소. 그것이 경계를 넘어[闃然] 이치의 깊은 곳까지 나아가니[造奧] 학식 많은 선비들이 그에게 마음으로 굽힐 것이고, 또 놀라울 정도로[犂然] 인정에 가까우니 민간의 부녀들이 이를 보고 좋아할 것[口粲]이라. 한편으로는 좌구명168)과 사마자장169)이라 여길 것이고, 또 한편으로는

난다. 表題는 「삼한습유」이지만 內題는 「義烈女傳」, 「香娘傳」으로 되어 있다. 洪奭周·洪吉周·洪顯周·金邁淳·無怠居士의 跋이 있다. 조선조 숙종 때 경북 선산 지방에서 있었던 寃死事件을 소재로 한 것인데, 원래의 '향낭전승'은 향낭이 연못에 투신 자살하는 것으로 끝나지만, 「삼한습유」는 향낭의 사후의 환생을 통해 효력과 결부시키고, 시간적으로도 삼국 시대로 끌어올린 위에 역사상의 인물들도 등장시켜, 웅장한 스케일의 장편물로 엮어 놓았다.

157) 임명덕본에 의한다.
158) 중국 춘추 시대 사람. 일찍이 成連에게 거문고를 배워 거문고를 잘 탔다. 鍾子期와 친히 지내다가, 그가 죽은 후로는 자신의 거문고 소리를 알아주는 사람이 없다고 하고 다시는 거문고를 타지 않았다.
159) 춘추 시대 楚나라 사람으로, 백아가 거문고를 잘 타고, 그는 그 소리를 잘 알아들었다는 일로 유명하다.
160) 꼽추(莊子, 『德充符』, '闒跂支離無脈說衛靈公').
161) 춘추 시대 衛나라의 임금. 재위 42년. 『논어』에는 篇名으로 되어 있다.
162) 여러 학자들의 저서.
163) 法言. 바른 도리로 法度가 되게 하는 말.
164) 巧言. 임시방편으로 그때그때 남에게 듣기 좋도록 하는 말.
165) 중국 전국 시대 宋나라의 사상가로 道家의 창시자. 이름은 周. 『莊子』를 지었다.
166) 원망하는 말.
167) 중국 당나라 때 段成式(?~863)이 지은 것으로, 신비한 藏物이나 기이한 일 및 신선, 부처, 귀신 및 산천의 기이한 경물에 대해 서술한 책. 총 20권에 속집 10권이 있다.
168) 중국 周代 魯나라의 太史. 공자의 제자. 당시 공자의 제자들이 『春秋』를 講하는데 그 참뜻을 모르고

관한경[a. 1220~a. 1300]과 구종길[瞿祐 1341~1427][170])이라 여길 것이오. 평일에 죽계를 좋아하지 않던 사람들도 역시 천하의 기이한 볼거리라 이르지 않을 수 없을 터인즉, 나는 그대가 발을 구르고 어깨춤을 추며 크게 소리쳐 스스로 돌아봄을 알지 못할 줄로 생각했소).

② 同上, 洪吉周, '義烈女傳序': 余少常讀詩書以下'左丘'・'莊周'・'屈原'・'荀卿'・'司馬遷'・'相如'諸作者言 蓋欲編做之而未能焉 …… 天之降才 無古今異 何數子之後 無復有數子之文乎 疑不決殆數十年 及得竹溪子所作「三韓義烈女傳」而讀之然後 始矍然悟恨 昔日所見之未至也 其書凡三卷 盖托新羅女香娘死烈事而演之 雜而神怪吊詭語 特一部傳奇逃異之文耳 然其學則天地日月星辰之度 性命理氣之蹟 禮樂兵戎忠義孝烈之盛 人物鬼仙釋妖魔之情 靡不搜 其事則堯舜三代以來 帝王・后妃・聖哲・賢能・忠臣・貞女・智士・猛將之績 靡不輯 其文則 六經三史 百家之言 與夫詩騷詞曲 委巷鄙俚之諺 俳優謔素之談 而靡不苞 夫以數卷之篋 述一女子之事 而其所網羅也如此 信天下之奇才也 雖然余之所以喜是書 又不在是耳 誠喜余十數年不決之疑 一朝駁然而剖也 其說曰 使左丘而生楚懷之世 離憂妨逐而作賦 則其文必如離騷 使莊周而生漢武之時 掌金匱石室之策而逃史 則其文必如『史記』餘數子咸然 又使數子而生齊梁隋唐之間 作駢驪對隅 則必如王勃庾信 使之生開元大曆之際 作樂府古詩律絶 則必如李白杜甫 使之生興元貞元之時 奏義論事 則必陸摯 使之生唐若宋 作制詔論策碑誌序記諸文 則必如韓愈蘇軾 使之生元明之交 作小說塡詞 則必如羅貫中王實甫 使之生今之世 演香娘義烈 則必如竹溪子 使之讀香娘義烈傳而敍之 則必如余 推是以往 擧可知矣 曩余以古觀古 以今觀今 而不能互之也 以左觀左 以莊觀莊 以馬觀馬 不能通之也 以故莫之悟焉 聞余斯言而不犂然以爲知言者 不可與讀是書◐(내가 젊어서 늘 詩書 이하 좌구명・장주・굴원・순경[171])・사마천・상여[172]) 같은 여러 작자의 글을 읽고 그것을 본 따 편찬하고 싶었지만 그렇게 할 수 없었다. …… 하늘이 재주를 줌이 고금의 차이가 없는데 어찌해서 저들 이후에 다시 저와 같은 문장이 없을까 하는 의문을 가지고 있었다. 자못 십 수년 만에 죽계자가 지은「삼한의열녀전」을 얻어 읽은 후에 비로소 확연히 깨달아 지난 날의 생각이 지극지 못했음을 깨닫고 한스럽게 여겼다. 그 책은 대체로 3권으로 되어 있는데, 신라 때 여자 향낭이 열로 죽은 일에 의탁하여 꾸민 것이다. 잡되어 신괴함을 거짓말로 꾸며 만들었는데, 다만 하나의 전기 소설이요 이상한 일을 쓴 글일 뿐이다. 그러나 그 학문인즉 천지 일월 성신의 도수와, 성명 이기의 자취와, 예악・병법・충의・효열의 성함과, 인물・귀신・도가・불가・요마의 실정을 따 오지 않은 것이 없고, 사건인즉 요순 삼대 이래 제왕・후비・성철・현능・충신・정녀・지사・맹장의 사적을 모으지 않은 것이 없으며, 그 글인즉 육경・삼사・백가의 말과 무릇『시경』・『이소』・가요와 허름한 거리의 비천한 속담과 배우의 우스갯말 중 포함하지 않은 것이 없었다. 무릇 몇 권의 책으로 한 여자의 일을 써서 그 망라한 것이 이와 같으니, 참으로 천하의 기이한 재주다. 비록 그러나 내가 읽은 것을 기뻐하는 것은 여기에만 있는 것이 아니라, 십수 년 동안 해결하지 못했던 의문들을

제각각인 것을 한탄하여 널리 史書들을 참고하여 傳을 지으니, 바로 이것이『左氏春秋』[左傳]이다.
169)『史記』의 저자인 중국 前漢의 司馬遷(B.C. 135~B.C. 87). '子長'은 그의 字.
170) '종길'은 구우의 字.
171) 중국 전국 시대 趙나라 사람으로, 이름은 況인데 당시 사람들이 존경하여 '卿'이라 불렀다. 공자의 제자인 子夏의 학파에 속하는데, 맹자의 '性善說'에 대하여 '性惡說'을 주창했다. 통칭 '荀子'라고 불리운다.
172) 중국 전한 무제 시대의 문인인 司馬相如. 賦를 잘 지어「子虛賦」,「上林賦」같은 걸작을 남겼다. 당시 부호의 딸 卓文君과의 로맨스로도 유명하다.

하루 아침에 분명히 해결할 수 있게 되어서 참으로 기쁘다. 그 설에 이르기를, 좌구명으로 하여금 초나라 회왕[173]시대에 태어나 환을 만나 쫓겨나게 해서 부를 짓게 한다면, 그 글은 반드시 『이소』와 같이 될 것이고, 장주[莊子]로 하여금 한무제 때에 나서 금궤 석실의 책을 가지고 역사를 기술하게 한다면, 그 글은 반드시 『사기』와 같이 될 것이다. 나머지 몇 사람도 모두 마찬가지이다. 또 저 몇 사람으로 하여금 제·양·수·당 시대 사이에 나서 변려[174] 대우[175]를 쓴 글을 짓게 한다면 반드시 왕발[647~674][176]과 유신[513~581][177]의 문장과 같았을 것이고, 그들로 하여금 개원[713~741][178]·대력[766~779][179] 연간에 나서 악부·고시·율시·절시를 짓게 한다면 반드시 이백·두보 같았을 것이고, 흥원[784][180]·정원[785~804][181] 시대에 나게 해서 의견을 아뢰고 일을 논하라고 한다면 반드시 육지[754~805][182]와 같았을 것이고, 당송 시대에 나서 제·조·논·책·비·지·서·기 등 여러 문장을 쓰게 한다면 반드시 한유[768~824][183]·소식 [1036~1101][184] 같았을 것이고, 원·명 시대에 나게 해서 소설·전사를 짓게 한다면 반드시 나관중 [1330~1400]·왕실보[a. 1250~a. 1336] 같았을 것이고, 오늘날 태어나게 해서 향낭의 의열을 서술케 한다면 반드시 죽계자의 것과 같이 될 것이고, 그 「향낭의 열전」을 읽고 서술케 한다면 반드시 내 글과 같게 될 것이다. 옛일로 미루어 모든 것을 가히 알 수 있겠다. 예전에 나는 옛것으로 옛것만 보고 지금 것으로써 지금 것만을 보아 능히 서로 바꾸어 보지를 못했다. 좌구명을 좌구명만 으로 보고 장주를 장주만으로 보며 사마천을 사마천만으로 보아 능히 통하지 못했던 것이다. 그래서 깨닫지 못했던 것이다. 내 말을 듣고서도 확연히 지언이라 여기지 못하는 자와 더불어는 이 책을 볼 수 없을 것이다).

③ 同上, 洪顯周, '題香娘傳後': 竹溪逸士 著「三韓遺事」余讀之魔王之戰 自不覺掩卷而歎 繼之 以嗟焉 自喪茫然自失也◐(죽계일사가「삼한유사」를 지었는데, 내가 그 중 '마왕의 싸움'을

---

173) 중국 전국 시대 초나라의 왕. 秦나라가 齊나라를 치려고, 張儀를 시켜 초왕을 설득시켜 제나라와 단교하게 했으나, 후에 초나라 역시 진나라에게 격파되었다. 진나라 昭王이 초나라와 혼인 관계를 맺자, 회왕이 굴원의 만류에도 불구하고 진왕을 만나러 갔다가 억류당했다가 살해되었다.
174) 한문체의 하나. 수사하는데 對句를 많이 써서 읽는 이에게 미감을 주게 하는 것으로, 중국 六朝 때에 성행하였다.
175) 수사법상 어떤 두 개의 사물을 상대시켜 대립의 미를 나타냄.
176) 중국 당나라 때의 시인. 劍南에 가서 都督 閻伯嶼를 위해 쓴 '滕王閣의 序'와 詩가 특히 유명하다.
177) 중국 北周 때 문인. 그 글이 아름답기로 徐陵과 아울러 칭송되어, 두 사람의 문체를 '徐庾體'라 일컬을 정도다. '開府儀同三司'라는 벼슬을 지내어 세상에서는 그를 '庾開府'라 부르기도한다.
178) 唐 玄宗 때의 연호.
179) 唐 代宗 때의 연호.
180) 당나라 德宗 때의 연호. 단년으로 그쳤다.
181) 역시 당나라 덕종 때의 연호로, '흥원'에 이어 사용되었다.
182) 당나라 때의 정치가. 18세에 진사에 급제하여 한림학사에 이르렀다. 조정에서 누차 暗愚한 德宗을 간하다가 裴延齡의 무고를 입어 좌천되었다가 죽었다. 그가 조정에서 논간하는 바가 모두 凱切하여 후세의 으뜸이 되었다. 그의 奏議를 기록한 『陸宣公奏議』 24권은 후세에 『貞觀政要』와 아울러 당나라 중기의 사회 경제 연구의 필독서로 여겨졌다.
183) 당나라 때의 문인. 자는 退之 昌黎인이다. 정치적으로는 불우했으나, '唐宋八大家'의 한 사람으로 꼽힌다.
184) 중국 북송 때의 문인. 호는 東坡. 아버지 洵, 아우 轍과 더불어 '三蘇'로 불리워지며, 唐宋八大家의 한 사람이기도하다. 王安石과 대립하여 좌천됐으나, 후에 중용되어 舊法派의 대표자 중의 하나가 되었다. 그는 문장뿐 아니라 서화에도 능했다.

읽어 보고 알지 못하는 사이에 책을 덮고 탄식하고 계속하여 멍하니 자상[自喪]하여 망연자실185)하였다).

④ 同上, 金邁淳 1776~1840, '三韓義烈女傳序': 爲文之體有三 一曰簡 二曰眞 三曰正 言天則天而已 言地則地而已 是之謂簡 飛不可爲潛 黔不可爲白 是之謂眞 是者是之 非者非之 謂正 然心之微妙 待文而著 文者所以宣己而曉人也 故簡言之不足 則繫詞以暢之 眞言之不足 則仮物以况之 正言之不足 則反意以悟之 繫而暢 不嫌其俚 仮而况 不厭其奇 反而悟 不病其格非 是三者 用不達而體不能獨立矣 堯曰 湯湯洪水 放割蕩蕩 懷山襄陵 浩浩滔天 夫吞洪水一言足矣 旣曰 湯湯 又蕩蕩浩浩 則口舌之溢 而手目佐之矣 斯不亦俚乎 詩曰 雖則七襄 不成報章 睆彼牽牛 不以服箱 星辰之無與於織與駕 童孺之所知也 斯不亦奇乎 宰予欲短喪 子曰 汝安則爲之 使予也以爲信然 而遂短其喪則奈何 斯不亦激乎 然三代以前醇朴未喪 而聖人者中和之極也 故其出言而成文也 俚適於暢 而不流於鄙褻 奇足於况 而不涉於誕詭 激期於悟 而不墮於拗戾 譬之聲焉 大自雷霆 細逮蚊蠅 擧而數之 奚翅千萬 而先王作樂音 不過八律 不過十二者 取節而用其衷也 神聖徂伏 道德隱治燹 天下之變 不可勝言 而能言之士 如莊周屈原太史公[司馬遷]之徒類 皆沈淪草茅 終身困阨 悲憂感憤 壹鬱而無所發 故讀其文 往往如長歌痛哭嘻笑呵罵 苟可以鳴其志意 則鄙褻誕詭拗戾之辭 衝口而不暇節 是以其高 或亞於經 而叢稗丑淨之卑 亦得以濫觴焉 嗟呼 孰使之然也 三物之興 不行於上 四科之敎 無聞於下 搖蕩恣睢 莫之禁制 如江河之決 橫放四出 雖神禹復起亦順 其性趨之耳 終不能挽回障塞 以循其東滙北播之舊也 而拘儒曲士 啾啾焉 欲以繩墨議其後 亦見其不知量也 吾宗竹溪子 天下之奇士也 所撰「三韓義烈女傳」天下之奇文 竹溪子弱冠成文章 老白首無所遇 其爲此書 蓋欲與莊周·屈原·太史公之徒 拜驅爭先 而韓愈以下不論也 其志悲矣 惜乎 吾之學不足以輔竹溪之德 吾之力不足以擧竹溪之才 吾如竹溪何哉 惟世之讀此書者 不究乎古今文章體用之變 而鄙褻誕詭拗戾之是議焉 則吾雖不文 尙能爲竹溪辯之◯(글을 짓는 기본으로서의 체가 셋이 있으니 첫째는 간결함[簡]이요 둘째는 참됨[眞]이요 셋째는 바름[正]이다. 하늘을 말할 때 '하늘'이라고만 하고 땅을 말할 때 '땅'이라고만 하는 것을 간[簡]이라 하고, 날짐승은 물짐승이 될 수 없고 검은 것은 흰 것이 될 수 없는 것을 진[眞]이라 하고, 옳은 것은 옳다 하고 그른 것을 그르다 하는 것을 정[正]이라 한다. 그러나 마음의 미묘함은 글을 지음을 통해 겉으로 드러나니, 글이라는 것은 자기의 뜻을 펴서 남을 깨우치는 것이다. 그러므로 간결한 말로 부족하면 번다한 말로 펼치며, 참말로 부족하면 사물을 빌어 비유하며, 바른말로 부족하면 뜻을 돌이켜[反意] 깨닫게 하는 것이다. 번다하더라도 뜻이 잘 통하게 된다면 속되더라도 괜찮고, 사물에 가탁하더라도 비유가 잘 되었으면 기이함을 싫어할 것이 없으며, 반어를 쓰더라도 깨우치게 한다면 격에 맞지 않더라도 괜찮다. 이 세 가지가 아니면 용[用]이 창달되지 못하고 체[體]도 홀로 설 수 없는 것이다. 요임금이 말하기를, "넘실거리는 홍수가 바야흐로 갈라져 넓고 넓어 산을 품고 구릉을 올라, 넓고 넓어 하늘에 닿을 듯하다." 하였으니, "아, 저 홍수"라는 한 마디 말이면 족할 것이어늘, 이미 '넘실거린다'하고 또 '넓고 넓다'하니, 입과 혀로써 넘쳤는데 손과 눈으로 그것을 도우니 이 또한 천[俚]한 것이 아닌가?『시경』에 "직녀는 종일 일곱 필을 짠다지만 베와 비단[布帛]의 문채를 이루지는 못 하는구나. 저 견우186)를 보면, 수레를 멍에 메워도 끌지는

---

185) 정신을 잃고 어리둥절함.
186) 은하수 동쪽 가에 있는 독수리좌의 으뜸별의 속칭. 칠월 칠석에 은하수를 건너 직녀성을 만나러 간다는

못하는구나!"라 하였으니, 별자리가 베를 짜고 수레를 몰 수 없음은 어린이라도 아는 바이니, 이 또한 기이한 것이 아닌가? 재여[187]가 상기를 단축하려 하자 공자께서, "네가 편안하다면 그렇게 하라." 했으니, 만약 재여가 그렇게 여겨 마침내 상기를 단축하였다면 어떠했겠는가. 이 또한 지나친 것이 아닌가? 그러나 삼대 이전에는 순박함을 잃지 않았고, 성인들은 중화의 지극함이었던 고로, 말을 하면 글을 이루었다. 속되어도 창달[188]함에 적절하여 천하거나 더러운 데로 흐르지 않았고, 기이하여도 비유가 충분하여 허탄하게 되지는 않았으며, 과격함이 있어도 깨닫게 하여 지나친 데 떨어지지 않았다. 소리에 비유한다면 크게는 뇌성벽력으로부터 작게는 파리 모기 소리에 이르기까지 일일이 들어 헤아린다면 어찌 천만 가지뿐이겠는가? 그런데 선왕께서 음악을 지음에 음은 다섯에 불과하고 율[律]은 열둘에 불과한 것은 절도를 취하여 알맞게 한 것이다. 신성한 임금들이 모두 돌아가시매, 도는 사라지고 정치는 피폐[189]하여 천하의 변란을 이루 다 말할 수 없었다. 장주·굴원·사마천 같은 말에 능한 선비들이 모두 초야에서 묻혀 몸을 마치도록 곤액을 당해, 슬픈 근심과 강개한 울분이 가슴에 쌓여 있어도 펼 곳이 없었던 고로, 그들의 글을 읽으면 때때로 길게 노래하며 통곡하다가 비웃고 욕하는 것 같다. 진실로 그로써 그들의 뜻을 나타낼[鳴] 수 있다면, 비루하고 허탄하며 지나친 말이라 하더라도 입에서 튀어나옴을 절제할 수가 없었다, 이러므로 그것이 높은 경지에 이른 것은 혹 경전에 버금가기도 하지만, 총담·패설과 잡희와 같이 천하고 더러운 것도 또한 여기서 비롯되었다. 아 아! 누가 이렇게 만든 것인가? 삼물[190]의 일어남이 위에서 행해지지 않고, 사과[191]의 가르침이 아래에 알려지지 않아, 방탕하고 교만하여 막아 억제하지 못함이 마치 강하가 터져 사방으로 넘쳐 흐름과 같아, 비록 신성한 우[192]임금이 다시 나오더라도, 또한 그 성[性]에 순응하여 내려가게 할 따름이지, 마침내 막힌 것을 되돌려 동쪽과 북쪽의 옛 길로 이르게 할 수 없을 것이다. 그러나 융통성 없는 선비들이 시끄럽게 떠들면서 법도로써 그 후대를 의논하려 하니, 또한 그들의 헤아리지 못함을 보겠다. 우리 집안 사람인 죽계자는 천하의 기이한 선비요, 그가 지은 「삼한의열녀전」은 천하의 기이한 글이다. 죽계자는 어린 약관에 문장을 이루었으나 늙도록 때를 만나지 못하였다. 이 책을 지은 것은 대개 장주·굴원·사마천의 무리와 더불어 함께 달려 앞을 다투고자 함이요, 한유 이하는 논하지도 않았으니 그 뜻이 비장하다. 아아! 내[김매순]의 학문이 죽계의 덕을 돕기에 부족하고, 내 힘이 죽계의 재주를 천거하기에 부족하니, 내가 죽계에게 무엇을 하겠는가? 오직 세상에서 이 책을 읽는 이들이 고금 문장의 체·용의 변화는 궁구치 않고 비루하고 허탄하며 어그러졌다고 평가한다면, 내가 비록 글재주는 없으나 오히려 죽계를 위하여 변론할 수 있을 것이다).

⑤ 同上, 無怠居士, '義烈女傳後跋': 余少而失學 其於世俗之文 亦不能審其取舍 則況乎文章之

전설이 있다. 또 민간에서는 흔히 직녀성은 베를 짜는 여성으로, '견우성'은 소를 끄는 남성으로 상징화되어 이야기되고 있다.
187) 중국 춘추 시대 노나라 사람. 자가 '子我'이므로 宰我라고도 한다. 공자의 수제자로 언어에 뛰어났다. 제나라에 벼슬하여 대부가 되었다.
188) 자기 의견이나 주장을 거리낌없이 자유로이 표현하여 전달함.
189) 지치고 쇠약해짐.
190) 六德·六行·六藝.
191) 德行·言語·政事·文學.
192) 중국 夏王朝의 시조라고 전해지는 전설상의 인물. 요·순 시대에 대규모의 치수공사에 성공하고 순을 이어 왕이 되어 제반 제도를 마련하고 하나라를 시작하였다고 한다.

大而奇而變化無窮者哉 然而好文之心 未嘗不油然于中矣 曾聞竹溪之文 從遊十餘年 淺短之見 終未能窺其涯涘 粤在歲甲戌春 因竹溪之滯雨隣舍 余請作一部奇文 而具道香娘義烈事若干言 竹溪辭曰 傳奇之文 近於誌怪 吾不爲之矣 於是 滿座同聲力贊 而余固請不已 竹溪乃辭以不能書 余欣然秉筆而進曰 吾於文雖未工 而於筆則自謂有餘 遂欲觀其文思之敏鈍 惟以亂雜速書爲務 而常有厄窘不及之患 風揚而水湧 未嘗見暫時思索之容 而其於記事也 則說東而西譜 對南而北應 凡盈天地之間 林林叢叢者 莫不搜羅包括 至十數萬言 而意益新 思愈健 間以詞賦律詩 初不經意 信口而發 有若傳誦古書 而終不見加點 向所謂 文章之大而奇而變化無窮者 豈謂是歟 余姑擧其所見而記之 若其文辭高古 辯識之宏博 以俟知者云爾◐(내가 어렸을 때 공부를 하지 않아 세속의 문장도 그 버리고 취할 것을 살피지 못했는데, 하물며 문장의 크고 기이하고 변화무궁한 것임에랴. 그러나 글을 좋아하는 마음이 일찍이 마음에서 흐르지 않은 적이 없었다. 일찍이 죽계의 문장에 대해 듣고는 좇아서 함께 지낸 지 십여 년이 되었는데, 내 얕고 짧은 견해로는 끝내 그의 가장자리조차 엿볼 수가 없었다. 갑술년[1814] 봄에 죽계가 비로 인해 이웃에 머무르게 되었을 때, 내가 하나의 기이한 글을 지으라고 청하면서, 향낭의 의열에 관한 이야기 몇 마디를 해 주었다. 죽계는 사양하며 말하기를, "전기의 글은 지괴에 가까워서 내가 짓지 않겠다."고 하였다. 이에 그 자리에 있던 모든 사람들이 한 목소리로 힘써 거들고, 나도 굳이 청하기를 마지 않았다. 죽계는 이에 글씨를 잘 쓰지 못한다고 사양하였으나, 내가 기꺼이 붓을 잡고 나아가 말하기를, "내가 글은 비록 능하지 못하나 글씨는 좀 쓰는 편입니다."고 하고, 죽계의 문사의 민첩함과 둔함을 엿보고자 했다. 나는 어지러이 빨리 쓰기를 힘쓸 뿐이었는데도 늘 재난[厄窘]이 미치지 못하는 환[患]이 있었다. 바람이 요동쳐 물결이 용솟음치듯 그가 잠깐 멈추고 생각하는 모습을 본 적이 없건만, 그가 쓴 내용은 동쪽을 이야기하다 서쪽을 말하며, 남쪽을 대하는 듯하다가는 북쪽에 응하여, 무릇 천지 사이에 가득 차 그 총총한 것을 찾아 거두어 포괄하지 않은 것이 없어 십 수만 언에 이르렀다. 뜻은 더욱 새롭고 생각은 더욱 튼튼해져 사이사이에 사부와 율시를 끼워넣었다. 처음에는 뜻을 거치지 않고 입으로 나오는 대로 발하여 옛책을 전송하듯 하였으나 끝내 가점193)하는 곳이 없었다. 앞서 문장이 크고 기이하면서 변화 무궁하다고 한 것이 어찌 이를 이름이 아니겠는가? 나는 다만 그 본 바대로 기술했을 뿐이요, 그 문사의 높고 옛스러움과 언변과 지식의 넓음은 아는 사람을 기다릴 뿐이다).

⑥ 同上, 洪觀植, '竹溪先生香娘傳序': 昔左太冲 作「三都賦」 門墻藩溷 皆實筆札十稔而成 施耐庵[菴]作「水滸傳」 短籬風雨 彷徨搆思 經年乃就之 二者俱卓犖不羣之才 作一子虛一傳奇 費精極慮 如此之苦 含毫啜墨 如此之久 僅乃脫藁 文豈易言哉 余於髫齡 得聞竹溪先生作「香娘傳」 時侍敏書者執筆 先生初不經意 吐屬若宿搆 欬珠唾玉 迸走於霞箋雨墨之間 筆不暇應 纔一晝夜 上下十餘[萬]言 早已完璧 先生之於二子 其自視爲何如裁◐(옛날에 좌태충194)[左思 ?~306 전후]의 「삼도부」195)는 문과 담장과 울타리 측간 따위들에 글을 쓴 패가 가득한 지 10년에야 이룩하였고196), 시내암이 「수호전」을 짓는데는 짧은 붓으로 바람과 비를 일으키면서도 생각을 얽노라 해맨 지 여러 해 만에야 이룰 수 있었다. 이 둘은 모두 매우 빼어나고 예사롭지

---

193) 글이나 글자에 점을 더해 찍음.
194) '太冲'은 진나라 때 사람 左思의 字. 「齊都賦」를 지은 지 10년 만에 「삼도부」를 지었다.
195) 중국 위·진·남북조 시대 晉나라의 左思가 쓴 賦의 이름. '三都'는 蜀의 成都, 吳의 建業, 魏의 洛陽을 일컫는다.
196) 『晉書』 권92 列傳 제62 文苑의 「左思」조 참조. '構思十年 門庭藩溷 皆著筆紙 偶得一句 卽便疏之'.

않은 재주였다. 하나의 자허[197], 하나의 전기를 지을 때에도 정성을 다하고 생각을 다하는 고심 끝에, 붓 끝을 머금고 먹물을 빨며 오랜 세월을 보낸 끝에 겨우 탈고했으니, 글을 어찌 쉽게 말하겠는가? 내가 젊었을 때 죽계선생이 「향낭전」을 지을 때의 일을 들었는데, 때에 예쁘고 민첩하게 글씨를 쓰는 사람이 붓을 잡았다 한다. 선생이 처음에 별로 생각을 거치지 않고 거침없이 토해 놓으면 곧바로 틀을 이루어 마치 진주를 머금고 옥을 드리운 것 같았고, 종이와 먹의 사이에서 안개가 피어오르 듯하여 집필자가 미쳐 따라가지 못할 정도였다. 겨우 하루 낮 밤 사이에 상하 십 수만 언이 이루어지니[198] 일찍이 이보다 더 완벽한 것이 없었다고 하니, 선생을 좌사·시내암 두 사람에 견주어 볼 때 어떠한가?).

【增】

1) 「三韓義烈女傳序」(洪奭周): 客曰 吾知之矣 子之爲道也 語常而不語怪 竹溪之是傳也 其語亦太甚矣 子之不釋殆爲是歟 淵泉子曰 否否 吾夫子之刪述六經也 所言無非常者 而窮天下之變 騁天下之奇者 莫能出乎其外 繇聖人以降者則安能 是以 大厲入門邱明述焉 龍面錫符子長紀之 三閭貞士也 相下女於高丘 昌黎醇儒也 延五窮於上座 余狗儒也 不敢自放於聖人放之所不語 若天下之奇才雄辯 跡弛於繩墨之外者 吾又安敢梏其手囚其舌 而使之惟余之從哉 譬之飮食焉 黍稷之饒 蘋藻之芼 藜藿之羹 鷄豚魚腊之薦 是三代之正味也 而今之婁人亦或能具焉 猩唇豹胎龍荔……經傳之所不載 鼎俎之所不登也 然而 能具是者 必千金之子公侯貴戚之家也 吾又安敢以吾之婁而誹竹溪之貴富哉◐(객이 말했다. "나는 알겠다. 부자께서 도를 행하심에 떳떳한 것[常]을 말하고 괴이한 것은 말하지 않는다고 했는데, 죽계의 이 전은 그 말이 또한 너무 심한 것 같다. 그대가 기뻐하지 않는 것이 아마 이것 때문인가?" 연천재[洪奭周]가 말했다. "아니다. 아니다. 공자가 육경을 고쳐 쓸 때 말한 바가 떳떳치 않음이 없는데도 천하의 변화를 다하고 천하의 기이함을 부린 것이 그것을 벗어나지 않았다. 그러나 성인 이하로는 누가 그럴 수 있겠는가? 그래서 큰 여귀가 문에 들어간 것을 좌구명이 기록하였고,[199] 용면석부를 사마자장[司馬遷]이 기록하였으며, 삼려[屈原 BC. 343~290 전후]는 곧은 선비로 고구에서 하녀를 찾았고[200], 한창려[韓愈 768~824][201]는 순정한 선비로 높은 자리에 앉아서 다섯 가지의 궁핍함을

---

197) '子虛'는 漢의 司馬相如가 지은 賦의 이름. 가공의 인물인 公子虛·烏有先生·亡是公이 문답을 벌이는 내용으로 되어 있다(『史記』, 「司馬相如列傳」).
198) 김기동의 『필사본고전소설전집』, 1(亞細亞文化社, 1980), p. 297의 원본 영인에는 '上下十餘言'으로 되어 있으나, 이는 '上下十餘萬言'의 오기일 것으로 생각된다.
199) 左丘明이 지었다는 『左傳』 권10 成公 上 '十年春'조에 나오는 이야기로, '病入膏肓'이라는 고사성어의 기원을 설명해 주는 내용이다. (晉侯夢大厲 被髮及地 搏膺而踊 曰 殺余孫 不義 余得請於帝矣 壞大門及寢門 而入 公懼 入于室 又壞戶 公覺 召桑田巫 巫言如夢 公曰 何如 曰 不食新矣 公疾病 求醫于秦 秦伯使醫緩爲之 未至 公夢疾爲二竪子 曰 彼 良醫也 懼傷我 焉逃之 其一曰 居肓之上 膏之下 若我何 醫至 曰 疾不可爲也 在肓之上 膏之下 攻之不可 達之不及 藥不至焉 不可爲也 公曰 良醫也 厚爲之禮而歸之 六月丙午 晉侯欲麥 使甸人獻麥 饋人爲之 召桑田巫 示而殺之 將食 張 如厠 陷而卒 小臣有晨夢負公以登天 及日中 負晉侯出諸厠 遂以爲殉)
200) 屈原[BC 343~BC 277]의 「離騷」에 '朝吾將濟於白水兮 登閬風而緤馬 忽反顧以流涕兮 哀高丘之無女 溘吾遊此春宮兮(아침에 내가 백수를 건너려 낭풍에 올라 말을 매었지. 문득 뒤를 돌아보며 눈물을 흘리며 高丘에 여인 없음을 슬퍼하였네)'라는 시구가 있다.
201) 중국 당나라 덕종 때의 문인으로 昌黎 출신이므로 흔히 '한창려'로 호칭된다. 字는 退之. 당송 팔대가의 한 사람으로 꼽힌다.

맞아들였다.202) 나는 구차한 선비라 성인이 말하지 않은 것은 감히 하지는 못하지만, 천하의 기이한 재주와 웅변으로 승묵지외203)에 자취를 남기는 일에 내 어찌 감히 그 손을 채우고 그 혀를 묶어 오직 나를 따라서만 하도록 하겠는가? 음식에 비유하자면, 서직204)의 넉넉함과 빈조205)의 나물과 서곽206)의 국, 닭, 돼지, 물고기, 마른고기 따위를 바침은 삼대207)의 정미208)이나 오늘날의 가난한 사람도 간혹 능히 갖출 수 있다. 원숭이 혀, 표범의 태 …… 등은 경전에도 실려 있지 않고, 정조209)에도 오르지 않는 것이다. 그러나 이를 갖출 수 있는 사람은 반드시 천금을 가진 부자거나 공후나 귀족의 집일 것이다. 내 어찌 감히 내가 가난하다고 해서 죽계의 부귀를 비방하리오?").

2) 「三韓拾遺」, '誌作記'(金紹行): 迹其以殆 自負宏辯博識 而無所試其才於世 欲思一吐出胸中 之奇 乃假託於義烈女 將以駴天下表萬世 行未始有莫能成之事 戱造物傲元氣 波蕩上下 震動 今古 莫不顚倒 趨走於一女子之事 以顯其大力量大智慧 身作雲霄一羽 高出萬物之上 而風斯 在下 則乃其自爲計也 非爲義烈女而作也 而記聞之博洽 辯論之明正 辭華之繁麗 神彩之流動 體裁之縝密 用事之精功 旨意之通暢 筆力之雄强 又超出百家之上 建天地泣鬼神 而文但在玆 以其悠謬之說 荒唐之辭 眞成萬古奇觀 一部良史於三韓史紀實之外 文以事奇 事以文實 文不 朽而事不泯 宛然眞蹟 永作春娘壽後之文 使後世之說香娘者 無復然疑於誕荒靈怪 而執左契 證公案◐(그 경위를 살펴보면, 처음에는 굉장한 변론과 해박한 지식을 자부하였지만, 세상에 그 재주를 시험할 곳이 없어서 가슴 속의 기이함을 한번 쏟아보고 싶었다. 이에 의열녀에 가탁하여 천하를 놀라게 하고 만세에 드러내고자 하니, 일찍이 없었거나 이룰 수 없는 일을 행하여 조물을 희롱하고 원기를 깔보며, 상하를 어지럽게 하고 고금을 뒤흔들어 뒤집어 놓지 않음이 없었다. 한 여자의 일을 좇아 그 큰 역량과 큰 지혜를 드러내며, 몸소 하늘의 한 깃털이 되어 만물의 위로 높이 올라가서 바람이 아래로 지나가게 한즉, 이는 바로 나 자신을 위한 계획이지 의열녀를 위해 지은 것이 아니다. 기문210)의 넓음과 변론의 밝고 바름과 문장의 화려함과 신채211)의 꿈틀댐과 체재의 치밀함과 말을 씀의 교묘함과 뜻의 트임과 필력의 강함은 또한 백가보다 훨씬 뛰어나 천지를 세우고 귀신에게 대답할 만하니, 문장은 다만 여기 있을 뿐이다. 그 아득하게 잘못된 말과 황당한 문장으로 진실로 만고에 기이한 볼거리를 만들었으니, 삼한에 대한 역사 기록들보다 더 좋은 하나의 역사이다. 문장은 사건으로 기이해지고, 사건은 문장으로 실체를 얻는다. 문장이 사라지지 않으면 그 일도 사라지지 않으니 완연히 진실한 사적으로 남게 되었다. 향낭이 죽은 뒤의 사연을 글로 지은 것은 후세에 향낭의 일에 대해 말하는 사람으로 하여금

---

202) 한유가 지은 「送窮文」이라는 글의 내용. 글 속에서 한 가난한 선비가 자신에게 붙어 있는 다섯 가지의 窮鬼(智·學·文·命·交)에게 떠나 주기를 부탁하니, 궁귀들이 도리어 자신들 때문에 선비가 세상에 드러날 것이라 설득하여, 마침내 선비가 궁귀들에게 치하하며 상좌로 맞아들였다고 하고 있다.
203) 법도의 바깥.
204) 기장과 피.
205) 물 속에서 나서 물 위로 떠오르는 풀과 물 속에 잠겨서 물 밖으로 나오지 않는 풀.
206) 명아주잎과 콩잎.
207) 중국의 상고 하·은·주 세 왕조 때를 통칭한다.
208) 중심이 되는 음식.
209) 솥과 도마. 여기서는 '제사'의 뜻으로 사용한 것이다.
210) 들은 것을 글로 씀.
211) 신비한 문채.

다시는 황탄하고 괴상하다고 의심하는 일이 없도록 좌계212)를 잡아 공적인 문서를 증명하게 한 것이다).

3) 洪吉周, 『睡餘演筆』, 上(국립중앙도서관 소장): 今人文章易地皆然 余嘗於所著「三韓義烈女傳」敍中 論之矣 文人往往有以倣古爲能事者 余輒告之曰 作堯典禹貢人 生於今世 則亦只爲今世中第一流而已 今世之第一流 生於虞夏 亦必能述典謨 豈必所作逼肖典謨 然後爲能事耶 大抵 倣古逼肖者 便非至文 劉原父儀禮記 殆不可辨 歐蘇文皆不倣古 論宋熙豊間文章者 當以原父爲第一流耶 抑當以歐蘇爲第一流耶 使歐蘇生於先秦 必能作眞禮記 原父則必不能 ◐(오늘날의 문장은 경우를 바꾸어 보면 모두 그러하니, 내가 일찍이 지은 「삼한의열녀전」의 서문 중에서 논한 바 있다. 문인 중에는 종종 옛날을 모방하는 것을 능사로 여기는 사람들이 있어 내가 곧 그에게 말하기를, "요전의 우공213)을 지은 사람이 오늘날 태어난다면 이는 오늘날의 일류가 될 것이고, 오늘날의 일류가 우하214) 시대에 태어난다면 역시 반드시 전모215)를 지을 수 있을 것이니, 어찌 반드시 전모에 비슷하게 지음을 능사로 여길 것인가? 무릇 옛 것에 비슷하게 흉내내어 지은 것만이 잘된 문장은 아니다. 유원보[劉敞 1019~1068]216)의 '의례기'는 거의 말할 게 없다. 구양수[1007~1072]와 소동파[1036~1101]의 글은 모두 옛글을 모방하지 않았으나, 송나라 희풍217) 연간의 문장을 논하는 사람들이 원보를 제1류로 여겼는가? 아니면 구양수와 소동파를 제1류로 여겼는가? 구양수와 소동파가 선진 시대에 태어났다면 반드시 진짜 『예기』를 지었을 것이지만 반대로 원보는 틀림없이 그렇지 못했을 것이다).

| 한문필사본 |

三韓拾遺 義烈女傳　　서울대[一般](920.7-G425s)/[亞筆全](1)　3-2([乾]1: 62f.; [坤]2: 88f.; 3: 47f.)
三韓拾遺　　　　　　　정문연(B9C-20)　　　　　　　　　낙질 1(43f.)
【增】三韓拾遺　　　　정문연[霞城](B9C-20A)[漢少目, 英7-7] 3-2(178f.)

274.1. 〈자료〉

Ⅱ.(역주)

【增】

1) 이승수·서신혜 역주.『삼한습유』. 박이정, 2003.

274.2. 〈연구〉

【增】Ⅰ. (단행본)

1) 서신혜.『김소행의 글쓰기 방식과 삼한습유』. 박이정, 2004.

---

212) 둘로 쪼개는 병부 같은 것에서 그 한 쪽.
213) 『서경』의 편명. 중국 九洲 지리와 産物에 대해 쓴 지리서.
214) 중국 고대의 舜임금과 禹 임금, 혹은 그 시대를 말한다.
215) 『서경』의 '堯典'·'舜典'·'大禹謨'·'皐陶謨'·'益稷', 곧 2典 3謨를 일컫는다.
216) 중국 송나라 때 학자인 劉敞. '原父'는 그의 字이다.
217) 중국 송나라 신종(1068~1085) 때. '희령'은 신종 연간의 연호인 熙寧(1068~1077)과 元豊(1078~1085)의 약어.

Ⅱ. 〈학위논문〉
「삼한습유」
〈박사〉
【增】
　1) 이주희. "「삼한습유」의 서사체계 및 작가의식 연구." 博論(성신여대 대학원, 2004. 2).
〈석사〉
【增】
　1) 김지영. "「삼한습유」의 구성과 삽입시 연구." 碩論(성신여대 교육대학원, 2000. 2).

Ⅲ. 〈학술지〉
「삼한습유」
【增】
　1) 李春基. "「三韓拾遺」의 豫備的 考察."『韓國學論集』, 20(漢陽大 韓國學硏究所, 1992. 2).
　2) 李文奎. "19세기 古典小說 批評의 一樣相:「三韓拾遺」에 대한 儒學者들의 논의를 중심으로."『인문과학』, 4(서울시립대 인문과학연구소, 1997. 2).
　3) 간호윤. "「삼한습유」의 서·발에 나타난 소설비평 양상."『우리문학연구』, 12(우리문학회, 1999. 12). "「三韓拾遺」에 대한 小說批評"으로『韓國古小說 批評硏究』(景仁文化社, 2002. 4)에 재수록.
　4) 김경미. "조선 후기 한문소설의 議論的 對話 양상과 그 의미:「정생전」·「삼한습유」·「옥선몽」을 중심으로."『古小說硏究』, 8(韓國古小說學會, 1999. 12). 刊行委員會,『澤民金光淳敎授定年紀念論叢』(새문社, 2004. 11)에 재수록.
　5) 최종운. "「三韓拾遺」의 歷史軍談的 要素 受容意味 硏究."『우리말글』, 18(우리말글학회, 1999. 12).
　6) 金芝英. "「三韓拾遺」의 構成과 挿入詩 硏究."『誠信漢文學』, 6(誠信漢文學會, 2000. 6).
　7) 장효현. "「三韓拾遺」에 나타난 烈女의 形象." 명지대 인문과학연구소 편.『문학속의 여성』(월인, 2002. 3);『한국고전여성문학연구』(한국고전여성문학회, 2001. 6).『韓國古典小說史硏究』(고려대출판부, 2002. 11)에 재수록
　8) 柳炳鎰. "「三韓拾遺」의 神話의 硏究."『어문학교육』, 23(한국어문교육학회, 2001. 11).
　9) 徐信惠. "「三韓拾遺」에서의 인물 형상화 양상과 그 의미: 項羽를 중심으로"『史記』와의 대비를 통해서."『民族文化』, 25(民族文化推進會, 2002. 12).
　10) 徐信惠. "「三韓拾遺」에서 貞義女 이야기를 어떻게 볼 것인가."『한국언어문화』, 22(한국언어문화학회, 2002. 12).
　11) 徐信惠. "「三韓拾遺」의『三國史記』수용·변용 양상과 그 효과."『東方學』, 8(韓瑞大 附設 東洋古典硏究所, 2002. 12).
　12) 서신혜. "「삼한습유」이본 상고."『國際語文』, 26(國際語文學會. 2002. 12).
　13) 趙惠蘭. "「三韓拾遺」." 刊行委員會 編.『古小說硏究史』(月印, 2002. 12).
　14) 이승수. "「三韓拾遺」의 기술 방식 세 가지."『韓國 古小說과 幻想性』(韓國古小說學會, 2003. 1).『古小說硏究』, 15(한국고소설학회, 2003. 6)에 재수록.
　15) 김석회. "여성 생활과 여성 문화: 조선후기 향촌사족층 여성의 삶과 시집살이 서사:「망실안인윤씨행장」,「삼한습유」,「복선화음가」의 경우."『한국고전여성문학연구』, 6(한국고전여성문학회,

2003. 6).
16) 이주희. "「삼한십유(三韓拾遺)」의 작가의식에 관한 소고(小考): 극복성취 구조를 통해서." 『한문고전연구』, 7(한국한문고전학회, 2003. ??).
17) 김정녀. "「삼한습유」에 나타난 禮에 관한 논쟁과 그 의미."『국어국문학』, 137(국어국문학회, 2004. 9).

「향낭전」
【增】
1) 趙惠蘭. "향랑 인물고."『古小說研究』, 6(韓國古小說學會, 1998. 12).

▶(상낭전 尙娘傳 → 향낭전)218)
★[[상번군사 上番軍士]]
〈출전〉「於于野談」

●{상봉연의록}
▶(상사동기 相思洞記 → 영영전)
▶(상사동전객기 相思洞餞客記 → 영영전)
【增】▶(상사루 相思淚 → 홍도)219)
▶(상씨충효록 尙氏忠孝錄 → 상운전)
●{상왕전 商王傳}220)
【增】 국문필사본
【增】 상왕전 商王傳   성대(D07B-0074)   1(光武7[1903])

◐275.[상운전 尙雲傳] ← 상씨충효록
국문필사본

상 운 전

상운전 常雲傳   대전대[이능우 寄目](0953-0957)   낙질 5(6권 중 권 5 결, 1: 셰진뉴월일 숑교필셔; 5: 셰지계묘뉴월; 6: 셰지계묘칠월일)

●{상은삼진록}
〈관계기록〉
① Courant, 928:「샹은삼진록」.

---

218)「尙娘傳」은 李鈺의 작품이고,「香娘傳」은 趙龜祥 및 李安中의 작품이며,「林烈婦薌娘傳」은 李光庭이 지은 작품이나, 그 내용은 모두 '香娘' 고사에서 취재한 것으로서 유사하다.
219) 모든 사전에 추가.
220)『이본목록』과『작품연구 총람』에 추가.

【增】 ◐{상주봉지}

> 국문필사본

상주봉지로다 　　　　　　박순호[家目] 　　　　　1(66f.)

▶(상주유씨전 → 이춘매전)
◐{상흥기사}
〈관계기록〉

　① 『諺文古詩』(가람본), '언문칙목녹', 213: 「상흥긔亽」.

◐{새흥사}
〈관계기록〉

　① 『諺文古詩』(가람본), '언문칙목녹', 216): 「시흥亽」.

◼276.[생육신전 生六臣傳][221]

> 국문활자본

생육신전 生六臣傳　　국중(3634-2-24=5)<초판>　　1(국한자 순기, 玄秀峯 著,]著·發
　　　　　　　　　　/국중(3634-2-24=3)<재판>/　　玄丙周, 新舊書林, 초판 1929.11.
　　　　　　　　　　서울대(3350-15)/여승구/　　　10; 재판 1935.1.10, 60pp.)[103]
　　　　　　　　　　[仁活全](5)[102]

276.1.〈자료〉
Ⅰ. (영인)

　276.1.1. 仁川大民族文化硏究所 編, 『舊活字本古小說全集』, 5. 銀河出版社, 1983; (再刊) 國際아카
　　데미, 2002. (신구서림판)

◐{생화몽}
〈관계기록〉

　① 『諺文古詩』(가람본), '언문칙목녹', 204: 「싱화몽」.

▶(서경덕전 徐敬德傳 → 서화담전)
◐{서경충효록 徐卿忠孝錄}
〈관계기록〉

　① 金起東, 『李朝時代小說論』, p. 599.

---

221) 생육신인 趙旅(1420~1489)·元昊·金時習(1435~1493)·李孟傳·成聃壽(?~1456)·南孝溫(1454~1492)의 사적에 이어 부록으로 安平大君(1418~1453)·錦城大君(1426~1457)·和義君(1425~?)·漢南君(?~1457)·永豊君(1434~1457)·義安大君(?~1408)의 손자 李穣(?~1453) 등의 전이 실려 있다.

▶(서궁록 西宮錄 → 계축일기)
■『서궁일기 西宮日記』← 반정일기 / 서궁일기 상 / 서궁일기 하
2. 〈연구〉
Ⅲ. (학술지)
【增】
1) 민영대. "「癸亥反正錄」硏究:「西宮日記」와의 서술상 차이에 대하여."『論文集』, 18(韓南大, 1988. 3).

◐277.[서대주전 鼠大州傳] ← 다람의 소지 / 서대쥐전 / *서동지전 / *서씨전 / *서옥설 /『일대장관』/ *쥐전

| 국문필사본 |

서 대 주 전

| 셔딕쥐젼 셔딕쥐젼 | 임형택[莽蒼蒼齋 家目] | 1(신희팔월일목읍즁보리김창봉필, 14f.) |

277.2. 〈연구〉
Ⅱ. (학위논문)
〈석사〉
【增】
1) 전영순. "쥐 소재 만화 소설 연구:「서대주전」과「서동지전」을 중심으로." 碩論(서강대 교육대학원, 2001. 2).
2) 이정미. "「서대주전」류 소설 이본 연구." 碩論(서강대 교육대학원, 2001. 8).
3) 白鍾賢. "「鼠大州傳」과「鼠同知傳」의 비교연구." 碩論(嶺南大 敎育大學院, 2005. 2).

▶(서대쥐전 → 서대주전)
◐278.[서동지전 鼠同知傳] ← 다람의 소지 / 서씨전 / 서옥설 / 서옹전 / 서용전 / 쥐전

| 국문필사본 |

서옹전 / 서용전

| 셔용전 | 이대[古](811.31셔76) | 2(1: 셰명미계ᄒ 뇽셔; 2: 셰명미즁ᄒ 뇽셔)⁽¹¹¹⁾ |

| 국문활자본 |

| 【增】 서동지전 |
| 셔동지젼 鼠同知傳 | 국즁(3634-2-6=1)<재판> | 1(국한자 병기, 編輯 姜義永, [著·發]姜義永, 大昌書院·普及書舘, 초판 1918.9.29; 재판 1921.11.25, 51pp.) |

셔동지젼 鼠同知傳	김종철[家目]/대전대[이능우寄目](1155)/박순호[家目]<1961>/조희웅[家目]	1([著·發]申泰三, 世昌書舘, ······
셔동지젼 鼠同知傳	국중(3634-2-6=7)<초판>/[亞活全](3) 재판/국중(3634-3-54=6)<3판>	1(국한자 병기, 編輯 姜義永, [著·發]姜義永, 초판 永昌書舘·漢陽書籍業組合所, 1918.9.29; 재판 1921; 3판 永昌書舘·韓興書林, 3판 1922.11.21, 51pp.)
【削】서동지전	정병욱[李: 古硏, 287]	1(姜義永編輯, 永昌書舘·韓興書舘, 초판 1922; 3판 1924, 4판 1924, 51pp.)
【增】(고딕소설)	국중(3634-3-54=4)젼 鼠同知傳	1([著·發]高裕相, 滙東書舘, 셔동지 1925.12.25, 35pp.)

【增】 한문필사본

【增】(서옥설)

【增】鼠獄說　　임형택[荓蒼蒼齋 家目]　　(40f.)[222]

278.1. 〈자료〉

Ⅱ.(역주)

【增】「서씨전」

  1) 백순남 역·석선영 편집.『옥포동기완록(·서씨전)』. 조선고전문학선집, 49. 평양: 문학예술종합출판사, 1992; 조선고전문학선집, 33. 서울: 연문사, 2000(영인).

【增】「서옥설」

  1) 림제.『재판받는 쥐: 서옥설 被判處的老鼠』. 延邊人民出版社, 1957.

278.2. 〈연구〉

Ⅱ.(학위논문)

〈석사〉

「서동지전」

【增】

  1) 전영순. "쥐 소재 만회 소설 연구: 「시대주전」과 「시동지전」을 중심으로." 碩論(시깅대 교육대학원, 2001. 2).

  2) 白鍾賢. "「鼠大州傳」과 「鼠同知傳」의 비교연구." 碩論(嶺南大 敎育大學院, 2005. 2).

◐{서문충효록 徐門忠孝錄}

〈관계기록〉

  ① Courant, 881:「서문츙효록 徐門忠孝錄」.

  ② 金台俊,『朝鮮小說史』, p. 161.

---

[222]「愁城志」(14f.)가 합철되어 있다.

◐{서민황제전}223)
◐{서부인전}

국문필사본

【增】셔부인젼　　　　　　　　박순호[家目]　　　　　　1(37f.)

◑279.[서산대사전 西山大師傳]

국문필사본

【增】셔산듸사사명당 西山大師錄　미도민속관[생활사 도록](15)　1(昭和二[1927]年一月草
　　　　　　　　　　　　　　　　　　　　　　　　　　　　　　소화이연일월초구일임
　　　　　　　　　　　　　　　　　　　　　　　　　　　　　　질녹시초, 丙寅十二月初
　　　　　　　　　　　　　　　　　　　　　　　　　　　　　　六日님질녹시초 丁卯年
　　　　　　　　　　　　　　　　　　　　　　　　　　　　　　二月二十三日님질녹終)

국문활자본

서산대사　　　　　　　　　조희웅[家目]/[대조 2]　　　1(大造社, 1959, ……
서산대사와 사명당 西山大師와 四溟堂 국중(3634-3-2=1)<3판>　1(張道斌 著, 德興書林,
　　　　　　　　　　　　　　/방민회[家目]　　　　　　초판 1926.11.15; 재판 1927.
　　　　　　　　　　　　　　　　　　　　　　　　　　　11.30; 3판 1928.11.5, 56pp.)

279.1. 〈자료〉

Ⅰ. (영인)

279.1.1. 仁川大民族文化硏究所 編,『舊活字本古小說全集』, 21. 銀河出版社, 1984; (再刊) 國際아카데미, 2002. (영화출판사판)

◑280.[서상기 西廂記] ← 대월서상기 待月西廂記

〈관계기록〉

(한문)

① 『燕山君[在位 1494~1506]日記』十二年[1505] 四月 壬戌條: 傳曰『剪燈新話』·『剪燈餘話』·『效顰集』·「嬌紅記」·「西廂記」等 今謝恩使貿來◐(전교하기를, "『전등신화』·『전등여화』224)·『효빈집』·「교홍기」225)·「서상기」등을 이번 사은사가 사 가지고 오라."고 하였다).

② 『葵窓遺稿』(李健 1614~1662), 3,「題小說詩」, 題西廂記: 誰遣洪娘傳密約 迎風對月結深情 何人爲著西廂事 千載如今發不平◐(누가 홍낭을 보내 밀약을 전했는가? 바람 맞고 달을 마주하며 깊은 정을 맺었도다. 누가 서상의 일을 지었는가? 천년 지나 오늘까지 편찮은 마음 생기도다).

③ 『燕巖集』(朴趾源 1737~1805), 11, 熱河日記 渡江錄 關帝廟記: 有坐讀「水滸傳」者 衆人環坐聽

---

223) 「세민황제전」 곧 「당태종전」의 오기이다.
224) 중국 명나라 때 李昌祺가 『전등신화』를 모방해서 지은 것으로 총 5권 22권.
225) 명나라 초기에 劉東生이 지은 희곡 작품 이름.

之 擺頭掀鼻 傍若無人 看其讀處則火燒瓦官寺 而所誦者 乃「西廂記」也 目不知字 而口角溜滑 亦如我東巷肆中口誦「林將軍傳」讀者乍止則 兩人彈琵琶 一人響疊鉦◉(또는 앉아서「수호전」을 읽는 자가 있는데, 뭇 사람이 뺑 둘러 앉아서 듣고 있다. 머리를 흔들며 코를 치켜든 꼴이 곁에 사람이 보이지 않는 듯하다. 그 읽는 데를 본즉 곧 '화소와관사'의 대문이었다. 외는 것은 뜻밖에「서상기」다. 글자를 모르는 까막눈이건만 외기에 매끄럽게 내려간다. 이것은 꼭 우리 네거리에서「임장군전」을 외는 것 같다. 읽는 자가 잠시 멈추면 두 사람이 비파를 뜯고 한 사람은 징을 거듭 쳐 댄다).

④『靑莊舘全書』(李德懋 1741~1793),「刊本雅亭遺稿」, 7: 足下知病之祟乎 金人瑞災人也「西廂記」災書也 足下臥病 不恬心精氣 澹泊蕭閒 爲弭憂銷疾之地 而筆之所淋 眸之所燭 心之所役 無之而非金人瑞 而然猶欲延醫議藥 足下何不曉之深也 願足下筆誅人瑞 手火其書 更邀如僕者 日講『論語』然後病良已矣◉(그대는 병의 빌미를 아는가? 김인서[金聖嘆]는 재앙을 가져오는 사람이며,「서상기」는 재앙을 일으키는 책일세. 그대는 병석에 누워 마음을 안정시켜 담박226)하고 조용히 있으면서 걱정과 병을 막아 내는 처지인데도, 붓으로 쓰고 눈으로 살피고 마음을 씀에 그 어느 것이나 김인서가 아닌 것이 없으면서, 도리어 의원을 맞아 약을 의논하려 한다니, 그대가 깨닫지 못함이 어찌 그리 심한가? 바라건대 그대는 인서를 붓으로 성토하여 죽이고 손수 그 책을 불살라 버린 다음에 다시 나와 같은 사람을 만나 매일같이『논어』를 강독하여야 병이 나을 것이네).

⑤『金陵居士集』(南公轍 1760~1840), 10, '與李元履顯綏書: 荷齋終日抱牘治簿領 如足下手裏把「西廂記」一卷 婆娑石竹花下想來 若神仙中人矣◉(나는 관청[荷齋]에서 종일토록 서철과 장부[簿領]에 매어 있는데, 그대는 손 안에「서상기」한 권을 들고 석죽화 아래 편안히 쉬고 있을 것[婆娑227)]을 생각하니 마치 신선같이 여겨진다네).

⑥ 同上, 13,「崔七七傳」: 李佃言 七七[崔北]好讀「西廂記」·「水滸傳」諸書 爲詩亦奇古可諷 而秘不出云◉(이전이 말하기를 최칠칠은「서상기」와「수호전」등의 책 읽기를 좋아하여 그의 시 역시 기이하고 고아228)하며 가풍했으나 숨기고 드러내지 않았다고 한다).

⑦『中國歷史繪模本』(完山[映嬪]李氏, 1762), no. 54:「西廂記」.

⑧『秋齋集』(趙秀三 1762~1849), '與蓮卿': 序記題跋書牘純用稗官語 無經史氣味 …… 故每於記事處引斷「水滸」句讀 論議處循襲「西廂」評語 時遇窘迫苟且處 忽以遙遙葱嶺 遮翳人目 誠極可笑也 古文旣非傳奇 則豈聖歎卓吾之可爲者哉◉(서·기·제·발·서·독은 순전히 패관어를 사용하여 경전이나 사서의 기미가 없으며 …… 그러므로 일을 적은 곳에서는「수호지」의 구절들 끌어 논단하고「서상기」의 평어를 따라 쓰고 있다 때때로 군색하고 구차한 곳에서는 문득 층층의 산봉우리로 사람의 눈을 막는 것 같으니 진실로 가소롭다. 고문은 전기가 아니니 어찌 김성탄[1608~1661]이나 이탁오229)가 할 수 있는 것이겠는가?).

---

226) 욕심이 없고 마음이 깨끗함.
227) 편안히 쉬고 있음.
228) 예스럽고 아담한 멋이 있음.
229) 중국 명나라 때의 문인인 李贄. '탁오'는 그의 字. 禪學을 좋아하여 기행이 많았다. 오로지 釋氏[釋迦]만을 숭배하고 孔孟을 경멸하다 탄핵을 받아 만력 30년에 獄死했다.「수호지」·「서상기」등 소설 희곡의 평을 써서 金聖嘆 등의 선구가 되었다. 그가 쓴「수호전」評本은 이른바 '120회본 忠義水滸傳全書'로 현존「수호전」중에 가장 정확한 것으로 알려져 있다.

⑨ 『桐漁遺集』(李相璜 1763~1841), 詰稗: 稗者曰「西廂」國風而似者也「水滸」遷史而似者也 眞詮治心之要書也 詰曰 國風之冲融動盪 曷嘗如「西廂」之靡聲淫調 弱不自持乎 遷史之勁健 活動 曷嘗如「水滸」之(繁)音亂亂 沾沾爲媚俗之資乎 孔朱治心之書 亦未見 動引不經 曰金母 木公 如眞詮者之爲也 設如人言 使其眞能似國風遷史也 眞能似孔朱治心之書也 何今人之不 求其眞 而惟似者之是耽是讀也 適見其惑也 稗子曰 孔子曰 不有博奕者乎 惟賢乎已 學生少 者於硏文之暇 姑取稗官小品而讀之 以永今日 不有愈於博奕者乎 是不可禁也◉(패자는 말하 기를, "「서상기」는 『시경』의 '국풍'과 비슷한 것이고, 또 「수호지」는 사마천[BC 145~86]의 사기와 비슷한 것이니, 참된 깨달음을 얻고 마음을 다스리는데 중요한 책이다."라고 하였다. 이를 힐난하 여 이르기를, "'국풍'의 조화롭고 풍부함이 어찌 「서상기」가 아름다운 소리와 음란한 곡조로 스스로 지키지도 못하는 것과 같으며, 사마천의 『사기』의 굳게 활동함이 어찌 「수호지」의 번다한 말들과 어지러운 구절들로 경박하게 속인들의 기미를 맞추는 대상으로 삼는 것과 같단 말이냐? 공자와 주자의 마음을 다스리는 책은 역시 아직 보지 못했으나, 걸핏하면 불경하게 인용하여 '금모230)ㆍ목공231)'이라 한다. 가령 사람들의 말과 같다면, 진짜로 하여금 '국풍'232)이나 『사기』와 같게 할 수 있고, 진짜로 하여금 공자와 주자의 마음을 다스리는 책과 같게 할 수 있을 것이다. 어찌하여 오늘날의 사람들은 그 진짜는 구하지 않고 오직 비슷한 것을 구해 탐독하는지 알 수 없다."고 했다. 패자가 말하기를, "공자가 말하기를 바둑 두는 것이 노는 것보다 오히려 현명하다고 하시잖았는가? 젊은이들이 공부하는 틈틈이 패관 소품을 취해 읽으며 날을 보낸다면 바둑 두는 것보다 낫지 않은가? 이는 금할 수 없는 것이다."라고 하였다).

⑩ 『弘齋全書』(正祖, 在位 1776~1800), V, '日省錄', 165, 10B: 近日嗜雜書者 以「水滸傳」似『史記』 「西廂記」似『毛詩』此甚可笑 如取其似而愛之 何不直讀史記毛詩◉(근일에 잡서를 좋아하는 자들은「수호전」을 『사기』처럼 여기고, 「서상기」를 『모시』233)처럼 여기니 이는 심히 가소로운 일이다. 어찌 곧바로 『사기』와 『모시』를 읽지 않는단 말인가?).

⑪ 秋史諺解本「西廂記」, 金正喜[1786~1856] 序: 語云 百里不同俗 千里不同風 矧殊邦之隔 古今之異乎 惟我莊憲大王 制訓民正音 以通萬國不齊之言 猗歟 東方之羲蒼 而允助千億年文 明之治 盛矣哉「西廂記」世 所謂 才子奇書也 然科白牌詞 人爲未曉 不得其事 焉得其意 余嘗病之 廣援註諸本 刪其繁 而撮其要 乃以訓民正音及解 然後 解理條暢 一遍朗讀 座上人 無不噴噴稱奇 雖村夫賈豎 亦可聽其辭 而解其意 於是乎「西廂記」人皆知其爲絶世妙文也 客有謂余曰 非聖賢書 君子不讀 稗官哀曲 見猶不可 況譯之乎 工則工矣 其於蕩心何 余磬折 辭謝曰 唯唯 夫天有日月風雨 地有五穀草木 人有公卿農工 文有經史子集 固民生日用 不可 闕者 而若夫天之奇雲幻霧 地之名花異卉 人之逸士漫客 文之綺詞艶曲 雖無補於用 而天地間 不可少此一物也 余以西廂一書 一以作綺雲幻霧 一以作名花異卉 不亦可乎 遂相視而笑 因次 其說辨首 時白羊[辛未 1811]孟春 書于巽雲館中 梅花一樹 亭亭如玉人 如墨客相鬪發 前聖嘆 後聖嘆 同一聖嘆 鷄林後人 金正喜識◉(옛날에 이런 말이 있다. "거리가 백 리가 되는 곳이면

---

230) 西王母.
231) 仙人 東王公. 『拾遺記』에 '漢時童謠曰 著靑裙 入天門 謁金母拜木公(한나라 때의 동요에, '푸른 치마를 입고 천문으로 들어가 금모와 목공을 뵙고 절했다)'라는 것이 있다.
232) 옛날 중국에서 제후가 백성들의 노래를 모아서 천자에게 드리는 노래. 공자가 편찬했다는 『시경』에도 국풍이 포함되어 있다.
233) 『詩傳』을 漢나라 때 毛亨이 전했다고 해서 일컫는 말이다.

민속이 다르고 천 리가 되는 곳이면 풍속이 같지 않다." 하물며 나라의 격차나 예와 이제의 다름이 있을까 보냐. 우리 장헌대왕[世宗]께서 일찍이 훈민정음을 창제하여 만국의 같지 않은 언어를 통하게 하였으니, 아아, 이 어른은 실로 우리 동방의 복희[234]와 창힐[235]로서 천억 년 문명의 발전에 도움이 크셨도다. 이「서상기」는 세속에서 이른바 재자의 기서다. 그러나 과백[236]과 패사를 해득하는 이가 적어 그 말을 모르고 보니 어찌 그 뜻을 안다 이르겠는가. 내 일찍부터 이를 딱하게 여겨 널리 주석된 여러 책을 수집하여 그 번거로운 것은 잘라 내고, 중요한 것을 뽑아 정음으로써 풀이를 한 연후에 이치를 풀이 조창[237]하여 한번 낭독하면 한 자리에 앉았던 뭇 사람의 입에서 기이함을 칭찬하지 않는 이가 없었을 뿐더러, 비록 저 시골 지아비와 장사아치에 이르기까지도 그 소리를 듣자 뜻을 알지 못하는 자가 없었다. 이에 사람마다「서상기」가 절세의 묘한 문장임을 알게 되었다. 어떤 친구가 나에게 묻는 말이었다. "성현의 글이 아니라면 군자는 읽지 않는 거야. 이러한 패관의 슬픈 노래는 눈에 한번 스치는 것도 오히려 옳지 못한 일이거든 하물며 번역을 한단 말인가? 이 글이 비록 공교롭다면 공교롭지만, 마음을 음탕하게 함이 틀림없는 바 이를 어떻게 하려는고?" 나는 허리를 굽혀 사과하였다. "옳아, 그런 것이 아니야. 저 하늘에는 일월과 풍우가 있고, 땅에는 오곡과 초목이 있고, 사람에게는 공경[238]과 농공이 있으며, 글에는 경사자집[239]이 있으니, 이들은 실로 민생·일용에 없을 수 없는 것이 아닌가? 가령 저 하늘에서의 기이한 구름이나 환상적인 안개, 땅에서의 이름난 꽃이나 이상한 풀, 사람에서의 일사[逸士][240]나 만객[漫客][241], 글에서의 아름다운 말이나 염정담 등은 비록 아무런 쓸 곳이 없는 것이라 이르겠지만, 역시 천지 사이에 이 한 가지라도 없애기는 어려운 것이야. 나는 이「서상기」로써 한편으로 기이한 구름이나 환상적인 안개로 보기도 하려니와, 또 한편으로는 이름난 꽃이나 이상한 풀을 대신함이 무엇이 나쁠 것이 있겠는가." 그제서야 둘이 서로 마주보고 빙그레 웃었다. 이내 그 기이한 것을 순서로 정리하여 이 책머리에 쓴다. 때는 백양[辛未 1811] 맹춘 손운재에서 쓴다. 매화 한 그루가 정정[242]히 옥인[243]과 같아 묵향[244]과 더불어 서로 다투어 피는 듯싶었다. 앞날의 성탄이나 오늘의 성탄은 같은 하나의 성탄이었다. 계림후인 김정희 적음).

⑫『五洲衍文長箋散藁』(李圭景 1788~?), 권 7, '小說辨證說':'西廂記' 吳郡都穆南濠詩話 近㕥 北詞以「西廂記」爲首 俗傳作於關漢卿 胡侍承 眞珠船 關漢卿 官木[sic 太]醫院尹 有用之才 一寓之聲歌之末 或以爲漢卿不竟其詞 王實甫足之 予閱覽點鬼簿 乃王實甫作非漢卿也 實甫 元大都人 所編傳奇有「芙蓉亭」・「雙淚怨」等與「西廂記」凡十種 然雖「西廂」盛行於時 東人俗 傳 以此書爲聖嘆所著者誤也 聖嘆續之耳 ☯(「서상기」는 오군의 도목 남호의 시화에 의하면 근대의 북사 중에는「서상기」를 으뜸으로 삼는데, 속전하기를 관한경[a. 1220~a. 1300]이 지은

---

234) 중국 고대의 제왕으로 八卦를 처음 만들고 그물을 발명하여 漁獵의 방법을 가르쳤다고 한다.
235) 옛 중국 黃帝 때의 신하로서 새의 발자국을 보고 문자를 만들었다고 한다.
236) 연극에서의 몸짓과 대사.
237) 태평스럽고 한가스런 모습.
238) 높은 벼슬아치의 총칭.
239) 중국 서적 중에 經書·史書·諸子·文集의 네 가지 부류의 총칭.
240) 세상을 피해 숨어 사는 선비.
241) 일정한 일이 없이 이리저리 두루 다니며 노는 사람. 漫遊客.
242) 나무 같은 것이 높이 우뚝 솟아 있는 모양.
243) 옥으로 만든 인형.
244) 먹의 향기.

것이라 한다. ……[未詳]…… 그는 태의원윤245) 벼슬을 지낸 유용한 인재였다. 一寓246)의 노래 끝에 혹은 한경이 그 사를 미처 마치지 못하여 왕실보[a. 1250~a. 1336]247)가 보충했다고도 한다. 내가 『점귀부』248)를 열람해 보니 「서상기」는 왕실보가 지은 것이지 관한경이 지은 것이 아니다. 왕실보는 대도 사람으로 그가 펴낸 책으로는 「부용정」·「쌍루원」과 더불어 「서상기」 등 10여 종이 있다. 그러나 비록 「서상기」가 당시 성행했다 하더라도 우리 나라 사람들의 속전에 이 책이 김성탄의 지은 것이라 하는 것은 잘못이고, 김성탄은 이것을 잇대어 지었을 뿐이다).

⑬『智水拈筆』(洪翰周 1798~1868), '水滸傳': 大抵演義之書是皆亂世之文妖也「列國志」·「三國志演義」未知誰作 而「西遊記」則邱長春所作「西廂記」則因元微之「會眞記」演而爲之 是王實甫關漢卿兩人共作 元代詩文詞曲極盛故亦有此等文字 皆當付之焚如者也◉(무릇 연의류의 책들은 모두 난세에 이루어진 요사스런 글들이다. 「열국지」와 「삼국지연의」는 누가 지은 것인지 모르나, 「서유기」는 구장춘[邱處機]이 지은 것이고, 「서상기」는 원미지[元稹]의 「회진기」를 꾸며 만든 것인데, 왕실보와 관한경이 함께 지은 것이다. 원나라 때에는 시문과 사곡이 극도로 성하였기 때문에 이런 문자가 있게 된 것이다. 모두 응당 태워 버려야 할 것들이다).

⑭ 同上, 권 3: 正廟晩年 又敎曰 南公轍萎靡不振之文 沈象奎戞戞難解之辭 李相璜嘄殺尖新之語 皆今日文體之變 是責敎也 金陵學歐文不及 故綿弱而無力 斗室尙奇才反爲病 桐漁主小說酷好「西廂記」 常曰 凡有字之書 見時雖好 掩卷則已 惟「西廂」一書見好時 掩卷愈味 想像肯綮 不覺其黯然魂銷 此韓柳歐蘇不能爲 左國班馬不能爲 二典三謨亦不能爲 雖對飯如厠 手不停披 豈非惑之甚而嗜之癖乎 宜正祖之有是敎也◉(정조 말년에 또 하교하여 말하기를, "남공철[1760~1840]의 위미249)하여 부진한 문장과 심상규[1765~1838]의 알알250)하여 난해한 문장, 그리고 이상황[1763~1841]의 초쇄251)하여 매우 새로운 문장은 모두 오늘날의 문체의 변이다." 이는 문책성의 하교252)였다. 금릉[남공철]은 구양수[1007~1072]의 문장을 공부하였으나 미치지 못해서 나약하고 힘이 없고, 두실[심상규]은 기이한 재주를 숭상해서 오히려 병이 되었으며, 동에[이상황]는 소설을 주로 하였는데 「서상기」를 매우 좋아하였다. 언제나 말하기를, "무릇 글자가 쓰여 있는 책은 볼 때는 좋지만 책을 덮고 나면 그만이다. 오직 「서상기」만은 한번 볼 때도 좋지만 책을 덮어도 더욱 맛이 난다. 상상한 것이 매우 그럴 듯해서 깨닫지 못하는 사이에 혼이 녹는 것 같다. 이는 한유·유종원·구양수·소식 등의 문장가들도 할 수 없고, 좌구명·국어253)·반고[A.D. 32~92]·사마천[B.C. 145~86] 같은 역사도 할 수 없고, 이전·삼모254) 같은 경전도 할 수 없다. 밥을 대하나 측간에 가더라도 손으로 책을 뒤적이기를 멈추지 못하겠다."고 하였다. 이

---

245) 중국에서 의약과 치료에 관한 일을 맡아 보던 관청인 '태의원' 우두머리 벼슬.
246) 원문의 '寓'자를 '偶'로 보면 이는 곧 '어떤 배우', '한 광대'의 뜻으로 해석할 수 있겠다.
247) 중국 元나라의 희곡 작가. 본명은 王德信. 자세한 것은 알 수 없으나, 13세기 후반 雜劇이 융성하던 시기에 關漢卿·馬致遠 등과 함께 北京에서 활동했다.
248) 원명은 『錄鬼簿』(1330). 중국 원나라 때 鍾嗣成이 지은 책이름.
249) 시들고 느른해짐.
250) 아리고 쏘는 느낌이 있음.
251) 音調가 태평스럽지 못하고 매우 낮음. 噍悴.
252) 왕의 명령.
253) 중국의 고전에 하나로 21권. 左丘明이 『左氏傳』에 누락된 춘추 시대의 역사를 지은 책인데, '春秋外傳'으로도 불리운다.
254) 『尙書』의 '堯典'·'舜典'의 2전과 '大禹謨'·'皐陶謨'·'益稷'의 3모를 말한다.

어찌 빠짐이 너무 심한 것이 아니며 좋아함이 너무 병적인 것이 아니냐? 정조의 이러한 하교가 있음은 당연한 것이다).

⑮ 『松南雜識』(趙在三, 1801~1834), 桃卷, 稽古類, 「西廂記」: 『文苑查橘』中「會眞記」待月西廂下 一句 巧演而成爲山棚之戲 故鶯鶯上是也「金甁梅」・「紅樓浮夢」等 小說 不可使新學少年律己 君子讀也◐(『문원사귤』중「회진기」의 '대월서상하' 한 구절은 교묘히 연출하여 연극을 하는 때문에 …… 「금병매」나「홍루부몽」등의 소설은 새로 학문을 시작하는 소년이나 자기를 다스리려는 군자가 읽어서는 안 된다).

⑯ 『夢遊野談』(李遇駿 1801~1867), 上, 夢遊者自序: 今世之人 於「疑禮問解」・「五經辨義」・「擊蒙要訣」等文 皆不耽看 必癖於「三國志」・「水滸傳」・「西廂記」・「九雲夢」諸篇 家藏櫃置 莫不嗜玩 是其所趨 從而其所好[削'而']然也◐(지금 세상 사람들은「의례문해」・「오경변의」・「격몽요결」등 등을 모두 잘 보지 않고, 반드시「삼국지」・「수호전」・「서상기」・「구운몽」등 여러 책에만 치우쳐, 집안에 나뭇궤 속에 갈무리해 두고 애완하지 않음이 없으니, 이는 그 추세가 좋아하는 바에 따르기 때문에 그러한 것이다).

⑰ 同上, 下, '小說': 又著「西廂記」一部 卽張君瑞會崔鶯鶯之事 而寫情景處 曲盡逼切 更無可比 有題曰 普天下萬萬歲 錦繡才子醉心記 近古以文章名世者 亦多 得力於此 以爲雜書而詆之者 不過爲冬烘先生之流歟◐(또「서상기」일부를 지었는데, 이것은 장군서가 최앵앵을 만난 일로서, 정경을 묘사한 것이 곡진하고 핍절해서 다시 견줄 것이 없다. 제하여 말하기를 '드넓은 천하 만만세에 금수재자가 취한 마음으로 적노라'라고 하였다. 근고에 문장으로 세상에 문장으로 이름을 떨친 사람들 가운데에는 이런[金甁梅・水滸傳・三國志・西遊記・西廂記] 소설들을 통해 힘을 얻은 자가 많기 때문에, 이들을 잡서라고 비난하는 자들은 시골 촌구석의 동홍선생255)의 무리에 불과할 뿐이다).

⑱ 『林下筆記』(李裕元 1814~1888), 권27, 春明逸史 3, '喜看稗說': 李屐翁晚秀 平生不知稗說爲何書 一日有人贈金聖歎所批「西廂記」・「水滸傳」兩種 公一覽大驚曰 不圖此書 能具文字之變幻也 由是大變文體 桐漁李公 平日手不釋者 卽稗說也 毋論某種 好閱新本 時帶譯院都相 象譯之赴燕者 爭相購納 積至屢千卷 鄭經山好書 而余四十年 未見案頭有聞書 諸公之趣味各殊也◐(극옹 이만수[1752~1820]는 평생 패설서가 어떤 책인지 모르더니 하루는 어떤 이가 김성탄[1608~1661]이 비평한「서상기」・「수호전」두 종을 주어 공이 한번 읽어본 후 크게 놀라 말하였다. "이 책은 문자의 변환을 꾀한 것은 아니지만 이로부터 문체가 크게 변할 것이다." 이로부터 문체가 크게 변하였다. 동어 이상황[1763~1841]은 평소에 손에서 소설류의 책들을 놓지 못하여 새 책이라면 종류를 가리지 않고 보기를 즐겨했다. 당시 역원 제조256)를 따라 통역으로 연경에 갔던 자가 다투어 소설책을 구입해 들여 그 쌓인 것이 수천 권에 이르렀다. 정경산[鄭元容 1783~1873]도 책을 좋아했으나, 40여 년에 이르도록 소문으로 들었던 그런 책이 책상머리에 있음을 본 적이 없다. 이처럼 여러 사람들의 취미가 각기 다른 것이다).

⑲ 「廣寒樓記」[1845?](水山), 小广主人 後敍: 余讀「西廂記」以爲天下後世 更無如此才子矣 更無如此佳人矣 更無如此奇文矣 近又讀水山「廣寒樓記」竊喜天下後世 所無之奇文 得之於今日

---

255) 생각이 우활하고 한 가지에 구속되어 세상 일에 밝지 못한 사람을 가리키는 말.
256) 각 司 또는 각 廳의 관제상의 우두머리가 아닌 사람이 그 관아의 일을 다스리게 하는 벼슬로서, 종1품 또는 2품의 品秩을 가진 사람이 되는 경우를 일컫는다.

而其書之所載之人之事 又皆天下後世所無之佳人才子也 方與二三君子 亟加評訂 圖所以廣其傳也 或有難之者曰 子欲以「廣寒樓記」一偏 師爭「西廂」已成之切 多見其未可也 余笑而應曰 豈有是也 古今之人 孰不著書 若「三國誌」·「水滸傳」並行於一世 而各有長短 是在後人取捨之如何耳 豈耐菴之爭功於陳壽也哉 抑又論之「西廂」之爲鶯鶯易 而「廣寒樓」之爲春香難 「西廂」之張君瑞小 而「廣寒樓」之李花卿則大也 盖其以情誘之踰墻相從也 鶯鶯則往而會之 春香則坐而待 其腸斷淚枯怊悵送別一也 鶯鶯則失身於音書不絶之時 春香則保節於困苦將死之際 是則不同也 其瓊琚相投指心爲約一也 君瑞則背之 花卿則踐之 是又不同也 故「西廂」之辭 哀而促「廣寒樓」之辭 樂而緩 此又觀風者之所可辨也 然則大將旗鼓 安知不歸於「廣漢[寒]樓」而爲「西廂」者 不得不堅降幡也 若夫錦心繡口 千幻萬變 提古人之性情 煥時人之耳目 則水山與聖歎 雖謂之同可也 雖謂之不同亦可也 難之者 唯唯而退 遂書以附其尾端陽後一日 小广主人 題于石榴花下●(나는「서상기」를 읽고 천하 후세에 이와 같은 재자가 다시 없고, 이와 같은 가인이 다시 없고, 이와 같은 기이한 글이 다시 없다고 생각했다. 근래에 또한 수산의「광한루기」를 읽고, 천하 후세에 없을 기이한 글을 오늘 얻어 그 책에 실린 인물과 관련된 사건 또한 모두 천하 후세에 없을 재자가인이라는 점에 대하여 은근히 기뻐했다. 바야흐로 두세 군자와 함께 재빨리 논평과 수정을 가하여 아직 전파되지 않은 이 책을 널리 퍼뜨리고자 하였더니, 어떤 사람이 이에 대하여 비난하며 말했다. "당신은 일개「광한루기」를 가지고 이미 성공을 거둔「서상기」와 앞을 다투고자 하는데 가당치 않다." 내가 웃으면서 대답했다. "어찌 그런 일이 있겠는가? 옛 사람이나 요즘 사람이나 누가 책을 짓지 않았겠는가? 만약「삼국지」와「수호전」같은 것들이 한 시대에 병행하였으나 제각기 장단점이 있는 것은 후세 사람이 취하고 버림이 어떠한가에 달려 있을 따름이다. 어찌 시내암이 진수[233~297]와 공을 다투었겠는가? 또 논하건대,「서상기」에서 앵앵의 행위는 쉬우나「광한루기」에서 향낭의 행위는 어렵다.「서상기」의 장군서가 소인이라면,「광한루기」의 이화경은 대장부다. 대체로 정에 끌려 담을 넘어 서로 따른다는 점에서는 공통적이지만, 앵앵이 가서 만났다면, 향낭은 앉아서 기다렸다. 애간장이 끊어지고 눈물이 말라 버릴 정도로 슬프게 이별하는 점은 같지만, 앵앵은 소식이 끊어지기도 전에 절개를 잃었으나, 향낭은 곤고257)하여 죽을 지경에 이르러서도 절개를 지킨 점은 다르다. 서로 물건을 주고 받으며 마음으로 약속한 점은 같지만, 장군서는 그 약속을 저버렸고, 이화경은 약속을 실천한 점은 또한 다르다. 그러므로「서상기」의 언어는 슬프고도 매우 급하고,「광한루기」의 언어는 즐거우면서도 느긋하니, 이는 글을 볼 줄 아는 사람이라면 가려 낼 수 있는 일이다. 그러므로 대장의 기와 북이「광한루기」에게로 돌아가고,「서상기」는 어쩔 수 없이 항복의 깃발을 세우게 된다는 것을 어찌 모를 수 있겠는가? 만일 뛰어난 문장력으로 천만 가지 변화를 주면서 옛 사람들의 성정258)을 끌어다가 당대인의 이목을 띄게 한 점에서라면, 수산과 성탄은 같다고 해도 옳고, 다르다고 해도 옳은 것이다. 비난하던 사람이 수긍하고 물러갔기에 마침내 이 내용을 적어 끝에 붙인다. 단오 이튿날 소엄주인이 석류화 아래에서 쓰다).

⑳ 同上, 雲林樵客 小引: 余家雲林 自號樵客 每見花開葉落 以知春到秋來 枕石漱流 敢曰高蹈 盟鷗友鹿 聊寓閑情 四時岩屋 或値董仲舒三餘 一區硯田 所得白香山六帖 經史子集 前人之述頗詳 仙佛卜醫 後世之惑 滋甚至 夫於「水滸」·「三國」·「西遊」·「西廂」已被狗盜狐白 亦多鐵

---

257) 곤란하고 고통스러움.
258) 성질과 심정.

成金黃 可惜 廣寒樓明月 久染倡優場汗塵 小技粗效於彫蟲高節 特著於附驥 旣勞一身上腕鬼舌妖 堪作萬人間笑柄話木覇◐(나는 집이 운림259)에 있어 '초객'을 호로 삼았다. 언제나 꽃이 피고 잎이 지는 것을 보면서 봄이 오고 가을이 오는 것을 알았으며, 돌을 베개로 삼고 흐르는 물에 양치질을 하면서 감히 은거한다고 말했다. 갈매기와 짝하고 사슴을 벗하면서 한가로운 마음으로 사시 사철 암자에서 기거하니, 동중서[B.C. 179~B.C. 104]의 세 가지 여가260)와 맞먹는 경우도 있었고, 벼루를 통해 여섯 폭 짜리 백향산261) 그림을 얻는 경우도 있었다. 경사자집262)에는 선인들이 전술한 것이 매우 자세하게 들어 있는데도, 후인들은 도교·불교·점복·의학 관련 서적에 심히 현혹되었다. 그러나 저 「수호전」·「삼국지」·「서유기」·「서상기」에 이르러서는 이미 천한 기예263)의 영향을 받았으면서도 쇠가 황금으로 변한 것264)과 같은 곳 또한 많았다. 광한루의 밝은 달이 오래도록 광대들의 마당에서 더러운 먼지에 오염된 것을 안타까워한 나머지 보잘것없는 기예로 하찮은 재주를 부리면서 자그마한 능력265)을 사용하여 높은 절개를 특별히 드러내고자 했다. 이 한 몸이 귀신과 도깨비 같은 팔과 혀를 놀렸으니 모든 사람들의 웃음거리와 시비거리가 될지도 모를 일이다).

㉑ 同上, 第二回 回評:「廣寒樓」之文與「西廂記」之文 有三同而二異「西廂」之文 如雨灑巫峽「廣寒樓」之文 如月映湘江「西廂」之文 以文行情 文過於情「廣寒樓」之文 以情行文 情勝於文 所以異者二也 其所以同者 則「西廂」之文奇 而「廣寒樓」之文亦奇「西廂」之文情 而「廣寒樓」之文亦情「西廂」之文華麗「廣寒樓」之文亦華麗 此三同也 然而讀「西廂」之文 難而易何也 鶯鶯之心隱而露 讀「廣寒樓」之文 易而難何也 春香之心露而隱 能知如何是難如何是易如何是露 可謂善讀「廣寒樓記」而不負水山之苦心也◐「광한루기」의 문장과「서상기」의 문장에는 세 가지 같은 점과 두 가지 다른 점이 있다.「서상기」의 문장은 비가 무협266)에 뿌려지는 것과 같고,「광한루기」의 문장은 달이 상강267)에 비치는 것과 같다.「서상기」의 문장은 글로써 정을 나타내어 글이 정보다 지나치고,「광한루기」의 문장은 정으로써 글을 나타내어 정이 글보다 나으니, 다른 점이 두 가지다. 이들 두 작품이 같은 바는,「서상기」의 문장이 기이한데「광한루기」의 문장 또한 기이하고,「서상기」의 문장이 정교한데「광한루기」의 문장 또한 정교하고,「서상기」의 문장이 아름다운데「광한루기」의 문장 또한 아름답다는 것이다. 이것이 세 가지 같은 점이다.

---

259) 구름 낀 숲.
260) 동중서는 漢나라 武帝에게 건의하여 유교를 국교로 정한 학자. 세 가지 여가는 겨울·밤·흐리고 비 오는 때를 가리키는데[冬·夜·雨], 이때가 바로 학문을 하기에 가장 좋다는 것이다.
261) 白居易[白樂天]. 그가 香山 중 如滿과 香火社를 조직하고 스스로 '香山居士'라 했다. '여섯 폭 짜리 그림'이란 그가 지은 『白氏六帖事類集』을 가리킨 것이다.
262) 중국 서적 중에 經書·史書·諸子·文集의 네 가지 부류의 총칭.
263) 재주와 솜씨.
264) 원문의 '鐵成金黃'을 번역한 것으로, '點鐵成金'과 같은 말. '점철성금'은 古人의 진부한 시구를 가지고서 발전적인 새로운 뜻을 지어내는 것 즉 기존의 것을 바탕으로 하여 더욱 나은 수준으로 나아간 것을 일컫는 말.
265) '자그마한 능력'은 원문의 '附驥'를 의역한 것이다. '부기'란 파리가 駿馬에 붙어 천 리를 갈 수 있는 것처럼 後進이 선배의 덕택으로 입신양명함을 일컫는다.
266) 중국 四川省 巫山縣 동쪽에 있는 골짜기의 이름. 골짜기가 험하기로 유명하여 西陵峽·瞿唐峽과 아울러 '三峽'으로 불리운다.
267) 중국 호남성에 있는 강. 광동성 桂林 부근에서 발원하여 북으로 흘러 호남성에 들어가 衡州·湘潭·長沙 등의 옆을 지나 洞庭湖에 이른다.

그러나 「서상기」의 글을 읽으면 어려운 듯하면서도 쉬우니 무슨 까닭인가? 앵앵의 마음이 숨은 듯하면서도 드러나 있기 때문이다).

㉒ 「漢唐遺事」[1852?](朴泰錫): 自有書契以來 稗說之家多矣 如「三國」·「列國」·「東·西漢演義」·「西廂」·「西遊」·「水滸」等書 或附會事跡 或述記寓言 使覽之者欣然忘食 聞之者怡然解頤 於斯時也 擧天下之物 似不足以喩其樂也 此等書例多荒誕 醇儒莊士之所不道 況其下此者乎◐(〔글자(書契)〕가 생긴 이래로 패설가들이 많으니, 「삼국지연의」·「열국지」·「동·서한연의」·「서상기」·「서유기」·「수호전」 등의 책과 같은 것이다. 혹은 사적을 부회268)하고, 혹은 우언을 써서 보는 사람으로 하여금 재미있어서 먹는 것을 잊게 하고, 듣는 사람으로 하여금 즐거워서 웃음이 나오게 한다. 이럴 때에는 천하의 물건을 들어도 그 즐거움을 비유하기에 부족하다. 이런 책들은 매우 터무니없는 것이고, 순수한 선비라면 입에 올릴 바가 못 되는데, 하물며 이보다 못한 책들이야 말해 무엇하겠는가?).

㉓ 「디월셔상긔」(唯一書舘版), '留贈後人': 夫世間之一物이 其力必能至於後世者則必書也ㅣ오 夫世間之書ㅣ 其力必能至於後世而至今猶未能而知之者則 必書中之「西廂記」ㅣ로다 夫世間之書ㅣ 其力必能至於後世而世至今猶未能以知之而我ㅣ 適能盡智竭力ᄒᆞ야 絲毫可以得當於其間者則 必我今日所批之「西廂記」ㅣ로니 無已贈之라 故로 不得已出於斯也ㅣ로라 我眞不知作「西廂記」者之初心이 其果如是런지 其果不如是런지 設其果如是인딘 謂之今日에 始見「西廂記」라도 可ᄒᆞ고 設其果不如是인딘 謂之前日에 久見「西廂記」라가 今日에 又別見聖歎에 所批「西廂記」라도 可ᄒᆞ니 總之ᄒᆞ면 我ㅣ 自欲與後人으로 少作周旋이지 我實何曾爲彼古人ᄒᆞ야 致其矻矻之力也哉아◐(무릇 세상의 어떤 물건으로서 그 힘이 능히 후세에까지 미치는 것은 반드시 책일 것이오, 무릇 세상의 책으로서 그 힘이 후세에까지 미치나 지금에 이르러서도 오히려 이를 알지 못하는 것은 책 중에서도 「서상기」일 것이다. 대체로 세상의 책 중에서 그 힘이 반드시 후세에 미치나 지금에 이르러서도 오히려 이를 알지 못하는데, 내가 마침 지혜와 힘을 다하여 조금이라도 그 사이에 마땅함을 얻을 수 있는 것은 내가 오늘 비평한 「서상기」일 것이다. 내 줄 것이 없어서 마지 못하여 이에 나아간 것이다. 나는 참으로 「서상기」를 처음 지은 사람의 처음 먹었던 마음이 과연 그런지 그렇지 않은지는 모른다. 과연 그렇다면 오늘 비로소 「서상기」를 처음 본다 해도 괜찮고, 그렇지 않다면 전에 오래 동안 「서상기」를 보았고 오늘 또 오늘 별로이 김성탄이 비평한 「서상기」를 보아도 괜찮으니, 도무지 내 스스로 후인들과 더불어 조금 주선하고자 할 따름이지, 실로 어찌 일찍이 저 옛 사람을 위하여 애써[矻矻]269) 힘을 다했겠는가?).

㉔ 「壬辰錄」(韓國精神文化硏究院 所藏), 序: 竹史主人 頗好集史 「水滸」·「漢演」·「三國志」·「西廂記」 無不味翫 而以至諺冊中 有可觀文則 雖閨門之秘 而不借者 因緣貫來 然會一通然後以爲快心 肇錫竹下之史號因其宜矣◐(죽사주인이 집사류의 책을 좋아하여 「수호지」·「한연의」·「삼국지」·「서상기」 따위를 완미하지 않은 것이 없다. 그리하여 국문으로 된 책 가운데에도 보암직한 것이 있으면 비록 규방에 숨겨져 있어 빌릴 수 없는 것이라도 인연에 의해 빌려다 한번 읽은 후에야 만족했다. 이로 보아 '죽하지사'라는 호는 마땅하다고 하겠다).

㉕ 「추풍감별곡」(세창서관판): 「서샹긔」에는 홍낭이가 앵샹을 위ᄒᆞ야 죠흔 언약을 밋게 ᄒᆞ얏시니

---

268) 말이나 이론을 억지로 끌다 붙임.
269) 힘 쓰는 모양.

너는 홍낭에 본을 바다 쇼쳐와 한 번 대면케ᄒᆞ야 주면 이 은혜를 후히 갑플 것이니.
㉖ 『懸吐天君演義 附心史』, 張志淵, 序: 夫傳奇小說者는 譬之與鄭衛之淫聲과 尤物之妖冶ᄒᆞ야 其放蕩之調와 粉澤之艶이 足以悅人之心 而暢人之情 故所以「西廂記」·「紅樓夢」之屬이 爲世間男女之所歡迎者ㅣ 久矣라 古今文人才子美人浪客之消閒遣興之際에 往往取此種傳奇俳諧之說ᄒᆞ야 以愉快一時之壹鬱ᄒᆞ나니 此ㅣ 齊諧稗乘之所以列于官者也라.☯(무릇 전기 소설은 『시경』의 정위의 음란한 소리와 비교해 볼 때, 보다 더 사물의 요사스러움을 북돋우어, 그 방탕스런 격조와 치장의 아름다움이 족히 사람의 마음을 기쁘게 하여 사람의 정을 창달270)시킴으로, 「서상기」나 「홍루몽」 따위가 세상 남녀들에게 환영을 받은 지 오래되었다. 고금의 문인·재자·미인·낭객들이 한가함을 물리치고 흥을 붙이려 할 때 종종 이런 전기나 해학의 이야기들을 취하여 한때의 울적함을 유쾌하게 만드니, 이것이 제해271)나 패승272)이 사서에 끼게 된 까닭이다).
㉗ 「康翎탈춤」(任晳宰 探錄), 第十科程: 風流郎 張君瑞넌 일곱 줄 거문고로 최앵앵이럴 얼려 있고 六環大師의 弟子 性眞이넌 야들 개 구실로 石橋上에 八仙女럴 얼려 있으나 나넌 거문고도 없고 글도 없고 구실도 없고 허니 오독독이 춤으로나 얼려 보자.

【增】
1) 『字學歲月』[1744](尹德熙 1685~1766):「西廂記」.
2) 『私集』(尹德熙 1685~1766), 4,「小說經覽者」[1762]:「西廂記」.
3) 『孝田散稿』(沈魯崇 1762~1837), 山海筆戱(辛酉錄): 文章有神氣情趣 神氣在子傳 情趣在稗家 一派 稗家類「西廂記」·「金甁梅」天下之情趣文字 余嘗語如此 泰詹謂不然 蓋渠實未見而逆斥也 吾曰 使君見之者 當如諺所稱烹食佛上法堂也 與之大笑 今覽其日錄中 借見尹氏家「金甁梅」一宿便還 所論只謂如檀園俗畵 又重譏余嗜稗品 吾始謂渠見其書必知之 今見而又不知 是無異陳古董於襁褓之前耶 千里寂寂一笑 余近爲消遣 從萊府人求問此等書 不得聞在吾隣 又爲之恨然也☯(문장에는 신기의 문장과 정취273)의 문장이 있으니 신기는 자전에 있고 정취는 패가의 한 파에 있다. 패가류 가운데 「서상기」·「금병매」는 천하의 정취 문자다. 내가 일찍이 이와 같이 얘기했더니 아우 태첨[沈魯巖의 字, 1766~1811]은 그렇지 않다고 얘기하니, 대개 그가 실제 보지도 않고 미리 배척하는 것이었다. 이에 나는, "만약 네가 보기만 한다면 응당 속담에 '부처 삶아 먹으려 법당에 올라간다'는 꼴이 될 것이다."라고 말하여 함께 웃었다. 지금 태첨이 부쳐 온 일기를 보니 윤씨집의 「금병매」를 빌려 보았는데, 하루 만에 돌려줘 버리고는 논하기를, "단원[金弘道 1760~?]의 속화274) 같다."고 말하고, 또 다시 거듭 나의 패사 소품 좋아함을 비판하였다. 내가 처음 생각에 그가 그런 책을 보기만 하면 맛을 알게 될 거라고 여겼더니, 이제 보고도 그 맛을 알지 못하니, 이는 골동품을 도롱이275) 앞에다 진열하는 꼴과 다를 바 없다. 천 리 먼 곳 적적한 중에 한번 웃는다. 내가 근래 소일[消遣]하기 위해 동래 사람으로부터 이러한 책들이 있는지 물어 구하였으나 얻지 못하였다. 이제 서울의

---
270) 거침없이 쭉쭉 뻗어 자람.
271) 옛 책의 이름. 일설에는 중국 齊나라 때 있었던 해학서라고도 하고, 혹은 괴담을 잘하던 사람의 이름이라고도 한다. 후대에는 일반적으로 해학적인 서적을 일컫는 말로 쓰였다.
272) 稗史. 사관이 아닌 사람이 이야기 모양으로 꾸며 쓴 역사 기록.
273) 情調와 흥취.
274) 세속에서 취재한 그림.
275) 雨衣. 비옷.

나의 이웃에 이런 책들이 있다는 얘기를 들으니 안타깝기만 하다).

4) 同上, 6, 「言行記」, 제4칙[1792]: 文章有神氣情趣 神氣在子傳 情趣在稗家一派 稗家類「西廂記」·「金瓶梅」天下情趣文字 余嘗語如此 泰詹謂不然 蓋渠實未見而逆斥也 吾曰 使君見之者 當如諺所稱 欲烹食佛 上法堂也 與之大笑 今覽其日錄中 借見尹氏家金瓶梅 一宿便還 所論貝謂如檀園俗畵 又重譏余嗜稗品 吾始謂渠見 其書必知之 今見而又不知 是無異陳古董於襁褓之前耶 千里寂寂一笑☯(문장에는 신기의 문장과 정취의 문장이 있으니, 신기는 자전에 있고 정취는 패가의 한 파에 있다. 패가류 가운데 「서상기」·「금병매」는 천하의 정취 문자다. 내가 일찍이 이와같이 얘기했더니 아우 태첨은 그렇지 않다고 얘기하니, 대개 그가 실제 보지도 않고 미리 배척하는 것이었다. 이에 나는 "만약 네가 보기만 한다면 응당 속담에 '부처를 삶아 먹으려 법당에 올라간다'는 꼴이 될 것이다."라고 말하여 함께 웃었다. 지금 태첨이 부쳐 온 일기를 보니, 윤씨집의 「금병매」를 빌려 보았는데 하루 만에 돌려줘 버리고는, 논하기를 다만 '단원 속화 같다'고만 말하고, 또다시 거듭 나의 패품 좋아함을 비판하였다. 내가 처음 생각에 그가 그 책을 보기만 하면 맛을 알게 될 거라고 생각했더니, 이제 보고도 그 맛을 알지 못하니, 이는 골동품을 도롱이 앞에다 진열하는 꼴과 다를 바 없다. 천 리 먼 곳 적적한 중에 한번 웃는다).

5) 同上, 22, 自著紀年: 時喜讀作家文 稗類小品 如四大書「西廂記」尤嗜甚 殆迷溺不返 冬夜或 盡一帙失睡 弟田輒笑之 旣而識少進 厭棄之 至今往往見其有少日中毒者 可笑亦可恨也☯(그때[18세] 작가문[唐·宋·明代 散文]과 패설류와 소품 읽기를 좋아하였는데, 사대 기서 및 「서상기」 등은 더욱 좋아하여 푹 빠져 돌아올 줄 몰랐다. 겨울 밤 어떤 때는 한 질을 다 읽느라 밤을 새기도 하였다. 제전[沈魯嚴 1766~1811][276])이 번번이 비웃었다. 뒤에 조금 식견이 나아지자 싫증이 나 팽개쳤다. 지금도 가끔 젊은 날의 중독을 생각하면 가소롭기도하고 한스럽기도 하다).

6) 『欽英』(俞晩柱 1755~1788), 1, 1775. 1. 22: 閱貫華堂[金聖嘆]書……或言「西廂」一部 是鏡花水月 鴻爪雪痕之文也☯(관화당의 책을 읽었다. ……어떤 이가 말하기를 '「서상기」는 거울 속의 꽃, 물 속의 달, 기러기의 발자국, 눈 위의 흔적 같은 글'이라고 하였다).

7) 同上, 2, 1776. 12. 30: 蓋嘗就四大奇而斷之「三國」戰爭之奇也 故其書長於機辯「水滸」 衰亂之奇也 故其書長於氣義「西廂」幽艶之奇也 故其書長於情懷「第一」炎涼之奇也 故其 書長於入情物態☯(일찍이 사대 기서에 대해 논단한 적이 있다. 「삼국지연의」는 전쟁의 기괴한 사건을 다루었으므로 그 책은 임기응변에 뛰어나다. 「수호지」는 난리 가운데 기이한 사건을 다루었으므로 그 책은 의기가 뛰어나다. 「서상기」는 염정[277])의 기이한 사건을 다루었으므로 그 책은 정서와 회포에 뛰어나다. '제1 기서'[金瓶梅]는 인정의 변화 가운데 기이한 것을 다루었으므로 그 책은 인정 물태에 뛰어나다).

8) 同上, 5, 1778. 5. 1: 昔人云 『南華』是一部怒書「函廂」是一部想書「楞嚴」是一部悟書,「離騷」 是一部哀書 此之謂四大奇書 而列「西廂」於經之列 則直以謂稗中之經矣 萬曆之士曰「水滸」原本稱古杭羅貫中撰 又有歸之施耐菴者 或施·羅合筆 如王冀[sic 實]甫·關漢卿之「西廂」是也 元人以塡詞小說爲事 當時風氣如此云☯(옛 사람이 말하기를, "『남화경』은 노기를

---

276) 저자의 아우인 沈魯嚴의 호.
277) 남녀 사이에 서로 그리워하는 정. 애정.

담은 책이요,「서상기」는 그리움을 실은 책이며,『능엄경』은 깨달음을 담은 책이요,『이소』는 슬픔을 실은 책이다."[「水滸後傳」序]라고 했으니, 이것들을 '4대 기서'라고 한다.「서상기」를 경전의 위치에 놓은 것은 바로 패서 중의 경전이라는 말이다).

 9) 同上, 5, 1778. 閏6. 3: 見「西廂記」一匣八冊(◐「서상기」 1갑 8책을 보다).
10) 同上, 6, 1778. 9. 9: 余始知「西廂」是一部內典體格 內典以偈間長行「西廂」以詞雜記文 而「西廂」讀法 與內典說經同 而其表立名號 演其意趣 又開「金瓶」諸書之淵源 內典小說 實相表裏◐(나는「서상기」가 내전체임을 비로소 알았다. 내전[278]은 긴 글 사이에 게[279]를 끼워 넣었고,「서상기」는 문장 사이에 시가를 섞어 놓았다. 그러니「서상기」독법과 내전의 설경[280]은 같다. 그리고 겉으로 제목을 내세워서 그 의미를 부연하는 것은 또「금병매」등의 여러 책의 연원이 되었으니, 내전과 소설은 실상은 표리 관계다).
11) 同上, 9, 1780. 5. 28: 書「西廂」小題◐(「서상기」의 소제를 쓰다).
12) 同上, 12, 1781. 11. 8:「西廂」久傳爲關漢公所撰 近來乃有以爲王實父者謂至郵亭分而止 又云壁雲天黃花地而止 此後乃漢公所補也 第漢公所補 商調集賢賓 及掛金索 裙染榴花 瘦損臙脂皺 紐結丁香 掩過芙蓉扣 線脫珍珠 淚濕香羅袖 楊柳眉顰 人比黃花瘦 俊語亦不減前◐(「서상기」는 오랫동안 관한공이 편찬한 것이라고 전해져 왔다. 근래에는 왕실보란 사람이 '우정에 이르러 나뉘다'까지 쓰고 그만두었다거나, 또는 '벽운천황화지'[281]까지 쓰고 그만두었는데, 그 이후는 관한공이 보충한 것이라는 설이 있게 되었다. 다만 관한공이 보충했다는 부분의 '적조 집현빈'조나 '괘금삭'조의 '裙染榴花에 瘦損臙脂皺ᄒᆞ고 紐結丁香에 掩過芙蓉扣ᄒᆞ고 線脫珍珠에 淚濕香羅袖로구나 楊柳眉顰ᄒᆞ니 人比黃花瘦로다'[282] 같은 뛰어난 어구는 앞 부분에 비해 떨어지지 않는다).
13) 同上, 14, 1782. 7. 24:「西廂」評解 有淚落如豆四字 形容絶矣◐(「서상기」 평해에 '눈물이 방울방울 떨어진다'라는 구절이 있는데, 형용이 절묘하다).
14) 同上, 18, 1784. 9. 24: 見李卓吾原評「西廂」(三冊) 下題莊生秋水篇 靖節閑情賦 當與並傳 具眼者 須不作劇本觀也 上有序一道 稱崇禎庚辰(仲秋卒之朔) 醉香主人書于快閣◐(이탁오 원평「서상기」전 3책을 보았는데, 하제한 장생[莊子]의「추수편」과 정절의「요정부」와 더불어 마땅히 함께 전해져야 할 것이다. 안목이 있는 자라면 모름지기 극본이라고 보아선 안 될 것이다. 위에는 서문이 하나 있는데, '숭정 경진년[1640년] 중추 8월 마지막 날에 취향주인이 쾌각에서 쓰다.'라고 되어 있다).
15) 同上, 18, 1784. 10. 9:「西廂」之書 古來稱佳者 以其灌前爲十之九 以灌後才十之一耳 凡事已成 則無趣◐(「서상기」는 예로부터 아름답다고 일컬어져 왔다. 물을 대기 전[283]이 10분의 9를 차지하고 물을 대고 난 후는 겨우 10분의 1을 차지하니, 무릇 일이 이미 이루어지면 흥취가 없는 것이다).

---

278) 불교의 전적. 불경.
279) 부처의 공덕이나 교리를 찬미하는 노래. 네 구로 되어 경전의 일단의 끝이나 맨 끝에 붙임. 伽陀.
280) 경전에 있는 부처의 가르침을 풀어 가르치는 일.
281) 「西廂記」(博文社, 1906), p.187: 正宮, '端正好~ 碧雲天黃花地 西風緊北雁南飛(푸른 구름 하늘과 누른 꽃땅의 셔풍이 긴ᄒᆞ니 북안이 남으로 나넌구나)'.
282) 『懸吐註解 西廂記』, 續篇(唯一書舘, 1916), p. 135 참조.
283) '일이 이루어지기 전'이란 뜻.

16) 同上, 20, 1785. 11. 13: 月極明極寒 侍議燕錦之文 文則絶等 人則絶雜 殊可惋惜也 出閱『詩本』序一序二及評題 純學「貫華西廂」而半啞不成 仍侍閱◐(달이 매우 밝고 차갑다. 아버지를 모시고 연암[朴趾源 1737~1805]·錦帶[李家煥 1742~1801]의 문장에 대해 논했다. 문장은 매우 뛰어나지만 사람됨은 매우 잡스러우니 매우 애석하다. 『시본』제1서·제2서와 평제[284]를 꺼내 보았는데, 순전히 관화당의 「서상기평해」를 배웠지만 반쯤 벙어리가 된 듯하여 제대로 이루지 못하였다).

17) 同上, 22, 1786. 7. 25: 示貫華「西廂」于凜以有新評◐(새로운 평이 있기에 관화당[김성탄 1608~1661]의 「서상기」를 늠에게 보여 주었다).

18) 『秋齋集』(趙秀三 1762~1849), 8, 「答吾生」: 來示「西廂」·「水滸」可讀云者 一何誤也 「水滸」·「西廂」乃牧兒耕奴恣意談唱者 此豈老成君子 所可掛眼者耶 有助文章之說 夫孰作俑 未知子長子美 亦資此而爲萬世詩文宗師耶 亟舍之爲善耳◐('「서상기」와 「수호지」를 가져 와서 읽을 만하다.'고 하는 것은 무엇이 잘못일까? 「수호지」와 「서상기」는 목동이나 농사를 짓는 종 같은 천인들이 제멋대로 떠들어 대는 것이니 노성[285]한 군자가 어찌 이를 볼 것인가? 누가 자장[286]과 자미[287]의 글은 알지도 못하고 허수아비를 만들어 이것에 근거하여 만세의 시문의 조종이라 하는가? 이것은 빨리 내버림이 좋을 것이다).

19) 『大畜觀書目』(19C初?): 「西廂記」 一套共六冊.

국문필사본

| 【增】西廂記 | 京都大[河合弘民] | 4(국한문 혼용, 元; 亨; 利; 貞)[288] |
| 【增】서상긔 잉잉젼 권지합부단니라 | 박순호[家目] | 1(융희사연[1910]추칠월초팔일확인ᄒ노라, 합천가외면덕츌이지동이라, 22f.) |

국문활자본

쌍문셔상긔 鮮漢雙文西廂記 /김영	[『圖書分類目錄』(1921 改正)]	1(京城書籍業組合)
【增】演譯西廂記	김영/[中韓飜文展目(2003)]	1(李晃宇著, 大山書林, 1925)
西廂記	여승구[『古書通信』, 15(1999.9)]/김영	1(【創'京'】博文社, /[中韓飜文展目(2003)]

---

284) 논평을 한 글.
285) 노련하고 성숙함.
286) 『史記』의 저자인 중국 前漢의 司馬遷(B.C. 135~B.C. 87). '子長'은 그의 字.
287) 중국 당나라 때의 시인인 杜甫(712~770). 흔히 '詩聖'으로 일컬어지며, '李白'과 아울러 '李杜'라고도 불리워진다. '子美'는 그의 字.
288) 한문 원문에 이어 국한자 혼용의 번역문이 필사되어 있다(鄭炳說, "일본 교토대학 소장 새 자료 소개," 『문헌과 해석』, 통권 28[2004. 9], pp. 225~226 참조).

(뎨륙지즈셔)디월셔상긔	국즁(3634-2-117=2)<4판>/ 서울대(3350~128)<4판> (第六才子書)待月西廂記[290]		光武十年[1906])[289] 1(국한자 병기, 快齋 朴健會 譯述, [著·發] 朴健會, 新舊書林, 초판 1913.12.1; 재판 1916. 10. 20; 4판 1923.11.10, 176pp.)
디월서상긔 諺漢文待月西廂記	김영/[中韓飜文展目(2003)]/ [『월봉산긔』(1916) 광고]		1(朴健會譯述, 朝鮮書 舘, 1913)
(뎨륙지즈셔)디월셔상긔 (第六才子書)待月西廂記[291]	국즁(3634-2-117=3)<재판>		1(국한자 병기, 快齋 朴 健會 譯述, [著·發]朴健 會, 漢城書舘, 초판 1913. 12.1; 재판 1916.10.20, 176pp.)

한문필사본

【增】 西廂記 上/下	박순호[家目]		2(上: 72f.; 下: 104f.)
【增】 西廂記	정명기[尋是齋 家目]		1
【增】 西廂記	정명기[尋是齋 家目]		1

한문현토본

懸吐註解 西廂記	국즁(3634-2-4=3)[292]/김종철 [李周映, 博論]/[李:古硏, 287] /김영/[中韓飜文展目(2003)]		1(李敬菴 註釋, 唯一書 舘, 초판 1916,재판 1919, 157pp.)[293]
懸吐註解 西廂記	[仁活全](33)/정명기[尋是齋 家目]		1([著·發]南宮楔, 朝鮮 圖書株式會社, 초판 1916. 5. 31; 3판 1922. 7. 26, 157pp.)
(션한쌍문)셔상긔 (鮮韓雙文)西廂記	고대(C14-A17)/국즁(3634-2-4=4) <재판>/서울대(3350~152)		1(국한자 병기, [著·發] 高裕相, 滙東書舘, 초 판 1914.1.17; 재판 1916. 10.30, 193pp.; 4판 1930, 167pp.)

---

289) 출판사별 가나다순 배열 원칙에 의해 순서를 바꾸었다.
290) 위와 같다.
291) 내제에는 '언한문 디월셔상긔 諺漢文待月西廂記'로 되어 있다.
292) 판권지 낙장으로 단 발행년이 미상이다.
293) 원작(권1~2)에 이어 後人이 이어 지었다는 續編이 수록되어 있다.

280.1 〈자료〉
Ⅰ. (영인)
280.1.1. 仁川大民族文化研究所 編.『舊活字本古小說全集』, 5. 銀河出版社, 1983; (再刊) 國際아카데미, 2002. (유일서관 1916년 재판,『언한문 듸월셔샹긔』)
280.1.2. 仁川大民族文化研究所 編.『舊活字本古小說全集』, 33. 銀河出版社, 1983; (再刊) 國際아카데미, 2002. (조선도서주식회사, 1922년 제3판,『懸吐 西廂記』)

【增】
1) 박재연·김영 교주.『西廂記』. 중국소설희곡번역자료총서, 24. 선문대학교 중한번역문헌연구소, 2001. (博文社,『第六才子書 聖歎外書 西廂記』[1906])

【增】◘280-1.[서시젼 西施傳]

【增】 국문활자본

| 【增】 서시젼 (絶世美人)西施傳 | 국중(3634-3-54=7) | 1([著·發]金松圭, 廣韓書林, 1929. 12.25, 41pp.) |
| 【增】 서시젼 (絶世美人)西施傳 | 국중(3634-3-54=3) | 1([著·發]高裕相, 滙東書舘, 1919, 93pp.) |

◐{서씨육렬기 徐氏六烈記}
〈관계기록〉
① Courant, 896:「서시뉵녈긔 徐氏六烈記」.

▶(서씨전 鼠氏傳 → 서동지전)
◘281.[서옥기 鼠獄記] ← *서동지전 / 서씨전 / 서옥설 / 쥐전

한문필사본
【增】 鼠獄說　　　　　　　東洋文庫(일본)(Ⅶ-3-161)[294]

281.2. 〈연구〉
Ⅲ. (학술지)
【增】
1) 장시광. "「鼠獄記」의 창작방식 연구."『東洋古典研究』, 12(東洋古典學會, 1999. 12).

▶(서옥설 鼠獄說 → 서옥기)
▶(서옹전 鼠翁傳 → 서동지전)
▶(서용전 鼠勇傳 → 서동지전)

---

294)『稗言』所載.

◐{서웅전}
◐{서원록 西轅錄}
◼282.[서유기 西遊記]

〈참고자료〉

① 「大唐三藏取經記」295) 三卷: 宋槧本 舊藏日本高山寺 今歸德富蘇峯成簣堂文庫 第一卷缺首 第二卷全缺 半葉十行 行十七字十八字不等 羅振玉『吉石菴叢書』本◐(송나라 때 판본. 전에 일본 고산사에 소장되어 있었으나 지금은 덕부소봉의 성궤당문고에 갚이 있다. 제1권의 머릿부분 및 제2권 전부 결락. 반엽 10행. 매 행 17자 내지 18자로 고르지 않다. 나진옥의 『길석암총서』본을 참고할 수 있다)[孫楷第, 『中國通俗小說書目』, p. 17].

② 「西遊記」 二十卷 一百回: 明吳承恩撰 承恩字汝忠 號射陽山人 南直隷淮安府山陽縣人 嘉靖 中 官長興縣丞 此書今所見明本 有華陽洞天主人校本及李卓吾評本二本◐(명나라 때 오승은 [1500 전후~1582]의 찬이다. 그는 자가 여충이고 호는 사양산인이며, 남직예성 회안부 산양현 사람으로 가정 연간[1522~1566]에 장흥현승 벼슬을 지냈다. 이 책의 오늘날 볼 수 있는 판본은 명나라 때 것으로 화양동천주인 교본 및 이탁오[1527~1602]296) 평본의 두 가지 본이 있다)[동상, p. 164].

〈관계기록〉

①『朴通事諺解』[1347], 下: 我兩箇部前買文書去來 買甚麽文書去 買趙太祖「飛龍記」「唐三藏西遊記」 去 買時買四書六經也好 旣讀孔聖之書 必達周公之理 要麽那一等平話「西遊記」熱鬧 悶時節 好看 有唐三藏引孫行者 到車遲國 和伯眼大仙鬪聖的 知道麽◐("우리 둘이 부 앞으로 책 사러 가자." "무슨 책을 사러 가자느냐?" "조태조[宋太祖 趙匡胤 927~976]297)의「비룡기」와 당나라 삼장법사의「서유기」를 사러 가자." "책을 사려면 사서와 육경을 사는 게 좋다. 이미 공자 같은 성인의 책을 읽었다면 반드시 주공의 도리를 알았을 것이니, 어찌 저 한 등의 평화 같은 책을 사려 하느냐?" "「서유기」는 워전즈런하니 답답한 때 보기 좋다. 당나라 삼장이 손행자 [孫悟空]를 데리고 거지국에 가 백안대선과 투성하던 이야기를 네가 아느냐?")298)

②『朴通事集覽』(崔世珍 1473~1542), 下: 三藏法師 往西域取經六百卷而來 記其往來始末 爲書 名曰「西遊記」◐(삼장법사가 서역에 가서 경문 600권을 가져 온 일에 대한 왕래 시말을 적은 것이어서 책 이름을 「서유기」라 했다).

③『朴通事集覽』(崔世珍 1473~1542), 下:「西遊記」云 釋迦牟尼佛在西天 靈山雷音寺撰成經律

---

295) 「大唐三藏取經詩話」는 이 본의 印本이다.
296) 중국 명나라 때의 사상가. 이름은 李贄, 호는 卓吾. 福建省의 回敎徒 집안에서 탄생하여 26세 때 과거에 급제하여 벼슬길에 나아갔다가 54세에 사직하고 절에 들어가 머리를 깎고 중 행세를 했다. 그는 陽明學 左派를 숭배하고 도학자나 禮敎의 위선을 罵倒했다. 박해를 받아 도망했으나 체포되어 북경 옥중에서 자살했다. 대표작으로『焚書』·『藏書』외「水滸誌」비평본 등의 저술이 많지만, 그 중에는 그의 이름을 빌린 僞書도 많다.
297) 중국 송나라 초대 황제. 後周의 禁軍 군관이 되어 무공을 세운 뒤 총사령관인 殿前都點檢에 올랐다. 世宗이 죽은 뒤 불과 7세인 恭帝가 즉위하니, 이에 불복하는 금군 장병들의 옹립으로 황제에 올라 국호를 송나라로 고쳤다.
298) 吳承恩의「西遊記」母本이 되는「西遊記平話」(古本西遊記, 現不傳)의 '車遲國鬪聖'의 내용으로, 이것은 「百回本 西遊記」의 제46회 해당한다.

論三藏金經 須送東土解度群迷 往東土尋取經人來 乃以西天去東土 十萬八千里之程 妖怪又多 諸衆不敢輕諾 唯南海落伽山 觀世音菩薩 騰雲駕往東土去 遙見長安京兆部 一道瑞氣衝天 觀音化作老僧入城 此時唐太宗聚天下僧尼 設無遮大會 因衆僧擧一高僧 爲壇主說法 卽玄裝法師也 老僧見法師曰 西天釋迦造三藏 以待取經之人 法師曰 旣有程途 須有到時西天 雖願我發大願 當往ைைை來 老僧言迄 騰空而去 帝知觀音化身 卽勅法師 往西天取經 法師奉勅行六年東還●(「서유기」에 이르기를, 석가모니가 서천299)에 계실 때 영산300)의 뇌음사에서 경률론 삼장301)의 금경302)을 짓고, 모름지기 이를 동토303)에 보내어 뭇 중생을 깨우치게 하려고, 여러 보살등에게 누가 동토에 가서 경을 가져 갈 사람을 찾아 오겠느냐고 물었다. 이에 서천과 동토 간의 거리가 십만 팔천 리나 되므로 요괴가 또한 많아 아무도 감히 선뜻 나서지를 못했다. 오직 남해 낙가산304)에 관세음보살만이 구름을 타고 동토로 갔다. 멀리 장안 경조부305)을 바라보니 한 줄기의 상서로운 기운이 하늘까지 닿고 있었으므로, 관음이 노승으로 변해 성 안으로 들어갔다. 이때 당나라 태종이 천하의 승려들을 모아 무차 대회306)를 열고 있는데, 뭇 승려들이 한 고승을 천거하여 단을 무으고 설법을 맡게 했는데 곧 현장[602?~664]307)법사였다. 노승이 법사를 보고 말하기를, "서천의 석가가 삼장을 만들고 경을 가져갈 사람을 기다리노라."라고 하니, 법사가 말하기를, "서천에 이르는 길이 아무리 멀고 시간이 오래 걸린다 하더라도, 내가 큰 원을 내어 서천에 가서 경을 취해 오기를 바랍니다."고 했다. 노승이 말을 마치자 공중으로 날아가니 태종이 그가 관음의 화신임을 알고 법사에게 서천에 가서 경을 가져 오라고 명했다. 법사가 명을 받들어 6년을 걸려 서천에 갔다가 동쪽으로 돌아왔다).

④『惺所覆瓿稿』(許筠 1569~1618), 13, 文部 10, 題跋, '西遊錄跋': 有「西遊記」云 出於宗藩 卽「玄奘取經記」而衍之者 其事盖略見於釋譜及神僧傳 在疑信之間 而今其書特仮修煉之旨 如猴王坐禪 卽煉已也 老祖宮偸丹 卽呑黍珠也 大閙天宮 卽煉念也 侍師西行 卽搬運河車也 火炎山紅孩 卽火候也 黑水通天河 卽退符候也 至西而東還 卽西虎交東龍也 一日而回西天十萬路 卽攢簇周天數於一時也 雖支離漫衍 其辭不爲莊語 種種皆仮丹訣而立言也 固不可廢哉 余特存之 修眞之暇 倦則以攻睡魔焉●「서유기」란 책이 있는데, 종번에서 나왔다. 이는 곧 『현장취경기』를 부연하여 지은 것으로, 그 사실은 「석보」와 「신승전」에 대강 나타나 있으니, 반은

---

299) 옛날 인도를 가리키던 말.
300) 靈鷲山. 인도의 摩竭陀國 王舍城 동북쪽에 있는 산. 석가여래가 이곳에서 「法華經」과 「無量壽經」을 講했다고 함.
301) 經藏律藏論藏. 경장은 교리를 주로 하는 佛陀의 설법을 結集한 것이며, 율장은 敎團이 지켜야 할 계율을 결집한 것이고, 논장은 교리의 연구 論釋을 모은 것이다.
302) 금궤짝에 넣어 보관한 경문.
303) 동쪽의 땅.
304) 중국 절강성에 있는 산 이름. 補陀落伽山 혹은 普陀山이라고도 하는데, 관세음보살이 자취를 나타냈던 땅으로 알려져 있다.
305) 중국 섬서성 장안 일대.
306) 聖凡·道俗·귀천·상하의 구별 없이 일체 평등으로 財施와 法施를 행하는 대법회.
307) 중국 唐나라의 高僧. 13세에 불문에 입문하여 長安·成都 그 밖의 여러 도시를 여행하며 불교 연구에 진력한 뒤, 많은 의문을 풀고 또 불교 경전을 가져 오려 인도로 떠났다. 641년 많은 경전과 불상을 가지고 귀국길에 올라 많은 험로를 거친 끝에 마침내 645년 정월에 장안으로 돌아왔다. 太宗의 후원을 받아 74부 1,335권의 경전을 한역하였고, 그 밖에도 인도 여행기인 『大唐西域記』(12권)를 지었다.

믿을 만하고 반은 의심스럽기도 하다. 지금 보건대, 그 책은 특별히 수련하는 의미를 가탁한 것이다. 원숭이왕의 좌선은 곧 몸을 단련하는 것이요, 노조궁이 단약을 훔치는 것은 곧 서주를 삼킨 것이며, 천궁에서 소동을 피우는 것은 곧 연념이다. 스님을 모시고 서쪽으로 가는 것은 하거를 운반함이다. 화염산 홍해는 곧 불원숭이요, 흑수와 통천하는 부적을 물리치는 원숭이다. 서쪽에 이르렀다가 동쪽으로 돌아옴은 서호와 동룡의 만남이다. 하루에 서천 십만 리 길을 돌아온다는 것은 주천의 수를 일시에 모음이다. 비록 지리하고 만연하여 그 말들이 올바른 것은 아니라 하더라도, 종종 단결308)을 빌어 이야기한 것이므로, 참으로 폐할 수는 없어 내가 특히 보존하였다가 진리를 닦는 여가에 피곤해지면 이로써 수마를 쫓아내려 한다).

⑤ 『旬五志』(洪萬宗 1643~1725), 下: 按「獨異志」沙門玄奘 俗姓陳 偃師縣人也 幼聰慧有操行 唐武德初 往西域取經 行至罽賓國 道險虎豹不可過 藏[奘]不知爲計 乃鑱房門而坐 至夕 開門見之 一異僧 頭面瘡痍 身體膿血 床上獨坐 莫知來由 藏[奘]乃禮拜勤求 僧口授『多心經』一卷 令藏[奘]誦之 遂得山川平易 道路開闢 虎豹藏形 魔鬼潛跡 至佛國 取經六百餘部而歸 其『多心經』至今誦之云 世之所傳「西遊記」云 出於宗藩 卽「玄奘[奘]取經記」衍之 而特仮修煉之旨 如猴王坐禪卽煉已也 老祖宮偸丹卽吞黍珠也 大鬧大[sic 天]宮卽煉念也 侍師西行卽搬運何車也 火炎山紅孩卽火候也 黑水通天河卽退符候也 至西而東還卽西虎交東龍也 一日而回西天十萬路 卽攢簇周天數於一時也 雖支離漫衍 其辭不爲莊語 種種皆仮丹訣而立言也 …… 古說之表表 可稱者「西遊記」・「水滸傳」外 如列國・東西漢・齊魏・五代唐・南北宋 皆有演義皆行於世 至大明末諸文士 尤尙浮藻鑿空搆虛 輒成一部 至於坐衙按簿之官 越視職事務 得新語得一欸則附會增演 作爲卷帙 故其爲也 汗牛充棟 宇指不勝屈 徒爲好事者之傳玩而仍成習 競相慕效 遂使世道萎靡 竟致宗社之瓦裂 有若晉代之尙 以淸談誤世 可勝歎哉◐(「독이지」에 의하면 승려 현장은 속성이 진씨로 언사현 사람이다. 어려서 총명과 지혜가 있고 조행이 있었다. 당나라 무덕[618~626] 초에 서역으로 경문을 가지러 갔다가 계빈국에 이르렀다. 그 곳은 길이 험하고 더욱이 호랑이가 많기 때문에 지나갈 도리가 없었다. 현장은 방문을 걸어 잠그고 종일 앉아 있다가 해가 저물 무렵에야 문을 열어 보았더니 거기에는 이상한 중 하나가 보이는 것이었다. 그는 하얀 머리에 옷에는 피가 엉켜 있는 몸으로 의자에 앉아 있었는데, 무슨 까닭으로 와 있는 것인지 알 수가 없었다. 현장은 그 중에게 절을 하고 청하여 말하였다. "스님은 나를 무사히 이 험한 산길을 지나갈 수 있게 해 주시오." 그 중은 이 말을 듣자 『다심경』 한 권을 품속에서 꺼내어 외우면서 현장에게 말하였다. "이 산길을 무사히 가고 싶거든 이 『다심경』을 외우면서 가시오." 현장은 중이 시키는 대로 『다심경』을 외우면서 길을 걸어갔더니 험한 산길은 평탄한 대로로 변하고 먼 앞길이 활짝 열렸다. 호랑이도 마귀도 그의 앞에는 나타나지 않았다. 그리하여 그는 부처의 나라에 가 경문 600여 부를 가지고 돌아왔다. 그 후부터 그는 이 『다심경』을 계속하여 외웠다고 한다. 세상에 전하는 「서유기」란 것은 종번에서 나온 것인데, 이것은 곧 현장의 「취경기」309)를 부연한 것으로, 특히 수련의 취지를 가탁한 것이다. 후왕의 좌선은 곧 몸을 단련하는 것이요, 노조궁이 단약을 훔친 것은 곧 서주를 삼킨 것이요, 천궁을 크게 소란하게 한 것은 곧 연념이며, 법사를 모시고 서역에 간 것은 곧 하거를 운반하는 것이요, 화염산의 홍해아는 곧 화후요, 흑수하와 통천하는 곧 퇴부후요, 서쪽으로 갔다가 동쪽으로 돌아온 것은

---

308) 練丹術.
309) 「大唐西域記」를 말한다.

곧 서호가 동룡을 만나는 것이요, 하루에 서천 10만 리를 돌아온다는 것은 곧 주천의 수를 일시에 모은 것이다. 비록 지리하고 만연하여 그 말들이 올바른 말은 아니라 하더라도 종종 다 단결310)을 빌어 이야기한 것이다. …… 옛 이야기 가운데 뛰어나[表表] 일컬어질 만한 것으로서 「서유기」·「수호전」 외에 열국 때로부터 동서한·제·위·오대·당·남북송에 이르기까지 모두 연의가 있어 세상에 유행하였다. 명나라 말엽에 이르러 여러 문사들이 더욱 들뜬 文詞를 숭상하여 공허한 이야기를 엮어서 문득 한 권의 책을 만들어냈다. 관아에서 장부를 살피는 관원까지도 맡은 일을 등한시하고 신어를 얻는 데 힘써 한 가지 소재를 얻은즉 덧붙이고 늘려서 권질을 만든 까닭에 한우충동이 되어 손가락으로 꼽을 수 없다. 한갓 호사자들이 전하여 즐기던 것이 습속을 이루어 다투어 서로 흠모하고 본떠서 드디어 세도를 시들게 하고 마침내 종묘 사직이 와열되는 데까지 이르게 되었다. 마치 진대 말엽에 청담으로 세상을 그르친 것과 같으니 탄식할 일이로다).

⑥ 『疎齋集』(李頤命 1658~1723), 12, '漫錄': 明末小說之盛行 亦一世變 如「三國演義」·「西遊記」·「水滸傳」等書 最爲大家 其役心運智於虛無眩幻之間者 可謂極勞矣 世傳 作「三國演義」者 病瘖而死云 誠不無此理 其誣諸葛 以怪神者 亦足受此罪矣 至於「水滸」則極形容羣盜猖獗橫行之狀 故明末流賊 悉效此 其標立名稱 以闖天王之類 卽梁山泊玉麒麟·九文龍之遺法 其弊已明著矣 近聞淸人發令禁小說云 果然 則此必有所懲者而然矣 其他淫媟荒怪之作 愈出愈奇 足以亂天下風俗耳◯(명나라 말에 소설이 성행한 것은 한 가지 세태 변화로, 「삼국지연의」·「서유기」·「수호전」 등과 같은 책들이 가장 저명하다. 이들에서 허무하고 현환시키는 데에 마음과 지혜를 쓴 것은 매우 애썼다고 할 만하다. 세상에 전하기를, ''「삼국지연의」를 지은 자는 벙어리가 되어 죽었다.'고 하는데 참으로 그럴 만한 이치가 없지 않다. 제갈량[181~234]을 괴이하고 신비한 인물로 꾸며 무고한 것 또한 그런 죄를 받을 만하다. 「수호전」에 이르러는 여러 도적들이 창궐하고 횡행하는 모습을 자세히 그려 명나라 말엽 도적들이 모두 이것을 본받았다. 그들이 '틈왕'이나 '천왕'으로 일컫는 부류는 양산박의 옥기린311)이나 구문룡312)의 유법이니, 그 폐단이 이미 분명하게 드러난 것이다. 근래에 들으니, 청나라 사람들이 소설을 금하는 명령을 내렸다고 하는데, 과연 그러하다면 이것은 반드시 징계할 만한 것이 있기에 그러했을 것이다. 그 밖에도 음란하고 괴탄한 작품들은 나오면 나올수록 더욱 기이해지니 천하의 풍속을 어지럽히기에 충분하다).

⑦ 『陶谷集』(李宜顯 1669~1745), 27, 雜著, 「雲陽雜錄」: 稗官小說 自漢唐以來 代有之 如「搜神記」等書 語多荒怪而文頗雅馴 其他諸種間 亦有實事 可以補史家之闕遺 備詞場之採掇者 至如「水滸傳」·「西遊記」之屬 雖用意新巧 命辭瓌奇 別是一種文字 非上所稱諸書之例也 而明人劇賞之 加以俗尙輕浮佚蕩 輒贋作一副說話 以售於世 大抵皆演成史傳與男女交歡事也 演史出而正史事蹟汨亂 本不當觀 男女之事 又多猥鄙淫媟 尤非莊[壯]士所可近眼 而近來人鮮篤實 喜以此等小記 作爲消寂遣日之資甚可歎也◯(패관소설은 한당 이래 대대로 있었다. 「수신기」 같은 책들도 말은 무척 황괴하고 글은 자못 아순하지만, 기타 여러 종류의 책에는 사실에 부합하는 내용도 들어 있어서 사가가 빠트린 것을 보충하고 사장313)의 수집자에게 보완해 준다. 「수호전」·「서유기」 등은 비록 용의가 신기하고 교묘하고 명사가 괴기하나 특별한 종류의 문자로 위에서

---

310) 연단술.
311) 「수호전」의 등장인물 중의 하나인 '盧俊의'의 별호.
312) 「수호지」의 등장인물 중 하나인 '史進'의 별호.
313) 文壇.

말한 여러 책의 예에 들지 않는다. 그러나 명나라 사람은 이런 책을 소중히 여기고, 게다가 경솔 부박한 것을 숭상하는 습속이 있어서 문득 거짓으로 한편의 이야기를 꾸며서 세상에 유통시켰다. 대체로 이들은 역사적 사실과 남녀의 즐기는 일을 부연한 것이다. 연의류가 나오면서 정사의 사적이 사라지고 어지럽혀져 이것만으로도 부당한 일인데, 남녀의 일을 보니 모두 외설스럽고 음란하니 더욱 장사가 가까이 할 바가 못 된다. 근래 사람들은 실사를 중시한 사람이 드물고 이런 자질구레한 기록을 좋아해서 이것으로 소일거리를 삼으니 참으로 한탄스럽다).

⑧『北軒集』(金春澤 1670~1717), 16, '囚海錄': 小說無論「廣記」之雅麗「西遊」·「水滸」之奇變宏博 如「平山冷燕」又何等風致 然終於無益而已◐(소설이란『태평광기』의 아려함, 「서유기」·「수호전」의 기변 굉박함은 논할 것도 없고, 「평산냉연」과 같은 것은 또 어쩌면 그토록 풍치가 있는가? 그러나 무익함에서 끝나 버릴 따름이다).

⑨『順菴雜錄』(安鼎福 1712~1791), 42: 余觀唐板小說 有四大奇書 一「三國志」也 二「水滸傳」也 三「西遊記」也 四「金甁梅」也 試觀「三國」一匣 其評論神奇 多可觀 其凡例亦可觀 其序文亦以一奇字命意 而文法亦甚奇 考其人則金人瑞·毛宗岡也 考其時則順治甲申也 未知金人瑞·毛宗岡爲何如人 而順治甲申歲 此天地變易 華夏淪沒之時 中原衣冠 混入於薙髮左袵之類 文人才子之怨抑 而不遇者 其或托此而寓其志耶 四奇之意 不如「三國」之鼎峙 則寧流之爲「水滸」變幻而爲「西遊」否則托跡於酒樓歌屛之中 而消磨此日月者也 然則其志可悲也耳◐(내가 당판 소설을 보니 4대 기서가 있었는데, 그 첫째는「삼국지」요, 둘째는「수호지」요 셋째는「서유기」며 넷째는「금병매」다. 시험삼아「삼국지」한 갑을 읽어보니 평론이 신기하여 볼 만한 것이 많았고, 범례 또한 볼 만하며, 그 서문 역시 '奇'라는 한 글자로 뜻을 이루고 있었으며, 글 쓰는 법 또한 기이하였다. 그 작자를 고찰하여 보니 김인서와 모종강[a. 1661 전후]이었으며, 그 때를 고찰하여 보니 순치 갑신년[1644]이었다. 김인서와 모종강이 어떤 사람인지는 알 수 없으나, 순치 갑신년은 천지가 뒤바뀌고 중국이 몰락하던 때라, 중원의 의관이 변발을 하고 옷깃을 좌로 하는 오랑캐의 것과 혼입되어 문인재자들 중 원억하여 불우한 자가 혹시 이 작품에 의탁하여 그 뜻을 붙인 것이 아닌지나 알 수 없다. 사대 기서의 뜻이 3국의 정치하는 것과는 같지 않으나, 떠돌이 생활은「수호」가 되고 변환은「서유」가 되고 그도 아니면 술집과 노래판에 자취를 의탁하여 세월을 보내는 것이다. 그런즉 그 뜻이 슬플 뿐이다).

⑩『海巖稿』(柳慶種 1714~1784), 7: 日昨人見家有誦「西遊記」者 眞諺相雜 其聲悠揚曲折 極可聽 惜乎 枉用其才 徒爲人易也 …… 有誦「西遊傳」懸河口角長 奇才惜虛用 幻迹說能詳 一部「搜神記」千般演劇場 淸音工曲折 裊裊久難忘◐(엊그제 어떤 사람 집에서「서유기」를 읽는 것을 보니 한문과 국문을 섞어 읽는데 그 소리가 유유하고 가락이 있어 매우 들을 만했다. 아아 그런 재주를 잘못 굽혀 써 다만 남을 위해 ……「서유전」을 외움에 있어 능숙히 하여 말이 잘도 나오는구나. 기이한 재주 아깝게도 헛되이 써서 황탄한 자취를 상세히도 말하네. 마치 일부의『수신기』를 연극마당에서 갖가지로 하는 것 같구나. 맑은 소리에 꺾임이 공교하니 그 모양 간드러져 오랫동안 잊을 수 없네)

⑪『中國歷史繪模本』(完山[映嬪]李氏, 1762), no. 55:「西遊記」.

⑫『雅亭遺稿』(서울대 奎章閣本) (李德懋 1741~1793), 8, 附錄, '先君府君遺事': 不肖嘗觀「西遊記」·「三國演義」先君見輒大責曰 此等雜書 亂正史壞人心 吾爲汝嚴父兼以良師 豈可使吾子弟駸駸然314)外馳哉 不肖旣承此訓 不敢復近演史稗記◐(불초가 일찍이「서유기」·「삼국지연의」를 보았는데 아버님께서 이를 아시고 크게 꾸지람하였다. "이런 잡서는 정사를 어지럽히고

마음을 약하게 한다. 내가 너의 엄부이자 스승으로서 어찌 자식이 급작스럽게 나쁜 길에 빠지게 하겠느냐?" 이후 불초는 교훈을 명심하여 다시는 연사나 패관 잡기를 가까이하지 않았다).

⑬ 『松泉筆談』(沈鋅), 2: 稗官之書 自漢唐以來代有之 如「搜神記」等書 語多誕怪 而文頗雅馴 其他諸種間亦實史可以補史家之闕遺 備詞場之採綴者 至於「水滸傳」・「西遊記」之屬 雖用意新巧 令辭壞奇 別是一種文字 非上所稱諸書之例也……按「西遊記」・「水滸傳」文章機軸 稗書中大家數也 先輩或有發跡於是書而成文章者云「西遊記」如人離鄕則賤 物離鄕則貴 綠酒紅人面 黃金黑人心 行善之人 如春草之草 不見其長 雖有所增 行惡之人 如磨刀之石 不見其損 日有所虧 此眞名從格言 亦足以警發人也◉(패관소설은 한・당 이래 대대로 있어 왔다. 예컨대 『수신기』 등은 말이 괴탄하나 문장은 자못 우아하다. 그 밖의 다른 여러 소설들 가운데도 실사가 있어 사가가 빠뜨린 것을 보충할 수 있고, 사장[詞章]을 모아 예비할 수도 있다. 「수호전」이나 「서유기」 등은 그 뜻이 새롭고 교묘하며 언어가 기이하니 새로운 문자로 위에서 말한 여러 책의 예와는 또 다르다 …… 「서유기」・「수호전」 등은 문장의 기축이요 패서 가운데 모두가 손꼽는 것이다. 선배 가운데 이름을 날린 사람은 이 책에서 문장을 이루었다고 한다. 예컨대 「서유기」 가운데 '사람은 고향을 떠나면 천해지고 물건은 고향을 떠나면 귀해진다', '녹주는 얼굴을 붉게 하고 황금은 사람의 마음을 검게 만든다', '선을 행하는 사람은 봄 풀과 같아 그 자람이 보이지 않으나 자람이 있고, 악을 행하는 사람은 숫돌과 같아서 그 마모는 눈에 보이지 않지만 이지러짐이 있다'고 하는 등의 격언은 사람을 경계하는 말이다).

⑭ 『五洲衍文長箋散稿』(李圭景 1788~?), 7,「小說辨證說」: 「西遊記」曼[蔓]延虛誕 而其縱橫變化 以猿爲心之神 以猪爲意之馳 其始之放縱上天下地 莫能禁制 而歸於緊籒一呪 能使心猿馴伏 至死靡他 蓋亦求放心之喩 非浪作也 華光小說則皆五行相剋之理 火之熾也 亦上天下地 莫之撲滅 而眞武以水制之 始歸正道◉(「서유기」는 만연하고 허탄하되 그 변화가 종횡하다. 원숭이[孫悟空]로 심신을 삼고 돼지[猪八戒]로 의치를 삼아 길을 떠나는데, 처음에는 [손오공의] 방종이 위로 하늘로부터 아래로는 땅에까지 미쳐 막을 수가 없었다. 이에 머리테를 조이는 주문 하나로 원숭이를 제어하여 손행자로 하여금 순치하여 죽을 때까지 그를 복종하게 했다. 이는 대체로 방심의 제어를 비유한 것으로, 결코 멋대로 꾸민 것이 아니다. 화광 소설은 다 오행 상극의 이치이며 불의 극치이다. 또한 위로는 하늘에 오르고 아래로는 지상으로 내려오는 등, 박멸치 못하되 진무[眞武]는 물로 제어하여 비로소 정도로 돌아가는 것이다.)[315]

⑮ 同上, '西遊記'條 細注: 「西遊記」未知何人所作 而刻本稱「西遊眞詮」山陰悟一子陳士斌允生者 詮解以寓修煉金丹之旨甚詳◉(「서유기」는 누가 지어 판각한 것인지 모르겠다. 각본은 「서유진전」이라 하는데, 산음 사람 오일자 진윤생[자 士斌]의 작이라 한다. 「전해」는 금단을 수련하는 뜻이 매우 자세하다).

⑯ 『智水拈筆』(洪翰周 1798~1868), '水滸傳': 大抵演義之書 是皆亂世之文妖也「列國志」・「三國志演義」未知誰作 而「西遊記」則邱長春所作「西廂記」則因元微之會眞記 演而爲之 是王實甫・關漢卿 兩人共作 元代詩文詞曲極盛 故亦有此等文字 皆當付之焚如者也◉(무릇 연의류의 책들은 모두 난세에 이루어진 요사스런 글들이다. 「열국지」와 「삼국지연의」는 누가 지은 것인지 모르나, 「서유기」는 구장춘[邱處機]이 지은 것이고, 「서상기」는 원미지[元稹]

---

314) '駸駸'은 말이 빨리 달리는 모양; 뜻이 변하여 일이 급속한 것을 이름.
315) 이상의 내용은 중국 명나라 때의 謝肇淛가 편한 『五雜組』의 내용을 轉載한 것이다.

779~831]의 「회진기」를 꾸며 만든 것인데, 왕실보[a. 1250~a. 1336]와 관한경[a. 1220~a. 1300]이 함께 지은 것이다. 원나라 때에는 시문과 사곡이 극도로 성하였기 때문에 이런 문자가 있게 된 것이다. 모두 응당 태워 버려야 할 것들이다).

⑰ 『松南雜識』(趙在三, 1801~1834), 桃卷, 稽古類, '西遊記': '旬五志'曰 沙門宗藩卽玄藏[sic 奬] 「取經記」而衍之 而特加修鍊之衍之旨 …… 雖支離漫延 其辭不爲莊語種 皆仮丹訣而立言也 固不可廢哉 余特存之 修眞之暇 倦則以攻睡魔焉◐(『순오지』에 말하기를, 사문 종번은 즉 현장이다. 이 책「서유기」은 「취경기」를 부연하여 특히 수련하는 뜻을 더한 것이 …… 비록 지리하고 만연하여 그 말들이 올바른 것은 아니라 하더라도 종종 단결316)을 빌어 이야기한 것이므로, 참으로 폐할 수는 없어 내가 특히 보존하였다가 진리를 닦는 여가에 피곤해지면 이로써 수마를 쫓아 내려 한다).

⑱ 『夢遊野談』(李遇駿 1801~1867), 下, '小說': 又作一奇語曰「西遊記」盖以荒唐之說 敍唐太宗 爲魏徵追薦 做道場 當時法師 三藏 率徒弟孫悟空 沙乘 猪八戒等 往西域天竺國 持佛經以來 而所道歷八十一難之事也 所謂三藏 以人軀殼而言之 人雖有一個軀 若非心爲之用 則無知覺運動 故以悟空引喩於心 心卽猿也 悟空 以猿化身 生於靈臺 方寸山斜月三星洞 始號齊天大聖 一斛斗行一萬八千里 用金箍棒 攪擾玉京 打碎香案 眞所謂放縱不拘 出入無時者也 玉皇以神道說敎 着之以聚籬兒 拘囚於五行山 石穴中 五行者 卽仁義禮智信 以爲制心者 莫如此也 所謂沙乘以意馬爲喩猪八戒 比之於慾 是盖就人一心上言也 雖是寓言託辭 而究其本意 則深爲有理合 而稱四大奇書◐(또 하나의 기이한 말을 지어냈으니, 「서유기」다. 대개 황당한 말로 당나라 태종이 위징의 일로 말미암아 죽은 사람들의 넋을 추도하기 위해 도량을 짓는데, 당시 법사 삼장이 도제인 손오공, 사승[사오정], 저팔계 등을 데리고 서역의 천축국에 가서 불경을 가지고 오면서 길에서 겪은 81가지의 어려운 일을 서술한 것이다. 이른바 삼장은 사람의 신체로서 말한 것이다. 사람은 비록 일개 신체가 있으나, 만약 마음으로 신체를 쓰지 않는다면 지각도 운동도 없게 된다. 그러므로 오공을 마음에 끌어다 비유한 것이니, 마음이 곧 원숭이다. 오공은 원숭이의 화신으로서 영대 방촌산 속 사월삼성동에서 태어나, 처음으로 제천대성이라 호칭하고 한번 두두운을 타고는 일만 팔천 리를 날며, 금고봉을 사용하여 옥경을 어지럽히고 향안을 때려 부수니, 진실로 이른바 방종하며 구애됨이 없고 출입이 때가 없는 자라 하겠다. 옥황이 신도로 가르침을 베풀어 머리테로써 오행산 석굴 속에 가두니, 오행이란 즉 인의예지신으로, 마음을 제어하는 데는 이만한 것이 없다. 이른바 사승은 의마[意馬]317)를 비유한 것이고, 저팔계는 욕심에 비유한 것이니, 이것은 대개 사람의 마음을 바탕으로 말한 것이다. 비록 이것이 우언탁사일지라도 그 본 뜻을 궁구한즉 깊은 이치가 있으니, 합하여 '4대 기서'라 일컬어 마땅하다).

⑲ 『廣寒樓記』[1845?](水山), 雲林樵客 小引: 余家雲林 自號樵客 每見花開葉落 以知春到秋來 枕石漱流 敢曰高蹈 盟鷗友鹿 聊寓閑情 四時岩屋 或値董仲舒三餘 一區硯田 所得白香山六幅 經史子集 前人之述 頗詳仙佛卜醫 後世之惑 滋甚 至於「水滸」·「三國」·「西遊」·「西廂」 已被狗盜 狐白亦多鐵 或金黃可惜◐(나는 집이 운림318)에 있어 '초객'을 호로 삼았다. 언제나 꽃이 피고 잎이 지는 것을 보면서 봄이 오고 가을이 오는 것을 알았으며, 돌을 베개로 삼고 흐르는

---

316) 練丹術.
317) 중심에서 번뇌 때문에 情이 움직여 억제할 수 없음을 '달리는 말[奔馬]'에 비유한 말. 마음이 내달려 한 곳에 안정되지 않음을 비유함.
318) 구름 낀 숲.

물에 양치질을 하면서 감히 은거한다고 말했다. 갈매기와 짝하고 사슴을 벗하면서 한가로운 마음으로 사시 사철 암자에서 기거하니, 동중서[179~104 B.C.]의 세 가지 여가[319]와 맞먹는 경우도 있었고, 벼루를 통해 여섯 폭 짜리 백향산 그림을 얻는 경우도 있었다. 경·사·자·집에는 선인들이 전술한 것이 매우 자세하게 들어 있는데도, 후인들은 도교·불교·점복·의학 관련 서적에 심히 현혹되었다. 그러나 저 「수호전」·「삼국지」·「서유기」·「서상기」에 이르러서는, 이미 천한 기예의 영향을 받았으면서도 쇠가 황금으로 변한 것[320]과 같은 곳 또한 많았다).

⑳ 「漢唐遺事」[1852?](朴泰錫): 自有書契以來 稗說之家多矣 如「三國」·「列國」·「東·西漢演義」·「西廂」·「西遊」·「水滸」等書 或附會事跡 或述記寓言 使覽之者欣然忘食 聞之者怡然解頤 於斯時也, 擧天下之物 似不足以喩其樂也 此等書例多荒誕 醇儒莊士之所不道 況其下此者乎◯(글자[書契]가 생긴 이래로 패설가들이 많으니, 「삼국지연의」·「열국지」·「동·서한연의」·「서상기」·「서유기」·「수호전」 등의 책과 같은 것이다. 혹은 사적을 부회하고, 혹은 우언을 써서 보는 사람으로 하여금 재미있어서 먹는 것을 잊게 하고, 듣는 사람으로 하여금 즐거워서 웃음이 나오게 한다. 이럴 때에는 천하의 물건을 들어도 그 즐거움을 비유하기에 부족하다. 이런 책들은 매우 터무니없는 것이고, 순수한 선비라면 입에 올릴 바가 못 되는데, 하물며 이보다 못한 책들이야 말해 무엇하겠는가?).

㉑ 「玉仙夢」, '稗說論': 由此觀之 稗官之功 亦可微哉 何以明其然也 陳壽作志而忠臣忘軀 水滸成傳而義士奮身 西遊之記出而怪鬼戢其妖術 甁梅之書作而悍婦懲其妬心 演楚漢之義而英雄知曆數之有歸 倡剪燈之話而蕩子知風流之有節◯(이로써 보건대, 패관 소설의 공이 역시 작다고 할 수 있는가? 어떻게 그것을 밝힐 수 있겠는가? 진수가 『삼국지』를 지어 충신이 제 몸을 아끼지 않게 되었고, 「수호전」이 만들어져 의사가 제 몸을 일으키게 되었으며, 「서유기」가 나와서 괴귀가 요술을 그만두게 되었고, 「금병매」가 지어져 사나운 여자가 질투심을 고치게 되었으며, 초한 때의 의리가 소설로 만들어져 영웅은 운수의 돌아감을 알게 되었고, 『전등신화』의 이야기에 이끌리어 탕아가 풍류에도 절도가 있음을 알게 되었다).

【增】
1) 『字學歲月』[1744](尹德熙 1685~1766): 「西遊記」.
2) 『私集』(尹德熙 1685~1766), 4, 「小說經覽者」(1762): 「西遊記」.
3) 『雨念齋詩鈔』(李鳳煥 1713~1777), 10, 箚記: 「金甁梅」淫書「西遊記」妖書「水湖志」盜書 但其文章極奇 非世間浮泛詩文之比◯(「금병매」는 음서이고, 「서유기」는 요서이고, 「수호지」는 도서다. 다만 그 문장은 매우 기이하여 세간의 부범한 시문과 비교할 바 아니다).
4) 『欽英』(兪晩柱 1755~1788), 3, 1777. 6. 4: 又云 明之稗史「金甁梅」貽譏於誨淫「西遊」逞臆於畫鬼 無關風化 奚取連篇◯(또 말하기를, "명나라의 패사에서 「금병매」는 음란함을 가르친다고 비난을 받았고, 「서유기」는 귀신을 그려내는 것을 제멋대로 하였으니, 교화와 관련이 없는데 어찌하여 장황한 문장을 취하는가?"라고 하였다).

---

319) 동중서는 漢나라 武帝에게 건의하여 유교를 국교로 정한 학자. 세 가지 여가는 겨울·밤·흐리고 비 오는 때를 가리키는데[冬·夜·雨], 이 때가 바로 학문을 하기에 가장 좋다는 것이다.
320) 원문의 '鐵成金黃'을 번역한 것으로, '點鐵成金'과 같은 말. '점철성금'은 古人의 진부한 시구를 가지고서 발전적인 새로운 뜻을 지어내는 것, 즉 기존의 것을 바탕으로 하여 더욱 나은 수준으로 나아간 것을 일컫는 말이다.

5) 同上, 8, 1779. 12. 17:「西遊記」一部是定性書「水滸傳」一部是定情書 勘得分曉◉(「서유기」는 성을 안정시키는 책이고, 「수호전」은 정을 안정시키는 책임을 분명히 깨달을 수 있다).

6) 同上, 8, 1779. 12. 22:「西遊」一書 講金丹大道 或正言 或反說 或寓意 或設象 或戲謔閑情 發本然之理 或冷語微詞 示下手之功 或隱指其要訣 或顯露其眞傳 橫堅側出 旁通曲喩 千魔萬怪 無非止講得修性命二字 止修得先天眞一之氣而已◉(「서유기」라는 책은 금단321)의 큰 도를 강설한다. 때론 바로 말하고, 때론 뒤집어 말하고, 때론 빗대기도 하고, 때론 형상을 만들기도 한다. 때론 희학과 한정으로 본연의 이치를 발현하고, 때론 비꼬는 말과 은근한 말로 솜씨를 보여주기도 한다. 때론 그 요결을 은근히 가리키기도 하고, 때론 그 진전을 활짝 드러내기도 하는데, 이리저리 곁으로 내보이기도 하고, 두루 통하고 곡진히 비유하기도 하며, 천만 가지 요괴를 통해 보이기도 하는데, 모두 성·명 두 글자를 닦음을 강하고, 또 선천322)·진일323)의 기를 수련하는 것 아님이 없다).

7) 同上, 8, 1779. 12. 29: 觀「西遊」者 亦多術矣 以魔妖小說 觀者十之九 以金丹大訣 觀者十之一 余則不以小說觀 不以大訣觀 盡作『心經』外傳 觀一百回 都是論心◉(「서유기」를 보는 데도 여러 가지 방법이 있다. 요괴 소설로 보는 사람이 열에 아홉이고, 금단의 큰 비결로 보는 사람이 열에 하나이다. 나는 소설로도 보지 않고 큰 비결로도 보지 않는다. 모두 심경 외전으로 보니, 100회가 모두 마음을 논하고 있다).

8) 『緝敬堂曝曬書目總錄』:「西遊記」八本一匣.
9) 『集玉齋書目』:「西遊記」八卷.
10) 『海南尹氏群書目錄』(國立中央圖書館所藏):「西遊記」.

(국역)
① 「唐太宗傳」(東美西市版), 結尾: 삼정법ᄉ의 사젹을 자셔이 보시려 ᄒ거든 「셔유긔」을 보옵.
② 「玉鴛再合奇緣」(溫陽鄭氏 1725~1799), 15, 表紙 裏面: 「셔유긔」.
③ 「第一奇諺」(洪羲福 1794~1859), 序: 닉 일즉 실학ᄒ야 과업을 닐우지 못ᄒ고 훤당을 뫼셔 한가ᄒ 쩌 만흐므로 셰간의 젼파ᄒᄂ 바 언문쇼셜을 거의 다 열남ᄒ니 대져 「삼국지」·「셔유긔」·「슈호지」·「녈국지」·「셔쥬연의」로부터 녁대연의에 뉴ᄂ 임의 진셔로 번역ᄒ 빅니 말솜을 고쳐 보기의 쉽기를 취ᄒ 쑨이요 그 ᄉ실은 ᄒᄀ지연니와……
④ 『諺文古詩』(가람본), '언문칙목녹', 138: 「셔유긔」.
⑤ Courant, 760: 「셔유긔 西遊記」, 60책; 25책.

고문필시본
【增】셔유긔 西遊記　　　　　선문대[중한번역문헌연구소]　　　　　낙질 1(권20)

국문활자본
언한문 셔유긔 젼젼집　　　　국중(3634-2-63=1)<권1 재판>/　　　　3(譯述者 朴健會, [編

---

321) 고대의 方士가 金이나 丹砂를 불려 만든 약. 또는 도교에서 행하는 神氣修練의 모습.
322) 하늘로부터 받은 품성.
323) 본성을 보존하여 인위를 가하지 않은 道.

諺漢文 西遊記 前集	국중(3634-2-63=2)<권2 초판>/ 국중(3634-2-63=3)<권3 재판>/ 홍윤표[家目]/[仁活全](6)[129]	發]朴健會, 朴健會譯 述, 博文書館, 1913.10. 7; 재판 1921.11.17, [1: 재판 제1회~제10회, 목록 2pp.+ 86pp.; 2: 제11 회~제23회, 목록 2pp.+ 104pp.; 3:제24회~제35 회, 목록 2pp.+93pp.])

국문경판본

【增】 셔유긔	박순호[家目]	1(첫장 낙장, 31f.)

282.1. 〈자료〉

Ⅱ. (역주) [현대어역]

282.1.2. 仁川大民族文化硏究所 編. 『舊活字本古小說全集』, 6. 銀河出版社, 1983; <u>(再刊) 國際아카데미, 2002</u> (박문서관 1921년 재판, 『셔유긔』, 권 1 및 권 3)

282.1.3. 仁川大民族文化硏究所 編. 『舊活字本古小說全集』, 6. 銀河出版社, 1983; <u>(再刊) 國際아카데미, 2002</u> (조선서관 1913년판, 『언한문 셔유긔』, 권 2)

【增】
1) 오승은. 『진본 서유기』(전 6책). 맑은소리, 1994.
2) 오승은 지음. 서유기(전 4책). 한국문화사, 1997.
3) 이원길 편역. 『후서유기』(전 3책). 신원, 2000.
4) 오승은 지음. 김해석 옮김. 『서유기』. 해누리페이퍼백시리즈 3. 해누리, 2001.
5) 후지와라카무이. 『서유기』(전 2책). 태동출판사, 2001.
6) 오승은 지음 임홍빈 옮김. 『서유기』(전 10책). 문학과지성사, 2003.
7) 오승은 지음, 서울대학교 서유기번역연구회 옮김. 『서유기』(전 10책). 솔, 2004.
8) 오승은 지음. 연변인민출판사 번역팀 옮김. 『서유기』(전 10책). 현암사, 2004.

282.2. 〈연구〉

【增】 Ⅰ. (단행본)
1) 홍상훈 지음. 『그래서 그들은 서천으로 갔다(서유기 다시 읽기)』. 솔, 2004.

Ⅱ. (학위논문)
【增】〈석사〉
1) 김송죽. "「서유기」가 한국 고소설에 끼친 영향: 손오공을 중심으로." 碩論(인천대 대학원, 2001. 8).

Ⅲ. (학술지)
282.2.6. 丁奎福. "「西遊記」와 韓國 古小說." 『亞細亞硏究』, 48[15: 4](高麗大 亞細亞問題硏究所, 1972. 12). <u>"韓國古小說과「西遊記"란 제목으로 『韓中文學比較의 硏究』(高麗大出版部, 1987. 10); 『韓國文學과 中國文學』(국학자료원, 2001. 5)에 재수록.</u>

282.2.7. 丁奎福. 「西遊記」와「王郞返魂傳」." 『語文論集』, 19·20合(『月巖朴晟義博士還曆紀念論叢』)(高麗大 國語國文學科, 1977. 9). "「王郞返魂傳」과「西遊記」"란 제목으로 『韓中文學比較의 硏究』(高麗大出版部, 1987. 10); 『韓國文學과 中國文學』(국학자료원, 2001. 5)에 재수록.

【增】
1) 丁奎福. "「王郞返魂傳」과 古本「西遊記」." 『韓國文學과 中國文學』(국학자료원, 2001. 5).
2) 金松竹. "「西遊記」에 나타난 孫悟空의 役割과 作俑 考察." 『인천어문연구』, 17·18(인천어문학회, 2002. 6).

▶(서유록 西遊錄 → 정향전)

◘283.[[서재야회록 書齋夜會錄]]324) ← 『기재기이』

〈작자〉 申光漢(1484~1555)

〈출전〉 『企齋記異』

한문판각본

書齋夜會錄 企齋記異   고대[만송](貴287)(『企齋記異』)   (時嘉靖紀元之三十二年[1553], 12f.)

283.2. 〈연구〉

Ⅲ. 〈학술지〉

【增】
1) 유정일. "「書齋夜會錄」의 構造와 意味." 『국어국문학』, 133(국어국문학회, 2003. 5).

◘284.[서정기 西征記]

국문활자본

| 셔졍긔 西征記 | 국회[目·韓Ⅱ](811.31)/김종철[家目]/대전대[이능우 寄目](1157)/박순호[家目]<1961>/조희웅[家目] | 1([著·發]申泰三, 世昌書舘, 1952; 1961. 12. 30, 56pp.) |
| 셔졍긔 西征記 | 국중(3634-2-59=1)/국중(813.5-셔334ㅅ)/서울대(3350-9)/[仁活全](5) | 1([著·發]安景濩, 新舊書林, 1923. 12. 23, 59pp.) |

284.1. 〈자료〉

Ⅰ. (영인)

284.1.1. 仁川大民族文化硏究所 編. 『舊活字本古小說全集』, 5. 銀河出版社, 1983; (再刊) 國際아카데미, 2002. (신구서림판)

◘285.[서주연의 西周演義] ← 봉신연의

〈관계기록〉

(한문)

---

324) 규장각 소장본 「수성지」에 합철된 것도 있다.

① 『謙齋集』(趙泰億, 1675~1728), 42, '諺書西周演義跋': 我慈闈旣諺寫「西周演義」十數篇 而其書闕一笑 秩未克完 慈闈常嫌之 久而得一全本於好古家 續書補亡 完其秩 未幾有閭巷女從慈闈乞窺其書 慈闈卽擧其秩而許之 俄而女又踵門而謝曰 借書謹還 但於途道上逸一笑 求之不得 死罪死罪 慈闈姑容之 問其所逸 卽向者續書而補亡者也 秩之完了者 今復不完 慈闈意甚惜之 越二年冬 余絜婦僑居南山下 婦適病且無聊 求書于同舍族婦所 族婦迺副以一卷子 婦視之 卽前所逸慈闈手書者也 要余視之 余視果然 於是婦乃就其族婦 細訊其卷子所迪來 其族婦云 吾得之於吾族人某 吾族人買之於其里人某 其里人於途道上拾得之云 婦乃以前者見逸狀具告之 且請還之 其族婦 亦異而還之 向之不完之秩 又將自此而再完矣 不亦奇歟 曩使此卷逸於道途 久而人不拾取 則其必馬畜蹂之 泥土衊之 一字片書 不可復覓矣 仮使幸而免此患 爲人之所拾取 其拾取者 若蒙不知愛書 則不唯不珍護而翫賞之 又從而滅裂之 殘毀之 以備屋壁間糊塗之用 則其視馬畜蹂而泥土衊 亦奚間哉 且幸而又免此患 得爲好事者之所藏去 其藏去者 若在天之涯地之角 而彼我不相及者 則此卷雖或無恙 吾之見失均也 豈不惜哉 今者逸於道途 而馬畜不蹂 泥土不衊 爲人所拾取 而不歸於蒙不知愛書之人 卒爲好事者之所藏去 而又不爲天涯地角 彼我不相及者 所占爲吾婦族婦之族人所獲 轉展輪環 卒歸於我 此豈天不使我慈闈手筆 終至於散逸埋沒之地耶 三年之所失 一朝而得之 謂非有數存於其間耶 奇歟奇歟 不可以無識 謹錄其失得顚末 如右云爾◉(나의 어머니께서 기왕에 국문으로「서주연의」십수 편을 베껴 놓은 것이 있었다. 이것은 본래 한 권이 빠져서 권질을 채우지 못해 어머니께서는 늘 서운하게 여기셨다. 오랜 뒤 한 호고가에게 전질을 얻어 부족한 부분을 채워서 그 책이 완전하게 되었다. 얼마 지나지 않아 한 민간의 여자가 어머니께 그 책을 빌려 보기를 간청하므로 어머니는 곧 그 전질을 빌려 주었다. 이윽고 그 여자가 또 찾아와서 사례하기를, "빌린 책을 삼가 돌려 드립니다. 그런데 길에서 한 책을 잃어 버렸습니다. 아무리 찾아도 얻지 못하여 죽을 죄를 겼습니다. 죽을 죄를 겼습니다." 어머니께서는 짐짓 용서하시고 잃어버린 것이 어느 책인가 물었더니 바로 나중에 베껴서 채운 그 책이었다. 완질로 갖추어진 책이 이제 다시 불완전하게 되어 어머니께서는 마음에 애석해 하시었다. 그로부터 2년이 지난 겨울에 내가 며느리를 데리고 남산 아래에 우거하고 있을 때였다. 며느리가 마침 몸도 성치 않고 무료해서 안 집에 있는 친척의 부인에게 가진 책이 있느냐고 물었더니 친척의 부인은 한 권을 며느리에게 보여 주는 것이었다. 그 책은 잃어버린바 어머니가 쓰신 책이었다. 나를 맞이해서 보여 주는데 내가 보아도 과연 그러했다. 이에 며느리는 그 친척 부인에게 가서 그 책을 갖게 된 내력을 자세히 물어 보았더니, 그 여자는 말하기를, "나는 이 책을 우리 일가 아무에게서 빌렸는데 일가 아무는 마을 사람 아무에게서 산 것이요, 그 마을 사람은 이것을 길에서 습득한 거라 한다."고 했다. 며느리는 이에 잃어 버렸던 내력을 이야기해 주고 돌려 달라고 청하니, 그 친척 부인도 또한 신기하게 여겨 돌려 주었다. 앞서 불완전한 책이 이제 다시 완전하게 되었으니 또한 기이하지 않은가? 저번에 이 책을 길에서 잃어 버렸을 때 오랫동안 사람들이 줍지 않았다면 틀림없이 짐승들이 이를 짓밟았을 것이요 진흙이 묻어 한 글자나 조각 글도 다시는 찾을 수 없었을 것이다. 가령 다행히 이런 환을 면했다 하더라도 사람에게 주운 바 되어 그 주운 사람이 만약 몽매하여 책을 사랑할 줄 모른다면, 다만 책을 진귀히 보호하고 이를 즐겨 감상하지 않을 뿐만 아니라 이를 찢거나 이를 뜯어서 방벽에 붙이는 데 썼다면, 어찌 짐승이 짓밟고 진흙이 묻음을 보는 것이나 무슨 차이가 있겠는가? 또 다행히 이러한 환을 면했다 하더라도 호사자가 이를 얻어 소장하게 되고 그 소장자가 만약 하늘 끝이나 땅 끝 멀리 있어 서로 만날 수가 없다면,

이 책이 비록 무사하다 하더라도 내가 책을 읽기는 마찬가지니 어찌 애석치 않겠는가? 이제 길에서 잃었으나 짐승이 밟지 않고 진흙이 묻지 않고 남이 주워서 무지하고 책을 사랑하지 않는 사람에게 돌아가지 않고 마침내 호사자의 소장이 되었으나, 또 하늘 끝 땅 끝에 서로 만날 수 없는 사람에게가 아니라 내 며느리의 친척 부인의 친척이 주워 돌고 돌아 결국에는 나에게로 돌아왔으니, 이 어찌 하늘이 내 어머니로 하여금 손수 쓰게 하고 마침내는 흩어지고 파묻히게 한 것이 아니겠는가? 3년 동안이나 잃었다가 하루 아침에 얻었으니 그 사이에 운수가 있지 않다고 할 수 있겠는가? 기이하고 기이하도. 이러한 사실을 모르게 할 수가 없어서 삼가 그 잃었다가 얻은 전말을 위와 같이 기록할 따름이다).

② 『五洲衍文長箋散稿』(李圭景 1788~?), 7, 「小說辨證說」: 「齊諧記」·「夷堅志」·「諸皐記」·「琵琶記」·「水滸傳」·「西湖游覽誌」·「三國演義」·「錢塘記」·「宣和遺事」·「金甁梅」·「西廂記」·「眞珠船」……「桃花扇」·「紅樓夢」·「續紅樓夢」·「續水滸志」·「列國志」·「封神演義」·「東游記」……「聊齋志異」·「九雲夢」·「南征記」·「芙蓉堂」·「雙渠怨」·「風月須知」.

③ 『中國歷史繪模本』(完山[映嬪]李氏, 1762), no. 3: 「西周演義」.

【增】

1) 『私集』(尹德熙 1685~1766), 4, 「小說經覽者」(1762): 「封神記」.
2) 『海南尹氏群書目錄』(國立中央圖書館所藏): 「前七國演義」.
3) 『海南尹氏群書目錄』(國立中央圖書館所藏): 「姜太公封神傳」.

(국문)

① 「玉鴛再合奇緣」(溫陽鄭氏 1725~1799), 15, 表紙 裏面: 「서쥬연의」.
② 「第一奇諺」(洪羲福 1794~1859), 序: 너 일즉 실학ᄒᆞ야 과업을 닐우지 못ᄒᆞ고 훤당을 뫼셔 한가흔 젹 만흐므로 셰간의 젼파ᄒᆞ는 바 언문쇼셜을 거의 다 열남ᄒᆞ니 대져 「삼국지」·「셔유긔」·「슈호지」·「녈국지」·「셔쥬연의」로부터 녁대연의에 뉴는 임의 진셔로 번역ᄒᆞᆫ 빈니 말숨을 고쳐 보기의 쉽기를 취ᄒᆞᆯ ᄯᅡ람이요 그 ᄉᆞ실은 ᄒᆞᆫᄀᆞ지여니와……
③ Courant, 750: 「셔쥬연의 西周演義」.
④ 『諺文古詩』(가람본), '언문칙목녹', 102: 「셔쥬연의」.
⑤ 동상, 105: 「봉신연의」.

【增】

1) 『[演慶堂]諺文冊目錄』(1920; 藏書閣所藏): 64. 「西周演義」 25冊.

国문필사본

【增】 (봉신연의 / 봉신젼)

| 【增】 봉신젼 | 박재연[中韓飜文展目(2003)] | 2 |

【增】 (서주연의)

285.1. 〈자료〉

Ⅱ.(역주) [현대어역]

【增】

1) 장경남·이재홍·손지봉 校註.『셔쥬연의 西周演義』. 조선시대 번역고소설 총서 10. 이회, 2003.325)

【增】◐285-1. [서진사전 徐進士傳]
285-1.2. 〈연구〉
Ⅲ. (학술지)
  1) 권혁래. "신발굴 자료「서진사전」해제."『동방고전문학연구』, 5(동방고전문학회, 2003. 12).

〈줄거리〉

서울 화개동에 사는 서가보는 일찍 과거하여 참판까지 지냈던 인물로 병인양요가 일어나자 부인과 외아들을 데리고 안동 지방으로 피난가게 되었다. 안동에 갔다가 태백산 속의 '석개반나'라는 곳을 알게 되어 그 곳에서 살면서 시속에 때 묻지 않은 사람들의 인심을 맛보며 태평한 세월을 보내지만, 신주 모신 주독(主櫝)을 이웃 촌민들에게 빌려 주었다가 낭패를 당하고는 그 곳을 떠났다. 안동 감천의 권생원의 집을 찾아갔던 서참판은 그 곳에 정착하여 살다가 16세 된 아들 모순을 권생원의 딸과 혼인시켰다. 2년 뒤 서울로 다시 올라와 태평하게 살던 참판 내외는 연만하여 세상을 떠났다. 서참판의 아들 서모순은 진사를 하고 벼슬을 하기 위해 부탁을 하였지만 뜻대로 되지 않았다. 그러다가 1882년 임오군란이 일어나자 크게 두려워한 서진사는 아내를 말에 태우고 급히 안동으로 피란을 떠났다. 고생을 하면서 풍기읍에 이르러 숙소하고 난 뒤 길을 떠나는데, 서진사가 잠시 길가에 말을 세우고 길 안쪽으로 들어가 뒤를 보고 온 사이 아내를 태운 말이 감쪽같이 사라져 버렸다. 짙은 안개 속에서 끝내 아내를 찾지 못한 서진사는 낙심천만하여 혹시나 하여 처가에 가지만 아내가 오지 않았음을 알고 다시 낙담했다. 한편 치마를 쓰고 말에 타고 있던 아내는 사태를 전혀 파악하지 못하고 있다가 말이 어느 민가에 멈춰서자 그제서야 비로소 남편이 없어졌음을 알고 어찌할 바를 몰라 했다. 다행히 아버지의 옛 친구 박진사의 도움으로 그 집에 묵게 되고 다음날 친정으로 데려다 준다는 약속을 받았다. 하지만 갑자기 급한 일이 생긴 박진사가 출타한 사이 옆집 홀아비에게 사주를 받은 박진사의 아내와 아들이 권씨부인에게 술을 먹고는 실행(失行)시키려고 했다. 이를 알게 된 권씨 부인은 꾀를 써 박진사의 아내에게 도리어 술을 먹여 재운 후 도망쳐 나왔다. 도망치던 권씨 부인은 도중에서 만난 옛날 친정집 이종할미의 도움으로 무사히 친정으로 돌아와 남편 서진사와 감격의 해후를 하고 기뻐했다(권혁래, "신발굴자료「서진사전」해제,"『동방고전문학연구』, 5[2003. 12], 238~239).

【增】 국문필사본

| 【增】 셔진사젼 徐進士傳 | [『동방고전문학연구』, 5, 2003. 12] | 1(충주시 중원군 동량면 李明宰, 29ff.) |

285-1.1. 〈자료〉
Ⅰ. (영인)
  1) 권혁래. "신발굴자료「서진사전」해제."『동방고전문학연구』, 5(東方古典文學會, 2003. 12).

Ⅱ. (역주)

---

325) 중국의 金閶載陽舒文淵梓行「新刻鍾伯敬先生批評封神演義」가 영인 附載되어 있다.

1) 권혁래. "신발굴자료「서진사전」 해제."『동방고전문학연구』, 5(東方古典文學會, 2003. 12).

285-1.2.〈연구〉
Ⅲ. (학술지)
1) 권혁래. "신발굴자료「서진사전」 해제."『동방고전문학연구』, 5(東方古典文學會, 2003. 12).

◪286.[서진연의 西晉演義]
〈참고자료〉
① 『東西晉演義』(西晉四卷 東晉八卷): 明無名氏撰 題'秣陵陳氏尺蠖齋評釋'·'繡谷周氏大業堂校梓' 首雉衡山人序 (卽楊爾曾) 正文前有東西晉及十六國元魏東西魏紀年 每卷記年代起訖 此書東西晉分敍 不標回數◑(명나라 무명씨 찬인데, 책머리에 '秣陵陳氏尺蠖齋評釋'·'繡谷周氏大業堂校梓'라 쓰여 있고, 치형산인 즉 양이증의 서문이 있다. 정문 앞에 동·서진 및 16국·원위·동·서위의 기년326)이 있고, 매권마다 연대의 처음과 끝을 기록하여 놓았다. 이 책은 동·서진을 나누어 서술하고 있으며, 회수는 표시하지 않았다)[孫楷第,『中國通俗小說書目』, p. 39].

〈관계기록〉
① 『諺文古詩』(가람본), '언문칙목녹', 139):「셔진긔」.

【增】
1)『[演慶堂]諺文冊目錄』(1920; 藏書閣所藏): 131.「西晉演義」12冊.
2)『海南尹氏群書目錄』(國立中央圖書館所藏):「東西兩晉演義」.

◪287.[서초패왕기 西楚覇王記] ←『삼설기』
〈출전〉『三說記』

287.1.〈자료〉
Ⅰ. (영인)
287.1.3. 仁川大民族文化硏究所 編.『舊活字本古小說全集』, 20. 銀河出版社, 1984; (再刊) 國際아카데미, 2002. (조선서관판,『별삼셜긔』, 하,「셔쵸픽왕긔」)

◪288.[서태후전 西太后傳]
국문활자본

(청조녀걸)서태후전 (淸朝女傑)西太后傳 국중(3634-2-38=1)/[仁活全](25) 1(국한자 병기, [著·發] 金東縉, 德興書林, 1936. 10.15, 116pp.)(132)

288.1.〈자료〉
Ⅰ. (영인)

---
326) 기원으로부터 셈을 한 햇수.

288.1.1. 仁川大民族文化硏究所 編.『舊活字本古小說全集』, 25. 銀河出版社, 1984; (再刊) 國際아카데미, 2002. (덕흥서림판,「쳥조녀결 셔태후젼」)

▶(서포소설 西浦小說) → **구운몽 / 사씨남정기**

2.〈연구〉

Ⅰ.〈단행본〉

【增】

1) 사재동 편.『서포문학의 새로운 탐구』. 중앙인문사, 2000.
2) 김병국.『서포 김만중의 생애와 문학』. 서울대학교출판부, 2001.

Ⅱ.〈학위논문〉

〈석사〉

【增】

1) 한상옥. "서포 소설의 양면적 특징 고찰." 碩論(인천대 교육대학원, 2003).

Ⅲ.〈학술지〉

【增】

1) 禹快濟. "西浦小說에 나타난 '南海'의 意味 考察."『論文集』, 21(仁川大, 1996. 12). "西浦小說과 南海"로『애산학보』, 19(愛山學會, 1996. 12)에 수록
2) 禹快濟. "西浦小說에 나타난 中國 認識 考察."『省谷論叢』, 28(省谷學術文化財團, 1997. 7).
3) 김현양. "소설시대를 열어 간 중세 지성: 서포 김만중."『한국고전문학작가론』(민족문학사연구소, 1998. 8).
4) 김진영. "서포소설의 갈등과 화합의 의미."『語文硏究』, 31(語文硏究學會, 1999. 6).『서포문학의 새로운 탐구』(中央人文社, 2000. 11)에 재수록.
5) 정규복. "서포소설의 일원구조와 학문의 비판적 수용."『서포문학의 새로운 탐구』(中央人文社, 2000. 11).
6) 김석회. "인물형상을 통해 본 서포소설의 구도."『고전문학과 교육』4(청관고전문학회, 2002. 6).

◨289. [서한연의 西漢演義] ← 대왕전 / 서한전 / 서한지 / *유악귀감 / *장량전 / *장자방실기[전] / 초패왕실기 / 초한연의 / 초한전[지]327) / 초한전쟁실기 / 항우전 / 홍문연

〈관계기록〉

(한문)

①『朝鮮王朝實錄』, 宣祖 2年[1569] 6月 壬辰: 非但此書如「楚漢衍義」等書 如此類不一 無非害理之甚者也 詩文詞華 尙且不關 況「剪燈新話」・「太平廣記」等書 皆足以誤人心志者乎 自上知其誣而戒之 則可以切實於學問之功也◉(이 책[「삼국지연의」]은 「초한연의」와 같은 책일 뿐만 아니라, 이러한 종류가 하나가 아니며, 모두가 의리를 해치는 것입니다. 시문・사화도 관계치 않는데 하물며『전등신화』・『태평광기』등과 같은 족히 사람의 마음을 그릇 이끄는 책들이야

---

327)『이본목록』・『작품연구 총람』 수정.

더할 나위가 있겠습니까? 주상께서 그것의 무망함을 아시고 이를 경계하신다면 학문지공이 절실하실 것입니다).

② 『惺所覆瓿稿』(許筠 1569~1618), 13, 文部 10, 題跋, '西遊錄跋': 余得戲家說數十種 除「三國」·「隋唐」外「兩漢」齟「齊魏」拙「五代殘唐」率「北宋」略「水滸」則姦編機巧 皆不足訓而著於一人手 宜羅氏之三世啞也◯(내가 희가의 소설 수십 종을 얻어 읽어 보니, 「삼국지연의」와 「수당연의」를 제외한 그 밖의 '양한연의'는 앞뒤가 맞지 않고, '제·위지'는 치졸하며, 「잔당오대연의」는 경솔하고, 「북송연의」는 소략하고, 「수호전」은 간사하고 거짓되어 가르치기에 적당치 않은데, 이것들이 한 사람의 손에 의해 지어졌다 하니, 나씨[나관중 1330~1400]가 3세에 걸쳐 벙어리가 되었다 함은 마땅하다).

③ 『東溟先祖遺稿』, 8, '逸史目錄解'(黃中允 1577~1648): 或問於余日「天君記」何爲而作也 日慨余之半生迷亂失途 而欲返轡復路之辭也 日然則謂之逸史 而各分爲題目者何也 日此效史家衍義之法也 嘗考諸「列國誌衍義」·「楚漢衍義」及「東漢衍義」·「三國誌衍義」·「唐書衍義」及「宋史衍義」·「皇明英烈傳衍義」等諸史 則皆爲目錄 其意盖欲易於引目 務於悅人 而使觀者不厭◯(어떤 사람이 나에게 묻기를 "「천군기」를 왜 지었는가?"하였다. 나는 대답하기를 "나의 반생이 미란실도함을 슬퍼해서 고삐를 돌려 길을 돌아오고자 하는 말"이라고 대답하였다. 또 묻기를 "그렇다면 그것을 '일사'라고 하고, 각각 나누어 제목을 정했음은 왜 그런가?" 하니, 내가 대답하기를, "이것은 사가의 연의의 방법을 본뜬 것이다. 「열국지연의」·「초한연의」·「동한연의」·「삼국지연의」·「당서연의」·「송사연의」·「황명영렬전연의」 등 제사를 보면 다 목록을 만들어 제목을 구별하였는데, 그 뜻은 대개 눈으로 보기가 쉽고, 다른 사람이 기뻐하도록 하는 데 힘써서 보는 사람이 싫어하지 않도록 하고자 함이다."라고 했다).

④ 『旬五志』(洪萬宗 1643~1725), 下: 古說之表表 可稱者「西遊記」·「水滸傳」外 如列國·東西漢·齊魏·五代唐·南北宋 皆有演義皆行於世◯(옛 이야기 가운데 뛰어나[表表] 일컬어질 만한 것으로서 「서유기」·「수호전」 외에 열국 때로부터 동서한·제·위·오대·당·남북송에 이르기까지 모두 연의가 있어 세상에 유행하였다).

⑤ 『梅山文集』(洪直弼 1776~1852), 52, '雜錄': 滄海力士姓名『太平廣記』稱黎明「西漢演義」稱黎黑 未知孰是 而出於吾東之江陵者 其事尤奇 當與張良幷傳 不朽於天下萬歲者也◯(창해역사의 성명은 『태평광기』에는 여명이라 하고 「서한연의」에는 여흑이라 하였는데, 어느 것이 맞는지는 알 수 없으나 우리 나라 강릉 출신이라 하니 그 일이 더욱 기이하다. 마땅히 장량[B.C. ?~B.C. 168][328]과 더불어 함께 전하여 천하 만세에 사라지지 아니할 것이다).

⑥ 『中國歷史繪模本』(完山[映嬪]李氏, 1762), no. 5: 「西漢演義」.

⑦ 「漢唐遺事」[1852?](朴泰錫): 自有書契以來 稗說之家多矣 如「三國」·「列國」·「東·西漢演義」·「西廂」·「西遊」·「水滸」等書 或附會事跡 或逑記寓言 使覽之者欣然忘食 聞之者怡然解頤 於斯時也 擧天下之物 似不足以喩其樂也 此等書例多荒誕 醇儒莊士之所不道 況其下此者乎◯(글자[書契]가 생긴 이래로 패설가들이 많으니, 「삼국지연의」·「열국지」·「동·서한연의」·「서상기」·「서유기」·「수호전」 등의 책과 같은 것이다. 혹은 사적을 부회하고, 혹은 우언을 써서 보는 사람으로 하여금 재미있어서 먹는 것을 잊게 하고, 듣는 사람으로 하여금 즐거워서 웃음이 나오게 한다.

---

328) 중국 漢나라 高祖 劉邦의 공신으로, 字는 子房. 蕭何와 함께 책략이 뛰어나 한나라 창업에 힘썼으며, 그 공으로 留侯에 책봉되었다.

이럴 때에는 천하의 물건을 들어도 그 즐거움을 비유하기에 부족하다. 이런 책들은 매우 터무니없는 것이고, 순수한 선비라면 입에 올릴 바가 못 되는데, 하물며 이보다 못한 책들이야 말해 무엇하겠는가?).

⑧「玉仙夢」: 由此觀之 稗官之功 亦可微哉 何以明其然也 陳壽作志而忠臣忘軀 水滸成傳而義士奮身 西遊之記出而怪鬼戢其妖術 甁梅之書作而悍婦懲其妬心 演楚漢之義而英雄知曆數之有歸 倡剪燈之話而蕩子知風流之有節◉(이로써 보건대, 패관 소설의 공이 역시 작다고 할 수 있는가? 어떻게 그것을 밝힐 수 있겠는가? 진수가『삼국지』를 지어 충신이 제 몸을 아끼지 않게 되었고,「수호전」이 만들져 의사가 제 몸을 일으키게 되었으며,「서유기」가 나와서 괴귀가 요술을 그만두게 되었고,「금병매」가 지어져 사나운 여자가 질투심을 고치게 되었으며, 초한 때의 의리가 소설로 만들어져 영웅은 운수의 돌아감을 알게 되었고,『전등신화』의 이야기에 이끌리어 탕아가 풍류에도 절도가 있음을 알게 되었다).

【增】
1)『字學歲月』[1744](尹德熙 1685~1766):「西漢記」.
2)『私集』(尹德熙 1685~1766), 4,「小說經覽者」(1762):「西漢記」.
3)『海南尹氏群書目錄』(國立中央圖書館所藏):「西漢演義」.

(국역)
① 「玉鴛再合奇緣」(溫陽鄭氏 1725~1799), 15:「초한연의」.
②『諺文古詩』(가람본), '언문칙목녹', 101:「쵸한연의」.
③『諺文古詩』(가람본), '언문칙목녹', 104:「셔한연의」.
④ Courant, 753:「셔한연의 西漢演義」.

【增】
1)『鎖尾錄』[1591~1601](吳希文), 4,「乙未日錄」, 乙未年[1595] 一月: 初三日 終日在家 無聊莫甚 因女息之請 諺解「楚漢演義」 使仲女書之(3일. 종일 집에만 있자니 무료하더니 딸의 청으로 「초한연의」를 번역하여 둘째딸을 시켜 쓰도록 했다).
2)『大畜觀書目』(19C初?):「西漢演義」 諺 十冊.
3)『[演慶堂]諺文冊目錄』(1920; 藏書閣所藏): 37.「西漢演義」 16冊.

국문필사본

(서한연의)

| 【增】 서한연의 권지삼 | 박순호[家目] | 낙질 1(正月初八日부터 正月二十八日되야졔오맛다, 154f.) |
| 【增】 西漢演義 | 선문대[중한번역문헌연구소] | 낙질 1 |

(서한전 / 서한지)

| 【增】 서한전 | 미도민속관[생활사 도록](16) | 1 |
| 【增】 서한전 | 정명기[尋是齋 家目] | 낙질 1(권 10) |

(초한실기/초한연의)

| 【增】 초한연의 | 선문대[중한번역문헌연구소] | 1 |

【增】 초한연의		선문대[중한번역문헌연구소]	1
【增】 초한가		정명기[尋是齋 家目]	1329)
(초한전 / 초한지)			
【增】 초한젼 권지상이라 楚漢傳上下合部		박순호[家目]	1(癸亥夏四月日, 순창군순창면 장덕니닉 책주인에신정휴의 책이라, 冊主人 申正休68f.)
【增】 초한젼		박순호[家目]	1(60f.)
【增】 초혼지 상/하 합부		박순호[家目]	1(국한문 혼용, 상: 36f.; 하: 41f.)
【增】 쵸한연 졔오		박순호[家目]	낙질 1(5: 49f.)
【增】 초한전		박재연[中韓鼢文展目(2003)]	1

국문완판본

【增】 (서한연의)330)

【增】 셔한연의 권지하라		박순호[家目]	1(丁未孟夏完南龜石里新刊, 44f.)331)
【增】 셔한연의 권지하라		박순호[家目]	1(己酉季春完山開刊, 44f.)
【增】 셔한연의 권지하라		박순호[家目]	1(44f.)332)
【增】 셔한연의 권지하라		박순호[家目]	1(43f.)333)
(초한젼)334)			
	쵸한젼	계명대[古綜目(의)811.35탁종길ㅊ]	2-1(卓鐘佶編, 西溪書舖, 1911)
【增】	쵸한젼	계명대[古綜目(고)811.35초한젼]	2-1(西溪書舖, 隆熙2[1908])
【增】 쵸한젼 권지상이라		김종철[家目]	1(상·하: 88f.)
【增】 쵸한젼 권지상이라 /셔한연의 권지하라		박순호[家目]	2(상: 44f.; 하: 明治四十四[1911] 八月二十二日發行, [發]卓鍾佶, 全州郡全州面多佳町三四番 文明書舘, 45f.)
【增】 쵸한젼 권지상이라 楚漢傳 卷之上		박순호[家目]	낙질 1(상: 44f.)
【增】 초한전 권지상이라 楚漢傳 卷之上		박순호[家目]	1(42f.)335)
【增】 초한전 권지상이라		박순호[家目]	1(44f.)336)

---

329) 「별춘향가」와 합철.
330) '권지상'은 '초한전'의 이름으로 출간되었다.
331) 동일 판본 3책 소장.
332) 동일 판본 3책 소장.
333) 동일 판본 6책[일부 낙장본 포함] 소장.
334) 卷之下는 '셔한연의 권지하라'란 이름으로 출간되었다.
335) 동일 판본 6책[일부 낙장본 포함] 소장.

	楚漢傳 卷之上		
【增】 초한전 권지상		여태명[家目](115)	2-1(丁未孟夏完南龜石里新刊, 86f.)
【增】 초한전 권지상이라 셔한연의 권지하라		이태영[家目]	2(全州郡多佳町一百二七二番地 多佳書舖, 상: 42f. 하: 丁未孟夏完南龜石里新刊, 大正五年[1916]十月八日, 44f.)
【增】 쵸한젼 권지상이라 楚漢傳		이태영[家目]	1(상: 44f.; 하: 낙장 38f.337))
【增】 쵸한젼 권지상이라 쵸한젼		이태영[家目]	2-1(상: 44f.; 하: 낙장 39f.)338)

국문판각본

(서한연의)

【增】 셔한연의		박재연[中韓飜文展目(2003)]	1

(초한전)

【增】 쵸한젼 楚漢傳		박재연[中韓飜文展目(2003)]	2-1
쵸한젼이라 楚漢傳		임형택[莽蒼蒼齋 家目]	2-1(己酉季春, 상: 44f.; 하: 44f.)

국문활자본

(서한연의)

언문 셔한연의 諺文西漢演義		국중[目·東2](3736-13) /박재연[中韓飜文展目(2003)]339)	4(100회, 李柱浣 編譯, 1~2 합: 永昌書館, 1917, 272pp.)
(언문)셔한연의 (諺文)西漢寅義		국중(3736-13-1)/[仁活全](25)	3(李柱浣 譯編, 永豊書館, 1917.4.30, 1: 144pp.; 2: 126pp.; 3: 142pp.)
【增】 諺文 西漢演義		[『現行四禮儀節』(1924) 광고]	1(滙東書舘)340)

(초한전 / 초한전쟁실기)

쵸한젼 楚漢傳		국중(3634-2-54=4)<재판>/영남대 [目續](도남813.5)/[仁活全](15)	1([著·發]洪淳泌, 京城書籍業組合, 초판 1915.11.25; 6판 1926.12.20, 79pp.)
(고딕초한)젼징실긔 권지단 楚漢戰爭實記		국중(3634-2-54=1)/[仁活全](15)	1(국한자 병기, [著·發]李鍾楨, 光東書局·太學書舘, 1917.11.15,

---

336) 동일 판본 4책 소장.
337) 하권 제18쪽이 결실된 대신 필사된 종이가 삽입되어 있다.
338) 상권 첫째 장이 훼손되었고, 하권도 여러 곳이 훼손됨.
339) 권 2 결본도 소장하고 있다.
340) 국문 활자본 「초한전」 항목 끝에 誤載되었던 것을 바로잡음.

		72pp.)
초한전	조희웅[家目]/[대조 1]	1(大造社, 1959, 71pp.)
초한전	박순호[家目]/[광고(1952)]	1([發]申泰三, 世昌書舘, 72pp.)
(고딕소설)쵸한전	국중(3634-2-54=6)	1(永昌書舘·韓興書林·三光書林, [著·發]姜義永, 1925.11.20, 79pp.)
쵸한전	국중(3634-2-22=4)<초판>/국중 (3634-2-54=2)<재판>/哈燕 [韓籍簡目 1](K5973.5/4290/4) 재판	1([著·發]南宮楔, 漢城書舘, 초판 1917.11.25; 재판 1918.11.25, 79pp.)
【削】 초한전	哈燕[韓籍簡目 1](K5973.5/4290/4)	1(漢城書舘, 1918, 79pp.)

한문필사본

【增】 楚漢演義	김광순[筆全](51)	1(37f.)
【增】 楚漢演義	정명기[尋是齋 家目]	1
【增】 楚漢演義	정명기[尋是齋 家目]	1341)

289.1. 〈자료〉

Ⅰ. (영인)

「서한연의」

289.1.2. 仁川大民族文化硏究所 編.『舊活字本古小說全集』, 25. 銀河出版社, 1984; (再刊) 國際아카데미, 2002. (영풍서관판)

「초한연의」/「초한전」/「초한전쟁실기」

289.1.7. 仁川大民族文化硏究所 編.『舊活字本古小說全集』, 15. 銀河出版社, 1983; (再刊) 國際아카데미, 2002. (광동서국·태학서관판,『고딕초한젼징실기』)

【增】

1) 金光淳 編.『金光淳所藏 筆寫本韓國古小說全集』, 51. 박이정출판사, 1994. (한문본, 김광순 소장)

Ⅱ. (역주) [현대어역]

289.1.28. 김홍신 지음.『(소설) 초한지』(전 5책). 대산미디어, 1998; (제2판) 대산출판사, 2003.

【增】

1) 김팔봉 지음.『초한지』(전 3책). 어문각, 1984.
2) 김상국 역.『초한지』(전 5책). 명문당 1986.
3) 정비석.『초한지』(전 5책)(페이퍼백). 고려원, 1996.
4) 이범기.『초한지』. 민서출판사, 2001
5) 이언호 평역.『초한지(한권으로보는)』. 큰방, 2001.
6) 정비석 지음.『초한지』(전 5책). 범우사, 2003.

---

341) 파선소설과 합철.

▶(서한전 西漢傳 → 서한연의)
▶(서한지 西漢誌 → 서한연의)

◪290. [서해무릉기 西海武陵記]

국문필사본

【增】 셔히무릉기　　　　　　　임형택[莽蒼蒼齋 家目]　　　　　1(50f.)³⁴²⁾

290.2. ⟨연구⟩
Ⅱ. (학위논문)
⟨석사⟩
【增】
1) 김채인. "「서해무릉기」 연구." 碩論(한국교원대 대학원, 2003. 2).

Ⅲ. (학술지)
【增】
1) 배정희. "「서해무릉기」의 신고찰." 『문학과언어』, 26(문학과언어학회, 2004. 5).

◪291. [서화담전 徐花潭傳] ← 서경덕전

291.1. ⟨자료⟩
Ⅰ. (영인)
291.1.1. 仁川大民族文化研究所 編. 『舊活字本古小說全集』, 21. 銀河出版社, 1984; (再刊) 國際아카데미, 2002. (광동서국동양서원판)

◉{석성기봉}
⟨관계기록⟩
① 『諺文古詩』(가람본), '언문칙목녹', 193: 「셕셩긔봉」.

◉{석씨가록 石氏家錄}
⟨관계기록⟩
① 「윤하정삼문취록」, 93: 셕공즈는 호협 방낭ᄒᆞ고 취식 경박ᄒᆞ며 호쥬 긔식하여 크게 광망ᄒᆞ니 뎡쇼져 낭염이 무슈ᄒᆞᆫ 곤익을 빈포ᄒᆞ니 셜화 하편의 져기 긔록ᄒᆞ니라 셕공이 식부의 아름다오믈 크게 ᄉᆞ랑ᄒᆞ나 아ᄌᆞ의 호일ᄒᆞ믈 ᄃᆡ로터라 조치 아닌 거죄 또 하회의 ᄃᆡ강 긔록ᄒᆞ고 버거 「셕시가록」의 잇ᄂᆞ니라.

◪292. [석일태전]
▶(석주소설 石洲小說) → 곽삭전 / 위경천전/ 주사장인전 / 주생전
◉{석중옥 石中玉}

---

342) 「열비충효록」과 합철되어 있다.

⟨관계기록⟩
① 「玉鴛再合奇緣」(溫陽鄭氏 1725~1799), 15, 表紙 裏面: 「셕등옥」.

●293.[[석탄중전 石坦中傳]]
⟨작자⟩ 朴允黙(1771~1849)
⟨출전⟩ 『存齋稿』, 25, 雜著

293.2. ⟨연구⟩
Ⅲ. (학술지)
【增】
1) 김창룡. "문방사우 가전과 유서: 「저백전」·「모원봉전」·「진현전」·「석탄중전」." 『가전 산책』(한성대 출판부, 2004. 4).

●294.[석태룡전 石太龍傳]
●295.[석화룡전 石化龍傳]
⟨관계기록⟩
① 『諺文古詩』(가람본), '언문칙목녹', 162: 「셕화룡젼」.
② 『增補朝鮮小說史』(金台俊), p. 229: 「石化龍傳」.

【增】⟨작품연대⟩
1) 이 작품은 주인공의 신화적 능력이 약화된 「소대성전」보다는 후대의 작품이라 할 수 있으나, 다른 영웅 소설에서 볼 수 없는 명혼 모티프가 등장하고, 후대의 영웅 소설에서 나타나는 도술의 전수 과정이 보이지 않는 점으로 보아, 「소대성전」과 「셕화룡젼」은 가까운 위치에 있음을 알 수 있다. 따라서 이 작품은 영웅 소설사에 있어서 「소대성전」의 다음 단계에 속하는 작품이라 추정되며, 영웅 소설 가운데에서 가장 이른 시기의 특징을 지닌 「금방울전」, 「숙향전」과 비슷한 시기에 형성되었을 것으로 추정된다. …… 「숙향전」의 창작 시기를 18세기 중반으로 본다면 이 작품은 18세기 중반에 창작되었거나 그 이전일 가능성이 높다(吳柱錫, "「石化龍傳」 硏究," 韓國敎員大 碩論[1994. 8], pp. 85~86 발췌 인용).

【增】⟨비교연구⟩
1) 「셕화룡젼」은 「만복사저포기」류의 염정 소설적 요소, 傳奇의 遍歷과 「심청전」류의 용궁 세계, 「안락국전」류의 무속 세계, 「유충렬전」류의 군담 소설적 요소, 「허생전」류의 화폐 경제 질서 등을 혼합하면서도 전혀 새로운 유형으로 발전할 가능성을 제시한 작품이다. 다만 주인공의 성격이 여타 작품처럼 고정화되고 추상화되어 있다 할지라도 나름대로 그것을 극복하고 서로의 성격적 개성이 어느 정도 이루어졌다는 데서 그 가치를 부여해야 할 것이다(오종근, "「셕화룡젼」 연구," 『禪武學術論集』, 10[2000. 2], p. 325).

【增】⟨판본연대⟩
1) 3편의 이본인 趙東弼本, 高大本, 朴順浩本은 음운 현상과 표현 방법으로 인한 부분적인 차이는 있으나, 전체적인 내용과 의미는 크게 차이가 나지 않는다. 그러므로 이들 세 이본은 모두

같은 계열임을 알 수 있다. …… 세 이본 중에서 박순호본의 내용이 가장 후대에 필사되었다는 것을 확인할 수 있다. …… 고대본의 필사 연대를 갑오년 즉 1894년이나 1834년으로 추정한다면, 박순호본은 1899년 혹은 1839년의 기해년이 되며, 조동필본은 고대본과의 관계를 고려해 볼 때, 고대본과 비슷한 연대에 필사된 것으로 짐작된다. 그러므로 이들 세 이본은 모두 1890년대나 1830년대에 필사된 이본이라 할 수 있다(吳柱錫, "「石化龍傳」硏究," 韓國敎員大 碩論[1994. 8], p. 15).

국문필사본			
셕화룡젼 石化龍傳 全	고대(C15-A10)/정문연[韓古目] (474: R35N-003033-12)		1(4권 합철, 1: 갑오삼월초오일, 16f.; 2: 갑오삼월초칠일, 14f.; 3: 갑오삼월십일, 12f.; 4: 갑오삼월초십일리동필서, 13f.)
【增】 셕화룡젼 권지일/권지이/권지삼	김광순[筆全](55)		3(1: 36f.; 2: 34f.; 3: 32f.)
셕화룡젼이라	박순호[필총](23)		1(긔희이월, 87f.)
셕화룡젼	정문연[南涯藏目]/정문연(D7B-27) /[韓古目](473: R16N-001145-18)	낙질	1(4+29f.)³⁴³

295.1. 〈자료〉

Ⅰ. (영인)

【增】

1) 金光淳 編,『金光淳所藏 筆寫本韓國古小說全集』, 55. 박이정출판사, 1994. (김광순 소장)

【增】 Ⅱ.(역주)

1) 김수봉 주해,『매화전·셕화룡젼·쌍동전·양씨전』. 세종출판사, 2002.

295.2. 〈연구〉

Ⅱ.(학위논문)

〈석사〉

【增】

1) 한명국. "「셕화룡젼」 연구." 碩論(국민대 교육대학원, 2002.8).

Ⅲ. (학술지)

【增】

1) 오종근. "「셕화룡젼」 연구."『禪武學術論集』, 10(國際禪武學會, 2000. 2). 오종근·백미애,『조선조 가정소설』(월인, 2001. 8)에 재수록.

▶(선관 仙官 두껍전 → 두껍전)
▶(선군전 仙君傳 → 숙영낭자전)

---

343) 「셕화룡젼」은 처음 4f.뿐이며 나머지 제5~9장은 「유희[효?]공전」외 附 '歌詞', 다시 제30장부터 '셕화룡뎐 권지삼'이 필사되어 있다.『韓國古小說目錄』(韓國精神文化硏究院)에는 59f.로 되어 있다.

◐{선낭자전 仙娘子傳}
▶(선녀홍대 仙女紅帒 → 최치원)
　〈출전〉『大東韻府群玉』, 15
　〈관계기록〉
　　① 『大東韻府群玉』(權文海 1534~1591), 15, '仙女紅帒': 新羅殊異傳 崔致遠作.

▶(선달기전 鮮妲己傳 → 달기전)
◐{선덕여왕전 善德女王傳}
▶(선동전 仙童傳 → 권익중전)
◆296. [선부인가전]344)
　296.2. 〈연구〉
　　【增】
　　1) 임치균. "「션부인가젼」, 「션부인언행별록」(자료 소개)."『홍익어문』, 16(홍익어문연구회, 2002. 12).

◆297. [[선분기담 仙分奇談]] ←『오옥기담』
　〈출전〉『五玉奇談』(1906)
◐{선악보은록 善惡報恩錄}
　〈관계기록〉
　　① Courant, 865: 「선악보은록 善惡報恩錄」.

◆298. [선연전]
◆299. [[선우태자전 善牛太子傳]]
　〈출전〉『釋迦如來十地修行記』, 第六地「善友太子譚」. 원래『報恩經』, '惡友品'에 근원을 둔 작품으로,『석보상절』·『월인석보』(권 23)에 번안 편입된 것이다.

　299.2. 〈연구〉
　　Ⅲ. (학술지)
　　【增】
　　1) 朴光洙. "「선우태자」 전승의 형성·전개."『人文科學硏究學術論叢』, 2(忠南大 人文科學硏究所, 1997. 2). "善友太子 傳承의 戱曲的 展開"로 史在東 編,『韓國戱曲文學史의 硏究』, Ⅲ(文硏究學術叢書 第5輯, 中央人文社, 2000. 3)에 재수록.

◐{선유동기 仙遊洞記}
◐{선의격천록}
　〈관계기록〉
　　①『諺文古詩』(가람본), '언문칙목녹', 45:「선의격천녹」.

---
344) 이 작품은 家傳 작품이다.

▶(선임록 鮮壬錄 → 임진록)

◨300.[선죽교 善竹橋] ← 정포은전

국문활자본

(정포은전)

| (만고충절)뎡포은젼 (萬古忠節)鄭圃隱傳 | 국중(340.99-정242ㄷ)/대전대 [이능우 寄目](1177)/홍윤표[家目] | 1([著·發]金東縉, 玄丙周, 德興書林, 1929.11.5, 48pp.) |

300.1. 〈자료〉

Ⅰ. (영인)

300.1.1. 仁川大民族文化硏究所 編, 『舊活字本古小說全集』, 25. 銀河出版社, 1984; (再刊) 國際아카데미, 2002. (세창서관판)

◨301.[선진일사 禪³⁴⁵⁾眞逸事(史)]

〈참고자료〉

① 「禪眞逸史」八集 四十回: 明方汝浩撰 題'淸溪道人編次'·'心心僊侶評訂' 每集後有總評 署名不一 有仁和諸某序◐(명나라 때 방여호³⁴⁶⁾가 찬한 것이다. 첫머리에 '청계도인이 편차하고 심심선려가 평정'했다고 되어 있다. 매권 끝에 총평이 있는데 서명은 한결같지 않다. 인화 제모의 서문이 있다)[孫楷第, 『中國通俗小說書目』, p. 189].

〈관계기록〉

(한문)

① 『中國歷史繪模本』(完山[映嬪]李氏, 1762), no. 9: 「禪眞逸史」.

【增】

1) 『私集』(尹德熙 1685~1766), 4, 「小說經覽者」(1762): 「仙眞逸史」.
2) 『海南尹氏群書目錄』(國立中央圖書館所藏): 「禪眞逸史」.

(국역)

① 『諺文古詩』(가람본), '언문칙목녹', 212: 「선진일스」.

【增】

1) 『[演慶堂]諺文冊目錄』(1920; 藏書閣所藏): 20. 「仙眞逸史」 21冊.
2) 『[演慶堂]諺文冊目錄』(1920; 藏書閣所藏): 83. 「仙眞逸史」 15冊.³⁴⁷⁾

301.1. 〈자료〉

【增】 Ⅱ. (역주)

1) 권도경·박재연 校註, 『선진일스 禪眞逸史』. 조선시대 번역고소설 총서 이회, 2003.³⁴⁸⁾ (정문연

---

345) 『이본목록』·『작품연구 총람』·『문헌정보』 수정.
346) 명나라 때 낙양인으로 항주에 가 살았다. 「선진일사」의 첫머리에 있는 '淸溪道人編次'라는 것과 '서문에 보이는 '方汝浩淸溪道人識'라는 기록으로 미루어 이 작품은 그가 지은 것임을 알 수 있다.
347) 상단에 '現在 十四冊'이라는 注記가 붙어 있고, 하단 摘要欄에 '第二冊欠'이라 되어 있다.
348) 중국의 本衙爽閣本이 영인 附載되어 있다.

소장 「션진일ᄉ」 2종)

◐302. [선진후사 禪眞後事]

〈참고자료〉

① 「禪眞後事」 十集 十卷 六十回: 明方汝浩撰 題'淸溪道人編次'·'沖和居士評校' 首崇禎己巳 翠娛閣主人(陸雲龍)序 「禪眞後事源流」 ◐(명나라 때 방여호가 편찬한 것이다. 첫머리에 '청계 도인이 편차하고 충화거사가 평을 쓰고 교정했다'고 되어 있다. 또 첫머리에 숭정 기사년[1629]에 취오각주인이 쓴 '선진후사 원류'란 머리말이 있다)[孫楷第, 『中國通俗小說書目』, p. 190].

〈관계기록〉

(한문)

① 『中國歷史繪模本』(完山[映嬪]李氏, 1762), no. 20. 「禪眞後史」.

(국역)

① 『諺文古詩』(가람본), '언문칙목녹', 215. 「선진후ᄉ」.

【增】 ■『선현유음 先賢遺音』 → 「강산변」·「상사동기」·「왕경룡전」·「운영전」·「주생전」·「최선전」·「최척전」·「최현전」

〈작품연대〉

1) 추정할 만한 단서는 백지 한 장을 표지 안에 덧붙인 面紙에 적어 있는 '世在癸丑'과 필사된 작품들, 작품 속의 干支, 서지적 사항, 그리고「강산변」과 散見된 어휘 따위를 통해서이다. 첫째, 간지가 필사자의 필적인지 후대 누군가 첨부한 것인지 파악하기 어려우며, 또 이 시기가 필사 시기인지도 정확히는 알 수 없다. 하지만『선현유음』어느 곳에도 필사자 외에 加筆한 흔적이 없다는 점과 처음부터 소설집으로 묶여 있었다는 점을 고려한다면, 매우 유용한 단서가 될 수 있다고 생각한다. 그렇다면 '世在癸丑'은 필사된 작품들의 창작 연대와 紙質 등을 고려할 때, 1913, 1843. 1793. 1733, 1673년까지 소급할 수 있다. 둘째, 이 소설집에 필사된 작품들은 「주생전」·「운영전」·「최현전」·「강산인」·「상사동기」·「왕경룡전」·「최척전」·「최선전」으로 8편인데, 대부분 17세기나 그 이전 작품들이다. 이 중 「崔仙傳」은 1579년 이전 作으로, 「周生傳」은 權韠(1569~1612)과 「崔陟傳」은 趙緯韓(1567~1649)의 작품으로 볼 경우 17세기 초반경이다. 「雲英傳」·「相思洞記」·「王慶龍傳」 등의 작품 역시 17세기 작으로 보고 있다. 아울러『선현유음』에서 간지를 언급한 작품은 5편이다. 이 작품들을 통하여 필사이 상한선은 분명히 적시할 수 있다. 「주생전」은 말미에 '癸巳仲夏序'[1593년 음력 5월], 「운영전」,「상사동기」는 서두에 각각 '萬歷辛丑春三月旣望'[1601년 3월 16일], '弘治[1488~1505]中'이라고 하였다. 「왕경룡전」은 서두와 말미에 '嘉靖末'과 '萬曆己亥年間'이라는 간지가 보인다. 「최척전」은 말미에 '天啓元年[1621]閏二月日'이라고 필사되어 있으니 가장 늦은 간지이다. 따라서 이들 작품은 대략 16세기 초부터 17세기 중엽에 창작, 轉寫, 유통되었을 가능성이 크다. 여기서 「최척전」을 고려한다면『선현유음』의 필사 시기는 1621년을 넘을 수 없다. ······ 따라서 지금까지의 정황으로 미루어 보건대 필사 시기는 정황적으로는 17세기 정도로 좁혀진다. 여기서 '世在癸丑'이라는 干支를 고려한다면, 1673년이다. ······ 따라서 유통 과정과 필사자가 작품들을 읽고 필사할 만한 시간성,

『화몽집』의 필사 연대가 1630년 여름이라는 점과 애정 소설의 필사 시기가 17세기를 정점으로 한다는 점 등을 감안한다면, 이『선현유음』의 필사 시기 또한 17세기로 추정하는 것에 큰 무리는 없을 듯하다(간호윤,『先賢遺音』[2003. 8], pp. 11~12, 14, 17, et passim).

〈판본연대〉

1) 필사 시기는 17세기 중엽에서 말 정도로 가늠할 수 있다. 추정할 만한 단서는 둘째 장 여백에 적혀 있는 '世在癸丑'과 필사된 작품들, 작품 속의 干支, 그리고 서지적 사항 따위를 통해서이다. 첫째, 간지가 필사자의 필적인지, 후대에 누군가가 첨부한 것인지 파악하기 어려우며, 또 이 시기가 필사 시기인지도 정확히는 알 수 없다. 하지만『선현유음』어느 곳에도 필사자 외에 加筆한 흔적이 없다는 점과 처음부터 소설집으로 묶여 있었다는 점을 고려한다면 매우 유용한 단서가 될 수 있다고 생각한다. 그렇다면 '世在癸丑'은 필사된 작품들의 창작 연대와 紙質 등을 고려할 때 1913. 1843, 1793, 1733, 1673년까지 소급할 수 있다. 둘째, 이 소설집에는 필사된 작품들이「周生傳」,「雲英傳」,「崔灝傳」,「江山辨」,「相思洞記」,「王慶龍傳」,「崔陟傳」,「崔仙傳」으로 8편인데, 대부분 17세기나 그 이전 작품들이다. 셋째,『선현유음』은 서지적 사항으로 비루어 100여 년은 족히 넘어 보이고, 이본을 보아도 선행본에 속한다. 넷째, 필사 작품들, 각 이본 대조 등으로 미루어 볼 때, 필사자는 전란을 체험한 사람이며 마음먹고 이 필사집을 만든 듯하다. 또 각 이본을 교감 대조한 결과『선현유음』의 필사 작품들은 비교적 선본에 속하는 작품군과 일치한다는 점이다. 따라서 필사 시기의 상한선은 1621년이고, 하한선은 18세기이며, 정황적으로는 17세기 정도로 좁혀진다. 여기서 '세재계축'이라는 간지를 고려한다면 1884, 1793, 1733, 1673년이다. 다섯째, …… 우리 나라의 한문 소설 필사집 혹은 창작집은 유독 17세기를 중심으로 散見된다. 17세기 중엽에 金集[1754?~1656]의『愼濁齋手澤本傳奇集』, 1630년 여름의『花夢集』이 있고, 한글 소설집으로도 黙齋 이문건[1497~1567]의『黙齋日記』, 1641년『三方要路記』등이 보인다. 또 이들 17세기 필사집의 공통점은 모두 두세 편 정도의 같은 작품이 수록되어 있으며, 특히 애정 소설이 중복 필사되어 있음을 알 수 있다. ……『선현유음』은 바로 이러한 17세기 한문 전기 소설집의 동기화 성격을 온전히 갖추고 있다. 즉 8편에 달하는 작품이 選集 필사되어 있으며,「주생전」,「상사동기」,「운영전」,「왕경룡전」은 다른 필사집들에도 수록되어 있고, 영웅 소설인「최선전」은「신독재수택본전기집」에도 있다. 이것은 그만큼『선현유음』과 다른 소설집과의 필사 시기가 멀지 않음을 알 수 있는 傍證으로 볼 수 있다. 특히 이『선현유음』에는「최선전」과「강산변」2편을 제외하면 5편 모두 애정 소설이다. 따라서 필자는 '세재계축'이라는 간지의 1843, 1793, 1733, 1673년을 고려하여 1673년, 즉 17세기 중엽에서 말엽 어간에『선현유음』이 필사되었을 것으로 比定한다(簡鎬允, "「崔灝傳」연구: 17세기 傳奇小說과 國文小說과의 관계를 中心으로,"『語文研究』, 118[2003. 6], pp. 162~163 각주 2).

한문필사본

先賢遺音[349]   金基鉉[간호윤, "「崔灝傳」"   1(116f.)
              『우리 文學研究』, 14(2001)]

---

349) 배접한 부분의 원래 표제는 '罷酒抄'로 되어 있다고 한다. 간호윤,『先賢遺音』(이회, 2003), pp. 8~9 각주 1) 참조.

2. 〈연구〉
   Ⅲ. (학술지)
   1) 簡鎬允. "(發掘資料)「崔灝傳」." 『우리文學硏究』, 14(우리문학회, 2001. 12).

▶ (선회록 仙會錄 → 구운몽)
▶ (설경전 薛卿傳 → 설저전)
◐303. [설공찬전 薛公瓚傳] ← 설공찬환혼전
   〈작자〉 蔡壽(1449~1515)
   〈출전〉 李文楗(1494~1567)의 『黙齋日記』[1535~1567年分], 3[350]
   〈관계기록〉
   ① 『中宗實錄』, 6年[1511] 9月: 己酉 臺諫啓前事 憲府啓 蔡壽作「薛公瓚傳」其事皆輪回禍福之說 甚爲妖妄 中外惑信 或繙以文字 或譯以諺語 傳播惑衆 府當行移收取 然恐或有不收入者 如有後見者 治罪 答曰「薛公瓚傳」事涉妖誕 禁戢可也 然不必立法餘不允 ……壬子 命燒「薛公瓚傳」其隱匿不出者 依妖書隱藏之律 治罪……乙丑 命罷仁川君蔡壽職 以其撰「薛公瓚傳」造怪誕之說 形諸文字 使人信惑 依左道亂正扇惑人民律 憲府照以當絞 只命罷職 ……丁卯 御朝講 大司憲南袞 獻納鄭忠樑 啓前事 不納 領事金壽童曰 聞蔡壽之罪 斷律以絞 臺諫扶正道闢邪說之意 固當如是 壽若自造爲妖言 鼓動人心 則可斷以死 但爲技癢所使 聞見而妄作 是所不當爲而爲之也 刑賞務要得中 若此人可死 則如『大[太]平廣記』·『剪燈新話』之類 其可盡誅乎 上曰「薛公瓚傳」爲輪回禍福之說 以惑愚民 壽非無罪 然絞則過矣 故宜罷之 南袞曰 左道亂正之律 執法之吏 則固當斷之如此矣 壽童曰 壽罪果合此律 則今若自造爲妖言者 當以何律斷之 臣恐情與法似乖矣 檢討官黃汝獻曰 蔡壽「薛公瓚傳」至爲非矣 公瓚壽之族人也 壽必信惑而著之矣 此關係世敎 有妨治道 今之罷職 實是寬典 非過重也 上曰 壽固有罪 照律則過矣 ◐ 己酉. 대간이 전의 일을 아뢰었다. 헌부가 아뢰기를, "채수[1449-1515]가 「설공찬전」을 지었는데 그 내용이 모두 윤회 화복의 이야기여서 매우 요망한 것인데, 중외가 그것을 혹신하여 한자로 옮기거나 혹은 언문으로 번역해서 전파함으로써 민중을 미혹시킵니다. 사헌부에서 마땅히 공문을 발송하여 거두어들여야 합니다. 혹 거두어들이지 않는 경우도 있을 것이니 뒤에 발견되면 죄로 다스려야 합니다." 하니, 답하기를, "「설공찬전」은 내용이 요망하고 허황하니 금지함이 옳다. 그러나 법을 세울 필요는 없다."고 했다. …… 임자. 『설공찬전』을 불살랐다. 숨기고 내어 놓지 않는 자는, '요서 은장률'로 치죄할 것을 명했다. 을축. 인천군 채수의 파직을 명했다. 그가 지은 「설공찬전」이 괴이하고 허탄한 말을 꾸며서 문자로 나타낸 것이어서 사람들로 하여금 믿어 혹하게 하기 때문에 부정한 도로 정도를 어지럽히고 인민을 선동하여 미혹케 한 율'에 의해 사헌부가 교수형으로써 조율했는데 파직만을 명한 것이다. 정묘. 조강에 나아갔다. 대사헌 남곤 헌납 정충량이 전의 일을 아뢰었으나 받아들이지 않았다. 영사 김수동이 아뢰기를, "들으니, 채수의 죄를 교수형으로써 단죄하였다 하는데, 정도를 붙잡고 사설을 막아야 하는 대간의 뜻으로는 이와 같이 함이 마땅하나, 채수가 만약 스스로 요망한 말을 만들어 인심을 선동시켰다면 사형으로 단죄함이 가하지만, 다만 기양의 시킨 바가 되어

---

[350] 『묵재일기』의 접힌 裏面을 째고 필사되어 있으며, 본 작품에 이어 「왕시전」·「왕시봉전」·「비군전」·「주생전」 등이 함께 기록되어 있다.

보고 들은 대로 망녕되이 지었으니, 이는 해서는 안 될 것을 한 것입니다. 그러나 형벌과 상은 중용을 얻도록 힘써야 합니다. 만약 이 사람이 죽어야 된다면, 『태평광기』·『전등신화』같은 유를 지은 자도 모조리 베어야 하겠습니까?" 하니, 상이 이르기를, "「설공찬전」은, 윤회 화복의 설을 만들어 어리석은 백성을 미혹케 하였으니, 수에게 죄가 없는 것이 아니다. 그러나 교수함은 과중하므로 참작해서 파직한 것이다." 하자, 남곤이 아뢰기를, "좌도난정률은 법을 집행하는 관리라면 진실로 이와 같이 단죄함이 마땅합니다."하고, 김수동은 아뢰기를, "채수의 죄가 과연 이 율에 합당하다면, 만약 스스로 요망한 말을 지어 내는 자는 어떤 율로 단죄하겠습니까? 신의 생각엔 실정과 법이 어긋난 듯합니다." 하고, 검토관 황여헌은 아뢰기를, "「설공찬전」은 지극한 잘못입니다. 공찬은 채수의 일가 사람이니, 수가 반드시 믿어 혹하여 저술하였을 것입니다. 이는 세교에 관계되고 치도에 해로우니, 파직은 실로 너그러운 법이요 과중한 것이 아닙니다." 하니, 상이 이르기를, "채수가 진실로 죄는 있으나 조율은 지나치다." 하였다.

② 同上, 12月: 己丑 御朝講 大司諫安彭壽 掌令金鐐 論啓前事 彭壽曰……蔡壽作「薛公瓚傳」 固非矣 然古亦有『剪燈新話』·『太平閑話』 乃戲玩之爲耳 亦與之芳之事 有異矣 此雖已定之罪 今當恐懼修省之時 敢啓……辛卯 御朝講 掌令李誠彦 獻納朴守紋 論啓前事 誠彦曰 蔡壽事 前憲府錯料 照以死罪 然此豈可以更照律改判付乎 上曰 蔡壽事 當初照律錯矣 而予斟酌罷之 今觀其子上疏 初以不當之律照之 後必援以爲例 改照爲當 領事成希顔曰 蔡壽照律 實過其情 臣亦欲啓矣 歷代之史 亦書怪異之事 今壽偶爾爲之 非欲傳世惑衆也◉(조강에 나아갔다. 대사간 안팽수·장령 김유가 전의 일을 논계했다. 팽수가 아뢰기를, …… "채수가 「설공찬전」을 지은 것은 진실로 잘못이나, 옛날에도 또한『전등신화』·『태평한화』가 있었는데, 이는 실없는 장난 거리로 만든 것뿐으로 이 지방의 일과는 다릅니다. 이미 정한 죄이지만 이제 상께서 조심하고 반성하시는 때를 맞아 감히 아룁니다." 하였다. …… 조강에 나아갔다. 장령 이성언·헌납 박수문이 전의 일을 논계하였다. 이성언이 아뢰기를, "채수의 일은 전에 헌부가 잘못 헤아려 '죽을 죄'로 조율했으나, 이를 어찌 다시 조율하여 판부를 고칠 수 있으리까." 하니, 상이 이르기를, "채수의 일은 당초의 조율이 잘못되었다. 내가 짐작하여 파직했지만, 이제 그 아들의 상소를 보건대 당초에 부당한 율문으로 조율했으니, 뒤에 반드시 이것을 원용[援用]하여 전례로 삼게 될 것이다. 다시 조율함이 마땅하다." 하자, 영사 성희안이 아뢰기를, "채수의 조율은 진실로 실정에 지나쳤으며 신도 아뢰려고 하였습니다. 역대의 사서에도 괴이한 일들이 씌어 있거니와, 지금의 채수도 우연히 한 것이요, 세상에 전하여 사람들을 미혹하려고 한 것이 아닙니다." 하였다).

③ 同上, 10年[1515] 11月 庚寅條: 仁川君蔡壽卒 壽爲人聰穎 博覽强記 少以文藝顯名 在成宗朝 極諫廢妃之失 有諍臣風 然性輕躁誕妄 擧措粗率 常以詩酒音律自娛 嘗作「薛公瓚傳」 辭多不經 士林短之 反正之後 不任以事 以年老乞退鄕曲 閑養五年而卒 後賜謚襄靖◉(인천군 채수가 졸하였다. 채수는 사람됨이 영리하며 글을 널리 보고 기억을 잘하여 젊어서부터 문예로 이름을 드러냈고, 성종조에서는 폐비의 과실을 극진히 간하여 간쟁[諫諍]하는 신하의 기풍이 있었다. 그러나 성품이 경박하고 조급하며 허망하여 하는 일이 거칠고 경솔하였으며, 늘 시주와 음률로써 스스로 즐겼다. 일찍이 「설공찬전」을 지었는데, 떳떳하지 않은 말이 많기 때문에 사람이 부족하게 여겼다. 반정 뒤에는 직사를 맡지 않고 늙었다 하여 고향에 물러가기를 청해서, 5년 동안 한가하게 휴양하다가 졸하였는데, 뒤에 양정이라는 시호를 내렸다).

④ 『稗官雜記』, 2: 蔡懶齋壽 中廟初 作「薛公瓚還魂傳」 極怪異 末云 公瓚借人之身 淹留數月

能言己怨 及冥聞事甚詳 令一從所言及所書書之 不易一字者 欲其傳信耳 言官見之 駁曰 蔡某著荒誕不經之書 以惑人聽 請寘之死 上不允 止罷其職☯(나재 채수는 중종조 초에「설공찬환혼전」을 지었는데 그 내용이 매우 괴이하다. 그 말미에 이르기를, "설공찬이 남의 몸을 빌어 수 개월 간 머무르면서 능히 자신의 원한과 저승에서 들은 일을 아주 자세히 말하였다. 그 말한 바와 쓴 바를 그대로 좇아 쓰면서 한 글자도 고치지 않는 이유는 그대로 전하고자 해서다."라고 하였다. 언관이 이 작품을 보고 논박하여 이르기를, "채수가 황탄하고 비규범적인 글을 지어서 사람들의 귀를 현혹하게 하고 있으니 사형을 시키소서."라고 하였으나, 임금이 허락하지 않고 파직하는 것으로 그치었다).

〈작품연대〉

【增】

1)「설공찬전」을 보면 사건의 절대 연도가 또렷하게 밝혀져 있다. 설공찬의 삼년상이 마치는 해를 병인년(1506)이라고 함으로써 사망 연도가 갑자년(1504)임을 알려주는가 하면, 설공찬 누이 및 설공찬의 혼령이 출현한 때는 더 구체적이어서 '정덕 무진년(1508) 7월 스무이렛날 해 질 때'라고 연호까지 동원해 자세히 밝히고 있다. 허구라면 이렇게까지 표시할 수도, 필요도 없었을 것이다. 더욱이 혼령이 출현한 1508년은 채수가「설공찬전」을 지은 상한 연도이기도 하다. 채수가 중종반정 후 처가인 함창에 내려와 은거하며 독서한 장소인 쾌재정(快哉亭)을 완공한 시기가 1507년 봄인 점, 1508년 7월 27일에 출현한 설공찬의 혼령이 수 개월 간 지상에 머무르면서 진술한 내용이라고 어숙권의『패관잡기』에서 작품의 말미를 인용하여 밝힌 점, 조정에서 이 작품에 대해 논의한 때가 1511년 9월 6일인 점, 이 세 가지를 종합해 보면,「설공찬전」의 창작 연대는 1508년 말(수개월을 3~4개월 정도로 추정할 경우)에서 1511년 9월 사이로 볼 수 있기 때문이다. 창작 시기를 더 좁혀 볼 수도 있다. 특히 1511년 9월에 조정에서 문제삼을 때는 이미 한문본은 물론 번역본들까지 함께 경향 각지에서 읽혔다고 거론되었으니, 그러려면 창작 시기로부터 일정한 유통 기간이 필요한 만큼 적어도 1510년까지는 창작되었다고 보는 게 자연스러우리라 판단된다. 이 작품의 창작 시기가 1508년 말~1510년이라면, 한 가지 흥미로운 사실을 확인하게 된다. 상한 연도인 1508년 말을 창작 시기로 볼 경우, 혼령이 출현해 저승 경험담과 자신의 원한을 진술하는 일(1508년 7월의 사건)이 생기자마자 즉시 작품화한 셈이 되고, 하한 연도인 1510년을 창작 시기로 본다 해도 그 사건이 일어난 지 불과 2년밖에 안 되어 작품화했다고 할 수 있기 때문이다. 다시 말해「설공찬전」은 당시로서는 아주 최근에 일어난 일(최하 1~2개월 전 혹은 최고 2년 전의 일)을 소설화한 작품이라 할 수 있다(이복규,『설공찬전 연구』[2003. 11], pp. 144~145).

〈판본연대〉

【增】

1) 이들 소설 자료[설공찬전·왕시전·왕시봉전·비군전·주생전]는 모두 거의 같은 시기에 필사된 것이다.「왕시봉전」 말미에 '룡셔을튝계츄념팔일진시'란 필사 후기가 나오기 때문이다. 이는 1685년 을축년 9월 28일 아침으로 추정된다. 각주 1번의 저서[이복규 편저,『초기 국문국문본 소설』, 1998]에서 필자는 이 을축년을 1625년 을축년으로 보았으나 여기에서 수정한다. 1745년 을축년으로 볼 수도 있겠으나 그렇게 보기에는 17세기 말의 특징을 보여 주는 표기법으로 매우 정제되어 있다. 그 가장 특징적인 사항으로 앞에서도 언급한 것처럼 '-링이다'라는 어미가

17세기 말까지만 쓰이고 사라졌다는 점은 물론이고, '사롬'으로 일관되게 표기할 뿐 17세기 말 이후에 쓰기 시작한 'ᄉᆞ룸' 표기가 일체 나타나지 않은 것으로 미루어 1685년으로 보는 게 타당하다. 따라서 『묵재일기』 소재 국문·국역 소설은 1685년을 전후한 17세기 말에 필사되었다고 추정할 수 있다. 세 번째로 들어 있는 「왕시봉전」이 1685년 9월에 필사되었으니, 그 앞에 필사된 「설공찬전」 국역본과 「왕시전」은 1685년 9월 28일 이전에, 「왕시봉전」 뒤에 들어 있는 「비군전」과 「주생전」 국역본은 1685년 9월 28일 이후에 필사되었다고 추정된다(이복규, "「설공찬전」·「주생전」 국문본 등 새로 발굴한 5종의 국문표기 소설 연구," 『古小說研究』, 6[1998. 12], p. 57).

303.2. 〈연구〉

Ⅰ. (단행본)

【增】

1) 이복규. 『설공찬전 연구』. 박이정, 2003.

Ⅲ. (학술지)

303.2.7. 蘇仁鎬. "蔡壽의 「薛公瓚傳」." 『韓國傳奇文學硏究』(國學資料院, 1998. 9). 『한국 전기소설사 연구』(집문당, 2005. 3)에 재수록.

【增】

1) 이복규. "「설공찬전」 국문본을 둘러싼 몇 가지 의문에 대한 답변." 『溫知論叢』, 4(溫知學會, 1998. 10).
2) 정우영. "「설공찬전」 한글본의 원문 판독 및 그 주석." 『한국어문학연구』, 33(한국어문학연구학회, 1998. 12).
3) 이복규. "순창 배경의 고소설 「설공찬전」." 『순창 문화유산 탐구』, 2(순창문화원, 2000. 12).
4) 이복규. "「설공찬전」 국문본과 최초 국문소설 문제." 『설화, 고소설 교육론』(민속원, 2002. 11).
5) 양민정. "「설공찬전」에 나타난 작가의 여성관." 『한국어문학연구』, 17(한국외국어대 한국어문학연구회, 2003. 2).
6) 이복규. "「설공찬전」이 실화에서 유래한 소설일 가능성." 『국제어문』, 28(국제어문학회, 2003. 9).

▶(설공찬환혼전 薛公瓚還魂傳 → 설공찬전)

◪304. [설낭자전 薛娘子傳]

| 국문필사본 |

【增】 설낭자전	박순호[家目]	1(33f.)
【增】 설낭자젼이라	박순호[家目]	1(18f.)
【增】 설낭ᄌᆞ젼이라	박순호[家目]	1(33f.)
【增】 설낭자충효록	박순호[家目]	1(졍묘납월열팔닐필사, 칙쥬모졍이쇼져, 38f.)

304.2. 〈연구〉

Ⅱ. (학위논문)

【增】 〈석사〉

1) 김정덕. "「설낭자전」에 나타난 부정 누명 모티프의 수용 양상과 그 의미." 碩論(경북대 교육대학원, 2003. 2).

【增】〈줄거리〉

병조판서 이시윤이 아들 삼형제를 두었는데 장자와 차자는 평범한 인물이었다. 두 아들은 각기 정씨와 황비를 부인으로 얻었으며 정부인과 황부인은 시부에게 사랑을 받았다. 셋째아들 이화정은 비범한 인물로 이시윤은 늘 합당한 배필을 얻어 주고자 하여 시비 삼백을 팔도로 보냈다. 이때 전라도 나주 설진사 부부의 무남독녀가 뛰어난 인물이어서 부부는 합당한 배필을 얻고자 하였다. 이판서댁 시비 중 한 명이 나주에 들러 소문을 듣고 장사치인 것처럼 하여 설진사댁에 들러 설낭자의 인물됨을 자세히 보고 돌아갔다. 팔도로 보낸 시비가 돌아와 고하되 합당한 인물이 없었는데, 나주에 갔던 시비가 돌아와 설낭자 이야기를 이판서에게 아뢰자 부부가 매우 기뻐하였다. 이판서가 나주영장에게 정혼 서찰을 보내 정혼케 하였고, 나주영장이 제천 이봉사에게 택일토록 하였다. 이봉사가 택일하였으나 이 날이 7년 이별살이 있는 날임을 알려 주었다. 설진사가 그 날로 택일하니 나주영장이 이판서에게 정혼한 사연과 택일한 일자를 고하였고, 이판서는 초일 행구를 차리도록 하였다. 정부인과 황부인이 설낭자가 들어오면 시부인 이판서의 사랑을 빼앗길 것을 염려하여 모의하였다. 황부인이 한 꾀를 내어 청지기 윤백을 시켜 첫날밤 신방에 들어가 행패를 부리고 설낭자의 저고리를 훔쳐 오게 하자고 하였다. 정부인이 청지기 윤백을 불러 삼백 금을 주고 분부하니 윤백이 허락하였다. 이판서가 초행길에 윤백을 후배로 오라 하였으나 핑계를 대고 가지 못하는 척하였다. 이판서는 나주에 도착하여 혼례를 치른 후 설낭자의 인물됨을 보고 몹시 칭찬하였다. 이때 윤백은 몰래 뒤따라 와 별당 대숲에 숨었다가 별당에 들어 행패한 후 설낭자의 저고리를 가지고 달아났다. 별안간 일어난 일에 놀란 이화정이 이판서에게 가 고하니 이판서는 대경하여 어찌할 줄 몰랐다. 설진사도 놀라 별당으로 가 낭자에게 물으니 낭자는 눈물을 흘리며 어찌된 일인지 모르겠다고 아뢰었으므로 설진사도 딸을 더 벌주지 못하였다. 이판서는 돌아가서도 마음을 진정치 못하였고 이화정은 이판서에게 강산 구경을 하겠다고 하고 길을 떠났다. 이때 윤백이 돌아오기를 기다리던 정부인과 황부인은 윤백이 돌아와 설낭자의 저고리를 주자 농 속에 간수하여 두었다. 그리고 정부인과 황부인은 이판서가 돌아오자 위로하는 척하며 나주영장에게 분부하여 설진사와 설낭자를 선참토록 하였다. 이판서가 나주영장에게 서찰을 보냈으나 나주영장은 무죄한 사람을 죽일 수 없다 하여 시행치 않았다. 한편 강산을 구경하던 이화정은 설진사댁 사정을 알고자 혼인을 주선했던 나주영장을 찾아가 어찌하면 좋을지를 물었다. 나주영장은 택일시 제천 이봉사가 이별살이 있다고 했으니 그 자를 찾아가 점을 쳐 보라고 하자 이화정은 이봉사를 찾아 길을 떠났다. 설낭자는 누명을 풀기 위해 설진사 앞에 가 간밤의 꿈 이야기를 하고 길을 떠나겠다고 아뢰었다. 설낭자는 남장을 하고 길을 떠나 고생하다가 한 곳에 이르러 한량들에게 물으니 제천이라 하였고, 노한량이 이봉사를 찾아가 점이나 한 번 보라고 하여 이봉사를 찾아갔다. 이때 이봉사가 인기척을 느끼고 서울 이판서댁 자제와 나주 설진사댁 설낭자가 도착한 것을 알았다. 이봉사가 우선 설낭자를 만나 누명을 벗을 수 있는 방법을 알려 주었는데 모월 모일 신행을 가야 하는데 김동지댁 며느리를 신행길에 데려가야 한다고 하였다. 다음은 이화정에게 점을 쳐 5년 후에 과거에 오르고 대길할 것을 알려 주고 설낭자가 누명을 벗기 위해 이 곳에 왔음을 말하였다. 이화정이 설낭자 만나기를 청해 두 사람은 상봉하였는데, 이화정이 낭자를 따라가 백년가약을 맺겠다고 하자, 설낭자는 7년 뒤 상봉한다고 했으니 그때까지 기다리자고 하였다. 설낭자는 이화정과 이별하고 집으로 돌아와 저간의 일을 설진사에게 아뢰고 김동지 댁을 자주 방문하여 며느리와 친해졌다. 그로부터 3년이 흐른 뒤 설낭자가 김동지 며느리에게 사정을 말하자, 김동지 며느리가 허락하고는 신행날에 가기 위해 이백 개의 농에 색깔별로 옷을 마련하라고 하였다. 설낭자가 김동지 며느리가 시킨 대로 준비하여 신행날이 되자 김동지 며느리와 함께 길을 떠나 서울 박석고개에 이르러 밤을 새우게 되었다. 김동지 며느리가 키 크고 날쌘 하인 하나를 불러 이판서댁에 가서 신행 온다는 서찰을 전하고 오라고 시켰다. 이판서는 신행 온다는 서찰을 보고 크게 노하였으나 삼정승 육판서를 불러 의논하니 일단 신행을 시킨 후 죽이자고 하였다. 다음날 신행이 이판서댁에 들어오니 구경꾼이 사방에서 모여들었고, 김동지 며느리가 이백 개 농에 든 옷을 꺼내 구경시켰다. 김동지 며느리가 맏동서가 지은 옷을 구경하면 여한이 없겠다고 하며 정부인 있는 방에 들어가 설낭자 저고리가 들어 있는 농을 갖고 나와 설낭자의 저고리를 찾아 냈다. 이판서가 이 일을 괴이히 여겨 김동지 며느리에게 연유를 묻자, 김동지 며느리는 첫날밤에 있었던 괴변이 정부인과 황부인의 간계임을 말하였다. 정부인과 황부인이 무고임을 주장하였으나 저고리 안에 새겨진 글과 윤백의 실토로 두 부인의 죄상이 밝혀지고 설낭자의 누명도 벗겨졌다. 이판서가 두 부인을 금부에 보내고 이 일을 안 승지가 임금께 아뢰자 임금이 두 부인을 장안에 끌고 다니면서 죄상을 알리도록 하였다. 또한 임금은 이 일로 인하여 김동지 며느리에게 숙부인의 직첩을, 그 남편에게 남병사의 직첩을, 설진사에게는 전라감사의 직첩을 내렸다. 이때 이판서가 대연을 배설하여 설진사를 소개하자, 설진사는 나주영장 덕분으로 목숨을 보전하게 되었다고 하니, 이판서가 나주영장을 평안감사로 천거하였다. 십여 일이 지나 돌아갈 때가 되자 김동지 며느리가 낭자에게 춘삼월에 이화정이 급제하여 팔도어사가 되어 2년이 지나 만나게 될 것임을 말해 주었다. 이화정은 설낭자와 이별 후 5년 동안 공부하여 과거를 보아 장원급제하고 팔도어사를 제수받고 집으로 돌아와 부모를 만나게 되었다. 이화정이 별당에 들어 설낭자를 보고 가려 하였으나 나라에서 급히 불러 입조하였더니 정동우의 학정이 심하니 빨리 내려가 바로잡으라는 어명을 받았다. 이화정이 어명을 받아 그 날로 길을 떠나며 생각하니 정동우는 정부인의 부친이라 그 간의 원수를 갚자 하여 내려가 정동우를 잡아 치죄하였다. 세월이 여류하여 두 해가 흘러 이화정이 귀경하여 어전에 주달하고 부모를 현신하고 별당에 들어 부부가 만나 회포를 풀었다. 그 후 부부는 아들 9형제를 두었고, 숙부인이 딸을 두어 설부인이 며느리로 맞이하였다. 이화정이 이봉사에게 참봉을 천거하였고, 설부인은 만금을 보냈다. 김동지의 손자는 기무관에 올랐으나 소인의 참소로 죽게 된 것을 설부인이 아들에게 청하여 살려 주었다. 설부인은 구십 년 해로하다가 이화정과 함께 병이 들어 한날 죽으니 자손이 명산에 안장하였고, 김병사, 이참봉, 이화정의 자손들이 환난상구하고 대대로 자손이 창성하였다(국민대 이야기문학연구회, 박인희).

● {설문충효록 薛門忠孝錄}
〈관계기록〉
① 金台俊, 『朝鮮小說史』, p. 161: 「薛門忠孝錄」.
② 金起東, 『李朝時代小說論』, p. 599: 「薛門忠孝錄」.

▶(설비효행록 薛妣孝行錄 → 설저351)전)

305. [[설생전 薛生傳]]

〈작자〉 吳道一(1645~1703)
〈출전〉 『西坡集』, 18
〈비교연구〉
① 오도일의 「설생전」은 그의 문집 『서파집』에서 채록한 것으로 보여진다. 이 소설은 후에 『靑邱野談』에 流轉되었는데352), ……

【增】
1) ㄷ)[오도일의 「설생전」과 『靑邱野談』의 「吳按使永湖逢薛生」]은 '설생의 이야기'를 소재로 하고 있는 작품들이다. 설생의 이야기는 '傳'과 '野談'의 관련성뿐 아니라, '記事文'과도 관련성이 있어 주목된다. 兪晩柱의 「記薛生謀事」는 바로 설생의 이야기를 소재로 한 것이다. 유만주의 記事文은 전이나 야담에 비해 줄거리가 간략하고 표현하는 방식도 같지 않다. 이는 구연되던 설생의 이야기가 기사문에 정착되어 기사문의 양식과 관련을 맺으면서 일어난 현상으로 보인다 (진재교, "漢文小說과 記錄傳統과의 관련성에 대한 몇 가지 문제," 『古小說研究』, 11[2001. 6], p. 51).

305.1. 〈자료〉
Ⅱ. (역주)

【增】
1) 신해진. 『朝鮮朝傳系小說』. 월인, 2003.
2) 朴熙秉 標點·校釋. 『韓國漢文小說 交合句解』. 소명출판, 2005.

▶(설소저전 薛小姐傳 → 설저전)

306. [설씨내범 薛氏內範]353)

〈관계기록〉
① 『諺文古詩』(가람본), '언문칙목녹', 218: 「셜시내범」

【增】
1) 『[가람]칙목녹』(奎章閣所藏): 「셜시내범」 공오.

{설씨삼대록 薛氏三代錄}

〈관계기록〉
① 『玉所集』(權燮 1671~1759), 雜著 4, '先妣手寫冊子分排記': 先妣贈貞夫人 龍仁李氏 手寫冊子 中 「蘇賢聖錄」 大小說 十五冊 付長孫祚應藏于家廟內 「趙丞相七子記」·「韓氏三代錄」 付我 弟大諫君 又一件 「韓氏三代錄」 付我妹黃氏婦 「義俠好逑傳」·「三江海錄」 一件 付仲房子德 性 「薛氏三代錄」 付我女金氏婦 各家子孫 世世善護可也 崇禎紀元後三己巳至月二十五日不

---
351) 『연구자료 총서』 수정.
352) 『청구야담』의 「吳按使永湖逢薛生」. 유화가 『鶴山閑言』과 『海東野言』에도 들어 있다.
353) 卷頭에 제작 이유를 밝혀 놓은 '薛氏內範序'가 실려 있어서 작품명이 「설TI내범서」로 알려지기도 하였다.

肖孫燮謹書●(돌아가신 어머니 증정부인 용인 이씨[1652~1712]가 손수 베끼신 책자 중 「소현성록」 대소설 15책은 장손 조웅[1705~1765]에게 줄 것이니 가묘 안에 갈무리하고, 「조승상칠자기」・「한씨삼대록」은 내 아우 대간군[權瑩 1678~1745]에게 주고, 또 한 건 「한씨삼대록」은 여동생 황씨[黃埴 婦1681~1743]에게 주고, 「의협호구전」・「삼강해록」 한 건은 둘째아들 덕성[1704~1777]에게 주고, 「설씨삼대록」은 딸 김씨[金漢房]婦에게 주니, 각 가정의 자손은 대대로 잘 보호하여야 할 것이다. 숭정 기원후 세 번째 기사년[1749] 12월 25일 불초자 섭이 삼가 쓰다).

◘307.[설씨이대록 薛氏二代錄]

국문필사본		
【增】(설씨이대록)		
【增】 설씨이디록	김종철[家目]	낙질 1(권4: 辛亥 元月, 37f.)
【增】(설씨충절효행록)		
【增】 설씨충절효행녹이라	박순호[家目]	1(72f.)

307.2. 〈연구〉

【增】

Ⅰ. (단행본)
 1) 김수봉, 『설씨이대록』. 한글필사본 고소설 역·주해총서 2. 국학자료원, 2001.

▶(설악전 說岳傳 → 무목왕정충록)
◘308.[설용운전 薛龍雲傳]
◘309.[설월매전 雪月梅傳]

〈참고자료〉

① 「雪月梅」十卷 五十回: 淸陳郞撰 題‘鏡湖逸叟陳郞曉山編輯・介山居士孟汾月嚴評釋·潁上散人邵松年鶴巢校定' 首乾隆乙未(四十年)自序●(청나라 때 진랑이 편찬하였다. 첫머리에 '경호일수 진랑이 편집하고 개산거사 맹분월 엄이 평석하고 영상산인 소송년 학소가 교정하였다'고 되어 있으며, 또 처음에 건륭 을미년[1775]에 쓴 자서가 있다)[孫楷第, 『中國通俗小說書目』, p. 143].

【增】〈관계기록〉

1) 『[演慶堂]諺文冊目錄』(1920; 藏書閣所藏): 35. 「雪月梅傳」20冊.

◘310.[설인귀전 薛仁貴傳] ← 백포장군전

〈참고자료〉

① 「說唐後傳」五十五回: 淸無名氏撰 封面署‘鴛湖漁叟較訂' 卽林瀚書 第七十則至九十八則 演爲羅通征北薛仁貴征東二事 較之「說唐前傳」尤爲荒誕●(청나라 무명씨 찬으로 봉면에 '원호어수 교정'이라 씌어 있는 것은 이한이 쓴 것이다. 제70부터 98까지는 나통의 정북한 일과 설인귀의 정동한 일 두 가지를 연의화한 것인데, 「설당전전」과 비교해 보면 이 책은 더욱 허황되다]

[孫楷第,『中國通俗小說書目』, p. 45].

〈관계기록〉

① 『秋齋集』(趙秀三 1762~1849), 7, 紀異, '傳奇叟': 傳奇叟 居東門外 口誦諺課稗說 如「淑香」·「蘇大成」·「沈淸」·「薛仁貴」等傳奇也 月初一日坐第一橋下 二日坐二橋下 三日坐梨峴 四日坐校洞口 五日坐大寺洞口 六日坐鐘樓前 溯上旣自七日 沿而下 下而上 上而又下 終其月也 改月亦如之……而以善讀 故傍觀匝圍 夫至最喫緊甚可聽之句節 忽黙而無聲 人欲聽其下回 爭以錢投之 曰此邀錢法◉(전기수는 동문 밖에 살면서 언과 패설을 구송하는데,「숙향전」·「소대성전」·「심청전」·「설인귀전」등이 그것이다. 한 달의 초하루에는 첫 번째 다리 밑에 앉고, 이튿날은 둘째 번째 다리 밑에 앉고, 사흘째는 배고개[梨峴]에 앉고, 나흘째는 교동 입구에 자리 잡고, 닷새째는 대사동 입구에 자리를 잡고, 엿새째는 종루 앞에 자리를 잡는다. 이렇게 거슬러 올라가서는 7일부터는 따라서 내려오는데, 내려와서는 올라가고, 올라가서는 또 내려와 그 달을 마친다. 달이 바뀌면 또 이와 같이 한다. 읽는 솜씨가 훌륭하기 때문에, 사람들이 주위를 둘러싸고 곁에서 보는데, 대체로 가장 중요하고 들을 만한 대목에 이르면 갑자기 입을 다물고 소리를 내지 않는다. 사람들이 그 다음 대목을 듣고자 하여 다투어 돈을 던지는데 이것이 '돈을 거두는 방법'[邀錢法]이라고 한다).

② 『諺文古詩』(가람본), '언문칙목녹', 167:「설인귀젼」.

③ Courant, 787:「셜인귀젼 薛仁貴傳」.

국문필사본

(셜인귀젼)

【增】 셜인귀젼   이태영[家目]   1(말미 낙장)

국문경판본

【增】 셜인귀젼 단   박순호[家目]   1(17f.)

국문활자본

【增】 (백포소장)설인귀젼 상편	국중(813.5-셜993ㄷ-1)	1([저작자 불명], 德興書林, 1934, 137pp.)
【增】 셜인귀젼 薛仁貴傳 (빅포쇼장)셜인귀젼 상편/하편 (白袍小將) 薛仁貴傳 上編/下編	박재연[中韓韻文展目(2003)] 국중(3634-2-83=2)<상편 초판>/ 국중(3634-2-26=3)<상편 재판>/ 국중(3634-2-26=7)<하편 재판>/ 국중(3634-2-83=3)<하편 재판>/ 국중(3634-2-83=4)<상편 3판>/ 국중(3634-2-83=5)<상편 4판>/ 정명기[尋是齋 家目]	1(世昌書舘, 1931) 1(編者 朴健會, [編發]朴健會, 新舊書林, 상편: 제1회~제21회, 하편: 제22회~제42회, 초판 1915.5.20[163]; 재판 1917.7.20, 상: 87 / 하: 79pp.; 3판 1921.11.15; 4판 1923.12.25, 상: 87 / 하: 79pp.; 1926판, 상: 71pp. / 하: 66pp.)

【增】(백포소장) 셜인귀젼 하편 (白袍小將) 薛仁貴傳 下編	국중(3634-2-26=7)	1(新舊書林, 1916, 84pp.)
(빅포소장)셜인귀젼 상편/하편 (白袍小將)薛仁貴傳 上編/下編	국중(3634-2-83=1)/[仁活全](6)	2(42회), 朴健會編, 상: 제1회~제21회, 朝鮮書舘·東美書市, 1915.5.20, 88pp.; 下: 제22회~제42회, 東美書市, 79pp.)

310.2. 〈연구〉

Ⅲ. (학술지)

【增】

1) 이윤석. "「셜인귀젼」의 원천에 대하여." 『淵民學志』, 9(淵民學會, 2001. 4).
2) 김예령. "「셜인귀젼」의 번역·번안 양상 연구." 『冠嶽語文硏究』, 29(서울大 國語國文學科, 2004. 12).

◐311. [설저전 薛姐傳] ← 설경전 / 설비효행록 / 설소저전 / 의열비충효록 / 충효록 ①354)

〈관계기록〉

① 설저전: ①『玉所稿』(權燮 1671~1759), 雜著, 3, '飜薛卿傳': 無名翁日 斯皇家妙選之姿 何見汚於奸賊也 天道人心一宗胡盧 愚君子之橫罹巧小人 勢之卽然 何侍郎之太踈也 初窮厄而後貞 非日 人謀必瞻仰於穹蒼 以睒然之閨秀 唐突辦此偉男子之事業 千萬人中 吾不見於古今 某某儀賓之選 畢竟歸於翟褘之尊貴 又何异也 卽是天生寃緣架虛之事 若是說出來 是何人 斯老夫病中 使伊吾而臥聽 窃自感於吾心 豈俚諺而爲諉 我嫌煩瑣 簡以文翻 觀者勿易論我 我自有心◯(무명옹은 말한다. "황실에 골라 뽑힐 만한 자질로 어찌 간적에게 더럽힘을 당했겠는가? 지금은 천도와 인심이 제대로 행해지지 못하고 하나로 뒤죽박죽되었으니 어리석은 군자가 약삭빠른 소인에게 횡액을 당하는 것은 세상 형세가 그렇기 때문이지, 어찌 시랑이 지나치게 소홀해서였겠는가? 처음에 액을 만났다가 나중에야 바르게 되니 '사람이 계책을 낼 때 반드시 푸른 하늘을 우러른다.'고 말한 것이 아니겠는가? 작은 아가씨의 몸으로 당돌하게도 이 대장부의 사업을 힘쓰는 것은 고금의 수많은 사람 중에서도 보지 못한 것이다. 부마로 뽑혔다가 나중에는 존귀한 황후의 지위에 오르니 또한 얼마나 기이한가? 하늘이 만든 억울한 인연, 가공의 일로써 이같은 이야기를 만든 것은 누구인가? 노부가 병중에 있어 사람을 시켜 읽게 하고, 그것을 누워서 듣는데 저절로 내 마음을 감동시키니 어찌 한글로 됐다고 해서 황탄하다고 하겠는가? 내가 번거롭고 자질구레한 것을 싫어하여 한문으로 간략하게 번역하니 보는 사람들은 나를 쉽게 논하지 말라. 내게도 생각한 것이 있느니라").

【增】〈이본연구〉

1) 「설저전」 이본은 정문연 A본·가람 A본·정학성본[구 정병욱 소장본]·한역본이 하나의 계열로,

---

354) 『이본목록』·『작품연구 총람』에 추가.

국도관본·홍윤표본·정문연 B본·가람 B본이 하나의 계열로 나뉘어진다. 그리고 국도관본·홍윤표본·정문연 B본·가람 B본은 다시 정문연 B본·가람 B본과 국도관본·홍윤표본의 두 계열로 나뉘며, 국도관본과 홍윤표본은 다시 각각 계열이 분리된다고 하겠다. 그렇다면「설저전」원작에 가까우며 善本이라고 할 수 있는 이본은 무엇일까? 이때 가장 먼저 고려할 것은 권섭이 번역한 한역본이다. 한역본은 창작된 지 얼마 되지 않는 1724년에 권섭에 의해 한문으로 번역된 것이기 때문에 다른 이본들보다 원작의 모습에 가장 가까운 것으로 생각된다. 그러나 권섭의 기록을 볼 때「설저전」은 한글 소설이 분명하므로, 한역본이 내용상으로는 원작에 가깝다고 해도, 이를 선본으로 선정할 수는 없다.「설저전」의 표기 문자까지 고려한다면 여러 이본들 가운데 한역본과 가장 유사한 한글본을 선정해야 할 것이다. 한역본과 계열을 같이 하는 이본으로는 정문연 A본·가람 A본·정학성본이 있다. 이 중에서 정문연 A본은 낙장인데다가 '조정(趙鼎)'을 '최훈의 처족'으로 적고, 청암사의 누각을 '백화정'이라고 하여, 이를 '최훈의 넷째 처남'과 '碧花亭'으로 기록한 한역본과는 차이가 있다. 그리고 정학성본은 시대적 배경을 '대명숭정연간'이라고 했다가, 뒤에는 다시 '인종연간'이라고 기록하고, 설중의 거주지도 단순히 '경성'이라고 하여 조금 차이가 있다. 그리고 정학성본에서는 설중의 시호에 대해서도 언급이 없다. 따라서 정문연 A본과 정학성본은 선본이라고 할 수 없다. 결국 가람 A본이 남은 셈인데, 가람 A본은 여자 주인공의 이름을 '희'라고 하고, 별호를 '화월쇼져'라 하여, 이름을 '월영'으로 서술한 한역본과 차이가 있다. 그러나 字는 각각 '선빙', '仙娉'이라 하여 일치한다. 이름의 차이만 제외한다면 가람 A본은 …… [8자 略] 모든 면에서 번역본과 일치하며, 구체적인 표현과 서술도 일치한다. 그리고 다른 이본에 비해 내용 또한 충실하다. 따라서 가람 A본을 원작에 가장 가까운, 그리고 내용이 충실한 선본이라고 하기에 손색이 없다(崔皓晳, "「설저전」異本研究,"『우리文學研究』, 13[2000. 12], pp. 67~68).

국문필사본

【增】(의열비충효록)355)

의녈비츙효록 壺峯公家狀	서울대(가람古-819.5-Eu47c)/[Sk](340)	1(임진윤월초싱의 시작ᄒᆞ여 념뉵일필셔ᄒᆞᄂᆞ니, 69f.)
의열비충효록356)	연대[古2](811.93/56)	1(33f.)
【增】의열비충효록 권지단	임형택[莽蒼蒼齋 家目]	1(29f.)357)
【增】의열비충효록 忠孝錄傳	정명기[尋是齋 家目]	1358
의렬왕비충효록 忠孝錄	정병욱[Sk](340)	1(신츅ᄂᆡ월슌샤일 필셔ᄒᆞ오나…십삼셰 둔필노 십ᄉᆞ일 시쥭ᄒᆞ여 슌샤일 파ᄒᆞ다, 67f.)

---

355)「의열비충효록」이「설저전」의 이명동종 작품임이 밝혀져「의열비충효록」의 항목 번호를 삭제하는 한편 이왕의 기재 사항들은「설저전」항목으로 옮겨 왔다.
356) 가나다 배열 순서가 잘못되었다. '여승구'와 '이병기' 사이에 삽입.
357)「셔희무릉기」와 합철되어 있다.
358) [尋是齋 家目]에 의하면「설저전」의 이본이라 한다.

【增】(충효록)

| 【增】忠孝錄 | 국중(D7B-61) | 1(忠孝錄都合四十八張此餘他說, 전후 낙장 42f.) |

【增】 한문필사본
【增】(번설경전)

| 飜薛卿傳 | 後孫家[권섭,『玉所稿』, 25, 雜著 3][漢少目, 英3-11] |

311.2. 〈연구〉

Ⅲ. (학술지)

「의열비충효록」[359]

311.2.5. 李鍾周. "「의열비충효록 義烈妃忠孝錄」."『한국민족문화대백과사전』, 17(한국정신문화연구원, 1990. 9).

〈줄거리〉

(의열비충효록)[360]

송나라 인종 때에 설중이라는 명관이 부인 민씨와의 사이에 월앙이라는 딸을 두었다. 월앙이 세 살 때 부인을 잃은 설중은 힘들여 딸을 키워 재덕과 미모를 갖추게 되었다. 이때 최훈이라는 간신이 설중의 집에 왔다가 월앙을 보고 청혼하였으나 거절당하자 이에 앙심을 품게 되었다. 그러던 어느 날, 최훈은 조회를 파하고 집으로 돌아가던 길에 무너진 담 안의 여인을 보고 겁탈하려 하였는데, 여인은 혈서를 쓰고 자살하였다. 남편 이생이 돌아와 통곡하자 최훈이 이생을 죽이려 하였으므로, 이생은 부인의 혈서를 들고 도망쳤다. 설공이 길을 지나다 이생을 만나 사연을 듣고 분노하여 임금에게 올릴 상소문을 써서 문갑에 넣어 두었는데, 최훈의 처남인 조진사가 설공의 집에 왔다가 우연히 문갑을 열어 발견하고 최훈에게 가져다 주었다. 최훈은 놀라 설공을 모함하는 상소를 임금에게 먼저 올리니, 설공은 유배를 떠나게 되었다. 혼자 남게 된 월앙은 최훈의 구혼에 못이겨 시녀 미낭을 대신 시집 보내고 자신은 남장으로 세상을 유랑하다가 청암사에서 글공부를 한 뒤 과거에 급제했다. 월앙이 임금에게 부친 설중이 모함받아 유배 가게 된 사연을 주달하니, 임금은 최훈을 처벌하고 설공의 유배를 풀었다. 임금이 월앙을 부마로 간택하였으나 설공이 돌아와 월앙이 여자임을 고백하자, 임금은 놀라며 둘째아들인 성왕의 왕비로 삼고 설공에게 좌승상의 벼슬을 내렸다. 월앙은 설중에게 지극 정성으로 효도를 하였다. 설공은 95세, 왕은 89세, 비 즉 월앙은 86세를 살다가 죽었다(李鍾周, "「의열비충효록 義烈婢忠孝錄」,"『한국민족문화대백과사전』, 17[1990], p. 599).

---

359) 각주 352)와 같다.
360) 「의열비충효록」이 「설저전」의 이명동종 작품임이 밝혀져 「의열비충효록」의 항목 번호를 삭제하는 한편 이왕의 기재 사항들은 「설저전」 항목으로 이동하였다.

◐312. [설정산실기 薛丁山實記]

〈참고자료〉

① 「征西說唐三傳」 十卷 八十八回 (一名異說後唐傳三集薛丁山征西樊梨花全傳): 淸無名氏撰 題'中都逸叟編次' 首如蓮居士序◐(청나라 때 무명씨의 찬. 첫머리에 '중도일수가 편차'하였다고 되어 있고, 또 여련거사의 서문이 있다)[孫楷第, 『中國通俗小說書目』, p. 46].

312.1. 〈자료〉

Ⅰ. (영인)

312.1.1. 仁川大民族文化硏究所 編, 『舊活字本古小說全集』, 7. 銀河出版社, 1983; (再刊) 國際아카데미, 2002. (신구서림·박문서관판)

국문활자본

| 셜뎡산실긔 薛丁山實記 | 국중(3634-2-36=6)/국중(3634-2-36=5)/국중(813.5-설334ㅅ)/박순호[家目]/정명기[尋是齋 家目]/[仁活全](7) | 1([著·發]盧益煥, 新舊書林·博文書舘, 1929.12.25, 112pp.) |

▶ (설제전 → 설저361)전)362)

◐{설조행장}

▶ (설중매화전 雪中梅花傳 → 매화전)

◐313. [설포선행록 薛包善行錄]

◐{설하충효록 薛河忠孝錄}

〈관계기록〉

① Courant, 890: 「셜하츙효록 薛河忠孝錄」.

◐314. [설홍전 薛弘傳]

국문필사본

| 【增】 설홍전 일이라(薛洪傳單) | 김종철[家目] | 1(辛丑至月, 61f.) |
| 【增】 薛弘傳 | 정명기[尋是齋 家目] | 낙질 1(권하) |

국문활자본

| 설홍젼 (新小說)薛弘傳 | 국중(3634-2-32=7)/서울대(3350-149)/[亞活全](3) | 1(茂朱 金秉權 著, [著·發]姜義永, 永昌 書舘·韓興書林, 1929.4. 30, 80pp.) |

▶ (섬공전 蟾公傳 → 섬동지전)

---

361) 『문헌정보』·『줄거리 집성』 수정.
362) 『줄거리 집성』의 항목 순서를 바로잡는다. 『이본목록』·『작품연구 총람』에 추가.

◉315. [섬노장전 蟾老壯傳]
◉316. [섬노전 蟾老傳]
◉317. [섬동지전 蟾同知傳]363) ← 금섬노인전 / 노섬상좌기 / *녹처사연회(삼설기) / 두껍대전 / 두껍전 ① / 『삼설기』 / 섬공전 / *섬노장전 / *섬노전 / 섬설록 / 섬자호생의설전 / 섬호전 / 옥섬전 / *옥포동기완록 / 장선생전 / 『전수록』

〈관계기록〉

① 『高麗八萬大藏經』, 34, 「十誦律」(後秦 北印度三藏弗若多羅 譯), 八法中臥具法 第七: 過去世時 近雪山下 有三禽獸共住 一鵄 二獼猴 三象 是三禽獸 互相輕慢 無恭敬行 是三禽獸 同作是念 我等何不共相恭敬 若前生者 應供養尊重 敎化我等 爾時 鵄與獼猴問象言 汝憶念過去何事 時 是處有大蓽茇樹 象言 我少時行此 此樹在我腹下過 象鵄問獼猴 言 汝憶念過去何事 答言 我憶少時坐地 捉此樹頭 按令到地 象語獼猴 汝年大我 我當恭世尊重汝 汝當爲我說法 獼猴問鵄 言 汝憶念過去何事 答言 彼處有大蓽茇樹 我時噉其子 於此大便 乃生斯樹 長大如是 是我所憶 獼猴語鵄 汝年大我 我當供養尊重汝 汝當爲我說法◉(과거세에 설산 아래에 세 짐승이 가까이 살고 있었으니, 하나는 탈새이고, 또 하나는 원숭이며, 또 하나는 코끼리였다. 이 세 짐승은 서로 상대방을 가볍게 여겨 공경하는 마음이 없었다. 이 세 짐승은 모두 다음과 같은 생각을 갖게 되었다. '우리는 어찌 서로 공경하지 않는 것일까? 만약 전생이라면 응당 공양하고 존중하여 우리들을 존중하였을 것을……' 그때 탈새와 원숭이가 코끼리에게 물었다. "너는 과거에 어떤 일이 생각나느냐?" 바로 그때 거기에 큰 필발수가 있었는데, 코끼리가 대답해 말했다. "내가 어릴 적에 이 곳을 지나갔는데 이 나무가 내 허리 아래밖에 차지 못했다." 코끼리와 탈새가 원숭이에게 물었다. "너는 과거에 어떤 일이 생각나느냐?" 원숭이가 대답했다. "내가 어렸을 때 여기 앉아 이 나무 꼭대기를 잡아 땅에 닿도록 했던 일이 생각난다." 코끼리가 원숭이에게 말했다. "네 나이가 나보다 많다. 마땅히 너를 존중하겠으니, 너는 나를 위해 설법을 해다고" 원숭이가 탈새에게 물었다. "너는 과거에 어떤 일이 생각나느냐?" 탈새가 대답했다. "저 곳에 커다란 필발수가 있어서 그때 내가 그 씨를 먹고 여기 대변을 보았더니 거기서 나무가 싹터 이같이 크게 자랐다. 이 일이 생각난다." 원숭이가 탈새에게 말했다. "네가 나보다 나이가 많다. 내 마땅히 너를 공양하고 존중하겠으니 너는 나를 위해 설법을 해 다고."

② 『燕巖外集』(朴趾源 1737~1809), 放璚閣外傳, 「閔翁傳」: 翁能見長年者乎 曰見之 吾朝日 入林中 蟾與兎爭長 兎謂蟾曰 吾與彭祖同年 若乃晚生也 蟾俛首而泣 兎驚問曰 若乃若悲也 蟾曰 吾與東家孺子同年 孺子五勢 乃知讀書 生于木德 肇紀攝提 迭王更帝 統絶王春 純成一曆 乃閏于秦 歷漢閱唐 暮朝宋明 窮事更變 可喜可驚 吊死送往 支離于今 然而耳目聰明 齒髮日長 長年者 乃莫如孺子 而彭祖 乃八百歲蚤夭 閱世不多 更事未久 吾是以悲耳 兎乃再拜卻走 曰 若乃大父行也 由是觀之 讀書多者 最壽耳◉("노인장은 나이 많은 자를 보았소?" "보았소. 내가 아침 나절에 숲속에를 들어갔더니 두꺼비와 토끼가 제 각각 제 나이가 많다고 다투더군. 토끼가 두꺼비에게 "나는 팽조364)와 동갑이라 너는 내게 까마득한 늦둥이"라고 말했더니, 두꺼비

---

363) 仙官型 두껍전인 「섬처사전」系와 구별하기 위하여 '爭座型 두껍전'이라 일컫는다.
364) 800살까지 살았다는 중국의 전설적 인물.

가 고개를 숙이고 그만 운다는 말일세. 토끼가 깜짝 놀래서, "왜 우느냐?"고 물은즉, 두꺼비는 말했네. "나는 동편집 어린애와 동갑인데 그 애가 다섯 살부터 글을 읽더라. 그는[365] 천지 개벽 이후로 역대의 왕조 변혁을 꿰뚫어 내려오기 때문에 진·한·당을 언뜻 지나 아침에는 송, 저녁에는 명이다 이런 일 저런 일이 변해 가는 판에 기쁜 것도 있고 놀라운 것도 있거니와, 죽은 사람 조상과 떠나는 사람 작별 인사 등으로 질감스럽게도 오늘까지 끌어오고 있다. 그러나 귀도 밝아지고 눈도 밝아지고 이는 더 나고 머리털은 더 길어지니, 나이 많기가 이 어린애만 한 사람이 없을 것이다. 팽조는 겨우 800살로 일찍 죽어버려서 세상 경력이 많지 못하고 일을 해 본 것도 오래지 못할 것이라 내가 그래서 슬픈 생각이 든다는 말이다." 토끼가 이 말을 듣더니 절을 하면서, "당신은 우리 할아버지뻘이 되십니다."하고 내빼데그려. 이로써 보건대 글 많이 읽는 이가 가장 목숨이 긴 사람이 아니겠소?).

국문필사본

(두껍전 / 두껍대전)

【增】 둑겁젼	김종철[家目]	1(29f.)	
【增】 둑겁젼이라	김종철[家目]	1(丙寅至月 二十一日畢, 22f.)[366]	
【增】 뚜겁젼	김종철[家目]	1(12f.)[367]	
【增】 둑겁젼 단권이라	박순호[家目]	1(병오이월십일, 청쥬시내덕동104 李剛勳, 39f.)	
【增】 둑겁젼이라	박순호[家目]	1(高敞郡城內面龍橋里元鶴洞里, 大正十五年[1926]正月五日, 24f.)	
【增】 둑겁젼 권지단이라	박순호[家目]	1(69f.)	
【增】 둑겁젼이라	박순호[家目]	1(29f.)[368]	
【增】 둑겁젼이라	박순호[家目]	1(광주대마면남산리 김형순라, 39f.)	
【增】 쑥겁젼이라	박순호[家目]	1(님술납월이십일, 癸亥年正月四日終, 25f.)	
【增】 뚝겁젼	성대(D07B-0080)	1(1920경)	
【增】 두겁젼	여태명[家目](81)	1(東部里 李根變, 9f.)	
【增】 둑겁젼	임형택[莽蒼蒼齋 家目]	1(긔유정월융희삼년[1909], 11f.)[369]	
【增】 둑겁젼 福善禍淫錄	임형택[莽蒼蒼齋 家目]	1(24f.)[370]	
【增】 둑겁젼	임형택[莽蒼蒼齋 家目]	1(15f.)[371]	
【增】 두껍견	정명기[尋是齋 家目]	1 [372])	

---

365) 옛날에 한문을 배우는 어린애들이 『史略』이란 책을 읽는데, 이것은 『사략』의 내용을 들어 말한 것이다. '生于木德 肇起攝提'는 한 왕조가 다른 왕조와 구별되는 관계를 지적한 것이고 '統絶王春 純成一曆'은 歲首를 달리한 역대 왕조의 사실을 한데 서술해 놓은 관계를 설명한 것이다.
366) 「유문성전」과 합철.
367) 「장끼전」, 「숙영낭자전」과 합철.
368) 앞면 7장 일부 파손되었다.
369) 「옥단춘전」과 합철되어 있다.
370) 「권장자전」과 합철되어 있다.
371) 「효봉구고치산가」에 붙어 있다.

| 【增】 두겁젼 | 정명기[尋是齋 家目] | 1 373) |
| 【增】 두겁젼 | 정명기[尋是齋 家目] | 1 374) |

(장선생전)

| 【增】 장선생전 | 여태명[家目](46) | 1(무인유월쵸오일의 강호산인 니쥭계는 셔ᄒᆞ노라, 38f.) |

| 국문활자본 |

(두껍전)

(고딕쇼셜)셤동지젼 둑겁젼 (古代小說)蟾同知傳	국중(3634~2~66=10)/영남대 [目續](도남813.5)	1(국한자 순기, 1著·發)洪淳泌, 京城書籍 業組合, 초판 1925.11.10; 재판 1926.12.20, 39pp.)⁽¹⁷⁷⁾
(고딕쇼셜)셤동지젼 둑겁젼 蟾同知傳¹⁷⁸⁾	국중(3634-2-66=8)<초판>/ 국중(3634-2-66=6) <3판>/ 국중(3634-2-66=16)<5판>/ [亞活全](3)/哈燕[韓籍 簡目 1](K5973.5/8153)	1(국한자 순기, 1編·發)金東縉, 德興書林, 초판 1914.10.28; 재판 1915.11.20; 3판 1916. 1.28; 4판 1917; 5판 1918.3.7, 6판 1920. 2. 5, 39pp.)
둑겁젼 蟾同知傳	국중(일모813.5-세299ㄷ)/ 국회[目·韓II](811.31)/ 김종철[家目]/대전대 [이능우寄目](1114-15)/ 박순희[家目]/조희웅 [家目]	1(申泰三, 世昌書舘, 檀紀 4285[1952], 24pp.) 【削】⁽¹⁷⁹⁾

317.1. 〈자료〉

Ⅰ. (영인)

「두껍전」

【增】

   1) "둑겁젼 원전 영인." 『동방고전문학연구』, 3(東方古典文學會, 2001.9).

Ⅱ. (역주)

「두껍전」

   317.1.16. 권택무·최옥희 윤색 및 주해. 『토끼전(장끼전·금방울전·두껍전)』. 조선고전문학선집, 44. 평양: 문예출판사, 1992; 海外우리語文學硏究叢書, 50. 한국문화사, 1995(영인); 조선고전문학선집, 31. 연문사, 2000(영인).

Ⅲ. (활자)

【增】「두껍전」

---

372) 「봉선록」과 합철되어 있다.
373) 「이대봉전」·「회심곡」과 합철되어 있다.
374) 「괴똥젼」과 합철되어 있다.

1) "강전섭 소장 필사본 「둑겁젼」." 『동방고전문학연구』, 3(東方古典文學會, 2001.9).

317.2. 〈연구〉

Ⅱ. 〈학위논문〉

〈석사〉

【增】

1) 곽윤삼. "「두껍전」의 국어 교육적 활용 방안 연구: 말하기·듣기 교육을 중심으로." 碩論(영남대 교육대학원, 2003. 2).

Ⅲ. 〈학술지〉

「두껍전」

【增】

1) 최기숙. "소설의 기능과 고전의 가치, 2: 담론의 패권주의와 기만의 사회학~「두껍전」 읽기." 『돈암語文學』, 12(돈암어문학회, 1999. 8).
2) 김현양. "강전섭 소장 필사본 「둑겁젼」에 대하여." 『동방고전문학연구』, 3(東方古典文學會, 2001.9).
3) 이강옥. "「두껍전」의 말하기 전략과 그 의미." 『古典文學硏究』, 22(韓國古典文學會, 2002. 12).
4) 김나영. "무속의례 관점에서 본 「두껍전」의 구조와 의미." 『古小說硏究』, 19(韓國古小說學會, 2005. 6).

▶(섬설록 蟾說錄 → 섬동지전)
▶(섬자호생의설전 蟾子狐生의舌戰 → 섬동지전)
◪318.[섬처사전 蟾處士傳]375) → 금섬전 ② / 두껍전 ② / 인두껍전

| 국문활자본 |

(섬쳐사젼)

둑겁젼 셤쳐亽젼 蟾處士傳　국중(3634-2-66=9)/국중(3634-2-66=11)　1([著·發]盧益亨, 博文書舘, 1917.5.28, 38pp.)(190)

▶(섬호전 蟾狐傳 → 섬동지전)
▶(성렬전 成烈傳 → 춘향전)
▶(성룡전 城龍傳 → 낙성비룡)
◪319.[성삼문 成三問]
　〈출전〉南孝溫, 『秋江集』, 「六臣傳」
▶(성생전 成生傳 → 금산사몽유록)
▶(성씨부인열녀록 成氏夫人烈女錄 → 춘향전)

---

375) 爭座型 두껍전인 「섬동지전」系와 구별하기 위하여 '仙官型 두껍전'이라 일컫는다.

▶(성운전 → 진성운전)
◪320.[성종대왕실기 成宗大王實記]

국문활자본

| 성종대왕실긔 | 박순희[家目]/이수봉[家目] | 1([著·發]金東縉, 德興書 |
| 成宗大王實記 | /홍윤표[家目] | 林, 1930.10.30, 48pp.) |

◪321.[[성진사전 成進士傳]]
〈작자〉李鈺(1760~1813)[376]
〈출전〉金鑢(1766~1821),[377] 『藫庭叢書』, 19, 文無子文鈔
〈관계기록〉
① 「成進士傳」, 結尾: 花漵外史曰 向使成氏 不之爾 獄必成 獄成 掌法者必以爲罪疑也 累歲不能決 爲成氏者 不亦冤乎 噫 苟有明察如西門豹 茌乎法 丐必不敢是矣◐(화서외사는 다음과 같이 평했다. 아까 만일 성씨로 하여금 그렇게 하지 않았더라면 옥사가 반드시 성립될 것이요, 옥사가 성립된다면 요즈음 법을 맡은 이들은 반드시 '의옥'이라 하여 여러 해를 두고 판결하지 못할지니, 성씨의 처지로서는 어찌 억울하지 않겠는가? 아아, 슬프도다. 만일 애초부터 서문표[378]처럼 밝은 사람이 법을 맡았다면, 저 비렁뱅이는 반드시 이런 짓을 하지도 못했을 게 아닌가?).

321.1. 〈자료〉
Ⅱ.(역주)
【增】
1) 실시학사 고전문학연구회 역주, 『역주 이옥전집』, 2. 소명출판, 2001.

▶(성춘향가 成春香歌 → 춘향전)
◪322.[성풍류 醒風流]
〈참고자료〉
① 「醒風流奇傳」 二十回: 淸無名氏撰 題'崔氏散人新編' 首崔氏主人自序(巴黎國家圖書館藏本 序缺) 不記年月 日本天明間秋水園主人『小說字彙』引此書◐(청나라 때 무명씨 편찬. 제에 '각씨산인신편'이라 되어 있고, 머리 부분에 '각씨주인'의 자서가 있다[파리국가도서관 소장본에는 서문이 없다] 연월은 적혀 있지 않다. 일본 천명[1781~1789] 연간에 '추수원주인'의 『소설자휘』에서 이 책을 인용하고 있다)[孫楷第,『中國通俗小說書目』, pp. 140~141].
② 「醒風流傳」 二十回: 敍梅幹與馮閨英의戀愛與結合 情節略似「好逑傳」◐(매간과 풍규영의 연애와 결합을 다루고 있으며, 그 정절[379]은 대략 「호구전」과 비슷하다)[葛賢寧,『中國小說史』, p. 127].

---

376) 모든 사전 수정.
377) 모든 사전 수정.
378) 춘추 전국시대의 유명한 獄官.
379) 궂은 일의 가없은 정상.

〈관계기록〉
 ① 「셩풍뉴」(한국정신문화연구원 소장): 이 칙이 풍외편으로써 사름의 탐욕을 딩계ᄒᆞ고 명모안으로써 사름의 망녕된 싱각을 업게 ᄒᆞ고 규영쇼져와 딕월노써 사람의 디혜를 더으게 ᄒᆞ고 됴여우 미오셜 밍종정 셔괴로써 사름의 덕힝 닷기를 힘쓰게 ᄒᆞ니 진짓 사름의 ᄆᆞ음 정계 ᄒᆞ는 괴특ᄒᆞᆫ 연의러라.

【增】
 1) 『字學歲月』[1744](尹德熙 1685~1766): 「醒風流」.
 2) 『私集』(尹德熙 1685~1766), 4, 「小說經覽者」[1762]: 「醒風流」.
 3) 『[演慶堂]諺文冊目錄』(1920; 藏書閣所藏): 11. 「醒風流」 7冊.
 4) 『[가람]칙목녹』(奎章閣所藏): 「셩풍뉴」 공칠.

322.1. 〈자료〉
【增】 Ⅰ. (역주)
 1) 박재연·황선엽·김명신. 『셩풍뉴호구전』. 중국소설희곡번역자료총서, 22. 선문대 중한번역문헌연구소, 2001.

322.2. 〈연구〉
Ⅲ. (학술지)
【增】
 1) 朴在淵. "낙선재본 「셩풍뉴」에 대하여." 박재연·황선엽·김명신, 『셩풍뉴·호구전』(선문대 중한번역문헌연구소, 2001. 2).

◘323. [셩현공숙렬기 聖賢公淑烈記]380)
〈관계기록〉
 ① 「聖賢公淑烈記」, 結尾: 츠후 쇼설의 셰셰ᄒᆞᆫ 사적과 ᄌᆞ손의 셜ᄒᆡ ᄒᆡ비ᄒᆞ니 수유 죵말과 언유슈미 ᄒᆞ믈 알고져 훌진딕 하회를 「님시후록」을 츠져 보시옵쇼셔.
 ② 「林氏三代錄」, 結尾: 츠젼이 본딕 너모 지리ᄒᆞ믈 취치 아냐 셩현공 삼곤계의 ᄌᆞ녀 ᄉᆞ적의 긔록ᄒᆞ믈 표ᄒᆞᄂᆞ니 후인은 지실ᄒᆞᆯ지어다 하회ᄂᆞᆫ 미가분인져.
 ③ 『諺文古詩』(가람본), '언문칙목녹', 110: 「셩현공숙열긔」.
 ④ Courant, 898: 「셩현공슉녈긔 聖賢公淑烈記」.

323.2. 〈연구〉
Ⅱ. (학위논문)
〈박사〉
 323.2.2. 文湧植. "家門小說의 人物硏究: 世代別 機能과 葛藤樣相을 중심으로." 博論(漢陽大大學院, 1995. 8).

Ⅲ. (학술지)

---
380) 「임씨삼대록」의 前篇.

323.2.6. 金起東. "「聖賢公淑烈記」와「林氏三代錄」: 李朝連作小說研究."『語文論集』, 19·20합병호(高麗大 國語國文學研究會, 1977. 9).『月嚴朴晟義博士還曆紀念論叢』(高麗大 國語國文學研究會, 1977. 9);『1977년도국어국문학연감(Ⅰ, 고전문학편)』(國語國文學會 編, 二友出版社, 1980. 6)에 재수록.

【增】

1) 조광국. "고전소설에서의 사적 모델링, 서술의식 및 서사구조의 관련 양상:「옥호빙심」·「쌍렬옥소삼봉」·「성현공숙렬기」·「쌍천기봉」을 중심으로."『韓國文化』, 28(서울大 韓國文化硏究所, 2001. 6).
2) 林治均. "「聖賢公淑烈記」連作." 刊行委員會 編.『古小說硏究史』(月印, 2002. 12).

▶ (세민전 世民傳 → 당태종전)
▶ (세민황제전 世民皇帝傳 → 당태종전)

◨ 324. [세종대왕실기 世宗大王實記]

〈관계기록〉

① 「세종대왕실긔」(世昌書舘版, 1952): 이상에 긔술하야 온 바를 보면 세종 대왕은 과연 우리의 서두(緒頭)에 잇서 미리 찬미한 것과 조곰도 틀님이 업는 것을 발견할 수 잇다 즉 조선을 위하야 민족을 위하야 여러 방면으로 심력을 로진(勞盡)하고 그 결과 만흔 가티와 재산을 어더 후세엣가지 끼처준 것은 실로 그 위대한 성적과 포부에 긔인한 것이라고 말할 수 잇다 명린지가 세종대왕 능비 서문(陵碑序文)에 세종 대왕을 평하얏스되 실동방지요순(東方之堯舜)이라고 한 것도 결코 허위에 추장(推奬)이 아니라 한다 이상의 노략한 긔사에 의하더래도 누구나 세종 대왕을 동방 력사상(東方歷史上)에 발출(拔出)한 리상적 군주라고 인정치 아니할 사람이 업겟다 조선 오백년 력사상에 이러한 위인의 사적이 그 일부를 차지하지 아니 하얏든들 우리가 무엇으로써 그 력사의 일점광(一點光)을 인정하며 쏘 우리는 무엇으로써 자방 고유(自邦固有)의 언어(言語)를 지상(地上)에 발표할 수가 잇슬가 이에 생각이 밋침에 한번 이 위인을 회고 찬미(回顧讚美)함이 의미 심장(意味深長)한 일인 줄노 안다.

국문활자본

세종대왕실긔 歷史小說	국회[目·韓Ⅱ](811.31)/대전대	1([著·發]申泰三, 朴埈杓作, 世昌書
世宗大王實記	[이능우 寄目](1112)	舘, <u>1933. 1. 15</u>; 1952; 1961. 12. 30,
附讓寧大君記	/[박순호]家目/[방민호]家目]	55pp.)[(193)]
	/[仁活全](21)	

324.1. 〈자료〉

Ⅰ. (영인)

324.1. 仁川大民族文化研究所 編.『舊活字本古小說全集』, 21. 銀河出版社, 1984; <u>(再刊) 國際아카데미, 2002</u>. (세창서관판)

325. [소강절 邵康節]

국문활자본

| (도술이유명한) 소강절 邵康節傳 | 국중(3634~2~30=1) /[仁活全](26)⁽¹⁹⁴⁾ | 1([著·發]李鍾楨, 光東書局·東洋書院, 1926.12.10, 65pp.) |

325.1. 〈자료〉

Ⅰ. (영인)

325.1.1. 仁川大民族文化硏究所 編. 『舊活字本古小說全集』, 26. 銀河出版社, 1984; (再刊) 國際아카데미, 2002. (광동서국·동양서원판)

●{소군연전}

국문필사본

| 【劊】 소군원 | 여승구『古書通信』, 15(1999. 9)] | 1(朝鮮書舘, 1914)³⁸¹⁾ |

●{소노천삼대록 蘇老泉三代錄}³⁸²⁾
▶(소달기전 蘇妲己傳 → 달기전)
326. [소대성전 蘇大成傳] ←³⁸³⁾ 대성전

〈관계기록〉

(한문)

① Courant, 778: 「蘇大聲傳」.

(국문)

① 『秋齋集』(趙秀三 1762~1849), 7, 紀異, '傳奇叟': 傳奇叟 居東門外 口誦諺課稗說 如「淑香」·「蘇大成」·「沈淸」·「薛仁貴」等傳奇也 月初一日坐第一橋下 二日坐二橋下 三日坐梨峴 四日坐校洞口 五日坐大寺洞口 六日坐鐘樓前 溯上旣自七日 沿而下 下而上 上而又下 終其月也 改月亦如之 而以善讀 故傍觀匝圍 夫至最喫緊可聽之句節 忽黙而無聲 人欲聽其下回 爭以錢投之 曰此邀錢法云◐(전기수는 동문 밖에 살면서 언과 패설을 구송하는데, 「숙향전」·「소대성전」·「심청전」·「설인귀전」 등이 그것이다. 한 달의 추하루에는 첫 번째 다리 밑에 앉고, 이튿날은 둘째 번째 다리 밑에 앉고, 사흘째는 배고개[梨峴]에 앉고, 나흘째는 교동 입구에 자리 잡고, 닷새째는 대사동 입구에 자리를 잡고, 엿새째는 종루 앞에 자리를 잡는다. …… 이렇게 거슬러 올라가서는 7일부터는 따라서 내려오는데, 내려와서는 올라가고, 올라가서는 또 내려와 그 달을 마친다.

---

381) 「왕소군새소군전」조로 옮긴다.
382) '소노천'은 蘇東坡[蘇軾]의 부친인 蘇洵이다. Skillend, p. 113에 김기동, p. 595를 인용하고 '김기동은 이병기가 소개한 「완월회맹」을 인용하였으나, 필자는 이병기가 썼다는 글을 찾지 못하겠다.'고 하고 있다. 김기동이 인용한 출전은 아마 바로 『문장』 제19호(1940.10) 소재의 '명저 일람'일 것이다.
383) 『이본목록』·『문헌정보』 수정.

달이 바뀌면 또 이와 같이 한다. 읽는 솜씨가 훌륭하기 때문에, 사람들이 주위를 둘러싸고 곁에서 보는데, 대체로 가장 중요하고 들을 만한 대목에 이르면 갑자기 입을 다물고 소리를 내지 않는다. 사람들이 그 다음 대목을 듣고자 하여 다투어 돈을 던지는데 이것이 '돈을 거두는 방법[邀錢法]'이라고 한다).

② 『潭庭叢書』(金鑢 1766~1821), 28, '鳳城文餘, 諺稗'(李鈺 1760~1813): 人有以諺稗來 爲余消長夜者 視之 乃印本 而曰「蘇大成傳」此其京師煙肆中 拍扇而朗讀者歟◯(어떤 사람이 국문소설을 가지고 와서 나에게 기나긴 밤을 새우며 읽어 주었는데, 그 책을 살펴보니 인본으로 「소대성전」이란 것이었는데, 이것은 서울의 담배 가게에서 부채를 쳐가며 낭독하는 작품이었다).

③ 『象胥記聞』[1794?](小田幾五郎 1754~1831): 朝鮮小說「張風雲傳」·「九雲夢」·「崔賢傳」·「蘇大成傳」·「張朴傳」·「林將軍忠烈傳」·「蘇雲傳」·「崔忠傳」外「泗氏傳」·「淑香傳」·「玉橋黎」·「李白慶傳」類 …… 其外「三國志」類 諺文書本有◯(조선의 소설로는 「장풍운전」·「구운몽」·「최현전」·「소대성전」·「장박전」·「임장군충렬전」·「소운전」·「최충전」 외에 「사씨전」·「숙향전」·「옥교리」·「이백경전」 따위가 있고 …… 그 밖에 「삼국지」 등의 국문 소설이 있다).

④ 「壬辰錄」(韓國精神文化研究院 所藏), 序: 古談之播在閭巷 與「蘇大成」·「趙雄」·「洪吉同」·「田禹致」諸傳者 只以一人事跡 敍成諺書 以媚雌文者之愚眼 則或奇或誕 無過爲剪燈一語◯(여항에 널리 전하고 있는 「소대성전」·「조웅전」·「홍길동전」·「전우치전」 따위는 오로지 한 사람의 영웅적 인물의 어려운 사적을 기록한 것이라, 언문을 알 뿐인 어리석은 사람을 만족시킬 뿐이어서, 혹 기이하거나 혹 허탄하여 촛불 앞에서 읽는 한낱 이야깃거리 지나지 않는다).

⑤ 『諺文古詩』(가람본), '언문칙목녹', 168: 「소딕셩젼」.

⑥ Courant, 811: 「쇼딕셩젼 蘇大聲傳」.

⑦ Courant, 3349: 「蘇大成傳」.

【增】
1) 『孝田散稿』(沈魯崇 1762~1837), 南遷日錄, 1802年 11月 22日: 終日苦痛 懷益無聊 招來李益倫 使讀諺冊所謂「蘇大成傳」沒味之言 徒增擾聒而已 李益倫來宿 使讀諺書「三國志」·「漢水大戰」尙有勝於所謂「林將軍傳」·「蘇大成傳」而亦沒意趣 不足以消遣也◯(종일 아파서 더욱 무료하기에 이익륜을 불러 소위 「소대성전」이라는 언문 소설을 읽게 하였는데, 맛없는 글이 한갓 어수선함만 보탤 뿐이었다. 이익륜이 와서 자게 되어 그로 하여금 언문 「삼국지」·「한수대전」을 읽게 하니, 그래도 소위 「임장군전」·「소대성전」이니 하는 것보다는 나았으나 의취가 없기는 마찬가지여서 소일할 수 없었다).

〈비교연구〉

③ …… (曺喜雄, "「낙성비룡」과 「蘇大成傳」의 比較考察," 『冠嶽語文研究』, 3[1978. 12], p. 466 및 p. 470).

〈이본연구〉

【增】
1) 하버드대학교 연경도서관 소장 「소대성전」은 도합 16장[31면]으로 이루어진 방각본이다. 대체로 매 장 15행, 매 행 27~28자씩 기재되어 있다. 경판 방각본 소설의 판본 비교에 천착을 한 이창헌에 따르면, 16장본 「소대성전」은 23장본을 번각한 것이라고 한다. …… 여기[9b4]까지는 「소대성전」이 국립도서관 소장본보다는 더욱 23장본에 가까운 모습을 보여 주고 있음을 알 수 있다. ……

그리고 지금까지는 분량이 거의 차이가 없음을 알 수 있다. 그리고 이 이후는 16장본이 다른 판본에 비하여 매우 축약되는 양상을 보여 준다. 실제로 다른 판본과의 내용 대비에서도 채봉과의 만남 이후의 내용에서 16장본 「소대성전」이 매우 축약되고 있음을 확인할 수 있다. 판본 간에 차이가 없는 부분은 대체로 소대성이 몰락한 후 어려운 생활을 하다가 이승상에게 발견되어 채봉과의 혼인을 이루지만 그 집안에서 견디지 못하고 나오는 장면까지다. 그 이후에 일어나는 軍談 부분은 매우 축약되어 나타난다. …… 「소대성전」이 번각이 되면서 장수가 줄어들수록 「소대성전」이 영웅 소설로서 존재하는 데 큰 역할을 하는 군담[영웅성 발휘]보다는 몰락한 소대성이 이승상의 집에서 어떻게 혼인을 이루어 나가는가가 더욱 관심의 대상이 되었다는 사실은 점차 독자가 군담보다는 몰락한 남자와 유복한 여성 사이의 애정에 더 관심을 가지게 되었다는 사실을 보여 주는 것이다. 그렇기 때문에 군담 부분에서는 축약과 생략을 하여 장수를 줄이면서도 대성과 채봉의 결합과 관계되는 부분은 그대로 두었던 것이다(임치균, "「소대성전」," 李相澤 외 3인 엮음, 『고전소설의 기초 연구』[2001. 10], p. 104, p. 108).

국문필사본

(대성전)

【增】 대성전	계명대[古綜目](고811.35대성전)	1
【增】 되성전이라	박순호[家目]	1(59f.)
【增】 되성전 권지상이라	여태명[家目](57)	2-1(상·하, 83f.)

(소대성전)

【削】 쇼되셩젼	동양문고(VII-4-235)	1[384]
【增】 쇼되셩젼 상	미도민속관[생활사 도록](19)	1(병신정월이십일셔)
【增】 쇼되셩젼이라	미도민속관[생활사 도록](20)	1
【增】 소되셩전 권지상이라	박순호[家目]	1(을축정월초오일긔시라, 113f.)
【增】 소되셩젼	박순호[家目]	1(신묘삼월십팔일 청곡등셔, 52f.)
【增】 소되셩전 권단이라	박순호[家目]	1(신미연월월원일, 晉州郡水谷面孝子里, 58f.)
【增】 소되셩젼	박순호[家目]	(明治四十四年六月二十八日 發行홈, 忠淸南道庇仁郡內面 校村里 冊主林, 42f.)[385]
【增】 소되셩젼	박순호[家目]	1(47f.)
【增】 소되셩젼	박순호[家目]	1(大正三年[1914]四月日, 62f.)
【增】 소되셩젼	박순호[家目]	1(乙未元月十日, 44f.)
【增】 소대셩전	박순호[家目]	1(갑오정월초삼닐시죽, 64f.)
【增】 쇼되셩젼이라	박순호[家目]	(용문젼을 수다 보소셔, 丁未春

---

384) 『增補東洋文庫朝鮮本分類目錄』(1979)에는 '寫本'으로 되어 있으나, 이는 '板刻本'(安城板)의 잘못이므로 삭제한다.
385) 표제는 '소되셩젼 上下卷'으로 되어 있으나, 上은 「소되셩젼」(44f.); 下는 「용문젼」(37f.)이다.

	蘇大成傳 卷之上扁		三月 完西溪新刊, 60f.)³⁸⁶
【增】	쇼듸셩젼이라	박순호[家目]	1(계혜二月日, 64f.)
【增】	쇼듸셩젼이라	박순호[家目]	1(등셔난 박월숨이라, 己酉元月 二十三日畢書, 56f.)
【增】	쇼듸셩젼이라	박순호[家目]	1(丁巳臘月十一日終筆, 朴振雨 登書, 44f.)
【增】	소대성전	성대(D07B-0021a)	1(병신?)
【增】	소듸셩젼	여태명[家目](91)	1(隆熙參年己酉[1909]貳月日, 57f.)
【增】	소대성전 천지상편	여태명[家目](147)	1(39f.)
【增】	소듸셩젼	여태명[家目](156)	1(56f.)
【增】	소듸셩젼	여태명[家目](352)	1(癸亥年二月二十六日, 52f.)
【增】	쇼듸셩젼	여태명[家目](371)	1(28f.)
	쇼듸셩젼	임형택[莽蒼蒼齋 家目]	1(20f.)²⁰⁶
【增】	蘇大成傳	정명기[尋是齋 家目]	1
【增】	소대성전	정명기[尋是齋 家目]	1
【增】	소대성전	정명기[尋是齋 家目]	1
【增】	소대성전	정명기[尋是齋 家目]	1
【增】	소대성전	정명기[尋是齋 家目]	1
【增】	소대성전	정명기[尋是齋 家目]	1
【增】	소대성전	정명기[尋是齋 家目]	1
【增】	소대성전	정명기[尋是齋 家目]	낙질 1(권상)
【增】	쇼듸셩젼	早稻田大[국회:古綜目]	1

국문경판본

	소대성전	동양문고[在山樓](VII-4-387) 【削】⁽²⁰⁷⁾/李福揆(복사)	1(翰南書林, 1920, 24f.)
【增】	쇼듸셩젼 권단	박순호[家目]	1(明治四十四年[1911]十月二十 日印刷, 明治四十四年十一月十 五日發行, 發行者 尹相鉉, 16f.)
【增】	쇼듸셩젼 권단	박순호[家目]	1(21f.)

국문안성본

	쇼듸셩젼 권지단	동양문고(VII-4-235)/[판1](36)	1(20f.)³⁸⁷

---

386) 「용문젼이라」(48f.) 합철.
387) 『增補東洋文庫朝鮮本分類目錄』(1979)에는 '寫本'으로 되어 있으나, 이는 '板刻本'(安城板)의 잘못인 듯하다.

국문완판본

【增】 쇼듸셩젼 권지상이라 　　　蘇大成傳 卷之上389)	박순호[家目]	1(35f.)388)
【增】 쇼대셩젼이라 　　　蘇大成傳 卷之上	박순호[家目]	1(己酉孟春完山新刊, 43f.)390)
【增】 쇼듸셩젼이라	박순호[家目]	1(丁未春三月完西溪新刊, 43f.)391)
【增】 소듸셩젼/용문젼	여태명[家目](127)	2-1(戊申仲春完 龜洞新刊, 74f.)
【增】 소듸셩젼 권지상이라 　　　/ 용문젼이라 소듸셩젼	이태영[家目]	2-1([표지]대정이연음임자십이월 십일, 戊申仲春完龜洞新刊, [소]35 f.; [용]38f.)
【增】 소듸셩젼권지상이라 　　　/ 용문젼이라 蘇大成傳	이태영[家目]	2-1(戊申仲春完龜洞新刊, 大正 三年[1914]十一月二十五日發行, [소]35f.; [용]38f.)
【增】 소듸셩젼이라 　　　/ 용문젼이라	이태영[家目]	2~1(明治四十四年八月二十二日 發行, [소]43f.; [용]38f.)
쇼듸셩젼이라	임형택[莽蒼蒼齋 家目]	2~1(상하, 己酉孟春完山新刊, 상: 43f., 하: 38f.)
【增】 소대셩젼	정명기[尋是齋 家目]	1 392)
【增】 소대셩젼	정명기[尋是齋 家目]	1 393)
【增】 소대셩젼	정명기[尋是齋 家目]	1 394)
【增】 蘇大成傳	홍윤표[家目]	1(丙申夏完府新板, 40f.)
【增】 蘇大成	이태영[家目]	1(낙장 35f.)

국문판각본

【增】 소대셩젼	정명기[尋是齋 家目]	1 395)

국문활자본

(소대셩젼)

소대셩젼	김종철[家目]	1(京城書籍業組合, 재판 1920, 37pp.)

---

388) 동일 판본 5책 소장.
389) '卷之下'에 해당하는 것은 '용문젼이라'(38f.)이므로, 「용문젼」항을 참조할 것.
390) 동일 판본 3책 소장.
391) 동일 판본 2책 소장.
392) 「용문젼」과 합철.
393) 「용문젼」 합철.
394) 「용문젼」 합철.
395) 「장경젼」 합철.

(고딕쇼셜)쇼딕셩젼 古代小說 蘇大成傳		국중(3634-2-31=7)	1([著·發]朴運輔, 共進書舘, 1917. 2.14, 48pp.)
【削】 소딕셩젼 蘇大成傳		[權純肯, 155]	1(光文書市, 1914. 1. 5)
(긔졍)소대셩젼		국중(3634-2-31=5) 재판	1(7회, [著]韓仁銀, 平壤: 光文冊肆, 초판 1914.11.19; 재판 1916.1. 30, 85pp.)
소대셩젼		국중(3634-2-31=4)	1([著·發]盧益亨, 博文書舘, 1917 9. 5, 50pp.)
【增】 소대셩젼 蘇大成傳		방민호[家目]	1(三文社, 版權紙 落張, 37pp.)
소대셩용문젼 蘇大成龍門傳		박순호[家目]/정문연 /[광고(1952)]	1(世昌書舘, 檀紀 4285年[1952]. 12.30, 36pp.)
(고딕쇼셜)소딕셩젼 권단		국중(3634-2-59=6)	1(新舊書林, 1917.1.14; 재판 1917. 9.5, 37pp.)
소대셩젼 정번 딕셩용문젼		[Sk](194)/[仁活全](11)	1(新明書林, 1917, 3판 1922, 31pp.)(228)
(고딕쇼셜)소딕셩젼 古代小說 蘇大成傳		국중(3634-2-59=7)	1([著·發]洪淳 泌, 朝鮮圖書株式 會社, 1925.11. 30, 37pp.)

326.1. 〈자료〉

Ⅰ. (영인)

「대성용문전」

326.1.1. 仁川大民族文化研究所 編. 『舊活字本古小說全集』, 11. 銀河出版社, 1983; (再刊) 國際아카데미, 2002. (신명서림, 1922년 제3판)

「소대성전」

326.1.7. 仁川大民族文化研究所 編. 『舊活字本古小說全集』, 7. 銀河出版社, 1983; (再刊) 國際아카데미, 2002. (회동서관판)

326.2. 〈연구〉

Ⅱ. (논문)

〈석사〉

【增】

1) 김미식. "「소대성전」의 대중성 연구." 碩論(창원대 대학원, 2001. 2).
2) 김광미. "「소대성전」의 개작 양상과 그 소설사적 의미." 碩論(홍익대 교육대학원, 2001. 8).
3) 허순우. "「소대성전」의 문체론적 연구." 碩論(이화여대 대학원, 2002. 2).

Ⅲ. (학술지)

【增】

1) 안기수. "「소대성전」 유형에 나타난 고난구조의 특징과 갈등의 의미." 『研究論集』, 14(中央大 大學院, 1995. 2).
2) 김경남. "군담소설의 전쟁 소재와 욕망의 관련 양상: 「소대성전」·「장풍운전」·「조웅전」을 중심으

3) 이지영. "「장풍운전」·「최현전」·「소대성전」을 통해 본 초기 영웅소설 전승의 행방." 『古小說硏究』, 10(韓國古小說學會, 2000. 12).
4) 林治均. "「소대성전」." 李相澤·朴熙秉·林治均·宋晟旭 엮음, 『고전소설의 기초 연구』(태학사, 2002. 10).

▶(소랑직금회봉 → 소약[396])란직금도)
◐{소려록 銷慮錄}
◪327.[소무전 蘇武傳] ← 소무충절록
〈관계기록〉
 ① 『諺文古詩』(가람본), '언문칙목녹', 154: 「소무젼」.

Ⅲ. (학술지)
 1) 정훈식. "「月峯海上錄」과 「蘇武傳」." 『문창어문논집』, 38(문창어문학회, 2001. 12).

▶(소무충절록 蘇武忠節錄 → 소무전)
◪328.[소문록 蘇門錄] ← 소문명현충의록 / 소문충효록
〈관계기록〉
 ①「소문록」, 권 14: 젼 지을 의ᄉᆡ 업셔 젼연이 이져더니 니엄이 도라가 즉시 「졍문녹」을 지어 보내며 왈 노인이 명문 가듕스난 쇼년의 이기 아던지라 돈아를 가르쳐 이 젼을 지으나 쇼문 스젹은 시러곰 명빅이 아지 못ᄒᆞ니 명공이 니어 지으라 ᄒᆞ엿ᄂᆞᆫ지라 참졍이 졔자을 명ᄒᆞ여 「쇼문녹」을 지으라 ᄒᆞᆫ디 모든 명지 부명을 브드나 묘졍의 분주ᄒᆞᆫ지라 미부 묘겸으로 지으라 ᄒᆞ니 이 남션의 냥인이오 묘시의 의데라 뉴녀의 일을 올닌즉 남션과 묘시의게 허다 방히ᄒᆞᆷ이 잇ᄂᆞᆫ지라 남션으로 더부러 지계하여 노뉴를 쌔히고 묘시를 빗ᄂᆡᄆᆞᆯ 인ᄒᆞ야 젼편이 튜탁ᄒᆞ고 디기를 긔록ᄒᆞᆷ이 되나라.
 ②「尹河鄭三門聚錄」, 91: 한님 쇼영이 오부인으로 금슬이 샹화ᄒᆞ여 삼ᄌᆞ 삼녀를 나하 남혼 녀가와 닙신 현달ᄒᆞ던 슈어와 지졔 곳 니부샹셔 체찰사 쇼셩이 윤부인으로 화락ᄒᆞ여 오ᄌᆞ 이녀를 싱ᄒᆞ니 …… 쇼아 등의 닙신 가취ᄒᆞ던 셜화와 녀흉의 난가ᄒᆞ던 사에다 「쇼문명현츙의록」의 명빅ᄒᆞᆫ 고로 이의 디기만 긔록ᄒᆞ노라.
 ③ Courant, 883: 「소문명현츙효록 蘇門明賢忠孝錄」.
 ④ Courant, 891: 「쇼효문츈의록 蘇孝門忠義錄」.
 ⑤ 金台俊, 『朝鮮小說史』, p. 151: 「蘇門名賢忠孝錄」.
 ⑥ 同上: 「蘇門忠孝錄」.

[국문필사본]

| 【增】쇼문츙열녹 단 蘇門忠烈錄 | 박순호[家目] | 1(38f.) |

---
396)「이본목록」 수정.

328.2. 〈연구〉

【增】 Ⅱ.〈학위논문〉
〈석사〉

1) 김지연. "「소문록」 연구." 碩論(고려대 대학원, 2003. 2).

Ⅲ. 〈학술지〉

【增】

1) 이순우. "「소문록」에 나타난 인물 연구." 『順天鄕語文論集』, 6(順天鄕語文學硏究會, 2000. 2).
2) 전성운. "「소문록」에 나타난 애정 갈등과 가모권 다툼의 양상." 『韓國文學論叢』, 27(韓國文學會, 2000. 12). 『조선후기 장편국문소설의 조망』(보고사, 2002. 10)에 재수록.
3) 조광국. "작품구조 및 향유층의 측면에서 본「소문록」의 벌열적(閥閱的) 성향." 『국문학연구』, 6(국문학회, 2001. 11).
4) 池硯淑. "「蘇門錄」." 刊行委員會 編. 『古小說硏究史』(月印, 2002. 12).
5) 전성운. "「소문록」에 나타난 응보관의 특징과 의미." 『한국민족문화』, 22(부산대 한국민족문화연구소, 2003. 10). "「소문록」과 응보관(應報觀)"으로 『한·중소설 대비의 지평』(보고사, 2005. 2)에 재수록.

▶(소문명현충의록 蘇門名賢忠義錄 → 소문록)
▶(소문충효록 蘇門忠孝錄 → 소문록)
▶(소부인전 蘇夫人傳 → 소씨전)
◑{소생전 蘇生傳}
〈관계기록〉

① 『無何堂遺稿』(洪柱元 1606~1672), 4, '戱書諺書蘇生傳': 銀鉤鐵索墨淋漓 玉手何人寫此辭 仍想洞房春政[sic 情?]好 若爲飛蝶入羅帷◐(은구397)가 쇠사슬처럼 줄줄이 적혀 있네. 어떤 이가 옥수로 이 이야기 적었나? 동방의 좋은 춘정을 생각하노니, 나비 날아와 비단 장막으로 들어가는 듯하구나).

▶(소설 小說 → 고전소설)
◩329.[소소매전 蘇小妹傳]398) ← 금고기관(소소매삼난신랑)
◑{소수록}
▶(소씨가승세계총론 蘇氏家乘世系總論 → 소씨명행록)
◩330.소씨명행록 蘇氏明行錄] ← 소씨명행충의록 / 소씨열공명행록 / 소씨충효록 / 소씨정충효봉 / 소씨청절록 / 소씨청행록 / 충렬공명행록
〈관계기록〉

① 「玉鴛再合奇緣」(溫陽鄭氏 1725~1799), 15, 表紙 裏面: 「소시명행녹」.
② 『林下筆記』(李裕元 1814~1888), 29, '諺書古談': 李圓嶠399)之子男妹 做諺書古談 爲「蘇氏明行

---

397) 아주 잘 쓰는 초서.
398) 「문창진군탕평록」(58f.)과 합본.

錄」遭家故 閣置一邊矣 圓嶠夢 有女子自稱蘇氏 責曰 何爲陷人於不測之地 不爲伸雪乎 覺而大驚 繼做末編 兄弟叔侄同坐贊助 祭日不知夜深 祭稍挽抑 文字之妙之神 如是也●(이원교의 자녀 남매가 언서 고담을 지어 이름을 「소씨명행록」이라 했다. 집안에 변고[家故]를 당하여 한쪽으로 밀어 두었는데, 원교[李匡師 1705~1777]의 꿈에 한 여자가 나타나 스스로 소씨라고 칭하며 꾸짖기를, "어째서 사람을 위태로운 처지에 빠뜨려 놓고 신원을 해주지 않는가?"라고 했다. 잠에서 깨어 크게 놀라 남은 부분을 이어 지음에, 형과 아우삼촌과 조카가 모두 한 자리에 앉아 도와 주었다. 때문에 제삿날인데도 밤이 깊어지는 줄을 몰라 제사가 늦어졌다. 문자의 묘함이 신의 경지에 듦이 이 같아서야 되겠는가?).

③ Courant, 884: 「소시명힝츙의록 蘇氏明行忠義錄」.
④ Courant, 880: 「소시졍츙효봉 蘇氏貞忠孝奉」.
⑤ 金台俊, 『朝鮮小說史』, p. 151: 「蘇氏忠孝錄」.
⑥ 同上: 「蘇氏明行忠義錄」.

|국문필사본|
(소씨명행록 / 소씨청절록 / 소씨청행록)		
蘇氏明行錄	임형택[莽蒼蒼齋 家目]	1(90f.)
(충렬공명행록)		
【增】튱열공명[행]녹	서울대[일석](813.5-C4725hp)	1(49f.)[400]

▶(소씨명행츙의록 蘇氏明行忠義錄 → 소씨명행록)

◼331.[소씨삼대록 蘇氏三代錄 ①]

〈관계기록〉

① 「소현성록」(이대본), 1, [序頭]'소승상본젼 별서': 면을 지으되 공의 희노와 언시 적고 힝실이 놉기로 사람으로 흐여금 이 젼을 보면 송연히 공경하나 빗나며 화려흔 어조이 업는 고로 그 자식의 소설의 지어 변화를 돕고 공의 싱시 별회 현션칭인 고로 슈예 「소현셩녹」이오 주손의난 별례를 뼈 「소시삼딕록」이라 ᄒ고 여러 권 설화를 세상의 뎐하믄……

② 「소현성록」(이대본), 권 4 말미: 그 주녜 다 긔이ᄒ더라 일긔를 보매 후셰에 뎐ᄒ얌즉 홀시 니어 뎐을 디어내니 쇼공의 힝적이 이 쇼셜의 만히 드러 죵신ᄒ 일기 잇ᄂ 고로 별뎐을 갈온 「소시삼디록」이라 ᄒ니라.[401]

③ 「소현성록」(규장각본), 6: 그 주예 긔이흠미 잇ᄂ더라 일긔를 보미 후세의 젼ᄒ염즉 홀시 뎐을 지어닉니 소공 힝적이 만히 드러시므로 별뎐은 글은 「소시삼디록」이라 ᄒ노라.

〈이본연구〉

【增】

---

399) 李匡師(1705~1777)의 號 '圓嶠'는 서울 冷泉洞의 金華山 기슭으로 속칭 '둥그재'라 하는 곳이다. 이광사는 33세 때인 1737년에 이 곳에 집을 사 定住하고, 그 곳 이름을 호로 삼았다.
400) ▶(충렬공명행록 忠烈公明行錄)조에 있던 것을 이 곳으로 이동하였다.
401) 이 같은 내용은 국중본 권 4 및 서울대 21권본 권 6 중반에도 나타난다.

1) 이상의 이본의 대비, 검토를 통해 본 결과 지금까지 우리가 알고 있었던 「소현성록」이 얼마나 불완전한 모습이었던가를 분명히 알게 되었다. 참고로 제시하면 김기동이나 최길용이 소개한 「소현성록」의 내용은 본 순차 단락 (28)까지에 불과하다. …… 서본[서울대 소장본] 권 6 중간 부분까지의 내용이 국본[국립중앙도서관 소장본]이 종결되는 권 4까지의 내용과 대동소이한 사실을 고려할 때 필자는 바로 서본 권 6 중간 부분 이후부터가 「소씨삼대록」이 아닐까 생각한다 (임치균, "連作型 三代錄 小說研究," 서울대 博論[1992. 2], 51~52).

【增】 331.2. 〈연구〉

Ⅲ. (학술지)

1) 양민정. "「소씨삼대록」 연작에 나타난 연작화 및 대하 장편화의 창작 방식."『한국어문학연구』, 21(한국외대 한국어문학연구소, 2005. 2).

▶(소씨삼대록 蘇氏三代錄 ② → 문장풍류삼대록)[402]
▶(소씨삼대록 蘇氏三代錄 ③ → 소현성록)
▶(소씨열공명행록 蘇氏列公明行錄 → 소씨명행록)

◼332.[소씨전 蘇氏傳][403] ←[404] 소부인전 / *소씨청행록 / *완월루 / *장학사전 / *장한림전 / * 조생원전 ②

국문필사본

(소민전 / 소씨전)

【削】 소민젼	박순호[박순임 발표 요지]	1(甲子二月初四日, 53f.)
【增】 소씨젼	박순호[家目]	1(83f.)
【增】 쇼씨전 이권이라	박순호[家目]	낙질 1(무오정해일필셔ᄒ노라, 2: 38f.)
【增】 솟씨초권이라	박순호[家目]	(44f.)[405]
【增】 쇠민젼	정명기[尋是齋 家目]	1
【增】 蘇氏傳	정명기[尋是齋 家目]	1

▶(소씨정충효봉 蘇氏貞忠孝奉 → 소씨명행록)
▶(소씨직금도 蘇氏織錦圖 → 소약란직금도)
▶(소씨직금회문록 蘇氏織錦回文錄 → 소약란직금도)
▶(소씨직금회봉 蘇氏織錦回封 → 소약란직금도)
▶(소씨정충효봉 蘇氏貞忠孝奉 → 소씨명행록)
▶(소씨청절록 蘇氏淸節錄 → 소씨명행록)

---

402) 중국 송나라 때 문장가로 이름 높던 蘇洵과 그 아들 蘇軾·蘇轍 형제 및 그 아들들 3대에 걸친 문장 풍류에 관해 쓴 작품이다.
403) 「소씨전」의 배경이 중국으로 되어 있는 데 비하여 「장한림전」은 배경이 국내로 되어 있다.
404) 『연구자료 총서』 수정.
405) 「강능츄월젼」(47f.) 및 「강능츄월젼」(40f.)과 합철되어 있다.

▶(소씨쳥행록 蘇氏淸行錄 → 소씨명행록)
▶(소씨충효록 蘇氏忠孝錄 → 소씨명행록)
◐{소아기 少娥記}
▶(소야란직금도 → 소약란직금도)
▶(소약란전 蘇若蘭傳 → 소약란직금도)
◘333.[소약란직금도 蘇若蘭織錦圖][406] → 소씨직금도 / 소씨직금회문록 / 소씨직금회봉 / 직금회문 / 회문전

〈참고자료〉
① 「合錦廻文傳」十六卷 不分回: 淸嘉慶三年寶硯齋刊本 半葉九行 行十八字 首蘇蕙小像 璇璣圖 道光六年大文堂刊小本 題'笠翁先生原本'·'鐵華山人重輯' 每卷後有素軒評語◐(청나라 가경 3년[1798] 보연재의 간행본으로 반엽이 9행, 매행은 18자로 되어 있다. 첫머리에 소혜의 그림 및 「선기도」가 수록되어 있다. 도광 6년[1826]의 대문당 간행 소본에는 '입옹선생원본'· '철화산인중집'이라 되어 있다)[孫楷第, 『中國通俗小說書目』, p. 145].

〈관계기록〉
① 『諺文古詩』(가람본), '언문칙목녹', 198: 「직금회봉」.
【增】
1) 『私集』(尹德熙 1685~1766), 4, 「小說經覽者」[1762]: 「廻文傳」.

국문필사본		
(소약란직금도/소약란직금회문)		
소야란직금도	綠雨堂[古文獻][407]	1
【增】 소약৷직금회문녹소약난 딕금도蘇惹蘭織錦圖	미도민속관 [생활사 도록](17)	1
(소야란 / 소약란전/소향란전)		
【增】 소양란전	綠雨堂[古文獻]	1(병진계춘연간)
(직금도/직금회문)		
【增】 직금회문	계명대[古綜目](고811.8 직금회)	1
【增】 직금회문금 권지단	박순호[家目]	1(34f.)
【增】 직금회문도라	박순호[家目]	1(34f.)
【增】 직금회문	서울대[일석](813.5-J561h)	1

---

406) 『이본목록』[소약란직금도] 표제에 '중국 소설 「合錦廻文傳」의 초역. '若'을 '약'과 '야'의 두 가지로 읽히므로, '若蘭'은 '야란' 혹은 '약란'의 두 가지로 표기할 수 있다. '惹'字로 된 경우도 있다.'는 내용을 각주로 추가.
407) 원래 '윤영선(단국대, 『국문학논집』, 2)'으로 되어 있던 것을, 近刊 송일기·노기춘 공편, 『海南綠雨堂의 古文獻』(태학사, 2003)에 의거 수정했다. 따라서 수록 위치도 바꾸어서 재배치해야 함을 밝혀 둔다.

국문활자본

(소약란직금도)

소약난직금도 蘇若蘭 織錦圖	국중(3634-2-20=4)/국중 (3638-51)/정문연(D7B-58)/ [仁活全](26)	1(國漢字 倂記, [著·發]朴 健會, 新舊書林, 1916.9.5, 79pp.)

333.1. 〈자료〉

Ⅰ. (영인)

333.1.1. 仁川大民族文化硏究所 編, 『舊活字本古小說全集』, 26. 銀河出版社, 1984; (再刊) 國際아카데미, 2002. (신구서림판)

◐{소옹전}
◑334. [소운성전 蘇雲聖傳]408) ← *소현성록

국문필사본

【增】 소원성녹 권지삼	서울대[심악](813.5~So92sp v.3)	낙질 1(권 3)

◑335. [소운전 蘇(簫)雲傳]409) → *강릉추월 / *봉황금 / *소정월봉기 / 소학사전 / 소학전 / *소한림전 / *옥소기연(봉) / *옥소전 / *월봉(산)기 / *이춘백전 / *천도화 【增】 / *춘백전410)

〈관계기록〉

① 小田幾五郎[1754~1831], 『象胥記聞』[1794?]: 朝鮮小說「張風雲傳」·「九雲夢」·「崔賢傳」·「蘇大成傳」·「張朴傳」·「林將軍忠烈傳」·「蘇雲傳」·「崔忠傳」 外 「泗氏傳」·「淑香傳」·「玉橋黎」·「李白慶傳」類 …… 其外 「三國志」類 諺文書本有◐(조선의 소설로는 「장풍운전」·「구운몽」·「최현전」·「소대성전」·「장박전」·「임장군충렬전」·「소운전」·「최충전」 외에 「사씨전」·「숙향전」·「옥교리」·「이백경전」 따위가 있고 …… 그 밖에 「삼국지」 등의 국문 소설이 있다).

국문필사본

(소운전)

【增】 소운전 권지단 월봉기록 月峯諺錄	미도민속관[생활사 도록](18)	
【增】 소운전 상권지단	미도민속관[생활사 도록](21)	1
【增】 蘇胤傳	임형택[莽蒼蒼齋 家目]	1(丙寅年臘月二檜一日, 52f.)

---

408) 「소현성록」의 내용 중 '소운경'과 '소운성'의 행적만을 별책으로 만든 작품이다.
409) 「월봉산기」, 「강릉추월」, 「봉황금」 등과 더불어 중국 소설 「蘇知縣羅衫再合」의 번안 작품이다. 한편, 「소운전」은 「소학사전」과 작중 인물의 이름도 같고 작품 줄거리도 기본적으로 같으나, 다만 「소운전」에는 주인공의 무훈담이 더 첨부되어 있다.
410) 『이본목록』·『작품연구 총람』에 추가.

【增】蘇雲傳	정명기[尋是齋 家目]	1
【增】소운전 권지일 蘇雲傳	조희웅[家目]	1(39f.)
(소운전)		
【增】소학ᄉ젼이라 蘇學士傳	홍윤표[家目]	1(29f.)
(소학사전)		
소학사전	계명대[古綜目] (의811.35소학사)	1
【增】소학ᄉ젼이라	박순호[家目]	1(병진사월일, 67f.)
【增】소윤전	정명기[尋是齋 家目]	낙질 1(권상)

국문활자본

쇼학ᄉ젼 蘇學士傳(252)	국중(3634-2-33=6)/[仁活全](7)	1([著·發]盧益馨, 博文書舘, 1917.11.10, 79pp.)
【增】소학사젼	정명기[尋是齋 家目]	1(世昌書舘, 1969)

335.1.〈자료〉

Ⅰ. (영인)

「소운전」

335.1.1. 仁川大民族文化硏究所 編,『舊活字本古小說全集』, 7. 銀河出版社, 1983; (再刊) 國際아카데미, 2002. (보성사판)

「소학사전」

335.1.4. 仁川大民族文化硏究所 編,『舊活字本古小說全集』, 7. 銀河出版社, 1983; (再刊) 國際아카데미, 2002. (박문서관판)

◐{소위명행록 蘇渭明行錄}

〈관계기록〉

① 金台俊,『朝鮮小說史』, p. 161:「蘇渭明行錄」.
② 金起東,『李朝時代小說論』, p. 599:「蘇渭明行錄」.

▶(소윤전 蘇允傳 / 蘇倫傳 → 소운전)
▶(소정월봉기 → 월봉기)
◨336.[소진장의전 蘇秦張儀傳]

국문활자본

| (만고웅변)소진장의젼 전
(萬古雄辯)蘇秦張儀傳 全
만고웅변 소진장의젼
萬古雄辯 蘇秦張儀傳 | 국중(3634-2-33=5)<초판>/국중
(3634-2-59=2)<재판>/仁活全](7)
대전대[이능우 寄目](1158)/
박순호[家目]/조희웅[家目] | 1([著·發]李鍾楨, 光東書局, 초판 1918.5.28; 재판 1921.11.10, 55pp.)
1(世昌書舘, 1952.3.30, 56pp.)
【削】(253) |

336.1. 〈자료〉
　Ⅰ. (영인)
　　336.1.1. 仁川大民族文化硏究所 編.『舊活字本古小說全集』, 7. 銀河出版社, 1983; (再刊) 國際아카데미, 2002. (광동서국 1921년 재판본)

◐{소태후전 → 서태후전}
　【增】 쇼틱젼　　　　　　　여태명[家目](206)　　　　　　　　1(52f.)

▶(소학사전 蘇學士傳 → 소운전)
▶(소학전⁴¹¹⁾ → 소운전)
【增】◐{소한록 消閒錄}
　　【增】 국문필사본
　　【增】 쇼한록 消閒錄玉洙傳 박순호[家目]　　　　　　　　1(45f.)

▶(소한림전 蘇翰林傳 → 천도화)
▶(소향란전 → 소약란직금도)

◆336-1.[소헌몽록 疎(小)軒夢錄]
　【增】 <제의> '소헌'에서 꾼 꿈의 기록⁴¹²⁾
　　국문필사본
　【增】 소헌몽녹 小軒夢錄　서울역사박물관[특별전시도록　　1⁴¹³⁾
　　　　　　　　　　　　　　(5. 20~8. 18),『조선시대 여인들의
　　　　　　　　　　　　　　삶과 문화』, 2002]
　　소헌몽록 <u>疎軒夢錄</u>　이해청[1947전시](150)　　　　　1

◆337.[소현성록 蘇賢聖錄]⁴¹⁴⁾ ← 소씨삼대록 ③ / *소운성전 / *황후별전
〈관계기록〉
　①『玉所集』(權燮 1671~1759), 雜著 4, '先妣手寫冊子分排記': 先妣贈貞夫人 龍仁李氏 手寫冊子 中「蘇賢聖錄」大小說十五冊 付長孫祚應 藏于家廟內「趙丞相七子記」・「韓氏三代錄」付我弟大諫君 又一件「韓氏三代錄」付我妹黃氏婦「義俠好逑傳」・「三江海錄」一件 付仲房子德性「薛氏三代錄」付我女金氏婦 各家子孫 世世善護可也 崇禎紀元後三己巳至月之二十五日 不肖子爕謹書◯(돌아가신 어머니 증정부인 용인이씨[1652~1712]⁴¹⁵⁾가 손수 베끼신 책자 중

---

411) 「소학사전」의 오기일 듯하다.
412) 『작품연구총람』 수정.
413) 가사 4편(「궁녀사」・「농승가」・「답승가」・「양양가」), 한문 3편(「취옹정기」・「적벽부」・「후적벽부」)가 합철되어 있다.
414) 작품 끝에 이 작품이 어떻게 세상에 전해지게 되었는가를 알려 주는 '소운성자운산몽유록'이란 글이 첨부되어 있다. 규장각본(24책본) 및 박순호 소장본 참조.

「소현셩록」대소설 15책은 장손 조웅[1705~1765]에게 줄 것이니 가묘 안에 갈무리하고, 「조승상칠자기」·「한씨삼대록」은 내 아우 대간군[權瑩 1678~1745]에게 주고, 또 한 건「한씨삼대록」은 여동생 황씨[黃壻]婦[1681~1743]에게 주고, 「의협호구전」·「삼강해록」한 건은 둘째아들 덕성[1704~1777]에게 주고, 「셜씨삼대록」은 딸 김씨[金漢房]婦에게 주니, 각 가정의 자손은 대대로 잘 보호하여야 할 것이다. 숭정 기원후 세 번째 기사년[1689] 12월 25일 불초자 셥이 삼가 쓰다).

② 「소현셩록」(이화여대 소장본), 권 1, [序頭] '소승상본전 별서': 면을 지으딕 공의 희노와 언식 젹고 힝실이 놉기로 사람으로 ᄒ여금 이 젼을 보면 송연히 공경하나 빗나며 화려흔 어조이 업는 고로 그 자식의 소설의 지어 변화를 돕고 공의 싱시 별회 현션싱인 고로 슈뎨 「소현셩녹」이오 주손의난 별례를 뼈 「소시삼딕록」이라 ᄒ고 여러 권 설화를 세상의 뎐하든……

③ 동상, 권 11 말미: 인종이 소현셩의 도덕을 공경ᄒ고 ᄉ모ᄒ샤 조증과 녀이간으로뻐 힝젹을 긔록ᄒ야 후셰예 뎐ᄒ라 ᄒ시니 이인이 ᄌ유로 쇼부의 친ᄒ나 셰쇄흔 일을 알기 어려워 진왕을 보고 그 부모 힝젹을 드러닉라 혼대 진왕이 츄연 왈 부모의 유젹을 경히 ᄂ] 고이ᄒ되 상명이 이셔시니 감히 막디 못ᄒ리니 냥형은 모르미 슬피라 드딕여 좌우로 ᄒ여금 각당 긔실을 불러 일긔를 내여 오니 이인이 흔번 펴보고 불승 탄복ᄒ야 왕의 팔형뎨를 딕ᄒ여 녕션승산과 모든 태부인의 힝젹이 여츠ᄒ니 대왕의 여러 형뎨 긔관의 졀직ᄒ고 강엄ᄒ믄 도로혀 고이티 아니ᄒ이다.

④ 동상, 필사 후기: 갑ᄌ춘의 내 마음 파직ᄒ여 집의 드럿더니 무류 중 잡기를 보매 다 됴ᄐ] 아니ᄒᄃ] 홀노 이 말숨[「소현셩록」]이 졍딕ᄒ여 ᄯ호 효측ᄒ염즉 ᄒ고 다만 할시 두어 둘 공부난 가히 브졀업거니와 너희는 고인의 아름다온 사젹과 내의 수고를 경시디 말고 흔 벌식 벗겨 좌우의 둘디어다.

⑤ 「명주옥연기합록」, 3: 후ᄌ의 쇼공지 등과ᄒ여 작위 삼틱의 니르고 한낫 희첩이 업시 현소져로 화락ᄒ여 슬하의 오ᄌ 이녀를 두어 긔이흔 설해 「쇼현셩녹」의 잇ᄉ므로 이의 ᄉ색히다.

⑥ 「玉鴛再合奇緣」(溫陽鄭氏 1725~1799), 14 및 15, 表紙 裏面: 「쇼현셩녹」.

⑦ 「註解歌辭文學全集」(金聖培外), 「寡婦歌」(p. 439): 이 집도 가장 잇고 저 집도 가장 잇네 금슈를 잊자 하고 삭발위승 하자 하니 시집도 양반이오 친정도 품관이라 가문을 헤아리니 삭발위승 어려워라 아마도 모진 인생 못주거 원수로다 도로혀 다 풀치고 다시 생각 마자 하야 영등을 노피 달고 언문고담 빗기 들고 「소현셩록」 보노라니 화씨 셕씨 졀행이라 『열녀전』을 들고 보니 반첩여도 날과 같다.

⑧ 『諺文古詩』(가람본), '언문칙목녹', 19: 「쇼현셩녹」.

【增】

1) ᄌ운가(紫雲歌)[林基中 編, 『筆寫本 歷代歌辭文學全集』, 16, 驪江出版社, 1988, pp. 498~499]: 믓노라 뎌 老嫗야 소가(蘇家) 古跡 알을손가 凄然이 한숨지고 장황이 말을 펴되 소處士 登仙後로 門庭이 寂寞터니 白玉京 령부도군 遺腹子를 誕生ᄒ니 태부인(太夫人)의 놉흔 교훈 孟母의 나릴손가 강쥬(江州) 운남(雲南) 희외민(海外民)을 瞬息間에 手定ᄒ고 윤씨 가씨 결의홀 제 진君子가 현녀ᄒ다 현경침즁 뎌 화셕은 현불쵸가 바이 업다 규문이 가즉ᄒ니 修身齊家 잘도 흔다 靑春에 입샹ᄒ여 十子五女 두단 말가 한싱(韓生)의 허랑흠도 월영(月暎)에 심복 되고 李翰林의 淸德으로 교영에 실졀(失節)이라 셕파의 긴 쥬량(酒量)도 치하잔(致賀盞)에 쥬졍ᄒ고

---

415) 雲沙 李世白(1635~1691)의 장녀로, 그 남동생은 陶谷 李宜顯(1669~1745)이다. 이의현은 玉所 權燮의 외숙이나 나이 차이는 불과 2살밖에 안 되었다.

리파의 일촌셜(一寸舌)이 공주 픠악 금홀소냐 셕지(惜哉)라 강릉후(江陵侯)는 유신흔 쟝부러니 유공의 림죵 혈셔(臨終血書) 어이ᄒ여 니즐소냐 공쥬의 약흔 팔이 태산에 샹탄 말가 오회라 진왕셩은 셕가(釋家)에 드지 말소 病中è 兒女子의 일쳑 텰편(鐵鞭) 못 피커든 오용을 녑히 씬들 그 무솜 쟝홀소냐 이는 비록 그러ᄒ나 칠셩검 빗기 들고 만리운 능희 타니 그 아니 豪傑인가 명현궁 깁흔 곳에 거의 죽을 뎌 목숨을 血書를 품에 품고 옥계하에 다라드러 가부(家夫)를 살라내니 그 아니 烈女련가 월쵸산(越楚山)에 숨은 형씨(荊氏) 어스의 일언으로 호구에 다시 드니 그 아니 可憐흔가 형(兄)의 병 살낫스나 망샹흔 츄속이라 리부샹셔ᄒ든 이는 표뎌홀 말 젼혀 업다 모란뎡(牧丹亭) 연락시(宴樂時)에 눈이나 붉앗거나 례부샹셔ᄒ든 이는 평론홀 말 젼혀 업다 례부에 쳥덕이며 소가에 젹션으로 不肖子를 낫다 흔들 불화대왕 불 가코나 얼골은 박싁이나 현털홀[솀 림씨로다 먹과 붓이 늡앗스나 玉顔에서 쏘 이스리 시흥도 다 진흐고 의논도 지리ᄒ다 총총이 닷스 붓이 대강 긔록ᄒ옵ᄂ니 나의 근본 알려거든 나 안즌 돌을 보소 돌 셕 ᄌ를 히독ᄒ니 셕파혼(石坡魂)이 아닐넌가 단가 一曲 지여내여 셰상에 젼ᄒᄂ니 千秋萬歲 萬萬歲에 古談 삼아 보소이다.

〈비교연구〉

【增】

1) 「소씨삼대록」에서 소현성의 10자인 소운필은 혼인 상황만 소개될 뿐 전혀 주목을 받지 못하는 인물이어서 그 자식대에 대한 언급은 더더군다나 없다. 따라서 「明珠玉緣奇合錄」의 「소현성록」 언급은 「명주옥연기합록」에서 별로 중요하지 않은 소세문 이야기가 불필요하게 확산되는 것을 막기 위해 「소현성록」에 가탁한 것으로 보인다. 따라서 「소현성록」과 「명주옥연기합록」 사이에는 아무런 연작 관계가 없다. 다만 「명주옥연기합록」이 「소현성록」을 읽은 작자에 의해서 지어진 작품이거나, 최소한 시대적으로 「소현성록」이 형성된 이후의 작품이라는 것을 알 수 있다(朴英姬, "「蘇賢聖錄」連作研究," 梨花女大 博論[1994. 2], p. 182).

국문필사본

(소현성록)

【增】 소현녹	박순호[家目]	1(朴春澤氏殿, 36f.)
【增】 소현성록 蘇賢成錄	박순호[家目]	1(68f.)
【增】 쇼현셩 권지일	여태명[家目](181)	낙질 1(1: 41f.)

(황후별전)

337.2. 〈연구〉

Ⅱ. (학위논문)

【增】 <석사>

1) 변진한. "고전소설의 탈유기성에 대한 연구: 「소현성록」을 중심으로." 碩論(명지대 대학원, 2003. 8).

Ⅲ. (학술지)

【增】
1) 백순철. "「소현성록」." 『한국여성문학연구』, 1(한국여성문학회, 1999. 6).
2) 최기숙. "禮敎의 실천 논리와 閨房女性의 自己意識:「소현성록」." 『17세기 장편소설 연구』(月印, 1999. 12).
3) 조광국. "「소현성록」의 閥閱 성향에 관한 고찰." 『溫知論叢』, 7(溫知學會, 2001. 12).
4) 양민정. "「蘇賢聖錄」에 나타난 女家長의 역할과 社會的 의미." 『외국문학연구』, 12(한국외대 외국문학연구소, 2002. 11). 刊行委員會, 『澤民金光淳敎授定年紀念論叢』(새문社, 2004. 11)에 재수록.
5) 朴英姬. "「蘇賢聖錄」." 刊行委員會 編. 『古小說硏究史』(月印, 2002. 12).
6) 송성욱. "17세기 소설사의 한 국면:「사씨남정기」,「구운몽」,「창선감의록」,「소현성록」을 중심으로." 『한국고전연구』, 8(한국고전연구학회, 2002. 12).

▶(소현성전 蘇賢聖傳 → 소현성록)
▶(소효문충416)의록 蘇孝門忠義錄 → 소문록)
◐{속리산기 俗離山記}
〈관계기록〉
① 『諺文古詩』(가람본), '언문칙목녹', 143:「속니순긔」.

【增】▶(속삼국지 續三國志 → 후삼국지)
◐{속수신기 續搜神記}
〈작자〉愼後聃 (1701~1761)
〈관계기록〉
① 『河濱雜著』(愼後聃 1702~1761), 削雜記諸篇:「續列仙傳」一篇·「續搜神記」一篇·「龍王記」一篇·「海蜃記」一篇·「遼東遇神記」一篇·「紅粧傳」一篇·「奇文嵓說」一篇·「文字抄」一篇·「雜書抄」一篇·「隨筆錄」一篇·「經說」一篇·「雜錄」一篇 所記多誕妄荒雜 皆余幼時 狂馳之爲也 並削之 癸卯菊秋日書◐(「속열선전」1편,「속수신기」1편,「용왕기」1편,「해신기」1편,「요동우신기」1편,「홍장전」1편,「기문비설」1편,「문자초」1편,「잡서초」1편,「수필록」1편,「경설」1편,「잡서초」1편은 내용이 매우 허탄하고 망녕되며 거칠고 잡된 것들인데, 모두 내가 젊었을 적 어린 기분으로 지었던 것이라 모두 삭제하였다. 계묘년[1723] 가을에 쓰다).

▶(속수호지 續水滸志 → 후수호지417))
〈관계기록〉
① 『靑莊館全書』(李德懋 1741~1793), 5, '嬰處雜稿': 同上, '士小節': 小說有三惑 架虛鑿空 談鬼說夢 作之者一惑也 羽翼浮誕 鼓吹淺陋 評之者二惑也 虛費膏呇 魯莽經典 看之者三惑也 作之猶不可 不何心以爲評 評之猶不可 又有續「國誌」者 續「水滸」者 鄙哉鄙哉 尤不足論也

---
416) 『이본목록』 수정.
417) 『이본목록』·『문헌정보』 수정.

嗚呼 以施耐菴聖嘆輩之才且慧 移此勤於本分事 則其可不敬之乎 甚者敷淫穢 演僻怪 務悅人目 不知羞恥◐(소설의 세 가지 의혹됨이 있으니 헛된 것을 내세우고 빈 것을 천착하며 귀신과 꿈을 이야기하여 이를 지은 것이 그 첫째 의혹이고, 허황한 것을 부추기고 더러운 것을 고취시켜 이를 평한 것이 그 둘째 의혹이며, 노력과 시간을 허비하고 경전을 거칠고 묵어지게 하여 그것을 보는 것이 세 번째 의혹이다. 그것을 짓는 것도 오히려 불가한데 평을 하는 것은 무슨 마음에서며, 평하는 것도 불가한데 또한 [삼국지]·[수호[지]의 속편을 짓는 자도 있으니, 천하고 천하다. 논할 꺼리조차 못 된다. 아아, 시내암이나 성탄 같은 무리의 재주와 지혜를 이것을 본분의 일에 힘썼다면 존경하지 않을 수 있겠는가? 더욱 심한 것은 음란하고 더러운 일을 늘어놓고 괴벽한 설을 늘어놓아 보는 사람의 눈을 기쁘게 하기에 힘쓰면서 부끄러워할 줄을 알지 못한다).

② 『五洲衍文長箋散稿』(李圭景 1788~?), 7, 「小說辨證說': 「齊諧記」·「夷堅志」·「諾皐記」·「琵琶記」·「水滸傳」·「西湖游覽誌」·「三國演義」·「錢塘記」·「宣和遺事」·「金瓶梅」·「西廂記」·「眞珠船」·「桃花扇」·「紅樓夢」·「續紅樓夢」·「續水滸志」·「列國志」·「封神演義」·「東游記」·「聊齋志異」·「九雲夢」·「南征記」·「芙蓉堂」·「雙渠怨」·「風月須知」.

【增】

1) 『欽英』(兪晩柱 1755~1788), 2, 1778. 5. 1: 閱「水滸後傳」四十回 古宋遺民著 雁宕[sic 宕]山樵418)評(「수호후전」 40회를 보았다. 옛날 송나라 유민이 지었고 안탕산초가 평했다고 되어 있다).

◐{속열선전 續列仙傳}

〈작자〉 愼後聃 (1701~1761)
〈관계기록〉

① 『河濱雜著』(愼後聃 1702~1761), 削雜記諸篇: 「續列仙傳」一篇·「續搜神記」一篇·「龍王記」一篇·「海蜃記」一篇·「遼東遇神記」一篇·「紅粧傳」一篇·「奇文啚說」一篇·「文字抄」一篇·「雜書抄」一篇·「隨筆錄」一篇·「經說」一篇·「雜錄」一篇 所記多誕妄荒雜 皆余幼時 狂馳之爲也 並削之 癸卯[1723]菊秋日書◐(「속열선전」 1편, 「속수신기」 1편, 「용왕기」 1편, 「해신기」 1편, 「요동우신기」 1편, 「홍장전」 1편, 「기문비설」 1편, 「문자초」 1편, 「잡서초」 1편, 「수필록」 1편, 「경설」 1편, 「잡서초」 1편은 내용이 매우 허탄하고 망녕되며 거칠고 잡된 것들인데, 모두 내가 젊었을 적 어린 기분으로 지었던 것이라 모두 삭제하였다. 계묘년 가을에 쓰다).

【增】 ◐{속영렬전 續英烈傳}419)

〈관계기록〉

1) 『大畜觀書目』(19C初?): 「續英烈傳」 諺五冊.
2) 『大畜觀書目』(19C初?): 「續英烈傳」 一套六冊.
3) 『閱古觀書目』: 「續英烈傳」 六卷 第二佚.

---

418) 雁宕山樵는 중국 淸나라 陳忱의 호.
419) 「續英烈傳」 번역본은 5책이다. 「속영렬전」은 명대 소설로 5권 34회로 이루어졌으며, 일명 「雲合奇踪後傳」이라고도 한다. 현재 규장각에 소장되어 있다. 空谷老人이 編次했고, 秦淮墨客의 서문이 있는데 모두 紀振倫의 호이다(朴在淵 編, 『韓國所見中國小說戲曲書目資料集 十二峰記 십이봉면환긔』[2002. 11], p. 16).

◘338. [속홍루몽 續紅樓夢]420)

〈참고자료〉

① 「續紅樓夢」三十卷: 嘉慶己未(四年)[1799]刊本 石印本 淸秦子忱撰 嘉慶三年自序 書謂 黛玉還魂再生 自林黛玉死後寫起 但所依傍者仍是高書421)(가경 기미년에 간행한 석인본이다. 청나라 때 진자침의 찬으로 가경 3년의 자서가 있다. 책의 내용은 임대옥이 죽은 후 혼이 돌아와 재생함을 이야기하고 있다.422) 단, 이 책이 의거한 본은 고악이 증보한 「홍루몽」이다)[孫楷第, 『中國通俗小說書目』, 121].

〈관계기록〉

① 『五洲衍文長箋散稿』(李圭景 1788~?), 7, 「小說辨證說」: 「齊諧記」・「夷堅志」・「諾皐記」・「琵琶記」・「水滸傳」・「西湖游覽誌」・「三國演義」・「錢塘記」・「宣和遺事」・「金甁梅」・「西廂記」・「眞珠船」…… 「桃花扇」・「紅樓夢」・「續紅樓夢」・「續水滸志」・「列國志」・「封神演義」・「東游記」…… 「聊齋志異」・「九雲夢」・「南征記」・「芙蓉堂」・「雙渠怨」・「風月須知」.

② 「쇽홍루몽」(낙선재본), 권지일: 「홍루몽」 본셔 일빅이십 회의 금능 가시집 젼후 력력을 긔록ᄒ엿 ᄂᆞᆫᄃᆡ …… 다만 흠ᄉᆞ되기는 가보옥은 츌류 직즈오 림대옥은 졀셰 가인으로 겸ᄒᆞ여 즁표형데 되고 쇼흔 동실 거싱ᄒᆞ여 견권흔 졍회와 권면흔 의ᄉᆞ 비홀 ᄃᆡ 업스되 …… 호시 다마ᄒᆞ고 귀물이 싀긔ᄒᆞ미 잇셔 월노의 홍승이 그 발을 미지 못ᄒᆞ여 필경 조흔 인연이 악흔 인연이 되어 ᄃᆡ옥은 공교히 뇨촉ᄒᆞ고 보옥은 심화로 풍증이 나며 츌가ᄒᆞᄂᆞᆫ 디경의 니르니 …… 다힝흔 거시 엇더흔 문인 직시 몬져 내 ᄆᆞ옴을 어더 「쇽홍루몽」 삼십 회를 지어내여 원「홍루」의 흠식된 거슬 모다 뒤집어 긔권 뎨일회가 림대옥이 션경의 드러 션단 한 입의 환싱홀 ᄲᅮᆫ 아니라 신긔가 츙실ᄒᆞ여지고 맛ᄎᆞᆷ내 보옥으로 더브러 어진 인연을 미즈시니 가히 쳔고의 뎨일 쾌ᄉᆞ라 홀 거시오 기여 졔인은 젼싱 분슈ᄃᆡ로 션악을 분별ᄒᆞ여 보응이 쇼연ᄒᆞ니 엇지 두렵지 아니랴 이 칙이 원「홍루몽」을 니어 지엇기로 상하 인물과 대쇼 루각과 여외 범빅을 일병 원「홍루」로죠ᄎᆞ 변기치 아니ᄒᆞ기ᄂᆞᆫ 보ᄂᆞᆫ 쟈로 의현ᄒᆞ미 업게 ᄒᆞ미니 연즉 이 칙 뎨일회를 원「홍루」 일빅이십일 회로 당하여 보난 거시 죠흘지라.

【增】
1) 『[演慶堂]諺文冊目錄』(1920; 藏書閣所藏): 29. 「續紅樓夢」 24冊.
2) 『集玉齋書目』: 「續紅樓夢」 六卷.

【增】〈이본연구〉

1) 원본[속홍루몽]은 30권(30회) 분량으로 되어 있지만, 낙선재본 번역본에서는 이를 24권으로 줄여 놓았다. 그러나 권수는 줄었지만 내용을 축역한 것은 아니고 거의 완역한 것으로 보인다. 다만 부분적으로 일부 난해하거나 번역하기에 불편한 단락을 생략한 곳이 있다. 각 권의 분량은 대체로 50여 장 전후로 맞추어 책을 엮었는데, 이러한 과정에서 굳이 원본의 회수와 맞출 필요를 느끼지 않았는지도 모른다. 번역본의 첫 대목은 원본 각 회의 첫머리와 일치하지 않으며, 세 군데를 제외하면 거의 중간 부분에서부터 시작되는 경우가 많아 원본과의 자구 대조가 쉽지 않은 실정이다. …… 번역본의 회목은 원본에서 따 가지고 왔으나, 회목의 시작과 동시에 번역이

---

420) 「홍루몽」 제97회 林黛玉의 사망 이후부터 이야기가 전개된다.
421) 高鶚增補 「紅樓夢」.
422) 「홍루몽」 원본의 제97회.

시작되는 곳은 제5권(번역본 권지사), 제22권(번역본 권지십칠), 제27권(번역본 권지이십일) 등 세 부분이다. 번역본 '권지일'의 경우는 특이하게 권두에 원본에는 없는 장편의 서문 형식의 평론을 싣고 있다. …… 그리고는 원문 첫머리부터 착실하게 직역을 위주로 시작하고 있는데, 원본의 제1권이 끝나도 번역은 계속되고 있다. 그것은 원본 제1권의 분량이 적어(원본 12쪽 분량) 번역본 각 권의 50여 장을 채우기에는 모자랐기 때문이었을 것이다. 원본 제2권의 회목을 그대로 적은 상태에서 번역본의 제1권은 계속되며, 54장을 채우고는 번역본 제2권으로 넘어가는데, 일단 앞에다 원본의 회목을 기록하고(번역본 제2권은 원본 제2권의 회목 후반 구절만 썼음) 원본 제2권의 중간 부분에서 시작하여 진행하고 있다. 번역본 제2권의 경우에는 원본 제2권의 중간 부분에서 시작하였으므로, 원본 제3권의 중간까지 번역을 계속하여 51장을 채우고 있다. 이때 중간에 원본 제3권의 회목이 나오므로 역시 문중에서 회목을 그대로 적어 내려갔으며, 번역본 제3권의 회목은 아직 번역이 시작되지 않은 원본 제4권의 회목을 앞당겨서 사용하고 있다. 그러다가 원본 제5권에 이르면 번역본 제4권과 똑같이 맞아떨어져 회목과 첫대목이 같이 시작되고 있다. 뒤의 번역이 모두 이러한 방식으로 진행되고 있으며, 아직 원문에 이르지 않았으면서 회목을 앞당겨 사용하는 경우가 원본 제7권, 8권, 11권, 15권, 16권, 17권, 21권, 25권, 26권 등이고, 앞뒤의 분량상 부득이 회목이 본문 속으로 들어가는 경우가 제3권, 6권, 10권, 14권, 20권, 24권 등 여섯 회이다. 따라서 원본의 30권은 번역본에서 24권으로 줄어드는 것이다(崔溶澈, "「續紅樓夢」의 內容과 樂善齋本의 飜譯樣相," 『中國小說論叢』, 3[1994. 10], pp. 266~267).

2) 낙선재본 번역 소설 중에 포함되어 있는 「홍루몽」 계열 6종의 번역본 중에서 「속홍루몽」은 秦子忱의 「속홍루몽」을 번역한 것이며, 원작 30회 짜리를 모두 24회분으로 번역해 놓았다. 다른 낙선재 번역 소설과 마찬가지로 미려한 궁체로 쓰여져 있으며, 「홍루몽」 속서 5종의 하나다. 「홍루몽」 120회본은 상단에 원문과 발음을 달고 하단에 번역을 대조한 특이한 번역본이지만, 속서 번역본은 전체를 우리말로만 번역해 놓았으며, 원본의 각 회를 그대로 번역본의 각 권으로 만들지 않았기 때문에 원본과 대조하기가 쉽지 않다. 그러나 초보적으로 조사한 결과 극히 일부의 자구를 제외한 거의 전문이 완역된 것으로 보인다. …… 번역본의 회목은 원본에서 따가지고 왔으나, 회목의 시작과 동시에 번역이 시작되는 곳은 제5권(번역본 권지사), 제22권(번역본 권지십칠), 제27권(번역본 권지이십일) 등 세 부분이다. 번역본 권지일의 경우는 특이하게 권두에 원본에는 없는 장편의 서문 형식의 평론을 싣고 있다. …… 이 번역본의 처음 대목은 원본 「속홍루몽」에는 없는 부분이다. 혹은 다른 판본에서 옮겨 온 것이 아닌가 의심되지만, 이 글과 동일한 원본을 찾을 수 없으며, 또 그 내용을 자세히 살펴보면 원본의 권두에 실린 작자의 서문[弁言]이나 범례의 내용이 간혹 드러나는 것으로 보아, 이는 번역자가 만들어 낸 일종의 서문으로 보아도 무방할 듯싶다(崔溶澈, "「續紅樓夢」의 내용과 낙선재본의 번역 양상," 최윤희·김명선 校註, 『쇽홍루몽』[2004. 1], pp. 16~17).

【增】〈판본연대〉

1) 「속홍루몽」이 언제 우리 나라에 유입되었는지 명확하게 결론내릴 수 없다. 다만 李圭景[1788~??]의 『五洲衍文長箋散稿』 권7 '小說辨證說'에 「속홍루몽」에 대한 기록이 보이고, 趙在三[1808~1866]의 『松南雜識』 권7 '稽古類 西廂記'에 「紅樓浮夢」에 대한 기록이 보이는 것으로 보아, 「속홍루몽」 역시 창작이 이루어지고 얼마 지나지 않은 19세기 후반 이진에 이미 조선에 유입되었을 것으로 추정된다(최윤희·김명선 校註, 『쇽홍루몽』[2004. 11], '머리말' 참조).

338.1. 〈자료〉

【增】Ⅱ.(역주)
1) 최윤희·김명선.『쇽홍루몽 續紅樓夢』. 조선시대 번역고소설총서 21, 이회, 2004.[423] (정문연 소장)

338.2. 〈연구〉

Ⅲ. (학술지)
338.2.2. 최용철. "「續紅樓夢」의 內容과 樂善齋本의 飜譯樣相," 『中國小說論叢』, 3(中國小說研究會, 1994. 10).

【增】
1) 최용철. "낙선재본「쇽홍루몽」의 번역 양상." 최윤희·김명선.『쇽홍루몽 續紅樓夢』(이회, 2004. 11).

339. [[손곡산인전 蓀谷山人傳]]

〈작자〉 許筠(1569~1618)
〈출전〉 『惺所覆瓿藁』, 8
〈관계기록〉
① 「蓀谷山人傳」, 結尾: 外史氏曰 朱太史之蕃 嘗觀達詩 讀至「漫浪舞歌」擊節嗟賞曰 斯作去太白 亦何遠乎 權石洲韠 見其「斑竹怨」曰 置之『靑蓮集』中 其眼者 不易辨也 此二人者 豈妄言者耶 噫 達之詩 信奇矣哉◯(외사씨가 이르기를, 앞서 태사 주지번이 이달의 시를 읊다가「만랑무가」에 이르러서 무릎을 치며, "이 작품이야말로 이태백에게 비하여도 뒤떨어질 바가 없다."고 칭도하였고, 석주 권필은 그의「반죽원」을 보고, "이건『청련집』중에 넣는다면 아무리 눈이 높은 자라도 곧 분간하지 못할 거야." 하였으니, 이 두 사람이 어찌 망령된 말을 하였겠는가? 아아, 이달의 시야말로 정말 기이하구나).

339.2. 〈연구〉

Ⅲ. (학술지)
1) 김종서. "「손곡산인전(蓀谷山人傳)」과 이달의 생애."『漢文學報』, 11(우리한문학회, 2004. ??).

340. [손방연의 孫龐演義]

〈참고자료〉
① 「孫龐鬪志演義」二十卷: (日本內閣文庫) 淸初刊六卷本 嘯花軒刊「前後七國志」本 書名「孫龐演義」 不題撰人 四卷 二十回 首康熙丙午(五年) 梅士鼎公燮序 實卽此書 …… 明無名氏撰 題'吳門嘯客述' 首望古主人序 崇禎丙子(九年) 戴氏主人書於抱珠山房序 又丙子錚城居士跋◯ (청나라 때 초간된 6권본 소화헌간「전후칠국지」본의 책이름은 '손방연의'으로 되어 있는데, 편찬한 사람의 이름은 기록되어 있지 않다. 4권 20회본 첫머리에 강희 병오년[5년, 1666] 매사정공 섭의 서문이 있는데, 실은 이 책은 …….명나라 때의 무명씨 찬으로, '오문소객'이 술하였다고 되어 있다. 첫머리에 망고주인이 쓴 서문이 있고, 또 숭정 병자년[9년, 1636]에 대씨주인이 읍주산방에서 쓴 서문이 있다. 또 병자년에 쓴 쟁성거사의 발문도 있다)[孫楷第,『中國通俗小說書目』, p. 26].

---

423) 嘉慶己未新栞「續紅樓夢」(중국본)이 영인 附載되어 있다.

⟨관계기록⟩

(한문)
　① 「中國歷史繪模本」(完山[映嬪]李氏, 1762), no. 33: 「孫龐演義」.
　【增】
　1) 『字學歲月』[1744](尹德熙 1685~1766): 「孫龐衍義」.
　2) 『私集』(尹德熙 1685~1766), 4, 「小說經覽者」(1762): 「孫龐衍義」.

(국역)
　① 「玉鴛再合奇緣」(溫陽鄭氏 1725~1799), 14, 表紙 裏面: 「손방연의」.
　② 『諺文古詩』(가람본), '언문칙목녹', 103: 「손방연의」.
　【增】
　1) 『[演慶堂]諺文冊目錄』(1920; 藏書閣所藏): 68. 「孫龐演義」 5冊.

국문활자본

| 손방연의젼 孫龐演義 | 국중(3634-2-7=4)/보성고/서울대 (3350~155)/[仁活全](7) | 1(11회, [著·發]高裕相, 滙東書館, 1918.1.28, 96pp.) |

340.1. ⟨자료⟩

Ⅰ. (영인)

340.1.1. 仁川大民族文化研究所 編. 『舊活字本古小說全集』, 7. 銀河出版社, 1983; (再刊) 國際아카데미, 2002. (회동서관판)

【增】 Ⅱ. (역주)
　1) 박재연·김영·손지봉 校註. 『손방연의 孫龐演義』. 조선시대 번역고소설 총서 6. 이회, 2003.[424] (정문연 소장)

340.2. ⟨연구⟩

Ⅲ. (학술지)
【增】
　1) 박재연. "낙선재본 「손방연의」 연구." 『里門論叢』, 7(韓國外國語大 大學院, 1988. 2).
　2) 박재연. "낙선재 필사본 「孫龐演義」에 대하여." 박재연·손지봉·김영 校注. 『손방연의 孫龐演義』(이회, 2003. 6).

◪341. [손오공 孫悟空]

국문활자본

| 【增】 손오공 孫悟空 | 국중(3634-2-20=1) | 1(국한자 병기, [著·發]南宮楔, 唯一書館, 1917, 68pp.) |
| 손오공 孫悟空 | 국중(3634-2-59=5)/[仁活全](26) | 1(國漢字 倂記, [著]李圭瑢, |

---

424) 중국의 經國堂藏板 「樂田演義」와 崇禎刊本 「孫龐演義」가 영인 附載되어 있다.

[發]高裕相, 滙東書舘 外⁽²⁶⁷⁾,
1922. 5. 6, 46pp.)

341.1.〈자료〉
Ⅰ. (영인)
341.1.1. 仁川大民族文化硏究所 編,『舊活字本古小說全集』, 26. 銀河出版社, 1984; (再刊) 國際아카데미, 2002. (회동서관 外판)

▶(손천사영이록 孫天使靈異錄 → 영이록)
◪342.[[송금전 宋金傳]] ←『금고기관』
【增】◐{송명의록}
【增】 국문필사본
【增】 송명의록 권지리라   박순호[家目]   1(57f.)⁴²⁵⁾

【增】◐{송문제전}
【增】 국문필사본
【增】 송문졔젼   박순호[家目]   1(38f.)

◪343.[송부인전 宋婦人傳]
【增】〈이본연구〉
1) 高大本[「宋婦人傳」]은 도합 53장, 매 면 12행에 매 행 24장 평균으로 기재되어 있는 閭巷體 한글 필사본인데, 필체가 조악하고 誤字·脫字 및 누락 부분이 많은 점은 연경도서관본과 별반 차이가 없어서 이 역시 내용 판독이 심히 난삽하다. 이야기 내용은 兩本이 비슷하기 때문에 양본을 校合하면서 판독이 어려운 부분을 상호 보완하여 읽으면 내용 파악에 도움이 크다. 그런데 고대본은 53장 이후의 내용이 탈락된 落張本이다. 하버드본과 대비해 본 결과 고대본 마지막 장인 53b의 내용이 하버드본 50b부분에 해당되고 있어서 약 12~13장 분량의 내용이 누락된 것으로 생각된다. 한편, 김광순본의 경우는 미처 내용을 살펴 볼 기회가 없었기 때문에 확실히는 알 수 없지만, 김교수가 밝혀 놓은 작품의 梗槪로 보건대 하버드본과 내용상의 큰 차이는 없는 듯하다(이상택, "宋婦人傳," 李相澤 외 3인 엮음,『고전소설의 기초 연구』[2001. 10], p. 363).

국문필사본
【增】(송부인전)
【增】 송부인전이라   박순호[家目]   1(46f.)
【增】 송부인젼   박순호[家目]   1(42f.)⁴²⁶⁾

─────────────
425)「곽진곽씨덕힝녹」(19f.) 합철.
426)「열여젼」(5f.),「사친가라」(5f.),「운주가」(6f.) 합철.

【增】 송부인젼이라	박순호[家日]	1(35f.)
【增】 (송씨젼)		
【增】 송씨젼	박순호[家日]	1(49f.)

343.2. 〈연구〉
Ⅲ. (학술지)
【增】
1) 李相澤. "「宋婦人傳」." 李相澤·朴熙秉·林治均·宋晟旭 엮음, 『고전소설의 기초 연구』(태학사, 2002. 10). "「宋婦人傳」 연구"로 이상택, 『한국고전소설의 이론』, Ⅱ(새문社, 2003. 3)에 재수록.

◑{송승상댁전 宋丞相宅傳}
◑{송시열전 宋時烈傳}
▶(송장가 → 변강쇠전)
▶(송재상사심보전 宋宰相謝沁甫傳 → 사심보전)
◑{송파삼문금회보}
〈관계기록〉
① Courant, 934:「송파삼문금회보 宋坡三門金??」.

▶(수궁가 水宮歌 → 토끼전)
▶(수궁록 水宮錄 → 토끼전)
▶(수궁별주부전 水宮鱉主簿傳 → 토끼전)
▶(수궁용왕전 水宮龍王傳 → 토끼전)
▶(수궁전 水宮傳 → 토끼전)
◐344.[수당연의 隋唐演義] ← 수사유문 / 수양제행락기
〈참고자료〉
①「隋唐志傳」原本未見 淸康熙十四年 長洲褚人穫有改訂本 易名「隋唐演義」……「隋唐演義」計一百回 以隋主伐陳開篇 次爲周禪於隋 隋亡於唐 武后稱尊 明皇幸蜀 楊妃縊於馬嵬 旣復兩京[長安·洛陽] 明皇退居西內 令道士求楊妃魂 得見張果 因知明皇楊妃爲隋煬帝朱貴兒後身 而全書隨畢 …… 其明皇楊妃在世姻緣故事 序言得之袁于令所藏「逸史」喜其新異 因以入書 此他事狀 則多本正史紀傳 且盆以唐宋雜說 如隋事則「大業拾遺記」·「海山記」·「迷樓記」·「開河記」 唐事則「隋唐嘉話」·「明皇雜錄」……「長恨歌傳」·「開元天寶遺事」及「梅妃傳」·「太眞外傳」等 敍述多有來歷 殆不亞於「三國志演義」◑「수당지전」의 원본은 아직 보지 못했으나, 청나라 강희 14[1675]년 장주의 저인확의 개정본이 있는데, 이름을「수당연의」로 바꾸었다. ……「수당연의」는 모두 100회로, 수나라 임금이 진나라를 친 것으로부터 시작되고, 다음은 주나라가 수나라에 선위하고, 수나라가 당나라에게 망하며, 무후가 천자를 일컫고, 당명황이 촉 땅으로 행차하고 양귀비가 마외에서 죽으며, 이미 장안과 낙양 양경이 회복되어 명황은 서내에 퇴거하고, 도사로 하여금 양귀비의 영혼을 불러 오게 하는데, 장과라는 선인과 만나게

되어, 명황과 양귀비가 수양제와 주귀아의 후신이란 것을 알게 되는 데에서 끝난다. …… 명황과 양귀비의 이 세상에서의 인연 이야기는, 서문에 의하면, 원우령 소장의 「일사」로부터 얻었으며, 그 신이함을 좋아하여 이 책에 수록했다고 하고 있다. 이 밖의 일들은 많이 정사의 기록에 근거하고, 또 당송의 잡설들을 더하고 있다. 예컨대 수나라 때의 일들은 「대업습유기」·「해산기」·「미루기」·「개하기」에 의하고, 당나라 때의 일들은 「수당가화」·「명황잡록」……「장한가전」·「개원천보유사」 및 「매비전」·「태진외전」 등에 의하고 있는데, 그 서술에 근거가 많은 점은 거의 「삼국지연의」에 비해 뒤지지 않는다)[魯迅, 『中國小說史略』, p. 103].

② 「隋唐兩朝志傳」 十二卷 一百二十二回: (日本尊經閣文庫) 題'東原貫中羅本編輯'·'西蜀升菴楊愼批評' 首楊愼林瀚二序 此書記隋末及唐一代事 至僖宗乾符五年而至◐(일본 존경각문고에 소장되어 있다. '동원 나관중 편집·서촉 승암 양신 비평'이란 머릿글이 있고, 머리에 양신과 임한 두 사람의 서문이 있다. 이 책은 수나라 말 및 당나라 일대의 일이 기록되어 있는데, 희종 건부 5년[878]에 이르기까지다)[孫楷第, 『中國通俗小說書目』, p. 41].

③ 「隋唐演義」 十卷 一百一十四節: 明無名氏撰 首徐文長序 不題撰人 此書第十節以下至九十八節 同熊鍾谷「唐書志傳通俗演義」 開首數節及九十九節以後 同羅貫中「隋唐兩朝志傳」◐(명나라 무명씨 찬. 책머리에 서문장의 서문이 있으나 작자는 기록되어 있지 않다. 이 책의 제10절부터 제18절까지는 웅종곡의 「당서지전통속연의」와 같고, 첫머리 몇절 및 제99절 이후는 나관중[1330~1400]이 쓴 「수당양조지전」과 같다)[同上, p. 43].

④ 「隋煬帝豔事」 八卷 四十回: 明無名氏撰 題'齊東野人編輯'·'不經先生批評' (魯迅先生以爲馮夢龍撰 未知何據) 有咲癡子序 崇禎辛未檇李友人委蛇居士題詞 及崇禎辛未自序 (署野史主人) 又凡例十二條◐(명나라 때 무명씨의 찬이다. 첫머리에 '제동야인 편집·불경선생 비평'이라 되어 있고 [노신선생은 풍몽룡의 찬이라 하였으나 무엇에 근거하였는지는 알 수 없다], 소치자의 서문이 있다. 숭정 신미년[1631] '취이우인·위사거사'의 제사 및 숭정 신미년 자서가 있고[야사주인이라 서명하였다], 또 범례 12조가 붙어 있다)

⑤ 「隋史遺文」 十二卷 六十回: 明袁韞玉撰 不署名 首崇禎癸酉(六年)自序◐(명나라 때 원온옥의 찬으로 서명은 되어 있지 않다. 첫머리에 숭정 계유 6년[1633]의 자서가 있다)[同上, pp. 43~44].

⑥ 「隋唐演義」 二十卷 一百回: 淸褚人穫撰 首康熙己亥(五十八年)[1719]自序 人穫字稼軒 一字學稼 江蘇長洲人◐(청나라의 저인확이 찬한 것으로, 첫머리에 강희 을해년의 자서가 있다. 저인확의 자는 가헌이고, 또다른 자는 학가인데, 강소성 장주 사람이다)[同上, p. 44].

〈관계기록〉

【增】「수당연의」

(한문)

① 『惺所覆瓿稿』(許筠 1569~1618), 13, 文部 10, 題跋, '西遊錄跋': 余得戲家說數十種 除「三國」·「隋唐」外 「兩漢」齬 「齊魏」拙 「五代殘唐」率 「北宋」略 「水滸」則姦編機巧 皆不足訓而著於一人手 宜羅氏之三世啞也◐(내가 희가의 소설 수십 종을 얻어 읽어 보니, 「삼국지연의」와 「수당연의」를 제외한 그 밖의 '양한연의'는 앞뒤가 맞지 않고, '제·위지'는 치졸하며, 「잔당오대연의」는 경솔하고, 「북송연의」는 소략하고, 「수호전」은 간사하고 거짓되어 가르치기에 적당치 않은데, 이것들이 한 사람의 손에 의해 지어졌다 하니, 나씨[나관중 1330~1400]가 3세에 걸쳐 벙어리가 되었다 함은 마땅하다).

② 『中國歷史繪模本』(完山[映嬪]李氏, 1762), no. 10:「隋唐演義」.
③ 『智水拈筆』(洪翰周 1798~1868), '水滸傳':「隋唐演義」及「女仙外史」等書 又未知出於何人 而「金瓶梅」一書淫尤甚 世傳爲弇州所作 文人雖曰遊戱翰墨 弇州以父禍 更作不出仕 位至南京刑部尙書 爲萬曆間耆宿名重天下 何至作此等不經文字 殊可歎也●(「수당연의」와 「여선외사」 등의 책은 어떤 사람이 지은 것인지 모르겠으나, 「금병매」한 책은 세상에 전하기를 왕엄주가 지은 것이라 한다. 문인들이 비록 말하기를 이 책은 비록 그가 붓장난을 한 것이라고는 하나, 그는 부친의 화를 당하여 벼슬이 남경 형부상서에 올랐다가 다시는 출사하지 않고 만력 연간에 그 이름이 촌야에서 천하에 드날렸다. 그가 어찌 이 같은 불경 문자를 짓기에 이르렀는지 참으로 한탄스런 일이다).

【增】
  1) 『字學歲月』[1744](尹德熙 1685~1766):「隋唐志」.
  2) 『私集』(尹德熙 1685~1766), 4,「小說經覽者」(1762):「隋唐志」.
  3) 『海南尹氏群書目錄』(國立中央圖書館所藏):「隋唐演義」.

〈국역〉
  ① Courant, 759:「슈당연의 隋唐演義」.
【增】
  1) 『[演慶堂]諺文冊目錄』(1920; 藏書閣所藏): 155.「隋唐演義」3冊
【增】「수사유문」
  1) 『大畜觀書目』(19C初?):「隋史遺文」一套十三冊.
  2) 『閱古觀書目』:「隋史遺文」二件 一件 十七卷; 一件 十三卷.

〈판본연대〉
【增】(「수사유문」)
1) [뻬쩨르부르그 동방학연구소 애스턴 구장본「수사유문」에 나타나는] 우리말 고어와 고문체로 보건대 19세기 말에 번역된 것으로 알려진 낙선재본「홍루몽」과 그 속서 5종,「셜월미뎐」, 「쾌심편」,「요화전」등에 비하면 월등하게 古形을 유지하고 있으나, 이보다 한 세기 앞선 18세기 번역본으로 추정되는 낙선재본 역사 소설 또는 영웅 소설「삼국지통속연의」,「손방연의」,「무목왕정튱녹」,「대명영렬뎐」,「후슈호뎐」,「션진일亽」등보다는 후에 필사된 것으로 추정된다. 그것은 15, 16세기에 나타났다가 18, 19세기에는 사어가 되어 버린 중세어의 흔적이 나타나지 않고, 전체 분량에 비해 고형을 나타내 주는 어미의 출현 빈도가 낮은 것으로 미루어,「슈亽유문」은 1800년도 초 전사본으로 추정되는 낙선재본「셔쥬연의」나「포공연의」와 비슷한 시기에 이루어진 것으로 추정된다. …… 다른 18세기 장편 낙선재본 번역 고소설과 비교해 볼 때 고형을 나타내 주는 어미, 예컨대 '-거다', '-지이다', '-도소이다', '-롸', '-니', '-록', '-르너냐' 등이 이 각각 한번밖에 출현하지 않는 등 출현 빈도가 낮은 것으로 미루어「슈亽유문」은 19세기 초반 전사본으로 추정된다(박재연, "애스턴 구장 번역 고소설 필사본「슈亽유문 隋史遺文」연구: 고어 자료를 중심으로," 국민대 어문학연구소,『2003년도 하반기 어문학연구소 정례학술대회발표논문집』[2003. 11], p.32 및 p.40).

국문활자본			
(수당연의)			
슈당연의 隋唐演義	국중(3634-2-39=4)/[仁活全](7)		1(13회, [著·發]高裕相, 滙東書舘, 1918. 3. 18, 111pp.)[269]
【增】(수사유문)			
【增】쉬ᄉ유문 隋史遺聞	아스톤문고(레닌그라드)[Sk](217)/[Pet](219)		12(60회, 1: 47f.; 2: 45f.; 3: 37f.; 4: 38f.; 5: 35f.; 6: 41f.; 7: 46f.; 8: 63f.; 9: 56f.; 10: 62f.; 11: 58f.; 12: 53f., 594f.)
(수양제행락기)			
(미혼진)수양뎨힝락긔 (迷魂陣)隋煬帝行樂記	국중(3634-2-77=3)/[仁活全](8)[270]		1(국한자 병기, 8회|著·發]朴健會, 新舊書林, 1918.4.20, 137pp.)

344.1. 〈자료〉

Ⅰ. (영인)

「수당연의」

    344.1.1. 仁川大民族文化研究所 編,『舊活字本古小說全集』, 7. 銀河出版社, 1983; (再刊) 國際아카데미, 2002. (회동서관판)

「수양제행락기」

    344.1.2. 仁川大民族文化研究所 編,『舊活字本古小說全集』, 8. 銀河出版社, 1983; (再刊) 國際아카데미, 2002. (신구서림판)

〈회목〉

【替】

(古本小說叢刊 제9집,「隋史遺文」)[427]

[권 1]

    1: 도탈덕딘왕슈공 식난원니연야한 圖奪嫡晉王樹功 塞亂源李淵惹恨
    2: 슈쥬신춤폐태ᄌ 댱형조춤위니연 隋王信讒廢太子 張衡造讖危李淵
    3: 졔쥐셩호걸분신 사슈강당공우도 齊州城豪傑奮身 楂樹崗唐公遇盜
    4: 진슉보도ᄎ구당공 두부인ᄉ듕싱셰ᄌ 秦叔寶途次救唐公 寶夫人寺中生世子
    5: ᄉᆡ공ᄌ무검득인연 진히두녕문끽담각 柴公子舞劒得姻緣 秦解頭領文喫擔閣

[권 2]

    6: 채태슈슈시힝샹벌 왕쇼이뎐면긔염냥 蔡太守隨時行賞罰 王小二轉面起炎凉
    7: 삼의방당간슈엄찬 이현장매마식호걸 三義坊當簡受腌臢 二賢庄賣馬識豪傑
    8: 입쥬ᄉ믹봉구식인 환반젼경취회향노 入酒肆驀逢舊識人 還飯錢徑取回鄉路

---

427) 국문 회목은 뻬쩨르부르그의 동방학연구소 아스톤 구장본「슈ᄉ유문」의 것을 보충한 것이다(박재연, "애스턴 구장 번역 고소설 필사본「슈ᄉ유문 隋史遺文」연구~고어 자료를 중심으로,"『2003년도 하반기 어문학연구소 정례학술대회발표논문집』[2003. 11], pp. 24~26).

  9: 위도스뉴쥬동악묘 션원외영왕이현쟝 魏玄成留住東岳廟 單員外迎往二賢庄
  10: 번건위모셜방힝동 션원외증금이화슈 樊建威冒雪訪行踪 單員外贈金貽禍水

[권 3]
  11: 즁포인대료조각림 호한즈박진노쥬부 衆捕人大鬧皁角林 好漢子縛進潞州府
  12: 뎡죄안발빈유줘디 타뇌딕양명슌의촌 定罪案發配幽州地 打擂臺揚名順義村
  13: 댱공근뎐탁이울지 진슉보히도나슈부 張公瑾轉託二尉遲 陳叔寶解到羅帥府
  14: 진부인견질긔비샹 나공즈만부관조연 羅夫人見侄起傷悲 羅公子瞞父觀操演
  15: 용진경무간복삼군 쇼나셩샤응조일노 勇秦瓊舞簡服三軍 小羅成射鷹助一弩

[권 4]
  16: 나원슈작셔이췌슈 진슉보증금보뉴시 羅元帥作書貽蔡守 秦叔寶捐金報柳氏
  17: 션용신촉귀진슉보 뇌총관견하양월공 單雄信促歸秦叔寶 來總管遣賀楊越公
  18: 졔국원쇼취쇼화산 진슉보인입승복스 齊國遠嘯聚少華山 秦叔寶引入承福寺
  19: 싀군마뉴우보덕스 도창두송진광태문 柴郡馬留寓報德祠 陶蒼頭送進光泰門
  20: 슈녜관영웅식긔식 타구댱공즈녕호화 收禮官英雄識氣色 打毬場公子逞豪華

[권 5]
  21: 졔국원만흥닙구쟝 싀군마협반유등시 齊國遠漫興立毬場 柴郡馬挾伴遊燈市
  22: 댱안부인관등보월 우문공즈의셰션음 長安婦人觀燈步月 宇文公子倚勢宣淫
  23: 노부인실녀소원졍 즁호한포분셩의거 老婦人失女訴冤情 衆好漢抱憤成義擧
  24: 즈증음태즈미화 궁시역양광찬위 恣蒸淫太子迷花 弒逆楊廣篡位
  25: 신황대령교샤 검슈비조도독 新皇大逞驕奢 黔首備遭都毒

[권 6]
  26: 이빅니희산기승경 십뉵원빈어투호화 二百里海山開勝景 十六院嬪御鬪豪華
  27: 뎡교금무쳐매싀파 우쥰달유심겁은공 程咬金無處賣柴扒 尤俊達有心劫銀杠
  28: 댱엽님향마즈통명 졔쥐셩태슈쳥포도 長葉林嚮馬自通名 齊州城太守請捕盜
  29: 션용신티송녹님젼 뎡교금쳔단양목판 單雄信馳送綠林箭 程咬金踹端楊木板
  30: 진슉보회관슈틱칙 가윤보졉긱야의싀 秦叔寶回官受笞責 賈潤甫接客惹疑猜

[권 7]
  31: 뎡교금쥬연공도상 진슉보쵹염쇼포비 程咬金酒筵供盜狀 秦叔寶燭焰燒捕批
  32: 즁호걸등당츅학산 노부인슈경음하샹 重豪傑登堂祝鶴算 老夫人受慶飮霞觴
  33: 니현슈관졀뇌총관 싀사챵쳥탁유즈스 李玄邃開節來總管 柴嗣昌請託劉刺史
  34: 우가집노력뎨간 슈양셩딕언쵹긔 牛家集努力除奸 睢陽城[428]直言觸忌
  35: 셔셰젹빈쥬논영웅 진슉보히후득이스 徐世勣盃酒論英雄 秦叔寶邂逅得異士

[권 8]
  36: 수쥬원졍영국 군승하례현호 隋主遠征影國 郡丞下禮賢豪
  37: 진슉보디취패슈 뇌호ᄋ대젼평양 秦叔寶智取浿水 來護兒大戰平壤
  38: 우문슐계보원구 뇌총관녁원호걸 宇文述計報冤仇 來總管力援豪傑

---

428) 아스톤 구장본의 '슈양셩'이 중국본 원문에는 '睢陽城(저양셩)'으로 되어 있다.

39:	왕박챵즁난산동	슈타일일파ᄉ적	王薄倡衆亂山東	須陀一日破四賊
40:	과덕즁유슈셩공	킥작쥬축아쥬첩	寡敵衆濉水成功	客作主祝阿奏捷

[권 9]

41:	양현감퍅간패셩	니현슈경직탈화	楊玄感愎諫敗成	李玄邃輕財脫禍
42:	슉보계젼밀우	우문교함졍인	叔寶計全密友	宇文巧陷忠貞
43:	셜진경슈타티밀소	보진모ᄉ신반산동	雪秦瓊須陀馳密疏	保秦母士信反山東
44:	와강채웅신듕회	영양군슈타ᄉ졀	瓦崗塞雄信重會	滎陽郡須陀死節
45:	졔슈타봉니밀	젼회낙취창셩	祭須陀逢李密	戰回洛取倉城

[권 10]

46:	윤보교셰빈인긔	셰젹디취녀양	閏甫巧說仁基	世勣智取黎陽
47:	살젹양위공독패	파셰튱슉보건공	殺翟讓魏公獨霸	破世充叔寶建功
48:	당공진양거의	니시우현취병	唐公晉陽擧義	李氏鄠縣聚兵
49:	니밀결밍당왕	슉보녁구니졍	李密結盟唐公	叔寶力救李靖
50:	화급강도시쥬	위공영졔오병	宇文江都弑主	李密永濟鏖兵⁴²⁹⁾

[권 11]

51:	셰튱쳔졍살문도	디졀녁젼구힝엄	世充擅政殺文都	知節單騎救行儼
52:	셰튱궤계패위공	현슈반복ᄉ웅이	世充詭計敗魏兵	玄邃反覆死熊耳
53:	진슉보실쥬귀뎡	뎡지졀결의항당	秦叔寶失主歸鄭	程知節決計降唐
54:	구하동무쥬입범	젼미량슉보슈공	寇河東武周入犯	戰美良叔寶竪功
55:	항경덕하동대뎡	구니예형뎨샹봉	降敬德河東大定	救李藝兄弟相逢

[권 12]

56:	ᄉ신챵도현응	울지삭ᄌ웅신	士信鎗挑玄應	敬德槊刺雄信
57:	진왕병위낙양	뎡왕구완하쥬	秦王兵圍洛陽	鄭王求救夏主
58:	진왕호뢰익요	건덕ᄉ슈취금	秦王虎牢扼要	建德汜水就擒
59:	우익고뎡왕면박	교졍심슉보할고	羽翼孤鄭王面縛	交情深叔寶割股
60:	이딕졔진왕즉진	빅젼훈진경셕작	二慝除秦王卽眞	百戰勳秦瓊錫爵

【增】

(四雪草堂刊本⁴³⁰⁾ 100회 「隋唐演義」)

1:	隋主起兵伐陳	晋王樹功奪嫡
2:	楊廣施譏謀易位	獨孤逞妒殺宮妃
3:	逞雄心李靖訴西岳	造讖語張衡危李淵
4:	齊州城豪傑奮身	楂樹崗唐公遇盜
5:	秦叔寶途次救唐公	寶夫人寺中生世子

---

429) 아스톤 구장본의 회제에 따르면 '化及江都弑主 魏公永濟鏖兵'이 옳겠으나, 중국본 원문의 내용을 본다면 '宇文江都弑主 李密永濟鏖兵'이 옳겠다.

430) 책머리에 '劍嘯閣齊東野人等原本 長洲後進沒世農夫匯編 吳鶴市散人鶴樵子參訂'으로 되어 있는데, '沒世農夫'는 청나라 초의 문인 褚人獲의 자칭이며, 그는 長州[현 江蘇省 蘇州] 출신이다.

6:	五花陣柴嗣昌山寺定姻	一蹇囊陳叔寶窮途落魄
7:	蔡太守隨時行賞罰	王小二轉面起炎涼
8:	三義坊當鐧受腌臢	二賢莊賣馬識豪傑
9:	入酒肆驀逢舊識人	還飯錢徑取回鄉路
10:	東岳廟英雄染疴	二賢莊知己談心
11:	冒風雪樊建威訪朋	乞靈丹單雄信生女
12:	皂角林財物露遭殃	順義村擂台逢敵手
13:	張公瑾仗義全朋友	秦叔寶帶罪見姑娘
14:	勇秦瓊舞鐧服三軍	賢柳氏收金獲一報
15:	秦叔寶歸家侍母	齊國遠截路迎期
16:	報德祠酬恩塑像	西明巷易服從夫
17:	齊國遠漫興立球場	紫郡馬挾伴遊燈市
18:	王碗兒觀燈起釁	宇文子貪色亡身
19:	恣蒸淫賜盒結同心	逞弒逆扶王升御座
20:	皇看假官娥貪歡博寵	權臣說鬼話陰報身亡
21:	借酒肆初結金蘭	通姓名自顯豪傑
22:	馳令箭雄信傳名	屈官刑叔寶受責
23:	酒筵供盜狀生死無辭	燈前焚捕批古今罕見
24:	豪傑慶千秋氷霜壽母	罡星祝一夕虎豹佳兒
25:	李玄邃關節全知己	柴嗣昌請托浼贓官
26:	竇小姐易服走他鄉	許太監空身入虎穴
27:	窮土木煬帝逞豪華	思淨身王義得佳偶
28:	衆嬌娃剪彩爲花	侯妃子題詩自縊
29:	隋煬帝兩院觀花	衆夫人同舟遊海
30:	賭新歌寶兒博寵	觀圖畫蕭后思遊
31:	薛冶兒舞劍分歡	衆夫人題詩邀寵
32:	狄去邪入深穴	皇甫君擊大鼠
33:	睢兩界觸忌被斥	齊州城卜居迎養
34:	灑桃花流水尋歡	割玉腕眞心報寵
35:	樂永夕大士奇觀	清液遊昭君淚塞
36:	觀文殿虞世南草詔	愛蓮亭袁寶兒輕生
37:	孫安祖走說竇建德	徐懋功初交秦叔寶
38:	楊義臣出師破賊	王伯當施計全交
39:	陳隋兩主說幽情	張尹二妃重貶謫
40:	汴堤上綠柳御題賜姓	龍舟內絳仙艷色霑恩
41:	李玄邃窮途定偶	秦叔寶脫陷榮歸
42:	貪賞銀詹氣先喪命	施絶計單雄信無家
43:	連巨眞設計賺賈柳	張須陀具疏救秦瓊
44:	寧夫人路途脫陷	羅士信黑夜報仇

45: 平原縣秦叔寶逃生　　　　　大海寺唐萬仞徇義
46: 殺翟讓李密負友　　　　　　亂宮妃唐公起兵
47: 看瓊花樂盡隋終　　　　　　殉死節香銷烈見
48: 遺巧計一良友歸唐　　　　　破花容四夫人守志
49: 舟中歌詞句敵國暫許君臣　　馬上締姻緣吳成反成秦晋
50: 借寇兵義臣滅叛臣　　　　　設宮宴曹后辱蕭后
51: 眞命主南牢身陷　　　　　　奇女子巧計龍飛
52: 李世民感恩劫友母　　　　　寧夫人惑計走他鄉
53: 夢周公王世充絶魏　　　　　棄徐績李玄邃歸唐
54: 釋前仇程咬金見母受恩　　　踐死誓王伯當爲友捐軀
55: 徐世績一慟成喪禮　　　　　唐秦王親唱服軍心
56: 啖活人朱燦獸心　　　　　　代從軍木蘭幸父
57: 改書束寶公主辭姻　　　　　割袍襟單雄信斷義
58: 竇建德谷口被擒　　　　　　徐懋功草廬訂約
59: 狼英雄犴牢聚首　　　　　　奇女子鳳閣霑恩
60: 出囹圄英雄慘戮　　　　　　走天涯淑女傳書
61: 花又蘭忍愛守身　　　　　　竇線娘飛章弄美
62: 衆嬌娃全名全美　　　　　　各公卿宜室宜家
63: 王世充忘恩復叛　　　　　　秦懷玉剪寇建功
64: 小秦王宮門掛帶　　　　　　宇文妃龍案解詩
65: 趙王雄踞龍虎關　　　　　　周喜霸占鴛鴦鎭
66: 丹霄官嬪妃交譖　　　　　　玄武門兄弟相殘
67: 女貞庵妃主焚修　　　　　　雷塘墓夫婦殉節
68: 成后志怨女出宮　　　　　　證前盟陰司定案
69: 駱賓王香醪濯足　　　　　　隋蕭后夜宴觀證
70: 隋蕭后遺櫬歸墳　　　　　　武媚娘披緇入寺
71: 武才人蓄髮還害　　　　　　秦郡君建坊邀寵
72: 張昌宗行儺幸太后　　　　　馮懷義建節撫碩貞
73: 安金藏剖腹鳴寃　　　　　　駱賓王草檄討罪
74: 改國號女主稱尊　　　　　　閱賓筵小人懷肉
75: 釋情癡夫婦感恩　　　　　　伸義討兄弟被戮
76: 結彩樓嬪御評詩　　　　　　遊燈市帝后行樂
77: 鴇昏主竟同兒戲　　　　　　斬逆后大快人心
78: 慈上皇難庇惡公主　　　　　生張說不及死姚崇
79: 江采苹恃愛追歡　　　　　　楊玉環承恩奪寵
80: 安祿山入宮見妃子　　　　　高力士沿街覓狀元
81: 縱嬖寵洗兒賜錢　　　　　　惑君王對使剪髮
82: 李謫仙應詔答番書　　　　　高力士進讒議雅調
83: 施青目學士識英雄　　　　　信赤心番人作藩鎭

84: 幻作戲屛上嬋娟	小遊仙空中音樂
85: 羅公遠預寄蜀當歸	安祿山請用番將士
86: 長生殿半夜私盟	勤政樓通宵歡宴
87: 雪衣娘誦經得度	赤心兒欺主作威
88: 安祿山范陽造反	封常淸東京募兵
89: 唐明皇夢中見鬼	雷萬春都下尋兄
90: 矢忠貞顔眞卿起義	遭疑忌哥舒喪師
91: 延秋門君臣奔竄	馬嵬驛兄妹伏誅
92: 留靈武儲君卽位	陷長安逆賊肆凶
93: 凝碧池雷海靑殉節	普施寺王摩詰吟詩
94: 安祿山屠腸殞命	南霽雲嚙指乞師
95: 李樂工吹笛遇仙翁	王供奉聽棋謁神女
96: 捁百口郭令公報恩	復兩京廣平王奏績
97: 達奚女鍾情續舊好	采苹妃全軀返故官
98: 遺錦襪老嫗獲錢	聽雨鈴樂工度曲
99: 赦反側君念臣恩	瞭前緣人同花謝
100: 遷西內離間父子情	遺鴻都結證隋唐事

344.1. 〈자료〉

Ⅰ. (영인)

【增】「수사유문」

1) 박재연·김영·손지봉 校註.『슈ᄉ유문 隋史遺文』. 조선시대 번역고소설 총서 13. 이회, 2004. (뻬쩨르부르그 동방학연구소 애스턴 구장본)

Ⅱ. (역주) [현대어역]

【增】「수당연의」

【增】「수사유문」

1) 박재연·김영·손지봉 校註.『슈ᄉ유문 隋史遺文』. 조선시대 번역고소설 총서 13. 이회, 2004. (뻬쩨르부르그 동방학연구소 애스턴 구장본)

344.2. 〈연구〉

Ⅲ. (학술지)

【增】

1) 박재연·김영. "애스턴 구장 번역소설 필사본「슈ᄉ유문(隋史遺文)」연구: 고어 자료를 중심으로." 『슈사유문 隋史遺文』(이회, 2004. 3).

▶**(수륙문답 水陸問答 → 토끼전)**

▶**(수매청심록 守梅淸心錄 → 권용선전)**

【增】<제의> 여주인공이 머물렀던 '수매정'과 '청심당'에서 연유

〈관계기록〉
① 『한글필사본고소설자료총서』(月村文獻硏究所 編), 26, p. 576: 이 칙은 달이 「슈민쳥심녹」이 안이라 오소졔 일즉 쳔지을 니별ᄒ고 ᄉ고무친쳑ᄒ기로 쟉슉 니시랑을 의탁ᄒ야 슈민경의 거쳐ᄒ다가 그 후 군쥬의 환을 입어 남강의 망명ᄒ야 형쥬 퇴츄현 심표 밋씨딕의 은신홀식 쳥심당의 거쳐ᄒ고로 명왈 「슈민쳥심녹」이니 그리 아라 보쇼셔.

▶(수문전 壽文傳 → 현수문전)
▶(수사유문 隋史遺聞 → 수당연의)
【削】 국문필사본
【削】 쉬ᄉ유문 隋史遺聞   아스톤문고(레닌그라드)[Sk](217)/[Pet](219)   12(594f.)

★[[수삽석남 首揷石枏]]
〈출전〉『大東韻府群玉』, 8
〈관계기록〉
① 『大東韻府群玉』(權文海 1534~1591), 8, '首揷石枏': 新羅殊異傳 崔致遠作.

2. 〈연구〉
【增】
1) 車溶柱. "「首揷石枏」說話硏究." 『古小說論考』(啓明大出版部, 1985. 1).

【增】 431) ▶(수상요화전 繡像瑤華傳 → 요화전432))
▶(수성궁몽유록 壽聖宮夢遊錄 → 운영전)
◆345. [수성지 愁城誌]433) ← 『이야기』
〈작자〉林悌(1549~1587)
〈관계기록〉
① 『芝峯類說』(李晬光 1563~1628), 8, 文章部 1, 文評: 林悌爲「愁城誌」其言別離曰 欲避之於天上 遇牽牛織女而返 佳矣◐(임제가 「수성지」를 지었는데, '별리' 대목에서 말한 '하늘로 피하고자 했다가 견우직녀를 만나고 돌아왔다.'는 매우 아름답다).
② 『鶴山樵談』(許筠 1569~1618), 第19張: 林子順自號笑癡 …… 其文不多見 所謂「愁城志」者 結繩以來 別一文字 天地間自缺此文字不得◐(임자순(林悌)은 스스로 호를 지어 '소치'라 했는데 …… 그가 지은 글은 많지 않지만, 이른바 「수성지」는 글자가 생긴 이래 하나의 특별한 글이다. 천지간에 이런 글 하나쯤 없어서는 안 되겠다).
③ 『澤堂集』(李植 1584~1687), 續集, 1, '白湖林公悌' 自註: 自北評換西評434) 故犯御史前導

---

431) 『이본목록』에 추가.
432) 『문헌정보』 수정.
433) '마음'을 의인화한 假傳이다.
434) 임제가 '북평사를 하다가 서평사로 옮겨 갔다'는 『택당집』의 기록은 잘못된 것임이 밝혀졌다. 왜냐하면 『속관북지증보』나 『임백호집』(권 3)의 기록에 의하면 그는 庚辰年(1580)에 서평사(평안도병마사서

見劫 著「愁城志」以自見 平生奇偉事甚多◐(공이 북평사로부터 서평사로 옮길 적에 어사의 행차를 일부러 범하여 탄핵당하였다. 「수성지」를 지어 평생 동안 기이하고 큰일이 많음을 보였다).

④『羅州林氏世乘』, 3, 逸蹟: 末年玩世韜晦 絶意仕宦 酒後輒朗吟高歌 歌後取玉簫彈伽倻琴 公之逸蹟不可殫記 其所著文有「愁城誌」・「元生夢遊錄」 及「南溟小乘」 又「管城旅史」・「花史」 等書◐(말년에는 세상에서 자취를 감추고 완세하며, 벼슬자리에 나아갈 생각을 끊었다. 술을 마신 후에는 곧 소리 높여 시를 읊조리고, 이어 옥통소를 꺼내어 가야금에 맞추어 불었다. 공의 숨은 자취는 이루 다 적을 수가 없다. 그 지은 글로는 「수성지」・「원생몽유록」 및 「남명소승」・「관성여사」・「화사」 등이 있다).

⑤ 同上:『端宗實記』曰 林悌嘗著「愁城誌」 而一字一涕 其曰無辜門滾滾 苦苦不忍言 不忍言者 齊王客於松栢 楚帝死於江中 云云◐『단종실기』에 이르기를, "임제가 일찍이 「수성지」를 지으며 한 자를 쓰고 한번 울곤 했다. 작품에서 말하기를, '무고문 안에서 원한이 가장 고금에 사무치고, 괴롭고도 괴롭고 슬프고도 슬퍼서 차마 말할 수 없도다. 차마 말할 수 없는 것은 제나라 왕이 송백 속에서 객사한 일435)과 초나라 황제가 강에 빠져 죽었던 일436)이었다.' 운운").

⑥ 「林氏宗家家傳 通文, 全羅道幼學朴龍壽等謹齋沐再拜上書」(羅州會津 永成閣所藏): 布衣時 與趙重峯 謁六臣祠而還 因著「愁城誌」及「元生夢遊錄」 以寓其忠憤激烈之懷 …… 尤庵宋先生曰 是誌也不可闕 村[sic 林]白湖之「元生夢遊錄」云 而亦載野史 至今耀人耳目 令人一讀凜凜 有不可犯之氣矣.◐(포의 때 조중봉[趙憲 1544-1592]과 함께 육신사를 배알하고 돌아왔다. 그로 인해 「수성지」와 「원생몽유록」을 지어서 충분437)격렬한 마음을 붙였다. …… 우암 송시열[1607~1689]선생이 이르기를, "이 지[「수성지」]는 빠뜨려서는 안 된다."고 했고, 임백호의 「원생몽유록」은 야사에 실리기도 해, 오늘날 사람들의 이목에서 빛을 발한다. 누구나 한번 읽기만 하면 범할 수 없는 늠름한 기상이 있다).

[增]

1) 『藥坡漫錄』(李希齡 1679~1766), 권9, 端宗條: 林白湖悌作「愁城誌」曰 哀哀孤孤 不忍言者 齊王客於松栢 義帝死於江中 移國亦足 置死那忍 忠信之淚不盡 烈士之恨有旣◐(백호 임제가 「수성지」를 지어 말하기를, '슬프고도 슬프고 외롭고 외로워서 차마 말할 수 없는 것은 제나라 왕이 송백에서 나그네살이를 하고 의제가 강물에 빠져 죽었던 일이로다. 나라를 옮겨 살게 한 것으로 족하거든 죽음에 이르게 한 것을 어찌 참을 수 있는가? 충신의 눈물은 다함이 없고 열사의 한은 끝이 없구나!').

2) 『羅州林氏先世行狀錄』(18C 중엽), 권1, 遺事, 「六先生遺稿」[1658] 附錄, '載朴彭年事實': 韻人林悌 嘗著「愁城誌」 而一字一涕 其曰無辜門 哀哀孤孤 不忍言者 齊王客於松栢 楚帝死於江中 云云 出國條係錄「端宗大王實記」◐(시인 임제가 일찍이 「수성지」를 지었는데 글자마다

기)로 있다가 그 해에 다시 북평사(함경도병마사서기)로 옮겨 간 것이 분명하기 때문이다. 그가 평안도와 함경도 두 도의 評事를 역임했다는 기록은 『霽峯集』에도 있다.

435) 중국 전국 시대 말 齊나라의 왕인 建이 세객[說客]에게 속아 칠백 리의 봉토를 받을 조건으로 秦나라에 항복하였다가 燕 지방의 송백 사이에 처하게 되어 굶어 죽으니, 제나라 사람들이 불쌍히 여겨 노래를 지었다.

436) 중국 진나라 말에 일어난 초 땅의 장수 項梁이 衆望에 따라 옛 楚懷王의 손자 心을 세워 초회왕이라고 칭하였다가 후에 義帝라고 높였더니, 이듬해 項羽가 呂布를 시켜 그를 강속에서 죽였다.

437) 충의로 인하여 일어나는 분한 마음.

눈물을 지었다. 작품에서 이르기를, "무고문에서 슬프고 괴로워 차마 말 못할 일은 제왕이 송백 속에서 객이 되어 죽었던 일과 초나라 의제가 강중에서 죽임을 당했던 일이다."라고 했다. 단종이 쫓겨났을 때의 관계 기록은 「단종대왕실기」에 있다.

3) 『欽英』(兪晩柱 1755~1788), 16, 1783. 11. 2: 夜讀林悌「愁城志」歐陽少師謂 晉無文章 惟陶之「歸去來辭」東坡謂 唐無文章 惟韓之「盤谷序」余亦云 本國無文章 惟林之「愁城志」志云 無辜門中 最有恨古今 憤切幽明 苦苦哀哀 不忍言不忍言者 齊王客於松栢 楚子死於江中 移國亦足 置死那忍 忠臣之淚不盡 烈士之恨無旣 曾見『梅山錄』錄此段謂 作者於此 有所指摘 可與「元生夢遊錄」表裏看. 云 向之悲者懽 苦者樂 怨者忘 恨者消 憤者洩 怒者喜 悒悒者怡怡 鬱鬱者忻忻 呻吟者謳歌 扼腕者踏舞 嗚呼 審如是 則歡伯之功偉矣◐(밤에 임제의 「수성지」를 읽었다. 구양소사가 말하기를, "진나라에는 문장이 없으나 오직 도[연명]의 「귀거래사」가 있다."고 하였고, 소동파는 말하기를, "당나라에는 문장이 없으나 한[퇴지]의 「반곡서」가 있다."고 하였다. 나 역시 말한다. "우리 나라에는 문장이 없으나 오직 임제의 「수성지」가 있다."고 「수성지」에 다음과 같은 구절이 있다. '무고문 안에서 원한이 가장 고금에 사무치고 분한 것이 유명[438] 간에 가장 절통하여 괴롭고도 괴롭고 슬프고도 슬퍼서 차마 말할 수 없고 차마 말할 수 없는 것은, 제나라 왕이 송백 속에서 객사한 일과 초나라 황제가 강에 빠져 죽었던 일이었다. 나라를 빼앗는 것도 충분하거늘, 차마 죽이는 것을 어찌할 수 있었던가? 충신의 눈물은 그치지 않고 열사의 원한은 끝이 없구나!' 예전에 『매산록』을 봤는데, 이 대목에서 이르기를 '작자가 여기에서 지적한 바가 있으니, 「원생몽유록」과 표리로 볼 수 있다.'고 하였다. 또 다음과 같은 구절도 있다. '지난날 슬펐던 것은 기쁘게 되고, 괴로웠던 것은 즐겁게 되고, 원망스럽던 것은 잊혀지고, 한스럽던 것은 사라지고, 분했던 것은 풀리고, 성났던 것은 기쁘게 되며, 근심하던 것은 즐거워지고, 답답하던 것은 후련해지고, 신음하던 것이 노래 부르게 되고, 주먹 쥐었던 것이 춤추며 뛰게 되는구나.' 아! 이 같은 것을 살펴보니, 곧 환백의 공이로다).

한문필사본

【增】 愁城誌	강전섭[漢少目, 寓2-1]		
【增】 愁城誌	고려대[新菴](206456)[漢少目, 寓2-3]		
【增】 愁城誌	국중(漢93-108)[漢少目, 寓2-4][439]		
【增】 愁城誌	국중[승계](古3638-17)[漢少目, 寓2-5][440]		
【增】 愁城誌	김광순[筆全](51)	1(7f.)	
【增】 愁城誌	김대金大[『花夢集』](리12-1:41 松)		
【增】 愁城誌	綠雨堂		
【增】 愁城誌	부산대[漢少目, 寓2-11][441]		
愁城誌	서울대[古](3477-7)[『企齋記異』]	1(乙酉仲秋永平梁園玩荷亭謄書, 49f.)[276]	
【增】 愁城誌	서울대[奎](12674)[漢少目, 寓2-8]	(40f.)[442]	

---

438) 이승과 저승.
439) 『東諺抄』 중 『東稗洛誦抄』 所載.
440) 「東廂記」·「而也記」 합철.
441) 『雜說』 所載. 「相思洞記」 합철.

【增】愁城誌	서울대[奎](15756)[漢少目, 寓2-6]	(16f.)	
【增】愁城誌	성대(D7C-155)[漢少目, 寓2-13]	1(19f.)	
【增】愁城誌	연대(811.19홍만종소-필)[漢少目, 寓2-14]443)		
【增】愁城誌	연대(811.939/18)[漢少目, 寓2-16]	1(33f.)444)	
【增】愁城誌	원광대(810.8-ㅅ642)[漢少目, 寓2-17]	1(戊申臘月日)445)	
【增】愁城誌	원광대[漢少目, 寓2-18]	1(南原 己巳六月日)	
【增】愁城誌 鼓吹抄	임형택[荠蒼蒼齋 家目]	1(17f.)446)	
【增】愁城誌 雜記	정명기[尋是齋 家目]	1447)	
【增】愁城誌	정명기[尋是齋 家目]	1	
【增】愁城誌	정명기[尋是齋 家目]	1	
【增】愁城誌	정명기[尋是齋 家目]	1448)	
愁城誌	정문연[南進](D7C-17)/[韓古目]	1(30f.)(278)	
	(571: R16N-001136-16)		
【增】愁城誌	정문연(D7C67)[漢少目, 寓2-23]449)		
愁城誌 銷慮錄	정문연(D7C-76)/[韓古目](R16N-001142-6)(279)		
【增】愁城誌	정문연(D2B-131)[漢少目, 寓2-21]450)		
【增】愁城誌	정문연(K4-6210)[漢少目, 寓2-25]	1(16f.)	
【增】愁城誌	芝谷書堂[漢少目, 寓2-20]451)		

한문판각본

愁城誌	[『白湖先生文集』, 4]/『韓國文集叢刊』, 58	
【增】愁城誌	정문연(001416)	1

345.1.〈자료〉

Ⅰ. (영인)

【增】

1) 金光淳 編.『金光淳所藏 筆寫本韓國古小說全集』, 51. 박이정출판사, 1994. (김광순 소장)

Ⅱ. (역주)

【增】

1) 朴熙秉 標點·校釋.『韓國漢文小說 交合句解』. 소명출판, 2005. (『林白湖集』)

---

442)「天君衍義」합철.
443)『小華詩評』부록.
444)「花史」합철.
445) 附湖南表.
446) 懸吐. 註가 붙어 있다.
447)『雜記』所收.「餞東君序」등과 합철되어 있다.
448)「被徵上宰相書」합철.
449)「花史」합철.
450)『雜律』(MF35/5132) 합철.
451)『郯睡漫錄』乾 所載.

345.2. 〈연구〉

Ⅱ. 〈학위논문〉

〈석사〉

【增】

1) 김유미. "「수성지」의 서술구조와 주제 연구." 碩論(이화여대 대학원, 2004. 2).

Ⅲ. 〈학술지〉

345.2.35. 文範斗. "「愁城誌」의 構成的 特性과 作家意識."『韓民族語文學』, 29(韓民族語文學會, 1996. 6).

345.2.36. 권순긍. "「愁城誌」의 알레고리와 諷刺."『古典文學研究』, 13(韓國古典文學會, 1998. 6). 반교어문학회 편,『고소설의 사적전개와 문학적 지향』(반교어문총서 3, 보고사, 2000. 3); 한국고소설학회 編.『한국고소설의 자료와 해석』(아세아문화사, 2001. 10)에 재수록.

【增】

1) 曺丘鎬. "「天君傳」과 「愁城誌」 比較研究."『南冥學研究論叢』, 12(南冥學研究院出版部, 2003. 6).

2) 김현양. "16세기 후반 소설사 전환의 징후와 「愁城誌」."『古典文學研究』, 24(韓國古典文學會, 2003. 12).

3) 김유미. "「수성지(愁城志)」의 구조적 특성과 그 의의."『韓國古典研究』, 10(韓國古典研究學會, 2004. 12).

◐{수양의사 隋452)煬義史}

〈관계기록〉

①『諺文古詩』(가람본), '언문칰목녹', 210:「슈양긔ᄉ」.

국문필사본

슈양의ᄉ 隋楊義史　　연대[古1](811.36수양의-필)　　1(57f.)

▶(수양제행락기 隋453)煬帝行樂記 → 수당연의)

【增】〈관계기록〉

1)『私集』(尹德熙 1685~1766), 4,「小說經覽者」[1762]:「隋煬艷史」.

★『수이진 殊異傳』454) → 노옹화구 / 당대종모란지병 / 보개 / *선녀홍대 / 수삽석남 / 심화요탑 / *쌍녀분 / 아도전 / 영오세오 / 원광법사전 / 죽통미녀 / 최치원 / 탈해 / 호원

〈작자〉 朴寅亮 (?~1096)

【增】

1) 이조 明宗初의 학자 草澗 權文海의 著인『大東韻府群玉』劈頭 '大東韻府群玉纂輯書籍本國詩

---

452)『이본목록』·『작품연구 총람』 수정.
453)『이본목록』·『작품연구 총람』 수정.
454)『이본목록』·『작품연구 총람』 수정.

書'조에 망하기를 '三國遺事·桂苑筆耕 崔致遠著·新羅殊異傳 崔致遠著' 云云이라 하였으니 이『殊異傳』의 저자를 최치원이라 보았으나, 고려 覺訓의『海東高僧傳』에는 朴寅亮의『수이전』을 인용한 것이 있으니, 어느 것이 옳은지 확정하기는 곤란하나 가령 박씨의 撰이라 할지언정, 그 本源은 역시 신라에 두었을 것이니, 설화 문학의 원천은『신라수이전』이겠다. 가령 박인량이 지었다고 하더라도 최치원의『수이전』에 윤색을 가하여 增補刪正하여 박인량의『수이전』이 되었다고 추량할 수 있다. 그러나『대동운부군옥』의『수이전』을 최치원 著라 본다면, 다른 諸書에서 보이는『수이전』은 어떻게 볼 것이냐? 이는『花郎世紀』系의 것인지 또는『수이전』계의 것인지는 확언을 할 수는 없으나,『수이전』계에 속한다고 보고자 한다(徐首生, "東國文宗 崔孤雲의 文學, 下,"『語文學』, 2[1958. 7], p. 82).

2) 종래 우리 학계에서『수이전』을「춘향전」이나「심청전」과 같은 개별 전적 시각과, 그 저자를 崔[致遠]·朴[寅亮]·金[陟明] 중의 어떤 한 사람으로 국한하여 고집하였던 것은 日人 사학자 今西龍의 '책은 同一書로 보고 著者에 異說이 있는 것'이라는 詭說에 현혹되었던 것으로 본다. [2字 略]『수이전』은『高僧傳』이나『滑稽傳』및『英雄傳』등과 같은 類別傳이므로, 필요에 따라서 누구나 지을 수 있는 '매우 이상한 이야기'를 모아 놓은 책인 것이다. 따라서 현재까지 밝혀진 古典의 典據에 의하여『殊異傳』의 別本을 살펴보면 ① 著述者를 알 수 없는 古本『殊異傳』(一名 新羅殊異傳)과 ② 崔致遠의 新羅『殊異傳』과 ③ 金陟明이 일부 개작한『殊異傳』과 ④ 朴寅亮의『殊異傳』등 네 편의 別本『殊異傳』이 있었던 것으로 추단된다. 그리고 이 밖에 몇 가지 異本도 있었으리라 생각된다(曺壽鶴, "『殊異傳』의 著述者 및 文體考,"『嶺南語文學』, 17[1990. 6], p. 26).

3) 원본·판본의 다원화 현상의 각도로부터『신라수이전』의 작자 및 원본 유전에 대해 다음과 같은 기본 관점을 제시할 수 있다. 첫째, 신라 최치원은 唐人小說의 영향하에서『신라수이전』을 창작하였다. 둘째, 고려 초 박인량은 최치원의 책을 모방하여 또 다른『신라수이전』을 지었다. 셋째, 그 후에 고려 김척명은 최치원본을 增改하였다. 넷째, 김척명본과 박인량본은 고려 때에 合編되어 한 부의 책으로 된 적이 있다(李劍國·崔桓, "『新羅殊異傳』연구의 기본적 맥락과 관점,"韓國中國小說學會 編,『中國小說論叢』, VI[1997. 3]).

4) [『新羅殊異傳』은] 필시 저·편자가 표기되지 않은 채 필사본으로 통행되어 오던 책이(이 경우 간본이라 하더라도 저·편자가 명확하게 표기되지 않기는 마찬가지다.) 그 책에 실린 최치원을 대상으로 한「雙女墳記」가 가장 빼어난 白眉의 존재임으로 해서『신라수이전』하면「쌍녀분기」의 崔致遠을 연상하게 된 데에서 어느덧 최치원이 찬자로 오인될 법도 하다. 결국 찬자는 朴寅亮일 수밖에 없다. 覺訓 [생몰년 미상]과 박인량[?~1096]의 상거는 1세기 채 안 되기 때문에, 책에 물리적으로 찬자 표지가 안 되었다 하더라도 찬자가 누구라는 것이 식자인 사이에 전해질 수 있었다. 그리고 박인량의 경우는 그 사적이『신라수이전』을 편찬함직했다. 능문장에다 史才가 있어『고금록』10권을 찬술했다. 이『고금록』찬술의 나머지에 나온 부산물, 그러니까『고금록』을 찬술하고 남은 자료를 가지고 찬집한 것이 곧『신라수이전』일 터다(李東歡, "「雙女墳記」의 作者와 그 創作背景,"『民族文化硏究』, 37[2002. 12], pp. 65~67).

5) 여기서 우리는 중국 역대 지리서를 통하여 율수현에는 쌍녀분이라는 분묘가 실재하고 있고, 이에 대한 기록인「쌍녀분기」가 있었는데, 이 글은 기문 형식의 글로 최치원이 지었다는 사실을 알게 되었다. …… 최치원이「쌍녀분기」를 기문으로 썼다면 그가 동일한 제목으로 소설도 썼으리라고 보기는 어렵게 되었다. ……「최치원」의 작자는 최치원 시대에서『수이전』수록 시대 사이에

「쌍녀분기」를 본 적이 있어야 하고, 중국 강남 지방을 방문한 적이 있어야 하며, 아울러 문장 구사력과 창작력이 구비된 인물이어야 한다. …… 박인량은 『태평광기』에 대하여 구절을 응용할 만큼 이에 대하여 훤히 알고 있었고, 「최치원」에는 『태평광기』에 수록된 내용이 언급되었으며, 「태평광기표 太平廣記表」에 의하면 『태평광기』는 978년에 완성하여 981년에 황명을 받들어 새기게 하였다고 한다. 이 시기 이후 고려와 송의 관계가 원만하지 못하다가 박인량 시대에 이르러서야 왕래가 재개되었다고 하니 박인량 작자설이 가장 유력하다는 것이다. …… 그는 여·송이 외교를 재개할 때 등장한 가장 대표적인 문인이었고, 최치원의 발자취와 박인량의 사행길이 상당한 부분 동궤였으며, 최치원 이상으로 중국 문헌에 당시의 사적이 남아 있고, 최치원의 「우정야우 郵亭夜雨」와 같이 박인량도 「주중야음 舟中夜吟」에서 비슷한 시상의 시를 남겼으며, 무엇보다도 소설을 쓸 수 있는 자질을 지니고 있었다. 그는 『수이전』을 편찬했을 뿐만 아니라, 『태평광기』에도 해박하여 중국에서의 작시 활동에 활용하였음을 중국인들도 인정해 줄 정도였다. 실제로 「최치원」에도 『태평광기』에 나오는 주인공들의 이야기가 원용되고 있다. 이러한 정황에서 볼 때 박인량이 「최치원」을 지었을 가능성이 누구보다도 높다고 본다(오춘택, "「쌍녀분기」와 「최치원」의 작자," 『국어국문학』, 139[2005. 5], pp. 282, 295~296, et passim).

〈작품연대〉

【增】

1) 최치원이 당나라에서 이미 『신라수이전』을 썼다는 설은 성립될 수 없으며, 단지 「쌍녀분기」 전기 한 편만을 쓰고 귀국 후에 비로소 『신라수이전』을 썼다고 할 수 있다. 그렇다면 최치원은 귀국 후에 언제 『신라수이전』을 썼을까? …… 그가 『신라수이전』을 지은 가장 가능성이 높은 시기는 조정에서 나와 군태수로 재직하고 있을 때이거나 아니면 벼슬길에서 물러나 소요자적하던 때일 것이다. 이 두 시기 중에서 후자 이전일 가능성이 가장 높다. …… 『신라수이전』은 대략 진성왕 3년(889)에서 7년(893)까지의 5년간에 지었을 거라고 추정해 볼 수 있다. 이때 최치원은 배척당하여 조정 밖에 있었으니, 마침 비교적 충분한 지간을 이용하여 소재를 수집하고 소설을 지음으로써 자신의 울적함을 달랠 수 있었을 것이다(李劍國·崔桓, "『新羅殊異傳』崔致遠本考," 『中國語文學』, 33[1999. 6], pp. 309, 313~314).

〈관계기록〉

① 『海東高僧傳』(1215)[覺訓], 1: 若按朴寅亮『殊異傳』云 師父魏人崛摩 母曰高道寧 高麗人也●(만약 박인량의 『수이전』에 의하면, "아도[阿道]대사의 부친은 위나라 사람 굴마이고, 모친은 고도령으로 고구려인이라 한다).

② 『三國遺事』(一然 1206~1289), 권4, '圓光西學': 又東京安逸戶長貞孝家在古本『殊異傳』 載圓光法師傳曰 法師俗姓薛氏 王京人也●(또 동경[경주] 안일호장인 정효의 집에 있는 고본 『수이전』에 「원광법사전」이 실려 있어, 거기에 이르기를, "법사의 속성은 설씨로 서울 사람이다."라고 하였다).

③ 『三國史節要』(盧思愼 1417~1498 外編), 『三國史節要』, 8, '新羅善德王元年': 『殊異傳』 唐太宗以牧丹子……

④ 『大東韻府群玉』(權文海 1534~1591), 1, 纂輯書籍目錄 本國書籍條: 新羅 『殊異傳』 崔致遠作.

⑤ 『海東文獻總錄』(仁祖朝 金烋), 目錄 史記類: 崔致遠 新羅 『殊異傳』.

⑥ 『增補文獻備考』(朴容大 1849~? 等), 246, 藝文考, 5 雜纂類: 新羅 『殊異傳』 文昌侯崔致遠序.

⟨비교연구⟩
　② ······ (趙潤濟, 『國文學史』[초판 1949], pp. 46~47).

1. ⟨자료⟩
Ⅱ. (역주)
【增】
　1) 이검국 외. 『신라수이전 집교와 역주』. 영남대출판부, 1999.
　2) 조수학. 『재구성 수이전』. 국학자료원, 2002.

2. ⟨연구⟩
Ⅰ. (단행본)
【增】
　1) 李劍國·崔桓. 『新羅殊異傳』考論. 중문, 2000.

Ⅱ. (학위논문)
⟨석사⟩
【增】
　1) 박은성. "『수이전』 연구." 碩論(조선대 교육대학원, 2000. 2).
　2) 최윤구. "『수이전』 일문 연구." 碩論(강릉대 대학원, 2001. 8).
　3) 김향미. "「신라수이전」 연구." 碩論(조선대 대학원, 2005. 2).

Ⅲ. (학술지)
　4) 申基亨. "『殊異傳』小考." 『文耕』, 2(中央大文理大, 1956. 7)
　16) 曺壽鶴. "『殊異傳』의 著述者 및 文體考." 『嶺南語文學』, 17(嶺南語文學會, 1990. 6).
　18) 김일렬. "『殊異傳』의 성격과 그 소설사적 맥락." 省吾蘇在英敎授還甲紀念論叢 刊行委員會 編, 『古小說史의 諸問題』(集文堂, 1993. 11).
　24) 정출헌. "나말 여초 서사문학사의 구도와 『수이전』." 『인문과학』, 12(경북대 인문고학연구소, 1998. 12). 『고전소설사의 구도와 시각』(소명출판, 1999. 5)에 재수록.

【增】
　1) 이대형. "『殊異傳』逸文의 갈래적 성격 고찰:「최치원」류를 중심으로." 『洌上古典硏究』, 10(洌上古典硏究會, 1997. 12)
　2) 이동근. "『수이전』 일문의 장르적 검토." 『어문학』, 66(한국어문학회, 1999. 2).
　3) 李劍國·崔桓. "『新羅殊異傳』崔致遠 本考." 『中國語文學』, 33(嶺南中國語文學會, 1999. 6).
　4) 정상균. "「신라 수이전(殊異傳)」 연구." 『論文集』, 33(서울市立大, 1999. 12).
　5) 崔桓. "『新羅殊異傳』朴寅亮本 및 金陟明本考." 『中國小說論叢』, 11(韓國中國小說學會, 2000. 2).
　6) 이학주. "『新羅殊異傳』의 서사범주와 그 의미." 趙建相 編, 『韓國語國文學研究』(국학자료원, 2001. 8).
　7) 서인석. "『신라수이전 고론』(書評)." 『中國小說研究會報』, 48(韓國中國小說學會, 2001. 12).
　8) 소인호. "나말여초 전기소설과 『수이전』." 『한국 전기소설사 연구』(집문당, 2005. 3).

9) 신태수. "『殊異傳』逸文의 神話的 性格과 교환 가능성의 실현 양상." 『어문학』, 85(한국어문학회, 2004. 9).
10) 유정일. "『殊異傳』逸文의 분류와 장르적 성격: 志怪敍事 전통의 맥락을 중심으로." 『어문학』, 85(한국어문학회, 2004. 9). 조현설 외 공저, 『서사문학과 불교적 시각』(亦樂, 2005. 6)에 재수록.

▶(수저옥난 → 옥난빙)
▶(수저옥환빙 → 옥환빙)
◐{수저월암록}
〈관계기록〉
① Courant, 927: 「슈제월암록」.

◪346. [[수향기 睡鄕記]]
〈작자〉 南孝溫(1454~1492)
〈출전〉 『秋江集』, 3; 『生六臣集』, 7
〈관계기록〉
① 『生六臣集』, 7, 秋江 「睡鄕記」 後尾: 佔畢齋批 昔韓退之「毛潁傳」王績作「醉鄕記」此其流亞歟◐(점필재[김종직]가 비평하기를, "이 작품은 예전에 한퇴지의 「모영전」이나 왕적455)이 지은 「취향기」의 아류다."라고 하였다).

346.3. 〈연구〉
Ⅲ. 〈학술지〉
【增】
1) 金昌龍. "「睡鄕記」攷." 『文藝思想硏究』, 1(韓國古典硏究會, 1980. 12).
2) 김창룡. "초기의 몽유록 「수향기」." 『한국 옛문학론』(새문社, 2003. 2).

◪347. [수호지(전)456) 水滸誌(傳)] ← 양산박 / 일백단팔귀화기 / 충의수호지(전)
〈참고자료〉
① 「水滸傳」: 此書撰人 自明以來 相傳有羅貫中・施耐庵二說 『也是園目』有舊本羅貫中「水滸傳」二十卷 高儒『百川書志』所錄「水滸傳」則題 '施耐庵的本・羅貫中編次' 今所見明本 有不題撰人者; 有題 '施耐庵編輯'者; 有題'施耐庵輯撰・羅貫中纂修'者 …… 二人皆元末明初人 弟不知「水滸傳」果爲誰作耳◐(이 책의 찬자는 명나라 이래로 전하는 바에 의하면 나관중[1330~1400]과 시내암의 두 가지 설이 있다. 『야시원목』에는 구본인 나관중의 「수호전」 20권이라 하고 있고, 고유의 『백천서지』에 기록되어 있는 「수호전」은 첫머리에 '시내암이 짓고 나관중이 편차했다'고 되어 있다. 지금 볼 수 있는 명나라 때의 본으로는 찬인이 누구인지 적혀져 있지

---
455) 중국 당나라 때 문인. 수나라 大業 때에 孝悌廉潔로 천거되었다. 천성이 簡放하고 술을 좋아하여 '斗酒學士'의 칭이 있었다. 스스로 죽을 때를 알고 자신의 墓誌를 썼다. 저서에 「醉鄕記」・「五斗先生傳」・「無心子傳」 등이 있다.
456) 『작품연구 총람』 수정.

않은 것과 '시내암 편집'이라 한 것과, '시내암 집찬·나관중 찬수'라 한 것의 세 가지가 있다. …… 두 사람[나관중·시내암] 모두 원나라 말 및 명나라 초 때의 사람이지만, 「수호전」을 과연 누가 지었는지는 알지 못한다)[孫楷第, 『中國通俗小說書目』, p. 181].

〈관계기록〉
(한문)

① 『惺所覆瓿藁』(許筠 1569~1618), 閑情錄, 18, '十之掌故': 凡六經語孟所言飲食 皆酒經也 …… 詩餘則柳舍人·辛稼軒 樂府則 董解元·王實甫·馬東籬高則誠等 傳奇則「水滸傳」·「金瓶梅」等 爲逸傳 不熟此傳者 保面甕腸 非飲徒也◐(무릇 육경과 논어·맹자에서 말하는 바의 음식에 관한 법식은 모두 주경이다. …… 시여457)로는 유사인[柳公權 778~865]458)·신가헌[辛棄疾 1140~1207] 등의 작품, 악부로는 동해원459)·왕실보460)·마동리[馬致遠]461)·고칙성[高明]462) 등의 것이 있고, 전기로는 「수호전」·「금병매」 등이 전범이 되니, 이를 익히지 못한 자는 보면옹장463)에 지나지 않을 뿐, 술친구는 될 수 없다).

② 「惺所覆瓿藁」, 13, 「西遊記」跋: 余得戱家說數種 除「三國」·「隋唐」外「兩漢」齷「齊魏」拙「五代殘唐」率「北宋」略「水滸」則姦騙機巧 皆不足訓 而著於一人手 宜羅氏之三世啞也◐(내가 희가의 소설 수십 종을 얻어 읽어 보니, 「삼국지연의」와 「수당연의」를 제외한 그 밖의 '양한연의'는 앞뒤가 맞지 않고, '제·위지'는 치졸하며, 「잔당오대연의」는 경솔하고, 「북송연의」는 소략하고, 「수호전」은 간사하고 거짓되어 가르치기에 적당치 않은데, 이것들이 한 사람의 손에 의해 지어졌다 하니, 나씨[나관중 1330~1400]가 3세에 걸쳐 벙어리가 되었다 함은 마땅하다).

③ 『澤堂集』(李植 1584~1647), 別集 15, 雜著: 世傳作「水滸傳」人 三代聾啞 受其報應 爲盜賊尊其書也 許筠·朴燁等 好其書 以其賊將別名 各占爲號 以相謔 筠又作「洪吉同傳」以擬「水滸」 其徒 徐羊甲·沈友英等 躬蹈其行 一村虀粉 筠亦叛誅 此甚於聾啞之報也◐(세상의 전해 내려오는 말에, '「수호전」의 작자가 3대나 농아464)가 되어 보응을 받았으니 이는 도둑을 위해 그 글을 높인 까닭'이라 하였다. 허균, 박엽의 무리가 그 글을 좋아하여 그 도적들의 별명을 따 자기네의 호를 삼아 서로 희롱하였으며, 허균 또한 「홍길동전」을 지어 「수호전」에다 비겼으며, 그의 무리 서양갑·심우영 등은 그 일을 실천에 옮겼으므로, 한 마을이 온통 가루가 되고, 허균 역시 반역죄로 처형되니 이것은 저 농아의 응보보다 심하다).

④ 『旬五志』(洪萬宗 1643~1725), 下: 「莊嶽委譚」云 世行「水滸傳」元人武林耐菴施某 嘗入市肆 細閱古書 於樊櫓中 得宋張叔夜 擒賊招[sic 詔]語一通備悉 其一百八人所由起因 潤飾成此篇 其中用意 非倉卒可窺 但世知其形容曲盡而已 至其排比[sic 此]百八人 分量輕重 纖毫不戾 而抑揚暎帶 回護詠嘆之士[sic 工] 直有超出語言之外者 古人以「水滸」爲有丘明太史之長 亦近之矣 許筠「四部藁」以爲「水滸傳」著於一人之手 宜羅氏之三代之啞也云 今按「莊嶽委譚」則

---

457) 장단구로 된 詩體의 이름.
458) 중국 당나라 穆宗 때의 명필. 벼슬은 工部尙書.
459) 金나라 章帝 때 사람.
460) 元나라 때 사람.
461) 元나라 때 사람.
462) 明나라 때 사람.
463) 식견이 좁음을 말함.
464) 벙어리.

「水滸傳」耐菴施某所撰 許筠則記以羅氏所編 以筠之博古 有此謬認 何也 古話之表表 可稱者「西遊記」·「水滸傳」外 如「列國」·「東·西漢」·「齊魏」·「五代唐」·「南·北宋」 皆有演義皆行於世 至大明末諸文士 尤尙浮藻鑿空搆虛 輒成一部 至於坐衙按簿之官 越視職事務 得新語得一欸則附會增演 作爲卷帙 故其爲也 汗牛充棟 宇指不勝屈 徒爲好事者之傳玩而仍成習 競相慕效 遂使世道萎靡 竟致宗社之瓦裂 有若晋代之尙 以淸談誤世 可勝歎哉☯(『장악위담』465)에 말하기를, "세상에 유행하는 「수호전」은 원나라 무림 사람 시내암이 일찍이 가게에 들어가서 폐지더미에서 옛 서적을 꼼꼼히 살피다가 송나라 때 장숙야의 「금적조어」 한 통을 얻었는데, 108명이 일어난 까닭을 잘 갖추어 놓았으므로, 이것을 잘 꾸며 만든 것이다. 이 글 속에 담긴 뜻은 급하게 읽어서는 제대로 알 수 없고, 다만 세상에서는 그 형용이 곡진함을 알 뿐이다. 108명을 배치함에 분량과 경중이 털끝만큼도 어긋남이 없고, 억양466)·영대467)·회호468)·영탄의 기교가 말 바깥으로 벗어남이 있다."고 하였다. 옛 사람들이 「수호전」은 좌구명과 사마천[B.C. 145~86]의 장점을 두루 갖추고 있다고 하였으니, 또한 사실에 가깝다고 하겠다. 허균[1569~1618]이 「사부고」에서 「수호전」에 대해 '한 사람의 손으로 지어졌으니, 나씨[羅貫中]가 3대에 걸쳐 벙어리됨은 당연하다.'고 했다. 이제 「장악위담」을 살펴보니, 「수호전」은 시내암이 지은 것인데, 허균은 나씨가 지었다고 적고 있으니, 허균의 박고함으로도 이렇듯 잘못 알고 있었음은 무슨 까닭인가? 옛 이야기 가운데 뛰어나[表表] 일컬어질 만한 것으로서 「서유기」·「수호전」 외에 열국 때로부터 동서한·제·위·오대·당·남북송에 이르기까지 모두 연의가 있어 세상에 유행하였다. 명나라 말엽에 이르러 여러 문사들이 더욱 들뜬 문사[文詞]를 숭상하여 공허한 이야기를 엮어서 문득 한 권의 책을 만들어냈다. 심지어 관아에서 장부를 살피는 관원까지도 맡은 일을 등한시하고 새로운 이야깃거리를 하나 얻으면 곧 덧붙이고 늘려서 권질을 만들었다. 이렇게 하여 만든 책이 하도 많아서 손가락으로 꼽을 수 없을 정도였다. 한갓 호사자들이 전하여 즐기던 것이 습속을 이루어 다투어 서로 흠모하고 본떠서 드디어 세도[世道]를 시들게 하고 마침내 종묘사직이 허물어지는 데까지 이르게 되었다. 마치 진대[晋代] 말엽에 청담으로 세상을 그르친 것과 같으니, 탄식할 일이로다).

⑤ 『疎齋集』(李頤命 1658~1723), 12, '漫錄': 明末小說之盛行 亦一世變 如「三國演義」·「西遊記」·「水滸傳」等書 最爲大家 其役心運智於虛無眩幻之間者 可謂極勞矣 世傳 作「三國演義」者病瘖而死云 誠不無此理 其誣諸葛以怪神者 亦足受此罪矣 至於「水滸」則極形容羣盜 猖獗橫行之狀 故明末流賊 悉效此 其標立名稱 以闖天王之類 卽梁山泊 王[sic 玉]麒麟 九文龍之遺法 其弊已明著矣 近聞淸人發令禁小說云 果然 則此必有所懲者而然矣 其他淫褻荒怪之作 愈出愈奇 足以亂天下風俗耳☯(명나라 말에 소설이 성행한 것은 한가지 세태 변화로,「삼국지연의」·「서유기」·「수호전」 등과 같은 책들이 가장 저명하다. 이들에서 허무하고 현환시키는 데에 마음과 지혜를 쓴 것은 매우 애썼다고 할 만하다. 세상에 전하기를, 「삼국지연의」를 지은 자는 벙어리가 되어 죽었다고 하는데, 참으로 그럴 만한 이치가 없지 않다. 제갈량[181~234]을 괴이하고

---

465) 중국 명나라 때 胡元瑞가 편찬한 책 이름. 명나라 胡應麟의 『少室山房筆叢』 권 24~25에 들어 있다. 내용은 주로 희곡 소설에 관한 여러 이야기들을 모은 것이다. '莊嶽'은 춘추 시대 齊나라의 거리 이름으로, 현 山東省 臨淄縣의 북쪽에 있다.
466) 기리거나 헐뜯어 말함.
467) 서로 비치고 어울림.
468) 잘못을 꾸미거나 변호함.

신비한 인물로 꾸며 무고한 것 또한 그런 죄를 받을 만하다. 「수호전」에 이르러는 여러 도적들이 창궐하고 횡행하는 모습을 자세히 그려, 명나라 말엽 도적들이 모두 이것을 본받았다. 그들이 '틈왕'이나 '천왕'으로 일컫는 부류는 양산박의 옥기린469)이나 구문룡470)의 유법이니, 그 폐단이 이미 분명하게 드러난 것이다. 요즈음 듣자니 청나라 사람들이 소설을 금하는 명령을 내렸다고 하는데, 과연 그러하다면 이것은 반드시 징계할 만한 것이 있기에 그러했을 것이다. 그 밖에도 음란하고 괴탄한 작품들은 나오면 나올수록 더욱 기이해지니 천하의 풍속을 어지럽히기에 충분하다).

⑥ 『陶谷集』(李宜顯 1669~1745), 27, 雜著, 「雲陽雜錄」: 稗官小說 自漢唐以來 代有之 如「搜神記」等 書 語多荒怪而文頗雅馴 其他諸種間 亦有實事 可以補史家之闕遺 備詞場之採掇者 至如「水滸傳」・「西遊記」之屬 雖用意新巧 命辭瓌奇 別是一種文字 非上所稱諸書之例也 而明人劇賞 之 加以俗尙輕浮侈蕩 輒贗作一副說話 以售於世 大抵皆演成史傳與男女交歡事也 演史出而 正史事蹟汨亂 本不當觀 男女之事 又多猥鄙淫媟 尤非莊[壯]士所可近眼 而近來人鮮篤實 喜以此等小記 作爲消寂遣日之資甚可歎也◐(패관 소설은 한당 이래 대대로 있었다. 「수신기」 같은 책들도 말은 무척 황괴하고 글은 자못 아순하지만, 기타 여러 종류의 책에는 사실에 부합하는 내용도 들어 있어서 사가가 빠뜨린 것을 보충하고 사장의 수집자에게 보완해 준다. 「수호전」・「서유기」 등은 비록 용의가 신기하고 교묘하고 명사가 괴기하나 특별한 종류의 문자로 위에서 말한 여러 책의 예에 들지 않는다. 그러나 명나라 사람은 이런 책을 소중히 여기고, 게다가 경솔 부박한 것을 숭상하는 습속이 있어서 문득 거짓으로 한편의 이야기를 꾸며서 세상에 유통시켰다. 대체로 이들은 역사적 사실과 남녀의 즐기는 일을 부연한 것이다. 연의류가 나오면서 정사의 사적이 사라지고 어지럽혀져 이것만으로도 부당한 일인데, 남녀의 일을 보니 모두 외설스럽고 음란하니 더욱 장사가 가까이 할 바가 못 된다. 근래 사람들은 실사를 중시한 사람이 드물고 이런 자질구레한 기록을 좋아해서 이것으로 소일거리를 삼으니 참으로 한탄스럽다).

⑦ 『北軒集』(金春澤 1670~1717), 16, '囚海錄': 小說無論 『廣記』之雅麗 「西遊」・「水滸」之奇變宏 博 如 「平山冷燕」 又何等風致 然終於無益而已◐(소설이란 『태평광기』의 아려함, 「서유기」・「수호전」의 기변 굉박함은 논할 것도 없고 「평산냉연」과 같은 것은 또 어쩌면 그토록 풍치가 있는가? 그러나 무익함에서 끝나 버릴 따름이다).

⑧ 『星湖僿說類選』(李瀷, 1681~1763), 7; 『星湖僿說』, 經史門, 3, 「水滸傳」: 「水滸傳」者 施某所作 其言無非捭闔搖撼 凡用兵奇詐 莫巧於此 便是一兵家大藪也 後爲賊寇所祖 其害彌亘 不可遏 也 當魏忠賢之亂政 作點將錄 首曰 天罡星 托塔天王 李三才・及時雨 葉向高・浪子 錢謙益 ・聖手書生 文震孟・白面郞君 鄭鄤・霹靂火 惠世揚・大刀 楊漣智・多星 繆昌期 等 共三十六 人 地煞星 神機軍師 顧大章・旱地忽律 游大任・鼓上皂 汪文言 等 共七十二人 合百八人 盖嫉東林黨人 以此辱之也 百八之數 出於佛家 以無患子百八爲 爲念珠也 是至流賊李自成作 亂 其綽號兵術不出 「水滸」 套中 余謂作是書者 其必有陰賊之志乎 昔傳有一宰臣 治盜細詰 其情狀無遺 盜相顧吐舌曰 此公莫是曾爲盜者耶 何悉我迹如是 施氏 「水滸」 一書 亦猶是也◐ (「수호전」은 시아무개[施耐菴]가 지은 것인데, 그 글이 속이고 농락하기에 기이한 술책 아닌 것이 없어서, 무릇 군사를 쓰는 데 기이하고 속임이 이보다 더 교묘할 수가 없으니, 곧 병가의

---

469) 「수호전」의 등장인물 중의 하나인 '盧俊義'의 별호.
470) 「수호지」의 등장인물 중 하나인 '史進'의 별호.

큰 숲이다. 후세에 도적들이 숭상하는 바가 되어 그 해독이 뻗쳐서 막을 수가 없었다. 위충현이 나라를 어지럽힐 때에 『점장록』을 만들었는데, 우두머리에는 천강성 탁탑천황 이삼재·급시우 섭향고·낭자 전겸익·성수서생 문진맹·백면낭군 정만·벽력화 혜세양·대도 양련·지다성 목창기 등 모두 36인이요, 지살성 신기군사고대장·한지홀률 유대임·고상조 왕문언 등 모두 72인으로 '천강성·지살성' 도합 1백8인이니, 대개 동림당인471)들을 미워하여 이로써 욕을 보인 것이다. 1백8의 숫자는 불가의 무환자472) 1백8개로써 염주를 만드는 것에서 나온 것이다. 그 뒤 유적 이자성이 난을 일으킬 때에 그 작호[別名]와 병술이 모두 「수호전」의 투식에서 벗어나지 않았으니, 나는 이 책을 지은이는 반드시 도둑의 마음을 품었던 것이라고 생각한다).

⑨ 『朝鮮王朝實錄』, 45, 肅宗 33年[1707] 2月 丙申: 上曰 今若去其鋒刃 一人衣白 一人衣黑 交馬之後 以白黑決勝負則好矣 寅燁曰 此事見於「水滸傳」當依此爲之矣◐(임금이 말하기를, "지금 만약 그 날카로운 날을 버리고 한 사람은 흰 옷을, 한 사람을 검은 옷을 입게 하여 말을 타고 교전한 뒤 흑백으로 승부를 결정한다면 좋을 것이다." 하자, 이인엽이 말하기를, "이 일은 「수호전」에 보이니, 마땅히 이에 의거해서 하겠습니다." 하였다).

⑩ 『惠寰雜著』(李用休 1708~1782), 3, '書水滸傳後': '「水滸傳」非惟權謀機變 文章實佳 文獻通考 云 羅本貫中著…… 盖「水滸」爲奸臣蠹政 胡寇侵凌 托之空言 以洩其憤者◐(「수호전」은 비단 권모와 기변이 능란할 뿐 아니라 문장 또한 아름답다. 『문헌통고』에 의하면 나관중[1330~1400]이란 사람이 지었다고 한다……. 대개 「수호전」은 간신이 정사[政事]를 좀먹는 것과 오랑캐의 침입을 두고 허구의 말에 기탁하여 그 분통함을 풀은 것이다).

⑪ 『順菴雜錄』(安鼎福 1712~1791), 42: 余觀唐板小說 有四大奇書 一「三國志」也 二「水滸傳」也 三「西遊記」也 四「金瓶梅」也 試觀「三國」一匣 其評論神奇 多可觀 其凡例亦可觀 其序文亦以 一奇字命意 而文法亦甚奇 考其人則金人瑞·毛宗岡也 考其時則順治甲申也 未知金人瑞·毛宗岡爲何如人 而順治甲申歲 此天地變易 華夏淪没之時 中原衣冠 混入於薙髮左袵之類 文人才子之怨抑 而不遇者 其或托此而寓其志耶 四奇之意 不如「三國」之鼎峙 則寧流之爲「水滸」 變幻爲「西遊」 否則托跡於酒樓歌屛之中 而消磨此日月者也 然則其志可悲也耳◐(내가 당판 소설을 보니 4대 기서가 있었는데, 그 첫째는 「삼국지」요, 둘째는 「수호지」요 셋째는 「서유기」며 넷째는 「금병매」다. 시험삼아 「삼국지」 한 갑을 읽어보니, 평론이 신기하여 볼 만한 것이 많았고, 범례 또한 볼 만하며, 그 서문 역시 '奇'라는 한 글자로 뜻을 이루고 있었으며, 글 쓰는 법 또한 기이하였다. 그 작자를 고찰하여 보니 김인서와 모종강[a.1661 전후]이었으며, 그 때를 고찰하여 보니 순치 갑신년[1644]이었다. 김인서와 모종강이 어떤 사람인지는 알 수 없으나, 순치 갑신년은 천지가 뒤바뀌고 중국이 몰락하던 때라 중원의 의관이 변발을 하고 옷깃을 좌로 하는 오랑캐의 것과 혼입되어 문인 재자들 중 원억하여 불우한 자가 혹시 이 작품에 의탁하여 그 뜻을 붙인 것이 아닌지나 알 수 없다. 사대 기서의 뜻이 3국의 정치하는 것과는 같지 않으나, 떠돌이 생활은 「수호」가 되고, 변환은 「서유」가 되고, 그도 아니면 주루와 가병에 자취를 의탁하여 세월을 보내는 것이다. 그런즉 그 뜻이 슬플 뿐이다).

---

471) 중국 명나라 신종 때 태자를 세우는 문제로 좌천을 당한 顧憲成·高樊龍이 주동이 되어 조직한 당파. 東林書院을 근거지로 재야의 학자나 불평 분자를 규합하여 시정을 논한 것이 시초가 되어 끝내는 조정의 관리까지 모여 대정당이 되었고, 이에 대항하는 반대파와의 논쟁으로 명나라가 멸망하는 원인의 하나가 되었다.
472) 무환자과에 속하는 낙엽활엽 교목. 재목은 여러 기구를 만드는 데 쓰이며, 그 열매로 장난감을 만들기도 함.

⑫ 『靑城集』(成大中 1732~1812), 8, '書仇十洲473)畫水滸軸後': 水滸之徒 純於盜也 然羅貫中之獎之 殆居刺客之右 孔周爲政 羅必先誅 而書則滅絶之也 反乃盛行於世 又或圖畫其貌 照人耳目 有若曠感者然 世敎之賊 一至此哉 然彼亦爲警世作也 人情孰肯以父母生育之身 樂趨於盜賊之群哉 蓋亦不得已也 飢寒之所迫也 文法之所逼也 感憤之所激也 技癢之所使也 驅之以至此爾 …… 羅貫中生於元世 痛夷狄之滅夏 作此傳以舒憤恨 …… 龔聖予文陸徒也 宋亡不仕 賣畫自食 喜畫水滸群雄 龔豈奬盜者耶 其意亦羅比也◐(수호의 무리는 완연한 도둑이다. 그러나 나관중은 이를 추장하여 거의 자객의 위치에까지 두었다. 공자와 주공이 다스렸다면 나관중은 먼저 주살되고 책은 멸절되었을 것이다. 그런데 도리어 세상에 성행하였고, 어떤 이는 그 모습을 그림으로 그려 사람의 이목에 비추니, 널리 이에 대하여 느끼는 자도 있게 되었다. 세교의 도적이 이에 이르렀는가? 그러나 저 또한 세상을 경계하기 위하여 만들어진 것이다. 사람의 마음에 누가 부모가 낳아 길러준 몸으로 즐겨 도적들의 무리를 좇고자 하겠는가? 대개 또한 부득이한 것이니, 굶주림과 추위에 쫓긴 바요, 번다한 형법이 몰아붙인 바요, 감분이 격하게 한 바요, 기양이 시킨 바다. …… 나관중은 원대에 나서 오랑캐가 중원을 멸한 것을 원통히 여겨 이 전을 지어 울분과 한을 편 것이다. …… 공성여474)와 문륙의 무리는 송나라가 망하자 벼슬에 나아가지 않고 그림을 팔아서 먹고 살았는데, 그가 수호의 군웅들의 그림을 즐겨 그린 것은 그가 어찌 도둑들을 추장해서 그랬겠는가? 그 뜻은 역시 나관중과 비슷한 것이다).

⑬ 『燕岩集』(朴趾源 1737~1805), 11, 熱河日記 渡江錄 六月二十四日: 船泊處 甚沮洳 余呼一胡曰 位 蓋俄者纔學于時大也 其人欣然捨槳而來 余騰身載其背 其人笑嘻嘻 入船出氣長息 曰 黑旋風媽媽 這樣沈挑時 巴不得上了 沂風嶺 趙主簿明會 大笑 余曰 彼鹵漢不知江革 但知李逵 趙君曰 彼語中帶意無限 其說 本謂李逵母如此其重 則雖李逵神力 亦不得背負踰嶺 且李逵母 爲虎所噉故 其意則以爲如此奴肉 可卑食安虎 余大笑曰 彼安能開口 成許多文義 趙君曰 所謂 目不識丁 正道此輩 而稗官奇書 皆其牙頰間常用例語 所謂官話者是也◐(배 닿는 곳이 몹시 질척질척하다. 나는 "웨이." 하고 한 되놈을 불렀다. 이는 아까 시대에서 겨우 배운 말이다. 그 자가 냉큼 상앗대를 놓고 이리로 오므로 나는 얼른 몸을 솟구쳐 그 등에 업히니, 그 자는 히히거리고 웃으면서 배에 들여다 놓고 후유하고 긴 숨을 내뿜으면서 말하기를, "흑선풍 어머니가 이토록 무거웠다면 아마도 기풍령에 오르지 못했을 게요." 하였다. 조주부 명회가 이 말을 듣고 큰 소리로 웃었다. 내가, "저 무식한 놈이 강혁475)은 몰라도 이규476)는 어찌 알았던고?" 했더니, 조군이, "그 말 가운데서 무한한 의미를 띤 게요. 이 말은 애초에 이규의 어머니가 이렇게 무겁다면 비록 이규의 신력으로도 등에 업은 채 높은 재를 넘지 못했으리라는 의미였고, 또 이규의 어머니가 호랑이에게 물려 갔는데, 그는 이렇게 살집이 좋은 분을 만일 저 주린 호랑이에게 주었더면 오죽 좋으랴 하는 의미입니다." 하고 설명해 준다. 나는, "제까짓것들이 어찌 입을 열어 이처럼 유식한 문자를 쓸 줄 안단 말이오" 했다. 조군은, "이른바 눈을 부릅뜨고도 '고무래정[丁]자'를 모른다는 것은 참으로 저런 놈들을 두고 하는 말이었지만, 그는 패관 기서를

---

473) '仇十洲'는 중국 송나라 때의 龔開의 號. 그는 시문 및 古隷書에 뛰어났는데, 송나라가 망한 후 벼슬하지 않았다.
474) '聖予'는 龔開의 字다.
475) 중국 후한 때의 효자 이름. 어려서 난리를 만나 그 어머니를 업고 갖은 곤란을 겪은 끝에 마침내 어머니를 보전하였다.
476) 「수호지」에 등장하는 인물의 이름으로 그의 별명이 '흑선풍'이다.

입에 담아 둔 상용어로 쓰는 것이니, 그들의 이른바 '관화'란 것이 곧 이것입니다." 라고 말하였다).

⑭ 同上, 關帝廟記: 廟中無賴遊子數千人 鬧熱如場屋 或習槍棒 或試拳脚 或像盲騎瞎馬爲戲 有坐讀「水滸傳」者 衆人環坐聽之 擺頭掀鼻 旁若無人 看其讀處則火燒瓦官寺◉(사당 속에는 노는 건달패 수천 명이 와자하게 떠들어 마치 무슨 놀이터 같다. 혹은 총과 곤봉을 연습하고, 혹은 주먹 놀음과 씨름을 시험하기도 하며, 혹은 소경말·애꾸말을 타는 장난들을 하고 있다. 또는 앉아서 「수호전」을 읽는 자가 있는데, 뭇 사람이 삥 둘러앉아서 듣고 있다. 그는 머리를 흔들며 코를 벌름거리는 꼴이 눈에 사람이 뜨이지 않는 듯하다. 그 읽는 데를 본즉 곧 '화소와관사[불로 와관사를 태우다]'의 대문이었다).

⑮ 『靑莊館全書』(李德懋 1741~1793), 卷 5, 嬰處雜稿, 1: 余嘗聞 明末流賊多冒「水滸傳」中强盜名字 是亦感激人心之一助哉 余嘗看「水滸傳」其寫人情物態處 文心巧妙 可爲小說之魁 合號綠林董狐 然士大夫一向沈湎 一本有 鍾伯敬評批者 伯敬之顚倒 乃如是耶 意者浮薄輩 借伯敬名字入梓 以重其書歟 又有金聖嘆者 恣意評讚 自言 天下之文章 無出「水滸」右者 善讀「水滸」其爲人綽綽有裕 又肆然罵孟子 爲未離戰國遊士之習云 雖不詳知聖嘆之爲何許人 而其狂妄鄙悖 從玆可知也 其爲言也 抑揚眩亂 才則才矣 可謂耐菴之丘明 法門之宋江矣 意者 耐菴以錦繡之才 有一塊寃憤 疊鬱於中 發此無實之言 敍其平生罵世之心歟 其心則悲且苦矣 其罪則擢髮難贖也 小說有三惑 架虛鑿空 談鬼說夢 作之者 一惑也 羽翼浮誕 鼓吹淺陋 評之者 二惑也 虛費膏笯 魯莽經典 看之者 三惑也 作之猶不可 何心以爲評 評之猶不可 又有續「國誌」者 續「水滸」者 鄙哉鄙哉 尤不足論也◉(내가 듣건대 명나라 말기에 유적들이 많이 「수호전」에 나오는 강도들의 이름을 도용했다고 하는데, 이것도 사람의 마음을 감동시키는 데 한 가지 도움이 된 것이라고 말하겠는가? 내 일찍이 「수호전」을 보니, 인정과 물태를 묘사한 데는 그 문사[文思]가 교묘하여 소설 중의 제일이라 할 수 있으며, 녹림⁴⁷⁷⁾ 중의 동호⁴⁷⁸⁾라고 이를 만하다. 그러나 사대부들도 끝내 거기에 현혹되었고, 또 어떤 본에는 종백경⁴⁷⁹⁾이 비평했다는 말까지 있는데, 백경의 제 정신을 잃음이 어찌 이 지경에까지 이르렀겠는가? 이는 부화를 좋아하는 무리들이 백경의 이름을 빌어 간행하여 그 글을 중시하도록 만든 것이 아닌가 생각한다. 또한 김성탄[1608~1661]이란 자가 나타나 제멋대로 찬평하기를, "천하의 문장이 「수호전」보다 앞설 것이 없으므로, 「수호전」만 잘 읽고 나면 사람이 여유롭게 될 것이다."고 떠들어 댔고, 또 방자하게, "맹자는 전국 시대에 유람하던 선비의 습관에서 벗어나지 못했다." 비록 성탄이 어떤 위인인지 자세히 알지는 못하지만, 망령되고 비루하고 어긋난 자임은 이것으로써 짐작할 수 있으며, 그 말함이 억양이 교묘하여 사람의 마음을 잘 현혹시켰으니 재주꾼은 재주꾼이다. 과연 시내암⁴⁸⁰⁾의 좌구명⁴⁸¹⁾이며 법문의 송강⁴⁸²⁾이라 이를 만하다.⁴⁸³⁾ 생각건대 시내암이 비단 같은 재주로

---

477) '녹림'은 중국 호북성에 있는 산 이름인데 전한 말엽 王莽 때 叛徒들이 이 산에 들어가 도둑질하며 관군에게 대항했으므로 전하여 이 산 이름이 도적의 별칭이 되었다.
478) '동호'는 晉나라의 史官으로 直筆을 잘하였다.
479) '伯敬'은 명나라 학자 鍾惺의 字.
480) 「수호전」의 작자.
481) 공자가 지은 『春秋』의 傳을 지었는데, 이것을 『左氏春秋傳』 혹은 『左傳』이라 칭한다.
482) 「수호전」에 나오는 梁山泊의 도둑들의 총두령.
483) 김성탄이 맹자를 비방한 것은, 유교 법문에 대해서 마치 「수호전」의 양산백 도적 괴수 송강과 같다는 말이다.

한 덩이의 억울하고 분한 마음이 가슴 속에 겹겹이 쌓여 있어서, 그와 같이 실없는 말을 하여 한평생 세상을 저주하던 마음을 발산시킨 게 아닌가 여겨진다. 그의 마음은 슬프고도 괴로웠으리라 생각되지만, 그 죄는 머리털을 뽑아 세어도 속죄할 길이 없을 것이다. 소설의 세 가지 의혹됨이 있으니, 헛된 것을 내세우고 빈 것을 천착하며 귀신과 꿈을 이야기하여 이를 지은 것이 그 첫째 의혹이고, 허황한 것을 부추기고 더러운 것을 고취시켜 이를 평한 것이 그 둘째 의혹이며, 노력과 시간을 허비하고 경전을 거칠고 묵어지게 하며 그것[소설]을 보는 것이 셋째 의혹이다. 그것을 지은 것도 오히려 불가한데 평을 붙인 것은 무슨 마음에서며, 평하는 것도 불가한데 또한 「[삼]국지」 또는 「수호[전]」의 속편을 짓는 자까지 있으니, 천하고 천하도다. 그 비루함은 더욱 논할 나위가 없다).

⑯ 『而已广集』(張混 1759~1828), 13, 雜著, '讀水滸傳': 余素不喜稗官傳奇 行年五十七 閱「三國志」數過外 他未嘗窺 乙亥居憂疾多作 兒子輩 請進「水滸傳」余初目也 試從圖像 讀至半部 竊疑年少後生 酷酖是書 讚莫舌捫 愛不手釋 誠未曉其所好何在 其用事 不過善辯者 牽綴踌駁 而無統緖 其作法 專以詼諧口氣 換頭改尾 都沿一套 非是書文章之奇 奇於他書 只緣聖嘆氏 才固奇矣 舞奇才而衒奇瓌之筆 使此文乃稱奇而又奇 豈本有光怪萬變 出神入鬼者 而輒曰 駕馬遷軼昌黎邪 無或與厭南薰 而求穣蕺者類 相近邪◉(내가 평소에 패관 전기서들을 좋아하지 않았다. 나이 57세 되도록 「삼국지」를 여러 번 본 것 외에는 그 밖에 아직껏 본 것이 없다. 을해년[1815]에 내가 병이 많아 우리 집 아이로 하여금 「수호전」을 구해 오도록 청했다. 처음에는 대충 그림을 따라 넘겨보다가 반쯤 이르렀다. 속으로 의심하여 젊은이들이 이 책에 몹시 빠져 날마다 입에 달고 지내며 좋아하여 손에서 놓지 않는 것이 참으로 왜 그런지 까닭을 알 수 없었다. 그 용사는 말을 잘하는 것에 불과하며, 이리저리 꿰매고 얽어 도무지 줄거리와 실마리가 없고, 그 작법은 오로지 우스꽝스러운 말장난뿐이어서, 머리 부분을 바꾸거나 꼬리 부분을 고친 데 불과하여 모두 상투적인 식을 따른 것으로, 이 책의 문장의 기이함이 다른 책보다 기이하다고 할 수는 없었다. 다만 김성탄[1608~1661]의 재주는 참으로 기이하다고 할 수 있으니, 뛰어난 재주를 멋대로 구사하고 기이한 글솜씨를 자랑하여 이 글로 하여금 기이하고도 기이하다는 말을 듣게 하였으니 [「수호전」 가운데] 어찌 본래 괴이한 빛을 발하고 만가지로 변화하며 귀신의 경지에 드나듦이 있었겠는가? 그런데도 문득 말하기를, 사마천[司馬遷 B.C.135~87]을 능가하고 한창려[韓愈 768~824]를 앞지른다고 하는가? 이는 아마도 향초가 싫증나서 겨를 구하는 것과 비슷한 것인가?).

⑰ 『藫庭叢書』(金鑢 1766~1821), 28, '鳳城文餘, 諺稗'(李鈺 1760~1813): 夫作稗史者 巧覗正史之有疑案處 便把作話柄 李師師之游幸 則「忠義水滸傳」有宋江 夜謁娼樓之語 楡木川之卒崩 則「女仙外史」有賽兒 授劒鬼母之說 千載之下 紫撣耳目者 罪固大矣 曷若以詭說詭自歸 姑妄言之科 而只博人一粲者乎 然而雕以柞板 搨之楮素 則二木亦冤矣◉(무릇 패사는 짓는 자가 정사의 의안처를 교묘하게 엿보아 이를 가지고 이야기 자루를 만들어 낸다. 이사사[484]가 임금의 출유를 맞은 사실은 곧 「충의수호전」의 송강이 밤에 창루에서 배알한 이야기가 된

---

484) 중국 송나라 汴城의 명기. 재색을 두루 갖춰 당대의 문사인 秦觀·周邦彦 등과 어울렸으며, 徽宗 또한 그의 집을 몰래 방문하여 뒤에는 후비로 책봉되기도 하였다. 靖康의 변이 일어났을 때 폐비가 되어 庶人으로 강등, 호수와 湘水 사이에 流落하였다. 때문에 그를 소재로 한 잡록류의 작품이 많이 남아 있다.

것이고, 유목천485)에서 갑자기 죽은 일은 곧 「여선외사」에 새아가 귀모 천존에게 칼을 준 이야기로 된 것이다. 천재지하에 이목을 괴롭히는 음란한 소리를 하는 자는 그 죄가 실로 큰 것이다. 어찌 저 거짓말로써 거짓말을 불려 스스로를 짐짓 망언하는 부류로 만들어 다만 남의 한번 웃음을 더하는 것과 같단 말인가? 그러나 떡갈나무 판에 새기고 닥나무로 만든 흰 종이에 찍으니, 두 나무 또한 원통한 일이다).

⑱ 『金陵集』(南公轍 1760~1840), 14, 「崔七七傳」: 李佃言 七七好讀「西廂記」·「水滸傳」諸書 爲詩 亦奇古可諷 而秘不出云◯(이전이 말하기를 최칠칠[崔北]은 「서상기」와 「수호전」 등의 책 읽기를 좋아하여 시 역시 기고하고 모범이 될 만했으나 숨기고 드러내지 않았다고 한다).

⑲ 『秋齋集』(趙秀三 1762~1849), '與蓮卿': 序記題跋書牘純用稗官語 無經史氣味 …… 故每於記事處引斷「水滸」句讀 論議處循襲「西廂」評語 時遇窘迫苟且處 忽以遙遙葱嶺 遮翳人目 誠極可笑也 古文旣非傳奇 則豈聖歎卓吾之可爲者哉◯(서·기·제·발·서·독은 순전히 패관어를 사용하여 경전이나 사서의 기미가 없으며 …… 그러므로 일을 적은 곳에서는 「수호지」의 구절들 끌어 논단하고 「서상기」의 평어를 따라 쓰고 있다. 때때로 군색하고 구차한 곳에서는 문득 층층의 산봉우리로 사람의 눈을 막는 것 같으니 진실로 가소롭다. 고문은 전기가 아니니 어찌 김성탄[1608~1661]이나 이탁오가 할 수 있는 것이겠는가?).

⑳ 『中國歷史繪模本』(完山[映嬪]李氏, 1762), no. 58: 「水滸志」.

㉑ 『桐漁遺集』(李相璜 1763~1841), 詰稗: 稗者曰「西廂」國風而似者也「水滸」遷史而似者也 眞詮治心之要書也 詰曰 國風之冲融動盪 曷嘗如「西廂」之靡聲淫調 弱不自持乎 遷史之勁健活動 曷嘗如「水滸」之(繁)音亂節 沾沾爲媚俗之資乎 孔朱治心之書 亦未見動引不 經曰 金毋木 公如眞詮者之爲也 設如人言 使其眞能似國風遷史也 眞能似孔朱治心之書也 何今人之不求其眞 而惟似者之是耽是讀也 適見其惑也 稗子曰 孔子曰 不有博奕者乎 惟賢乎已 學生少者於硏文之暇 姑取稗官小品而讀之 以永今日 不有愈於博奕者乎 是不可禁也◯(패자는 말하기를, "「서상기」는 『시경』의 '국풍'과 비슷한 것이고, 또 「수호지」는 사마천[B.C. 145~86]의 사기와 비슷한 것이니, 참된 깨달음을 얻고 마음을 다스리는데 중요한 책이다."라고 하였다. 이를 힐난하여 이르기를, "'국풍'의 조화롭고 풍부함이 어찌 「서상기」가 아름다운 소리와 음란한 곡조로 스스로 지키지도 못하는 것과 같으며, 사마천의 『사기』의 굳게 활동함이 어찌 「수호지」의 번다한 말들과 어지러운 구절들로 경박하게 속인들의 기미를 맞추는 대상으로 삼는 것과 같단 말이냐? 공자와 주자의 마음을 다스리기 위한 책은 역시 아직 보지 못하였다. 경에 말하기를 '金毋木'이라 했다. 가령 사람들의 말과 같다면, 진짜로 하여금 '국풍'이나 『사기』와 같게 할 수 있고, 진짜로 하여금 공자나 주자의 마음을 다스리는 책과 같게 할 수 있을 것이다. 어찌하여 오늘날의 사람들은 그 진짜는 구하지 않고 오직 비슷한 것을 구해 탐독하는지 알 수 없다."고 했다. 패자가 말하기를, "공자가 말하기를 바둑 두는 것이 노는 것보다 오히려 현명하다고 하시잖았는가? 젊은이들이 공부하는 틈틈이 패관 소품을 취해 읽으며 날을 보낸다면 바둑 두는 것보다 낫지 않은가? 이는 금할 수 없는 것이다."라고 하였다).

㉒ 『弘齋全書』(正祖 [在位 1776~1800]), V, '日得錄', 163: 近日嗜雜書者 以「水滸傳」似『史記』「西廂記」似『毛詩』此甚可笑 如取其似而愛之 何不直讀『史記』·『毛詩』◯근일에 잡서를 좋아하는 자들은 「수호전」을 『사기』처럼 여기고, 「서상기」를 『모시』486)처럼 여기니 이는 심히 가소로

---

485) 명나라 成祖가 죽은 곳. 현 중국의 察哈爾省 多倫縣 所在.

운 일이다. 어찌 곧바로 『사기』와 『모시』를 읽지 않는단 말인가?).
㉓ 『朝鮮王朝實錄』, 45, 正祖 9年[1785] 2月 29日(己酉): 書中凶言 一則曰替天行道 一則曰 除殘去惡 替天行道四字 卽「水滸志」宋江之言也◉(그 편지 가운데 흉악한 말이 있었는데, 그 하나는, '하늘을 대신하여 도를 행한다.'는 것이었고, 하나는, '잔악한 것들을 없앤다.'는 것이었는데, '하늘을 대신하여 도를 행한다.'는 말마디는 바로 「수호지」에 나오는 송강의 말이다.)
㉔ 『五洲衍文長箋散稿』(李圭景 1788~?), 7, '小說辨證說': 有稗海者 取古今稗官小說 函入其中 滙以爲書矣 因樹屋書影云『續文獻通攷』以『琵琶記』·「水滸傳」列之經籍誌中 雖稗官小說 古人不廢 然羅列不倫 何以垂遠 乃格言也 謝肇淛『五雜俎』小說野俚諸書 稗官所不載者 雖極幻妄無當然 亦有至理存焉 如「水滸傳」無論已 錢塘田汝成『委巷叢談』錢塘羅貫中本者 南宋嘗人 編撰小說 數十種 而「水滸傳」敍宋江等事 姦盜脫騙 機巧甚詳 然變詐百端 壞人心術 其子孫三代皆啞 天道好還之報 如此 周亮工書影「水滸傳」相傳爲洪武初 越人羅貫中作 又傳爲元人施耐菴作 金坯窩相肅云 施耐菴名旭 田叔禾『西湖游覽誌』又云 此書出宋人筆 近金聖歎 自七十回之後 斷爲羅所續 因極口詆羅 復僞爲施序於前 此書遂爲施有矣 予謂世安有爲 此書書人 當豈敢露其姓名者 闕疑可也 定爲耐菴作 不知何據 撰「水滸傳」者 袁中郎宏道 聽朱生說「水滸傳」詩曰 小年工諧謔 頗溺滑稽傳 後來讀「水滸」文字益奇變 六經非至文 馬遷失組練 一雨扶西風 聽君酣舌戰 「虞初新志」曹禾著 顧玉川傳 張潮山來 評曰 余讀「水滸傳」竊慕神行太保戴宗之術 云云 二人之心志 未可知也◉(『패해』란 책이 있는데 고금의 패관 소설을 취하여 '함'을 그 중에 넣고 모아서 책으로 만든 것이다. 수옥서영에 의거하여 말하겠다. 『속문헌통고』는 「비파기」487)나 「수호지」 같은 소설들도 경적지 중에 함께 열거해 비록 패관 소설이라도 옛 사람은 폐하지 않았다. 그러나 '나열조차 도리가 아니거든 어찌 후대에까지 드리울까?'라는 건 격언이다. [사조제의 『오잡조』] 소설 야언의 여러 책들과 패관이 싣지 않은 것들은 비록 극도로 환망스럽고 당연하지 않은 것이라도 역시 지극한 이치가 들어 있다. 예컨대 「수호전」은 말할 나위도 없고 전당의 전여성이 쓴 『위항총담』 같은 것들이다. 전당의 나관중[1330~1400]은 본래 남송 때 사람으로 편찬한 소설이 수십 종이나 된다. 「수호전」은 송강 등의 일을 그린 것으로, 간사한 도둑들의 속이고 도망하는 기교가 매우 자세하다. 그러나 변하고 속임이 갖가지로 사람의 마음을 파괴하여 그 자손이 3대에 걸쳐 모두 벙어리가 되었다고 한다. 천도 잘 돌아가는 보답이 이와 같다. 주량공[1612~1672] 서영의 「수호전」에 의하면 이 작품은 전해 오기를 홍무 초에 월인 나관중에 지은 것이라 한다. 혹은 전하기를 원나라 때의 시내암의 작이라고도 한다. 배와 김상숙[1717~1792]이 이르기를, "시내암의 이름은 '욱'이라고 한다." 또 전숙화의 『서호유람지』에서는 또 말하기를, "이 책은 송나라 사람에게서 나왔다."고 했다. 근래에 김성탄은 70회 이후부터는 나관중이 잇대어 지은 것이라 단정하고 나관중을 심하게 욕했다. 게다가 시내암의 서문을 가짜로 만들어 앞에다 붙여, 이 책은 드디어 시내암이 지은 것이라 하게 되었다. 내가 말하기를, 세상에 어찌 이럴 수 있겠는가? 이 책을 쓴 사람이 당시에 감히 그 이름을 드러낼 수는 없었을 것이라는 의심은 옳은 것이다. 틀림없이 내암의 작이라 하니 무엇에 근거하여 「수호전」을 편찬했다는 것인지 알 수 없다. 중랑 원굉도[1568~1610]488)의 '주생이 「수호전」을 이야기하는 것을 듣는다'는 시에 이르기를, "소년이 해학에 능해

---

486) 『詩傳』을 漢나라 때 毛亨이 전했다고 해서 일컫는 말.
487) 원말 명초의 高明[高則誠]이 지은 南戲劇本.

꽤 골계전에 탐닉하더니. 후에 「수호전」을 읽고부터는 문자속이 더욱 기이하게 변하도다. 육경은 지극한 글이 아니며 사마천의 글로 조련함도 잃었다네. 한바탕 비가 서풍을 묻어오니 그대의 무르익은 말싸움에 귀 기울이네." 『우초속지』에 조화가 지은 고옥천전에 장조산 래가 평하여 말하기를, "내 「수호전」을 읽고 속으로 신행태보 대종의 술법을 사모하였다." 운운 했다. 두 사람의 마음을 알 수 없다).

㉕『智水拈筆』(洪翰周 1798~1868), '水滸傳': 世傳 作「水滸傳」者 三代爲啞 未知信然 然盖元末人 施耐菴所撰云 而北宋徽宗時 楊么·方臘等諸盜 作亂江淮間 又有梁山泊諸賊 張叔夜討平之 斬獲劇賊 宋江等 三十六人 卽其事之大槪 而演義爲「水滸志」然其意匠有可觀 非能文不能 爲此也 其所謂 及時雨·黑旋風等 一百八號 遂爲明末 闖賊之藉乎 如八金剛·老獪獪 名號 皆怪駭 又以是目之 東林君子 葉向高爲及時雨 李三才爲托塔天王 尤可駭也 大抵演義之書 是皆亂世之文妖也「列國志」·「三國志演義」未知誰作 而「西遊記」則邱長春所作「西廂記」則因元微之會眞記 演而爲之 是王實甫·關漢卿 兩人共作 元代詩文詞曲極盛 故亦有此等文字 皆當付之焚如者也☯(세상에 전하기를 「수호전」을 지은 사람은 3대에 걸쳐 벙어리가 되었다고 하는데 정말 그런지는 알 수 없으나 대개 원나라 말엽의 사람인 시내암이 찬한 것이라 한다. 북송 휘종 때 양요·방랍 등의 여러 도적이 양자강과 회수 사이에서 난을 일으키고, 또 양산박에 여러 도적이 있어, 장숙야가 토평하여 극악한 도적 송강 등 36인을 참획하였더니, 그 사건의 대개를 연의화하여 「수호전」을 만든 것이다. 그러나 「수호전」의 의장은 문장을 잘하지 않으면 이렇게 쓸 수 없다. 무릇 연의류의 책들은 모두 난세에 이루어진 요사스런 글들이다. 「열국지」와 「삼국지연의」는 누가 지은 것인지 모르나, 「서유기」는 구장춘[邱處機]이 지은 것이고, 「서상기」는 원미지[元稹]의 「회진기」를 꾸며 만든 것인데, 왕실보[a. 1250~a. 1336]489)와 관한경[a. 1220~a. 1300]이 함께 지은 것이다. 원나라 때에는 시문과 사곡이 극도로 성하였기 때문에 이런 문자가 있게 된 것이다. 모두 응당 태워 버려야 할 것들이다).

㉖『松泉筆談』(沈縡), 2: 稗官之書 自漢唐以來代有之 如「搜神記」等書 語多誕怪 而文頗雅馴 其他諸種間亦實史可以補史家之闕遺 備詞家之採綴者 至於「水滸傳」·「西遊記」之屬 雖用意 新巧 命辭瑰奇 別是一種文字 非上所稱諸書之例也 …… 愚按「西遊記」·「水滸傳」文章機軸 稗書中大家數也 先輩或者 跡於是書而成文章者云☯(패관 소설은 한·당 이래 대대로 있어 왔다. 예컨대 『수신기』 등은 말이 괴탄하나 문장은 자못 우아하다. 그 밖의 다른 여러 소설들 가운데도 실사가 있어 사가가 빠뜨린 것을 보충할 수 있고, 사장[詞章]을 모아 예비할 수도 있다. 「수호전」이나 「서유기」 등은 그 뜻이 새롭고 교묘하며 언어가 기이하니 새로운 문자로 위에서 말한 여러 책의 예와는 또 다르다. …… 「서유기」·「수호전」 등은 문장의 기축이요 패서 가운데 모두가 손꼽는 것이다. 선배 가운데 이름을 날린 사람은 이 책에서 문장을 이루었다고 한다).

㉗『松南雜識』(趙在三, 1801~1834), 桃卷, 稽古類, '水滸志':『莊嶽委譚』云 世傳「水滸志」元人武林耐菴施某 嘗入市肆 細閱古書 於敝褚[sic 楮]中 得張叔夜 擒賊招[sic 詔]語 一通備悉 其一百

---

488) 중국 명나라 때의 문인. '中郞'은 그의 마지막 벼슬 이름이자 그의 字이기도 하다. 당시 사람들이 그의 형 宗道 아우 中道와 함께 세 사람이 모두 才名이 있어 '三袁'이라 불렀다.
489) 중국 元나라의 희곡 작가. 본명은 王德信. 자세한 것은 알 수 없으나, 13세기 후반 雜劇이 융성하던 시기에 關漢卿·馬致遠 등과 함께 北京에서 활동했다.

八人所由起因 潤飾此編 其中用意 非倉卒可窺 古人謂有丘明太史之長 亦近之矣 許筠『四部藁』 以爲「水滸傳」著於一人之手 宜羅氏三世之啞也 則筠之博古有此謬認也☯「장악위담」에 말하기를, "세상에 유행하는 「수호전」은 원나라 무렵 사람 시내암이 일찍이 가게에 들어가서 폐지 더미에서 옛 서적을 꼼꼼히 살피다가 송나라 때 장숙야의 「금적조어」 한 통을 얻었는데, 108명이 일어난 까닭을 잘 갖추어 놓았으므로, 이것을 잘 꾸며 만든 것이다. 이 글 속에 담긴 뜻은 급하게 읽어서는 제대로 알 수 없다. 옛 사람들이 「수호전」은 좌구명과 사마천[B.C. 145~86]의 장점을 두루 갖추고 있다고 하였으니, 또한 사실에 가깝다고 하겠다. 허균이 「사부고」에서 「수호전」에 대해 '한 사람의 손으로 지어졌으니, 나씨[羅貫中]가 3대에 걸쳐 벙어리됨은 당연하다.'고 했다. 허균의 박고함으로도 이렇듯 잘못 알고 있었음은 무슨 까닭인가?).

㉘ 『夢遊野談』(李遇駿 1801~1867), 上, 夢遊者自序: 今世之人 於「疑禮問解」·「五經辨義」·「擊蒙要訣」等文 皆不耽看 必癖於「三國志」·「水滸傳」·「西廂記」·「九雲夢」諸篇 家藏櫃置 莫不嗜玩 是其所趨 從而其所好然也☯(지금 세상 사람들은 「의례문해」·「오경변의」·「격몽요결」 등을 모두 잘 보지 않고, 반드시 「삼국지」·「수호전」·「서상기」·「구운몽」 제편에 치우쳐 집안에 나뭇궤 속에 갈무리해 두고 애완하지 않음이 없으니, 이는 그 추세가 좋아하는 바에 따르기 때문에 그러한 것이다).

㉙ 同上, 下, '小說': 「水滸傳」 乃說宋江等一百八人 叛據梁山泊 上應天罡地煞之數 奪掠貪官不義之財 擾亂山東 橫行天下 朝廷不得禁 官軍不敢近 宛子城蓼兒洼便作一國國 是擧其一國而言也☯「수호전」은 송강 등 108명이 반란하여 양산박에 웅거한 이야기를 쓴 것이다. 그들은 천강과 지살의 운수를 타고나 탐관오리들의 불의의 재물을 빼앗고 산동 지방을 요란하게 하며 천하에 횡행하니 조정에서도 이를 금할 수 없었고 관군도 감히 접근하지 못하여, 완자성 요아왜[490]라 하는 곳이 곧 한 적국을 이루었다. 이는 그 한 곳을 나라로 들어 말한 것이다).

㉚ 『林下筆記』(李裕元 1814~1888), 권27, 春明逸史 3, '喜看稗說': 李屐翁晩秀 平生不知稗說爲何書 一日有人贈金聖歎所批「西廂記」·「水滸傳」兩種 公一覽大驚曰 不圖此書 能具文字之變幻也 由是大變文體 桐漁李公 平日手不釋者 卽稗說也 毋論某種 好閱新本 時帶譯院都相 象譯之赴燕者 爭相購納 積至屢千卷 鄭經山好書 而余四十年 未見案頭有聞書 諸公之趣味各殊也☯(극옹 이만수[1752~1820]는 평생 패설서가 어떤 책인지 모르더니 하루는 어떤 이가 김성탄[1608~1661]이 비평한 「서상기」·「수호전」 두 종을 주어 공이 한번 읽어본 후 크게 놀라 말하였다. "이 책은 문자의 변환을 꾀한 것은 아니지만 이로부터 문체가 크게 변할 것이다." 이로부터 문체가 크게 변하였다. 동어 이상황[1763~1841]은 평소에 손에서 소설류의 책들을 놓지 못하여 새 책이라면 종류를 가리지 않고 보기를 즐겨했다. 당시 역원 제조[491]를 따라 통역으로 연경에 갔던 자가 다투어 소설책을 구입해 들여 그 쌓인 것이 수천 권에 이르렀다. 정경산[鄭元容 1783~1873]도 책을 좋아했으나, 40여 년에 이르도록 소문으로 들었던 그런 책이 책상머리에 있음을 본 적이 없다. 이처럼 여러 사람들의 취미가 각기 다른 것이다).

㉛ 「六美堂記」, 李興敏, 序: 施耐菴「水滸傳」從黃昏籬落五更臥 被做出來 雲皐此卷得之於紫陌

---

490) 「수호지」에 배경인 梁山泊의 한가운데 있는 지명. 70회본 「수호지」 제10회 第十回 '朱貴水亭施號箭 林沖雪夜上梁山' 참조.
491) 각 司 또는 각 廳의 관제상의 우두머리가 아닌 사람이 그 관아의 일을 다스리게 하는 벼슬로서, 종1품 또는 2품의 品秩을 가진 사람이 되는 경우를 일컫는다.

紅塵紛葱滾忙之中 而自出機杼 遂成一種奇書 酒知古今人 不相及者 殆是誣世語也 是迂 李判書興敏◐(시내암의 「수호전」은 황혼이 울타리에 지고난 오경에 누워 지어졌으며, 운고[金在垓, 1808~1893]의 이 책[六美堂記]은 자맥492)의 띠끌 속에서 매우 바쁜 가운데에서 얻어진 것이다. 그러나 베틀에서 스스로 짜여 나온 듯 드디어 일종 기이한 글을 이루었으니, 이에 고인과 금인이 서로 미치지 못함이, 자못 이 세상을 뒤집어 풍자하는 말들임을 알겠다. 시우 이판서 흥민).

㉜ 「三韓拾遺」(洪觀植 1814), '竹溪先生香娘傳序': 昔左太冲作三都賦 門墻藩溷 皆寘筆札十稔而成 施耐庵[奄]作「水滸傳」短籬風雨 彷徨構思 經年乃就 二者俱卓犖不羣之才 作一子虛一傳奇 費精極慮 如此之苦 含毫啜墨 如此之久 僅乃脫藁 文豈易言哉◐(옛날에 좌태충[左思]493)의 「삼도부」의 문장번혼 속에서 모두 붓을 댄 지 10년에야 이루어진 것이고, 시내암의 「수호전」는 단리풍우 중에 이리저리 생각을 엮은 지 여러 해 만에야 이루어진 것이다. 이 둘은 모두 매우 빼어나고 예사롭지 않은 재주였다. 원자허는 한 전기를 지을 때 정력을 소비하고 생각을 다하는 고심 끝에 붓끝을 머금고 먹물을 빨며 오랜 세월을 보내고서야 겨우 탈고하였으니, 글을 어찌 쉽게 말하겠는가?)

㉝「廣寒樓記」[1845?](水山), 小广主人 後鈙: 余笑而應曰 古今之人 孰不著書 若「三國誌」・「水滸傳」並行於一世 而各有長短 有後人取捨之如何耳 豈耐菴之爭 切於陳壽世哉 …… 端陽之翌日 小广主人 題于石榴花下◐(내가 웃으면서 대답했다. "어찌 그런 일이 있겠는가? 옛 사람이나 요즘 사람이나 누가 책을 짓지 않았겠는가? 만약 「삼국지」와 「수호전」 같은 것들이 한 시대에 병행하였으나 제각기 장단점이 있는 것은 후세 사람이 취하고 버림이 어떠한가에 달려 있을 따름이다. 어찌 시내암이 진수[233~297]494)와 공을 다투었겠는가? …… 단오 이튿날 소엄주인이 석류화 아래에서 쓰다).

㉞ 同上, 雲林樵客 小引: 余家雲林 自號樵客 每見花開葉落 以知春到秋來 枕石漱流 敢曰高蹈 盟鷗友鹿 聊寓閑情 四時岩屋 或値董仲舒三餘 一區硯田 所得白香山六帖 經史子集 前人之述頗詳 仙佛卜醫 後世之惑 滋甚至 夫於「水滸」・「三國」・「西遊」・「西廂」 已被狗盜狐白 亦多鐵成金黃◐(나는 집이 운림495)에 있어 '초객'을 호로 삼았다. 언제나 꽃이 피고 잎이 지는 것을 보면서 봄이 오고 가을이 오는 것을 알았으며, 돌을 베개로 삼고 흐르는 물에 양치질을 하면서 감히 은거한다고 말했다. 갈매기와 짝하고 사슴을 벗하면서 한가로운 마음으로 사시 사철 암자에서 기거하니, 동중서[179~104 B.C.]의 세 가지 여가496)와 맞먹는 경우도 있었고, 벼루를 통해 여섯 폭 짜리 백향산 그림을 얻는 경우도 있었다. 경・사・자・집에는 선인들이 전술한 것이 매우 자세하게 들어 있는데도, 후인들은 도교・불교・점복・의학 관련 서적에 심히 현혹되었다. 그러나 저 「수호전」・「삼국지」・「서유기」・「서상기」에 이르러서는, 이미 천한 기예의 영향을 받았으면서도 쇠가 황금으로 변한 것497)과 같은 곳 또한 많았다).

---

492) 도성의 큰길.
493) 左思는 중국 진나라 때 시인. 그의 字가 '太冲'이다. 그는 박학 능문하여 「三都賦」를 지어 文名이 일시에 천하에 울렸는데, 당시 사람들이 다투어 相傳하여 洛陽의 紙價를 올렸다고 한다.
494) 安漢人으로 西晉의 역사가. 史筆이 뛰어났고, 「삼국지」를 저술하였다.
495) 구름 낀 숲.
496) 동중서는 중국 漢나라 武帝에게 건의하여 유교를 국교로 정한 학자. 세 가지 여가는 겨울・밤・흐리고 비 오는 때를 가리키는데[冬・夜・雨], 이 때가 바로 학문을 하기에 가장 좋다는 것이다.

㉟ 「漢唐遺事」[1835?](朴泰錫): 自有書契以來 稗說之家多矣 如「三國」·「列國」·「東·西漢演義」·「西廂」·「西遊」·「水滸」等書 或附會事跡 或述記寓言 使覽之者欣然忘食 聞之者怡然解頤 於斯時也 擧天下之物 似不足以喩其樂也 此等書例多荒誕 醇儒莊士之所不道 況其下此者乎◐(글자[書契]가 생긴 이래로 패설가들이 많으니, 「삼국지연의」·「열국지」·「동·서한연의」·「서상기」·「서유기」·「수호전」 등의 책과 같은 것이다. 혹은 사적을 부회하고, 혹은 우언을 써서 보는 사람으로 하여금 재미있어서 먹는 것을 잊게 하고, 듣는 사람으로 하여금 즐거워서 웃음이 나오게 한다. 이럴 때에는 천하의 물건을 들어도 그 즐거움을 비유하기에 부족하다. 이런 책들은 매우 터무니없는 것이고, 순수한 선비라면 입에 올릴 바가 못되는데, 하물며 이보다 못한 책들이야 말해 무엇하겠는가?).

㊱ 「玉仙夢」: 由此觀之 稗官之功 亦可微哉 何以明其然也 陳壽作志而忠臣忘軀 「水滸」成傳而義士奮身 「西遊」之記出而怪鬼戢其妖術 「甁梅」之書作而悍婦懲其妬心 演楚漢之義而英雄知曆數之有歸 倡「剪燈」之話而蕩子知風流之有節◐(이로써 보건대, 패관 소설의 공이 역시 작다고 할 수 있는가? 어떻게 그것을 밝힐 수 있겠는가? 진수가 『삼국지』를 지어 충신이 제 몸을 아끼지 않게 되었고, 「수호전」이 만들져 의사가 제 몸을 일으키게 되었으며, 「서유기」가 나와서 괴귀가 요술을 그만두게 되었고, 「금병매」가 지어져 사나운 여자가 질투심을 고치게 되었으며, 초한 때의 의리가 소설로 만들어져 영웅은 운수의 돌아감을 알게 되었고, 『전등신화』의 이야기에 이끌리어 탕아가 풍류에도 절도가 있음을 알게 되었다)

㊲ 「壬辰錄」(韓國精神文化硏究院 所藏), 序: 竹史主人 頗好集史 「水滸」·「漢演」·「三國志」·「西廂記」 無不味翫 而以至諺冊中 有可觀文則 雖閨門之秘 而不借者 因緣貫來 然會一通 然後以爲快心 肇錫竹下之史 號因其宜矣◐(죽사주인이 집사를 꽤 좋아하여 「수호」·「서한연의」·「삼국지」·「서상기」 등 완상하지 않은 것이 없었는데, 언문책 중 볼 만한 글이 있으면 비록 규방의 비밀이어서 빌려 오지 못한 것은 인연에 따라 세를 내어 한번 통람한 후에야 쾌심으로 여겼으니, 조석의 죽하지사라는 호는 그 마땅함을 얻었도다).

【增】

1) 『星湖僿說』(李瀷 1681~1763), 18, 經史門, 「張順」: 「水滸傳」中 如宋江·關勝等 固史傳所載 而勝斷非從江爲賊者也 勝濟南驍將也 金將撻懶攻濟南 勝屢出城拒戰 劉豫殺勝出降 乃宋之忠烈也 如張順歸身事尤可笑 按宋鑑 度宗咸淳八年 京湖使統制張順·張貴 率師救襄陽 漢水方生 夜乘順流發舡 貴先登 順殿之 轉戰百二十里 元兵皆披靡 達襄陽城 及收軍 獨失順 越數日 有浮屍 溯流而上 被甲冑 執弓矢 直抵浮梁 視之則順也 身中四槍六箭 怒氣勃勃如生 諸軍驚以爲神 張貴又戰死 遂立雙廟 祀之 此分明是 「水滸傳」中 所謂張順事 世之相後 亦許多 而却以此 傳會爲說 使忠烈遺魂 得冠盜之汚名 是何忍哉 凡觀古人 殺身成仁 莫不扼腕而隕淚者 人情也 今不惟不之尊尙 誣之以從賊而不卹 其所存可知 如施某[施耐菴]者 其亦幸而不値於水湖之際 不爲其謀主矣 苟使然矣 山東之亂 豈止於江而已哉◐(「수호전」 가운데 송강·관승 등과 같은 자는 원래 역사책에 기재된 바이나, 관승은 단연코 송강을 따라 도적이 될 사람이 아니다. 관승은 제남의 날랜 장수인데, 금나라 장수 달라가 제남을 공격할 때에 여러

---

497) 원문의 '鐵成金黃'을 번역한 것으로, '點鐵成金'과 같은 말. '점철성금'은 古人의 진부한 시구를 가지고서 발전적인 새로운 뜻을 지어내는 것, 즉 기존의 것을 바탕으로 하여 더욱 나은 수준으로 나아간 것을 일컫는 말.

번 성을 나가 막아 싸웠는데, 유예가 승을 죽이고 항복하였으니, 승은 송나라의 충신 열사다. [「수호전」에] 장순이 도적에게 귀순하였다는 것은 더욱 가소롭다. 송감에 상고하면, "도종 함순 8년[1272]에 경호사 통제 장순·장귀가 군사를 거느리고 양양을 구원할 때, 한수가 한창 불어나자 밤에 그 물길을 타서 배를 띄웠다. [배가 고두 항구에 이르러498)] 장귀가 앞서 상륙하고 장순이 뒤를 맡아 전전하며 1백 20리를 나가니, 원나라 군사가 모두 위력에 눌리어 굴복했다. 양양성에 이르러 군사를 수습해 보니, 유독 장순만이 보이지 않았다. 며칠 후에 갑옷차림의 궁시를 쥔 시체가 물 위에 떠서 곧바로 부량에 와 닿았다. 살펴 보니 바로 장순이었다. 몸에는 네 군데의 창과 여섯 군데의 화살을 맞았는테 얼굴에는 노기가 잔뜩 서려 있어 마치 산 사람 같았다. 여러 군사들이 보고 놀라며 신이라 하 였다. 얼마 후 장귀도 전사하니 두 사람의 사당을 세워 그들을 제사했다."고 하였다. 이는 분명히 「수호전」 가운데 이른 장순의 일이다. 세상에서 서로 뒤를 이어 이 일을 본든 것이 많은데 도리어 이 사실을 부회하여 얘기를 만들어 충신 열사의 유혼에게 도둑의 오명을 썩웠으니 어찌 이리도 잔인한가? 무릇 고인이 살신성인한 일을 볼 때 분격하여 팔을 걷어 부치고 눈물을 흘리지 않을 수 없는 것이 인정이다. 그런데 이제 그만한 사람을 존상하지 않을 뿐 아니라, 도리어 적도를 따른 것으로 꾸며서 돌보지 아니하니 그 의도를 알 만하다. 시아무개 같은 자도 「수호전」이 전개되던 때와 같은 어지러운 시대를 만나 도둑의 모주499)가 되지 않은 것이 다행이다. 이 사람이 그런 시대를 만났던들 산동의 난리500)가 어찌 송강이 어지럽힌 그런 정도에서 끝나고 말았겠는가?).

2) 『雨念齋詩鈔』(李鳳煥 1713~1777), 10, 箚記: 「金瓶梅」淫書 「西遊記」妖書 「水湖志」盜書 但其 文章極奇 非世間浮泛詩文之比●(「금병매」는 음란스런 책이고, 「서유기」는 요망한 책이며, 「수호지」는 도둑의 책이다. 다만 그 문장은 매우 기이하여 세간의 물 위에 뜬 것 같은 시문과는 비교할 바 아니다).

3) 『字學歲月』[1744](尹德熙 1685~1766): 「水滸志」

4) 『私集』(尹德熙 1685~1766), 4, 「小說經覽者」(1762): 「忠義水滸志」.

5) 『孝田散稿』(沈魯崇 1762~1837), 山海筆戲(辛酉錄): 若所謂牌者 千古所無 皇明萬曆間士大夫 標號 如傳奇家「水滸傳」百八之目 皆憸薄無行者所爲 猶無言牌者 今之言 未知誰所爲者 而豈 人力也哉 膠固旣牢 播聞亦廣 乃至千里海裔之遠 一箇僮御之賤 固不辨其爲何事何物 尙聞 而言 謂其術相殺 或疑其碁牌·骨牌 至謂死孰多少 其言雖甚無知 若可以深中理竅 所謂謂之 不祥也 宜者非耶 聞此 旣笑之 又切歎之 錄而爲後觀 送示泰詹 可以重發千里一笑也●(저 이른바 '패'라는 것은 천고에 없던 바이니, 명나라 만력 연간에 사대부들이 마치 소설 「수호전」의 108인의 명목처럼 기치를 내걸었으니, 다 천박하여 행실 없는 자들의 짓거리였음에도 그 안에조차 패라는 말은 없었다. 지금 이 말은 누가 만든 말인지 모르겠으나 어찌 인력으로 막을 수 있으리오? 잘못이 고착된 것이 이미 견고하고, 말이 퍼진 것도 넓어 천리 바다 끝까지 이르러 일개 미천한 심부름하는 아이까지 그것이 무슨 일을 가리키는지도 모르고 듣고 얘기하기를 '그 기술이 서로 죽이기'라 하고, 어떤 이는 그것이 바둑 용어인지 골패 용어인지 의심하다가 심지어 '누가 더 많이 죽였느냐?'고 한다. 그 말이 비록 심히 무지하나 깊이 이치에 적중된 듯하니 소위

---

498) 『宋史』, 「張順傳」에 의한 보충이다.
499) 일을 주장하여 꾀하는 사람.
500) 「수호전」의 주인공들이 국가의 반기를 든 본거지가 산동성 양산박이다.

상서롭지 못하다고 말하는 것이 옳으냐! 이것을 듣고 처음엔 웃었다가 다시 간절히 탄식한다. 기록하여 훗날의 볼거리로 삼고, 태첨에게 써 보내니, 거듭 천 리 먼 곳에서 한번 웃음을 터뜨릴 만하지 않은지?).

6) 『欽英』(兪晩柱 1755~1788), 1, 1776. 12. 30: 蓋嘗就四大奇而斷之「三國」戰爭之奇也 故其書長於機辯「水滸」衰亂之奇也 故其書長於氣義「西廂」幽艶之奇也 故其書長於情懷「第一」[金瓶梅] 炎凉之奇也 故其書長於入情物態◐(일찍이 사대 기서에 대해 논단한 적이 있다. 「삼국지연의」는 전쟁의 기괴한 사건을 다루었으므로 그 책은 임기응변에 뛰어나다. 「수호지」는 난리 가운데 기이한 사건을 다루었으므로 그 책은 의기가 뛰어나다. 「서상기」는 염정의 기이한 사건을 다루었으므로 그 책은 정회에 뛰어나다. '제1 기서'는 인정의 변화 가운데 기이한 것을 다루었으므로 그 책은 인정 물태에 뛰어나다).

7) 同上, 1, 1777. 3. 16: 第一書畢閱 (「제1기서」[「水滸誌」] 읽기를 마쳤다).

8) 同上, 5, 1778. 5. 1: 東侘見 杏滸畵燈 四種小說 參祖廟朔享 …… 萬曆之士 曰「水滸」原本稱古杭 羅貫中撰 又有歸之施耐菴者 或施・羅合筆 如王翼[sic 實]甫・關漢卿之「西廂」是也 元人以塡詞小說爲事 當時風氣如此云◐(동타가 행・호・화・등의 4종의 소설을 보았다. 조상 사당의 초하루 제사에 참배했다. 만력 연간의 선비가 말하기를, "「수호전」 원본은 옛날 항주의 나관중[1330~1400]이 찬한 것이라고 일컬어지는데, 또 시내암의 저작이라고도 하고, 혹 시내암과 나관중이 함께 쓴 것이라고도 한다. 마치 「서상기」를 왕실보[a. 1250~a. 1336][501]와 관한경[a. 1220~a. 1300]이 함께 썼다고 하는 것과 같다. 원나라 사람들은 전사(희곡)와 소설로 일삼았으니 당시의 분위기가 이 같았다고 한다).

9) 同上, 7, 1779. 6. 10:「水滸傳」相傳爲洪武初 越人羅貫中作 又傳爲元人施耐菴作 近金聖嘆 自七十回之後 斷爲羅所續 因極口詆羅 復僞爲施序於前 此書遂爲施有矣 或謂安有爲此等書 人當時敢露其姓名者 闕疑可也 定爲耐菴作 不知何據◐(「수호전」은 홍무[1368~1398] 초・월 지방의 사람 나관중[1330~1400]이 지었다고 전해지며, 또 원나라 사람 시내암이 지었다고 전해지기도 한다. 근래에 김성탄[1608~1661]은 70회 이후는 나관중이 이어 지었다고 단정하면서, 나관중을 심하게 비난했다. 게다가 앞에다 시내암의 서문을 위조하여 지어 놓았기에 마침내 이 책은 시내암이 지은 바가 된 것이다. 어떤 사람은 말하기를 이런 책을 지은 사람이 당시에 그 성명을 감히 드러내놓을 자가 있었겠느냐고 하면서 의심스러우니 빼놓는 것이 좋겠다고 하고, 시내암 작이라고 단정함은 무엇을 근거로 함인지 모르겠다고 한다).

10) 同上, 8, 1779. 11. 12:「水滸」斷辭極神 凡文字至險難寫處 [聖]嘆乃能容易展拓之 讀之可以悟 文章家活法◐(「수호전」의 평비한 말은 매우 신이하다. 문장이 매우 험하여 묘사하기 어려운 대목을 김성탄이 쉽게 펼쳐 놓았으니, 읽으면 문장가가 문장을 생기 발랄하게 하는 법을 깨달을 수 있을 것이다).

11) 同上, 8, 1779. 12. 17:「西遊記」一部是定性書「水滸傳」一部是定情書 勘得分曉◐(「서유기」는 성을 안정시키는 책이고, 「수호전」은 정을 안정시키는 책임을 분명히 깨달을 수 있다).

12) 同上, 10, 1780. 10. 9: 訖「忠義全傳」之閱 四大奇書中快爽無如此書 盖一涉忠義佑之護之 一涉奸貪則罝之殺之 把滿眼不平事 平作歡喜作用 此乃衰末之實錄 而熱血人之心訣也 板

---

501) 중국 元나라의 희곡 작가. 본명은 王德信. 자세한 것은 알 수 없으나, 13세기 후반 雜劇이 융성하던 시기에 關漢卿・馬致遠 등과 함께 北京에서 활동했다.

藏芥子園◉(「충의전전」 보기를 마쳤다. 4대 기서 중 상쾌하기가 이 같은 책은 없다. 대체로 한번 충의인을 만나게 되면 돕고 보호하며, 한번 간사하고 탐욕한 자를 만나면 꾸짖고 죽인다. 온 눈에 그득히 불평한 일을 가지고 재미난 일을 만들었다. 이것은 쇠망해 가는 말기의 실록이며 열혈인의 심결이다. 판은 개자원의 것이다).

13) 同上, 10, 1780. 11. 27: 明張元長嘗語牧齋曰 莊蘇以後書之可讀可傳者 羅貫中「水滸傳」湯若士「牡丹亭」也 若士遺牧齋書云 讀張元長 先世事畧 天下有眞文章 兩皆季世之奇論也.◉(명나라 장원장[張大復]502)이 일찍이 목재[錢謙益 1582~1664]503)에게 이르기를, "장[莊子]·소 이후에 가히 읽을 만한 것은 나관중[1330~1400]의 「수호전」과 탕약사[湯顯祖 1550~1616]504)의 「모란정」이다."라고 했다. 탕약사가 목재에게 글을 써 이르기를, "장원장의 글을 읽으니 선세의 일이 간략하나 천하의 참 문장이더라."라고 했다. 둘 다 모두 말세의 기이한 논평이다).

14) 同上, 12, 1781. 12. 22: 余知東原是極妙理底人 盖識得後世文章之無以傳後 故通演「三國」·「水滸」二大奇書◉(나는 동원[羅貫中]이 매우 묘리가 있는 사람임을 알았다. 후세에 문장이 전해질 것이 없음을 알고 「삼국지」와 「수호지」 2대 기서를 연의한 것이다).

15) 同上, 12, 1781. 12. 25: 曾見『西湖志餘』云 南宋羅本錢塘人 編小說數十種 而「水滸傳」敍宋江等事 姦盜脫騙器械甚詳 然變詐百端壞人心術 其子孫三代皆啞 天道好還之報如此◉(일찍이 『서호지여』505)를 보았는데 거기에 이르기를, 남송 때 나관중은 본래 전당 사람인데 소설 수십 종을 편찬하였다. 「수호전」은 송강 등의 일을 서술하였는데, 간악한 도적이 거짓으로 속이고 교활한 음모를 꾸미는 일이 매우 자세하다고 하였다. 그러나 교묘하게 속임이 갖가지로 사람의 마음을 허물어뜨리니 그 자손 3대가 모두 벙어리가 되었다고 한다).

16) 同上, 16, 1783. 8. 14: 得購「水滸」佳本 當題以欽英外記 用攝入之法 用行掠之法 其各坼別進私饋密封兼幷潛運 皆在可用之科◉(좋은 「수호전」본을 사면 마땅히 '흠영외기'라고 적어 놓아야겠다. 검속하는 방법이나 노략질하는 방법에 있어서 그 각탁·별진·사궤·밀봉·겸병·잠운506)이 모두 쓸 만한 방법이다).

17) 同上, 16, 1783. 11. 2:「水滸」寫大儒·豪傑·名士·烈士·名將·孝子·義僕·奸雄·謀士·勇士·眞人·道士·名醫·釋子·老人·少兒·書生·平民·胥役·士卒·工匠·水戶·漁人·獵戶·店兒·屠兒·光棍·昏君·奸臣·贓官·汚吏·淫女·姦夫·倫兒·強盜 各有身分性格 色色誦現 非才子 安得出此◉(「수호전」에는 큰 유학자·호걸·명사·열사·명장·효자·의로운 종·간웅·모사·용사·신선·도사·명의·승려·노인·어린 아이·서생·평민·아전·병졸·공장·수호·어부·사냥꾼·상인·백정·무뢰한·어리석은 군주·간신·탐관오리·음녀·간부·좀도둑·강도를 그려냈는데, 각각의 신분과 성격을 가지가지로 나타내었다. 재주 있는 자가 아니라면 어찌 이것을 할 수 있겠는가?).

18) 同上, 17, 1784. 4. 23:「水滸」是栁[sic 權?]謀機詐之書也 是人情世態之書也 是開鑿混沌之書也 是不可二之書也◉(「수호전」은 음모와 속임에 관한 책이요, 인정세태에 관한 책이요, 혼돈스런 세상을 환히 밝혀낸 책이며, 둘이 있을 수 없는 책이다).

---

502) 청나라 때의 傳奇 작가.
503) 명나라 말 내지 청나라 초기의 문인. 문장과 장서가로 유명했다. '牧齋'는 그의 아호이다.
504) 명나라 때의 희곡 작가로 '若士'는 그의 아호다.
505) 明代 田汝成撰 필기소설집 『西湖遊覽志餘』.
506) 깊은 계략.

19) 同上, 1784. 5. 10: 夕還耐庵奇書于水西◉(저녁에 시내암이 지은 기서「수호지」를 수서에게 돌려 주었다).
20) 同上, 18, 1784. 12. 6: 夕冊僧示「水滸外書」(二冊) 及小說五種日「行」·「豆」·「一片」·「快」·「嘯」◉(저녁 때 서쾌가 「수호외서」[2책]와 「행」·「두」·「일편」·「쾌」·「소」라는 소설 5종을 보여 주었다).
21) 同上, 18, 1784. 12. 8: 讀「水滸」新本 第一序一回 以示客 客日 是 大議論也 議如悉焚天下之書 而獨留一經 則當在何書 或日『尙書』也 議亦獨留一史 則其『綱目』乎◉(신본「수호전」의 첫번째 서문과 제1회를 읽어서 손님에게 보여 주니, 손님이 "이것은 큰 의론이오."라고 말했다. 만일 천하의 책을 모두 불태운다고 할 때, 하나의 경서만 남길 수 있다면 어떤 책이 되겠는가에 대해 논의했다. 어떤 사람이 『상서』라고 말하였다. 생각건대 역시 하나의 역사책만 남길 수 있다면 그것은 『강목』이 될 것이다).
22) 同上, 19, 1785. 5. 17: 或言「水滸」卷首載 施耐庵原序一道 而味其文 必係貫華贗撰 毋論施與羅 皆未必其有此人也 要之譎詭 難辨也◉(어떤 사람이 말하기를, 「수호전」책머리에 시내암의 원 서문 하나가 실려 있는데, 그 글을 음미해 보면 반드시 김성탄[1608~1661]이 위조하여 쓴 듯하다고 한다. 시내암과 나관중[1330~1400]을 막론하고 모두 확실히 그런 사람이 있는지 장담할 수 없다. 속이려고 들면 그걸 분별하기란 어렵다).
23) 同上, 21, 1786. 5. 28: 翊書以外書 未及詳閱 而時時有當於心 妙悟儘難及也 然似不如「水滸」評 之神出鬼沒 要是此公之技癢 長於演義 亦似畫家之工於鬼神 而不工於人物也耶◉(도움이 되는 책 이외의 것은 자세히 읽어본 적이 없지만, 때때로 마음에 와 닿을 때면 오묘함을 다 언급하기가 어렵다. 그러나 「수호전」의 평어가 신출귀몰하는 것만은 못한 듯하다. 요컨대 이것은 이 공의 기양이 연의에는 뛰어나다는 것이니, 또한 화가가 귀신은 교묘하게 잘 그리지만 사람은 잘 그리지 못하는 것과 같지 않은가?).
24) 『金履陽文集』(金履陽 1755~1845), 3, 「諺稗說」: 氣數之消漓 而天理之或相勝負 殃慶有時舛錯 於是乎 志士拊膺思有以奮筆攄憤 莊周氏之慨世嫉邪 發之寓言 盖已首倡之矣 自是以來 如『西京雜記』·『天祿外史』諸編 皆莫不演眞博僞張皇其辭 而其意則隱約也 然則後世曼衍 安得無「水滸誌」等稗官雜書哉 今此閨中小說 卽其別派細流之沈淫濫觴◉(기수가 어지러워지고 천리에 혹 승패가 있게 되니 재앙과 경사가 때때로 어긋남이 있게 되었다. 이에 뜻 있는 선비가 가슴을 두드리고 붓을 떨쳐 울분을 펼 생각을 하게 되었다. 장주씨가 세상을 개탄하고 간사한 사람을 미워하는 마음을 발하여 『우언』이 되었으니, 대개 먼저 앞장서서 창도한 것이다. 그 이래로 『서경잡기』507), 『천록외사』와 같은 여러 편의 책이 나왔는데, 모두 참말을 늘이고 거짓된 것을 덧붙여 그 말을 장황하게 하지 않음이 없었으나 그 뜻은 깊다. 그리하여 후세에 널리 퍼졌으니, 어찌 「수호지」 등의 패관 잡서가 없을 수 있겠는가? 이제 이 규중의 소설들은 바로 별파와 지류가 음탕한 데 빠져서 시작된 것이다).
25) 『秋齋集』(趙秀三 1762~1849), 8, 「答吾生」: 來示「西廂」·「水滸」可讀云者 一何誤也「水滸」·「西廂」乃牧兒耕奴恣意談唱者 此豈老成君子 所可掛眼者耶 有助文章之說 夫孰作俑 未知子長子美 亦資此而爲萬世詩文宗師耶 亟舍之爲善耳◉(「서상기」와「수호지」를 가져 와서 읽을

---

507) 唐書 經籍志에는 東晋의 葛洪이 지은 것으로 되어 있으나, 갈홍 자신은 책의 발문에서 한나라 때 劉歆이 지은 것이라고 했다. 서경은 西漢의 수도인 長安을 일컫는 것으로, 이 책에는 서한 때의 遺聞과 逸事, 그 밖에 宮室, 風俗, 의복 및 기물에 대해 기록하고 있다.

만하다.'고 한 것은 무엇이 잘못일까? 「수호지」와 「서상기」는 목동이나 농사를 짓는 종 같은 천인들이 제멋대로 지껄이는 것이니 노성한 군자가 어찌 이를 볼 것인가? 누가 자장[508])과 자미[509])의 글은 알지도 못하고 허수아비를 만들어 이것에 근거하여 만세의 시문의 조종이라 하는가? 이것은 빨리 내버림이 좋을 것이다).

26) 『大畜觀書目』(19C初?):「忠義水滸志」諺四套.
27) 『緝敬堂曝曬書目總錄』:「水滸志」十本一匣 又 八本欠.
28) 『集玉齋書目』:「水滸誌」十卷.
29) 『海南尹氏群書目錄』(國立中央圖書館所藏):「水滸全傳」.
30) 「靑白雲」(국립중앙도서관 소장 한문본),「靑白雲序」: 余曰 小說豈盡無益哉 今於愚人之前 告之以法訓格論 則未嘗不目閉頭桐 何也 不知味也 道之以里語巷談 則未嘗側耳而解頤[頤] 何也 知其味也 味之不知 粱肉堆案 反爲無用 味之知 榛柿棗栗 時亦有夫 天下之人 分而爲三 則智者僅一 而愚將二矣 其欲以賢聖之行 治亂之蹟 訓天下太半之愚 實難效矣 此小說之所 由作也 雖如「水滸」之悖天道 甁梅之宣淫慾 而作者之心 固嘗在於因其易知 而有所勸戒也 況其他理正言順 明於善惡之際者乎◯(내가 말하기를, "소설이 어찌 모두 다 무익하겠습니까? 요즈음 어리석은 사람의 앞에서 규범이 되는 훈계나 올바른 말로 타이르면 눈이 감기고 두통이 나지 않는 자가 없으니, 왜 그렇겠습니까? 맛을 알지 못해서입니다. 그런데 마을이나 골목에서 하는 이야기로 하면 귀를 기울이고 입을 벌리면서 웃지 않는 자가 없으니, 왜 그렇겠습니까? 그 맛을 알아서입니다. 맛을 보아도 맛을 알지 못하면 쌀밥과 고기반찬이 상에 수북하더라도 도리어 쓸데없을 것이요, 맛을 보아 그 맛을 안다면 개암·감·대추·밤 따위도 또한 때때로 쓸모가 있겠지요. 천하의 사람들을 분류하여 셋으로 나누면, 지혜로운 자는 겨우 3분의 1이요, 어리석은 자는 바야흐로 3분의 2가 될 것입니다. 그런데 성현의 행실과 치란의 유적으로 천하의 태반이 넘는 어리석은 자들을 가르치려 한다면 진실로 효과를 얻기 어려울 것입니다. 이것이 소설이 지어지게 된 까닭입니다. 비록 「수호지」가 천도를 어그러지게 하고 「금병매」가 음욕을 선양한다고 할지라도, 작자의 마음은 진실로 쉽게 아는 바로써 권계시키고자 함에 있는 것입니다. 하물며 그 밖에 이치가 바르고 말이 조순하여 선악의 경계를 밝히는 것에 있어서는 어떻겠습니까?" 하였다).

【增】〈이본연구〉

1) [「忠義水滸傳」은] 우리나라에 전해진 이후 유학자와 문인들에 의해 혹평과 격찬을 동시에 받으며 애독되었고, 번역이 성행하였으며, 마침내는 다투어 전사 보급되었는데,「忠義水滸傳」은 물론 그 이후에 나온 김성탄의 「聖嘆水滸傳」도 번역되었다. 번역본에 대한 최초의 기록은 仁宣王后(1618~1674)의 諺簡이다.「녹의인뎐 綠衣人傳」,「하북니쟝군뎐 河北李將軍傳」 등과 함께 「슈호뎐 水滸傳」의 이름이 보인다. 그 후 溫陽鄭氏(1725~1799)가 1786년에서 1790년 사이에 필사한 것으로 알려진 「玉鴛再合奇緣」의 권 15의 표지 안쪽에 「튱의수호지」와 「성탄슈호지」가 나란히 등장하고 있다. 현재 「수호전」의 한글 번역본은 낙선재본에는 없고, 서울대에 「충의 수호지」 69권 69책본과 洪宅柱의 35책본이 있었다고 하나, 현재는 그 소재를 알 수 없다. 낙질로는

---

508) 『史記』의 저자인 중국 前漢의 司馬遷(B.C. 135~B.C. 87). '子長'은 그의 字.
509) 중국 당나라 때의 시인인 杜甫(712~770). 흔히 '詩聖'으로 일컬어지며, '李白'과 아울러 '李杜'라고도 불리워진다. '子美'는 그의 字.

여러 종이 전하나, 온전하게 전하는 이른 시기의 필사본이 없음은 안타까운 일이다. '大畜觀書目'에 「충의수호전」이 '四套'로 기록되어 있는 것으로 보아 수십 책에 달했던 것으로 추정된다(朴在淵 編, 『韓國所見中國小說戱曲書目資料集 十二峰記 십이봉뎐환긔』[2002. 11], p. 16).

국문필사본

【增】(수호지)

수호지	이대[古](811.3수95)	낙질 15(현존 8, 17: <u>세진무신계춘</u>, 19, 29, 32, 39~41, 51, 55~58, <u>67, 68</u>)

국문활자본

【增】鮮漢文 忠義水滸誌	박재연[中韓飜文展目(2003)]	5(前集 3책; 後集 2책, 博文書館, 1929)
【增】(新釋)水滸傳	국중(3736-28)	1(施耐庵 著, 尹白南 譯, 博文書館, 1930, 401pp.)
신교 슈호지 新校水滸誌	경희대[국회:古綜目] 낙질 2-1/국중(3634-2-82-9)<낙질 권2>/김근수/박순희[家目]/박재연[中韓飜文展目(2003)]/영남대[目續](도남 古823.5)	…… 新文館, 1913. 8. 21, …….
(선한문) 슈호지 鮮漢文水滸誌	국중(3736-29)<권 1~2>/[仁活全](27/28)/<u>김종철[家目]</u><재판>/박순희[家目]/박재연[中韓飜文展目(2003)]/정명기[尋是齋 家目]/조희웅[家目]	5(國漢字 倂記, [著‧發]姜義永, 永昌書館, 초판 1929. …….
충의슈호지 전집	영남대[目續](도남 古823.5)/정명기[尋是齋 家目]	6(朝鮮圖書株式會社, 1929)
【增】수호지 原本水滸誌	국중(823.5-2-7=2-3)	낙질 2(제2~3권, 鄕民社, 1966. 11. 20)

(일백단팔귀화기)

【增】일빅단팔귀화긔 (續水滸誌)一百單八歸化記	국중(3636-2)	1(<u>朴建會 編,</u> 朝鮮書館, <u>1918,</u> <u>792pp.</u>)

347.1. 〈자료〉

Ⅰ. (영인)

347.1.2. 仁川大民族文化研究所 編, 『舊活字本古小說全集』, 27~28. 銀河出版社, 1984; <u>(再刊) 國際아카데미, 2002.</u> (영창서관판, 「선한문 슈호지」)

Ⅱ. (역주) [현대어역]
347.1.36.　【削】시내암 지음, 최송암 옮김.『水滸誌』(전 3책). 태을출판사, 1998.[510]
347.1.40.　시내암 지음, 이문열 평역.『수호지』(전 10책). 民音社, 1991~1994.
347.1.41.　千世旭 譯.『(小說)水滸志』(전 5책). 光信出版社, 1993.
【增】
　1) 尹鼓鍾 譯編.『(單卷完譯)水滸傳』. 學友社, 1956.
　2) 尹鼓鍾 譯編.『(單卷完譯)水滸傳』. 權友社, 1959.
　3) 施耐庵 著, 崔暎海 譯.『(完譯)水滸傳』, 1~2. 正音社, 1961.
　4) 金東里 譯.『水滸誌』(전 5책). 三省出版社, 1971.
　5) 金河中 譯.『水滸傳』. 金星出版社, 1978.
　6) 金八峰 譯.『水滸誌』(전 6책). 語文閣, 1984.
　7) 施耐庵 著, 朴正一 外譯.『水滸誌』(전 7책). 삼성출판사, 1993.
　8) 요코야마 미쓰테루 지음, 김영선 옮김.『수호지』(전 10책). 대현출판사, 1994.
　9) 시내암 지음, 최송암 옮김.『수호지』(전 3책). 태을출판사, 1998.[511]
　10) 진침 지음, 이원길 옮김.『후수호지』(전 4책). 신원문화사, 1999.
　11) 범부 편저, 원종민 역.『(新)수호지』(상·중·하). 중국어문화원, 2000.
　12) 시내암 저, 윤명석 편집.『한권으로 읽는 수호지』. 베스트북스, 2000.
　13) 사네요시 다츠오 지음, 이정환 옮김.『무서워서 읽을 수 없는 수호전』. 이야기, 2000.
　14) 시내암 지음, 유홍종 평역.『(에센스)수호지』. 해누리기획, 2000.
　15) 이언호 평역.『수호지(한 권으로 보는)』. 큰방. 2000.
　16) 박재연 校註.『슈호지 水滸志』. 조선시대 번역고소설 총서 2. 이회, 2001.
　17) 시내암 원작, 김영일 편역.『(한 권으로 독파하는)수호지』. 동해. 2001.
　18) 시내암 지음, 유홍종 옮김.『수호지』. 해누리페이퍼백시리즈 2. 해누리, 2001.
　19) 김광주 옮김. 수호지(전 6책). 서문문고 75~80. 서문당, 2002.
　20) 시내암 원저, 김홍신 평역.『水滸誌』(전 10책). 삼성당, 2002.
　21) 시내암 지음, 최현 옮김.『수호지』(상·중·하). 사르비아총서 508~510. 범우사, 2003.
　22) 신지영 저.『희곡으로 읽는 수호전』. 새문사, 2003.

347.2.〈연구〉
Ⅱ. (학위논문)
〈석사〉
【增】
　1) 김은진. "「수호전」과 「임꺽정」의 서사 구조 비교 연구." 碩論(원광대 대학원, 2001. 2).

◘348.[숙녀지기 淑女知己]
〈관계기록〉

---
510) 연대별 배열이 잘못되었으므로 삭제한다.
511) 347.1.36을 이 곳으로 옮겼다.

① 『諺文古詩』(가람본), '언문칙목녹', 54: 「슉여지긔보은록」.

국문필사본

| 슉녀지기 | 이대[古](811.31슉24) | 5(2~5: 셰직긔유이월일 금호필셔) |

국문활자본

| 슉녀지긔 단 淑女知己 全 | 국중(3634-2-10=1)<3판> | 1(12회, [編·發]南宮濬, 唯一書舘·漢城書舘, 초판 1912; 재판 1914; 3판 1916.11.30, 76pp.512)) |

348.2. 〈연구〉
【增】 Ⅱ. (학위논문)
〈석사〉
1) 김소라. "「슉녀지기」의 구조와 의미: 여성주의적 시각에서." 碩論(경북대 대학원, 2000. 8).
2) 권순란. "「슉녀지기」의 여성 주체적 성격 연구." 碩論(숙명여대 교육대학원, 2003. 8).
3) 윤미란. "「슉녀지기」 이본 연구." 碩論(연세대 대학원, 2003. 8).
4) 조선미. "「슉녀지기」 연구." 碩論(계명대 교육대학원, 2004. 8).

◐{슉렬전 淑列傳}

◪349.[숙영낭자전 淑英娘子傳] ← 낭자전 / 백상서가 / 백선군전 / 선군전 / 숙향전 ① / 옥낭자전 ② / 옥유동기 / 이선군전 / 재생연513)

〈관계기록〉
① Courant, 823: 「슉영낭ᄌ뎐 淑英娘子傳」, 13책.
② Courant, 3366: 「Syoung yeng nang tja tiyen」.
③ 「鳳山 탈춤」(任晳宰 採錄), 第七場: 거 누구라 날 찾나 날 찾일 이 없건마는 거 누구라 날 찾나 臨塘水 風浪中에 沈娘子가 날 찾나 瀟湘斑竹 물들이던 娥煌女英이 날 찾나 蟠桃會 瑤池宴에 西王母가 날 찾나 섬돌 우에 玉비녀가 꽃히었든 淑英娘子가 날 찾나 李道令 一去後에 守節하던 春香이가 날 찾나 거 누구라 날 찾나.

국문필사본

(낭자전)

【增】 낭ᄌ젼이라	김광순[筆全](52)	낙질 1(35.f.)
【增】 낭자젼 슈경낭자젼	정명기[尋是齋 家目]	1
【增】 낭자젼	정명기[尋是齋 家目]	1

---

512) 실제 내용은 p. 75에서 끝나고 p. 76은 빈 면이다.
513) 「숙영낭자전」의 한문본으로 국립중앙도서관에 소장되어 있었으나 현재는 행방 불명이다. 정신문화연구원 소장인 「再生緣傳」과는 별개다.

【增】 낭자전	정명기[尋是齋 家目]	1 514)
【增】(백선군전)		
【增】 뵉션군젼	홍윤표[家目]	1(壬午, 30f.)
【增】 뵉션군젼이라 낭ᄌ젼이라	박순호[家目]	1(57f.)515)
(숙영낭자젼)		
【增】 슈경낭ᄌ젼	김광순[筆全](69)	1(서두 낙장 26f.)
【增】 수경낭자젼	김종철[家目]	1(26f.)516)
【增】 슈경낭자젼이라	김종철[家目]	1(戊辰二月念五日 藏春亭, 44f.)
【增】 수경낭자젼이라	미도민속관[생활사 도록](22)	1(甲戌年正月二日)
【增】 수경낭자젼	박순호[家目]	1(안동땅병조판룩, 경진연정월십일, 昭和十五年正月, 慶尙北道靑松郡 眞寶面新村洞, 33f.)
【增】 수경낭자젼이라	박순호[家目]	1(31f.)
【增】 수경낭자젼	박순호[家目]	1(19f.)517)
【增】 수경낭자젼이라	박순호[家目]	1(병자사월십이일 ᄀ의, 41f.)
【增】 쉬경낭자젼 권지상이라	박순호[家目]	낙질 1(상: 병인십월일가의, 졍월십구닐등부쉬경낭ᄌ젼이라, 45f.)
【增】 슈경낭자젼	여태명[家目](86)	1(金南培, 51f.)
【增】 슈경낭자젼	여태명[家目](268)	1(긔유이월이십칠일, 35f.)
【增】 슈경옥낭자젼이라 숙영낭자젼	임형택[莽蒼蒼齋 家目]	1(39f.)
【增】 淑英娘子傳	정명기[尋是齋 家目]	1
【增】 수경낭자젼	정명기[尋是齋 家目]	1
【增】 숙영낭자젼	정명기[尋是齋 家目]	1
【增】 숙영낭자젼	정명기[尋是齋 家目]	1
(옥낭자젼)		
【增】 옥낭자젼권지단	김종철[家目]	1(45f.)
【增】 옥낭자젼	박순호[家目]	1(57f.)
【增】 옥낭자젼 권지상이라	박순호[家目]	1(38f.)
【增】 우낭자젼	박순호[家目]	2(1[상]: 우난낭자젼이라,

---

514) 「옥단츈젼」과 합철되어 있다.
515) 「명윤가」(2f.) 합철.
516) 「장끼젼」, 「두겁젼」과 합철.
517) 겉장에는 '슈경낭ᄌ젼 셔른두장이라'이라 씌어져 있다.

		辛未年, 30f.; 2: 허인젼 권지이, 83f.)
【增】(옥유동긔)		
【增】옥유동긔	국중[고1](한-48-147)	1
국문판각본		
숙영낭자전	성대(D07B-0055)	1(1900경)
국문활자본		
(특별)숙영낭즈젼(特別)淑英娘子傳	국중(3634-2-82=5)<4판>	1(6회, [著·發]朴健會, 京城書籍業組合, 초판 1921.1.9; 4판 1923.1.15, 30pp.)[518]
(특별)숙영낭즈젼[304] (特別)淑英娘子傳	국중(3634-2-82=6)<5판>/김종철[家目]	1(6회, 大東書院·光東書局·太學書舘, 1915.5.31; 재판 1916.1.19; 3판 1916.11.28; 4판 1917.6.30; 5판 1917. 11. 13, 37pp.[519])
(특별)숙영낭즈젼[30] (特別)淑英[5]娘子傳	국중(3634~2~82=8)<6판>/국중(3634~2~82=10)<6판>/	1(6회, [著·發]朴健會, 大東書院·光東書局, 초판 1915.5.31; 6판 1918.11.27, 30pp.[520])
숙영낭자전	조희웅[家目]/[대조 3]	1(大造社, 1959, 25pp.)
(특별)숙영낭즈젼 (特別)淑英娘子傳	국중(3634-2-82=4)	1(6회, [著·發]勝木良吉, 大昌書院, 초판 1920.1.30, 30pp.)
【增】淑英娘子傳	박순호[家目]	1([發]姜鳳會, 百合社, 1937.12. 30, 28pp.)
(특별)숙영낭즈젼 舊(特別)淑英娘子傳	국중(3634-2-82=1)<초판>/국중(3634-2-82=2)<재판>/국중(3634-2-82=11)<3판>/[仁活全](5)[306]	1(6회, [編·發]朴健會, 新書林, 초판 1915.5.31; 재판 1916.1.19; 3판 1916.11.28, 43pp.)[307]
【削】숙영낭자전	[李 : 古硏, 289]	1(新舊書林, 재판 1916. 1. 19; 3판 1916. 11. 28, 70pp.)[308]
【增】숙영낭자전 淑英娘子傳	박순호[家目]	1([發]姜權馨, 永和出版社, 檀紀 4294年[1961].10.

---

518) 뒤에 「감응편」, 권 3이 합철되어 있다.
519) 총 61pp. 중 pp. 38~61은 '감응편 合권 感應篇 三卷'이다.
520) 총 52pp. 중 pp. 31~52는 '감응편 合권 感應篇 三卷'이다.

(특별)숙영낭ᄌ젼 (特別)淑英娘子傳 국중(3634-2-82=3)<4판>	10, 25pp.) 1(6회, [著發]洪淳泌, 朝鮮圖書株式會社·博文書舘·光東書局, 초판 1921 .11.9 ; 4판 1924.<u>1.19</u>, 30pp.)521)
(고대소설)슉영낭ᄌ젼 권단 국중(3634-2-82=7)<재판>	1(남궁셜 편집, [發]南宮楔, 漢城書舘, 초판 1915. 5.<u>28</u>; 재판 1916. 12.25, 63pp.)
【削】숙영낭자전 淑英娘子傳 [權純肯, 156]	1(漢城書舘·唯一書舘, 1915. 5. 28)

349.1.〈자료〉

Ⅰ. (영인)

「낭자전」

【增】

  1) 金光淳 編.『金光淳所藏 筆寫本韓國古小說全集』, 52. 박이정출판사, 1994. (김광순 소장)

「숙영낭자전」

  349.1.8. 仁川大民族文化硏究所 編.『舊活字本古小說全集』, 5. 銀河出版社, 1983; <u>(再刊) 國際아카데미, 2002.</u> (신구서림판)

349.2.〈연구〉

Ⅱ. (학위논문)

〈석사〉

【增】

  1) 박하영. "조선조 적강형 애정소설의 서사구조 연구:「숙향전」과「숙영낭자전」을 중심으로." 碩論(한국외국어대 교육대학원, 2002. 2).

  2) 홍인숙. "「숙영낭자전」과「채봉감별곡」의 여성주의적 연구." 碩論(계명대 교육대학원, 2003. 2).

  3) 박은숙. "조선조 애정소설에 나타난 여성 인물 연구:「금향정기」,「숙영낭자전」,「채봉감별곡」을 중심으로." 碩論(한국외국어대 교육대학원, 2003. 8).

  4) 이은선. "조선후기 애정소설에 나타난 여성상:「운영전」,「숙영낭자전」,「채봉감별곡」을 중심으로." 碩論(고려대 교육대학원, 2004. 2).

Ⅲ. (학술지)

「숙영낭자전」

【增】

  1) 김일렬. "「숙영낭자전」에 나타난 주노간의 갈등."『語文論叢』, 28(慶北語文硏究會, 1994. 12).

  2) 장일구. "「숙영낭자전」의 서술 상황과 시점."『西江論集』, 10(서강대 대학원 총학생회,

---

521) 뒤에「感應篇」, 권 3이 합철되어 있다.

3) 최성실. "소설「숙영낭자전」,「슈경낭자전」과 판소리「숙영낭자가」의 비교연구." 黃在君·金京南·文福姬 編,『韓國文學과 女性』(박이정, 1997. 11).
4) 김일렬. "비극적 결말본「숙영낭자전」의 성격과 가치."『어문학』, 66(한국어문학회, 1999. 2).
5) 박하영. "朝鮮朝 謫降型 愛情小說의 敍事構造 硏究:「淑香傳」과「淑英娘子傳」을 중심으로." 『한국어문학연구』, 15(한국외대 한국어문학연구회, 2002. 2).
6) 金一烈. "「淑英娘子傳」." 刊行委員會 編.『古小說硏究史』(月印, 2002. 12).
7) 양민정. "디지털콘텐츠개발을 위한 고전소설의 활용 방안 시론:「숙영낭자전」을 중심으로." 『외국문학연구』, 19(외국문학연구소, 2005. 2).
8) 강윤정. "朴東鎭唱本「숙영낭자전」연구."『구비문학연구』(한국구비문학회, 2005. 6).

〈회목〉
(신구서림판)522)

◎350.[숙조역사 肅朝歷史] ← *박태보전
◎351.[숙종대왕실기 肅宗大王實記]
◎352.[[숙창궁입궐일기 淑昌宮入闕日記]]
▶(숙향낭자전 淑香娘子傳 → 숙향전 ①)
◎353.[숙향전 淑香傳 ①] ← 별숙향전 / 숙향낭자전 / 이태을전 / 이화정기 / 이화정기우기 / 이화정기적 / 재세기우기

〈관계기록〉
① "詞稽古之者仕立記錄"[1726](雨森芳洲 1668~1755): 某義三十五歳之時 參判使都船主ニ而朝鮮へ初罷渡 彼地之樣子令見聞候處 重而信使有之候節朝鮮詞不存候而者 御用可難弁候と心付候付 罷歸候已後 早速朝鮮言葉功者之衆下ニ稽古いたし 翌三十六歳之時 朝鮮江罷渡 丸二年令逗留『交隣須知』一冊『酉年工夫』一冊『乙酉雜錄』五冊『常話錄』六冊『勸懲故事諺解』三冊仕立 其外「淑香傳」二「李白瓊傳」一冊自分ニ寫之 毎日坂之下へ參り令稽古 雨天之節者守門軍官 又ハ通事を呼相勤候 于今失念不致候者 炎暑之節坂之下より罷歸リ習ひ候言葉なと書寫候時 目之くらみ候事も有之候へとも 命を五年縮候と存候ハ 成就させる道理やめるべきと存 晝夜無油斷相勤候◉(某[雨森芳洲]가 35세 때[1702]에 참판사도선주로 조선에 처음 건너갔다. 그 곳의 모습을 견문하였던바, 다시 신사를 보낼 때에 조선어를 모른다면 외교를 할 수 없다고 생각하여 대마로 돌아오자마자 조선어에 능통한 사람 밑에 가 학습을 한 다음 이듬해 36세시에 조선에 다시 건너가 꼭 2년간 머무르며『교린수지』1책·『유년공부』1책·『을유잡록』5책·『상화록』6책·『권징고사언해』3책을 짓고, 그 밖에「숙향전」2책·「이백경전」1책을 스스로 베끼어 매일 통사들이 있는 곳으로 가 학습하였다. 비오는 날에는 문지기 군관 혹은 통사를 불러 공부했다. 지금도 잊혀지지 않는 바는 한여름 염천 아래 통사들에게서 돌아와 배웠던 말들을 베낄 때에는 눈이 침침해질 정도였어도 '목숨을 5년쯤 줄이는 일이 있어도 반드시 이루어 내고야 말겠다.'는 각오로 밤낮으로 방심 않고 힘썼다).

---

522) 경성서적업조합·대창서원·조선도서주식회사 판들도 모두 같다.

② "韓學生員任用帳"(雨森芳洲, [1720]):『物名冊』·『韓語撮要』·「淑香傳」此三部段段ニ指南可被致候 若輩者自身ニ覺書も不罷成者ヘハ 銘銘帳面をとちさせ置 每日被敎候所を書付 可被相渡候 尤各義兼而朝鮮人ヘ右之書物得と被讀習 淸濁高低少の違無ㄴ樣ニ指南可被致事◉(『물명책』·『한어촬요』·「숙향전」의 세 책으로써 단계적으로 지도해야 할 것이다. 받아 쓰지조차 못하는 젊은이에게는 각각 필기장을 마련케 하여 가르쳤던 내용을 써주지 않으면 안된다. 더욱이 조선인에게 상기서의 뜻 및 발음 연습을 교정받아 청탁 고저가 조금도 틀림없게끔 해야 할 것이다).

③『南行日錄』[1731](權燮 1671~1759), '遊行錄', 3: 一少倭佩雙劍者導行云 是代官之子 前行而語曰 恨不踰此城而爲朝鮮人 余曰 何羨我若此 我祖是密陽李文章 壬辰亂入倭國 余問 李文章是何人 曰 文才絶等故稱李文章 於我爲三代母族 亦多在本國 余問 姓名云何 蹲坐於地 拔佩刀書于地 曰 平治 本是李姓 而冒本姓有禁令 故 卽李字也 余曰 頗思本國否 曰 時時思之痛心矣 問卜代官送一倭 恩要入其室 室中淨潔 架上有『古文眞寶』 諺書「淑香傳」 余問「淑香傳」何用 曰 欲習知本國方言而置之矣◉(쌍검을 찬 한 젊은 왜인이 길을 안내하며 말하기를, 자신은 대관[역관]의 아들이라 하였다. 그는 앞서 가면서 말하였다. "이 왜성을 넘어 조선인이 되지 못함을 한스럽게 여깁니다." 내가 "왜 나 같은 조선인이기를 바라는가?" 물었더니, 그는 대답하기를, "제 할아버지는 본래 밀양의 이 문장이었는데, 임진란 때에 왜국으로 들어갔습니다."고 하였다. 내가, "이문장이 누구인가?" 묻자, 그는 "글솜씨가 뛰어나서 이문장이라 부른 것으로, 제게는 3대 舅가가 많이 조선에 살고 있습니다"고 對하였다. 내가, 그의 "성명이 무엇이냐?"고 묻자, 그는 땅에 쭈그려 앉더니 차고 있던 칼을 끌러 땅에다 쓰며 말했다. "이평치라 합니다. 본래 성은 '李'씨이었는데 나래[日本]에서 본성을 따르는 것을 막았으므로 '李'자 아래에 '田'자를 붙여 만든 것이니, 이는 '이'자입니다." 내가, "고국 생각이 나지 않는가?" 물으니, 그는 "때때로 생각이 나곤 하여 마음이 아픕니다."고 하였다. 대관이 왜인 한 사람을 보내어 방으로 들기를 청하므로 그 방에 들어갔더니, 방안이 정결하였고 시렁 위에는『고문진보』와 한글로 쓰인「숙향전」이 있었다. 내가, "「숙향전」은 어디에 쓰는가?" 물으니, 그는 말하기를 "본국어[조선어]를 익히기 위하여 놓아 둔 것입니다."고 대답하였다).

④『晚華集』(柳振漢 1712~1791),「春香歌 [1754]」, 제3절: 三朗愛物比君誰 二仙瑤池淑香是 吾年二八爾三五 桃李芳心媚春晷◉(현종의 양귀비인들 그대에게 비하리오. 이선과 요지연에서 즐기던 '숙향'일세. 내 나이는 열여섯 너는 열다섯 도리화의 향기로움 봄빛에 아양 떤다).

⑤『靑丘永言』(六堂本): 낙양 동촌 이화정에 마고 선녀 집의 술 닉단 말 반겨 듯고 청려에 안장 지어 금돈 싯고 드러가 가셔 아해야 숙랑자 계신야 문밧기 이랑 왓다 살와라.

⑥『海東歌謠』(1763): 李仙이 집을 판호여 노싀목에 金돈을 걸고 天台山 層岩絶壁을 넘어 방울싀 솟기 치고 鸞鳳孔雀이 넘노는 곳듸 樵夫를 맛나 痲姑 할미 집이 어드미오 저 건너 彩雲 어린 곳듸 數間 茅屋 대사립 밧긔 靑삽사리를 츠즈소셔.

⑦「俚諺」(李鈺 1760~1813), 雅調 其九: 爲郎縫衲衣 花氣惱儂倦 回針揷襟前 坐讀「淑香傳」◉(임의 옷 짓고 깁다가 꽃내음이 나를 나른하게 만들면 바늘을 돌려 옷섶에 꽂고 앉아서「숙향전」을 읽는다).

⑧「象胥記聞」[1794?](小田幾五郞 1754~1831): 朝鮮小說「張風雲傳」·「九雲夢」·「崔賢傳」·「蘇大成傳」·「張朴傳」·「林將軍忠烈傳」·「蘇雲傳」·「崔忠傳」 外「泗氏傳」·「淑香傳」·「玉橋黎」·「李白慶傳」類 …… 其外「三國志」類 諺文書本有◉(조선의 소설로는「장풍운전」·「구운몽」·「최현전」·「소

대성전」·「장박전」·「임장군충렬전」·「소운전」·「최충전」 외에 「사씨전」·「숙향전」·「옥교리」·「이백경전」 따위가 있고 …… 그 밖에 「삼국지」 등의 국문 소설이 있다).

⑨ 『秋齋集』(趙秀三 1762~1849), 7, 紀異, '傳奇叟': 傳奇叟 居東門外 口誦諺課稗說 如「淑香」·「蘇大成」·「沈淸」·「薛仁貴」等傳奇也 月初一日坐第一橋下 二日坐二橋下 三日坐梨峴 四日坐校洞口 五日坐大寺洞口 六日坐鐘樓前 溯上旣自七日 沿而下 下而上 上而又下 終其月也 改月亦如之而以善讀 故傍觀匝圍 夫至最喫緊甚可聽之句節 忽默而無聲 人欲聽其下回 爭以錢投之 曰此邀錢法云☯(전기수는 동문 밖에 살면서 언과 패설을 구송하는데, 「숙향전」·「소대성전」·「심청전」·「설인귀전」 등이 그것이다. 한 달의 초하루에는 첫 번째 다리 밑에 앉고, 이튿날은 둘째 번째 다리 밑에 앉고, 사흘째는 배개[梨峴]에 앉고, 나흘째는 교동 입구에 자리 잡고, 닷새째는 대사동 입구에 자리를 잡고, 엿새째는 종루 앞에 자리를 잡는다. 이렇게 거슬러 올라가서는 7일부터는 따라서 내려오는데, 내려와서는 올라가고, 올라가서는 또 내려와 그 달을 마친다. 달이 바뀌면 또 이와 같이 한다. 읽는 솜씨가 훌륭하기 때문에, 사람들이 주위를 둘러싸고 곁에서 보는데, 대체로 가장 중요하고 들을 만한 대목에 이르면 갑자기 입을 다물고 소리를 내지 않는다. 사람들이 그 다음 대목을 듣고자 하여 다투어 돈을 던지는데, 이것을 '돈 거두는 법[邀錢法]'이라고 한다).

⑩ 『諺文古詩』(가람본), '언문칙목녹', 159: 「숙향뎐」.

⑪ 「第一奇諺」(洪羲福 1794~1859), 序: 모든 쇼셜이 슈삼십 종의 권질이 호대ᄒ야 혹 빅 권이 넘으며 쇼불하 슈십 권에 니르고 그 남아 십여 권 슈삼 권식 되는 수오십 종의 지니니 심지어 「슉향전」·「풍운전」의 뉴 가항의 쳔한 말과 하류의 ᄂ즌 글시로 판본에 ᄀ간ᄒ야 시상에 미미ᄒ니 대동 쇼이ᄒ야 사름의 셩명을 고쳐시나 ᄉ실은 흡ᄉᄒ고 션악이 뉘도ᄒᄂ 계교ᄂ 흔ᄀ지라.

⑫ 「심청가」(朱祥煥 더늠), 『朝鮮唱劇史』, p. 51 참조: 아가 아가 우지 마라 너이 모친 먼데 갔다 洛陽東村 李花亭에 숙랑자를 보러 갔다.

⑬ 「춘향전」(고대본): 이미하신 숙낭ᄌ도 남양옥의 갓쳐다가 청조(靑鳥)시게 편지ᄒ야 그 낭군 이션 만나 죽을 목슴 사라신이 쳥됴시는 읍시나마 홍안(鴻雁) 흔 쌍 빌여씨면 안독(雁足)의 글을 다려 임 계신 듸 젼하고ᄌ 이고 이고 슬운지고.

⑭ 「춘향전」(古本): (방) 무산십이봉 아니어든 선녀 어찌 잇스릿가 (이) 그러면 숙향이냐 (방) 이화정 아니어든 숙낭자라 하오릿가.

⑮ 「춘향가」(李古本): 바야산 바위 밋테 숙낭자가 설은 말을 하자 하고 날을 차저 날러 왓나 수양산 백니 숙제 충절사을 의논코자 날여왔나.

⑯ 「심청가」(申在孝本): 표진강의 쇽향이가 네가 되야 환싱흔가 은하슈 직여성이 네가 되야 ᄂ려온다 남젼 북답 즉만흔들 이러케 죠흘손가.

⑰ 「裵裨將傳」(세창서관본): 「숙향전」 반중동 딱 젖히고 숙향아 불상하다.

⑱ 「언문춘향전」(대성서림, 1928): 숙랑ᄌ를 듸한 듯 둥둥 닉 ᄉ랑.

⑲ Courant, 793: 「숙향젼 熟香傳」.

⑳ Courant, 3353: 「淑香傳」.

㉑ 「思弟歌」: 忘懷나 하려하고 옛책을 읽어 보니 「趙雄傳」·「風雲傳」 슬프고 장하도다 「張伯傳」·「鳳凰傳」 眞言인가 虛說인가 「謝氏傳」·「淑香傳」 구비구비 奇談일세.

【增】

1) 「배비장전」(金三不 교주본): 배비장 무료하여 하는 말이 하릴없다 고담이나 얻어 오너라 하더니 할 일없이 남원부사 자제 이도령이 춘향 생각하며 글 읽듯 하던가 보더라 「삼국지」·「구운몽」·「경업전」 다 후리쳐 버리고 「숙향전」 내어놓고 보아 갈 제……
2) 『[가람]칙목녹』(奎章閣所藏): 「슉향뎐」 공ᄉ.

〈이본연구〉

【增】

1) 주인공 탄생 당시의 상황을 살펴보면 이들[경판본·이대 소장본·정신문화연구원 소장본·일본 구주 심수관 소장본]의 계열이 다름을 알 수 있다. 경판본에는 탄생 아기가 '월궁소이'라는 것과 太乙仙君과 함께 謫降한 이유, '소이'의 배필이 태을선군이라는 것, 이름은 '淑香', 字는 '소이'라는 것을 선녀가 직접 김전에게 알려 주었는데, 연구원본에서는 선녀가 김전에게 '월궁항아'가 온다고만 말했고, 김전이 방에 들어갔을 때 선녀는 이미 사라지고 없었다. 연구원본의 '淑香'이란 이름과 '월궁선'이란 字는 김전이 지은 것이다. 또한 앞에서 숙향이 5세가 되었을 때와, 「숙향전」의 서두 부분의 표기가 다름을 보였으며, 5세가 되었을 때의 필사 내용을 보면, 경판본은 사건 중심으로 간결한 반면에 연구원본은 비교적 상세히 설명하듯 서술해 놓은 것을 알 수 있다. 그리고 숙향을 김전부부가 버리고 갈 때의 장소가 경판본에는 '반야산 바위틈'이고, 심씨본이나 연구원본·이대본은 '바위틈'으로 되어 있고, 지명에 대하여 경판본이 '형쥬'로, 심씨본과 연구원본, 이대본은 '형쵸' 땅으로 되어 있다. 이상과 같은 기록으로 보아 경판본과 晩松本[고려대 소장]의 계열에서 연구원본이 벗어났음을 알 수 있고, 연구원본은 심씨본 계열에 속함을 알 수 있다(羅鎭昌, "「淑香傳」研究," 崇田大 碩論[1985. 2], pp. 37~38).

国文筆寫本

〈슉향전〉

【增】 슉향전 권지이라라	박순호[家目]	1(이칙은졍소졔칙이라 …… 을 슈원월이십귀일등셔, 50f.)
淑香傳	沈壽官(日本鹿兒島)	2(上末 낙장 24f.; 下末 낙장 87f.)523)
【增】 슉향전 권지일	여태명[家目](134)	낙질 1(1: 38f.)
【增】 슉향전	여태명[家目](221)	1(35f.)
【增】 슉향전	여태명[家目](396)	1(壬戌十月, 33f.
【增】 슉향전 권지이	여태명[家目](427)	닉질 1(2: 忠淸南道 牙山郡 遠南面簧谷二八 蔡奎轍, 44f.)
슉향전	이대[古](811.31슉92)	낙질 4(1·2·4·6: 셰지무신십월일금호셔)
【增】 淑香傳	정명기[尋是齋 家目]	2
【增】 슉향전	정명기[尋是齋 家目]	1

523) 鹿兒島大學에 이 沈本의 복사본이 소장되어 있다. 본문은 국한문 혼용으로 되어 있으며, 국문 우측에 일본어로 된 번역문이 붙어 있는 것으로 보아, 조선어 학습의 교재로 사용되었던 것임을 알 수 있다.
【削】'韓國語文學會篇, 『古典小說選』(螢雪出版社, 1972)에 영인되었다.'

【增】 슉향젼 권지단	홍윤표[家目]	1(乙巳十月由洞新板, 44f.)

국문경판본

【增】 슉향젼	서강대(고서 슉 927)	1
【增】 슉향젼	서강대(고서 슉92 V.1~2)	2

국문활자본

슉향젼	조희웅[家目]/[대조 3]	1(大造社, 1959, 104 pp.)
슉향젼 淑香傳 上/下	국중(3634-2-98=4)	1([著·發]勝木良吉, 大昌書院·普及書舘, 1920.12.30, 91pp.)
슉향젼 淑香傳 上下	국중(3634-2-98=6)<재판>/국중(3634-2-98=2)<5판>/국중(3634-2-98=5)<7판>	1([著·發]金東縉, 德興書林, 초판 1914.11.20, 91pp.; 재판 1915.12.29, 111pp.; 5판 1917.9.8, 94pp.; 7판 1920.11.10, 91pp.
슉향젼 淑香傳	국중(일모813.5세299ㅅㅎ)/국중(813.5~슉995ㅅ)/대전대[이능우 寄目](1106)/서울대(가람8135~Su35)/이수봉[家目]/조동일[국연자](21)/홍윤표[家目]	1(국한자 병기, 상하 합본, [著·發]申泰三, 世昌書舘, 檀紀 4284[1951]. 6. 30; 1961. 12. 30; 檀紀 4295[1962], 상하합 80pp.)
(고딕소셜)슉향젼 (古代小說)淑香傳 上/下	국중(3634-2-98=3)	1([著·發]姜義永, 永昌書舘·韓興書林·三光書林, 1925.10.20, 91pp.)
(고딕소셜)슉향젼 (古代小說)淑香傳 上/下	국중(3634-2-98=7)/서울대 (3350-162)	1([著·發]高裕相, 滙東書舘, 1925.10.30, 91pp.)

한문필사본

(숙향전)

【增】 淑香	김종철[家目]	1(35f.)
【增】 淑香傳	영남대[陶南](813.5)[漢少目, 愛1-11]	1
【增】 淑香傳	홍윤표[漢少目, 愛1-14]	1

(재세기우기)

再世奇遇記 淑香傳	고대[만송](C14-A60A)/정문연[韓古目](606: R35N-003044-3)	낙질 1(27f.)

한문현토본		
(漢文懸吐)淑香傳	국중(3634-2-98=7)/영남대[目續] (도남813.5)/홍윤표[家目]/[亞活全](4)	1(紹雲 著, [序]丙辰菊秋福泉老傖題, [著]李圭瑢, 滙東書舘, 1916. 12. 26, 80pp.)[524]

353.1. 〈자료〉

Ⅰ. (영인)

「숙향전」

【增】

1) 김진영·차충환 교주.『숙향전』. 민속원, 2001. (이화여대 소장 상·하본)

Ⅱ. (역주)

「숙향전」

【增】

1) 김진영·차충환 교주.『숙향전』. 민속원, 2001. (이화여대 소장 상·하본)
2) 구인환.『숙향전』. 우리고전 다시읽기 17. 신원문화사, 2003.

353.2. 〈연구〉

【增】 Ⅰ. (단행본)

1) 차충환.『숙향전 연구』. 月印, 1999. 11.

Ⅱ. (학위논문)

〈석사〉

【增】

1) 권선미. "「숙향전」에 나타난 세계관." 碩論(한남대 교육대학원, 2002. 8).
2) 박하영. "조선조 적강형 애정소설의 서사구조 연구:「숙향전」과「숙영낭자전」을 중심으로." 碩論(한국외국어대 교육대학원, 2002. 2).
3) 장석기. "「숙향전」 연구." 碩論(한남대 교육대학원, 2004. 2).
4) 김효식. "「숙향전」의 환상성과 그 의미." 碩論(인천대 교육대학원, 2004. 8).

Ⅲ. (학술지)

353.2.63. 민경록. "「淑香傳」異本硏究 Ⅱ: 박순호 F본을 중심으로."『文化傳統論集』, 5 (慶星大, 1997. 6).

353.2.66. 曺喜雄·松原孝俊. "「淑香傳」 형성연대 재고."『古典文學硏究』, 12(韓國古典文學會, 1997. 12). 한국고소설학회 編.『한국고소설의 자료와 해석』(아세아문화사, 2001. 10)에 재수록.

353.2.71. 차충환. "「숙향전」의 구조와 세계관."『古典文學硏究』, 15(韓國古典文學會, 1999. 6). 『韓國古典小說 作品硏究』(월인, 2004. 10)에 재수록.

---

524) 작품 뒤에 「弄璋歌」(국한자 병기, 3pp.)가 합철되어 있다.

【增】
1) 경일남. "「숙향전」의 고난양상과 결연의미."『論文集』, 24:2(忠南大 人文科學研究所, 1997. 12).
2) 이강현·박여범. "『淑香傳』의 書誌와 形成時期에 대하여."『論文集』, 10(中部大, 1997. 12).
3) 차충환. "「숙향전」론."『고전작가 작품의 이해』(박이정, 1998. 9).
4) 孫吉元. "「숙향전」과 고난해결의 심리적 보상."『古小說에 나타난 道仙思想 硏究』(민속원, 1999. 8).
5) 최기숙. "삶의 총체성과 신화적 상상력: 「숙향전」."『17세기 장편소설 연구』(月印, 1999. 12).
6) 민경록. "「숙향전」의 서사 구조와 의미 연구."『文化傳統論集』, 8(慶星大 附設 韓國學研究所, 2000. 3).
7) 민영숙. "「숙향전」 연구."『畿甸語文學』, 12·13(水原大 國語國文學會, 2000. 3).
8) 차충환. "「숙향전」 이본의 개작 양상과 그 의미: 한문현토본과 박순호본「슉향전이라」를 중심으로."『人文學硏究』, 4(경희대 인문학연구소, 2000. 12).『韓國古典小說 作品硏究』(월인, 2004. 10)에 재수록.
9) 정종진. "『淑香傳』서사구조의 樣式的 特性과 世界觀."『韓國古典硏究』, 7(韓國古典硏究學會, 2001. 12).
10) 박하영. "朝鮮朝 謫降型 愛情小說의 敍事構造 硏究:「淑香傳」과「淑英娘子傳」을 중심으로."『한국어문학연구』, 15(한국외대 한국어문학연구회, 2002. 2).
11) 최경환. "『淑香傳』論."『民族文化』, 13(漢城大 附設 民族文化硏究所, 2002. 2).
12) 최원오. "「바리공주」와「숙향전」,「연진길전」의 관계."『한국 고전산문의 탐구』(월인, 2002. 5).
13) 林治均. "「숙향전」." 李相澤·朴熙秉·林治均·宋晟旭 엮음,『고전소설의 기초 연구』(태학사, 2002. 10).
14) 차충환. "「숙향전」의 문학교육적 가치."『설화 고소설 교육론』(민속원, 2002. 11).
15) 채희윤. "결연(結緣)의 양상으로 본 고전소설의 세계관: 「숙향전」과 「장경전」을 중심으로."『한국서사문학의 통사적 고찰』(푸른사상, 2002. 11).
16) 李尙九. "『淑香傳』." 刊行委員會 編.『古小說研究史』(月印, 2002. 12).
17) 최재웅. "「숙향전」의 공간 구성 원리와 의미."『語文研究』, 43(語文研究學會, 2003. 12).
18) 김명순. "「숙향전」의 서사구조에 나타난 삶의 원리." 刊行委員會,『澤民金光淳教授停年紀念論叢』(새문社, 2004. 11).

▶(숙향전 ② → 숙영낭자전)
◨354. [[순군부군청기 巡軍府君廳記]]
〈작자〉許筠(1569~1618)
〈출전〉『惺所覆瓿藁』, 6, 文部, 3, 記

▶(순금전 → 연당전)
◐{순씨팔룡}
〈관계기록〉
①『諺文古詩』(가람본), '언문칙목녹', 40: 「순시팔룡」.

◐{슝난젼}
【增】 ◐{시국젼}
【增】 국문필사본

　　【增】 시국젼이라　　박순호[家目]　　　　1(85f.)
　　　　시국난젼 단

◪355. [[시새젼 施賽傳]]525)
〈작자〉 卞榮晩(1889~1954)
〈출전〉 『山康齋文鈔』
〈관계기록〉
　①「施賽傳」, 結尾(部分): 野史氏曰 余嘗之南山下 觀施賽所謂蓮堂者 堂在蓮池之北 其構固小 而亦幽艶絶可愛 宅廢 惟此堂存 而欲想像二百年前 二子登游之風流 則死藕無言 悲風徒來 亦杳然矣 其時堂主曰 妙君 二十七歲 嘗拂賽子之枕席者 略有一旬之久 後乃沈池云◐(내 일찍이 남산 밑에 갔다가 시시덕과 새침덕의 이른바 '연당'이란 것을 구경한 적이 있다. 연당은 연지의 북에 있고, 그 규모는 실로 작으나 역시 아늑하고 아름다워 사랑스러웠다. 집은 허물어졌고, 다만 당이 홀로 남았기에 자 2백 년 앞의 이 곳에 올라서 놀던 풍류를 상상코자 한즉 죽은 연꽃은 아무런 말이 없고, 슬픈 바람이 하염없이 스쳐 올 따름이었으니 그간 소식은 역시 아득하구나. '그때 이 당의 주인은 묘군이었는데, 그는 겨우 열일곱 살의 어린 아가씨로서 일찍이 새침덕의 침석을 거절한 지 열흘쯤 되어서 못에 몸을 던졌다.' 한다).

◪356. [신계후젼 申桂厚傳 / 申繼後傳]526) ← *김학공전/*박만득 박금단전
국문필사본

　【增】 신계후젼　　박순호[家目]　　1(大正二年[1913]十二月二十六日始
　　　　신후젼이라　　　　　　　　　終, 忠南燕歧郡全東面事村里三統七
　　　　　　　　　　　　　　　　　　戶居 廉在善, 冊主 廉在善, 大正二年
　　　　　　　　　　　　　　　　　　十二月二十六日筆終함, 33f.)

국문활자본

　신계후젼 申桂厚傳　국중(36.34h2-38=2)/방민호　1([著·發]盧益煥, 新舊書林, 1926.12.
　　　　　　　　　　　[家目]/서울대(3350-30)　　　20, 45pp.)

356.1 〈자료〉
　Ⅰ. (영인)
　　356.1.2. 仁川大民族文化硏究所 編,『舊活字本古小說全集』, 8. 銀河出版社, 1983; (再刊) 國際아카데미, 2002. (대창서원판)

---

525) 이 작품은 1932년 『東光』 잡지 9월호에 게재되었다가, 다시 같은 해 같은 잡지 10~12월호에「이상한 동무」란 제명으로 번역 게재된 바 있다.
526) 『이본목록』에 각주 추가. 【增】「김학공전」을 우리 나라를 배경으로 하여 번안한 작품이다.

◪357.[신단공안 神斷公案]527) → *김봉본전 / *어복손전
〈비교연구〉
【增】
1) 「包公演義」중에서 '阿彌陀佛講和'·'觀音菩薩托夢'·'三寶殿' 등은 각각 개화기의 「神斷公案」제1화 '美人竟拚一命 貞南[男]誓不再娶', 제2화 '老大郞君遊學慈悲觀音托夢', 제3화 '慈母泣斷孝女頭 惡僧難逃明官手' 등과 그 내용이 동일한 것이다. 이와 같이 「신단공안」중 3편이 낙선재본 한글소설 「포공연의」와 동일함을 확인할 수 있는데, 나머지 작품 중에서 제4화 '仁鴻變瑞鳳浪士勝明官' 중 奸商에게 기지로써 6천 냥을 받아낸 鳳 이야기와, 대동강 물을 팔아 먹는 네 번째의 이야기는 모두 鳳伊型 설화를 바탕으로 하여 쓰여진 듯하다. 그리고 商人 趙平男의 獄事를 해결하는 여섯 번째 이야기는 『韓國口碑文學大系』에 나오는 朴英의 이야기와 『棠陰比事』의 「子産知姦」·「莊邁疑哭」과 그 모티프가 같으며, 제5화 '妖經客設齋成奸 能獄吏具棺招供'과 『당음비사』의 「李傑買棺」이 또한 그 모티프가 같음이 확인된다. 따라서 『신단공안』은 개화기의 우리 한문 소설이라기보다는 중국 公案類의 번역 내지는 飜案이라 보는 것이 좋을 듯하다(李憲洪, "朝鮮朝 訟事小說 硏究," 釜山大 博論[1987. 2], p. 72).
2) 상세히 조사해 본 결과 제5회 「妖經客設齋成奸 能獄吏具棺招供」은 明代 擬話本小說 「西山觀設錄度亡魂 開封府備棺追活命」의 번안 작품임을 발견하였다. 「西山觀設錄度亡魂 開封府備棺追活命」은 『初刻拍案驚奇』권17로 수록되어 있는 白話文 소설로 여느 소설과 다름없이 들머리 이야기와 본이야기로 되어 있다. 들머리 이야기에 나오는 任道元의 이야기는 그 출처가 『夷堅志』권5 '任道元'조이며, 『신단공안』제5회의 원천 작품인 본이야기는 唐代 張鷟의 『朝野僉載』권5 및 劉餗의 『隋唐佳話』下, 그리고 宋代 無名氏의 『綠窓新話』卷上의 「王尹判道士犯奸」, 『棠陰比事』중의 「李傑買棺」등에 실려 있는 짤막한 이야기를 제재로 소설화한 것이다. 그런데 이 「西山觀設錄度亡魂」은 『今古奇觀』에는 없고, 淸 光緒 甲午年(1894)에 無名氏가 편찬한 『續今古奇觀』권17로 수록되어 있어, [3字 略] 앞서 본 『啖蔗』중의 한 편인 「合同文字記」처럼 어느 本을 참고하여 『神斷公案』이 쓰여졌는지에 대해서는 앞으로의 연구가 있어야 하겠다(曾天富, "韓國小說의 明代 擬話本小說 受用의 一考察," 釜山大 碩論[1988. 2], pp. 55~56).

【增】 한문필사본
  【增】 神斷公案   임형택[莘蒼蒼齋 家目]   1(隆熙三年[1809] ······ 東萊 鄭雨德 謄書于寶鋆帽客舍, 58f.)

357.2.〈연구〉
Ⅲ. (학술지)
【增】
1) 김찬기. "근대계몽기 전(傳) 양식의 근대적 성격:「神斷公案」의 제4화와 제7화를 중심으로." 『상허학보』, 10(깊은샘, 2003. 2).

---

527) 『皇城新聞』, 光武 10년(1906) 5월 19일자(2,184호)부터 12월 31일까지 총 191회에 걸쳐 연재된, 모두 7편의 독립적인 이야기들을 묶은 연작 소설. 중국의 公案小說인 「龍圖公案」중의 일부를 번안한 것으로, 이 작품의 제1화는 「龍圖公案」의 '阿彌陀佛講話'를; 동 제2화는 '觀音菩薩托夢'을; 동 제3화는 '三寶殿'을 각각 번안한 것이다.

◐{신도기우록}
〈관계기록〉
① 『諺文古詩』(가림본), '인문칙목녹', 46: 「신도긔우록」.

■『신독재수택본전기집 愼獨齋手澤本傳奇集』528) ← 만복사저포기 / 상사동전객기 / 옥당춘전 / 왕경룡전 / 왕십붕기우기 / 유소낭전 / 이생규장전 / 주생전 / 최문헌전

〈관계기록〉
① 『愼獨齋手澤本傳奇集』(仮稱), 제54장: 予本好學 尤好雜記 借來此冊 潛以着慮 細細詳覽 則不知傳寫出於何人之乎 而或有衍文 字多誤書 反有落字 文理不成 不然連續 故以文解義 以義害文之處 頗多有之 是以 間或竊付己意 詳考諸書 刪其繁亂 改其誤字 補其闕字 然後文理接續 詳略相因 文甚明白 義極貫通 有何難知兮 疑訝之處乎 又恐文理不該之人 難於絶句 相續於上下 故難通之處 未該之間 點著絶句 以俟後之讀者 不庶乎有益於此矣 ○529)免臘月旬 愼獨齋主人書●(나는 본래 배우기를 좋아하면서도 잡기는 더욱 좋아하여 이 책을 빌려다 깊이 생각을 하며 샅샅이 살펴보았는데, 누구의 손에 의해 전사되었는지는 알 수 없었다. 혹 군더더기 글자가 있기도 하고 잘못된 글자도 많았으며, 또 낙자도 있어서 문리가 통하지 않고 앞뒤가 잘 이어지지 않았다. 따라서 문장이 뜻을 해치거나 뜻이 문장을 해치는 곳이 꽤 많았다. 그래서 간혹 나 자신의 생각을 가만히 덧붙이기도하고, 여러 책을 상고하여 번잡하고 어지러운 부분을 다듬고 잘못된 글자를 고치고 빠진 글자를 채워 넣었다. 그러고 나니 문리가 이어지게 되었으며 상세할 곳과 간략할 곳이 서로 이어져 문장이 더욱 명백해지고 뜻이 더욱 잘 통하게 되었으니, 알기 어려우며 의아한 곳이 어찌 있겠는가? 또 문리가 갖추어지지 않은 사람이 구절을 끊기 어려워 아래위를 붙여 읽을까 염려하여 뜻이 잘 통하지 않는 곳과 잘 이해되지 않는 곳에 점을 찍고 구절을 끊어 후세의 독자를 기다리니 아마도 이에 유익함이 있을 것이다. 섣달 10일에 신독재 주인[金集 1574~1655]이 쓰노라).

【增】〈판본연대〉
1) 이제 근거가 충분하지는 않으나, 교열기의 주인 신독재가 만일 김집이라면, 이 교열기를 쓴 연도나 문헌의 연대는 언제쯤일까 하는 문제를 한번 살펴보기로 하자. 이 문제의 중요한 열쇠는 위 교열기의 말미 '신독재주인 씀(愼獨齋主人書)'의 바로 앞에 적은 '○兎臘月旬'이란 구절에 있다. 여기서 '○兎'는 갑자(甲子)를 나타내는 '○卯'의 별칭인바, 자체(字體)가 뭉개져 명확히 알 수 없는 ○는 '靑'이나 '黃' 중 하나로 보이는데 '靑'보다는 '黃'에 가깝다. 그렇다면 문제의 구절은 '黃兎(臘月旬)'가 되겠는데 이 '黃兎'는 '기묘(己卯)'년을 뜻하는바, 김집의 생애에서 이 기묘년은 그가 66세 되던 인조 17년 즉 1639년이다. 추적의 또 다른 단서 하나는 김집이 '신독재'라는 호를 언제쯤부터 썼느냐는 것이다. 그런데 송시열을 위시한 그의 문인들이 쓴 시장(諡狀)·묘지명·신도비명·제문 등 그에 관한 전기적 기록에는 한결같이 그가 만년에 들어서야

---

528) 『이본목록』에 문장부호 { }를 『 』로 수정.
529) 정학성의 "『신독재수택본 전기집』의 17세기 소설집으로서의 성격과 위상"에 의하면 이 '○'자는 '黃'자일 가능성이 많으며, 따라서 이 해는 '黃兎' 즉 '己卯'년으로, 편찬자 신독재가 66세 되는 인조 17년 즉 1639년에 해당한다고 한다(『古小說研究』, 13[2002. 6], pp. 15~17 참조).

뜻한 바 있어 자호(自號)를 신독재로 정했다고 씌어 있다. 여기서 83세까지 살았던 그의 만년이 언제를 두고 말하는지 확실하지 않으나 후인들이 펴낸 그의 연보에는 그가 66세 되던 해 즉 예의 기묘년 6월조에, ……(본문 생략) '신독'이라 자호한 유래를 적고 있다. 앞의 전기적 기록들을 살펴보면 신독재 김집은 58세 때까지 당대 사림의 영수라 할 수 있는 부친 사계(沙溪) 김장생(金長生)을 시측하며 살았으며, 부친 타계 후 60세 되던 해 10월에 그 여묘(廬墓)를 끝냈으니, 61세나 그로부터 몇 년 이후라야 그 집에 편액(현판)을 달고 자호할 수 있었을 것이다. 그런데 63세 되던 해에는 병자호란을 만났으며 66세 되던 기묘년 5월부터 노환을 이유로 벼슬을 한사코 사양하며 고향 연산에 퇴거하여 일생을 마치려 하였으니, 그가 신독재라 자호한 것은 대개 이 기묘년 즈음이나 그 전후부터라고 봄이 옳을 것 같다. …… 이상에서 '○兎臘月旬 愼獨齋主人 書'라 부서한 교열기는 김집의 수택일 경우 그의 나이 66세 되던 기묘(1639년) 겨울에 쓴 것일 수 있음을 추적해 보았다. 그렇다면 이 소설집은 이 1639년 이전에 필사·완성된 것이고 수록 작품들은 그보다도 더 먼저 형성·창작된 것들이라 볼 수 있다(정학성, "『신독재수택본전기집』의 17세기 소설집으로서의 성격과 위상," 『古小說研究』, 13[2002. 6], pp. 15~17).

【增】 국문필사본

【增】 (申獨齋手澤本傳奇集)　　　　　정병욱　　　　　　　　1(92f.)

2. 〈연구〉

Ⅲ. (학술지)

【增】

1) 정학성. 「왕시붕기우기(王十朋奇遇記)」에 대한 고찰: 『愼獨齋手澤本傳奇集』 연구의 일환으로." 『古小說研究』, 8(韓國古小說學會, 1999. 12).

▶(신라국흥무왕전 → 흥무왕전)
【增】▶(신랑 新郎의 보쌈 → 정수경전)
◐358.[신립신대장실기 申砬申大將實記]
◐359.[신미록 辛未錄] ← 임신정란록 / 임신평란록 / 홍경래(전) / 홍경래실기

국문활자본

(홍경래실기)

홍경래실긔 洪景來實記	김종철[家目]/대전대 [이능우 寄目](1962)	1([發]申泰三, 世昌書館, 1962, 81pp.)
【增】 홍경래실긔 辛未錄 洪景來實記	국중(3634-2-68=5) /국중(3634-2-68=7)	1([著·發]盧益亨, 新舊書林·博文書館, 1929.1.25, 81pp.)
홍경리실긔 상/하 洪景來實記	국중(3634-2-68=6)/[仁活全](17)	2-1(국한자 병기, 총 17회, 南岳主人 撰, [編·發]崔昌善, 新文館·廣學書舖, 1917.7.10, 上: 제1회~제10회, 82pp.; 下: 11회~제17회, 64pp.)

〈관계기록〉
　① Courant, 818:「신미녹 辛未錄」.
【增】
　1)『[演慶堂]諺文冊目錄』(1920; 藏書閣所藏): 164.「辛未錄」 1冊.

359.1.〈자료〉
Ⅰ. (영인)
　359.1.2. 仁川大民族文化硏究所 編.『舊活字本古小說全集』, 17. 銀河出版社, 1983; (再刊) 國際아카데미, 2002. (신문관판)

359.2.〈연구〉
Ⅲ. (학술지)
「신미록」
【增】
　1) 권혁래. "「辛未錄」의 문학적 상상력과 역사의식."『東洋古典硏究』, 7(東洋古典學會, 1996. 12).『조선후기 역사소설의 탐구』(월인, 2001. 10)에 재수록.

★[[신방초일 新房初日]] ←『부담』
〈출전〉『浮談』

◪360.[[신병사전 申兵使傳]] ←『매화외사』
〈작자〉 李鈺(1760~1813)530)
〈출전〉 金鑢(1766~1821),531)『藫庭叢書』, 21 '梅花外史'
〈관계기록〉
　①「申兵使傳」, 結尾: 外史氏曰 燈燭 炧而盡者無煙 驟吹滅者 煙氣結而久不散 觀於燈燭 可以知死生理 若申兵使者 豈强死者耶 …… 余之南陽 而聞之 其書札尙有藏之者云◐(외사씨는 말하기를, 촛불이 심지가 타서 다하면 연기가 없는 법이다. 그러나 갑자기 바람결에 꺼진 것은 연기가 맺혀서 오래도록 흩어지질 않으니, 등불을 보아서도 가히 죽고 삶의 이치를 알 것이다. 이 신병사와 같은 자는 혹시 비명에 죽은 사람이나 아닌가? …… 내 일찍이 남양에 갔다가 이 이야기를 들었으며, 그의 편지는 아직도 간직된 것이 있다고 한다).

360.1.〈자료〉
Ⅱ. (역주)
【增】
　1) 실시학사 고전문학연구회 역주.『역주 이옥전집』, 2. 소명출판, 2001.

---
530) 모든 사전 수정.
531) 모든 사전 수정.

◆361.[신숙주부인전 申叔舟夫人傳]
361.1.〈자료〉
Ⅰ.(영인)
361.1.1. 仁川大民族文化硏究所 編.『舊活字本古小說全集』, 26. 銀河出版社, 1984; (再刊) 國際아카데미, 2002. (세창서관판)

◐{신씨삼대록 申氏三代錄}
〈관계기록〉
① 『諺文古詩』(가람본), '언문칙목녹', 29:「신시슴디록」.

◐{신씨옥중록 申氏獄中錄}
◆362.[[신아전 申啞傳]] ←『문무자문초』
〈작자〉李鈺(1760~1813)[532]
〈출전〉金鑢(1766~1821),[533]『薄庭叢書』, 19 '文無子文鈔'

362.1.〈자료〉
Ⅱ.(역주)
【增】
1) 실시학사 고전문학연구회 역주.『역주 이옥전집』, 2. 소명출판, 2001.
2) 신해진.『朝鮮朝傳系小說』. 월인, 2003.

◐{신옥기린}
〈관계기록〉
①「옥원재합기연」, 21, 後人 添記: 옥원을 지은 재조는 문식과 총명이 진실노 규등의 팀몰하야 한갓 무용한 잡져를 기술하고 셰상의 쓰이디 못하미 가셕 가탄이로다.「명행녹」·「비시명감」·「신옥긔린」 등이 다 이 한손의 난 배로되 각각 볼사록 신신하고 긔이하며 공교하니 이상하다.
②「玉鴦再合奇緣」(溫陽鄭氏 1725~1799), 14 表紙 裏面[1786~1790]:「신옥긔린」.

〈작품연대〉
【增】
1)「옥기린」의 창작 시기는「신옥기린」과의 관계로 따져 볼 수 있다.「옥원재합기연」의 필사자는「명행록」,「비시명감」,「신옥기린」이 모두「옥원재합기연」 작자에 의해 창작된 작품임을 증언하고 있다. 그런데 이때「신옥기린」에서「옥기린」자는 보통 크기로, '신' 1자는 '옥'자의 우편 상단에 작게 쓰여 있어, 기존 작품인「玉麒麟」과 새로 창작된「玉麒麟」을 구분하기 위해 후자를「新玉麒麟」으로 명명한 듯한 인상을 준다. 이렇게 볼 때「옥기린」은 18세기 후반 이전에 창작된「신옥기린」보다 앞서는 작품이므로, 늦어도 18세기 중반 이전, 빠르면 18세기 전반 이전에

---
532) 모든 사전 수정.
533) 모든 사전 수정.

창작되었을 가능성이 있다고 하겠다(池硯淑, "「여와전」 연작의 소설 비평 연구," 高麗大 博論 [2001, 6], p. 182).

◑{신유록 神遊錄}
〈작자〉 太虛堂(1636~1695)
〈출전〉 『東溪集』

◑363.[신유복전 申遺腹傳534)] ← 천정연분

【增】 국문필사본

(신유복전)

【增】 신유복젼	정명기[尋是齋 家目]	1	
【增】 신유복젼	여태명[家目](83)	1(27f.)	

국문활자본

신류복젼 申遺腹傳	국중(3634-2-77=7)<초판>/국중(3634-2-66=1)<재판>/[亞活全](4)	1(國漢字 倂記, [著]鄭基誠, 廣文書市, 1917.3.25; 재판 1918.11.20, 76pp.)
신유복젼	조희웅[家目]/[대조 4]	1(大造社, 1959, 58pp.)
申遺服傳	국중(3638-50)	1(大昌書院 編, 大昌書院, 1921, 75pp.)
신류복젼 申遺腹傳	국중(3634-2-77=2)/국중(3634-2-77=8)	1([著·發]李宗壽, 盛文堂書店, 1935.11. 25, 68pp.)
신유복젼 申遺腹傳	국회[目·韓II](811.31)/대전대[이능우 寄目](1107)/박순호[家目]/정명기[尋是齋 家目]<1951>/조희웅[家目]<1952>	1([著·發]申泰三, 世昌書舘, 1936. 10. 30; 1951; 1952, 68pp.)343)
신류복젼 申遺腹傳	국중(3634-2-24=1)	1([著·發]姜義永, 永昌書舘, 1928.1. 10, 68pp.)
【增】 신유복전	김종철[家目]/박순호[家目]	1([發]姜權馨, 永和出版社, 1960; 檀紀 4294[1961].10.10, 57pp.)
신류복젼 申遺腹傳	국중(3634-2-24=7)/국중(3634-2-77=4)/홍윤표[家目]	1([著·發]洪淳泌, 朝鮮圖書株式會社, 1925.11.30, 68pp.)344)
【增】 신유복전 申遺腹傳	박순호[家目]	1([發]朴彰緖, 鄕民社, 1964.10.30)
신유복전 申遺腹傳	국중(3634-2-77=6)/국중(3634-2-77=9)/영남대[目續](도남813.5)	1([著·發]高裕相, 滙東書舘, 1927.12. 23, 68pp.)

---

534) 『이본목록』의 표제 활자체 수정.

(천정연분)		
천정연분 天定緣分	국중(3634-3-73=3)/서울대(3340~40)/[仁活全](14)	1([著·發]洪淳泌, 京城書籍業組合, 1927. 1. 15, 33pp.)

363.1. 〈자료〉

Ⅰ. (영인)

　363.1.1. 仁川大民族文化研究所 編. 『舊活字本古小說全集』, 14. 銀河出版社, 1983; (再刊) 國際아카데미, 2002. (경성서적업조합판)

Ⅱ. (역주)

「신유복전」

　363.1.4. 리창유 윤색·김교식 주해. 『신유복전(·정을선전)』. 평양: 문예출판사, 1987; 서울: 연문사, 2000(영인).

363.2. 〈연구〉

【增】 Ⅱ. (학위논문)

〈석사〉

　1) 박명재. "「신유복전」 연구." 碩論(한국교원대 교육대학원, 2002. 8).

◐{신조기우록}
◐{신주광복지연의 神洲光復誌演義}
▶(심낭자전 沈娘子傳 → 심청전)
▶(심부인전 沈夫人傳 → 이해룡전)535)
▶(심사 心史 → 천군본기)
◆365. [[심생전 沈生傳]] ← 『매화외사』

　〈작자〉李鈺(1760~1813)536)
　〈출전〉金鑢(1766~1821)537), 『藫庭叢書』, 21, '梅花外史'
　〈관계기록〉
　　① 「沈生傳」(李鈺), 結尾: 余十二歲 游於村塾 日與同學兒 喜聽談故 一日 先生語沈生事甚詳 曰 此吾少年時窗伴也 其山寺哭書時 吾及見之 故聞其事 至今不忘也 又曰 吾非汝曹 欲效此風流浪子耳 人之於事 苟以必得爲志 則閨中之女 尙可以致 況文章乎 況科目乎 余輩其時聽之 爲新說也 後讀「情史」多如此類 於是 追記爲「情史」補遺◐(내가 열두 살 때에 시골 서당에서 글을 읽는데, 매일 동접들과 더불어 이야기 듣기를 좋아했다. 어느 날 선생님께서 심생의 이야기를 자세히 이야기해 주시고, "심생은 나의 소년 시절 동창이다. 그가 절에서 편지를 받고 통곡할

---

535) ◆364. 「심부인전」은 「이해룡전」의 이본임이 확인되었으므로 원래의 항목 번호를 삭제하고 기왕의 서술 사항들은 모두 「이해룡전」 항목으로 옮겼다.
536) 모든 사전 수정.
537) 모든 사전 수정.

때에 내가 보았었기 때문에 이 이야기를 듣고 지금까지 잊지 않았다." 하시고, 이어서 "내가 너희들에게 이 풍류 소년을 본받으라는 것이 아니다. 사람이 무슨 일에 대해서 참으로 꼭 이루고야 말겠다는 뜻을 세우면 규중의 처자라도 오히려 감동시킬 수 있거늘, 하물며 문장이나 과거야 왜 안 되겠느냐?" 하였다. 우리들은 그 당시 듣고 매우 새로운 이야기로 생각했다. 뒤에 「정사」[唐 元稹 「鶯鶯傳」] 를 읽어 보니 이와 비슷한 이야기가 많았다. 이에 이를 추기하여 「정사」의 보유를 삼을까 한다).

【增】〈비교연구〉

1) 「심생전」의 서사 방식을 이해하기 위해서는 「情史」로부터 받은 영향을 고려하지 않을 수 없다. 작가가 「심생전」을 창작하면서 그것을 「情史」의 보유로 삼고자 한 것은 「情史」에 수록된 작품을 서사의 전범으로 삼음을 말해 주는 것이다. …… 그렇다면 작가가 「심생전」을 「情史」의 어느 항목에 補遺로 넣고자 했는지를 알아보는 일이 필요하다. 「심생전」은 「情史」의 여러 부분과 관련지어 생각해 볼 수 있다. 미혼 남녀의 사랑을 그리고 있다는 점에서는 卷三 情私類의 '私而未及配者'와 관련을 지을 수 있고, 불행한 결말로 끝난 사랑이라는 점에서는 卷十四 情仇類의 '薄倖'과 관련을 지울 수 있다. 이 두 항목에 들어 있는 작품들을 검토해 본 결과 「심생전」은 후자와 깊은 관련을 갖는 것으로 드러난다. 여기에는 「寶玄妻」, 「謝氏女」, 「鶯鶯」, 「班婕妤」, 「潘夫人」, 「翾風」, 「杜十娘」, 「韓玉父」 등 8편의 작품이 수록되어 있는데, 이 가운데 「심생전」과 가장 유사한 내용을 가진 작품은 「鶯鶯」이다. 이들 두 작품은 그 줄거리에 있어서뿐 아니라 세부적 묘사에 있어서도 서로 유사한 면을 보인다. …… 「앵앵」이 어떤 경로를 통해 우리 나라에 들어오게 되었는지는 분명치 않다. 그것이 독립된 작품으로 들어왔는지, 아니면 다른 책 속에 수록되어 들어왔는지도 알 길이 없다. 다만 이 작품이 「정사」 가운데 수록되어 있고, 李鈺이 그 책을 읽었다는 사실이 확인되었기 때문에, 이 작품도 「정사」에 수록되어 전해진 것으로 생각된다. 「심생전」과 「앵앵」은 서로 차이점을 가지고 있지만, 전체 서사 구조와 서술 방식에 있어서 많은 유사점을 보인다. 양자 사이의 유사성이 우연의 일치인지, 아니면 상호 교류를 통해서 나온 결과인지는 분명치 않다. 그러나 이 작품이 「정사」 가운데 수록되어 있고, 이옥이 이 책을 읽고 「심생전」을 지었다는 사실이 확인되었기 때문에 「심생전」이 「앵앵」으로부터 영향을 받았을 것으로 추론된다(鄭夏英, "「沈生傳」의 題材의 脈絡과 敍事方式," 『고전문학연구』, 18 [2000. 12], pp. 312~314 발췌 인용).

365.1. 〈자료〉

Ⅱ.(역주)

【增】

1) 郭正植. 『쉽게 읽는 고소설』. 신지서원. 2001.
2) 실시학사 고전문학연구회 역주. 『역주 이옥전집』, 2. 소명출판, 2001.
3) 朴熙秉 標點·校釋. 『韓國漢文小說 交合句解』. 소명출판, 2005. (『潭庭叢書』, '梅花外史')

365.2. 〈연구〉

Ⅱ. (학위논문)

〈석사〉

【增】

1) 최연희. "애정 전기소설에 나타난 사랑과 죽음:「이생규장전」,「운영전」,「심생전」을 중심으로." 碩論(목포대 교육대학원 2005. 2).

Ⅲ. (학술지)
【增】
1) 全秀燕. "「沈生傳」의 樣式的 特性."『梨花語文論集』, 9(梨花女大 韓國語文學研究所, 1987. 11).
2) 정병호. "「沈生傳」에서의 신분의 문제."『伏賢漢文學』, 8(伏賢漢文學會, 1992. 12).
3) 정병호. "「심생전」의 서술방식과 의미지향."『文化傳統論集』, 1(경성대 부설 향토문화연구소, 1993. 8).
4) 정하영. "「沈生傳」의 題材的 脈絡과 敍事方式."『고전문학연구』, 18(한국고전문학회, 2000, 12). 한국고소설학회 編.『한국고소설의 자료와 해석』(아세아문화사, 2001. 10)에 재수록.
5) 전경원. "「首揷石枏」과「沈生傳」및「掃雪」의 거리."『고전산문의 계보적 연구』(국학자료원, 2001. 4).
6) 신희경. "「沈生傳」연구."『돈암어문학』, 15(돈암어문학회, 2002 12). 돈암어문학회 편,『문학적 맥락에서 본 국문학』(국학자료원, 2003. 2)에 재수록.

◐{심진사전 沈進士傳}
◐{심참판전 沈參判傳}
▶(심청가 沈淸歌 → 심청전)
▶(심청록 沈淸錄 → 심청전)
◪366.[심청전 沈淸傳] ← 강산전 / 강상련 / 몽금도전 / 심낭자전 / 심청가 / 심청전
【增】〈작자〉
1)「관음사사적」과 박순호교수 소장본「효녀실기심청전」을 김인후(金麟厚)[1510~1560]의 생애와 대조하여 보면 매우 흥미 있는 결론이 나온다. 그리고「심청전」은 다방면에 매우 해박한 유학자가 쓴 작품임을 누구나 쉽게 알 수 있으며 그것은「관음사사적」의 내용을 발췌, 인용한 결과임을 또한 함께 알 수 있다. …… 소학과 향약을 기본 바탕으로 당, 송 때까지 대 문장가들의 문구와 중국의 역사 문물에 해박한 글의 내용으로 보아 김인후가 곡성 옥과현감으로 있을 때「관음사사적」을 인용하여 집필한 것이「심청전」이다. 그 후 어떻게 유전되었는지 알 길은 없지만 신재효(1812~1884)가 그의 향리 고창에서 심청전을 정리할 때 '영주각 학사를 시켜 언문으로 번역하여 세상에 전하게 한다.'는 기록을 보면 최초의 작품은 한문체 소설이었음이 분명하다. …… 이후 수많은 기생과 무당, 광대들에 의하여 놀이 문화로 발전하는 과정에서 자신의 환경과 지역의 문화를 즉흥적으로 반영시키며 가필하고 윤색되어진 것이 오늘날의「심청전」이다. …… 특히 근세에 가필된 모든「심청전」의 이본들에서 선택하고 있는 부처님의 공덕 찬양과 서민들의 통속적인 언어와 놀이 문화가 배제되어 있으면서 마음을 다하여 부지런히 힘써 일하고 이웃 간에 사이좋게 지내라는 근엄하고 절제된 유가적 사상과 문후로 일관된 박순호 소장「효녀실기 심청전」은 후대에 전해지면서 정확히 몇 문장이 어떻게 가필되었는지 그 유무를 알 수 없으나 김인후가 옥과현감으로 있을 때「성덕산관음사사적」의 내용을 발췌하여 만든 작품이며, 곧 최초의「심청전」원작이다(박혜범,『원홍장과 심청전』[2003. 5], pp.190~191; 222~223; 229, et

passim).

〈참고자료〉

① 孝女知恩 韓岐部百姓連權女子也 性至孝 少喪父 獨養其母 年三十二 猶不從人 定省不離左右 而無以爲養 或傭作 或行乞 得食以飼之 日久不勝困憊 就富家 請賣身爲婢 得米十餘石 窮日行役於其家 暮則作食歸養之 如是三四日 其母謂女子曰 向食麤而甘 今則食雖好 味不如昔 而肝心若以刀刃刺之者 是何意耶 女子以實告之 母曰 以我故 使爾爲婢 不如死之速也 乃放聲大哭 女子亦哭 哀感行路 時孝宗郞出遊見之 歸請父母 輸家粟百石及衣物 予之 又償買主以從良 郞徒幾千人 各出粟一石爲贈 大王聞之 亦賜租五百石 家一區 復除征役 以粟多 恐有剽竊者 命所司差兵番守 標榜其里 曰孝養坊 仍奉表歸美於唐室☯(효녀 지은은 신라의 한기부 사람 연권의 딸인데 그 성품이 효도에 지극하였다. 그는 어려서 부친을 잃고 홀로 그 모친을 봉양하며 나이 32세가 되어도 오히려 시집을 가지 않고 밤낮으로 어머니의 좌우를 떠나지 않았다. 그러나 집이 가난하여 잘 봉양할 수 없게 되자, 혹은 남의 일도 하여 주고 혹은 집집이 돌아다니며 밥을 빌어다가 어머니를 먹였다. 그러나 날이 갈수록 곤궁함을 이기지 못하여 드디어는 부호의 집에 청하여 몸을 팔아 종이 되고 쌀 10여 석을 얻기로 하였다. 그 후 효녀 지은은 그 집에서 종일토록 일을 하여 주고 저물어서야 집으로 돌아와 밥을 지어 어머니를 봉양하였는데, 이와 같이 3~4일이 지나자 그 어머니는 딸에게 말하기를, "지난날에는 먹는 것이 맛나더니, 오늘에는 밥은 비록 좋으나 맛은 좋은 것 같지 않고 간장을 칼로 찌르는 것 같으니 이것이 어찌된 까닭인가?" 하므로, 효녀 지은은 사실대로 알리니, 어머니는 말하기를, "나 때문에 네가 남의 종이 되는 것은 차라리 내가 빨리 죽는 것만 같지 못하다." 하고 소리를 내어 크게 통곡하자 딸도 또한 통곡하므로, 길 가는 사람들도 슬픔을 느끼게 하였다. 이때 효종랑이 나와 놀다가 이것을 보고 집으로 돌아와서 부모에게 청하여 집에 있는 좁쌀 1백 석과 의복을 보내 주고, 또 효녀 지은을 산 주인에게 곡물을 변상하여 줌으로써 양민으로 되게 하니, 이를 본 낭도538) 몇 천 명도 각각 좁쌀 한 섬씩을 거두어 보내게 되었다. 왕은 이 말을 듣고 또 조곡 5백 석과 집 한 채를 하사하고, 정역539)의 구실을 면제시키고, 또 곡물이 많으므로 나쁜 도적들이 있을까 하여 유사540)에게 명하여 군사를 보내어 당번으로 지키게 하였고, 그 마을에 써 붙이기를 '효양방'이라 하고 곧 이 미담을 적어 당나라에 보냈다)[『三國史記』, 권 48].

② 孝宗郞遊南山鮑石亭 門客星馳 有二客獨後 郞問其故 曰 芬皇寺之東里有女 年二十左右 抱盲母相號而哭 問同里 曰 此女家貧 乞啜而反哺有年矣 適歲荒 倚門難以藉手 贖賃他家 得穀三十石 寄置大家服役 日暮囊米而來家 炊餉伴宿 晨則歸役大家 如是者數日矣 母曰 昔日之糠粃 心和且平 近日之香秔 膈肝若刺 而心未安 何哉 女言其實 母痛哭 女嘆己之但能口腹之養 而失於色難也 故相持而泣 見此而遲留爾 郞聞之潸然 送穀一百斛 郞之二親 亦送衣袴一襲 郞之千徒 斂租一千石遣之 事達宸聰 時眞聖王賜穀五百石 幷宅一廛 遣卒徒衛其家 以徼劫掠 旌其坊爲孝養之里 後捨其家爲寺 名兩尊寺☯(효종랑이 남산의 포석정에 놀고 있을 때, 문객들이 빨리 달려갔는데 오직 두 사람만은 뒤늦었다. 효종랑이 그 까닭을 물으니 대답했다.

---

538) 花郞.
539) 租稅와 賦役.
540) 관계 단체나 혹은 그 단체에서 직무를 맡아 보는 사람.

"분황사의 동쪽 마을에 어떤 여인이 있었는데 나이가 20세 됨직했습니다. 눈 먼 어머니를 껴안고 서로 목놓아 슬피 울고 있었으므로 같은 마을 사람들에게 그 이유를 물었더니 이렇게 말했습니다. '이 여자의 집은 가난해서 빌어서 어머니를 봉양한 지가 몇 해나 되었는데 흉년을 만나 걸식으로서는 살아갈 수 없었으므로, 남의 집에 품팔이로 팔려 곡식 30석을 얻어 주인집에 맡겨 놓고 복역했습니다. 날이 저물면 쌀을 싸가지고 집으로 와서 밥을 지었고, 어머니와 함께 잤으며, 새벽이면 주인집에 가서 복역했습니다. 이와 같이 한 지 며칠 만에 그 어머니가 지난날의 거친 음식은 마음이 화평했는데, 요즈음의 좋은 쌀밥은 속을 찌르는 것 같으면서 마음이 편안하지 않으니 어찌된 일이냐고 했습니다. 여인이 그 사실대로 말했더니 어머니는 통곡했으므로, 여인은 자기가 다만 어머니의 구복541)의 봉양만을 하고 마음을 편안하게 하지 못했음을 탄식하여 서로 붙잡고 울게 된 것입니다.' 그래서 그것을 보느라고 늦었습니다)[『三國遺事』, 5 孝善 9, '貧女養母'].

③ 542) 余少時遊歷諸山 幸到觀音寺 私聞長老之說聖跡曰 忠淸道大興縣有一盲人 其姓元 其名良 早喪配耦鰥居窮困 仍鮮族黨 無所依賴 惟有一少女 名洪莊 生而淑美 …… 其盲父適有故 出上邑路 逢一僧 乃弘法寺法堂幹差 稱名性空此也 忽見盲者 趣拜曰 欲與君同成金剛不朽之因 幸公爲我大施也 盲者言 以我貧丐 求若所欲 豈不難哉 化士 再拜而起曰 吾受勸軸之日 夢有金人 詰吾曰 明朝出路口 必逢盲人 卽爲汝之大檀越也 是以懇請 盲人籌思 移時而言曰 家無斗儲 野乏尺壤 雖欲奚爲 止[只]有一少女 以此與之 卽賣而以爲法堂經營之資 是時女年 二八 …… 女跋涉途 心力疲困 乃憩於蘇浪浦岸 擡頭西坐 須臾碧海上 兩紅船 自西而東 疾如飛箭 來泊津頭 是乃中州涓人之船 船上金冠玉佩 繡衣使者 熟視此女之韶顔絶色 卽起拜謝於前曰 眞是后也 女變色曰 是何言歟 使者曰 吾晉國人也 永康丁亥五月辛酉皇后崩 自是上帝惻然不已 一夜夢有神人白上 新皇后 生於東國 今已長成 端正勝於前皇后 更勿爲逝者而哀也 上欠伸而覺 明日卽備幣帛四萬端金銀珍寶 都載兩船 又擇差相慧利者爲使者 申命直馳東國 …….. 借入上國 朝謁之時 月貌星眸 光彩照人 上視而歎曰 以海隅之鰈域而有如是之人哉 由是由寵 所言皆從焉 后稟性雅差 彌天慈威 欲行淨業 乃勅石匠以馬瑙 造塔三千 分列諸國 後 后曰 身雖登於寶位 豈能忘乎本國 又勅 成五十三佛 五百聖衆 與十六羅漢 佔畢 使舟人 載三石船 送本國 …… 當時化士性空 得其財 不逾月斷功 盲人元良 從前別女之哀淚 盲眼忽明 具享體福而終壽九十五 …… 余所聞於長老者止此而已 …….. 時雍正己酉暮春 碧梧門人白梅子 因德[優]閑子之所述 艾繁增削而書之◯(내가 어려서 여러 산들을 유람하며 다녔는데, 발걸음이 관음사에 도착하였을 때 장로가 그 성스런 사적에 대하여 말하는 것을 들은 바 있다. 옛날 충청남도 예산군 대흥에 한 맹인이 살았는데 그 성은 원이요 이름은 양이었다. 그는 일찍이 아내를 잃고 홀아비로 궁곤하게 살고 친척이 없어 의지할 데도 없었다. 오직 어린 딸 하나가 있어 이름은 홍장이라 했는데, 태어나면서부터 정숙하고 아름다웠다. …… 그 눈 먼 아비가 마침 일이 있어 윗마을로 가던 길에 한 스님을 만났는데, 홍법사 법당의 중수 책임[幹差]543)을 맡은 '성공'이라는 이름의 중이었다. 그는 원량을 보더니 갑자기 달려와 예를 표하며 말하기를, "그대와 더불어 금강544) 불후의 인연을 이루고자 합니다. 다행히 공께서는 나를 위하여 큰

---

541) 목숨을 잇기 위해 음식물을 섭취하는 입과 배.
542) 出典을 본문 끝으로 옮겼다.
543) 임시로 맡은 겸직.
544) 如來의 知德이 매우 굳어 일체의 번뇌를 照破함의 비유.

보시를 베풀어 주소서." 하였다. 장님이 말하기를 "저 같은 가난한 거지에게 하고자 하는 바를 구하여 어찌 소원을 이루시려 합니까?" 화주승이 거듭 절하고 일어나 말하기를, "제가 권축545)을 받던 날 꿈에 한 부처님이 나타나 제게 말하기를 '내일 아침 길 어구에 나가면 반드시 맹인을 만날 것인데, 그 사람은 네게 큰 시주가 될 것이다.'라고 하였기에 간청드리는 것입니다." 원량이 이 말을 듣고 한동안 생각하다가 잠시 후 말하기를, "집에는 한 말의 여축도 없고 들판에는 한 자의 땅도 없는 터이니, 비록 그렇게 하고자 한들 어찌하겠습니까? 다만 어린 딸 하나가 있을 뿐이라 이를 주겠으니 팔아 법당을 이룩하는 비용으로 하십시오." 하였다. 이때 원량의 딸의 나이는 16세였다. …… 홍장이 길을 떠나 가던 길에 심신이 피곤하여 잠시 소랑포변에 앉아 서쪽을 바라보며 쉬고 있는데, 잠깐 사이에 푸른 바다 위에 두 척의 붉은색의 배가 나타나더니 서쪽으로부터 동쪽으로 화살같이 빨리 달려와 포구에 정박하였다. 이 배는 중국 궁인[涓人]546)의 배로, 배 위에는 금관을 쓰고 옥을 띤 수의 사자547)가 홍장의 뛰어난 모습을 이윽히 살펴 보더니, 즉시 앞으로 와 절하고 말하기를, "참으로 황후이십니다."라고 하였다. 홍장이 놀라 말하기를, "이 무슨 말씀이신지요?" 하니, 사자는 말하였다. "저는 진나라 사람입니다. 영강548) 정해 5월 신유에 저희 나라 황후께서 돌아가시어 그때부터 황제께서 슬퍼하시기를 마지 않더니, 어느 날 밤 꿈에 신인이 나타나서 아뢰기를, '새 황후는 동방에 태어나서 이미 장성하였으며 단정하기가 전 황후에 못지 않으니 돌아가신 전 황후를 위해서라도 더는 슬퍼하지 말라.' 하였습니다. 황제께서 잠에서 깨어나, 이튿날 곧 폐백549) 사만 필과 금은보화를 갖추어 배 두 척에 싣고, 또 관상 잘 보는 지혜로운 자를 뽑아 차사550)로 삼아 명하기를, '곧장 동쪽 나라로 이 물건들을 가지고 가 예법대로 모셔 오라.'고 했습니다." …… (홍장이) 사자와 함께 중국으로 들어가니, 황제를 만날 때에 달 같은 모습과 별 같은 눈동자의 광채가 모든 사람에게 빛나니, 상이 보고 찬탄하여 말하였다. "바다 한 구석의 작은 땅[鰈域]551)에 어찌 이 같은 인물이 있었단 말인가!" 이로써 총애하시고 황후의 말을 모두 따르게 되었다. 황후의 품성은 매우 고아하였고 인자하신 위엄은 하늘을 덮을 정도였으며, 늘 정업552)에 힘썼다. 이에 조칙553)으로 석공에게 명하여 마노554)로 삼천 개의 탑을 조성하여 여러 나라에 나누어 주며 받들어 모시게 했다. 후가 또 말하기를, "내 비록 보위555)에 올랐으나 어찌 모국을 잊을쏘냐?" 하고 거듭 조칙을 내려 53불과 500성중556)과 16나한을 조성하게 한 후 뱃사람을 시켜 세 척의 돌배에 실어 모국으로 보내게 했다. …… 그때 화주승557) 성공이 재물을 얻어 달을 넘기지 않아 절의 조성을 끝내었고, 맹인 원량은

---

545) 佛家에서 勸善하는 글을 쓴 두루마리.
546) 궁중에서 청소를 담당하는 사람. 內侍.
547) 좋은 옷을 입은 사신.
548) 晉나라 '永康'은 惠帝 때의 연호로 西曆 A.D. 300년에 해당하며, 이 연호는 단 1년으로 끝났으므로 이 기록은 사실에 맞지 않음을 알 수 있다.
549) 훌륭한 사람을 뵈러 갈 때 가져 가는 예물.
550) 중요한 임무를 위하여 파견하는 관리.
551) 예전에 중국에서 우리 나라를 일컫던 이름.
552) 정토에 왕생할 業因.
553) 임금의 뜻을 적은 문서.
554) 돌의 한 종류. 石英·蛋白石·玉髓의 혼합물.
555) 제왕의 자리 같은 높은 자리를 말한다.
556) 극락세계에 있는 모든 보살.

전에 딸과 이별할 때 슬피 흘린 눈물로 인하여 멀었던 눈이 갑자기 밝아져 복을 누리다가 95세에 작고했다. …… 내가 관음사 장로에게서 들은 것은 이뿐이다. …… 옹정 기유년[1719] 늦은 봄에 벽오의 문인인 백매자가 우한자의 기술한 바에 의하여 번거로운 것은 잘라 버리고 깎고 더하여 쓰노라)[『朝鮮寺刹史料』, 上, 玉果縣 聖德山 觀音寺事蹟)].

〈관계기록〉

① 『秋齋集』(趙秀三 1762~1849), 7, 紀異, '傳奇叟': 傳奇叟 居東門外 口誦諺課稗說 如「淑香」·「蘇大成」·「沈淸」·「薛仁貴」等傳奇也 月初一日坐第一橋下 二日坐第二橋下 三日坐梨峴 四日坐校洞口 五日坐大寺洞口 六日坐鐘樓前 溯上旣自七日 沿而下 下而上 上而又下 終其月也 改月亦如之而以善讀 故傍觀匝圍 夫至最喫繁甚可聽之句節 忽黙而無聲 人欲聽其下回 爭以錢投之 曰此邀錢法云◐(전기수는 동문 밖에 살면서 언과 패설558)을 구송하는데, 「숙향전」·「소대성전」·「심청전」·「설인귀전」 등이 그것이다. 한 달의 초하루에는 첫 번째 다리 밑에 앉고, 이튿날은 둘째 번째 다리 밑에 앉고, 사흘째는 배고개[梨峴]에 앉고, 나흘째는 교동 입구에 자리 잡고, 닷새째는 대사동 입구에 자리 잡고, 엿새째는 종루 앞에 자리 잡는다. 이렇게 거슬러 올라가서는 7일부터는 따라서 내려오는데, 내려왔다가는 올라가고 올라갔다가는 또 내려와 그 달을 마친다. 달이 바뀌면 또 이와 같이 한다. 읽는 솜씨가 훌륭하기 때문에, 사람들이 주위를 둘러싸고 곁에서 구경하는데, 대체로 가장 중요하고 들을 만한 대목에 이르면 갑자기 입을 다물고 소리를 내지 않는다. 사람들이 그 다음 대목을 듣고자 하여 다투어 돈을 던지는데, 이것을 '돈을 거두는 방법[邀錢法]'이라고 한다).

② 「觀優戱」[1843?](宋晩載 1788~1851), 제15수: 娥孝爺貧愿捨身 去隨商舶妻波神 花房天護椒房貴 宴罷明眸始認親◐(효녀가 가난한 아비 위해 몸을 팔아서, 상선을 따라 가서는 물귀신의 아내 되었네. 하늘의 도움으로 꽃 속에서 초방의 귀인 되었네, 잔치 끝에 아버님의 눈 뜨게 하였다네).

③ 『嘉梧藁略』(李裕元 1814~1888), 樂府, 觀劇[1826], '花中兒 第七令': 商船蝟集賽江神 天孝兒娘願賣身 貨貨能令參造化 死人活後開盲人◐(장삿배 모여들어 강신에게 굿하는데, 타고난 효녀 심청이 몸 팔기를 원했다네. 재화가 조화조차 부리어서 죽은 사람 살아나게 하고 소경 눈도 띄었다네).

④ 『明美堂集』(李建昌 1852~1898), 4: 靈光裵喜根 伶人也 作「沈靑歌」悲壯感慨 近所罕有 裴伶一齣沈娘歌 四座無端喚奈何 楚岸帆回秋色遠 漢宮簾捲月明多 鼓聲驟急全疑雨 扇影低垂半欲波 休道笑啼皆幻境 百年幾向此中過 我且停盃爾且歌 良宵如此可如何 用心休恨知心少 得意偏從失意多 冉冉高雲開翠幄 亭亭華月漾金波 酒闌忽憶人間世 辛苦千山萬水過◐(영광 땅의 배희근은 광대다. 「심청가」를 부르는데, 그 비장하고 감개스러움은 근래에 보기 드물도다. "배희근이 「심청가」 한번 부르면 온 사람이 '어찌할꼬' 부르짖네. 초나라 물가에 배 돌아오니 가을빛 아득하고, 한궁의 주렴 걷으니 달빛 가득하도다. 북소리 휘몰아쳐 비오듯하고, 부채 그림자 드리우니 물결 이는 듯. 웃고 우는 것이 거짓이라 말하지 마소. 인생 백년에 이 경지를 몇 번이나 맛보리. 나는 술잔 들고 그대는 노래 부르니 이 같이 좋을 밤 어쩌면 좋을꼬. 마음을

---

557) 집집으로 다니면서 結緣의 법을 일러 주고 시주를 얻어 절의 양식을 이어 대는 중.
558) 언문 즉 국문으로 쓰여진 소설.

씀에는 알아 줌 적음을 한탄치 말고, 뜻을 얻음에는 실의로부터 나오는 것이 많음을 따르라. 염염히 떠가는 높은 구름이 푸른 장막을 헤치니 정정한 달빛은 금빛 물결에 흔들리누나. 술이 거니하매 홀연 인간 세상 생각하니 신고 속에서 천산과 만수를 지냈도다").

⑤ 『敎坊歌謠』(鄭顯奭, 1872), '倡歌'條: 「沈淸歌」爲盲父賣身 此勸孝也.◐(「심청가」는 눈먼 아비를 위해 몸을 팔았으니 이는 효를 권장한 것이다).

⑥ 「贈桐里申君序」[1872](鄭顯奭): 詩三百篇 其善者 可以感發人之良心 惡者 可以懲創人逸志 故王者 以是行敎化移風俗 使人各得其性情之正矣 後世滑稽俳優之徒 起 以談辯諷刺之言之者無罪 聞之者 足以爲戒 淳于髡優孟 東方朔之類是已 我東倡夫之歌 殆彷彿乎古之俳優 「春香」·「沈靑」·「興富」等歌 皆足以勸善懲惡 但其人也賤 其詞也俚 語多悖理 聞者徒爲戱笑之資 亦不解其本旨矣 日 倡夫李慶泰告予曰 高敞申處士在孝 家不甚貧 自奉儉薄 古樣若野老 嘗召諸倡 皆於我乎歸 訓以文字 正其音釋 改撰其鄙俚之甚者 使之時習 於是 遠近就學者 日以盈門 皆舍而飼之 常有優樂底意 人皆異之 「春香」·「沈靑」·「興富」等歌 易爲感發人情 而足以勸懲者 其餘無足聽者也 歷聽俗唱 敍事多不近理 遣語亦或無倫 況唱之識字者尠 高低倒錯 狂呼叫囔 聽其十句譜 莫曉其一二 且搖頭轉目 全身亂荒 有不忍正視 欲革是弊 先將歌詞袪其鄙俚悖理者 潤色以文字 形容其事情 使一篇文理接續 語言雅正 乃選唱夫中容貌端正 喉音弘亮者 訓以數千字 使平上淸濁 分明曉得然後 敎以歌詞誦若己言 次敎以聲調 其平聲要雄深和平 其叫聲 要淸壯激厲 其哭聲 要哀怨悽悵 其餘響 要撓樑遏雲 及其升場試唱 要得字音必分明 敍事有條理 使聽之者 莫不解得 且要持身端直 一坐一立 一擧扇 一舞袖 亦皆中節然後 始可謂名唱 寄語桐里 須試此訣. 美錦堂居士 戱寫◐(시 삼백 편은 그 좋은 내용의 것은 사람의 양심을 감발시킬 수 있고, 그 나쁜 내용의 것은 사람의 나태한 뜻을 징계할 수 있다. 그래서 나라를 다스리는 사람은 이로써 교화를 행하고 풍속을 착한 데로 이끌어서는 사람들로 하여금 그 성정의 올바름을 얻도록 했던 것이다. 그 뒤에 골계 배우의 무리들이 일어나서는 이야기와 변론으로써 세상을 풍자했는데, 풍자한 사람은 죄를 입지 않았고, 그것을 듣는 자는 자신의 경계로 삼을 수 있었으니, 순우곤[559]·우맹[560]·동방삭[561]의 무리들이 그들이다. 우리 동방의 창부[562]들의 노래는 옛날 배우들의 그것과 매우 방불하여 「춘향가」, 「심청가」, 「흥부가」 등은 모두 권선징악을 하기에 충분하다. 다만 그 사람[唱者]이 천하고 그 사설이 천하며 그 말이 많이 이치에 어긋나서, 이를 듣는 자들이 한갓 우스갯거리로만 여기고 그 본뜻을 이해하지 못하고 있다. 창부 이경태가 나에게 말하기를 고창의 신처사 재효는 집안 형편이 그리 가난하지 않고 검소하게 살아 고박[563]하기가 촌노인와 같다. 일찍이 여러 노래꾼들을 불리 모아서는 문자를 가르치고 음과 뜻을 바르게 했으며, 사설이 심하게 천하고 속된 것은

---

559) 중국 전국 시대 제나라 사람. 골계 다변으로 유명했다. 宣王이 밤새도록 술 마시기를 좋아하여 정치가 문란해지자 제후가 번갈아 침입하기에 이르니, 순우곤이 왕에게 은거를 청하여 왕도 이를 따랐다.
560) 중국 춘추 시대 초나라의 유명한 배우. 초나라 莊王을 섬겼는데, 孫叔敖가 죽은 후 그 아들이 가난했기 때문에 우맹이 가짜로 손숙오 차림으로 노래를 지어 장왕을 감동시키고 손숙오의 아들에게 벼슬을 내리게 했다.
561) 중국 한나라 무제 때 사람으로 골계 해학에 뛰어나 담소할 때는 언제나 풍자를 즐겨했다고 한다. 속칭 '三千甲子東方朔'이라 하여 장수한 대표로 치나 이는 어디까지나 민간 전설에 지나지 않는다.
562) 남자 광대.
563) 예스럽고 질박함.

고쳐서 그들로 하여금 때때로 익히게 하였다. 이에 원근에서 배우러 오는 사람이 날마다 문을 메웠는데, 모두 숙식을 제공하였다. 늘 광대들의 소리에 뜻을 두었으므로 사람들이 모두 이상스럽게 생각했다. 「춘향가」, 「심청가」, 「흥부가」 등은 인정을 감동시키기 쉬우며 또 권선징악을 할 만한 것이다. 그 나머지 소리는 들을 만한 것이 못된다. 속창[판소리]을 두루 들어보니 서사가 많이 이치에 닿지 않고 사설 또한 간혹 두서가 없었다. 더욱이 창을 하는데 글을 아는 창자가 드물어 고저가 뒤바뀌고 미친 듯 울부짓고 외쳐서 열 마디를 들어도 한두 마디조차 알아들을 수가 없다. 또 머리를 흔들고 눈을 굴리며 온몸을 어지럽게 놀리니 차마 바로 볼 수도 없다. 이러한 폐단을 없애자면 먼저 가사 중에 속되고 이치에 어긋난 것을 제거하고 한문으로 윤색하여 그 사정을 표현하여 한 편의 문리가 접속되도록 해야 할 것이다. 표현이 고상하고 바르게 되면 창부 중 용모가 단정하고 목소리가 크고 맑은 자를 골라서 글을 많이 가르쳐서는 평성, 상성, 청탁을 분명하게 깨치게 한 다음에 가사를 자기 말처럼 외우게 해야 한다. 그 다음에는 성조를 가르치는데 평성은 웅심564) 화평해야 하며, 규성565)은 청장566) 격려해야 하며, 곡성은 애원처창567)해야 하며, 여운은 들보의 티끌을 날리고 구름을 멈추게 해야 한다. 나아가 무대에 올라 창을 해 보아 자음이 분명하고 서사에 조리가 있으며 듣는 사람이 다 이해해야 하며, 또 몸가짐을 단정하고 곧게 하여 한 사람은 앉고 한 사람은 서서 부채 한 번 드는 것, 소매 한번 날리는 것까지 모두 절도568)에 맞은 다음에야 비로소 명창이라 할 수 있다. 동리에게 맡기노니 모름지기 이 방법을 시험해 보기 바란다. 미금당거사가 장난삼아 적다).

⑦ 『平山申氏世譜』, '桐里祖考孝行錄': 晩年以勵世經綸「初頭歌」·「烏蟾歌」著作 古來「兎鼈」·「赤壁」·「沈淸」·「春香」·「興甫」·「橫負歌」等 一一校正 正經緯 刪其淫化 使世人感發忠孝烈之心 ◐(만년에 세상을 격려하는 경륜으로 「초두가」, 「오섬가」를 지었고, 예부터 전해 오던 「토별」·「적벽」·「심청」·「춘향」·「흥부」·「횡부가」 등을 일일이 교정하고 경위를 바르게 하며, 그 음란한 것을 빼어 버리고 세상 사람들로 하여금 충효열의 마음을 감동시키게 했다).

⑧ Courant, 809: 「심청전 沈靑傳」; Courant, 3360: 「沈靑傳」.

⑨ 『海東竹枝』[1925](崔永年 1856~1935), 中編, 俗樂遊戲, 「春香歌」: 「春香歌」主其烈 「沈靑歌」 主其孝 「興夫歌」主其友愛 使世人有感發之情◐(「춘향가」는 열을 중심으로 하고, 「심청가」는 효를 중심으로 하며, 「흥부가」는 우애를 중심으로 하여, 세상 사람들로 하여금 감발하는 정이 있게 한다).

⑩ 「鳳山 탈춤」(任皙宰 採錄), 第七場: 거 누구라 날 찾나 날 찾일 이 없건마는 거 누구라 날 찾나 臨塘水 風浪中에 沈娘子가 날 찾나 瀟湘斑竹 물들이던 娥煌女英이 날 찾나 蟠桃會 瑤池宴에 西王母가 날 찾나 섬돌 우에 玉비녀가 꽂히었든 淑英娘子가 날 찾나 李道令 一去後에 守節하던 春香이가 날 찾나 거 누구라 날 찾나.

⑪ 「康翎탈춤」(任皙宰 採錄), 第十科程: 넋이야 넋이로다 이 넋이 뉘 넋이냐 송복 간 뒤어내던 王昭君으 넋도 아니요 어두운 눈을 떼이려고 臨塘水로 팔려 가던 沈娘子의 넋이로다 에라 만수우.

---

564) 글이나 사람의 뜻이 크고도 깊음.
565) 크게 부르짖는 소리. 판소리의 唱調 중 羽調를 말한다.
566) 시원스럽고 씩씩함.
567) 몹시 구슬프고 애닮음.
568) 정도에 알맞게 해는 규칙적인 한도.

〈이본연구〉

【增】
1) 현전하는 「沈睛歌」의 중요한 이본에는 完板·京板이 있는데, 五衛將[申在孝]의 「沈睛歌」는 완판과 많은 관계가 있다고 보겠다. 작품에서 이것을 구할진댄, 沈睛이 인당수에 드는 장면에서, 그가 죽는 대목에서, '다른 歌客 사설 云云' 하였으니, 그것은 곧 완판의 그것을 평론하였으며, 또한 그 내용에 합치되는 것이고, 전 작품에 걸쳐서 그 plot의 전개는 완판과 유사한 것에서 판단할 수 있다. 완판과의 다른 점은 대략 이러하다. …… 완판과 경판의 대조에서 우리는 「춘향전」의 그것보다 더 두드러진 새 보람을 건질 수 있으니, 곧 완판이 완전한 打令系이면 경판은 文章體小說, 內房文學系라는 것이다. 경판본에는 이렇다 할 挿入歌謠의 흔적이 없고, 從頭至尾 沈봉사를 양반으로 꾸몄으며, 서민 문학의 한 요소인 딸과 뺑덕어미를 바꾸게 되는 喜樂의 세속의 장면이 없고, 명월산 운심동 개법당에 布施한 供養米 三百石의 靈驗이 전 plot를 지배하고 있으며, 沈睛과 봉사의 前身說話며, 불교적인 것, 인물명도 또한 달라, 경판은 서민 문학 아닌 내방 문학에 속하는 것이라 하겠다(金三不, "申五衛將 硏究 序," 학위논문[1949. 7]; 『판소리연구』, 10[1999. 12], pp. 433~434).

2) 연경본[「심청전」]의 두드러진 특징을 몇 가지 지적한다면 다음과 같다. 첫째, 연경본은 크게 보아 완판본 계열에 속하는 이본으로 간주할 수 있다. 둘째, 완판본에서는 나타나는데 연경본에서 나타나지 않는 장면으로는 심청이 글을 장승상부인에게 남겨서 후에 장승상부인이 그것으로 심청의 운명을 징험하는 대목과, 심청이 용궁에서 돌아가신 어머니 곽씨부인을 만나는 대목이다. 또한 완판본에서는 심청이 자신의 신분을 천자에게 사실대로 고백하는 장면이 나오지만 연경본에서는 나오지 않는다. 셋째, 연경본은 완판본, 한남본, 송동본에 비해 결말을 간단히 처리하고 있다. 연경본의 맨 마지막 구절은 "밤도 야심하고 광듸목도 쉬고 어질더질 그듸야 뉘 알니"라는, 광대의 연행 상황에 대한 언급으로 되어 있다. 이 점에서 연경본은 판소리 창본과도 연관을 맺고 있음을 알 수 있다. 완판본이 판소리가 소설화한 것임을 염두에 둔다면, 완판본 계열에 속하는 연경본이 판소리 창본과의 연관을 보여 준다는 사실은 이상한 일이 아니다(박희병, "「심청전」," 李相澤 외 3인 엮음, 『고전소설의 기초 연구』[2001. 10], pp. 138~139).

국문필사본

(심낭자전)

| 【增】 심낭자전이라 닝자진 娘子傳 | 박순호[家目] | 1(大正七年[1918]십이월, 40f.) |

(심청가)

| 【削】 회중 심청전 | 金炯珠 | 낙질 1(상: 57f.) |
| 심청가 | 허흥식 | 1(낙장 56f.) |

(심청록)

| 沈淸錄 | 서울대[가람古](813.5-Si41g) /정문연[韓古目](618: R35N-003016-2) | 낙질 1(下: 셰직무술계츈념오파곡셔, 30f.) |

(심청전)

	심청전	강전섭[家目]	1(전후 낙장, 47f.)
	심청전	고대[신암](C15-A30A)/ 정문연[韓古目](634: R35N-003045-11)	【骱낙질】1(상: 권말 낙장, 27f.)
【增】	심청전 沈淸傳 附四明堂	김광순[筆全](55)	1(임진십이월일 익동셔, 12f.)
【增】	심청전 沈淸傳 草	김광순[筆全](63)	1(문신이월이십일셔 二日畢, 41f.)
【增】	(심청젼)	김종철[家目]	1(서두 낙장 53f.)
【增】	심청전단이라	김종철[家目]	1(49f.)
【增】	심청전 권지단	김종철[家目]	1(錦菴 序, 18f.)569)
【增】	심청전	박순호[家目]	1(국한문 혼용, 庚戌十二月日, 48f.)
【增】	심청전	박순호[家目]	1(셰직임술십이월십오일의등셔, 57f.)
【增】	심청전이라	박순호[家目]	1(44f.)
	심청전	서울대[가람古](813.5-Si41e)/ 정문연[韓古目](623: R35N-003016-6)	1(辛亥五月二十三日, 칙쥬난 윤싱원틱. 46f.)
【增】	심청전	여태명[家目](177)	1(丙子十一月日, 46f.)
【增】	심청전	여태명[家目](246)	1(60f.)
【增】	심청전	여태명[家目](308)	1(40f.)
【增】	심천젼이라 沈淸傳	이태영[家目]	1(기희십이월십뉵일, 48f.)
【增】	심청젼	이태영[家目]	1(갑슐이월초오일, 52f.)
	심청전	임형택[莽蒼蒼齋 家目]	1(52f.)
	심청전이라	임형택[莽蒼蒼齋 家目]	1(43f.)
	沈淸傳	정명기[尋是齋 家目]	1(국한자 혼용, 전후낙장, 51f.)
	愼淸傳	정명기[尋是齋 家目]	1([표지]光武十年丙午[1906] 觀月初八日, 42f.)
	枕淸傳	정명기[尋是齋 家目]	1(국한자 혼용, [표지]大韓隆熙三年庚戌[1910]十一月二十四日月謄書, 33f.)
	심청전	정명기[尋是齋 家目]	1(65f.)
	심청전	정명기[尋是齋 家目]	1(26f.)
	심청전	정명기[尋是齋 家目]	1(51f.)(373)
	심청전	정명기[尋是齋 家目]	1(권말 낙장, 60f.)(374)
	심청전	정명기[尋是齋 家目]	1(권말 낙장, 48f.)

---

569) 「양씨전」과 합철.

	심쳥젼	정명기[尋是齋 家目]	1(권말 낙장, 34f.)
	심쳥젼	정명기[尋是齋 家目]	1(권말 낙장, 39f.)
	심쳥젼 소상팔경이라	정명기[尋是齋 家目]	1(31f.)
	출천효녀심쳥젼	정문연(D7B-203)/[韓古目] (1343: R16N-001150-24)	1(셰지갑즈정월쵸오일흔숑정은근셔ᄒ노라, 36f.)
	심쳥젼	정하영	1
	심쳥젼	조동필/정문연[韓古目] (638: R16N-000508-3)	1(임진십이월일일등셔, 낙장 12f.)⁽³⁷⁸⁾
【增】	심쳥젼	조춘호	1(낙장 16f.)
【增】	심쳥젼	조춘호	1(신희사월, 41f.)
【增】	심쳥젼	최재남	1(낙장 22f.)

【국문경판본】

【增】	심쳥젼 단	미도민속관[생활사 도록](73)	1(宋洞新刊)

【국문안성본】

【增】	심쳥젼	국중(한古朝48-46-5)	1(朴星七書店, 大正六[1917], 21f.)

【국문완판본】

	심쳥젼	계명대[古綜目](고811.35심쳥전)	2-1
【增】	심쳥젼 권지상이라	박순호[家目] /권지하라	2(상: 39f.; 하: 39f.)
【增】	심쳥젼	여태명[家目](390)	1(71f.)
【增】	심쳥젼	여태명[家目](469)	1(72f.)
	심쳥젼이라	임형택[莽蒼蒼齋 家目]	2-1(상: 30f.; 하: 39f.)
【增】	심쳥가라 沈淸傳	이태영[家目]	1(戊戌仲秋完西新刊, 41f.)⁵⁶⁷
【增】	심쳥젼권지상이라	이태영[家目]	2-1(大韓光武10年 丙午[1906] 孟春 完西溪新刊, 상:30f.; 하: 41f.)
	심쳥젼권지상이라		
【增】	심쳥젼권지상이라	이태영[家目]	2-1(상: 30f.; 하: 41f.)

【국문판각본】

【增】	심쳥젼	여태명[家目](246)	1(60f.)

---

567) 제33쪽의 하단부가 훼손되어 다른 종이로 배접하고, 제33쪽의 양면에 각각 7자씩을 필사하였다.

국문활자본

(강샹련)

강샹련 심쳥가 江上蓮	국중(3634-3-68=4)<초판>/ 국중(3634-3-1=4)<초판>/국중 (3634-3-68=2)<3판> /[啓明: 新小全](5)	1(국한자 병기, [編]李海朝, [發] 李鍾楨, 光東書局, 초판 1912.11. 15; 재판 1913.2.10; 3판 1913.9.5, 120pp.)

(심쳥젼)

(교명)심쳥젼 (增像演訂) 沈淸傳568)	국중(3634-2-58=1)<9판>/天理大: 今西龍[日所在韓古目]<9판>/ [仁活全](8)<9판>	1([著]洪淳模, 光東書局·博文 書舘·漢城書舘, 초판: 1915.3. 15; 재판 1915. 12. 15; 3판 1916.3. 20; 4판 1917. 1. 18; 5판 1917. 3. 20; 6판 1917. 9. 20, 84pp.; 8판: 191 9.12.13; 9판: 1920.1.20, 64pp.)569)
【刪】심쳥젼 校正沈淸傳	[李 : 古硏, 291]	1(光東書局·博文書舘·漢城 書舘, 초판: 1915.3.15; 8판 1919; 9판 1920.1.20, 64pp.)(392)
(증상연뎡)심쳥전	국중(3634-2-58=7)<6판>/국중 (3634-2-58=2)570)<10판>/[고려대, 『국문학』, 6, p. 112]	1(국한자 병기, 11회, [著]洪淳模, 光東書局, 초판 1915.3.15; …… (增像演訂)沈淸傳
【刪】교명심쳥전 沈淸傳(394)	天理大: 今西龍[日所在韓古目] /[仁活全](8)	1(光東書局·博文書舘·漢城書舘, 초판 1915; 9판, 1920, 64pp.)
심청전	조희웅[家目]/[대조 2]	1(大造社, 1959, 52pp.)
【增】심쳥젼(萬古孝女) 沈淸傳	박순호[家目]	1(文省堂書店, 44pp.)
(신정)심청전 몽금도전	국중(3634-2-6=6)/유탁일 (演劇小說)沈淸傳 夢金島傳(397)	1(국한자 병기, 화자 표시, [編· 發]盧益亨, 博文書舘, ……
【增】심쳥젼(古代小說) 沈淸傳	박순호[家目]	1([發]盧益煥, 世昌書館, 1929. 12.25, 45pp.)
교명심쳥젼 古代小說 沈淸傳	국회[目·韓II](811.31)/김종철[家目] /정명기]尋是齋 家目]/조동일[국연자](21)	1([표지]申泰三, 世昌書館, ……
(교명)심쳥젼 (增像演訂) 沈淸傳	국중(3634-2-58=5)	1([著·發]趙鍾虎, 時文堂書店 ·海東書舘, ……
【增】심쳥전 萬古孝女 沈淸傳	박순호[家目]	1(著編·發]盧益煥, 新舊書林, 1939.2.20, 45pp.)

---

568) 매 페이지 상단에는 '심쳥젼', 판권지에는 '增像演訂 沈淸傳'으로 되어 있다.
569) 「강상련」을 모본으로 하여 내용을 약간 변개하였다. 총 89pp. 중 pp.65~89에는 「이해룡전」의 이본인 「심부인전」이 합철되어 있다.
570) 서두 낙장본이다.

교정심청전 (古代小說)沈淸傳	박순희[家目]/[Sk](229)	1([發]姜權馨, 永和出版社, 1958. 10.20; 1962.12.20, 44pp.)⁽⁴⁰²⁾
【增】 심청전 沈淸傳	방민호[家目]	1(中興書舘, 19??)[571]
(교명) 만고효녀 심청전 萬古孝女沈淸傳	국중(3634-2-58=8)<낙장>/ 홍윤표[家目] 재판	1(太華書舘, ······
【增】 교명심청전	김종철[家目]	1(弘文書舘, 1933)
(고딕소설)심청전 沈淸傳	국중(3634-2-58=6)/충남대[鶴山] (811.31-심814)⁽⁴⁰⁴⁾	1([著·發]高裕相, 滙東書舘, 1925. 10.30, ······

영어번역본

【增】 The Korean Singer of Tales	Marshall R. Phil	1(Harvard~Yenching Institute Monography Series, Vol.37, Harvard University Press, 1994)

366.1. 〈자료〉

Ⅰ. (영인)

「강상련」

【增】

  1) 仁川大民族文化研究所 編.『舊活字本古小說全集』, 18. 銀河出版社, 1984; (再刊) 國際아카데미, 2002. (신구서림판 「강상련」)

「심청전」

【增】

  1) 金光淳 編.『金光淳所藏 筆寫本韓國古小說全集』, 55. 박이정출판사, 1994. (김광순 소장)

Ⅱ. (역주)

「심청가」

【增】

  1) 최동현 주해.『동초 김연수바디 오정숙唱 오가전집』. 민속원, 2001.

「심청전」

  366.1.13. 仁川大民族文化研究所 編.『舊活字本古小說全集』, 8. 銀河出版社, 1983; (再刊) 國際아카데미, 2002. (광동서국판, 「교명 심청전」)

  366.1.14. 仁川大民族文化研究所 編.『舊活字本古小說全集』, 8. 銀河出版社, 1983; (再刊) 國際아카데미, 2002. (광동서국·박문서관·한성서관 1920년 제9판)

  366.1.15. 仁川大民族文化研究所 編.『舊活字本古小說全集』, 8. 銀河出版社, 1983; (再刊) 國際아카데미, 2002. (영창서관·한흥서림판, 「원본 심청전」)

  【削】 366.1.15. 仁川大民族文化研究所 編.『舊活字本古小說全集』, 18. 銀河出版社, 1984. (신구서림판 「강상련」)

---

571) 본문에 앞서 4페이지에 걸쳐 8컷의 만화를 싣고 있음이 특이하다.

【增】

1) 『홍길동전·심청전·흥부전·토끼전』. 한국고전시리즈, 5. 보성출판사, 1994.
2) Kimm, Samuel. *The Filial Daughter Shim Ch'ŏng*. Seoul: Il~Ji~Sa, 1998.
3) 김성재. 『심청전』(우리가 정말 알아야 할 우리 고전). 현암사, 2000
4) 이상보 주해. 『춘향전·심청전』. 범우사, 2000.
5) 정병헌 외 교주. 『심청전』. 생각나라, 2000.
6) 구인환. 『심청전·흥부전』. 우리고전 다시읽기 7. 신원문화사, 2002.

Ⅲ. (활자)

【增】

1) 김진영·김현주·김영수·이기형 편저. 『심청전전집』, 8. 박이정, 2000. (정문연 소장 28장 「심청전」; 동 19장; 동 77장; 동 70장 「심청가효행록」; 동 31장 「심청전」; 동 36장 「출천효녀 심청전」; 동 낙장 72장 「심청전」; 동 낙장 17장; 동 48장; 동 8장 「회심곡 심청가」; 서울대 소장 낙장 49장 「회중 심청전」; 김종철 소장 50장 「심청전」; 동 48장; 동 낙장 53장)
2) 김진영·김현주·김영수·이기형 편저. 『심청전전집』, 9. 박이정, 2000. (조동필 소장 12장 「심청전」; 조춘호 소장 낙장 16장; 동 31장; 최재남 소장 낙장 22장; 강전섭 소장 낙장 42장; 동 41장; 동 낙장 47장; 고려대 소장 53장; 동 신암문고 소장 낙장 27장; 김동욱 소장 44장; 동 56장; 동 낙장 30장; 단국대 나손 소장 29장 심청전 A; 동 46장 「출천효녀 심청전」; 동 29장 「심청전」 B)
3) 김진영·김현주·김영수·이기형. 『심청전전집』, 10. 박이정, 2000. (단국대 나손본 낙장 34장 「심청전」; 동 11장; 동 44장; 동 낙장 29장; 동 63장; 동 낙장 64장; 동 낙장 119장; 동 19장; 동 낙장 40장; 동 낙장 12장; 동 낙장 32장; 동 65장; 동 49장)
4) 김진영·김현주·김영수·이기형·사성구·김현주. 『심청전전집』, 11. 박이정, 2000. (사재동 소장 낙장 25장 「심청전」; 동 28장 「하이칼라 심청전」; 동 44장 「심청전」; 동 48장; 동 50장 A; 동 50장 B; 동 63장; 동 30장 A; 동 30장 B; 동 30장 C; 동 34장; 동 29장; 동 낙장 33장; 동 낙장 36장)

366.2. 〈연구〉

Ⅰ. (단행본)

【增】

1) 김영수. 『筆寫本 沈淸傳 硏究』. 민속원, 2001.
2) 박혜범. 『원홍장과 심청전: 「심청전」 그 배경에서 작가 추론까지』. 박이정, 2003. 5.

Ⅱ. (학위논문)

〈박사〉

「심청전」

【增】

1) 金榮洙. "筆寫本 「沈淸傳」 硏究." 博論(慶熙大 大學院, 2000. 8).
2) 이영수. "「심청전」의 설화화와 그 전승 양상에 관한 연구." 博論(인하대 대학원, 2001. 2).

〈석사〉

「심청가」

【增】

1) 조경희. "「심청가」를 통한 자기서사 발견과 창작치료." 碩論(건국대 교육대학원, 2004. 8).
2) 채수정. "박록주「심청가」연구." 碩論(경희대 대학원, 2004. 8).

「심청전」
【增】
1) 박 형. "미학 원리에 의한「심청전」교육 연구." 碩論(아주대 교육대학원, 2000.2).
2) 반은희. "「심청전」연구." 碩論(전북대 대학원, 2000. 2).
3) 표란희. "「심청전」패러디 연구: 채만식과 최인훈의 경우." 碩論(청주대 대학원, 2000. 2).
4) 김정숙. "「심청전」패러디 연구." 碩論(군산대 교육대학원, 2000. 8).
5) 김병임. "「심청전」의 패러디 연구." 碩論(숙명여대 대학원, 2001. 2).
6) 배영주. "「심청전」에 나타난 골계의 이본별 특성연구." 碩論(서울여대 대학원, 2001. 2).
7) 이호연. "「심청전」연구: 경판본과 완판본의 비교 연구." 碩論(상지대 교육대학원, 2001. 2).
8) 임창길. "「심청전」에 나타난 효의 의미와 교육적 수용방안 연구." 碩論(부산교대 교육대학원, 2001. 2).
9) 홍성호. "강전섭본「심청전」의 서사구조와 주제." 碩論(고려대 교육대학원, 2001. 8).
10) 석인숙. "판소리계 소설의 다면성 연구: 완판 71장본「심청전」을 중심으로." 碩論(충북대 교육대학원, 2002. 2).
11) 김미성. "한국 고전소설에 나타난 효사상 연구:「심청전」·「적성의전」·「진대방전」을 중심으로." 碩論(수원대 교육대학원, 2002. 8).
12) 옥광복. "「심청전」의 패러디 양상 연구: 채만식, 최인훈, 오태석의 희곡을 중심으로." 碩論(경주대 교육대학원, 2002. 8).
13) 정경영. "「심청전」주제 연구: 심청의 삶의 방식을 중심으로." 碩論(서강대 교육대학원, 2002. 8).
14) 김광욱. "고전을 수용한 애니메이션의 공간 배경 연구:「효녀 심청」과「별주부 해로」를 중심으로." 碩論(건국대 대학원, 2003. 2).
15) 박혜리. "「심청전」의 공간 구조 연구." 碩論(홍익대 교육대학원, 2003. 8).
16) 서인열. "심청이야기의 연변과「심청전」교육에서의 활용 방안 연구." 碩論(인하대 교육대학원, 2003. 8).
17) 남경민. "「심청전」의 현대적 변용과 문학교육적 활용: 패러디 작품을 중심으로." 碩論(한국외국어대 교육대학원, 2004. 2).
18) 박정순. "한국 고전소설의 초등교육 텍스트 변형:「흥부전」과「심청전」을 중심으로." 碩論(위덕대 교육대학원, 2004. 8).
19) 반은희. "「심청전」의 서사구조 연구." 碩論(군산대 교육대학원, 2004. 8).
20) 오명숙. "「심청전」의 교육적 가치와 교수-학습 방안: 주제와 인물을 중심으로." 碩論(전북대 교육대학원, 2004. 8).
21) 강문식. "「심청전」이본을 통한 고전소설 교육방법 연구." 한양대 교육대학원(2005. 2).

Ⅲ. (학술지)
「심청가」
366.2.78. 김유미. "판소리「심청가」에 나타난 서사적 요소의 현대적 수용양상: 채만식의「심봉사」와

최인훈의 「달아달아 밝은 달아」를 중심으로." 『한국어문교육』, 5(고려대 사범대 국어교육학회, 1991. 12).

【增】

1) 유영대. "「심청가」에 나타난 비장과 숭고." 『高大文化』, 19(高麗大, 1979.5).
2) 전미숙. "「심청전」고: '심청굿'과 「심청가」를 위주로 하여." 『語文論集』, 14(中央大 文理科大學 國語國文學科, 1979. 12).
3) 全信宰. "沈奉事 人間像의 한 해석: 李捺致판 「沈淸歌」의 경우." 『판소리연구』, 2(판소리학회, 1991. 9).
4) 정희천. "보성소리의 형성과 이해." 『南道文化研究』, 4(順天大 南道文化研究所, 1993. 5).
5) 김혜정. "「심청가」의 악조와 그 기능." 『판소리연구』, 4(판소리학회, 1993. 12).
6) 박진태. "「심청가」와 '봉사놀이'의 비교 연구." 『판소리연구』, 4(판소리학회, 1993. 12).
7) 유영대. "'장승상부인' 대목의 첨가에 대하여." 『판소리연구』, 5(판소리학회, 1994. 12).
8) 장석규. "신재효본 「심청가」의 서술시각과 서술방법." 『동리연구』, 3(동리연구회, 1996. 3).
9) 盧鎭漢. "아우름의 문학으로서의 판소리: 「심청가」를 중심으로." 『論文集』, 61(韓國國語教育研究會, 1997. 4).
10) 김석배. "『朝鮮唱劇史』 所載 「沈淸歌」 더늠의 問題點." 『문학과 언어』, 18(문학과언어학회, 1997. 5).
11) 千二斗. "'춘향가'의 '몽중가' 소고: 「심청가」의 '소상팔경 지나갈 제'와 관련하여." 『판소리연구』, 8(판소리학회, 1997. 12).
12) 金奭培. "「심청가」와 기대지평의 전환." 『문학과 언어』, 20(文學과言語學會, 1998. 5).
13) 최운식. "「심청전」의 구조와 의미." 고경식 외, 『고전작가 작품의 이해』(박이정, 1998. 9).
14) 金奭培. "「심청가」와 기대지평의 전환 (Ⅱ)." 『선주논총』, 1(금오공대 선주문화연구소, 1998. 12).
15) 김석배. "『조선창극사』에 제시된 판소리 더늠의 실상." 『선주논총』, 2(금오공대 선주문화연구소, 1999. 12).
16) 정운채. "「심청가」의 구조적 특성과 심청의 효성에 대한 문화론적 고찰." 이상익 외, 『고전산문교육의 이론』(집문당, 2000. 3).
17) 김현철. "판소리 「심청가(沈淸歌)」의 패로디 연구: 채만식의 「沈봉사」, 최인훈의 「달아 달아 밝은 달아」, 오태석의 「심청이는 왜 두 번 인당수에 몸을 던졌는가」를 중심으로." 『한국극예술연구』, 11(한국극예술학회, 2000. 4).
18) 고은미. "여성주의적 관점에서 본 판소리 「심청가」: 여성 이미지 비평을 중심으로." 『韓國言語文學』, 44(韓國言語文學會, 2000. 5).
19) 김석배. "허흥식본 「심청가」의 판소리사적 위상." 『文學과言語』, 22(文學과言語學會, 2000. 5).
20) 李鎔美. "說經 「まつらの長者」와 판소리 「沈淸歌」의 효행 논리: 딸에서 효녀로." 『日本의言語와文學』 6(檀國日本研究學會, 2000. 5).
21) 蘇仁鎬. "굿과 판소리의 관계 양상 재론: 「심청가」와 '심청굿'을 중심으로." 『仁川語文學』, 16(仁川語文學會, 2000. 12).
22) 배영주. "「심청전」에 나타난 골계의 이본별 양상: 방아타령 대목을 중심으로." 『태릉어문』,

9(태릉어문연구회, 2001. 2).
23) 최석열. "심봉사와 난장이의 정체 밝히기:「심청가」와「난장이가 쏘아 올린 작은 공」을 중심으로." 『대전어문학』, 18(대전대 국어국문학회, 2001. 2).
24) 고종민. "「당금애기」이야기와「심청전」이 닮은 점: 중의 서사 기능과 행동 공간을 중심으로." 『경상어문』, 7(경상어문학회, 2001. 4).
25) 서유경. "「심청전」 중 '곽씨 부인 죽음 대목'의 변이 양상과 의미." 『문학교육학』, 7(한국문학교육학회, 2001. 6).
26) 최원오. "「바리공주」와「심청가」와의 관계." 『한국 고전산문의 탐구』(월인, 2002. 5).
27) 김광순. "新資料 '「심청젼」 권지단' 에 對하여." 『어문론총』, 36(경북어문학회, 2002. 6).
28) 유영대. "「심청가」의 성격." 『古小說硏究』, 13(韓國古小說學會, 2002. 6).
29) 한정미. "판소리 사설의 민요 수용양상과 연창자들의 민요 수용에 대한 인식:「춘향가」,「심청가」,「흥부가」를 중심으로." 『韓國民俗學』, 35(韓國民俗學會, 2002. 6).
30) 金宗大. "「沈淸歌」의 뺑덕어미 삽입에 관한 一考察." 金慶洙 編, 『古典文學의 現況과 展望』(亦樂, 2002. 9).
31) 장성윤. "판소리 율격의 구현양상:「심청가」를 중심으로." 『판소리硏究』, 16(판소리학회, 2003. 10).
32) 유영대. "성장기「심청가」의 성격." 인권환 외, 『고전문학연구의 쟁점적 과제와 전망』, 上(월인, 2003. 12).
33) 김석배. "김창환제「심청가」에 끼친 신재효의 영향." 『판소리硏究』, 18(판소리학회, 2004. 10).
34) 김용범. "국가 문화브랜드로서 창극의 새로운 가치에 대한 연구: 국립창극단 1994년「창극 심청가」와 2004년「창극 심청가」를 중심으로." 『한국언어문화』, 26(한국언어문화학회, 2004. 12).
35) 홍순일. "「심청가」의 후대적 변이와 의미: 갈등구조를 중심으로." 『인문학연구』, 31~2(충남대학교 인문과학연구소, 2004. 12).
36) 장휘주. "박동진제「심청가」의 구조(格과 情趣)." 『판소리硏究』, 19(판소리학회, 2005. 4).
37) 최승연. "서울예술단의 뮤지컬「심청」연구." 『판소리硏究』, 19(판소리학회, 2005. 4).

「심청전」

366.2.183. 鄭夏英. "「沈淸傳」主題再考." 『백영정병욱선생환갑기념논총 韓國古典文學硏究』(合本) (新丘文化社, 1982. 5).
366.2.187. 鄭夏英. "雜劇「沈靑王后傳」考." 『東方學志』, 36·37合(延世大 國學硏究院, 1983. 6). 史在東 編, 『韓國戱曲文學史의 硏究』, V(文硏究學術叢書 第7輯, 中央人文社, 2000. 3)에 재수록.
366.2.205. 유영대. "「沈淸傳」의 결말구조와 그 의미." 『세계의 문학』, 1987. 봄(민음사, 1987. 2).
366.2.209. 최운식. "「沈淸傳」의 구조와 의미." 윤광봉·유영대편, 『고전소설의 이해』(문학과비평사, 1988. 2). 고경식 외, 『고전 작가 작품의 이해』(박이정, 1998. 1); 최동현·유영대 편, 『심청전연구』(태학사, 1999. 11)에 재수록.
366.2.251. 윤경수. "「沈淸傳」의 原初意識." 『成均語文硏究』, 33(成均館大 國語國文學科, 1998. 12). 비교어문학회 편, 『고소설의 사적전개와 문학적 지향』(비교어문총서 3, 보고사, 2000.

3)에 재수록.

【增】

1) 문상기. "「심청전」 연구: 민간신앙과의 관련성을 중심으로."『論文集』, 4(부산경상전문대, 1984. 12).
2) 金東權. "蔡萬植의「沈봉사」와「심청전」對比考察: 구성 및 배경설화와 사상성을 중심으로."『牧園語文學』, 6(牧園大學 國語教育科, 1986.1).
3) 李啓鶴. "教育古典으로서의「沈淸傳」."『정신문화연구』, 45(韓國精神文化研究院, 1991. 12).
4) 柳仁鈞·趙斗英. "韓國古典小說「沈淸傳」의 精神力動의 研究."『神經精神醫學』, 107(大韓神經精神醫學會, 1992. 3).
5) 김병로. "크로노토프 분석을 통한「沈淸傳」의 텍스트 의미 고찰."『韓南語文學』, 17·18(韓南大 國語國文學會, 1992. 9).
6) 崔仁鶴. "민속과 고전문학의 만남:「달집태우기」와「심청 연기설화」를 찾아."『比較民俗學』, 10(比較民俗學會, 1993. 6).
7) 洪眞錫. "「달아 달아 밝은 달아」의 主題意識 考察:「沈淸傳」과의 敍事構造 對比를 中心으로."『韓國言語文學』, 31(韓國言語文學會, 1993. 6).
8) 김대숙. "愚夫賢女 說話와「심청전」."『판소리研究』, 4(판소리학회, 1993. 12).
9) 김태기. "옛소설 가르치기;「심청전」을 대상으로."『모국어교육』, 11(모국어교육학회, 1993. 12).
10) 장석규. "「심청전」에 나타난 만남과 헤어짐의 문제."『판소리研究』, 4(판소리학회, 1993. 12).
11) 장석규. "김동욱90장본「심청전」의 특성과 가치."『동리연구』, 2(동리연구회, 1994. 2).
12) 印權煥. "沈淸의 人間型과 觀音菩薩."『洌西金基鉉教授回甲紀念論叢』(刊行委員會, 1995. 1).
13) 沈東福. "「沈淸傳」研究: 背景思想을 중심으로."『論文集』, 3(裡里農工專門大, 1995. 2).
14) 이원희. "두 희곡작품에 나타난「심청전」의 패로디 양상."『한국연극학』, 7(한국연극학회, 1995. 12).
15) 장혜전. "「심청전」을 변용한 현대희곡 연구."『韓國演劇學』, 7(韓國演劇學會, 1995. 12).
16) 이헌홍. "「심청전」의 구조와 의미."『韓國古典文學入門』(集文堂, 1996. 3).
17) 崔仁子. "크로노토프의 文化的 解析을 통한 小說讀書;「심청전」을 중심으로."『讀書研究』, 1(韓國讀書學會, 1996. 6).
18) 김인숙. "'심청 이야기'에 대한 여성주의적 접근."『人文論叢』, 10(蔚山大 人文科學研究所, 1996. 8).
19) 김병권. "공양미 삼백 석(「심청전」)의 문헌 분석."『어문교육논집』, 15(부산대 국어교육과, 1996. 9).
20) 정인모. "여인발복설화의 소설화 양상 고찰:「박씨전」과「심청전」에 대하여."『金龜論叢』, 4(동국전문대, 1996. 12).
21) 崔雲植. "白翎島 지역의 '심청전설' 연구."『韓國民俗學報』, 7(韓國民俗學會, 1996. 12).
22) 최운식. "「심청전」에 나타난 순환과 인신공희의 의미."『한국문화의 원본사고』(민속원, 1997. 7).
23) 김진영. "「심청전」의 종교적 배경에 대한 고찰."『慶熙語文學』, 18(慶熙大 國語國文學科,

1998. 2).
24) 하진화. "「심청전」에 관한 몇 가지 견해."『새국어교육』, 57(한국국어교육학회, 1999. 1).
25) 權赫建. "「沈淸傳」と「夢十夜」の'第三夜'の比較: 父の內面の動きを中心として."『東義論集』, 27(東義大, 1997. 11).
26) 배기정. "채만식「심봉사」의 변용양상과 의미."『국어교육연구』, 29(국어교육연구회, 1997. 12).
27) 박혜령. "「심청전」소재 현대 희곡考."『外大論叢』, 18:1(釜山外大, 1998. 2).
28) 尹敬洙 "「沈淸傳」의 原初意識: 국조신화의 동굴모티프를 중심으로."『成均語文硏究』, 33(成均館大 成均語文學會, 1998. 12).
29) 김정희. "오페라「심청」과 창극「심청전」."『낭만음악』, 44(낭만음악사, 1999. 9).
30) 장석규. "「심청전」에 나타난 빈부와 귀천의 문제." 최동현·유영대 편, 『심청전 연구』(태학사, 1999. 11)에 재수록.
31) 金承鎬. "고전소설교육에 있어 기대지평의 확장모색:「심청전」을 중심으로."『동국어문학』, 10·11(동국대 사범대 국어교육과, 1999. 12).
32) 심치열. "「심청전」의 구조화 방식 연구: 경판(한남본) 24장본과 완판 71장본을 중심으로."『韓國言語文學』, 43(韓國言語文學會, 1999. 12).
33) 정 양. "뺑덕어미 소고."『韓國民俗學』, 31(民俗學會, 1999. 12).
34) 정일선. "「심청전」의 고향 옥과 성덕산 관음사."『교육전남』, 94(全羅南道敎育廳, 1999. 12).
35) 최운식. "심청전설과「심청전」의 관계."『고소설의 사적 전개와 문학적 지향』(보고사, 2000. 1).
36) 史在東. "沈淸傳承의 戱曲的 性格." 史在東 編,『韓國戱曲文學史의 硏究』, V(文硏究學術叢書 第7輯, 中央人文社, 2000. 3).
37) 장혜전. "「심청전」을 변용한 현대희곡 연구."『畿甸語文學』, 12·13(水原大 國語國文學會, 2000. 3). 史在東 編,『韓國戱曲文學史의 硏究』, V(文硏究學術叢書 第7輯, 中央人文社, 2000. 3)에 재수록.
38) 최운식. "심청전설과「심청전」의 관계." 반교어문학회 편,『고소설의 사적전개와 문학적 지향』(반교어문총서 3, 보고사, 2000. 3).
39) 신선희. "「沈淸傳」의 현대적 수용과 변용."『古小說硏究』, 9(韓國古小說學會, 2000. 6).
40) 최운식. "「심청전」의 배경이 된 곳."『泮橋語文硏究』, 11(泮橋語文學會, 2000. 8).
41) 유영대. "「심청전」의 여성 형상: 곽씨부인과 뺑덕어미를 중심으로."『한국고전여성문학연구』, 1(한국고전여성문학회, 2000. 10).
42) 김영수. "필사본「심청전」의 계열과 전승시기 연구."『판소리연구』, 11(판소리학회, 2000. 12).
43) 황영주. "「심청전」읽기로 본 한국에서의 근대국가와 여성."『한국정치학회보』, 34:4(한국정치학회, 2000. 12).
44) 배영주. "「심청전」에 나타난 골계의 이본별 양상: 방아타령 대목을 중심으로."『태릉어문연구』, 9(서울여대 국어국문학과, 2001. 2).
45) 이창민. "「심청전」과 현대시의 관련 양상."『우리어문연구』, 15(우리어문학회, 2001. 2).
46) 고종민. "당금애기 이야기와「심청전」이 닮은 점: 중의 서사 기능과 행동 공간을 중심으로."『경상어문』, 7(경상대 국어국문학과 경상어문학회, 2001.4).

47) 김진영. "「심청전」의 구조적 특성과 그 의미: 본생담과의 비교를 중심으로." 『語文學』, 73(韓國語文學會, 2001. 6).
48) 徐庾卿. "「심청전」 중 '곽씨 부인 죽음 대목'의 변이 양상과 의미." 『문학교육학』, 7(한국문학교육학회, 2001. 6).
49) 최운식. "심청 전설과 「심청전」의 관계." 윤철중 외, 『한국고전의 문예적 연구』(월인, 2001. 10).
50) 김성민. "한국 사회와 「심청전」에 대한 분석심리학적 해석 시론." 『사회이론』, 20(한국사회이론학회, 2001. 12).
51) 김수남. "현존 한국 최고(最古)시나리오 「효녀 심청전」 작법 고찰." 『영화연구』, 18 (한국영화학회, 2002. 2).
52) 김광순. "新資料 '「심청전」 권지단'에 對하여." 『어문론총』, 36(경북어문학회, 2002. 6).
53) 張庚男. "「沈淸傳」을 통해 본 父權의 形象." 『語文學』, 76(韓國語文學會, 2002. 6).
54) 류인균. "「沈淸傳」에 나타난 繼母의 이미지." 『정신의학평론』, 4:1(서울대 의대 정신과학교실, 2002. 8).
55) 김수남. "한국 시나리오사의 불가사의한 업적 「효녀 심청전」의 시나리오 작법." 『영상문화정보』, 25(한국영상자료원, 2002. 9).
56) 朴熙秉. "「심청전」," 李相澤·朴熙秉·林治均·宋晟旭 엮음, 『고전소설의 기초 연구』(태학사, 2002. 10).
57) 서유경. "「심청전」 중 '심청 투신 대목' 변이의 수용적 의미 연구." 『판소리연구』, 14(판소리학회, 2002. 10).
58) 서유경. "「심청전」 이본 생성과 공감적 자기화." 『고전소설교육 탐구』(박이정, 2002. 11).
59) 서유경. "「심청전」 중 곽씨부인 죽음 대목의 변이 양상과 의미." 『고전소설교육 탐구』(박이정, 2002. 11).
60) 윤인선. "'버림받은 딸' 심청." 『韓國言語文學』, 49(韓國言語文學會, 2002. 12).
61) 吳世晶. "犧牲敍事의 構造와 人物 연구: 「바리공주」·「지네장터」·「심청전」을 대상으로." 『語文研究』, 30:4[통권 116](韓國語文教育研究會, 2002. 12).
62) 윤인선. "버림받은 딸 '심청'." 『韓國言語文學』, 49(한국언어문학회, 2002. 12).
63) 鄭夏英. "「沈淸傳」." 刊行委員會 編, 『古小說研究史』(月印, 2002. 12).
64) 허원기. "「심청전」 근원 설화의 전반적 검토: 元洪莊 이야기의 위상을 중심으로." 『정신문화연구』, 25:4[통권 89](韓國精神文化研究院, 2002. 12).
65) 백현미. "「심청전」을 읽는 두 가지 독법: 마당놀이 「심청전」과 어린이 창극 「효녀 심청」." 『演劇評論』, 28(한국연극평론가협회, 2003. 3).
66) 진은진. "「심청전」에 나타난 모성성 연구: 「효녀실기심청」을 중심으로." 『판소리研究』, 15(판소리학회, 2003. 4).
67) 신동원. "「심청전」으로 읽는 맹인의 사회사." 『역사비평』, 63(역사문제연구소, 2003 여름).
68) 고종민. "「심청전」의 보조 인물 연구: 화주승, 남경 상인, 황제의 이야기 몫을 중심으로." 『경상어문』, 9(경상대 국어국문학과, 2003. 8).
69) 정출헌. "「심청전」의 전승양식과 작품세계에 대한 고찰." 『한국민족문화』, 22(부산대 한국민족문화연구소, 2003. 10).

70) 김익환. "「심청전」에 나타난 민간신앙의 반영양상과 기능." 『語文硏究』, 44집(語文硏究學會, 2004. 4).
71) 이대중. "뺑덕어미 삽화의 더늠화 양상과 의미." 『판소리硏究』, 17(판소리학회, 2004. 4).
72) 김영수. "필사본「심청전」에 나타난 배경, 인물의 변모 양상." 이정재, 『고전문학 다시 읽기』(민속원, 2004. 9).
73) 김태우. "심청, 누구를 위한 희생인가?." 이정재, 『고전문학 다시 읽기』(민속원, 2004. 9).
74) 서유경. "「심청전」 변이의 소통적 의미 연구: 공양미 삼백 석 시주 약속에 대한 심청의 반응을 중심으로." 『판소리硏究』, 18(판소리학회, 2004. 10).
75) 정출헌. "<심청전>, 어둠에서 광명으로의 전환에 담은 민중 염원의 한 자락" 『함께 여는 국어교육』, 62(전국국어교사모임, 2005. 2).
76) 김나영. "장르별 '심청' 이야기가 지니는 의미 지향." 『판소리硏究』, 19(판소리학회, 2005. 4).
77) 신동흔. "판소리문학의 결말부에 담긴 현실의식 재론:「심청전」과「흥부전」을 중심으로." 『판소리硏究』, 19(판소리학회, 2005. 4).
78) 최진형. "「심청전」의 전승 양상: 출판문화와의 관련을 중심으로" 『판소리硏究』, 19(판소리학회, 2005. 4).

【增】 ◐{심평귀전}572)
◐{심향전 尋香傳}
★[[심화요탑 心火繞塔]]

〈출전〉 『大東韻府群玉』, 20573)

〈관계기록〉

① 『大東韻府群玉』(權文海 1534~1591), 20, '心火繞塔': 新羅殊異傳 崔致遠作.

◐{십리봉}

〈관계기록〉

① Courant, 845: 「십니봉 十里逢」.

◐{십봉기연}574)

〈관계기록〉

① 「옥원재합기연」[1786~1790](溫陽鄭氏 1725~1799), 21, 結尾: 반탄이 희지우열지ᄒᆞ여 원우 원년 삼월 삭묘의 기간 옥원ᄒᆞ여 전파 명화ᄒᆞ대 의미 미진ᄒᆞ고 문이 여절ᄒᆞ니 후일의 부「옥원뎐히셔」를 지으니 대개 물유시죵ᄒᆞ고 시유본말이 다 견셔「옥원재합기연」의 슈미를 갓초고 봉희 형뎨 남취 녀가의 긔특ᄒᆞᆫ 셜해 쇼셜의 이시니 호왈 슈뎨「십봉긔연」이니 ᄎᆞ편은 그 대략만

---

572) 인터넷 고서 경매 사이트인 Kobay에 2004년 말 ~ 2005년 초에 경매 번호 0510630947로 등재되었던 작품이나, 자세한 사항을 알 수 없어 일단 제목만 올린다.
573) 『三國遺事』, 권 4, 義解에도 유사한 이야기가 출전을 밝히지 않은 채 '二惠同塵'이란 이름으로 실려 있다. 『삼국유사』의 기록에는 단지 靈廟寺 화재 사건에 관련된 기사만 나타나 있다.
574) 「옥원재합기연」 및 그 속작인 「옥원뎐해」의 결미에 다시 속작으로 「십봉긔연」이 있다고 하고 있으나 미발견이다.

초ᄒᆞ니라.
② 「동상」, 17: 봉희 송황하여 일일히 명심 소계하대 오히려 셩되 쳑탕하고 방활하므로 일즉이 슈습지 못하여 셩이 호화한 연고로 쵸년의 부재 져기 공격하니 니쥐의 훈자와 봉희의 셩효를 십봉 드러 자시 알니로다.
③ 동상, 18: 원내 이 또한 마초아 소가 이쌍 난봉의 범범 문녀로 더브러 쥬진의 이름다온 긔약을 뇌명하매 합호의 빗난 모드미라 십봉 데이편의 올나시니 번거하여 ᄲᅢ히노라.
④ 「옥원젼해」, 2: 이윽고 소공이 니황소 슘인을 재쵹ᄒᆞ야 녀사공 우샤의 나아가니 츄셕의 아름다온 말숨이 만ᄒᆞ되 십봉의 ᄉᆞ의라 졔지ᄒᆞ고…… .
⑤ 「옥원젼해」, 5, 제80면: 니시의 후ᄉᆞ는 「십봉긔연」의 보져ᄒᆞ니 …… 닙신 혼츄의 긔화 미담은 「십봉긔연」의 브쳐 표ᄒᆞ게 ᄒᆞ니라.
⑥ 同上, 14, 表紙 裏面: 「십봉긔연」.
⑦ 『諺文古詩』(가람본), '언문칙목녹', 90: 「십봉긔연」.

◪367. [십생구사 十生九死] ← 개똥추임록 / 이운선전

국문필사본

(개똥추임록)

긔똥츄임녹이라	박순호	1(귀츅원월십ᄉᆞ일시죽하여 십팔일필셔, **25f.**)

(십생구사)

【增】 십생구사	성대(D07B-0072)	1(1931)

(이운선전)

【增】 리운션젼(李雲先傳)	김종철[家目]	1(大正五年[1916], 35f.)
【增】 李雲仙傳	정명기[尋是齋 家目]	1

국문활자본

【增】(십생구사)

【增】(충의소셜)십생구사 (忠義小說)十生九死	국중(3634-2-77=1)/국중 (3634-2-77=5)	1([著·發]洪淳泌, 京城書籍業組合, 1926.12.20, 50pp.)
(충의소셜)십생구사 (忠義小說)十生九死	국중(3634-2-77=5)<6판>/ 서울대(3350-156)/[仁活全](8)	1([著·發]姜夏馨, 大成書林, 초판: 1923.1.23; 6판: 1930.10.10, 50pp.)
(충의소셜)십생구사 (忠義小說)十生九死	국중(3634-2-66=3)	1([著·發]金天照, 三文社, 1933.9.20, 32pp.)
(충의소셜)십생구사 (忠義小說)十生九死	국중(3634-2-66=2)	1([著·發]李宗壽, 盛文堂書店, 1935.11.30, 33pp.)
(충의소셜)십생구사 (忠義小說)十生九死	국중(3634-3-11=6)/국회 [日·韓II](811.31)/김종철[家目]	1([編·發]申泰三, 世昌書館, 1934.12. 10; 1952, 32pp.)

367.1. 〈자료〉
Ⅰ. (영인)

367.1.1. 仁川大民族文化硏究所 編.『舊活字本古小說全集』, 8. 銀河出版社, 1983; (再刊) 國際아카데미, 2002. (대성서림 1930년 제6판,『츙의소설 십생구사』)

367.2. 〈연구〉
【增】Ⅱ. (학위논문)

〈석사〉

「이운선전」

1) 현숙주. "「이운선전 李雲仙傳」 연구." 碩論(한국교원대 대학원, 2003. 2).

▶(십이봉기 十二峰記 → 십이봉전환기)
◘368.[십이봉전환기] ← 십이봉기
〈참고자료〉

①「十二峯」 十二回: 淸無名氏撰 署'心遠主人' 首戊申巧夕西湖寒士序 見日本『舶載書目』元祿間 戊申毅卽康熙七年[1668]◕(청나라 때 무명씨의 편찬. '심원주인'이란 서명이 있으며, 첫머리에 무신년 교석에 쓴 서호한사의 서문이 있다. 일본의『박재서목』중 원록 연간[1688~1703] 서목에 보이는데, 무신년은 곧 강희 7년[1668]이다)[孫楷第,『中國通俗小說書目』, pp. 101~102].

【增】〈관계기록〉

1)『字學歲月』[1744](尹德熙 1685~1766):「十二峯」.
2)『私集』(尹德熙 1685~1766), 4,「小說經覽者」[1762]:「十二峯」.
3)『[演慶堂]諺文冊目錄』(1920; 藏書閣所藏): 52.「十二峰記」 4冊.

368.1. 〈자료〉
【增】Ⅰ. (영인)

1) 박재연 校註.『십이봉뎐환긔』. 중국소설·희곡번역자료총서, 27. 鮮文大學校 中韓飜譯文獻硏究所, 2002.[575] (정문연 소장)

Ⅱ. (역주)

1) 박재연 校註.『십이봉뎐환긔』. 중국소설·희곡번역자료총서, 27. 鮮文大學校 中韓飜譯文獻硏究所, 2002. (정문연 소장)

【增】〈작품연대〉

1)「十二峯」은 중국에서는 이미 유실된 작품으로 알려져 왔다. 모두 20회로 淸 無名氏撰이며, '心遠主人'이라는 署名이 있고, 첫머리에 '戊申巧夕', 西湖寒士의 序에 '戊申'이라고 되어 있다는 기록밖에 없다. 이 書目은『舶載書目』의 '元祿' 題目에 처음 보이는데, '元祿'은 일본 東山天皇의 연호로 康熙 27年~42年간(1688~1703)이다. 작자 '심원주인'의 생평은 상세하지 않으나 그의 다른 의화본 소설집『二刻醒世恒言』에서 '첫머리에 雍正 丙午 4년(1726) 滇螺 苕齋主人

---

[575]) 演慶堂『漢文冊目錄』과 尹德熙,『小說經覽者』가 영인 附載되어 있다.

序'라 하고 있어, 옹정 이전 사람임을 알 수 있어, '戊申'은 康熙 7년(1668)로 보인다. 이로부터 보건대 「십이봉」은 청초의 작품으로 추정된다. 尹德熙의 『字學歲月』(1744)과 「小說經覽者」(1762)에 이 서목이 보임으로써 이 소설이 18세기 중엽 이전에 이미 우리 나라에 전래되었음을 알 수 있다. 1926년에 작성된 演慶堂『漢文冊目錄에도 이 책이 실려 있다. 현재 국립중앙도서관에 소장되어 있는 한글 필사본 「十二峰記」(內題 '십이봉뎐환긔')는 중국 재자가인 소설 「十二峰」을 번역한 것이다(朴在淵, '머릿말,' 『십이봉뎐환긔』[2002. 7], p. i).

〈회목〉
[권 1]
 1: 션아승명분댱십이봉　양왕득몽교작일편부　仙娥承冷分掌十二峰　襄王得夢敎作一篇賦
 2: 화공진빅태우　　　　초왕긔몽졔션아　　畫工進障拜太尉　　楚王奇夢諸仙娥
 3: 십이션아샹텬긔표　　뎨일ᄉ션승죠셔판　十二仙娥上天寄票　第一□□承詔書判
 4: 님샹셔몽득옥긔린　　용금촌낙내치운타　林尙書夢得玉麒麟　龍金村□□彩雲墮
 5: 십이져승명화치운　　쇼희원듸초등고뎨　十二姐承命話彩雲　小解員代草登高第
 6: 님공ᄌ쥬류산슈　　　십이녀결의츅원　　林公子逗留山水　　十二女決意祝願

[권 2]
 7: 금능일월함젹누　　　념교이운낙원명　　金陵日月陷決滴樓　念喬二雲落院井
 8: 뉴쥬피란니가　　　　녀요피구낙이　　　劉朱避亂離家　　　余姚避寇落崖
 9: 삼위쇼져피션입뎨경　빅담룡왕연션듸가지　三位小姐被選入帝京　白潭龍王宴仙臺佳池
10: 담져입궁비쳡여　　　녀관화신은온졍　　淡姐入宮拜婕妤　　女官化身隱溫井
11: 셰릉피혼화녀위남ᄌ　녀관가의졔약활긱낭　細陵避婚化女爲男子　女官家醫濟藥活客郎

[권 3]
12: 셔샤냥흑ᄉ소진원　　가긔이쇼져피젹인　徐謝兩學士疏進遠　佳奇二小姐避敵認逢
    덕쵸쥐　　　　　　　봉쥬인　　　　　謫趙州　　　　　　主人
13: 빅샹셔부슈취운누　　님공ᄌ졍지슈월암　白尙書復修聚雲樓　林公子靜在水月庵
14: 빅샹셔한가강미셔　　님공ᄌ규투견칠운　白尙書閑暇講美婿　林公子窺偸見七雲
15: 십이운졍가긔녕복　　삼댱과작댱원대진　十二雲定佳期園園　三場科作壯元大振一
    만복지연원　　　　　일대지셩가　　　萬□□萬福之淵源　代之聲價
16: 님원쉬대파뉴삼오　　님샹셔셩혼십이운　林元帥大破劉三五奏　林尙書成婚十二雲承
    주개환경ᄉ　　　　　승명왕금능　　　凱還京師　　　　　命往金陵

[권 4]
17: 회구긔신구낙운누　　참닉연구봉국부인　□□□□樂雲樓　　參內宴俱封國夫人
18: 빅태ᄉ슈로보신황　　분졔ᄌ봉ᄉ쥬의틱　拜太師□□□□　　□□□□住外宅
19: 봉초왕유무산견젼　　과샹강우풍우비황　封楚王遊禁巫山見　過湘江遇風雨拜黃陵
    신화댱　　　　　　　능신묘　　　　　□□畵障　　　　　神廟
20: 츌요셩유둔여이운　　문국난ᄉ졀민십삼　出遼城遊屯□十二　聞國難死節死埋十三
    회힝　　　　　　　　산동뉴　　　　　雲□□　　　　　　山□□
    뎐환긔 후록 바학허무션ᄌ반샤　　　　　　간합쥬힝음웅비평

▶(쌍녀분 雙女墳 → 최치원)
  〈출전〉南宋 紹興年間(1131~1162) 張敦 撰, 『六朝事迹編類』, '墳陵門', 第13
▶(쌍동전 雙童傳 → 이윤구전)
▶(쌍두장군전 雙頭將軍傳 → 곽해룡전)
◐369. [쌍련몽 雙蓮夢]
◐370. [쌍렬옥소삼봉 雙烈玉簫三逢] ← 삼생기연 / 쌍렬옥소록 / 쌍렬옥소봉 / 쌍렬옥소기봉 / 옥소기봉 / 옥소삼봉
  〈관계기록〉
  ① 「玉鴛再合奇緣」(溫陽鄭氏 1725~1799), 14, 表紙 裏面: 「쌍녈옥쇼봉」.
  ② 「玉鴛再合奇緣」(溫陽鄭氏 1725~1799), 15, 表紙 裏面: 「옥소긔봉」.
  ③ 『諺文古詩』(가람본), '언문칙목녹', 187: 「쌍열옥소긔봉」.
  ④ 金起東, 『국어국문학』, 51, p.105: 「玉簫三逢」(國立圖書館藏).
  【增】
  1) 『[가람]칙목녹』(奎章閣所藏): 「쌍녈옥쇼봉」 공삼.

  국문필사본

  (쌍렬옥소록 / 쌍렬옥소삼봉)
  　　　쌍녈옥소록　　　　　　　계명대[古綜目(고811.35쌍렬옥)]　　　2(무오육월쵸팔일필셔라)
  【增】쌍여록　　　　　　　　　박순호[家目] 1(35f.)[576]
  【增】쌍열옥소봉　　　　　　　박순호[家目] 1(90f.)

370.2. 〈연구〉
  Ⅲ. (학술지)
  「삼생기연」
  【增】
  1) 金應煥. "「삼생기연」에 반영된 유교적 가치관의 구현." 『한국언어문화』, 22(한국언어문화학회, 2002. 12).
  2) 정충권. "「三生奇緣」의 작품세계와 후대적 수용." 『韓國文學論叢』, 34집(韓國文學會, 2003. 8).

  「쌍열옥소삼봉」
  【增】
  1) 조광국. "고전소설에서의 사적 모델링, 서술의식 및 서사구조의 관련양상: 「옥호빙심」·「쌍렬옥소삼봉」·「성현공숙렬기」·「쌍천기봉」을 중심으로." 『韓國文化』, 28(서울大 韓國文化硏究所, 2001. 6).

▶(쌍렬옥소록 雙烈玉簫錄 → 쌍렬옥소기봉)
▶(쌍렬옥소봉 雙烈玉簫逢 → 쌍렬옥소기봉)

───────────
576) 「쌍주기연젼이라」(62f.)에 「귀녀가」(10f.)와 함께 합철되어 있다.

▶(쌍렬옥소삼봉 雙烈玉簫三逢 → 쌍렬옥소기봉)
◐{쌍룡보은긔 雙龍報恩記}
　〈관계기록〉
　　① Courant, 863:「쌍룡보은긔 雙龍報恩記」.

◐{쌍린기 雙麟記}
▶(쌍린자녀별전 雙麟子女別傳577) → 명주기봉)
◐{쌍문쌍성충행록 雙門雙星忠行錄}578)
　〈관계기록〉
　　①「玩月會盟宴」(서울대본), 180.: 명국공 사공의 스긔다셜은「썅문썅셩츙힝녹」의 이시니 아니 올니노라.

▶(쌍문충효록 雙門忠孝錄579) → 김희경전)
◼371.[쌍미기봉(연)580) 雙美奇逢(緣)]581) 【削 '→ 옥교리'】 582)
　【增】
　〈비교연구〉
　1) 15회까지의「雙美奇逢」의 내용은「駐春園小史」와 일치한다고 해도 무방하다. 기술상에 있어서도 일치하는 부분이 상당히 많다. 내용의 변개가 심화되는 15회 이후에도 주변 인물들을 중심으로 하는 사건들도 닮아 있는 것이 많다. …… 이로써「쌍미기봉」이「주춘원소사」를 원전으로 삼고 있다는 사실을 확인할 수 있다. ……「쌍미기봉」의 원전이「주춘원소사」라는 근거는 등장인물과 공간적 배경의 명칭과 같다는 점에서도 찾을 수 있다.「주춘원소사」에 등장하는 인물들 가운데, 주인공은 黃介(字 黃玉史), 曾雲娥(字 曾浣雪), 吳綠均 세 사람이다. 그리고 운아의 어머니인 葉夫人583)과 녹균의 어머니 郭夫人, 증운아의 시비인 愛月, 황개의 친구 歐陽穎, 황개와 친분을 맺는 王慕荊, 周尙書 父子가 주요 인물들이다.「쌍미기봉」에서도 이 인물들이 동일하게 등장하며 이름도 일치한다.「주춘원소사」에 등장하는 인물로서「쌍미기봉」에서 나타나지 않는 인물이 없다. 오히려「주춘원소사」에서 등장하지 않았던 청허도사가「쌍미기봉」의 후반부에 등장한다.「쌍미기봉」이「주춘원소사」의 등장인물을 그대로 따르고 있다는 사실은 '蘇廷策'에 대한 기술에서도 나타난다. …… 공간적 배경도「쌍미기봉」과「주춘원소사」는 동일하다. ……「주춘원소사」에서 주인공 황개와 증운아의 만남은 담을 이웃한 黃府와 葉府의 樓閣을 배경으로 이루어지는데,

---
577)『이본목록』추가.
578)「썅문썅셩츙힝녹」이「완월회맹연」의 속작인 것으로 나타나나(「완월회맹연」, 권 190), 아직 발견되지 않았다(金鎭世, "李朝後期 大河小說 硏究,"『韓國小說文學의 探究』, 一潮閣, 1978, p. 106).
579)『이본목록』추가.
580)『이본목록』수정.
581)『작품연구 총람』의 원 각주 삭제.『이본목록』·『작품연구 총람』·『문헌정보』에 아래 각주 첨가.
　【增】중국 소설『駐春園小史』의 번안작(최윤희, "『雙美奇逢』의 번안양상 연구,"『古小說硏究』, 11[2001. 6]). 제1~15회까지는 번역, 제16~24회까지는 번역임(박재연,『쌍미긔봉』[2001. 8], 머리말).
582)『이본목록』·『작품연구 총람』·『문헌정보』수정.
583)「쌍미기봉」에는 姓인 '葉'의 음이 '섭'이 아닌 '엽'으로 되어 있다.

…… 운아의 외숙부 嘉興 葉府의 '焦樓'와 황개의 書亭인 '駐春園'이 그 곳이다. 葉公의 被禍로 金陵 吳年白의 집으로 옮긴 증운아는 황개와 다시 만나게 되는 그 장소 역시 담을 사이에 둔 周府의 '衣雲樓'와 吳府의 '紅離閣'이다. 이 외에도 증운이 모녀가 잠시 머무는 白梅庵, 왕모형이 北軍하는 황개를 구출하는 장소가 大儀山인데, 「주춘원소사」의 공간적 배경 및 지명이 「쌍미기봉」에서 동일하게 나타나고 있다. 이상과 같이 「쌍미기봉」과 「주춘원소사」를 살펴봄으로써 「쌍미기봉」이 중국의 인정 소설 「주춘원소사」와 관련 있다는 사실을 알 수 있었다. 요컨대 「쌍미기담」은 1910년대의 신작 구소설이 아니라 중국 소설 「주춘원소사」를 원전으로 하는 번안 작품인 것이다. …… 15회 후반 이후에 전개되는 「雙美奇逢」 사건들, 즉 주부에 강도가 드는 사건, 사묵이 황개의 무죄를 증명하고 광교사로 갔다가 묵노를 만나 함께 구양영을 찾아가는 사건, 왕모형이 대의산 도적의 우두머리가 되어 북군하는 황개를 구출하는 사건, 황개가 과거에 급제하고 구양영과 해후하는 일, 주상서가 녹균을 궁녀 명부에 올리는 일, 황개가 궁녀로 선발되어 가는 녹균을 구하는 사건, 종국엔 황개가 운아와 녹균과의 혼례를 치루는 일 등은 「駐春園小史」의 사건들과 일치한다. 그러나 「쌍미기봉」에서 이러한 사건들이 「주춘원소사」의 사건 순서를 그대로 따르고 있지 않다는 점을 주시해야 한다. 예컨대, 황개가 주상서의 명령으로 주공자와 증운아의 택길을 쓰는 사건은 「주춘원소사」에는 15회에, 「쌍미기봉」에는 16회에, 주부에 강도가 드는 사건은 「주춘원소사」에는 17회에, 「쌍미기봉」에는 18회에, 사묵이 황개의 무죄를 증언하는 사건은 「주춘원소사」에는 18회에, 「쌍미기봉」에는 20회에, 광교사로 갔다가 묵노를 만나 함께 구양영을 찾아가는 사건은 「주춘원소사」에는 19회에, 「쌍미기봉」에는 21회에, 왕모형이 대의산 도적의 우두머리가 되어 북군하는 황개를 구출하는 사건은 「주춘원소사」에는 20회에, 「쌍미기봉」에는 21회에 배치되어 있다. 이와 같이 사건이 다르게 전개되고, 동일한 사건이라도 순서가 다르므로 해당 章回마다 사건을 요약적으로 진술해 주는 回章句도 16회부터 달라진다(최윤희, "「雙美奇逢」의 번안 양상 연구," 『古小說硏究』, 11[2001. 6], pp. 274~275, 280~281, et passim).

2) 「쌍미긔봉」은 1916년 滙東書館에서 발행한 구활자본으로 유일본이다. 구활자본이 나오기 이전에 필사본이 있었을 것으로 추정되지만 현재 전하지 않는다. 이 작품은 모두 24회 96면으로 이루어졌는데 그 동안 창작 소설로 알려져 왔으나 최근 …… 청대 재자가인 소설인 「駐春園小史」의 번역 소설임이 밝혀졌다. …… 「주춘원소사」의 乾隆 53년(1788) 간본은 여주인공 吳綠筠과 曾雲娥의 이름을 따서 서명을 「綠雲緣」이라고 하였으며, 嘉慶 16년(1811) 간본은 '第十才子雙美緣'이라고 되어 있다. 여기에서 말하는 十才子書란 1. 三國演義 2. 好逑傳 3. 玉嬌梨 4. 平山冷燕 5. 水滸傳 6. 西廂記 7. 琵琶記 8. 白圭志 9. 新鬼傳 10. 雙美緣을 가리킨다. 우리 나라의 구활자본 「쌍미긔봉」은 가경 16년본을 원전으로 번안했을 가능성이 높다. 왜냐하면 이후에 나온 목판본이나 석인본은 '駐春園'이나 '綠雲緣'으로 개제하고 있기 때문이다. 본 교주본은 동국대 한국학연구소 편 『활자본고소설전집, 3』(아세아문화사, 1976, 339~434면)을 텍스트로 하여 원문과 번안본을 대조하였다. 검토한 결과 제1회에서 제15회까지는 번역, 16회에서 24회까지는 번안임을 알 수 있었다(박재연, "머리말," 『쌍미긔봉』[2001. 8]).

국문활자본

쌍미긔봉 雙美奇逢　　　국중(3634-2-20=5)/[亞活全](3)　　1(24회, [著]李圭瑢, [發]高裕相, 滙東書舘, 1916.1.25, 96pp.)

371.1. 〈자료〉

Ⅰ. (영인)

【增】

1) 김영 校註.『쌍미긔봉 第十才子雙美緣』. 중국소설·희곡번역자료총서, 25. 선문대 중한번역문헌연구소, 2001.584) (金起東 編.『活字本古典小說全集』, 3)

Ⅱ. (역주)

【增】

1) 김영 校註.『쌍미긔봉 第十才子雙美緣』. 중국소설·희곡번역자료총서, 25. 선문대 중한번역문헌연구소, 2001.

371.2. 〈연구〉

Ⅲ. (학술지)

【增】

1) 최윤희. "「雙美奇逢」의 번안 양상 연구."『古小說硏究』, 11(韓國古小說學會, 2001. 6).

●{쌍벽완취록}585)

〈관계기록〉

① 「玩月會盟宴」(서울대본), 78: 부인이 녀아의 지명을 더욱 션탄ᄒ되 녀시의 흉도 극악은 샤ᄉᄒ시ᄂ 바의 능히 인눈을 도젹ᄒ야 그 후릭의 호부인 모자을 간모 흉수을 힝ᄒ다가 또 발각홀 바는 혜아리지 아니 ᄒ여더니 그 작변을 당ᄒ여 쇼졔의 총명예지ᄒ미 원긔를 ᄉ못차믈 씨달은지라 이 설해 「ᄡᅡᆼ벽완취록」의 잇ᄂᄂ니라.

② 同上, 90: 임의 노녀와 댱숀탈은 듸즐ᄒ여 쇼져와 등지현이 비로소 각각 셩시와 본싱 부모를 ᄎᆞᄌ미 되니 셜해 임의 상편의 잇고 「ᄡᅡᆼ벽완취록」의 잇시므로 다시 올니지 아니니라.

▶(쌍봉기연 雙逢奇緣 → 왕소군새소군전)

◘372. [쌍선기 雙仙記]

〈작자〉 한은규

〈관계기록〉

① 「쌍션긔」 말미: 이 칙은 옥션동 션ᄉᆡᆼ의 지은 빅니 션ᄉᆡᆼ의 셩은 한이요 명은 은규요 ᄌᆞ는 경우라 비록 직학이 유여ᄒ나 일직 ᄯᅢ를 만나지 못ᄒ여 여러 번 과장을 시험ᄒ되 맛참내 일홈을 일우지 못ᄒ여 셰상의 아난 지 업난지라 …… 일일은 션ᄉᆡᆼ이 그 졔ᄌᆞ를 듸ᄒ여 왈 되져 스름이 남ᄋᆞ로 셰상의 나미 반다시 ᄒᆞᆫ 일홈을 으더 후셰의 유젼홈이 맛당헌지라 ᄌᆞ고로 도학 덕힝의 일홈도 엇고 부귀 공명의 쇼릭도 잇나니 니졔 너 일직 셩현의 ᄌᆞ최을 잇지 못ᄒ고 쪼한 현달의 마음이 업스니 일후의 맛참내 셩명이 업슬지라 헛도이 셰상의 나 헛도이 셰상을 바릴진디 오히려 금슈와 쵸목만 갓지 못ᄒ리니 엇지 흔심치 아니ᄒ리요 ᄒ고 먼저 「귀롱가ᄉ」[歸農歌詞] 일빅

---

584) 乾隆三餘堂刊本『駐春園小史』이 영인 附載되어 있다.

585) 「ᄡᅡᆼ벽완취록」이 「완월회맹연」의 속작인 것으로 나타나나(「완월회맹연」, 권 78, 90), 아직 발견되지 않았다 (金鎭世, "李朝後期 大河小說 硏究,"『韓國小說文學의 探究』, 一潮閣, 1978, p. 105 참조).

귀를 지어 스스로 그 마음을 징계ᄒ고 다시 여간 문견과 딕강 스젹을 보와「쌍션긔」쇼셜 이십 편을 지어 맛참닉 일홈을 유젼코즈 ᄒ미로다.

372.2. 〈연구〉
Ⅲ. (학술지)
【增】
1) 탁원정. "「雙仙記」 연구."『이화어문논집(이화어문학회, 2001. 10).
2) 崔智然. "「雙仙記」." 刊行委員會 編.『古小說研究史』(月印, 2002. 12).

▶(쌍성봉천록 雙星奉天錄 → 쌍성봉효록)
◐373. [쌍성봉효록 雙姓奉孝錄]586) ← 쌍성봉천록 / 쌍성효행록
〈관계기록〉
① 「林花鄭延」(朝鮮圖書株式會社版), 下, 600: 계임이 돌돌 분해하야 점점 큰죄를 어든 고로 유생에게 구축함을 닙고 부친의 엄로를 만나 엄슈하는 액을 보고 삼년 단장하든 박명을 만나 허다 설화며 림졍 량가의 자녀ㅣ 취가 허혼한 설화ㅣ 다「쌍셩록」에 명명하니라.
② 「쌍성봉효록」: 님소져의 봉변 화익과 식시 슉질의 불측ᄒ 설화는「월환긔년」의 희비ᄒ니 추젼은 님명 양문 가록이라 년혼 친쳑가의 누추ᄒ 스젹을 다 기록ᄒ미 즈못 지리ᄒ 고로 그 딕기를 일넛ᄂ이 후인니 님소져 슈기를 알려 ᄒ거던「월환단취긔년회」를 추져 보라.
③『諺文古詩』(가람본), '언문칙목녹', 33:「쌍성효힝녹」.
④『諺文古詩』(가람본), '언문칙목녹', 48:「쌍성봉효록」.
⑤ Courant, 877:「쌍성효힝록 雙星孝行錄」.

▶(쌍성효행록 雙姓孝行錄 → 쌍성봉효록)
▶(쌍신랑 雙新郞 → 양신랑전 ①587))
▶(쌍완기봉 雙婉奇逢 → 방한림전)
〈관계기록〉
① Courant, 848:「계심쌍환긔봉 桂心雙環奇逢」.

◐{쌍월옥환기}
〈관계기록〉
①『諺文古詩』(가람본), '언문칙목녹', 136:「쌍월옥환긔」.

◐374. [쌍주기연 雙珠奇緣] ← 쌍주호연
〈관계기록〉

---
586) 대하 가문 소설인「임화정연」의 후속작. 꾸랑의『조선서지』(876)에서는「쌍성효행록」을 해설하여 "제목에서 상징하는바, 이는 아마도 은하수를 건너 1년에 한 번씩 만나는 견우·직녀 두 별에 관한 것으로 보인다."고 하고 있으나, 이는 명백히 잘못된 것이다.
587)『이본목록』·『작품연구 총람』에 추가.

① Courant, 945: 「쌍면쥬긔연 雙?珠奇緣」.588)
② Courant, 828: 「항주긔연」.589)
③ Courant, 3363: 「雙珠奇緣」.
④ Courant, 3364: 「雙珠記演」.

【增】

1) 『[演慶堂]諺文冊目錄』(1920; 藏書閣所藏): 113. 「雙珠奇緣」 1冊.

국문필사본

【增】 쌍주기연젼이라   박순호[家目]   1(을사연신팔월시작, 근양[建陽]원년[1896]일을십칠일셔우라, 송동신판이라, 칙쥬의황, 62 f.)590)

국문경판본

【增】 쌍쥬긔연 권지단   박순호[家目]   1(22f.)

국문활자본

쌍쥬긔연   국중(3634-2-21=1)/[仁活全](26) 1(남궁셜 편집, [編·發]南宮楔, 漢城書舘, 1915.6.10, 100pp.)

374.1. 〈자료〉

Ⅰ. (영인)

374.1.2. 仁川大民族文化硏究所 編. 『舊活字本古小說全集』, 26. 銀河出版社, 1984; (再刊) 國際아카데미, 2002. (한성서관판)

374.2. 〈연구〉

【增】 Ⅱ. (학위논문)

〈석사〉

1) 한정미. "「쌍주기연」 연구." 碩論(이화여대 대학원, 2002. 2).

Ⅲ. (학술지)

374.2.4. 李昶憲. "「雙珠奇緣」 板本 硏究." 『仁濟論叢』, 9:2 (仁濟大, 1993. 12). "「雙珠奇緣」의 板本 硏究"로 『이야기문학 연구』(보고사, 2005. 4)에 재수록.

---

588) 「쌍주기연」과 동일 작품, 혹은 오기?

589) 「쌍주기연」의 오기로 생각된다. 이 책은 원래 독일의 동양학자 von der Gabelentz가 소장하던 것을 꾸랑이 인용한 것이었다고 하나 현재 그 소재가 파악되지 않고 있다. (cf. 이희우, "괴팅겐대학 도서관 한국 고소설 자료수집에 대하여,"『관악어문연구』, 9).

590) 「쌍여록」(60f.)·「귀녀가」(10f.) 합철.

▶(쌍주호연 雙珠好緣 → 쌍주기연)
◪375.[쌍천기봉 雙釧奇逢]591)
〈관계기록〉
① 「雙釧奇逢」(한국정신문화연구원 소장본), 18 大尾: 이젹 승상 막하 긔실 뉴문한이 니부 일긔룰 맛타 ᄒᆞ니 외스룰 모룰 일이 업고 닉당 긔실 옥한은 뉴문한의 얼미라 냥인이 니부 닉의 일을 심심 셰셰히 아는 고로 가마니 긔이ᄒᆞᆫ 〃젹을 벗겨 감초와 후인이 알게 ᄒᆞ고자 ᄒᆞ되 승상등과 문정공등이 이런 일을 됴히 아니 넉이는 고로 그 싱시의는 긔록지 못ᄒᆞ고 뉴문한이 입ᄒᆞ야 죽은 후 니부 일긔 벗긴 거시 뉴문한의 ᄌᆞ손의게 젼ᄒᆞ야 ᄂᆞ려 가더니 늉경[隆慶 1567~1572] 황뎨 젹 셜최의 칠딕손 셜문이 급뎨ᄒᆞ야 한님흑ᄉᆡ 되어 ᄉᆞ긔룰 닷글ᄉᆡ 승상과 문정공의 젼후 대공과 튱셩이 고금에 업스니 셜문이 스스로 션조의 혐원을 싱각ᄒᆞ야 붓슬 가지고 ᄉᆞ긔룰 쓰며 만일 흔말이나 니공 간셥ᄒᆞᆫ 곳이 이시면 다 쌕혀 바리니 뉴문한의 뉵딕손 뉴형이 쏘한 한님슈찬으로 흔가지로 잇더니 셜문의 거동을 고이히 넉여 글오디 공이 국가 ᄉᆞ긔룰 지으며 니공 ᄀᆞᆺ튼 현샹을 ᄭᅢ히ᄂᆞᆫ다 셜문 왈 니공의 젼후 쳐ᄉᆞ 너모 고금에 드믈므로 도리혀 ᄭᅢ히노라 뉴형이 셜문의 용심을 무샹이 넉여 힘써 혈ᄇᆞ리니 셜문이 노ᄒᆞ야 진긔경 등을 쵹ᄒᆞ야 뉴형을 양쥐 원찬ᄒᆞ니 뉴한님이 분을 먹음어 양쥐 니르러 모옥을 짓고 일월을 보닉며 심하의 니승샹 명망이 후셰예 ᄶᅡ디믈 흔ᄒᆞ야 그 션죠 뉴문한의 끼친 니부 일긔랄 닉며 그 가온뒤 긔이ᄒᆞᆫ 말만 ᄲᅢ혀 젼을 지으니 문정공 몽챵이 소시로 더브러 ᄡᅡᆼ천의 긔특히 합ᄒᆞ믈 인ᄒᆞ야 슈졔 「ᄡᅡᆼ천긔봉」이라 ᄒᆞ고……
② 「이씨셰대록」 序頭: 하람공……등 ᄉᆞ젹이 「ᄡᅡᆼ천긔봉」의 잇고 이 젼[이씨셰대록]은 그 자손의 말을 긔록ᄒᆞ미.
③ 『諺文古詩』(가람본), '언문칙목녹', 184: 「ᄡᅡᆼ천긔봉」.
④ Courant, 933: 「ᄡᅡᆼ천긔봉 雙川奇逢」.
⑤ 金台俊, 『朝鮮小說史』, p. 229: 「雙川奇逢」.

【增】
1) 『[演慶堂]諺文冊目錄』(1920; 藏書閣所藏): 61. 「雙釧奇逢」 18冊.

〈작품연대〉
③ (삭제)

〈비교연구〉
【增】
1) 『이부일기』에서 「ᄡᅡᆼ천기봉」과 「이씨세대록」이 발췌 창작되었다는 말미[「ᄡᅡᆼ천기봉」, 18]의 주장은 마지막에 단순히 첨가된 것이 아니라는 점이다. 「ᄡᅡᆼ천기봉」은 이 말미의 기록대로 완전한 텍스트에서 떨어져 나와 편집된 불완전한 텍스트의 형식을 갖추고 있다. …… 따라서 『이부일기』의 존재는 완벽한 형태로 존재하는 것은 아니지만 어떤 방식으로든 「ᄡᅡᆼ천기봉」의 내용과 형식의 창작에 영향을 미치는 것으로 존재한다는 사실이다. …… 「ᄡᅡᆼ천기봉」의 내용과 형식에 영향을 미치는 것은 앞서 살핀 대로 「삼국지연의」로 대표되는 연의류 소설과 『明史』에서 확인되는 구체적인 역사 기록, 그리고 「ᄡᅡᆼ천기봉」이 쓰여지기까지 창작되어온 고전 소설 작품들일 것이다.

---
591) 「이씨세대록」의 前篇이다.

그러므로「쌍천기봉」에서 거론된『이부일기』라는 개념은「쌍천기봉」의 작가가「쌍천기봉」을 쓰기 위해 필요로 하는 선행 텍스트 모두를 추상적으로 통칭하는 개념일 가능성이 크며, 좀더 좁게 보자면 역사(중국 역사)와 그 역사 속에서 살아가는 허구적 —또는 현실적— 인물을 형상화하는 소설의 결합으로 소설을 창작하기 위해, 당대에 관습적으로 참조되고 차용되던 텍스트일 수 있다(金琸桓, "「쌍천기봉」의 창작방법 연구," 李樹鳳 外 共著,『韓國家門小說硏究論叢』, II[1999], pp. 29~30).

【增】〈이본연구〉

1) [「쌍천기봉」] 국도본과 북한본은 친연성만 있을 뿐 서로 직접적인 연관 관계는 없음을 알 수 있다. 한편 …… 정문연본이 국도본 또는 북한본을 저본으로 하지 않았다는 것을 알 수 있다. 그리고, 국도본(또는 북한본)과 약간 거리가 있는 정문연본에 북한본과 같고 국도본과 다른 구절이 보인다는 것은, 이들 이본(정문연본, 국도본 [또는 북한본]) 사이에 다른 이본이 존재했을 가능성을 부정할 수 없다. …… 이상의 논의를 종합하면 다음과 같다. 1) 국도본 (또는 러시아본[북한본])은 정문연본에 비하면 선본이다. 2) 국도본과 러시아본(또는 북한본)은 정문연본에 비해 친연성이 있다(張時光, "「雙釧奇逢」連作 硏究," 서울大 碩論[1996. 2], p. 21).

375.1.〈자료〉

Ⅱ. (역주)

375.1.3. 오희복 윤색·해제.『쌍천기봉』, 상/하. 평양: 문예출판사, 1983/**1984; 1991**.

375.2.〈연구〉

Ⅲ. (학술지)

【增】

1) 전성운. "장편국문소설에 나타난 몽유양식의 양상과 의미:「현봉쌍의록」·「현몽쌍룡기」·「몽옥쌍봉연록」·「쌍천기봉」·「취미삼선록」을 중심으로."『古小說硏究』, 8(韓國古小說學會, 1999. 12).
2) 조광국. "고전소설에서의 사적 모델링, 서술의식 및 서사구조의 관련양상:「옥호빙심」·「쌍렬옥소삼봉」·「성현공숙렬기」·「쌍천기봉」을 중심으로."『韓國文化』, 28(서울大 韓國文化硏究所, 2001. 6).
3) 장시광. "「쌍천기봉」 연작의 이야기 결합 방식."『東方學』, 7(韓瑞大 東洋古典硏究所 2001. 12).
4) 張時光. "「雙釧奇逢」." 刊行委員會 編.『古小說硏究史』(月印, 2002. 12).
5) 장시광. "「쌍천기봉」의 여성반동인물 연구."『東方學』, 9(韓瑞大 東洋古典硏究所, 2003. 12).

◑{쌍충록 雙忠錄}
▶(쌍혈옥소봉 → 쌍렬옥소록)
▶(쌍환기봉 雙環奇逢 → 방한림전)
◑{쌍환호구성취후록 雙環狐裘成就後錄}
　〈관계기록〉
　　① Courant, 847:「쌍환호구성취후록」[592].

---

592) 제목으로 미루어 이 작품은「쌍완기봉」즉「방한림전」의 속편격인「雙婉好逑成就後錄」이거나, 혹은「양현문직절기」의 종결 부분(제23권 말)에서 예고한 '수뎨쌍환호구성취'일 것이다.

아

★[[아도전 阿道傳]]
〈출전〉『海東高僧傳』, 1[1]
〈관계기록〉
① 『海東高僧傳』(1215)[覺訓], 1: 若按朴寅亮『殊異傳』云 師[阿道]父魏人崛摩 母曰高道寧 高麗人也●(박인량의『수이전』에 이르기를, 아도화상의 부친은 위나라 사람 굴마이고 모친은 '고도령'이라 한다고 했다).

▶(아정소설 雅亭小說) → 看書痴傳 / 관자허전 / 김신부부전 / 大朗慧傳 / 白胤耆傳 / 兩烈女傳 / 은애전 / 李氏三世忠孝傳 / 智證傳 / 慧女傳 / 慧昭傳 / 紅衣將軍傳
〈작자〉李德懋(1741~1793)
〈출전〉『靑莊舘全書』 중 '嬰處文稿'와 '雅亭遺稿'

2. 〈연구〉
Ⅱ. (학위논문)
〈석사〉
【增】
1) 전이정. "청장관 이덕무의 소설론 연구." 碩論(서울시립대 대학원, 2001. 2).

▶(아태조전 我太祖傳 → 태조대왕실기)
【增】 ●{악비전 岳飛傳}

<u>국문필사본</u>

악비젼 권지습륙　　　　　　박순호[家目]　　　　　낙질 1(16: 40f.)

---

1) 『三國遺事』, 3, 興法, 第 3, '阿道基羅'條에도 약간의 字句上의 차이는 있지만, 거의 같은 내용이 실려 있는데, 그 出典은 밝혀져 있지 않다.

▶ **(악왕연의 岳王演義 → 무목왕정충록)**

◐**376. [악의전단전 樂毅田單傳]**2)

〈참고자료〉

① 「後七國志樂田演義」四卷二十回: 存嘯花軒刊「前後七國演義」本 另一「前後七國」本作四卷十八回 淸徐震撰 題'古吳烟水散人演輯'·'茂苑遊方外客' 無序 四卷十八回本 有遯世老人序 震 字秋濤 浙江嘉興人 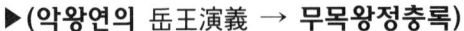존소화헌 간행「전후칠국연의」본. 별도로「전후칠국」본 4권 18회본이 있다. 청나라 서진이 찬했다. 첫머리에 '고오 연수산인 연집·무원 유방외객'이라 되어 있으나 서문은 없다. 4권 18회본에는 둔세노인이 쓴 서문이 있다. 찬자인 서진의 자는 추도이고, 절강 땅 가흥 사람이다)[孫楷第,『中國通俗小說書目』, p. 27].

【增】〈관계기록〉

1)『海南尹氏群書目錄』(國立中央圖書館所藏):「後七國演義」

【增】〈이본연구〉

1)「樂田演義」는 강희 초년에 이루어졌다. 20회본과 18회본 두 가지가 있다. 강희 5년[1666] 嘯花軒刊과 건륭 45년[1780] 璧園藏板本은 20회본, 聚秀堂·宏德堂·經國堂本은 18회본이다. 명 숭정 9년[1636] 吳門嘯客 編述「孫龐演義」(一名 '前七國誌')의 속작임을 스스로 밝히고 있다. 구활자본「악의젼단젼」은 18회본으로 취수당·굉덕당·경국당본 가운데 어느 하나를 원전으로 번역했을 가능성이 있다. 번역 양상은 중간 중간에 생략된 곳이 많은데, 번역 당시 생략했다기보다는 필사본을 구활자본으로 간행하면서 일정한 분량으로 짜맞추기 위해 의도적으로 생략한 것 같다(박재연, "머리말,"『악의젼단젼』[2002. 10], p. i).

376.1.〈자료〉

【增】Ⅱ. (역주)

1) 金瑛 校注.『악의젼단젼 樂毅田單傳』. 중국소설·희곡번역자료총서, 28. 鮮文大 中韓翻譯文獻研究所, 2002.3)

▶ **(안녹산전 安祿山傳 → 곽분양전)**

〈관계기록〉

① Courant, 761:「안록산젼 安祿山傳」.

◐**377. [안락국전 安樂國傳]**4) ← 안락국태자전

국문필사본

【增】알낙국젼　　　　　김광순[筆全](54)　　　　1([표지]병술밍츈순일갑진일필셔, 24f.)

---

2) 중국 소설 '樂田演義'의 번역 작품.
3) 중국의 經國堂藏板「樂田演義」와 華夏出版社刊「後七國志」가 영인 附載되어 있다.
4)『월인석보』(1459)나『석가여래십지수행기』(1448) 등에서 유래한 불전 소설이다.

【增】 안락국젼	김광순[筆全](68)	1(23f.)
【增】 안락국젼	박순호[家目]	1(22f.)
【增】 安樂國傳	정명기[尋是齋 家目]	1
알낙국전	정명기[尋是齋 家目]	1(신묘시월쵸십일, 15f.)

377.1. 〈자료〉

Ⅰ. (영인)

【增】

1) 金光淳 編.『金光淳所藏 筆寫本韓國古小說全集』, 54. 박이정출판사, 1994. (김광순 소장)

377.2. 〈연구〉

Ⅱ. (학위논문)

〈석사〉

【增】

1) 최재웅. "安樂國傳承의 계통적 연구." 碩論(충남대 대학원, 1999. 8).

Ⅲ. (학술지)

377.2.14. 金鎭榮. "安樂國太子 傳承의 巫歌的 變容研究."『語文研究』, 25(語文研究會, 1994. 11). "안락국태자 전승의 연행문학적 성격과 무가적(巫歌的) 변용"으로『한국서사문학의 연행양상』(이회, 1999. 9)에 재수록.

【增】

1) 金鎭榮. "形成期 國文小說의 藝術的 背景研究:「安樂國太子傳」을 中心으로."『語文研究』, 26(韓國語文教育研究會, 1995. 5).
2) 이정원. "15세기 불교계 국문 서사 연구:「안락국전」·「나복전」·「적성의전」과의 대비를 통해."『韓國古典研究』, 5(韓國古典研究學會, 1999. 12).
3) 강연임. "중세국어 담화에서의 생략현상:「안락국태자전」을 중심으로."『한밭한글』, 5(한글학회 대전지회, 2000. 8).
4) 오대혁. "「안락국태자경」의 신이본."『韓國文學研究』, 23(東國大 韓國文學研究所, 2000. 12).

▶(안락국태자전 安樂國太子傳 → 안락국전)
▶(안릉일기 安陵日記 → **임신평란록**)

◪378.[[안빙몽유록 安憑夢遊錄]] ←『금강유산기』/『기재기이』

〈작자〉 申光漢(1484~1555)
〈출전〉『企齋記異』
〈관계기록〉

①『企齋記異』, 申濩 跋: 時嘉靖紀元之三十二年 孟秋望後三日 門人校書館別提申濩 謹百拜以書◐(때는 가정 32년[1553] 맹추 18일 문인 교서관 별제 신호가 삼가 백배하며 쓰다).

【增】

1)『稗官雜記』, 5: 申駱峰『企齋記異』「安憑夢遊錄」云 漢世縡侯嬰之後 恐誤以勃爲嬰也◐(낙봉

신광한[1484~1555]이 지은『기재기이』가운데「안빙몽유록」에 '한나라 강후 영의 후예'라고
하였는데, 여기서 '영'은 '발'의 오자인 듯하다).

378.1. 〈자료〉
Ⅰ. (영인)
【增】
　　1) 조규익·장경남 편.『국문학강독』. 보고사, 2003. (서정범 소장)

378.2. 〈연구〉
【增】Ⅰ. (학위논문)
(석사)
　　1) 김민주. "「안빙몽유록」의 서사적 전통과 의미." 碩論(부산대 대학원, 2005. 2).

Ⅲ. (학술지)
【增】
　　1) 申範淳. "隱者의 정원에 나타난 象徵과 꿈의 의미:「安憑夢遊錄」을 중심으로."『韓國文化』, 26(서울大 韓國文化硏究所, 2000. 12).
　　2) 文範斗. "「安憑夢遊錄」主題攷."『어문학』, 80(한국어문학회, 2003. 6).
　　3) 육홍타. "16세기 몽유록 시론."『東洋古典硏究』, 19(東洋古典學會, 2003. 12).
　　4) 유정일. "「安憑夢遊錄」硏究: 敍事構造의 特性과 主題를 중심으로."『청대학술논집』, 2(청주대학교 학술연구소, 2004. 2).

◐379.[[안상서전 安尙書傳]]
〈작자〉權伐(17C 중엽)
〈출전〉『竹窓閑話』
〈관계기록〉
　　①『農巖集』(金昌協 1651~1708), 21, 序,「送季舅羅公碩佐之安東地太白山序」: 世言太白之山多異人 近者權伐作「安汝式傳」行於世 余得而讀之 其事頗奇 伐文士也 其爲此傳 自得之於汝式之子天命 而世或疑伐杜撰 如古人傳奇者 而實無其人 是固不可知者 然傳言汝式本中朝人官至尙書 甲申亂 浮海至我東 遂隱於太白 其事具有本末 無甚怪誕 獨言其年已八十矣 而顔貌渥丹 步履如飛 是盖類得道有仙術者 而且以太白爲東方第一福地 意猶至今不死在此山 而自伐爲此傳 世尙無一人得見其人 而雖其子天命者 亦不可復見焉 則伐之此傳 其果不足信歟 然自古奇人異流 多隱於窮厓絶谷 虎豹鳥獸之藪 人跡所不及處 苟非絶俗有遠志 能歷險阻窮幽深者 固未易得見 而世之人旣不好奇 彼又往往自混於樵人釋子 以韜匿其跡 故間或有幸而遇之者 亦漫焉不省 是宜世之得見者少矣 而遂以爲無其人也☯(세상 사람들이 말하기를 태백산에는 이인이 많다고 한다. 요즈음 권칙이 지은「안여식전」이 세상에 돌아다니기에 내가 얻어서 읽어 보니 그 내용이 자못 기이했다. 권칙은 문사다. 그가 이 전을 짓고나서 스스로 말하기를, 안여식의 아들 천명에게 들은 이야기라고 했는데, 세상 사람들은 그가 옛 사람의 전기처럼 지어 내듯이 꾸며 낸 것이며, 그런 사람은 실제 없었다고 의심하고 있다. 이는 참으로 알 수 없는 일이다. 그러나 전에서 말하기를, 안여식은 본래 중국인으로서 벼슬이 상서에 이르렀는

데, 갑신년[1644]의 난리 때⁵⁾에 바다를 건너 우리 나라에 와 마침내 태백산에 은거했다고 하는바, 그 사적은 본말이 갖추어져 있어 그리 괴탄한 건 아니다. 다만 안여식의 나이가 이미 80인데도 얼굴이 붉그스레 윤기가 나고 걸음이 나는 듯하다고 했으니, 아마 득도하여 선술을 지닌 자인 듯하다. 또 태백산은 동방 제일의 복지라고 했으니, 생각건대 안여식은 지금까지 죽지 않고 이 산에 살아 있어야할 터인데, 권칙이 이 전을 지은 이래 세상에서는 아직 아무도 그를 본 사람이 없고, 그 아들 안천명도 다시 본 사람이 없으니, 권칙의 이 전은 정말 믿을 만한 것이 못 되는 듯싶다. 그러나 예부터 기인과 이류는 사람의 발자취가 닿지 않는 험한 절벽과 계곡의 조수 사이에 은거하니, 참으로 속세와 끊고 원대한 뜻을 지녀 험한 곳은 지나고 깊숙한 곳을 찾아가는 사람이 아니라면 쉽게 볼 수는 없다. 세상 사람들은 이미 기이함을 좋아하지 않게 되었으니 저들은 때때로 나무꾼이나 중들 사이에 자취를 감춘다. 그러므로 간혹 운 좋게 그들을 만나는 경우에도 알아보지 못하게 된다. 그러나 사람들이 잘 보지 못하여 그런 사람이 없다고 하는 것이 당연하다).

379.1. 〈자료〉
Ⅱ.(역주)

【增】

1) 朴熙秉 標點·校釋.『韓國漢文小說 交合句解』. 소명출판, 2005. (국립중앙도서관 소장『雜記類抄』)

▣380.[[안생전 安生傳]]
〈작자〉成俔(1439~1504)
〈출전〉『慵齋叢話』, 5

380.1. 〈자료〉
Ⅱ.(역주)

【增】

1) 朴熙秉 標點·校釋.『韓國漢文小說 交合句解』. 소명출판, 2005. (『용재총화』)

380.2. 〈연구〉
Ⅲ. (학술지)

【增】

1) 金梓洙. "「雲英傳」의 素材로서의「安生傳」."『語文論叢』, 7·8(全南大 國語國文學會, 1985. 7).
2) 권도경. "「安生傳」의 창작 경위와 이본의 성격."『古典文學研究』, 22(韓國古典文學會, 2002. 12).

●{안승상전 顔丞相傳}
〈관계기록〉
① 金起東,『李朝時代小說論』, p. 591.

---

5) 1644년에 李自成이 북경을 함락시켜 명나라가 멸망한 사건을 말한다.

◘381.[안언동전 安彦童傳] ← 주국안언동전
▶(안여식전 安汝式傳 → 안상서전)
▶(안평국전 安平國傳 → 적성의전)
◘382.[안황중전 安黃中傳] ←『단량패사』
　　〈작자〉金鑢(1766~1821)
　　〈출전〉『藫庭遺藁』, 9, '丹良稗史'

【增】◘382-1.[압록강 鴨綠江]6)
◘383.[[앵구목송와갈선생전 鶯鳩鶩訟臥渴先生傳]]
　　〈출전〉『廣寒樓記』(국립중앙도서관 소장)7)
　　【增】〈관계기록〉
　　　1)『秋齋集』(趙秀三 1762~1849), 7, 秋齋紀異,「說囊」: 智慧珠圓比詰中 禦眠楯是滑稽雄 山鶯野鶩紛相訟 老鶴官司判至公◐(지혜가 구슬처럼 둥글어 힐중8)에 비할 만하고, 『어면순』은 골계의 으뜸이라. 산꾀꼬리 들따오기 서로 송사를 하니, 늙은 황새 나리 판결은 공정도 하구나).

　　한문필사본
　　【增】[鶯鳩鶩爭訟說]　　　　　정명기[尋是齋 家目]　　　1

◘384.[약산동대 藥山東臺]
　　〈작자〉李鍾禎

　　국문활자본
　　약산동디 藥山東臺　　　국중(3634-2-84=2)/[仁活全](8)　1(국한자 병기, [著]李鍾楨, 光東書局, 1913.11.10, 171pp.)
　　약산동디　　　　　　　국중(3634-2-84=7)<4판>　　　　1(博文書舘, 초판 1915, 4판 1921, 89pp.)

　384.1.〈자료〉
　　Ⅰ.(영인)
　　　384.1.1. 仁川大民族文化硏究所 編,『舊活字本古小說全集』, 8. 銀河出版社, 1983; (再刊) 國際아카데미, 2002. (광동서국판)

　384.2.〈연구〉
　　Ⅲ.(학술지)
　　【增】

---
6) 개화기 이후에 창작된 고전 소설이다.
7) 합철되어 있다.
8) 미상.

1) 심치열. "근대 전환기 여성담론: 구활자본 애정소설 「약산동대(藥山東臺)」의 서사적 측면에서 본 변모 양상-「춘향전」의 전승적 맥락을 중심으로" 『한국고전여성문학연구』, 8(한국고전여성문학회, 2004. 6).

385. [양귀비 楊貴妃]

국문활자본

염정 양귀비 艷情楊貴妃   국중(3634-3-23-2)/[仁活全](9)   1([著·發]洪淳泌, 錦江漁父 玄翎仙著, 京城書籍業組合, 1926. 12. 20, 99pp.)

385.1. 〈자료〉

Ⅰ. (영인)

385.1.1. 仁川大民族文化研究所 編. 『舊活字本古小說全集』, 9. 銀河出版社, 1983; (再刊) 國際아카데미, 2002. (경성서적업조합판)

386. [양기손전 楊己孫傳]

386.2. 〈연구〉

【增】 Ⅱ. (학위논문)

〈석사〉

1) 김현지. "「양기손전」 연구." 碩論(덕성여자대 대학원, 2000. 2).

Ⅲ. (학술지)

【增】

1) 이순우. "「양기손전」 연구." 『이화어문논집(이화어문학회, 2001. 10).

▶(양매결적승연 良媒結赤繩緣 → 백의상)

○{양문록 楊門錄}

387. [양문충의록 楊門忠義錄]

〈관계기록〉

① Courant, 892: 「양문충의록 兩門忠義錄」.

【增】

1) 『[演慶堂]諺文冊目錄』(1920; 藏書閣所藏): 62. 「楊門忠義錄」 76冊.

▶(양문충효직절기 楊門忠孝直節記 → 양현문직절기)

388. [[양반전 兩班傳]] ← 『방경각외전』

〈작자〉 朴趾源(1737~1809)

〈출전〉 『燕岩外集』, '放璃閣外傳'

〈관계기록〉

① 『燕巖集』(朴趾源), 8, 別集, 放璚閣外傳, '自序': 士迺天爵 士心爲志 其志如何 弗謀勢利 達不離士 窮不失士 不飭名節 徒貨門地 酤鬻世德 商賈何異 於是述兩班☯(선비란 것은 하늘에서 받은 벼슬인데, 선비의 마음이 곧 뜻으로 된다.9) 그 뜻이란 것은 어떤 것일까? 권세에 따라 잇속을 꾀하지 않고, 현달해도 선비의 도리를 떠나지 않으며, 곤궁해도 선비의 도리를 잃지 않는 것이다. 그런데 지금의 선비는 명예와 절개를 조심하지 않고, 한갓 문벌을 밑천으로 여겨 세덕을 팔고 사고 있으니, 장사치와 무엇이 다르겠느냐? 그러므로 양반의 이야기를 적는다).

② 同上, '後記': 以上九傳 皆府君弱冠時作也 …… 昔日 嘗就質於內舅芝溪[李在誠]公 公曰 先公立論 固多典重 此等實是筆墨之餘瀾 不足爲有無 況少時事乎 …… 但「兩班」一傳 語多俚俗 是爲小疵 而此實倣王褒僮約而作 非無謂也☯(이상의 9전은 모두 아버지[박지원]가 약관 때에 지은 것이다. 전에 외삼촌에게 이 글에 대해 물었더니 공이 말하기를, "돌아가신 네 부친은 입론이 매우 전중했다. 이들 글[9전]은 실로 글짓는 가운데 희작에 지나지 않으니 유무를 따져 무엇하겠느냐? 하물며 소싯적에 지은 것임에랴? …… 다만 「양반전」 하나만은 이야기에 천함이 좀 많은 것이 흠이기는 하나, 이것은 실은 왕포의 동약10)을 본받아 지은 것으로, 이를 만한 것이 없지 않다.").

388.1. 〈자료〉

Ⅱ. (역주)

【增】

1) 金俊榮·李月英. 『古小說論』. 月印, 2000.
2) 강동엽 외. 『한국 고전문학의 이해와 분석』. 북스힐, 2001.
3) 郭正植. 『쉽게 읽는 고소설』. 신지서원, 2001.
4) 신해진. 『朝鮮朝傳系小說』. 월인, 2003.
5) 朴熙秉 標點·校釋. 『韓國漢文小說 交合句解』. 소명출판, 2005. (朴榮喆刊本 『연암집』)

388.2. 〈연구〉

Ⅱ. (학위논문)

〈석사〉

【增】

1) 이동표. "연암소설의 현실인식과 사회적 의미: 「양반전」·「호질」·「허생전」·「열녀함양박씨전」을 중심으로." 碩論(상지대 교육대학원, 2001. 2).
2) 김연정. "「양반전」의 구조분석." 碩論(서강대 교육대학원, 2001. 8).
3) 이화성. "연암소설의 인물 구성과 서사 전략: 「민옹전」과 「양반전」을 중심으로." 碩論(부산대 교육대학원, 2001. 8).
4) 정순영. "「양반전」의 구조와 의미." 碩論(울산대 교육대학원, 2001. 8).
5) 정완섭. "소설교육에서 주제 탐색 방법 연구: 「허생전」과 「양반전」을 실례로." 碩論(단국대

---

9) 한자에서 士 아래 心을 쓰면 志로 됨을 말하고 있다.
10) 중국 漢나라 때 王褒(?~B.C. 61)가 지은 문장 이름으로 『古文苑』, 권 17에 전한다. 그 내용은 종에 대한 계약을 적고 있다.

교육대학원, 2001. 8).
　6) 김태원. "「양반전」과 「호질」의 풍자 구조 연구." 碩論(서강대 교육대학원, 2003. 8).
　7) 백귀종. "연암소설에 나타난 '사' 의식 연구:「양반전」,「호질」,「허생전」을 중심으로" 碩論(한양대 교육대학원, 2003. 8).
　8) 이성호. "제7차 문학교과서 고전소설 제재의 학습목표와 학습활동 분석:「이생규장전」,「흥부전」,「양반전」을 중심으로." 碩論(고려대 교육대학원, 2003. 8).
　9) 이창미. "「양반전」지도 연구 : ICT를 활용한 소설 지도방안을 중심으로" 碩論(한남대 교육대학원, 2004. 2).
　10) 정주희. "연암소설의 풍자성 연구:「양반전」,「호질」,「허생」을 중심으로" 碩論(목포대 교육대학원 2005. 2).

Ⅲ. (학술지)
　388.2.33. 李石來. "朴燕岩의 諷刺文學 :「兩班傳」과「虎叱」."『聖心語文論集』, 4 (聖心女大 國語國文學科, 1977. 8).『朝鮮後期小說研究』(景仁文化社, 1992. 12)에 수정 재수록.
　388.2.48. 薛重煥. "「兩班傳」再考."『文理·經商論集』, 1(高麗大 文理·經商大, 1983. 12).
　388.2.59. 文燦植. "燕巖小說의 研究 :「兩班傳」을 中心으로."『韓國言語文學』, 25(韓國言語文學會, 1987. 5).
　388.2.62. 金學成. "「兩班傳」의 作品構造와 主題."『人文科學』, 19(成均館大 人文科學研究所, 1989. 2).
　388.2.71. 이현국. "「양반전」연구: 초점화 양상을 중심으로."『文學과 言語』, 14(文學과言語研究會, 1993. 5).

【增】
　1) 宋龍恩. "「兩班傳」에 대한 再評價."『論文集』, 17(원광보건전문대 , 1994. 12).
　2) 정호갑. "'소설지도' 연구:「양반전」을 실례로 하여."『모국어교육』, 13(모국어교육학회, 1995. 6).
　3) 金鍾運. "燕巖小說에 나타난 實學思想 考察:「許生傳」·「兩班傳」·「虎叱」·「廣文者傳」을 中心으로."『청람어문학』, 20(청람어문학회, 1998. 1).
　4) 鄭大成. "「兩班傳」일본어역 텍스트 연구: 조선한문·현대한글역과의 비교 검토."『日本學報』, 41(韓國日本學會, 1998. 11)
　5) 李岩. "「양반전」의 풍자예술." 김병민 외,『한국문학의 비교문학적 조명』(국학자료원, 2001. 9
　6) 金明順. "「兩班傳」." 刊行委員會 編.『古小說研究史』(月印, 2002. 12)
　7) 鄭堯 . "燕巖小說「兩班傳」과「穢德先生傳」에 니디난 선비精神."『漢文敎育研究』, 19(韓國漢文敎育學會, 2002. 12).

◐{양보은전}
▶(양부밀전 → 양부인전)
◐{양부인전}
▶(양산박 梁山泊 → 수호지)
◼389.[양산백전 梁山伯傳] ← 축영대
　〈참고자료〉

① 英臺 上虞氏女 僞爲男裝游學 與會稽梁山伯者 同肄業 山伯字處仁 祝先歸 二年 山伯訪之 方知其爲女子 悵然有所失 告其父母求聘 而祝已定馬氏子矣 山伯後爲鄞令病死 葬鄞城西 祝適馬氏 舟過墓所 風濤不能進 問知有山伯墓 祝登號慟 地忽自裂 陷祝氏 遂幷埋焉 晉丞相 謝安 奏表其墓曰 義婦冢◐(영대는 상우씨의 딸로 남장을 하고 유학하여 회계 사람 양산백과 동문수학을 했다. 산백의 자는 처인이다. 축영대가 먼저 돌아간 2년 후 양산백이 그녀를 찾아갔다 가 비로소 그녀의 여자임을 알게 되어 창연히 넋이 나간 듯했다. 그 부모에게 혼인 승낙을 받으려 했으나 축영대는 이미 마씨의 아들에게 정혼한 터였다. 산백이 후에 은 땅의 원님이 되었다가 병사하니 은성의 서쪽에 묻혔다. 축영대가 마씨에게 시집을 가던 도중 그녀가 탄 배가 산백의 묘소를 지나가게 되었는데 바람과 파도 때문에 나아갈 수가 없었다. 영대가 산백의 무덤이 있음을 물어 안 후 그 곳으로 올라가 소리치며 통곡하니 갑자기 땅이 저절로 갈라져 영대가 빠져 버려 드디어 매몰되었다. 진나라의 승상 사안11)이 그 무덤을 임금께 상주하고 '의부총'이라 하였다)[『宣室志』]

② 梁山伯祝英臺 皆東晉人 梁家會稽 祝家上虞 嘗同學 祝先歸 梁後過上虞尋訪之 始知爲女 歸乃告父母 欲娶之 而祝已許馬氏子矣 梁恨然若有所失 後三年 梁爲勤[鄞]令病且死 遺言葬 淸道山下 又明年 祝適馬氏 過其處 風濤大作 舟不能進 祝乃造梁塚 失聲哀慟 地忽裂 祝投而 死 馬氏聞其事于朝 丞相謝安請封爲義婦 和帝時梁復顯靈異效勞 封爲義忠 有司立廟于鄞云 見『寧波志』◐(양산백과 축영대는 모두 동진 때 사람이다. 양씨의 집은 회계요 축씨의 집은 상우인데, 일찍이 두 사람은 동학하다가 영대가 먼저 집으로 돌아갔다. 양산백이 후에 상우 땅을 지나다가 영대의 집을 찾아갔다가 비로소 그녀가 여자임을 알게 되었다. 산백이 돌아가 부모에게 사실을 고하고 영대와 혼인하려 했으나, 영대는 이미 마씨의 아들에게 허혼한 터라, 산백은 창연하여 마치 넋이 빠진 듯하였다. 3년 후 산백은 은 땅의 원님이 되었다가 병이 들어 죽으며 청도산 아래에 묻어 달라고 유언했다. 그 이듬해 영대는 마씨에게 시집을 가게 되었는데 도중에 그 곳을 지나게 되었다. 갑자기 바람과 파도가 크게 일어 배가 나아갈 수가 없었다. 영대가 산백의 무덤을 만들고 실성 통곡하니 땅이 갑자기 갈라져 영대가 그 곳에 몸을 던져 죽었는데, 마씨는 그 일을 아침에야 들었다. 승상 사안이 영대를 의부로 삼을 것을 청했다. 화제 때에 양산백이 다시 나타나 영이함을 보이니 의충으로 봉하고 유사12)가 영 땅에 묘사를 세웠다. 『영파지』에 보인다)[『古今情史』]

〈관계기록〉
① 「李進士傳」 (회동서관판), pp. 23~24 : 추연왈 쳡은 싱각건대 쳔고 이릭로 허다흔 졀부와 졍녀 즁에 오작 츄영딕의 일이 가련ᄒ더이다 ᄒ고 이에 다시 말삼을 펴 닐오딕 녯젹에 량산빅과 츄영딕 두 사람이 어렷슬 때에 동학ᄒ기를 이년이 되도록 산빅이 영딕의 그 녀ᄌ임을 아지 못하엿더니 그 후에 산빅이 근짜 원이 되엿다가 조졸한지라 영딕 싸ᄒ되 내 녀ᄌ의 몸으로 산빅으로 더브러 수년을 쵝상을 딕ᄒ야 글을 닑고 엇기를 갓즈런히 ᄒ야 졋을 희롱ᄒ엿스니

---

11) 중국 晉나라 때 사람. 자는 安石. 시호는 文靖. 어려서부터 神識沈敏으로 이름이 높았다. 행서를 잘 쓰고, 會稽의 東山에 은거하여 뜻을 丘壑에 붙여 벼슬을 주어도 물리치고 나아가지 않았다. 후에 桓溫의 부름을 받고 조정에 나아가 현관을 역임했다. 苻堅이 난을 일으켜 백만 병으로 都城까지 위협하기에 이르자 征討大都督이 되어 장수들을 지휘하여 이를 대파하고 太保에 올랐다. 죽은 후 太傅 벼슬이 추증되었다.
12) 관계 단체나 혹은 그 단체에서 직무를 맡아 보는 사람.

산빅이 비록 나의 몸이 녀ᄌ인 줄 몰나스나 내 어이 다른 사람을 셤기리오 ᄒ고 인ᄒ야 ᄯᅳᆺ을 결단ᄒ얏더니 그후에 영ᄃᆡ 산빅의 묘하를 지내다가 나아가 울며 졀ᄒ니 믄득 그 무덤이 갈나지거 날 영ᄃᆡ 몸을 날녀 무덤 속에 ᄶᅱ여들어 가 인ᄒ야 쥬으니 엇지 쟝치 아니리잇가.

② Courant, 806:「양산빅젼 楊山栢傳」; Courant, 3359:「梁山伯傳」.

국문경판본

| 양산빅젼 | 국중[고1](한-48-62)/정문연[韓古目] (663: R35N-002954-3) | 1(翰南書林, 1920. 9. 9, 26f.) |

국문활자본

(원본고대소설)양산빅 梁山伯傳	국중(3634-2-84=6)/대전대 [이능우 寄目](1206)	1([著·發]金東縉, 德興書林, 1925.10.30, 59pp.)
양산빅젼 권지젼	국중(3634-2-31=2)	1([編·發]盧益亨, 博文書舘, 1917.2.15, 82pp.)
양산백젼 梁山伯傳	국회[目·韓II](811.31)/박순희[家目]/정명기[尋是齋 家目]/조동일[국연자](21)/조희웅[家目]/[仁活全](26)	1([著·發]申泰三, 世昌書舘, 檀紀 4285[1952].1.5, 53pp.)¹²⁾
(원본고대소설)양산빅 梁山伯傳	국중(3634-2-84=5)	1([編·發]姜義永, 永昌書舘·韓興書林, 초판 1925.10.30; 재판 1928.11.20, 59pp.)
(고대소설)양산백젼	국중(3634-2-84=4)	1(唯一書舘, 1915. 12, 88pp.)
(고ᄃᆡ소셜)양산빅젼	국중(3634-2-31-1)<재판>/국중(3634-2-31=6)<재판>/국중(3634-2-84=3)<3판>/정명기[尋是齋 家目]<서두 낙장, 4판>	1(편집인 남궁설, [編·發]南宮楔, 漢城書館, 초판 1915. 3.15; 재판 1916.12. 20, 76pp.; 3판 1918.11.5, 67pp.; 4판 1920.1.20, 62pp.)

389.1. 〈자료〉

Ⅰ. (영인)

389.1.2. 仁川大民族文化硏究所 編.『舊活字本古小說全集』, 26, 銀河出版社, 1984; (再刊) 國際아카데미, 2002. (세창서관판)

389.2. 〈연구〉

Ⅲ. (학술지)

389.2.7. 丁奎福. "「梁山伯傳」攷."『中國硏究』, 4 (外國語大 中國問題硏究所, 1979. 7).『韓中文學比較의 硏究』(高麗大出版部, 1987. 10);『韓國文學과 中國文學』(국학자료원, 2001. 5)에 재수록.

【增】

1) 심치열. "「양산백젼」의 서사적 특성 연구."『돈암어문학』, 17(돈암어문학회, 2004. 12).

【增】◐{양산부인 홍무서전}

국문필사본

| 양산부인 홍무셔전 | 박순호[家目] | 1(양산부인홍무셜화져서전, 43f.) |

◘390.[[양산숙전 梁山璹傳]]
〈작자〉金祖淳(1765~1831)
〈출전〉『楓皐集』

【增】◐{양상군전}

국문필사본

| 양상군전 | 박순호[家目] | 1(34f.) |

◐{양성이생전 陽城李生傳}
◐{양세기연 兩世奇緣}
◐{양세충전}

◘391.[양소저전 楊小姐傳]
391.2.〈연구〉
Ⅲ. (학술지)
【增】
1) 조재현. "「양소저전」 연구: 「黃花一葉」 설화와 「양주 승학교」 전설 비교를 중심으로." 『국민어문연구』, 10(국민대 국어국문학연구회, 2002. 10).

◘392.[양신랑전 兩新郎傳 ①] ← 쌍신랑
▶(양신랑전 兩新郎傳 ② → 권장군전)

◐{양씨가록}13)
〈관계기록〉
① 「玩月會盟宴」(서울대본), 2: 셩샹의 은영과 구고의 쟝녀하믄 니르도 말고 오직 다 닙신하여 공경직렬 아니면 병궐흑시라 션손의 등과홈과 즈숀의 긔특한 셜화는 양가 본젼의 잇기로 이의 긔록디 아니하노라.
② 同上, 卷 27: 챵계 니공의 허다 신긔한 직죠와 젹심 튱의는 「밍셩호연」의 히비하얏고 양창명공의 수젹이 쏘 「양시가록」의 이시므로 추젼의 긔록디 아니하노라.
③ 同上, 29.: 양 니 등 졔공이 망망이 농슈랄 밧드러 호흡하며 딘실노 궁검을 브리실딘디 일반 튱신이 반드시 텬붕디통을 보디 아니키로 긔약하니 갈충 디셩이 황텬이 감위하신 비 되여

---

13) 「완월회맹연」의 속작으로 나타나나(「완월회맹연」, 권 27, 29) 미발견이다(金鎭世, "李朝後期 大河小說 研究," 『韓國小說文學의 探究』, 一潮閣, 1978, p. 104 참조).

성슈의 영종흐시믈 어드시니 이 셜화난 「밍셩호연」과 「양시가록」의 이시믹 츠견의는 대개를
드노라.

◪393. [양씨전 梁氏傳] ← 남씨충렬록 / 남씨충효록 / 남용성전 / 양씨충효열행록 / 양씨충효전 / 양씨효열록

국문필사본

(남씨충렬록 / 남씨충효록)

【增】 남씨츙효녹 단	박순호[家目]	1(100f.)
【增】 남씨츙효녹	박순호[家目]라, 61f.)	1(辛亥秋七月日, 신희밍츄등셔
【增】 남씨충효열행록	박순호[家目]	1(병신납월쵸오일 남셔방셔, 壬辰五月初一日 金堤玉男金書房, 67f.)
【增】 南氏忠孝錄	정명기[尋是齋 家目]	1

【增】 (양씨전)

【增】 양씨젼 권디단 (梁氏傳卷之單)	김종철[家目]	1(錦菴 序, 20f.)[14]
양시젼이라	박순호[필총](29)	1(134f.)
【增】 梁氏傳	정명기[尋是齋 家目]	1
【增】 양씨젼	정명기[尋是齋 家目]	1
【增】 양씨젼	정명기[尋是齋 家目]	1

(양씨충효열행록 / 양씨충효전 / 양씨효열록)

【削】 양시젼이라	박순호[필총](29)	1(134f.)
【增】 양씨츙효록 단권이라	박순호[家目]	1(56f.)
【增】 양씨츙효록 상이라	박순호[家目]	1(歲次癸亥新正月, 48f.)
【增】 양씨효부열여젼이라	박순호[家目]	1(114f.)
【增】 양씨효열록	박순호[家目]	1(38f.)
【增】 양씨효열록	박순호[家目]	1(76f.)
【增】 梁氏孝烈錄	정명기[尋是齋 家目]	1

393.1. 〈자료〉

【增】 Ⅱ. (역주)
  1) 김수봉 주해. 『매화전·석화룡전·쌍동전·양씨전』. 세종출판사, 2002.

▶(양씨전효열록 梁氏傳孝烈錄 → 양씨전)
▶(양씨충효열행록 梁氏忠孝烈行錄 → 양씨전)
▶(양씨충효전 梁氏忠孝傳 → 양씨전)

---

14) 「심청전」과 합철.

▶(양씨효열록 梁氏孝烈錄 → 양씨전)
◐{양정선행록}
〈관계기록〉
① 『諺文古詩』(가람본), '언문칙목녹', 75:「양정션힝녹」.

▶(양주밀전 → 양추밀전)
〈관계기록〉
① Courant, 930:「냥쥬밀젼」.

◘394.[양주봉전 梁(楊)朱(周)鳳傳] ← 이대봉전[15]

국문필사본		
양주봉전	계명대[古綜目](고811.35양주봉)	1
【增】양주봉전	박순호[家目]	1(13f.)
【增】梁國鳳傳	여태명[家目](254)	1(甲戌 正月九日, 86f.)

국문활자본		
양쥬봉전 楊朱鳳傳	국중(3634-2-73=1)	1([著·發]宋敬煥, 東洋大學堂, 1929.12.30, 65pp.)
양쥬봉전 楊朱鳳傳	김종철[家目](1961)/조희웅[家目](n.d.)	1(世昌書館, 1961, 64pp.)[17]
양쥬봉전 楊朱鳳傳	국중(3634-2-73=2)	1([著·發]朴承曄, 新舊書林, 1918.10.15, 65pp.)
【削】양주봉전	[李:古研, 278]	1(15회, 唯一書舘·漢城書舘, 1917.12.11, 70pp.)
양쥬봉전 楊朱鳳傳	국중(3634-2-32=6)	1([著·發]南宮濬, 惟[16]一書舘, 초판 1917.12.11; 재판 1920.10.25, 65pp.)[17]
양쥬봉젼	국중(3634-2-73=3)/[權純肯, 157]	1([著·發]南宮楔, 漢城書舘·唯一書舘, 1915.11.20, 50pp.)
양쥬봉젼 단 楊朱鳳傳 全	국중(3634-2-30=6)/국중(3634-2-30=7)/[亞活全](4)	1(15회, [編·發]南宮濬, 唯一書舘·漢城書舘, 1917.12.11, 70pp.)[18]

---

15) 「이대봉전」과 「양주봉전」의 내용은 동일하나, 남녀 주인공의 이름이 「이대봉전」에서는 '이대봉'과 '애봉'으로; 「양주봉전」에서는 '양주봉'과 '장소저'로 되어 있다.
16) 판권지에 의하면 '唯一書舘'의 '唯'자가 '惟'자로 되어 있다.
17) 【削 '한성서관 간행 「쌍쥬긔연」(1915) 광고에 「양주봉젼」이 나타나 있다.'】 마지막 5페이지분은 '산양을 인하야 미인을 만나고 은혜로써 은혜를 갑다'와 '두 집 직물을 다 옴기고 잇그러 도원으로 드러가다'란 단편이다.

【增】〈회목〉
(한성서관판「양주봉전」)
1: 梁公子張氏誕生　　양공자와쟝씨탄싱ᄒ고
   兩家定約紅繩緣　　두집에셔홍승의연분을쟝약ᄒ다
2: 梁尙書被害王熙　　양샹셔왕희에해를닙고
   張翰林因病歸天　　쟝흔림이병을인ᄒ야귀텬ᄒ다
3: 具夫人繼續歸天　　구부인이어귀텬ᄒ고
   張氏着男服避禍　　쟝씨남복을닙고화를피ᄒ다
4: 王昌鉉誤娶瓊娘　　왕챵현이그릇경랑을취ᄒ고
   梁公投江龍王救　　양공이투강ᄒ얏더니룡왕이구ᄒ다
5: 龍子救濟梁公子　　룡ᄌ이양공ᄌ를구ᄒ야건지고
   張小姐赴擧皇城　　장쇼졔황성의부거ᄒ다
6: 張就金榜掛題名　　장취금방일홈을거러나타닉고
   拜大元帥出戰陣　　대원슈를빅ᄒ야젼진의나아가다
7: 元帥一鼓斬賊將　　원슈흔북에적장을버히고
   因追單于入藩國　　인ᄒ야션우롤조츠번국으로드러가다
8: 梁公子師別下山　　양공ᄌ스승을니별ᄒ고산의ᄂ리고
   馮夫人相逢瓊娘　　풍부인이경낭을셔로만나다
9: 梁公子甲冑乘馬　　양공ᄌ갑쥬ᄒ고말을타고
   晝夜倍途向金陵　　쥬야비도ᄒ야금능으로힝ᄒ다
10: 梁公子自稱忠臣　　양공ᄌ스스로츙신이라일캇고
    衝突入陣救皇帝　　진을츙돌ᄒ야드러가황뎨를구ᄒ다
11: 梁尙書父子團圓　　양샹셔부ᄌ단원ᄒ고
    張氏上奏眞情表　　쟝씨진졍표를상ᄒ다
12: 張元帥設水陸齋　　장원쉬슈륙지를베풀고
    馮夫人瓊娘團就[聚]　풍부인과경랑이단취ᄒ다
13: 梁朱鳳勝捷上疏　　양쥬봉이승쳡ᄒ고상소ᄒ니
    天子卽封安平侯　　텬지은평후를봉ᄒ다
14: 張元帥進見徐府　　장원쉬셔부의나아가뵈이고
    奉迎三夫人還京　　삼부인을뭇드러마ᄌ셔울노도라오다
15: 安平侯封楚國王　　은병후로초국왕을봉ᄒ고
    王后妃白日昇天　　왕과후비빅일의승텬ᄒ다

◼**395.[양추밀전 楊樞密傳]**
▶**(양태백전 楊/梁太伯傳 → 양풍운전)**
▶**(양풍운전 → 양전)**
◼**396.[양풍(운)전 楊(梁)風(雲)傳] ← 양태백전 / * 장풍(운)전**
〈관계기록〉
① Courant, 781:「양풍전 梁豊傳」.

【增】
1) 『[演慶堂]諺文冊目錄』(1920; 藏書閣所藏): 129. 「楊風傳」 1冊.

〈이본연구〉

【增】

1) 「양풍전」의 두 계열본[경판계와 필사계]은 서사 구성상 다음과 같은 차이를 보여 준다. 먼저 필사본 계열에서는 최부인의 유언 과정 중에 무가 사설의 일부가 '져 귀신아 날을 좁으다가 어늬 왕으로 가라 ᄒᆞᄂᆞᆫ.' ……(이하 생략)……와 같은 사설이 제시된다. 또한 필사본 계열에서는 「손 없는 색시」 설화의 모티브가 삽입되어 있는데, 이는 양태백의 잔인성을 부각시켜 그에 대한 수용자의 적대감을 드러냄으로써, 경판본 계열과 주제 해석상의 차이를 보여 준다. 이와 아울러 필사본 계열에서는 천황보살이 양풍 일행에게 옥룡전에 이르는 과정을 자세하게 설명하나, 경판본 계열에서는 축약, 혹은 '여차여차'와 같이 간략하게 처리하였다. 한편, 필사 45장본은 양풍 누이가 모친과 만나 끊긴 손목을 되찾는 데서 작품이 종결된다. …… 「양풍전」의 두 계열 이본은 이 글에서 다루어진 계열본의 경우에 한해서는 경판본 계열이 필사본 계열에 先行하며, 善本인 것으로 판단된다. 그 근거의 첫째는 필사본 계열에서는 서두에서부터 서술자에 의해 최부인이 정렬부인으로 호칭되고 있으나, 이는 경판본 계열에서는 옥제가 최부인의 무죄함을 알고 옥룡전을 창건한 후 내린 직첩의 명칭으로 되어 있다는 점이다. 이는 필사본 계열의 독자/작가가 선행 경판본 계열을 읽은 후에 그 지식을 바탕으로 자기 나름대로의 작품 해석을 거쳐 개작한 것임을 뒷받침한다. 한편 필사본 계열은 처첩 및 계모 갈등에 초점을 둔 결과 양태백에 대한 적대감을 강화하고 있는 것이 특징이다. 이러한 것은 특정한 주제적 의미의 부각이라는 개성을 지니는 동시 영웅의 일대기라는 장편 서사물의 특징을 약화시켰다. 그러나 필사본 계열은 「손 없는 색시 설화」의 모티브 및 무가 사설의 일부가 제시됨으로써 설화와의 근접성을 보여 준다. 이는 필사본 계열이 경판본 계열에 앞서는 先本을 갖고 있다는 가설을 가능케 한다. 이 가설을 인정할 때, 경판본 계열은 선행하는 필사본 계열본을 가다듬어서 현재의 체계적 구성을 갖추게 된 것으로 설명할 수 있다. 또한 현존 필사본 계열은 앞선 필사본에 제시된 결말의 내용을 소급해서 서두의 서술에 적용함으로써 서두에서부터 최부인을 '정렬부인'으로 지칭하는 결과를 낳게 되었을 것으로 보인다(최기숙, "「양풍전」의 환상성과 상상력의 원천 탐색," 『연세어문학』, 28[1996. 2], pp. 66~68).

국문필사본

【增】 (양태백전)

| 【增】 양태백전 梁泰伯傳 | 박순호[家目] | 1(庚午正月二十五日謄, 全羅北道任實郡屯南面新基里, 40f.) |

(양풍운전)

【增】 양풍운전	계명대[古綜目](고811.35양풍운)	1
【增】 양풍운전 권지단 양풍언전	미도민속관[생활사 도록](25)	1
【增】 양풍운전 단권	박순호[家目]	1(병오십일월이십오일, 43f.)

| 【增】梁風雲傳 | 정명기[尋是齋 家目] | 1 |

국문경판본
| 【增】 양풍운전 단 | 박순호[家目] | 1(20f.) |
| 【增】 양풍뎐 | 정명기[尋是齋 家目] | 1 |

국문활자본
【增】 양풍운전 楊風雲傳	Kobay[경매목록](25091880)	1([著·發]申泰三, 盛文堂書店, 1937. 10. 30, 32pp.)
양풍운전	[광고(1952)]/김종철[家目]	1(世昌書舘, 1956, 32pp.)[18]
양풍운전 권단 楊風雲傳	국중(3634-2-73=6)	1(남궁설 편집, [著·發]南宮楔, 漢城書舘·唯一書舘[19], 1915. 11. 20, 50pp.)
양풍운전 楊風雲傳	국중(3634-2-16=8)/대전대 [이능우 寄目](1205)/[仁活全](9)/유탁일	1([著·發]南宮楔, 漢城書舘·唯一書舘, 1915. 11. 20 41pp.)[20]
【刪】 양풍뎐	서울대(일사)[24]/이능우	

396.1. 〈자료〉

Ⅰ. (영인)

396.1.7. 仁川大民族文化硏究所 編.『舊活字本古小說全集』, 9. 銀河出版社, 1983; (再刊) 國際아카데미, 2002. (한성서관유일서관판,「양풍운전」)

Ⅱ. (역주)

【增】
1) 申海鎭 選註.『朝鮮後期 家庭小說選』. 月印, 2000. (안성 동문이신판)

396.2. 〈연구〉

Ⅱ. (학위논문)

〈석사〉

【增】
1) 김정선. "「어룡전」과 「양풍전」의 비교 연구." 碩論(영남대 교육대학원, 2004. 8).

Ⅲ. (학술지)

【增】
1) 최기숙. "「양풍전」." 刊行委員會 編.『古小說硏究史』(月印, 2002. 12).
2) 張庚男. "朝鮮後期 小說을 통해 본 父權의 形象:「어룡전」·「양풍운전」을 中心으로"『語文硏究』, 31:1[117](韓國語文敎育硏究會, 2003. 3).

---

18)「장풍운전」과 합본.
19) 단 판권지에는 兩社가 발행소가 아닌 總發賣所로 되어 있다.
20) 같은 출판사에서 같은 날에 간행된 윗책에 비하여 총 면수가 다르다.

◘397. [양현문직절기 楊賢門直節記][21] → 양문충효직절기 / 양현문충효직절기

국문필사본

【增】 양문츙효직절기 楊文忠孝直節記 김종철[家目] 3(초: 58f.; 권8중: 62f.; 권11, 28f.+권 17, 38f.)

〈관계기록〉

① 『諺文古詩』(가람본), '언문칙목녹', 113: 「양현문직결긔」.
② 同上, 118: 「양현문츙효즉결긔」.

【增】

1) 『[演慶堂]諺文冊目錄』(1920; 藏書閣所藏): 22. 「楊賢門直節記」 24冊.

397.2. 〈연구〉

【增】 Ⅱ. (학위논문)

〈석사〉

1) 윤경아. "「양현문직절기」 연구." 碩論(서울대 대학원, 2003. 2).

◘398. [어득강전 魚得江傳]

398.2. 〈연구〉

Ⅲ. (학술지)

398.2.1. 심경호. "어득강전 魚得江傳." 『한국민족문화대백과사전』, 28(한국정신문화연구원, 199
5. 12). '「어득강전」과 실존인물의 소설화'로 『국문학 연구와 문헌학』(태학사, 2002.2)에 재수록.

【增】

1) 심재숙. "「어득강전」의 형성 과정과 주제 의식." 『우리어문연구』, 16(우리어문학회, 2001. ??).

◘399. [어룡전 魚龍傳 / 漁龍傳][22] ← 어용전

국문필사본

【增】 魚龍傳	계명대[古綜目](고812.35어룡전)	1	
【增】 어룡전 권지일/권지이 魚龍傳 乾/坤	김광순[筆全](60)	2(1[乾]: [표지]癸卯三月日上 瘋洞氏男宅, [말미]계묘삼월 일필셔상마동되, 冊主林泉堂, 42f.; 2[坤]: [표지]癸卯三月日 上瘋洞氏男伊宅, [말미]冊主 林泉堂, 46f.)	
【增】 어농젼 권지이	박순호[家目]	낙질 1(2: 40f.)	
【增】 어령젼	박순호[家目]	1(65f.)	

---

21) 작품의 시대적 설정 및 역사적 등장 인물들의 면모는 「금향정기」의 경우와 거의 같다. 작품 끝에 이후의 이야기가 「수재쌍환호구성취회 秀才雙環好逑成聚會」에 있다고 되어 있으나, 이 후편은 아직 발견되지 않고 있다.
22) 맞춤법 통일안에 의하면 '어용전'이 옳을 듯하나, 관용에 따라 '어룡전'을 표제로 채택하였다.

【增】어룡전	박순호[家目]		1(갑자십일월일, 을축일월부터기탁이라, 갑자납월이십이일필하노라, 66f.)
【增】魚龍傳	박순호[家目]		1(국한자 혼용, 庚戌十一月十九日魚龍傳謄書, 43f.)
【增】어룡젼이라	박순호[家目]		1(신히경월칠일시ᄒ야 십이일의종흔이라, 39f.)
【增】어열비튱효록 권지일	박순호[家目]		1(29f.)
【增】어용젼 권지상이라	박순호[家目]		1(59f.)
【增】어용젼	박순호[家目]		1(25f.)
【增】어용젼	박순호[家目]		1(53f.)
【增】어용젼	박순호[家目]		1(59f.)
【增】魚龍傳	정명기[尋是齋 家目]		2-1
【增】어룡전	정명기[尋是齋 家目]		1(낙장)
【增】어룡전	정명기[尋是齋 家目]		1

【削】 국문완판본

【削】어용젼	박순호[家目](101)		1

국문활자본

(고대소설)어룡전 (古代小說)魚龍傳	국중(3634-2-73=5)		1([著·發]李鍾楨, 光東書局, 1924, 62pp.)
어룡젼 古代小說 漁龍傳	박순호[家目]/홍윤표[家目]		1(大造社編輯部 編, 大造社, ……)
어룡전 漁龍傳	국중(813.5-어124ㅅ)/국회[目·韓II](811.31)/김종철[家目]/박순호[家目]		1([著·發]申泰煥, 世昌書館, 檀紀 4284[1951]; 1952, 58pp.)
(고딕소설)어룡전	국중(3634-2-73=4) 재판		1([著·發]姜夏馨, 太華書館 초판 1914.10.18; 재판 1931.11.10, 62pp.)
【增】어룡젼 (古代小說)漁龍傳	박순호[家目]		1([發]朴彰緒, 鄕民社, 1962.10.30, 60pp.)
(고딕소설)어룡젼 (古代小說)魚龍傳	영남대[目續](도남813.5)		1([著·發]高裕相, 滙東書舘, 1925.12.25, 62pp.)

399.1. 〈자료〉

399.1.7. 리창유·김세민·최옥희 윤색·주해.『진장군전(·리대봉전·어룡전)』. 조선고전문학전집, 23. 평양: 문예출판사, 1988; 서울: 연문사, 2000(영인).[23]

Ⅰ. (영인)

【增】
  1) 金光淳 編.『金光淳所藏 筆寫本韓國古小說全集』, 60. 박이정출판사, 1994. (김광순 소장)

Ⅱ. (역주)
【增】
  1) 申海鎭 選註.『朝鮮後期 家庭小說選』. 月印, 2000. (박문서관판)

399.2. 〈연구〉
Ⅱ. (학위논문)
〈석사〉
【增】
  1) 정좌경. "「어룡전」 연구." 碩論(한국교원대 대학원, 2002. 2).
  2) 안정연. "「어룡전」의 구조와 그 의미." 碩論(경북대 교육대학원, 2003. 2).
  3) 김정선. "「어룡전」과「양풍전」의 비교 연구." 碩論(영남대 교육대학원, 2004. 8).

Ⅲ. (학술지)
【增】
  1) 趙祥祐. "「어룡전」." 刊行委員會 編.『古小說硏究史』(月印, 2002. 12).
  2) 張庚男. "朝鮮後期 小說을 통해 본 父權의 形象:「어룡전」·「양풍운전」을 中心으로."『語文硏究』, 31:1[117](韓國語文敎育硏究會, 2003. 3).

◪400. [[어복손전 魚福孫傳]]24) ← 신단공안
400.2. 〈연구〉
Ⅲ. (학술지)
【增】
  1) 조상우. "애국계몽기 한문소설「어복손전」 연구."『國文學論集』, 18(檀國大 國文科, 2002. 8). "「魚福孫傳」에 나타난 班常 갈등과 계급 해체"로『愛國啓蒙期 漢文散文의 硏究』(다운샘, 2002. 11)에 재수록.

【增】 ▶(어사박문수전 御史朴文秀傳 → 박문수전)25)
▶(어용전 魚龍傳 → 어룡전)
◐{언도전}
▶(언문삼국지 諺文三國誌 → 삼국지)
◐{언봉쌍계록 彦逢雙季錄}26)

---

23) 리창유 윤색·조동옥 주해,「리대봉전」; 김세민 윤색·주해,「진장군전」; 최옥희 윤색·주해,「어룡전」이 합책되어 있다.
24)『神斷公案』제7화로 원명은「癡生員驅家葬龍宮 黠奴兒倚樓驚惡夢」이다.
25)『이본목록』·『문헌정보』·『작품연구 총람』에 추가
26) 제명으로 미루어「쌍천기봉」의 제3부라는「인봉쌍계록」과 동일 작품이 아닌가 생각된다.

〈관계기록〉
① Courant, 899:「언봉쌍계록 彦逢雙季錄」.
① Courant, 899:「언봉쌍계록 彦逢雙季錄」.

▶(언삼국지 諺三國誌 → 삼국지)

【增】 ◐{언해소학소설 諺解小學小說}

|국문필사본|

언히소학소설　　　　　　박순호[家目]　　　　　　1(신미맹춘십오일, 18f.)27)

◪401.[엄씨효문청행록 嚴氏孝門淸行錄]28)
〈관계기록〉
① 「尹河鄭三門聚錄」, 101: 한님 부부의 운액이 거의 진할 때라 부인의 감동하미 쉽고 간계를 도모하던 뉴 자중의 난을 일워 패루하니 한님 부뷔 누명을 신설하고 고택의 도라오며 태새 견일을 깨다라 부인을 대책하여 심당의 슈계하엿더니 한님과 영이 도라오니 가새 진정하고 최시를 사하여 고당의 거하니 이런 설해 「엄시청행녹」의 해비하니라.
② 『諺文古詩』(가람본), '언문칙목녹', 81:「엄시효문청힝녹」.
③ Courant, 813:「엄시효문경힝녹 嚴氏孝門正行錄」.

【增】
1) 『[演慶堂]諺文冊目錄』(1920; 藏書閣所藏): 41.「嚴氏孝門淸行錄」30冊.

401.2.〈연구〉
Ⅲ. (학술지)
401.2.3. 金鎭世. "「嚴氏孝門淸行錄」硏究(一)." 『韓國古典文學硏究』(合本)[백영정병욱선생환갑기념논총](新丘文化社, 1982. 5).

【增】
1) 朴英姬. "「嚴氏孝門淸行錄」에 나타난 葛藤樣相과 의미." 『語文硏究』, 110(韓國語文敎育硏究會, 2001. 6).
2) 趙光國. "「嚴氏孝門淸行錄」에 구현된 閥閱家父長制." 『語文硏究』, 122[32:3](韓國語文敎育硏究會, 2004. 6).
3) 趙光國. "閥閱小說의 孝 具現 樣相에 대한 연구: 「柳孝公善行錄」·「報恩奇遇錄」을 중심으로." 『語文硏究』, 33:4[128](韓國語文敎育硏究會, 2005. 12).

◐{엄자릉소록 嚴子陵小錄}
〈관계기록〉
① 『諺文古詩』(가람본), '언문칙목녹', 34):「엄즈릉소록」.

---

27)「상장」(14f.) 합철.
28)「윤하정삼문취록」의 소재 일부를 취하여 만든 작품이다. 續作인「금환재합연 金環再合緣」으로 이어진다.

◪402. [[엄처사전 嚴處士傳]]
〈작자〉許筠(1569~1618)
〈출전〉『惺所覆瓿藁』, 8.
〈관계기록〉
① 「嚴處士傳」, 結尾: 外史氏曰 處士孝於家 廉於鄕 固當得位 而以母死 不賓于王 卒窮以終 其才不少售 惜哉 巖穴間 有士如此 名湮沒而不傳者 悲夫◐(외사씨는 이르기를, 처사는 집에서 효도하고, 시골에서는 청렴했으니, 그는 마땅히 벼슬자리를 얻어야 할 것이어늘, 그는 어머니가 세상을 떠났다 해서 다시는 과거를 보지 않고 마침내 빈궁하게 일생을 마쳐 그의 재능을 조금도 발휘치 못했으니 아아, 애석하구나. 저 깊은 바위 틈에 이런 선비가 숨어 있어 이름이 묻혀 전하지 못한 자가 비단 처사 한 사람뿐이 아니었으니, 아아, 슬픈 일이로다).

◐{여귀보은기 女鬼報恩記}
〈관계기록〉
① 『諺文古詩』(가람본), '언문칙목녹', 149: 「녀귀보은긔」.

◪403. [여동선전 呂童仙傳]
  국문필사본
  녀동션젼   정명기[尋是齋 家目]   1(59f.)⁽³⁷⁾

403.2. 〈연구〉
Ⅲ. (학술지)
403.2.1. 정명기. "「呂童仙傳」研究." 『古小說研究』, 1(韓國古小說學會, 1995. 12). 한국고소설학회 編. 『한국고소설의 자료와 해석』(아세아문화사, 2001. 10)에 재수록.

◪404. [여래님실기 如來任實記]
〈작자〉李洙學
  국문필사본
  【增】여릭임실기 如來任實記 박순호[家目]   1(彌勒神化十三年壬申榴花節 宣城李洙學常進謹識, 35f.)

◪405. [[여선담전 呂善談傳]]
405.1. 〈자료〉
  【增】Ⅰ. (영인)
  1) 이수봉. "「여선담전」외 작품 해제 및 원문: 「녀션담젼」." 『古小說研究』, 10(韓國古小說學會, 2000. 12).

◪406. [여선외사 女仙外史]
〈참고자료〉

①「女仙外史」一百回 存釣璜軒原刊本……清呂熊撰 署古稀逸田叟 熊字文兆『在園雜誌』云吳人 里居未詳 首自序 陳奕禧序 康熙辛卯自跋……演永樂間唐賽兒叛變事◉(「여선외사」 100회는 조황헌의 원간본이 남아 있다. …… 청나라 여웅 편찬으로 '고희 일전수'란 서명이 있다. 찬자인 여웅의 자는 문조다.『재원잡지』에 이르기를 오 땅의 사람이나 사는 마을은 미상이라 했다. 첫머리에 자서가 있고, 진혁희의 서문 및 강희 신묘년[1711]에 쓴 찬자의 발문도 있다. …… 작품의 내용은 영락 연간에 있었던 당새아의 반란 변사를 그린 것이다)[孫楷第,『中國通俗小說書目』, p. 59].

〈관계기록〉

① 『智水拈筆』(洪翰周 1798~1868), '水滸傳': 「隋唐演義」及「女仙外史」等書 又未知出於何人 而「金瓶梅」一書淫尤甚 世傳爲弇州所作 文人雖曰遊戲翰墨 弇州以父禍 更作不出仕 位至南京刑部尙書 爲萬曆間耆宿名重天下 何至作此等不經文字 殊可歎也◉(「수당연의」와 「여선외사」등의 책은 어떤 사람이 지은 것인지 모르겠으나 「금병매」한 책은 세상에 전하기를 왕엄주가 지은 것이라 한다. 문인들이 비록 말하기를, 이 책은 비록 그가 붓장난을 한 것이라고는 하나, 그는 부친의 화를 당하여 벼슬이 남경 형부상서에 올랐다가 다시는 출사하지 않고, 만력 연간에 그 이름이 촌야에서 천하에 드날렸다. 그가 어찌 이 같은 불경 문자를 짓기에 이르렀는지 참으로 한탄스런 일이다).

② 『潭庭叢書』(金鑢 1766~1821), 28, '鳳城文餘, 諺稗'(李鈺 1760~1813): 夫作稗史者 巧覘正史之有疑案處 便把作話柄 李師師之游幸 則「忠義水滸傳」有宋江 夜謁娼樓之語 楡木川之卒崩 則「女仙外史」有賽兒 授劒鬼母之說 千載之下 紫騲耳目者 罪固大矣 曷若以誑說誑自歸 姑妄言之科 而只博人一粲者乎 然而雕以作板 搨之楮素 則二木亦寃矣◉(무릇 패사는 짓는 자가 정사의 의안처를 교묘하게 엿보아 이로써 이야기 자루를 만들어 낸다. 이사사29)가 임금의 출유를 맞은 사실은 곧 「충의수호전」의 송강이 밤에 창루에서 배알한 이야기가 될 것이고, 유목천30)에서 갑자기 죽은 일은 곧 「여선외사」에 새아가 귀모 천존에게 칼을 준 이야기로 된 것이다. 천 년 후까지 이목을 괴롭히는 음란한 소리를 하는 자는 그 죄가 실로 큰 것이다. 어찌 저 거짓말로서 거짓말을 불려 스스로를 짐짓 망언하는 부류로 만들어 다만 남의 한번 웃음을 더하는 것과 같단 말인가? 그러나 떡갈나무 판에 새기고 닥나무로 만든 흰 종이에 찍으니, 두 나무 또한 원통한 일이다).

【增】
1) 『字學歲月』[1744](尹德熙 1685~1766):「女仙外史」.
2) 『私集』(尹德熙 1685~1766), 4,「小說經覽者」[1762].「女仙外史」.
3) 『[演慶堂]諺文冊目錄』(1920; 藏書閣所藏): 19.「女仙外史」45冊.
4) 『大畜觀書目』(19C初?):「女仙外史」三十冊.
5) 『集玉齋書目』:「女仙外史」二十卷.

【增】〈이본연구〉
1) 이 번역본[낙선재본]의 대본은 현재 규장각에 소장되어 있는 康熙 辛卯(1711) 釣璜軒 각본으로

---

29) 前注 참조.
30) 前注 참조.

추정된다. 왜냐하면 1884년에 고종황제의 명으로 번역 필사된 것이라고 할 때, 1884년 이전에 나온 『女仙外史』는 조황헌본 하나밖에 없기 때문이다. 이 밖에 석인본과 鉛印本이 각각 3종씩 있으나 모두 연대가 목판본보다 뒤진다. 낙선재본은 직역 위주의 번역이지만 陳奕禧의 서문과 작가 서문, 葉專의 발문, 楊顆의 논평 7則, 劉廷璣의 품제 20則, 회후평 등은 번역을 생략했다. 그러나 문장 가운데 나오는 시는 원문을 우리말 독음으로 쓰고 그 밑에 꼼꼼하게 번역하였다. 낙선재본「여선외사」는 중국 조황헌본을 완역하였다. 따라서 몇몇 개별적인 예외 이외에는 대체적으로 내용의 생략이나 축약이 거의 보이지 않는다. 또한 번역본에서는 詩詞의 생략이 일반화되어 있으나, 「여선외사」는 작중 인물 간의 시는 물론, 문장 중간중간의 '但是……', '正是……' 뒤의 詩詞, 騈儷文까지 꼼꼼하게 번역하였다. 그리고 원작에는 외설적인 부분이 적지 않다. …… 흥미 있는 사실은 원문에 충실한 완역인 낙선재본도 외설적인 부분에 대해서는 번역을 생략하였으나, 예외적으로 백화문예판에는 삭제된 부분이 오히려 낙선재본에 고스란히 번역되기도 했다(박재연, "머리말," 『녀선외수 女仙外史』, 선문대학교 중한번역문헌연구소[2005. 5]).

◐{여설양문록}

〈관계기록〉

① 『諺文古詩』(가람본), '언문칙목녹', 10):「녀설양문녹」.

【增】 ◐{여소학 女小學}

국문필사본

| 여소학 女小學 | 박순호[家目] | 1(丙子小春, 28f.) |

◐{여수경전}

◐{여씨삼대록 呂氏三代錄}

【增】 ▶(여와낭낭성회연 女媧娘娘盛會宴 → 여와전)[31]

▶(여와록 女媧錄 → 여와전)

【增】 ▶(여와씨성회연록 女媧氏盛會宴錄 → 여와전)[32]

【增】 ▶(여와씨전 女媧氏傳 → 여와전)[33]

◘407. [여와전 女媧傳][34] ← 문창성요얼탕평 / 문창성평요기 /[35] 문창진군탕평록 / 여와낭낭성회연 / 여와록 / 여와씨성회연록 / 여와씨전 / 황릉묘요얼탕평기

---

31) 『이본목록』에 추가.
32) 『이본목록』에 추가.
33) 『이본목록』에 추가.
34) 『이본목록』·『작품연구 총람』·『문헌정보』에 추가. '이 작품이 「투색지연의」→「여와전」→「황릉몽환기」의 연작 소설이라는 설이 제기된 바 있다(池硯淑, "「여와전」 연작의 소설 비평 연구," 高麗大 博論, 2001. 8).'
35) 『이본목록』·『작품연구 총람』·『문헌정보』에 추가.

〈관계기록〉
① 「玉鴛再合奇緣」[1786~1790](溫陽鄭氏 1725~1799), 14, 表紙 裏面: 「녀와젼」.
② 『諺文古詩』(가람본), '언문칙목녹', 74: 「여화록」.36)

【增】
1) 「황릉묘요얼탕평젼」·「경암계암젼」합본(성균관대 소장) 필사후기: 이 칙 젼후편 보오 셰샹 화복간 고우락이 일쳬샹반이니 탄흔들 실 딕 잇ᄂ 「황능묘녹」과 「경암계암록」 만치 아니ᄒ나 셩현현비와 녈녀졀부의 ᄉ젹이 딕강 긔록ᄒ녀시며……

〈비교연구〉
【增】
1) [「여와젼」] 중 가장 많은 비중을 차지하고 있는 내용은 단락 (4)와 단락 (5)의 내용이다.37) 투색창업연에 참가한 여인을 한 명씩 열거하며 인물의 됨됨이를 평가하고 있는데, 여기에서 평가의 대상이 되는 인물들의 면면을 살펴보면 당시 유행하던 대하 소설의 등장인물임을 알 수 있다. 또한 문창진군 역시 새로 고안하여 설정한 인물은 아니다. 문창진군은 "대명홍치 황졔 일녀 진양공쥬 명요니 승샹 진국공 대장군 유셰형의 샹원부인 여쥬공 춍ᄌ니 이 곳 문창셩이 랴"에서 알 수 있듯이 「유씨삼대록」에 등장했던 진양공주다. …… 「여와록」은 다른 대하 소설과도 관련을 맺고 있지만 무엇보다 가장 밀접한 관련을 맺고 있는 작품은 「유씨삼대록」 연작이다. 그 중에서도 후편인 「유씨삼대록」에서 많은 영향을 받은 흔적이 보인다. …… 「여와록」이 특히 「유씨삼대록」 연작의 등장인물과 많은 관련을 지니고 있다는 점, 그리고 문창진군인 진양공주의 행적에 초점이 맞추어 있다는 점을 고려한다면, 이 작품은 「유씨삼대록」의 파생작 혹은 별전으로서의 성격을 지닌다고 볼 수 있다. ……물론 이 작품에는 이외에도 다른 대하 소설의 인명들이 등장하고 있어 이들 모든 작품이 본전에 해당한다고 할 수 있을지도 모르겠다. 그러나 작품의 전체적인 구성이 문창진군을 중심으로 짜여져 있기 때문에 이 작품은 「유씨삼대록」의 파생작으로 볼 수있다. …… 「여와록」과 관련을 맺고 있는 작품으로는 「유효공선행록」·「유씨삼대록」·「소현성록」·「소씨삼대록」·「한씨삼대록」·「옥환빙」·「추학긔」·「옥긔린」·「사씨남졍기」 등과 아직 제명을 파악하지 못한 6작품이 있음을 알 수 있었다. 이 중 「옥환빙」은 제명만 확인할 수 있는 작품이었고, 「추학긔」·「옥긔린」은 이 작품을 통해 처음으로 알려진 작품이다. 제명을 확인할 수 없었던 작품들도 대부분이 대하 소설이었을 것으로 짐작되는데, 「여와록」에서는 상당히 구체적인 대목까지 정확하게 요약되고 작가 나름대로의 평결이 달리는 방식으로 정교하게 인용되고 있음을 확인할 수 있었다. 「여와록」은 적어도 10편 이상의 대하 소설을 읽은 여성 독자에 의해 창작된 「유씨삼내록」의 파생작이었다(宋晟旭, ""女媧錄"과 조선조 대하소실의 관련양상," 『奎章閣』, 20[1997. 12], pp. 108, 111, 126, et passim).
2) 「여와록」에서 작가가 주인공으로 내세우는 인물은 문창진군인데, 바로 「유씨삼대록」에 등장했던 진양공주이다. 뿐만 아니라 「유씨삼대록」에 등장했던 진양공주의 딸과 며느리들이 모두 등장하

---

36) 혹시 「여와록」 곧 「여와젼」의 오기일지도 모르겠다.
37) 단락 4)는 '여와와 복희씨의 명을 받은 문창진군과 문일성군이 황릉묘로 가서 투색창업연에 참가한 여인들을 훈계하고 벌하다'이고, 단락 5)는 '문창이 그 중 모범될 만한 여인을 가려 좌를 주고, 새로이 네 명의 여인을 불러 座次를 정하다'이다(宋晟旭, ""女媧錄"과 조선조 대하소설의 관련양상," 『奎章閣』, 20[1997. 12], p. 107 참조).

며, 이들의 행적 역시 동일하게 서술된다. 그렇다면 이 「여와록」은 「영이록」, 「한씨삼대록」과 같은 「소현성록」의 파생작과는 양상을 달리한다고 볼 수 있다. 「영이록」이나 「한씨삼대록」에서 다루고 있는 인물들은 원작에서는 큰 비중을 차지하는 인물이 아니다. 게다가 대상 작품에서 인물 성격을 계승하지 않고 재창조하고 있다. 그러나 「여와록」에서 문창진군은 「유씨삼대록」 전체를 통하여 가장 큰 인상을 남기는 인물이며, 대상 작품에서의 행적과 성격을 그대로 이어받는다. 「유씨삼대록」의 진양공주는 모친인 황후가 사망한 것에 대한 충격과 슬픔을 이기지 못해 사망하는 것으로 처리된다. 그는 사망 직전 두 통의 편지를 유언을 남겨 장차 다가올 가문과 국가의 재앙을 예고하고 방비하는 역할까지 한다. 때문에 진양공주는 사후에도 출중한 효의 표상이자 신이한 인상이라는 인상을 지속적으로 남기고 있다. 「여와록」의 작가 역시 「유씨삼대록」을 읽으면서 진양공주에 대한 깊은 인상을 받았을 것이며, 그 인상과는 반대로 일찍 사망하는 것으로 처리되자 이에 대한 아쉬움을 가졌을 것이다. 바로 이러한 점에서 이 작가는 진양공주 이야기를 부연하여 새로운 의도를 지니게 되었다고 볼 수 있을 것이다. 「여와록」의 배경이 사후 세계를 중심으로 한 천상계로 설정되고 있다는 점 역시 이와 무관하지 않을 것이다(송성욱, "대하소설의 연작유형에 대한 시론," 『국문학연구 1999』[1999. 8], pp. 294~295).

3) 「여와전」의 구성은 「金華寺夢遊錄」류의 몽유록과 가장 많이 닮아 있다. 그것은 「여와전」이 「금화사몽유록」과 마찬가지로 인물 비평을 목적으로 하는 소설이기 때문이다. 다만 「금화사몽유록」은 실존했던 역사적 인물 – 남성 – 을 대상으로 하고, 「여와전」은 허구적인 소설 속의 인물 – 여성 – 을 대상으로 한다는 차이가 있을 뿐이다. 따라서 「여와전」은 「금화사몽유록」의 小說版이며 女性版이라고 할 수 있다. 「금화사몽유록」은 17세기 전반에 창작되어 19세기까지도 엄청난 인기를 누렸는데, 「금화사몽유록」의 성공은 「투색지연의」나 「여와전」의 창작에 큰 영향을 주었을 것으로 생각된다. 현재로서는 「여와전」을 통해 추측해 볼 수 있을 뿐인 漢·唐·宋·明 4대 命婦의 好色創業宴은 원래 「금화사몽유록」의 한·당·송·명 4대 창업주의 연회에서 행해지는 題品과 가상 組閣을 패러디한 것이며, 「여와전」의 문창과 관음의 대결은 「금화사몽유록」에서 원태조의 침입을 진시황과 한무제가 격퇴시킨 사건의 변형이다(池硯淑, "「여와전」 연작의 소설 비평 연구," 高麗大 博論[2001, 6], p. 78).

4) 「여와전」의 작품 구성은 「금화사몽유록」에서 고안된 형태에 의존하고 있었으며, 황릉묘라는 사후 세계의 기본 착상은 「사씨남정기」로부터 가져온 것이었다. 「여와전」은 문창·문일성군이 황릉묘의 투색창업연을 혁파하고 위차를 재조정하는 부분, 문창·문일의 전세 행적이 서술되고 상제가 이들의 공훈을 표창하는 부분, 문창이 관음과 일전을 벌여 승리하는 부분이라는 세 개의 서사 단락으로 이루어져 있다. 「여와전」의 등장 인물은 「유효공선행록」, 「유씨삼대록」, 「옥교행」, 「소현성록」, 「옥환빙」, 「한씨삼대록」, 「현봉쌍의록」, 「사씨남정기」, 「추학기」, 「소문록」, 「빙빙전」, 「옥기린」, 「이현경전」, 「안락국전」, 「봉신연의」, 「서유기」 등에서 차용되었다. 이 중 「여와전」의 시대에 새롭게 등장한 장편 소설은 「유효공선행록」, 「유씨삼대록」, 「현봉쌍의록」의 세 작품이다(同上, p. 200).

〈이본연구〉

【增】

1) 「女媧錄」의 이본들은 모두 표제가 다르다는 특징을 지니고 있다. 장서각본은 「女媧傳」으로,

김동욱본은「女媧氏盛會宴錄」으로, 하회대본은「요열록」으로 각각 표제가 붙어 있다. ……
이 세 이본은 김동욱본이 후반기가 생략되어 있다는 점만 제외한다면 내용은 거의 비슷하다…….
단락 (1)~단락 (5)까지의 내용은 세 이본에서 모두 비슷하게 서술되어 있으며, 단락 (6)~단락
(12)까지의 내용은 규장각본과 장서각본에서는 일치하나 김동욱본에서는 생략되어 있다(宋晟旭,
"「女媧錄」과 조선조 대하소설의 관련양상,"『奎章閣』, 20[1997. 12], pp. 106~107 발췌 인용).
2) (17)[정문연 소장「여와전」은 확실히 (8)[성균관대 소장「황릉묘요얼탕평전」], (12)[이수봉 소장
복사본「여와전 요얼록」], (5)[박순호 소장「투색연의」, (16)[정문연 소장「문창진군탕평요얼」]과
관련을 가지고 있으므로, (1)[경북대 소장「문창성평요기」], (2)[서울대 가람문고「여와록」],
(6)[사재동 소장「여와낭낭성회록」], (7)[사재동 소장「문일문창양진군황릉묘요얼탕평기]과는
다른 계열이라고 보아야 할 것이다. 요컨대「여와전」이본들은 큰 차이가 없는 (1)·(2)·(6)
·(7)을 중심으로 하면서 변이형인 (3)[단국대 나손본「여와씨성회연록」], (4)[단국대 소장「여와
전-경양진군문창성요얼」]가 있는 계열과, (17)을 중심으로 하면서 변이형인 (8)·(12)·(5)·(16)이
있는 계열로 나누어진다고 할 수 있다. 기본형인 (1)·(2)·(6)·(7)·(17)에서도 (1)과 (7)은 오자가
많고, (6)은 변이가 있기 때문에 (2)와 (17)이 연구의 텍스트로 적합하다고 할 수 있다. (2)와
(17)에서는 (17)이 해독 불가능한 부분이 더 적다는 점에서 선본이라 할 수 있다. 따라서 본고에서는
(17)을 주된 텍스트로 삼는다. 다만 (17)에서는 사정옥이 삭제되었다는 흠이 있는데, 이 점은
(2)를 비롯한 다른 이본들을 참조하여 보완하기로 한다(池硯淑, "「여와전」 연작의 소설 비평
연구," 高麗大 博論[2001, 8], pp. 77~78).

국문필사본

(문창진군요얼탕평록/문창진군탕평록)

【增】 문창성요얼탕평 　　　　文昌星平妖記	경북대(古811.31문331)/국중[고6] (古3636.99)(복사)	1(임진슌월이십오일모츄필 셔, 120f.)38)
문일문창진군요얼탕평긔	사재동[家目](0136) /정문연(R16N-001262-9)	1(大韓光武十一年丁未[1907] 六月 日謄書, 후미 낙장 42f.)
투식연의 녀와격냥셩 　　　문창진군탕평요얼	정문연(D7B-64)	1(무인이월상슌의필셔, 39f.)

(여와전)

여와젼 경냥진군문챵셩요열	단국대[漢目](古853.5/여635)	1(임신즁츄상이일에 츠칙을 시작……, 36f.)(42)
【增】 투식연의 妬色演義	박순호	1(歲在丁未元月上澣改衣, 셰지긔희쵸츄월일…… 뎡스 납월염뉵일 이원틱; 무오명월 칙듀 …… 이원틱, 34f.)39)
【增】 여화씨전 女媧氏傳	박순호[家目]	1(48f.)
【增】 여화젼 女媧[傳]	박순호[家目]	1(41f.)

---

38) 「안락국전」, 「오륜가」, 「박태보전」 등 합본.
39) 표제가 「투색연의」로 되어 있으나 「여와전」의 이본이다.

녀와낭낭성회연	사재동[家目](0129)/정문연(R16N-001254-22)	1(병인시월초구일의 여읍 홍문니, 34f.)
【增】 녀와시요얼탕평격셔	여태명[家目](25)	1(40f.)
녀와전 탕평 요열녹	이수봉[家目](복사)⁴⁰⁾	1(53f.)
문창진군격냥문 女媧傳	정문연(D7B-112)/[韓古目]	1(辛酉至月上
【削⁽⁴³⁾*】	(688: R16N-001147-1)	元畢書于華樂堂, 33f.)
(황릉묘요얼탕평기)		
【增】 황능묘요얼탕평전	성대(D07B-0061)	1(1920경)⁴¹⁾

한문필사본

여와록 경냥진군문창탕평요얼 女媧錄	서울대[가람](古813.5-Y4)	1(53f.)

407.2. 〈연구〉

【增】 Ⅰ. (단행본)

1) 지연숙.『장편소설과 여와전』. 보고사, 2003.

【增】 Ⅱ. (학위논문)

〈박사〉

1) 池硯淑. "「여와전」 연작의 소설 비평연구." 博論(高麗大 大學院, 2001. 8).

Ⅲ. (학술지)

【增】

1) 지연숙. "「여와전」 연구."『古小說研究』, 9(韓國古小說學會, 2000. 6). 한국고소설학회 編.『한국고소설의 자료와 해석』(아세아문화사, 2001. 10).
2) 송성욱. "「女媧錄」, 소설로 소설 쓰기."『한국대하소설의 미학』(월인, 2002. 12).
3) 지연숙. "「여와전」 연작의 소설사적 의의."『장편소설과 여와전』(보고사, 2003. 8).
4) 전성운. "「여와전」과「봉신연의」대비의 소설사적 의미."『한국민족문화』, 24(부산대학교 한국민족문화연구소, 2004. 10). "「여와전」과「봉신연의」"로『한중소설 대비의 지평』(보고사, 2005. 2)에 재수록.

◪408. [[여용국전 女容國傳]] ←『금강유산기』/ 여용국평란기 / 효장황제장대기

〈작자〉安鼎福(1712~1791)
〈출전〉『順菴集』, '覆瓿', 雜錄, 41, '孝莊皇帝粧臺紀功碑'
【增】〈관계기록〉

1)『[演慶堂]諺文冊目錄』(1920; 藏書閣所藏): 181.「女容記」1冊.
2)『[가람]칙목녹』(奎章閣所藏):「녀용국평난긔 단」.

---

40) 원 소장자는 慶北 盈德郡 丑山面 陶谷里 河回宅.
41)「경암계암젼」,「자운가」,「탄금가」,「소군원가」합철.

〈판본연대〉

【增】

1) 이 책[『金剛遊山記』]의 맨 첫머리에 수록된 紀行隨筆인 「금강유산일긔」의 필사 끝에는 '무술듕 동념일필셔 막필참괴'라 부기하여 놓고, 또한 「홍션뎐」의 끝엔 '긔해명월십일 슈쵼샹방필셔'라 있고, 끝부분의 '이 몸이 셰샹의 나미여'의 노래 끝엔 '경자뉵월십사일 슈쵼샹방필셔'라고 적어 놓은 것을 볼 수 있다. 이로써 볼 때, 이 古寫本은 어느 戊戌年의 仲冬 念日頃부터 베껴 쓰기 시작하여 다음 해인 己亥를 지나 다시 다음 해인 庚子年의 유월 십사일까지에 베껴진 것을 알 수 있다. 그러나 어느 때의 무진년인가가 의문이다. 필자는 이 책의 지질이라든지 문장의 철자·어법·어휘 등으로 미루어 보아 적어도 근 2백년 전의 무오년인 정조 2년(1778)이 아닌가 하는 생각을 갖게 되었다. 따라서 이 책의 필사 연대는 1778년의 말경부터 1780년의 유월까지에 필사된 것으로 보고자 한다. 그러고 보면, 이 「녀용국평난긔」의 필사 연대는 본문 끝에 부기된 '그해계하초삼일'로 보아 정조 3년 기해(1779)로 추정할 수 있겠다. 그러므로 이 글은 지금으로부터 적어도 근 2백년 전 우리의 閨房에 유포되어 있었음을 미루어 알 수 있겠다(崔勝範, "한글古典의 새로운 확장," 『文學思想』, 24[1974. 9], pp. 352~353).

408.2. 〈연구〉

Ⅲ. (학술지)

【增】

1) 정병설. "화장, 얼굴나라의 전쟁:「여용국평란기」." 『문헌과해석』, 25(문헌과해석사, 2003. 12).

▶(여용국평란기 女容國平亂記 → **여용국전**)
▶(여자충효록 女子忠孝錄 → **정수정전**)
▶(여자행실록 女子行實錄 → **행실록**)
◐{여자효행록 女子孝行錄}
▶(여장군전 女將軍傳 → **정수정전**)
▶(여중호걸 女中豪傑 → **김희경전**)
▶(여중화 女中花 → **춘향전**)42)
◐{여태후전 呂太后傳}
▶(여화록 → **여와전**)
◐{역학대도전 易學大盜傳}43)

〈작자〉 朴趾源(1737~1805)

〈관계기록〉

①『燕巖集』(朴趾源), 8, 別集, 放璚閣外傳, '自序' 世降衰季 崇飾虛僞 詩發含珠 愿賊亂紫 逕捷終南 從古以醜 於是述易學大盜●(세상이 말세로 흐름에 따라서 허위만을 숭상하기 때문에 『시경』을 외우면서 묘구 도적질44)을 하고 있다. 어쭙지 않은 조행과 참되지 못한 학문45)을 가지고

---

42) 『이본목록』·『작품연구 총람』 수정.
43) 現不傳.

종남산을 출세의 첩경46)으로 삼는 것은 예로부터 더럽게 여기어 오는 바다. 그러므로 역학대도의 이야기를 적는다).

② 同上, 朴宗侃 '後識': 竊聞之內舅芝溪公云「易學大盜傳」當時有托儒名 而潛售權利勢焰熏灼者 府君作是文以譏之 …… 上文之缺 下篇之失 以其聯卷 故並爲遺佚云◐(외숙부 지계선생 [李在誠]의 말씀을 들으니, 「역학대도전」이란 것은 그 당시 선비라고 이름을 걸고 속으로는 권세와 이문을 흥정해서 한참 기세가 시퍼렇던 자가 있었기 때문에, 아버님이 이 글을 지어서 풍자한 것이라고 한다. …… 윗글[虞裳傳]의 결실과 하편[「易學大盜傳」·「鳳山學者傳」]의 결실은 연권된 때문으로 함께 유실이 되었다고 한다).

◼409.[연당이소저전 蓮塘李小姐傳]47)
◼410.[연당전 蓮塘傳]48) ← 김연단전 / 순금전 / 황연당전

국문필사본		
(연당전)		
【增】 연당전이라	박순호[家目]	1(신축납월쵸일, 00터 등쵸ᄒ야 초팔일종이라, 36f.)
연당전 권지단49)	조동일[국연자](16)/정문연 [韓古目](690: R16N-000502-1)	1(89f.)

410.2. 〈연구〉

【增】 Ⅱ. (학위논문)

〈석사〉

「순금전」

1) 吳世貞. "「순금전」의 갈등양상과 근대적 성격." 碩論(忠南大 大學院, 2003. 2).

「연당전」

1) 박복신. "「연당전」연구: 조동일 소장본을 중심으로." 碩論(경기대 교육대학원, 2002. 2).

Ⅲ. (학술지)

「연당전」

---

44) '含珠'는 죽은 사람의 입안에 넣는 구슬이니 '發含珠'는 곧 남의 무덤을 파서 그 속의 물건을 훔친다는 것과 같은 의미다. 장자에는 나쁜 선비들이 「시경」을 외워 가면서 묘구 도적질을 하는 이야기가 있는데, 여기서 그 이야기를 인용한 것이다.
45) 「논어」에 '鄕愿 德之 賊'이라 한 말이 있고, 또 자줏빛이 붉은 빛을 혼란케 하는 것을 미워한다는 말이 있다. '愿賊'은 '어쭙지 않은 조행'으로, '亂紫'는 '참되지 않은 학문'으로 번역한다.
46) 종남산은 당나라 수도에 있던 산으로, 그 당시 은사인 체하고 서울 가까운 곳에 누워서 출세의 기회를 엿보는 자를 비웃어 '終南捷徑'이라 하였다.
47) 『이본목록』·『작품연구 총람』·『문헌정보』에 항목 순서가 「연당이소저전」과 「연당전」이 바뀌어 있어 바로잡는다. 따라서 표제 항목 번호를 맞바꿈과 동시에 양 작품 소속 하위 항목들도 번호들도 모두 바뀌어야 할 것이다.
48) 위의 「연당이소저전」 표제 항목 각주를 참조할 것.
49) 「격성의전」 합철.

【增】
1) 노영근. "「연당전」考."『국민어문연구』, 9(국민대 국어국문학연구회, 2001. 9).

▶ (연암소설 燕巖小說) → 광문[자]전 / 김신선전 / 마장전 / 민옹전 / [봉산학자전] / 양반전 / 열녀함양박씨전 / [역학대도전] / 예덕선생전 / 우상전 / 【削 / 장생전'】50) / 허생(전)51)/ 호질

1. 〈자료〉
Ⅱ. (역주)
【增】
1) 郭正植.『쉽게 읽는 고소설』. 신지서원. 2001.
2) 구인환.『허생전 외』. 우리고전 다시읽기 26. 신원문화사, 2003.

2. 〈연구〉
Ⅰ. (단행본)
【增】
1) 김명호.『박지원 문학 연구』. 성균관대 대동문화연구원, 2001.

Ⅱ. (학위논문)
〈박사〉
3) 朴箕錫. "朴趾源文學硏究: 漢文短篇을 中心으로." 博論(서울大 大學院, 1984. 8).

〈석사〉
42) 鄭然澤. "燕巖小說이 追究한 敎育的 人間像에 關한 硏究." 碩論(江原大 敎育大學院 敎育行政, 1989. 2).
【增】
1) 김진규. "연암소설의 풍자성 연구." 碩論(서강대 교육대학원, 2000. 2).
2) 안형호. "연암소설의 현실 인식 연구." 碩論(경남대 교육대학원, 2000. 8).
3) 장신부. "연암문학과 경제사상." 碩論(인하대 교육대학원, 2000. 8).
4) 김선정. "연암소설에 나타난 풍자성 연구." 碩論(한남대 교육대학원, 2001. 2).
5) 남경현. "연암소설 연구: 인물유형 중심으로." 碩論(원광대 교육대학원, 2001. 2).
6) 신태철. "조선조 후기 소설에 나타난 풍자성 전개양상 연구: 연암소설과 판소리계 소설 중심." 碩論(한남대 교육대학원, 2001. 8).
7) 원유진. "연암소설의 주제에 대한 일연구." 碩論(성균관대 교육대학원, 2001. 8).
8) 정은아. "연암소설의 비극적 제시 방법 연구." 碩論(경희대 대학원, 2002. 2).
9) 김효은. "연암소설의 민족주의 지향에 대한 연구." 碩論(경북대 대학원, 2002. 8).
10) 조일형. "연암 박지원 소설 연구." 碩論(조선대 대학원, 2002. 8).
11) 최명옥. "연암소설의 주제미학." 碩論(동국대 교육대학원, 2003. 8).

---

50)『이본목록』·『작품연구 총람』 수정.
51)『이본목록』·『작품연구 총람』 수정.

12) 심정흠. "연암소설의 풍자적 양상 연구: 「양반전」·「호질」·「예덕선생전」을 중심으로. 碩論(수원대 교육대학원, 2004. 2).
13) 최화순. "연암소설의 교육적 의미 연구." 碩論(수원대 교육대학원, 2004. 2).
14) 신미경. "연암소설에 투영된 사의 사명감." 碩論(공주대 교육대학원, 2005. 2).
15) 전주희. "연암소설의 풍자성 연구." 碩論(목포대 교육대학원, 2005. 2).

Ⅲ. (학술지)

9) 李家源. "燕岩의 實學思想: 燕岩小說 硏究 總敍 一齣."『陶南趙潤濟博士回甲紀念論文集』(新雅社, 1964. 5).『韓國實學思想論文選集』, 9(弗咸文化社, 1991)에 재수록.
20) 金學成. "燕岩小說의 諷刺性."『文理大學報』, 26(서울大 文理大學生會, 1971. 2). 車溶柱 編,『燕巖硏究』(啓明大出版部, 1984. 5);『朴趾源小說硏究』(太學社, 1988. 11)에 재수록.
31) 金英東. "燕岩小說에 나타난 諷刺性."『東岳語文論集』, 11(東國大 東岳語文學會, 1978. 8). 東國大 韓國文學硏究所編,『韓國小說硏究』(太學社, 1983. 5); 車溶柱編,『燕巖硏究』(啓明大出版部, 1984. 5);『朴趾源小說硏究』(太學社, 1988. 11)에 재수록.
36) 姜東燁. "朴燕岩의 社會批評 樣相: 두 篇의 小說을 中心으로."『東岳語文論集』, 13(東國大 東岳語文學會, 1980. 8). 우리문학연구회 編,『韓國文學論』(日月書閣, 1981. 3); 東國大 韓國小說硏究』(태학사, 1983. 5); 차용주 編,『燕巖硏究』(啓明大出版部, 1984. 5)에 재수록.
45) 柳炳環. "燕巖 朴趾源 小說의 近代文學的 考察."『東岳語文論集』, 17(東岳語文學會, 1983. 10).
48) 申相星. "燕岩小說의 再評價."『韓國文學硏究』, 6·7(東國大 韓國文學硏究所, 1984. 2).『韓國小說史의 再認識』(慶雲出版社, 1988. 3)에 재수록.
49) 鄭大林. "연암소설의 효용론적 성격."『論文集』, 11(世宗大, 1984. 5).『韓國實學思想論文選集』(弗咸文化社, 1991)에 재수록.
51) 崔正植. "燕巖小說의 發生構造主義的 照明."『論文集』, 3(東萊女專, 1984. 12).『韓國實學思想論文選集』(弗咸文化社, 1991)에 재수록.
57) 康奉根. "燕巖小說의 思想的 背景."『國語文學』, 25(全北大 國語國文學會, 1985. 8).『韓國實學思想論文選集』, 9(弗咸文化社, 1991)에 재수록.
61) 申奎浩. "古典의 現代的 意義: 燕巖小說論."『藝術界』, 8(藝術界社, 1986. 1).
68) 全寅初. "燕岩小說에 受容된 中國文學的 樣相."『淵民李家源先生七秩頌壽紀念論叢』(正音社, 1987. 4). 최철 외편,『조선조 후기문학과 실학사상』(정음사, 1987. 9).
70) 文永午. "燕巖小說에서의 道敎思想 硏究: 특히 老莊哲學을 중심으로."『同大論叢』, 19 (同德女大, 1989. 3).『燕巖小說의 道敎哲學的 照明』(太學社, 1993. 1)에 재수록.
72) 董達. "朴趾源과 吳敬梓의 諷刺小說 比較硏究: 婦女殉節을 主題로 한 作品을 中心으로."『中國學誌』, 5(啓明大 中國學硏究所, 1989. 7).
87) 최웅권·장연호. "북한의 박지원 소설 연구."『韓國文學論集』, 23(韓國文學會, 1998. 12).『북한의 고전소설 연구』(지식산업사, 2000. 9)에 재수록.

【增】
1) 韓榮煥. "漢文小說의 規定問題: 특히 燕巖作品의 小說規定을 中心으로."『硏究論文集』, 14(誠信女大, 1981. 8).

2) 禹快濟. "朝鮮後期 小說에 나타난 經濟意識 考察:「興夫傳」과 燕岩小說을 中心으로."『論文集』, 10(全州大, 1981. 9).
3) 文永午. "漢文小說에 삽입된 漢詩의 機能硏究:『金鰲新話』와 燕岩小說을 中心으로."『韓國文學硏究』, 4(동국대 한국문학연구소, 1981. 12).
4) 이수웅. "朴趾源與吳敬梓小說的諷刺表現方法."『安東文化』, 2(安東大 附設 安東文化硏究所, 1981. 12).
5) 최정식. "연암 박지원 소설의 풍자방법에 대한 일고"『學生論文集』, 1(東萊女專 學徒護國團, 1981. 12).
6) 朴箕錫. "燕巖의 生涯와 漢文短篇의 形成."『雨田 辛鎬烈先生古稀紀念論叢』(創作과批評社, 1983. 6). 宋載邵·金明昊·鄭大林 외 共編,『李朝後期 漢文學의 再照明』(創作과批評社, 1983. 8)에 재수록.
7) 崔正植. "燕巖小說에 있어서 諷刺의 發生動因과 對象."『論文集』, 2(東萊女專, 1983. 11).
8) 朴箕錫. "朴趾源 漢文短篇에 대한 一考: 兩班社會에 대한 批判意識을 中心으로."『江陵語文學』, 1(江陵大 國語國文學科, 1984. 12).
9) 朴箕錫. "朴趾源의 한문단편과 설화." 韓國古典文學硏究會 編,『古典小說 硏究의 方向』(새문社, 1985. 3).
10) 韓榮煥. "燕巖作品의 小說 規定問題."『語文論集』, 1(慶熙大 大學院 國語國文學科, 1985. 9).
11) 박태상. "燕巖 朴趾源의 漢文小說."『論文集』, 5(韓國放送通信大, 1986. 6). 설성경·박태상 編,『고소설의 구조와 의미』(새문사, 1986. 6)에 재수록.
12) 石一均. "燕巖小說의 現實參與的 性格硏究."『敎育論叢』, 5(韓國外國語敎育大學院, 1987. 4).
13) 許 椿. "燕巖小說의 인물연구."『淵民李家源先生七秩頌壽紀念論叢』(正音社, 1987. 4).
14) 金光淳. "韓國古小說史의 時代區分과 展開樣相 (1): 燕巖小說."『語文論叢』, 22(慶北大 國語國文學科, 1988. 12).
15) 車溶柱. "朴趾源과 그의 小說."『韓國漢文小說史』(亞細亞文化社, 1989. 5).
16) 朴畯遠. "朝鮮後期 傳의 事實受容樣相; 燕巖·文無子·담정의 경우를 중심으로."『韓國漢文學硏究』, 12(韓國漢文學硏究會, 1989. 9).
17) 金一烈. "연암 박지원의 소설." 김동욱·이재선 編.『韓國小說史』(현대文學, 1990. 6).
18) 朴箕錫. "燕岩小說論." 편찬위원회 편,『韓國古典小說論』(새문社, 1990. 9).
19) "燕巖 漢文短篇의 再檢討."『嶺南語文學』, 18(嶺南語文學會, 1990. 12).
20) 안석로. "朴趾源小說과 諷刺文學."『論文集』, 24(三陟工專, 1991. 3).
21) 문병란. "실학적 사실주의 문학의 연암소설."『민족문학 강좌』(남풍출판사, 1991, 7).
22) 金 泳. "燕巖小說에 대한 南北漢文學史의 敍述視覺."『洌上古典硏究』, 5(洌上古典硏究會, 1992. 4).『朝鮮朝 後期 漢文學의 社會的 意味』(集文堂, 1992. 2)에 재수록.
23) 丁奎福. "燕巖小說의 硏究史."『韓國古小說史의 硏究』(韓國硏究院, 1992. 8).
24) 두창구. "연암의 소설." 刊行委員會 編,『古小說史의 諸問題』[省吾蘇在英敎授還曆紀念論叢](集文堂, 1993. 11).
25) 송준호. "연암소설의 주제와 형태에 대한 관견."『한국어문』, 3(한국정신문화연구원, 1994. 1).

26) 최웅권·장연호. "북한의 박지원 소설연구."『韓國文學論叢』, 23(한국문학회, 1998. 12).
27) 최웅권. "朴趾源의 小說과 그의 女性觀."『여성·가족생활연구』, 4(명지대 여성·가족생활연구소, 1999. 1).
28) 최웅권. "북한의 박지원 소설 연구."『북한의 고전소설 연구』(지식산업사, 2000. 9).
29) 방귀환. "燕巖小說에 나타난 戲曲性 硏究." 史在東 編,『韓國戲曲文學史의 硏究』, V(文硏究學術叢書 第7輯, 中央人文社, 2000. 3).
30) 權純肯. "燕巖 朴趾源의 諷刺戰略과 漢文短篇."『泮橋語文學』, 11(泮橋語文學會, 2000. 8).
31) 金俊榮·李月影. "박지원의 한문소설."『古小說論』(月印, 2000. 8).
32) 양선규. "연암소설(燕巖小說) 연구: 문학교육적 의의를 중심으로"『초등교육연구논총』, 16(대구교대 초등교육연구소, 2000. 8).
33) 이문규. "연암의 한문단편으로 본 18세기 후반의 서울 모습."『인문과학』, 9(서울시립대학교 인문과학연구소, 2002. 2).
34) 권우행·정규식. "燕岩小說에 나타난 작가 의식의 二重性과 그 意味."『韓國文學論叢』, 36(韓國文學會, 2004. 4).

▶(연암외전 燕岩外傳 → 방경각외전)
▶(연오랑세오녀 延烏郎細烏女 → 영오세오)
▶(연의각 燕의脚 → 흥부전)
◐411.[[연적전 硯滴傳 ①]]
　〈작자〉釋應允(1743~1804)
　〈출전〉『鏡巖集』

◐412.[[연적전 硯滴傳 ②]]
　〈작자〉崔鉉達

▶(연진길전 → 진길충효록)
◐413.[연화몽 蓮花夢]
▶(열공명행록 列公明行錄 → 소씨명행록)
▶(열국연의 列國演義 → 열국지)
◐414.[열국지 列國志] ← 동주연의 / 동주열국지 / 열국연의 / 춘추열국지
　〈참고자료〉
　①「東周列國志」二十三卷 一百零八回: 清蔡元放評點 此本流轉最廣 刊本亦極多 卷首蔡序 或題乾隆元年 或題乾隆十七年 或題乾隆丁亥三十二年 殊不一律◐청나라 때 채원방이 평점을 한 본이다. 이 본은 가장 널리 유전되었고 간본 역시 극히 많다. 책머리에 채원방의 서문이 있다. 본에 따라 건륭 원년[1736], 혹은 건륭 17년[1752], 건륭 정해 32년[1767] 등으로 되어 있어 일정하지 않다)[孫楷第,『中國通俗小說書目』, p. 26].
　②「新列國志」一百零八回 (不分卷): 明馮夢龍新編 凡余邵魚書疏陋處 皆根據古書 加以改訂 夢龍字猶龍 一字耳猶 南直隸吳縣人 崇禎中官福建壽南縣知縣◐(명나라 때 풍몽룡[?~1646]

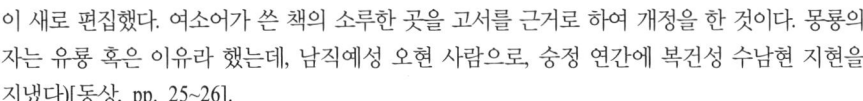

이 새로 편집했다. 여소어가 쓴 책의 소루한 곳을 고서를 근거로 하여 개정을 한 것이다. 몽룡의 자는 유룡 혹은 이유라 했는데, 남직예성 오현 사람으로, 숭정 연간에 복건성 수남현 지현을 지냈다)[동상, pp. 25~26].

③「東周列國志」: 這是繼「封神演義」後的一部歷史小說 叙自周平王東遷 至秦倂六國 一統天下 止 五百多年間史事的歷史演義 全書一百零八回 這書大槪是根據元平話本如「七國春秋」·「秦倂六國」等平話演進而成 當然與正史「左傳」·「戰國策」等書也密密連繫着 最早在明嘉靖 隆慶時 有余邵魚者 寫了一本「列國志傳」 這本書的萬曆年間余象斗的刻本還在 但不流行 明末馮夢龍氏依據史傳 對這本書做了一番修訂的工作 刪去若干民間傳說 重加輯演 成一百 零八回的「新列國志」至淸乾隆前後 秣陵蔡元放加了許多評語 成評本「新列國志」 卽今日所 流行的本子◐(이 작품은 「봉신연의」의 뒤를 이어 지은 역사 소설로서, 주평왕 동천[B.C. 770] 때로부터 진나라가 6국을 병합하여 천하 통일을 하기까지 500여년 간의 역사적 사실을 소설화한 것이다. 총 108회. 이 책은 대개 원나라 때의 평화본들인 「칠국춘추」, 「진병육국」 따위를 연의화하였으므로, 당연히 「좌전」52)·「전국책」53) 등의 책들과도 밀접히 연계되어 있다. 가장 이른 본으로 가경·융경 연간에 여소어란 사람이 필사한 「열국지전」이 있는데, 이 책의 판각본은 만력 연간의 여상두의 것이 지금 남아 있으나, 세상에서 유행하지는 못했다. 명나라 말엽 풍몽룡이 사전에 의거하고, 또 이 판본에 수정 작업을 가하여, 약간의 민간 전설은 빼어 버리는 대신 창작을 더하여 108회의 「신열국지」를 만들었다. 청나라 건륭 연간 전후에 말릉 채원방이 허다한 평어를 또 더하여 평본 「신열국지」를 만들어, 오늘날 유행하는 책이 되었다)[孟瑤, 『中國小說史』, 第3冊, pp. 346~347].

〈관계기록〉
(한문)
① 『東溟先祖遺稿』, 8, '逸史目錄解'(黃中允 1577~1648): 或問於余曰「天君記」何爲而作也 曰慨 余之半生迷亂失途 而欲返響復路之辭也 曰然則謂之逸史 而各分爲題目者何也 曰此效史家 衍義之法也 嘗考諸「列國誌衍義」·「楚漢衍義」及「東漢演義」·「三國誌演義」·「唐書衍義」及 「宋史衍義」·「皇命英烈傳衍義」等 諸史則皆爲目錄以別其題 其意盖欲易於引目 務於悅人 而 使觀者不厭也◐(어떤 사람이 나에게 묻기를 "「천군기」를 왜 지었는가?" 하였다. 나는 대답하기를 "나의 반생이 미란실도함을 슬퍼해서 고삐를 돌려 길을 돌아오고자 하는 말"이라고 대답하였다. 또 묻기를 "그렇다면 그것을 일사라고 하고 각각 나누어 제목을 정했음은 왜 그런가?" 하니, 내가 대답하기를 "이것은 사가의 연의의 방법을 본뜬 것이다. 「열국지연의」·「초한연의」·「동한연의」·「삼국지연의」·「당시연의」·「송사연의」·「횡명영렬진연의」 등 제사를 보면 다 목록을 만들어 제목을 구별하였는데, 그 뜻은 대개 눈으로 보기가 쉽고, 다른 사람이 기뻐하도록 하는 데 힘써서 보는 사람이 싫어하지 않도록 하고자 함이다).

② 『旬五志』(洪萬宗 1643~1725), 下: 古說之表表 可稱者「西遊記」·「水滸傳」外 如列國·東西漢齊 魏五代南北宋 皆有演義皆行於世◐(옛 이야기 가운데 뛰어나[표표] 일컬어질 만한 것으로서 「서유기」·「수호전」 외에 열국 때로부터 동서한·제·위·오대·당·남북송에 이르기까지 모두 연의가 있어 세상에 유행하였다).

---

52) 『춘추좌씨전』. 중국 전국 시대에 左丘明이 지었다고 전해지는 『춘추』의 해석서. 총 30권.
53) 전국 시대의 사적을 기록한 저자 미상의 책. 총 33권.

③『豹庵遺稿』(姜世晃 1712~1791), '題「列國志」':「列國志」陋俚無足觀 獨其圖像一卷 車服器用 制度 考古而爲之 頗可觀 中原人 不可及如此☯(「열국지」는 속되고 천하여 족히 볼 만한 것이 못되나, 그 도상 1권만은 수레나 의상·기용·제도 따위를 옛 것을 상고하여 만들었으므로 자못 보암직하니, 중국 사람도 이에 미치지 못한다고 할 수 있다).

④『朝鮮王朝實錄』, 43, 英祖 28年[1752] 四月 己酉: 更問李亮濟 今十五六間 得見草亭諺札 而其子景明持來 故在西小門內朴主簿藥契冊肆外舍見之矣 臣再次投書於捕將家後 欲爲下 往加平 而妖凶之術 在於「列國志」與諺文書冊中矣☯(다시 이양제를 신문하니, 이양제가 공초 하기를, "금월 15, 16일 간에 초정의 언찰을 받았는데, 그 아들 이경명이 가지고 왔기에 서소문 안 박주부 약계의 책방 바깥채에서 만나 보았습니다. 신은 포도대장의 집에 두 번 투서한 뒤에는 가평으로 내려가려고 하였고, 요사스러운 술법은 「열국지」와 언문 책 속에 있었습니다." 하였다).

⑦『智水拈筆』(洪翰周 1798~1868), '水滸傳': 大抵演義之書 是皆亂世之文妖也「列國志」·「三國 志演義」 未知誰作 而「西遊記」則邱長春所作「西廂記」則因元微之會眞記 演而爲之 是王實 甫·關漢卿 兩人共作 元代詩文詞曲極盛 故亦有此等文字 皆當付之焚如者也☯(무릇 연의류 의 책들은 모두 난세에 이루어진 요사스런 글들이다. 「열국지」와 「삼국지연의」는 누가 지은 것인지 모르나, 「서유기」는 구장춘[邱處機]이 지은 것이고, 「서상기」는 원미지[元微]의 「회진 기」를 꾸며 만든 것인데, 왕실보[a.1250~a.1336]와 관한경[a.1220~a.1300]이 함께 지은 것이다. 원나라 때에는 시문과 사곡이 극도로 성하였기 때문에 이런 문자가 있게 된 것이다. 모두 응당 태워 버려야 할 것들이다).

⑧「漢唐遺事」[1852?](朴泰錫): 自有書契以來 稗說之家多矣 如「三國」·「列國」·「東·西漢演義」·「 西廂」·「西遊」·「水滸」等書 或附會事跡 或述寓言 使覽之者欣然忘食 聞之者怡然解頤 於斯 時也 擧天下之物 似不足以喩其樂也 此等書例多荒誕 醇儒莊士之所不道 況其下此者乎☯ (글자[書契]가 생긴 이래로 패설가들이 많으니, 「삼국지연의」·「열국지」·「동서한연의」·「서상기」· 「서유기」·「수호전」 등의 책과 같은 것이다. 혹은 사적을 부회하고, 혹은 우언을 써서 보는 사람으로 하여금 재미있어서 먹는 것을 잊게 하고, 듣는 사람으로 하여금 즐거워서 웃음이 나오게 한다. 이럴 때에는 천하의 물건을 들어도 그 즐거움을 비유하기에 부족하다. 이런 책들은 매우 터무니없 는 것이고, 순수한 선비라면 입에 올릴 바가 못되는데, 하물며 이보다 못한 책들이야 말해 무엇하겠는가?).

【增】

1)『史要聚選』[1679], 權以生, 序: 此編 盖取諸二書矣『諸史詳錄』出於武城倅 謄書時而細書七卷 自盤古以下國系及列傳事蹟 所未見者多矣『歷代會靈』出於康進士手 而他家印行者 不無訛 漏處 故得其草本改正後 蒐輯此編 而分類次第 則一遵『會靈』嘉言異蹟 則多採『詳錄』而備 載 及其戰國則以『列國志』『國語』補益之 至於宋朝則取於名臣錄而倍加焉☯(이 책은 대략 두 권의 책을 취하여 편찬한 것인데, 『諸史詳錄』은 武城의 원에게서 나온 것으로, 책을 베껴 적을 때 7권으로 나누어 엮었고, 그 중에는 반고 이래의 각국 및 열전 사적에서 볼 수 없는 것들이 많다. 『역대회령』은 강진의 토수에게서 나온 것으로, 그것을 간행한 사람이 잘못 적고 빠뜨린 부분이 없지 않았다. 그러므로 그 초고를 얻어 개정한 후에 이 책을 편찬하였다. 분류의 차례는 『회령』의 것을 따랐으며, 아름다운 말과 이적들은 『상록』에서 많이 채록하였다. 그리고 그 전국 시대에 관한 것은 『열국지』 및 『국어』로써 보충하고, 송나라 때에 대해서는 『名臣錄』에서

취하여 부가했다).
2) 『字學歲月』[1744](尹德熙 1685~1766): 「列國誌」.
3) 『私集』(尹德熙 1685~1766), 4, 「小說經覽者」[1762]: 「列國誌」.
4) 『隆文樓書目』: 「列國志」 七卷不帙.
5) 『縝敬堂曝曬書目總錄』: 「列國誌」 八本一匣; 又 八本 一匣欠; 又 東周 二十四本.
6) 『集玉齋書目』: 「列國誌」 二十四卷.
7) 『集玉齋書目』: 「列國誌」 八卷.
8) 『海南尹氏群書目錄』(國立中央圖書館所藏): 「列國志傳」.

(국역)
① 「玉鴛再合奇緣」[1786~1790](溫陽鄭氏 1725~1799), 15, 表紙 裏面: 「녈국지」.
② 「第一奇諺」(洪羲福 1794~1859), 序: 닉 일즉 실학ᄒᆞ야 과업을 닐우지 못ᄒᆞ고 훤당을 뫼셔 한가흔 씩 만흐므로 세간의 젼파ᄒᆞ는 바 언문 쇼셜을 거의 다 열남하니 대져 「삼국지」·「셔유긔」·「슈호지」·「녈국지」·「셔쥬연의」로부터 녁대 연의에 뉴는 임의 진셔로 번역ᄒᆞᆫ 비니 말숨을 고쳐 보기를 쉽기를 취홀 뿐이요 그 스실은 ᄒᆞᆫᄀᆞ지여니와……
③ 『諺文古詩』(가람본), '언문칙목녹', 180: 「열국지」.
④ Courant, 751: 「츈츄녈국지 春秋列國誌」, 32책.
⑤ Courant, 752: 「녈국지 列國誌」, 7책.

【增】
1) 『大畜觀書目』(19C初?): 「列國志」 諺十九冊.

국문활자본
【增】 춘추시대 열국지   정명기[尋是齋 家目]   낙질 1(乾卷, 大成書林, 1930)

● {열기전 烈妓傳}
■ 『열녀전 列女傳 ①』[54] ← 고열녀전

〈관계기록〉
(한문)
① 『朝鮮王朝實錄』, 卷7, 太宗 4年[1404] 3月: 欽賜曆日書籍事 永樂二年大統曆一百本『古今列女傳』 百 十部 ●(역일과 시적을 흠사하는 일. 영락 2년[1404]의 대통력 1백 본, 『고금얼녀젼』 1백 10부이다).
② 동상, 卷8, 太宗 4年[1404] 11月 己亥: 朔 進賀使 李至·趙希閔 賫帝賜『列女傳』藥材 禮部咨文 回自京師 咨文曰 欽奉聖旨 朝鮮國王缺少藥材 差臣來這裏收買 恁禮部照他買小的數目 關與他將去 與王用 來的使臣告說 先蒙頒賜『列女傳』分散不周 再與五百部 欽此藥材·『列女傳』

---

54) 중국의 劉向이 지은 『列女傳』을 번역한 것. 劉向의 원본은 원래 전체가 한 편으로 되어 있었으나, 송나라의 王會가 내용을 지금처럼 '母儀'·'賢明'·'仁智'·'貞順'·'節義'·'辯通'·'孽嬖'의 일곱 전으로 나누었다고 한다. 총 105인이 기술되어 있고, 속전에는 20명이 부가되어 있다. 명나라 때 解縉 등이 칙명을 받들어 편찬한 『古今列女傳』과 구별하기 위하여, 劉向의 「列女傳」을 『古列女傳』이라 부른다.

交付 差來使臣李至等 麝香二斤 朱砂六斤 沉香五斤 蘇合油一十兩 龍腦一斤 白花蛇三十條 『古今列女傳』五百部☯(진하사 이지·조희민이 황제가 내려준 『열녀전』과 약재와 예부의 자문을 가지고 명나라 서울에서 돌아왔다. 자문은 이러하였다. "성지를 흠봉하니, '조선 국왕이 약재가 부족하므로 신하를 차견하여 와서 이곳에서 사들이니, 너희 예부에서 그 사들일 수목을 조회하여 장차 가져갈 것을 내어 주고, 왕이 쓸 것도 주라.' 차견하여 온 사신이 고하여 말하기를, '먼저 『열녀전』을 반사함을 입었으나, 나누어 흩어 주니 두루 돌아가지 아니하였습니다.' 하니, '다시 5백 부를 주도록 하라.' 하였으므로, 약재와 『열녀전』을 차견하여 온 사신 이지 등에게 교부합니다. 사향이 2근이요, 주사가 6근이요, 침향이 5근이요, 소합유가 10냥쭝이요, 용뇌가 1근이요, 백화사가 30조요, 『고금열녀전』이 5백 부입니다).

③ 동상, 卷27, 中宗 12年[1517] 正月 : 『列女傳』曰 古者婦人妊子 寢不側 坐不邊 立不蹕 不食邪味 割不正不食 席不正不坐 目不視邪色 耳不聽淫聲 夜則令瞽誦詩道正事 如此則 生子 形容端正 才過人矣☯(『열녀전』에 '옛적에 부인들이 아이를 가지면 잠자리가 틀어지지 않게 하고, 앉기를 한쪽으로 기울지 않게 하고, 한쪽 발로 서지 않으며, 사특한 음식을 먹지 않고, 자름이 반듯하지 않으면 먹지 않고, 자리가 반듯하지 않으면 앉지 않으며, 사특한 빛깔을 보지 않고, 방탕한 소리를 듣지 않으며, 밤에는 소경으로 하여금 시를 외고 올바른 일을 말하게 하였으니, 이렇게 하면 출생한 아이가 얼굴이 단정하고 재주가 남보다 뛰어날 것이다'라 하였다).

④ 동상, 卷28, 中宗 12年[1517] 6月 辛未: 乞於群書內 最切日用者 如『小學』如『列女傳』如『女誡』·『女則』之類 譯以諺字 仍令印頒☯(바라옵건대 여러 책 가운데에서 일용에 가장 절실한 것, 이를테면 『소학』이라든가, 『열녀전』·『여계』·『여칙』과 같은 것을 한글로 번역하여 찍어 나눠 주게 하소서).

⑤ 동상, 中宗 14년[1519] 2월 壬申: 金絿曰 『列女傳』有云 今瞽誦詩 以瞽奏樂可也 上曰 非謂不可用瞽樂 但節奏非妓 則無能導之者……☯(김구가 아뢰기를, "『열녀전』에 '소경이 시를 외운다.' 했으니, 장님이 음악을 연주해도 됩니다." 하니, 상이 이르기를, "장님의 음악을 쓸 수 없다는 것이 아니지만, 반주는 기생이 아니면 이끌 수 있는 자가 없다는 것이다."라 하매……).

⑥ 동상, 卷 101, 中宗 38年[1543] 十一月: 大提學成世昌啓曰 東魯王氏農書 今見之 農桑之要備載其中 雖與我國之事似異 然亦無可法之事 但今開刊『列女傳』工役不少 事畢後開刊何如 傳曰 知道☯(대제학 성세창[1481~1548]이 아뢰기를, "동로 왕씨의 『농서』를 이제 보니, 농상의 요체를 그 안에 갖추 실었는데, 우리 나라의 일과는 다른 듯하나, 또한 본받을 것이 없지도 않습니다. 다만 이제 듣건대, 『열녀전』을 개간하느라 공역이 적지 않다 하니, 그 일이 끝난 뒤에 개간하는 것이 어떠하겠습니까?" 하니, "알았다."고 전교하였다).

⑦ 동상, 卷 11, 英祖 3年[1727] 3月 癸丑: 行召對 講明紀 參贊官金致垕曰 經書及性理大全 皆皇明太宗時所纂也 太宗尊斯文之功 大矣 上曰 解縉等 奉勅修『古今列女傳』書成 太宗親製文序之 我國有『內訓』乃皇明太祖高皇后所作也 予欲刊行 判府事閔鎭遠 請使嶺營刊行 上曰 當頒下於玉堂矣☯(소대를 행하였다. '명기'를 진강하였는데, 참찬관 김치후[1691~1742]가 아뢰기를, "경서와 『성리대전』은 모두가 황명 태종 때에 편찬한 것이니, 태종이 사문을 존숭한 공로가 큽니다." 하니, 임금이 이르기를, "해진 등이 칙명을 받들어 『고금열녀전』을 편수했는데, 글이 완성되자 태종이 친히 서문을 지었고, 우리 나라에 있는 『내훈』은 곧 황명 태조의 고황후가 지은 것인데, 내가 간행하려고 한다." 하였다. 판중추부사 민진원[1884~1736]이 영영에서 간행하게 하기를 청하니, 임금이 이르기를, "마땅히 옥당에 나눠 주겠다." 했다).

⑧ 『大明會典』, 101, 禮部, 60, 給賜 1: 永樂間賜朝鮮國王『列女傳』◐(영락 연간[1403~1424]에 조선국왕에게 『열녀전』을 하사했다).
⑨ 『靑莊館全書』(李德懋 1741~1793), 55, 盎葉記, 2, '中國書來東國': 成祖永樂……二年 甲申我太宗四年 賜『列女傳』◐(명나라 성조황제 때 영락 2년 갑신년, 우리 나라 태종 4년[1404]에 『열녀전』을 하사했다).
⑩ 『朝鮮王朝實錄』, 44, 英祖 49年[1773] 十二月 乙未: 上御集慶堂 召耆社堂上 使行殿最 仍行晝講 上讀『列女傳』使儒臣耆堂 各讀一章 耆社進小饌◐(임금이 집경당에 나아가서 기사55) 당상56)을 불러서 전최57)를 행하게 하였다. 이어 주강을 행하여 임금이 『열녀전』을 읽고 유신과 기사의 당상으로 하여금 각각 한 장을 읽게 하였는데, 기사에서 소찬을 올렸다).
⑪ 『海東繹史』(韓致奫 1765~1814), 44, 藝文志 3: 太宗四年 明帝賜『古今列女傳』◐(태종 4년[1404]에 명나라 황제가 『고금열녀전』을 하사했다).
⑫ 『靜一堂遺稿』(姜靜一堂 1772~1832), 「外姑夫人安東權氏行狀 代夫子作」: 敏於女紅 精於治膳 紡織裁澣 擣熨之法 烹飪苾擇 調和之節 必於親 便體而適口也 …… 讀『列女傳』・『婦訓』・『女誠』等書 及觀 古孝子烈女事 潛心慕效焉◐(여공에도 능란하여 요리 솜씨, 길쌈 솜씨, 바느질, 다리미 등 법이 정통하고 갖가지 재주에 뛰어나서 어버이에 대해 반드시 몸에 편하고 입에 맞게 하였다. …… 독서에는 『열녀전』・『내훈』・『여계』 등을 읽었으며, 옛날 열녀 효자들의 사적을 보고서는 마음을 조용히 가라앉혀 그들의 한 일을 본받도록 하였다).

【增】
1) 『朝鮮王朝實錄』, 8, 太宗 4年[1404] 4月 己卯[9일]: 遣參知議政府事呂稱 如京師 謝改正宗系 放還拘留人 賜『列女傳』也◐(참지의정부사 여칭을 명나라 서울[南京]로 보냈으니, 종계를 바로잡고 잡혀 있던 사람을 돌려보내고 『열녀전』을 하사한 것에 대해 사례하기 위함이다).
2) 『私集』(尹德熙 1685~1766), 4, 「小說經覽者」[1762]: 『古列女傳』
3) 『山水軒遺稿』(權震應), 10, 「先妣淑人宋氏行狀」: 自幼儀志已莊重 於女工多不待學而能 長益飭愼動遵規度 又涉獵『內訓』・『列女傳』諸書 而略通大義 故其立心制行無愧古人◐(어려서부터 예의범절이 엄정했고 여공은 배우지 않았는데도 능하였다. 자라서는 더욱 삼가고 조심하여 행동거지가 규범에 맞았다. 또 『내훈』과 『열녀전』 등의 여러 책을 섭렵하여 대략 대의를 통달한 까닭에 마음을 세우고 행동을 제압하여 고인에게 부끄러운 것이 없었다).
4) 『御製女訓』序文(大明正德戊辰春 王, 正月上澣日書): 夫人子事親 而有『孝經』以爲訓 人臣事君而有『忠經』以爲訓 忠孝人道之當然 而各有訓矣 然則婦之事夫 可無訓哉 人非生知 男女雖異 未有不訓而成者也 不親書事 則往行奚故 不受姆訓則婦奚修 是以古者 敎必有方 男子八歲 而小學 女子十歲 以聽姆敎 小學之書無傳 晦菴朱子編輯成書 則小學之敎 始有所入 獨女敎未有全書 世惟取『列女傳』曹大家女戒爲訓 人常病其簡略 有所訓女憲女 則皆徒有名耳◐(무릇 자식으로서 어버이를 섬김에는 『효경』으로써 교훈을 삼고, 신하로서 임금을 섬김에는 『충경』으로써 교훈을 삼는다. 충효는 사람의 도리에 당연한 것으로 각각 교훈이 있는 것이다.

---

55) 耆老所. 조선조 때 연세가 높은 임금이나 이른 살이 넘는 문관의 정2품 이상 되는 노인이 들어가서 대우받던 곳.
56) 堂上官. 정3품 이상의 벼슬 계제.
57) 軍功이나 考課의 차등에 사용하는 용어. 공로 및 성적을 조사하여 上功을 '전'이라 하고, 下功을 '최'라 한다.

그런데 아내가 지아비를 섬김에는 교훈이 없어도 될 것인가? 사람은 태어나면서부터 아는 것은 아니다. 남자와 여자는 비록 다르더라도, 이제까지 아무런 교훈을 받지 않고도 이루어진 사람은 없었다. 글을 가까이 않고서 행은 무엇으로 할 것이며, 모훈을 받지 않고서 여자의 도리를 어찌 닦을 것인가? 그러므로 옛 사람들은 가르침에는 반드시 방도가 있어서 남자는 8세가 되면 『소학』을 가르치고, 여자는 10세가 되면 모훈을 들었는데, 『소학』이 전해지지 않자 회암 주자[朱熹 1130~1200]가 책을 만들어 『소학』 교육이 비로소 있게 되었으나, 오직 여자 교육에는 온전한 책이 없었으므로, 세상에서는 오직 『열녀전』에 있는 조대가의 '여계'를 교훈으로 삼았다. 그러나 사람들은 그것이 너무 간략함을 아쉽게 여겼다. 여자를 가르치고 여자에게 본보기로 되는 것은 모두 다만 이름뿐인 실정이다).

5) 『閱古觀書目』: 『古列女傳』四卷.
6) 『集玉齋書目』: 『列女傳』四卷.

(국문)
① 『稗官雜記』(魚叔權), 4: 嘉靖癸卯 中廟出劉向『列女傳』令禮曹飜以諺文 禮曹啓請 申珽柳沆 飜譯 柳耳孫寫字舊本 本顧愷之畵 而歲久刻訛 殊失筆格 令李上佐略倣古圖而更畵之 旣成 誤依舊本 書於每卷之首曰 漢劉向編撰 晉顧愷之圖畵 正猶班固至今血食之文 使此書傳於後 世 則孰知其爲李上佐之畵乎☯(가정 계묘[1543]에 중종이 유향[BC. 77~6]의 『열녀전』을 내주며 예조로 하여금 번역하게 하였다. 예조가 아뢰어 청해서 신정과 유항이 번역하고 유이손이 글씨를 썼다. 예전 판본은 본래 고개지[a.345~a.411]의 그림인데, 여러 해가 되어서 판각이 와해되어 필격을 잃었으므로, 이상좌로 하여금 대강 예전 그림을 모방하여 그림을 다시 그렸는데, 이미 완성되매 구본에 의하여 책마다 첫머리에 잘못 쓰기를, '한나라 유향 편찬, 진나라 고개지 그림'이 라 하였으니, 마치 반고가 오늘에 이르도록 혈식58)을 받는다는 글과 같다. 이 글이 후세에 전하게 되면 누가 그것이 이상좌의 그림인지 알겠는가?).
② 『註解歌辭文學全集』(金聖培外), 「寡婦歌」: 언문 고담 빗기 들고 「소현성록」 보노라니 화씨 석씨 절행이라 『열녀전』을 들고 보니 반첩여도 날과 같다.

【增】
1) 『大畜觀書目』(19C初?): 『烈[列]女傳』諺四冊; 『古今列女傳』諺一冊.

국문필사본

| 【增】 列女傳 | 정명기[尋是齋 家目] | 1 |
| 【增】 열녀전 | 정명기[尋是齋 家目] | 1 |

국문활자본

| 렬녀전 | 박순호[家目]/[李:古硏, 278] | 1([著·發]洪淳泌, 京城書籍業組合, 1926.12.20, 50pp.)(56) |
| 렬녀전 烈女傳 | 국중(3634-2-86=8)<3판>/국중(3634-2-58=4)<3판> | 1(총 66회, [著·發]玄公廉, 大昌書院·普及書舘, 초판 1918. |

---

58) 원뜻은 毛血의 짐승을 종묘에 바쳐 제사 지냄. 뜻이 변하여 자손이 계속해서 제사를 그치지 않음을 일컫기도 한다.

렬녀젼 烈女傳		국중(3634-2-38=3)	10.29; 3판 1922.1.15, 50pp.) 1(총 66회, [著·發勝本良吉, 大昌書舘·普及書舘, 1920.12.30, 50pp.)
렬녀젼		국중(3634-2-86=2)/국중 (3634-2-6=4)/[仁活全](9)⁽⁵⁸⁾	1(66회, [著]玄公廉 太華書舘, 1918.1.15, 50pp.)⁽⁵⁹⁾

1. 〈자료〉

   Ⅰ. (영인)

   「열녀전」

   1) 仁川大民族文化研究所 編,『舊活字本古小說全集』, 9. 銀河出版社, 1983; (再刊) 國際아카데미, 2002. (태화서관판)

   「고금열녀집」

   1) 仁川大民族文化研究所 編,『舊活字本古小說全集』, 19. 銀河出版社, 1984; (再刊) 國際아카데미, 2002. (세계서림판)

2. 〈연구〉

   Ⅲ. (학술지)

   5) 禹快濟. "『列女傳』의 著作動機 考察."『우리文學研究』, 5(우리文學研究會, 1985. 3).

   8) 禹快濟. "『列女傳』의 受容樣相 考察 : 『謝氏南征記』를 中心으로."『石軒丁奎福敎授還曆紀念論叢』(同刊行委員會, 1987. 12). 韓國古小說研究會 編,『韓國古小說의 照明』(亞細亞文化社, 1990. 1)에 재수록.

   【削】11) 禹快濟. "『列女傳』의 受容樣相 考察 : 『謝氏南征記』를 中心으로" 韓國古小說研究會 編,『韓國古小說의 照明』(亞細亞文化社, 1990. 1).

   【增】

   1) 이대형. "조선전기 '열녀전' 연구."『연세어문학』, 26(연세대 국어국문학과, 1994. 3).

   2) 이혜순. "열녀상의 전통과 변모:『삼강행실도』에서 조선 후기 '열녀전'까지."『震檀學報』, 85(震檀學會, 1998. 6).

   3) 李慧淳. "조선조 '열녀전' 연구."『省谷論叢』, 30(省谷學術文化財團, 1999. 8).

   4) 禹快濟. "『列女傳』의 導入與對韓國的影響."『仁川語文學』, 16(仁川語文學會, 2000. 12).

   5) 김경미. "『열녀전』을 통해 본 전통 부부 윤리의 문제."『東洋漢文學研究』, 16(東洋漢文學會, 2002. 10).

   6) 김경미. "개화기『열녀전』연구."『국어국문학』, 132(국어국문학회, 2002. 12.).

   7) 禹快濟. "『列女傳』的 傳統과 女性 文化."『우리문학연구』, 16(우리문학회, 2003. 12).

▶(열녀전 烈女傳 ②59)→ 곽낭자전)60)

---

59) 박순호 소장「열녀전」은 '경상도 영천 땅 김생원', 또「열여전」은 '경상도 곽진사'로 시작됨을 보아도 중국의『열녀전』과는 별개의 작품임을 알 수 있다.

60)『이본목록』수정.

▶ **(열녀춘향수절가 烈女春香守節歌 → 춘향전)**

◈**415. [[열녀함양박씨전 烈女咸陽朴氏傳]]**61) ← *박열부전

〈작자〉 朴趾源(1737~1809)

〈출전〉 『燕岩集』, 1, '烟湘閣選本'

〈관계기록〉

① 『燕巖集』(朴趾源 1737~1809), 1, 煙湘閣選本, '烈女咸陽朴氏傳': 余視事安義之越明年 癸丑月日◐(내 일찍이 안의 고을 일을 보살피던 그 다음 해인 계축년[1793] 모월 모일이었다).

415.1.〈자료〉

Ⅱ. (역주)

【增】

1) 郭正植. 『쉽게 읽는 고소설』. 신지서원, 2001.

415.2.〈연구〉

Ⅱ. (학위논문)

〈석사〉

【增】

1) 이동표. "연암소설의 현실인식과 사회적 의미:「양반전」·「호질」·「허생전」·「열녀함양박씨전」을 중심으로." 碩論(상지대 교육대학원, 2001. 2).
2) 최숙재. "「열녀함양박씨전」 연구: 여성지위의 역사적 변천과 관련하여." 碩論(원광대 대학원, 2001. 8).

Ⅲ. (학술지)

【增】

1) 柳炳環. "「虎叱」·「烈女咸陽朴氏傳」의 小說的 성공에 대하여." 『國語國文學』, 13(公州師大 國語國文學會, 1986. 12).
2) 허경진. "인문주의자 박지원의 '열녀전(烈女傳)'." 『문학과의식』, 43(문학과의식사, 1999. 2).

◈**416. [열부유씨사적 烈婦劉氏事蹟]**62)

국문필사본

◈**417. [염라왕전 閻羅王傳]** ← 음양염라왕전 / *포공연의 / *포염라연의63)

〈참고자료〉

① 『包閣羅演義』, 吳剛, 序: 鷺溪先生馳書謂余曰 我著說部一部 請子一晰 不敢孤命 詣至衡門 有童子引入書房 看見先生披髮跣足 手執金剛牌 朝向屛桌 屛上所畫 皆陰雲慘霧 十府鬼王羅刹力士 桌上列香爐寶劍 檢命簿錄之類 心甚怪之 童子曰 客官愼勿作聲 待先生功畢 攀話未遲

---

61) 사실적인 기록으로 鄭德濟의「烈女孺人密陽朴氏旌閭記」를 참고할 수 있다.
62) 이 작품은 소설이라기보다는 사실적인 기록으로, 家傳으로 분류되어야 할 것이다.
63) 『이본목록』·『작품연구 총람』·『문헌정보』 수정.

須臾 先生撤去屛桌 整了衣冠 執手敍闊 勸酒相樂 余問道 先生道力甚富 平生不言鬼神事矣 這般作怪 甚惑劣意 先生笑曰 我豈作怪 我閱「包閻羅龍圖公案」足爲千古奇絶 聯欲演爲一部 不欲效近世稗家 務多飾虛 演不補正 故此繪列形像 馳神觀聽 然後可以文不虛發 言畢 出示若干表稿 剛讀之 寇宮人志願超度 郭奸閹 繫戀陽壽 擧腕一拍 壺觴盡缺 繼吟一絶曰 悲從劇處難爲淚 喜事齊天笑莫開 打破壺觴起自舞 閻羅稗史鬼神才◉(목계선생이 편지를 써 말하기를, "내가 이야기책 한 부를 지었으니 그대가 한번 손보기를 청하네."라고 했다. 명을 거스릴 수 없어 형문64)으로 나아가니 동자가 나를 인도하여 책방으로 들어가거늘, 보니 선생은 머리를 풀어헤치고 맨발에 손에는 금강패를 쥔 채 병풍을 친 탁자를 향해 절을 하고 있었다. 병풍에 그려진 그림은 모두 음삼한 구름과 안개에 싸인 시왕[十王]65)들과 나찰66) 및 금강역사67)들이 탁자 위에 향로와 보검들을 늘어놓고 명부록68) 따위를 검사하고 있는 모습이었다. 나는 마음 속으로 매우 의아하게 여겼다. 동자가 말하기를, "손님께선 삼가 소리지르지 마소서. 선생이 일을 마치기를 기다려 말씀을 하여도 늦지 않습니다."고 했다. 얼마 지나지 않아 선생이 병풍과 탁자를 치운 후 의관을 정제한 후 손을 잡고 그 동안 적조했음을 말하며 서로 술을 권하여 즐겼다. 내가 그 궁금히 여겨 물었다. "선생은 도력이 매우 커 평생 귀신에 관한 일에 대해서 말씀치 않더니 이런 괴상한 일을 하시다니 도무지 알 수가 없습니다." 선생이 웃으며 말했다. "내 어찌 괴이한 일을 하리오? 내가「포염라용도공안」을 보니 족히 천고의 기이한 책이라 잇대어 일부 책을 쓰려 하나, 근세의 소설가들이 대체로 공허한 일을 수식하는 데 힘쓰고 글을 바르게 쓰지 않음을 본받고 싶지는 않았소 그래 이 그림에다 형상을 늘어놓고 귀신을 치닫게 한 후 보고 들은 후에야 글이 헛된 것으로 나아가지 않을 것입니다." 말을 마치자 약간의 원고를 내어 보여 내가 읽어 보았다. 구궁인69)은 명복을 바라고 간신 곽내시70)는 이승에서의 오래 삶을 매우 바랐다. 팔을 들어 한번 치고 술잔을 모두 비운 후 계속하여 시 한 수를 읊었다. '슬픈 대목에서 눈물짓기 어렵고 기쁜 일에 온 하늘이 웃지 못하노라. 술잔을 쳐 깨뜨리고 일어나 춤추노니 염라 패사는 귀신의 재주로다').

【增】〈판본연대〉

① 「염라왕젼」은 목록에는 '음양염라왕젼 陰陽閻羅王傳'이라고도 표기되어 있는데, 구활자본으로 '박건회 져'로 되어 있으며, 187면으로 되어 있으나 마지막 장이 많이 훼손되고 판권지가 떨어져 나가 정확한 출간 연도는 알 수 없다. 그러나 朴健會라는 사람은 1920년대 중국 소설을 수차례 번역 또는 축약하여 출간한 편집 겸 발행인이다. 실제로「대월셔상긔」(1917),「장자방실긔」(1917),「셜인귀젼」(1919),「당태종젼」(1919),「화용도실긔」등을 朝鮮書舘, 唯一書舘 등에서 출간한 바 있다. 따라서「염라왕젼」은「포염라연의」가 출간된 1915년 이후부터 30년대 사이에

---

64) 사립문. 혹은 은자의 거처.
65) 저승에 있다고 하는 십대왕.
66) 푸른 눈, 검은 몸, 붉은 머리털을 하고서 사람을 잡아먹으며, 지옥에서 죄인을 못 살게 군다고 하는 악한 귀신.
67) 금강신. 佛法을 수호하는 두 신장으로 절 문의 양쪽에 세우는데, 왼편은 密迹金剛으로 입을 벌리고, 오른편은 那羅延金剛으로 입을 다문 모습을 하고 있다. 여래의 비밀 史蹟을 알아 오백 夜叉神을 부린다고 한다. 仁王이라고도 한다.
68) 사람의 목숨의 기한을 적어 놓은 저승의 문서책.
69) 『포염라연의』에서 여주인공 이귀비를 대신하여 죽은 궁녀 '구주'를 일컫는다.
70) 유귀비와 함께 음모로써 이귀비를 해치려다 끝내는 처벌받기에 이르는 인물인 '곽희'를 가리킨다.

출간되었을 것으로 추정된다(박재연, "「包閻羅演義」와「염라왕젼」에 대하여,"『염라왕젼』[1999. 5], p. 4).

국문활자본		
음양염라왕젼 염라왕젼	남윤쉬션문대,『염라왕젼』I/[평양: 고소해제] (21회, 권말 낙장, **187pp**.)	
【增】 음양염라왕젼	[『노쳐녀고독각씨』(1916) 광고]	1(廣明書舘)[71]
【增】 음양염라왕젼	[『강유실긔』(1922) 광고]	1(大昌書院)
【增】 음양염나왕젼	[『산양딕젼』(1916) 광고]	1(漢城書舘)

417.1 〈자료〉

Ⅱ. (역주)

417.1.1. 박재연 校註.『염라왕젼』. 중국소설희곡번역자료총서, 19. 선문대 중한번역문헌연구소, 1999.

417.2. 〈연구〉

Ⅲ. (학술지)

417.2.2. 박재연. "「包閻羅演義」와「염라왕젼」에 대하여."『염라왕젼』. 중국소설희곡번역자료총서, 19(선문대 중한번역문헌연구소, 1999. 5).

◐{염불왕생전 念佛往生傳}
▶(염승전 廉丞傳 → 염시탁전)
▶(염시도전 廉時度傳 → 염시탁전)
◪418.[염시탁전 廉時度傳[72]] ← 염승전 / 염시도전[73]

〈작자〉 金敬天(1675~1765)[74]

【增】

1) 이수봉본·연세대본·계명대본「염승전」에는 저자가 義城進士 金克敬으로, 강경훈본에는 義城 進士 金敬天으로 쓰여 있다. 저자가 進士를 했고, 또 이수봉본에만 있는 追記에 '余於丙午[1726] 秋 以新恩往訪'이라는 언급이 있다는 데서 해당년『司馬榜目』을 확인한 결과, 進士試 3등 합격자 70인 가운데 金敬天이란 이름이 수록되어 있었다. 그러나『義城金氏族譜』에는 이름이 克敬, 字가 敬天으로 나온다. 형제의 항렬이 克字인 것으로 보아 아마도 克敬이 初名이었거나, 혹은 字인 敬天을 그냥 이름으로 계속 쓴 것으로 추정할 수 있다. 강경훈본의 작자명 아래엔 같은 글씨로 '貢生之子云'이라고 적혀 있는데, 貢生이란 장차 鄕吏에 오를 수 있는 자격을

---

71) 원래「음양염라왕젼」조에 있던 것을 이 곳으로 이동. 이하 같다.
72) '度'의 음이 '도' 또는 '탁'이므로, 작품명도 '염시도전' 혹은 '염시탁전'의 어느 쪽도 가하다. '廉時道傳'으로 되어 있는 문헌도 있으나 '탁' 음을 따랐다.
73)『이본목록』수정.
74) 계명대·연세대·이수봉 소장본들에는 저자가 '李克敬'으로 되어 있고, 강경훈 소장본에는 '金敬天'으로 되어 있는데, '극경'은 김경천의 字라고 한다(姜景勳, "筆寫本 雜錄『博聞』에 대하여,"『문헌과 해석』, 7, 1999 참조).

가진 향리의 자손을 말한다. 이를 통해 그가 아전이었을 것이라는 추정을 할 수 있었고, 아전들에 대한 기록인 『掾曹龜鑑續編』에서 다음과 같은 기록[생략]을 찾게 되었다(金榮鎭, "「廉丞傳」硏究," 『韓國漢文學硏究』, 23[1999. 4], pp. 354~355).

〈관계기록〉

① 「廉丞傳」(金克敬[金敬天] 1675~1765), 末尾: 丙申夏 余有事隷院 留京邸累月 院吏廉愼儉頗聰明解吟詠 余愛之 造其居 愼儉出 獨老人在 年可八十餘 髮皓毛紅澤 余問 曰 主人安在 老人曰 愼儉入院中去 老漢其父時度也 客從何所來 曰 余義城人也 老人曰 兒常說義城詩人親己 客眞是也 曰 詩人不敢當 親愛之固也 老人邀之 入室收款如舊識 因與往來 一夕要余宿 所欲聽者詩上語 盖爲詩 不如子 愛詩過之也 自言少爲社相陪從 語社相全盛時事頗詳 獨不及於庚申 余强之 老人嚬蹙曰 可道長也 且己所經歷 多神異 蘊諸中三十年不敢發 客有問 敢不罄盡 然多戚戚處 宜有潤渴具 於傍市 買西瓜來 始具述 初更三點起話 五鼓下畢 悲處則漏 喜處則笑 於感慨處 則必潤喉 甘盡二塊瓜 而不自多也 余聞甚奇異 擊節長歎 不覺起敬也 坐而待朝 歸旅邸記之 筆拙多脫漏焉 …… 七夕日書于京邸◉(병신년[1716년] 여름 나는 예원에 일이 있어 경저에 몇 달을 머물렀는데, 예원의 아전 염신검은 자못 총명하고 시를 할 줄 알아 내가 그를 좋아했다. 하루는 그의 거처에 갔더니 신검은 나가고 노인 혼자 있었는데 나이가 80여 세쯤 되어 보였다. 그의 머리카락은 새하얗고 터럭은 붉은 광택이 났다. 내가 물었다. "주인은 어디 있소?" 노인이 말했다. "신검은 원에 들어갔다오." 그 노인은 신검의 부친 시탁이었다. "손님은 어디서 오셨소?" "나는 의성 사람이오." 노인이 말하기를, "우리 아이가 늘 의성 시인과 친히 지낸다고 했더니 당신이 바로 그이구려." 내가 답하여, "시인이란 당치 않소만, 친히 지냄은 사실이오." 노인이 나를 맞이해 방으로 들게 하고 나를 대함이 전부터 알고 지내는 사이인 것처럼 했다. 이로부터 왕래하곤 했는데, 하루 저녁에는 내게 하룻밤 자기를 요청했다. 노인이 듣고자 하는 것은 시에 대한 이야기로, 그의 시를 짓는 솜씨는 아들만은 못했으나 시를 사랑함은 아들보다 더해 보였다. 노인은 젊어서 사상(許積, 1610~1680)[75])을 좇아 배종하였다고 하면서, 사상의 전성기 때의 일을 자못 상세히 말해 주었다. 다만 경신년[1680] 일만은 언급하지 않기에 내가 청했더니, 노인은 눈썹을 찡그리며 말하기를, "말할 것이 긴 데다가 또 겪은 일이 신괴한 것이 많아 마음 속에만 두고 30년을 발설하지 않았는데, 객이 물으시니 감히 다 말하지 않을 수 있겠소? 그러나 슬픈 일이 많아 의당 곁에 목을 축일 것이 있어야겠으니 수박을 좀 사오구려."라 하고는 얘기를 시작하였다. 초경 세 시[點]에 시작하여 5시[鼓]에 마치니 슬픈 곳에서는 눈물을 흘리고 기쁜 곳에서는 웃음을 띠고, 감개한 곳에서는 반드시 목을 축이니 수박 두 덩이를 다 먹었는데도 많다고 여기지 않았다. 내가 들으면서 매우 기이하여 징단을 맞춰 가며 길게 탄식하며 나도 모르게 경의가 일어났다. 앉아 날이 밝기를 기다렸다가 내 숙소로 돌아와 들은 바를 기록하니 글재주가 졸렬하여 빠뜨린 곳도 많다. …… 칠석날에 서울 숙소에서 쓴다).

② 同上, 追敍: 丞[廉丞 卽廉時度]以崇德戊寅生 當康熙丙申已七十九歲 草屋女 以康熙乙巳生 時方五十二世 見夜話久 具酒饌而出 從夾以坐 顔色之華麗 如三十前婦人 含悽勞客 時補是話之闕漏處 其明敏可服 待曉而歸旅邸 記之 筆拙多脫漏焉 丞於中年爲宮僚升書題 余於丙午秋 以新恩往訪 賀其無恙 乾隆己未秋戾洛 丞已於是春 夫婦俱沒云 泝計丞享年一百有二 是亦天報乎◉(염승은 숭덕 무인년[1638] 출생으로 강희 병신년[1716]에는 이미 79세에 이르렀다.

---

75) 영의정 許積이 社稷洞에 살았기에 社相이라 한다.

초가집의 여인은 강희 을사년[1665] 출생으로 그때 나이가 52세였다. 밤에 이야기가 길어짐을 보고 술과 안주를 마련하여 내온 후 염승의 옆에 앉았다. 얼굴색의 고움이 마치 30여 년 전의 부인과 같았는데, 슬픔 기색을 띠고 나그네를 위로해 주곤 했다. 그녀는 때때로 이 이야기의 빠진 곳을 고쳐 주곤 했는데 그 명민함이 탄복할 만했다. 새벽에 이르러 여관에 돌아와 기록하니, 글이 치졸하고 빠진 것이 많았다. 염승은 중년에 궁의 관료가 되어 서제[書吏]에 올랐다. 나는 병오년[1726] 가을에 과거에 급제한 뒤 그를 찾아가 별 탈 없음을 축하했다. 건륭 기미년[1739] 가을에 서울로 돌아갔을 때 염승은 이미 그 해 봄에 부부가 모두 작고했다고 들었다. 따져 보니 염승의 향년이 102나 되니, 이 역시 하늘의 보답을 받은 것이 아닌가?).

③ 睦萬中(1727~?),『餘窩文集』, 15,「廉時度傳」, 序: 外史氏曰 余閱稗乘 得廉時度事 其義甚高 其事甚奇 然傳之者永嘉人金敬天而文頗冗雜 事或觝牾 盖時度言之於前 而敬天久始追憶爲 傳 且敬天生長鄕曲 不習當時事 時或不免謬誤 余爲之述其事 而文不踏其舊 正其訛 而蹟不 沒其全 坐化庵老宿 茅屋女子 頗涉詭異 類傳奇所錄 君子所罕言 然世界廣矣 何事不有 曲見 常情未足以盡之 二十史所記間 亦可攷也◯(외사씨는 말한다. 내가 패승[76])을 열람하다가 염시 탁의 기사를 얻게 되었는데, 그 의기가 매우 높고 그 일이 매우 기이하였다. 그러나 전으로 지은 사람은 영가[77]) 사람 김경천으로 문장이 자못 번잡하고 일이 혹 착오가 있으니, 대개 시탁이 전에 이야기한 것을 경천이 한참 뒤에 비로소 추억하여 전으로 지어서일 것이다. 또한 경천은 시골에서 나고 자라 당시의 일에 익숙치 않아 때로 혹 오류를 면치 못했다. 내가 이 때문에 그 일을 서술하면서 문장은 옛 것을 그대로 따르지 않았고, 그 잘못은 바로잡으면서 사적은 온전함을 빠뜨리지 않았다. 좌화암 노승과 초가집 여자에 대한 얘기는 자못 기이하여 전기에 기록한 바와 유사하다. 이러한 것은 군자가 말하기를 삼가는 것이다. 그러나 세계는 넓으니 무슨 일인들 없겠는가? 좁은 소견과 범상한 생각으로는 다 파악할 수 없으니, 이십사[78])에 기록한 바를 보아도 간혹 또한 고찰할 수 있는 것이다).

④ 朴趾源(1737~1809),「熱河日記」(一齋本), 5, '進德齋夜話': 余年二十時 讀書奉元寺 有一客能 小食 終夜不寢 爲導引法 …… 時爲余談許生事 及廉時道·裵是幌·完興君夫人 疊疊數萬言 數夜不絶 詭奇怪譎 皆可足聽 其時自言姓名爲尹映 此丙子冬也 其後癸巳春 西遊 泛舟沸流 江 至十二峯下 有小庵 尹映獨與一僧居此庵 見余躍然而喜 相勞苦 十八年之間 貌不加老 年當八十餘 而行步如飛◯(내 나이 20세 때 봉원사에서 글을 읽었는데, 어떤 손님 하나가 음식을 적게 먹으면서 밤이 새도록 잠을 자지 않고 신선 되는 법을 배웠다. …… 그는 가끔 나에게 허생의 이야기와 염시도·배시황·완흥군부인 등에 대한 이야기를 늘어놓되 잇달아 몇 만 언으로써 며칠 밤을 걸쳐 끊이지 않았다. 그 이야기가 거짓스럽고 기이하고 기이하고 괴상하기 짝이 없어서 모두 들음직하였다. 그때 그는 스스로 성명을 소개하기를 운영이라 하였으니, 이는 곧 병자년[1756] 겨울이다. 그 뒤 계사년[1773] 봄에 서쪽으로 구경갔다가 비류강에서 배를 타고서 12봉 밑까지 이르자, 조그마한 암자 하나가 있었다. 운영이 홀로 중 한 사람과 이 초암에 붙여 있었다. 그는 나를 보고 깜짝 놀라는 듯이 기뻐하면서 서로 위안의 말을 나누었다. 대체 열여덟 해를 지났지만 그의 얼굴은 더 늙지 않았다. 나이 응당 80이 넘었음에도 불구하고 걸음이 나는 듯하였다).

---

76) 稗史. 사관이 아닌 사람이 이야기 형식으로 쓴 기록.
77) '安東'의 옛 이름.
78) 중국의 20개 왕조에 대한 正史.

【增】

1) 姜景勳 소장본 「염시탁젼」, '廉時度傳序'[柳遠聲 1851~1945]: 丙寅歲 余年七十有六也 身老氣衰 杖屨不出洞門 時值嚴冬 雪滿窮巷 門無剝啄 寂寂山齋 獨坐終日 左右無接談者也 曾聞書中有故如面談云 消遣 莫過於此 胡明窓靜几之下 點檢書篋中古蹟 至社相庚申之獄 禍網漲天 姻婭親知門生故吏 一網打之 髮骨悚然 滿目愁慘 其中有一幅休紙 乃廉時度行蹟也 次第閱覽 節節奇異 擊節長歎 不覺起敬 而可惜其泯滅無傳焉 以漢文記草 以國文謄翻 而其腐敗處 多脫漏矣 …… 興感不已 特書國漢文二本 以戒後來士女 勿以時度夫婦爲賤微 效其志燥節行 是所區區之望也 丙寅臘月下澣 帽山辛亥翁書☯(병인년 내 나이 76에 몸은 늙고 기는 쇠하여 동문 밖을 나가지 않았다. 엄동에 눈이 궁항79)에 가득 쌓였는데 문을 두드리는 사람은 없고, 적적한 산재에 홀로 앉아 좌우에 함께 얘기를 나눌 이가 없었다. 일찍이 '책 속에 벗과 마치 얼굴을 마주한 듯 얘기를 나눈다'는 말을 들었으니, 무료함을 달랠 방도로 이보다 더한 것은 없는 것이니, 까닭에 밝은 창 깨끗한 안석 아래에서 상자 속의 옛 문건들을 뒤적이다 보니 사상의 경신년 옥사80)의 화가 하늘까지 치솟아 인척·친지·문생·아전들이 일망타진된 내용의 문건들이 나오는데, 모골이 송연해져 보이는 것이 다 수참할 뿐이었다. 그 가운데 한 폭 너널너덜한 것이 나오니 곧 염시탁의 행적이었다. 차례대로 열람해 보니 절절이 기이하여 마디를 치며 길게 탄식하며 나도 모르게 경의가 일어났으되, 그 민멸되어 전하지 않게 될까 애석하였다. 이 행적은 한문으로 초를 잡고 국문으로 옮긴 것으로, 부패하여 탈루된 곳도 많았다. …… 흥감이 그치지 않아 국·한문 두 본으로 써서 후래의 사녀를 경계시키나니, 시탁 부부를 미천한 자라 여기지 말고 그 절행과 지조를 본받기를 바라는 바이다. 병인년 납월 하한에 모산[柳遠聲] 신해옹이 씀).81)

〈이본연구〉

【增】

1) 「廉丞傳」은 현재 다섯 본[연세대·계명대·이수봉·강전섭·강경훈 소장]이 전하고 있는데, 각 본 간에 내용상의 차이는 보이지 않으며 글자 출입이 다소 있을 뿐이다. 어느 본도 저자의 원본은 아닌 듯하다. …… 餘窩 睦萬中[1727~1810]은 金敬天의 「廉丞傳」을 보고 그 문체의 번잡함, 사실의 오류 등을 들어 다시 개작을 하였다. 「염승전」(이수봉본)이 총 3,195字니 목만중작은 「염승전」의 약 2/5 분량으로 축약하여 개작한 것이다. …… 목만중과 이들[姜世晃 1712~1791·柳慶種 1714~1784·申光洙 1712~1775]과의 교유, 또 목만중「廉時度傳」서두에 「염승전」의 저자를 金克敬이 아닌 金敬天으로 명기하고 있다는 점 등을 고려할 때, 목만중이 본 「염승전」은 강세황과 유경종이 필사한 강경훈본이었을 가능성도 있다. …… 「염시탁전」은 「염승전」이라는 소설 작품을 가지고 축약 정리한 것이기에 정통 傳 입장에서의 개작은 아니다. …… 이제 국문본 「염시탁젼」을 살펴볼 차례다. 이 본은 김경천의 「염승전」을 저본으로 하여 국문으로 옮긴 것이다. 총 8회의 '장회체 소설'로 앞에 帽山 柳遠聲[1851~1945] 이 1926년에 쓴 다음과 같은 序가 수록되어 있다. …… 유원성은 상자 속에서 한문으로 초를 잡고 국문으로 옮긴 「염시탁 행적」(仮題)

---

79) 궁벽한 촌구석. 좁고 으슥한 뒷골목.
80) 숙종 6년(1660)에 서인들이 許積의 서자인 許堅이 종실인 福昌君 3형제와 逆謀한다고 고발하여 일어난 옥사. 이 일로 허적을 비롯한 남인 일파가 대거 실각하고 서인이 득세한 사건.
81) 유원성의 『帽山集』에도 거의 동일한 내용의 글이 수록되어 있다.

을 우연히 보고 감회가 있어 국문·한문 두 본으로 다시 轉寫한다고 하였다. 이 「염시탁 행적」의 저본은 바로 金敬天의 「염승전」임을 알 수 있는데, 「염시탁 행적」을 전사한 「염시탁젼」의 90% 이상이 「염승전」의 逐字譯이기 때문이다. 앞서 살핀 5종 가운데 강경훈본은 바로 이 유원성의 집안에 전해온 책으로, 몇 가지 사례를 통해 보건대 「염시탁젼」은 이 강경훈본 「염승전」을 저본으로 번역한 것임을 알 수 있다(金榮鎭, "「廉丞傳」硏究," 『韓國漢文學硏究』, 23[1999. 4], pp. 358~370, 371, 374~376, et passim).

2) 「廉時度傳」은 현재 한문본 6본, 한글본 2본이 현존하는 것으로 알려진다. …… 그런데 발굴된 이본은 이 외에도 『鶴山閑言』, 『記聞叢話』, 『靑邱野談』, 『靑野談藪』, 『東稗洛誦』, 『熙朝軼事』, 『松泉筆譚』, 『溪西野談』, 『東野彙輯』, 『俚鄕見聞錄』, 『醒睡叢話』, 『靑邱野說』 등의 문헌 설화집에 내용이 축소되어 실려 있으며, 『熱河日記』의 「許生後識」에도 時度의 이름이 언급되어 있다. 개화기 이후 야담집[82])에도 꾸준히 잔존한 것으로 보아 애독되어진 것으로 보여진다. ……「廉時度傳」은 각 본간의 내용 차이는 거의 보이지 않았다. 한문본 간에는 단지 글자의 출입이 있을 뿐이었고, 한글본의 경우는 두 본 간에 뚜렷한 차이를 확인할 수 있었다. 「염시탁젼」의 '廉時時度傳 序'에 밝힌 것처럼 '한문본 번역을 받아 썼다'라는 것으로 보아 한문본이 한글본보다 먼저 나왔음을 확인할 수 있으며, 또 그 善本 또한 한문본에서 찾아야 할 것이다. 필자는 한문본에 있어서 글자 몇 개의 출입만으로는 6본의 한문 이본 중에서 어느 한 본을 선본으로 정하기가 힘들다. 그러나 한문본의 경우에는 그 선본을 이수봉본으로 정하고자 한다(李善亨, "「廉時度傳」 硏究," 國民大 碩論[2000. 2], pp. 6, 16, et passim).

국문필사본

【增】(염승전)

| 【增】염승젼 | 강경훈[家目] | 1([표지]경슐이월 [말미]경슐시월십오일 문암쥬인은 초ᄒ노라, 35f.)[83] |

(염시탁젼)

| 염시탁젼 | 강경훈[家目] | 1(젼 8회, 丙寅臘月念二日, 39f.)[84] |

한문필사본

(염승전)

| 廉丞傳 | 강경훈[『博聞』][家目] | ([序頭]義城進士金敬天撰, 10f.) |
| 廉丞傳 | 계명대[古](아-811.35) | ([聞韶金上舍克敬氏所製, 16f.)[66] |

---

82) 朴民洙, "廉時道의 義俠," 『野談』, 4: 3(野談社, 1937); 申鼎言, "巨人群像 轉禍爲福," 『野談』, 4: 6(同上, 1938); 鄭飛石, "廉書房의 餘慶," 『韓國野談·史話全集』, 13(東國文化社, 1960); 金和鎭, "다 같이 본받을 廉潔義士," 『五百年奇談逸話』(東國文化社, 1959) 등.
83) 한문본 「염승전」을 저본으로 국역한 것이다.
84) 이 작품은 경북 의성의 아전 출신 金敬天(1675~1765)이 1716년에 지은 「염승전」을 저본으로 하여 丙寅年(1926?)에 帽山 柳遠聲(1851~1945)이 개작하여 국문으로 옮긴 것으로, 필사는 그의 손자며느리 權泰姬(1908~1967)이 하였다(李善亨, "「廉時度傳」 硏究," 國民大 碩論[2000. 2], p. 9, n. 38).

廉丞傳	연세대	(義城進士 金克敬, 18f.)⁽⁶⁷⁾
(염시탁전)		
廉時度傳	서울대[奎][睦萬中,	(9f.)⁸⁵⁾
	『餘窩集』, 15]/정문연[同左]	

418.1. 〈자료〉
418.1.1. 김영진. "(자료 소개)「廉丞傳」." 『어문논집』, 40(안암어문학회, 1999. 8).

418.2. 〈연구〉
【增】Ⅱ.(학위논문)
1) 李善亨. "「廉時度傳」研究." 碩論(國民大 大學院, 2001. 2).

Ⅲ.(학술지)
【增】
1) 이선형. "「廉時度傳」의 소설적 특징."『국민어문연구』, 9(국민대 국어국문학연구회, 2001. 9).

◐{영렬전연의속 英烈傳演義續}
〈참고자료〉
① 「續英烈傳」: 明無名氏撰 舊本題'空谷老人編次' 首紀振倫序 署'秦淮墨客' 似作者卽紀氏(小本序亦署空谷老人) 書演建文遜國事◎(명나라 무명씨의 찬으로 구본의 표제에는 공곡노인이 편차하였다고 되어 있다. 책머리에 있는 기진륜의 서문에 진회묵객의 서명이 있는 것으로 보아, 작자가 기씨[기진륜]인 듯하다. [소본의 서문 역시 공곡노인의 서명이 붙어 있다] 건문 연간[1399~1402]에 나랏일을 물려준 일을 연의화하여 썼다)[孫楷第,『中國通俗小說書目』, p. 59].

▶(영수창선기 永垂彰善記 → 옥린몽)
◐{영시목록}
〈관계기록〉
①『諺文古詩』(가람본), '언문칙목녹', 71:「영시몽녹」.

◪419.[영영전 英英傳]⁸⁶⁾ ← 『고담요람』/ 『고담주옥』 / 『삼방록』 / 『삼방요로기』 / 상사동기 / 상사동전객기 / 『신독재수택본전기집』 / *잠상태 / 『화몽집』/ 회산군전

---

85) 글 첫머리에서 이 작품의 원 저자에 대하여 金克敬이 아닌 金敬天이 지은 것을 자신이 다시 개작한다고 밝히고 있다. 내용은 여타 한문본을 1/3 분량으로 축약하고 있고, 睦萬中의 서와 論贊部가 있다.
86) 내용적으로 볼 때 본 작품은 「운영전」과 상당히 비슷하다. 다만 본 작품이 김생이 성균관에서 돌아가는 밤길에 영영을 직접 만나는 데 비해, 「운영전」은 柳泳이란 제3자의 꿈을 통해 김진사와 운영의 로맨스를 그리고 있는 등 세부적인 차이가 나타난다.

【增】〈작자〉

1) 『선현유음』에서는 「상사동기」의 저자를 성삼문(成三問, 1418~1456)이라고 明示하였다. 그러나 필사자가 「상사동기」의 저자를 성삼문으로 적은 것은 당시에 소설을 짓거나 필사하는 데서 오는 하층 문화 행위에 대한 防禦機制로서 이해해 보면 어떨까? 「상사동기」는 시대적 배경이 명나라 효종 때인 弘治 연간(1488~1505)으로 우리 나라의 成宗에서 燕山君 시기이다. 따라서 조선 최고의 문인인 성삼문 死後이다. 필사자 또한 이를 몰랐을 리는 없기에 성삼문을 작가로 적시한데는 은연 중 소설의 문화적 층위를 한껏 올리려는 의도 정도로만 이해해 봄직하다(간호윤, 『先賢遺音』[2003. 8], p. 31).

〈작품연대〉

【增】

1) 권전(權佃, 1583~1651)의 『釋老遺稿』와 이건(李健, 1614~1662)이 「상사동기」를 읽은 후 지은 「題相思洞記」와 「題餞客記」라는 題小說詩가 1644년에 지어진 것으로 보아, 이 작품의 창작 연대는 17세기 초반임이 확실하다(간호윤, 『先賢遺音』[2003. 8], p. 31).

〈관계기록〉

① 『釋老遺稿』(權佃 1583~1651), 1, 詩: [余罹病久矣 病中無聊莫甚 使兒輩讀「相思洞記」至金生與榮伊相別之語 漫吟爲却病之資] 惆悵伊人久未見 宮門深鎖錦帳寒 東邊桃李西邊柳 何日移栽一處看●(내가 병든 지 오래되었다. 병중에 매우 무료하여 아이들에게 「상사동기」를 읽어 달라고 했다. 김생과 영이[영영]의 이별 대목에 이르러 되는 대로 시를 읊어 병을 물리칠 거리로 삼는다] 슬프게도 그 사람 오래도록 보지 못했네. 궁문은 굳게 잠기고 비단 휘장 소슬하구나. 동쪽의 복숭아나무 자두나무 서쪽의 버드나무 어느 날에나 옮겨 심어 한 곳에서 바라볼까?).

② 『葵窓遺稿』(李健 1614~1662), 3, 「題小說詩」, '題相思洞記': 路上相逢卽相離 深盟密約鬼神知 若無餞客蒼頭計 不有天中一日期●(길에서 만났다가 곧 헤어졌으나, 깊고 은밀한 약속 귀신도 안다네. 노복의 전객 계책[87] 없었다면, 견우직녀 같은 만남도 없었으리).

③ 同上, '題餞客記': 一崇初緣行泮路 沉痾重發過宮門 不有當年同榜義 九原猶作斷腸魂●(성균관 길에 처음 인연 빌미되어, 궁문 방문하여 깊은 병 거듭 났네. 당시 같이 급제한 친구 의리 없었다면, 황천에서도 애끊는 혼 되었으리).

한문필사본

〈상사동기〉

【增】 相思洞記	簡鎬允[『先賢遺音]	(7f.)	
【增】 相思洞記 英英傳	고려대[癡庵](C14-A74) [漢少目, 傳16-2][88]		
相思洞記 英英傳	국중(古2510-74)/[亞筆全](2)	1(綠兎鷄令之念有六之辰, 蘭史

---

87) 영영을 그리워하며 애태우는 김생에게 노복 박동이 여인을 만난 곳에 가서 전송연을 베푸는 것처럼 하라고 계책을 일러주었다.
88) 「雲英香語」에 합철.

			之藏 可以罷睡, 18f.)⁸⁹⁾
【增】	相思洞記	부산대[漢少目, 傳16-8]	(成謹甫[三問]作, 8f.)⁹⁰⁾
【增】	相思洞記	李憲洪[漢少目, 傳16-11]⁹¹⁾	
【增】	相思洞記	전남대[漢少目, 傳16-14]⁹²⁾	
【增】	[相思洞記]	鄭景柱[『草湖別傳』]⁹³⁾	

(상사동전객기)

【增】	相思洞餞客記	연세대(811.939/2)	(5f.)⁹⁴⁾
		[漢少目, 傳16-10]	
	相思洞餞客記	임형택[萚蒼蒼齋 家目]	1(壬辰八月書, 8f.)⁽⁷⁷⁾
【增】	相思洞餞客記	정명기[尋是齋 家目]	1

419.1. 〈자료〉

Ⅰ. (영인)

【增】

1) 鄭景柱. "筆寫本 漢文小說集 『草湖別傳』 解題." 『漢文古典의 文化解釋』. 慶星漢文學硏究 會, 1999. 9. (정경주 소장)
2) 간호윤. 『先賢遺音』. 이회, 2003. (한문본, 김기현-간호윤 소장)

Ⅱ. (역주)

419.1.17. 김윤세. 『림경업전(·몽유달천록·영영전)』. 조선고전문학선집, 39. 평양: 문학예술종합출판사, 1992; 海外우리어文學硏究叢書, 47. 한국문화사, 1995(영인); 연문사, 2000(영인).

【增】

1) 간호윤. 『先賢遺音』. 이회, 2003. (한문본, 김기현-간호윤 소장)

Ⅲ. (활자)

【增】

1) 김윤세. 『림경업전(·몽유달천록·영영전)』. 조선고전문학선집, 39. 평양: 문학예술종합출판사, 1992; 海外우리어文學硏究叢書, 47. 한국문화사, 1995(영인); 연문사, 2000(영인). (한문 원문)

419.2. 〈연구〉

Ⅱ. (학위논문)

〈석사〉

【增】「상사동기」

1) 신혜진. "「상사동기」 연구." 碩論(한국교원대 대학원, 2005. 2).

---

89) 「雲英傳」에 합철.
90) 『雜說』 所載. 「愁城誌」 합철.
91) 「王慶龍傳」·「周生傳」과 합철.
92) 「王慶龍傳」·「雲英傳」과 합철.
93) 「相思記」 외에 「王慶龍傳」·「周生傳」·「元生夢遊錄」·「六臣傳」 들이 합철되어 있는데, 이 중 「상사동기」만은 서두가 낙장된 때문에 내용에 의해 제목을 가칭한 것이다.
94) 「九雲夢」·「雜著」(40f.)·「剪燈新話抄」 7首(21f.) 합철.

「영영전」
【增】
    1) 손광주. "「운영전」 연구: 「영영전」과의 대비적 고찰을 중심으로." 碩論(강남대 대학원, 2001. 2).
    2) 김연정. "「운영전」과 「영영전」의 애정 구현 양상 비교 연구." 碩論(서강대 교육대학원, 2005. 2).

Ⅲ. (학술지)
「상사동기」
【增】
    1) 鄭相珍. "「想思洞記」 再照明." 『韓國古典小說硏究』(三知院, 2000. 7).
    2) 崔潤實. "「想思洞記」." 刊行委員會 編. 『古小說硏究史』(月印, 2002. 12).

「영영전」
【增】
    1) 신동흔. "「운영전」에 대한 문학적 반론으로서의 「영영전」." 『고전산문의 계보적 연구』(국학자료원, 2001. 4). 『국문학연구』, 5(국문학회, 2001. 5)에 재수록.

★[[영오세오 迎烏細烏]] ← 연오랑세오녀
〈출전〉「筆苑雜記」, 2[95]
〈관계기록〉
    ① 『筆苑雜記』(徐居正 1420~1488), 권2: 日本國大內殿 以其先世出自我國 向慕之誠 異於尋常 予嘗遍考前史 未知出處 但新羅『殊異傳』云 東海濱有人 夫曰 迎烏 妻曰 細烏 …… ◎(일본의 대내전[96])이 그 선대가 우리 나라로부터 나왔다 하여 사모하는 정성이 보통과 다르다 한다. 내가 일찍이 널리 옛 역사를 상고해 보아도 그 출처를 알 길이 없고, 다만 신라 『수이전』에 이르기를, '동해 물가에 사람이 있었는데, 남편은 영오라 하고 아내는 세오라 했다. ……').

2. 〈연구〉
【增】 Ⅲ. (학술지)
    4) 蘇在英. "「迎烏·細烏」 說話攷." 『국어국문학』, 36(국어국문학회, 1967. 5). 『韓國說話文學硏究』(崇田大出版部, 1984. 10)에 재수록.
    5) 李寬逸. "「延烏郎細烏女」 說話의 한 硏究." 『국어국문학』, 55~57合(국어국문학회, 1972. 11).[97]
    8) 李姸淑. "「延烏郎 細烏女」 說話에 대한 一考察: 韓·日 養蠶交涉史의 측면에서." 『國語國文學』, 23(釜山大 國語國文學科, 1986. 2).
    9) 姜賢模. "「延烏郎細烏女」 說話 一考." 『한양어문연구』, 4(한양대, 1986. 10).

【增】
    1) 中田勳. "延烏·細烏 考." 『古代日韓交涉史 斷片考』(創文社, 1950. 10).
    2) 민긍기. "「延烏郎細烏女」 說話硏究." 『檀山學志』, 2(旃檀學會, 1996. 2).
    3) 정창조. "「延烏郎細烏女」 說話 考察." 『東大海文化硏究』, 3(1997. 4).

---
95) 유사한 기록이 『三國遺事』, 1, 紀異 2에 '延烏郎細烏女'란 소제목으로 실려 있다.
96) '大內氏'는 일본의 長門 지방을 지배하던 호족. '대내전'은 그들을 존칭하는 말.
97) 4)와 5)의 연대순이 바뀌었다.

◐{영웅호걸 英雄豪傑}
◪420.[영이록 靈異錄]98) ← 손천사영이록
【增】〈관계기록〉
1)『[演慶堂]諺文冊目錄』(1920; 藏書閣所藏): 100.「靈异錄」6冊.

국문필사본

| 손쳔ᄉ영이록 권지뎨일99) | 박순호[필총](25) | 1(시셰신히밍츄념일, 79f.) |

▶(영일남젼100) → 졍일남젼)
◪421.[영조대왕야순기 英祖大王夜巡記]

국문활자본

| 영조대왕야순긔 英祖大王夜巡記 第一·二合編 | 국중(3634-3-52=3)/이수봉[家目] | 1(국한자 순기, 李圭瑢 著, [著·發]姜殷馨, 大成書林, 1929.11.15, 74pp.) |

421.1.〈자료〉
 Ⅰ. (영인)
  421.1.1. 仁川大民族文化硏究所 編.『舊活字本古小說全集』, 9. 銀河出版社, 1983; (再刊) 國際아카데미, 2002. (대성서림판)

▶(영평공주전 寧平公主傳 → 도앵행)101)
◪422.[[예덕선생전 穢德先生傳]] ←『방경각외전』
〈작자〉朴趾源(1737~1809)
〈출전〉『燕岩外集』, '放璚閣外傳'
〈관계기록〉
 ①『燕巖集』(朴趾源), 8, 別集, 放璚閣外傳, '自序': 士累口腹 百行餕缺 鼎食鼎烹 不誠饕餮 嚴自食糞 迹穢口潔 於是述穢德先生◐(선비가 구복에 칩칩하게)102) 되면 온갖 행실이 결단나고 마는 것이라. 7첩 반상을 받고 8첩 반상103)을 받치면서도 탐욕을 억제할 줄 모르건만, 엄씨는 제 손으로 똥을 쳐서 먹고 사니, 보기에는 더러우나 입에 들어가는 것은 깨끗하다. 그러므로 예덕선생의 이야기를 적는다).

---

98)『이본목록』·『작품연구 총람』·『줄거리집성』에 각주 추가. 【增】「소현성록」의 권지칠 부분의 내용을 차용하여 만든 작품이다.
99) 소장자란에 인쇄되어 있는 것을 이본명란으로 이동한다.
100) 원제인「명일남젼」의 오기이다.
101)『이본목록』·『작품연구 총람』에 있는 '영평공주본전 寧平公主本傳'을 수정하고,『이본목록』에 있던 국문필사본은 ◪140. 도앵행 桃櫻杏 국문필사본 (영평공주전)조로 이동.
102) 목숨을 잇기 위해 먹고 살아 나가는 일에 매달림.
103) 鼎은 흔히 솥이라고 읽으나 밥을 해먹는 솥이 아니요 세 발이 달리고 두 귀가 달려 솥 모양으로 된 그릇이다. 鼎을 음식상에 쓴다는 것은 부귀한 사람의 표징이라, 7첩밥상·8첩밥상으로 번역하였다.

②『燕岩集』, 外集, 放璚閣外傳,「穢德先生傳」, 結尾: 故夫士也 窮居達於面目 恥也 旣得志也 施於四體 恥也 其視嚴行首 有不忸怩者 幾希矣 故吾於嚴行首 師之云乎 豈敢友之云乎 故吾 於嚴行首 不敢名之 而號曰 '穢德先生'◐(그러므로 무릇 선비는 궁하다고 해서 궁기를 떨어도 수치스런 노릇이요, 출세한 다음 제 몸만 받들기에 급급해도 수치스런 노릇일세. 아마 엄행수를 보기에 부끄럽지 않을 사람이 거의 드물 것일세. 그렇기 때문에 나는 엄행수를 선생으로 모시려 한단 말일세. 어떻게 감히 벗으로 사귀었다고 할 것인가? 그렇기 때문에 나는 엄행수를 감히 그 이름으로 부르지 못하고 예덕선생이라고 일컫는 것일세).

422.1.〈자료〉

Ⅲ.(활자)

【增】

1) 郭正植.『쉽게 읽는 고소설』. 신지서원, 2001.

422.2.〈연구〉

Ⅲ.(학술지)

【增】

1) 李鍾周. "朴趾源 漢文短篇 硏究 Ⅱ:「穢德先生傳」."『西江語文』, 5(西江語文學會, 1987. 5).
2) 鄭堯一. "燕巖小說「兩班傳」과「穢德先生傳」에 나타난 선비精神."『漢文敎育硏究』, 19(韓國 漢文敎育學會, 2002. 12).

◐{예문전}
◘423.[[예산은자전 猊山隱者傳]]

〈작자〉崔瀣(1287~1340)
〈출전〉『拙藁千百』, 2

423.1.〈자료〉

Ⅱ.(역주)

【增】

1) 郭正植.『쉽게 읽는 고소설』. 신지서원. 2001.

423.2.〈연구〉

【增】 Ⅱ.(학위논문)

〈석사〉

1) 양미숙. "「백운거사전」과「예산은자전」의 자서전적 성격 연구." 碩論(동국대 교육대학원, 2000. 8).

◐{오고전}
◘424.[오관참장기 五關斬將記]

| 국문활자본 |

(독힝천리)오관참장긔 전   국중(3634-2-86=3)<재판>   1([編·發]朴健會, 大昌書

| (獨行千里)五關斬將記 | /[仁活全](9) | 院·普及書舘, 초판 1918.10. 20; 재판 1921.11.23, 56pp.) |

◐425. [[오대검협전 五臺劍俠傳]] ← 『고향옥소사』

〈작자〉金祖淳(1765~1832)
〈출전〉金鑢(1766~1821)104)의 『潭庭叢書』, 12 '古香屋小史'
〈관계기록〉

① 『古香屋小史』(金祖淳 ?~1831), '五臺劒俠傳' 結尾(部分): 閏人日 余童子時 愛太史公 刺客傳 讀之 往往亡食 以爲天下之奇 無過於是 及讀唐傳奇「韋十一娘」·「紅線」諸傳 又茫然自失 譬之荊聶諸公 如猛虎下山 終始具塗人耳目 見之 悍然增氣而已 若韋娘紅線之類 如神龍入雲 時露鱗爪 其神變殆不可測 似乎勝之 所553異 而所用殊也 五臺劍俠者 余不知其何人 然視乎 其術 蓋亦有道者也◐(윤인[金祖淳의 號]은 이르기를, 내 일찍이 동자 시절에 태사공[司馬遷 B.C. 145~86]의 자객전을 애독하던 중 가끔 먹을 것까지 잊었으며, 스스로 생각하기를, '천하의 기이한 일이 이보다 더한 것이 없겠다.'고 하였더니, 당나라 때 전기 소설 중의 「위십일랑」105)·「홍선」106) 등 여러 가지 전 작품을 읽고서는 오히려 아득히 정신을 잃었다. 형가[?~B.C. 227]107)·섭정108)에 비유한다면 마치 사나운 범이 산을 내려오는 것 같아서, 뭇 사람들의 이목 앞에 나타나자 사나운 기운을 돋아낼 작품이었다. 또 위랑109)·홍선110)의 무리가 마치 신룡이 구름 속에 숨어 있다가 가끔 그 비늘과 발톱을 드러내는 것 같아서, 그의 신변은 거의 측량할 수 없어, 앞의 것에 비해서 오히려 나을 것 같으니, 이는 각기 사정이 달라서 모든 것이 같지 않기 때문이었다. 오대산의 검협이 나는 어떤 사람인 줄은 모르겠으나, 그의 술법을 따진다면 역시 방법을 가졌음이 틀림없는 일이다).

425.1. 〈자료〉

Ⅱ. (역주)

【增】

1) 朴熙秉 標點·校釋. 『韓國漢文小說 校合句解』. 소명출판, 2005. (『潭庭叢書』, 古香屋小史)

---

104) 모든 사전 수정.
105) 명나라 때 胡汝嘉가 편찬한 전기 소설. 일명 「女俠韋十一娘傳」. 원본은 실전됐으나 우리 나라에서 편찬된 『文苑楂橘』 권1에 수록되어 있다.
106) 당나라 때 袁郊(a. 868)가 지은 전기 소설. 내용은 홍선이라는 여장부가 潞州節度使 薛嵩을 도와 魏博節度使 田承嗣를 驚服시킨다는 이야기다.
107) 중국 상고 전국 시대 燕나라의 태자 丹의 식객이 되어 荊卿 또는 慶卿이라 불렸다. 단에게서 秦나라가 빼앗아 간 땅을 되찾아 주든가 아니면 秦王 政(후의 始皇帝)을 죽이든가 해 달라는 부탁을 받고, 진에서 도망해 온 장수 樊於期의 목과 연나라 督亢(河北省 固安縣)의 지도를 가지고 진나라에 들어가 진왕을 알현하고 죽이려 하였으나 실패로 끝나 도리어 죽음을 당하였다.
108) 중국 전국 시대 韓나라 사람. 원수를 피해 屠란 곳에 숨어 살았는데, 韓卿과 嚴遂가 그에게 재상인 韓傀를 죽이라 했지만, 그는 어머니가 살아 생존해 있음을 이유로 거절하였으나, 어머니가 죽은 후 가서 傀를 죽이고 자살하였다.
109) 「위십일낭」의 여주인공 이름.
110) 「홍선전」의 여주인공 이름.

◨**426.[[오대변송문 烏對卞訟文]]**[111]) ← 『강도록』
　426.2.〈연구〉
　　Ⅲ. (학술지)
　　【增】
　　　1) 김재환. "「작여오상송문」과 「오대변송문」고." 『새얼語文論集』, 15(새얼어문학회, 2003. 1).

▶**(오대잔당연의 五代殘唐演義 → 잔당오대연의)**
◐**{오로봉기 五老峰記}**
◨**427.[오륜전형제전 伍倫全兄弟傳]**
　【增】〈작자〉
　　1) 안동 의성김씨의 고문서에서 발견, 학계에 보고된 천상종가본 「오륜전전」에는 1개의 서문과 3개의 발문이 첨가되어 있다. 이 중 서문을 '낙서거사'라는 이가 썼다. 그는 민간에서 유행하는 '오륜전형제 이야기'[五倫全兄弟事]에 불만을 느끼고 한문본과 국문본을 지었다는 내용이다. 그리고 유교적 윤리를 확산시키는 데 도움이 될 것이라고 하면서도 대중에게 전파할 목적보다는 집안에서 쓰고자 한다고 의도를 밝히기도 했다. 이때가 1531년(중종 26) 10월이다. 그렇다면 '낙서거사'는 누구인가? 위 자료에서 그의 정체를 밝혀 주는 언급은 별로 없다. 오직 '낙서'라고 자호와 '1531년 10월'이라는 연대가 직접적인 증거이다. 이 시기 '낙서'라고 자호한 한문학 지식인 중의 어떤 사람이 그 장본인이다. 여기서 '거사'는 작가의 상황을 암시하는 표현이라 봄이 적당할 듯싶다. 중종조에 파란곡절의 정치 행로를 걸었던 李沆(1474~1533)은 호를 '洛西' 또는 '洛西軒'이라 했다. 그는 상주 출신으로서 경북 안동권의 유림과, 중종조의 문단·정계에 잘 알려진 인물이지만 김안로와 정치적 각축을 벌이다 유배를 가고 끝내 사사됐다. 한편 위 서문을 쓴 연대에 살았던 인물로서 李福老(1469~1533)도 함께 고려해 볼 만하다. 그에 대한 증언은 관포 어득강이 쓴 그의 묘지명이 유일한데, 이 자료에서 그의 유고로 『龜村閑話』·『五倫全書』·『幽閨精選』이 남아 있다고 했다. 호가 '낙서'는 아니지만 여기서 '오륜전서'가 문제시된다(윤주필, "16세기 사림의 분화와 낙서거사 이항의 「오륜전전」 번안의 의미," 『국어국문학』, 131[2002. 9], pp. 318~319).

　〈관계기록〉
　　① 『通文館志』, 2, 勸奬, 2, 科學: 漢學八冊 『老乞大』·『朴通事』·『伍倫全備』(以上三冊 背講 ○ 初用 『直解小學』 中間以代 『伍倫全備』)◐(한학 8책과 『노걸대』·『박통사』·『오륜전비』[이상 3책은 배강[112])을 했다. ○ 처음에는 『직해소학』을 사용하다가 중간에 『오륜전비』로 대체했다.]).
　　② 『大典通編』, 3 宣政殿編輯 譯科初試: 漢學(講書)四書臨文 『老乞大』·『朴通事』(見原典)

---

111) 일본 天理大 소장 『江都錄』에 「鵲與烏相訟文」과 함께 부록되어 있는 작품. 제목은 「작여오상송문」 및 「오대변송문」으로 각각 되어 있으나, 내용을 보면 「작여오상송문」은 까치가 까마귀의 죄악을 神明에게 고발하는 내용인데 반하여, 본 작품은 까치의 訴狀에 대한 卞訟[辨訟]의 성격을 띠고 있어, 양 작품을 포괄하는 대제목이 「작여오상송문」이고, 본 작품만을 나타내는 소제목은 「오대변송문」이라야 옳다. 내용적으로나 형식적으로 보아 본 작품을 본격적인 소설로 보기에는 미흡하다.

112) 책을 펼쳐 놓고, 자기는 보지 않고 돌아앉아서 외움.

『伍倫全備新增』以上背講『直解小學』今廢◐(한학 시험[강서113)]은 사서는 책을 눈앞에 펴놓고 읽게 했으며, 『노걸대』·『박통사』·『오륜전비신증』들은 책을 보지 않고 외우게 했고, 『직해소학』를 외우게 함은 폐지되었다).

③『伍倫全傳』, 洛西居士 序文[1531]: 夫五常之道 人莫不受之於天也 氣稟有不齊 鮮能復其本然之性 故聖人設敎爲學校 講明其理 使斯人遇父子則知親 遇君臣則知義 遇夫婦則知別 遇長幼則知序 遇朋友則知信 不孝不忠之風 淫昵犯分之俗 欺詐不信之習 不行於天下 然後敎化可興 而至治可見 三代之所以隆盛 豈有他哉 降及後世 聖學不明 異敎並興 誣民之說 惑世之術 充塞 仁義五常之敎 只載於聖經賢傳 而擧世視爲餘事 雖士林中有於學問者 亦不過緝章繪句 馳務於華藻 而存心於彛倫者尙少 而況於凡庸士庶乎 而況於婦人女子乎 由是父子或失其親 君臣或失其義 閨門之禮不嚴 而夫婦之別廢 尊卑之分不明 而長幼之序亂 誠信之心不篤 而朋友之道衰 如此而欲望俗化之歸厚 世道之至治 不亦難乎 然其所受之性則 固未嘗有古今之異 若因其所明而開導之 就其所好而勸誘之 則五常之敎 豈不復明於世乎 余觀閭巷無識之人 習傳諺字 謄書古老相傳之語 日夜談論 如李石端翠翠之說 淫褻妄誕 固不足取觀 獨五倫全兄弟事 爲子而克孝 爲臣而克忠 夫與婦有體 兄與弟甚順 又能與朋友信而有恩 讀之 令人凜然惻怛 豈非本然之性 有所感歟 是書時方 爭相傳習 家藏而人誦 若因其所明 就其所好 則其開導 勸誘之方 豈不易也 但此書出於不甚知道者所爲 故措辭荒拙 敍事舛錯 余於是 反覆窮究 有意而不暢於語者潤色 語俚而不合於道者釐正 凡重複浮誕之辭 淫戲俚野之說 並斥削而不載 其言出於正 使觀是書者 有感激起敬之心 而不至於閑中戲談之具 則其於扶植明敎 不爲無助 故又以諺字翻譯 雖不識字如婦人輩 寓目而無不洞曉 然豈欲傳於衆也 只與家中妻子輩觀之耳 嘉靖辛卯孟冬 洛西居士序◐(무릇 오륜의 도를 하늘에서 받지 아니한 사람은 없는데 기품이 고르지 않아 본연의 성을 능히 회복함이 드물다. 그런 까닭에 성인이 가르침을 베풀어 학교를 만들고, 그 이치를 밝게 가르쳐 사람으로 하여금 부자간에는 친애함을 알게 하고, 군신간에는 의리를 알게 하며, 부부간에는 구별이 있음을 알게 하고, 어른과 아이 간에는 차례가 있음을 알게 하며, 친구간에는 믿음이 있음을 알게 한다. 불효와 불충의 풍, 음란하고 분별 않는 풍, 속이고 불신하는 풍이 천하에 행하지 않게 된 후에야 교화가 일어나 지극한 다스림을 볼 수 있을 것이니, 3대114)가 융성한 까닭이 어찌 다른 데 있으리오? 후세에 이르러 성인의 학문이 밝지 못하게 되고 이교가 함께 일어나 혹세무민하는 말과 술법이 가득 차게 되어 인의와 5륜에 대한 가르침은 다만 성경현전에만 실려 있을 뿐 온 세상 사람들은 한낱 보잘것없는 일로만 여긴다. 비록 선비 중에 학문을 하는 사람들조차도 글귀를 가다듬는 데서 벗어나지 못하고, 화려한 문장을 가다듬는 데에만 힘쓰고, 떳떳한 도리에 마음을 두는 자가 오히려 드문데, 하물며 여느 선비나 백성들, 그리고 부녀자들에게 있어서랴! 이런 까닭으로 부자간에 혹 그 친애함을 잃고, 군신간에 그 의리를 잃으며, 규문에는 예의가 엄하지 못하여 부부간의 구별이 있음이 없어지고, 존귀한 자와 천한 자 사이에 구분이 분명하지 못하여 어른과 아이의 차례가 문란해졌으며, 성신의 마음이 도탑지 못하여 친구간의 도가 쇠하여졌다. 이럼에도 풍속이 교화되어 도타워지기를 바라고 세도가 다스려지기를 바란다는 것은 역시 어렵지 않겠는가? 그러나 사람이 받은 품성은 고금에 다름이 없으니, 그 밝은 바를 통해서 이끌고 그 좋아하는 바에 따라서 권유한다면,

---

113) 옛글의 뜻을 강론함.
114) 이상적인 정치가 행해졌다는 중국 고대의 하·은·주 세 왕조 시대를 가리킨다.

5륜의 가르침이 어찌 세상에 다시 밝아지지 않겠는가? 내가 민간의 무식한 사람들을 보니, 언문을 익히고 전하며 노인들에 의해 전해 내려오는 말들을 베껴 밤낮으로 떠들고 있는데, 이석단과 취취 이야기 같은 것은 음설[115]스럽고 거짓스러워 도무지 취해 볼 것이 없었고, 오직 오륜전 형제의 일만이 자식이 되어서는 마땅히 효도해야 하고, 신하가 되어서는 마땅히 충성해야 하며, 부부간에는 체가 있어야 하고, 형제간에는 유순해야 하고, 친구간에는 믿음이 있어야 한다고 했으니, 그 내용이 은혜로운 바가 있다. 그것을 읽으면 사람으로 하여금 늠연[116]히 측달[117]하리니, 어찌 본래의 성품에 느끼는 바가 없다고 하겠는가? 이 책이 이제 다투어 서로 전하고 집집이 갈무리되고 사람마다 읽게 하여 그 밝은 바를 통하고 그 좋아하는 바로 나아간다면, 인도하고 권유하는 방법이 어찌 쉽지 않겠는가? 다만 이 책이 도를 잘 알지 못하는 자의 행위에서 나온 까닭에 조사가 거칠고 치졸하며 서사가 어그러짐이 많다. 이에 내가 여러 번 깊이 연구해서, 의미하는 것이 있으나 말이 잘 통하지 않은 곳은 고쳐 쓰고, 말이 비천해서 도에 부합하지 못하는 곳은 바로잡았으며, 중복되거나 황당한 말이나 음란하고 비리한 민간의 이야기들도 삭제하고 싣지 않아서 그 말이 바름에서 나왔으니, 이 책을 보는 사람들로 하여금 감격하고 우러르는 마음이 들게 하고, 다만 한가한 가운데 즐기는 수단이 되지 않게 했으니, 명교[118]를 세우는데 도움이 없지 않을 것이다. 또한 언문으로 번역함으로써 비록 한자를 모르는 아녀자들도 눈여겨 보면 뜻을 통하지 않음이 없을 것이다. 그러나 어찌 대중에게 전하려는 의도였겠는가? 다만 집안에서 부인이나 아이들과 더불어 보려 할 따름이다. 가정 신묘년[1531] 10월에 낙서거사가 서문을 쓰다).

④ 同上, 韓希㠖 跋文[1665]: 嘗於數十年前 得見『伍倫全傳』於諺書中 極其可歎 欲爲飜眞 行布於世 而有志未就矣 郡居 老儒孫廷俊 袖一卷書 來示余 乃則『伍倫全傳』也 深以爲幸 卽告于觀察使姜公裕後 入梓行布 庶幾有補於風化之萬一矣 乙巳菊秋 載寧郡守韓希㠖謹跋◐(일찍이 수십 년 전에 언문 서적 가운데 「오륜전전」을 얻어 보았는데, 그 탄복할 만한 것이 지극했기에 한문으로 번역하여 세상에 널리 알리려 했지만, 뜻한 바를 아직 이루지는 못했다. 군내에 사는 늙은 선비 손정준이 소매에 책 한 권을 들고 와서 나에게 보여 주니 곧 「오륜전전」이었다. 다행으로 여겨 즉시 관찰사 강유후에게 말해 판각하여 배포하게 하니, 풍속을 교화하는데 조금이라도 도움이 되기를 바란다. 을사년[1665] 가을에 재령군수 한희설이 삼가 발문을 쓰다).

【增】

1) 「伍倫全傳」, 跋文(柳仲郢 1515~1573): 人之所以異於禽獸者 以其有五倫 而蔽錮相尋由之者 鮮矣 在天倫·天顯之親 或不能全 況乎義合之君臣 昜昵之夫婦乎 歲庚戌夏 余來守是縣 表叔李上舍國柱 適過信宿 出篋藏一帙 乃「伍倫全傳」也. 處母子兄弟而盡其倫 遇君臣師友而極其義 以至夫婦之間 亦無所不用其極 使讀之者 起慕於千載之下 而發其本心之善 則是篇也 豈徒爲耳之歸乎 玆用是愛 裒集散字 聯爲一帙 其言雖不過若干 而其敦化善俗之方 亦庶幾乎 古君子之書矣 噫 使世之人 存心於此篇 而從事於是典 則其所補 豈淺之哉 嘉靖二十九年庚戌五月下澣 豊城後學柳仲郢 書于忠州之自警堂◐(사람이 짐승과 다른 까닭은 오륜이 있기

---

115) 음란하고 외설스러움.
116) 위엄과 기개가 있어 훌륭함.
117) 가엾게 여겨 슬퍼함.
118) 지켜야 할 인륜의 명분을 가르침.

때문이다. 가리워져 있으므로 찾아서 실행하는 사람은 적다. 천륜과 천현의 친함에 있어서도 간혹 온전하지 못하거늘, 하물며 군신간의 의리와 부부간의 사랑에 있어서랴! 경술년[1550] 여름 내가 이 현에 부임해 왔을 때 외숙이신 상사 이국주께서 마침 들러서 이틀 밤을 묵었는데, 상자에 보관하고 있던 책 한 질을 꺼내 주시니 곧 「오륜전전」이었다. 부모 자식과 형제 사이에서는 그 윤리를 다했고, 군신과 사우 간에는 그 의리를 다했으며, 부부 사이에 있어서도 그 지극함을 다하지 않은 바가 없다. 그것을 읽는 사람으로 하여금 오랫동안 사모하는 정을 일으키고 선한 본심을 불러내는 것이 곧 이 책이었다. 어찌 다만 듣고 말 뿐이겠는가? 이에 애착을 가지고 흩어진 글자를 모아 엮어서 한 질을 만들었으니, 그 말이 비록 약간에 불과하나, 교화를 돈독히 하고 풍속을 선하게 하는 방편이 또한 옛 군자의 서적에 버금 가리로다. 아! 세상 사람들이 이 책에 마음을 두어 이 모범을 따르게 한다면, 그 보탬 되는 바가 어찌 미미하겠는가? 가정 29년 경술년[1550] 5월 하순에 풍성후학 유중영이 충주 자경당에서 쓰다).

2) 「伍倫全傳」, 跋文(沈守慶 1516~1599): 庚戌夏 余遊嶺南 還過忠原 太守柳君彥遇 余友也 話餘 出一新書 使觀之 且索題跋 受而卒業 則乃伍倫全兄弟孝友忠義之事迹也 其初不知出於何人 洛西居士潤色而釐正 彥遇始鋟諸梓 而壽其傳 世有『剪燈新話』·『餘話』等書 人多傳玩 雖鋪張 文詞之可觀 皆不過滑稽戲談耳 夫孰若是書之慕世敎而切於日用者乎 彥遇爲縣數月 首印是 書 其化民成俗之志 爲如何哉 倫全兄弟之事 誠爲可服 而彥遇之志 亦甚可嘉 是不容不識 保庵散人 沈守慶謹跋◐(경술년 여름에 내가 영남에 놀러 갔다가 돌아오는 길에 충주에 들렀는데, 태수 유언우[柳仲郢 1515~1573의 字]는 내 친구였다. 담화를 나누다가 새로운 책 한 권을 꺼내어 보게 하더니 발문을 청하였다. 받아서 읽어 보니, 곧 오륜전 형제가 효우충의한 사적이었다. 애초에 어떤 사람에게서 나온 것인지는 알지 못하지만, 낙서거사가 윤색해서 바로잡고, 유언우가 비로소 간행하여 길이 전해지도록 했다. 세상에 『전등신화』나 『전등여화』와 같은 책들이 있어 많은 사람들이 좋아하며 전한다. 비록 볼 만한 글로 펼쳤지만, 대개 골계와 희담에 불과할 따름이니, 대저 이 책[오륜전전]이 세상의 교화에 보탬이 되고 일용에 긴요한 것만 같겠는가? 유언우[柳仲郢 1515~1573]가 태수가 된 지 몇 개월 내에 먼저 이 책을 찍어 냈으니, 백성을 교화하고 풍속을 제대로 이루려 한 뜻이 어떠한가? 오륜전 형제의 일이 진실로 따를 만하고 유언우의 뜻 또한 심히 기뻐할 만한 일이라 곧 쓰지 않을 수 없었다. 보암산인 심수경이 삼가 발문을 쓰다).

〈이본연구〉

【增】

1) [「오륜진형제진」의] 소설 이본으로의 계통적 선후는 <A>[강전섭 소장 「오륜전형제전」] → <천>[의성김씨 川上宗家 소장] → <B>[강전섭 소장 「오륜전륜비전」]의 순서가 될 것이다. 그러나 희곡본은 이들에 지속적으로 작용하여 <A>와 <천>, <천>과 <B>가 각각 친연성을 지니면서도 변이를 가지게끔 대본 노릇을 했다고 판단된다. 따라서 <A>는 구술본 계통에 가깝다고 하더라도 희곡본의 내용을 전제로 하고 있다. 또 <천>과 <B>도 희곡본을 새삼 대본으로 참고하지 않았다면 불가능한 표현들도 있다. 한편 낙서거사의 번안본 <천>은 윤리적 주제 의식을 강화시켜 희곡본의 주제를 충실하게 수용했고, <A> <B>의 가교 구실을 했다. <B>는 선행 이본들과 희곡본을 함께 고려하면서 소설적 흥미를 더하기 위해 윤색을 마다하지 않았다(윤주필, "「오륜전비」 번안소설 이본에 대한 연구," 『국어국문학』, 135[2003. 12], pp. 268~269).

[한문필사본]
【增】伍倫全倫備傳   강전섭[윤주필, "「오륜전비」   1(9f.)119)
                     번안소설 이본에 대한 연구,"
                     『국어국문학』, 135]

427.2 〈연구〉
【增】 Ⅱ.(학위논문)
〈석사〉
1) 李承姸. "「伍倫全備諺解」의 硏究." 碩論(高麗大 大學院 1996. 8).
2) 박상권. "「오륜전비언해」의 어휘 연구." 碩論(경남대 교육대학원, 2003. 8).

Ⅲ. (학술지)
427.2.4. 沈慶昊. "「오륜전전(五倫全傳)」에 대한 고찰."『애산학보』, 8 (애산학회, 1989. 12). '조선중기의 번안소설 「五倫全傳」'으로『국문학 연구와 문헌학』(태학사, 2002. 2)에 재수록.

【增】
1) 박종은. "18세기 전반기의 안맺음씨끝 연구:「오륜전비언해」를 중심으로."『漢陽語文硏究』, 3(漢陽大 漢陽語文硏究會, 1985. 10).
2) 정영인. "근대국어 부정법에 대한 한 고찰:「오륜전비언해」의 경우."『語學』, 16(全北大 語學硏究所, 1989. 9).
3) 윤주필. "16세기 사림의 분화와 낙서거사 이항의「오륜전전」번안의 의미."『국어국문학』, 131(국어국문학회, 2002. 9).『윤리의 서사화』(국학자료원, 2004. 2)에 재수록.
4) 심경호. "조선중기의 번안소설「五倫全傳」."『국문학 연구와 문헌학』(태학사, 2002. 2).
5) 이복규. "「五倫全傳序」의 재해석."『어문학』, 75(한국어문학회, 2002. 2).
6) 石朱娟. "「五倫全備諺解」의 국어학적 연구."『震檀學報』, 96(震檀學會, 2003. 12).
7) 윤주필. "「오륜전비」번안소설 이본에 대한 연구."『국어국문학』, 135(국어국문학회, 2003. 12).
8) 윤주필. "「오륜전비」희곡본의 조연 인물형 연구."『윤리의 서사화』(국학자료원, 2004. 2).
9) 윤주필. "「오륜전비」조연 인물형의 한국적 수용."『윤리의 서사화』(국학자료원, 2004. 2).
10) 윤주필. "「오륜전비」번안소설 원전 연구."『윤리의 서사화』(국학자료원, 2004. 2).

▶(오미인 五美人 → 무릉도원)
◐{오복전}
◩428.[오색석 五色石]
〈참고자료〉
① 「五色石」八卷: 題'筆鍊閣編述' 首作者自序 後署'筆鍊閣主人題於白雲深處' 每卷演一故事
☯ (책머리에 '필련각 편술'이라 되어 있고, 작자의 자서가 있으며, 책 끝에는 '필련각주인이 백운이 깊은 곳에서 쓰다'라는 기록이 있다. 매권마다 각각 다른 이야기가 펼쳐진다)[孫楷第,

---
119)「要路院夜話」・「伍倫傳倫備傳」・「妲己傳」・「己巳錄」의 순으로 합철되어 있다.

『中國通俗小說書目』, p. 102].

〈관계기록〉

① 『中國歷史繪模本』(完山[映嬪]李氏, 1762), no. 24: 「五色石」.

▶(오색송아지전 → 금송아지전)
▶(오색우전 五色牛傳 → 금송아지전)
◐429.[오선기봉 五仙奇逢]

〈관계기록〉

① 『諺文古詩』(가람본), '언문칙목녹', 185: 「오연긔봉」.

429.2.〈연구〉

【增】 Ⅱ. (학위논문)

〈석사〉

1) 김석규. "「오선기봉」 연구." 碩論(한국교원대 교육대학원, 2002. 8).

Ⅲ. (학술지)

【增】

1) 한상현. "「오선기봉(五仙奇逢)」의 구조와 '여성편력(女性遍歷)'적 의미의 심리적 고찰."『겨레어문학』, 30(겨레어문학회, 2003. 4).

◐430.[오성과 한음 鰲城과 漢陰] ← 한음과오성실기

【增】 국문필사본

| 【增】 한음과오성실기 | 여태명[家目](447) | 1(정축이월卄日, 52f.) |

국문활자본

| 오성과 한음 鰲城과漢陰 | 대전대[이능우 寄目](1116)/ 박순호[家目]/[仁活全](29) | 1([著·發]申泰三, 世昌書舘, 檀紀 4283年[1950].12.30; 1953. 12. 30, 64pp.) |
| 【增】 한음과오성실긔 漢陰과鰲城實記 | 방민호[家目] | 1(新舊書林, 19??. 11. 30) |

430.1.〈자료〉

Ⅰ. (영인)

430.1.1. 仁川大民族文化硏究所 編.『舊活字本古小說全集』, 29. 銀河出版社, 1984; (再刊) 國際아카데미, 2002. (세창서관판)

【增】 ●{오씨록}

국문필사본

| 오씨록 권지단 | 박순호[家目] | 1(53f.) |

■『오옥기담 五玉奇談』 → 금잠가연 / 변씨열행 / 선분기담 / 청루의녀 / 취란방기

◐{오왕별전 五王別傳}

〈관계기록〉

① 「이씨효문록」(김광순 소장), 권 6: 강능후 형뎨 주녀와 오왕의 허다 주손의 고긔 셜해 만코 옥환 금천으로 혼인을 일우며 충효로 닙절흔 셜해 허다하나 대셜의 쇄희문 원닉 청문 션싱 효힝을 디강 견셜흐미라 여러 스젹이 번다흐무로 「오왕별전」을 다시 일워 셰상의 젼흐니라.

② 동상: 오왕 형뎨의 종신흔 셜화는 「오왕별전」의 잇느니라.

▶(오우총담 五友叢談) → 천군실록

◆431. [[오원자전 烏圓子傳]]

〈작자〉 趙龜命(1693~1737)
〈출전〉 『東溪集』

431.2. 〈연구〉

Ⅲ. (학술지)

【增】

1) 김창룡. "고양이가 이룩한 민생의 이로움: 「오원자전」." 『가전 산책』(한성대출판부, 2004. 4).

◆432. [[오원전 烏圓傳]]

〈작자〉 柳本學(1770년경)
〈출전〉 『問菴文藁』, 上
〈관계기록〉

① 「烏圓傳」, 結尾: 太史公曰 烏圓之所可稱者 卽剛猛能慴羣小 而及其老也 與獵者爭閱 又竊其君之膳 此所謂耄荒失其常者耶 夫人之有初有終 誠亦難矣 然圓有捕賊奇功 而以微過見黜 功不能掩過 豈不冤哉◑(태사공이 이르기를, "오원에게 칭찬할 만한 바는 세고 사나와 능히 군소 무리들을 겁먹이는 데에 있다는 것인데, 늙어지자 사냥꾼과 싸움질로 다투었고, 게다가 임금의 음식마저 도둑질하였으니, 이는 이른바 '노망이 나면 상도[120])를 잃는다.' 함이 아니겠는가? 무릇 사람에게 처음이 있고 끝이 있다는 것은 진실로 어려운 것이다. 그러나 원은 도둑을 잡은 남다른 공이 있음에도 자그마한 허물로 내쫓긴 바 되어 그 공로가 허물을 덮지 못하고 말았으니, 어찌 억울치 않으리오?).

▶(오월춘추 吳越春秋[121]) → 오자서전)

◆433. [[오유거사전 烏有居士傳]]

〈출전〉 『一善續誌』
〈관계기록〉

---

120) 변하지 않는 떳떳한 도리.
121) 「오자서전」의 전반부를 축약한 작품이다.

① 『一善續誌』: 居士驚覺 則乃一夢也 展輾思之夢中事 歷歷可詳 急起覓紙筆 從頭至末 細細盡記 置諸案上 以爲自警之資焉 余與居士有一分之雅 故借其錄而觀之 因作居士傳以歸之 時辛丑秋九月上旬也◯(거사가 놀라 깨니 이는 곧 한바탕의 꿈이었다. 전전반측[122])하며 꿈속의 일을 생각하니 역력히 상고할 수 있겠으므로, 급히 일어나 종이와 붓을 찾아 들고 처음부터 끝까지 모두 자세히 기록하여 책상 위에 두고 스스로 경계하게 하는 자료로 삼았다. 내가 거사와 좀 가까이 지냈으므로 그것을 빌려다가 보고 거사전을 짓고 돌려주었다. 때는 신축년 가을 9월 상순이었다.).

한문필사본

烏有居士傳　　　　　善山文化院[『一善續誌』]

433.2. 〈연구〉

433.2.1. 홍재휴. "「烏有居士傳」." 『국어국문학연구』, 25(영남대 국어국문학과, 1997. 12). 윤영옥·박종홍, 『한국소설의 전개』(문창사, 1998. 1)에 재수록.

434. [오유란전 烏有蘭傳] ← 화사성몽 花事醒夢

① 「烏有蘭傳」(경북대 소장), 金麟夏序: 人非堯舜孰無過乎 過而改之誠可 爲吾人之人矣 予於漢陽金李兩人之事 未嘗不三復興嘆 先噸後笑也 何也 血氣方壯人之易溺者 色美目巧倩愛之難忍者情 楚霸之雄膽 奈可銷於垓夜虞枕 蘇郎之勁節 猶其麤於海窖胡樽 況他不較於英雄烈士之殘腸軟心也哉 好色之心 人之常情 而好之有道 戒必先矣 然而顧彼眛 此者不愼戒在色之敎 莫審賢易色之訓 近而不避而莫回 茅山之藥酷攻於心城 隋嬪之魂輾轢於肺關 嘻噫 此不可說也 而推究人情極或然矣 人皆只 是傳之述 不過爲狂夫之荒史 余獨謂不然 昔夫子之刪詩 先繫變風以懲鄭衛之淫俗 次正雅頌以興睢鳩之流 化悚乖寓感 豈可無誠後勸懲之意歟 春坡居士粵自髫齡遊於翰墨 聊述此篇以屬予有言 故不揆湔憤 敢此弁卷云爾 崇禎紀元後四甲戊午[1858]夏五月乙亥 花山人 竹泉金麟夏序。◯(사람이 요순과 같은 성인이 아니고야 어찌 허물이 없을 건가? 허물을 저질러도 고치기만 한다면야 참으로 사람이 사람일 수 있는 것이다. 내가 한양의 김생과 이생 두 사람의 일을 읽어 보고 재삼 탄식을 하고 처음에는 얼굴을 찡그렸다가 나중에는 웃지 않을 수가 없었다. 왜냐? 혈기 방장한 사람이 빠지기 쉬운 것이 여색이고 어여쁨을 사랑하여 참지 못하는 게 정이다. 이 때문에 초패왕[항우 BC 232~202] 같은 영웅도 해하성 달밝은 밤에 우미인을 베고 누웠다가 녹았으며, 소랑[蘇武 ?~60] 같은 굳은 절개를 가진 사람은 오랑캐 땅에 붙잡혀 호숫가로 보내져 곤궁함을 당해야 했다. 하물며 그 밖에 사람들이야 영웅이나 열사에 비교가 될 수 있을 것인가? 사람이면 누구나 색을 좋아하는 마음은 가지기 쉽지만 이것을 좋아함에도 도가 있는 법이어서 반드시 먼저 경계해야만 할 것이다. 그러나 색정에 빠져 눈먼 자는 색에 대한 가르침을 경계하거나 살피지 않고 가까이하여 피하지 않으니, 모산의 약이 심장을 침범하고 수나라 빈의 혼이 폐부까지 들어차 돌이킬 수 없는 지경에 이르기 쉽다. 아아, 이렇게 말해서는 안 되겠지만 사람의 정이 극도에 달함을 미루어 생각한다면 혹 그럴 수도 있는 것이다. 사람들이 모두 말하기를, "이까짓 소설 따위에 씌어진 내용은 한낱 미친

---

122) 누워서 이리 뒤척 저리 뒤척 하며 잠을 이루지 못함.

사내의 거친 내력을 그린 것에 지나지 않는다."고 하지만, 나는 홀로 그렇지 않다고 생각한다. 옛날 공자가 『시경』을 편찬할 때에 먼저 변풍을 이끌어 정나라와 위나라 땅의 음란한 풍속을 징계했으며, 이어 아송을 바르게 하여 '관저 關雎'의 유화를 일으켜 이에 어그러짐을 두려워하고 감흥을 받도록했으니, 어찌 경계함이 없고 후생을 권징하는 뜻이 없다고 하겠는가? 춘파거사는 매우 어렸을 적부터 글공부에 힘쓰더니 이 소설을 짓고 나에게 한마디 써 줄 것을 부탁하므로 내가 어리석음을 무릅쓰고 감히 첫머리에 이 글을 쓰노라. 숭정 기원 후 네 번째 맞는 갑술년 여름 5월 을해일에 화산인 죽천 김인하가 서한다).

한문필사본			
烏有蘭傳 花史醒夢		경북대(古811.31 춘841ㅇ) /[이수진, "「烏有蘭傳」再考"]	1(春坡散人 戲著 竹泉居士 證釋, 戊午四月日, 硏經堂新刊)

434.1.〈자료〉

Ⅰ.〈영인〉

【增】

1) 朴熙秉 標點·校釋. 『韓國漢文小說 交合句解』. 소명출판, 2005. (국립중앙도서관 소장 「烏有蘭傳」)

434.2.〈연구〉

Ⅱ.〈학위논문〉

〈석사〉

【增】

1) 김복희. "「오유란전」 연구." 碩論(한국교원대 교육대학원, 2002. 2).
2) 박미선. "「오유란전」 연구." 碩論(성균관대 교육대학원, 2004. 2).
3) 이현정. "19세기초 세태소설 연구:「종옥전」과「오유란전」을 중심으로." 碩論(안동대 교육대학원, 2004. 8).

Ⅲ.〈학술지〉

【增】

1) 여세주. "「鍾玉傳」과「烏有蘭傳」에 문제된 性모랄과 웃음." 『大東漢文學』, 10(大東漢文學會, 1998. 12).
2) 李明賢. "「烏有蘭傳」과「裵裨將傳」對比 考察: 중심인물의 성격을 중심으로." 『語文論集』, 29(中央語文學會, 2001. 12).
3) 金庚美. "「烏有蘭傳」." 刊行委員會 編. 『古小說研究史』(月印, 2002. 12).
4) 정선희. "「오유란전」의 향유층과 창작 기법의 의의." 『韓國古典研究』, 9(韓國古典研究學會, 2003. 12).

【增】 ◆434-1. [오일론심기 五一論心記]

한문필사본		
五一論心記	김광순[筆全](51)	1(9f.)

434-1.1. 〈자료〉
Ⅰ. (영인)
1) 金光淳 編.『金光淳所藏 筆寫本韓國古小說全集』, 51. 박이정출판사, 1994. (김광순 소장)
2) 김광순. "(解題)『五一論心記』." 『어문논총』, 39(한국문학언어학회, 2003. 12).

▶(오자서실기 伍子胥 → 오자서전)
◆435.[오자서전 伍子胥傳] ← 오월춘추 / 오자서실기

국문활자본

오ᄌ셔실긔 샹편/하편 伍子胥實記	국중(3634-2-7=3)/ 김종철[家目]/哈燕 [韓籍簡目 3](K5973.52 /0380.2)/[仁活全](9)	1([著·發]玄公廉, 大昌書院·漢陽 書籍業組合所, 1918.10.5, 상·하합: 108pp.)
오ᄌ셔실긔 샹편/하편 伍子胥實記	국중(3634-2-86=4)<재판>	1([著·發]玄公廉, 大昌書院·普及 書舘, 초판 1918.9.30; 재판 1921.11. 23, 108pp.)
【削】오ᄌ셔실긔 伍子胥	[權純肯, 160]	1(大昌書院·普及書舘, 1918. 9. 30)

435.1. 〈자료〉
Ⅰ. (영인)
435.1.1. 仁川大民族文化硏究所 編.『舊活字本古小說全集』, 9. 銀河出版社, 1983; (再刊) 國際아카 데미, 2002. (대창서원·한양서적업조합소판,「오ᄌ셔실긔 伍子胥」)

▶(오작교 烏鵲橋 → 춘향전)
◆436.[[오작상송설 烏鵲相訟說]]
〈작자〉 柳宜健(1687~1760)
〈출전〉『花溪先生文集』, 11

◆437.[[오호대장기 五虎大將記]]123) ←『삼설기』/『전수록』
〈출전〉『三說記』

◆438.[[오화전 五花傳]]124) ←『금강유산기』
◐{옥경기 玉鏡記}
◆439.[옥교리 玉嬌梨] 【削】 ← 쌍미기연125)

---

123) 『삼설기』중의 한 편으로,「적벽대전」(회동서관, 1925)에 합부(8pp.);「화용도실긔」(1913, 조선서관)에 합부(9pp.).
124) 필사본인「금강산유산일긔」에「금강산유산일긔」·「홍션뎐」·「뉴여미졍츈」·「안빙몽유녹」·「녀용국평난긔」· 「빅화국뎐」·「빅화국진셜듕흥녹」등과 함께 수록되어 있는 작품이다.
125) 모든 사전 수정.

〈참고자료〉

① 「玉嬌梨小傳」四卷 二十回 (後來刊本有改題「雙美奇逢」者): 淸張勻撰 題'荑荻山人編次' (一作'荑荻散人' 又作'荻岸散人') 七才子書本有天花藏主人序『在園雜誌』卷二引◐(청나라 장균의 찬으로 표지에는 '이적산인 편차'[혹은 '이적산인'이 '이안산인'으로 된 것도 있다]라 되어 있고, 칠재자서본에는 '천화장주인'의 서문이 붙어 있다. 『재원잡지』 권2에서 인용)[孫楷第, 『中國通俗小說書目』, p. 133].

② 「玉嬌梨」(雙美奇緣) 四卷 二十回 淸康熙間刊行 以書名與前「玉嬌李」易混淆 後乃更名「雙美奇緣」聚錦堂收入「七才子書」中 淸秀水張勻撰 題'荑荻山人編次' 餘不詳◐(청나라 강희 연간 [1662~1722]에 간행되었다. 서명이 「玉嬌李」와 헛갈리기 쉬우므로 후에 이름을 「쌍미기연」으로 바꾸었다. 취금당에서 「칠재자서」 중의 하나로 간행한 바 있다. 청나라 수수 장균이 찬한 것으로 표지에는 '이적산인 편찬'이라 되어 있다. 그 나머지 사항들은 자세하지 않다)[孟瑤, 『中國小說史』, 第3冊, p. 458].

〈관계기록〉

① 현종(1659~1674)이 大王大妃殿에 보낸 諺簡 및 숙종(1674~1720)의 妹인 明安公主에게 보낸 諺簡.
② 『中國歷史繪模本』(完山[映嬪]李氏, 1762), no. 35: 「玉嬌梨」.
③ 『象胥記聞』[1794?](小田幾五郎 1754~1831): 朝鮮小說 「張風雲傳」・「九雲夢」・「崔賢傳」・「蘇大成傳」・「張朴傳」・「林將軍忠烈傳」・「蘇雲傳」・「崔忠傳」 外 「泗氏傳」・「淑香傳」・「玉橋梨」126)・「李白慶傳」類……其外 「三國志」類 諺文書本有.
④ 『諺文古詩』(가람 소장본), '언문칙목녹', 211: 「옥교리」.

【增】

1) 『私集』(尹德熙 1685~1766), 4, 「小說經覽者」[1762]: 「玉嬌梨」.
2) 『大畜觀書目』(19C初?): 「玉嬌梨」 諺一套五冊.

【增】〈이본연구〉

1) 일본의 저명한 학자로 對馬藩에서 조선과의 외교에 중추적 역할을 수행한 雨森芳洲[1688~1755]의 글에 따르면, 그는 1702년에 처음 조선에 가서 『淑香傳』・『李伯瓊傳』을 베끼며 한글을 공부했다고 하는데, 芳洲書院에 소장된 『芳洲履歷』『芳洲著述』에는 …… 여러 한국 소설과 함께 한글로 된 「玉嬌梨」가 올라 있다. 여기서 「옥교리」는 비록 저술 목록에 언급되었다 하더라도, 「숙향전」 등의 한국 소설과 마찬가지로 창작이 아니라 필사, 번역 또는 다른 형태로의 편집을 의미한다고 할 수 있다. 이렇게 볼 때 「옥교리」의 한글 번역본은 18세기 초에 이미 일본인의 손에 들어가 있음을 알 수 있다. 그리고 대마도 通事 小田幾五郎의 『象胥記聞』[1794]에는 「옥교리」가 조선의 시장에서 …… 팔리고 있다고 기록하고 있으며, 19세기 말 부산의 일본인 朝鮮語學所에서는 …… 「옥교리」가 번역의 자료로 활용되었다고 한다. 「옥교리」는 17세기에 조선에 전래되어 읽혔으며, 18세기 초에는 한글 번역본이 일본에 건너가 있었던 것이다. …… 동경대본 「옥교리」는 17세기 조선에서 번역된 한글 번역본을 토대로, 일본인에 의해 편집된 전형적인 한국 고전

---

126) 九州大本 『象胥紀聞』 寫本에는 '黎, 字'처럼 오기되어 있으나, 內閣文庫나 天理大 사본에는 '梨'자로 되어 있고, 중국 원본에 의하여도 '梨'자가 맞다.

소설 형식에 따라 한문 원자료를 참고하여 한자를 병기하였고, 이에 동시에 주석을 가하였다고 할 수 있다. 이 작업의 발단에는 雨森芳洲의 개입이 유력시되는데, 그의 저술은 韓語司라는 한국어 교육 기관을 통하여 부산의 일본인 조선어학소로 이어졌고, 이 과정에서 주석이 수정·보완되고 새로 제본되며, 1881년 이후 다시 배접되었던 것이다(정병설, "朝鮮後期 東아시아 語文交流의 한 斷面," 『韓國文化』, 27[2001. 6], p. 61, p. 75).

439.1. 〈자료〉

【增】 Ⅱ.(역주)

1) 박재연·정병설 校注. 『玉嬌梨』. 중국소설·희곡번역자료총서, 30. 鮮文大學校 中韓飜譯文獻研究所, 2003.[127]

439.2. 〈연구〉

Ⅲ. (학술지)

439.2.1. 朴在淵. "晩松本 「옥교리전(玉嬌梨傳)」에 대하여." 『中國小說研究會報』, 14(韓國中國小說學會, 1993. 6).

【增】

1) 정병설. "朝鮮後期 東아시아 語文交流의 한 斷面: 東京大 所藏 한글飜譯本 「玉嬌梨」를 中心으로." 『韓國文化』, 27(서울大 韓國文化研究所, 2001. 6). "「玉嬌梨」와 동아시아 어문 교류: 동경대 소장 한글 번역본을 중심으로"로 박재연·정별설 校注, 『玉嬌梨』(鮮文大 中韓飜譯文獻研究所, 2003. 1)에 재수록.
2) 송성욱. "17세기 중국소설의 번역과 우리소설과의 관계: 「玉嬌梨」를 중심으로." 『韓國古典研究』, 7(韓國古典研究學會, 2001. 12).
3) 송성욱. "중국소설 「玉嬌梨」의 磁場." 『한국대하소설의 미학』(월인, 2002. 12).

◐{옥교행}

〈관계기록〉

① 『諺文古詩』(가람본), '언문칙목녹', 220: 「옥교힝」.

【增】 ◘439-1.[옥기린 玉麒麟]

국문필사본		
옥긔린 玉麒麟	綠雨堂[古文獻] / 정문연 R35N-003127	낙질 3(권 2~4, 2: [권말]셰 임신 슈하하한의 필셔ᄒᆞ다, 셔두 낙장 58f.; 3: 52f.; 4: 셔두 낙장 50f.)

【增】 〈관계기록〉

1) 「여와전」(장서작 소장본, 25~26면): 문챵이 이에 당단화를 (옥긔린의 녀슉의 츄비) 불어 면젼의 꿀니고 수죄 왈 네 흔 조각 식과 졀의 이시나 녀의 상원부인 뉴시로 ᄒᆞ여곰 무광흔 사람이

---

127) 중국본 「玉嬌梨」가 영인 부재되어 있다.

되게 ᄒᆞ고 나종은 ᄌᆞ녀의 녱귀ᄒᆞᆷ을 승셰ᄒᆞ여 감히 좌를 우히 ᄒᆞ야 졈공ᄒᆞᆷ을 아지 못ᄒᆞ고 부쳐의 뎨지 되어 몸이 금단 우히 잇셔 합쟝좌화ᄒᆞ니 당당이 도라갈 곳이 잇거늘 감히 셩문의 등인과 ᄒᆞᆫ가지로 봉후의 녜ᄅᆞᆯ 바드리오 네 분의ᄅᆞᆯ 아지 못ᄒᆞ미 슴셰 원의ᄅᆞᆯ 능만ᄒᆞ고 죽어 모든 신녕을 희롱ᄒᆞ니 닉 이졔 너를 본형을 드러뇌야……

【增】〈작품연대〉

1) 「옥원재합기연」(규장각본) 권지십사의 소설 서목에는 「옥기린」과는 별도의 작품으로 보이는 「신옥긔린」이라는 제명이 기록돼 있고, 같은 「옥원재합기연」 끝에 덧붙어 있는 필사기에 따르면 「옥원재합기연」의 작자가 「명행록」·「비시명감」과 함께 그 「신옥기린」까지 지었다고 했다. 이로 미루어 「옥기린」은 일단 「옥원재합기연」이 필사되기 이전, 즉 늦어도 18세기 후반 이전에는 창작된 작품임을 실증적으로 알 수 있다. 여기에 18세기 후반 이전에 나온 「신옥기린」보다 앞서 지어진 게 「옥기린」이고 보면, 그 창작 시기는 한참 더 앞당겨질 수밖에 없다. 나아가 같은 「옥원재합기연」 권지십사 소재 소설 서목에는 「여와전」도 올라 있는데, 「옥기린」은 「여와전」보다도 앞서 나온 것이니, 이를 종합해 보건대, 그 창작 시기를 늦어도 18세기 중반 이전으로 잡을 수 있다는 이야기이다. 사실상 실증 자료적 근거로 미루어 보아도 이렇다는 것이다. 그런데 여기에 「투색지연의」에 반영된 소설사적 정황에 의거해 볼 때 「옥기린」의 창작 시기는 17세기 후반 내지 18세기 초반 무렵까지 올라간다. 또한 「옥기린」이 「투색지연의」 가운데에서 「빙빙전」·「한씨삼대록」·「소현성록」·「소문록」 등 17세기 중·후반기에 지어진 소설들과 함께 거론되었다는 사실은, 마찬가지로 「옥기린」도 이들과 거의 동시대에 창작 유통된 작품임을 방증적으로 드러낸 것이라 할 터이다. 결론적으로, 「옥기린」의 창작 시기는 대략 17세기 중후반 무렵이 될 것으로 보인다(박재연·양승민, "녹우당본 「옥기린」에 대하여,"『옥기린 玉麒麟』[2004. 6], pp. 19~21).

【增】439-1.1 〈자료〉

Ⅰ. (영인)

1) 박재연·양승민 교주.『옥기린 玉麒麟』. 다운샘, 2004.

Ⅲ.(역주)

1) 박재연·양승민 교주.『옥기린 玉麒麟』. 다운샘, 2004.

【增】439-1.2. 〈연구〉

Ⅲ.(학술지)

1) 박순임. "고전소설「김요문전」·「옥인전」·「옥긔린」에 대하여."『한국고전문학회 2003년 동계 연구발표회 요지집』(한국고전문학회, 2003. 12).
2) 박재연·양승민. "녹우당본 「옥기린」에 대하여."『옥기린 玉麒麟』(다운샘, 2004. 6).

【增】〈줄거리〉

[권 1] 여부의 차자 강은 김어사댁 규수와 혼인했다. 삼공자 숙이 14세가 되자 존당의 허락을 받고 유람을 떠났다가 우연히 유태수댁 모녀의 뛰어난 미모를 보게 되었다. 태수부인은 유심히 자신들을 보던 여숙의 모습이 매우 비범해 보이므로 사람을 뒤따라 보내어 거처를 알아오게 했다. 유태수가 미복 차림으로 여숙을 만나보고 그 풍모에 감탄했다. 그리하여 자신의 여아

를 질녀라고 하며 혼인하기를 청하니 여숙이 기뻐 허락하고 납빙시를 주고 받았다. 여숙이 부모께 고하지 못하고 혼자 걱정하던 중에 부모가 장낭중의 여아와 혼인을 정하니 결국 병이 났다. 이에 형들이 사실을 알게 되고 유소저의 시를 보아 여생의 배필이 될 만큼 뛰어나고 현숙함을 알았다. 형들이 계교를 내어 조부에게 먼저 아뢰니 부친 여소부가 대로하여 태장을 내리고 수 개월 근신 후에야 용서했다. 그리고 마침내는 장, 유 이부(二婦)를 함께 취하기로 결정했다. 장이부[장소저 父]가 병으로 기세하고 여생 형제는 나란히 과거에 급제했다. 여생이 유소저와 먼저 길례를 치르니, 설부인[장소저 母]이 노하여 …… 여부와 소식을 끊었다. 삼년 탈상 후에 가서 다른 데서 택하려 하나 장공자들이 감히 만류하지 못했다. 그러나 장소저는 …… 초연한 모습을 보였다. 설부인은 고향으로 돌아가서 타문에 혼처를 구하기로 결정했다. 장소저가 몰래 여부의 존고 소부인에게 일봉서를 남겨 고향으로 돌아가는 사연을 전하고 오직 순절할 뜻을 밝히니, 여부에서 애틋하게 생각하고 여숙도 장소저가 절개를 지키기 위해 목숨을 버릴까 우려했다. 여숙이 순안어사가 되어 백성을 감화시켰다. 설부인은 고향에서 삼년상을 마치고 매파를 통해 장소저의 혼처를 수소문했다. 마삼문의 아들이 풍채가 아름답고 집이 가음열다고 하여 혼사를 정했다.

[권 2] (앞부분 낙장) 설부인이 택일한 후 장소저에게 알리니 장소저 자신은 이미 여씨 가문 사람이라고 거부했다. 이에 설부인이 병환이 나니 장소저가 어쩔 수 없이 허락하고 시비 난소와 의논하여 벼옥을 대신 보내기로 했다. 길일 날 장소저가 부인에게 부탁하여 신부의 얼굴이 드러나지 않게 어두운 곳에서 성례하자고 했다. 벼옥이 장소저 대신 마씨에게 시집 가서 힘써 과업을 권하니 재화가 날로 장진했다. 장소저는 난소와 함께 남자 복장으로 집을 나왔다. 한 집을 발견하고 들어가니 정상서 내외 구몰하고 정소저와 소첩 가씨만 사는 집이었다. 남자를 들일 수 없다 하였으나 병을 빌미로 묵기를 허락 받았다. 여러 날 머무르니, 가씨가 장소저의 풍모를 탐내어 정소저와의 혼인을 청했다. 장소저는 마지못해 여생이라 칭하고 납빙시를 주고 받았다. 그리고는 먼저 정혼한 곳에 성례하고 다시 오리라고 하며 길을 떠났다. 한편 여숙은 하남을 선치하고 귀경 길에 남창부를 거쳐 장소저와 성친을 이루려 했으나 장소저가 이미 타문에 혼인했다는 소식을 듣고 의심했다. 장소저 일행이 여생으로 행사하며 경사로 가는 길에 여숙의 눈에 띄어 형제의를 맺고 동행하게 되었다. 장소저는 자기가 장소저의 표형 장생이라 하고 자신의 절 지킨 사연을 여숙에게 들려주니 여숙이 기뻐했다. 장소저가 외구 설시랑의 집에 이르고 여숙도 귀가하여 사연을 부모께 아뢰니 모두 장소저의 절효를 칭찬했다. 여숙의 원부인 유씨가 숙덕이 있어 장소저와의 혼사를 진행했으나 장소저는 오히려 정소저와의 혼인을 먼저 주선하고 싶어했다.

[권 3] (앞부분 낙장) 장소저와 여숙이 성례하니 좌중이 모두 신부의 백태천상으로 진누를 벗어난 듯한 모습을 탄복하고 여숙도 크게 놀라며 기뻐했다. 여숙은 장생이 곧 장소저임을 깨닫고 금실지락을 이루고자 했으나, 장소저는 모친과 정소저와의 일로 아직 허락하지 못하리라 했다. 장씨, 유씨가 서로 자매처럼 사랑하고 여숙은 이부시랑이 됐다. 정소저의 표형이 정소저의 가연을 듣고 설시랑을 만나 청혼하니 설시랑이 여숙의 실상을 알려 주었다. 여부에서는 여숙에게 삼부인이 과함을 꺼리나 결국 정소저와 성례하기로 하니 장소저는 기뻐했다. …… 세 부인이 서로 인사를 나누었다. 여노공이 적선을 많이 하니 자손이 효봉승하여 여씨의 어진 덕이 천하에 모르는 이 없었다. 장부인이 젊어서부터 보시를 많이 하더니 여관 청원과 친하게 되었다. 청원이 장소저를 보고, "너무 청고하고 자태가 과중하여 삼년 간 시랑과 헤어져 있어야 이후 백년 화락하리라."고 하니, 노부인이 장소저를 여숙에게서 떼어 여소저 처소에 함께 있게 했다.

설부인이 돌아오니 장소저가 귀령하고, 여숙이 이어 설부에 왔다. 장소저가 할 수 없이 취중의 여시랑과 원앙을 한가지로 하니 꿈에 한 미인이 나타나 원망했다. …… 장씨 꿈을 염려하여 그 여인의 화상을 그리니 시비들이 왕소짐을 알아보았다. 하남에 도적이 일자, 여숙이 자원하여 총독 겸 병부상서가 되어 출장하여 화살을 하나도 쓰지 않고 도적을 진휼했다. 그 공으로 상도독 병부상서태학사를 제수받고 어화원에서 사연할 때 왕소랑이 마침 귀비를 보러 궁안에 왔다가 여숙을 보고 혹하였다. 이에 귀비에게 여숙과의 혼인 주선을 부탁하니, 상이 여숙에게 왕소랑을 사혼했다. 왕국구가 곧바로 길일을 택하여 보내므로 근심 중에 길례를 치렀다. 신부가 외모는 화려하나 세 부인이 가진 유한한 덕을 가지지 못해서 상서는 기꺼워하지 않았다(박순임, "고전소설 「김요문전」·「옥인전」·「옥괴린」에 대하여," 『한국고전문학회 2003년 동계 연구발표회 요지집』[2003. 12], pp. 196~199).

◘440. [옥난기] ← *옥난기연 / 옥란기

국문필사본

【增】 옥난기 권지십일　　　　　박순호[家目]　　　　　낙질 1(님진정월일시작, 11: 32f.)

◘441. [옥난기연 玉鸞奇緣 / 玉蘭奇緣] ← *옥난기 / 옥란기연[128]

〈관계기록〉

① 「창란호연록」(하버드대본) 結尾: 차견은 대강만 긔록하고 한문 별젼이 잇시니 혹왈 「옥난긔연」이라 하엿시니 츄셩 남매 조종의 입신 셩취허던 사연과 자부 졔여의 긔화 괴관이 긔긔 묘묘헌 셜화 잇시니 굿츨 보쟈 하난 이는 이 후록을 차질지어다.
② 『諺文古詩』(가람본), '언문칙목녹', 94): 「옥난긔연」.
③ Courant, 840: 「옥난긔봉 玉蘭奇逢」.
④ Courant, 841: 「옥란긔연 玉蘭奇緣」.

【增】
1) 『[演慶堂]諺文冊目錄』(1920; 藏書閣所藏): 63. 「玉鸞奇緣」 19册.

〈이본연구〉

【增】
1) [연경도서관과 정문연 소장본 「옥난기연」] 대비의 결과를 요약 제시하면 다음과 같다. 첫째, 「옥난기연」은 방대한 분량의 대하 장편 소설이지만, 두 이본 사이에는 구조적으로 크게 변화를 가져 오는 차이점은 없다. 둘째, 정문연본이 시간적 先行本으로 추정되며, 善本으로는 연경본으로 여겨진다. 넷째, 연경본은 필사자가 여성으로 제시되어 있고, 또 작품의 서술 전개에서도 여성의 시각이 많이 드러난다. 반면, 정문연본은 필사자가 밝혀져 있는 결연담 소설이면서 가문 소설이라는 공통점을 갖는다. 다섯째, 연경본은 정문연본에 비해 스토리의 전개가 합리적이거나 자연스러운 방향으로 변개된 부분이 많다. 특히 감정적인 부분은 축약과 생략으로써 절제하는 경향을 보이는 반면, 사건의 경위나 해결 과정에서는 오히려 서술을 확대하거나 부연 설명하는 경향을

---
128) 『줄거리 집성』 수정.

보인다. 즉 연경본이 정문연보다 더 사실적인 서술 양상을 보인다. 여섯째, 연경본에서는 '부처'의 현몽 이야기 혹은 '부처'에 대한 信心이 상당한 비중으로 중요한 고비에서 자연스럽게 등장하고 있는데, 이는 정문연본과는 상당히 구별되는 점이다. 위의 넷째에서 제시한 바처럼 봉건적 유교 의식을 수호하고 있으면서도 부처를 자연스럽게 받아들이고 있는 점은, 여성 독자층을 확보하고자 하는 의식도 담겨 있으면서 동시에 역시 정문연본보다는 後行本일 거라는 추론도 굳히게 한다(양혜란, "「玉蘭奇緣」의 異本攷," 『한국어문학연구』, 6[1994. 12], pp. 58~59).

2) 「玉蘭奇緣」의 諸表記現象으로 볼 때, …… 助詞 '~을/~를'의 경우를 제외하고는 대체로 연경본이 좀더 후기적 변모를 보여 주고 있어서 양본 중에서 樂善齋本이 先行本일 개연성이 높다 하겠는데, 이러한 사실은 …… 庚戌年 韓日合邦期에 필사된 연경본보다는 궁중 나인이 필사한 낙선재본이 先行일 개연성이 높다는 사실에 부합되는 것이기도 하다(이상택, "「昌蘭好緣」連作," 李相澤 외 3인 엮음, 『고전소설의 기초 연구』[2001. 10], p. 482).

441.2. 〈연구〉

Ⅲ. (학술지)

441.2.4. 李相澤. "「玉蘭奇緣」의 異本研究." 『震檀學報』, 78 (震檀學會, 1994. 12). "「창란호연」연작 연구: 2) 「옥란기연」 이본고"로 『한국고전소설의 이론』(새문社, 2003. 3)에 재수록.

◪442. [옥난빙 玉鸞聘] ← 수저옥난빙 / 옥난기봉

442.1. 〈자료〉

Ⅱ. (역주)

【增】

1) 申海鎭 選註. 『朝鮮後期 家庭小說選』. 月印, 2000. (회동서관판)

◪443. [옥낭자 【削/ '옥낭자'】 (전)129) 玉娘子(傳) ①] ← *곽낭자전 / *곽씨전 / *곽씨효행록 / *김부인열행록 / *열녀전 ②

국문필사본 130)		
【削】 옥낭자전이라	박순호[필총](30)	1(44f.)
【削】 옥낭자전	박순호[필총](75)	1(기묘년, 40f.)
【削】 옥낭자전	박순호[필총](75)	1([권두]계히이월슌일, 미완, 31f.)
【削】 옥낭ᄌ전이ᄅ	박순호[필총](76)	1(31f.)
【削】 옹낭ᄌ전상이라	박순호[필총](79)	1(55f.)
옥낭자전	임형택[莽蒼蒼齋 家目]	1(정월스무닷세날 李泰鍾, 48f.)

국문활자본		
옥낭자전	조희웅[家目]/[대조 4]	1(大造社, 1959, 30pp.)

---

129) 『이본목록』·『작품연구 총람』 수정.
130) 아래의 「옥낭자전」들은 모두 「숙영낭자전」의 이본임이 밝혀졌으므로 「숙영낭자전」조로 옮긴다.

443.2. 〈연구〉

Ⅲ. (학술지)

【增】

1) 권영호. "「옥낭자전」류 작품군의 형성과 그 의미."『어문학』, 56호(한국어문학회, 1995. 2).
2) 류호열. "「옥랑자전」에 나타난 열(烈) 윤리의 현대적 조명." 김현룡 외,『한국문학과 윤리의식』(박이정, 2000. 8).
3) 현혜경. "「최척전」과 「옥랑자전」에 나타나는 여성 이미지." 이화어문학회,『우리문학의 여성성남성성(고전문학편)』(월인, 2001. 1).
4) 郭貞植. "「玉娘子傳」." 刊行委員會 編.『古小說研究史』(月印, 2002. 12).
5) 곽정식. "「옥낭자전」 연구사."『고소설연구사』(일위우쾌제박사화갑기념논문집 간행위원회, 2002. 12).
6) 곽정식. "「옥낭자전」의 형성과정 및 성립시기."『語文學』, 79(韓國語文學會, 2003. 3).
7) 권영호. "「옥낭자전」 作家群의 창작방향." 刊行委員會,『澤民金光淳敎授定年紀念論叢』(새문社, 2004. 11).

▶(옥낭자전 玉娘子傳 ② → 숙영낭자전)
▶(옥누몽 → 옥루몽)
▶(옥단전 玉檀傳 → 왕경룡전)

◪444. [옥단춘전 玉丹春傳] ← 곽씨경전 / 이어사전 / 옥태전

국문필사본

【增】(옥단춘전)

| 【增】 곽씨경젼 | 박순호[家目] | 1(27f.) |

(옥단춘젼)

【增】 옥단춘젼	박순호[家目]	1(44f.)
【增】 옥단츈젼 玉丹春傳	박순호[家目]	1(갑자연삼월등셔, 29f.)
【增】 옥단춘젼	박순호[家目]	1(29f.)
옥단츈젼	이대[古](811.31옥311A)	2-2(1: 셰진무신구월일 금호필셔; 셰갑인밍하)
【增】 옥단춘젼	임형택[莽蒼蒼齋 家目]	1(경술년[1910]원월필서, 16f.)[131]
【增】 玉丹春傳	정명기[尋是齋 家目]	1[132]
【增】 옥단춘젼	정명기[尋是齋 家目]	1[133]
【增】 옥단춘젼	정명기[尋是齋 家目]	1

---

131)「두껍전」과 합철되어 있다.
132)「낭자전」과 합철되어 있다.
133)「진대방전」과 합철되어 있다.

국문활자본			
옥단츈젼 (古代小說)玉丹春傳	국중(3634-2-90=7)<재판>		1(국한자 병기, [著·發]洪淳泌, 京城書籍業組合, 초판 1925.11.10; 재판 1926.12.20, 38pp.)[134]
【增】 옥단츈젼 (古代小說) 玉丹春傳	국중((일모813.5-공723 ○)		1(共同文化社, 檀紀 4287[1954], 38pp.)
옥단츈젼 (古代小說) 玉丹春傳	국중(3634-2-90=6)<재판>		1(국한자 병기, [著·發]姜殷馨, 大成書林, 초판 1928.10.23; 재판 1929.12.10, 36pp.)
옥단츈젼 (古代小說) 玉丹春傳	국중(3634-2-90=11)		1(국한자 병기, [著·發]玄公廉, 大昌書院·普及書舘, 1925.10.10, 38pp.)
【增】 옥단츈젼	정명기[尋是齋 家目]		1(德興書林, 1926)
옥단츈젼(古代小說) 玉丹春傳	국중(3634-2-90=8)		1(국한자 병기, [著·發]宋敬煥, 東洋大學堂, 1929.12.16, 38pp.)
옥단츈젼(古代小說) 玉丹春傳	국중(3634-2-35=2)<재판>/국중(3634-2-90=12)<4판>/충남대[鶴山](811.31-옥221)[135]/[亞活全](4)		1(國漢字 倂記, [著·發]申龜永, 博文書舘, 초판 1916.9.20; 재판 1921.1.15; 3판 1921.12.10; 4판 1922.4.4, 38pp.)
옥단츈젼(古代小說) 玉丹春傳	국중(3634-2-90=10)		1(국한자 병기, [編·發]申泰三, 世昌書舘, 1934.1.10, 38pp.)
【增】 옥단츈젼 玉丹春傳	정명기[尋是齋 家目] 박순희[家目]/조동일[국연자](22)		1(世昌書舘, 1951) 1([著·發]申泰三, 世昌書舘, 檀紀 4294年[196 1].12.30, 24pp.)
옥단츈젼(古代小說) 玉丹春傳	국중(3634-2-90=9)		1(국한자 병기, [著·發] 盧益煥, 新舊書林, 1931.12.5, 38pp.)
옥단츈젼(古代小說) 玉丹春傳	국중(3634-2-90=13)		1(국한자 병기, [著·發]金璥鴻, 大邱:在田堂書舖, 1929.6.10, 38pp.)
옥단츈젼(古代小說) 玉丹春傳	국중(3634-2-90=4)		1(국한자 병기, [著·發]申龜永, 靑松堂書店, 1916.9.30, 42pp.)
옥단츈젼 玉丹春傳	김종철[家目]/홍윤표[家目]		1(鄕民社, 1963. 10. 30, 28pp.)
옥단츈젼(古代小說) 玉丹春傳	국중(3634-2-90=5)		1(국한자 병기, [著·發] 姜範馨, 和光書林, 1935.12.15, 38pp.)

444.2. 〈연구〉

Ⅱ. (학위논문)

〈석사〉

---

134) 京城書籍業組合 간행『圖書分類目錄』(1921 改正)에 이미 나타나 있다.
135)『鶴山文庫目錄』에는 '발행지 불명'으로 되어 있다.

【增】
  1) 서일녕. "「옥단춘전」의 민요 이행 양상 연구." 碩論(동아대 대학원, 2004. 8).

Ⅲ. 〈학술지〉
【增】
  1) 김일렬. "「옥단춘전」의 서술시각과 물질의 기능." 刊行委員會, 『澤民金光淳敎授定年紀念論叢』(새문社, 2004. 11).

【增】 ◐{옥도젼}
  국문필사본
  옥도젼이라   박순호[家目]   1(무인삼월초육일리라, 45f.)

◪445.[옥동이선생행록 玉洞李先生行錄]136)
▶(옥란기 → 옥난기)
▶(옥란기연 玉蘭奇緣 → 옥난기연)
◪446.[옥란전 玉蘭傳]
  국문필사본
  【增】 옥낭젼   김광순[筆全](63)   1(전후 낙장 32f.)
  【增】 옥난젼이라   미도민속관[생활사 도록](27)   1(님신원월십ᄉ일 식로단즁하노라)
  【增】 옥난젼   정명기[尋是齋 家目]   1

446.2. 〈연구〉
  【增】 Ⅱ.〈학위논문〉
  1) 강춘석. "「옥란전」에 나타난 늑혼 갈등 양상과 의미." 碩論(경북대 교육대학원, 2004. 8).
  2) 변영선. "「옥난전」에 나타난 모티프의 양상과 그 의미." 碩論(경북대 대학원, 2004. 8).

◐{옥력필담 玉力筆談}137)
  〈관계기록〉
  ① 金起東, 『李朝時代小說論』, p. 597.

◪447.[옥련몽 玉蓮夢]138) ← * 옥루몽
  〈작자〉
  【增】
  1) 이 작품이 의령남씨 가문의 어느 한 사람에 의하여 창작되었음이 확실한 조건에서 숙종대에

---

136) 星湖 李瀷의 셋째형인 玉洞 李漵(1662~1723)의 행적을 기록한 글이므로 소설로 보기는 어려운 작품이다.
137) Skillend, 146에 의하면 이것은 이능우의 『국문학개론』, p. 6의 「옥소화담 玉少華談」(한문본)의 誤記일 것이라고 한다.
138) 모든 사전. [削 '「옥루몽」의 선행본(?)']

활동한 남구만을 지목하지 않을 수 없다. …… 「옥루몽」의 작가를 남구만으로 보게 되는 것은 우선 이 작품의 주인공 양창곡의 곡절 많은 정계 생활과 일대기가 지금까지 알려진 의령남씨 8대 중 남구만의 풍파 많은 생애와 제일 가깝다는 점이다. …… 남구만의 이러한 곡절 많은 정계 생활은 마치 「옥루몽」에 그려진 양창곡의 복잡다단한 정계 생활을 방불케 한다. 그러므로 양창곡의 형상은 남구만 자신의 곡절 많은 정계 생활의 예술적 재현이라고 볼 수 있다. …… 「옥루몽」의 작가를 남구만으로 보게 되는 것은 또한 그가 의령남씨 8대 중에서 가장 다방면적인 학식의 소유자였고, 일정한 수준의 창작적 기량을 가진 사람이었다는 점이다. …… 「옥루몽」에 이용된 50여 편의 시가 작품들과 다방면적인 예술적 자질을 갖춘 남구만의 예술 세계의 반영물이라고 볼 수 있다. 그리고 「옥루몽」에는 여러 건의 상소문, 표문 등이 이용되고 있는데 여기에 필자의 사회 정치적 이상이 집중적으로 표현되고 있는바, 이것은 남구만의 문체적 특기를 보여주는 좋은 실례들이라고 생각한다. …… 「옥루몽」의 작가를 남구만으로 보게 되는 것은 끝으로 그에게 이 작품을 창작할 수 있었던 직접적 동기와 충분한 시간적 조건이 주어졌다는 점이다. …… 유배지에서 풀려 나온 남구만은 정계에서 물러난 20여 년 전원 생활을 하면서 저작 사업에 열중하였다. 이 기간은 「옥루몽」과 같은 큰 작품을 창작할 수 있는 충분한 조건이라고 보아진다. 「옥루몽」의 작가 문제와 관련하여 이상의 모든 사실을 종합하여 보면 이 작품 원본의 작가는 남구만이고, 그의 아들 남학명이 난 손자 남극관도 문필 활동 흔적과 글재간이 있었다는 문헌적 근거가 있는 것으로 보아, 그들에 의하여 이 원본이 보존되어 오다가 남구만의 5대손 남영로대에 와서 「옥루몽」을 한문본으로 고쳐 쓰고 또 그에 기초하여 「옥련몽」을 만들었으며, 남구만의 7대손인 남정의가 조부 남영로의 「옥련몽」을 국문본으로 다시 개작했다고 할 수 있다(최장섭, "고전소설 「옥루몽」의 작가와 창작연대 문제," 『조선어문』, 3[1989]).

〈관계기록〉

① 「玉蓮夢」, 南廷懿, 序: 시 셔격이 만으되 사람이 녯 경면을 미어ᄒ고 시 풍악이 만으되 사람이 녯 곡조를 조와ᄒ니 느의 특히 신소설을 버리고 이 「옥년몽」을 편즙홈이 또흔 이러흔 뜻이라 이 칙의 원본은 느의 본생 션됴부 담초공(潭樵公)[南永魯의 號]의 져슐ᄒ신 바ㅣ니 옥년화 한 가지를 비러 됴션 고금의 부부의 이명과 녀ᄌ 도리와 가명의 깁흔 풍속 습관을 그려셔 사셰로 인연ᄒ야 맛참ᄂᆡ 츌판되지 못ᄒ고 그 후 칠십여 년간에 다만 유식ᄌ들이 셔로 젼ᄎ로 등초ᄒ야 하류 가뎡에셔는 대기 이 칙으로써 부녀의 경면갓치 슝샹ᄒ야 착흔 일에도 이 글을 위ᄒ야 사모ᄒ고 악흔 일에도 이 글을 위ᄒ야 증계ᄒ야 은연히 가뎡간 부녀ᄌ 사샹과 풍속을 감회케 홈이 젹지 아니ᄒ니라 그러ᄂᆞ 셰월이 멀어짐에 등셔가 셔로 착오되고 권질이 산락ᄒ야 쟝ᄎ 그 진본이 셰상에 젼치 못흘가 두려워ᄒ야 이에 나의 셰젼ᄒ던 원본을 편찬ᄒ야 칙ᄉ에 부탁ᄒ야써 셰상에 공포ᄒ고 느의 조션의 끼친 뜻을 니으며 우리 이 글을 아시ᄂᆞ 쟈의 희망을 보답ᄒ니 쳥컨ᄃᆡ 시 글과 시 소리가 류힝ᄒᄂᆞᆫ 이 시ᄃᆡ에 특별히 녯 경면과 녯 곡죠를 조와ᄒᄂᆞᆫ 쟈ᄂᆞᆫ 이 싱각을 함냥ᄒ실진뎌 임자 사월 일 편자 시당 남뎡의.

② 『諺文古詩』(가람본), '언문칙목녹', 205: 「옥연몽」.

〈이본연구〉

【增】

1) 「옥루몽」에서 갈라져 나온 이본들의 출판 전승 관계를 보면 다음과 같다. 한문본 「옥련몽」 전 2책 20권이 1836년경에 필사본으로 나왔고, 1912년 4월에 발행된 전 3책 20권으로 된 국문본

「옥련몽」이 있는데 이것은 남정의가 편집한 것으로 되어 있다. 그리고 박문서관 발행으로 1916년 5월 12일 국문본 「강남홍전」(1책 105페이지)이, 1922년 12월 15일 국문본 「만고충의 벽성선」(1책 114페이지)이 출판되었다(최장섭, "고전소설「옥루몽」연구,"『문예론문집』, 4(과학백과사전종합출판사, 1988), p. 246).

국문필사본

옥년몽	계명대[古綜目](고811.35옥루몽)	23(을사납월일건이서)
【增】옥련몽 권지일 玉蓮夢	미도민속관[생활사 도록](28)	1(癸丑元月十三日謄出 杏溪精舍)
【增】옥련몽	성대(D07B-0027b)	1(1915)
【增】玉蓮夢 三	여태명[家目](79)	낙질 1(3: 계묘구월상한벽정등셔, 71f.)
【增】옥연몽 권지사	여태명[家目](85)	낙질 1(4: 81f.)
【增】옥연몽 권지오	여태명[家目](131)	낙질 1(5: 辛丑臘月上浣 南溪精舍謄書, 70f.)
【增】玉蓮夢 卷之初	여태명[家目](424)	2-1(辛丑九月初六日 南溪精書, 40f.)
【增】玉蓮夢 卷之二	여태명[家目](425)	낙질 1(2: 78f.)
옥년몽(副題: 玉樓夢)	임형택[莽蒼蒼齋 家目]	9(庚子三月仲春, 각 약59f.)
【增】玉蓮夢	정명기[尋是齋 家目]	낙질 1(권4)
【增】옥련몽	정명기[尋是齋 家目]	1
【增】옥련몽	정명기[尋是齋 家目]	1
【增】옥련몽	정명기[尋是齋 家目]	1
【增】옥련몽	정명기[尋是齋 家目]	1
【增】옥련몽	정명기[尋是齋 家目]	낙질 1(권4)
【增】옥연몽	정명기[尋是齋 家目]	7

국문활자본

【增】옥련몽 데일편/……/데오편	국중(3634-2-89=3)<1편 4판> /국중(3634-2-89=1)<5편 4판>	낙질 2(1: 권1~권5, [序言]임주사월일 편주 시당남명의, [著·發]李鍾楨, 光東書局, 초판 1916.2.29; 4판 1920.8.30, 1: 권1~권5, 119pp.; 5: 권18~권20, 126pp.)
옥련몽 玉蓮夢	김종철[家目]<1925>/ [李周映, 博論]	5(廣益書舘, 1925; 1936)
옥년몽 데일편/……/	국중(3634-2-102=3)<1편>/	5([著]南廷懿, 博學書院, 1:

	데오편 玉蓮夢	국중(3634-2-102=2)<2편>/ 김종철[家目]<낙질 4~5>/ 박순희[家目]/[仁活全](10)⁽¹¹⁷⁾	권1~권5, 1913.1.5, 144pp.; 2: 권6~권11, 1913.3.24, 170pp.; 3: 143pp.; 4: 권15~권17, 1913. 4.25, 161pp.; 5: 권18~권20, 19 13.5.15, 160pp.)
【削】	옥련몽 玉蓮夢	[仁活全](10)	낙질 2(李鍾楨 編輯, 中央書舘, 3: 143pp.; 4: 127pp.)
	옥련몽 데일편/······/데오편 玉蓮夢	국중(3634-2-102=1)<3편>¹³⁹⁾/ 국중(3634-2-102=8)<5편 재판>/ [仁活全](10)	낙질 2([著·發]李鍾楨, 中央書舘·光東書局¹⁴⁰⁾, 초판 191 7.1.12; 재판 1918.1.15; 5판 19 20, 3: 권12~권14, [발행년 불명], 143pp.; 4: 127pp.5: 권18~권20, 126pp.)
	옥년몽 데일편/······/ 데오편 玉蓮夢	국중(3634-2-89=2)<3편>/국중 (3634-2-102=6)<5편>/[仁活全](10) <5편>	낙질 2([序言]임즈사월일 편즈 시당남명의, [著·發]李鍾楨, 太學書舘·光東書局, 19 17.1.17, 3: 권12~권14, 143pp.; 5: 권18~20, 128pp.)

447.1. 〈자료〉

Ⅰ. (영인)

447.1.1. 仁川大民族文化硏究所 編.『舊活字本古小說全集』, 10. 銀河出版社, 1983; (再刊) 國際아카데미, 2002. (박학서원판)

◐{옥련전 玉蓮傳} ← 평양살이
◪448. [옥루몽 玉樓夢]¹⁴¹⁾ ← 백옥루 / 육기록 / * 옥련몽
〈작자〉南永魯(1810~1857)
【增】

1) 한문본「옥루몽」서문에는 '나는 옥련자의「옥루몽」일편을 즐겁게 읽었다'라고 하였고, 국문본「옥련몽」서문에는 편찬자인 남정의가 '이 책의 원본은 나의 본생 선조부 담초공이 저술하신 바이니······'라고 하였다. 그런데 옥련자와 담초는 남영로의 호이다. 이것이「옥루몽」의 작가를 남영로로 보는 문헌적 근거라고 할 수 있다. 이로써「옥루몽」의 창작 연대를 숙종대(1674~1720)로 보았다. ······ 우선 이와 관련하여『만성대동보』를 비롯한 여러 문헌 자료에 의하면 남영로는 남구만의 5대손으로서, 숙종대에는 세상에 존재조차 하지 않았으니 그가 다른 시기도 아닌

---
139) 판권지가 낙장되어 없다.
140) 판권지에 의하면 '總發行所'가 中央書舘으로, '發行所'가 光東書局으로 되어 있다.
141) 작자의 이설이 있어 南益薰(1639~1693)설·홍진사설·許蘭雪軒(1563~1589)설 등이 나오기도 하였다.

바로 숙종대에「옥루몽」을 창작했을 수는 없다. 그러면 남영로를 어떻게 보아야 옳겠는가. 이에 대하여서는 서포 김만중과 그의 종손 김춘택과의 관계처럼 보는 것이 타당하다고 생각한다. 다시 말하여 남영로는 가문에 전해지던 국문본「옥루몽」을 한역 사본한 사람이며, 동시에 그것을 번안 축소하여 한문본「옥련몽」을 만든 사람이라고 보아야 할 것이다. …… 이러한 의미에서 현존「옥루몽」의 주제 사상적 내용에 비추어 이 작품의 작가가 대체 어떤 사람이겠는가를 윤곽적으로 그려 보면, 우선 그는 봉건 왕권내의 고위급 정계 생활의 체험자로서 왕의 총애도 받고 버림도 받았으며, 왕의 비행에 대하여 누구보다 잘 알고 그것을 비판한 것으로 하여 유배를 당하는 등 곡절 많은 생활을 하여 온 사람이라고 생각된다. 또한 그는 봉건 사회의 정치, 경제, 문화, 군사 분야의 해박한 지식을 가진 사람이라는 것, 높은 수준의 창작적 기량을 소유한 문필가라는 것 그러나 그 역시 봉건 충군 사상의 테두리를 벗어나지 못한 유생의 한 사람이었다고 할 수 있다. ……「옥루몽」의 작가를 남구만으로 보게 되는 것은 또한 그가 의령남씨 5대 중에서 가장 다방면적인 학식의 소유자였고, 일정한 수준의 창작적 기량을 가진 사람이었다는 점이다. …… 남구만의 문체에서 다른 하나의 특기는 '소'·'주'·'의' 등에서 정론성이 강하고 논리 정연한 것으로 하여 당세에 따를 사람이 없었다는 기록이 전해지고 있다.「옥루몽」에 이용된 50여 편의 시가 작품들과 각종 가무, 음악 작품에 대한 이야기들은 다방면적인 예술적 자질을 갖춘 남구만의 예술 세계의 반영물이라고 볼 수 있다. 그리고「옥루몽」에는 여러 건의 째인 상소문, 표문 등이 이용되고 있는데, 여기에 필자의 사회 정치적 이상이 집중적으로 표현되고 있는바, 이것은 남구만의 문체적 특기를 보여 주는 좋은 실례들이라고 생각한다.「옥루몽」의 작가를 남구만으로 보게 되는 것은 끝으로 그에게 이 작품을 창작할 수 있었던 직접적 동기와 충분한 시간적 조건이 주어졌다는 점이다. 남구만은 김만중보다 8년 먼저 출생하여 19년 더 생존한 사람으로서 주로 숙종왕대에 활동하였다. ……「옥루몽」의 작가 문제와 관련하여 이상의 모든 사실을 종합하여 보면 이 작품 원본의 작가는 남구만이고, 그의 아들 남학명이나 손자 남극관도 문필 활동 흔적과 글재간이 있었다는 문헌적 근거가 있는 것으로 보아, 그들에 의하여 이 원본이 보존되어 오다가 남구만의 5대손 남영로대에 와서「옥루몽」을 한문본으로 고쳐 쓰고, 또 그에 기초하여「옥련몽」을 만들었으며, 남구만의 7대손인 남정의가 조부 남영로의「옥련몽」을 국문본으로 다시 개작했다고 할 수 있다(최장섭, "고전소설「옥루몽」의 작가와 창작년대 문제", 『조선어문』, 3[1989. 7], pp 16~19 발췌 인용).

〈작품연대〉
【增】
1)「옥루몽」의 창작 연대는 17세기 말이다. 그것은 우선 이 작품이 남구만의 말기 작품으로 추정되기 때문이다. 다음으로「구운몽」과의 관계 속에서 보아도「옥루몽」의 창작 연대를 17세기 말로 보는 것이 타당하다고 인정된다. 김만중의「구운몽」이 1687~1688년경에 창작되었다는데 이 작품이 인민들로부터 인정을 받기까지는 적어도 10여 년은 걸렸을 것이며, 따라서 이 작품의 영향을 받은「옥루몽」의 창작 시기를 17세기 말로 보지 않을 수 없는 것이다. 끝으로 17세기 국문 소설 발전 경향과 관련시켜 볼 때에도「옥루몽」의 창작 연대를 17세기 말로 보는 것이 옳다고 생각한다. 17세기 허균의「홍길동전」을 첫 시작으로 하여 국문 소설이 활발히 창작되었다. 이 시기 국문 소설들에서는 벌써 군담 주제, 애정 윤리 주제, 가정 윤리 주제 등 주제 분야의 폭이 넓어졌으며, 형태와 형식상의 측면에서도 몽자 소설, 장회체 소설 창작이 활발해졌다.

고전 소설 「옥루몽」은 17세기 국문 소설문학의 이러한 창작적 성과와 경험에 토대하여 그리고 그 총화로서 17세기 말에 창작되었다고 볼 수 있다. …… 또한 종래부터 「옥루몽」이 「구운몽」 번안 운운하던 것은 오히려 「구운몽」이 「옥루몽」의 구성면을 다분히 이어 받았다고 보아진다. 환언하면 「옥루몽」은 한국 소설사상 군담류 소설과 「구운몽」을 이어 주는 교량의 위치에 선다고 본다(최장섭, "고전소설 「옥루몽」의 작가와 창작연대 문제," 『조선어문』, 3[1989. 7] pp. 19~20 인용).

〈관계기록〉

① 「六美堂記」(徐有英 1801~1874) 斗山 批評: 使有黃車之採 當作第一奇觀 而滿肚珠璣 不能施 之 四瑚八璉 終之 談空喫虛 此可惜也 爲之喟然 而余於吾友南潭樵「玉樓夢」亦云爾◯(만약 소설을 편찬하는 사람[黃車]이 채록했다면 응당 제일 볼 만한 것이 되겠으나, 뱃속에 가득찬 주옥 같은 글[滿肚珠璣]을 좋은 그릇[四瑚八璉]에 담지 못하고 끝내 허사로 되니 이것이 애석하여 이 때문에 탄식하노라. 나는 내 친구 남담초의 「옥루몽」에 대해서도 그런 식으로 말할 뿐이다).

② Courant, 839: 「옥누몽 玉樓夢」.

③ 「劉忠烈傳」(德興書林, 1918) 후면 「懸吐 玉樓夢」광고: 本書난 高尙淸新훈 家庭小說로 古今無雙의 名著온 줄은 此世에 誰某던지 知悉ᄒ시는 바어니와 但 諺文 刊行만 有ᄒ고 漢文譯 이 無훈 거슬 四海僉位 文學 愛好家의 遺憾이 積滯ᄒ얏기 本書林의셔 此共同遺憾을 解ᄒ기 爲ᄒ야 年餘의 工夫를 比ᄒ야 其內容에 趣味情景이 窮奇極妙홈을 字字히 漢文으로 譯述 校正ᄒ야 今始發刊이온 바 累百年 渴望ᄒ던 此奇書를 億萬家庭이 至急 購覽ᄒ시오.

【增】

1) 『[演慶堂]諺文冊目錄』(1920; 藏書閣所藏): 58. 「玉樓夢」15冊.

〈이본연구〉

【增】

1) 「옥루몽」은 원래 국문 필사본으로 창작되고 그 이후 국문본, 언토 및 현토본, 한문본으로 각각 출판 전승되었다. 우선 국문본을 보면 17세기 말엽에 나온 필사본이 전해지고 있으며, 활판본으로 1917년 3월 회동서관의 초판본, 1920년 1월과 1925년 11월의 재판본이 있으며, 1926년 12월 박문서관의 발행으로 된 전 3권과 1934년 1월, 1942년 7월에 각각 전 4책으로 출판된 것이 전해지고 있다. …… 다음으로 언토 및 현토본 출판 관계 자료를 보면 1924년에 언토본이 전 3권으로 출판되었고, 1932년에 역시 3권으로 다시 나왔으며, 그 밖에도 1936년 8월 영창서관 발행으로 언토본이 출판된 것을 비롯하여 적문서관판 「옥루몽」 언토본 상·하권, 덕흥서림판 현토본 「옥루몽」, 싱문당서점판 현토본 「옥루몽」 등이 출판되어 오늘ᄭ지 선해시ᄂ 있나. 또한 한문본 출판 관계 자료를 보면 18세기 말엽에 발행된 회동서관판 한문본이 전 3권으로 전해지고 있다(최장섭, "고전소설 「옥루몽」 연구," 『문예론문집』, 4[과학백과사전종합출판사, 1988], p. 246).

2) 「옥루몽」은 章回體 소설로서 통상 64회로 이루어져 있으나, 규장각본은 모두 62회로 나누어져 있으며, 그 중에 回題가 있는 것은 모두 55회분이고, 7회분에는 회제가 기록되어 있지 않다. 회제는 국문으로 되어 있다. 그러나 62회로 분회되어 있다는 것과 회제가 일부 없다는 것이 내용상으로 다른 이본에 비해 결락이 있다는 것을 의미하지 않으며, 어느 이본보다도 충실하고 완결된 내용으로 이루어져 있다. 다른 이본과 마찬가지로 작품 끝에는 작자가 지은 것으로

추정되는 跋文이 부기되어 있다. …… 이제 「옥루몽」의 이본 계통 속에서 규장각본이 차지하는 위치를 살펴 보자. 「옥루몽」의 이본 관계를 살피는 데는 동일 작자에 의해 지어졌으며 내용이 유사한 「옥련몽」에 대한 고려가 필요하다. 지금까지 알려진 「옥루몽」의 이본들은 국문 필사본·국문 활자본·한문 현토 활자본의 세 가지 출판 형태로 존재하며, 「옥련몽」의 이본들은 국문 필사본·국문 활자본의 두 가지 형태로 존재한다. 여기서 두 가지 쟁점이 생기는데, 「옥루몽」과 「옥련몽」의 관련성 여부와 선후 관계가 그 하나이고, 한문본과 국문본 중 어느 것이 선행본이냐 하는 것이 다른 하나이다. 전자의 쟁점은 「옥련몽」이 선행본으로서 이를 개작한 것이 「옥루몽」이라는 데 학계의 의견이 대체로 일치하고 있다. 그러나 작품 계통상 「옥련몽」이 선행본으로서의 가치를 지니는 데는 이의가 없으나, 두 작품의 구체적 내용에 있어서는 현격한 차이가 있으므로 둘을 개별적인 작품으로 구별하여 연구 대상으로 삼아야 한다는 것이 설득력 있는 주장으로 인정된다. …… 한 가지 간과해서는 안 될 점은 한문본 「옥련몽」과 한문본 「옥루몽」의 존재는 문체 분석과 방증 자료에 의해 추정한 공통 조본일 뿐, 실제로 존재하지는 않는다는 점이다. 현전하는 필사본은 「옥련몽」과 「옥루몽」 공히 국문본뿐이며, 소위 「옥루몽」의 '한문본 계열'에 속하는 현전 자료는 후대의 한문 현토 활자본들뿐이고, 「옥련몽」은 그나마도 존재하지 않는다. …… 전술한 바와 같이 「옥련몽」과 「옥루몽」을 별개의 연구 대상으로 인식하는 것이 타당하다고 전제할 때, 규장각본 「옥루몽」은 「옥루몽」의 이본군의 주종을 이루는 규장각본 계열의 선본(善本)일 뿐만 아니라, 축약본 계열의 모본(母本)인 동시에, 단 하나의 삽화를 제외하고는 한문 현토 활자본들과도 일치한다는 점에서, 현전하는 모든 「옥루몽」 이본들의 실제적인 조본(祖本) 내지는 최선본(最善本)이라고 할 수 있는 것이다(임치균, "「옥루몽」의 서지적·구조적 특성과 미학적 가치," 『고전작품 역주연구 및 한국 근대화 과정 연구 (I~2)』[1994], pp. 15 및 17).

국문필사본

【削】옥루몽	국회도서관(日本)[국회: 古綜目]	30[142]
【增】옥루몽 권지일	김광순[筆全](68)	낙질 1(1: 졍츅졍월오후두시사십분에 옥루몽시죽ᄒ노라, 56f.)
【增】옥루몽 권지일[143] 玉樓夢 卷之三	김광순[筆全](68)	낙질 1(3: [표지]丁丑二月初五日, 졍츅이월쵸오일오후의옥루몽 시죽ᄒ오니, 47f.)[144]
【增】옥루몽	성대(D07B-0028a)	1(1926)
【增】옥루몽 권지칠	여태명[家目](160)	낙질 1(7: [회목]구만황흥낭하산 루진법원슈회진, 20f.)
【增】玉樓夢	정명기[尋是齋 家目]	낙질 1(권3)
【增】옥루몽	정명기[尋是齋 家目]	낙질 1(권6)
【增】옥루몽	정명기[尋是齋 家目]	낙질 1(권17)
【增】옥루몽	정명기[尋是齋 家目]	낙질 2-1(8~9권)

---

142) 분관인 동양문고본 「옥루몽」 30책과 같은 책이다.
143) 내용으로 미루어 '권지일'이 아니라 표지에 써 있는 것처럼 '권지삼'의 오기일 듯하다.
144) 필체 및 필사기로 미루어 윗책의 續冊으로 생각된다.

국문활자본

〈옥루몽〉

	옥루몽 玉樓夢	국민대(고813.5.옥02)/박순호[家目]/성대[古2](D7B-28)/정명기[尋是齋 家目]<낙질 1~4>/조희웅[家目]<낙질 1~2>/홍윤표[家目]	4([著·發]盧益亨, 博文書館: 新舊書林145), 초판 1920.9.7; 재판 1925.11.25; 3판? 1926.12.20, 1: 제1회~제14회, 166pp.; 2: 제15회~제28회, 168pp.; 3: 제29회~제45회, 166pp.; 4: [권말]빅구황토젹셔 츄양산우강칠십로긱 리교지뎨필, 제46회~제64회, 223pp.)
【削】	옥루몽 玉樓夢		4(博文書舘, 초판 1920; 재판 1925)
	옥루몽 舊小說	국중(3634-2-69=1)<제1편>/국중(3634-2-69=2)<중편>/박순호[家目]/홍윤표[家目]	1(장회본, 국한자 순기, [編·發]金容俊, 普及書舘, 第一篇, 권 1~4 (127), 1913. 5. 10, 190pp.; 中篇, 권 5~7(128), 1913. 8. 20, 233pp.)
【增】	옥루몽 玉樓夢	박순호[家目]	4(盛文堂書店, 1938.10.25)
	옥루몽原本國文玉樓夢	김종철[家目]/[張孝鉉, "「玉樓夢」의 文獻學的 研究"]	4(世昌書舘, 1952; 1957, ……
	옥루몽 玉樓夢	국중(3636-23=1-4)<1952>/숙대[국회:古綜目](1936)/영남대[目續](도남813.5)(1933)/조희웅[家目]<권3, 1936>/홍윤표[家目]<권 2>	4(玉蓮子 著; 永昌書舘 譯, 永昌書舘, 2: 174pp. 초판 1925. 11. 10; 재판 1933. 1. 25; 1936; 檀紀 4285 [1952])
【增】	(原本)玉樓夢 1~4	국중(3636-48=1-4)	4(鄕民社編輯部 編, 鄕民社, 1965)
	옥루몽 권지이/권지삼 玉樓夢 卷之二/卷之三	국중(3634-2-49=2)<권2, 4판>/국중(3634-2-92=2)<권3, 4판>/서울대[국회:古綜目]<8판>/박순호[家目]/홍윤표[家目]	4(국한자 순기, 장회본, [著·發]高裕相, 滙東書舘, 초판 1917.3.23; 4판 1922.2.10; 5판 1924; 6판 1925. 11. 5, 1: 1~16회, 177pp.; 2: 17회~32회146), 174pp; 3: 33회~50회, 180pp.; 4: 51~64회, 197pp.)
	옥루몽 권지속편/……/권지팔 舊小說	국중(3634-2-91=1)<속편>/국중(3634-2-91=2)<권8>/	낙질 2(국한자 순기, 장회본, [編·發]金容俊, 滙東書舘, 1916.1.4,

---

145) 국립중앙도서관 소장「玉樓夢」卷之三(3634-2-92=1) 판권지에 의하면 발행소가 博文書舘과 新舊書林의 兩社 명의로 되어 있다.
146) 영창서관 판과 같다.

		홍윤표[家目]	續篇 續1화~13회[147], 233pp.; 下篇 권8~10: 26회~49회[148], 280pp.)

한문현토본

	懸吐玉樓夢	계명대(우811.35)/고대(C14-A44)/국중[고1](한-48-107)/국중[고6](일모古3636-123)/국중(3636-16)<재판>/국중(3636-1A)/국중(漢48-107)/동국대[古](813.5-옥234ㅇ)/박순호[家目]/성대(D7C-81a)/정문연[韓古目](737: R35N-003046-1) ……	3(장회본[149], 玉蓮子著, 金東縉譯述, 德興書林, 초판 1918.1.8; ……
【增】	(原本諺吐)玉樓夢 2卷/3卷	국중(3634-2-87=2)<권2>/국중(3634-2-87=3)<권3>	낙질 2([著·發]吉川文太郎, 普及書舘, 1924, 2: 201pp.; 3: 202pp.)
【增】	玉樓夢	국중(漢48-111)/단국대(古853.5 옥953)/정명기[尋是齋 家目]	낙질 1~3[漢少目, 英8~4] 3(金翼洙著, 普及書舘·金光書林·博文書舘, 1924)
	原本懸吐玉樓夢	국중[고3](古3636-21)/국중(3736-59=1-3)/정문연[韓古目](501: R35N-002962-2)	3([著]申泰三, 世昌書舘, 1962, ……
	原本漢文諺吐 玉樓夢	김종철[家目]/박순호[家目]/이대/홍윤표[家目]	3([著·發]姜義永, 永昌書舘·韓興書林·振興書舘[130] ……
	原本諺吐玉樓夢 卷一/卷二/卷三	계명대[古綜目](고811.35옥련자ㅇ)/국중(3634-2-87=1)<권1>/국중(3634-2-87=2)<권2>/국중(3634-2-88=3)<권3>/단국대[羅孫]~[漢目](古853.5/옥953)[131]/박순호[家目]/서울대(3350~67)/이대[古](811.31옥327길)/정명기[尋是齋 家目]/海士[亞活全](6)	3(64회, 吉川文太郎, 1: 제1회~제21회[150], 積文書舘, 1924.12.20, 213pp.; 2: 제22회~제44회, 積文書舘, 1924.12.20, 201pp.; 3: 제45회~제64회, 積文書舘·普及書舘, 1924.12.20, 202pp.)

448. 1 〈자료〉

Ⅱ.(역주)

    448.1.9. 류창선·김아부 외 주석, 김현봉·김만원 외 편집. 『옥루몽』. 전 5책. 조선고전문학선집, 17/18. 평양: 국립문화예술서적출판사, 1958/1960.

---

147) 영창서관·한흥서림·진흥서관 판『原本漢文諺吐 玉樓夢』권 3의 제50회~제64회와 같다.
148) 첫 회만은 회차 없이 회목명만 있으나, 다음 제27회부터 마지막 제49회까지는 회목과 회차가 갖추어져 있다.
149) 회목의 국역은 붙어 있지 않으나, 회목이 박문서관 판 및 영창서관 판과 같음을 알 수 있다.
150) 권 1 서두에 전 3권의 총 회목이 수록되어 있다.

【增】
1) 韋旭昇 註解.『玉樓夢』. 北岳文藝出版社, 1985.
2) 리헌환 윤색 및 주해.『옥루몽』, (1)/(2). 조선고전문학선집, 34/35. 평양: 문학예술종합출판사, 2000/2001; 서울: 연문사, 2000(영인).
3) 구인환.『옥루몽』. 우리고전 다시읽기 25. 신원문화사, 2003.

448.2. 〈연구〉

Ⅱ. (학위논문)
〈석사〉
【增】
1) 양규성. "「옥루몽」 연구: 유학적 이상주의의 모색과 한계." 碩論(명지대 교육대학원, 2000. 2).
2) 조혜원. "「옥루몽」에 대한 아동의 반응과 그 교육적 의미." 碩論(건국대 교육대학원, 2003. 2).
3) 이수진. "「옥루몽」의 여성주의적 연구." 碩論(경북대 교육대학원, 2003. 8).
4) 김진경. "「옥루몽」의 등장인물을 통해 본 작가의식 연구." 碩論(인천대 교육대학원, 2004. 2).

Ⅲ. (학술지)
448.2.79. 李昇馥. "「玉樓夢」의 構造와 性格."『韓國文化』, 20(서울大 韓國文化研究所, 1997. 12).
조광국. "「옥루몽」에 나타난 王道·覇道 並用의 정치이념 구현 양상."『古典文學研究』, 15(韓國古典文學會, 1999. 6). "「옥루몽」의 왕도(王道)·패도(覇道) 병용의 정치이념 구현 양상"으로『한국문화와 기녀』(월인, 2004. 2)에 재수록.

【增】
1) 최장섭. "고전소설 「옥루몽」의 작가와 창작연대 문제."『조선어문』, 3(사회과학출판사, 1989. 7).
2) 안장리. "「옥루몽」의 興味素 研究."『한국학대학원논문집』, 8(韓國精神文化研究院 韓國學大學院, 1993. 12).
3) 심치열. "「육미당기」 연구: 「옥루몽」과의 친연성을 중심으로."『古小說研究』, 7(韓國古小說學會, 1999. 6).
4) 상기숙. "「玉樓夢」에 나타난 中國占卜信仰."『한국무속학』, 1(한국무속학회, 1999. 12).
5) 김진영. "「강남홍전」의 연구: 「옥루몽」의 개작과 변이를 중심으로."『語文研究』, 32(語文研究學會, 1999. 12).
6) 이승수. "「옥루몽」 소고, 1: 男女知己論의 虛實과 여성의 발견."『한국고전여성문학연구』, 1(한국고전여성문학회, 2000. 10).
7) 崔昌錄. "「옥루몽」의 글읽기와 대중선도."『幻夢小說과 꿈이야기』(푸른사상, 2000. 11).
8) 강상순. "「玉樓夢」에 나타난 남영로의 정치의식." 한국고소설학회 編.『한국고소설의 자료와 해석』(아세아문화사, 2001. 10).
9) 이승수. "「옥루몽」에 나타난 王覇併用論의 역사적 맥락과 사상적 함의."『한국학논총』, 35(한양대 한국학연구소, 2001. 10).
10) 이승수. "「옥루몽」 소고, 2: 장르 포섭 양상과 삽입 작품들의 기능."『한국언어문화』, 20(한국언어문화학회, 2001. 12).

11) 조혜란. "「옥루몽」의 서사미학과 그 소설사적 의의."『古典文學硏究』, 22(韓國古典文學會, 2002. 12).
12) 張孝鉉. "「玉樓夢」." 刊行委員會 編.『古小說硏究史』(月印, 2002. 12).
13) 김진영. "음악의 서사적 기능과 그 의미:「구운몽」과「옥루몽」을 중심으로."『우리말글』, 29(우리말글학회, 2003. 12).
14) 조광국. "19세기 고소설에 구현된 정치이념의 성향「玉樓夢」·「玉樹記」·「鸞鶴夢」을 중심으로."『古小說硏究』, 16(韓國古小說學會, 2003. 12).
15) 최지연. "「옥루몽(玉樓夢)」의 여성 인물 형상화와 그 의미: 강남홍, 벽성선, 일지련을 중심으로"『韓國古典硏究』, 10(韓國古典硏究學會, 2004. 12).
16) 김진영. "「벽성선전」의 연구.「옥루몽」의 개작과 분화를 중심으로."『語文硏究』, 44(語文硏究學會, 2005. 4).

〈회목〉
(永昌書舘·韓興書林·振興書舘版, 「原本漢文諺吐 玉樓夢」; 積文書舘版, 「原本諺吐 玉樓夢」)

[권 2]
26: 設禮樂盧均誤國　　　　　　　　　　激忠憤燕王上疏
34: 明天子脫身入徐州　　　　　　　　　董將軍伸義鬪單于
59: 楊尙書擊毬斬董紅　　　　　　　　　孫先生東床迎佳婿

【增】(博文書舘·新舊書林 판「玉樓夢」, 3)
29: 망션딕에로균이더ᄉ를맛고　　　　　望仙臺盧均迎道士
　　태쳥궁에텬직왕모를모위다　　　　　太淸宮天子會王母
30: 태산에올나텬직봉션ᄒ고　　　　　　登泰山天子封禪
　　힝궁에드러가션랑이탄금ᄒ다　　　　入行宮仙娘彈琴
31: 로긔광녕셩에길이모라오고　　　　　虜騎長驅廣寧城
　　호병이산화암에크게들네다　　　　　胡兵大鬧散花庵
32: 긔이흔쇠를써션랑이오랑캐를속이고　用奇計仙娘詆胡
　　큰의를쑵내야태애군ᄉ를니르키다　　奮大義太爺起兵
33: 항셔를던져로균이나라를빅반ᄒ고　　投降書盧均叛國
　　텰긔를모라흉뇌경필을범ᄒ다　　　　驅鐵騎匈奴犯蹕
34: 명뎐직몸을버셔셔쥬에드러가고　　　明天子脫身入徐州
　　동장군이의를펴션우와싸호다　　　　董將軍伸義鬪單于
35: 연왕이격셔를젼ᄒ야남방군ᄉ를모흐고　燕王馳檄聚南兵
　　션위군ᄉ를물녀진언을격동ᄒ다　　　單于退軍激眞人
36: 홍표요ᄀ만이굉텬포를뭇고　　　　　紅嫖姚暗埋轟天砲
　　양원슈좌현왕을수죄ᄒ다　　　　　　楊元帥數罪左賢王
37: 쳥운도ᄉ녯동학으로도라가고　　　　靑雲道士歸故洞
　　야률션위동편셩으로다ᄅ나다　　　　耶律單于走東城
38: 진왕이ᄀ만히산동셩을췌ᄒ고　　　　秦王暗取山東城
　　텬직친히북흉노를치다　　　　　　　天子親征北匈奴

39:	하란산에원쉭개가를알외고	賀蘭山元帥奏凱
	션우듸에호왕이드러와죠회ᄒᆞ다	單于臺胡王入覲
40:	명텬직ᄀᆡ게산양ᄒᆞ야호왕을모도고	明天子大獵會胡王
	홍사미검슐로악호를잡다	紅司馬劍術捉惡虎
41:	홍랑이명비묘를즁슈ᄒᆞ고	紅娘重修明妃廟
	위씨츄ᄌᆞ동에셔괴로옴을밧다	魏氏受苦楸子洞
42:	황쇼졔ᄭᅮᆷ에샹쳥궁에놀고	黃小姐夢遊上淸宮
	위부인이악ᄒᆞᆫ챵자를밧구아회ᄉᆡᆼᄒᆞ다	魏夫人回甦換惡腸
43:	션슉인이산화암에긔도ᄒᆞ고	仙淑人祈禱散花庵
	녀도ᄉᆡ츄ᄌᆞ동에ᄀᆞ만히드러가다	女道士潛入楸子洞
44:	션랑이쟝신궁에글을올니고	仙娘獻書長信宮
	쇼져미셜졍에향을살으다	小姐焚香梅雪亭
45:	태몌샹츈원에ᄭᅩᆺ을보고	太嬛看花賞春院
	련랑이비파를의지ᄒᆞ야만가를불으다	蓮娘依瑟唱蠻歌

◐{**옥루연기 玉樓宴記**}

◘**449.[옥린몽 玉麟夢]** → 몽린기 / 몽린록 / 영수창선기

〈작자〉 李廷綽(1678~1758)[151]

[增]

1) 이상의 기록[趙彦林의 『二四齋記聞錄』]을 통해 알 수 있듯, 趙彦林은 宋瓆에 관한 시화를 기술하면서, 이정작이 송질, 尹彙貞 등과 교유한 사실과 「옥린몽」을 창작한 사실을 말하고 있다. 이에 우리는 송질과 이정작의 교유 가능성을 토대로 조언림의 서술에 대한 신빙성과 교유 인물들을 확인할 수 있으리라 본다. 먼저 송질(1676~?)은 호는 恥菴으로 참봉을 거쳐 1728년(영조 4) 별시문과에 丙科로 급제하여 持平, 正言, 掌令, 獻納을 거쳐 1739년(영조15) 司諫, 執義, 후에 輔德을 지낸 인물이며, 아울러 文名이 있어 『恥菴集』이 현재 고려대도서관에 전하고 있다. 또한 李廷綽(1678~1758)은 진사를 거쳐 1727년(영조 3) 重試에 장원으로 급제하여, 持平, 嘉善大夫, 工曹參判 등을 지낸 인물이다. 이와 같이 송질과 이정작은 비슷한 연배와 과거 급제 및 비슷한 생애를 산 인물로 서로 간의 교유 가능성은 농후하다고 볼 수 있다. 또한 이들과 조언림과의 생존 연대도 큰 차이가 없음을 알 수 있다. 결국 위 조언림의 언급은 신빙성이 인정되며, 이에 우리는 「옥린몽」의 작가가 이정작이라는 점에 대해 주저할 필요가 없다고 본다(정창권, "「옥린몽」의 작가 고증과 이본 양상," 刊行委員會 編, 『韓國古小說史의 視覺』[1996. 10], p. 914).

2) 이러한 점을 종합해 볼 때 이정작[1678~1758]이 「옥린몽」을 지었다고 한 「二四齋記聞錄」의 기록은 단순히 항간에 떠도는 이야기를 주워듣고 기록한 것이 아니라는 것을 의미한다. 李義師[1728~1811]는 이정작과 같이 살면서 이정작이 창작한 「옥린몽」을 직접 본 것이 분명하며, 趙彦林[1784~1856]은 이희사로부터 시문을 배우면서 「옥린몽」 창작에 관한 이야기를 들은 것이 확실하

---

151) 趙彦林의 『二四齋記聞錄』에 이정작이 「구운몽」·「사씨남정기」 등을 보고 「옥린몽」 15권을 저작하였다고 되어 있다(李秉岐, 『國文學全史』, p. 172 참조).

다. 따라서 조언림의 기록은 매우 신뢰할 만한 것이라고 하겠다. 한편, 모리스 꾸랑 또한 이정작이 『옥린몽』을 지었다고 기록했는데, 다음의 인용문을 살펴 보자.

> 774. 增刪玉麟夢. 8책. 필사본
> 처음 한글로 된 책은 上元後丙寅에 서문을 추가한 溪西가 수정하여 漢字로 썼다. 한글본의 작가는 悔軒이다.

위의 인용문은 그 동안 「옥린몽」 연구자들이 한 번도 인용하지 않은 자료인데, 이를 다시 정리하면 다음과 같다. '이정작은 한글본 「옥린몽」을 지었다. 원 사본 한문 소설인 「增刪 玉麟夢」 8책은 溪西가 번역한 것이다. 대보름이 지나서 丙寅日에 溪西가 서문을 추가해서 썼다.' 모리스 꾸랑이 본 「增刪玉麟夢」에 실린 溪西의 서문을 볼 수 있다면 이에 대해 더 자세히 알 수 있겠지만, 안타깝게도 이 책은 찾을 수가 없다. 그러나 위의 기록을 볼 때, 「增刪玉麟夢」에는 이정작이 「옥린몽」을 지었다는 기록이 있다는 것이 분명하다. 결국 조언림이 편찬한 「二四齋記聞錄」의 기록과 모리스 꾸랑의 기록 등을 종합해 볼 때, 이정작이 「옥린몽」을 창작한 것은 의심할 수 없는 사실이라고 하겠다(최호석, "「옥린몽」 작가 연구," 『어문논집』, 40[1999. 8], pp. 195~196).

〈작품연대〉

【增】

1) 「玉麟夢」 창작의 상한 시기는 이정작이 양근으로 내려온 1709년으로 하는 것이 타당할 것이다. 1709년은 이정작이 서울 생활에서의 불우함을 이기지 못하고 낙향한 때이며, 이정작이 한가한 생활을 한 것은 이때부터로 생각되기 때문이다. 그리고 「옥린몽」 창작의 하한 시기는 이정작이 1714년에 문과에 급제한 뒤 승문원으로 부임한 1716년을 넘지 않을 것으로 보인다. 이정작이 느꼈던 불우함은 과거에 급제하지 못한 것이 가장 큰 이유였는데, 과거에 급제하고 승문원에 부임함으로써 그러한 불우함이 어느 정도 해소된 것으로 보이기 때문이다. 그리고 이때부터 본격적으로 관직 생활을 하기 때문에 1716년 이후로는 「옥린몽」을 지을 만한 시간이 없었을 것으로 생각되기 때문이다(崔皓晳, "「玉麟夢」 硏究," 高麗大 博論[2000. 2], pp. 36~37).

〈관계기록〉

① 「玉鴛再合奇緣」[1786~1790](溫陽鄭氏 1725~1799), 14, 表紙 裏面: 「옥닌몽」.
② 동상, 15, 表紙 裏面: 「옥인몽」.
③ 「第一奇諺」(洪羲福 1794~1859), 序: 녁대 연의에 뉴는 임의 진셔로 번역혼 비니 말숨을 고쳐 보기의 쉽기를 취홀 뿐이요 그 스실은 흐ᄆᆞ지여니와 그 밧 「뉴시삼대록」·「미소명힝」·「조시삼대록」·「츙효명감녹」·「옥원직합」·「님화졍연」·「구릐공츙녈긔」·「곽쟝냥문록」·「화산션계록」·「명힝졍의록」·「옥닌몽」·「벽허담」·「완월회밍」·「명쥬보월빙」 모든 쇼셜이 슈삼십 종의 권질이 호대ᄒᆞ야 혹 빅 권이 넘으며 쇼불하 슈십 권에 니르고 그 남아 십여 권 슈삼 권식 되는 슈오십 종의 지느니.
④ 『夢遊野談』(李遇駿 1801~1867), 下, '小說': 又有曰「彰善感義錄」敍花相國珍 及尹尚書汝玉之事「玉麟夢」敍范樞密景文 柳參政原之事 此未知作之者誰 而大意與「南征記」相彷佛 皆所以敍閨範內行 而節節奇聞異說 足令人家爲婦女者鑑戒 而勸懲焉 此雖閭巷稗說 所以補風化者不可謂小矣◑(또한 「창선감의록」이란 것은 화상국 진과 윤상서 여옥의 일을 그린 것이고, 「옥린몽」은 범추밀 경문과 유참정 원의 일을 그린 것으로, 이것을 지은 사람이 누구인지는 알지 못한다. 그러나 대체적인 뜻은 「남정기」와 비슷하며 모두 여자들의 법도와 행실을 서술한 것인데, 구절 구절마다 기문과 이설이 있어 능히 인가의 부녀자들로 하여금 그것을 보고 경계를

하여 선을 권하고 악을 징계하게 할 수 있게 한다. 이것은 비록 항간에 떠도는 패설에 지나지 않으나, 풍속의 교화를 돕는 바는 작다고 할 수 없다).

⑤ 「玉仙夢」(丁奎福 所藏本), 5, 後尾: 稗官之說 有補於世敎者大矣 「玉麟夢」一部 與 「謝氏南征記」略同軌範 眞稗說之可觀者也 呂氏之嫉妬 無所不至 毒流其夫之骨肉 其稔惡難容於覆載之間 而終焉悔改 享其令終 此開後人遷善之路 柳張兩氏之備嘗難厄 末享福祿者 使善人增益其所不能 而益堅其心志也◐(패관 소설은 사람들을 가르치는 데 보탬되는 바 크다. 「옥린몽」 일부와 「사씨남정기」는 대략 같은 것으로서 참으로 패관 소설 중에서 가히 볼 만하다. 여씨의 질투는 이르지 않은 데가 없어 그 독이 전처 소생에까지 이르렀고, 그 악을 쌓음이 여러 해에 걸쳐 용납되기 어려웠으나 끝내 잘못을 뉘우치고 행복한 말년을 누렸으니, 이것은 후세 사람들에게 개과천선의 길을 열었다. 유씨와 장씨 두 사람이 고난과 액운을 두루 맛본 후 마지막에는 복록을 누린 것은, 착한 사람들로 하여금 해서는 안 되는 일을 더욱 많게 하고, 또 그 마음가짐을 굳게 하도록 한 것이다).

⑥ 『二四齋記聞錄』(趙彦林): 悔軒閑見北軒春澤之 「九雲夢」·「南征記」等書 乃作「玉麟夢」十五卷 文甚奇妙 中國人見之 嘆曰 如此好排布 恨斷而小之也 乃衍而爲八十卷云耳◐(회헌 이정작이 북헌 김춘택[1670~1717]의 「구운몽」, 「남정기」 등을 보고 「옥린몽」 15권을 지었는데, 그 글이 심히 기묘하여 중국인이 보고 탄식하되, 이같이 좋은 배포로써 너무 깎아서 작게 하였음을 한하여 조금 덧붙여 80권을 지었다 한다).

⑦ 「夢麟記」(延世大 所藏本) 序: 夫「玉麟夢」未知何人所作 而只覽其諺書 所記脈絡之有理 句讀之有識 足可以消遣潛寂 而況且小人設計之窮凶陰譎 賢人處事之忠孝誠烈 亦可爲創善徵惡也 其善者師之 惡者改焉 則豈徒以雜書勿觀之聖訓 而棄之如尋常小說也哉 余每惜眞書之不傳于世矣 適黃君致範遞任閑居 飜謄其文 以示于余曰 吾年前得覽此書 飜眞數回 惜廢中途 繼以成編 名之曰 「夢麟記」 欲爲潛寂中羅睡之資云 余愛其辭 而悅其文 且歎服其逡意 敢忘觀者之啓齒 因爲之序 蓋此書潛心反覆 則其善其惡 足爲感發懲創之戒訓 誰使汎然 眉過其博弈 惟賢於已之意 亦不無少補云爾 歲在丙午七月 金海人金昌成序◐(「옥린몽」은 누가 지은 것인지 알지 못한다. 그러나 그 한글로 된 책을 보니 기록한 바의 맥락이 이치에 맞고 말씨에 유식함이 있어 족히 고요하고 적적한 때의 소일거리는 되겠다. 하물며 소인은 음흉스럽고 내흉함을 꾀하나 현인은 충효를 힘써 행함은 역시 착함을 권하고 악함을 징계하는 것이라 할 수 있으니, 그 착한 것은 본받고 악한 것은 고칠 수 있다면, 어찌 다만 잡서는 보지 말라는 성인의 교훈을 따라 이를 여느 소설로만 여겨 내칠 것인가? 내가 늘 진서[한문본]가 세상에 전하지 않음을 안타까워하였다. 마침 황치범이 체임[152])되어 한가한 때에 그 글을 번역하여 내게 보이며 말하기를, "내가 몇 년 전에 이 글을 읽어 보고 한문으로 몇 회를 번역하였는데, 아깝게도 중간에서 그만두었다가 이어서 한 편을 이루어 이름을 「몽린기」로 하여 고요하고 적적한 때에 잠을 쫓을 거리로 삼고자 한다."고 하였다).

⑧ 조동일 소장 「玉麟夢」, 13, 末尾: 이 글을 지은 임주는 님승지오 일홈은 주셰치 못하나라 되부인을 위하여 민드러시되······

⑨ 『諺文古詩』(가람본), '언문칙목녹', 201: 「옥인몽」.

⑩ Courant, 774: 「增刪玉麟夢」, 8책.

---

152) 벼슬의 임기가 다함.

⑪ Courant, 838:「옥인몽 玉麟夢」.

【增】

1) 『欽英』(兪晩柱 1755~1788), 1784. 1. 10: 東閣訂東俗演義「玉獜」優「石行」「石行」優「玩月」◐(동각에서 우리 나라의 연의 소설들에 대해 논의하다. 「옥린」이「석행」보다 낫고, 「석행」은「완월」보다 낫다).
2) 「여자탄」(閨房歌詞): 싀조모의 나아가니 노루 피히 범을 만나 어엿쓴 싀며나리 칙 보난 소리 듯즈 설화 조흔「현봉록」과 즈미로운「옥인몽」을 권권이 압히 놋코 겻틱 안즈 크리 보와……
3) 『[演慶堂]諺文冊目錄』(1920; 藏書閣所藏): 18. 「玉麟記演」45冊.
4) 『[演慶堂]諺文冊目錄』(1920; 藏書閣所藏): 74. 「玉麟夢」18冊.
5) 『[가람]칙목녹』(奎章閣所藏): 「옥닌몽」 공십이.

〈이본연구〉

【增】

1) 「옥린몽」은 먼저 한문으로 쓰여지고 후에 국문으로 번역 출판된 것으로 짐작되며 여러 이본이 전해지고 있다. 일부 문학사에서는 '한문 소설로서 전7권 35회로 되어 있는 방대한 장회 소설'이라고 소개한 것도 있으나, 우리가 번역 출판하는 이 한문본은 53회로서 후반부가 훨씬 더 전개되어 있다. 어느 쪽이 원본인지는 아직 판정하기 어려우며, 앞으로의 서지학적 고찰이 요구된다. 한문본의 이본으로서는「영수창선기」(永垂彰善記)라는 표제의 사본도 전한다. 한문 활판본으로 1918년 10월 회동서관에서 발행한 상·하 두 권이 있다(김하명, "고전소설「옥린몽」에 대하여," 오희복 역, 『옥린몽』, 상[평양: 문예출판사, 1966], p. 1).

2) 「옥린몽」은 본디 15권 장회체 한문 소설로 창작되었다. 그러나 제명에서의 이념성 강조와 체제의 번다함 및 분량상의 방대함 등과 같은 탓으로 한문본은 그 자체 온전히 유전되지 못하고 대부분「영수창선기」라는 제명 아래 7~8권으로 전승되었다. 그러면서 한문본 7[정규복 소장「옥린몽」7권 7책본], 10번 [정문연 소장 낙질 6책본]과 같은 단지 권수로만 내용의 체제를 짜고 있는 이본을 낳기도 했다. 뿐만 아니라 후대에는 이를 직접 번역한 국문본 22 [회동서관 1918년간「옥린몽」]번과 같은 이본을 출현시키기도 했다. 이러한 장회체의 정제된 형식을 통해 한문본은 주로 조선 후기 한문 식자층이었던 사대부들의 욕구를 만족시키며 계속 유포된 것으로 보인다. 반면에 국문본은「옥린몽」이 창작된 후 짧은 시기 내에 원본을 대상으로 직접 번역하여 한동안 지속된 것으로 보인다. 다만 국문본은 11[박순호 소장 결본 1책「옥닌몽」], 15[김광순 소장 결본 7책「옥닌몽」], 20[김동욱 소장 결본 5책「玉麟夢」]번과 같이 장회체를 취하지 않고 원전의 체제만 유지하며, 이후 자유로운 이본 파생을 유도했다. 그리하여 여타 국문본에서 볼 수 있는 것처럼 10~15권 사이의 다양한 이본들이 산출되기도 했다. 그러나 이들은 비록 분량상의 확대 현상을 드러냈지만, 모두 원전에 대한 강한 고수 지향성을 지니며 내용상의 동질성을 유지하였다. 그러면서 점차 국문 장편 소설의 전통과 엇물리면서 규방 세계 여성 독자층의 욕구를 만족시켰던 것이 아닌가 한다. 이상의 논의를 도식화하면 다음과 같다.

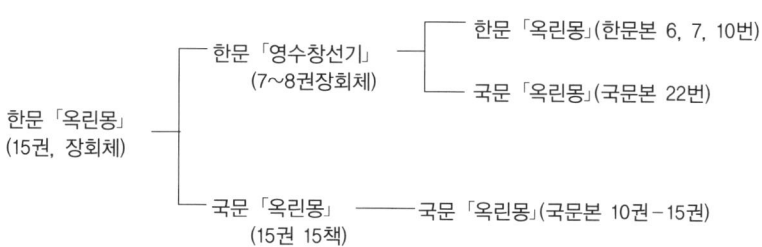

(정창권, "「옥린몽」의 작가 고증과 이본 양상," 『韓國古小說史의 視覺』[1996. 10], pp. 930~931).

3) 한문본은 8권 53회본(「영수창선기」)와 7권 34회본(「옥린몽」) 등 분회되어 있으나, 정규복 소장본은 권으로만 나뉘어져 있다. 「영수창선기」와 「옥린몽」은 53회, 34회로 각각 다르지만, 내용은 동일하다. 국립도서관본 「영수창선기」와 『김기동필사본전집』 소재 「옥린몽」을 비교해 보니 내용은 거의 동일하지만 자구 간에 차이가 있고, '且聽下回分解' 등의 어구가 삽입되어 있거나 없는 정도의 차이가 발견되며, 주인공의 나이가 다른 점이 발견된다. 국문본과 현토본은 장회로 나뉘어져 있지 않고 분권만 되어 있다. 이본의 내용은 거의 동일하다. 한문본과 국문본을 비교해 보니, 한문본을 직접 필사했다는 후기가 있는 「몽린록」은 축자역에 가깝게 번역되었고, 국문본 간에는 한문투가 보다 많은 것과 한문투가 사라진 정도의 어구의 차이가 발견되며, 간혹 생략된 구절, 잘못 필사한 결과 생긴 차이가 발견되나, 이화여대 소장본 국문 필사본을 제외하면 내용이 거의 동일한 것으로 보인다. [이화여대 소장] 국문 필사본은 내용이 생략되어 있다. ……「옥린몽」은 한문으로 창작되어 한문본으로 수용되는 한편 국문으로 번역되어 읽혔던 것으로 보인다. 한문본에 비해 국문본들 간에 내용상의 차이가 발견되지 않는 대신 한문구가 많은 것과 작은 것의 차이, 어휘들 간의 차이가 발견되기 때문이다. …… [국문 필사본 「몽린록」 후기의 내용을] 통해 볼 때 「옥린몽」이 한문에서 번역된 것임을 알 수 있다. 이 외에도 眞本은 전파하지 않는다는 필사기[조동일 소장 「옥린몽」 후기]도 보이는데, 진본은 보통 한문본을 지칭하는 것으로 볼 때, 「옥린몽」은 한문으로 창작된 것임을 알 수 있다. 국문본 → 한문본 → 국문본의 과정도 상정할 수 있으나, 일단 한문본들 간의 차이보다는 국문본들 간의 차이가 많이 발견되고, 국문본들 간에도 한문에 현토한 수준의 번역에서부터 한글투에 보다 가까운 것에까지 다양하게 발견된다는 점으로 보아, 한문으로 창작되어 국문으로 번역된 것으로 생각된다. 또 국립도서관 소장 「옥린몽」의 권지육 표지 안쪽에 한문본의 내용이 요약되어 있거나, 각회의 제목이 써 있는 경우로 미루어 보아, 필사자들이 한문본을 원본으로 받아들였음을 알 수 있다. 이외에도 작품 내에 고사가 많이 인용되어 있고, 시가 많이 실려 있는 점으로 미루어 보아, 한문본이 원본이었을 것으로 보인다(김경미, "「玉麟夢」의 주제와 의미,"『韓國古典硏究』, 2[1996. 11], pp. 157~160 발췌 인용).

4) 위의 글[「二四齋記聞錄」]에서 눈여겨 보아야 할 것은 「玉麟夢」을 15권의 체제로 지었다는 구절이다. 현전하는 「옥린몽」 이본 중에서 15권의 체제로 전해지는 것은 한글본뿐이다. 규장각 ㉮본[「夢麟錄」, 12권 12책]과 영남대 ㉯본[「玉麟夢」 14책 결본]이 바로 15권의 체제로 전해지는 것인데, 한문본은 많아야 8권 8책일 뿐이다. 즉, 책의 형태상으로 볼 때, 「옥린몽」은 한글본으로 창작되었을 가능성이 더 크다. ②는 위 [第一기언]의 서문[洪羲福 1794~1859]을 살펴보면 그는 '언문 소설'들을 문자 표기에 의해 다음의 두 부류로 나누고 있음을 알 수 있다. 즉, 「삼국지」나

「서유기」와 같이 眞書(漢文)로 창작되었다가 한글로 번역되어 유통되던 소설과, 「유씨삼대록」이나 「옥린몽」, 「숙향전」 등과 같이 처음부터 한글로 창작된 소설의 두 부류로 나눈 것이다. 위의 서문을 볼 때, 홍희복은 「玉麟夢」을 여타의 한글 장편 소설들과 같은 한글 소설로 본 것이 분명하다. 따라서 「玉麟夢」은 한글로 창작되었을 가능성이 훨씬 더 크다. ③은 모리스 꾸랑의 저서에 '韓人이 지은 漢字小說'이라는 항목 아래 기록된 것이다. 모리스 꾸랑은 여기에서 「옥린몽」이 처음에는 한글로 되었으며, '한글본의 작가는 悔軒'이라고 단정하였다. 이는 溪西가 지은 「增刪玉麟夢」의 序文에 한글본의 작가가 회헌 이정작이라고 기록한 것을 모리스 꾸랑이 그대로 인용한 것으로 생각된다. 모리스 꾸랑의 이 기록은 「옥린몽」 원작의 표기 문자를 확정하는 데에 매우 중요한 단서가 된다. ④는 「夢麟記」의 서문이다. 물론, 이것만으로는 「옥린몽」이 한글로 지어졌다는 것을 증명할 수는 없다. 그러나 거기에서 '眞書가 세상에 전하지 않는다'는 기록에 유의할 필요가 있다. 이것은 당시 한문본이 없었다는 증거로 삼기보다는 한문본이 상당히 적었다는 것으로 이해해야 할 것이다. 그리고 한문본이 한글본보다 적은 이유는 한문본이 한글본보다 늦게 나왔기 때문인 것으로 이해하는 것이 온당할 것이다. 즉 「옥린몽」은 한글로 창작된 뒤 어느 정도 시일이 지난 뒤에 한문으로 번역되었기 때문에 상대적으로 이본이 적은 것이라고 생각된다. 앞에서 살핀 것처럼 「옥린몽」이 한문으로 창작되었다는 증거가 될 만한 자료는 없다. 오히려 현전하는 자료들은 「옥린몽」이 한글로 창작되었다는 증거가 되기에 충분한 것이다. 아직 「옥린몽」의 한글 창작설을 확증하는 결정적인 증거는 없지만, 위에서 설명한 15권의 체제와 홍희복이 본 언문 소설의 제목, 그리고 모리스 꾸랑 등의 기록을 종합할 때, 「옥린몽」은 한문으로 창작되기보다는 한글로 창작되었을 가능성이 훨씬 더 크다. 그리고 한문본 「옥린몽」은 한글본이 번역된 것일 가능성이 더 크다(崔皓晳, "「玉麟夢」研究," 高麗大 博論[2000. 2], pp. 60~61).

5) 「옥린몽」이 15권 한글본으로 창작되었으리라는 추정에 의해 15권 한글본[규장각 ㉱본]이 「옥린몽」 원작과 형태상으로 가장 가까운 이본이며, 백영본 「玉麟夢刪正」은 여타의 한글본 이본들과 전혀 다르므로 원작에서 가장 먼 이본이라는 것을 지적할 수 있다. 그리고 한글 활자본은 한문본 53회본을 한글로 번역한 것이다. 다시 말해 「옥린몽」은 15권 한글본의 형태로 창작되었으며, 15권 한글본이 필사, 유통되는 과정에서 약간의 축약과 생략이 있었을 것으로 생각된다. 그래서 한글 필사본 중에서 15권 한글본은 다른 것들에 비해 원작에 가까운 것으로 생각되며, 그 양이 적을수록 원작에서 먼 것으로 생각된다. 그러나 15권에서 7권에 이르는 현전 한글 필사본들이 세부적인 면에서는 조금씩 차이가 있지만 내용상으로는 동일 계열에 속한다고 하겠다. 「옥린몽산정」은 한글본의 내용을 필사자가 임의로 많이 고쳤기 때문에 여타의 한글본 이본들과는 전혀 다른 계열에 속하며, 또 원작에서 가장 멀어진 이본이라고 하겠다. 한글 활자본은 비록 한글로 출판되었지만, 이는 한글본 이본의 계열에 속하지 않고 한문본 53회본 계열에 속한다. 한문본 이본들은 한글본보다 이본간 내용의 차이가 더 없다. 이는 한문본 이본들이 한글본 「옥린몽」 15권을 한문으로 처음 번역한 것을 대상으로 해서 필사되었기 때문인 것으로 생각된다. 한문본은 내용만이 아니라 글자마저 차이가 별로 없기 때문에 내용을 가지고는 그 계열을 나눌 수 없다. 다만 한문본 이본들은 그 형식과 체제를 기준으로 계열화가 가능하다. 먼저 한문본은 장회체 이본과 비장회체 이본으로 나눌 수 있다. 그리고, 장회체 이본은 53회본과 34회본, 52회본과 37회본[153], 그리고 몇 회인지 알 수 없는 장회체 이본으로 나눌 수 있다.

---

153) 原註: 37회본 「夢麟記」는 20세기 들어서 한글본이 한문으로 번역된 작품이다. 즉 37회본은 한글본의

…… 한문본 이본의 계열은 다음과 같이 요약할 수 있다. 첫째, 한글본 15권을 한문으로 번역한 것은 비장회체 한문본이다. 둘째, 비장회체 한문본은 다시 여러번에 걸쳐 장회체 한문본으로 나뉜다. 셋째, 장회체 한문본 중에서는 34회본과 52회본이 먼저 분화된 것으로 보인다. 넷째, 몇 회인지 알 수 없는 장회체 이본(김광순본)은 52회본에서 나온 것으로 보인다. 다섯째, 53회본 한문본은 비장회체 한문본을 대상으로 가장 늦게 나온 것으로 보인다. 여섯째, 37회본(연대 B본)은 20세기 들어 한글본을 한문으로 번역한 것이다. 한글본을 포함하여 이본의 계열을 그리면 대강 다음과 같다.

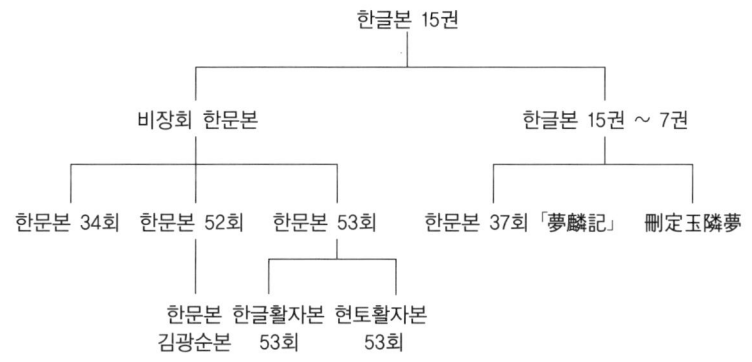

(崔皓晳, "「玉麟夢」硏究," 高麗大 博論[2000. 2], pp. 62~66 발췌 인용).

【增】〈판본연대〉

1) 한글 필사본 중에서 완질이거나 완질에 가까운 것은 17종이다. 이것들은 7권인 사재동 ㉮본[7권 7책]과 8권으로 추정되는 김광순 ㉯본[결본 7책]을 제외하면 10권에서 15권에 이르는 거질의 작품들이다. 그 중에서 필사자가 임의로 내용을 많이 고친 백영본「玉麟夢刪定」을 제외한 나머지 작품들은 대부분 동일한 내용을 담고 있다. 물론 한글본이 필사, 유통되는 과정에서 부분적인 서술이나 묘사에서 약간 축약되거나 부연되고, 생략되거나 추가된 부분이 있기는 하지만, 내용상으로는 동질의 것이라고 할 수 있다. 한글 필사본 중에서 필사 연대가 분명한 작품 중에서 가장 먼저 필사된 것은 1830년에 필사된 국도관 ㉰본이며, 가장 나중에 필사된 것은 1927년에 필사된 국[립중앙]도[서]관 ㉱본이다. 필사 상태나 책의 보관 상태 등을 볼 때 나머지 이본들은 국도관 ㉰본과 국도관 ㉱본이 필사된 1830년과 1927년 사이에 필사된 것으로 생각된다. 그러나 나머지 이본들의 필사 시기가 그렇게 명확하게 드러나지 않으며, 앞에서 지적한 바와 같이 내용상의 차이가 거의 없기 때문에 이들 간의 선후 관계나 영향 관계, 계열을 나누는 것은 매우 어렵다. 다만 「옥린몽」이 15권 한글본으로 창작되었으리라는 추정에 의해 15권 한글본이 「옥린몽」 원작과 형태상으로 가장 가까운 이본이며, 백영본 「옥린몽산정」은 여타의 한글본 이본들과 전혀 다르므로 원작에서 가장 먼 이본이라는 것을 지적할 수 있다.

계열에 속하는 작품이라 할 것이다. 따라서 한문본의 계열을 논할 때에는 37회본을 제외하기로 한다. 한편 37회본 「몽인기」는 번역자가 한글본을 그대로 번역한 것이 아니다. 번역자는 임의로 한시를 첨가하거나 한글본의 내용을 부분적으로 고치기도 하였다. …… 결국 37회본은 한문본이지만 한글본의 계열에 속하며, 내용상으로는 한글본이나 한문본과 떨어져 있는 작품이라 할 것이다.

그리고 한글 활자본은 한문본 53회본을 한글로 번역한 것이다. …… 한문본 이본들은 한글본보다 이본간 내용의 차이가 더 없다. 이는 한문본 이본들이 한글본「옥린몽」15권을 한문으로 처음 번역한 것을 대상으로 해서 필사되었기 때문인 것으로 생각된다. 한문본은 내용만이 아니라 글자마저 차이가 별로 없기 때문에 내용을 가지고는 그 계열을 나눌 수 없다. 다만 한문본 이본들은 그 형식과 체제를 기준으로 계열화가 가능하다. …… 한문본 이본의 계열은 다음과 같이 요약할 수 있다. 첫째, 한글본 15권을 한문으로 번역한 것은 비장회체 한문본이다. 둘째, 비장회체 한문본은 다시 여러 번에 걸쳐 장회체 한문본으로 나뉜다. 셋째, 장회체 한문본 중에서는 34회본과 52회본이 먼저 분화된 것으로 보인다. 넷째, 몇 회인지 알 수 없는 장회체 이본(김광순본)은 52회본에서 나온 것으로 보인다. 다섯째, 53회본 한문본은 비장회체 한문본을 대상으로 가장 늦게 나온 것으로 보인다. 여섯째, 37회본(연대 B본)은 20세기 들어 한글본을 한문으로 번역한 것이다(崔皓晳, "「玉麟夢」研究," 高麗大 博論[2000. 2], pp. 62~63, 66).

국문필사본

(옥린몽)

玉麟夢		경상대[漢目](D7B-옥219ㅁ)	낙질 11(권 1, 권 3~12; 3: <u>갑인니월 초슌일시죽ᄒ여 삼월초슌이필셔</u>; 7: <u>을묘삼월초슌일필셔</u>; 8: <u>병진납월초뉵일</u>; 12: <u>임슐납월초칠일, 췩쥬민원틱즈부□골틱손부</u>)
玉麟夢 옥인몽		국중[고1](한-48-189)/정문연 [韓古目](745: R35N-002965-1)	10(1[권두]: 乙巳四月二十五日始筆, 2: 을사 유월이십삼일필, 6: 丁卯昭和二年[1927]二月日, <u>10: 乙巳十二月日</u>, 총 582f.)
옥인몽		국중[고6](古3636.91)	6(3: <u>(庚)寅五月日普施洞冊主朴和璧寫</u>; 4: <u>道光十年[1830]季春普施洞密陽後人朴和璧</u>; 6: <u>歲次庚寅[1830]菊月旬五日畢寫官順興後人安永浩</u>)
【增】 옥린몽 옥닌몽		김종철[家目]	낙질 8(丁亥, 甲申, 壬午, 癸未; 2: 58f.; 3: 59f.; 4: 42f.; 5: 37f.; 6: 41f.; 7: 50f.; 8: 60f.; 9: 63f.)
	옥인몽 玉麟夢傳	단국대[羅孫]-[漢目] (古853.5/이834여)/정문연 [韓古目](751: R35P-000023-3) /[筆叢](35)	낙질 3(권말 낙장, 74f.)
【增】 옥인몽		박순호[家目]	1(62f.)
【增】 옥인몽		박순호[家目]	1(80f.)
	玉麟夢 권지십일	사재동[家目](0228)	낙질 1(권 11: <u>壬申秋七月旣望</u>)

【增】玉麟夢	선문대 중한번역문헌연구소[생활사 도록](84)	10
【增】옥닌몽 권지팔	여태명[家目](75)	낙질 1(8: 39f.)
옥린몽 玉麟夢	이대[古](811.31옥329)	10(<u>1</u>: [표지 이면]天安郡木川面西里 權純禎 丙子十一月十九日丑時寫; 10: 무진이월염일의시초호여동년오월염오의필셔무진이월)
옥린몽 玉麟夢	이대[古](811.31옥329A)	낙질 <u>3</u>(<u>1</u>; 5; 6: 임인ᄉᆞ월십구일필셔ᄒᆞ다 강누칙쥬강누권소져)
玉麟夢眞諺 【削】'<u>玉麟夢 眞諺玉麟夢</u>	임형택[莽蒼蒼齋 家目] 정문연(D7B~43B)/[韓古目] (749: R16N-001137-7)	12(각 약 42f.) 낙질1(국한자 혼용, 42f.)' [154)
옥린몽 玉麟夢 刪正	정병욱[Sk](277)	10-2(1: 丁卯四月日七十七歲翁金栗溪書小安洞;, 56f.; 2: 丁卯四月日七十四歲翁金栗溪書, 69f.)

국문활자본		
옥린몽 <u>(古代小說)</u>玉麟夢	국중(3736-11)/정문연 (D7B~43A)	낙질 1(<u>宋基和 著</u>, 平壤: 宋基和商店, 1914)
【增】玉麟夢 眞諺玉麟夢	정문연(D7B~43B)/[韓古目] (749: R16N-001137-7)	낙질 1(국한자 혼용, 42f.)
옥린몽 상편/하편 玉麟夢 上編/下編	<u>국중(3634-2-49=1)</u>/정문연 (D7B~43)/[仁活全](28)	2([著·發]高裕相, 滙東書館, 1918. 10. 25, 상: 1~26회; 下: 27~53회, 150pp.)

한문필사본		
(몽린기)		
夢麟記	澗松[漢目]	6(<u>金昌成序, 黃致範謄書</u>)
【增】夢麟記觀	이대(古812.4 몽29)	4(52회, 春·夏·秋·冬)
(영수창선기)		
永垂彰善記	澗松[漢目]	낙질 <u>7</u>(권3 결)
永垂彰善記	국중[고5](古3649-111)	낙질 8-3(53회, 권 3~4 결)
永垂彰善記	서울대[<u>奎</u>](古3477-4)	8-4(53회)
(옥린몽)		
玉獜夢傳	김광순[筆全](37)	1(장회본, 51f.)
【增】玉麟夢	단국대[漢少目, 家3-10]	3(金·絲·竹)

---

154) 삭제 후 국문활자본 조로 보냄.

【削】玉麟夢		서울대(古3477-1)/[亞筆全](4)	7-3(天: 목록 3f.+본문 121f.; 地: 92f.; 人: 80f.)
玉麟夢		서울대[奎](古3477-1)【削'/[亞筆全](4)'】	7-3(53회, 天: 목록 3f.+본문 121f.; 地: 92f.; 人: 80f.)
【增】玉麟夢		전남대/[亞筆全](4)	7-3(34회, 天: 목록 3f.+본문 121f.; 地: 92f.; 人: 80f.)
玉麟夢 永垂彰善記		정규복	7(未分回, 2: 赤緖[鼠]遇虎念三日謄畢; 3: 赤緖遇虎念八日畢書于長悟; 6~7: 丁未155))
玉麟夢		정문연(D7C75)/[韓古目] (750: R16N-001138-2)	낙질 6(聖上三一年歲在甲午[1894]孟秋旣望日藏于桂谷堂, 제2책 결, 448f.)

한문현토본

漢文懸吐玉麟夢 一名永垂彰善記	국중[국회:古綜目]/서울대[일석](813.5-Y58h)/정문연(D7C-74)/車溶柱	2(高敬相編, 53회, 上, 1~26회; 下, 27~53회, 廣益書館, 1918. 11. 25)

449.1. 〈자료〉

Ⅰ. (영인)

440.1.2. 仁川大民族文化硏究所 編.『舊活字本古小說全集』, 28. 銀河出版社, 1984; (再刊) 國際아카데미, 2002. (회동서관판, 「옥린몽」, 下)

Ⅱ. (역주)

「옥린몽」

449.1.9. 오희복 역.『옥린몽』. 상·하. 조선고전문학전집, 14/15. 평양: 문예출판사, 1986/1990; 서울: 연문사, 2000(영인).

Ⅲ. (활자)

「옥린몽」

【增】

1) 오희복 역.『옥린몽』. 상·하. 조선고전문학전집, 14/15. 평양: 문예출판사, 1986/1990; 서울: 연문사, 2000(영인).

449.2. 〈연구〉

【增】Ⅰ. (단행본)

1) 최호석.『옥린몽의 작가와 작품세계』. 다운샘, 2004. 3.

Ⅲ. (학술지)

---

155)『이본목록』에는 '7(未分回, 2: 乙卯; 6~7: 丁未)'로 되어 있고 위치도 소장자란에 오기되어 있다.

「옥린몽」

【增】
1) 안상수. "「옥린몽」의 양면 구조."『産業科學技術』, 8(密陽産業大 産業科學技術研究所, 1999. 2).
2) 최호석. "「옥린몽」작가 연구."『어문논집』, 40[동천홍문표교수화갑기념호](안암어문학회, 1999. 8).
3) 李昇馥. "가문소설적 틀과 가정소설적 내용:「옥린몽」의 경우."『고전소설과 가문의식』(월인. 2000. 11).
4) 정병설. "조선후기 여성소설과 남성소설의 비교 연구:「옥원재합기연」과「옥린몽」을 중심으로." 『국어교육』, 107(한국국어교육연구학회, 2002. 2).
5) 崔皓晳. "「玉麟夢」." 刊行委員會 編.『古小說研究史』(月印, 2002. 12).

【增】 ◘449-1. [옥린전 玉麟傳]

국문필사본

옥인전　　　　　　　　　　김영한 / 정문연(R35P-008224)　　　　　1(28f.)
〈제의〉 옥기린의 태몽을 꾸고 낳은 남주인공 '옥인[玉麟]'의 전기

449-1.2〈연구〉
Ⅲ. 〈학술지〉
1) 박순임. "고전소설「김요문전」·「옥인전」·「옥긔린」에 대하여."『한국고전문학회 2003년 동계 연구발표회 요지집』(한국고전문학회, 2003. 12).

〈줄거리〉

　명나라 순천 연간의 이순화라는 명환이 있었는데 부귀를 겸전하였으나 자손이 없었다. 부인이 하루는 옥기린이 천상으로부터 내려와 앞에 앉는 꿈을 꾸고 아들을 낳아 옥인이라 이름하였다. 이지현이 우연 득병하여 기세하니 장례를 도와 줄 사람이 없었다. 부인이 인아와 함께 용문산하의 박도사를 찾아 모시고 와서 지성으로 대접하니 박도사가 "부인의 졍셩을 ᄒ날이 아르ᄉ 빅자쳔손할 기지를 지명ᄒ엿스니 ᄌ손이 만티 영화홀 거시오 빅호가 창고ᄌ로 옹위ᄒ엿스니 쳔종 식녹을 느릴 거시니 귀틱 복녹이로소이다."고 하면서 길지를 가르쳐 주었다. 그러나 그 곳에 안장할 경우 삼년 후 인아의 초례날 밤에 호교할 것이라고 경고했다. 부인의 반대에도 불구하고 옥인은 오래 살아 욕되기보다 일찍 죽고 자손이 번성한 것이 낫다고 하면서 장례를 치렀다. 3년 후 옥인은 윤소저와 혼인하기 위해 모부인과 눈물로 하직하고 떠났다. 초야에 윤소저에게 사연을 말하고 의관 정제하여 앉았더니 범이 나타나 옥인을 업고 가버렸다. 윤씨가 황금룡 꿈을 꾸고 쌍둥이 아들을 얻었다. 아들들이 십 세가 되니 부친을 그리워했다. 한편 호랑이굴까지 업어간 호랑이가 사라진 사이에 옥인이 새끼호랑이들을 다 죽이고 도망나오니 또 다른 범이 와서 인적이 있는 곳에 데려다 주었다. 한 노고가 발견하고 데려다 구호해 주는데 알고 보니 예전의 도망한 노비들이 마을을 이루고 살고 있었다. 옥인이 노비 문서를 모아 태우고 면천해 준 후 15년 만에 집으로 돌아오다가 객점에서 두 아들의 동방 급제 소식을 들었다. 가족이 눈물로 상봉하고 마침 찾아 온 도사에게 사례했다. 옥인이 한림학사가 되고 두 아들은 양소저,

장소저와 각각 혼인하니 모두 화용월태와 숙덕 자질이 뛰어났다. 장씨는 12자 2녀를 낳고, 양씨는 9자 3녀를 낳아, 자손이 모두 영화를 누렸다 (박순임, "고전소설「김요문전」·「옥인전」·「옥기린」에 대하여," 『한국고전문학회 2003년 동계 연구발표회 요지집』[2003. 12], pp. 193~194).

◐{옥백가전}
〈관계기록〉
① Courant, 929:「옥빅가젼」.

◐{옥봉쌍성기}
〈관계기록〉
①『諺文古詩』(가람본), '언문칙목녹', 125:「옥봉쌍셩긔」.

◪450.[옥봉쌍인]
◐{옥서정기연봉}
〈관계기록〉
①『諺文古詩』(가람본), '언문칙목녹', 195:「옥셔졍긔연봉」.

◪451.[옥선몽 玉仙夢]
〈작자〉宕翁(본명 미상)156)
【增】〈관계기록〉
1)「玉仙夢」, 宕翁, 稗說論, 策曰: 古往今來宙 上下四方之宇 既有百千萬人 則斯有百千萬事 既有百千萬事 則便有百千萬言 迂怪之士 譎慌之人 往往生於其間 不能守正正之槩 不能持堂堂之衡 或有誤見義理者 或有不正心術者 或有別出己意 造疑山於平地 仮幻花於空林 鉤幽捏虛 眩人耳目者 此乃無稽之言 所由生也◐(옛날부터 지금까지 우주 사방 상하에는 이미 백 천만 인이 있었으니, 백 천만 가지의 일이 있게 되었고, 백 천만 가지 일이 있었으니 백 천만 가지의 말이 있게 되었다. 우활157)하고 괴이한 선비들과 황당한 사람들이 그 사이에서 생겨나 바르고 떳떳한 법도를 지키지 못하고, 당당한 규칙을 유지하지 못하였다. 의리를 오해하는 자와 심술이 바르지 않은 자가 자신의 뜻을 유별나게 나타내어 평지에다 거짓 산을 만들고, 빈 숲에다 가짜 꽃을 만들고, 귀신을 낚아채고, 없는 것을 날조하고, 사람의 이목을 현혹시켜서 터무니없는 말이 생겼다).

2)「玉仙夢」, 第七号 '放金鷄揚名解額 射黃甲居魁連榜', 論曰 稗說論: 論曰 聖人不以事細而忽至理 不以詞拙而廢格言 故鄙俚之談 或有義理上感發狂憤之言 或有去就上微諷 惟在聽者之審擇而已 世之論者 以稗說爲不足聽 而吾獨以爲未也 何者 聖人沒而微言絶 處士橫而稗說出 故好奇之家 或有無稽之言 博識之門 偏多不根之論者 盖以論淡泊而無味 雜說奇巧而易曉也 左氏倡爲浮誇之辭 而史家有異同之論 莊子俑爲吊詭之談 而道家有荒唐之跡 以至于索隱行

---
156) 국립중앙도서관본 卷之上의 내표제 다음에는 '宕翁 著'라고 되어 있는 반면, 동 卷之下의 내표제 다음에는 '宕菴 著'로 되어 있다.
157) 사리에 어둡고 덩둘함.

怪之徒 架虛鑿恐之流 踵以爲譎慌沒捉之文 而曰演義 曰雜記 曰儯論 曰瑣錄 曰別傳 曰新語 曰類說 曰故事者 比比有之 故其說 非神則夢 非惡則盜 證之以巫覡 仮之以禽獸 開闢之事無 放 而或有詳說 冥府之迹沒信 而或有的傳者 則其文固不可矜式 其說固不可準定也 然而文人 之口氣 好新而貪奇 雖欲別立門戶 別設畦畛 而其腸胃則皆自九經中出來 故不敢背馳於秉彛 之天 不敢沒脚於蔑法之場 終歸於彰善懲惡之一關捩也 則不可以其荒誕 而都歸於不繫之科 者也 設爲修善之方 而必有善果之應 設爲稔惡之跡 而必有坅厄之報 見之者翟然 有改過之意 讀之者油然 有潔行之志 由此觀之 稗官之功 亦可微哉 何以明其然也 陳壽作志而忠臣忘軀 水滸成傳而義士奮身 西遊之記出而怪鬼戢其妖術 瓶梅之書作而悍婦懲其妬心 演楚漢之義 而英雄知曆數之有歸 倡剪燈之話而蕩子知風流之有節 太史公所謂談言微中亦可以解紛者 抑亦爲稗官而說歟 大抵六藝之文 五經之語 汪洋放沛 嶄截峻拔 浩浩乎不可尙已 譬之如菽粟 之飯 日用而不知其味者也 至於稗官之說 則千奇萬怪 華采彬蔚 機鋒纖利 譬之如爽口之羞 娛腸之饌 備諸珍味 味膿脆腥 腴者不可常御 而時時用進也 固不可退韶謹而就鄭衛也 亦不可 重吾礪而輕荆璞也 謹論(논에 이르기를, '성인은 일이 작다고 해서 지극한 이치를 소홀히 하지 않고, 말이 치졸하다고 해서 격언을 폐하지 않는다.'고 했다. 그래서 비루하고 속된 이야기에 도 간혹 의리에 있어 감발케 함이 있고, 광분하는 말에도 간혹 거취에 있어 은근히 풍자하는 것이 있으니, 오직 듣는 사람이 깊이 생각해서 선택할 뿐이다. 세상의 논자들은 패설을 들을 만한 것이 못 된다고 하지만, 나는 그렇게 생각하지 않는다. 왜냐? 성인이 죽으면 미묘한 도가 담긴 말이 끊어지지만, 처사가 횡행하면 패설이 나온다. 그래서 기이한 것을 좋아하는 사람이 혹 황당무계한 말을 하고, 박식한 사람이 근거 없는 의론에 치우친다. 왜냐하면 논설은 담박하지만 맛이 없고, 잡설은 기이하고 교묘하지만 깨치기가 쉽기 때문이다. 좌씨[左丘明]158)가 근거 없고 과장된 글[吊詭之談]을 주장하여 사가에 다른 의론이 있게 되었고, 장자[B.C. 365~290]가 지극히 기이한 이야기를 하자 도가에 황당한 것이 있게 되었다. 숨은 것을 찾고 기이한 행동을 하는 무리나 헛된 이야기를 지어 내는 무리들에 이르러서는 그 뒤를 이어 황당하여 잡을 수도 없는 문장을 지어 내니, 곧 연의니 잡기니 사론이니 쇄록159)이니 별전이니 신어니 유설160)이니 고사니 하는 것들이 종종 있게 되었다. 그리하여 신이 아니면 꿈이며 악이 아니면 도둑이어서, 무당으로 증명하고 짐승으로 빌어 말했다. 천지 개벽 같은 일은 거칠 것이 없되 간혹 자세하게 이야기하고, 저승의 자취 같은 것은 믿을 수 없되 간혹 전할 만한 것이 있다. 그 글은 진실로 모범적인 규식이 될 수는 없고 그 설은 표준을 정할 수가 없다. 그러나 문인의 기호가 새로운 것을 좋아하고 기이한 것을 탐하여 다른 문호나 새로운 유파를 만들어 낼지라도, 그 속내는 모두 9경161)에서 나온 것으로 같다. 그러므로 떳떳한 하늘의 도리를 어길 수 없고 감히 법도를 멸시하는 지경으로 빠지지는 않으며, 마침내 선을 상 주고 악을 벌 주는 장치로 된다. 그러므로 황탄한 것이 불길한 것으로 돌아가지는 않는다. 착함을 닦는 행위에는 반드시 선한 응보가 있을 것이고 악함을 쌓는 자취에는 악한 응보가 있을 것이니, 이를 보는 자는 저절로[油然162)] 잘못을 고칠 뜻이

---

158) 『左氏春秋』(左傳)의 편찬자.
159) 자질구레한 일들을 기록한 글.
160) 유사한 일들을 모아놓은 글.
161) 중국의 아홉 가지 경서. 곧 『주례』・『의례』・『예기』・『좌전』・『공양전』・『곡량전』・『주역』・『시전』・『서전』. 혹은 『주역』・『시전』・『서전』・『예기』・『춘추』・『효경』・『논어』・『맹자』・『주례』를 일컫기도 한다.
162) 저절로 일어나 형세가 창성하는 모양.

있을 것이오, 이를 읽는 자는 확실히[翟然163)] 결행할 뜻이 있을 것이다. 이로써 보건대, 패관소설의 공이 역시 작다고 할 수 있는가? 어떻게 그것을 밝힐 수 있겠는가? 진수[233~297]가 『삼국지』를 지어 충신이 제 몸을 아끼지 않게 되었고, 「수호전」이 만들어져 의사가 제 몸을 일으키게 되었으며, 「서유기」가 나와서 괴귀가 요술을 그만두게 되었고, 「금병매」가 지어져 사나운 여자가 질투심을 고치게 되었으며, 초한 때의 의리가 소설로 만들어져 영웅은 운수의 돌아감을 알게 되었고, 『전등신화』의 이야기에 이끌리어 탕아가 풍류에도 절도가 있음을 알게 되었다.…… 태사공의 소위 '골계자류의 하찮은 이야기 속에도 가히 엉킨 것을 풀 수 있는 것이 있다.'고 한 말이 패관들의 이야기에 해당되지 않겠는가? 대개 6예164)의 문장과 5경165)의 말은 넓은 바다에 물이 쏟아지듯, 높이 솟아 있는 듯, 넓고 넓어 가히 숭상하지 않을 수 없다. 비유하자면 일상 먹는 밥과 같아서 매일 먹으면서도 그 맛을 모르는 것과 같다. 패관의 이야기에 이르러서는 몹시 기괴하고 그 문채가 화려하고 빛나며 그 붓끝이 섬세하고 날카로우니, 비유하자면 입에 맞고 배가 즐거하는 반찬과 같다. 진미를 갖추고 맛이 진하며 연한 고기를 마른 사람이 항상 먹을 수는 없지만, 때때로 먹게 되는 것이다. 진실로 요순의 좋은 노래[韶護166)]를 버리고 정·위[鄭衛]의 음란한 노래를 취할 수 없으나, 역시 내 숫돌이 중하다고 형산의 박옥167)을 가벼히 할 수 없는 것이다. 삼가 논한다).

한문필사본

【增】玉仙夢　　　　　　　　雅丹文庫[漢少目, 英16-2]　　　　　　　2-1

451.2. 〈연구〉

Ⅱ. 〈학위논문〉

【增】〈박사〉

　1) 서경희. "「옥선몽」 연구: 19세기 소설의 정체성과 소설론의 향방." 博論(이화여대 대학원, 2004. 2).

〈석사〉

【增】

　1) 김정연. "「옥선몽」의 장르 혼합 양상 연구." 碩論(한양대 교육대학원, 2004. 2).

Ⅲ. 〈학술지〉

【增】

　1) 서경희. "「玉仙夢」의 구성방식 연구." 『韓國古典硏究』, 7(韓國古典硏究學會, 2001. 12).
　2) 김경미. "조선 후기 한문소설의 義論的 對話 양상과 그 의미: 「정생전」·「삼한습유」·「옥선몽」을 중심으로." 『古小說硏究』, 8(韓國古小說學會, 1999. 12). 刊行委員會, 『澤民金光淳敎授定年紀念論叢』(새문社, 2004. 11)에 재수록.

---

163) '的然'의 오기일 듯하다. '的然히'는 '확실히'·'틀림없이'의 뜻이다.
164) 옛날 중국의 여섯 가지 교육 부문. 즉 禮·樂·射·御·書·數.
165) 중국의 다섯 가지 경전. 즉 詩傳·書傳·周易·禮記·春秋.
166) 옛날 중국의 음악 이름. 韶는 순임금이 지은 음악의 이름이고, 護는 탕왕이 지은 음악의 이름이다.
167) 좋은 옥의 산지로 유명한 중국의 형산에서 캐어 낸 옥돌.

◪452.[옥선현봉 玉璿賢封] ← 옥선현봉소설

국문필사본

[增] 유성현봉 소설녹	김광순[筆全](53)	1(78f.)
[增] 옥션현봉 권디	박순호[家目]	1(甲子元月貳拾, 68f.)
[增] 옥션현봉 권지쵸/권지이	박순호[家目]	1(초: 43f.; 이: 114f.)
[增] 옥션현봉	박순호[家目]	1(40f.)168)
[增] 옥션현봉 玉說玄峯 卷上·下	서울대[일석](813.5-Og8p)	1
[增] 옥션형봉쇼셜녹 권지십오	여태명[家目](174)	낙질 1(15: 80f.)
[增] 玉仙顯夢	정명기[尋是齋 家目]	1

452.1. 〈자료〉
Ⅰ. (영인)

[增]
1) 金光淳 編. 『金光淳所藏 筆寫本韓國古小說全集』, 53. 박이정출판사, 1994. (김광순 소장)

▶(옥션현봉소설 玉璿賢封素說 → 옥션현봉)
▶(옥셤전 玉蟾傳 → 셤동지전)169)
▶(옥소기 玉簫記 → 육미당기)
▶(옥소기봉 玉簫奇逢 → 쌍렬옥소삼봉)

◪453.[옥소기연 玉簫奇緣] ← *강릉추월 / *봉황금 / *소운전 / *소정월봉기 / *소학사전 / *소한림전 / *옥소전 / *월봉(산)기 / *이춘백전 / *천도화 / *춘백전170)

453.2. 〈연구〉
Ⅲ. (학술지)

[增]
1) 鄭相珍. "'玉簫系小說' 研究." 『韓國古典小說研究』(三知院, 2000. 7).

◪454.[옥수기 玉樹記]

〈작자〉 沈能淑(1782~1840)

① 「玉樹記」(沈能淑 1782~1840), 跋文: 「옥슈긔」 십수 회는 소남[小楠, 沈能淑]션싱 심공의 지으신 칙즈라 공이 문장과 긔졀이 탁락ᄒ오샤 률학과 병법이시며 명문 공즈의 특별한 지학과 규방 직녀의 곡진ᄒ 졍수를 돈세 은ᄉ와 심궁 녀에게 소기ᄒ며 결년ᄒ야 츙효 졀녈이 근본으로 도라가게 ᄒ실식 경륜과 빅치가 여항 소설에 젼 사람의 이르지 못ᄒ 셜화를 비로소 발ᄒ시나 춍졀과 구어가 악챡 구츠ᄒ지 아니ᄒ고 부허 음난ᄒ미 업ᄉ니 진즛 경셰 긔담이 될 쓴더러

---
168) 「초한가」(2f.) 합철.
169) 『이본목록』에 추가. 『문헌정보』에는 항목 순서 수정.
170) 『이본목록』·『작품연구 총람』에 추가.

션싱 평일의 우의ᄒᆞ오심을 ᄀᆞ히 알니로다 졍ᄉᆞ 츄간의 민샹셔 우당 합하계오셔 녀강 은귀졍 샹의 딘셔 ᄉᆞ권 초본ᄒᆞᆫ 거슬 졍셔ᄒᆞ라 하탁ᄒᆞᄉᆞ 왈 우리 외왕고의 유적이시니라 ᄒᆞ오시기 협ᄉᆞ의 간슈ᄒᆞ야시나 삼십여 년 동셔 표박ᄒᆞ난 인ᄉᆞ로 뼈 겨를치 못ᄒᆞ고 일본 졍셔를 칠 년 젼의 납샹ᄒᆞ온 후 구본 ᄎᆡᆨ쟝을 검열ᄒᆞ야 용셩 교ᄉᆞ 오뉵 년 침복ᄒᆞᆫ 즁 션싱 문ᄶᆞ를 다시 감동ᄒᆞ야 일통을 언번ᄒᆞ야시나 즁쵸ᄒᆞ지 못ᄒᆞ다가 합하의 명ᄒᆞ오심을 밧ᄌᆞ와 금즁 직소의 삼동 필연을 허비ᄒᆞ오나 본문 디지를 일치 아니코쟈 ᄒᆞ므로 죵죵 문셰 썩썩ᄒᆞ오미 도로여 송연ᄒᆞ오나 「옥슈긔」 언셜은 셰상의 쳐음으로 힝ᄒᆞᄂᆞᆫ 비라 츠홉다 합하의 헌당 풍슈를 늣거ᄒᆞ오시미 슈십 년 셩샹을 벗쏘이시니 젹젹을 츄감ᄒᆞ오시믈 밋지 못ᄒᆞ시며 필셔흠을 당ᄒᆞ야 소싱의 마음의도 유유 챵챵ᄒᆞ온 비라 디져 이 ᄎᆡᆨ 하회로 볼진디 가화왕딘[嘉花汪陳] ᄉᆞ가 후진의 소셜을 이어 일우면 「님화졍연」과 「명ᄒᆡᆼ졍의」로 더부러 ᄉᆞ양치 아니ᄒᆞᆯ 듯 ᄯᅩᆫ 소남공의 혹시 유의 미쳐ᄒᆞ오심을 후학이 본바드올ᄉᆞᆫ ᄒᆞ오나 비단 학문과 박식이 만분지일을 감당ᄒᆞ지 못ᄒᆞ온 밧 거연히 쳔치가 뉵십이 ᄀᆞᄀᆞ오미 여가ᄀᆞ 업ᄉᆞᆯ 듯 ᄒᆞ오이다 무ᄌᆞ 샹원 소싱 붕히 남윤원 근셔.

454.2. 〈연구〉

Ⅱ. 〈학위논문〉

〈석사〉

【增】

1) 정인영. "「옥수기」 연구: 가문소설, 군담소설, 「구운몽」과의 비교를 중심으로." 碩論(가톨릭대 대학원, 2003. 8).

Ⅲ. 〈학술지〉

【增】

1) 이병직. "「옥수기」에 반영된 심능숙의 세계관 검토." 『國語國文學』, 35(부산대 국어국문학과, 1998.12).
2) 조광국. "「玉樹記」에 나타난 中國認識." 『한국문학논총』, 31(한국문학회, 2002. 10).
3) 田城芸. "「玉樹記」." 刊行委員會 編. 『古小說研究史』(月印, 2002. 12).
4) 조광국. "「玉樹記」의 閥閱的 성향: 작품세계·향유층을 중심으로." 『韓國文化』, 30(서울대 韓國文化研究所, 2002. 12).
5) 이기대. "沈能淑의 문학 세계와 「玉樹記」." 『語文論集』, 48(민족어문학회, 2003. 10).
6) 조광국. "19세기 고소설에 구현된 정치이념의 성향: 「玉樓夢」·「玉樹記」·「鷟鶴夢」을 중심으로." 『古小說研究』, 16(韓國古小說學會, 2003. 12).

▶〈옥수전 玉樹傳 → 옥수기〉[171]

◐{옥쌍환기봉 玉雙環奇逢}

〈관계기록〉

① 金台俊, 『朝鮮小說史』, p. 229.
② 金起東, 『李朝時代小說論』, p. 594.

---

[171] 우리어문학회 편, 『國文學史』, p. 48에 「玉樹傳」이 보이나 이는 「玉樹記」를 가리키는 것인 듯하다.

◐{옥연재합 玉緣再合} ← 위왕별전옥연재합172)
◱455.[옥원재합기연 玉鴛再合奇緣]173) ← 옥원중합록 / 옥원중회연
〈작자〉
【增】
1) 만약 선행본을 보면서 필사했다면 어떻게 해서 필사가 불연속적으로 이루어졌으며, 두 작품을 필사하는데 10년이란 기간이 소요되었는지 의문이다. 필자가 보기에 그것은 온양정씨를 비롯한 여성들이 공동으로 창작해서 서로 결합했기 때문인 듯하다. 여성 작가는 전통적으로 공동 창작을 선호했는데 이 작품도 그 같은 전통을 이어받아 지어졌던 것으로 보인다. …… '옥원' 연작은 해평윤씨의 기록 그대로 온양정씨의 주도 하에 며느리 반남박씨, 손주며느리 기계유씨, 해평윤씨, 변생원 고모 등의 도움을 받아 1786년~1796년까지 근 10여 년에 걸쳐 공동으로 창작해서 결합시킨 작품이었을 가능성도 결코 배제할 수 없다. …… 「옥원재합기연」 21권 21책은 주로 온양정씨가 짓되, 부분별로 변생원 고모와 손주며느리 해평윤씨가 지었으며, 「옥원전해」 5권 5책도 온양정씨가 짓되 며느리 반남박씨와 손주며느리 기계유씨가 지었다(정창권, "조선후기 장편 여성소설 연구: 「완월회맹연」을 중심으로," 高麗大 博論[2000. 2], pp. 47 및 60).

〈관계기록〉
① 「玉鴛重會緣」, 21: 매송각의셔 원앙이 재합하니 긔화 신사를 민멸할 재 아니라 이 시의 일재사 반탄도사 셕도쳠이 매송각 봉상회를 참예코 도라가 드듸여 글을 지어 젼사를 긔록하니 수데 「옥원듕회연」이라.
② 동상, 21: 차고로 송암의 자손이 천만의 니르더라 냥후의 나문 제재 응과하여 각각 옥당의 쥬인이 되니 영해 졔미한지라「위왕별젼 옥연재합」의 번역하여 쟝노공의 별셰하던 말과 …… 경양의 호방하던 종면 후말이 허다하되 소설이 잇시니 차면의난 긔록지 아니하고 위왕별젼의 쟝노공이 원양의 셩취하여 등양까지 보고 구십의 션종하니라.
③ 「옥원재합기연」[1786~1790](溫陽鄭氏 1725~1799), 13, 後人 添記: 「옥원재합」 이십일 「뎐해」 오권이니 당구 불식하야 자손은 조샹의 슈필을 존경하고 타인은 남의 녓거슬 대졉하야 상해오디 말고 기리 뉴젼하야 백대에 지나 만셰의 니을지어다.
④ 「옥원재합기연」, 14, 表紙 裏面: 「옥원재합」.
⑤ 「옥원재합기연」, 21, 後人 添記: 「옥원」을 지은 재조는 문식과 총명이 진실노 규듕의 팀몰하야 한갓 무용한 잡져를 기술하고 세상의 쓰이디 못하미 가셕 가탄이로다. 「명행녹」·「비시명감」·「신옥긔린」 등이 다 이 한손의 난 배로되 각각 볼사록 신신하고 긔이하며 공교하니 이상하다.
⑥ 「第一奇諺」(洪羲福 1794~1859) 序: 녁대 연의에 뉴는 임의 진셔로 번역흔 비니 말슴을 고쳐 보기의 쉽기를 취홀 샏이오 그 스실은 흐그지여니와 그 밧 「뉴시삼대록」·「미소명힝」·「조시삼대록」·「츙효명감녹」·「옥원직합」·「님화졍연」·「구리공츙녈긔」·「곽쟝냥문록」·「화산션계록」·「명힝졍의록」·「옥닌몽」·「벽허담」·「완월회밍」·「명쥬보월빙」 모든 쇼셜이 슈삼십 죵의 권질이 호대ᄒ야 혹 빅 권이 넘으며 쇼불하 슈십 권에 니르고 그 남아 십여 권 슈샴 권식 되는 수오십 죵의 지느니.

---

172) 「옥란기연」의 속작이자 「창란호연록」의 제3부작. 그러나 현재까지 미발견이다.
173) 「옥원전해」 혹은 「십봉기연」의 前篇이다.

⑥ 『諺文古詩』(가람본), '언문칙목녹', 206: 「옥원지흡」.
⑦ Courant, 858: 「옥연지합녹 玉緣再合錄」.174)
⑧ Courant, 936: 「옥연즁회연 玉緣??緣」.

【增】
1) 『[演慶堂]諺文冊目錄』(1920; 藏書閣所藏): 97. 「玉鴛重會緣」 21冊.

〈비교연구〉
【增】
1) 「옥원」과 「창난」은 단순한 모작의 판에 있는 것이 아니라 철저한 대응작의 관계에 놓임을 알 수 있다. 그 대응작이 「옥원」인지 「창난」인지에 대해서는 확언을 할 수가 없다. 다만 옹서 갈등이란 특별한 이야기가 두 작품에서 중요한 구실을 하고 있는데, 「옥원」이 옹서 갈등이 가지고 있는 본래적 의미에 더욱 충실하다는 감안한다면 「창난」이 「옥원」의 대응작일 가능성이 더 많다. 게다가 사용된 어투가 「옥원」은 주석을 하지 않으면 이해하기가 곤란할 정도로 어려운 한문 구절들이 많이 사용되지만 「창난」은 그렇지 않다. 또한 「창란」은 새로운 이야기를 첨가하면서 분량을 늘렸고, 「옥원」은 한 이야기를 집중적으로 거론하여 장면 지연을 극대화함으로써 분량을 늘렸다. 이런 점들까지 감안한다면 「창난」에 대한 대응작으로서의 「옥원」을 상정하는 것에는 무리가 따른다(송성욱, "「옥원재합기연」과 「창난호연록」 비교 연구," 『古小說硏究』, 12[2001. 12], pp. 216~217).

【增】〈이본연구〉
1) 낙선재본 소설 「옥원중회연」은 21권 21책 분량의 한글 장편 소설로, 6권부터 있는 낙질이다. 김기동씨에 의하면 이 「옥원중회연」의 이본으로 서울대도서관에 「옥원중합록」 13권 13책 완질이 있다고 하나 현재 실물이 확인되지 않는다. 그런데 또다른 이본인 서울대도서관 소장 「옥원재합기연」은 21권 21책 완질이 전하고, 최근에 영인(『필사본고전소설전집』 27~30, 아세아문화사, 1980)되기도 하였다. 「옥원중회연」은 6권에서 21권까지의 내용이 서울대본 「옥원재합기연」의 제5권 중반에서 제21권까지의 내용과 일치하는 것으로 보아, 없어진 1권부터 5권까지의 내용도 「옥원재합기연」의 해당 부분과 큰 차이가 없는 것으로 여겨진다. …… 필사의 正誤, 세부 기술의 繁簡 문제를 두고 볼 때, 「옥원재합기연」이 「옥원중회연」보다 선행하는 이본이며, 그 역일 수는 없다고 생각된다(沈慶昊, "樂善齋本 小說의 先行本에 관한 一考察: 온양정씨 필사본 「옥원재합기연」과 낙선재본 「옥원중회연」의 관계를 중심으로," 『정신문화연구』, 13:1[1990. 3], pp. 171, 175).

2) 필사기들을 살펴본 결과 서울대본이 연세대본에 비해 원본에 더 가까운 시기의 선행본일 가능성을 짐작할 수 있었다. 서울대본의 경우 필사자가 작가에 대해 알고 있는 듯한 언급을 하는 것으로 보아, 이 작품이 창작된 지 얼마 안 되는 시기에 필사되었으리라고 추정되는 데 비해, 연세대본의 경우, 이미 내용상 많은 착오와 결함을 가진 책을 底本으로 하여 필사된 만큼 그 동안 여러 차례의 필사 과정이 개입되었으리라고 짐작되기 때문이다. 한편 서울대본 「옥원재합기연」과 「옥원전해」는 거의 한 작품처럼 인식되면서 동시에 연달아 필사된 것으로 미루어 여느 연작들보다도 더욱 밀접한 관련을 가지고 있음을 재확인할 수 있다(李芝夏, "「玉鴛再合奇緣」 連作 硏究," 서울대 博論[2001. 2], p. 19).

---

174) Courant, 150에 의하면 「옥연지합녹」의 '옥연'은 '옥원'이 맞을 것이라고 한다.

【增】〈판본연대〉

1) 온양정씨[李永淳의 부인 1725~1799] 정경부인은 「옥원재합기연」의 제1~11권을 병오[1786] 2월부터 정미[1790] 3월까지, 변생원의 고모의 도움을 도움을 받되 주로 직접 베끼고, 제12~21권과 「옥원전해」 제1~4권까지는 경술 5월부터 신해 7월까지 '명동셔상방(貞洞西上房)'에서 자부 박부인[1743~1799][175], 셋째 아드님[勉兢, 1753~1812]의 맏며느리 해평윤씨[1771~1825][176], 맏아드님[穆遠]의 맏며느리 杞溪兪氏[1780~1830][177]와 함께 베꼈으며, 「옥원전해」 제5권은 병진[1796] 3월 1일부터 3일까지 기계유씨에게 베끼도록 하였다(沈慶昊, "樂善齋本 小說의 先行本에 관한 一考察: 온양정씨 필사본 「옥원재합기연」과 낙선재본 「옥원중회연」의 관계를 중심으로." 『정신문화연구』, 13: 1[1990. 3], p. 181).

455.2. 〈연구〉

Ⅱ. 〈학위논문〉

【增】〈박론〉

1) 李芝夏. "「玉鴛再合奇緣」 連作 硏究." 博論(서울大 大學院, 2001. 2).

〈석사〉

【增】

1) 嚴基榮. "「玉鴛再合奇緣」의 작품세계와 연작 연구." 碩論(高麗大 大學院, 2002. 2).

Ⅲ. 〈학술지〉

455.2.6. 沈慶昊. "樂善齋本 小說의 先行本에 관한 一考察 : 온양정씨 필사본 「옥원재합기연」과 樂善齋本 「옥원중회연」의 관계를 중심으로." 『정신문화연구』, 38(한국정신문화연구원, 1990. 3). '온양정씨 필사본 「옥원재합기연」과 낙선재본 「옥원중회연'으로 『국문학 연구와 문헌학』(태학사, 2002.2)에 재수록.

455.2.8. 최길용. "「옥원재합기연」 연작소설 연구: 「옥원재합기연」과 「옥원전해」의 작품적 연계성을 중심으로." 『한글문화』, 6 (한글학회 전북지회, 1992. 3).

【增】

1) 정병설. "조선후기 정치현실과 장편소설에 나타난 小人의 형상: 「완월회맹연」과 「옥원재합기연」을 중심으로『국문학연구』, 4(국문학연구회, 2000. 8).

2) 이지하. "「옥원재합기연」의 서술시점." 『성심어문논집』, 23(성심어문학회, 2001. 2).

3) 김양진. "「玉鴛再合奇緣」의 서사 양상 연구." 『새얼語文論集』, 14(새얼어문학회, 2001. 12).

4) 지연숙. "「옥원재합기연」의 역사소설적 성격 연구." 『古小說硏究』, 12(韓國古小說學會, 2001. 12). 『장편소설과 여와전』(보고사, 2003. 8)에 재수록.

5) 송성욱. "「옥원재합기연」과 「창난호연록」 비교 연구." 『古小說硏究』, 12(韓國古小說學會, 2001. 12). "「옥원재합기연」과 「창난호연록」, 그 대응작의 논리"로 『한국대하소설의 미학』(월인, 2002. 12)에 재수록.

6) 嚴基榮. "「玉鴛再合奇緣」 連作." 刊行委員會 編. 『古小說硏究史』(月印, 2002. 12).

---

175) 李永淳과 온양정씨의 長男 勉恒(1745~1787)의 부인. 朴恒源의 따님.
176) 李勉兢과 晉州柳氏의 장남 種遠의 부인. 海平 尹耆東의 따님.
177) 兪舜柱의 따님.

7) 최호석. "「옥원재합기연」의 男과 女." 『古典文學硏究』, 23(韓國古典文學會, 2003. 6).
8) 최호석. "「옥원재합기연」에 나타난 윤리적 갈등: 宗法과 관련하여." 『古小說硏究』, 15(韓國古小說學會, 2003. 6).
9) 정병설. "조선후기 여성소설과 남성소설의 비교 연구:「옥원재합기연」과 「옥린몽」을 중심으로." 『국어교육』, 107(한국국어교육연구학회, 2002. 2).
10) 한길연. "「옥원재합기연」과 「완월회맹연」의 비교 연구." 『국문학연구』, 11(국문학회, 2004. 6).

【削】▶(옥원재합기연 玉鴛再合奇緣 → 옥원재합)178)
◐456.[옥원전해 玉鴛箋解]179)
〈관계기록〉
① 「옥원재합기연」, 21, 結尾: 반탄이 희지 우열지[喜之又悅之]ㅎ여 원우 원년 삼월 삭도의 긔간 옥원ㅎ여 젼파 명화ㅎ대 의이 미진ㅎ고 문이 여졀ㅎ니 후일의 부 「옥원뎐히셔」를 지으니 대개 물유시종ㅎ고 시우본말이 다 견셔의 슈미를 갓초고 봉희 형뎨 남취 녀가의 긔특흔 셜화 쇼셜의 이시니 호왈 슈뎨 「십봉긔연」이니 추편은 그 대략만 초ㅎ니라.
② 「옥원재합기연」, 13, 後人 添記: 「옥원재합」 이십일 「뎐해」 오권이니 당구 불식하야 자손은 조샹의 슈필을 존경하고, 타인은 남의 볏거슬 대접하야 상해오디 말고 기리 뉴젼하야 백대에 지나 만세의 니을지어다.
③ 『諺文古詩』(가람본), '언문칙목녹', 209: 「옥원젼히셔」.
④ Courant, 939: 「옥젼해남서 玉?海南書」.180)

▶(옥원중합록 玉鴛重合錄 → 옥원재합기연)181)
▶(옥원중회연 玉鴛重會緣 → 옥원재합기연)182)
▶(옥유동기 玉遊洞記183) → 숙영낭자전)
【削】 국문필사본
【削】'옥유동긔'   국중고1(한-48-147)   1'】184)

◐{옥인기 玉人記}185)
〈관계기록〉
① 『諺文古詩』(가람본), '언문칙목녹', 124: 「옥인기」.
② Courant, 784: 「옥인긔 玉人記」.

---

178) 『이본목록』 삭제.
179) 「옥원재합기연」의 속편.
180) 제명으로 미루어 이 작품은 「옥원전해」의 오기인 듯. 한문명은 꾸랑이 써넣은 듯하다.
181) 『이본목록』·『작품연구 총람』 수정.
182) 『이본목록』·『작품연구 총람』 수정.
183) 『이본목록』의 활자체를 고딕체로 수정.
184) 「숙영낭자전」조항으로 이동.
185) 꾸랑의 『조선서지』에 의하면, 이 소설은 「삼국지」의 주인공 중 한 사람인 劉備의 부인 甘夫人의 이야기라고 한다.

▶(옥인몽 → 옥린몽)
【增】◐{옥인전}

국문필사본		
옥인전	박순호[家目]	1(丁酉十月二七日初雪, 李武薰, 20f.)[186]

◐{옥조금천빙}
〈관계기록〉
① Courant, 943:「옥조금천빙 玉?金川?」.

◐457.[옥주호연 玉珠好緣] ← 삼옥삼주기 / 삼주기화 / 음양삼태성
〈관계기록〉
① Courant, 790:「옥쥬호연 玉珠好緣」.

【增】
1)『[演慶堂]諺文冊目錄』(1920; 藏書閣所藏): 146.「三玉三珠記」1冊.

국문필사본		
(삼옥삼주기)		
【增】 三玉三珠	경도대[河合弘民] /[河合蒐目, 5]	낙질 1(2: 이현, 28f.)

457.1.〈자료〉
Ⅱ.(역주)
【增】「옥주호연」
1) 정병헌·이유경 엮음.『한국의 여성 영웅소설』. 태학사, 2000.

457.2.〈연구〉
【增】Ⅱ.(학위논문)
〈석사〉
1) 한진숙. "「옥쥬호연」연구." 碩論(홍익대 교육대학원, 2002. 8).
2) 김현옥. "「옥주호연」연구." 碩論(이화여대 대학원, 2004. 8).

Ⅲ.(학술지)
「음양삼태성」
【增】
1) 임철호. "고소설의 남장 여인들 (2):「음양삼태성」과「정비전」의 남장 성공." 『國語文學』, 38(國語文學會, 2003. 12).

---

[186]「긔수곡」(8f.),「나부가」(5f.),「공수화답가」합철.

▶ (옥중가인 獄中佳人 → 춘향전)
▶ (옥중가화 獄中佳花 → 춘향전)
▶ (옥중금낭 獄中金囊 → 정수경전)[187]
【增】◐{옥중방충효전}

국문필사본

| 옥중방충효전 | 박순호[家目] | 1(54f.) |

▶ (옥중화 獄中花 → 춘향전)[188]

◘458. [옥지기 玉支磯][189]

〈참고자료〉

① 「玉支璣小傳」 四卷二十回: 淸無名氏撰 各本皆題'天花藏主人述' 蓋卽撰書人 其評訂編次人 則因刊本非一而不一律 鄭西諦[振鐸]據文中有在國初已生一個劉伯溫先生之語 定爲明人 ◐(청나라 무명씨의 찬. 각 이본의 표지에 모두 '천화장주인이 서술했다'고 하고 있으니, 이는 곧 이 책을 편찬한 사람일 것이다. 그 평정하거나 편차를 붙인 사람은 간본에 따라 한결같지가 않다. 정서체는 본문 속에 건국[청나라] 초에 이미 생존하고 있었던 유백온선생의 말이 들어 있는 것으로 보아 틀림없이 명나라 사람이라고 하였다)[孫楷第, 『中國通俗小說書目』, p.135].

〈관계기록〉

(한문)

① 『中國歷史繪模本』(完山[映嬪]李氏, 1762), no. 36: 「玉友[支]磯」.

【增】

1) 『私集』(尹德熙 1685~1766), 4, 「小說經覽者」[1762]: 「玉支機」.

(국역)

① 『諺文古詩』(가람본), '언문칙목녹', 116: 「옥지긔」.

458.1. 〈자료〉

【增】Ⅰ. (영인)

1) 김장환·박재연 校註. 『옥지긔 玉支璣』. 조선시대 번역고소설 총서 5. 이회, 2003.[190] (연세대 소장)

【增】Ⅱ. (역주)

1) 김장환·박재연 校註. 『옥지긔 玉支璣』. 조선시대 번역고소설 총서 5. 이회, 2003. (연세대 소장)

---

187) 이 작품은 「정수경전」류의 고전 소설을 신소설체로 번안한 작품이다.
188) 「춘향전」을 신소설 작가인 李海朝가 개작하여, 『매일신보』 1912년 1월 1일부터 3월 16일까지 전 48회에 걸쳐 연재한 작품이다. 작품 序頭에 '名唱 朴起弘 調 解觀子 刪定'이라 되어 있다. 다른 본과는 달리 마지막 대목에서 이어사가 변사또를 용서하고 선치를 부탁하는 점이 특징적이다.
189) 중국 소설의 번역이다.
190) 파리국가도서관 소장인 중국의 醉花樓刊本 「옥지기」가 영인 부재되어 있다.

458.2. 〈연구〉
【增】
1) 박재연. "연세대 소장 번역 고소설 필사본「옥지긔(玉支璣)」연구."『中國小說論叢』, 18(韓國中國小說學會, 2003. 9).

◐{옥천연 玉釧緣}191)
〈관계기록〉
① 「재생연」, 권 1, 緖頭: 각셜「옥쳔연」일질 셔즁의 스옥휘 일인이 슈쥐 되어시되 졔 숑나라 됴뎡의 모든 영화 부귀롤 누렷시니……
② 동상, 권 52, 末尾: 「옥쳔연」을 이어 쏘「직싱연」을 긔록ᄒ노라.

▶(옥태전 → 옥단춘전)
▶(옥토전 玉兎傳 → 토끼전)

◘459. [옥포동기완록 玉浦洞奇翫錄]
459.1. 〈자료〉
Ⅱ. (역주)
【增】
1) 백순남 역·석선영 편집.『옥포동기완록(·서씨전·최고운전)』. 조선고전문학선집, 49. 평양: 문학예술종합출판사, 1992; 조선고전문학선집, 33. 서울: 연문사, 2000(영인).

Ⅲ. (활자)
【增】
1) 백순남 역·석선영 편집.『옥포동기완록(·서씨전·최고운전)』. 조선고전문학선집, 49. 평양: 문학예술종합출판사, 1992; 조선고전문학선집, 33. 서울: 연문사, 2000(영인). (한문 원문)

459.2. 〈연구〉
【增】 Ⅱ. (학위논문)
〈석사〉
1) 姜恩實. "조선후기 동물우화소설「옥포동기완록(玉浦洞奇玩錄)」연구." 碩論(嶺南大 敎育大學院, 2005. 2).

Ⅲ. (학술지)
【增】
1) 최웅권. "『고전의인산문연구』와 장편의인소설「옥포동기완록」의 발견."『북한의 고전소설 연구』(지식산업사, 2000. 9).

◘460. [옥호빙심 玉壺氷心]

---
191) 중국 소설「玉泉緣」의 번역. 續篇의 國譯인「재생연」권 1 및 권 52에 각각 그 前篇에 해당하는 작품으로「옥천연」이 있음을 밝히고 있으나, 현재 미발견이다.

〈관계기록〉
(한문)

① 『惺所覆瓿藁』, 5, 文部 二, 序, 閑情錄序: 近以疾 移告杜門 偶閱劉何「栖逸傳」·呂伯恭「臥遊錄」·都玄敬「玉壺氷」 其寓情蕭散 犁然有當於心 遂合四家 所箚間附以所覩記彙 爲一書 又取古人詩賦雜文 咏及於閑逸者 爲後集 爲編凡十題曰『閑情錄』◐(근래 병으로 휴가를 얻어 문을 걸어닫고 바깥 출입을 하지 않던 중에 우연히 유의경·하양준의 「서일전」192), 여백공193)의 「와유록」, 도현경194)의 「옥호빙」을 읽게 되었는데, 거기 담긴 서정이 소산하여 내 가슴에 와 닿는 것이 있었다. 그리하여 마침내 이 네 사람의 기록을 합하고 그 사이에 내가 보고 기록한 바를 덧붙여 한 권의 책으로 만들고, 또 옛 사람의 시부와 잡문 중에서 한가한 삶에 관해 읊은 것들을 취하여 후집을 만들었는데, 모두 10편으로 '한정록'이라 이름 붙였다).

② 『許筠全集』, 閑情錄, 凡例: 余在庚戌夏 抱疴 謝事杜門擯客 無以消長日巾衍中 適披得數帙 乃朱蘭嵎 太史所贈「栖逸傳」·「玉壺氷」·「臥遊錄」 三種 反覆披覽 仍取三書爲四門類彙 名曰 『閑情錄』 一曰 隱逸 二曰 閑適 三曰 退休 四曰 淸事 手自繕寫 置案頭 同志友見之 咸以爲佳◐(경술년[1610] 여름에 나는 병으로 세간사를 사절하고 문을 닫고 객을 만나지 않고 있었는데, 긴 하루를 소일할 것이 없었다. 그러다 보따리 속에서 마침 책 몇 권을 찾아냈는데, 바로 태사 주난우[朱之蕃 a.1610]가 준 「서일전」·「옥호빙」·「와유록」 3종이었다. 이것을 여러 번 펼쳐 보다가 드디어 이 세 책을 4문으로 분류하여 '한정록'이라 이름하였는데, 그 첫째는 '은일'이요, 그 둘째는 '한적'이요, 그 셋째는 '퇴휴195)'요, 그 넷째는 '청사'다. 손으로 직접 베껴 책상 위에 얹어 두니, 뜻을 같이 하는 벗들이 그것을 보고 모두 좋다고 하였다).

【增】

1) 『[演慶堂]諺文冊目錄』(1920; 藏書閣所藏): 141. 「玉壺氷心」 2冊.

460.2 〈연구〉

Ⅲ. (학술지)

【增】

1) 조광국. "고전소설에서의 사적 모델링, 서술의식 및 서사구조의 관련양상: 「옥호빙심」·「쌍렬옥소삼봉」·「성현공숙렬기」·「쌍천기봉」을 중심으로." 『韓國文化』, 28(서울大 韓國文化硏究所, 2001. 6).

2) 조광국. "규장각본 「옥호빙심」의 서지 사항과 작품 세계." 『書誌學報』, 25(韓國書誌學會, 2001. 12).

▶ (옥환기몽 玉環奇夢 → 옥환기봉)

◪ 461. [옥환기봉 玉環奇逢]196)

---

192) 『世說新語』의 한 편명.
193) '伯恭'은 중국 송나라 때의 학자 呂祖謙(1137~1181)의 字.
194) 중국 명나라 때의 문인인 都穆의 字.
195) 관청에서 물러나 휴식을 취함.
196) 김태준의 『조선소설사』, p. 229의 「옥쌍환기봉」(玉雙環奇逢)이나 김기동의 『이조시대소설론』, p. 600의 「몽옥쌍봉연록」(夢玉雙峰練錄)도 동일계 작품을 가리킨 것인 듯하다.

〈관계기록〉
① 「玉鴛再合奇緣」[1786~1790](溫陽鄭氏, 1725~1799), 14, 表紙 裏面: 「옥환긔봉」.
② Courant, 782: 「옥환긔봉」.
③ 『諺文古詩』(가람본), '언문칙목녹', 189: 「옥환긔봉」.
④ 동상, 93: 「옥환긔연」.
⑤ Courant, 782: 「옥환긔봉 玉環奇逢」, 12책.

국문필사본

【增】 옥환기봉녹　　　　　　박순호[家目]　　　　　　1(병오일월일, 64f.)
【增】 玉環奇逢　　　　　　　정명기[尋是齋 家目]　　　1

461.2. 〈연구〉

Ⅲ. (학술지)

【增】

1) 이승복. "「옥환기봉」과 역사의 소설화." 『先淸語文研究』, 28(서울대 국어교육과, 2000. 3).
2) 이승복. "「옥환기봉」의 이본을 통해 본 역사소설 수용의 한 양상." 『德成語文學』, 10[晚耕朴炳完敎授停年退任記念號](德成女大 國語國文學科, 2000. 5). "역사소설 수용의 한 양상과 가정소설: 「옥환기봉」의 이본비교를 통하여"로 『고전소설과 가문의식』(월인. 2000. 11)에 재수록.
3) 李昇馥. "「한조삼성기봉」의 구조와 성격: 前篇「옥환기봉」과의 관계를 중심으로." 淸冠古典文學會, 『고전문학과 교육』, 3(중앙교육진흥연구소, 2001. 6).
4) 이승복. "「옥환기봉」과의 관계를 통해 본「취미삼선록」의 경우." 『국문학연구』, 6(국문학회, 2001. 11).
5) 李昇馥. "인물 형상을 통해 본「도앵행」의 의미: 「옥환기봉」과 관련하여." 『국어교육』, 107(한국국어교육연구학회, 2002. 2).
6) 林治均. "「옥환기봉」 연구." 『韓國思想과文化』, 18(韓國思想文化學會, 2002. 12).
7) 임치균. "18세기 고전 소설의 역사 수용 일양상: 「옥환기봉」을 중심으로." 『韓國古典研究』, 8(韓國古典研究學會, 2002. 12).
8) 임치균. "사랑과 갈등에 대한 남성의 시각 뒤집어 보기: 「옥환기봉」과「한조삼성기봉」을 중심으로." 『한국고전여성문학연구』, 9(한국고전여성문학회, 2004. 12).

▶(옥환기연 玉環奇緣 → 옥환기봉)

◐{옥환빙}

〈작품연대〉

【增】

1) 기존에 「옥환빙」은 「한씨삼대록」・「설씨삼대록」・「영이록」과 함께 「소현성록」의 파생작이라고 알려졌었다.[197] 그러나 「소현성록」의 관련 내용을 자세히 검토해 보면 「옥환빙」이 「소현성록」의 파생작이 아니라 오히려 「소현성록」보다 앞서 존재했던 작품일 가능성을 발견할 수 있다. 우선

---

197) 박영희, "「소현성록」 연작 연구," 이화여대 박론(1994. 2).

「옥환빙」은 파생작들 가운데 그 제명과 줄거리가 「소현성록」에서 명백하게 소개되어 있는 유일한 작품이다. 「설씨삼대록」·「영이록」은 내용 소개도 없어 「소현성록」에서는 그 존재를 전혀 알 수 없고, 「한씨삼대록」은 내용은 부분적으로 언급하고 있으나 제명은 나타나지 않는다. 따라서 「설씨삼대록」·「영이록」은 「소현성록」이 인기를 얻은 뒤에 다른 작자에 의해 구상·창작되었다고 생각되며, 「한씨삼대록」은 「소현성록」의 창작시에 작자가 함께 구상했거나 창작한 작품이라고 할 수 있다. 그러나 「소현성록」은 「옥환빙」에 대해서는 자세하게 서술하고 있으며, 「옥환빙」이 蘇門과 밀접한 관련을 지니고 있는데도 「옥환빙」의 작자 여성이 고의적으로 蘇門과 관련된 사실을 삭제했다고 거듭 주장하고 있다. …… 그러므로 「옥환빙」이 「소현성록」의 파생작이 아니라 오히려 「소현성록」을 「옥환빙」의 파생작으로 보는 것이 옳다. 만약 「옥환빙」이 「소현성록」의 파생작이라면, 「소현성록」이 아직 존재하지도 않는 「옥환빙」을 5~6면에 걸쳐 장황하게 비판할 필요는 없었을 것이다(池硯淑, "「여와전」 연작의 소설 비평 연구," 高麗大 博論[2001, 6], pp. 88, 91).

〈관계기록〉
① 「소현성록」(박순호 소장), 16: 「옥환빙」 말이 번속ᄒᆞᆫᄃᆡ 지상의 일홈을 쓰지 아니ᄒᆞ야 벼살로 일카라시니 시속 천인들이 감히 일홈을 쓰지 못ᄒᆞ게 하염직 ᄒᆞ고 …… .
② 「소현성록」, 16(서울대 규장각 소장): 일즉 소현셩의계 왕부인 업고 또 안동계셔 곽후을 폐ᄒᆞ시고 소션후을 칙봉ᄒᆞ셧거날 조비난 그 후의 드럿거날 녀시이 소후을 ᄉᆡᆨ히고 조시을 셰우다 ᄒᆞ여 젼후 시말이 소씨 가문을 거두지 아니며 …… 「옥환빙」의 이라러 소시 지아비을 유미을 겨ᄇᆞ리고 셜셩을 밀막다가 츈ᄋᆡ의 말과 셔당 슈졔을 ᄂᆡ여 보고 감동ᄒᆞ다 ᄒᆞ엿스니 니거시 다 허언이라.
③ 「소씨삼대록」(이화여대 소장), 권 11: 셜참졍의 문ᄉᆡᆼ 녀셩이 칙 네 권을 지어 조공과 녀승샹을 뵈여 골오ᄃᆡ 셜문 ᄒᆡᆼ젹이 긔특ᄒᆞ여 후셰예 뎐ᄒᆞ염죽ᄒᆞᆫ 고로 하관이 긔록ᄒᆞ야 빈노라 ᄒᆞᆫ대 이인이 펴보고 크게 우서 왈 셜소부의 경박하미 본ᄃᆡ 이러타다 수연이나 쟉위 놉고 오라디 아나나 소부의 녈의 이시니 경윤면이라 ᄒᆞ미 쳔ᄒᆞ고 그 듕 옥환금 셔징이 ᄀᆞ장 긔이ᄒᆞ던디라 가히 「슈뎨옥환빙」이라 ᄒᆞ다.
④ Courant, 937: 「슈졔옥환빙 ??玉環?」.

◐{옥[환]재봉}
〈관계기록〉
① 『諺文古詩』(가람본), '언문칙목녹', 194: 「옥[환]ᄌᆡ봉」.

◘462.[옥황기 玉皇紀] ← 『황동명소설집』
〈작자〉黃中允(1577~1648)
〈출전〉『三皇演義』[198]
〈관계기록〉
① 『東溟文集』, 13, 別集, 「玉皇記」末尾(黃中允 1577~1648): 近有東溟姓黃者 懼犯漏洩之禁 姑撮其大槩 而錄之者 雖近誕妄 庶爲世善惡報應之鑒戒云◐(근래에 황동명[黃中允]이란 사

---

198) 이 표제의 사본 속에 「天君紀」를 비롯하여 「四代紀」 및 「玉皇紀」가 수록되어 있다.

람이 있어 말하지 말라는 부탁을 범할까 두려워 다만 그 대강을 취하였다. 여기에 기록한 것이 비록 탄망에 가깝기는 하지만 세상 사람들에게 선악 응보의 감계는 될 만하다).

| 한문필사본 |

玉皇紀　　　黃中允後孫宗家(울진)[『三皇演義』/『東溟文集』, 12]　　　(54f.)

★[[온달 溫達]]

〈출전〉『三國史記』, 권 45, 列傳 5, 溫達

1. 〈자료〉

Ⅱ. (역주)

【增】

1) 朴熙秉 標點·校釋. 『韓國漢文小說 交合句解』. 소명출판, 2005. (『삼국사기』)

2. 〈연구〉

【增】 Ⅰ. (단행본)

1) 이창식 편. 『온달문학의 설화성과 역사성』. 박이정, 2000.

Ⅱ. (학위논문)

〈석사〉

【增】

1) 이강문. "溫達說話의 構造와 意味 및 敎育的 活用에 관한 연구." 碩論(韓國敎員大, 1993. 2).

2) 안은영. "「온달전」의 서사전략과 전승양상 연구." 碩論(동아대 대학원, 2002. 8).

Ⅲ. (학술지)

2) 林在海. "溫達型說話의 類型의 性格과 婦女葛藤." 『女性問題硏究』, 11 (효성여대 한국여성문제연구소, 1982. 12).

5) 金大琡. "「溫達傳」의 口碑文學的 理解." 『梨花語文論集』, 10(梨花女大 韓國語文學硏究所, 1989. 3), 또는 『姜允浩敎授華甲記念論叢』(刊行委員會, 1989. 3). 『한국설화문학연구』(집문당, 1994)에 재수록.

7) 尹敬洙. "「溫達」傳에 나타난 現代的 考察: 溫達과 平岡公主의 人間像을 中心으로." 『淵民學志』, 1(淵民學會 【削‘)’】, 1993. 4) 및 "「溫達傳」의 心理的 考察과 樂府 및 現代文學에의 受容樣相: 溫達과 平岡公主의 人間像을 중심으로." 『韓國文學의 通時的 考察』全圭泰敎授回甲紀念論文集](백문사, 1993. 6); "「溫達」傳에 나타난 現代性과 樂府 및 後世文學의 受容樣相: 溫達과 平岡公主의 人間像을 中心으로." 『成均語文硏究』, 31 【削‘;’】 (成均館大 國語國文學科, 1996. 12).

【削】 8) "「溫達傳」의 心理的 考察과 樂府 및 現代文學에의 受容樣相." 『韓國文學의 通時的 考察』[全圭泰敎授回甲紀念論文集](백문사, 1993. 6).

10) 김창룡. "고구려의 문학: 바보 온달과 평강공주." 『北方硏究』, 3(漢城大, 1993. 12). 『온달과 단양』(박이정, 1999. 7)에 재수록.

14) 차충환. "「온달」전의 서사적 구조."『高凰論集』, 19 (慶熙大 大學院, 1996. 12). "「온달전」의 설화적 구조"로『韓國古典小說 作品研究』(월인, 2004. 10)에 재수록.

【增】
1) 成耆說. "韓日說話 比較研究의 一例: '溫達·武王'系 說話와 '炭燒小五郎'說話의 경우."『古典文學研究』, 1(韓國古典文學研究會, 1971. 9).『韓國口碑傳承의 研究』(一潮閣, 1976. 7)에 재수록.
2) 金榮淑. "樂府의 「溫達列傳」受容樣相."『嶺南語文學』, 14(嶺南語文學會, 1987. 8).
3) 金鉉龍. "溫達說話 考察."『東洋古典文學研究』[鶴山趙鍾業博士華甲紀念論叢](太學社, 1990. 10).
4) 尹敬洙. "「溫達傳」의 후세문학에의 수용양상."『韓國漢文學研究』, 15(韓國漢文學研究會, 1992. 9).
5) 이강문. "국민학교 국어 교과서에서의 「온달」설화 수용양상."『靑荷成博士耆兆先生華甲紀念論叢』(刊行委員會, 1993. 6).
6) 김남숙. "온달설화의 구조와 교육적 고찰."『국어교육연구』, 8(광주교대 국어교육과, 1996. 2).
7) 간호윤. "「온달전」연구."『仁川語文學』, 16(仁川大 國語國文學科, 2000. 12)
8) 孫政仁. "「溫達傳」의 가치체계와 의미구조."『大東漢文學』, 13(大東漢文學會, 2000. 12).
9) 金榮洙. "바보 溫達과 平康公主 說話의 再解釋." 金慶洙 編,『古典文學의 現況과 展望』(亦樂, 2002. 9).

◆**463.[옹고집전 雍固執傳]** ← 옹씨전 / 용생원전[199)]

〈관계기록〉

① 「觀優戱」[1843?](宋晩載 1788~1851), 제17수: 雍生員鬪一芻偶 孟浪談傳孟浪村 丹籙若非金佛力 疑眞疑仮竟誰分☯(옹생원이 하찮은 꼭두[200)]와 싸운다는 맹랑한 이야기가 맹랑촌에 전하누나. 붉은 부적 부처님 영험 아니었더면 진짜인지 가짜인지 뉘 끝내 분간하리).

국문필사본			
〈옹고집전〉			
【增】 옹고집젼	김종철[家目]		1(긔유졍월이십니일등서라, 18f.)
【增】 옹고집젼니라	미도민속관[생활사 도록](30)		1
【增】 옹고전이라 趙員單 조생원단	박순호[家目]		1([표지]정묘사월초사일가이 丁卯三月初四日加衣, 55f.)
【增】 옹고집젼	여태명[家目](88)		1(20f.)
【增】 옹고집젼	여태명[家目](250)		1(37f.)
옹고집젼이라	임형택[莽蒼蒼齋 家目]		1(갑슐슴월이십육일의시서하여 슴월이십칠일의필

---

199) 아마도 '옹생원전'의 오기일 듯하다.
200) 인형. 허수아비.

			서하노라, 26f.)
【增】 옹고집타령 翁固執他詠	임형택[莽蒼蒼齋 家目]	1(14f.)	
(옹생원전)			
【增】 옹싱원젼니라	임형택[莽蒼蒼齋 家目]	1(39f.)	

463.1. 〈자료〉

Ⅱ. (역주)

【增】

1) 장석규. "「옹고집전」 주해." 『선주문화연구』, 1(금오공대 선주문화연구소, 1998.12).

2) 구인환. 『옹고집전』. 우리고전 다시읽기 20. 신원문화사, 2003.

463.2. 〈연구〉

Ⅱ. (학위논문)

〈석사〉

【增】

1) 이재영. "조선조 고소설의 서사전략과 이데올로기 연구:「사씨남정기」·「옹고집전」·「배비장전」을 대상으로." 碩論(서강대 대학원, 2001. 8).

2) 송기분. "「옹고집전」의 교육적 의미." 碩論(고려대 교육대학원, 2004. 2).

Ⅲ. (학술지)

463.2.32. 김종철. "「옹고집전」 연구:「옹고집전」 연구: 조선후기 요호부민의 동향과 관련하여." 『韓國學報』, 75[20: 2](一志社, 1994. 6).

463.2.35. 인권환. "失傳 판소리 사설연구:「강릉매화타령」·「무숙이타령」·「옹고집타령」을 중심으로." 『東洋學』, 26(檀國大 東洋學研究所, 1996. 10). 『판소리 唱者와 失傳辭說 研究』(집문당, 2002. 8)에 재수록.

【增】

1) 성무경. "「옹고집전」의 서술자 목소리와 서사 구성력." 반교어문학회 편, 『고소설의 사적전개와 문학적 지향』(반교어문총서 3, 보고사, 2000. 3).

2) 鄭相珍. "「雍固執傳」의 庶民意識과 판소리로서의 失傳考." 『韓國古典小說研究』(三知院, 2000. 7).

3) 이강엽. "'자기실현'으로 읽는 「옹고집전」." 『古小說研究』(韓國古小說學會, 2004. 6).

▶(옹씨전 雍氏傳 → 옹고집전)
▶(와룡선생출사전 臥龍先生出師傳 → 황부인전)
◪464. [와사옥안 蛙蛇獄案]201)

【增】〈작자〉

1) 「蛙蛇獄案」이라는 한문 소설이 그[睦台林]의 작품일 가능성이 높다. 이 작품은 개구리의 아들인 올챙이가 구렁이에게 죽임을 당한 살인 사건의 탐문 과정을 사실적으로 묘사한 송사 우화

---

201) 한문과 이두문을 섞어 쓴 한문 소설이다.

소설로, 일본의 동양문고에 「종옥전」과 합철, 소장되어 있다. …… 기존의 연구자들은 이 작품의 작자가 이두를 구사할 줄 알고 법률 지식이 있으면서 서부 경남 지역에 오랫동안 근무하거나 살아 본 사람일 것이라고 추정했을 뿐, 구체적인 인물은 거론하지 않았었다. 그러나 최근 목태림의 존재가 차츰 학계에 알려지면서 그가 바로 이 작품의 작자가 아닐까 하는 몇몇 연구자들의 언지가 있었기에 필자가 검토한 결과, 몇 가지 단서를 찾을 수 있었다. 첫째, 목태림의 다른 작품들과의 내적인 유사성을 십여 건 이상 발견할 수 있다는 점. 둘째, 목태림의 작품인 「종옥전」과 합철되어 있으면서 필사자도 동일하다는 점. 셋째, 이 작품의 작자는 법률 지식이 있고 공문서를 작성해 본 사람이어야 하는데, 목태림의 생애를 볼 때에 그도 역시 이런 일에 종사했던 사람이라는 점. 넷째, 작품의 소재이자 뼈대가 되는 이야기가 목태림이 살던 경남 사천 앞바다의 작은 섬인 蛇梁島의 지명 유래 전설이며, 목태림은 작품 내에 들어 있는 토끼 설화를 알고 있었을 정도로 설화 채집에 열의가 있었으며, 특히 사천은 「수궁가」가 무형문화재 제9호로 지정되어 있을 정도로 토끼 설화와 관련이 많다는 점. 다섯째, 소설 창작이라는 것이 쉽지 않은 일이고 특히 이 작품은 고도의 寓意와 해학이 들어 있으므로 소설을 지어본 사람만이 지을 수 있는 수준의 것인데, 목태림은 소설을 두 편[「종옥전」과 「향낭신설」] 창작한 적이 있는 사람이라는 점 등이다. 따라서 「와사옥안」의 작자는 목태림일 가능성이 높다(鄭善姬, "睦台林 文學 硏究," 梨花女大 博論[2001. 2], pp. 24~25).

464.1. 〈자료〉

Ⅱ. (역주)

【增】

1) 金俊榮·李月英. 『古小說論』. 月印, 2000.

464.2. 〈연구〉

Ⅲ. (학술지)

【增】

1) 정선희. "蛙蛇獄案" 作者考." 『韓國古典硏究』, 6(韓國古典硏究學會, 2000. 12).
2) 박여범. "蛙蛇獄案"의 구조적 특질 연구." 『한국언어문학』, 50(한국언어문학회, 2003. 5).

▶(완월루 玩月樓 → 장학사전)
【增】◐{완월쌍봉연}

국문필사본

완월쌍봉연　　　　　　　박순호[家目]　　　　　　　1(갑자납월망일각인나, 41f.)

▶(완월회맹 玩月會盟 → 완월회맹연)
◧465.[완월회맹연 玩月會盟宴] ← 완월회맹
〈관계기록〉
①『松南雜識』(趙在三, 1801~1834), 桃卷, 稽古類, '南征記'條(草稿; 서울대 所藏本): 又「翫月」安兼濟母所著 欲流入宮禁 廣聲譽也◐(「완월」은 안겸제의 모친[이씨부인 1694~1743]이 지은 바, 궁중에 흘려 보내서 훌륭한 명망을 넓히고자 한 것이었다).

② 「玉鴛再合奇緣」[1786~1790](溫陽鄭氏 1725~1799), 15, 表紙 裏面: 「완월」.
③ 『第一奇諺』(洪羲福 1794~1859), 序: 녁대연의에 뉴는 임의 진셔로 번역훈 비니 말숨을 고쳐보기의 쉽기를 취홀 쑨이요 그 스실은 훈가지여니와 그밧 「뉴시삼대록」・「미소명힝」・「조시삼대록」・「츙효명감녹」・「옥원직합」・「님화졍연」・「구릭공츙녈긔」・「곽쟝냥문록」・「화산션계록」・「명힝졍의록」・「옥닌몽」・「벽허담」・「완월회밍」・「명쥬보월빙」 모든 쇼셜이 슈삼십종의 권질이 호대호야 혹 빅권이 넘으며 쇼불하 슈십권에 니르고 그 남아 십여권 슈샴권식 되는 수오십 종의 지느니.
④ 『諺文古詩』(가람본), '언문칙목녹', 89: 「완월회밍연」.
⑤ Courant, 920: 「완월회밍 玩月會盟」.
⑥ 『[演慶堂]諺文冊目錄』(1920; 藏書閣所藏): 1. 「玩月會盟宴」 89冊; 2. 「玩月會盟宴」 180冊.

【增】
1) 『欽英』(兪晩柱 1755~1788), 17, 1784. 1. 10: 東閣訂東俗演義 「玉獜」優「石行」「石行」優「玩月」◐ (동각에서 우리 나라의 연의소설들에 대해 논의하다. 「옥린」이 「石行」보다 낫고, 「석행」은 「완월」보다 낫다).
2) 『每日申報』, '說大書': 其書之最文雅有識者이 首曰「眉蘇名行」이오 次月[sic 曰]「玩月會盟」이오◐(그 책 중에 가장 문장이 우아하고 유식한 것은 첫째는 「미소명행」이요, 둘째는 「완월회맹」이다).

465.2. 〈연구〉

Ⅱ. 〈학위논문〉
〈박사〉
【增】
1) 정창권. "조선후기 장편 여성소설 연구: 「완월회맹연」을 중심으로." 博論(고려대 대학원, 2000. 2).
2) 이은경. "「완월회맹연」의 인물 연구." 博論(충북대 대학원, 2004. 2).

【增】〈석사〉
1) 성영희. "「완월회맹연」의 서사 구조와 의미." 碩論(부산대 대학원, 2002. 8).

Ⅲ. 〈학술지〉
【增】
1) 정병설. "「완월회맹연」 읽기: 이념의 질곡과 여성의 삶." 『문헌과해석』, 3(태학사, 1998. 5).
2) 鄭昌權. "「완월회맹연」의 여성수의적 상상력 倂究." 『古小說倂究』, 5(韓國古小說學會, 1998. 6).
3) 정병설. "조선후기 정치현실과 장편소설에 나타난 小人의 형상: 「완월회맹연」과 「옥원재합기연」을 중심으로" 『국문학연구』, 4(국문학연구회, 2000. 8).
4) 상기숙. "「玩月會盟宴」에 나타난 占卜信仰." 『한국무속학』, 2(한국무속학회, 2000. 12).
5) 尙基淑. "小說과 民俗硏究: 「紅樓夢」・「玩月會盟宴」・「家」의 家族生活에 보이는." 『訪日學術 硏究者論文集~歷史』, 5(日韓文化交流基金, 2001. 9).
6) 山田恭子. "「玩月會盟宴」における繼母の葛藤: 繼子虐待の原因と懺悔の場面を中心に." 『大谷森繁博士古稀記念 朝鮮文學論叢』(白帝社, 2002. 3).

7) 상기숙. "「玩月會盟宴」의 여성민속 고찰."『한국무속학』, 5(한국무속학회, 2002. 12).
8) 尙基淑. "「紅樓夢」과 「玩月會盟宴」에 나타난 女性像."『東方學』, 8(韓瑞大 附設 東洋古典硏究所, 2002. 12).
9) 鄭炳說. "「玩月會盟宴」." 刊行委員會 編.『古小說硏究史』(月印, 2002. 12).
10) 山田恭子. "「완월회맹연(玩月會盟宴)」과 「겐지 모노가타리(源氏物語)」의 구조적 특징과 결혼형태에 관한 비교연구."『比較文學』, 30(韓國比較文學會, 2003. 2).
11) 한길연. "「창란호연」과 「완월회맹연」 비교 연구: 가정 내적 갈등을 중심으로"『冠嶽語文硏究』, 28(서울大 國語國文學科, 2003. 12).
12) 한길연. "「옥원재합기연」과 「완월회맹연」의 비교 연구."『국문학연구』, 11(국문학회, 2004. 6).
13) 상기숙. "「홍루몽」과 「완월회맹연」적 점복신앙 비교."『東方學』, 10(韓瑞大 東洋古典硏究所, 2004. 12).

【增】〈비교연구〉

1)「창란」[「창란호연」]에서는 인간의 감정에 솔직한 가운데 인물들의 결함이 여과 없이 드러나는데 반해,「완월」[「완월회맹」]에서는 도덕적 이념에 충실한 가운데 인물들의 결함이 잘 드러나지 않는다. 이러한 인물형상의 차이는 갈등 양상의 차이로도 이어져「창란」에서는 남녀간의 예절에서 벗어난 行態들이 보이는데 반해「완월」에서는 이러한 모습이 보이지 않으며,「창란」에서는 효보다는 애정을 주로 한 갈등이 전개되는데 반해「완월」에서는 애정보다는 효를 주로 한 갈등이 전개되고,「창란」에서는 인과 구조에서 벗어난 부분이 많은데 반해「완월」에서는 인과 구조에 철저하다. …… 두 작품은 흡사한 이야기를 하고 있음에도 지향하는 가치는 극과 극에 놓인 작품이다. 도덕적 이념을 충실히 재현하고 있는 작품으로서의「완월」과 이러한 이념 지향성에서 탈피하여 일상적 현실을 충실히 재현하고 있는 작품으로서의「창란」이 대별되고 있는 것이다. 특히 두 작품은 중심 사건, 주요 인물의 역할, 심지어 시대 배경 및 조력자까지도 매우 흡사하기에 이 두 작품은 한 작품이 다른 작품에 대한 적극적인 대응의 의지를 가지고 지어졌을 가능성이 높다. 그러나 아직까지 두 작품의 선후 관계를 밝힐 확실한 문헌 자료를 찾을 수 없다. 그것은「창란」에 대한「완월」의 대응일 수도 있고,「완월」에 대한「창란」의 대응일 수도 있다. 중요한 점은 동일한 소재를 다룸에도 불구하고 두 작품이 차이를 드러내며 갈라지는 지점이다(한길연, "「창란호연」과 「완월회맹연」 비교 연구,"『冠嶽語文硏究』, 28[2003. 12], p.433 및 p.435).

▶(왈자타령 → 무숙이타령)

◆466. [왕경룡전 王慶龍傳] ← 『삼방록』/『삼방요로기』/『신독재수택본전기집』/ 옥단전 / 왕어사경룡전 / 왕어사전 / 용함옥(전) / 청루지열녀

〈관계기록〉
① 현종(1659~1674)이 大王大妃殿에 보낸 諺簡 및 숙종(1674~1720)의 妹인 明安公主에게 보낸 諺簡에 「玉交梨」와 함께 나타난다.

【增】
1)『私集』(尹德熙 1685~1766), 4, 「小說經覽者」[1762]: 「王慶龍傳」.

〈작품연대〉

【增】

1) 현재 학계에서는 「왕경룡전」이 『警世通言』 제24권 「玉堂春落難逢夫」를 改作한 작품으로 보는 것이 일반적인 것 같다. 학계 의견을 좇아 「玉堂春落難逢夫」의 번안 창작 소설로 인정한다면 이 소설집의 국내 유입과 독서 受容하는 데까지의 相距로 미루어, 늦어도 1627년 이후 인조 연간(1623~1649)에 「왕경룡전」이 창작되었을 것으로 추정할 수 있다. …… 그러할 리 없겠지만, 한 발 양보하여 「왕경룡전」이 馮夢龍의 「玉堂春落難逢夫」를 개작한 것으로 본다면, 『警世通言』이 중국에서 간행된 연도가 1627년이라는 점을 고려해야 한다. 그렇다면 늦어도 창작된 시점은 선조·광해군 때가 아닌 1630년 어름 이후의 인조 연간으로 보아야 할 것이다. 즉 「왕경룡전」은 1630년 이전에는 이미 널리 알려져 있었을 것이 확실하다(간호윤, 『先賢遺音』[2003. 8], p. 33 및 p. 34 참조).

〈비교연구〉

【增】

1) 「왕경룡전」이 과연 풍몽룡(馮夢龍, 1574~1646)이 天啓 甲子年(1627)년 출판한 『警世通言』에 있는 「옥당춘낙난봉부」를 본 뒤 저작되었다는 논의는 문제가 있다. 「옥당춘낙난봉부」는 李昉 등이 편찬한 『太平廣記』 권 484 '雜傳記類'의 제1편에 수록된 「李娃傳」을 저본으로 창의적 변개된 작품이다. 그리고 이 「이왜전」은 백거이의 친 동생인 백행간(白行簡, 776~826)의 「李娃傳」을 대본으로 한 것이다. 즉 백행간의 「이왜전」 → 『태평광기』 소재 「이왜전」 → 「옥당춘낙난봉부」로 이어진다. 우리 나라에서 『태평광기』는 1154년에 黃文通이 지은 「尹誧墓誌」에 관련 기록이 처음 보인다. 이후 『세종실록』(1455~1468) 등 여러 문헌에서 관련 기록을 찾을 수 있다. 이로 미루어 보아 상당히 이른 시기에 「이왜전」이 우리 나라에 수입되어 널리 전사되었음을 알 수 있다. 따라서 「왕경룡전」이 단순하게 「옥당춘낙난봉부」의 번안 창작 소설이라는 견해는 수정되어야 마땅하다(간호윤, 『先賢遺音』[2003. 8], p. 33).

【增】〈이본연구〉

1) [「왕경룡전」 이본 중] 가장 다른 이본들과 두드러지게 변별되는 것은 『삼방록』본이며, 이헌홍본, 정경주본, 나손본은 비교적 완전한 모습을 갖추고 있다. 따라서 『삼방록』본의 필사 저본은 다른 본임을 알 수 있으며, 이헌홍본, 정경주본, 나손본은 비교적 후대본으로 補完·부연한 것을 알 수 있다. 남는 것은 『선현유음』과 김집 수택본인데, 이 두 본은 몇 군데를 빼고는 대략 일치한다. 다만 크게 다른 점은 고유명사와 후지, 그리고 '詞' 화답이다. 그러나 『선현유음』과 김집 수택본이 작가의 의도하에 필사되었다는 점을 감안한다면 고유명사와 후지의 다른 점은 이본 변별에 큰 문제는 아닐 듯하다. 따라서 『선현유음』과 김집 수택본 간의 변별법은 '詞' 화답에서 찾아야 할 듯하다. 즉 시기적으로 다른 이본들의 서지적 사항으로 미루어 비교적 선본인 김집 수택본에는 '만정방'을 인용하며 화답한 경룡의 시 5구가 없다. 그런데 『선현유음』에도 '만정방'을 인용한 옥단의 시 중 7구가 보이지 않는다. 그리고 이 두 이본의 시들을 합하여야 비로소 이헌홍본, 정경주본, 『삼방록』본에 보이는 시들에 근접할 수 있다. 이 문제는 단순히 『선현유음』과 김집 수택본의 필사자들이 고의로 누락시켰다고 하기에는 석연치 않다. 오히려 『선현유음』과 김집 수택본의 필사 원본이 각기 다르다고 보아야 하는 것이 더욱 타당하지 않을까 한다. 즉, 이 두 본에 필사된 「왕경룡전」의 祖本은 동일본이로되 필사 원본은 각각

다르다고 여겨진다. 그렇다면 『선현유음』과 김집 수택본이 현재까지의 이본 결과 비교적 선본으로 보아야 할 듯하다(간호윤, 『先賢遺音』 [2003. 8], pp. 38~39).

국문활자본

〈청루지열녀〉

(고딕소셜)청루지렬여(古代小說) 靑樓之烈女	국중(3634-2-6=5)/[仁活全](14)	1(국한자 병기, 전 5회, 朴健會 著, [著·發]朴健會, 新舊書林, 1917. 12. 5, 112pp.)

한문필사본

〈왕경룡전〉

【增】王慶龍傳	簡鎬允[『先賢遺音]	(13f.)
【增】王慶龍傳	김종철[家目]	1(66f.)
【增】王慶龍傳	李樹鳳[漢少目, 傳17-4]²⁰²⁾	
【增】王慶龍傳	李憲洪[漢少目, 傳17-5]²⁰³⁾	
王慶龍傳	전남대[古1]	1(50f.)²⁰⁴⁾
【增】王慶龍傳	鄭景柱[『草湖別傳]²⁰⁵⁾	
【增】王慶龍傳	정명기[尋是齋 家目]	1(낙장)

【增】〈왕랑전〉

【增】王郞傳	임형택[漢少目, 傳17-5]²⁰⁶⁾	

【增】〈용함옥전〉

【增】龍含玉	임형택[莽蒼蒼齋 家目]	(金華山人, 56f.)²⁰⁷⁾

466.1. 〈자료〉

Ⅰ. (영인)

「청루지열녀」

    466.1.1. 仁川大民族文化研究所 編, 『舊活字本古小說全集』, 14. 銀河出版社, 1983; (再刊) 國際아카데미, 2002. (신구서림판)

「왕경룡전」

【增】

    1) 鄭景柱. "筆寫本 漢文小說集『草湖別傳』解題." 『漢文古典의 文化解釋』. 慶星漢文學研究會, 1999. 9. (정경주 소장)

---

202) 『罷睡說』所載. 「剪燈新話句解」·「九雲夢」과 합철.
203) 「相思洞記」·「周生傳」과 합철.
204) 「雲英傳」·「相思洞記」 합철.
205) 「相思洞記」·「周生傳」·「元生夢遊錄」·「六臣傳」과 합철.
206) 「相思洞餞客記」·「周生傳」·「擬張良招四皓書」·「南忠義老驢傳」 등 합철.
207) 「왕경룡전」의 번안작. 「一捻紅」과 합철되어 있다.

2) 정학성 역주.『17세기 한문소설집』. 삼경문화사, 2000. (한문본, 정학성 소장)

3) 간호윤.『先賢遺音』. 이회, 2003. (한문본, 김기현-간호윤 소장)

Ⅱ.(역주)

【增】

1) 정학성 역주.『17세기 한문소설집』. 삼경문화사, 2000. (한문본, 정학성 소장)

2) 간호윤.『先賢遺音』. 이회, 2003. (한문본, 김기현-간호윤 소장)

【增】Ⅲ.(활자)

1) 정학성 역주.『17세기 한문소설집』. 삼경문화사, 2000. (한문본, 정학성 소장)

2) 간호윤.『先賢遺音』. 이회, 2003. (한문본, 김기현-간호윤 소장)

【訂】208)

●{왕낭전 王娘傳}

◪467.[[왕랑반혼전 王郞返魂傳]]

〈작자〉普雨(1515~1565)의 작이라는 설이 있다.209)

〈관계기록〉

① 『韓國佛敎全書』(高翊晉編, 1986) 및 同 第7冊, 朝鮮時代篇 一(東國大 韓國佛敎全書編纂委編, 東國大出版部刊行, 1994), 編者追記: 編者近日偶然得見大德八年甲辰(高麗忠烈王三十年)刊『佛說阿彌陀經』其卷末有「王郞返魂傳」對照其文與此『勸念要錄』所收之「王郞返魂傳」字句出入不少(對校脚註不施) 又其傳首曰『窮原集』云 吉州王思机郞年五十七 …… 此文甚有義「王郞傳」之所出原典明示 故是以編者追記之◐(편자가 요즈음 우연히 대덕 8년 갑진-고려 충렬왕 30년[1304]에 간행된『불설아미타경』을 얻어 보게 되었는데, 그 책 끝에「왕랑반혼전」이 실려 있었다. 그 내용과『권념요록』의 실려 있는「왕랑반혼전」을 대조해 보니 자구의 넘나듦이 적지 않았다. [대교와 각주는 붙이지 않겠다] 또 그 작품 첫머리에서, '궁원집'에 이르기를 길주 사람 왕사궤의 나이는 57인데……' 운운 하고 있는데, 이것은 매우 의미가 있으니,「왕랑[반혼]전」이 나온 원전이 명시되어 있기 때문이다. 따라서 편자가 이를 추기해 놓는다).

국한판각본		
【增】王郞返魂傳	동국대[『佛說阿彌陀經』]	(大德八年甲辰[1304]九月日誌, 6f.)
【增】王郞返魂傳	미도민속관[생활사 도록](5)	1
【增】王郞返魂傳	박순호[家目]	1(국한문 병용, 38f.)

467.1.〈자료〉

Ⅰ.(영인)

【增】

1) 조규익·장경남 편.『국문학강독』. 보고사, 2003. (해인사판)

---

208)『이본목록』에 표제 항목의 순서가 잘못되어 있다.
209) 黃浿江, "懶庵普雨와「王郞返魂傳」,"『국어국문학』, 42·43 (1969) 참조.

467.2. 〈연구〉
Ⅲ. (학술지)
467.2.11. 丁奎福. "「西遊記」와 「王郎返魂傳」." 『亞細亞硏究』, 48[15:4](高麗大 亞細亞問題硏究所, 1972. 12). "「王郎返魂傳」과 「西遊記」"란 제목으로 『韓中文學比較의 硏究』(高麗大出版部, 1987. 10); 『韓國文學과 中國文學』(국학자료원, 2001. 5)에 재수록.

467.2.27. 史在東. "「王郎返魂傳」의 實相." 『佛敎系 國文小說의 硏究』(中央文化社, 1994. 11). 史在東 編, 『韓國戱曲文學史의 硏究』, Ⅲ(文硏究學術叢書 第5輯, 中央人文社, 2000. 3)에 재수록.

467.2.31. 사재동. "「王郎返魂傳」의 演行 樣相과 戱曲的 性向." 『韓國 古典小說과 敍事文學, 下』[陽圃李相澤敎授還曆紀念](集文堂, 1998. 9). 史在東 編, 『韓國戱曲文學史의 硏究』, Ⅲ(文硏究學術叢書 第5輯, 中央人文社, 2000. 3)에 재수록.

【增】
1) 丁奎福. "「王郎返魂傳」與「古本西游記」." 『中韓人文科學硏究』, 2(中韓人文科學硏究會, 1997. 12). "「王郎返魂傳」과 「古本西遊記」"로 『比較文學』, 별권(韓國比較文學會, 1998. 12)에 번역 재수록

2) 李志映. "「王郎返魂傳」의 巫俗的 淵源에 관한 試考." 『古小說硏究』, 5(韓國古小說學會, 1998. 6).

3) 史在東. "「王郎返魂傳」과 「魚兒佛」." 『이병기교수정년기념논총』(동 위원회, 1999. 5). 史在東 編, 『韓國戱曲文學史의 硏究』, Ⅳ(文硏究學術叢書 第6輯, 中央人文社, 2000. 3)에 재수록.

4) 오대혁. "「王郎返魂傳」의 傳承 硏究." 『佛敎語文論集』, 7(한국불교어문학회, 2002. 12).

▶(왕랑전 王郎傳 ① → 왕랑반혼전)[210]
▶(왕랑전 王郎傳 ② → 왕경룡전)[211]

◫468.[왕릉전 王陵傳]

▶(왕비호전 王飛虎傳 → 왕장군전)

◫469.[왕소군새소군전 王昭君賽昭君傳] ← *명비전 / 쌍봉기연
〈참고자료〉
① 「雙鳳奇緣」 二十卷八十回 (亦名昭君傳): 淸無名氏撰 題雪樵主人☯(청나라 무명씨의 찬인데, 책머리에는 '설초주인'이라 되어 있다)[孫楷第, 『中國通俗小說書目』, p. 30].
【增】
1) 『集玉齋書目』: 「雙鳳奇緣」 四卷.

국문활자본

【增】(소군원)
【增】 소군원 昭君怨篇   여승구[『古書通信』, 16(1999.9)]   1([著‧斅]朴健會, 朝鮮書館, 1914)

---
210) 『이본목록』에는 항목 순서가 잘못되어 있다.
211) 『이본목록』에는 항목 순서가 잘못되어 있다.

(왕소군새소군전)

| 왕소군새소군전 | 국중[目·東2](3636-14) | 1(朴健會 編, 光東書局, |
| 王昭君賽昭君傳 | /정명기[尋是齋 家目] | 1918, 316pp.) |

469.1. 〈자료〉

Ⅰ. (영인)

469.1.2. 仁川大民族文化研究所 編,『舊活字本古小說全集』, 21. 銀河出版社, 1984; (再刊) 國際아카데미, 2002. (태화서관판)

【增】Ⅱ. (역주)

1) 심치열 옮김.『왕소군새소군전』. 성신여대출판부, 2002.

▶(왕시봉전 → 왕십붕전)
▶(왕십붕기우기 王十朋奇遇記 → 왕십붕전)[212]
◪470. [왕십붕전 王十朋傳] ← 왕시봉전 / 왕십붕기우기

〈관계기록〉

① →『신독재수택본전기집』

【增】〈이본연구〉

1) 첫째,「왕시봉전」·「王十朋奇遇記(왕시봉기우기)」는 대단락 및 소단락의 양상에서「古本 형차기」계열에 속하는 것이 분명해「古本 형차기」의 거의 절대적인 영향하에 이루어졌음이 확실해 기존의 견해를 재확인할 수 있었다. 다만 매우 예외적이지만 단 한 개의 소단락에서는 비록 결과적이긴 하나,「原本 형차기」의 요소인 '전공원의 재등장' 화소도 나타나 있다는 것을 새롭게 확인할 수 있다. 둘째,「왕시봉전」·「王十朋奇遇記」와 원작「형차기」(古本형차기)를 비교한 결과, 삼자는 전체적인 줄거리 및 중심 인물 면에서 거의 일치하고 있다. 그렇지만 삼자 간에는 몇 가지 중요한 차이도 엄연히 존재한다. 장르적인 차이, 문체의 차이, 작품 분량의 차이, 사건 전개와 등장인물의 복잡성 여부의 차이, 왕시붕과 손여권의 관계에서 보이는 차이, 왕시붕이 옥련과 상봉하기 직전 부임하는 지역의 차이가 있다. 이 점은「왕시봉전」·「王十朋奇遇記」가「古本 형차기」의 계열이면서도 상호간에는 특수한 관계가 있다는 것을 암시한다. 셋째,「왕시봉전」·「王十朋奇遇記」를 비교한 결과, 주요 등장인물의 성명 표기, 지명 표기, 전옥련 양모의 존재 여부, 손여권과의 혼사를 강요하던 주체, 왕시붕이 과거 부러 갈 때 장인[錢貢元]의 도움을 받은 여부, 승상의 작간(作奸)의 유무, 왕시붕의 처음으로 임명된 관직, 전옥련의 투신 후 왕시붕 모친의 상경 유무, 전옥련과 왕시붕이 재 지낸 장소, 계모에 대한 권선징악적인 결말 여부 등에서 차이가 있다. 넷째, 비교 결과를 바탕으로「古本 형차기」·「왕시봉전」·「王十朋奇遇記」의 상관 관계를 타진해 본 결과, 기존의 가설들로는 여전히 해소할 수 없는 의문들이 존재함을 알았다. 이에 필자는 소설본의 작가들이 작품의 원천으로 삼은 것은 기존의 통념과는 다르게 기술물(記述物)이 아니라 구술물(口述物)이었을 가능성을 상정함으로써 새로운 돌파구를 마련하였다.「古本 형차기」를 이야기로 구술한 것이 몇 가지 있었는데, 그 중의 하나를 국문으로

---

[212] 모든 사전에 항목 순서가 잘못되어 있다.

기록 정착한 것이 「왕시봉전」이요, 또 하나의 구술물을 한문으로 기록 정착한 것이 한문본 「王十朋奇遇記」라는 가설을 새롭게 제기하였다. 이 가설에 따르면, 「古本 형차기」의 구술물을 국문으로 적으면서 국문본(국문 소설) 「왕시봉전」이, 한문으로 적으면서 한문본(한문 소설) 「王十朋奇遇記」가 형성되었으며, 「왕시봉전」· 「王十朋奇遇記」 상호간에는 직접적인 영향 관계 또는 선후 관계는 없다고 보인다(이복규, 『형차기·왕시봉전·왕시봉기우기의 비교연구』[2003. 11], pp. 100~101).

〈판본연대〉

【增】

1) 「왕시봉전」은 모두 24쪽, 7,000여 자 분량이다. 다른 소설과는 달리 끝에 필사 연대가 나와 있다. '을튝계츄념팔일진시'라는 후기가 그것이다. 이 '을축년'이 어느 때 을축년인지는 분명하지 않으나 표기법상의 특징으로 보아 1565년이나 1625년 중 하나일 것이다(이복규 편저, 『초기 국문·국문본 소설』[1998], pp. 18~19).

2) 이들 소설 자료[「설공찬전」·「왕시전」·「왕시봉전」·「비군전」·「주생전」]는 모두 거의 같은 시기에 필사된 것이다. 「왕시봉전」 말미에 '종셔을튝계츄념팔일진시'란 필사 후기가 나오기 때문이다. 이는 1685년 을축년 9월 28일 아침으로 추정된다. 각주 1번의 저서[이복규 편저, 『초기 국문·국문본 소설』, 1998]에서 필자는 이 을축년을 1625년 을축년으로 보았으나 여기에서 수정한다. 1745년 을축년으로 볼 수도 있겠으나 그렇게 보기에는 17세기 말의 특징을 보여 주는 표기법으로 매우 정제되어 있다. 그 가장 특징적인 사항으로 앞에서도 언급한 것처럼 '-링이다'라는 어미가 17세기 말까지만 쓰이고 사라졌다는 점은 물론이고, '사롬'으로 일관되게 표기할 뿐 17세기 말 이후에 쓰기 시작한 '스름' 표기가 일체 나타나지 않은 것으로 미루어 1685년으로 보는 게 타당하다. 따라서 『묵재일기』 소재 국문·국역 소설은 1685년을 전후한 17세기 말에 필사되었다고 추정할 수 있다. 세 번째로 들어 있는 「왕시봉전」이 1685년 9월에 필사되었으니, 그 앞에 필사된 「설공찬전」 국역본과 「왕시전」은 1685년 9월 28일 이전에, 「왕시봉전」 뒤에 들어 있는 「비군전」과 「주생전」 국역본은 1685년 9월 28일 이후에 필사되었다고 추정된다(이복규, "「설공찬전」·「주생전」 국문본 등 새로 발굴한 5종의 국문표기 소설 연구," 『古小說硏究』, 6[1998. 12], p. 57).

〈비교연구〉

① 「왕시봉뎐」은 창작소설이 아니라 희곡 「형차기」의 번역임이 밝혀졌다. 그러나 직역은 아니다. 예컨대 48척으로 이루어진 「형차기」 원문은 먼저 末(남자 배역)이 등장하여 공연할 극본의 주지와 대의를 알리고, 그 다음 즉 제2척부터 生(남자 주역), 末, 淨(남자 배역) 등 중요한 각색들이 계속 등장하여 이야기를 전개해 나가는데, 일반적으로 生과 旦(여자 배역)이 갖가지 슬픔과 기쁨, 이별과 상봉의 과정을 거친 후에 기쁘게 한데 모이는 것으로 결말을 짓는다. 척마다 그 한 척을 마무리하는 下場詩가 있고 그 밖에 중요 인물이 등장할 때마다 먼저 노래하고 다음에 자기 소개를 하는 定場白이라는 긴 독백이 있다. 가사는 引子 過曲 尾曲의 순서로 이루어져 있다. 그런데 한글본 「왕시봉뎐」을 보면 희곡의 형식을 전혀 찾아볼 수 없으나 거의 대화체로 이야기를 전개시키고 있어 원전이 희곡이었던 흔적을 드러내 주고 있다(朴在淵, "「왕시봉뎐」, 중국희곡 「荊釵記」의 번역," 韓國中國文化學會, 『中國學論叢』, 7[1998. 12], pp. 18~19).

【增】
1) 「왕시붕기우기」는 현재 희곡으로 전하는 「형차기」를 원전으로 하여 그 내용을 일정하게 축약하고 변개시켜 이를 소설로 개작한 작품이다. 그러나 세부 정황에 있어서 스토리의 단순한 축약을 넘어서는 상당한 차이를 드러내며 적극적 개작의 양상을 보이고 있다. …… 이런 양상은 원작 「형차기」의 내용을 축약하되 사건 전개와 세부 정황까지 이를 비교적 충실하게 따르고 있는 한글본 「왕시봉뎐」과 대조가 되는 점이다. …… 즉 「왕시봉뎐」이 소설 형식을 취하고 있는 점을 제외한다면 원작의 축약 번역에 가까운데 비해, 「왕시붕기우기」는 원작 「형차기」 및 한글본 「왕시봉뎐」과는 다소간 차이가 있는 독특한 개성적 면모를 지닌 개작본이다(정학성, "「왕시붕기우기 王十朋奇遇記」에 대한 고찰,"『古小說研究』, 8[1999. 12], p. 177).

470.1.〈자료〉

Ⅰ. (영인)

【增】
1) 정학성 역주.『17세기 한문소설집』. 삼경문화사, 2000.

Ⅱ. (역주)

【增】
1) 박재연 교주.『왕시봉뎐 荊釵記』. 중국소설·희곡번역자료총서, 15. 선문대 번역문헌연구소, 1999.
2) 정학성 역주.『17세기 한문소설집』. 삼경문화사, 2000.

470.2.〈연구〉

【增】 Ⅰ. (단행본)
1) 이복규.『형차기·왕시봉전·왕시봉기우기의 비교연구』. 박이정, 2003.

【增】 Ⅱ. (학위논문)
〈석사〉
1) 모혜정. "「왕십붕기우기」 연구." 碩論(공주대 교육대학원, 2002. 2).

Ⅲ. (학술지)
470.2.3. 朴在淵. "「왕시봉뎐」, 중국희곡 「荊釵記」의 번역."『中國學論叢』, 7(韓國中國文化學會, 1998. 12). 朴在淵. "「왕시봉뎐」, 중국희곡 「荊釵記」의 번역."『中國學論叢』, 7(韓國中國文化學會, 1998. 12). 朴在淵 校注.『왕시봉뎐 荊釵記』(鮮文大 中韓飜譯文獻硏究所, 1999. 3); 史在東 編,『韓國戱曲文學史의 硏究』, Ⅳ(攵硏究學術叢書 第6輯, 中央人攵社, 2000. 3)에 새수록. 史在東 編,『韓國戱曲文學史의 硏究』, Ⅳ(文硏究學術叢書 第6輯, 中央人文社, 2000. 3)에 재수록.
470.2.4. 정학성. "「왕시붕기우기(王十朋奇遇記)」에 대한 고찰:『愼獨齋手澤本傳奇集』연구의 일환으로."『古小說研究』, 8(韓國古小說學會, 1999. 12). 정학성 역주.『17세기 한문소설집』(삼경문화사, 2000. 9)에 개고 재수록.

【增】
1) 정길수. "「왕시붕기우기」의 개작 양상과 소설사적 위상."『古典文學研究』, 19(韓國古典文學會, 2001. 6).

2) 이복규. "「왕시봉전」·「王十朋奇遇記」·「荊釵記」의 비교 연구: 삼자의 비교를 통한 상관관계 규명 작업을 중심으로."『韓國文學論叢』, 29(韓國文學會, 2001. 12).
3) 이복규. "「왕시봉전」·「王十朋奇遇記」의 형성과정 재론."『溫知論叢』, 7(溫知學會, 2001. 12).

〈줄거리〉
(『黙齋日記』 소재 「왕시봉전」)
······

【增】
(『愼獨齋手澤本傳奇集』 소재 한문본 「王十朋奇遇記」)

왕시봉은 송 태원 땅의 으뜸 가는 재사였다. 한편 왕시봉의 이웃인 전공원은 슬하에 외동딸 옥련 하나를 두고 후처 최씨를 취해 살고 있었다. 옥련은 여공과 재색이 탁월한데 3세에 모친을 사별한 후 숙부모에게 양육되었다. 전공원은 후처 최씨에게 왕시봉을 사위삼자고 의논하니, 최씨는 시봉이 가난하다며 반대하다가 공원의 뜻을 거스를 수 없어 왕시봉 집에 중매를 보냈다. 왕시봉의 집에서는 기뻐하며 청혼을 받아들이나 가난하여 나무비녀(釵)를 예물로 보냈다. 이 때 이웃의 부자 손여권이 옥련의 재색을 보고 반해 계모 최씨를 통해 구혼했다. 계모 최씨는 가난한 집에 시집 보내면 딸의 신세를 망친다며 손여권이 보낸 금비녀를 받아 억지로 남편에게 떠안겼다. 전공원이 두 비녀를 한 합에 담아 옥련에게 고르게 하니, 옥련은 먼저 납례한 왕시봉이 가난하지만 또다시 청혼할 수는 없다며 나무비녀를 선택했다. 옥련의 부모가 화가 나서 혼삿날도 기다리지 않고 왕가에 말 태워 시집을 보내니, 옥련이 부도(婦道)를 잘 닦고 시모를 잘 모셨다. 왕시봉이 과거에 응시하기 위해 상경하니 손여권도 과거를 본다며 함께 상경했다. 왕시봉이 장원급제하여 조양(朝陽)판관에 배수되고 손여권은 낙방했다. 한 재상이 장원한 왕시봉을 사위로 삼고자 청혼하나 왕시봉은 조강지처를 저버릴 수 없다고 거절하니, 재상은 무안하여 혼사를 포기했다. 손여권이 왕시봉에게 사람을 보내 귀향 길에 편지를 전해 주겠다고 하자, 왕시봉이 급제 소식과 함께 조양으로 부임할 예정임을 아뢰고 모친과 부인이 함께 오라고 편지를 썼다. 손여권은 왕시봉의 편지를 '재상의 사위가 되었으니 조양에는 모친만 오고 처는 본가로 돌려보내라'고 고쳐 썼다. 왕시봉의 모친이 편지를 보고 일희일비하며 편지 내용을 며느리에게 알리니, 옥련은 의아해 하면서 실의에 잠겼다. 옥련의 부모가 그 소문을 듣고 노하여 딸을 데려갔다. 전공원이 왕시봉의 배은망덕과 배신을 원망하니, 옥련은 중간 교사자의 작란이 있었을 것이라고 설득하며 위로했다. 옥련의 부모가 손여권에게 편지 사연의 진상을 확인하니, 손여권은 모두 사실이라고 속여 말했다. 계모 최씨가 손여권으로부터 뇌물을 받아 남편 전공원을 설득해 옥련에게 손여권과 재혼하기를 권유하나 옥련은 거부했다. 옥련은 부모가 재혼을 강요하자 마지못해 순종하는 체하다 혼인날 밤에 가출하여 종적을 감추었다. 친척 노복이 옥련을 찾아다니다가 이튿날 강가에서 신만 발견하니 옥련이 죽은 줄 알고 온 가족이 통곡했다. 이때 복건자사 전자하(全自夏)가 뱃길로 부임 도중 꿈에 천인(天人)으로부터 전생의 딸이 강물에 투신할 것이니 구출하여 보살피라는 지시를 받았다. 전자하가 꿈에서 깨어나 옥련을 구출한 후 성명과 함께 강물에 투신한 이유를 묻자 옥련이 그간의 사연을 설명했다. 전자하는 사연을 듣고 그 진상을 확인하기 위해 하리(下吏)를 조양에 파견했다. 하리가 '조양판관 왕공지구(朝陽判官王公之柩)'라 쓴 명정을 보고 왕시봉이 사망한 걸로 판단해 돌아와 보고하니,

옥련은 대경실색하였다. 혼절하였다 깨어난 옥련은 전자하의 간호를 받고 복건으로 동행하여 보살핌을 받았다. 옥련이 전자하에게 부탁해 남편의 명복을 비는 재를 길상사(吉祥寺)에서 올리는데, 복주(福州) 원[왕시붕]도 그 아내의 재를 같은 절에서 올리려고 왔다. 옥련이 휘장 사이로 복주 원의 모습을 우연히 엿보고 남편과 흡사하여 매우 놀랐다. 재를 파하고 집에 돌아온 옥련은 며칠 후 시비에게 복주 원이 남편과 방불함을 이야기했다. 이때 전자하가 측간에 가다가 그들의 대화를 얼핏 엿듣고 옥련에게 대화 내용을 문초하니, 옥련이 남편과 방불한 사람을 절에서 본 사연을 고했다. 이상하게 여긴 전자하는 복주에 하리를 보내 탐문한 결과 복주 원의 성명이 왕시붕임을 알아 냈다. 이에 전자하는 여러 고을 태수를 초대해 잔치를 벌이고, 슬픈 기색을 띤 복주 원에게 복주로 오기까지의 내력과 부인의 죽음 등에 대한 과거 사연을 물었다. 복주 원 왕시붕은 자신이 과거급제한 후 곧 체직된 다음 왕자공(王自恭)이 조양판관으로 부임하던 길로 죽고 자신이 복주자사로 내려온 사연과, 복주로 옮길 때 모친은 함께 봤으나 처는 집에 있다가 무슨 연고인지 강에 투신하여 유골도 아직 수습하지 않고 있음을 고백했다. 전자하가 또 납채 예물 건에 대해서도 묻자, 왕시붕은 나무비녀에 얽힌 사연을 고했다. 전자하는 짐짓 자신의 양녀와 재혼하기를 권유하였으나 왕시붕은 거절했다. 비로소 전자하는 나무비녀를 꺼내 보여 주며 복주 원 왕시붕의 것이 맞느냐고 하자, 이를 본 왕시붕은 통곡했다. 전자하가 왕시붕에게 부인이 살아 있음을 알리는데, 옥련이 엿듣고 있다가 나와서 부부 상봉하고 기뻐했다. 옥련은 계모와 손여권의 간계 등 그간의 사정과 심정을 남편에게 자세히 고한 후 부부가 서로 함께 붙들고 통곡했다. 왕시붕은 전자하의 은혜에 사례한 후 하룻밤을 유숙하며 부부의 정을 나누고, 이튿날 부부가 함께 복주로 가고, 이후 전자하에게 열흘에 한 번 꼴로 문안했다. 옥련이 남편에게 부친과 계모·양모를 모시도록 허락받고 인마를 보내니, 이미 계모는 눈 멀어 죽고 양모도 죽어 부친만 살아 있었다. 옥련은 부친을 모셔 와 생부양부를 한결같이 모시고 살았다. 왕시붕은 아들들이 모두 장원하여 자손이 번성하고 문도도 빛났으며, 그 이름 대신 왕장원으로만 일컬어져 왔다(이복규, 『형차기·왕시붕전·왕시붕기우기의 비교연구』[2003. 11], pp. 35~39).

▶471.[왕씨전 王氏傳]
【增】〈판본연대〉

1) 이들 소설 자료[「설공찬전」·「왕시전」·「왕시붕전」·「비군전」·「주생전」]는 모두 거의 같은 시기에 필사된 것이다. 「왕시붕전」 말미에 '죵셔을튝계츄념팔일진시'란 필사 후기가 나오기 때문이다. 이는 1685년 을축년 9월 28일 아침으로 추정된다. 각주 1번의 저서[이복규 편저, 『초기 국문국문본 소설』, 1998]에서 필자는 이 을축년을 1625년 을축년으로 보았으나 여기에서 수정한다. 1745년 을축년으로 볼 수도 있겠으나 그렇게 보기에는 17세기 말의 특징을 보여주는 표기법으로 매우 정제되어 있다. 그 가장 특징적인 사항으로 앞에서도 언급한 것처럼 '-링이다'라는 어미가 17세기 말까지만 쓰이고 사라졌다는 점은 물론이고, '사룸'으로 일관되게 표기할 뿐 17세기 말 이후에 쓰기 시작한 '스룸' 표기가 일체 나타나지 않은 것으로 미루어 1685년으로 보는 게 타당하다. 따라서 『묵재일기』 소재 국문·국역 소설은 1685년을 전후한 17세기 말에 필사되었다고 추정할 수 있다. 세 번째로 들어 있는 「왕시붕전」이 1685년 9월에 필사되었으니, 그 앞에 필사된 「설공찬전」 국역본과 「왕시전」은 1685년 9월 28일 이전에, 「왕시붕전」 뒤에 들어 있는 「비군전」과 「주생전」 국역본은 1685년 9월 28일 이후에 필사되었다고 추정된다(이복규, "「설공찬

전」·「주생전」 국문본 등 새로 발굴한 5종의 국문표기 소설 연구," 『古小說硏究』, 6[1998. 12], p. 57).

471.2. 〈연구〉

【增】Ⅱ. (학위논문)

〈석사〉

1) 강지영. "「왕시전」 연구." 碩論(홍익대 대학원, 2000. 8).

Ⅲ. (학술지)

【增】

1) 이복규. "『묵재일기』 소재 「왕시전」의 해제와 원문." 『새국어교육』, 55(한국국어교육학회, 1998. 5).
2) 李福揆. "「왕시전」에 나타난 혼사장애의 양상과 결혼관." 金慶洙 編, 『古典文學의 現況과 展望』(亦樂, 2002. 9).

▶(왕어사전 王御使傳 → 왕경룡전)
▶(왕어사경룡전 王御使慶龍傳 → 왕경룡전)

◪472.[왕장군전 王將軍傳] ← 왕비호전

국문활자본

(왕비호전)

| 왕비호전 | 김종철[家目]/[광고(1952)] | 1(世昌書舘, 1933, 38pp.) |

(왕장군전)

| 왕장군젼 王將軍傳 | 홍윤표[家目] | 1([著·發]申泰三, 世昌書舘, 1961. 12. 30, 77pp.) |

◪473.[왕제홍전]

【增】◐{왕태상}

〈관계기록〉

1) 『[가람]칙목녹』(奎章閣所藏):「왕태샹 단」

◐{왕태자전 王太子傳}

◪474.[왕현전 王賢傳]

국문필사본

| 【增】왕현젼 권지상 | 박순호[家目] | 1(정묘십이월일, 무진유월오일김갑슌편산, 54f.) |
| 【增】王賢傳 | 정명기[尋是齋 家目] | 낙질 1(권2) |

◪474-1.[213)][왕회전 王會傳] ← *금산사몽유록 / 남호몽록[214]

【增】〈작자〉金濟性(1803~1882)[215]
【增】〈작품연대〉
1) 「왕회전」에서는 「금화사몽유록」과 관련하여 "'崇禎 己卯年間'에 한 서생이 금화사에 투숙하였다가 한 꿈을 얻었다."고 하고 있고, 남호거사의 꿈 속에서도 소식이 숭정 기묘년에 네 황제가 모셨다고 서술하고 있어, 지금까지 미상인 채로 있었던 「금화사몽유록」의 창작 시기를 가늠할 수 있는 단서를 제공하고 있다. '崇禎 己卯年'은 1639년[仁祖 17]으로, 인조가 청나라에게 항복[1637]한 지 2년 정도 지난 시기이다. 여러 정황을 고려할 때, 「왕회전」에서 언급한 '崇禎 己卯年間' 즉 1639년을 「금화사몽유록」의 창작 시기로 보아도 무리는 없을 것이다(林治均, "「王會傳」연구," 『藏書閣』, 2[1999. 12], p.85).

〈관계기록〉

① 「王會傳」(韓國精神文化研究院藏本): 南湖居士 金濟性者 駕洛王之後裔也 年纔弱冠 識濟文翰 捷貫場屋 負才放曠 如醉如狂 退不知止 退不知定 卽一百愚 無狀之人也 然而 潘岳之丈彩 著於家風 陸機之世德 光于詞賦 盖其聲韻 世趾其美也 歲在崇禎紀元後 庚子之春 居士方有意於做誦之工 佇立明窓之下 端坐於淨案之前 將蘇子瞻前後赤壁賦 大讀一遍 忽爲春陽所困 睡魔來侵 乍倚案几之上 游魂於虛無之境 馳神於廣漠之鄕 不知何處定了 忽見一道士 頭戴椰子之冠 身被鶴氅之衣 驅神馬 駕凥輪 御冷風 昻然而來 長揖於前 居士曰 公何爲者 道士曰 子果不知也 我乃東坡居士蘇軾也 居士愕然曰 大宋熙寧元豊之間 至今幾八百年矣 公何以延生而至此乎 道士微笑曰 人生則有死 古今自然之理 必然之事也 雖然 吾之生死 異於凡人 生而聲名聞於一世 沒而精靈留於千秋 如水之在地中 無所往而不存者也 如子者 可謂信之深思之至 焄蒿悽愴 若或見之 故誦其詩讀其書 有所感慕於千載之下矣 我有一段神妙之言 將欲見子而托耳 居士曰 何言也 道士曰 子或聞「金華寺創業演義」乎 居士曰 雖或聞其說 而未詳其實 此說或有可據之道耶 道士曰 果是有之 而抑有一說焉 崇禎己卯年間 漢高祖與唐宋明四國 刱業之主 共會於洛陽 禮請列國 叙幽冥未盡之懷 設太平同樂之宴 誅伐僭逆 封賞勳勞 于斯時也 我以文淵閣太學士 草詔製倫承恩被獎 此可謂千載一際之會也 箇中事蹟言行 不可泯滅無聞而非子則無可托輯 故特來告子 子幸勿泛聽也 乃自首至尾 一遍說道 昭昭歷歷 無所胡迷 言訖 飄然羽衣登空而去 居士覺而異之 遂次以編錄 名曰「王會傳」云爾 歲崇禎紀元後四庚子 三月下澣 南湖居士記◐(남호거사 김제성은 가락왕의 후예로, 약관의 나이에 식견이 문한[216]의 수준을 뛰어넘었고, 빠르기는 과거 시험에 통할 만했으나, 언행에 구속받지 않고 취한 듯 미친 듯하여 나아감에 멈춤을 모르고 멈춤에 정처를 알지 못하여, 매우 어리석고 예의 없는 사람 같았다. 그러나 반악[?~300][217]의 풍채가 가풍에서 드러나고 육기[261-303][218]의 여러

---

213) 『이본목록』·『작품연구 총람』에 표제 항목 번호 추가.
214) 『이본목록』·『작품연구 총람』 수정.
215) 『이본목록』·『작품연구 총람』에 추가.
216) 문장을 잘 짓는 사람.
217) 중국 西晉 때 사람으로, 어릴 때부터 문장이 뛰어나고 풍채 좋기로 유명했다. 陸機와 함께 서진 문학의 대표적 작가로 병칭되었다.
218) 중국 西晉 때 사람으로, 조부 遜은 삼국 시대 吳나라의 재상이었다. 어려서부터 異材가 있었고 문장이 당대에 으뜸이었다. 20세 때 오나라가 멸망하였기 때문에 고향에 퇴거하여 10년간 학문에만 전념하였는데, 그의 시는 修辭에 중점을 두고 미사여구와 對句의 기교를 살려 육조 시대의 화려한 시풍의 선구자가

대에 걸친 덕이 문장에서 빛나니, 대개 그 성운을 세상이 대대로 아름다이 여긴 것이다. 숭정 기원 후 경자년[1660] 봄에 거사가 주송[219] 공부에 뜻을 두고 밝은 창 아래에서 우두커니 섰다가, 깨끗한 책상 앞에 단정히 앉아 소식이 지은 전후「적벽후」를 한 차례 큰 소리로 읽었다. 갑자기 봄볕에 노곤해져 졸음이 밀려오는 바람에 얼핏 책상에 기대었는데 혼백은 허무 지경에 놀고 정신은 광막한 곳을 달려 어딘지조차 모를 곳에 이르렀다. 갑자기 한 도사를 보았는데, 머리에는 야자로 만든 관을 쓰고 몸에는 학창의를 입고 있었다. 그는 신마가 끄는 수레를 몰고 차가운 바람을 일으키며 가까이 이르러 길게 읍했다. 공이 누구인지 묻자, 도사가 웃으며 말하기를, "그대가 과연 나를 모르는가? 나는 동파거사 소식[1036~1101]이노라." 거사가 깜짝 놀라 말하기를, "송나라 희령[1068~1077]·원풍[1078~1085]간[220] 연간으로부터 지금까지는 거의 800년간이나 되었는데 공이 어떻게 다시 태어나서 이곳에 이르렀단 말인가?"라고 하니, 도사는 빙그레 웃으며 말하기를, "사람이 태어났다 죽는 것은 고금의 자연스럽고도 필연한 일이나, 내가 태어나고 죽는 것은 보통 사람과는 다르니, 살아서는 이름이 한 세상에 드날리고 죽어서는 정령이 천추에 머물러, 마치 물이 땅속에서 어디를 가도 있지 않는 곳이 없는 것과 같다. 그대는 믿음이 깊고 생각이 지극하여 신령스런 기운이 보이는 듯하다. 그러므로 그 시를 외우고 그 글을 읽으면 천 년 후에 느끼고 그리워하는 바가 있을 것이다. 나에게 하나의 신묘한 말이 있어 장차 그대를 보고 부탁하고자 할 따름이라."고 했다. 거사가 말하기를, "무슨 말인가?"라고 하니, 도사는 말하기를, "그대는 혹시「금화사창업연의」에 대해 들어 보았는가?"라고 했다. 거사가 대답하여, "혹 그 이야기를 듣기는 했으나, 그 실상은 자세히 알지는 못한다. 그 이야기가 혹 근거할 만한 도리가 있는 것인가?"라고 했다. 이에 도사가 말하기를, "과연 그러하며, 또한 다른 한 이야기도 있다. 숭정 기묘년[1639]간에 한고조와 당, 송, 명 네 나라의 창업주들이 함께 낙양에 모여 예로써 열국의 임금들을 청하여 다하지 못한 그윽한 회포를 펴고 태평동락의 잔치를 베풀며 반역한 무리들을 벌하고 공 있는 사람에게 상을 내려 주었다. 그때 나는 문연각 태학사로서 임금님의 조서와 윤음[221]을 지어 은혜를 입었으니, 이는 가히 군신간에 천 년에 한 번 있을 법한 모임이라고 할 수 있다. 개중의 사적과 언행은 민멸되어 전하지 않게 할 수 없는 것인데, 그대가 아니면 부탁하여 엮을 사람이 없어서 특별히 와서 그대에게 알려 주는 것이니 건성으로 듣지 말기를 바란다."라고 하고는 처음부터 끝까지 한바탕 말을 하니, 밝고 역력하여 애매한 곳이 없었다. 도사는 말을 마치고는 표연히 날개를 단 듯 하늘로 올라가 버렸다. 거사가 깨어나 기이하게 생각하고는 마침내 차례로 편찬하고 기록하여「왕회전」이라고 이름하였다. 숭정 기원 후 네 번째 경자년[1840] 3월 하순에 남호거사가 쓰다).

【增】〈비교연구〉

1)「왕회전」은「금화사몽유록」의 내용을 담은 부분까지는 거의 비슷한 양상을 보이고 있으나, 몇 가지 차이를 보이고 있다.「왕회전」은 배경을 낙양의 한 궁궐로 바꾸고, 입몽·각몽을 없애며, 제갈량을 작품의 중심 인물로 설정함으로써 몽유록에서 소설로의 변환을 꾀하고 있다. 작가는 이를 위해 원태조의 침입에서 보여 주는 군담을 확대하고 있고, 나아가 작품 후반부를 거의

되었다.
219) 옛글을 암송함.
220) 희령과 원풍은 모두 중국 송나라 神宗[재위 연대 (1068~1085)] 때의 연호다.
221) 임금의 말.

군담으로 구성하고 있다. 이는 당시 유행하였던 군담 소설의 영향 때문인 것으로 추정된다(林治均, "「王會傳」 연구," 『藏書閣』, 2[1999. 12], p. 85).

【增】〈이본연구〉

1) 이 계열 작품들이 창작된 시기로 보이는 17세기 이후부터 본 작품이 창작된 19세기에 이르기까지 작품의 등장인물을 제외한 작품 구성면의 큰 차이를 보이지는 않는다. 몽유자가 일수재[「금산몽유록」 계통] 혹은 성허[「금화사몽유록」 계통]라는 인물로 설정되어 있고, 작품 배경이 금산사 혹은 금화사로 바뀐 정도이다. 이런 구성이 아직 작품 주제를 구속할 정도의 큰 요소는 못 됐지만, 단순 구성을 취한 「금산사몽유록」에서 보다 구체적인 「금화사몽유록」으로 발전한 데는 청성조의 강천사 개명이란 작품 외적 요인이 적용된 것이 아닌가 여겨진다. 그러나 무엇보다 「왕회전」의 작품 구성이 이들 작품과 크게 다른 점은 첫째로 작품 구조가 몽유록 양식을 탈피하였다는 점이다. 둘째로 몽유자를 등장시키지 않았다, 셋째로 몽유 현장이 금산사(금릉)에서 낙양으로 바뀌었다. 넷째로 시대적 배경이 원·청에 국한되지 않고 확장되었다는 점 등이다. 그리고 무엇보다 지적돼야 할 점은 이런 몽유록 구조를 탈피하여 작품의 절대 분량을 역사 군담으로 개작하여 군담적 통속성을 강화했다는 점을 들 수 있을 것이다. 앞선 작품들이 17·8세기적 숭명배청 의식이 반영된 작품으로 본다면, 19세기에 개작된 김제성의 「왕회전」과 문한명의 「금산사기」는 주제성이 더욱 강화되고, 당시 유행되던 회장체 소설 구성까지 채택함으로써 소설적 흥미를 더한 노력을 보이고 있다. 다만, 두 작품이 모두 독자층의 흥미를 염두에 둔 장회체로 개작되었지만, 「왕회전」이 이룬 문학적 성취는 대단히 높다. 17·8세기 존명배청 의식이 강력하게 반영되던 이른바 「금산사몽유록」계 작품의 세계관과는 달리, 존명배청 의식의 시대적 설득력이 약화되던 시기에 존왕양이로 확대된 중화관의 새로운 극복의 논리를 춘추 대의에 두고 있다는 점이다(정용수, "「왕회전」 연구," 『동양한문학연구』, 14[2000. 12], pp. 207~208).

474-1.2. 〈연구〉

【增】Ⅲ.(학술지)

1) 임치균. "「王會傳」 연구." 『장서각』, 2(한국정신문화연구원, 1999. 12). 한국고소설학회 編. 『한국고소설의 자료와 해석』(아세아문화사, 2001. 10)에 재수록.
2) 정용수. "「王會傳」 연구." 『東洋漢文學硏究』, 14(東洋漢文學會, 2000. 12).
3) 이병직. "「王會傳」 연구." 『古小說硏究』, 14(韓國古小說學會, 2002. 12).

【增】〈회목〉

[上篇]

1: 漢高祖大會列國　　　　　諸葛亮智却二君
2: 孔明襃貶群臣　　　　　　明祖評論諸帝
3: 飮一斗文臣獻詩　　　　　分兩隊武將較藝
4: 漢高祖大封文武　　　　　忽必烈怒奇兵馬
5: 戰河北漢武侯獻馘　　　　頒天下蘇學士草詔
6: 劉裕大會列國　　　　　　宋主先封諸臣
7: 明太祖親征到豫州　　　　劉穆之巧言說項王

[下篇]
1: 項王反來却寨　　　　　　孔明會衆練陣
2: 宋主連兵徐州　　　　　　武侯敗續榮陽
3: 太尉得勝孟諸　　　　　　伯王殆死豫州
4: 縛猛虎唐宗行計　　　　　醉香蟻楚覇殞命
5: 分兩路元戎進軍隊　　　　定三分辯士說兵仙
6: 徐元帥一場虜群借　　　　漢高祖三等封諸功

【增】❶{외고주전}

국문필사본

외고쥬젼　　　　　　　　박순호[家目]　　　　　　　　1(23f.)

❶{요광현전}222)
❶{요동우신기 遼東遇神記}
〈작자〉愼後聃[1702~1761]
〈관계기록〉

① 『河濱雜著』(愼後聃 1702~1761), 削雜記諸篇: 「續列仙傳」一篇·「續搜神記」一篇·「龍王記」一篇·「海蜃記」一篇·「遼東遇神記」一篇·「紅粧傳」一篇·「奇文囂說」一篇·「文字抄」一篇·「雜書抄」一篇·「隨筆錄」一篇·「經說」一篇·「雜錄」一篇 所記多誕妄荒雜 皆余幼時 狂馳之爲也 並削之 癸卯[1723]菊秋日書 (「속열선전」1편,「속수신기」1편,「용왕기」1편,「해신기」1편,「요동우신기」1편,「홍장전」1편,「기문비설」1편,「문자초」1편,「잡서초」1편,「수필록」1편,「경설」1편,「잡서초」1편은 내용이 매우 허탄하고 망녕되며 거칠고 잡된 것들인데, 모두 내가 젊었을 적 어린 기분으로 지었던 것이어서 모두 삭제하였다. 계묘년 가을에 쓰다).

▶(요로원기 要路院記 → 요로원야화기)
◪475.[[요로원야화기 要路院夜話記]] ← 『삼방요로기』 / 요로원기 要路院記
〈작자〉朴斗世(1654~?)223)
【增】
1) 후대의 개작본인 한문본 (B1)[연세대 소장]에 작가로 기재된 '朴斗瑞'는 자료 자체의 신빙성에 瑕疵가 큰 만큼, 믿을 수 없는 기록이므로 이를 무시해도 좋지 않을까 생각한다. 마찬가지로 후대의 한 개작본에 불과한 한문본(C)의 註記 내용을 주목하여 원작의 시대 배경·창작 연대를 후대로 돌리는 것은 불합리한 추론이며, 현전하는 最古의 자료라 하여 한문본 (A)의 필사자를 바로 原作家로 추정하는 견해 역시 원작가 = 필사자임을 확인할 수 있는 뚜렷한 사실적 근거를 찾지 못하는 한 정당성을 갖지 못한다. 그리고 보면 표지에 '朴斗世'作을 明記해 둔 한글본의

---

222) 『이본목록』·『작품연구 총람』에 각주 추가. 【增】 요광현이 「현봉쌍의록」의 등장인물인 점으로 미루어, 「요광현전」은 「현봉쌍의록」의 同種異名 소설로 생각된다.
223) 연세대본에는 '朴斗緖'로 되어 있다.

문헌 기록이나, 그의 언행과 경력이 작품 내용(일인칭 화자의 진술 내용)과 여러 가지로 부합됨을 근거로 하여 박두세 작임이 믿음직하다고 결론한 가람의 견해에 부질없이 이의를 제기할 아무런 까닭이 없는 것이다. 작가명을 '朴斗世'로 명기한 기록은 한글본 외에 한문본 (B2)[서울대 소장 『海叢』 冬卷 所載]에서도 발견되거니와, 실제로 우리는 작품 속에서 話者가 밝히고 있는 그의 歸路旅程과 賦科經歷, 본인은 물론 아들 및 조카의 나이까지 박두세 자신의 傳記의 사실과 거의 일치됨을 문헌을 통해 확인할 수 있다(鄭學成, "「要路院夜話記」 研究," 檀國大, 『國文學論集』, 13[1989. 9], p. 103).

〈작품연대〉

【增】

1) 작가 박두세가 과연 이 작품을 그의 생애 중 어느 시기 중에 창작하였을까 하는 점이다. 작품 배경만 두고 본다면 이 작품은 그가 29세 되던 戊午年(숙종 4년, 1678) 봄, 과거에 응시하고 낙향하던 귀로 도중의 체험담을 서술한 것으로 되어 있다. 그렇다면 이 작품은 바로 무오 당년에 저작된 것으로 볼 수 있을 것인가? 그럴 가능성이 전혀 없는 것은 아니나, '戊午春 余……'로 시작되는 작품의 배경 서술로 미루어 볼 때 적어도 무오 당년의 저작은 아니라고 보는 것이 옳을 듯하다. 그러나 작품에는 과거에 낙방하여 울울해 落鄕하는 빈한한 시골 문사의 京華豪族에 대한 일말의 적개심과 투쟁심, 그리고 才氣와 文識으로 상대방을 굴복시키고 마는 젊은 오기가 번득이며, 전술한 바와 같이 소외된 사대부의 강개한 분세 의식이 작품의 주조를 이루고 있는 것이 사실이다. 그러므로 우리는 이 작품이 무오 당년은 아닐지라도 작가 박두세가 아직 낙척 불우하던 그 즈음 2~3년 사이에 저작된 것으로 추측해 볼 수 있다(鄭學成, "「要路院夜話記」 研究," 檀國大, 『國文學論集』, 13[1989. 9], p. 104).

〈관계기록〉

① 『暘葩談苑』(任廉 1779~1848), 中 '蟾泉謾筆': 客 欣然一飽 遂依要路院問答例◐(길손이 흔연히 웃고 배불리 먹은 후 드디어 '요로원'에서 문답했던 예를 따랐다).

【增】

1) 『欽英』(俞晩柱 1755~1788), 16, 1783. 7. 20: 見「要路夜話之記」◐(「요로원야화기」를 보았다).
2) 『[演慶堂]諺文冊目錄』(1920; 藏書閣所藏): 170. 「要路院夜話記」 1冊.

〈이본연구〉

【增】

1) (A)[李樹鳳 소장 한문본]와 (B)[연대 소장본(B1) 및 서울대 소장 『海叢』 冬卷 所載本(B2)]類의 가장 중요한 차이는 (A)에는 없던 몇몇 대목들이 (B)에 첨가·부연되어 나타난다는 점이다. 예컨대 眞書風月을 즐기는 대목은 (A)보다 두 배 정도 길어지고, 성리학이나 당파 등에 대한 토론도 상식적인 설명을 곁들이며, (A)보다 두세 배 이상으로 장황하게 길어진다. 이처럼 (B)본류는 (A)본에 비해 그 서술 내용이 보다 확장된 점이 있으나, 상대격으로 극적 긴장은 완화되어 작품이 매우 지리해지고 있다. 뿐만 아니라 이러한 내용의 연변·확대 과정 속에서 主·客 양인의 대화 진술 내용이 (A)의 그것과 서로 뒤바뀌어지는 경우가 있어 결과적으로 (B)본류에서는 등장 인물의 주요 성격이나 사상이 (A)와는 사뭇 변질된 형태로 전개되는 기도 한다. …… 결과적으로 (B)본류는 (A)본이 보여 주는 간결·압축된 대화와 인물의 선명한 대립을 통한 극적 긴장과 서사적 통일성을 약화시키고 있을 뿐 아니라, 통렬한 풍자의 맛을 반감시키고 있는 것이다.

이본들을 대비·비교할 때 또 하나 주목되는 사실은 한문본 (A)는 한글본 및 한문본 (C)[일본 天理大 소장본]와 그 서술 내용·문맥이나 字句(語句)가 대개 합치되고, 한문본(B1)은 (B2) 및 (D)[『東野彙輯』,「要路院二客問答」]본과 거의 일치하고 있다는 점이다. 바꾸어 말하면 한문본(A)에 없다가 (B)본류에 첨가·부연된 대목은 한글본이나 한문본(C)에도 전혀 나타나고 있지 않다는 것이다. 따라서 우리는 한글본 및 한문본 (C)는 한문본 (A)류를 底本으로 하여 번역 또는 개작된 것이라 추정할 수 있을 것이다. 또한 (B1), (B2) 및 (D)본을 포함한 한문 (B)본류는, 원작의 풍자적 의도가 긴밀한 극적 구성과 서술의 통일을 통해 수미일관 관철되고 있는 (A)본류를 부연·개작한 이본류로 추정하는 것이 사리에 합당할 것이다. 그 밖에도 뛰어난 識見과 예술적 才氣가 번득이는 文士의 저작물로 보이는 한문본 (A)는 (B)본류에 비해 그 문체가 훨씬 典雅·流麗하다는 사실도 이 (A)본이 원전에 가장 가까운 正本임을 방증해 주고 있다(鄭學成,「「要路院夜話記」研究,」 檀國大,『國文學論集』, 13[1989. 9], pp. 101~102).

> [한문필사본]
> 【增】要路院夜話記   박순호[家目]   1(국한자 혼기, 33f.)
> 【增】要路院夜話記 東巖遺稿   임형택[莽蒼蒼齋 家目]   1(朴斗世著, 京客 李彦崗 官參判, 20f.)

475.1. 〈자료〉

Ⅱ. (역주)

【增】
　1) 朴熙秉 標點·校釋.『韓國漢文小說 交合句解』. 소명출판, 2005. (磻溪本)

475.2. 〈연구〉

Ⅲ. (학술지)

475.2.9. 金泰俊. "「要路院夜說記」의 서울文明論: 科儒의 서울 여행."『국어국문학』, 82(國語國文學會, 1980. 4). 『비교문학산고』(민족문고간행회, 1985. 9)에 재수록.

【削】 475.2.11. 김태준. "「요로원야화기」의 서울 문명론."『비교문학산고』(민족문고간행회, 1985. 9).[224]

【增】
　1) 尹淑子. "「要路院夜話記」考."『國語國文學研究』, 4(梨花女大 國語國文學研究會, 1962. 10).
　2) 윤분희. "「요로원야화기」 연구: 결말 처리 방식을 중심으로"『地域學論集』, 2(숙명여대 지역학연구소, 1998. 2).

◐{요열록}[225]

◪476. [요화전 瑤華傳] ← 수상요화전
〈참고자료〉
　① 「瑤華傳」十一卷四十二回: 淸丁秉仁撰 題'吳下香城丁秉仁 編著·茂苑尤鳳眞閬仙評' 首嘉慶乙丑(十年) 武林馮瀚序 又四年九月十年尤鳳眞等序 八年自序 演明福王常洵女瑤華事 謂瑤華

---

224) 475.2.9와 중복되었다.
225)「요얼록 妖孼錄」이 아닐는지 모르겠다.

乃狐轉生 多言妖異猥褻事 不根史實☯(청나라 정병인 찬. 표지에 '오하향성 정병인 편저·무원 우숙진[丁秉仁] 낭선 평'이라 되어 있다. 서두에 가경 을축년[1805]에 쓴 무림 풍한의 서문이 있고, 또 4년·9년·10년에 쓴 우숙진 등의 서문이 있으며, 8년에 쓴 자서가 있다. 명나라 복왕 상순의 딸 요화의 일을 소설로 꾸민 것인데, 요화를 여우가 전생한 것이라 하고 요상스럽고 외설스런 일을 많이 이야기하여 사실에 근거하지 않았다)[孫楷第,『中國通俗小說書目』, p. 177].

【增】
1) 『[演慶堂]諺文冊目錄』(1920; 藏書閣所藏): 38.「瑤華傳」22冊.
2) 『集玉齋書目』:「妖華傳」八卷.

〈이본연구〉

【增】
1) 필자가 <규>[규장각]본과 <낙>[낙선재]본 [「요화전」]의 대조 작업을 진행하던 중, <규>본 2권 74쪽, 곧 '第六回 福王受劍仙冷落 韓氏因勞瘵云亡'의 번역 말미에 쓰여진 다음과 같은 기록이 발견되어 <규>본의 필사·번역 연도를 확정할 수 있는 매우 귀중한 단서가 확보되었다.

　　병술 삼월 초오일 시작이라 (<규>본 2:74)

　　우선 위 병술년은「요화전」이 중국에서 창작된 해가 1803년(嘉慶 8)인 사실로 미루어 1826년과 1886년 가운데 하나일 것인데, 이 <규>본의 번역 대본이 된 규장각 소장 壽音書屋刊本의 간행 연도가 1838년(道光 18)이라는 사실에 비추어 보면 그 연도는 자연스럽게 1886년으로 확정되어진다. 그런데 이 <규>본에는 많은 곳에 퇴고를 가한 흔적이 남아 있는 점으로 보아, 이것이 번역자의 번역 草稿이거나 아니면 번역자가 제삼자에 의뢰해 정서된 초고에 직접 퇴고를 가해 놓은 校正稿일 가능성이 높다. 또 <낙>본은 이 <규>본에 수정된 내용을 예외 없이 수용하여 이를 그대로 궁체로 전사해 놓고 있다. 따라서 <낙>본은 <규>본의 전사본임을 의심할 여지가 없다. 이 사실, 즉 <낙>본이 <규>본의 전사본이라는 사실은 곧 <규>본이 현재까지 <요>의 유일한 번역본이라는 사실을 확인시켜 준 셈이 된다. 그렇다면「요화전」이 조선에서 최초로 번역된 시기는 바로 위 <규>본에 기록되어 있는 '병술년(1886)'으로 한정될 수밖에 없다. 그리고 <낙>본도 비슷한 시기에 궁중에서 궁체로 정서되어, 낙선재에 갚아져 궁중에서 읽혀 왔을 것이다. 그러므로 이 <낙>본의 필사 연도도 <규>본의 번역 연도인 1886년에서 멀지 않은 해가 될 것이다. …… 분량면에서 <규>본과 <낙>본을 비교해 보면, 규장각본은 총 7책 14권으로 1책은 2권씩 묶었고, 각 권의 면수는 일정하지 않은데, 총 1781면, 1면 9행, 1행 21~26자 내외(평균 23.4자)로 필사되어 있어, 모두 37만 5천여 자에 이를 것으로 추정된다. 이에 비해 낙선재본은 모두 22권 22책으로 되어 있는데, 각 권은 평균 100면 정도이고, 총 2206면, 한 면은 9행이며, 매 행의 자수는 일정하지 않으나 대개 18~19자 내외(평균 18.5자)로 필사되어 있어 총 36만 7천여 자에 이를 것으로 추정된다. 체재에 있어서 <낙>본은 22권인데 비해 <규>본은 14권으로 되어 있어 권수에 있어서는 <낙>본이 <규>본보다 훨씬 많으나 실제 서사 분량은 <낙>본이 <규>본에 비해 문장 길이를 몇 자씩 줄여 가며 전사한 까닭으로 <규>본보다 약간 적다(崔吉容, "한글필사본「瑤華傳」의 번역 및 변이양상,"『紅樓夢的傳播與飜譯 홍루몽의 전파와 번역』[鮮文大 中韓飜譯文獻研究所, 2004. 11], pp. 193~194 발췌 인용).

【增】
〈판본연대〉

1) 규장각에 소장되어 있는 한글 필사본[「요화전」]은 번역본의 초고인 듯 부분적으로 지우거나 수정한 부분이 보이는데, 낙선재본 한글 필사본에는 규장각본의 수정한 내용이 그대로 반영되어 있다. …… 그런데 이러한 수정 부분이 그리 많은 것은 아니다. …… 수정의 내용에 있어서도 …… 조사나 어미를 바꾸는 수준 이상은 아니고 다만 전체적인 의미 파악을 쉽게 하거나, 문장을 원활히 하는 정도에 그치고 있다. 또한 규장각본의 필체 역시 낙선재본만큼이나 정성들여 필사한 것이기에 규장각본 자체가 이미 거의 완성본에 가까운 수준에서 만들어진 것이라 하겠다. 규장각본의 수정 부분은 본문의 필체와 다르며, 먹의 농도에 있어서도 본문보다 조금 옅어 본문의 필사자와 수정자는 동일인이 아니며, 수정은 일단 필사가 완결된 후에 이루어졌음을 보여 준다. 특히 2권 6회의 마지막 부분에 수정자의 필체로 쓰여진 필사기가 있어 주목을 요한다. 2권 6회의 마지막에 1줄이 비어 있는데 이곳에 수정자가 필사기를 기록한 것이다. '병술 삼월 쵸오일 시쟉이라' 그렇다면 위의 필사기에서 병술년은 서기 몇 년에 해당되는가가 문제이다. 그런데 규장각본에서 또한 주목을 요하는 것은 이 책의 표지이다. 규장각본의 표지를 살펴보면 7책 모두 앞표지, 뒷표지 이면에 연활자로 인쇄된 내용이 보인다. 이는 연활자로 인쇄된 종이를 덧대어 표지를 만든 것이다. 그 덧대어진 종이에 인쇄된 것은 『한성순보』이다. 그 내용을 고찰해 보면, 1886년 7월 5일에 발행된 『한성순보』 제23호와 동년 8월 23일 간행된 제24호임을 알 수 있다. 이는 이 책이 만들어진 시기가 최소한 1886년 8월 23일 이후임을 알려 주는 증거이다. 따라서 위에서 인용된 필사기의 병술년은 成冊된 그 해인 1886년을 의미한다. 여기서 또 하나 주목할 점은 규장각본 「슈샹 요화전」[「繡像 瑤華傳」]의 청구 기호이다. …… 奎' 다음에 붙는 숫자는 규장각에 수입순으로 붙인 것인데, '奎 19000'번대까지는 대개 조선 시대부터 소장되어 있던 자료에 붙인 청구 기호이다. ……따라서 규장각본 「수상 요화전」의 청구 기호는 '奎 11472'이기에 조선 혹은 대한 제국기에 규장각이나 왕실에 소장되어 있던 서적임을 알 수 있다. 요컨대 규장각본 「수상 요화전」에는 관보인 『한성순보』가 표지에 덧대어져 있으며, 원래 이 책이 궁중에 소장되었다는 사실을 고려하면 「요화전」은 고종의 명으로 중국 소설을 번역할 때 만들어졌음이 틀림없을 것이다. 이상의 사실들을 종합할 때, 규장각본 「수상 요화전」은 1886년 이전에 만들어진 다음 1886년 3월부터 부분적인 수정을 거쳐 1886년 8월 23일 이후에 成冊되었으며, 이러한 규장각본 「수상 요화전」을 저본으로 그대로 베껴 쓴 것이 바로 낙선재본 「요화전」이다. 규장각본을 그대로 베껴 쓴 것이 낙선재본이기는 하나, 낙선재본의 성책 과정에서 규장각본과는 다르게 권을 나누고 책을 묶었기에 권 수나 책 수에 있어서 규장각본과 낙선재본의 차이가 생기게 된 것이다(류준경, "낙선재본 중국번역소설과 장편소설사," 『한국문학논총』, 26[2000. 6], pp. 6~8 발췌 인용).

476.1. 〈자료〉

【增】Ⅱ.(역주)

1) 최길용·이재홍·김영 校註.『요화젼 瑤華傳』. 조선시대 번역고소설 총서 12. 이회, 2004.[226] (정문연 소장)

476.2. 〈연구〉

【增】Ⅲ. (학술지)

---

226) 중국의 濤音書屋藏板 「요화전」이 영인 부재되어 있다.

1) 崔吉容. "한글필사본「瑤華傳」의 번역 및 변이양상."『紅樓夢的傳播與翻譯』(鮮文大 中韓翻譯文獻硏究所, 2004. 11).『紅樓夢的傳播與翻譯』(鮮文大 中韓翻譯文獻硏究所, 2004. 11).『中國小說論叢』, 21(韓國中國小說學會, 2005. 3)에 재수록.

▶(용강전 龍岡傳 → 임진록 ①)

◘477.[[용궁부연록 龍宮赴宴錄]] ← 『금오신화』
　〈작자〉金時習(1435~1493)
　〈출전〉『金鰲新話』
　〈관계기록〉
　　① 『金鰲新話』, 依田百川, 序文[1884]: 「赴宴錄」則文章雄峻 詩賦雅麗 可以見其該博之學 與俊拔之才矣◐(「용궁부연록」은 문장이 뛰어나고 시부가 아름다워 가히 그 해박한 학식과 더불어 뛰어난 재주를 엿볼 수 있게 한다).
　　② 同上, 李樹廷 1842~1886, 跋文[1884]: 朝鮮固多小說 然皆有根據 盖野史之類 其傳奇之作甚稀 僅有梅月堂「金鰲新話」金春澤「九雲夢」數種而已「九雲夢」向爲淸人某所評點成十卷 印行於世 惟『金鰲新話』只有謄本 以梅月堂 有重名於世之以其書 全倣『剪燈新話』其中「龍宮赴宴錄」尤肖「水宮慶會錄」也 然不可爲非先生之作◐(조선에는 실로 소설이 많다. 그러나 모두 근거가 있는 것으로 대체로 야사류이고, 전기 작품은 매우 드물어 근래의 매월당의 『금오신화』나 김춘택[1670~1717]의 「구운몽」 정도다. 「구운몽」은 얼마 전에 청나라 사람 아무가 평점을 하여 10권으로 만든 것이 세상에 간행되고 있으나, 『금오신화』는 다만 사본만이 있어 매월당을 그 책으로 인하여 이름을 높이게 하였다. 이 책은 전적으로 『전등신화』를 모방한 것인데, 그 중에 「용궁부연록」은 「수궁경회록」과 매우 유사하나, 그렇다고 하여 선생의 작이 아니라고 할 수는 없다).
　　③ 同上, 蒲生重章 跋文[1884]: 大塚彦 將鐫朝鮮人金時習所著『金鰲神語[話]』携來示余 余閱之歎曰 盖作者成化初 抱才學與時不遇 故發憤慨於此焉耳 如其「萬福寺樗蒲記」·「李生窺墻傳」·「南炎浮洲志」·「龍宮赴宴錄」諸篇或情致纏綿 或感慨鬱勃 或悲壯淋漓 或議論明快 或豪懷航髒 一讀 使人擊節不已◐(대총언이 조선인 김시습[1435~1493]이 지은 『금오신화』를 간행하려고 가지고 와서 내게 보여 주었다. 내가 열람한 후 탄식하여 말하기를, "대개 작자는 성화 초년[1465~1487]에 재주와 학문을 품었으나 때를 만나지 못해 여기에 분개를 발했을 뿐이다."고 했다. 작품들 중에 예컨대 「만복사저포기」·「이생규장전」·「남염부주지」·「용궁부연록」 등은 혹 정치227)가 뒤얽히고 혹 김개가 술빌228)하며 혹 비징힘이 흥긴하고 혹 의논이 명괘하며 혹 크나큰 회포가 항장229)하여 한번 읽으면 사람으로 하여금 격절230)하여 마지 않게 한다).
　　④ 同上, 梅外仙史 批評[1884]: 通編 文章華麗 詩賦淸腴 紀事傳奇之佳者也 余曾讀淸人蒲留仙『聊齋志異』亦稗史中 上最妙者也 今讀此篇 其事奇而其詩則正 決非狂怪之辭也 意者彼其巧全在文章故 篇篇用意 時挿四六之辭 此編不然 其巧全在詩賦 如後卷雖有「炎浮」之文 至「龍

---
227) 좋은 감정을 자아내는 흥치.
228) 속에 꽉 찬 기운이 터져 나올 듯이 성함.
229) 꿋꿋함.
230) 박자를 맞춤.

宮赴宴」則 頻揷騷體之賦 其意之所在 亦可知而已 而其所論 非尋常傳奇之類也 他日必當上木欲重觀之 梅外仙史批評 岡蓁窓書◯(전편은 문장이 화려하고 시부는 맑고 살져 기사 전기 중에 아름다운 작품이다. 내가 일찍이 청나라 사람 포류선[蒲松齡, 1640~1715][231])의 『요재지이』를 읽었는데, 역시 패사 중 가장 묘한 것이었다. 이제 이 작품을 읽으니 그 사건이 기묘하고 그 시는 바르어 결코 미치꽹이의 말이 아니다. 작자가 『요재지이』의 경우는 기교가 문장에 있어 편편마다 때때로 4·6문을 집어넣었으나, 이 작품은 그렇지 않아 그 기교가 시부에 있다. 예컨대 후권에는 「염부」가 있으나 「용궁부연」에 이르면 자주 이소부체를 집어넣어 그 뜻의 소재를 역시 가히 알 수 있으나, 그 논하는 바는 심상한 전기류는 아니다. 훗날 반드시 상목을 당하여 중히 보고자 한다. 매외선사가 비평하고 강진창에서 쓴다).

477.1. 〈자료〉

Ⅱ. (역주)

【增】

1) 金俊榮·李月英. 『古小說論』. 月印, 2000.

477.2. 〈연구〉

Ⅱ. (학위논문)

【增】

1) 최재우. "「崔生遇眞記」의 특성 연구:「龍宮赴宴錄」·「水宮慶會錄」과의 비교를 중심으로." 碩論(연세대 대학원, 2000. 2).
2) 김선영. "「용궁부연록」의 만의성 연구." 碩論(성균관대 교육대학원, 2005. 2).

Ⅲ. (학술지)

【增】

1) 金珦成. "「龍宮赴宴錄」과 『剪燈新話』의 比較 硏究." 『論文集』, 17(京畿工業開放大, 1982. 12).
2) 설중환. "『金鰲神話』의 易學的 考察:「南炎浮洲志」와 「龍宮赴宴錄」을 중심으로." 『省谷論叢』, 27(省谷學術文化財團, 1996. 8).
3) 전혜경. "『剪燈新話』(中)·『金鰲新話』(韓)·『傳奇漫錄』(越)의 比較硏究(其二):「水宮慶會錄」·「龍宮赴宴錄」·「龍庭對訟錄」의 비교를 中心으로." 『東南亞硏究』, 7(한국외대 동남아연구소, 1998. 12).
4) 최재우. "「崔生遇眞記」의 특성 연구:「龍宮赴宴錄」·「水宮慶會錄」과의 비교를 중심으로." 『연세학술논집』, 32(연세대 대학원 총학생회, 2000. 8).

▶(용매기연 龍媒奇緣 → 장익성전)

◐{용문도총 龍門都摠}

〈관계기록〉

① Courant, 917:「용문도총 龍門都總」.

---

231) 청나라 때의 소설가·극작가.

478. [[용문몽유록 龍門夢遊錄]]

〈작자〉愼誇

〈관계기록〉

① 「龍門夢遊錄」: 歲在乙亥黃鍾之月 黃溪子僑寓南郊 丙子攝提辰爲見季妹 往花林過龍門 淹行日 一夕惝然孤館 月色如畫 風生竹塢 對墻梅倚柱 沈吟如有所思 少焉 夜靜空堂 爽氣侵身 入室而坐 撫枕無寐◐(을해년[1635] 황종[음력 11월]에 황계자가 남쪽 교외에 임시로 살았다. 병자년[1636] 2월에 막내 누이동생을 보기 위해 화림으로 가던 중 용문[安義面 四洞]을 지나다가 여러 날 묵고 떠나게 되었다. 하루 저녁에는 외딴 객점에 달빛은 낮처럼 밝게 비치고, 바람은 대나무 숲에서 불어왔다. 담에 핀 매화나무를 보며 기둥에 기대어 흥취를 읊조렸다. 조금 지나자 밤은 고요하고 집안은 텅 비어, 서늘한 기운이 몸 안으로 스며들므로 방안으로 들어가 앉아 베개를 어루만지며 잠을 이루지 못했다).

② 『居昌愼氏世譜』, 1, 下: 字而任 號黃溪齋 有文學 有「黃石山夢遊錄」 入安義舊邑誌 見後錄◐([愼誇(1581~?)의] 자는 이임이고 호는 황계자로 문장과 학문이 있었다. 「황석산몽유록」이 있어 구읍지에 들어 있고 후록에 보인다).

〈작품연대〉

【增】

1) 작자 신착은 1581년 출생하여 적어도 桐溪 鄭蘊[1569~1641]의 졸년인 1641년 이후까지는 생존했던 것으로 추정된다. 동계를 祭한 글이 남아 있기 때문이다. 작품 속에서 작자는 을해년(1635)에 남교에 살다가 다음 해인 병자년(1636) 정월에 화림에 사는 누이동생의 집을 찾아갔다. 작품 속의 연대를 작자의 생존과 일치한다고 단정할 근거는 없지만, 우선 작자가 굳이 1635년에 남교에 살고 있었다고 밝히고 있음은 당시의 현장성을 암시하는 것으로 보인다. 이 곳을 지나던 것이 계기가 되어 이 작품을 창작하게 되었다는 것은 그가 계속적으로 이 문제에 관심을 갖고 있었음을 암시하는 대목이다. 작품 속에서 '내가 무신년 봄에 풍류암에 놀며'라는 기록은 상기 연표대로 하면 무신년은 1608년이 되는 것이어서 실제 사실로 보아도 무리가 없다. 창작 연대를 밝힐 수 있는 결정적인 근거를 작품 속에서 찾을 수 있다. 작자는 작품 속에서 '오늘같이 변방에 놀란 만한 일이 있어 나라 운명에 어려움이 많은데도 벼슬아치들은 의견만 분분하고 오랑캐를 막을 대책은 아예 없으니'라고 말한 바 있다. 이때 정국을 남한산성을 두고 '死守之論', '決死之義'가 강렬하게 거론되고 있었고, 동계 정온이나 金尙憲[1570~1652]이 이 문제에 대표적으로 앞장선 인물이었음은 밝힌 바 있다. 즉 이듬해 화의가 성립되었다는 언급이 없이 조정 의견이 분분하다고 난 하고 있음은 이 삭품의 창삭 시기가 바로 이때임을 말해준다. 병자호란과 일지하는 기록뿐만 아니라, 월연의 모임에 가서 귀신들과 대화를 나눈 시기인 병자년 전후에 월연의 모임이 있었다는 지족당 연보의 기록도 확인되고 있는바, 창작 연대를 병자년(1636)으로 보는 데 무리가 없을 것이다(鄭容秀, "「龍門夢遊錄」 硏究," 『한문학보』, 1[1999. 2], pp. 130~131).

478.2. 〈연구〉

Ⅲ. (학술지)

【增】

1) 김동협. "「용문몽유록」 고찰." 『국어교육연구』, 29(국어교육연구회, 1997. 12).

2) 鄭容秀. "「龍門夢遊錄」研究."『漢文學報』, 1(우리한문학회, 1999. 2). 반교어문학회 편,『고소설의 사적전개와 문학적 지향』(반교어문총서 3, 보고사, 2000. 3)에 재수록.

◪479. [용문전 龍文傳] ← 용문장군전 / 대성용문전

〈관계기록〉

① Courant, 826:「뇽문젼 龍門傳」.
② Courant, 3362:「龍門傳」.

국문필사본

【增】 용문젼이라	김종철[家目]	1(41f.)
【增】 용문젼 소디셩젼	박순호[家目]	明治四十四年六月二十八日發行홈, 忠淸南道庇仁郡內面校村里 冊主林, 37f.)232)
【增】 용문젼이라	박순호[家目]	(48f.)233)
【增】 龍文傳	정명기[尋是齋 家目]	1

국문완판본

【增】 용문젼이라	박순호[家目]	1(36f.)
【增】 용문젼이라	박순호[家目]	1(戊申仲春 完龜洞新刊, 36f.)
【增】 용문젼이라	박순호[家目]	1(37f.)234)
【增】 용문젼이라	박순호[家目]	1(戊申仲春完龜洞新刊, 38f.)235)
【增】 용문젼	박순호[家目]	1(己酉孟春 完山新刊, 庚戌十一月十三日 冊主, 38f.)236)
【增】 용문젼이라	박순호[家目]	1(明治四十四年[1911]八月二十二日發行, 38f.)
【增】 소디셩젼/용문젼	여태명[家目](127)	2-1(戊申仲春完 龜洞新刊, 74f.)
【增】 소디셩젼 권지상이라 / 용문젼이라 소디셩젼	이태영[家目]	2-1([표지]대정이연음임자십이월십일, 戊申仲春完龜洞新刊, [소]35f.; [용]38f.)
【增】 소디셩젼권지상이라 /용문젼이라 蘇大成傳	이태영[家目]	2-1(戊申仲春完龜洞新刊, 大正三年[1914]十一月二十五日發行, [소]35f.; [용]38f.)
【增】 소디셩젼이라 / 용문젼이라	이태영[家目]	2-1(明治四十四年八月二十二日發行, [소]43f.; [용]38f.)
【增】 용문젼	정명기[尋是齋 家目]	1 237)

---

232) 표제는 '소디셩젼 上下卷'으로 되어 있으나, 상은 「소디셩젼」(52f.); 하는 「용문젼」(37f.)이다.
233) 「쇼디셩젼이라」(60f.)에 합철되어 있다.
234) '쇼디셩젼 권지상이라'의 '권지하'로 출간되었다.
235) 동일 판본 4책 소장.
236) 동일 판본 2책 소장.
237) 「소대셩젼」과 합철되어 있다.

| 【增】용문젼 | 정명기[尋是齋 家目] | 1 238) |

국문활자본

〈대성용문전〉

되성용문젼 大成龍門傳	국회[目·韓II](811.31) /박순희[家目]	1([發]申泰三, 世昌書舘, <u>1950.8. 30</u>; <u>1952. 12.30</u>, 28pp.)239)
(정번) 되성용문젼 하편 (正本)大成龍門傳(213)	국중(3634-2-32=8)/유탁일 /哈燕[韓籍簡目 1](K5973. 5/4280/6)/[仁活全](11)	1([編·發]姜義永, 新明書林, 1917. 8.28; 3판 1922.<u>11.30</u>; 4판 1924, 63pp.)240)
【增】(정번)대성용문젼 (定本)大成龍門傳	국중(3634~2~117=1)	1([발행자불명], [발행년불명], 63 pp.)241)

〈용문전〉

(신교)룡문젼 (新校)龍文傳	국중(3634-22-70=1)/유탁일	1(6회, [著]韓仁錫, 平壤: 光文冊肆, 1915. 10.24, 60pp.)
(신교)룡문젼 (新校)龍門傳	국중(3634-2-70=3)	1(6회, [著·發]勝木良吉, 大昌書院, <u>1920. 12.30</u>, 52pp.242))
(고딕소셜)룡문젼 (古代小說)龍文傳	국중(3634-2-70=2)<초판>/ [仁活全](11)(215) 3판	1([著·發]池松旭, 新舊書林, 1917.9.12; 3판 1923, 43pp.)

〈회목〉

【增】

(光文冊肆 판 / 大昌書院 판 「신교 룡문젼」)

1: 흑텸향에셔션관은즁미를짓고　　　　　　黑惉鄕仙官作媒
   청슈강에룡왕은물을드리다　　　　　　　淸水江龍王獻馬
2: 구은을감격ᄒ여신령의게치졔ᄒ고　　　　感舊恩致祭神靈
   고토에도라가션영을슈츅하다　　　　　　還故土修築先塋
3: 복부슈에렬왕이긔병ᄒ고　　　　　　　　復父讐列王起兵
   보군은에조손이죵군하다　　　　　　　　報君恩祖孫從軍
4: 봉인을ᄉ괴믜시셕이우하고　　　　　　　交鋒刃矢石雨下
   긔모를베플믜쟝졸이운산ᄒ다　　　　　　設奇謀將卒雲散
5: 삼로에ᄂ화호왕은칙칙을겁칙ᄒ고　　　　分三路胡王劫寨
   칠셩씌빌어도ᄉᄂ슐법을힝하다　　　　　祈七星道士行術
6: 호란을평뎡ᄒ고환궁ᄒ여공을의론ᄒ고　　平胡亂還宮論功
   은쟉을밧아귀국ᄒ여교화를펴다　　　　　受恩爵歸國宣化

---

238) 「소대성젼」과 합철되어 있다.
239) 「소딕셩젼」(35pp.)과 합철되어 있다.
240) Pp. 1~31은 「대셩룡문젼」 상편으로 「소대성젼」이며, 이하 pp. 32~63은 동 하편으로 「용문젼」이다.
241) Pp. 1~31은 「대셩룡문젼」 상편으로 「소대성젼」이며, 이하 pp. 32~63은 동 하편으로 「용문젼」이다.
242) Pp. 39~46이 낙장되어 있다.

479.1. 〈자료〉
Ⅰ. (영인)

「대성용문전」

　　479.1.1. 仁川大民族文化研究所 編, 『舊活字本古小說全集』, 11. 銀河出版社, 1983; (再刊) 國際아카데미, 2002. (신명서림, 1922년 제3판)

「용문전」

　　479.1.4. 仁川大民族文化研究所 編, 『舊活字本古小說全集』, 11. 銀河出版社, 1983; (再刊) 國際아카데미, 2002. (신구서림판)

▶(용문장군전 龍文將軍傳 → 용문전)

◨480. [[용부전 慵夫傳]]
　〈작자〉 成侃(1427~1456)
　〈출전〉 『眞逸遺藁』, 4; 『東文選』, 101

▶(용생원전 → 옹고집전)

◐{용왕기 龍王記}
　〈작자〉 愼後聃(1701~1761)
　〈관계기록〉
　　① 『河濱雜著』(愼後聃 1702~1761), 削雜記諸篇:「續列仙傳」一篇·「續搜神記」一篇·「龍王記」一篇·「海蜃記」一篇·「遼東遇神記」一篇·「紅粧傳」一篇·「奇文嵓說」一篇·「文字抄」一篇·「雜書抄」一篇·「隨筆錄」一篇·「經說」一篇·「雜錄」一篇 所記多誕妄荒雜 皆余幼時 狂馳之爲也 並削之 癸卯菊秋日書◐「속열선전」1편, 「속수신기」1편, 「용왕기」1편, 「해신기」1편, 「요동우신기」1편, 「홍장전」1편, 「기문비설」1편, 「문자초」1편, 「잡서초」1편, 「수필록」1편, 「경설」1편, 「잡서초」1편은 내용이 매우 허탄하고 망녕되며 거칠고 잡된 것들인데, 모두 내가 젊었을 적 어린 기분으로 지었던 것이라 모두 삭제하였다. 계묘년[1723] 가을에 쓰다).

【增】 ◐{용왕전 龍王傳}
　국문필사본

| 용왕뎐단 龍王傳 | 박순호[家目] | 1(40f.) |

【增】 ◐{용운가}243)
【增】 ◐{용전}
　국문필사본

| 【增】 용전 | 여태명[家目](309) | 1(43f.) |
| 【增】 용전 | 여태명[家目](315) | 1(49f.) |

---

243) 『작품연구』 및 『줄거리 집성』에 추가.

◐{용학선유기}
〈관계기록〉
① 『諺文古詩』(가람본), '언문칙목녹', 115: 「용학선유긔」.

▶(용함옥 龍含玉傳 → 왕경룡전)
▶(용화선생실기 龍華先生實記 → 홍무왕연의)
▶(우리들전 別春香傳 → 춘향전)
◐{우마상과설 牛馬相誇說}
◐{우미인 虞美人}
◐{우부인전}
◨481. [[우상전 虞裳傳]]244) ← 『방경각외전』
〈작자〉 朴趾源(1737~1809)
〈출전〉 『燕岩外集』, '放璚閣外傳'
〈관계기록〉
① 『燕巖集』(朴趾源), 8, 別集, 放璚閣外傳, '自序': 㜊彼虞裳 力古文章 禮失求野 亨短流長 於是述虞裳◐(아름다운 저 우상은 옛 문체에 힘을 썼으니, 그야말로 조정에서 잃어버린 예문을 시골 가서 찾게 된 셈이다. 그의 목숨은 짧았으나 이름은 길이 전할 것이다. 그러므로 우상의 이야기를 적는다).
② 同上, 朴宗侃 '後識': 上文之缺 下篇之失 以其聯卷 故並爲遺佚云◐(상편 「虞裳傳」]이 결락되고 하편 「易學大盜傳」·「鳳山學者傳」]까지 유실된 것은 이 글과 한데 붙어 있었기 때문이라고 한다. 아들 종간은 쓴다).
③ 同上, 「虞裳傳」, 結尾: 余旣不見虞裳 每恨之 且旣焚其文章 無留者 世益無知者 乃發篋中舊藏 得其前所示 纔數篇 於是 悉著之 以爲之傳 '虞裳'◐(나는 진작 한 번도 우상을 만나지 못한 것을 항상 한스럽게 여기고 있다. 이제 그의 작품도 전부 불살러 버렸다고 하니, 세상에서 더욱 아는 사람이 없을 것이다. 내 상자 속을 뒤져서 전에 보내 주었던 것을 찾았으나 겨우 두어 편에 지나지 못했다. 그것을 기록해서 「우상전」을 이루었다).

【增】
1) 『淸脾錄』(李德懋 1741~1793), 「李虞裳」: 嘗序 『松穆舘集』曰 詩文有從人起見者 有從己起見者 從人起見者 鄙無論 卽從己起見者 母或雜之 固無偏 乃爲眞見 又必須眞才而輔之然後 乃有成焉 予求之有年 得松穆舘主人 李君虞裳 於是道有邁倫之識 入玄之思 惜墨如金 練句如丹 筆 一落紙則可傳也 然不求知於世 以世無能知者 不求勝於人 以人無足勝者 惟聞出薦 余還 鍋之篋而已◐(우상이 일찍이 『송목관집』 서문에서 말하기를, "시문에 종사하는 사람 중에는 남의 힘을 빌어 이름을 드러낸 사람도 있고 자기 힘으로 드러낸 사람도 있고 자기 힘으로 드러낸 사람도 있다."고 했다. 남의 힘을 빌어 이름을 드러낸 사람은 천하기 이를 데 없는

---

244) 원작의 끝 부분은 현재 전하지 않는다. '虞裳'은 李彦瑱(1740~1766)의 字. 金祖淳의 『楓皐集』, 『古香屋小史』 중에 「李虞瑱傳」이 있고, 李尙迪의 『恩誦堂集』에는 「李虞裳先生傳」, 李德懋의 『燃藜室記述』, 26, 淸脾錄, 3에는 「李虞裳」이 실려 있다.

일이거니와, 자기 힘으로 드러낸 사람은 혹은 불순하거나 참으로 편벽된 일이 없는 것으로서, 이것이야말로 참된 드러냄이라 할 수 있다. 또한 자기 힘으로 이름을 드러내려면 반드시 참으로 재능이 있고 노력을 한 후에야 성공할 수가 있다. 내가 여러 해 동안 찾다가 송목관주인 이우상을 만났다. 그는 고상한 학식과 심오한 지식을 가지고 먹을 금처럼 아끼고 글구 다듬기를 중요한 문건처럼 하여, 한번 종이에 쓰기만 하면 그것은 가히 후세에 전할 만했다. 그러나 그는 세상에 알려지기를 원치 않고, 세상에는 자신을 알 사람이 없으리라 하면서, 구태여 남을 이기려고 하지도 않고, 남에게 이기려고도 하지 않았다. 오직 남의 추천하는 말을 받게 되면 나는 도리어 좁은 상자 속에 가두어 두는 것일 뿐이다).

481.2. 〈연구〉
Ⅲ. (학술지)
【增】

1) 朴泰洵. "'癸未 通信使(1763)'의 日本觀: 金仁謙의 「日東壯遊歌」와 朴趾源의 「虞裳傳」을 중심으로." 『일본평론』, 4(사회과학연구소, 1991. 9).
2) 崔俊夏. "朴趾源의 「虞裳傳」과 李尙迪의 「李虞裳先生傳」." 『韓國 實學派 私傳의 硏究』(이회, 2001. 3).

◪482. [[우언 寓言]]
◐{우초속지 虞初續志}
〈작자〉金鑢(1766~1821)
〈관계기록〉

① 金鑢, 『藫庭遺藁』, 9, 丹良稗史, '題丹良稗史卷後': 余於壬子年間 與楓翁收拾所著文字 爲『虞初續志』 未幾 余北竄南謫 遺亡太半 其謫中所著 數十首 金穆如希天 持去 癸酉希天歿 問諸其孤 已失之矣 可勝惜哉 玆又搜取兩家文字 爲二卷 一曰『古香屋小史』一曰『丹良稗史』云爾 戊寅仲夏下澣 藫叟書◉(내가 임자년[1792] 간에 풍옹[金祖淳 1765~1831]과 함께 앞서 지은 글들을 수습하여 『우초속지』를 엮기로 했으나, 내가 그 사이 남북으로 멀리 귀양다니느라고 그 대부분을 잃어버리고 말았다. 그리고 귀양 중에 지은 수십 편을 묶어 김희천이 가지고 갔는데, 계유년[1813]에 희천이 세상을 떠나 그 아들에게, '이 책이 남아 있느냐?'고 물었더니, '이미 잃어버렸다' 하니, 애석함을 이루 말할 수 없었다. 이제 다시 김공과 우리 집에 남아 있는 글들을 모아 두 권을 만들고, 한 권은 『고향옥소사』라 하고 다른 한 권은 『단량패사』라 했다. 무인년[1818] 여름 하순에 담수가 쓰다).

◐{운선전 雲仙傳 ①}
▶(운선전 雲仙傳 ② → 구운몽)
◪483. [[운수전 雲水傳]] ← 장운선전
483.1. 〈자료〉
【增】
Ⅰ. (영인)

1) 이수봉. "「여선담전」외 작품 해제 및 원문: 「운슈전」." 『古小說硏究』, 10(韓國古小說學會, 2000. 12).

483.2. 〈연구〉
【增】 Ⅲ.(학술지)
1) 李樹鳳. "「雲水傳」 硏究." 『고전산문의 계보적 연구』(국학자료원, 2001. 4).

◘484. [운영전 雲英傳]245) ←『고담요람』/ 『삼방록』/ 『삼방요로기』/ *상사동기 / *영영전246) / 수성궁몽유록 / 유영전 / 『청구기담』/ 『화몽집』

〈작자〉 작중 인물인 '柳泳'이 지었다는 설이 있음.247)
〈작품연대〉
【增】
1) 국립도서관 소장본인 「柳泳傳」의 필사 연대가 '大明天啓二十一年[1961]'으로 희미하게 기록되어 있는데, '天啓'란 연호는 明喜宗代에 7년까지만 사용되었다. 이는 이조 광해군 13년부터 인조 5년에 해당한다. 실제로 쓰이지 않고 있는 연호를 21년까지 고집한 이유를 의도적으로 추정한다면, 창작 연대를 인조대 이전으로 소급할 수 있지 않을까 생각해 본다(尹海玉. "「雲英傳」의 구조적 고찰," 『국어국문학』, 84[1980. 10], p. 121, 각주 6).
2) 『續雜錄』에 보면 亂後 폐허된 궁궐의 복건을 위해 광해군 9년(1616)에 營建都監을 다시 설치하여 慶德宮·德壽宮의 두 궁전을 지었다는 기록이 나온다. 같은 책에서 1622년, 1628년에 또 이 궁명이 사용된 것으로 보아 수성궁 다른 궁보다 비교적 일찍 재건되고 당시 명칭은 '壽聖宮'이었음을 알 수 있다. 이후 1865년 『육전조례』에는 '壽城宮'의 명칭이 보인다. 이로써 당시 수성궁의 상용적인 명칭은 壽成宮 → 壽聖宮 → 壽城宮으로 표기가 변화되었음을 알 수 있다. 따라서 작품의 등장인물 유영은 萬曆 辛丑(1601)에 폐허의 수성궁에 들어갔고, 이 폐허의 궁은 1616년에 재건되어 壽聖宮이라고 불렸던 것으로 보인다. 더욱이 필자가 조사한 18개 이본 중 15개본이 모두 이 명칭을 사용하고 있는 것으로 보아 작자는 폐허의 궁을 익히 알고 있으며, 1616년 이후 壽聖宮이 재건된 후에 새로이 공인된 이름에 따라 이 작품을 짓게 되었을 것으로 추정된다. 이에 대한 보다 유력한 단서는 국립도서관본 「柳泳傳」(즉 「雲英傳」)의 제목 아래 쓴 '大明天啓二十一年(1641)'이라는 연호를 들 수 있다. 이는 이 책이 필사시 저본으로 했을 책에 적혀 있는 것을 그대로 옮겨 적은 것으로 추정되므로, 1641년은 저본이 되는 「운영전」의 창작 또는 필사일과 관계되는 것으로 해석할 수 있다. 따라서 「운영전」은 작품 배경인 만력 신축(1601)으로부터 1641년 사이에 지어졌을 것이 거의 확실시된다. 여기에 궁명의 변천을 고려할 때 1616년 壽聖宮 재건 이후 새롭게 붙여진 궁명을 사용하여 창작되었으니, 창작 연대는 1616년에서 1641년 사이로

---
245) 이해조는 이 작품의 사건 설정을 빌려 한문 소설인 「岑上苔」를 지어 1906년 11월부터 1907년 4월까지 『少年韓半島』에 연재하였다.
246) 내용적으로 볼 때 「운영전」은 「영영전」과 상당히 비슷하다. 다만 「운영전」이 柳泳이란 제3자의 꿈을 통해 김진사와 운영의 로맨스를 그리고 있는데 비해, 「영영전」은 김생이 성균관에서 돌아가는 밤길에 영영을 직접 만나는 것으로 되어 있는 등 세부적인 차이가 나타난다. 그리고 「운영전」이 비극적 결말로 끝나는 데 비하여 「영영전」은 행복한 결말로 끝난다.
247) 金台俊, 『朝鮮小說史』, p. 71.

좁혀진다(愼慶淑, "「운영전」의 반성적 검토," 『漢城語文學』, 9[1990. 5], pp. 58~59).
3) 『三芳要路記』本에 말미에 '大明天啓二十一年'이란 필사 기록과 유영이 운영과 김진사를 만나 이야기를 들은 날이 '萬曆辛丑春三月旣望'이라는 기록을 감안하여, 만력 신축년인 1601년에서 대명 천계 21년인 1641년까지를 「운영전」의 창작 연대로 추정하고 있다. 이로 미루어 현재 「운영전」의 창작 연대의 결정적 근거는 '大明天啓二十一年'임을 알 수 있다. 그러나 이 창작 연대 추정은 『화몽집』을 고려할 때, 1641년이 아니라 적어도 1630년 이전으로 批正할 수 있다. 『화몽집』의 필사 연대는 姜弘立(1560~1627)을 주인공으로 한 「강로전」에 강홍립의 무덤 이야기가 나오는 것으로 미루어 늦어도 1627년을 막 넘어선 시기인 1630년쯤이면 무난할 듯하다. 이 『화몽집』에 「운영전」이 수록되어 있기 때문이다. 이를 감안한다면 「운영전」 창작의 하한선은 1641이 아니라 적어도 1630년 이전이라야 할 것이다(간호윤, 『先賢遺音』[2003. 8], pp. 27~28).

〈이본연구〉

【增】

1) [「운영전」은] 『선현유음』본과 김기동본이 동일 계열의 저본을 필사한 것으로 보인다. 그리고 『삼방요로기』본은 또 다른 저본 계열이 있을 것 같다. 이 외에도 국립도서관 소장 '朝鮮國初安平大君事跡'이라고 기재되어 있는 「雲英傳全」(한고朝48-99)은 탈루가 심하고 玉女를 玉禮로 적는 등 오기가 여러 곳에서 보인다. 같은 국립도서관 소장 『相思洞記全』「운영전」(한고 2510 74=複)은 운영 死後의 기록이 축약되어 있다. 결론적으로 『삼방요로기』본 「운영전」이 비교적 善本이라 할 때, 또 다른 선본 계열로 『선현유음』과 김기동본 계열이 있음을 확인할 수 있었다(간호윤, 『先賢遺音』[2003. 8], p. 30).

국문필사본		
(운영전)		
【削】 운영전	고대(C14-A8)	1
【削】 운영전	동양문고(VII-4-349)/前間恭作[『朝鮮の板本』, 74]/『古鮮冊譜』	1(大韓光武八年甲辰[1904]龍翔洞書, 47f.)

한문필사본		
【增】 雲英傳	簡鎬允[『先賢遺音]	(14f.)
雲英傳	고대[아연](C14-A5)(漢目索:亞,247)[漢少目, 傳15-2]	1(17f.)
【增】 雲英傳	고대(C14-A8)	1
【增】 雲英香語	고대[癡菴](C14-A74)[漢少目, 傳15-5]	1(33f.)[248]
【增】 雲英傳	국중(古2510-74)[漢少目, 傳15-8][249]	
【增】 雲英傳	김광순[筆全](55)	1(30f.)
雲英傳	東洋文庫[在山樓本](VII-4-443)	1(【削】'大韓光武八年甲辰[1904]

---

248) 「相思洞記 英英傳」 합철.
249) 「相思洞記」·「西廂記語錄解」 합철.

		/(金東旭,『景印解說古小說選』)	臘十四日龍翔洞書,'] 24f.)[250]
【增】	雲英傳	박순호[家目]	1(32f.)[251]
【增】	雲英傳	버클리대(미국)	1(大韓光武八年甲辰[1904]臘十四日龍翔洞書, 24f.)
	雲英傳	서울대[奎](7155)	1(33f.)[252]
		【削】 '/[亞筆全](2)'	
【增】	雲英傳	서울대[奎](古3477-6)[253]	
【削】	雲英傳	見倫太郞[前間:『鮮冊名題』, 16, p. 50/『古鮮冊譜』1']	
【增】	雲英傳	연대(811.939/9)[漢少目, 傳15-21]	1(23f.)[254]
【增】	雲英傳	柳鐸一[漢少目, 傳15-23]	1(庚午三月)[255]
	雲英傳	임형택[莽蒼蒼齋 家目]	1(31f.)[(230)]
【增】	雲英傳	전남대	1[256]
【增】	雲英傳	정명기[尋是齋 家目]	1
【增】	雲英傳	정명기[尋是齋 家目]	1
【增】	雲英傳	정명기[尋是齋 家目]	1[257]
【增】	雲英傳	정명기[尋是齋 家目]	1
【增】	雲英傳	정문연(4-6879)/[亞筆全](2)	1[258]

【增】 (유생전)

劉生傳 相思洞記　　조동일[국연자](9)/정문연　　(庚戌八月初十日午前十二時畢
　　　　　　　　　　[韓古目](445)　　　　　　　主人慶尙北道星州郡今巴面中
　　　　　　　　　　　　　　　　　　　　　　　里洞李圭碩, 16f.)[259]

(유영전)

　【增】 柳泳傳　　　　　　고대(C14-A76)　　　　　1(己卯臘月旣望加衣 歲在光緖
　　　　　　　　　　　　　　　　　　　　　　　　五年[1879]十二月旣望弄筆)

484.1. 〈자료〉
Ⅰ. (영인)

---

250) 항목 배열 순서 수정. 【增】「綠衣人傳」합철. 미국 캘리포니아대학 도서관본의 사진본이다. 원 소장자는 淺見倫太郞(前間:『鮮冊名題』, 16, p. 50 /『古鮮冊譜』).
251) 「東坡問答」합철.
252) 원 각주 삭제.
253) 『靑丘奇談』(37f.)이란 서명 속에「丁香傳」과 합철되어 있다. 본문 중 시는 行 하단으로 내려 쓰여 있다.
254) 「愁城志」합철.
255) 「諸馬武傳」・「崔孤雲傳」합철.
256) 「王慶龍傳」・「相思洞記」합철.
257) 「박응교전」과 합철되어 있다.
258) 「金華寺記」합철.
259) 「相思洞記」에 합철되어 있다. 원래「유생전」항에 있던 것이나「운영전」의 이본임이 확인됨에 따라 이곳으로 옮긴 것이다.

「운영전」

【增】

1) 金光淳 編.『金光淳所藏 筆寫本韓國古小說全集』, 55. 박이정출판사, 1994. (한문본, 김광순 소장)
2) 구인환.『운영전』. 우리고전 다시읽기 21. 신원문화사, 2003.
3) 간호윤.『先賢遺音』. 이회, 2003. (한문본, 김기현~간호윤 소장)

Ⅱ. (역주)

「운영전」

484.1.22. 권택무·림호권 윤색·주해.『황백호전(·황월선전·운영전)』. 조선고전문학전집, 22. 평양: 문예출판사, 1987; 서울: 연문사, 2000(영인).260)

【增】

1) 金俊榮·李月英.『古小說論』. 月印, 2000.
2) 구인환.『운영전』. 우리고전 다시읽기 21. 신원문화사, 2003.
3) 간호윤.『先賢遺音』. 이회, 2003. (한문본, 김기현-간호윤 소장)
4) 朴熙秉 標點·校釋.『韓國漢文小說 校合句解』. 소명출판, 2005. (국립중앙도서관 소장『三芳要路記』)

Ⅲ. (활자)

【增】

1) 간호윤.『先賢遺音』. 이회, 2003. (한문본, 김기현-간호윤 소장)

484.2. 〈연구〉

Ⅱ. (학위논문)

〈석사〉

「운영전」

【增】

1) 손명숙. "「운영전」 연구." 碩論(영남대 교육대학원, 2000. 2).
2) 조현우. "몽유 서사의 현실 인식 연구:「조신」·「원생몽유록」·「운영전」을 대상으로." 碩論(서강대 대학원, 2000. 2).
3) 백승수. "전기소설의 애정심리분석과 그 교육적 적용:「주생전」과「운영전」을 중심으로." 碩論(건국대 교육대학원, 2001. 2).
4) 손광주. "「운영전」 연구:「영영전」과의 대비적 고찰을 중심으로." 碩論(강남대 대학원, 2001. 2).
5) 문은선. "「운영전」의 변이 양상과 그 의미: 독자층과의 관련을 중심으로." 碩論(홍익대 교육대학원, 2002. 8).
6) 박현주. "「운영전」의 여성 인물 연구.", 碩論(경희대 대학원, 2002. 8).
7) 진현주. "「운영전」의 애정실현 방식 연구." 碩論(성신여대 교육대학원, 2002. 8).
8) 신용수. "「운영전」 연구: 여성 인물을 중심으로." 碩論(영남대 교육대학원, 2003. 2).
9) 박혜진. "「운영전」 이본의 변이양상과 그 의미." 碩論(서울대 대학원, 2003. 8).
10) 성기하. "「운영전」과「주홍글씨」비교 연구: 시대상과 여성인물을 중심으로." 碩論(아주대

---

260)「황백호전」·「황월선전」·「운영전」이 합책되어 있다.

교육대학원, 2004. 2).
11) 이은선. "조선후기 애정소설에 나타난 여성상:「운영전」,「숙영낭자전」,「채봉감별곡」을 중심으로." 碩論(고려대 교육대학원, 2004. 2).
12) 전영애. "「운영전」의 환상성 연구." 碩論(인천대 교육대학원, 2004. 8).
13) 金姸延. "「雲英傳」과「英英傳」의 愛情具現 樣相 比較硏究." 碩論(西江大 敎育大學院, 2005. 2).
14) 김지연. "「운영전」의 시점과 서술자 연구." 碩論(동의대 대학원, 2005. 2).
15) 김향란. "「운영전」에 나타난 여성의식 연구." 碩論(배재대 대학원, 2005. 2).
16) 최연희. "애정 전기소설에 나타난 사랑과 죽음:「이생규장전」,「운영전」,「심생전」을 중심으로." 碩論(목포대 교육대학원 2005. 2).
17) 최진영. "「운영전(雲英傳)」 연구." 碩論(연세대 교육대학원, 2005. 2).

Ⅲ. (학술지)
「운영전」
484.2.35. 尹海玉. "「雲英傳」의 構造的 考察."『국어국문학』, 84(國語國文學會, 1980. 10).『조선시대 우언 우화소설 연구』(박이정, 1997. 9)에 재수록.
484.2.49. 박태상. "「운영전」에 나타난 사랑과 죽음의 의미." 설성경·박태상 공저,『고소설의 구조와 의미』(새문사, 1986. 6).『조선조 애정소설 연구』(태학사, 1996. 5)에 재수록.
484.2.50. 朴逸勇. "「雲英傳」과「相思洞記」의 비극적 성격과 그 사회적 의미."『국어국문학』, 98(국어국문학회, 1987. 12).『조선시대의 애정소설』(집문당, 1993. 8)에 재수록.
484.2.74. 정출헌. "「운영전」의 애정갈등과 그 비극적 성격." 石軒丁奎福博士古稀紀念論叢 刊行委員會 編,『韓國古小說史의 視覺』(國學資料院, 1996. 10). "「운영전」의 중층적 애정갈등과 그 비극적 성격"이란 제목으로,『고전소설사의 구도와 시각』(소명, 1999. 5); 정출헌·조현설·이형대·박영민 공저,『고전문학과 여성주의적 시각』(소명출판, 2003. 3)에 재수록.
484.2.79. 이상구. "「운영전」의 갈등양상과 작가의식."『古小說硏究』, 5 (古小說學會, 1998. 6).한국고소설학회 編.『한국고소설의 자료와 해석』(아세아문화사, 2001. 10)에 재수록.

【增】
1) 김일열. "「구운몽」과「운영전」의 비교 연구."『어문논총』, 9·10(경북대 인문대 국어국문학과, 1975. 6).
2) 金梓洙. "「雲英傳」의 素材로서의「安生傳」."『語文論叢』, 7·8(全南大 國語國文學會, 1985. 7).
3) 임갑랑. "「운영전」 연구."『어문학』, 52호(한국어문학회, 1991. 3).
4) 尹璟姬. "문학관의 대립으로 살펴본「운영전」 해석."『西江語文』, 11(西江語文學會, 1995. 11)
5) 백 완. "「雲英傳」의 時間構造 考察."『建國語文學』23~24(建國大 國語國文學硏究會, 1999. 3).
6) 차배옥덕. "여성자매애에 대한 일 고찰:「운영전」을 중심으로."『여성연구논총』, 1(성신여대 한국여성연구소, 2000. 2)
7) 신동흔. "「운영전」에 대한 문학적 반론으로서의「영영전」."『고전산문의 계보적 연구』(국학자료원, 2001. 4).『국문학연구』, 5(국문학회, 2001. 5)에 재수록.
8) 김귀석. "「운영전」 연구: 궁주(宮主) 안평대군을 중심으로."『人文論叢』, 8(東新大 人文科學硏

究所, 2001. 12).
9) 정희정. "「雲英傳」의 액자기능과 서술 상황." 『韓國言語文學』, 44(韓國言語文學會, 2000. 5).
10) 김경미. "「운영전」에 나타난 여성 서술자의 의의." 『한국고전여성문학연구』, 4(한국고전여성문학회, 2002. 6).
11) 김연숙. "「운영전」." 『고소설의 여성주의적 연구』(국학자료원, 2002. 6)
12) 류병일. "「雲英傳」의 神話的 硏究." 『어문학교육』, 25(한국어문교육학회, 2002. 11)
13) 양승민. "「雲英傳」." 刊行委員會 編. 『古小說硏究史』(月印, 2002. 12).
14) 정환국. "16세기 말 17세기 초 사상사의 흐름 속에서 본 「운영전(雲英傳)」:「운영전」의 사상적 기반에 대한 시론." 『한국고전여성문학연구』, 7(한국고전여성문학회, 2003. 12).
15) 차충환. "「운영전」의 꿈," 『경희어문학』, 24(경희대 국어국문학과, 2004. 2). 『韓國古典小說作品硏究』(월인, 2004. 10)에 재수록.
16) 大谷森繁. "「雲英傳」의 작품세계." 刊行委員會, 『澤民金光淳敎授定年紀念論叢』(새문社, 2004. 11).
17) 정출헌. "「운영전」, 사랑과 권력의 대결." 『함께 여는 국어교육』, 63(전국국어교사모임, 2005. 5).

485. [운향전 雲香傳]
▶ (울지경덕실기 蔚遲敬德實記 → 울지경덕전)

486. [울지경덕전 蔚遲敬德傳][261] ← 울지경덕실기

〈관계기록〉

① Courant, 3347: 「蔚遲敬德傳」.

[국문활자본]

울지경덕실기 蔚遲敬德實記	국중(3634-2-42=7)<재판>	1(12회, [著·發]朴健會, 新舊書林, 초판 1915.11.30; 재판 1918.4.20; 1925, 74pp.[262])
	/서울대(3350~180)/영남대[目續]	
	(도남813.5)	
울지경덕실기	국중(3634-2-42=3)<재판>	1([著·發]朴健會, 漢城書館, 초판 1915; 재판 1918, 74pp.)

485.1. 〈자료〉

Ⅰ. (영인)

486.1.2. 仁川大民族文化硏究所 編. 『舊活字本古小說全集』, 11. 銀河出版社, 1983; (再刊) 國際아카데미, 2002. (유일서관판, 「울지경덕실기」)

---

261) 중국의 「唐秦演義」 등의 소설에서 '울지경덕'에 관한 부분만을 독립시켜 만들었다. '울지경덕'은 당나라 때의 인물로서 실제의 이름은 '위지공(尉遲恭)'이며 그의 字가 敬德이다. 그는 원래 타타르[韃靼] 출신으로 당을 세우는데 큰 공을 세워 '顎公'이 되어 '胡敬德'으로도 불렸다. 그의 초상화는 陳叔寶의 초상화와 아울러 중국 사람들이 악귀를 잡기 위하여 대문에 붙여 두는 그림이 되었으므로, 그를 '武尉'라고도 칭하기도 한다. 역사적 인물인 '위지경덕'의 전기라면 당연히 '위지경덕전'이 옳겠으나, 본 작품은 허구적 소설이고, 나아가 관용적 명칭임을 감안하여 '울지경덕전'이란 명칭을 그대로 사용함도 괜찮겠다.
262) 「울지경덕실기」 본문은 p. 72에서 끝나며, 이어 pp. 72~74에 걸쳐 '단편소설'이 합철되어 있다.

〈회목〉
(유일서관판/세창서관판)263)

▶(울치전 → 전우치전)
▶(웅치전 雄雉傳 → 장끼전)
▶(원감록 寃感錄 → 창선감의록)
★[[원광법사전 圓光法師傳]]
〈출전〉『三國遺事』, 4, 義解 第五, 圓光西學264)
〈관계기록〉
① 『三國遺事』(一然 1206~1289), 4, '圓光西學': 又東京安逸戶長貞孝家在古本『殊異傳』載「圓光法師傳」曰 法師俗姓薛氏 王京人也☯(또한 동경[경주]의 안일호장인 정효의 집에 있는 고본 『수이전』에 「원광법사전」이 있는데, 거기에 이르기를, '법사는 속성은 설씨이며 서울 사람이다.' 라고 하고 있다).

◈487.[원두표실기 元斗杓實記] ← *홍장군전 / *홍윤성전

국문활자본

원두표실긔 義勇無雙 元斗杓實記	김종철[家目](1962)/서울대(3350-59)/ 조희웅[家目]/[仁活全](29)	1([著·發]申泰三, 朴埈杓 著, 世昌書館, 1961. 12. 30; 1962, 50pp.)

487.1.〈자료〉
Ⅰ. (영인)
487.1.1. 仁川大民族文化硏究所 編, 『舊活字本古小說全集』, 29. 銀河出版社, 1984; (再刊) 國際아카데미, 2002. (세창서관판)

◈488.[[원생몽유록 元生夢遊錄]] ← 몽유록 ④ / 원자허전 / 『화몽집』
〈작자〉林悌(1549~1587)265)
【增】
1) 허구적 주인공 元子虛를 역사적 실존 인물 元昊로 오인하고, 그를 작가라고 착각하게 된 혼란이다. 이와 같은 오해와 착각은 무엇보다도 사실과 허구가 결합된 작품 구조를 잘못 이해한 데서 비롯된 것이지만, 원호의 字가 子虛인 데다가 그가 능히 사육신의 원혼을 꿈속에서 만날 수 있는 인물이었다는 점 때문에 일어난 착오이기도 했다. 그리하여 원호의 후인들은 이 작품이

---

263) 신구서림판도 같다.
264) 圓光法師의 전기는 『三國遺事』의 것 외에도, 『唐續高僧傳』; 『三國史記』, 列傳; 『海東高僧傳』, 2 등에도 수록되어 있으나, 『三國遺事』의 경우 외에는 그 출전이 밝혀져 있지 않다. 그리고 『三國遺事』에 나타나는 寶壤禪師와 璃目 이야기('寶壤璃目'條)는 『海東高僧傳』에는 圓光法師와 鵲塔璃目의 이야기로 기록되어 있다.
265) 지은이를 金時習이나 元昊로 보는 설도 있다.

원호가 실제로 겪은 꿈 이야기를 서술한 것으로 보고 그의 문집에 싣기도 하였으며, 어떤 야사집[『靑野謾集』]의 편찬재[李喜謙 1707~?]는 이 작품을 수록하면서 백호의 저작임을 명기하면서도 작중 인물 원자허는 바로 원호라고 못 박기도 하였다. 그러나 이와 같은 문헌상 기록은 그 자체가 사실과 허구가 결합된 이 원작의 작품 구조를 오독한 데서 빚어진 결과이므로 믿을 만한 것이 못된다. 기왕의 연구에서도 밝혀졌듯이, 원자허가 원호이거나 작가가 원호일 수 없음은 작품의 내용 자체가 이미 이를 증명하고 있다. '자허'라는 허구적 주인공의 명칭은 본시 『사기』 열전에 실려 있는 司馬相如의 우언 「子虛賦」에서 나온 것이다. 사마상여는 이 글 속에서 '子虛', '無是公', '烏有先生'이라는 세 명의 허구적 인물을 등장시키고, 그들의 대화를 통해 천자의 治道를 밝히고자 했던 것이다. …… 「원생몽유록」의 작가 백호는 이 '자허'라는 이름에 '元'자란 성을 붙여 '본시부터 없는 사람' 즉 허구적 인물이라는 점을 다시 한번 강조한 것이다. …… 그런데 이 경우와 비슷하게 세월이 흐르는 동안에 원전을 해석하는 시각에 또 한번의 중대한 혼란이 일어나게 되었으니, 이번의 경우는 작품의 말미에서 원자허의 꿈 이야기를 듣고 이에 대해 논평을 가하고 시를 지어 붙이는 작중 인물 '海月居士'를 실존 인물로 오인하게 된 것이다. 작품 속에서 '子虛之友'라고 소개되는 이 '해월'은 이본에 따라서는 '梅月'로 되어 있고, 작품 말미에 '戊申仲秋 海(梅)月居士志'라는 부기가 붙어 있어, 이 작품의 작가가 원호의 친구 매월당 김시습이라는 견해도 피력된 바 있다. …… '무신중추 해월거사지'라는 부기가 믿을 수 없는 허구이듯, 해월거사란 인물은 애당초 작가에 의해 허구된 가공적 인물로 보아야 한다. 海面에 비친 달 그림자는 실체 없는 허상에 불과하며, '원자허', '무시공', '오유선생'과 마찬가지로 '해월거사' 역시 허구적, 가공적 성격을 강조하는 이름인 것이다. '子虛之友 海月居士'라는 말도 이렇게 해서 성립되는 것이니, 허구적 인물 '원자허'의 벗이 어찌 실존 인물이 될 수 있겠는가?(鄭學成, "林白湖 文學硏究," 서울대 博論[1986. 2], pp. 59~61, 64, et passim).

〈관계기록〉

① 『莊陵誌』(權和 編, 朴慶餘 刊, 1711?), 2, '附錄': 戊辰仲秋 梅月居士志 林白湖悌所記◐(무신년 중추에 매월거사가 뜻하고 임백호 제가 기록하다).

② 同上, 2, 舊誌跋: 史事餘烈 至於戊午而極矣 故敢收錄其顚末 以終附之焉 至於『金鰲新話』 「元生夢遊錄」等書 雖是寓言 亦有可觀 故又附錄之末焉 摠名曰『魯陵誌』繕寫一通 藏之齋室 聊欲以備此邦之故事而已 …… 崇禎後癸卯正月望日 坡平尹舜擧謹識◐(사화의 여파가 무오년[1498]에 이르러 극도에 달했는데, 그 전말을 이 책의 끝에 붙여 두었다. 『금오신화』·「원생몽유록」 등의 책은 비록 우언이지만 역시 가히 보암직한 바가 있으므로 부록의 끝에 붙여 둔다. 총칭하여 『노릉지』라 하고 한 통을 깨끗이 베껴 재실에 간직해 두니, 이는 애오라지 이 나라의 고사에 대비하고자 할 따름일 뿐이다. …… 숭정 후 계묘년[1663] 정월 보름에 파평인 윤순거[1594~1667]가 삼가 쓰노라).

③ 『海月文集』[1776](黃汝一 1556~1622), 3, 詩, '題林白湖元生夢遊錄後': 萬古悲涼意 長空一鳥過 寒煙鎖銅雀 秋草沒章華 咄咄唐虞遠 紛紛湯武多 月明湘水闊 愁聽竹枝歌◐(만고의 슬프고 쓸쓸한 뜻, 가없는 하늘에 날아가는 한 마리의 새. 쓸쓸히 피어오르는 연기 동작대266)를 가리우고, 가을풀은 장화대267)를 덮었네. 아아 딩유[堯舜]268)는 아득해지고 이지로이 탕무269)만

---

266) 중국 삼국 시대 위나라의 조조가 만든 누각.
267) 중국 초나라 靈王이 세운 것으로 후에 초나라 사람들이 부숴 버렸다.

가득하구나. 달이 밝아 상수270)는 먼데 근심스레 「죽지가」271)를 듣네).

④ 同上, 7, '書林白湖元生夢遊錄後': 子虛之友海月居士 聞而悲之曰 大抵自古昔以來 主闇臣昏 卒至顚覆者多矣 今觀其主 想必賢明之主也 其臣六人者 亦皆忠義之臣也 安有以如此等臣輔 如此之主而若是其慘酷者乎 嗚呼 勢使然耶 時使然耶 然則有不可歸之於時與勢 而亦不可不 歸之於天耶 歸之於天 則福善禍淫非天道也耶 不歸之於天 則冥然漠然 此理難詳 宇宙悠悠 徒增志士之懷也已☯(자허[元昊]의 친구 해월거사가 듣고 슬퍼하며 말했다. "무릇 예로부터 왕은 어둡고 신하가 혼미하면 결국 망하게 되는 경우가 많았다. 이제 그 왕을 보니 생각건대 반드시 현명한 왕이요, 그 여섯 신하들도 모두 충성스럽고 의로운 신하. 이 같은 신하들과 이 같은 왕으로 어찌 이처럼 참혹하게 되었는가? 아! 형세가 그러했는가? 시대의 대세가 그러했는 가? 시세와 형세의 탓이 아니라면 하늘에 돌릴 수밖에 없는가? 하늘에 돌리려 하니 착한 자에게는 복을 주고 악한 자에게는 화를 내리는 것은 하늘의 도가 아니던가? 하늘의 탓이 아니라면 어둡고 막연하여 이 이치를 밝히기 어렵구나. 우주는 유유272)하니 지사의 회포를 더할 따름이다).

⑤ 『觀瀾先生遺稿事蹟』(元昊)[규장각 소장, 1813]273), 1,「元生夢遊錄」附記: 公嘗於夢中 陪端廟 與六臣及崔烟村 遊於江上 作詩賡和 覺而起感 文以記之 名曰「元公夢遊錄」盖寓言之意也 深藏于家 誡子孫勿使他人見之 其平生著述之焚 獨此錄不入 想公平日微意所存 後入於朴氏 [朴慶餘]所編『莊陵誌』☯(공[元昊]이 일찍이 단종과 여섯 신하 및 최연촌 덕지[1384~1455]를 모시고 강가에서 놀면서 시를 지어 화답하는 꿈을 꾸다가 깨었는데, 느낀 바가 있어 글을 쓰고 이름하기를 「원공몽유록」이라 하니, 대개 우언의 뜻이 담겨 있다. 깊이 집에 갈무리해 두고 자손들에게 다른 사람에게는 보여 주지 말라고 경계했다. 그 평생 저술을 모두 불태워 버릴 때에도 오직 이 글만은 불구덩이에 넣지 않았으니, 아마도 그 속에는 공이 평소 지녔던 숨은 뜻이 들어 있었기 때문이리라 여겨진다. 후에 박경여가 『장릉지』를 편찬할 때 그 속에 넣었다).

⑥ 同上,「元生夢遊錄」末尾: 子虛亦驚悟 則乃一夢也 子虛之友梅月居士 聞而痛之曰 ……☯(자 허가 또한 놀라 깨고 보니 곧 한바탕의 꿈이었다. 자허의 벗 매월거사가 듣고 이를 비통하게 여기어 말했다).

【削】274)⑦「三韓拾遺」, 洪觀植, [1814], '竹溪先生香娘傳序': 昔左太冲作「三都賦」門墻藩溷 皆實筆札十稔而成 施耐庵作「水滸傳」短籬風雨 彷徨搆思 經年乃就之 二者俱卓犖不羣之才 元子虛作一傳奇 費精極慮 如此之苦 含毫啜墨 如此之久 僅乃奪藁 文豈易言哉 余於齠齡 得文竹溪先生[金紹行 1765~1859]作「香娘傳」時 倩敏書者執筆 先生初不經意 吐屬若宿搆 咳 珠唾玉 迸走於霞箋兩墨之間 筆不暇應 纔一晝夜 上下十數萬言 早已完璧 先生之於二子 其自視爲何如哉.

---

268) 陶唐氏와 有虞氏의 병칭. '도당씨'는 帝堯, '유우씨'는 帝舜을 말한다.
269) 중국 상고 시대에 하나라의 폭군 桀王을 내쫓고 은나라의 첫째 임금이 된 탕왕과 은나라의 폭군인 주왕을 쫓아내고 주나라를 창건한 武王. B.C. 1169~B.C. 1116.
270) 굴원이 빠져 죽은 강 이름.
271) 중국 당나라 때의 시인 劉禹錫이 창시한 한시 형식의 한 가지. 대개 7언절구 연작으로, 지방의 정치 · 풍속· 인정을 읊음.
272) 아득하게 멀거나 오래 됨.
273) 표제는 『觀瀾遺稿』다.
274) 이 인용문은 원문의 誤引임이 밝혀져 삭제한다.

⑧ 『平海黃氏世譜』, 李裕元[1814~1888], '海月先生神道碑銘幷書': 公常喜佔畢 多見於氣節處 林白湖詩 寓莊生迷蝶以吊杜宇之爲寃 當時諱語 而公奮然抽毫 足成其旨 可見志槪之高也 至若「元生夢遊錄」人無敢窺 而公能題跋◐(공[黃汝一 1556~1622]은 늘 점필275)하기를 좋아하여 기절처276)가 많이 보인다. 임백호[林悌]의 시 '장생이 길 잃은 나비에 기탁하여 두우277)의 원혼을 조상하다'란 시는 당시 사람들이 꺼리는 것이었음에도, 공이 분연히 붓대를 빼어 그 뜻을 이루었으니, 그 지개가 높음을 알 수 있다. 「원생몽유록」과 같은 것에 이르러서는 사람들이 감히 엿보지도 못했으나 공은 제와 발을 썼다).

⑨ 『南秋江集』[1922], 8, '撫遺': 按此文 是寓言 故讀者多未別白 其曰 五人者 盖指六臣 而第一朴公也 第二成公也 第三河公也 第四李公也 第五柳公也 其曰一介士者指兪公 而幞巾者則謂先生也◐(이 글은 우언이므로 읽는 사람들이 흔히 잘 알지를 못하는 듯하다. 이 책에서 말하는 다섯 사람은 대개 여섯 명의 신하를 가르키는 것으로, 첫째는 박공[박팽년 1417~1456]이고, 둘째는 성공[성삼문 1418~1456]이며, 셋째는 하공[하위지 1387~1456]이고, 넷째는 이공[이개 1417~1456]이며, 다섯째는 유공[유성원 ?~1456]이다. 그리고 또 한 선비는 유공[유응부 ?~1456]이며, 복건을 쓴 사람이란 남효온[1454~1492]선생을 일컫는 것이다).

⑩ 『觀瀾遺稿』(元昊)[1926 重刊], 1: 先生嘗於夢中 陪端廟與六臣及崔烟村 遊於江上 作詩賡和 覺而起感 文以記之 名曰「夢遊錄」 盖寓言也深矣 先生之前後著述 親傳諸火 而惟獨「歎世」・「夢遊」二篇 幸得免焉 自堯舜以下至非也九十一字 旣爲前刊所缺 而今因『莊陵誌』記入 然未能的知 故偏書字行 以俟更考◐(선생[元昊]이 일찍이 단종과 6신 및 최연촌 덕지[崔德之 1384~1455]를 모시고 강가에서 놀면서 시를 지어 화답하는 꿈을 꾸다가 깨었는데, 느낀 바가 있어 글을 적고 이름하기를 「몽유록」이라 하니, 대개 우언이 깊은 뜻을 가지고 있다. 선생의 전후 저술은 친히 불태워 없앴는데 유독 「탄세」와 「몽유」 두 편만은 화를 면했다. '堯舜'에서 '非也'까지의 91자는 이미 전간에서도 빠져 있던 것을 이번에 『장릉지』에 의거하여 집어 넣었다. 그러나 바른 것인지는 알 수 없다. 때문에 글자의 행을 우측에 치우치게 적어278) 후고를 기다린다).

⑪ 『白湖文集』[4刊, 1958], 4, 附錄, '元生夢遊錄': 按「元生錄」著在國乘 已經睿覽而原集佚之 讀是集者咸恨之 豈白沙李先生纂輯時 因時諱 而姑秘之 以俟後日歟 今回板本入回錄 未極重完 以活字印若干本 恐遂是錄之久益泯滅 追載篇末 而外此漏板文字 若「花史」・「史辨」・「瀛海錄」及狀誌文字 又諸先生挽章 若敍述 總若干卷 姑錄爲別集 以俟後日重版時合刊焉◐(살피건대 「원생[몽유]록」은 국사에 실려 있고, 이미 숙종도 보셨던 일이 있으나 원집에 빠져 있어, 이 책을 읽는 이들이 모두 한스럽게 여겼다. 어찌 백사 이선생[李恒福 1556~1618]이 편찬할 때 당시의 기휘로 인해 우선 숨겨 두고 뒷날을 기다린 것이 아니겠는가? 이제 원 판목이 화재로 인해 없어졌기에 다시 판각하지 못하고 활자로 약간 질을 찍어내면서, 이 작품이 오래 지날수록 더욱 없어질까 두려워하여 책 끝에 붙여 싣는다. 그 밖에 판본에서 빠뜨린 글들, 즉 「화사」, 「사변」, 「영해록」 및 장・지에 해당하는 글들이나 또 선생의 만장 같은 약간의 서술들은 모두

---

275) 經의 뜻을 풀어 읽지 않고 오직 문자만을 따라 읽음.
276) 기개와 節操가 뛰어난 곳.
277) 중국 촉나라의 望帝의 이름. 鱉靈의 시체를 재상으로 삼았다가 자리를 불려준 후 다른 곳으로 갔나가 죽어서 그 혼이 화하여 '소쩍새'로 되었는데, 피를 토할 듯 우는 소리가 '不如歸去[돌아감만 못하다]'라고 하는 것처럼 들린다고 한다.
278) 원서를 보면 이 부분은 작은 글씨로 行 오른편에 치우치게 쓰여져 있다.

약간 권의 별집으로 만들어 후일 중판할 때 합간하고자 한다).

⑫ 『海月先生年譜 附譜牒』[1972], 1: 先生與林公悌素友善 一日訪其第 林公方手書胡草 見先生至 卽挾冊而藏至 先生正色曰 俄者所錄何事 何必隱也 林公亦知先生之有大節 出而示之 乃標其題 曰「元生夢遊錄」…… 先生不勝悲惋 卽抽筆而足其錄後 又有詩◐(선생과 임제공[1549~1587]은 평소 친히 지냈다. 하루는 선생이 그 댁을 방문했더니, 임공이 바야흐로 손수 글을 쓰다가 선생이 이름을 보고 즉시 쓰던 것을 감췄다. 선생이 정색을 하여 말하기를, "조금 전 쓰던 것이 무엇인데 왜 숨기는 것이오?" 임공이 선생의 대절[279]을 알고 있으므로 내어 보이니, 그 표제는 「원생몽유록」이었다. 선생이 슬픔을 이기지 못하고 즉시 붓을 들어 그 끝에 적고 또 시를 지었다).

⑬ 『羅州林氏世乘』, 3, 逸蹟: 末年玩世韜晦 絶意仕宦 酒後輒朗吟高歌 歌後取玉簫彈伽倻琴 公之逸蹟不可殫記 其所著文有「愁城誌」・「元生夢遊錄」及「南溟小乘」又「管城旅史」・「花史」等書◐(말년에는 세상을 희롱하고 재주를 감춰 벼슬자리에 나아갈 생각을 끊었다. 술을 마신 후에는 시를 읊조리고 큰 소리로 노래를 불렀으며, 이어 옥퉁소를 꺼내어 불고 가야금을 뜯곤 하였다. 공의 빠진 자취는 이루 다 적을 수가 없으나, 그 지은 글로는 「수성지」・「원생몽유록」・「남명소승」・「관성여사」・「화사」 등이 있다).

⑭ 「林氏宗家家傳 通文, 全羅道幼學朴龍壽等謹齋沐再拜上書」(羅州會津 永成閣所藏): 布衣時 與趙重峰謁六臣祠而還 因著「愁城誌」及「元生夢遊錄」以寓其忠憤激烈之懷 …… 尤庵宋先生曰 是誌也不可闕 村[sic 林]白湖之「元生夢遊錄」云 而亦載野史 至今耀人耳目 令人一讀 凜凜 有不可犯之氣矣◐(포의[280] 때 조중봉[趙憲 1544~1592]과 함께 육신들의 사당을 배알하고 돌아왔다. 그로 인해 「수성지」와 「원생몽유록」을 지어서 격렬한 충분[281]을 붙였다. …… 우암 송시열[宋時烈 1607~1689]선생이 이르기를, "이 「수성지」를 빠뜨려서는 안 된다."고 했고, 임백호의 「원생몽유록」은 야사에 실리기도 해, 오늘날 사람들의 이목에서 빛을 발한다. 누구나 한번 읽기만 하면 범할 수 없는 늠름한 기상이 있다).

【增】

1) 『明庵文集』(李泰一 1860~1944), 8, '觀瀾元先生行狀'(1925): 「夢遊錄」一篇 尤悲憤幽冤而作 故其長歌短句 無非忠臣義士不遇之篇 而可以泣鬼神於冥冥之中也 折得其中節而言之 其君眞堯舜之聖也 其臣皆皐夔之良也 以如此之臣 遇如此之君 則上可以做唐虞熙皥之治 下可以賡明良之歌 而事乃大謬 俱不得眞做來手分中 而徒抱得叩馬蹈海之義 擎天奉日之志 只遽遽做去 而倏疾雷一聲而罷 又何其冤也 噫 古今一夜也 生死一夢也◐(「몽유록」 한 편은 더욱 분하고 원통한 마음으로 지은 것이기 때문에, 그 장단의 구절들은 모두 충신・의사가 때를 만나지 못함을 토해 내지 않은 것이 없다. 이는 지하의 귀신도 눈물을 올리게 할 만한 것이어서 그 중도를 얻은 것이라 하겠다. 그 임금은 참으로 요・순 같은 성군이요, 그 신하들은 모두 고요[皐陶][282]나 기[283]와 같은 어진 사람들이다. 이와 같은 신하로서 이와 같은 임금을 만났으니,

---

279) 대의를 위하여 몸을 바쳐 지키는 절개.
280) 벼슬이 없는 선비.
281) 충의로 일어나는 분한 마음.
282) 중국 상고 때의 순임금의 신하로 옥을 다스리는 으뜸 관리였다.
283) 중국 상고 때에 순임금의 신하.

위로는 당우[堯舜]284) 시대처럼 태평스런[熙皞]285) 정치가 될 수 있을 것이요, 아래로는 밝고 어진 노래를 화답할 수 있을 터인데, 일이 크게 그릇되어 모두 뜻을 이루지 못하고, 다만 말고삐를 붙잡고286) 바다를 건너는287) 의리만을 얻고 말았다. 하늘과 해를 받드는 뜻을 가지고 바삐 모여들었다가 급작스런 우레 소리 한 바탕에 흩어져 버리고 마니 그 또한 얼마나 원통한 일인가? 아, 고금의 일이 하룻밤 꿈이요, 생사는 한바탕 꿈이었도다).

〈이본연구〉

【增】

1) 영월 지방에 소장되어 있던 『魯陵錄』이 編年體 野史集 『魯陵錄』으로 편찬되어 수초본으로 전해져 오다가 철활자로 印刊되면서 「원생몽유록」이 빠지게 된다. 그러나 私撰으로 간행된 『莊陵誌』에는 이 작품이 수록되고 있는 것으로 보아 『魯陵誌』를 고증 舊誌 부록에 「六臣傳」과 「戊午士禍」와 함께 「원생몽유록」을 수록했지만, 정조대 왕명에 의해 간행한 『莊陵史補』에는 다시 이 작품을 제외하고 있는데, 이는 正史처럼 편찬하다 보니 이 작품을 제외한 것이 아닌가 생각된다. 그러나 그 후 원씨 문중에서 간행한 『觀瀾遺稿』 초간본에 이 작품이 수록되고 있는데, 이는 본문의 일부가 缺落되고 종결 양상도 『莊陵誌』 수록본과 다른 것으로 보아 원씨 문중에 전래본이 있었을 것으로 추측된다(우쾌제, "「元生夢遊錄」 研究," 『古小說研究』, 5[1998. 6], p. 129).

국문필사본

(몽유록)

| 【削】 夢遊錄 | 단국대[羅孫]―[漢目](古853.5 /몽3991)/정문연[韓古目](295) | 1(20f.)288) |

(원생몽유록)

| 【增】 (원싱몽유록) | 박재연[家目]/[中韓翻文展目(2003)] | (무인듕츄의 미월거소는 디흐노 라, 님빅호졔의 긔록흔 배라) |
| 【增】 (元生夢遊錄) | 정문연(『됴야회통』, 5, '사육신 및 생육신') | |

한문필사본

(몽유록)

---

284) 陶唐氏와 有虞氏의 병칭. '도당씨'는 帝堯, '유우씨'는 帝舜을 말한다.
285) 백성들이 화락하게 잘 지냄.
286) 중국 은나라의 충신 백이·숙제의 고사. 周 武王이 폭정만을 일삼는 紂王을 치려 하자, 백이·숙제가 무왕의 말고삐를 잡으면서 간하면서 말렸다.
287) 魯仲連의 蹈海. 노중련의 고사. 중국 전국 시대 진나라가 조나라를 치니, 위나라 왕이 晉鄙로 하여금 구하게 하였다. 이에 진왕이 위나라부터 공격하려 하니 위왕이 두려워하여 진비의 군사를 멈추게 하고 說客 新垣衍을 시켜 조나라를 달래어 함께 秦나라를 帝國으로 받들려고 했다. 이 말을 들은 노중련이 신원연에게 말하기를, "진나라가 방자하게도 帝를 칭한다면 나는 차라리 동해를 밟고 빠져 죽고나 말겠다." 고 했다. 이에 신원연은 곧 사죄하고 진나라를 제왕으로 삼겠다는 말을 포기하고 말았다.
288) 「원생몽유록」이 아니라 「제마무전」임이 확인되었다(윤주필, "「元生夢遊錄」 연구의 비판적 이해," 『古小說 研究史』[2002. 12], p. 187).

고전소설 연구보정 • 715

【削】夢遊錄	大阪圖(일본)[前間:『鮮冊名題』] (16, p.56)	1289)

(원생몽유록)

	元生夢遊錄	강전섭[家目](『江村遺稿』)(243)	1(金時習 一云林白湖, 61f.)
【增】	元生夢遊錄	고려대(『藥坡漫錄』, 上, 9, 端宗條)[漢少目, 夢3-1-1]	
【增】	元生夢遊錄	고려대(『朝野輯要』, 4 端宗條) [漢少目, 夢3-2-1]	
【增】	元生夢遊錄	고려대(『朝野僉載』, 8) [漢少目, 夢3-3-1]	
【增】	元生夢遊錄	고려대[景和堂](『靑野謾輯』, 2, 元昊條)[漢少目, 夢3-4-1]	
【增】	元生夢遊錄	고려대[晩松](『靑野謾輯』, 2, 元昊條)[漢少目, 夢3-4-2]	
【增】	元生夢遊錄	국중(『端宗遜位顚末』) [漢少目, 夢3-12]	(戊寅仲秋梅月居士識)
【增】	元生夢遊錄	국중(『東諺抄』內 東稗洛誦抄) [漢少目, 夢3-10]	
【增】	元生夢遊錄	국중(『朝野輯要』, 4 端宗條) [漢少目, 夢3-2-3]	
【增】	元生夢遊錄	국중(『朝野輯要』, 4 端宗條) [漢少目, 夢3-2-4]	
【增】	元生夢遊錄	국중(『朝野僉載』, 8) [漢少目, 夢3-3-2]	
	元生夢遊錄	金大(『花夢集』)[己12-1:41 松]	(戊辰仲秋梅月居士林子順誌)
【增】	元生夢遊錄	국중[漢少目, 夢3-11]290)	
【增】	[元生夢遊錄]	단국대[栗谷](『朝野會通』, 2)	(戊辰仲秋梅月居志, 林白湖悌所志)
【增】	[元生夢遊錄]	단국대[栗谷](『靑野謾輯』)	
【增】	元生夢遊錄	서울대(『二大源流』世祖朝條) [漢少目, 夢3-13]	
【增】	元生夢遊錄	서울대[奎](『朝野輯要』, 4 端宗條) [漢少目, 夢3-2-2]	
【增】	元生夢遊錄	임형택[『白湖稿雜抄』]	
【增】	元生夢遊錄291)	鄭景柱[『草湖別傳』]	

---

289) '몽유록'이란 표제 아래「금오몽유록」과「용문몽유록」이 수록되어 있고,「원생몽유록」은 들어 있지 않다.
290)「三學士傳」과 합철.
291)「元生夢遊錄」외에「英英傳」·「王慶龍傳」·「周生傳」·「六臣傳」들이 합철되어 있다.

【增】 元生夢遊錄	정문연(K4-6889)[漢少目, 夢3-21][292]
【增】 元生夢遊錄	정문연(『小華龜鑑』)[漢少目, 夢3-22]
【增】 元生夢遊錄	芝谷書堂(『郄睡漫錄』)[漢少目, 夢3-20]
【增】 元生夢遊錄	後孫家(柳寅植, 『大東詩史』) [漢少目, 夢3-23]

(원자허전)

元子虛傳	국중[葦滄](古3648-10)/	(林悌作, 辛丑初二畢, 29f.)
	정문연(『花史歷代附元子虛傳』)	
	┤장서각](K4-6889)	
【增】 元子虛傳	동양문고(일본)(VII-4-354)[293]	

한문판각본

(원생몽유록)

【增】 元生夢遊錄	서울대[奎](『觀瀾先生遺稿事蹟』)	
元生夢遊錄	蘇在英/林泰鎬/임형택/정문연 (『白湖先生文集』, 4, 附錄)	(林悌著, 石印本, 4刊 1958)[294]

488.1. 〈자료〉

Ⅰ. (영인)

488.1.1. 民族文化推進委員會. 『韓國文集叢刊』, 9, 『觀瀾遺稿』. 민족문화추진회, 1988. (중간본, 국립중앙도서관 소장)

【增】

1) 『莊陵誌』, 2. 세종대왕기념사업회, 1979. (木板 『莊陵誌』)
2) 東國大 韓國文學硏究所 編. 『韓國文獻說話全集』, 9. 太學社, 1981. (국립중앙도서관 소장 『靑野謾輯』, 2)
3) 김광순 역. 『수성지·천군본기』. 형설출판사, 1982. (石印本, 蘇在英 소장 『白湖先生文集』, 4 부록)
4) 沈魯崇/安大會 編. 『靜嘉堂本 大東稗林』, 1, 『列朝紀事』, 4, 國學資料院, 1983.
5) 民族文化推進委員會. 『韓國文集叢刊』, 16, 『觀瀾遺稿』. 민족문화추진회, 1988. (목판본, 규장각 소장, 『秋江集』 所載)
6) 林熒澤 編. 『藥坡謾錄』. 成均館大 大東文化硏究院, 1995. (고려대 소장)
7) 鄭景柱. "筆寫本 漢文小說集 『草湖別傳』 解題." 『漢文古典의 文化解釋』. 慶星漢文學研究會, 1999. 9. (정경주 소장)
8) 韓國精神文化硏究院 國學振興事業推進委員會 編. 『朝野僉載』. 韓國學資料叢書, 19.

---

292) 「化史」 합철.
293) 「天君演義」에 「花史」와 합철.
294) 木活字本임. '元生夢遊錄'은 「白湖文集」 초간본(光海 9, 1617)과 재간본(영조 35, 1759)에는 수록되어 있지 않고, 구한말의 3간 때부터 비로소 수록되기 시작되었다고 한다.

韓國精神文化硏究院, 1999. (한국정신문화연구원 소장)

9) 우쾌제.『원생몽유록: 작자 문제의 시비와 의혹』. 박이정, 2001. (『觀瀾遺稿』 초간본)

Ⅱ. (역주)

【增】

1) 金俊榮·李月英.『古小說論』. 月印, 2000.

2) 朴熙秉 標點·校釋.『韓國漢文小說 交合句解』. 소명출판, 2005. (校合本)

Ⅲ. (활자)

【增】

1)『東山全集』. 東山先生記念事業會, 1978. (後孫家 소장「元生夢遊錄」)

488.2. 〈연구〉

【增】 Ⅰ. (단행본)

1) 우쾌제.『원생몽유록: 작자 문제의 시비와 의혹』. 박이정, 2001.

Ⅱ. (학위논문)

〈석사〉

【增】

1) 조현우. "몽유 서사의 현실 인식 연구:「조신」·「원생몽유록」「운영전」을 대상으로." 碩論(서강대 대학원, 2000. 2).

Ⅲ. (학술지)

488.2.2. 張德順. "夢遊錄 小考."『東方學志』, 4(延世大 國學硏究院, 1959. 6).『國文學通論』(新丘文化社, 1960. 3); 우쾌제 편,『원생몽유록』(박이정, 2002. 1)에 재수록.

488.2.4. 李家源. "夢遊錄의 作者 小攷."『국어국문학』, 23(國語國文學會, 1961. 5). 우쾌제 편,『원생몽유록』(박이정, 2002. 1)에 재수록.

488.2.6. 曹喜雄. "「元生夢遊錄」作者再考."『文理大學報』, 19[11: 1](서울大 文理科大學常任委員會, 1963. 12).『이야기문학 모꼬지』(박이정, 1995. 10); 우쾌제 편,『원생몽유록』(박이정, 2002. 1)에 재수록.

488.2.7. 全寅初. "「元生夢遊錄」作者考察."『연세국문학』, 1(延世大, 1965. 12). 우쾌제 편,『원생몽유록』(박이정, 2002. 1)에 재수록.

488.2.8. 黃浿江. "林悌와「元生夢遊錄」."『論文集』, 4(檀國大, 1970. 12). 수정 기필하서 "「元生夢遊錄」"이란 제목으로『한국고전문학의 이론과 과제』(단국대학교출판부, 1997. 9.); 우쾌제 편,『원생몽유록』(박이정, 2002. 1)에 재수록.

488.2.15. 鄭學城. "「元生夢遊錄」硏究."『國文學論集』, 12(檀國大 國語國文學科, 1985. 3). 우쾌제 편,『원생몽유록』(박이정, 2002. 1)에 재수록.

488.2.24. 윤주필. "「元生夢遊錄」의 綜合的 考察."『韓國漢文學硏究』, 16(韓國漢文學硏究會, 1993. 11). 우쾌제 편,『원생몽유록』(박이정, 2002. 1)에 재수록.

488.2.30. 元容文. "「元生夢遊錄」의 作者問題."『古小說硏究』, 3 (古小說學會, 1997. 9). 우쾌제 편,『원생몽유록』(박이정, 2002. 1)에 재수록.

488.2.31. 申海鎭. "林悌의「元生夢遊錄」," 『朝鮮中期 夢遊錄의 硏究』(박이정, 1998. 1). "「元生夢遊錄」의 작가론적 고찰"로 우쾌제 편, 『원생몽유록』(박이정, 2002. 1)에 재수록.

【增】
1) 蘇在英. "林悌와 그의 文學."『古小說通論』(二友出版社, 1983. 8). "林悌와 元生夢遊錄"으로 우쾌제 편, 『원생몽유록』(박이정, 2002. 1)에 재수록.
2) 우쾌제. "「元生夢遊錄」 硏究: 異本의 傳來過程과 元昊著作說의 檢討."『古小說硏究』, 5(韓國古小說學會, 1998. 6). 한국고소설학회 編. 『한국고소설의 자료와 해석』(아세아문화사, 2001. 10)에 재수록.
3) 양승민. "「원생몽유록」 작자 문제의 허실."『어문논집』, 38(안암어문학회, 1998. 8). 우쾌제 편, 『원생몽유록』(박이정, 2002. 1)에 재수록.
4) 정용수. "「원생몽유록」 연구."『한문학보』, 1(우리한문학회, 1999. 2).
5) 우쾌제. "觀瀾元昊先生과「元生夢遊錄」."『우리文學硏究』, 13(우리文學會, 2000. 12). "觀瀾 元昊와「元生夢遊錄」: 知識人의 苦惱와 文學의 對應"으로 우쾌제 편, 『원생몽유록』(박이정, 2002. 1)에 재수록.
6) 조현우. "「元生夢遊錄」의 리얼리티 생성 방식."『古小說硏究』, 10(韓國古小說學會, 2000. 12).
7) 禹快濟. "「元生夢遊錄」 作者의 疑惑과 是非의 現場."『고전산문의 계보적 연구』(국학자료원, 2001. 4).
8) 김정녀. "「원생몽유록」 작자 문제를 둘러싼 연구의 동향과 전망." 우쾌제 편, 『원생몽유록』(박이정, 2002. 1).
9) 尹柱弼. "「元生夢遊錄」." 刊行委員會 編. 『古小說硏究史』(月印, 2002. 12).
10) 정용수. "「원생몽유록」의 문학적 이해와 역사 담론."『한문교육연구』, 21(한국한문교육학회, 2003. 12).

◐{원유기}
〈관계기록〉
① 『諺文古詩』(가람본), '언문칙목녹', 122:「원유긔」.

◐{원자실전}
국문필사본
원주실전　　　　　　　계명대[古綜目](고811.35원자실)　　1(高宗20[1883])

▶(원자허전 元子虛傳 → 원생몽유록)
◐{원촉지 原蜀誌}
〈관계기록〉
① 『諺文古詩』(가람본), '언문칙목녹', 177:「원촉시」.
② Courant, 803:「원츅지 元蜀誌」.

【增】◘488-1. [원회록 寃悔錄]
488-1.2. 〈연구〉
Ⅲ. (학술지)
1) 朴鍾翼. "통과의례적 구성요소를 통해 본「원회록」필응상의 삶." 『語文硏究』, 40(語文硏究學會, 2002. 12).
2) 朴鍾翼. "고소설「원회록」의 素材 分析." 『語文硏究』, 44(語文硏究學會, 2004. 4).

〈줄거리〉

필응상과 설운은 명문가에서 부모의 기자(祈子)가 동기가 되어 만득자로 출생했다. 때문에 범인과 다른 천품(天稟)을 보유하여 과거에 각각 장원과 차석으로 급제했다. 이들은 조정에 들어가 한림학사로 주목받는 인물이 됐다. 그리고 필응상은 설운의 누이 설취란과 혼인했다. 한편 요괴 대망이 국가의 정신적 도량(道場)인 현묘사를 범하여 도인을 내쫓고 도량을 접수했다. 동시에 간당의 두령인 승상 진사성, 석유경 등의 현묘사 기자를 빌미로 대망이 그들의 처를 겁탈하여 대망의 자손을 출생하게 했다. 여기에 황제의 후궁 역시 대망의 자손을 출생했다. 이후 진사성 등의 간당이 황비를 폐하고 후궁을 황비로 세우려 했다. 이에 필응상이 죽기로 극간하다 벼슬을 잃었다. 필응상은 우연히 요괴 대망의 악행 현장을 목격하고 대결했다. 하지만 이 일로 진사성의 무리로부터 모함을 당하고 절도에 유배됐다. 설운 역시 벼슬을 버리고 가족과 함께 낙향했다. 낙향의 과정에서 대망의 기습을 받아 필응상의 처이자 누이동생인 설취란을 탈취당했다. 대망은 설취란을 범하기 위하여 겁박하나 뜻을 이루지 못했다. 설취란은 7일 단식 끝에 연못에 투신하여 목숨을 끊었다. 필응상은 배소(配所)에서 양취운과 대면했다. 양취운은 자신을 명계(冥界) 사람이라 하고 염라왕의 뜻으로 결연(結緣) 인연이 있음을 밝혔다. 따라서 양인은 일배주로 합근(合졸)의 예를 치렀다. 양취운은 염라국을 드나들며 국가 운명과 관련된 정보를 필응상에게 제공했다. 한편 진사성 등은 적통 왕자 위왕마저 유배를 보낸 뒤 국권 탈취를 도모했다. 그리하여 황제를 폐위시키고 요괴 대망의 씨를 받아 출생한 후궁의 아들로 황제를 세웠다. 진사성 일당은 허수아비 황제를 세워 놓고 국정을 농단했다. 국호를 고치고 세금을 올리는 등 학정을 일삼았다. 그리고 위왕과 필응상에게 사약을 내렸다. 양취운은 위왕과 필응상의 독살 음모를 미리 간파하고 사신의 목을 맸다. 이후 필응상과 위왕의 만남을 주선했다. 이를 계기로 위왕과 필응상이 조우하여 기병(起兵)했다. 그리고 도성을 향하여 출정했다. 출정의 과정에서 황군을 무너뜨리고 백성의 지지를 받았다. 그러나 도성에서 급파한 진사성의 군대와 결전을 벌이게 되고, 여기에서 패했다. 이어 위왕·필응상의 성이 적군에게 포위됐다. 적군은 요괴 대망의 자손들로 변화 불측하여 인간의 병법과 전로는 한계가 있었다. 때문에 아군은 성곽에 포위된 채 아사(餓死) 직전의 괴멸 위기에 몰렸다. 설운은 누이동생을 찾기 위하여 현묘사 인근을 탐문했다. 우연히 들 가의 큰 나무를 보고 나무에게 '대수장군(大樹將軍)'이라 제명했다. 꿈에 나무의 정령 대수장군이 나타나 설운을 도와 세상을 바로잡겠다고 말했다. 요괴 대망의 무리는 인간의 무기로는 제압하기 어려우니 남악사의 신령에게 신병(神兵)과 병기를 얻어 오라 조언했다. 설운이 남악사의 신령을 찾아가 고사(告祀)하고 신령으로부터 신병과 철장을 얻어 돌아왔다. 설운은 대수장군과 더불어 현묘사에서 요괴 대망과 그 무리를 제거했다. 또 누이 동생 설취란의 억울한 죽음을 확인했다. 그리고 위기에 처한 필응상을 도우라는 설취란의 몽조(夢

兆)에 따라 철장을 필응상의 군대에 전했다. 필응상의 군대는 철장으로 요괴 대망의 무리를 척결했다. 이어 진군하여 도성에 입성하고, 간당의 괴수 진사성과 대망의 손인 신황제 등을 제거하여 국난을 타개했다. 아울러 폐위된 황제를 복위시키고 적통 왕자로 태자를 정했다. 황제는 간당과 대망의 잔당을 찾아 단죄했다. 국권 회복의 일등 공신인 필응상과 설운 등에게 제후와 상서 등의 벼슬을 내리고 그들로 조정을 다시 구성했다. 국난 타개 후 양취운이 필응상과 이별하여 명계(冥界)로 복귀했다. 한편 설취란은 염라왕과의 송사(訟事)를 벌였다. 그리고 절행(節行)이 인정되어 재생하기에 이르렀다. 설취란은 현묘사의 연못에서 필응상·설운과 상면하여 고향으로 향했다. 필응상 설운은 성지 현묘사를 옛 모습으로 복원시켰다. 또 대수장군에게 예를 갖추어 제를 지내 사의를 표했다. 이어 고향에 돌아가 모친과 재회하고 화락한 삶을 살았다(朴鍾翼, "고소설「원회록」의 素材 分析,"『語文研究』, 44[2004. 4], pp. 279~281).

【增】◐{월궁옥섬가 月宮玉蟾歌}

국문필사본

월궁옥섬가라 月宮玉蟾歌　　　박순호[家目]　　　1(황언지연쳥홰괴월삭데구일, 칙쥬난 츙쳥남도한숀면셔언면오산평, 丁未十一月五日終, 27f.)

◑489. [[월단단전 月團團傳]]

〈작자〉徐居正(1420~1488)[295]

489.1. 〈자료〉

Ⅱ. (역주)

【增】

1) 朴熙秉 標點·校釋,『韓國漢文小說 交合句解』. 소명출판, 2005. (일본 天理大도서관 소장『太平閑話』)

◑490. [월봉기 月峰記] ← *강릉추월 / *봉황금 / *소운전 / 소정월봉기 / *소학사전 / *소한림전 / *옥소기연(봉) / *옥소전 / *월봉산기 / *월봉전[296] / *이춘백전 / *천도화 / *춘백전[297])

〈관계기록〉

① 『諺文古詩』(가람본), '언문칙목녹', 148: 「월봉긔」.
② Courant, 805: 「월봉긔 月峯記」.
③ Courant, 3358: 「月峯記」.

---

295) 「골계전」에 들어 있는 까닭으로 編者인 서거정을 작자라 하고 있으나, 본 작품은 타 이본에는 보이지 않고 유독 順庵本에만 들어 있기 때문에 순암 安鼎福(1712~1791)을 작자로 보려는 이견도 있다.
296) 『이본목록』·『작품연구 총람』에 추가.
297) 『이본목록』·『작품연구 총람』에 추가.

〈이본연구〉

【增】

1) [하버드본 국문 필사본「월봉기」는] 활자본[광문책사본]에 비해 상당히 많이 축약되어 있음을 확인할 수 있다. 그런데 내용상 차이가 없고 어구가 비슷한 부분이 많아 이 두 이본은 같은 계열의 이본으로 볼 수가 있을 것이다. …… 하버드본은 활자본에 비해 전반적으로 내용이 축약되어 있지만 서두 부분에서는 영웅 소설을 모방하려는 흔적으로 보이고 있음을 알 수 있다. 하버드본은 하권의 내용이 심하게 축약되어 있다. 상권이 48장인데 비해 하권의 내용이 1장밖에 없으니 결본이라고 보아도 무방할 것이다. …… [光文冊肆 간행 활자본은] 모두 9로 이루어져 있는데, 하버드본에서는 5회의 앞부분까지만 서술이 되고 있다. 따라서 이 활자본을 기준으로 한다면 전체 분량의 절반을 나누어 상권과 하권으로 구성하려 했다고 추정할 수 있을 것이다. 다만 상권이 끝난 다음에 하권이 비록 1장이지만 축약되어 있다는 점에서 하권이 실제로 필사되었는지의 여부는 알 수가 없다(송성욱, "「월봉기」," 李相澤 외 3인 엮음,『고전소설의 기초 연구』[2001. 10], p. 383, pp. 385~386).

국문필사본

【增】	월봉기록 권지단 月峯記錄 單	김광순[筆全](54)	1([표지]癸酉九月日上痲洞鄭同知宅, 55f.)
【增】	월봉기록 권지일 月峯記	김광순[筆全](60)	1([표지]乙未元月日, [말미]을미정월열여드레, 68f.)
【增】	월봉긔 권지초	박순호[家目]	1(138f.)
【增】	월봉긔 쇼운젼 상	박순호[家目]	1(丙寅正月加衣, 85f.)
【增】	월봉긔 하	박순호[家目]	낙질 1(96f.)
【增】	월봉기 상권	박순호[家目]	낙질 1(흑계만월, 78f.)
【增】	월봉기 하권	박순호[家目]	낙질 1(을히이월일등죵, 119f.)
【增】	月峯記	정명기[尋是齋 家目]	1(乾)
【增】	월봉기	정명기[尋是齋 家目]	1(坤)
【增】	월봉긔	홍윤표[家目]	1(칙주 송길동, 大正五年陰三月五日, 72f.)

국문경판본

【增】	월봉긔 일	서울대[일석] (813.5-W58g v.1)	낙질 1(乙巳年至月日爲書)

국문완판본

【增】	별월봉긔 하	박순호[家目]	1(道光三年[1823]三月四日龜谷開板, 48f.)

국문활자본

	월봉산긔 하권 月峰山記 下	국중(3634-2-40=1)	1(제12회~제22회, [著·發]洪淳

			泌, 京城書籍業組合, 1926.12.20, 85pp.)(256)
【增】	(고딕쇼셜)월봉긔 (古代小說)月峰記	국중(3634-2-14=7) 林, 1915.12.25, 101pp.)298)	1(9회, [著·發]金東縉, 德興書
	월봉산긔 상권/하권 月峰山記 上/下	국중(3634-2-40=2) <상 4판>/국중(3634-2-40=3)<하 3판>	2(21회, [著·發]朴健會, 新舊書林, 上: 제1회~제11회, 초판1916.1.24; 4판 1924.1.15, 92pp.; 下: 제12회~제21회299), 초판 1916.1.24; 3판 1918.3.5, 97pp.)
	월봉산긔 하권 月峰山記 下	국중(3634-2-70=9)<재판>	1(하: 제12회~제21회, [編·發]朴健會, 惟一書舘, 초판 1916.1.27; 재판 1917.6.4, 97pp.)
	월봉산긔 상권 月峰山記 上	국중(3634-2-70=7)	낙질 1(제1회~제11회, [著·發]朴健會, 朝鮮書舘, 1916.1.25, 94pp.)
【增】	월봉산긔 상권 月峰山記 上	국중(3634-2-48=8)	1(제1회~제11회, [발행자 불명], [발행년 불명], 81pp.)

한문필사본

【增】	月峯記	고대(C14-A6)[漢少目, 英2-1]	2

490.1. 〈자료〉

Ⅰ. (영인)

490.1.2. 仁川大民族文化硏究所 編.『舊活字本古小說全集』, 11. 銀河出版社, 1983; (再刊) 國際아카데미, 2002. (조선서관판, 「월봉산긔」, 上)

490.1.3. 仁川大民族文化硏究所 編.『舊活字本古小說全集』, 29. 銀河出版社, 1984; (再刊) 國際아카데미, 2002. (조선서관판, 「월봉산긔」, 下)

490.1.3. 仁川大民族文化硏究所 編.『舊活字本古小說全集』, 29. 銀河出版社, 1984; (再刊) 國際아카데미, 2002. (광문책사판, 「월봉긔」)

【增】

1) 金光淳 編.『金光淳所藏 筆寫本韓國古小說全集』, 54. 박이정출판사, 1994. (김광순 소장)
2) 金光淳 編.『金光淳所藏 筆寫本韓國古小說全集』, 60. 박이정출판사, 1994. (김광순 소장)

490.2. 〈연구〉

Ⅲ. (학술지)

【增】

---

298) 판권지에는 작품명이 '一代勇女 南江月'이라 되어 있는데, 이는 출판사측의 오기인지 아니면 다른 판권지가 오철된 것인지 알 수 없다.
299) 원본 목차에는 '20회'가 중복되어 있다.

1) 宋晟旭. "「월봉긔」." 李相澤·朴熙秉·林治均·宋晟旭 엮음, 『고전소설의 기초 연구』(태학사, 2002. 10).
2) 육재용. "「月峯記」類의 자국화 양상 연구."『어문학』, 81(한국어문학회, 2003. 9).
3) 민영대. "「月峰記」 연구."『어문학』, 87호(한국어문학회, 2005. 3).

〈회목〉
(광문책사판, 「월봉긔」)[300]
······
(조선서관판 / 세창서관판 / 경성서적업조합판, 「『월봉산긔』」)[301]
······

▶(월봉산기 月峯山記 → **월봉기**)
▶(월봉전 月峯傳 → **월봉기**)
▶(월선전 月仙傳 → **황월선전**)
▶(월성전 月星傳[302] → **황월선전**)

◼491.[월세계 月世界]

국문활자본			
【增】	월세계	국중(3634-3-60=4)	1([著·發]玄公廉, 大昌書院·普及書舘, 1922.1.17, 74pp.)
【削】	월영낭즈전 月英娘子傳	[李:古硏, 295; 『한국의 딱지본』, 113]	1(漢城書舘, 초판 1914; 재판 1917; 3판 1920, 61pp.)
	(고딕소설)월영낭자전 권지단	국중(3634-2-10=4)<초판>/국중 (3634-2-70=5)<3판>/유탁일	1([著·發]南宮楔, 초판 漢城書舘·唯一書舘, 1916.3.8, 81pp.; 재판 1917; 3판 漢城書舘, 1920.12.10, 61pp.)

◼492.[월영낭자전 月英娘子傳] ← 월영전 / 호씨명행록 / 호씨전 / 호씨행록전 / 호씨호공록

【增】〈이본연구〉
1) 양본의 대체적인 줄거리상의 차이는 그다지 없다. 그러나 양본 모두 부분적으로 상대본에는 결여되어 있는 삽화늘이 약간 눈에 띈다. ······ 양본[국민대 소장 필사본 「홋씨호공녹」과 활자본 「월영낭자전」]의 차이를 가장 현저하게 드러내는 대목은 후반부에 나타나는데, 국민대본에 의하면, 희성의 제3부인 정씨[太后의 妹]가 호씨(월영)를 몰아내고 남편의 사랑을 독차지하려 갖은 모해를 하다가 시부모에게 改心丹을 먹여 그 판단을 흐리게 한 끝에, 마침내 상서(媤父)로 하여금 호씨의 간통죄를 물어 처형시키게 하는 데까지 이르게 된다. 이때 상서는 대로한 나머지

---
300) 덕흥서림판의 회목도 같다.
301) 작품 각권 처음에 목록만 실려 있고 본문에는 회목이 들어가 있지 않다. 그 밖에 신구서림판, 유일서관판 들에는 본문에 같은 회차 및 장회명이 나타나나 제22회만은 빠져 있다.
302) 「황월선전」의 내용과는 거의 대동소이하나 인명이 틀리고 내용상의 가감이 있다.

호씨 소생을 죽여 내다 버리게 하였는데, 마침 금광사 승려 '설난'이 아이를 발견하여 소생시켜 사원으로 데려 갔다. 그때 절을 찾은 정어사 부인 주씨는 수양딸인 월영을 떠나보낸 후 고적하게 살다가 아이를 데려다 자식삼아 기르게 되었다. 물론 결말 부분에 이르러 양모를 찾아간 호씨가 아들과 재회하고, 양모를 모시고 상경하여 봉양하게 된다. 반면 활자본에는 호씨 소생의 遣棄 및 재회까지의 삽화는 결여되어 있다. 그러나 활자본에는 국민대본에 없는 결말 부분의 일련의 삽화들이 지리하게 부연되고 있다. 즉 활자본은 희성이 천자의 명을 받고 흉노를 정벌하고 돌아오고, 그 공으로 제후에 봉하여져 별궁인 '성연궁'을 하사받으며, 호씨 부모의 원수인 연환·연쾌 등의 간신을 처형시키고, 희성·민씨·호씨 자녀들의 입신양명, 부모[최현 부부]와 주씨의 작고, 민씨가 별세하고 마지막으로 희성과 호씨가 천자의 영접을 받아 승천하는 삽화가 부가되어 대단원을 이룬다(조희웅, "국민대 省谷기념도서관 소장 고전소설에 대하여,"『語文學論叢』, 18[1999. 2], p.56 및 p. 58).

국문필사본

(호씨전)

【增】호씨젼이라 胡氏傳   박순호[家目]   1(을축시월십일의 종하노라, 55f.)

492.1.〈자료〉

Ⅱ.(역주)

【增】

1) 申海鎭 選註.『朝鮮後期 家庭小說選』. 月印, 2000. (회동서관판)

492.2.〈연구〉

Ⅱ.(학위논문)

〈석사〉

【增】

1) 안남기. "「월영낭자전」연구." 碩論(한국교원대 교육대학원, 2002. 2).

Ⅲ. (학술지)

「월영낭자전」

【增】

1) 孫吉元. "「월영낭자전」과 도선적 인물."『고소설에 나타난 도선사상 연구』(민속원, 1999. 8).
2) 민영대. "「月英娘子傳」研究, 1: 揷入된 書簡의 類型과 機能을 中心으로."『韓南語文學』, 26(韓南大學校 國語國文學會, 2002. 2).
3) 閔泳大. "「月英娘子傳」에 등장하는 인물의 유형과 역할."『韓南語文學』, 29(韓南大 韓南語文學會, 2005. 3).

▶(월영전 月英傳 → 월영낭자전)

◪493.[월왕전 越王傳] ← *봉황금 / *소운전 / *소학사전

〈관계기록〉

① Courant, 780: 「월왕전 越王傳」.
② Courant, 829: 「월황젼 月黃傳」.303)
③ Courant, 3350: 「越王傳」.

493.1. 〈자료〉
Ⅱ.(역주)
【增】
1) 김유경 지음.『월왕전·김진옥전·김홍전』. 연세국학총서 34-세책 고소설 6. 이회문화사, 2005.

493.2. 〈연구〉
Ⅲ. (학술지)
【增】
1) 임미경. "경판본「월왕전」의 통속성 연구."『어문교육논집』, 15(부산대 국어교육과, 1996. 9).

494.[월하선전 月下僊傳]
【增】〈작자〉
1) 「월하선전」이 개인 창작임에도 불구하고 누가 지은 것인지 알 수는 없지만, 작품 내에 쓰여진 몇 개의 표현을 통하여 지은이의 신분 계층에 관해서는 어느 정도 규명이 가능하다. …… 더군다나 「월하선」에는 과만(瓜滿), 도영(到營), 관자(關子)와 같은 관리 세계가 아니고서는 흔히 쓰임직하지 않은 낱말이 많이 나온다. 그리고 이 작품에는 '빙고리', '동미', '더지다'와 같은 함경도 사투리가 나오는 것으로 보아서, 이 작품은 함경도 지방의 관기(官妓)이거나 하급 관리의 소실일 것으로 추정되는 계층에 의해 지어졌을 것이다(이강용, "「월하선전」 연구,"『배달말』, 10[1985. 12], pp. 310~311).

2) [고려대 소장「月下僊傳」말미의 筆寫記에] '光緖 丙子 염늉일 막필로 筆書하였으나 진짓 外人은 보지 말지어다'에서 '筆書'나 '外人은 보지 말지어다'라는 문맥은「월하선전」의 어떤 原本이나 筆寫本을 그대로 보고 베낀 것이 아님을 나타내고 있다. 필사자의 창의성을 가미시켰기 때문에 筆寫가 아닌 筆書이고, 외인에게 공개되는 것을 꺼려한 것으로 보인다. …… 그 다음 '凜峯里羅軍直宅'의 의미이다. 이는 '늠봉리에 거주하는 나군직의 댁'이라는 의미로 보고 싶다. 軍直이라는 직함은 없고 軍織이 있다. 그렇다고 해서 軍直을 軍織으로 해석할 수는 없다. 그러므로 '凜峯里羅軍直宅은 '늠봉리에 사는 나씨 성을 가진 군직이라는 사람의 宅(집)'으로 보고자 한다. 그렇다면「월하선전」의 작자[筆書者]는 바로 羅軍直이다(이신성, "「玉簫仙 이야기」가「月下僊傳」에 끼친 영향,"『古小說研究史』[2002. 12], p. 947).

〈작품연대〉
【增】
1) 「월하선전」은 1835년에서 1876년 사이에 지어졌을 것으로 추정된다. 이 작품의 끝 부분에

---

303) 이것은 아마도「월왕전」의 오기일 것으로 생각된다. 이 책은 원래 독일의 동양학자 von der Gabelentz가 소장하던 것을 꾸랑이 인용한 것이라고 하는데, 현재 그 소재가 파악되지 않고 있다(이희우, "괴팅겐대학 도서관 한국 고소설 자료수집에 대하여,"『관악어문연구』, 9 참조).

'광서(光緖) 병자(丙子) 계하(季夏) 염(炎) 뉵일(六日) 막필노 필셔ᄒᆞ여스나……'라는 기록이 보인다. 여기서 막필로 필서하였다는 것이 이 작품을 스스로 지었다는 것인지, 다른 이본을 보고 베꼈다는 것인지 알 수는 없으나, 이 필서 시기 이후에 쓰여졌을 리는 만무하다. '광서'는 청나라 연호로서 광서 병자년은 1876년이다. 또한『계서야담』소재「뜨락에서 눈을 치움」과 「월하선전」을 비교하여 볼 때에「월하선전」은「뜨락에서 눈을 치움」보다 늦게 지어졌을 것으로 추정된다.『계서야담』은 헌종조(1835~1844) 병조판서를 지냈던 이희준이 엮은 것이기 때문에, 이런 점을 고려하여 볼 때에「월하선전」의 창작 연대는 1835년에서 1876년 사이가 될 것으로 여겨진다. 그러나 이 작품이 개인 창작임을 고려할 때에 창작 연대는 1876년에 더욱 가까울 것이다(이강용, "「월하선전」연구,"『배달말』, 10[1985. 12], p. 310).

2)「月下僊傳」의 작가와 저작 연대는 미상이다. 그러나「월하션뎐」말미에 '光緖 丙子 계하 염육일 막필노 필셔ᄒᆞ여스나 진짓 난필이라 외인은 보지 말지어다'라고 기록되어 있고, 책 말미에는 '凜峯里羅軍直宅'이라고 기록되어 있어 해석상의 문제점이 있으나 문맥상의 의미, 세 고소설의 내용과 편집 의도, 고소설의 형식을 갖춘 것과 그렇지 못한 것 등으로 미루어 보아 羅軍直이 1876년에 紫鸞說話를 소설화한 것이 아닌가 하는 추측도 가능하다고 생각된다(吳世夏, "「月下僊傳」研究," 高麗大 碩論[1990. 2], p. 90).

〈비교연구〉
【增】
1)「月下僊傳」의 근원설화는 紫鸞說話이다. 이 설화는 평양 안절사의 아들과 기생 자란과의 신분을 초월한 사랑을 그린 것으로,『漢西野談』을 비롯한 많은 설화집에 수록되어 있다. 이로 보아 널리 유포된 설화로 생각되며 그 내용도 비슷한데 크게 4종류로 분류할 수 있다. 이 유사 설화들을 대비하여 보면『天倪錄』의「掃雪因窺玉簫仙」설화가 내용이 풍부하고 구성이 짜임새 있어 문학적 가치가 있는 설화로 판단되고, 紫鸞說話의 발달 과정을 살펴 보면「텽기어ᄑᆡ즈등과」→「紫鸞說話」→「掃雪庭獲窺玉簫仙」→「掃雪因窺玉 簫仙」순으로 발달되었음을 알 수 있다.「소설인규옥소선」설화가「월하션뎐」으로 轉移되는 과정에 있어서 두드러진 것은 여주인공의 성격의 변화와 지리적 배경의 전이이다. 설화의 紫鸞은 현실적인 사회상에 따라 신임 사또 아들의 수청을 드는데, 소설의 月下僊은 오직 황직경에 대한 정조를 죽음으로 지키려는 전형적인 인물로 전이되어 나타난다. 즉 설화가 소설화되는 과정에서 선악이 뚜렷하고 유교적인 도덕관이 강조되었다. 설화의 배경인 평양이 소설에서 함흥으로 바뀌고, 孟山이 평양으로 바뀐 것은 紫鸞이 수를 놓아 생계를 꾸려 가는 것이 시골인 맹산보다 평양이 배경으로 적합하고, 또 황직경이 삼촌을 만나게 하기 위한 소설 구성상의 필연성이었을 것이다.「월하션뎐」을「춘향전」과 대비하여 볼 때, 남녀 주인공의 인물됨과 환경, 남녀 주인공이 만나 사랑을 맺고 이별을 하고, 이별을 하게 되는 계기는 비슷하나「춘향전」은 판소리계 소설이라는 특징이 나타나 암행어사 출도라는 극적인 사건으로 갈등과 고난이 해소되고 해학적인데 비해,「월하션뎐」은 현실 생활에서 오는 갈등이 주인공들의 노력에 의해 해소되는 극적인 전환도 해학적인 면도 찾아 볼 수 없다.「玉丹春傳」과 대비하여 보면, 옥단춘의 능동적이고 지혜로운 성격은 월하선의 인물됨과 비슷하고, 이혈룡의 소극적인 성격은 황직경과 상통한다. 세 작품의 여주인공이 모두 기생으로 귀공자와 인연을 맺어 正室 내지는 副室이 된다는 점에서도 유사성을 띠고 있다고 하겠다(吳世夏, "「月下僊傳」研究," 高麗大 碩論[1990. 2], pp. 91~93)

2) '옥소선 이야기'가 실린 야담집 중 가장 뒤인 1869년에 『동야휘집』이 편찬되었으니 '옥소선 이야기'는 모두 「월하선전」(1876)보다 앞에 생성된 작품이 된다. …… '옥소선 이야기'는 身分上昇型 여성 인물 야담이다. '옥소선 이야기'의 생성 배경은 「월하선전」의 생성 배경과도 그 끈이 바로 이어져 있음을 살필 수 있었다. 내용적인 측면에서 「월하선전」의 작자는 「옥소선 이야기」를 토대로 해서 내용을 變改·粉飾하여 「월하선전」을 내 놓았다고 할 수 있다(이신성, "「玉簫仙 이야기」가 「月下僊傳」에 끼친 영향," 『古小說研究史』[2002. 12], p. 963).

494.2. 〈연구〉

Ⅱ. (학위논문)

〈석사〉

【增】

1) 이승후. "「월하선전」과 「이진사전」에 나타난 기녀의 주체성 비교 연구." 碩論(한국교원대 대학원, 2005. 2).

Ⅲ. (학술지)

【增】

1) 李愼成. "「月下僊傳」." 刊行委員會 編. 『古小說研究史』(月印, 2002. 12).

▶(월황전 → 월왕전)

◪495. [[위경천전 韋敬天傳]] ←『고담요람』/ 위생전

〈작자〉權韠(1569~1612) 작품으로 알려져 있다.
〈출전〉『古談要覽』

한문필사본
【增】(위경천전)

【增】 국문필사본
【增】(위생전)
【增】위싱뎐 쥬싱뎐   [金一根, "「周生傳」과 「韋敬天傳」 諺解의 連綴本 出現에 따른 書誌的 問題." 『겨레어문학』, 25(겨레어문학회, 2000. 8)]304)

495.1. 〈자료〉

Ⅱ.(역주)

【增】

1) 朴熙秉 標點·校釋. 『韓國漢文小說 校合句解』. 소명출판, 2005. (임형택 소장 『古談要覽』)

---

304) 제43회 전국 국어국문학 학술대회(2000. 5. 27) 발표 요지의 수록이다.

495.2. 〈연구〉

　Ⅱ. (학위논문)

　〈석사〉

　【增】

　　1) 우수경. "「주생전」과「위경천전」대비 연구." 碩論(신라대 교육대학원, 2002. 8).

　Ⅲ. (학술지)

　　495.2.4. 文範斗. "「韋敬天傳」에 대하여."『韓民族語文學』, 28(韓民族語文學會, 1995. 12).

　【增】

　　1) 金一根. "「周生傳」과「韋敬天傳」諺解의 連綴本(쥬싱뎐·위싱뎐) 出現에 따른 書誌의 問題."『겨레어문학』, 25(겨레어문학회, 2000. 8).

▶(위도왕전 韋島王傳305) → 홍길동전)

◐496.[위봉월전 衛鳳月傳]

【增】▶(위생전 韋生傳 → 위경천전)

◐{위시랑전 魏侍郎傳}

◐497.[위씨세대록 魏氏世代錄] ← 위씨오세삼난현행기(록)

　〈관계기록〉

　　① Courant, 869:「위시오세삼난현힝긔 魏氏五世三難賢行記」.

　【增】

　　1)『大畜觀書目』(19C初?):「衛氏世代錄」草九冊;「衛氏五世三蘭賢行錄」諺二十七冊.

　　2)『[演慶堂]諺文冊目錄』(1920; 藏書閣所藏): 24.「魏氏五世三蘭賢行錄」27冊; 92.「衛氏五世三蘭賢行錄」27冊.

497.2. 〈연구〉

　Ⅲ. (학술지)

　【增】

　　1) 서정민. "「위씨오세삼난현행록」의 서술 방식을 통한 향유의식 연구."『국문학연구』, 9(국문학회, 2003. 6).

　　2) 송성욱. "「위씨오세삼난현행록」의 특이성."『정신문화연구』, 26:3[92](한국정신문화연구원, 2003. 9).

▶(위씨오세삼난현행기 魏氏五世三難賢行記 → 위씨세대록)

【增】◐{위씨전 魏氏傳}

　국문필사본

　위시전　　　　　　　　　계명대[古綜日](고811.35위씨전)　　1

---

305) 홍길동전의 이본. 표지에 '韋島王傳'이라 쓰고 내용에서는 '韋島'라 한 것을 보면 표지명은 '韋島王傳'의 오기임이 분명하다.

◑498.[위씨절행록 衛氏節行錄]

국문필사본

| 위씨젼힝록 권지단 | 국중[고4][의산](古3636-56)/정문연 [韓古目](803: R35N-002961-3) /[亞筆全](13) | 1(<u>무슐삼월초슴일필셔ᄒ노라</u>, <u>38f.</u>) |
| 위씨졀힝녹 권지단
衛氏節行錄 | 단국대[羅孫]-[漢目](古853.5 /위234)/정문연[韓古目](804: R35P-000016-14)/[筆叢](37) | 1(을미, 39f.) |

498.1.〈자료〉

【增】Ⅱ.(역주)

1) 김연숙.『고소설의 여성주의적 연구』. 국학자료원, 2002. (국립중앙도서관 소장「위씨젼힝녹 권지단」)

498.2〈연구〉

Ⅲ.(학술지)

【增】

1) 김연숙. "「위씨절행록」."『고소설의 여성주의적 연구』국학자료원, 2002. 6).
2) 이지하. "「위씨절행록」의 여성소설적 성격."『古小說 硏究』, 19(韓國古小說學會, 2005. 6).

◐{위왕별전 魏王別傳}306)

〈관계기록〉

① 「옥란기연」(정문연 낙선재본), 19, 結尾: 댱문 영화 졔미한 고로 그 말흔 바 민멸키 앗가올새 오공의 댱주 셩이 문믜가 겸젼ᄒ고 의논이 명쾌ᄒ며 또 신상셔로 더브러 장부 소젹을 낫낫치 일긔ᄒ여 「위왕별젼지합녹」을 번역ᄒ여 원양 등의 셜화를 긔록ᄒ여 써 셰상의 기리 젼ᄒ니라.

② 「옥원재합기연」, 21: 차고로 송암의 자손이 쳔만의 니르더라 냥후의 나문 졔재 응과하여 각각 옥당의 쥬인이 되니 영해 졔미한지라「위왕별젼 옥연재합」의 번역하여 장노공의 별셰하던 말과 …… 경양의 호방하던 종뎐 후말이 허다하되 소셜이 잇시니 차뎐의난 긔록지 아니하고「위왕별젼」의 장노공이 원양의 셩취하여 등양까지 보고 구십의 션종하니라.

③ 동상, 21: 소졔 상문 교아로 진션 진미하되 셩뎌 매녈 초쥰하고 져기 교ㅇ하기로 부뷔 상힐하여 슈삼년 불화한 셜화는「위왕별젼」의 해비하고 차젼은 셩혼한 셜화만 긔록하다.

④ Courant, 785:「위왕별젼 魏王別傳」.

⑤ 金起東, 『李朝時代小說論』(1959), p. 210.

◑499.[위현전 魏賢傳]

---

306) 종래「삼국지」계의 소설로 알려져 왔으나(Courant,『조선서지』, no. 785; 金台俊,『朝鮮小說史』, p. 92 및 106),「魏王別傳玉緣再合」일 가능성이 크다. 그러나 양본 모두 현존하지 않는 이상 단언할 수는 없겠다.

◼500.[유검필전 庾黔弼傳]

〈출전〉洪良浩,『海東名將傳』(1816)

〈관계기록〉

① 金起東,『李朝時代小說論』, p. 589.

◐{유경옥}

〈관계기록〉

① Courant, 941:「유경옥」.

【增】 국문필사본

【增】 유경옥젼 권지단 　　　박순호[家目] 　　　1(계축정월십숨일필셔라, 21f.)

▶(유공선행록 柳公善行錄 → 유효공전)

【增】 ◐{유공전}

국문필사본

류공전이라 　　　박순호[家目] 　　　1(29f.)

◼501.[[유광억전 柳光億傳]]

〈작자〉李鈺(1760~1813)[307]

〈출전〉金鑢(1766~1821)[308],『潭庭叢書』, 21, '梅花外史'

〈관계기록〉

①「柳光億傳」, 結尾: 梅花外史曰 天下無不賣物 有賣身爲人奴 至毛之微 夢之無形 皆有賣買 而亦未有賣其心者 豈物皆可賣 而心不可賣耶 若柳光億者 其亦賣其心者耶 噫 誰謂天下至賤之賣 而讀書者 爲之乎 法曰 與受同罪◉(매화외사가 이르기를, "천하에 팔지 못할 물건이 없도다. 몸을 팔아서 남의 노예가 되는 자도 있거니와, 저 털이 지극히 가늘고 꿈이 지극히 형체가 없는 물건이건만 모두들 팔고 삼이 없지 않았다. 그러나 아직 그 마음을 끄집어 내어 팔아먹은 자는 없으리라 생각한다. 그러면 물건치고서 못 팔 것이 없겠으나, 오직 마음은 팔 수 없음이었던가? 이제 유광억 같은 자는 역시 그의 마음을 팔아먹은 자가 아니었겠는가? 아아, 슬프다. 뉘라서 '천하에도 가장 야비한 팖을 글 읽은 자가 했다.'고 이르겠는가? 만일 법으로써 따진다면, 뇌물을 준 놈이나 받은 놈이나 죄가 같을 것 아닌가?).

Ⅱ.(역주)

【增】

1) 실시학사 고전문학연구회 역주.『역주 이옥전집』, 2. 소명출판, 2001.

2) 신해진.『朝鮮朝傳系小說』. 월인, 2003.

---

307) 모든 사전 수정.
308) 모든 사전 수정.

502.[유광전 劉光傳]

국문필사본

【增】 유광젼　　　　　여태명[家目](29)　　　1(국한자 병기, 게수十月니십
　　　　　　　　　　　　　　　　　　　　　　칠일야의 필셔하셔하다, 48f.)

503.[[유구왕세자외전 琉球王世子外傳]] ← 『단량패사』

〈작자〉 金鑢(1766-1821)
〈출전〉 『藫庭遺藁』, 9, '丹良稗史'309)
〈관계기록〉

① 「琉球王世子外傳」, 結尾(部分): 論曰 哀哉悲夫 琉球世子之事 悲夫哀哉 世之談者 以爲世子 愛尺寸之寶 上不能迎其君 下不能全其身 無足稱者 亦過矣 …… 今上乙卯冬 琉球人來到濟州 上特命召至京師 沿路給馬 自畿營餽廩 冬至使相國金公熹之行 具咨禮部 以陸路送至其國 嗚乎 聖人之德 其至矣大哉 凡漂來者 只有三人 而舟楫盡碎 無所持物 其中一公人 姓米政 二人似蒿工 問其國王姓 姓政 蓋去琉球世子時 已革世云◯(논하여 말한다. 슬프고 애처롭구나. 유구 세자의 일이여. 정녕 애처롭고 슬프구나. 세상에서 이야기하는 사람들은 세자가 자그마한 보물을 아끼다가 위로는 부왕을 맞아갈 수 없게 되고, 아래로는 제 몸마저 보전하지 못하였으니, 말할 것이 없다고 하나, 이것은 지나친 말이다. …… 지금 임금[正祖]이 즉위한 뒤 을묘년[1795] 겨울에 유구 사람들이 제주에 이르렀다. 임금은 특명으로 그들을 서울에 불러들였으며, 길거리에서는 역마들을 내주게 하였고, 경기감영에서 접대하게 하였다. 그러다가 동지사인 김희가 중국에 가는 걸음에 예부에 공문을 띄워 그들이 육로로 자기 나라에 돌아가도록 하였다. 아, 성인의 덕이란 이처럼 지극하고 원대한 것이다. 그때 표류하여 우리 나라에 왔던 사람은 단 세 명뿐인데, 배가 깨져서 아무것도 가진 것이 없었다. 그 중 한 사람은 관리인데 성이 '미정'이라 하였고, 두 사람은 사공 같았다. 그들더러 임금의 성씨를 물었더니 정이라고 하였다. 대개 지난 유구국 세자 때에 벌써 바뀌었다고 하였다).

503.1. 〈자료〉

Ⅱ. (역주)

【增】

1) 신해진. 『朝鮮朝傳系小說』. 월인, 2003.

503.2. 〈연구〉

Ⅲ. (학술지)

【增】

1) 이소라. "김려의 傳 연구:「琉球世子外傳」·「韓淑媛傳」·「蔣生傳」을 중심으로." 『태릉어문연구』, 8(서울여대 국어국문학회, 1999. 7).
2) 김동욱. "「琉球國世子」 이야기의 流變樣相." 『한민족어문학』, 44(한민족어문학회, 2004. 6).

---

309) 박지원의 『熱河日記』 '避暑錄'에도 거의 비슷한 이야기가 수록되어 있다.

◪504.[유덕전 劉德傳]
▶(유록의 한 柳綠의恨 → 유록전)
◪505.[유록전 柳綠傳] ← 유록의한

국문활자본		
류록의 흔 柳綠의恨	국중(3634-2-5=6)/여승구 [『古書通信』, 15(1999. 9)]	1(국한자 병기, [著·發]池松旭, 新舊書林, 1914.8.5, 108pp.)

505.2. 〈연구〉

Ⅱ.(학위논문)

〈석사〉

【增】

 1) 김현수. "「류록의 한」 연구." 碩論(한국교원대 교육대학원, 2005. 2).

Ⅲ. (학술지)

【增】

 1) 김진규. "「유록의 한」의 구조적 성격." 『새얼語文論集』, 15(새얼어문학회, 2003. 1).

▶(유리국심씨전 琉璃國沈氏傳 → 심청전)
◪506.[유문성전 柳文成傳 / 俞文星傳] ← *주원장창업실기

〈비교연구〉

【增】

 1) 일반적으로 영웅 소설에서의 군담은 주인공 남성과 외적 혹은 간신과의 대결 과정으로 되어 있으며, 주인공 남성이 그들과 대결함으로써 위기에 처한 왕권을 회복한다는 것으로 마무리된다. 그런데「장백전」에서의 군담은 창업을 목적으로 마무리되고 있다는 점에서 여타의 영웅 소설과 구별된다. 이처럼 창업과 관련된 군담을 보여주는 작품은「장백전」이외에「유문성전」·「주원장창업실기」가 있는데, 두 작품은 20세기에「장백전」의 창업 삽화를 차용하여 신작된 소설이라고 생각된다. 왜냐하면 두 작품은 모두 방각된 적이 없으며, 두 작품에 나타나는 명 창업의 이야기가 허구화되어진 이야기인「장백전」의 그것과 같다는 점에서 그러하다(심재숙, "「장백전」과 연의소설『唐秦演義』의 관계를 통해 본 영웅소설 형성의 한 양상,"『어문논집』, 32[1993. 12], p. 262, 각주 4).

506.2. 〈연구〉

국문필사본		
유문성젼	계명대[古綜目](고811.35유문성)	1(己巳)
【增】 劉文成傳	김종철[家目]	1(낙장 76f.)[310]
【增】 유문성전	김종철[家目]	낙질 1(권일: 44f.)
【增】 유문성전 권지일	박순호[家目]	1(37f.)

---

[310]「두겹전」과 합철.

【增】 유문성젼 단권니라	박순호[家目]	1(庚寅正月五日, 16f.)³¹¹⁾
【增】 유셩문전	박순호[家目]	1(84f.)
【增】 이문성젼	박재연[家目]/[中韓飜文展目(2003)]	1
【增】 유문셩젼 권지효라	홍윤표[家目]	1(기히연오월초육일, 38f.)

국문활자본

류문성젼 柳文成傳	국중(3634-2-29=2)	1([著]鄭基誠 廣文書市, 초판 1918.2.8; 재판 1918.3.2, 39pp.)
유문성전 古代小說 柳文成傳	국회[目·韓II](811.31)/박순호[家目] 1964/충남대[鶴山](811.31-유37)	1(世昌書舘, 1952; 1964.11. 30, 73pp.)
류문성전 古代小說 柳文成傳	김종철[家目]/[『한국의 딱지본』, 237]	1(永和出版社, 1961)
유문셩젼 (古代小說)柳文成傳	국중(813.5-유456ㅎ)/박순호[家目] /홍윤표[家目]	1([著·發]朴彰緖, 鄕民社, 1962. 10. 30; 1964, 78pp.)

Ⅱ. (학위논문)

〈석사〉

【增】
1) 배계용. "「유문셩전」에 나타난 명분과 힘의 관계." 碩論(경북대 교육대학원, 2001. 8).
2) 류호민. "「유문셩전」 연구." 碩論(한국교원대 대학원, 2003. 2).

Ⅲ. (학술지)

506.2.6. 鄭相珍. "「張伯傳」과 「柳文成傳」의 構造와 두 가지 問題." 『牛岩語文論集』, 4(부산외대 국어국문학과, 1994. 2). 『韓國古典小說研究』(三知院, 2000. 7)에 재수록.

【增】
1) 박일용. "전기적 애정 모티프의 영웅소설적 형상화 방식 연구: 「유문셩전」과 「유생전」을 중심으로." 『人文科學』, 3(弘益大 人文科學硏究所, 1995. 12).
2) 박대복·이명현. "「유문셩전」에 나타난 갈등과 해결원리: 天定과 天命을 중심으로." 『인문학연구』, 33(중앙대 인문과학연구소, 2002. 2).

◆507.[[유방삼의전 劉方三義傳]]³¹²⁾ ← 태평광기언해

【增】〈판본연대〉
1) 『花影集』[明代 陶輔 1441~?作] 가운데 한 편인 「劉方三義傳」은 한글로 번역되어 낙선재본 『태평광긔언해』에 실려 있다. 원전과는 다소 차이가 있어 다른 이본을 번역했거나 번역시 변개되었을 가능성이 있다. 고어와 고문체로 보건대 18세기 필사본으로 추정된다(박재연, "朝鮮 刻本 『花影集』에 대하여," 『한국문학논총』, 26[2000. 6], p. 20).

---

311) 「화조가」(3f.) 합철.
312) 원래 이 작품은 『태평광기』에는 들어 있지 않고, 『花影集』에 포함되어 있다.

507.1 〈자료〉
Ⅱ. 〈역주〉

507.1.2. 朴在淵, 『뉴방삼의뎐 花影集』. 중국소설·희곡 번역본 총서 17. 선문대학교 중한번역문헌연구소, 1999.313)

▶(유백로전 俞伯魯傳 → 백학선전)

◘508. [유백아전 俞伯牙傳] ← 백아금 / 백아전 / 유백아종자기금삼음
【增】〈관계기록〉
1) 『[演慶堂]諺文冊目錄』(1920; 藏書閣所藏): 204. 「俞伯牙傳」 1冊.
2) 『[가람]칙목녹』(奎章閣所藏): 「유빅아 단」.

▶(유백아종자기금삼음 → 유백아전)

【增】 ◐{유봉록전}

국문필사본		
유봉록젼	박순호[家目]	1(신축망일의서등하노라, 16f.)

◐{유봉선전}314)
◐{유봉전}315)

국문필사본		
【增】 유봉전	박순호[家目]	1(43f.)

▶(유부인전 劉夫人傳 → 이춘매전)

◘509. [유생전 劉生傳]
【增】〈이본연구〉
1) 「劉生傳」, 「뉴싱젼」, 「유싱디젼」, 「유문셩젼」, 「류문셩젼」의 전반부는 내용상 매우 유사하다. 따라서 이것만을 놓고 볼 때, 이들 작품은 매우 밀접한 관련을 맺는 것으로 보인다. 그러나 작품 배경과 후반부의 내용을 놓고 본다면, 이들은 원나라 말기를 배경으로 하면서 원명 교체기의 전쟁담을 담고 있는 「劉生傳」 모본 계열(「유문셩젼」, 「류문셩젼」)과, 송나라를 배경으로 하면서 개인의 영웅성을 발휘하는 전쟁담을 담고 있는 「유싱디젼」, 송나라를 배경으로 하면서 가족 간의 결합을 문제삼은 「뉴싱젼」의 세 부류로 나눌 수 있다. 이미 지적했듯이, 이들 부류는 비록 전반부에는 비슷한 내용을 담고 있으나, 후반부의 내용에서는 대부분 각각의 지향점을 가지고 있다. 따라서 이들은 같으면서도 다른 작품이라고 할 수 있다. 그러나 이 가운데에서 「뉴싱젼」은 「劉生傳」 모본 계열과 친연성을 갖는다. 그것은 작품 속에서 '꿈'이 매우 중요한 역할을 하고 있을 뿐만 아니라, 낭자의 시신이 묻힌 '개원사'라고 하는 지명이 동일하게 나오고

---
313) 『花影集』이 영인 부재되어 있다.
314) 모든 사전에 「유봉선전」과 「유봉전」 항목의 배열 순서가 바뀌어 있다.
315) 위와 같다.

있는 것에서 알 수 있다. …… 여기서 우선 관심을 가져야 할 것은 본고에서 추정한 「劉生傳」의 모본의 내용이다. 이 작품은 '주인공 남녀의 정혼-고난 1[황제의 후궁 간택]-해결-고난 2[달가와의 혼인으로 인한 여주인공의 죽음]-여주인공의 환생과 결연-원명 교체기의 전쟁'을 담고 있었던 것으로 추정된다. 이 내용은 활자본 「류문성젼」과 같다. 즉 활자본 「류문성젼」은 필사본 「유문성젼」을 변개한 것이 아니라, 「劉生傳」 모본의 내용을 그대로 따른 것으로 보여진다. 활자본 「류문성젼」이 필사본들과 내용이 다른 이유가 여기에 있다. 이미 앞장에서 「류문성젼」과 「劉生傳」의 유사성에 대해서 언급한 바 있지만, 그에 덧붙여 활자본 「류문성젼」에만 「劉生傳」과 같은 '꿈속에서 부모의 주선에 의한 낭자와의 신방 차림'의 내용이 있고, 낭자가 묻힌 곳도 역시 동일하게 '개원사'로 되어 있다는 것도 두 작품의 관계를 알 수 있게 하는 근거이다. 반면 필사본 「유문성젼」은 「劉生傳」 모본과 전반적인 내용은 유지하면서도 고난 2의 내용을 변개하여 독자적으로 전해져 온 것이다. 「劉生傳」은 바로 이 모본의 내용에 「뉴싱전」 계열의 내용을 착종함으로써 이루어졌다. 여기서 우리는 다음과 같은 결론을 도출할 수 있다. 첫째, 「劉生傳」이 형성될 당시에 모본은 물론 「뉴싱전」이 이미 유통되고 있었다. 둘째, 「뉴싱전」은 「劉生傳」 모본과 친연성을 갖고 있다. 셋째, 「유문성젼」 역시 「劉生傳」의 모본에서 파생되어 나간 작품이다. 넷째, 활자본 「류문성젼」의 내용이 본래 「劉生傳」 모본의 내용에 가깝다(임치균, "「劉生傳」," 李相澤 외 3인 엮음, 『고전소설의 기초 연구』[2001. 10], pp. 158~159).

【增】〈판본연대〉

1) 여기서 일단 [연경도서관본 「劉生傳」의 서두 및 말미의 '橋本彰美之印'의] '橋本彰美'가 누구인지부터 찾아야 할 필요가 있다. 하버드대학교 연경도서관본 「朴氏傳」의 앞뒤에도 '橋本彰美之印'이 적혀 있다. 특히 작품 말미에는 '橋本彰美之印' 위에 '己亥八月晦日 橋本蘇洲 執筆'이라는 글이 적혀 있어 '橋本彰美之印'과 橋本蘇洲가 관계가 있음을 드러내고 있다. 우리는 이 관계를 「등산망월젼」 말미에 있는 필사기에서 확인할 수 있다. …… 이상의 기록을 놓고 볼 때, '橋本蘇洲', '橋本彰美'는 같은 인물로 볼 수 있다. 그렇다면 「유생전」의 필사자는 일본인 '橋本蘇洲'임을 알 수 있다. 명치 28년은 1895년이다. 이때 그는 부산에서 거주하였으나, 그 후 전라도 南平으로 옮겨 살았음이 확인된다. …… 이들 [「심청전」·「옥단춘전」 등] 작품 이외에, 「이진사전」에도 '橋本蘇洲'의 필사가 있는데, 그것에 따르면 「이진사전」은 1890년 庚寅에 필사된 작품을 橋本蘇洲가 1900년 庚子에 수중에 넣은 것으로 되어 있다. 이러한 점을 감안한다면 일본인 橋本蘇洲는 1800년대 말에서 1900년대에 걸쳐 우리 나라 부산과 전라도 남평에 거주하면서 우리 소설을 상당량 필사하거나 수집하여 소장했던 인물이었던 것으로 보인다. 또한 '日東散史(人?)'라는 별칭을 가지고 있었다는 사실도 확인할 수 있다. 따라서, 「劉生傳」의 필사 시기인 '戊戌'은 1898년임을 알 수 있다(임치균, "「劉生傳」," 李相澤 외 3인 엮음, 『고전소설의 기초 연구』[2001. 10], pp. 145~146).

국문필사본

【增】 柳生傳	정명기[尋是齋 家目]	1

한문필사본

【削】 劉生傳	조동일[국연자](9)/정문연[韓古目](445)[316]

509.2. 〈연구〉

【增】Ⅱ.〈학위논문〉

〈석사〉

1) 서명희. "「유생전」의 모티프와 서술의식." 碩論(경북대 교육대학원, 2002. 2).

Ⅲ. 〈학술지〉

【增】

1) 박일용. "전기적 애정 모티프의 영웅소설적 형상화 방식 연구:「유문성전」과「유생전」을 중심으로." 『人文科學』, 3(弘益大 人文科學硏究所, 1995. 12).
2) 서경희. "「劉生傳」 연구." 『古小說硏究』, 9(韓國古小說學會, 2000. 6).
3) 林治均. "「劉生傳」." 李相澤·朴熙秉·林治均·宋晟旭 엮음, 『고전소설의 기초 연구』(태학사, 2002. 10).
4) 林治均. "「劉生傳」." 李相澤·朴熙秉·林治均·宋晟旭 엮음, 『고전소설의 기초 연구』(태학사, 2002. 10).

◘510.[유선쌍학록 遊仙雙鶴錄]

〈비교연구〉

【增】

1)「유선쌍학록」은 기존 소설 특히「창선감의록」의 영향 아래서 이루어졌다. 그리고 여러 유형의 삽화를 혼효하여 새로운 작품으로 창작하는 방식이 성행하던 시기의 대표적인 작품들-「일락정기」·「난학몽」·「쌍선기」-과 서사적 구성과 그 전개 양상이 유사하다. 하지만「유선쌍학록」의 작품 내에서 위 세 작품과 차별되는 지점들을 찾아 볼 수 있다. ……「유선쌍학록」은 여성 영웅 소설들 중 앞선 시기에 창작됐을 것으로 보이는「양주봉전」이나「이대봉전」등으로부터 인물의 형상과 삽화를 수용했을 것으로 추정한다. 왜냐하면 이들보다 뒤에 나오는「정수정전」,「홍계월전」,「이학사전」등은 남복을 개착하게 되는 동기를 비롯한 모든 면에서 좀더 적극적인 여성 혹은 완연한 남성의 모습과 동일하게 그려지고 있으며, 다른 것보다 개인의 능력을 인정받는 것을 일차적인 목적으로 삼고 있기 때문이다.「유선쌍학록」의 여성 영웅 소설의 수용은 그 자체만으로도 앞서 살펴본「난학몽」이나「쌍선기」등과 변별되는 지점이다. …… 이 세 작품[일락정기」·「난학몽」·「쌍선기」]은「유선쌍학록」의 경우와 마찬가지로 단선적인 갈등이 아닌 복합적인 갈등으로 작품을 구성하고 있다. 그렇기에「창선감의록」을 비롯하여 기존의 많은 작품들로부터 다양한 삽화 등을 수용하여 새롭게 창작되었음을 쉽게 알 수 있다. 위 세 작품과「유선쌍학록」을 비교해 본 결과 삽화나 인물의 설정 면에서는 큰 차이를 보이지 않는다. 하지만 처첩 갈등이나 계모와 전실 자식 간의 갈등이 중심이 되는「일락정기」·「난학몽」·「쌍선기」와 달리「유선쌍학록」은 형제 갈등이 중심축으로 설정되어 있다. 또한「유선쌍학록」에서는 형제 갈등과 처첩 갈등이 여러 하위 유형으로 구분되어 전개되기 때문에 동일 갈등이지만, 반복적인 서술을 피할 수 있었다(裵秀賢, "「遊仙雙鶴錄」의 갈등 양상과 인물 형상," 高麗大 碩論[2005. 2], pp. 75, 77~78, 83, et passim).

국문필사본

---

316)「相思洞記」에 합철되어 있다.「운영전」의 이본이므로「운영전」항으로 옮긴다.

510.2. 〈연구〉
【增】Ⅱ.(학위논문)
〈석사〉
1) 손기광. "「유선쌍학록」의 이중성과 사회의식." 碩論(경북대 대학원, 2000. 8).
2) 裵秀賢. "「遊仙雙鶴錄」의 갈등 양상과 인물 형상." 碩論(高麗大 大學院, 2005. 2).

【增】●{유성가야금전}
국문필사본

| 유성가야금전 | 박순호[家目] | 1(42f.) |

【增】●{유성대전}
국문필사본

| 유성딕젼 권지단 | 박순호[家目] | 1(瑞穗面元外里, 五峴山下箖堂, 신히십이월십일필셔, 칙쥬의 외일이 이동임, 55f.) |

【增】●{유세운전}
국문필사본

| 유셰운전 | 박순호[家目] | 1(임신이월일등셔 임신정월이십구일, 쵝쥬권싱원틱, 41f.) |

◘510-1. [[유소낭전 劉少娘傳]]317) ←『신독재수택본전기집』
【增】〈작품연대〉
1) 이 작품[「최소낭전」]의 형성 시기는 17세기 초·중엽 전후로 볼 수 있으며, 늦어도 18세기로 넘어가지는 않을 것이라는 추정을 더해 본다. 그것은 작품이 수록된 문헌(『愼獨齋手澤本傳奇集』)의 연조와도 관련된 사실이나, '參政'·'布政司'·'布政使' 등 명(明)의 관·직제 이름이 독자들에게 익숙하게 통용되던 배경적 현실을 작품의 서두부터 반영하고 있기 때문이다. 예컨대 서두의 첫 문장 '소랑(少娘)의 이름은 계션(桂仙)이요 자는 진경(眞卿)이니 고(故) 참정(參政) 위(煒)의 둘째 딸이다(少娘名桂仙 字眞卿 故參政煒之第二女也)' 같은 곳에서 보면 선의 일반적인 서두 형식으로 되어 있되 시대 배경의 설명도 없이 바로 (명나라의 관직인) '참정' 아무개의 딸이라고 서술하고 있는데, 이는 대체로 작가에게나 독자에게나 명조(明朝) 및 명대의 관직제가 아직 현재적 현실로 의식되던 명말 청·초(16세기 말-17세기 초) 시기 안의 서술임을 보여주는 대목이라 할 수 있지 않을까 한다. 이는 조선에서 개작된 '왕시붕기우기'의 서두 "왕시붕은 송나라 태원(太原)땅의 단정한 선비다(王十朋 宋太原韻士人也)"에서 '송나라 때' 인물의 이야기임을 밝히는 것이 우리의 고소설 일반의 관행과 비슷한 서두 서술인 점과 대비된다(정학성, "전기소설「劉少娘傳」연구,"『古小說硏究』, 16[2003. 12], p. 110).

---

317)『이본목록』·『작품연구 총람』·『문헌정보』 수정요.

510-1.1. 〈자료〉
　Ⅰ. (영인)
　【增】
　　1) 정학성 역주.『17세기 한문소설집』. 삼경문화사, 2000.

　Ⅱ. (역주)
　【增】
　　1) 정학성 역주.『17세기 한문소설집』. 삼경문화사, 2000.

510-1.2. 〈연구〉
　【增】
　　1) 정학성. "「劉少娘傳」 연구."『古小說研究』, 16(韓國古小說學會, 2003. 12).

▶ (유소저전 劉小姐傳 → 정을선전)
◑511. [유승상전 柳丞相傳]
　511.2. 〈연구〉
　　Ⅲ. (학술지)
　【增】
　　1) 한상현. "「柳丞相傳」에 나타난 부부 갈등의 새로운 국면과 치유 기법."『겨레어문학』, 28(겨레어문학회, 2002. 2).

▶ (유씨부인전 劉氏夫人傳 → 이춘매전)
◑512. [유씨삼대록 劉氏三代錄]318) ← 유씨세가록 劉氏世家錄
　〈관계기록〉
　　① 『燕巖集』(朴趾源 1737~1805), 12, 別集, 熱河日記, 馹汛隨筆, 橋梁, 十七日條: 車中置鋪 蓋有東諺「劉氏三代錄」數卷 非但諺書麤荒 卷本破敗 余使雙林讀之 雙林搖身高聲 而全未屬句混淪讀去 口棘唇凍 啞出無數衍聲 吾良久聽之 茫然不識爲何語 渠離終身讀之 似無益矣◐(수레 안에는 이불이 놓였고, 한글로 쓴「유씨삼대록」두어 책이 있었는데, 언문 글씨가 너절할 뿐만 아니라 책장도 해어진 것이 있었다. 내가 쌍림에게 읽으라 하였더니 쌍림이 몸을 흔들면서 소리를 높여 읽었으나 전혀 말이 닿지 않고 뒤범벅으로 읽어 갔다. 입이 붙은 듯 군소리를 내어 알아들을 수가 없는 소리를 끙끙거렸다. 나는 한참 들었으나 멍하니 무슨 소린지 알 수가 없었다. 그래서야 제가 늙어 죽기에 이르기까지 읽어도 무슨 보람이 있겠는가?).
　　②「玉鴛再合奇緣」[1786~1790](溫陽鄭氏 1725~1799), 14, 表紙 裏面:「뉴시삼대록」.
　　③ 동상, 15, 表紙 裏面:「뉴시삼대록」.
　　④「第一奇諺」(洪羲福 1794~1859), 序: 녁대 연의에 뉴ᄂᆞᆫ 임의 진셔로 번역ᄒᆞᆫ 비니 말음을 고쳐 보기의 쉽기를 취ᄒᆞᆯ ᄲᅮᆫ이요 그 ᄉᆞ실은 흔ᄌᆞ지여니와 그 밧「뉴시삼대록」・「미소명힝」・「조시삼대록」・「츙효명감녹」・「옥원직합」・「님화경연」・「구ᄅᆡ공츙녈긔」・「곽쟝양문록」・「화산선계록」・「명힝

―――――――――――――――――
318)「유효공선행록」의 속편이다.

정의록」·「옥닌몽」·「벽허담」·「완월회밍」·「명쥬보월빙」 모든 쇼셜이 슈삼십 죵의 권질이 호대호야 혹 빅 권이 넘으며 쇼불하 슈십 권에 니르고 그 남아 십여 권 슈샴 권식 되는 수오십 죵의 지느니.

⑤ 「유씨삼대록」 (이수봉 소장): 문셩공의 셩덕과 효공의 효우로 한날도 다 살피스 그 주손이 향복한시미라 그러나 셩의빅의 도리와 진공의 덕량이 쏘흔 그 죠션[祖先]에 느리미 업시니 엇지 한번 기록함이 업시리오 우난 은쳥 광록뒤부 영운은 긔호노라.

⑥『諺文古詩』(가람본), '언문칙목녹', 6: 「유시삼딕록」.

⑦ Courant, 905: 「뉴시삼딕록 劉氏三代錄」.

【增】

1) 『[演慶堂]諺文冊目錄』(1920; 藏書閣所藏): 65.「劉氏三代綠」20冊; 205.「劉氏三代錄」22冊.[319]

2) 『大畜觀書目』(19C初?):「劉氏三代錄」十冊;「劉氏三代錄」諺 一件 十九冊 一冊落 一件 二十二冊 二冊落;「劉氏三代錄」草九冊.

국문필사본

뉴씨삼딕록		계명대[古綜目](고811.35유씨)	낙질 10(권3~5; 권7~13)
뉴씨삼딕록		계명대[古綜目](고811.35유씨삼)	낙질 15(권1~7; 권12~19)
【增】 뉴씨삼딕록 권지십육		김광순[筆全](64)	낙질 1(43f.)
【增】 뉴씨삼딕록 劉氏三代錄		미도민속관[생활사 도록](9)	12~13(丁丑八月日謄書)[320]
【增】 유씨삼대록 제일		박순호[家目]	1(42f.)
【增】 유씨삼딕록 권		박순호[家目]	1(52f.)
【增】 유씨삼딕록 劉氏三代錄		박순호[家目]	1(52f.)
【增】 유씨삼록 권지오		박순호[家目]	낙질 1(5: 졍미오월십사일율니 큰틱, 45f.)
【增】 뉴시삼딕록 권지늌		박순호[家目]	낙질 1(6: 53f.)
【增】 뉴씨슴딕록 권지팔		박순호[家目]	낙질 1(8: 무신삼월초니일야죵 필셔, 73f.)
【增】 뉴시삼딕록 권지구		박순호[家目]	낙질 1(9: 90f.)
【增】 뉴시삼딕록 권지십		박순호[家目]	낙질 1(10: 69f.)
【增】 뉴시삼딕록 권지십삼		박순호[家目]	낙질 1(13: 51f.)
【增】 유씨슴딕록 권지십사		박순호[家目]	낙질 1(14. 셰긔무신모츈의필셔 류리셔슉, 64f.)
【增】 뉴씨삼[대]록 권지십		서울대[심악](813.5-Y9sp v.10)	낙질 1(권 10)
【增】 劉氏三代錄		여태명[家目](453)	낙질 17(1: 59f.; 2: 53f.; 3: 58f.; 4: 63f.; 5: 58f.; 6: 69f.; 7: 52f.; 8: 57f.; 9: 49f.; 10: 49f.; 11: 49f.; 12: 缺冊; 13: 64f.; 14: 56f.; 15:

---

319) 상단에 '現在 八冊'이라는 注記가 붙어 있고, 하단 摘要欄에는 '十四冊欠'이라 되어 있다.
320) '권지삼'이 '卷之參上'·'卷之參下' 2책으로 分冊되어 있다.

			52f.; 16: 缺冊; 17: 55f.)

【增】 유씨삼디록	정재영[中韓籑文展目(2003)]	3
【增】 뉴씨슘디록 권지숑	홍윤표[家目]	낙질 1(32f.)
【增】 유씨록	홍윤표[家目]	1(63f.)

512.2. 〈연구〉

Ⅱ. (학위논문)

〈박사〉

【增】

김선정. "「유씨삼대록」과 삼대 대비 연구." 博論(경남대 대학원, 2001. 8).

Ⅲ. (학술지)

512.2.14. 李昇馥. "「劉氏三代錄」에 나타난 正-副室 葛藤의 樣相과 意味."『국어교육』, 77·78(한국국어교육 연구회, 1992. 7). "「유씨삼대록」과 처첩갈등"으로『고전소설과 가문의식』(월인. 2000. 11)에 재수록.

◐{유씨삼현별전 劉氏三賢別傳}

〈관계기록〉

① 『諺文古詩』(가람본), '언문칙목녹', 147: 「유시슴현별젼」.

◐{유씨선행보응록 劉氏善行報應錄}

〈관계기록〉

① 『諺文古詩』(가람본), '언문칙목녹', 64: 「유시선힝보응녹」.

【增】

1) 『[演慶堂]諺文冊目錄』(1920; 藏書閣所藏): 175.「劉氏男妹賢行錄」1冊.

▶(유씨세가록 劉氏世家錄 → 유씨삼대록)

◐{유씨양문록 劉氏兩門錄}

〈관계기록〉

① Courant, 908: 「뉴시냥문록 劉氏兩門錄」.
② 金台俊, 『朝鮮小說史』, p. 160.
③ 金起東, 『李朝時代小說論』, p. 594.

▶(유씨열녀전 劉氏烈女傳 → 이춘매전)
▶(유씨열행록 劉氏烈行錄 → 이춘매전)
▶(유씨전 劉氏傳 → 이춘매전)
▶(유씨충효록 劉氏忠孝錄[321] → 유씨효행록)

---

321) 『이본목록』・『작품연구 총람』에 추가.

【增】
   1) 『大畜觀書目』(19C初?):「劉氏忠孝錄」四册

◐{유씨충효명륜기 劉氏忠孝明倫記}322)
◘513.[유씨효행록 劉氏孝行錄323)]
   〈관계기록〉
   ① Courant, 888:「뉴시츙효록 劉氏忠孝錄」.
   ② 金台俊, 『朝鮮小說史』, p. 161.
   ③ 金起東, 『李朝時代小說論』, p. 599.

◘514.[유악귀감 帷幄龜鑑] → *서한연의
◐{유양전}

국문필사본		
유양전	계명대[古綜目(의)811.35 유양전]	1(己丑)324)

◘515.[[유여매쟁춘 柳與梅爭春]] ←『금강유산기』

한문필사본	
柳與梅爭春	정명기[尋是齋 家目]/[『東國道學淵源』 합철]325)

◘516.[유연전 劉淵傳]326)
   〈작자〉 李恒福(1556~1618)
   〈출전〉『白沙集』, 16, 雜著
   〈관계기록〉
   ① 『明宗實錄』, 30, 19年[1564] 3月 20日(壬戌)條: 學生柳淵伏誅 先是大丘府居柳游 十餘年前 病甚狂走 流寓于海州境內 得妾住活 或稱爲柳游 或變姓名爲蔡應龍 乃於今年春間 率妾來京 其妹夫達成都正禔 聞而招見 則遷徙困頓之餘 形容雖變 言語動止 實柳游也 游之弟柳淵 在大丘本家 禔通喩於淵 使之率去 淵上來相見 遂與同歸 中生奪嫡專財之邪計 結縛傷打 謂非其兄 訴于大丘府 府使朴應川 先信柳淵之言 只囚柳游 而游之妻白氏 尙在其家 若令對面 可以立辨非疑似難斷之事 及柳游得病保放 使淵得行賊兄之計 終至於滅迹 賊兄亂常之人 不卽快治 一道之人 皆爲痛憤 後以言官之啓 下禁府推鞫 至是 淵服其罪 ◉(학생 유연을 처형하였다. 이에 앞서 대구부에 살던 유유가 10여 년 전에 마음의 병을 앓아 미쳐서 떠돌아 다니다가

---
322) 현재까지 발견되지 않고 있으나 한국정신문화연구원 소장「뉴시삼디록」의 후기 중에「뉴시츙효명눈긔」라는 작품명이 나타나 있다.
323) 『이본목록』・『작품연구 총람』에 추가.
324) 『이본목록』의 서체를 고딕체에서 명조체로 수정.
325) 「강도록」과 합철되어 있다.
326) 柳淵의 獄事를 작품화한 것이다.

해주 경내에 흘러들어와 우거하였다. 첩을 얻어 머물러 살았는데 혹 유유라 일컫기도 하고 혹 성명을 바꾸어 채응룡이라고도 하더니, 올봄에 첩을 데리고 서울에 왔다. 그의 매부 달성도정327) 식이 소문을 듣고 불러 보았더니, 떠돌아다니면서 고달픈 나머지에 얼굴 모습은 변하였으나 말과 동작은 진짜 유유이었다. 유의 아우 유연은 대구의 본가에 있었는데 식이 연에게 통지하여 연에게 데리고 가게 하였다. 연이 올라와서 서로 보고는 드디어 함께 돌아가는 중에, 맏이 자리를 빼앗아[奪嫡] 재산을 모두 차지하려는 못된 꾀를 내어 결박을 지우고 상처가 나도록 구타하고는 그 형이 아니라고 하면서 대구부에 소송하였다. 부사 박응천은 유연의 말을 먼저 믿고는 단지 유유만을 가두었는데 유유의 아내 백씨가 그때까지 그의 집에 있었다. 만일 대면하게 하였으면 당장 분별할 수 있었으니 의심스러워서 판단하기 어려운 일이 아니었다. 나중에 유유가 병을 얻어 석방되자 연이 형을 해치는 꾀를 행하도록 하여 끝내 증거를 없애는 지경에까지 이르렀다. 형을 해쳐 인륜을 어지럽힌 자를 즉시 시원하게 다스리지 않았으므로, 온 도의 사람들은 모두 통분스럽게 여겼다. 뒤에 언관328)의 아룀으로 인하여 금부329)에 내려 추국330)하였는데, 이때에 이르러 연이 그 죄를 자백했다) 史臣曰 柳淵以兇悖不道之人 生奪長專財之計 厚賂朴石 密謀相應 使其奴 負出柳游 結縛抱石 投之琴湖 以致滅迹 其惡極矣 但綱常大罪 固當反覆詳問 使行凶形狀 昭著無疑然後 人心知快 而如禔及沈 金百千之供 雖曰眞柳游也 而皆以爲初不識認其形容 則不無可疑之端 及其滅迹之後 又不得柳游之尸身 而只以箠楚之取服 遽成賊兄之罪 故巷論之是非不一 而亦恐非服念旬日 丕蔽要囚之意也●(사신은 논한다. 유연은 흉악하고 무도한 자로서, 맏이 자리를 빼앗아 재산을 모두 차지하려는 꾀를 내어 박석에게 후한 뇌물을 주고 몰래 서로 호응하여 모의했었다. 그의 종을 시켜 유유를 업어 내오게 하여 돌을 달아서 결박을 지우고는 금호에 던져 자취를 없애게 하였으니, 그 악함이 극도에 이른 것이다. 다만 강상을 범한 큰 죄는 당연히 반복하여 상세히 물어서 흉악한 짓이 밝게 드러나 의심이 없도록 한 뒤라야 인심이 모두 쾌하게 여기는 것이다. 그런데 식과 심융·김백천 같은 자들의 진술에 '진짜 유유'라고는 했지만 모두 처음에는 그의 얼굴 모습을 알아보지 못했다고 하였으니, 의심할 만한 단서가 없지 않다. 나중에 그 자취까지 없앤 뒤에 또 유유의 시체를 찾지 못했는데, 단지 매를 때리어 자백한 것으로써 갑자기 형을 해친 죄로 안건을 만들었으므로 세간의 시비가 한결같이 않았으니, 이 또한 열흘 동안이나 깊이 생각하여 중요한 죄수의 사건을 잘 판결한다는 뜻에 맞지 않는 것 같다. 史臣曰 游少有心疾 棄家出走 其一家 莫知生死者十餘年 一日游來投達城令之家 令嗾於其妻 妻使其弟淵 往護率來 淵上京 與兄同還 中路削去面皮 使不知其爲游 結縛告于大丘府曰 此人非吾兄而稱吾兄 請囚禁窮詰以治之 府使朴應川 付之獄 淵陰使獄吏圖殺之 以滅其口 獄吏慮有冤枉不聽 應川使欲脫淵罪 治游極酷 聚邑中人 辨其眞僞 邑人知應川之旨 皆曰非游也 生員徐泂 尤附會應川 唯教授徐時雄 乃曰 容象雖變 聽其聲音 眞游也 游在獄中 無路發明 乃曰 吾初娶妻時 妻著兩重裙 欲強脫之則曰 方有月事云云 此事非外人所知 若問於妻 則可知虛失也 淵恐露情狀 秘之勿問 後問其妻 符合游言 應川不得已 保放柳游於人家 囚淵 淵欲滅迹 與保放之家圖之 托稱游逃走 竊負而去 若不投之江則坑之溝瀆矣 柳淵殺兄之罪 昭昭難掩 淵之謀殺其兄 欲專嫡長財物也●(사신은 논한다. 유유는 어릴

---

327) 조선 때 종친부·돈령부·훈련원의 3품 당상관 벼슬.
328) 임금에게 간하는 일을 맡은 벼슬아치.
329) 임금의 명령을 받아 죄인을 다스리는 일을 맡아 보던 관청.
330) 의금부에서 임금의 명을 받아 중한 죄인을 심문하던 일.

적에 심질이 있어서 집을 버리고 달아났으므로 그의 집안에서는 살았는지 죽었는지를 모른 지가 10여 년이나 되었다. 하루는 유가 달성령의 집에 와서 묵었는데, 영이 그 아내에게 알리니 그 아내가 그의 아우 유연을 시켜 가서 보호하여 데려 오게 했다. 연이 서울에 올라와서 형과 함께 돌아가다가 중간에서 낯가죽을 벗겨 내어 그가 유인 줄 알지 못하게 하고는 결박을 지워 대구부에 고하기를, "이 사람은 나의 형이 아닌데 나의 형이라고 일컬으니, 구속하여 끝까지 조사하여 다스려 달라." 하니, 부사 박응천이 하옥을 시키고 말았다. 연이 몰래 옥리에게 죽이도록 하여 뒤탈이 없도록 하고자 하였으나 옥리는 원통하고 억울함이 있을까 걱정하여 들어주지 않았다. 응천은 연의 죄를 벗겨 주려고 몹시 혹독하게 유를 다스리고 고을 사람들을 모아 놓고는 그 진위를 가리게 하니, 고을 사람들이 응천의 뜻을 알고는 모두들 유가 아니라고 하였다. 그 중에서도 생원 서형이 더욱 응천에게 그릇되게 동조했는데, 오직 교수 서시웅만이 말하기를, "얼굴은 변했으나 그 목소리를 들으니 진짜 유다."라고 했다. 유는 옥중에 있으면서 진위를 밝힐 방법이 없었다. 이에 "내가 장가든 첫날 아내가 겹치마를 입었기에 억지로 벗기려 하자 지금 월경이 있다."고 하고, 또 "이 일은 타인이 알 수 있는 일이 아니니 만일 아내에게 물어보면 거짓인지 진실인지를 알 수 있을 것이다."라고 했다. 연이 사실이 드러날까봐 두려워서 비밀에 부치고 묻지 못하게 하였다. 뒤에 그 아내에게 물었더니 유의 말과 딱 맞았다. 응천이 하는 수 없이 유유를 보석으로 석방하고 연을 구속하였다. 연은 이에 증거를 없애려고 보석을 맡은 집과 모의하여 유가 도망쳤다고 핑계대고는 몰래 업고 갔다. 강물에 던져지지 않았으면 도랑에 묻혀졌을 것이 틀림없다. 유연이 형을 죽인 죄는 몹시 분명하여 숨기기 어렵다. 연이 그 형을 꾀어 죽인 것은 맏이의 재물을 송두리째 차지하고 싶어서였다).

② 『宣祖實錄』, 14, 13年[1580] 閏四月條: 慶尙道大丘居 前縣監柳禮源之子柳游 往年丁巳年間 發狂逃走 後甲子年間 有自稱柳游者 在海州 其妹夫達城令禔及達成令之子慶億等 使人邀致 寓于達成令家 通于其妻白氏及其弟柳淵 使率去 淵卽上來見之 則其形模不類其兄 而頗能道 一家舊日之事 淵將信將疑 率歸于大丘本邑 縛致于官 請辨眞僞 其時府使朴應川 囚禁推閱之 際 所謂柳游者 恐其敗露 詐病請保放 因而逃走 不知其去處 人言藉藉 以爲柳淵殺兄滅迹 言官啓請拿鞫 三省交坐鞫之 委官沈通源 直以爲柳淵弑兄 不復致疑 嚴刑取誣服 陵遲處死 其後頗以時獄事 未得屍身而遽正其罪未便 且以爲柳游尙生存 間有人議 至達於經席 而未得 其詳 去年冬 修撰尹先覺 啓於經席曰 往在庚申辛酉年間 臣隨妻父往順安縣 有天裕勇稱名者 佯狂出入諸處 訓人子弟 觀其擧止 似非其病狂者 後臣往來慶尙道 問於柳游舊知之人 詰其模 樣 則太類所謂天裕勇者 且人姓名 豈有天裕勇者乎 以此觀之 疑柳游至今生存 其時柳淵之 死極爲冤痛 上 令憲府覈之 卽移文於平安道 捉天裕勇稱名者 以來取供 則自服爲柳游 其四 祖及家內小小之事 一一能說 其爲眞柳游無疑 以甲子年之事 則專不聞知云云 憲府又聞甲子 之詐稱柳游者 乃本名蔡應珪 至今居在海州 卽秘密移文 果捉獲上來之際 自刎於馬上 只捉送 其妾春守 春守往在甲辰時 與詐稱柳游者 終始同謀 以淵爲弑兄起獄者 此人也 則其甲子年之 詐稱柳游者 乃蔡應珪 而眞柳游之不出於甲子 事狀暴白 移送于義禁府鞫問 達成令禔 以仮取 他人 虛粧柳游 至使柳淵 陷於弑兄之罪 情狀凶惡 杖訊窮鞫 柳游則以逃父不爲奔喪 敗常 杖一百徒三年定配 錄案施行 禔死於杖下焉☜(경상도 대구에 거주하는 전 현감 유예원의 아들 유유가 지난 정사년[1557]에 미친 증세가 생겨 집에서 도망쳐 나갔는데 그후 갑자년[1564]에 자칭 유유라는 자가 해주에 나타났다. 그의 매부 달성령 이지와 달성령의 아들 이경억 등이 사람을 시켜 그를 데려다가 달성령의 집에 머무르게 하고, 유유의 아내 백씨와 아우 유연에게

통보하여 데려가도록 하였다. 유연이 즉시 올라와서 그 사람을 보니, 모습은 자기 형과 같지 않았으나, 옛날 자기의 형의 집에서 있었던 일들을 꽤나 소상하게 말하고 있었다. 유연은 반신반의하면서 그를 본읍인 대구로 데리고 가서 관에 묶어 보내 그 진위를 가려 달라고 청하였다. 당시 부사 박응천이 이를 가두고 심문할 때 유유라고 하는 자가 자기 정체가 드러날 것을 두려워한 나머지 거짓으로 병을 핑계 대면서 보석을 청하고는 그대로 도망하여 행방을 감추어 버렸다. 그 후 사람들 사이에 유연이 형을 죽이고 흔적을 인멸해 버렸다는 소문이 자자하게 퍼졌으므로, 이에 언관이 추국할 것을 계청331)하여 삼성332) 교좌로 추국하였는데, 위관333) 심통원 [1499~?]은 곧장 유연이 형을 죽였다고 다시 의심하지도 않고 엄한 형문으로 거짓 자백을 받아 낸 뒤에 능지처참334)하였다. 그 뒤에 자못 당시의 옥사335)에 대해 시체도 없는데 갑자기 죄를 단정한 것은 온당하지 않다고 했고, 또 유유가 아직도 살아 있다고 여겨서 간혹 사람들이 수근대므로, 경석336)에서 계달337)하기까지 하였으나 자세히 가려 내지는 못하였다. 그러다가 지난 겨울에 수찬338) 윤선각[1543~?]339)이 경석에서 아뢰기를, "지난 경신년·신유년 간[1560~1561]에 장인을 따라 순안현에 갔을 때 천유용이라고 하는 자가 미친 체하면서 여러 곳에 출입하며 남의 자제를 가리키고 있었는데 그 행동거지로 보아 미친 것 같지가 않았습니다. 그후 신이 경상도를 왕래하면서 유유의 옛 친구들에게 유유의 모습을 물어보니 천유용이라는 자와 너무도 같았습니다. 또 사람의 이름에 어찌 천유용이 있을 수 있겠습니까. 이로써 볼 때 유유가 지금까지 생존해 있을 듯하므로 유연의 죽음을 매우 원통하고 억울한 듯합니다." 하니, 상이 헌부340)로 하여금 사실을 조사하여 규명하게 하였다. 헌부가 즉시 평안도에 이문341)하여 천유용이라고 하는 자를 체포해다 가 공초342)를 받았는데 과연 유유라고 자백하였다. 그의 4대의 계보와 집안의 세세한 일까지도 일일이 다 말하는 것으로 보아서 그가 유유인 것이 의심할 여지가 없었는데, 갑자년에 있었던 일에 대해서는 전혀 모른다고 했다. 헌부가 또 갑자년에 유유라 사칭한 자는 곧 본명이 채응규로서 지금까지 해주에 살고 있다는 말을 듣고 즉시 비밀리에 해주로 이문하였는데, 과연 그를 체포했고 그를 잡아서 올라오는 도중에 말 위에서 목을 찔러 자살했으므로 그의 첩 춘수만을 압송해 왔다. 춘수는 지난 갑자년에 유유라 사칭했던 채응규와 시종 함께 공모하여 유연이 형을 시해했다 는 옥사를 일으킨 사람이었다. 그렇다면 갑자년에 유유를 사칭했던 사람은 곧 채응규이고 진짜 유유는 갑자년에 나타나지 않았던 사실이 모두 밝혀졌다. 의금부에 이송343)하여 국문하니 달성령 지가 거짓 타인을 데려다가 유유인 것처럼 꾸며서 유연을 형을 죽인 죄에 빠지게 한 것이므로,

---

331) 임금에게 아뢰어 청함.
332) 매일 세 번 자신의 한 일을 반성함.
333) 죄인을 심문할 때 의정대신 가운데서 임시로 뽑아서 재판하는 재판장.
334) 사지를 토막치는 극형.
335) 반역이나 또는 살인 따위의 크고 중대한 일을 다스리는 일, 또는 그런 사건.
336) 經筵. 임금에게 경서를 강론하는 자리.
337) 임금에게 알림.
338) 조선조 홍문관의 정6품 벼슬.
339) 『성호사설』에는 '尹國馨'으로 되어 있는데, 이는 윤선각의 고친 이름이다.
340) 사헌부. 조선조 때 백성의 억울한 일을 풀어 주는 일을 맡던 관청.
341) 관청 사이에서 주고받던 공문서. 또는 공문서를 보냄.
342) 죄인이 범죄 사실을 진술하는 말.
343) 사건의 처리를 다른 관청으로 옮김.

그 정상이 매우 흉악 간특344)하여 매로 쳐 철저히 국문했다. 유유는 아비를 피하여 아비의 초상에도 가지 않아 인륜을 무너뜨렸으니 장 일백 도와 3년간 귀양 보내는 녹안345)을 시행하였고, 지는 매를 쳐 죽였다).

③ 『涪溪紀聞』, 上: 達成令禔 以蔡應圭爲柳游 賊其弟淵 天鑑至寃 幸而昭雪 禔伏其罪 李鰲城恒福 爲之立傳 行于世 盖淵死 在嘉靖甲子 禔誅以萬曆己卯 至于丁未 傳始撰 首尾四十四年事也 戊申余訪許警甫 有禔之子彦寬者 袖二卷書以示之 其一乃鰲城所撰「柳淵傳」後叙 而其一 則渠家所藏獄辭 鰲城所取 而爲叙者也 寬也以父惡載於淵傳 陰祈於鰲城 稱其寃 鰲城畏其報復 有後言云 禔之誅已三十年矣 人皆快之 萬口一辭 非鰲城循情不定之筆所能掩也 觀其獄辭詳載復[覆]啓之語 大臣則金貴榮·李山海也 臺諫則朴弘耉·趙仁得也 謂余曰 覆啓在己卯春 金公以辛巳入相府 時則爲吏書 李相時以通政知申事 至戊子始入閣 朴相壬午始釋褐 趙公丁丑登科 癸未始撰入翰林 是時朴布衣而趙在參下 安得豫於覆啓之事 金·李亦安得在大臣之例乎 寬也色喪而遁 其後有見其獄辭者 盡竄定云 盖寬也乘壬辰兵禍之後 國家文籍 皆爲灰燼 敢杜撰無根之語 以瞞人 而見四公時以舊宰 或死或老 不料其時官尙卑衣尙褐也 鰲城非無所見 而亦爲所欺 何也 爲所欺耶 抑爲所賣耶 名之曰幽厲 雖孝子慈孫不能改也 鰲城數行後言 安能使彦寬改達城之惡也 聞任斯文茂叔著書 攷破傳後鈌 未知攷及此事歟●(달성령 이지가 채응규를 유유라고 하여 유유의 아우 연을 죽게 하였는데, 하늘이 지극한 원통함을 살피시어 다행히 밝게 죄를 씻게 되었으며, 지는 자기 죄를 승인했다. 오성 이항복[1556~1618]이 그를 위하여 「유연전」을 지었으니, 그것이 세상에 돌아다닌다. 대체로 연이 죽은 것은 가정 갑자년[1564]이고, 지가 베임을 당한 것은 만력 기묘년[1579]이다. 정미년[1607]에 이르러 「유연전」이 처음으로 찬술되었으니, 전후 44년 동안의 일이다. 무신년[1608]에 내가 허경보를 방문하였더니, 지의 아들 언관이라는 자가 소매에 책 두 권을 넣어 가지고 나에게 보였다. 그 하나는 바로 오성이 찬술한 「유연전」의 후서였고, 다른 하나는 제 집에 간직하고 있는 옥사346)로 오성이 그것을 취하여 후서를 지은 것이었다. 언관이 자기 아버지의 죄악이 「유연전」에 실려 있으므로 몰래 오성에게 빌어서 그가 원통하다고 말하게 한 것이다. 오성이 그의 보복을 두려워하여 후서를 지었다고 한다. 지가 베임을 당한 지 이미 30년이 되었으나, 사람들은 다 쾌하게 여겨 여러 사람이 한결같이 말하고 있으니, 사사로운 정을 따른 오성의 부정한 글이 능히 지의 죄악을 덮을 수 없었다. 그 옥사라는 것을 보니 복계347)한 말에 자세히 기재되었는데, 대신은 김귀영[1520~1594]·이산해[1539~1609]이며, 대간은 박홍구[1552~1624]·조인득[?~1598]으로 되어 있었다. 내가 말하기를, "복계는 기묘년[1575] 봄에 있었는데, 김귀영은 신사년[1581]에 정승이 되었으니 그 때는 이조판서였고, 이산해는 통정대부·지신사였다가 무자년[1588]에 이르러 입각하였다. 박홍구는 임오년[1582]에 처음으로 벼슬하였고, 조인득은 이 해 겨울에 과거 급제하여 계미년[1583]에 한림에 뽑혀 들어갔으니, 그때는 다 벼슬이 없었다. 어떻게 복계하는 일에 참여할 수 있었으며, 김귀영·이산해 또한 어찌 대신의 반열에 있을 수 있는가?"라고 하였더니 언관은 얼굴빛이 변하여 도망가 버렸다. 그 뒤에 그 옥사를 본 자가 있었는데 다 고쳤더라고 한다. 아마 언관은 임진년의 병화 뒤에 국가의 문적이 다 재가 된 틈을 타서 감히 근거 없는 말을

---

344) 간사하고 사특함.
345) 대장에 적음.
346) 옥사에 관한 내용이 적힌 글.
347) 임금에게 復命함.

함부로 만들어 남을 속인 것이리라. 그런데 네 분 공들이 옛날 재상으로서 혹은 죽고 혹은 늙은 것을 보고는 그때의 벼슬이 아직 낮거나 없었음을 헤아리지 못하였던 것이다. 오성은 눈이 없는 분이 아닌데 또한 그에게 속게 된 것은 무슨 까닭인가? 속은 것인가, 내통한 것인가? '이름하여 유·여라고 하였으니 비록 효자와 자손이라도 고치지 못한다.'라고 하였는데, 오성의 두어 줄의 후서가 어찌 언관으로 하여금 달성령의 죄악을 고치게 할 수 있겠는가? 들으니, 임무숙[任叔英 1576~1623]이 글을 지어 「유연전」의 후서를 공격해서 깨뜨렸다고 하는데, 공격이 이 일에까지 미쳤는지는 알 수 없다).

④ 『效顰雜記』, 上: 游大丘人也 不得於父 糊口他方 與無賴者蔡應珪同處 歲久 應珪得其日記 陰與宗室某同謀 卽柳游姊夫也 約分資産 招其弟淵 令陪兄南歸 淵疑不敢顯言眞僞 同行十日 始知其詐 縛而歸家 鄕人徐上舍洞南中巨擘也 頗有灼見之明 以爲非柳游 而徐上舍時雄 亦同鄕人也 蓬頭垢面不端莫甚 嘗與柳游同接 應珪言其同時所作之文 卽日記中語也 時雄以爲是柳游也 然而矛盾者太半 應珪自知所行邪慝 人言各異 恐不免敗露 中夜潛遁 鄕里惡柳淵者 以爲淵爭財殺兄 一犬誤吠 百犬吠聲 而與洞爭名者 亦以洞受賂 柳淵同惡相濟也 至於停擧禁錮終身 游妻白氏 亦云 叔殺吾夫 發狀告官 淵被囚王府 不勝刑杖 誣服而死 人莫知其冤枉 而皆以時雄爲無私 徐洞爲黨邪 十年之後 有天裕勇者 被捉於關西 卽柳游也 應珪亦遭發迹自刎而死 然後柳淵枉事之冤 徐洞受誣之痛 時雄不實之狀 白氏告官之非 照然若發蒙見靑天覩白日 向使當日無柳淵之一言 則白氏將爲應珪之妻而與異奴得翁 謂他人夫者一樣汚穢矣

◐(유유는 대구 사람이다. 부친을 여의어 다른 곳에 가서 살다가 무뢰배인 채응규와 함께 살게 되었다. 세월이 오래 되니 응규가 유유의 일기를 얻어 몰래 종실 아무와 모의하게 되었는데, 그는 [종실 아무는] 유유의 매부였다. 재산을 나누어 갖기로 약속하고 처남 유연을 불러 형을 모시고 돌아가게 했다. 유연은 의심했으나 그 사실을 드러내 말하지는 못했다. 동행하기 10일 만에 비로소 사기임을 알고 [가짜 형 곧 응규를] 묶어 집으로 데려갔다. 고향 사람 생원 서형은 영남 지방의 큰 학자로 밝은 식견이 있어서 그를 보고 유유가 아니라 했다. 그러나 생원 서시웅도 동향 사람이었다. 보니 봉두구면이 너무 심했으나, 서시웅은 유유와 함께 공부를 했던 처지였다. 응규가 그와 함께 공부했을 때에 지었던 글을 들어 말하니, 그것은 곧 유유의 일기 속에 적혀 있던 것이어서, 시웅은 유유가 맞다고 했다. 그러나 어긋난 일이 너무 많았다. 응규는 자신의 하는 짓이 사특한 일임을 알았고 사람들의 말이 달라 용서받지 못하고 드러나게 되니 한밤중에 도망치고 말았다. 고향 사람들은 유연을 미워하여 유연이 재산을 다투어 형을 죽였다고 하였다. 한 마리 개가 잘못 짖어 대니 모든 개들이 울어댔다. 서형과 이름을 다투던 자가 서형이 뇌물을 받았다고 하고 유연과 똑같은 악인의 부류라 하여, 마침내 종신토록 과거 시험을 보지 못하게 되기에 이르렀다. 유유의 아내 백씨 역시 말하기를, "시동생이 내 남편을 죽였다."고 소장을 써서 관에 고소하니, 유연이 잡혀 왕부[의금부]에 갇히게 되고, 매를 이기지 못하고 거짓 자백하여 죽임을 당했다. 사람들이 그 원통하고 억울함을 알지 못하고 모두 시웅은 사사로움이 없다 하고, 서형은 악한 무리라고 했다. 10년 후 천유용이란 자가 관서 지방에서 잡혔는데, 그가 곧 유유였다. 응규 역시 자취가 탄로나서 스스로 목을 찔러 죽었다. 그 후에야 유연의 일이 잘못된 원통함과 서형이 무고를 받은 고통, 시웅의 부실한 실상, 백씨가 관가에 고소한 잘못 등이 마치 어둠을 헤치고 푸른 하늘과 백일을 보는 것처럼 밝게 되었다. 그때 유연의 한 마디가 없었다면, 백씨가 장차 응규의 아내가 되어 도리어 다른 사람의 남편을 보고 한결같이 더럽다고 했을 것이다).

【增】
1) 『聞韶漫錄』(尹國馨 1543~1611): 庚申年 余隨婦翁往順安 寓山寺讀書 見一丐乞者 名天裕勇 能書人也 仍與同處 詞知其爲柳游 實變名人也 至甲子年 京中有柳淵 弑其兄游 獄起取服行法 其後余又往來關西 游尙在 心竊疑之 積數十年 更加聞見 則游分明不死 而淵之死實冤 己卯冬 余以玉堂下番入侍 啓此事 上命法司捕得 柳游果生存也 因雪淵冤獄 事之難得 其實 有如是 余之子孫 其有司獄者 鑑此而戒之幸甚●(경신년[1560] 나는 장인을 따라 순안에 가서 절에 붙여 글을 읽으면서 거지 한 사람을 만났는데, 이름은 천유용이었고 글도 능한 사람이었다. 그래 함께 거처하면서 그가 본래 유유임을 알았는데, 그는 실로 변성명을 한 사람이었다. 갑자년[1564]에 서울에서 유연이 제형 유를 죽였다 해서 옥사가 일어나 자백을 받아 법으로 다스린 일이 있었다. 그 뒤에 내가 또 관서 지방에 왕래했는데 유유는 아직도 살아 있어서 마음 속으로 의심했더니, 수십 년이 지나서도 다시 소문을 들어보니 유는 분명 죽지 않았다 하므로, 연이 죽은 것은 실상 억울한 일이었다. 기묘년[1579] 겨울에 내가 옥당의 당번으로 입시했을 때 이 일을 아뢰었더니, 상이 법사348)에 명하여 잡게 하였는데, 과연 유유는 살아 있었다. 그리하여 유연의 원통한 옥사가 씻어졌으니, 일이란 이와 같이 그 실상을 얻기 어려운 것이다. 내 자손들 중에 옥사를 맡아 보는 자가 있거든 이 일을 거울삼아 경계했으면 매우 다행이겠다).

2) 『石洲集』[權韠 1569~1612], 7, '題柳淵傳後': 一回披讀一傷神 冤屈從知久乃伸 得附靑雲眞幸耳 世間何限不平人●(한 번 펴서 읽고는 마음이 슬퍼지니, 억울한 누명이 오래 돼서야 해명된 것을 이로써 알겠노라. 청운을 얻게 되니 진실로 다행일 뿐이지만, 세상에 억울한 사람이 얼마나 많은가?).

3) 『星湖僿說』(李瀷 1579~1624), 卷12, 人事門, '柳淵傳': 完平李相托白沙李相 作「柳淵傳」刊行于世 …… 後禔之子彦寬 誣作文字 欲掩其父惡 金荷潭時讓辨斥痛明 又詳在尹判書國馨『聞韶漫錄』此與前朝永興君環事恰似●(완평 이재상이 백사 이재상에게 부탁하여 「유연전」을 지어, 그 전기가 세상에 간행되었으니, ……349) 뒤에 지의 아들 언관이 문자를 위조하여 그 아버지의 나쁨을 덮으려 했으나, 하담 김시양이 냉정히 변론하여 밝혔고, 또 자세한 내용이 판서 윤국형의 『문소만록』에 적혀 있다. 이것이 전조[고려 恭讓王 때] 영흥군 환의 일과 흡사하다).

한문필사본

【增】柳淵傳　　　　　　계명대[古綜目](이)920.0515유연ㅇ)　　1

516.1. 〈자료〉

Ⅱ.(역수)

【增】

1) 신해진. 『朝鮮朝傳系小說』. 월인, 2003.
2) 朴熙秉 標點·校釋. 『韓國漢文小說 交合句解』. 소명출판, 2005. (서울대 奎章閣 소장)

516.2. 〈연구〉

Ⅲ. (학술지)

---

348) 조선조 때 刑部와 漢城府.
349) 생략한 부분의 내용은 대체로『선조실록』의 것과 같다.

【增】
1) 鄭肯植. "「柳淵傳」에 나타난 相續과 그 葛藤."『法史學硏究』, 21(韓國法史學會, 2000. 4).
2) 송하준. "관련 기록을 통해 본「유연전(柳淵傳)」의 입전 의도와 그 수용 태도."『韓國文學論叢』, 29(韓國文學會, 2001. 12).
3) 鄭仁爀. "「柳淵傳」의 視點과 플롯 硏究."『語文硏究』, 30:4[116](韓國語文敎育硏究會, 2002. 12).

◐{유엽기}
▶(유영전 柳泳傳350) → 운영전)
【增】◘516-1.[유오룡전 柳五龍傳]
〈제의〉'유오룡'의 전기

국문필사본

류오룡전　　　　박재연(金俊範, "새로 발굴된「류오룡젼」에 대하여"351))　　　1(45f.)352)

516-1.1.〈자료〉
Ⅰ. (영인)
1) "류오룡젼 柳五龍傳."『朝鮮時期朝譯本淸代小說與彈詞硏究』. 中韓飜譯文獻硏究所·韓國中國小說學會, 2005. 8.

Ⅱ. (역주)
1) "류오룡젼 柳五龍傳."『朝鮮時期朝譯本淸代小說與彈詞硏究』. 中韓飜譯文獻硏究所·韓國中國小說學會, 2005. 8.

516.-1.2.〈연구〉
Ⅲ. (학술지)
1) 김준범. "새로 발굴된「류오룡젼」에 대하여."『朝鮮時期朝譯本淸代小說與彈詞硏究』(鮮文大 中韓飜譯文獻硏究所·韓國中國小說學會, 2005. 8).

〈줄거리〉

　　옛날 중국 육조 시대 금릉 지방에 유조춘이라는 사람이 있었다. 유조춘은 일찍 부친을 여의고 편모를 극진히 모셨다. 과거 급제 후 청렴강직하게 지내 특별히 광주통판에 제수되었다. 광주로 부임하던 중 어부에게 잡힌 거북을 구해 주었다. 어진 덕으로 백성을 다스리니 칭찬이 자자하였다. 광주통판의 직무를 마친 뒤 고향으로 가는 길에 회수에서 도적을 만났다. 유조춘은 도적에

---
350) 내용적으로 「운영전」과 매우 유사한 한문 소설. 이해조의 「岺上答」(『少年韓半島』, 1906. 11~1907. 4 연재)는 이 소설의 번안이다. 이본으로 「三芳錄」에 수록된 것 외에 서울대 일사본이 있는 것으로 알려져 있다.
351) 『朝鮮時期朝譯本淸代小說與彈詞硏究』(中韓飜譯文獻硏究所·韓國中國小說學會, 2005. 8), pp. 111~119.
352) 이하 「옥츄경」·「안퇵경」·「명당경」·「산왕경」 같은 무가가 부재되어 있다.

되었다. 이때 부인은 다섯 달 된 태아를 잉태하고 있었다. 이후 부인은 남아를 낳고 이름을 오룡이라 지었다. 유오룡은 자라면서 문무를 겸비하니 이도가 기뻐하였다. 15세가 되어 유오룡은 과거를 보기 위해 경성으로 출발하였다. 경성으로 가는 도중 여주 백운산에서 길을 잃고 헤매다가 일광도사를 만나게 되었다. 일광도사가 유오룡에게 비서를 주고 도술을 가르치니 유오룡은 세상일에 모르는 것이 없게 되었다. 일광도사와 하직한 유오룡은 일광도사가 일러 준 대로 금릉 지방의 유통판 집에 찾아가다가 여주 주점에서 도적을 만났다. 유오룡이 도술로 도적을 제압한 후 도적에게 은자를 주니 도적은 유오룡에게 무공주를 주려 하나 유오룡이 사양하였다. 금릉으로 간 유오룡은 대부인을 만나고 극진히 대접을 받았다. 경성으로 간 유오룡은 과거에 응시하여 장원급제했다. 한림학사 겸 담주도어사를 제수받은 유오룡은 다시 금릉으로 가 대부인을 만났다. 대부인을 만난 유오룡은 유조춘의 비극적인 사연을 듣고 대부인으로부터 무공주를 받았다. 집으로 돌아온 유오룡은 대부인에게 받은 진주를 모친에게 보이며 무공주를 받은 내력을 밝혔다. 이에 유오룡의 모친은 유오룡에게 출생의 비밀을 밝히고 유조춘의 복수를 당부했다. 유오룡은 담주어사에게 부탁, 군사를 동원하여 이도와 여주 주점에서 만났던 도적의 죄를 밝히고 처형했다. 모친을 모시고 금릉으로 가 대부인과 만났다. 모친은 이도와 살았던 자신의 죄값을 치르기 위해 스스로 자결했다. 대부인은 유오룡에게 부친인 유조춘의 시신을 수습해 줄 것을 당부하였다. 유오룡은 일광도사로부터 부친의 시신을 수습하는 데 도움을 받기 위해 백운산으로 갔다. 백운산에서 유오룡은 한 노인을 만나 배필을 권유받았으나 부친의 시신 수습이 더 급하다는 이유를 들어 거절했다. 유오룡의 꿈에 일광도사가 나타나 회수로 가라고 하였다. 유오룡이 회수 강가에 가니 청의 동자가 있어 부친의 시신이 있는 곳을 알려 주었다. 청의 동자는 옛날 부친 유조춘이 광주통판에 제수되어 광주로 가던 때에 구해 주었던 거북으로 동해용왕의 아들이었다. 유오룡은 동해용왕의 도움으로 부친의 시신을 수습하여 고향으로 와 모친과 더불어 장사를 지냈다. 18세가 된 유오룡은 엄승상의 딸 월계와 혼인을 하였다. 이때 좌승상 석록이 엄소저에게 구혼하였다가 거절당하자 앙심을 품었다. 석록은 전날 유오룡이 자신을 양육해 준 이도를 처형했던 일을 들어 황제에게 유오룡의 탄핵을 주장하였다. 황제는 처음에는 석록의 주장을 받아들이지 않다가 여러 신하의 강권에 못 이겨 유오룡을 유배시키고 대부인과 엄소저를 관비로 정속시켰다. 절강자사가 엄소저의 자색을 보고 취하려 하나 엄소저가 거부하자 죽이려 하였다. 이때 기관 김준도가 엄소저의 위급함을 보고 꾀를 내어 엄소저를 자신의 집에 기거하게 하고 자신의 딸 계화로 하여금 엄소저를 보살피게 하였다. 이때 석록이 아들 석담과 더불어 역모를 일으켰다. 황제는 엄승상의 조카 엄승지의 도움으로 탈출하여 절강으로 갔다. 황제가 된 석록은 유오룡을 죽여 후환을 없애고자 거짓 교서를 꾸며 유오룡에게 사약을 내렸다. 절강으로 몸을 피한 황제는 절강자사의 배반으로 옥에 갇히나 기관 김준도가 절강자사를 죽이고 황제를 구출하였다. 한편 유오룡은 유배 생활 중에 우연히 천리용총마를 얻었다. 유오룡은 석록이 모반을 하였다는 소식을 듣고 백운산으로 갔다. 백운산으로 가는 도중 용인갑과 천사금을 얻었다. 황제가 절강에 계시다는 소식을 들은 유오룡은 절강으로 가 황제를 뵙고 전날 절강자사에게 핍박을 받았던 대부인과 엄소저를 만났다. 유오룡이 경성으로 가 석록을 처단하고 황제를 복위시켰다. 이에 유오룡은 승상이 되고, 김준도의 딸 계화와 혼인을 하였다. 한편 석록의 셋째 아들 석신갑은 서양국으로 도망하여 양왕과 더불어 침략할 계획을 세웠다. 양왕이 군사로는 월광도사를, 선봉장으로는 약대를 각각 정하여 침략하였다. 이에 승상 유오룡이 황제에게 자청, 대원수가 되어 전장에 나갔다. 대원수 유오룡은 용맹과 재치로 적의 선봉장 약대를 죽였다. 월광도사가 도술로 침범하고 진법전을 펼쳐 공격하였으나 모두 유오룡에게 격파되었다. 한편 전장에서 큰 승리를 거둔 유오룡은 양왕과 월광도사를 쫓다가 적의 원군에 의해 위험에 빠지게 되었으나 동해용왕의 도움으로 위기에서 탈출하였다. 유오룡을 놓친 월광도사는 유오룡을 암살할 계획을 세우나 실패하고 일광도사와 더불어 서역 도봉산으로 돌아갔다. 유오룡은 양왕의 군대를 무찌르고 항복을 받았다. 그 공으로 유오룡은 좌승상 겸 초왕에 봉해지고 대대로 부귀를 누렸다(金俊範, "새로 발굴된 「류오룡전」에 대하여," 鮮文大 中韓飜譯文獻硏究所, 『朝鮮時代朝譯本淸代小說與彈詞硏究』 [2005. 8], pp. 112~113).

◪517. [유옥역전]353)
◐{유용승전}354)
◪518. [[유우춘전 柳遇春傳]]

〈작자〉柳得恭(1749~?)
〈출전〉『泠齋集』, 7

518.1. 〈자료〉

Ⅱ. (역주)

【增】

1) 신해진. 『朝鮮朝傳系小說』. 월인, 2003.
2) 朴熙秉 標點·校釋. 『韓國漢文小說 交合句解』. 소명출판, 2005. (『泠齋集』, 10)

◪519. [[유원보전 劉元普傳]] ← 『금고기관』
▶(유의정보국기 → 유의정전)
◪520. [유의정전] ← 유의정보국기
◪521. [유이양문록 劉李兩門錄]

〈관계기록〉

① 『諺文古詩』(가람본), '언문칙목녹', 3: 「뉴니양문녹」.

【增】

1) 『[演慶堂]諺文冊目錄』(1920; 藏書閣所藏): 43. 「劉李兩門錄」 77冊.355)

◐{유장옥전}
◐{유최연전}

국문필사본

유최연전	계명대[古綜目](의)811.35유최연)	1
【增】유최현전	계명대[古綜目](고811.35유최현)	1

---

353) 『千一夜話』를 번안한 작품으로, '유옥역'이란 이 작품에서 샤리아르(Sharryar)왕의 왕비로 들어간 '셰헤라자드'를 번안한 이름인 듯하다.
354) 『작품연구 총람』에 추가.
355) 상단에 '現 七五' 冊이라는 注記가 붙어 있고, 하단 摘要欄에는 '內第六冊欠 七四欠'이라 되어 있다.

◪522.[유충렬전 劉忠烈傳]

국문필사본

(유충렬전)

[削]	유충열전	계명대[古](811.35)	1
	유충열전	계명대[古綜目] (고811.35유충열젼)	1(甲寅年月日)
	유충열전	계명대[古綜目](고811.35유충열)	1(戊申)
	유충열전	계명대[古綜目](고811.35유츙렬)	2-1(上下: 戊辰)
	유충열전	계명대[古綜目](고811.35유츙렬)	2(上下: 병진납월초구일필)
[增]	유충렬전 천/지/인 劉忠烈傳 天/地/人	김광순[筆全](59)	3(1[天]: 58f.; 2[地]: 58f.; 3[人]: 병오칠월망간에동닉후인등쵸 양쥬판동장닉니씨남이틱, 60f.)
[增]	유충렬전 劉忠烈傳	김광순[筆全](63)	1(서두 낙장 54f.)
[增]	유충렬젼	김광순[筆全](63)	1(50f.)
[增]	유충렬젼	김광순[筆全](66)	1(52f.)
[增]	유충열전	김종철[家目]	1(상하, 91f.)
[增]	유충열전	김종철[家目]	1(상하, 76f.)
[增]	유충열전	김종철[家目]	1(83f.)
[增]	유츙열젼	미도민속관[생활사 도록](31)	1
[增]	유츙열충효록	미도민속관[생활사 도록](32)	1
[增]	劉忠烈傳 卷之上	박순호[家目]	1(楊平郡西宗面鼎排里木汝 聲, 48f.)
[增]	유충렬젼: 류츙렬젼 권지상하	박순호[家目]	1(歲在癸巳十二月二十九日, 64f.)
[增]	유충열전 권상/하 劉忠烈傳 卷上/下終	박순호[家目]	1(80f.)
[增]	유충열전 권지상	박순호[家目]	낙질 1(상: 계유정월초팔일등서 라, 全羅北道任實郡三溪面梧 松里一六四番地, 42f.)
[增]	유충열전 상ㅎ권쳔이라	박순호[家目]	1(35f.)
[增]	뉴츙열전 상하 흡권이라	박순호[家目]	1(90f.)[356]
[增]	뉴튱열전 권디이라	박순호[家目]	1(무진연정월십오일, 74f.)[357]
[增]	유충열전	박순호[家目]	1(32f.)
[增]	유충열전	박순호[家目]	1(38f.)
[增]	유충열전	박순호[家目]	1(60f.)
[增]	유충열전	박순호[家目]	1(89f.)

---

356) 「숑남노옹자탄가라」(2f.) 합철.
357) 「화전가」(2f.) 합철.

【增】 유충열전 호권이라	박순호[家目]	낙질 1(하: 임술삼월시셔흠, 53f.)
【增】 유충열전	박순호[家目]	1(을뫼정월일, 49f.)
【增】 유충열전	박순호[家目]	1(壬寅正月, 70f.)
【增】 유충열전	박순호[家目]	1(壬子一月十五日作, 칙쥬년 선달딕이라, 80f.)
【增】 유충열전이라	박순호[家目]	1(29f.)
【增】 유충열지하	박순호[家目]	낙질 1(하: 계유남월십삼일 명 균은근셔호노라, 53f.)
【增】 유충열충효록 권지삼합	박순호[家目]	1(51f.)
【增】 유충열전 권지상	박순호[家目]	1(상: 정미원월, 59f.)
【增】 유충열전 권지상	박순호[家目]	낙질 1(상: 34f.)
【增】 유충열전 권지상	박순호[家目]	낙질 1(상: 48f.)
【增】 유충열전 상하권	박순호[家目]	2-1(상: 46; 하: 癸巳十月念二日始初 五日終 冊主 蘭坡, 癸巳十月二十二日始 至月初六日終, 74f.)
【增】 유충열전	박순호[家目]	1(38f.)
【增】 유충열전	박순호[家目]	1(74f.)
【增】 유충열전	박순호[家目]	1(82f.)
【增】 유충열전 권지상	박순호[家目]	1(119f.)
【增】 유충열전 권지상	박순호[家目]	1(47f.)
【增】 유충열전 권지상	박순호[家目]	1(상: 정미삼월이십이일, 43f.)
【增】 유충열전 권지상	박순호[家目]	낙질 1(상: 임자연정월이십팔일, 등셔의박죽남은셔호로나 근수, 江原道三陟郡下長面下士美泉浦居二統四戶, 冊主 朴植終畢, 43f.)
【增】 유충열전 권지일	박순호[家目]	1(145f.)
【增】 유충열전 권지하	박순호[家目]	낙질 1(하: 己卯正月日, 46f.)
【增】 유충열전 권지호	박순호[家目]	낙질 1(하: 63f.)
【增】 유충열전 권지희라	박순호[家目]	낙질 1(42f.)
【增】 유충열전 상/하	박순호[家目]	2(상: 51f.; 하: 40f.)
【增】 유충열전 상권이라	박순호[家目]	1(병오이월쵸십일필셔, 79f.)
【增】 유충열전 상하권	박순호[家目]	1(국한문 혼용, 大正四年陰乙卯正月初九日謄書, 冊主은 忠淸北道沃川郡靑西面??里, 24f.)
【增】 유충열전	박순호[家目]	1(35f.)
【增】 유충열전	박순호[家目]	1(77f.)

【增】 유충열전	박순호[家目]	1(大正四年[1915]乙卯春正月戊戌玉溪李玉隱書, 32f.)
【增】 유충열전	박순호[家目]	1(륭히사년[1910]경술이월일의 도산졍사리셔 근셔라, 94f.)
【增】 유충열전	박순호[家目]	1(무진이월십구일, 이칙쥬난 居昌郡加祚面 卞洙好, 39f.)
【增】 유충열전	박순호[家目]	1(辛丑二月初一日謄書畢, 신축이월초일일 벽성 유직은필셔, 이칙임직는 옥기리말낭집심연 슉딕이라, 冊主金氏家藏, 95f.)
【增】 유충열젼이라	박순호[家目]	1(50f.)358)
【增】 유충열젼이라	박순호[家目]	1(87f.)
【增】 유충열젼이라	박순호[家目]	1(신축졍월쵸칠일, 92f.)
【增】 유충렬전	성대(D07B-0056)	1(1933)
【增】 유충렬전	성대(D07B-0056a)	1(1920경)
【增】 유충렬전	성대(D07B-0056b)	1(光武7[1903])
【增】 유충렬전	성대(D07B-0056c)	1(1920경)
【增】 유충렬전	여태명[家目](9)	2-1(상·하,　庚甲○○七月成○, 80f.)
【增】 유충열젼	여태명[家目](49)	1(표지 낙장, 19f.)
【增】 유충렬젼	여태명[家目](78)	1(91f.)
【增】 유충렬젼	여태명[家目](98)	1(국한자 병기, 39f.)
【增】 유충렬젼	여태명[家目](102)	1(딕졍삼연[1914]삼월 초팔일 필셔, 65f.)
【增】 유충렬전이라	여태명[家目](141)	1(丙辰十一月, 100f.)
【增】 유충열전	여태명[家目](179)	1(東都書肆 江戶日本橋通四丁目, 38f.)
【增】 유충렬전 권지하	여태명[家目](182)	낙질 1(하: 딕졍월연님자음역등 십일월회일의필, 61f.)
【增】 유충렬전	여태명[家目](225)	1(30f.)
【增】 유충렬전	여태명[家目](226)	1(23f.)
【增】 유충렬전	여태명[家目](227)	1(己酉本, 48f.)
【增】 劉忠烈傳	여태명[家目](238)	1(86f.)
【增】 유충녈젼 하권	여태명[家目](244)	낙질 1(하: 光武六年[1902], 48f.)
【增】 劉忠烈傳	여태명[家目](286)	1(辛丑己月, 76f.)
【增】 유충열전	여태명[家目](288)	낙질 1(상: 91f.)
【增】 유충열전	여태명[家目](289)	1(101f.)

---

358) '丁未正月日弟劉順福上書'라는 간찰(1f.) 합철.

【增】 유충열전	여태명[家目](290)	1(辛未正月, 64f.)	
【增】 유충열전	여태명[家目](296)	1(60f.)	
【增】 劉忠烈傳	여태명[家目](310)	1(庚○七月, 130f.)	
【增】 유충렬전	여태명[家目](323)	1(106f.)	
【增】 유충렬전	여태명[家目](325)	1(141f.)	
【增】 유충열전	여태명[家目](372)	1(83f.)	
【增】 柳忠烈傳	정명기[尋是齋 家目]	1	
【增】 유충열젼 유충열전	이태영[家目]	1(디흔광무십년[1906]십일월 이십수일등)	
【增】 유충렬전	정명기[尋是齋 家目]	1	
【增】 유충렬전	정명기[尋是齋 家目]	1	
【增】 유충렬전	정명기[尋是齋 家目]	1	
【增】 유충렬전	정명기[尋是齋 家目]	1	
【增】 유충렬전	정명기[尋是齋 家目]	1	
【增】 유충렬전	정명기[尋是齋 家目]	1[359]	
【增】 유충렬전	정명기[尋是齋 家目]	2(上下)	
【增】 유충렬전	정명기[尋是齋 家目]	1(낙장)	
【增】 유충렬전	정명기[尋是齋 家目]	1(낙장)	
【增】 유충렬전	정명기[尋是齋 家目]	1	
【增】 유충렬전	정명기[尋是齋 家目]	1	
【增】 유츙열젼 상권이라	홍윤표[家目]	1(국한문 혼용, 36f.)	
【增】 유츙열젼 상하	홍윤표[家目]	1(계유납월십칠일 셩, 경상북두 예천군 고분면 시월동 거ᄒ난 이소제, 88f.)	

(충렬전)

【增】 충열전	여태명[家目](232)	1(48f.)	
【增】 츙○젼	여태명[家目](304)	1(49f.)	
【增】 츙열젼 권지상하	여태명[家目](423)	1(62f.)	

국문완판본

【增】 유츙열젼	김종철[家目]	2-1(상하, 乙巳季秋完南新刊, 86f.)	
【增】 유충열젼 권지상/권지하	박순호[家目]	2(상: 39f.; 하: 47f.)[360]	
【增】 유충열젼 권지상/권지하	박순호[家目]	2(상: 39f.; 하: 卓鍾佶·梁元仲, 47f.)	
【增】 유충열젼 권지상/권지하	박순호[家目]	2(상: 39f.; 하: 壬寅七月完山開	

---

359) 「화용도가」와 합철되어 있다.
360) 동일 판본 20책(일부 낙장본 포함) 이상 소장.

【增】 유충열전 권지상/권지하	박순호[家目]	2(상: 39f.; 하: 癸卯仲春 完山重刊, 47f.)361)
【增】 유충열전 권지상이라/권지하	박순호[家目]	2(상: 39f.; 하: 癸卯仲春 完山重刊, 47f.)362)
【增】 유충렬전 상/하	여태명[家目](67)	2(상: 39f.; 하: 豊南重刊, 47f.)
【增】 유충렬전	여태명[家目](73)	2-1(상·하, 86f.)
【增】 유충렬전 권지하	여태명[家目](382)	1(80f.)
유충열권지상/권지하	이태영[家目]	낙질 1(하: 69f.)
【增】 (없음) / 유충열권지하	이태영[家目]	2-1(상: 39f.; 하: 47f.)363)
【增】 (없음) / 유충열견권지하	이태영[家目]	2-1(상: 39f.; 하: 47f.)364)
【增】 ???366) / 유충열견권지하	이태영[家目]	2-1(壬寅七月 完山開刊, 상: 39f.; 하: 47f.)365)
【增】 劉忠烈傳 卷之上	이태영[家目]	2-1(상: 39f.; 하: 47f.)367)
【增】 유충열전 권지상/권지하 劉忠烈傳 上/下	이태영[家目]	2-1368)
【增】 유충열전 권지상/권지하	이태영[家目]	2-1(상: 39f.; 하: 47f.)369)
【增】 유충열전 권지상/권지하	이태영[家目]	2-1(明治四十四年[1911]八月二十二日發行, 상: 39f.; 하: 47f.)370)
【增】 유충열전 권지상/권지하	이태영[家目]	2-1(상: 39f.; 하: 47f.)371)
【增】 유충열견권지상/권지하 유충열견권지상하	이태영[家目]	2-1(상: 39f.; 하: 47f.)
【增】 유충열견권지일	이태영[家目]	2-1(豊沛重印, 상:39f.; 하: 47f.)372)
【增】 유충열견권지상/권지하 유충렬전 권지상하	이태영[家目]	2-1([發]卓鍾佶, 西溪西舖, 明治四十四年[1911]八月二十二日 發行, 상: 39f.; 하: 47f.)
【增】 유충열견권지상	이태영[家目]	2-1(상: 39f.; 하: 47f.)373)

---

361) 동일 판본 4책 소장.
362) 동일 판본 4책 소장.
363) 하권 말미에 '大正二年(癸丑)正月初七日……'이란 필사가 있고, 표지 이면에 완판 고전 소설「삼국지」가 찍혀 있다.
364) 상권 제1~2장이 낙장이고, 하권 제45장부터 낙장이다.
365) 뒷장 표지에 '昭和 五年 十月 日…'이란 필사가 있다.
366) 첫머리가 훼손되었다.
367) 하권의 마지막장 낙장.
368) 상권의 앞뒤 부분 및 하권의 앞뒤 부분이 망실되었다.
369) 앞표지에 '己亥三月十二日 加衣'라는 필사가 있다.
370) 상권 첫장의 상태가 좋지 않다.
371) 표지 및 하권 제47쪽의 상태가 좋지 않다,
372) 상권 첫장이 부분적으로 훼손되었다.

유충열전	임형택[莽蒼蒼齋 家目]	2-1(癸卯仲春 完山重刊, 上: 39f.; 下: 47f.)

국문판각본

【增】 유충열전	계명대[古綜目](고811.35유충렬)	1
【增】 유충열전	여태명[家目](306)	1(82f.)
【增】 유충열전 권지상	여태명[家目](414)	1(昭和八年[1933], 86f.)

국문활자본

(고딕소설)류츙렬전	국중(3634-2-67=1)	1([著]朴承曄, 光東書局, 초판 1918.2.10, 94pp.)
류츙렬젼 상편/하편 劉忠烈傳 上編/下編	국중(3634-2-100=1)	1([著·發]金天熙, 廣漢書林, 1929.1.15, 99pp.)
유충렬전	조희웅[家目]/[대조 4]	1(大造社, 1959, 86pp.)
류츙렬전 권지샹/권지하	국중(3634-2-100=6)<초판> /국중(3634-2-100=3)<재판>	1(大昌書院, 초판: [著·發]石田孝次郞, 1920.12.31; 재판: [著·發]玄公廉, 1921.1.10; 3판 1921. 3, 86pp.)
류충렬전 샹편/하편 劉忠烈傳 上篇/下編	국중(3634-2-67=5)<재판> /국중(3634-2-67=4) <3판> /국중(3634-2-67=9)<3판> /국중(3634-2-67=10)<3판> /국중(3634-2-67=8)<6판> /국중(3634-2-100=7)<9판> /국중(3634-2-67=2)<11판> /국중(3634-2-67=7)<11판> /국중(3634-2-100=2)<13판> /[仁活全](11)	1([編·發]金東縉, 德興書林, 초판 1913.9.22; 재판 1915.1.21, 112pp.; 3판 1915.8.31, 103pp.; 6판 1918.3.7, 94pp.; 9판 1919.12. 15, 99pp.; 11판374) 1921.11.20, 99pp.; 13판375) 1922.7.20, 99pp.)(300)
(원본)류츙렬전 상편/하편 (原本)劉忠烈傳 上編/下編	국중(3634-2-100=5)<재판>	1([著·發]金天熙, 三文社, 초판 1929.1.15; 재판 1932.11.15, 75pp.)
류충렬전 권지상/권지하하古代小說 劉忠烈傳 上編/下編	박순호[家目]/조동일[국연자](22)	1(상하, [표지]申泰三, 世昌書舘, n.d, 72pp.)
류충렬전 劉忠烈傳	김종철[家目](1961)/충남대[鶴山] (811.31-유817)/홍윤표[家目]	1([著·發]姜根馨, 永和出版社, 1954. 5. 20; 1961, 99pp.)
【增】 (고딕소설)류충렬전	국중(3634-2-67=6)	1([著·發]朴承曄, 太學書舘, 재판

---

373) 하권 끝까지 다 있으나 일부분이 파손되었고, 앞 표지 이면에 완판 고전 소설 「三國志」가 찍혀 있다.
374) 판권지에는 德興書林, 光東書局, 滙東書舘, 大昌書院, 博文書舘의 5개사 공동 발행으로 되어 있다.
375) 판권지에는 德興書林, 光東書局, 滙東書舘, 博文書舘의 4개사 공동 발행으로 되어 있다.

		1918.2.10, 94pp.)
【增】 류츙렬젼 古代小說 劉忠烈傳	연세대(811.93)	1(鄕民社, 1964, 86pp.)
류츙렬젼劉忠烈傳 上編376)	국중(3634-2-100=4)/영남대 [目續](도남813.5)	1([著·發]高裕相, 滙東書館, 1925 .10.30, 99pp.)(302)

522.1. 〈자료〉

Ⅰ. (영인)

522.1.4. 仁川大民族文化硏究所 編. 『舊活字本古小說全集』, 11. 銀河出版社, 1984; (再刊) 國際아카데미, 2002. (덕흥서림, 1915년 재간본)

【增】

1) 金光淳 編. 『金光淳所藏 筆寫本韓國古小說全集』, 59. 박이정출판사, 1994. (김광순 소장)

Ⅱ. (역주)

522.1.22. 최태권·김복련 윤색·주해. 『류충렬전(·홍계월전)』. 조선고전문학전집, 25. 평양: 문예출판사, 1990; 서울: 연문사, 2000(영인).377)

【增】

1) 김유경·이윤석. 『유충렬전·정비전』. 연세국학총서 34~세책 고소설 5. 이회문화사, 2005.

522.2. 〈연구〉

Ⅱ. (학위논문)

〈석사〉

【增】

1) 조병훈. "영웅소설 「유충렬전」 지도방안 연구." 碩論(순천대 교육대학원, 2001. 2).
2) 김혜란. "「유충열전」 연구." 碩論(조선대 교육대학원, 2002. 2).
3) 윤경미. "군담소설에 나타난 '고난극복과정' 연구: 「조웅전」·「유충렬전」을 중심으로." 碩論(수원대 대학원, 2003. 8).
4) 강인혜. "「최고운전」과 「유충렬전」 비교 연구." 碩論(홍익대 교육대학원, 2005. 2).

Ⅲ. (학술지)

522.2.30. 金一烈. "「劉忠烈傳」." 『古典小說新論』(새문社, 1991. 12).
522.2.35. 박일용. "「유충렬전」의 서사구조와 소설사적 의미 재론." 『古典文學硏究』, 8(韓國古典文學硏究會, 1993. 12). 『영웅소설의 소설사적 변주』(월인, 2003. 4)에 재수록.
522.2.41. 김선아. "영웅소설에 나타난 노인의식의 제문제: 「유충렬전」·「이대봉전」·「장경전」을 중심으로." 『韓國學論集』, 3 (강남대 한국학연구소, 1995. 12). 문학을 생각하는 모임 지음, 『한국문학에 나타난 노인의식』, Ⅰ(백남문화사, 1996. 10)에 재수록.
522.2.50. 김민수. "「유충렬전」의 태몽 연구." 『檀山學志』, 4(施檀學會, 1998. 12).
522.2.51. 김민수. "「유충렬전」의 기자정성에 대하여." 『檀山學志』, 5(施檀學會, 1999. 12).

---

376) 하편이 따로 있는 것은 아니다.
377) 최태권 윤색·주해 「류충렬전」과 김복련 윤색·주해의 「홍계월전」이 합책되어 있다.

【增】
1) 박일용. "「유충렬전」의 문체적 특징과 그 소설사적 의미."『홍대논총』, 25 [인문사회과학편](홍익대, 1994. 2).『영웅소설의 소설사적 변주』(월인, 2003. 4)에 재수록.
2) 김민수. "「유충렬전」의 태몽 연구."『檀山學志』, 4(梅檀學會, 1998. 4).
3) 孫吉元. "「유충렬전」과 갈등해결 방법."『고소설에 나타난 도선사상 연구』(민속원, 1999. 8).
4) 진경환. "「유충렬전」의 통속성."『古典의 打作』(月印, 2000. 6).
5) 김민수. "「유충렬전」의 화소 '활약'에 대하여."『檀山學志』, 6(梅檀學會, 2000. 8).
6) 임정현. "동아시아 삼국의 군담 비교를 통해 한국 군담소설의 특징 찾기:「劉忠烈傳」·「平家物語」·「三國志演義」를 중심으로."『東洋古典硏究』, 14(東洋古典學會, 2000. 12).
7) 金賢柱. "고소설과 구술적 서사 패턴:「유충렬전」에 나타나는 반복 병치 및 중첩 연쇄의 서사 패턴을 중심으로."『古小說硏究』, 11(韓國古小說學會, 2001. 6).
8) 조병훈·이상구. "「유충렬전」의 작품구조와 역사적 성격."『語學硏究』, 12(順天大 語學院, 2001. 6).
9) 김민수. "「유충렬전」의 결연에 대하여."『淵民學志』, 10(淵民學會, 2002. 11).
10) 김민수. "「유충렬전」의 적대자고."『檀山學志』, 8(旃檀學會, 2002. 12).
11) 심우장. "「유충렬전」의 담론 특성과 미학적 의의."『冠嶽語文硏究』, 28(서울大 國語國文學科, 2003. 12).

◐523. [유치현전 柳致賢傳] ← 유희련전 / 유희현전 /378)*정을선전379)

국문필사본

(유치현전)

【增】 유치현젼	박순호[家目]	1(듕원말의 유치현젼단근니라, 일모 정월니십삼일이라, 39f.)380)
【增】 유체헌전	여태명[家目](33)	1(임술년 배룡윤, 90f.)
【增】 柳致賢傳	정명기[尋是齋 家目]	1

【增】 (유희현전)381)

유희현젼	연대[古1](811.36유희현)	1(24f.)

【增】 ◐{유태성전}

국문필사본

유틱성젼	박순호[家目]	1(임진원월십일일, 87f.)

---

378)『이본목록』·『작품연구 총람』·『문헌정보』에 추가.
379)「유치현전」과 「정을선전」은 각각 (유)유승상의 딸 '치현' : (정)유상서의 딸 '추연'이 (유)이승상의 아들 '서은' : 정승상의 아들 '을선'과 혼약; (유)계모 정씨 : (정)계모 노씨가 의붓딸을 독살하려다 실패; (유 : 정)죽었던 여주인공의 환생; 남주인공이 전장에 출진한 사이에 계모의 모함으로 여주인공이 피옥되니, (유)시비 금련 : (정)월섬이 대신 옥에 갇혔다가 죽다; 남주인공이 전장에서 돌아와 계모를 처벌한다는 점에서 내용이 일치한다.
380)「초한전가사」(13f.) 합철.
381)『이본목록』의 「유희현전」조에 있던 것을 이 곳으로 이동.

【增】◐{유판서전}

국문필사본

| 유판셔젼 | 박순호[家目] | 1(신소저필지……, 25f.) |

◐524. [유한당사씨언행록 幽閑堂謝氏言行錄][382] ← **사씨행록 / 유한당(전) / 유한당언행록**

〈관계기록〉

① 『石翁遺稿』(權相容 1851~1933), '高祖妣孺人眞城李氏墓誌': 夫人骨格後厚 性資嚴正貞淑 見識英通 頗有士君子之風 率禮路義 孝友篤至 治家勤儉綜密 惠貧甚多 考妣位權層 在龍宮 數百之遠 其返葬及置田宇護之節 極其誠禮 素患貞疾數十年 綿綴中手寫「謝氏言行錄」一冊 又購四書 手自諺識 於『大學』卷尾 戒子孫男女 勸學夫人之德 徵則於斯皆見矣◐(부인은 골격이 우람차고 성품이 엄정 정숙했으며 견식이 영통하여 자못 사군자의 풍도가 있어 예를 지키고 의로 나아갔다. 효도와 우애가 매우 독실했으며 집안을 다스림에 부지런하고 꼼꼼했으며, 가난한 사람에게 은혜를 베풂이 매우 많았다. 할머니의 권층이 용궁에서 수백이나 떨어져 있었으나 그 반장[383] 및 치전, 우호의 절차에 정성을 다했다. 평소에 고질병을 앓기 수십년에 병중(綿綴[384])에도 「사씨언행록」 한 책을 베끼고 또 사서[385]를 구입하여 스스로 『대학』의 책 끝에 국문으로 기록을 남겨 남녀 자손을 경계하고 부인의 덕을 배울 것을 권했으니, 이를 찾아보면 모두 볼 수 있을 것이다).

【增】
1) 『[演慶堂]諺文冊目錄』(1920; 藏書閣所藏): 105. 「幽閑堂謝氏言行錄」 3冊.
2) 『[가람]칙목녹』(奎章閣所藏): 「유한당」 공삼.

국문필사본

(유한당사씨언행록 / 유한당전 / 유한당언행록)

유한랑샤시언힝록	계명대[古綜目]의811.35 유한랑	3
【增】 유한당언힝녹	박순호[家目]	1(낙장 47f.)
【增】 (幽閑堂) 謝氏言行錄	임형택[莽蒼蒼齋 家目]	1(병인[1866], 69f.)
【增】 유한당 사씨언행록 권지상	임형택[莽蒼蒼齋 家目]낙질	1(상: 경진[1880]지월, 51f.)

▶(유한당언행록 幽閑堂言行錄 → 유한당사씨언행록)
▶(유한당전 幽閑堂傳 → 유한당사씨언행록)[386]

---

382) 엄밀히 말하여 이 작품을 소설로 보기는 어렵다.
383) 객사한 사람을 제 곳으로 옮겨다가 장사 지냄.
384) 병이 위중함에도 숨이 끊어질 듯 끊어지지 않음.
385) 『論語』·『中庸』·『大學』·『孟子』의 네 경서.
386) 『이본목록』·『작품연구 총람』에 표제 순서가 잘못되었다. ▶(유한당언행록 幽閑堂言行錄 → 유한당사씨언

【增】◐{유홍랑선행록}

국문필사본

뉴홍랑션힝록　　　　　　　박순호[家目]　　　　1(55f.)

▶(유화기몽 柳花奇夢 → 유화기연)
◖525.[유화기연 柳花奇緣] ← 유화기몽

국문활자본

【增】류화기몽　　　　　　국중(3634-2-70=6)　　　1(大昌書院, 1920, 96pp.)
류화긔몽 柳花奇夢　　　　국중(3634-2-70=8)/　　　1(10회, [編·發]南宮楔, 大昌
　　　　　　　　　　　　　김종철[家目]/[亞活全](5)　書院·普及書舘, 초판 1918.1
　　　　　　　　　　　　　　　　　　　　　　　　　　0.29; 재판 1921.11.25, 96pp.)

▶(유화양매록 柳花兩媒錄 → 매화전)
◖526.[유황후(전)387) 劉皇后(傳)]
526.1.〈자료〉

Ⅰ.(영인)
　　526.1.1. 仁川大民族文化硏究所 編,『舊活字本古小說全集』, 20. 銀河出版社, 1984; (再刊) 國際아
　　　　　카데미, 2002. (대창서원·보급서관판)

▶(유효공미행기 柳孝公美行記 → 유효공선행록)
▶(유효공선행기 柳孝公善行記 → 유효공선행록)
◖527.[유효공선행록 柳孝公善行錄]388) ← 유효공미행기 /389) 유공선행록 / 유
　　효공전 / 유효공현행록
〈관계기록〉
　　① 「玉鴛再合奇緣」[1786~1790](溫陽鄭氏 1725~1799), 14, 表紙 裏面:「뉴효공」.
　　②『諺文古詩』(가람본), '언문척목녹', 36:「뉴효공션힝녹」, 십일권 죵.
　　③ Courant, 871:「뉴효공션힝긔 劉孝公善行記」.
　　④ 金起東,『李朝時代小說論』, p. 599:「劉孝公美行錄」.

국문필사본

(유효공선행록 / 유효공현행록)

　　　　뉴효공션힝록　　　　　　계명대[古綜目]　　　　4

　　행록) 조항 다음으로 이동.
387)『작품연구 총람』수정.
388)「유씨삼대록」의 前篇이다.
389)『이본목록』에 추가.

뉴효공현힝록	(고811.35유효공ㅅ) 계명대[古綜目]	5
	(고811.35유효공ㅎ)	
【增】 유효공선행록	김종철[家目]	낙질 1(110f.)
뉴홍공현힝녹 俞孝公賢行錄		
【增】 뉴효공현행록	성대(D07B-0031a)	1(1915)
【增】 뉴효공선행록	성대(D07B-0064)	1(隆熙1[1907])
【增】 유효공선행록	성대(D07B-0064a)	1(1900년경)
【增】 유효공선행록	성대(D07B-0064b)	1(1900년경)
【增】 뉴효공선힝녹 권지일	여태명[家目](106)	낙질 1(1: 37f.)
【增】 유호현행녹	여태명[家目](164)	1(76f.)
정츙직절긔 권지생		
【增】 뉴효공선힝녹 권지칠	여태명[家目](184)	낙질 1(7: 81f.)
【增】 劉孝公賢行錄	여태명[家目](277)	1(102f.)
【增】 유효공션힝녹	여태명[家目](408)	1(46f.)
【增】 유효공션행녹	정재영[中韓韱文展目(2003)]	1

527.2. 〈연구〉

【增】 Ⅱ.(학위논문)

〈석사〉

1) 김성철. "「유효공선행록」 연구." 碩論(고려대 대학원, 2003. 2).

Ⅲ. (학술지)

527.2.10. 양혜란. "「柳孝公善行錄」에 나타난 전통적 家族倫理의 諸문제."『古小說研究』, 4(韓國古小說學會, 1998. 2). <u>한국고소설학회 編.『한국고소설의 자료와 해석』</u>(아세아문화사, 2001. 10)에 재수록.

【增】

1) 李昇馥. "「유효공선행록」과 도덕적 당위."『고전소설과 가문의식』(월인. 2000. 11).
2) 전성운. "「유효공선행록」에 나타난 군자와 재자의 갈등과 의미."『조선후기 장편국문소설의 조망』(보고사, 2002. 10).
3) 송성욱. "「유효공선행록」 연작과 아버지의 의미."『한국대하소설의 미학』(월인, 2002. 12).
4) 趙光國. "閥閱小說의 孝 具現 樣相에 대한 연구:「柳孝公善行錄」·「報恩奇遇錄」을 중심으로."『語文研究』, 33:4[128](韓國語文敎育硏究會, 2005. 12).

▶(유효공전 劉孝公傳 → 유효공선행록)
▶(유효공현행록 劉孝公顯行錄 → 유효공선행록)
▶(유희련전 劉希蓮傳 → 유치현전[390])

---

390)『이본목록』·『작품연구 총람』·『문헌정보』 수정.

◘528.[유희현전 劉希賢傳] → 유치현전391)
【增】◐{육몽초성록전}

국문필사본

육몽초성녹 권지숭　　　　　　박순호[家目]　　　　1(75f.)

▶(육문정충절행록 六文靖忠節行錄 → 육신전)

◘529.[육미당기 六美堂記] ← 김태자전 / 보타기문 / 옥소기
〈작자〉徐有英(1801~1874)392)
【增】
1) 「육미당기」는 한문 필사본 卷末에 '附批評'이란 題下에 錦舲 朴永輔, 梣溪 尹定鉉, 石友 李時敏, 荷漪 任百經, 原泉 洪祐健, 是迂 李興敏, 星沙 姜時永, 藏石 沈膺泰, 茶史 徐堂輔, 斗山, 邵亭 金永爵, 尹塤, 성명 미상, 眉南 申佐模, 紫閣 李升洙 등 15명의 비평문이 실려 있다. 이들 중 斗山, 성명 미상의 인물에 대해서는 자세히 알 수 없으나, 나머지 13명은 순조·고종 연간에 정승·판서를 지낸 고관대작들로 「육미당기」의 작자와 교유한 인물들임을 짐작할 수 있다. 따라서 「육미당기」의 작자는 이 비평문을 통해 '雲皐'라는 호를 가진 인물임을 알 수 있으며, 이들의 交遊 관계를 살펴보면 운고가 어떤 인물인지 확인할 수 있을 것이다. 비평문 중 운고의 작임을 알 수 있는 기록을 살펴보면 다음과 같다. …… 필자가 '운고'라는 호를 사용한 인물을 여러 문헌에서 찾은 결과 金在塤, 徐有英, 張時杓, 呂炳圭 등을 확인할 수 있었다. …… 徐有英은 金台俊이 「육미당기」의 작자로 擧名하였으나, 지금까지 그의 생애에 대해서 알려지지 않았다. 필자가 조사한 바에 의하면 서유영이 「육미당기」의 작자임이 확실하므로 ……(趙春鎬, "六美堂記"의 作者와 創作背景," 『文學과言語』, 6[1985. 2], pp. 104~105).

〈작품연대〉
【增】
1) 「육미당기」는 한문 필사본 서문에 '歲在昭陽臘月余寓城南直廬……'라고 기록되어 있어 그 창작 연대를 밝힐 수 있다. '昭陽'은 古甲子에서 天干의 '癸'字에 해당하는 해이다. 앞서 「육미당기」에 대한 비평 중 原泉 洪祐健의 글 가운데 '是殆雲皐先生六十年以學力之所推也'란 기록이 있어, 육미당기의 저작이 서유영의 나이가 60세가 넘어서임을 알 수 있다. 따라서 서유영의 나이 60대 중 干支가 '癸'로 시작되는 해는 癸亥年이다. 이로 볼 때 서문의 기록 중 '昭陽' 다음에 古甲子의 '亥'에 해당하는 '大淵獻'이 빠졌음을 알 수 있다. 곧 「육미당기」는 서유영이 나이 63세 시에 성남에서 당직 근무를 하면서 지은 것임을 알 수 있다(趙春鎬, "六美堂記"의 作者와 創作背景," 『文學과言語』, 6[1985. 2], p. 109).

〈관계기록〉
① 「六美堂記」, [徐有英] 小序: 歲在昭陽臘月 余寓城南直廬 長夜無寐 聞隣家多藏稗官諺書 借來數三種 使人讀而聽之 皆一篇宗旨 始於男女婚媾而歷敍閨房行跡 互有異同 皆仮虛鑿

---

391) 『이본목록』·『작품연구 총람』·『문헌정보』에 각주를 추가하고, 『이본목록』에 있는 이본 목록은 「유치현전」조로 이동, 『작품연구 총람』에 있는 <제의>는 삭제.
392) 金在塤(1808~1893)이 지었다는 설도 있다(김태준, p. 143).

空 支離煩瑣 固無足取 然至若人情物態 善於模寫 凡悲歡得失之際 賢愚善惡之分 往往有令人觀感 此所以街巷婦孺之耽讀不厭 而轉相謄傳 遂致稗官諺書之盛行於世者也 余迺折衷諸家 祛其支離煩瑣 間或補之以新話 合爲一篇傳奇 分作三卷 命篇曰「六美堂記」 蓋取齊諧之志怪 以廣蒙叟之寓言 後之覽此者 庶知余爲破寂之筆 而姑無妨於妄聽之云耳◐(때는 소양[癸亥, 1863] 12월, 내가 성남의 오막살이에 기거하며 긴 밤 잠 못 이루매, 이웃집에서 언문소설을 많이 가지고 있다는 말을 듣고 수삼 종을 빌려다 사람을 시켜 읽게 하고 들었다. 대개 한 편의 뜻은 남녀의 혼인하는 이야기에서 시작하여 규방의 행적을 두루 서술하였으니, 서로 약간의 차이는 있으나 모두 허망한 이야기에 의거하여 공론만을 일삼아 지리하고 자잘하여 진실로 족히 취할 것이 없었다. 그러나 인정 세태에 이르러서는 묘사가 뛰어나, 무릇 슬픔과 기쁨, 얻음과 잃음의 순간이나 현명함과 어리석음, 착함과 악함의 구분이 때때로 사람으로 하여금 보고 느끼게 하는 것이 있었다. 이것이 여염집 부인네나 아이들로 하여금 싫증을 내지 않고 탐독하고 서로 베껴 전하여 마침내 언문 소설이 세상에 성행하는 까닭이다. 내가 이에 여러 편을 절충하여 그 지리하고 자잘한 것들은 덜어 내고 간혹 새로운 말을 보태어 합하여 한 편의 전기를 만들고 3권으로 나누어 이름하여 「육미당기」라 하였다. 대개 제해[393]의 지괴를 취하되 장자의 우언으로 넓혔으니, 후에 이를 읽는 이는 거의 내가 심심풀이를 위해 쓴 것임을 알고 별 생각없이 이를 듣는 것도 무방하다 하겠다).

②「六美堂記」批評:

1. [錦舲 朴參判永輔] 曲終人不見 江上數峰靑 令人思之愴然◐(노래가 끝나고 사람은 보이지 않는데, 강 위엔 뭇 봉우리 많이 푸르게 솟아 사람의 마음을 망연케 하누나).
2. [桳溪 尹奉朝賀定鉉 1793~1874] 如夢楚雲 如遊漢皐 眞奇想奇作◐(초나라의 꿈과 같고 한나라의 언덕에 노니는 듯하니, 참으로 기발한 착상이고 기이한 작품이로다).
3. [石友 李丞旨時敏] 始而千佛現像 終焉萬法歸一 草堂春日 華胥夢回 空餘楊柳姻 惟聞烏雀喧◐(처음에는 천불의 현상이더니, 마지막에는 만법이 하나로 돌아갔다. 초당의 봄날에 화서몽[394]에서 깨어나니, 양류의 인연은 부질없이 사라지고, 오로지 들리느니 오작의 지저귐 소리뿐이로구나.)
4. [荷綺 任右相百經 1800~1864] 首尾一篇 能模寫情境 如花如錦 眞絶妙好辭◐(처음부터 끝까지 전편이 정경을 잘 모사[395]하여 꽃답고 비단 같으니, 실로 절묘한 좋은 글이다).
5. [原泉 洪參判詰健] 集衆長而成一家 祛陳言而刱新意 此是文章家上乘妙訣也 豈意忽於稗官中見之 雖然 是書豈可稗官讀之 是殆雲皐先生六十年 以學力之所推也 讀者切勿於一字一句間 泛看而妄評也◐(많은 장점을 모아 일가를 이루었고, 진부함을 덜어내 신의를 만들어 냈으니, 이것이야말로 글 짓는 이가 상승하는 묘결로서, 어찌 패관 소설 가운데서 볼 수 있으리라고 생각했겠는가? 비록 그러하나 이 책을 어찌 패관 소설로서 읽을 것인가? 이 책은 자못 운고선생의 60 년간의 학문의 힘으로 추구한 것이니 읽는 이들은 절대로 한 자 한 구라도 범연히 보아 망령된 평을 하지 말지어다).

---

393) 옛 책의 이름. 일설에는 중국 齊나라 때 있었던 해학서라고도 하고, 혹은 괴담을 잘하던 사람의 이름이라고도 한다. 후대에는 일반적으로 해학적인 서적을 일컫는 말로 쓰여졌다.
394) 吉夢. 華胥夢 옛날 중국 상고 때의 黃帝가 꿈에 화서국에 갔다가 태평스런 모습을 보았다는 고사. 뜻이 변하여 '낮잠'을 가리키는 뜻으로도 쓰였다.
395) 사물을 형체 그대로 그림.

6. [是迂 李判書興敏] 施耐菴「水滸傳」從黃昏籬落五更臥 被做出來 雲皐此卷 得之於紫陌紅塵 紛葱滾忙之中 而自出機杼 遂成一種奇書 洒知古今人 不相及者 殆是誣世語也◉(시내암의 「수호전」은 황혼이 울타리에 지고 난 5경396) 무렵에 누워 지어졌으며, 운고의 이 책은 자맥397) 홍진398)에서 매우 바쁜 중에 얻어진 것이다. 그러나 베틀에서 스스로 짜여 나온 듯 드디어 일종의 기이한 책을 이루었으니, 이에 옛 사람과 지금 사람이 서로 미치지 못함이 거의 이 세상의 잘못을 뒤집어 기만한 풍자의 말들임을 알겠다).

7. [星沙 姜判書時永 1788~?] 苟非匠心 獨運何以駕空中樓閣 駕亦無斧鑿痕 難矣 讀者當自知耳◉(진실로 장인의 마음이 홀로 움직이는 것은 아니라, 어떻게 하여 공중 누각을 얽었겠는가. 얽음이라는 것 또한 도끼 없이는 구멍을 뚫기가 어려울 것이니, 읽는 자는 마땅히 스스로 이를 알지어다).

8. [藏石 沈判書膺泰] 人間暫下金星 天外如聞玉簫 三生緣一場夢 官閑署冷遊逍遙 海山兜率天萬像自來赴雲皐 秋水芙蓉 春風楊柳 焚香細讀林月高◉(인간 세상에 금성이 잠깐 내려와 하늘 밖에서 옥퉁소 소리를 듣는 듯하네. 삼생의 인연은 한바탕의 꿈 관청일에 한가함을 틈타 소요하노라. 바다와 산과 도솔천의 만상이 제 스스로 구름 언덕에 오른다. 가을 물에 핀 부용과 봄바람에 하늘대는 버들. 수풀에 달은 떠오르는데 향을 사르며 책을 읽노라).

9. [恭史 徐參判堂輔] 纔有一段奇書 便作一種奇話 纔有一種奇話 却成一部奇文 是書也 焚回做眞幻 腐生神寫 出來無限情緣 水月鏡花 色相俱空 盖由文之奇而事亦奇矣◉(일단의 기이한 책이 있으면 바로 한 종류의 기이한 이야기가 지어지며, 한 종류의 기이한 이야기가 있으면 문득 하나의 기이한 글이 이루어지게 된다. 이 책은 불에 탄 데서 돌아와 진환을 지었고 진부한 데서 신묘한 묘사가 생겼으니 무한한 정회가 얽혀 물속의 달, 거울의 꽃처럼 색과 형체는 모두 빈 데[空]서 나온 것이다. 대개 문장이 기이함으로 해서 사건이 또한 기이하게 되었다).

10. [斗山] 使有黃車之採 當作第一奇觀 而滿肚珠璣 不能施之四瑚八璉 終歸之談空喫虛 此可惜也 爲之喟然 而余於吾友南潭樵「玉樓夢」亦云爾◉(만약 소설을 편찬하는 사람[黃車]이 채록했다면 응당 제일 볼 만한 것이 되겠으나, 뱃속에 가득찬 주옥 같은 글[滿肚珠璣]을 좋은 그릇[四瑚八璉]에 담지 못하고 끝내 허사로 되니 이것이 애석하여 이 때문에 탄식하노라. 나는 내 친구 남담초의 「옥루몽」에 대해서도 그런 식으로 말할 뿐이다).

11. [邵亭 金參判永爵 1802~1868] 自古稗官之類 皆文人遊戲 籍以洩佗儻不平之氣 苟或翶翔亨衢 笙鏞黼黻 鳴國家之盛 則不惟不屑 抑又不可及此 余於雲皐翁「六美堂記」益信◉(예부터 패관의 부류는 모두 문인들의 유희로서 마음에 우울하고 불평한 기운을 붙였다. 참으로 좋은 길[亨衢]에서 으시대며 부귀영화를 누리고 나라의 거룩함을 울린다면, 좋아하지 않을 뿐 아니라 또 여기에 미치지 못한다. 나는 운고옹의 「육미당기」를 더욱 믿는다).

12. [尹參判堉] 我願普天下才子 勿以鋪錦列繡 遽謂雲皐文章在是 須思玆鋪錦列繡 何從生中 必從擒虎捉龍中出來 又願普天下才子 勿以安礎定柱 又何從生中 必有無量好田地 無量好根基 然後礎柱龍虎錦繡 節節層層 循次呈露 如蠶吐絲 如蛛結網 無中生一 一生二 二生

---

396) 새벽 세 시부터 다섯 시 사이.
397) 도성의 길.
398) 번거롭고 어지러운 세상.

三 三生萬物 於是雲皐本來面目 如烘雲之月 如在淵之珠矣 雖欲韜老晦彩 其於武陵桃花 自不禁其流 出人間何哉 雲皐皮肚中 自有一部鼎鼐鹽梅 自有一部六韜三略 自有一部悉唎蘇嚧 自有一部汞鉛熊鳥 自有一部太乙奇正 椰子方寸 萬象森列 而佐之以左國之富艷 文之以齊梁之綺麗 仮以鳴之 宣其壹鬱正類 種苡而苡生 種荳而荳生耳 不然 垂首燃 帶睇目觀物 徒見其手 胝目怒而已 夫安能搗虚鑿空 購出堯夫 樓閣八牕玲瓏哉 然則向所謂安礎定住 捨之劊之 亦可 向所謂擒虎捉龍 放之縱之 亦可 向所謂鋪錦列繡 篋之笥之 亦可 並將三局「普陀傳奇」作一無字經 亦可 吾先師宣尼氏曰 繪事後素 曰吾從先進釋迦子 曰見月忘指 曰了忘則眞漆園叟 曰得於忘筌 曰是謂眞宰 予於雲皐先生「玉簫記」亦云 硏北病傖題.

13. [硯北病傖 又題] 昔一人生平處奉南海觀音 觀音忽降其家 伸一指 指其庭中盤石 粲然化爲黃金 汝欲之乎 其人曰 不欲也 但願得菩薩指頭耳 今讀「普陀傳奇」不意菩薩指頭眞正在是 處處遍指 皆作黃金 雲皐先生 其獨傳觀音妙詮會使指頭者歟 神龍變化 見首不見尾 纔見鱗甲 爪甲又不見◉(옛날 어떤 사람이 평생 동안 태어난 곳에서 남해관음을 모셨다. 관음이 갑자기 그 집에 내려와 손가락 하나를 펴 뜰에 있는 너럭바위를 가리키니 찬연히 황금으로 변했다. "네가 이 바위를 갖고 싶으냐?" 그 사람이 말하기를, "아닙니다. 다만 보살의 손가락 끝을 갖고 싶습니다."라고 했다. 지금「보타전기」를 읽어 보니 뜻밖에 보살의 손가락 끝이 진정으로 여기에 있었다. 곳곳마다 손가락이 널려 있어서 모두 황금으로 변하게 했다. 운고선생만이 관음의 묘법을 손가락으로 전하는 이로다. 신룡의 변화에 머리는 보이나 꼬리는 보이지 않고, 겨우 비늘만 보이고 톱은 또 보이지 않는도다).

14. [眉南 申參判佐模] 頭尾靈怪百出 使世之凡骨俗眼 不可摸捉 余於雲皐「六美堂記」云耳◉(처음부터 끝까지 신령스럽고 괴이함이 백 가지로 나타나서 세속의 범상한 눈으로는 제대로 파악할 수 없는 것은 내게는 「육미당기」뿐이라고 하겠다).

15. [紫閣 李參判升洙] 中散爲萬 末復合一 豈獨經傳有之 余於雲皐「普陀傳奇」亦云 雖然以生龍活虎之筆 不得鴻嗔風魚縱壑 而徒屑屑於稗官小記 惜哉◉(중간에서 만 갈래로 흩어졌다 끝에 가서는 다시 하나로 됨이 어찌 오직 경전만 그러한가? 나는 운고의「보타전기」역시 그렇다고 하겠다. 비록 그러하나 산 용과 범 같은 필치로써 기러기가 바람을 타지 못하고 물고기가 산골짝을 좇지 못하여 다만 패관 소기로 그침을 애석히 여긴다).

국문필사본

〈김태자전〉

【增】 金太子傳(금틱자젼)	김종철[家目]		1(99f.)
【增】 김틱자젼이라/김틱자젼하라 金太子傳	박순호[家目]		1(상: 丁巳閏二月정, 132 f.; 하: 113f.)
【增】 金太子傳 上/下	박순호[家目]		2(乙亥正元, 上: 48f.; 下: 74f.)

국문활자본

〈김태자전〉

김틱ᄌ젼 金太子傳	방민회[家目]<권상>/정병욱[李:古硏, 275]/조동일[국연자](20), 下	2(18회, [著]鮮于日, 唯一書舘, 초판 1915. 6. 30; 재판 1917. 11. 25; 3판 1920, 상: 제1회~제8회, 125pp.; 하: 제9회~제16회, 120pp.)

529.1. 〈자료〉

Ⅱ. (역주)

「김태자전」

  529.1.7. 로은옥 윤색·주해. 『김태자전』. 조선고전문학접집, 16. 평양: 문예출판사, 1990; 서울: 연문사, 2000(영인).

529.2. 〈연구〉

【增】 Ⅰ. (단행본)

  1) 최경환. 『六美堂記의 텍스트 생성과정 연구』. 월인, 2002.

Ⅱ. (학위논문)

〈석사〉

【增】

  1) 이현숙. "「육미당기」 이본 연구." 碩論(동덕여대 대학원, 2000. 8).
  2) 이은봉. "「육미당기」 연구: 창신의적 글쓰기를 중심으로." 碩論(인천대 대학원, 2002. 2).
  3) 김대경. "서유영의 「육미당기」 연구." 碩論(성신여대 대학원, 2002. 8).

Ⅲ. (학술지)

「김태자전」

【增】

  1) 이현숙. "「金太子傳」 이본 연구: 『每日申報』本과의 비교를 중심으로." 『한민족문화연구』, 5(한민족문화학회, 1999. 12).

「육미당기」

  529.2.23. 趙春鎬. "「六美堂記」 硏究(1) : 작중인물의 삶의 양상을 중심으로." 『국어교육연구』, 16(경북대 국어교육연구회, 1984. 12). 『우애소설연구』(경산대출판부, 2001)에 수정 재수록.
  529.2.25. 張孝鉉. "「六美堂記」의 作者 再論." 『古典小說硏究의 方向』(새문社, 1985. 3). 『韓國古典小說史硏究』(고려대출판부, 2002. 11)에 재수록.
  529.2.41. 장주옥. "「육미당기」 연구: 적층적 소재원을 중심으로." 『21세기와 한국어문학』[돈암어문학], 11](돈암어문학회, 1999. 2).
  529.2.42. 심치열. "「육미당기」 연구: 「옥루몽」과의 친연성을 중심으로." 『古小說硏究』, 7(韓國古小說學會, 1999. 6).

【增】

  1) 趙冬梅. "試論朝鮮漢文小說「六美堂記」." 『中國硏究』, 20(建國大 中國問題硏究所, 2001. 12).

2) 이은봉. "創新意的 글쓰기로서의 「六美堂記」 研究." 『인천어문연구』, 17·18(인천어문학회, 2002. 6).
3) 심치열. "「육미당기」의 문화론적 의미 연구." 『돈암語文學』, 15(돈암어문학회, 2002. 12). 돈암어문학회 편, 『문학적 맥락에서 본 국문학』(국학자료원, 2003. 2)에 재수록.
4) 沈致烈. "「六美堂記」." 刊行委員會 編. 『古小說研究史』(月印, 2002. 12).

▶(육서조생전 鬻書曺生傳 → 조신선전 B)
◑육선기 六仙記} ← 육선기봉 / 육선기연
〈관계기록〉
 ①『諺文古詩』(가람본), '언문칙목녹', 191:「육선긔봉」.

국문필사본

뉵션긔   天理大: 今西龍[日所在韓古目] 1(셰즤갑오졍월일운곡셔)

▶(육선기봉 六仙奇逢 → 육선기 六仙記)
▶(육선기연 六仙奇緣 → 육선기 六仙記)
【增】▶(육선생전 六先生傳 → 육신전)
◑530.[육신전 六臣傳] ← 육충신전 / 육문정충절행록
〈관계기록〉
 ①『宣祖實錄』, 卷 10, 9年 6月 乙酉: 上因經筵官所啓取南孝溫「六臣傳」觀之 招三公 傳曰 今見所謂「六臣傳」極可驚駭 予初不料至於如此 乃爲下人所誤 目見其書 不寒而栗[慄] 昔我光廟[世祖] 受命中興 固非人力所致 彼南孝溫者何人 敢自竊弄文墨 暴揚國事 此乃我朝之罪也 昔崔浩以暴國史見誅 此人若在 予必窮鞫而治之矣 所錄中語魯山 生於辛酉 至癸酉 其年十三而以十六書之 光廟壬申以謝恩使朝天 而乃書之曰 持訃使於上國 又曰 河緯地於癸酉 盡賞朝服 退去善山 光廟卽位 敎書致之就召云 緯地於甲戌年 在集賢殿上書 何也 若此之類 不一而足 其誕妄不經 固無足信 所可痛者 後人 豈能細知其事之首末乎 一見其書 便以爲口實 則此書適足爲壞人心術之物也 抑又有一論焉 彼六臣 忠耶否 如忠耶 何不快死於受禪之日 如其不然 又何不納履而去 採薇於西山耶 旣爲委質北面 又求害之 是豫讓之所深恥 而彼六臣者 屈膝於我朝 奮匹夫之謀 逞刺客之術 以冀僥倖於萬一 及其事敗之後 乃以義士自處 可謂心迹狼狽矣 其得爲烈丈夫乎 或曰 虛死不如立功 滅名不如報德 三問等其心 未嘗頃刻而不在於舊主 所以北面於我朝 將以期其後效 是不然 苟以成功爲貴 而不自恥其委質 則夷齊三仁 必相與爲謀 北面而事周 以圖興復矣 由妓以觀此輩 非獨不得致忠於其主 亦不可爲法於後世也 故予今表而並論之 況人各爲主 此輩與我朝 乃不共戴天之賊 則此書 非今日臣子所可忍見 余欲盡取此書而焚之 或偶語者亦重治何如 回啓曰 臣等 伏見備忘記 驚懼罔措 臣等 曾聞有以「六臣傳」爲言於經席者 心極未安 今者上敎 傷痛懇惻 允合天理 但此書訛誤失實 誠如聖諭 閭閻之間 罕有之 而年久湮沒之餘 若爲搜索之擧 必致大擾 終爲無益矣 且此妄書 苟有識者 孰敢偶語 偶語之禁一下 則當風俗薄惡之時 告訐之路 從此而開 誣枉之弊 亦不可不慮 中外之人 見聞所及 謹當兢省惕然 不待禁令而止矣 答曰 如是言之 今姑勉從◯(상이 경연관

이 아뢴 바에 따라 남효온이 지은 『육신전』을 가져다 보고 나서 삼공[399]을 불러 전교[400]하기를,
"이제 이른바 『육신전』을 보니 매우 놀랍다. 내가 처음에는 이와 같을 줄은 생각지도 못하고
아랫사람이 잘못한 것이려니 여겼었는데, 직접 그 글을 보니 춥지 않은 데도 떨린다. 지난날
우리 광묘[世祖 1417~1468]께서 천명을 받아 중흥하신 것은 진실로 인력으로 할 수 있는 것이
아니었는데, 저 남효온[1654~1492]이란 자는 어떤 자이길래 감히 문묵[401]을 희롱하여 국가의
일을 드러내어 기록하였단 말인가? 이는 바로 이 나라의 죄인이다. 옛날에 최호[?~450][402]는
나라의 일을 드러내어 기록했다는 것으로 주형[403]을 당하였으니, 이 사람이 살아 있다면 내가
끝까지 추국하여 죄를 다스릴 것이다. 기록된 내용 가운데 노산군[端宗 1441~1457][404]에 대해
언급하면서 신유년에 출생하여 계유년까지 그의 나이가 13세인데도 16세로 기록하였으며, 광묘께
서 임신년에 사은사[405]로 중국에 갔었는데, 여기에는 부음[406]을 가지고 중국에 갔다고 기록하였
다. 또 하위지[1387~1456]가 계유년에 조복을 벗고 선산[407]으로 물러가 있었는데, 광묘께서
즉위하여 교서[408]로 불렀기 때문에 왔다고 하였다. 하위지가 갑자년에 집현전에서 글을 올린
것은 무엇인가? 이와 같은 것이 한둘이 아니다. 그 왜곡되고 허탄함은 진실로 믿을 만한 가치가
없는 것이지만, 가슴 아픈 것은 뒷사람들이 어떻게 그 일의 전말을 자세히 알 수 있겠는가
하는 점이다. 한번 그 글을 보고 곧 구실로 삼는다면, 이 글은 사람의 심술을 해치기에 적당한
것이 될 것이다. 또 한 가지 논할 것이 있다. 저 육신이 충신인가? 충신이라면 어째서 수선[409]하는
날 쾌히 죽지 않았으며, 또 어째서 신발을 신고 떠나가서 서산에서 고사리를 캐 먹지[410] 않았단
말인가? 이미 몸을 맡겨 임금으로 섬기고서 또 시해하려 했으니 이는 예양[411]이 매우 부끄럽게
여긴 것이다. 그런데도 저 육신은 무릎을 꿇고 이 나라를 섬기다가 필부의 꾀를 도모하여 자객의
술책을 부림으로써 만에 하나 요행을 바랐고, 그 일이 실패한 뒤에는 이에 의사로 자처하였으니,
마음과 행동이 어긋난 것이라고 할 만하다. 그런데 열렬한 장부라고 할 수 있겠는가? 어떤
이는 '헛되이 죽는 것이 공을 세우는 것만 못하고 목숨을 끊는 것이 덕을 갚는 것만 못하다.

---

399) 3정승.
400) 임금의 명령.
401) 글을 짓거나 글씨를 쓰는 일. 文筆.
402) 중국 후위 때의 역사가. 經史를 博覽하여 明·元 초에 博士祭酒를 역임했다. 늘 經國의 大謀에 참여하여
    寵遇가 일시에 으뜸이었다. 후에 司徒에 이르고, 史務를 총리하고 祕書의 일을 감독했다. 國書(『魏書』)
    30권을 지었으므로 돌을 세워 그의 직필을 표창했으나, 國人이 그를 미워하여 일을 조작하여 황제에게
    고하여 죽이게 했다.
403) 죽음을 당하는 형벌.
404) 숙부인 세조에 의해 왕위를 빼앗기고 1457년에 魯山君으로 강봉되어 영월에 추방되었다가 결국에는
    죽음을 당하였다.
405) 조선조 때 임금이 중국에 사은하려고 보내던 사신.
406) 사람이 죽었다는 기별.
407) 경상북도 선산군.
408) 임금의 명령서.
409) 임금 자리를 물려받음.
410) 옛 중국의 백이·숙제의 고사를 가리킨다.
411) 중국의 전국 시대 晉나라 사람. 처음에 范中行氏를 섬겼으나 이름이 알려지지 않자 그 밑을 떠나 智伯을
    섬겨 총애를 차지하게 되었으나, 그가 趙襄子에게 멸망하자 몸에 검은 칠을 하여 병자처럼 꾸미고
    炭을 삼켜 벙어리가 되어 지백을 위해 조양자에게 복수를 노렸으나 양자에게 잡히자 자결하고 말았다.

성삼문[1418~1456] 등은 그 마음에 잠시도 옛 임금을 잊지 않고 있었으므로 이 나라를 섬긴 것은 뒷날의 공을 세우기 위한 것이다.'라고도 하지만, 이는 그렇지 않다. 진실로 공을 이루는 것만을 귀히 여기고 몸을 맡긴 것을 부끄럽게 여기지 않는다면, 백이·숙제와 삼인412)도 반드시 서로 모의하여 머리를 굽히고 주나라를 섬기면서 흥복을 도모했을 것이다. 이로써 보건대, 이들은 자기 임금에게 충성을 바치지 않았을 뿐 아니라, 또한 후세에도 모범이 될 수 없는 것이다. 그래서 내가 이제 드러내서 아울러 논하는 것이다. 더구나 사람은 각기 군주를 위하는 것인데, 이들은 이 나라의 불공대천의 역적이니 이들은 오늘날 신하로서는 차마 볼 것이 아니다. 내가 이 글을 모두 거두어 불태우고 누구든 이에 대해 서로 이야기하는 자가 있으면 그도 중하게 죄를 다스리려 하는데 어떠한가?" 하였다. 회계하기를, "신들이 삼가 비망기를 보니 놀라와 어찌할 바를 모르겠습니다. 신들이 일찍이 「육신전」에 대해서 경연 석상에서 아뢴 자가 있다는 것을 듣고 마음이 매우 불안하였습니다. 지금 상의 분부가 애통하고 간측413)한 것은 진실로 천리에 합당한 일입니다. 다만 이 글의 잘못된 점과 사실에 어긋나는 것이 진실로 성유414)와 같더라도, 여염 사이에 드물게 있는 책이며 또 세월이 오래되어 점차 없어져 가는 끝인데, 만약 수색하는 일을 시행한다면 반드시 큰 소란이 일어나서 끝내는 이익됨이 없게 될 것입니다. 또 이 요망스러운 책을 진실로 식견이 있는 사람이라면 누가 감히 서로 이야기하겠습니까? 이 책에 대해서 이야기하는 것을 금한다는 법이 일단 내리게 되면, 풍속이 각박한 이런 때에 고발하는 길이 이로부터 열리게 되고, 무고415)하는 폐단도 또한 우려하지 않을 수 없습니다. 중외416)의 사람들이 이런 일이 있었다는 것을 보고 들으면, 마땅히 조심하고 두려워하여 금령을 내리지 않아도 저절로 중지될 것입니다." 하니, 답하기를, "그렇게 말하니 지금 우선은 따른다." 하였다).

②『魯陵志』, 卷之二終: 且如騷人遊子 東西行過 感慨傷嗟 發於歌詠者有數焉 莫非出於性情之正 則亦應編摩 不宜終棄也 其曰 附錄 又何謂也 夫「六臣傳」尙矣 如金東峰·南秋江諸人事迹 固合幷錄於斯 而史事餘烈 至於戊午而極矣 故敢收錄其顚末 終附之 摠名曰『魯陵志』繕寫一通 藏之齋室 聊欲以備此邦之故事而已 …… 崇禎後癸卯正月 坡平尹舜擧謹識◉(또 시인과 유자들이 동서로 지나치며 슬퍼하고 탄식하여 노래하고 시로 지은 것이 꽤 많았다. 성정의 바름에서 나오지 않은 것이 없은즉 역시 응당 편찬해야 할 것이고 끝내 버려지는 것은 마땅치 않다. '부록'이라 함은 무엇을 일컬음인가? 무릇 「육신전」은 말할 것도 없고, 김동봉[金時習]·남추강[南孝溫] 같은 여러 사람의 사적을 여기에 합쳐서 기록해 두는 것이다. 사화의 여파가 무오년[1498]에 이르러 극도에 달했는데, 그 전말을 이 책의 끝에 붙여 두었다. 『금오신화』·「원생몽유록」 등의 책은 비록 우언이지만 역시 가히 보암직한 바가 있으므로, 부록의 끝에 붙여 둔다. 총칭하여 『노릉지』라 하고, 한 통을 깨끗이 베껴 재실에 간직해 두니, 이는 오직 이 나라의 고사에 대비하고자 할 따름일 뿐이다. …… 숭정 후 계묘년[1663] 정월 보름에 파평인 윤순거[1594~1667]가 삼가 쓰노라).

③『諺文古詩』(가람본), '언문칙목녹', 173: 「뉵츙신젼」.

---

412) 중국 은나라 말기의 세 사람의 仁者. 곧 微子·箕子·比干.
413) 간절하고 지성스러움.
414) 임금이 친히 가르킨 말씀.
415) 없는 일을 거짓 꾸며 해당 기관에 고소하거나 고발함.
416) 조정과 민간. 京鄕.

【增】

1) 『濯纓先生年譜』[1548](金大有 1479~1551), 庚戌年[1490]條; 秋江嘗作「六臣傳」先生以其掇拾傳聞 頗多錯誤 每相與恨其未得詳眞 至是 先生取考史館及本院日記 參以本藁 改撰爲傳 不示人藏一家 以待後之紬史者◐(추강[南孝溫 1454~1492]이 일찍이 「육신전」을 지었는데, 선생이 전해 들은 것을 주워 모은 때문에 꽤 많은 착오가 있었다. 탁영[金馹孫 1464~1498]이 늘 그 자세한 진실을 얻지 못함을 한스럽게 여기다가 이에 이르러 사관 및 본원의 일기를 취해 상고하고 또 본고를 참조하여 고쳐 전을 만들었으나, 남에게는 보이지 않고 집에 갈무리하여 후일의 역사 편찬자를 기다렸다).

2) 『月川集』[1904](金吉通 1408~1473), 年譜, 己丑年(1469)條: 十一月 先生纂述時事 自癸酉靖難 至乙亥丙子丁丑 並錄爲一編 深藏于篋中 一日 秋江南公孝溫撰「六臣傳」潛袖示之 相與考證 因握手慨涕而歸◐(11월에 선생[金馹孫 1464~1498]이 당시 일들을 기록하였는데, 계유정난417)에서 을해·병자·정축418)에 이르기까지의 일을 모두 써서 한 편으로 만들어 상자 속에 깊이 갈무리해 두었다. 하루는 추강 남효온이 「육신전」을 지어 소매 속에 감추고 와 보여 주니, 서로 고증해 본 후 손을 부여잡고 눈물을 흘린 후 돌아갔다).

3) 『小華龜鑑』, 권3:『西崖[厓]集』曰 秋江「六臣傳」以傳聞記之 未免謬誤 如何參判一節尤誤◐(『서애집』에서 이르기를, 추강의 「육신전」은 전해 들은 것을 기록했기 때문에 잘못을 면치 못했다. 하참판[河緯地 1387~1456] 한 대목은 더욱 잘못되었다).

4) 『[演慶堂]諺文冊目錄』(1920; 藏書閣所藏): 176.「六臣傳」1冊

5) 『[가람]칙목녹』(奎章閣所藏):「뉵신뎐 단」

국문필사본

【增】육신전	계명대[古綜目](벽920.0512육신전)	1(己巳年正月三十日筆)
【增】뉵션싱젼	박순호[家目]	1([표지] 崔庸鍾用, 을묘츈이월
문용왕후단동사		일의박션싱의십칠딕손료슌은셔,
六臣傳乾坤		40f.)

한문필사본

| 【增】六臣傳 | 계명대[古綜目](이)920.0512육신전) | 1 |
| 【增】六臣傳419) | 정경주[『草湖別傳』] | |

530.1. 〈자료〉

Ⅰ. (영인)

【增】

---

417) 조선 단종 계유년(1453)에 수양대군이 여러 대신들을 죽인 사건.
418) 수양대군이 어린 조카 단종을 임금자리에서 끌어내려 영월로 쫓은 후 스스로 임금이 되자, 이에 의분을 느낀 육신들이 정축년 6월 세조가 창덕궁에서 명나라 사신을 접대하는 기회를 타서 거사하려 하였으나, 밀고자로 인해 일이 발각되어 관련자 모두가 잡혀 처형되었다.
419) 「六臣傳」외에「英英傳」·「王慶龍傳」·「周生傳」·「元生夢遊錄」들이 합철되어 있다. 이 중 본 작품은 부분적으로 많이 훼손되어 있다.

1) 鄭景柱. "筆寫本 漢文小說集『草湖別傳』解題."『漢文古典의 文化解釋』. 慶星漢文學硏究會, 1999. 9. (정경주 소장)

◈530-1. [육염기 六艷記]420)

【增】〈제의〉 서달의 딸들인 일염·명염·광염·기염·자염·월염 등 여섯 명을 중심으로 하는 이야기

【增】〈관계기록〉

1) 『[演慶堂]諺文冊目錄』(1920; 藏書閣所藏). 142.「六艷記」2冊.

【增】〈비교연구〉

1)「육염기」에 등장하는 육염 가운데 문황후가 된 일염만이『明史』의 기록과 일치한다.『명사』의 기록에는 대왕비와 안왕비가 된 서달의 딸이 있었다고 하나, 서달의 딸이 제왕비나 운남왕비가 되었다는 언급은 없다. 서달의 딸 대왕비는 품성이 교투한 인물로 기술되어 있고, 안왕비에 대한 자세한 기사는 찾아 볼 수 없다.『명사』에서 건문황후와 방효유의 처는 실제로 마황후와 정씨이지만,「육염기」에서는 서달의 딸 자염과 월염으로 바꿔 놓고 있다. 반면 여섯 딸의 가부(家夫)들인 연왕, 제왕, 목영, 방효유, 경청, 건문제는 모두 실존하는 인물이다. 제왕의 생모를 사실과 다르게 서술하고 있으나,「육염기」에서 묘사되는 제왕의 존재와 생애는『明史』의 기록과 다르지 않다. …… 이상으로「육염기」와『명사』,『續英烈傳』을 고찰해 보았다.「육염기」에서 여성 주인공들은 일염을 제외하고 허구적으로 설정된 인물들이었다. 반면 남성 인물들은 역사에 실존했던 인물들이었다. 특히 건문제, 방효유, 경청에 대한 행적, 즉 건문제에 대한 일화나 건문제 신하로서 건문제에게 보이는 충절을 나타내는 일화에 관해서는『續英烈傳』의 서술과 동일하거나 혹은 흡사하다. 이로 보건대,「육염기」는『명사』에서 역사적 사실과 인물들을 수용·변용하는 한편, 건문제와 건문제 신하들에 관련한 일화는『續英烈傳』의 내용을 중심으로 수용하고 있음을 볼 수 있다. 이는「육염기」가 소설적·설화적 전승에 바탕을 둔 내용에 기대어 있음을 의미한다(최윤희, "「육염기」연구,"『古小說硏究』, 19[2005. 6], p. 70 및 74).

【增】〈이본연구〉

1) [「육염기」는] 3종의 한글 필사본이 현전하고 있고, 하성래본만이 2권 2책의 완질로 전하고, 영남대본과 연세대본은 각각 한 권만 전하는 낙질본이다. 이본들의 비교를 통해 하성래본과 영남대본은 동일 계열의 이본이고, 연세대본은 다른 이본 계열에 속한다는 것을 알 수 있었다. 특히 연세대본은 13회 이상의 장회 형식을 갖춘「육염기」의 존재를 상정케 하는 단서를 제공하고 있다(최윤희, "「육염기」연구,"『古小說硏究』, 19[2005. 6], p. 67).

국문필사본

【增】 뉵념긔 권지일	연세대(811.36)	낙질 1([표지]병오이월십사일; [말미]셰지병오오월망일필셔, 49f.)
뉵염긔 六艶記	영남대[漢目](813.5)	낙질 1(1: 50f.)
【增】 뉵염긔 六艶記	하성래	2(1: 39f.; 2: 41f.)

---

420) 이하 최윤희, "「육염기」연구,"『古小說硏究』, 19(韓國古小說學會, 2005. 6)을 참조하여 訂補했다.

【增】 530-1.2. <연구>
1) 최윤희. "「육염기」 연구."『古小說 硏究』, 19(韓國古小說學會, 2005. 6).

【增】 <회목>
1: (미상)
2: 셔공츌ᄉ빅호산
3: 셔원슈평뎡구쥐
4: 셔각노안긔부영
5: 뉵낭ᄌ봉긔쳬
6: (?)슌산화념
7: 일염모계졍난병
8: 명염가췌군왕
9: 광염녕즁거운남
10: ᄌ염투장방학ᄉ
11: 긔염위군닙결ᄉ
12: 월염손거탕남군
13: 광염몽유요디연421)

◐{육인기봉조구연 六人奇逢遭舊緣}
〈관계기록〉
  ① Courant, 856:「뉵인긔봉조구연 六人奇逢遭舊緣」.

◐{육조한담}
〈관계기록〉
  ①『諺文古詩』(가람본), '언문칙목녹', 199:「뉵됴한담」.

▶(육충신전 六忠臣傳 → 육신전)
◪531.[육효자전 六孝子傳]422) → *김효증전 / *이해룡전 / 효자전

국문활자본

(육효자전)

【增】 육효자전 륙효ᄌ전 六孝子傳	정명기[尋是齋 家目] 국회[目·韓II](811.31)/ 김종철[家目]/ 대전대[이능우 寄目](1144)/박순호 [家目] 1961/조희웅[家目]昌書舘, 1952; ……	1(廣韓書林, 연도 미상) 1([著·發]申泰三, 박건회 편술, 世

---

421) 이상의 회목 중 제2, 4, 6회는 연대본에 의거한 것이다. 그리고 제5회는 연대본에는 '뉵낭ᄌᄉ군긔취'로 되어 있다.
422) 김효징·이해룡·오준·양보·맹계상·양일 여섯 사람에 대한 효행록을 합편한 것이다.

류효즈뎐 六孝子傳　　　국중(3634-2-5=5)　　　1(6회, [編·發]朴健會, 朝鮮書舘, 1916.1.10, 87pp.)

〈회목〉
(회동서관판 / 세창서관판)423)

531.2. 〈연구〉
【增】Ⅱ.(학위논문)
〈석사〉
1) 권윤정. "「육효자전」연구." 碩論(한국교원대 대학원, 2005. 2).

▶(윤구전 允求傳424) → 이윤구전)
◐{윤노공}
■532.[윤선옥전]
532.2. 〈연구〉
【增】Ⅱ.(학위논문)
〈석사〉
1) 정미선. "「윤션옥전」의 모티프 수용양상과 서사적 기능." 碩論(경북대 교육대학원, 2000. 8).
【增】Ⅲ. (학술지)
1) 金光淳. "新資料「윤션옥젼」에 對하여." 『어문론총』, 31(경북어문연구회, 1997. 8).

◐{윤씨충효선행록 尹氏忠孝善行錄}
〈관계기록〉
① 『諺文古詩』(가람본), '언문칙목녹', 8: 「눈시츙효션힝녹」.

◐{윤여옥전}
▶(윤인경전 尹仁鏡傳 → 윤지경전)
【增】◐{윤중춘전}

|국문필사본|
윤즁츈젼　　　　　　박재연[中韓飜文展目(2003)]　　　1

▶(윤지경거평위일기 → 윤지경전)
■533.[윤지경전 尹知敬傳 / 尹志慶傳] ← 거평위윤공전 /425) 윤인경전 / 윤최재합록 / 윤최재회록426)

---

423) 조선서관판의 회차와 회목도 같다.
424) 『이본목록』·『작품연구 총람』에 추가.
425) 모든 사전에 추가.
426) 『이본목록』·『작품연구 총람』에 추가.

【增】〈관계기록〉

1) 『[演慶堂]諺文冊目錄』(1920; 藏書閣所藏): 171. 「居平尉尹公傳」5冊

(윤지경전)		
【增】 윤지경전	김광순[筆全](60)	1([표지]갑인이월십육일종, [말미]갑인이월십육일필셔, 44f.)
【增】 尹知敬傳 긔평규수젼	임형택[莽蒼蒼齋 家目]	1(계해[1923]원월, 44f.)

【增】(윤최재합록)427)

윤최지합녹	경북대[古811.31윤816]/국중[고6](古3636.108)(영인)	1(154f.)
윤최재회록	경희대(『국어국문학』, 51)	
윤최지합녹 尹崔再合錄	정문연[南涯藏目]/정문연(D7B-14)/[韓古目](913: R16N-001148-19)	1(癸未仲春初三日忙草可愧, 48f.)

한문필사본

(윤인경전)		
尹仁鏡傳	동국대(D923.25 최819ㅊ)	1(12f.)428)

533.1. 〈자료〉

Ⅰ. (영인)

【增】

1) 金光淳 編.『金光淳所藏 筆寫本韓國古小說全集』, 60. 박이정출판사, 1994. (김광순 소장)

Ⅱ. (역주)

【增】

1) 구인환.『윤지경전』. 우리고전 다시읽기 18. 신원문화사, 2003.

【增】 Ⅲ. (활자화)

1) 권혁래.『조선후기 역사소설의 탐구』. 월인, 2001. (하버드대 소장)

533.2. 〈연구〉

Ⅱ. (학위논문)

〈석사〉

【增】

1) 방실. "고전소설「윤지경전」과 희곡「윤지경전」비교 연구." 碩論(성신여대 대학원, 2003. 8).

Ⅲ. (학술지)

「윤지경전」

---

427) 『이본목록』 ◐{윤최재합록 尹崔再合錄}조에 있던 것을 이 곳으로 이동.
428) 필사본 「최고운전」 중에 실려 있다. 권말에 「어부ㅅ」 합철.

533.2.11. 權一台. "古典小說「尹知敬傳」考究."『東岳語文論集』, 19(東國大 東岳語文學會, 1984. 11).
533.2.18. 권혁래. "「윤지경전」의 이본 연구."『古小說研究』, 8(韓國古小說學會, 1999. 12).『조선후기 역사소설의 탐구』(월인, 2001. 10)에 재수록.

【增】
1) 金容洛 外. "舞臺와 古典의 새 解釋:「尹知敬傳」・「東里子傳」의 公演을 계기로 본 古典의 現代化 作業."『文學思想』, 21(文學思想社, 1974. 6).
2) 余世柱. "「尹知敬傳」의 作品樣相과 問題意識."『嶺南語文學』, 12(嶺南語文學會, 1985.12).
3) 권혁래. "하바드대학본「윤지경전」자료 소개."『洌上古典研究』, 12(洌上古典研究會, 1999. 12).
4) 宋晟旭. "「윤지경전」." 李相澤・朴熙秉・林治均・宋晟旭 엮음,『고전소설의 기초 연구』(태학사, 2002. 10).
5) 심치열. "「윤지경전」에 나타난 폭력의 대응방식 연구."『한국언어문학』, 50(한국언어문학회, 2003. 5).
6) 심치열. "「윤지경전」연구."『돈암어문학』, 16(돈암어문학회, 2003. 12).

▶(윤최재합록 尹崔再合錄 → 윤지경전)429)
▶(윤최재회록 尹崔再會錄 → 윤지경전430))
【增】◐{윤판서부인전 尹判書夫人傳}
〈관계기록〉
1)『[가람]칙목녹』(奎章閣所藏):「윤판셔부인뎐 단」.

◩534.[윤하정삼문취록 尹河鄭三門聚錄]431)
〈관계기록〉
① 「명주보월빙」, 100: 졔왕이 스비와 문양으로 화락ᄒ여 십뉵 ᄌ녀를 싱ᄒ고 …… 문양이 일즉 일녜오 녀오를 실이ᄒ여 디금 ᄉ싱 존망을 모로니 …… 하몽셩과 연분이 듕ᄒ미 긔특이 상봉ᄒ여 부모를 ᄎᄌ니 이 셜ᄒᆡ「삼문ᄌ녀별녹」의 잇ᄂᆞ디라 현긔로부터 졔왕의 ᄒ나토 용상치 아냐 튱신효졔디힝과 샤군 봉친디ᄉ 민멸키 앗가온 고로 시인이 다시「명문셰딕록」을 일우미 임의 「보월빙」이 윤하뎡 삼문 셜ᄒᆡᆫ 고로「윤시삼셰록」과「하문난월빙」을 아오라 각각 슈졔를 업시ᄒ여 다만「윤하뎡삼문ᄎᆔ의록」이라 ᄒ여 후셰의 젼ᄒᆞ니라.
②『諺文古詩』(가람본), '언문칙목녹', 57:「윤화졍습문취록」.
③ Courant, 914:「윤하정삼문ᄎᆔ록 尹河鄭三門聚錄」.

【增】
1)『[演慶堂]諺文冊目錄』(1920; 藏書閣所藏): 21.「尹河鄭三門聚錄」105冊.432)

─────────
429) 모든 사전을 수정하고,『이본목록』에 있는 이본 목록은 533.「윤지경전」조로 이동.
430) 『이본목록』・『작품연구 총람』수정.
431) 「명주보월빙」의 속편이다.

534.2. 〈연구〉

Ⅲ. (학술지)

534.2.4. 李相澤. "「尹河鄭三門聚錄」硏究 : 明珠寶月聘과의 作品의 連繫를 中心으로." 『韓國古典散文硏究』[張德順先生華甲紀念](同和出版社, 1981. 9). 『한국고전소설의 이론』, Ⅱ(새문社, 2003. 3)에 재수록.

【增】

1) 장시광. "「윤하정삼문취록」여성반동인물의 행위 양상과 그 서사적 기능." 『한국고전여성문학연구』, 9(한국고전여성문학회, 2004. 12).

◐{윤효자 尹孝子}
▶(율도왕전 → 위도왕전)[433]

【增】 ◐{은감록}

국문필사본

은감록　　　　　　　　　　박순호[家目]　　　　1(93f.)

【增】 ◐{은무성신일관중하}

국문필사본

은무성신일관중ᄒᆞ　　　　박순호[家目]　　　　1(87f.)

◉535. [[은애전 銀愛傳]][434]

〈작자〉李德懋(1741~1793)

〈출전〉『雅亭遺稿』, 3

〈관계기록〉

① 「銀愛傳」, 結尾: 贊曰 …… 如銀愛申汝偶 皆能義殺 而傅生者也 嗟夫 倘使銀愛汝偶 不遇明主 爲之平反 一朝居然就戮 不惟匹夫匹婦 冤莫雪 義莫伸 將見讒人 無所畏 而不友者 接跡而起也 故銀愛釋而人臣勸忠 汝偶放而人子勉孝 何哉 惟忠臣潔其身 惟孝子友其弟 忠孝興 而明主之化溥矣◯(찬양하여 말한다. 은애와 여척은 모두 정의로써 사람을 죽였으므로 목숨을 부지했던 것이다. 아아, 슬프다. 만일 은애와 여척으로 하여금 밝은 임금을 만나지 못해서 그럭저럭 하다가 하루 아침에 그대로 죽임을 당했다면 필부필부[435])가 원통함을 씻지 못하고 의리를 펴지 못했을 뿐만 아니라, 장차 남을 모함하는 자가 두려워할 바를 모르며, 우애 없는 자가 잇달아 생겨났을 것이다. 그러므로 은애를 놓아 주매 신하된 자가 충성하기를 즐거워하며, 여척을 놓으매 아들 된 자가 효도를 힘쓰게 되니 이는 무슨 까닭인가? 대체로 충신은 그의 몸을 깨끗이

---

432) 상단에 '現在 一○三冊'이라는 注記가 붙어 있고, 하단 摘要欄에는 '第十五, 三十 幷二冊欠'이라 되어 있다.
433) '위도왕전'은 '홍길동전'의 이본으로, '율도왕전'이 옳을 듯하나 원본 표지에 쓰여 있는 대로 따랐다.
434) 『正祖實錄』, 31, 14년 경술 8월조에 관계 기록이 있다.
435) 그저 평범한 사람들을 가리키는 말. 甲男乙女.

하고 효자는 그의 아우에게 우애하는 것이다. 그리하여 충효가 진흥됨은 밝은 임금님의 교화가 널리 행해졌음을 의미하는 것이다).

535.1. 〈자료〉
 Ⅱ.(역주)
 【增】
  1) 신해진.『朝鮮朝傳系小說』. 월인, 2003.

◘536.[을지문덕전 乙支文德傳]
 국문활자본   436)
 을지문덕전쟁긔   국중(911.032-2-8)   1([著]張道斌, 高麗館, 1926, 76pp.)

536.1. 〈자료〉
 Ⅰ.(영인)
  536.1.1. 仁川大民族文化硏究所 編.『舊活字本古小說全集』, 29. 銀河出版社, 1984; (再刊) 國際아카데미, 2002. (세창서관판)

▶(음양삼태성 陰陽三台星 → 옥주호연)
▶(음양염라왕전 陰陽閻羅王傳 → 염라왕전)437)
◘537.[음양옥지환 陰陽玉指環]
 537.2. 〈연구〉
  【增】 Ⅱ.(학위논문)
  〈석사〉
   1) 이윤희. "「음양옥지환」 연구." 碩論(한국교원대 교육대학원, 2003. 2).

▶(읍혈록 泣血錄 → 한중록)
◘538.[[의승기 義勝記]]
 〈작자〉林泳(1649~1696)
 〈출전〉『滄溪集』, 16

▶(의열녀전 義烈女傳 → 삼한습유)
▶(의열비충효록 義烈妣忠孝錄 → 설저전)438)

---

436) 1908년 廣學書舖에서 발간된 申采浩의『大東四千載 第一大偉人 乙支文德』은 고전 소설이라기보다는 개화기 역사 소설이다.
437)『이본목록』・『작품연구 총람』・『문헌정보』 수정.『이본목록』에 있는 이본 목록은 ◘417.「염라왕전」조로 이동.
438) ◘539.「의열비충효록」이「설저전」의 이명동종 작품임이 밝혀져 항목 번호를 삭제하는 한편 이왕의 기재 사항들은「설저전」항목으로 이동하였다.

■『의인의 무덤 義人의 墓』439)
▶(의협호구전 義俠好逑傳 → 호구전)
▶(이경난전 → 이정난전)
◐{이경작전}
〈관계기록〉
① 『諺文古詩』(가람본), '언문칙목녹', 171:「니경쥭전」.

【增】 국문필사본

【增】 니경작전 단권　　　　　　박순호[家目]　　　　1(壬子三月十八日, 明治四十年
　　　　　　　　　　　　　　　　　　　　　　　　　　　　[1907] 김득슈, 61f.)

◪540.[[이경전 二耕傳]]
〈작자〉鄭璣淵(1877~1952)
〈출전〉『琢窩集』, 21

◪541.[이계룡전 李季龍傳]
541.2.〈연구〉
【增】 Ⅱ.(학위논문)
〈석사〉
1) 남은희. "「이계룡전」 연구." 碩論(한국교원대 교육대학원, 2002. 2).

◪542.[이대봉전 李大鳳傳 / 李待鳳傳] → 대봉전 / 봉황대 / 봉황전 / 양주봉전
〈관계기록〉
①「思弟歌」: 忘懷나 하려 하고 옛책을 읽어 보니「趙雄傳」·「風雲傳」슬프고 장하도다「張伯傳」·「鳳凰傳」眞言인가 虛說인가「謝氏傳」·「淑香傳」구비구비 奇談일세.

〈이본연구〉
【增】
1)「이대봉전」을 대상으로 하여「양주봉전」과의 관계를 중점적으로 살펴보았다. 이제 논의된 결과를 요약하겠다. 첫째,「양주봉전」은「이대봉전」과 그 내용이나 내용 전개의 순서가 같다. 또한 디테일한 부분까지도 같다. 따라서 같은 작품이라고 보아야 한다. 다만 중심 인물의 이름과 서두 부분에서 설정한 부친의 신분에서 차이가 난다. 그러나 두 작품의 중심 인물은 그 이름만 다를 뿐, 각각 작품에 등장하는 시기나 작품에서의 역할은 같아서 중심 인물의 이름을 서로 바꾸어도 두 작품의 내용은 문제가 되지 않는다. 또한「양주봉전」에서는 부친 신분이 다르게 설정되었으나, 곧 다시 벼슬에 나가 왕희를 탄핵하다가 유배를 가고 말아「이대봉전」의 경우와

---

439) 이 책에 수록되어 있는 3편의 작품 중, 제1화는「義人의 墓」(pp. 1~10); 제2화는 宣祖 때 사람 崔慶有의 이야기(pp. 11~17); 제3화는「어린희싱」(pp. 18~35)인데, 이 중 제1화는 중국의『喩世名言』제7화, 혹은『今古奇觀』제12화의「羊角哀捨名全交」의 번역이다.

같아진다. 따라서 이것 역시 차이라고 할 수 없다. 「이대봉전」은 판각본으로도 존재하며 구활자본으로는 7회나 출간된 인기 있는 작품이었다. 반면 「양주봉전」은 구활자본으로만 존재한다. 시기적으로 「이대봉전」이 먼저 출현한 작품으로 보는 것이 타당하다. 같은 작품이면서 이상과 같은 사소한 차이가 생긴 것은 당시에 인기 있었던 「이대봉전」을 그대로 베껴 「양주봉전」을 만들고는 마치 다른 새로운 작품인 것처럼 꾸미려고 하였기 때문이다(임치균, "「이대봉전」," 李相澤 외 3인 엮음, 『고전소설의 기초 연구』[2001. 10], pp. 177~178).

국문필사본

(대봉전)

【增】	디봉젼이라 大鳳傳	박순호[家目]	1(冊主 蔡仁燮, 丙午十二月二日, 이 칙쥬은 임피용귀이 채점용이라, 62f.)
【增】	대봉전	정명기[尋是齋 家目]	1

【增】(봉황전)

【增】	鳳凰傳	정명기[尋是齋 家目]	1

(이대봉전)

【增】	리디봉젼 권지일/권지이 李大鳳傳 乾坤	김광순[筆全](52)	2(권지일[乾]: 丙午十一月二十 東萊后人老毫上瘑洞氏男伊宅, 49f.; 권지이[坤]: 병오십일월이십일 상마동 東萊后人老毫氏男伊宅, 63f.)
【增】	니디봉젼	미도민속관[생활사 도록]	1(을미이월이십삼일종니라, 칙] (10)쥬의박화약, 65f.)
【增】	이디봉젼 권지일 李大鳳傳 卷之一	박순호[家目]	1(54f.)
【增】	李大鳳傳	정명기[尋是齋 家目]	1
【增】	이대봉전	정명기[尋是齋 家目]	1[440]
【增】	이대봉전	정명기[尋是齋 家目]	1
【增】	이대봉전	정명기[尋是齋 家目]	2(上下)

국문완판본

【增】(대봉전)[441]

【增】	디봉젼 권지하라	박순호[家目]	1(36f.)[442]
【增】	디봉젼 권지하라	박순호[家目]	1(38f.)[443]

---

440) 「두껍전」과 합철되어 있다.
441) 상권은 '니디봉젼 상이라'란 이름으로 출간되었다.
442) 동일 판본 2책 소장.

【增】 딕봉젼 권지상이라/ 권지하라 大봉젼	이태영[家目]	2-1(南原郡南原面川渠里一番地 一心堂書鋪, 昭和六年[1931]十月十九日 三版發行, 상: 45f., 하: 38f.)	

【增】(이대봉전)[444]

니딕봉전	계명대[古綜目](고811.35 탁종길ㄴ)	2-1(1911)	
【增】 니딕봉전	김종철[家目]	1(상·하: 84f.)	
【增】 니딕봉전 상이라	박순호[家目]	1(45f.)[445]	
이딕봉전	임형택[莽蒼蒼齋 家目]	2-1(상: 45f.; 하: 37f.)	
【增】 이대봉전	정명기[尋是齋 家目]	1	

국문활자본

(봉황대)

【削】 봉황대 봉황딕 鳳凰臺	[李:古硏, 280]/[李周映, 博論] 국중(3634-2-48=5)<초판>/국중 (3634-2-48=2)<재판>	1(唯一書舘, 초판 1912, 95pp.) 1([編·發]南宮濬, 惟[唯]一書舘, 초판 1912.11.28; 재판 1914. 2.5, 95pp.; 3판 1916.2. 20, 56pp.)	

(이대봉전)

(고대소설)리대봉젼	국중(3634-2-23=5)/국중(3634 -2-23=6)/국중(3634-2-23=7)	1([著·發]金翼洙, 博文書館, 1916.2.2, 70pp.)	
(고대소설)리대봉젼	국중(3634-2-71=7)<4판>	1([著·發]金翼洙, 博文書館, 초판 1914.10.10; 재판 1921. 12. 28; 3판 1922. 11. 30; 4판 1920.2.5, 52pp.) (333)	
【增】(고대소설)리대봉젼	국중(3634-2-71=3)/국중(3634-2 -71=5)	1([著·發]盧益亨, 博文書舘, 1921.11.5, 52pp.)	
이대봉전 古代小說 李大鳳傳	국회[日·韓Ⅱ](811.31)/김종철[家目]	1(世昌書舘, 1952, 52pp.)	
【增】(고대소설)리대봉젼	국중(3634-2-71=1)	1([著·發]金翼洙, 朝鮮書舘, 1920, 52pp.)	
【增】(고대소설)리대봉젼	국중(3634-2-71=4)	1([著·發]洪淳泌, 漢城書舘, 초판 1914.10.10; 5판 1923.12.13, 52pp.)	

---

443) 동일 판본 2책 소장.
444) 하권은 '딕봉젼 권지하'란 이름으로 출간되었다.
445) 동일 판본 4책 소장.

(고딕소설)리딕봉전	국중(3634-2-23=9)	1([著·發]南宮楔, 漢城書舘·惟[唯]一書舘, 1918.11.30, 55pp.)
리대봉젼 샹 李大鳳傳 上	국중(3634-2-71=6)/서울대 (3350-133)/[仁活全](11)	1([著·發]高裕相, 滙東書舘, **1916.2.8, 76pp.**; 1925. 10. 30, 52pp.)

542.1. 〈자료〉

Ⅰ. (영인)

「봉황대」

542.1.3. 仁川大民族文化硏究所 編.『舊活字本古小說全集』, 20. 銀河出版社, 1984; (再刊) 國際아카데미, 2002. (한성서관판)

「이대봉전」

542.1.7. 仁川大民族文化硏究所 編.『舊活字本古小說全集』, 11. 銀河出版社, 1983; (再刊) 國際아카데미, 2002. (회동서관판)

【增】

1) 金光淳 編.『金光淳所藏 筆寫本韓國古小說全集』, 52. 박이정출판사, 1994. (김광순 소장)

Ⅱ. (역주)

「이대봉전」

542.1.13. 리창유·김세민·최옥희 윤색·주해.『진장군전(·리대봉전·어룡전)』. 조선고전문학전집, 23. 평양: 문예출판사, 1988; 서울: 연문사, 2000(영인).[446]

542.2. 〈연구〉

Ⅱ. (학위논문)

〈석사〉

【增】

1) 허우석. "「이대봉전」 연구: 여성의식을 중심으로." 碩論(경성대 교육대학원, 2004. 2).

2) 김민지. "「이대봉전」 모티프 양상에 나타난 구조와 그 의미." 碩論(경북대 대학원, 2004. 8).

Ⅲ. (학술지)

【增】

1) 柳浚景. "「李大鳳傳」." 刊行委員會 編.『古小說硏究史』(月印, 2002. 12).

2) 林治均. "「이대봉전」." 李相澤·朴熙秉·林治均·宋晟旭 엮음,『고전소설의 기초 연구』(태학사, 2002. 10).

3) 최지연. "「李鳳彬傳」의 이본 특성과 변개적 성격:「李大鳳傳」과의 관련을 중심으로."『古小說硏究』, 16(韓國古小說學會, 2003. 12).

4) 김민지. "「이대봉전」의 구조와 서사적 의미."『문학과 언어』, 26(문학과언어학회, 2004. 5).

---

446) 리창유 윤색·조동옥 주해 「리대봉전」과 김세민 윤색·주해 「진장군전」 및 최옥희 윤색·주해 「어룡전」이 합책되어 있다.

▶(이대장전 李大將傳 → 이태경전)

◐{이도령전 李道令傳}

〈관계기록〉

① 金起東, 『李朝時代小說論』, p. 596.

◪543.[[이돌전 李突傳]]

〈작자〉 裵正徽(1645~?)

〈출전〉『孤村集』

◪544.[이두충렬록 李杜忠烈錄]

◪545.[이등상강록]

◐{이랑전}447)

◪546.[이린전 李麟傳] ← 이인전

국문활자본

리린젼 상권/하권 李麟傳　　국중(3634-2-32=1~2)　　1(兪喆鎭 著, [著·發]兪喆鎭, 東昌書屋, 상: 1919.2.10, 64pp.; 하: 1919.2.10, 68pp.)

546.2.〈연구〉

【增】Ⅱ.(학위논문)

1) 서승혁. "「이린전」 연구." 碩論(한국교원대 교육대학원, 2003. 8).

▶(이몽룡전 李夢龍傳 → 춘향전)

◐{이몽선전 李夢仙傳}

▶(이몽우전 → 취취전)

◐{이문성취록 李門成聚錄}

〈관계기록〉

①「셩룡젼」(고대본) 말미: 스적이 하 긔특하미 잠간 긔록하야 셰샹의 젼하나니 쳥후 부뷔 만나 영화와 주여의 스적은 별젼이 잇난 고로 쵸쵸이 긔록하나니 후인은 ᄎ쳥하회하라 후록은「니문셩ᄎ록」 십오 권 잇시나 다 못 긔록하노라.

◐{이백경전 李白慶傳}

〈관계기록〉

①『象胥記聞』[1794?](小田幾五郎 1754~1831): 朝鮮小說 「張風雲傳」·「九雲夢」·「崔賢傳」·「蘇大成傳」·「張朴傳」·「林將軍忠烈傳」·「蘇雲傳」·「崔忠傳」 外 「泗氏傳」·「淑香傳」·「玉橋黎」·「李白慶傳」

447)『작품연구 총람』에 추가.

類 …… 其外「三國志」類 諺文書本有◐(조선의 소설로는 「장풍운전」·「구운몽」·「최현전」·「소대성전」·「장박전」·「임장군충렬전」·「소운전」·「최충전」 외에 「사씨전」·「숙향전」·「옥교리」·「이백경전」 따위가 있고 …… 그 밖에 「삼국지」 등의 국문 소설이 있다).

◐547.[이벽선생몽회록 李檗先生夢會錄] ← 이벽전
〈저자〉 丁若鍾(1760~1801)

547.2. 〈연구〉
Ⅲ. (학술지)
「이벽전」
【增】
1) 김근태. "開化期 基督敎 小說과 그 敍述方式: 「여니벽선생몽회록」" 『한국고소설의 서술방식 연구』(집문당, 2000. 10).

▶(이벽전 → 이벽선생몽회록)

◐548.[이봉빈전 李鳳彬傳] ← 봉빈전
【增】〈관계기록〉
1) 『[演慶堂]諺文冊目錄』(1920; 藏書閣所藏): 137. 「鳳彬傳」 1冊.

548.3. 〈연구〉
Ⅲ. (학술지)
【增】
1) 최지연. "「李鳳彬傳」의 이본 특성과 변개적 성격: 「李大鳳傳」과의 관련을 중심으로" 『古小說硏究』, 16(韓國古小說學會, 2003. 12).

◖{이봉황연}
〈관계기록〉
① Courant, 940: 「니봉황연 李??緣」.

▶(이사마효충록 李司馬孝忠錄 → 이태경전)
◐549.[이상국전 李相國傳]
▶(이상서전 李尙書傳 → 이학사전)
◐550.[[이생규장전 李生窺墻傳]] ← 『금오신화』 / 『신독재수택본전기집』
〈관계기록〉
①『金鰲新話』, 依田百川, 序文[1884]: 如金時習『金鰲新話』者也 此篇盖擬明人瞿宗吉『剪燈新話』而其才情飄逸 文氣富贍 琦句瑰辭 璀璨如錦 有過而無不及焉 然其「樗蒲記」·「窺牆傳」二篇 辭句美矣 未能脫淫靡之習◐(김시습[1435~1493]의 『금오신화』와 같은 것은 대개 명나라 사람 구종길[瞿祐 1341~1427][448]의 『전등신화』를 모방한 것이나 그 재치 있는 생각[才情]이

표일449)하고 문장의 기운이 넉넉하며 옥 같은 구절이나 말들이 찬란함은 비단과 같아 『전등신화』
에 비하여 더하면 더했지 못하지 않다. 그러나 그 중에도 「만복사저포기」나 「이생규장전」 2편은
사구가 아름다우나 음란하고 사치스런 폐습을 벗어나지 못하였다).

② 同上, 蒲生重章, 跋文[1884]: 大塚彦 將鐫朝鮮人金時習所著 『金鰲神語[話]』 携來示余 余閱之
歎曰 盖作者成化初 抱才學與時不遇 故發憤慨於此焉耳 如其 「萬福寺樗蒲記」·「李生窺墻傳」·
「南炎浮洲志」·「龍宮赴宴錄」 諸篇 或情致纏綿 或感慨鬱勃 或悲壯淋漓 或議論明快 或豪懷
骯髒 一讀 使人擊節不已 但諸篇 多虞初体 特乏聖賢正大之筆氣矣◐(대총언이 조선인 김시습
이 지은 『금오신화』를 간행하려고 가지고 와서 내게 보여 주었다. 내가 열람한 후 탄식하여
말하기를 대개 작자는 성화[1465~1487] 초년에 재학을 품었으나 때를 만나지 못해 여기에 분개함
을 나타냈을 뿐이다. 예컨대 「만복사저포기」·「이생규장전」·「남염부주지」·「용궁부연록」 등은
혹 정치450)가 뒤얽히고 혹 감개가 터져 나오며 혹 비장함이 흥건하고 혹 의논이 명쾌하며
혹 크나큰 회포가 항장451)하여 한번 읽으면 사람으로 하여금 격절452)하여 마지 않게 한다.
단 여러 편들은 '우초'453)의 체가 많아 특히 성현의 정대한 필력이 부족하다).

〈비교연구〉

【增】

1) 적어도 텍스추얼 스터디에 의하면, 이 소설과 「歌」454)의 직접적인 관계는 가능성이 매우 적은
   듯하다. 또 『剪燈新話』·『金鰲新話』 중의 다른 작품에도 플롯이나 표현에 있어서 한국의 「李生」
   [「李生窺墻傳」] 정도 「歌」에 가까운 작품은 찾을 수 없을 듯하다. 따라서 필자는 「歌」가 모든
   「위당」[「渭塘奇遇記」]이나 「聯芳樓記」, 혹은 『전등신화』 중의 다른 작품만의 직접적인 번안이
   라는 기정설을 반박하고 싶다. 즉 了意[淺井了意]는 『전등』·『금오』의 양자로부터 많은 작품을
   참고하고, 『伽婢子』 중의 많은 작품을 집필한 것으로 생각한다. 「歌」의 경우는 이런 가능성이
   특히 농후하고도 명백하게 나타나는 것은 아닐까?(佐藤俊彦, "『剪燈新話』·『伽婢子』 및 『金
   鰲新話』의 比較硏究," 『朝鮮學報』, 23[1962. 4], p. 79)[原文 日文].

2) 우리의 「이생규장전」은 작자 東峰이 『太平廣記』에 관하여 깊은 관심을 갖고 있었다는 사실이
   앞에서 입증이 된 이상 『전등신화』 所載의 「愛卿傳」에서뿐만 아니라, 그 위의 「唐晅」 설화도
   알고 있었을 것으로 믿어 그 영향도 크게 얻었다고 볼 수 있는 것이다. …… 대체로 瞿佑가
   「당훤」 설화의 요소들을 이용하여 「애경전」을 꾸몄으되, 여기에 없는 소재를 다른 데서 얻었거나
   창작하여 넣은 것이 상당히 있는데, 동봉은 거의 예외없이 이 소재들을 취하지 않고 있으며,
   「당훤」 설화와 공통으로 있는 요소들만을 취했으며, 「애경전」에는 없고 「당훤」에만 있는 魂의

---

448) '종길'은 구우의 字.
449) 뛰어나게 훌륭함.
450) 좋은 감정을 자아내는 흥치.
451) 꿋꿋함.
452) 박자를 맞춤.
453) '우초'는 원래 중국 한나라 때의 方士인데 의술에 능통하여 무제의 총애를 받았다. 그가 지은 '周說'은
     주나라 때의 전설을 모은 것으로 소설의 시조로 우러러져 후에는 뜻이 전하여 소설을 일컫는 말이
     되었다.
454) 일본의 淺井了意가 쓴 단편 소설집 『伽婢子』(1666) 중의 「歌を媒として契る」(노래가 중매하여 인연을
     맺다)라는 작품을 가리킨다.

지시에 의해 숨겨진 물품을 찾는다는 소재를 취하고 있고, 그 양편이 너무 접근된 부분은 간략하게 표현해 버린 점 등 「당훤」 설화와 깊이 연관되어 있는 사실을 참작할 때, 「이생규장전」의 후반부가 『태평광기』의 설화에서 많은 영향을 받았다는 것을 명백히 알 수 있다. 그러므로 결코 「이생규장전」도 『전등신화』의 이야기들에만 결부시켜 논의되어서는 안 되며, 더욱 『태평광기』에서도 많은 영향을 입어 창작되어졌음을 간과해서는 안 된다고 본다(金鉉龍, 『韓中小說說話比較研究』[1976. 6], p. 220 및 p. 226).

3) 『雨月物語』455)와 『금오신화』는 둘 다 괴이 현상을 다룬 괴이 소설로서 중국의 『전등신화』의 영향을 받은 작품으로, 이 『전등신화』 안에도 많은 단편들이 수록되어 있다. 그 중에서 『금오신화』의 「이생규장전」과 「우월물어」의 「淺茅が宿」(잡초의 무덤)이 『전등신화』의 「愛卿傳」을 똑같이 典據 작품으로 하고 있다. 그렇기 때문에 당연한 이야기가 되겠지만, 「애경전」이나 「이생규장전」 및 「淺茅が宿」(잡초의 무덤)은 생자와 사자와의 해후(이승과 저승), 만남과 이별 등의 공통적인 요소를 갖고 있는 등 스토리의 구조가 매우 비슷하다. …… 그러나 그럼에도 불구하고 양 작품 모두 유교적 교훈에 머물은 「애경전」의 한계를 뛰어넘어 죽음까지도 초월한 남녀의 사랑을 다루었다는 것을 알 수 있었다. 즉 「애경전」은 괴이를 이용하여 종래의 소설이 그러하듯이 남편과 부모 등에 대한 孝·貞·節에 중점을 두었는데 반하여, 「이생규장전」과 「淺茅が宿」(잡초의 무덤)에서는 「애경전」에서의 괴이를 받아들이기는 했으나, 괴이를 괴이 자체에서 만족하지 아니하고 한 차원 높여 지고지순한 남녀의 사랑에까지 이르고 있는데, 바로 여기에 「이생규장전」과 「淺茅が宿」(잡초의 무덤)의 가치가 있다고 본다. 그러므로 두 작품의 가장 뚜렷한 공통점은 괴이의 한계를 뛰어넘은 남녀의 사랑 이야기로까지 발전시켰다는 점이다. 똑같은 「애경전」을 典據로 했지만 두 작품의 저작 시기가 약 300년의 차이가 있음에도 불구하고 이와 같은 공통점을 갖고 있다는 것을 무심코 넘겨 버릴 수만은 없다고 본다. 물론 「淺茅が宿」(잡초의 무덤)이 들어 있는 『雨月物語』의 또 다른 전거 작품인 『御伽婢子』가 『금오신화』의 영향을 받은 것이 밝혀졌다고는 하나, 『우월물어』가 직접적으로 『금오신화』의 영향을 받았다고 하는 구체적인 증거는 아직 어디에서고 찾을 수 없는바, 이상의 공통점을 갖고 있다는 것만으로도 『금오신화』와 『우월물어』의 영향 관계를 의욕 있게 연구할 수 있는 시발점으로 여기고, 본고에서는 『금오신화』의 「이생규장전」과 『우월물어』의 「淺茅が宿」(잡초의 무덤)의 비교에 그 의의를 둔다(金仁圭, "『金鰲神話』와 『雨月物語』의 比較硏究," 『우리文學硏究』, 8[1990. 12], pp. 163, 180~181, et passim).

550.1. 〈자료〉

Ⅰ. (영인)

【增】

1) 정학성 역주. 『17세기 한문소설집』. 삼경문화사, 2000.

Ⅱ. (역주)

【增】

1) 정학성 역주. 『17세기 한문소설집』. 삼경문화사, 2000.
2) 郭正植. 『쉽게 읽는 고소설』. 신지서원, 2001.
3) 朴熙秉 標點·校釋. 『韓國漢文小說 校合句解』. 소명출판, 2005. (尹春年 편집본 『금오신화』)

---

455) 일본의 上田秋成(1734~1809)이 1768년에 지은 傳奇小說集. 총 9편으로 이루어져 있다.

550.2. 〈연구〉

Ⅱ. (학위논문)

〈석사〉

【增】

1) 이성호. "제7차 문학교과서 고전소설 제재의 학습목표와 학습활동 분석:「이생규장전」,「흥부전」,「양반전」을 중심으로." 碩論(고려대 교육대학원, 2003. 8).
2) 전근혜. "「이생규장전」과 유관 설화 비교 연구." 碩論(한양대 교육대학원, 2004. 2).
3) 최연희. "애정 전기소설에 나타난 사랑과 죽음:「이생규장전」,「운영전」,「심생전」을 중심으로." 碩論(목포대 교육대학원 2005. 2).
4) 황은희. "창의력 신장을 위한 문학 교육 방법 연구:「이생규장전」을 중심으로." 碩論(부산외국어대 교육대학원, 2005. 2).

Ⅲ. (학술지)

50.2.29. 李大揆. "「萬福寺樗蒲記」와「李生窺墻傳」의 해석."『국어교육』, 67·68합(한국국어교육연구회, 1989. 12).
550.2.33. 金一烈. "金時習과『金鰲新話』(李生窺墻傳)."『古典小說新論』(새문社, 1991. 12).
550.2.40. 이상구. "「이생규장전」의 갈등구조와 작가의식:『전등신화』와의 비교를 중심으로."『어문논집』, 35 (고려대 국어국문학연구회, 1996. 12).
562.2.41. 여세주. "「李生窺墻傳」에서 문제된 性道德觀念."『韓民族語文學』, 31(韓民族語文學會, 1997. 6).

【增】

1) 김진두. "「금오신화」와「전등신화」의 비교연구:「이생규장전」과「위당기우기」,「애경전」,「취취전」을 중심으로."『論文集』, 21(공주사대, 1983. 12).
2) 문범두. "「이생규장전」의 우의적 성격."『어문학』, 61(한국어문학회, 1997. 8).
3) 金樹中. "「李生窺牆傳」의 신화적 결혼 모티프."『人文科學硏究』, 20(조선대 인문학연구소, 1998. 8).
4) 이현국. "실존주의적 관점에서 본「이생규장전」."『어문학』, 68(한국어문학회, 1999. 10).
5) 채연식. "애정류 전기소설 연구:「이생규장전」을 중심으로."『漢城語文學』, 19(漢城大 國文科, 2000. 7).
6) 鄭煥局. "'전란' 소재 애정전기소설의 성립과 발전에 대한 시론:「취취전(翠翠傳)」과「이생규장전(李生窺墻傳)」을 중심으로."『민족문학사연구』, 19(민족문학사학회, 2001. 12).
7) 곽정식. "「李生窺墻傳」의 寓意性 考察."『인문과학논총』, 8(경성대, 2003. 8).
8) 정병헌. "「이생규장전」의 서사 기반과 비극성."『한국 고전문학의 교육적 성찰』(숙명여대출판국, 2003. 8).
9) 정상진. "「이생규장전」의 교육적 대상과 의의."『교육논총』, 5(부산외대 교육대학원, 2003. 12).

◐{이선객전 李仙客傳}

▶(이선군전 李仙君傳 → 숙영낭자전)

〈관계기록〉

① 金起東,『李朝時代小說論』, p. 601.

◪551. [이수문전] ← 금도야지전 / 금돼지전 / 이순문전

国文필사본

【增】(이수문전)

| 【增】 금도야지젼이라 이순문젼
李順文傳 | 김종철[家目] | 1(34f.) |

●{이숙전}
【增】 ▶(이순문전 李順文傳 → 이수문전)
▶(이순신실기 李舜臣實記 → 이순신전)
◪552. [이순신전 李舜臣傳] ← 이순신실기]

国文활자본

【增】(이순신실기/이순신전)

리슌신실긔 忠武公李舜臣實記	박순호[家目]/여승구 [『古書通信』, 15(1999.9)]	1(海東樵人 崔瓚植著, 博文書舘, 1925, <u>68pp.</u>)
충무공리순신실긔	홍윤표[家目]/[仁活全](29)	1([編·發]姜義永, 永昌書舘·韓興書林, 초판 1925. 12. 10; 재판 1925. 12. 31, 49pp.)
忠武公李舜臣實記	/정명기[尋是齋 家目]	

【增】(충무공전)

| 【增】 忠武公傳 | 정명기[尋是齋 家目] | 1 |

552.1. 〈자료〉
Ⅰ. (영인)
552.1.1. 仁川大民族文化硏究所 編,『舊活字本古小說全集』, 29. 銀河出版社, 1984; <u>(再刊) 國際아카데미, 2002</u>. (영창서관한흥서림, 1925 재판,「리슌신실긔」)
552.1.2. 仁川大民族文化硏究所 編,『舊活字本古小說全集』, 29. 銀河出版社, 1984; <u>(再刊) 國際아카데미, 2002</u>. (회동서관판,「리순신젼」)

●{이승상전 李丞相傳}
〈관계기록〉
①『諺文古詩』(가람본), '언문칙목녹', 169:「니승숭젼」.

▶(이시백전 李時白傳 → 박씨전)
●{이씨감천기 李氏感天記}

◘553.[이씨세대록 李氏世代錄]456)
〈관계기록〉
① 「쌍천기봉」(한국정신문화연구원 소장본), 16: 그 ᄋᆞᄌᆞ 현명이 십셰라 등문고를 쳐 아븨 죄를 딕하여지라 ᄒᆞ니 승상이 그 효의를 크게 감동ᄒᆞ야 공을 변새[邊塞]에 젹거[謫居]ᄒᆞ니 현명은 갈온 경문이니 이 ᄉᆞ연이 다 「세ᄃᆡ록」의 잇ᄂᆞ니라.
② 동상, 18 大尾: 문정공 졔ᄌᆞ와 하람공 졔ᄌᆞ의 ᄉᆞ젹이 더 긔특ᄒᆞᄃᆡ 이 젼「雙釧奇逢」]이 너모 지리ᄒᆞ니 별젼을 닐워 후셰예 젼ᄒᆞ리라 ᄒᆞ고 「니시셰ᄃᆡ록」을 지어 홍문 등 형뎨와 셩문의 ᄉᆞ형뎨의 ᄉᆞ연과 경문의 본부모 ᄎᆞᆺ던 일이며 허다 긔괴한 ᄉᆞ젹이 「셰ᄃᆡ록」의 다 ᄌᆞ시 잇ᄂᆞ니라 뉴위 이인이 셰가지 칙을 모든 뒤 젼ᄒᆞ니 보ᄂᆞ니 비록 니승상 위뒤을 드더시나 이뒤도록 ᄒᆞᆯ 모ᄅᆞ더니 긋쳐져 무미ᄒᆞ미 「셰ᄃᆡ록」에 잇ᄂᆞᆫ 연괴니 후인이 「셰ᄃᆡ록」가지 ᄂᆞ려보아 긔괴ᄒᆞᆫ 사연을 ᄌᆞ시 알나.
⑤ 『諺文古詩』(가람본), '언문칙목녹', 21: 「니시세ᄃᆡ록」.
④ 「玉鴛再合奇緣」[1786~1790](溫陽鄭氏 1725~1799), 14, 表紙 裏面: 「니시셰대록」.
⑥ Courant, 902: 「니시셰ᄃᆡ록 李氏世代錄」

【增】
1) 『[演慶堂]諺文冊目錄』(1920; 藏書閣所藏): 40. 「李氏世代錄」 26冊.

553.2. 〈연구〉
Ⅲ. (학술지)
【增】
1) 장시광. "「이씨세대록」여성반동인물의 행위양상과 그 의미." 『東方學』, 10(韓瑞大 東洋古典硏究所, 2004. 12).

▶(이씨충효록 李氏忠孝錄 → 이씨효문록)
◘554.[이씨효문록 李氏孝門錄] ← 이씨충효록
〈관계기록〉
① 「이씨효문록」(김광순 소장), 권 6: 강능후 형뎨 ᄌᆞ녀와 오왕의 허다 ᄌᆞ손의 긔긔 셜화 만코 옥환 금쳔으로 혼인을 일우며 충효 닙졀ᄒᆞᆫ 셜화 허다ᄒᆞ나 대셜의 ᄊᆞ희문 원ᄂᆡ 쳥문 션ᄉᆡᆼ 효ᄒᆡᆼ을 뒤강 젼셜ᄒᆞ미라 여러 ᄉᆞ젹이 번다ᄒᆞ무로 오왕 별젼을 다시 일워 셰상의 젼ᄒᆞ니라.
② 동상: 오왕 형뎨의 종신ᄒᆞᆫ 셜화는 오왕 별젼의 잇ᄂᆞ니라.
③ Courant, 878: 「니시효문록 李氏孝門錄」.
④ 『諺文古詩』(가람본), '언문칙목녹', 15: 「니시츙효녹」.
⑤ 同上, 77: 「니시츙효션ᄒᆡᆼ녹」.

【增】〈판본연대〉
1) 이들 「이씨효문록」의 이본의 필사 연대 보면 干支로 (1字 略) 李本[李坤淳 소장본]이 甲戌(1874, 1814, 1754년)에서 丙子요, 金 A本[金光淳 소장 66장본]이 戊子(1888, 1828, 1768), 그리고 金

---
456). 「쌍천기봉」의 속편이며, 「이씨후대인봉쌍계록」으로 이어진다.

B本[同 6책본]은 辛亥(1911,1851,1791)며, 朴本[朴順浩 소장 낙질 5책본]이 丁酉(1897, 1837, 1777)고, 羅孫本[김동욱 소장본]은 丁亥(1887, 1827, 1767) 등으로 되어 있다. 그런데 …… 李本의 卷二.[裏面]에 「이적선전」이 己未에 필사되었다고 한 점을 주목할 필요가 있다. 「이적선전」의 필사는 李本의 「니시효문녹」보다 후대에 이루어진 것은 자명하다. 그렇다면 李本의 필사 연대는 「이적선전」의 己未(1919, 1859, 1799)보다 45년 전인 1874년, 1814년, 그리고 1754년이라는 점은 족히 추정된다. 李本의 필사 상한 연대를 1754년(甲戌)으로 추정할 때, 다른 이본들의 상한 연대 그룹은 자연히 1754, 1767, 1768, 1777, 1791년이고, 하한 연대의 그룹으로는 1911, 1897, 1888, 1887, 1874년으로 볼 수 있으며, 그 중간의 그룹으로는 1814, 1827, 1828, 1837, 1851년에 해당된다고 하겠다. 그런데 주지하는 바와 같이 家門小說의 출현이 18세기 말에 이루어졌다고 한다면, 그것의 필사는 이보다 후에 진행되었을 것임은 의심할 여지가 없다. 「李氏孝門錄」의 형성 연대를 증명할 만한 자료가 발견되지 않았으니, 우선은 저들과 마찬가지로 18세기 말 이후에 이루어졌다고 할 수밖엔 없다. 이런 점에서 상게 이본들의 필사 연대는 19세기 초 이후인 상게 중간 그룹과 하한 그룹에 해당되고, 그 유통 시기도 이엔 속한다고 간주할 수 있다(田溶文, "「李氏孝門錄」에 대하여," 『韓國言語文學』, 40[1998. 8], pp. 311~312).

국문필사본

〈이씨충효록〉

| 【增】 니시튱효록 | 박순호[家目] | 1(54f.) |
| 【增】 니씨튱효록 권지샤 | 박순호[家目] | 낙질 1(33f.) |

〈이씨충효록〉

| 【增】 니씨효문녹 권지이 | 박순호[家目] | 1(113f.) |
| 【增】 니시효문녹 | 李坤淳[田溶文, "「李氏孝門錄」에 대하여," 『韓國言語文學』, 40] | 6(1: 甲戌, 59f.; 2: 乙亥, 67f.; 3: 乙亥, 66f.; 4: 乙亥, 64f.; 5: 乙亥, 57f.; 6: 丙子, 68f.)[457] |

554.2. 〈연구〉

Ⅲ.(학술지)

「이씨효문록」

【增】

1) 田溶文. "「李氏孝門錄」에 대하여." 『韓國言語文學』, 40(韓國言語文學會, 1998. 6).

▶〈이씨후대인봉쌍계록 → 인봉쌍계록〉

◘555.[이안민전 李安民傳]

〈작자〉 金鑢(1766~1821)

〈출전〉 『藫庭遺藁』, 9, '丹良稗史'.

---

457) 권 2는 접은 종이를 자르고 그 안에 「이적선전」을 필사했다(田溶文, "「李氏孝門錄」에 대하여," 『韓國言語文學』, 40[1998. 8], p. 310).

〈관계기록〉
①「李安民傳」, 結尾(部分): 李安民可謂奇才矣 夫人之有才也 思有以用於世也 如安民者 又烏足以盡其用哉 然世固有負才 乾沒鬱鬱以死者 夫如是則 安民雖謂之 用於世亦可也 …… 東人重閥閱 如安民不得盡其用 而況於材乎 余又嘗見安民水車圖 與倭國輪車 有異而甚精巧 安民創意以造 緩流則用人力 急流則自運 常以備旱災 世之人不能用 今其制亦不傳矣◑(이안민은 참말 기이한 인재였다고 할 수 있다. 대개 사람이 재주를 가졌을 때는 쓰이기를 생각하기 마련이다. 그렇지만 이안민과 같은 사람이야 어찌 그 재주를 다 써 먹었다고 할 수 있으랴? 세상에는 애당초 재주를 지닌 채 부질없이 우울하게 지내다가 죽는 사람들도 있다. 그렇다면 이안민은 재주를 세상에 써 보았다고 말해도 옳을 것이다. …… 우리 나라 사람들은 문벌을 중히 여겨 이안민과 같은 사람도 다 등용될 수 없었거든, 하물며 이재458)와 같은 사람이야. 내가 일찍이 이안민이 만든 '수차도'를 보았는데, 왜국에서 만든 윤차와 다르면서도 더욱 정교로웠다. 이것은 이안민이 고안해서 만든 것이다. 물살이 느린 데서는 사람의 힘으로 돌리고 물살이 빠른 데서는 저절로 돌아가는데, 언제나 가물 때면 쓸 수 있게 되었다. 그런데 세상 사람들은 쓰지 않았고, 지금은 그 법도 전해지지 않는다).

■『이야기 而也其』→ **동상기 / 수성지**
▶(이어사전 李御使傳 → **옥단춘전**)
◘556.[[이업후전 李鄴侯傳]] ←『주선전』
〈출전〉 樂善齋本『주선전』

국문필사본		
이업후전	정문연(『주선전』)	1(17f.)459)

【增】◐{이영성전}

국문필사본		
니영성전	박순호[家目]	1(51f.)

◐{이영춘효행록 李英春孝行錄}
▶(이옥소설 李鈺小說 → **문무자소설**)
◐{이옥쌍련기}
〈관계기록〉
①『諺文古詩』(가람본), '언문칙목녹', 132:「니옥쌍연긔」.

▶(이완실기 李浣實記 → **효종대왕실기**)
◐{이운령전}

---

458) 원문에 의하면, 進士 '李材'는 작자의 친구인 李杻山의 宗人이라 한다.
459) 「주선전」에 「하유철전」과 합철되어 있다.

▶(이운선전 李雲仙傳 → 십생구사)

◐557.[이윤구전 李允九傳 / 李允求傳] ← 쌍동전 / 윤구전

국문필사본

(쌍동전)

| 【增】 쌍동전 권지단 | 박순호[家目] | 1(경신정월서서명, 69f.) |

(이윤구전)

| 【增】 이윤구젼(李允九傳) | 김종철[家目] | 1(大正五年[1916] 陰二月, 42f.) |

557.1. 〈자료〉

【增】 Ⅱ.(역주)

1) 김수봉 주해.『매화전·석화룡전·쌍동전·양씨전』. 세종출판사, 2002.

▶(이은선전 → 십생구사)460)

▶(이인전 李麟傳 → 이린전)

▶(이인향전 李仁香傳 → 김인향전)

◐558.[[이장군전 李將軍傳]]

〈작자〉李安中(1752~1791)

〈출전〉『海叢』

558.1. 〈자료〉

Ⅱ.(역주)

【增】

1) 朴熙秉 標點·校釋.『韓國漢文小說 交合句解』. 소명출판, 2005. (서울대 奎章閣 소장『海叢』)

◐559.[이장백전 李長白傳]461) ← 계씨보은록 / *홍순언전

〈관계기록〉

① 「李長伯傳」結尾: 其後有譯官洪純彦者 又以高義 鳴於中國 報之以報恩緞者 禮部尙書夫人也. 人不同 而事則一也◉(그 후에 역관 중에 홍순언이란 사람이 있었는데, 그 또한 높은 의리로서 이름이 중국에 드날렸다. 보은단으로써 은혜를 갚은 사람은 예부상서의 부인이었다. [두 작품에서] 사람은 다르지만 일은 같았다).

한문필사본

(계씨보은록)

| 계시보은녹 季氏報恩錄 | 정명기[尋是齋 家目] | 1(27f.) |

---

460) 『이본목록』과 『작품연구 총람』에는 「이윤구전」항과 순서가 바뀌었고, 『줄거리 집성』에는 항목 자체가 누락되었다.

461) 작품의 내용이 야담으로 전하는 「洪純彦과 報恩緞」이야기와 매우 비슷하다.

559.2. 〈연구〉

Ⅲ. (학술지)

「이장백전」

559.2.6. 李愼成. "「李長伯傳」研究(1) :「李長伯傳」에 관련하여." 『論文集』, 21: 1(釜山敎大, 1985. 12). 『韓國古典散文硏究』(보고사, 2001. 2)에 재수록.

【增】

1) 이종호. "설화와 야담이 어떻게 장편소설로 되어 가는가:「이장백전」의 형성과 주제." 『조선의 문인이 걸어온 길』(한길사, 2004. 4).

〈줄거리〉

(정경주 소장본,「李長伯傳」)

……(車溶柱,『韓國漢文小說史 【創·『研究』』』[1989], pp. 223~224)

▶(이적선취초하만서 李謫仙醉草嚇蠻書 → 이태백실기)

◘560. [이정난전] ← 이경난전

국문필사본

【增】이정난전　　　　　　　　정명기[尋是齋 家目]　　　1

◘561. [[이정해전 李廷楷傳]]

〈작자〉柳本學(1770경)

〈출전〉『問菴文藁』, 上冊

〈관계기록〉

① 「李廷楷傳」, 結尾: 外史氏曰 余聞李廷楷事 久矣 但知其游於方外者 今得其槩於廷楷所親人 吁亦奇矣 惜其常自韜跡 而年時稍久 說之又未詳也 昔范曄 著方伎傳 凡異蹟人 無不收錄 以其關於世敎也 如李廷楷者 亦方伎類 而史家之可收者歟◯(외사씨는 말하기를, 나는 이정해의 이야기를 들은 적이 오래였다. 나는 다만 그가 방외[462])에 놀고 있는 자인 줄만 알았더니, 이제 그의 경개를 그의 친한 사람에게서 들어본즉 역시 기이하기 짝이 없을 뿐이다. 다만 그는 늘 자기의 자취를 감추었을 뿐더러, 그의 시대가 조금 오래 되었으므로 이야기하는 이도 상세히 아는 이가 없음이 애석한 일이로다. 옛날 범엽[463])이 '방기전'을 지어서 무릇 이상한 이야기를 지닌 자 치고 수록되지 않은 것이 없으니, 이는 실로 세교에 관계됨이 있는 까닭이었다. 이제 이정해와 같은 사람이야말로 역시 방기[464])의 무리로서 역사가의 수록할 바 아니겠는가?).

◘562. [이조양문록 李趙兩門錄]

국문필사본

【增】니됴양문녹 권지일/권지이　　김광순[筆全](53)　　2(1: 병오오월상마동필셔, 48f.; 2:

---

462) 세속의 테두리 밖. 또는 儒家에서 도가나 불교를 일컫는 말.
463) 南朝 송나라 때 역사가.
464) '方伎'는 '방기'와 통용되며, 의술이나 신선류를 말한다.

병오츄칠월일에동닉후인셔　상
마동씨남이틱, 43f.)

562.1. 〈자료〉
【增】
Ⅰ. (영인)
1) 金光淳 編. 『金光淳所藏 筆寫本韓國古小說全集』, 53. 박이정출판사, 1994. (김광순 소장)

【增】▶(이주벽전 → 권용선전)
◐{이죽천행록 李竹泉行錄}
【增】▶(이중백전 李仲伯傳 → 권용선전}
▶(이지봉전 李芝峯傳 → 지봉전)
◪563. [이진사전 李進士傳 ①465)]466) ← 진사전
【增】〈이본연구〉
1) 이들 [「이진사전」] 이본들의 내용은 전체적인 틀에서는 크게 다르지 않다. 그러나 작품의 마지막 부분의 내용에서는 다소 차이가 나는데, 이를 바탕으로 이들 이본들은 크게 두 가지 계열로 나눌 수 있으며, 이를 다시 세분할 수 있다. 마지막 부분의 내용에서 이태경이 외국에 있는 자식을 상봉하느냐, 아니면 상봉하지 못하는 것을 한하면서 세상을 떠나는가에 따라 이들 이본은 양 대별된다. 활자본과 (4)[羅孫 소장 「리딘샤젼」], (10)[박순호 소장 「이태경전」]은 전자에 속하고 (3)[羅孫 소장 「니사마츙효록」], (5)[고려대 경화당문고 「리진사전」], (9)[한국정신문화연구원 소장 「니틱경젼」, 43장]는 후자에 속한다. (6)[국립중앙도서관 소장 「이진사전」]과 (7)[한국정신문화연구원 소장 「니틱경젼」, 77장]은 끝 부분이 매우 축약되어 있어서 어디에도 소속시키기가 쉽지 않다. …… 그리고 (8)[한국정신문화연구원 소장 「이틱경젼」, 55장]은 형제가 만나는 부분까지만 필사되어 있다. 이른바 낙질인 셈이다. 그런데 이들은 다시 자손들의 후일담이 장황하게 서술되느냐 그렇지 않느냐에 따라 나눌 수 있다. 자식과 상봉하는 이본 가운데에서 (4)는 전자에 속하고, 활자본과 (10)은 후자에 속한다. 자식과 상봉하지 못하는 이본 가운데에서 (9)는 전자에 속하고 (3)과 (5)는 후자에 속한다. …… 이상의 사실을 토대로 이들 이본을 계열화하면 다음과 같다.

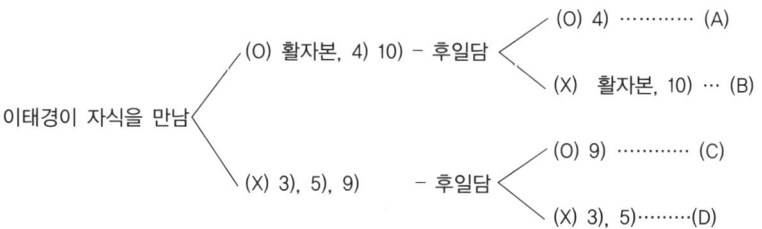

하버드대학교 연경도서관본 「이진사전」은 이 가운데에서 바로 D계열에 속하는 이본이다(임치균, "「이진사전」," 李相澤 외 3인 엮음, 『고전소설의 기초 연구』[2001. 10], pp. 403~404).

---

465) 『이본목록』・『작품연구 총람』・『문헌정보』에 추가.
466) 일명 「이진사전」으로 불리우는 「이태경전」과는 별개의 작품이다.

국문필사본

【增】 이진사록전이라	박순호[家目]	1(23f.)
【增】 니진사젼 권지단	박순호[家目]	1([표지]유진사댁, [말미]갑신원월슌이일 가형은 서한다, 낙장 64f.)
【增】 이진사젼니라	박순호[家目]	1(丁亥年正月, 60f.)
【增】 진사젼니라	박순호[家目]	1(38f.)
【增】 李進士傳	정명기[尋是齋 家目]	1
【增】 이진사젼	정명기[尋是齋 家目]	1[467]
【增】 이진사젼	정명기[尋是齋 家目]	1
【增】 남산동 이진사젼	정명기[尋是齋 家目]	1

국문활자본

(고딕소셜)리진ᄉ젼 (古代小說)李進士傳   국중(3634-2-16=3)   1([著·發]高裕相, 滙東書館, 1925.12.25, 54pp.)

563.2. 〈연구〉

【增】 Ⅱ.(학위논문)

〈석사〉

1) 김진욱. "「이진사젼」 연구." 碩論(한국교원대 교육대학원, 2003. 2).
2) 방정민. "고전소설의 창의적 수용 방안 연구: 7차 교육과정을 중심으로 한 「이진사젼」을 중심으로." 碩論(아주대 교육대학원, 2005. 2).
3) 이승후. "「월하선전」과 「이진사젼」에 나타난 기녀의 주체성 비교 연구." 碩論(한국교원대 대학원, 2005. 2).

Ⅲ. (학술지)

【增】

1) 박여범. "「이진ᄉ젼」의 구조와 결연의 특성." 『國語文學』, 34(國語文學會, 1999. 11).
2) 조광국. "「이진사젼」에 나타난 기녀 몰락 양반의 의식(意識)의 추이." 『德成語文學』, 10[晩耕朴炳完敎授停年退任記念號](德成女大 國語國文學科, 2000. 1).
3) 林治均. "「이진사젼」." 李相澤朴熙秉林治均宋晟旭 엮음, 『고전소설의 기초 연구』(태학사, 2002. 10).
4) 조광국. "「이진사젼」: 기녀·몰락 양반의 결연에 구현된 교환." 『한국문화와 기녀』(월인, 2004. 2).

【增】 ▶(이진사전 李進士傳 ② → 이태경전)[468]
▶(이진사효행록 李進士孝行錄 → 이태경전)
◐564.[이춘매전 李春梅傳][469] ← 상주유씨전[470] / 유부인전 / 유씨부인전 /

---

467) 「女子須知」와 합철되어 있다.
468) 『이본목록』·『작품연구 총람』·『문헌정보』에 추가.

유씨열녀전 / 유씨열행록 / 유씨전 / 춘매전 / 춘무전

국문필사본

【增】(상주유씨전)

| 【增】상주유씨젼 | 박순호[家目] | 1(乙축二十三일씀, 20f.) |

(유씨전)

【增】유씨젼	김광순[筆全](64)	1(庚戌二月初二日, 서두 밑면 훼손, 32f.)
【增】유씨젼 권지단이라	박순호[家目]	1(47f.)
【增】뉴씨젼 권지	박순호[家目]	1(77f.)
【增】유씨젼니라	박순호[家目]	1(52f.)
【增】유씨젼 권지단이라	박순호[家目]	1(30f.)⁴⁷¹⁾
【增】유씨젼이라	박순호[家目]	1(49f.)
【增】유씨젼이라	박순호[家目]	1(셰지병인이월염시추득䋐이, 孝竹精舍, 38f.)
【增】유씨젼	여태명[家目](26)	1(乙巳三月二十八日初始, 20f.)
【增】柳氏傳	정명기[尋是齋 家目]	1

(이춘매전)

| 【增】니츈믹젼 권지단이라 | 박순호[家目] | 1(무술사월시작리라, 32f.) |

(춘매전)

【增】츈믹젼니라 春梅傳 단니ᄅ	박순호[家目]	1(기히니월십칠일익만친노라, 40f.)
【增】츈믹젼	여태명[家目](2)	1(34f.)
【增】월화젼 츈믹젼	여태명[家目](416)	2-1(경북영주군 안정면, 37f.)

564.2. 〈연구〉

Ⅱ. (학위논문)

〈석사〉

「유씨전」

【增】

1) 이명현. "「유씨전」 연구." 碩論(중앙대 대학원, 2000. 8).

【增】「춘매전」

1) 이창열. "「춘매전」의 구조와 서술의식." 碩論(경북대 교육대학원, 1999. 8).

Ⅲ. (학술지)

「이춘매전」

564.2.6. 朴鍾翼. "「李春梅傳」 연구." 『語文硏究』, 25(語文硏究會, 1994. 11).

---

469) 「상주유씨전」은 이 소설의 일부만 복사한 것이다.
470) 「이춘매전」의 일부를 필사한 이본이다.
471) 「빅학선젼」(39f.) 합철.

「춘무전 / 춘매전」

564.29. 오종근. "「춘미전(春梅傳)」 연구."『국어국문학』, 123(국어국문학회, 1999. 3). 오종근·백미애,『조선조 가정소설』(월인, 2001. 8)에 재수록.

【增】

1) 朴鍾翼. "乙巳本「츈매젼」의 特徵 考察."『語文硏究』, 47(語文硏究學會, 2005. 4).

▶(이춘백전 → 강릉추월)
◨565.[이춘풍전 李春風傳] ← *부인관찰사 / 춘풍전
〈작품연대〉
【增】

1)「李春風傳」의 이본은 모두 7종으로 방각본이나 구활자본(딱지본)은 없고 모두 필사본이다. 작품에 표기된 필사기를 통해 필사 연도를 추정할 수 있는데, 우선 단서가 되는 것은 '경성'이라는 지명 표기다. 서울을 경성이라고 불렀던 것은 1910년 무렵이니 20세기 초에 필사된 것을 알 수 있다. 하지만 경성이라는 지명은 京板本「洪吉童傳」에도 등장한다. 그러기에 '경성'이라는 단어만 가지고는 20세기 초로 단정 짓기에 부족하다. 김동욱본(A)의 끝장에는 책주인에 대한 자세한 주소와 필사기가 있어 참고가 된다. 거기엔 '冊主人 堤川郡 縣右面 雲田里……'로 표기되어 있다. 제천이 郡으로 승격된 것은 1895년이고, 面이라는 지위가 확립된 것은 1910년 10월 1일 이후의 일이니, 이 필사기는 그 이후에 적었을 것이 분명하다. 이런 사실을 토대로 각 이본들의 필사 연도를 추정해 보면 다음과 같다.

장덕순본: 乙巳(1905)
김종철본: 己酉(1909)
김동욱본(A): 표지엔 壬子(1912), 말미엔 辛亥(1911)
김동욱본(B): 표지엔 庚戌(1910), 말미엔 己酉(1909)
가람본: 壬子(1912)
국립도서관본 : 필사기 없음
임형택본 : 필사기 없음

모든 이본이 1905~1912년에 필사됐음을 알 수 있다. 그렇다면 성립 시기는 언제인가? ……『觀優戱』의「日者打令」은「게우사」라는 작품으로 정착됐음이 확인되었지만, 시정 잡배들의 유흥 세태가「이춘풍전」의 그것과 유사한 면이 많다.「이춘풍전」은 김동욱본(B)를 제외하고는 대부분의 이본들이 구체적 사물의 세세한 나열을 통한 사설의 부연·확장 등 판소리의 유입이 두드러진다.「이춘풍전」에 판소리의 유입이 두드러진다는 사실은 이 작품의 형성 과정이 판소리와 밀접한 관계가 있다는 증거가 된다. 이렇게 볼 때「日者打令」이 실전되는 과정에서「게우사」라는 작품으로 정착되기도 했지만, 활자들의 유흥 세태나 패가망신하는 과정, 아내(혹은 아내와 공모한 기생)에게 구출되는 결말 등은 여러모로「이춘풍전」의 형성 과정에 영향을 주었으리라 보인다.『觀優戱』가 1843년에 이루어졌음을 감안한다면,「이춘풍전」의 성립은 그 이후가 된다고 추정할 수 있다. 이런 여러 정황들을 종합해 보면「이춘풍전」은 19세기 중엽에 성립됐다고

하겠다(권순긍, "「李春風傳」의 풍자성과 근대적 지향," 『泮橋語文硏究』, 5[1994. 4], pp. 182~185 발췌 인용).

⟨비교연구⟩

【增】

1) 「이춘풍전」의 성립 과정에 대해서 다음의 자료가 흥미로운 단서를 제공한다. …… (자료 인용 생략) …… 이 자료는 『靑丘野談』에 「獲生金父子同宮」이라는 제목으로 실려 있으며, 『東野彙輯』에도 「轎一石父子敍倫」이라는 제목으로 수록되어 있다. 물론 내용은 기생집에서 금을 얻어서 낭비한 재산을 벌충하고 父子가 의를 다시 이었다는 것이어서 「이춘풍전」과는 다르다. 하지만 여러 야담집에 실려 있는 것을 보면 평양 기생에 혹해 재물을 날리고 그 집 사환 노릇을 한다는 사건은 당시 실제 일어났던 일이었을 것으로 보인다. 이런 사건을 바탕으로 하여 왈짜들의 유흥 세태가 결합하여 「이춘풍전」의 전반부가 구성되었을 것이다. 후반부는 현재로서는 확실한 근거가 될 만한 자료는 없다. 하지만 『奇聞』의 「自願裨將」이나 『동야휘집』의 「嬴萬金夫妻致富」가 형성 과정을 추정할 수 있는 단서를 제공해 준다. 「자원비장」은 스스로 비장으로 자처해 평양감사를 따라가 재산을 모았다는 얘기인데, 춘풍 아내가 비장으로 내려가기까지나 평양서 재물을 늘린 것과 유사성을 보인다. 물론 비장으로 내려가 위기에 처한 남편을 구한다는 대목은 없다. 또 「呂生」은 허생식의 이야기인데 집에 돌아오니 그 부인이 재산을 늘렸다고 하여, 춘풍 아내의 행적과 비슷하다. 이런 사실은 「이춘풍전」의 기본 구성이 야담으로부터 왔다는 근거가 된다. 여기에 「왈짜타령」이 결합하여 사건을 보완하고 디테일을 풍부하게 했으리라 추정된다. 야담은 조선 후기의 시정 세태를 잘 묘파해 낸 장르니만큼 「이춘풍전」의 사건 구성의 뼈대가 됐겠고 여기에 판소리의 확장적 문체가 유입되어 풍부한 디테일을 형성했으리라 본다(권순긍, "「李春風傳」의 풍자성과 근대적 지향," 『泮橋語文硏究』, 5[1994. 4], pp. 185~186).

⟨이본연구⟩

【增】

1) [「이춘풍전」의] 이본은 크게 두 계열로 나누어 진다. 하나는 판소리계이고, 다른 하나는 문장체 소설 계열이다. 6종의 이본이 판소리체이고 김동욱본(B)만 문장체 소설이다. 내용은 6종의 이본이 거의 일치한다. 세부 묘사가 약간 차이날 뿐이다. 다만 김동욱본(B)만 두드러진 차이를 보인다. 우선 분량 자체가 59장으로 다른 이본들에 비해 길며 대체적인 줄거리는 같으나 삽화가 많이 부연됐다. 이춘풍의 집도 서울이 아니라 '양주 타락골'이며, 형세가 요부한 요호부민으로 그려져 있다. 이춘풍의 부친도 이름이 '이덕동'이며 춘풍에게 돈을 함부로 쓰지 말라는 부탁도 한다. 춘풍이 유흥에 탐닉하게 되는 것도 춘풍의 성격보다는 '흉한 건달'들이 춘풍을 유인한 것에 기인하다. 또한 평양 기생 추월도 본명은 '안추월'이며 나이는 21세로 비교적 소상하게 인적 사항을 밝혔다. 춘품의 아내도 평택 사람으로 '심평택'으로 밝혔으며, 평양감사도 본명이 '김희순'으로 나온다. 한편 춘풍이 추월의 집에서 사환 노릇하는 사실도 팔자인 박성렬에 의해 춘풍 아내에게 전달된다. 가장 두드러진 차이는 후일담인데, 춘풍이 청양감사의 도움으로 '강원도 습척 굴화영즉[장]'을 지냈다는 사실이 보태져 있다. 김동욱본(B)은 판소리체인 다른 이본들에 비해 풍자적 성격이 약화되고 현부의 덕을 강조하는 전형적인 문장체 소설로 구성되어 있다(권순긍, "「李春風傳」의 풍자성과 근대적 지향," 『泮橋語文硏究』, 5[1994. 4], p. 185).

국문필사본			
(이춘풍전)			
【增】 이춘풍전	김종철[家目]		1(29f.)⁴⁷²
이츈풍전	임형택[莽蒼蒼齋 家目]		1(22f.)⁽³⁶⁴⁾
(춘풍전)			
【增】 츈풍젼	계명대[古綜目](고811.35춘풍전)		1(戊午年正月終)

565.2. 〈연구〉

Ⅱ. (학위논문)

「이춘풍전」

〈석사〉

【增】

1) 공규택. "활자본「이춘풍전」연구." 碩論(한국교원대 교육대학원, 2002. 8).
2) 이수정. "「이춘풍전」연구:「게우사」와의 대비를 중심으로." 碩論(성균관대 대학원, 2000. 8).
3) 배선희. "「게우사」와「이춘풍전」대비 연구." 碩論(신라대 교육대학원, 2002. 8).
4) 김소연. "「이춘풍전」의 세태소설적 특징 고찰." 碩論(인천대 교육대학원, 2003. 2).
5) 송인종. "「이춘풍전」연구." 碩論(군산대 교육대학원, 2004. 2).
6) 한정양. "「이춘풍전」과 그 상호 관련 작품 연구." 碩論(강원대 교육대학원, 2004. 2).
7) 이주연. "「이춘풍전」에 나타난 여성형상과 그 시대적 의의." 碩論(인천대 교육대학원, 2005. 2).

Ⅲ. (학술지)

「이춘풍전」

565.2.29. 곽정식. "「이춘풍전」의 신연구."『국어교육』, 51·52합(국어교육연구회, 1985. 2).
565.2.38. 권순긍. "「李春風傳」의 풍자성과 근대적 지향."『泮橋語文硏究』, 5 (泮橋語文學會, 1994. 4). 반교어문학회 편,『고소설의 사적전개와 문학적 지향』(반교어문총서 3, 보고사, 2000. 3)에 재수록.
565.2.41. 서경희. "「이춘풍전」의 남성과 여성."『梨花語文論集』, 17(梨花語文學會, 1999. 10). "「이춘풍전」의 여성과 남성"으로 이화어문학회,『우리문학의 여성성·남성성(고전문학편)』(월인, 2001. 1)에 재수록.

【增】

1) 이성권. "가정소설로 본「이춘풍전」."『우리어문연구』, 12(우리어문학회, 1999. 2).
2) 조광국. "19세기 향락상에 대한 평·천민 女性의 自意識 구현의 한 양상:「이춘풍전」·「무숙이타령」·삼선기」를 중심으로."『한국고전여성문학연구』, 1(한국고전여성문학회, 2000. 10).
3) 張庚男. "「이춘풍전」을 통해 본 가부장권의 형상."『우리문학연구』, 14(우리문학회, 2001. 12).
4) 權純肯. "「李春風傳」." 刊行委員會 編.『古小說硏究史』(月印, 2002. 12).
5) 권순긍. "「이춘풍전」의 연구와 전망."『인문사회과학연구』, 10(세명대 인문사회과학연구소, 2002. 12).

---

472)「춘향전」과 합철.

6) 조은희. "「이춘풍전」의 여성의식 변모 양상." 『우리말글』, 26(우리말글학회, 2002. 12).
7) 정병헌. "「이춘풍전」과 남녀 문제." 『한국 고전문학의 교육적 성찰』(숙명여대출판국, 2003. 8).

◐566. [[이충백전 李忠伯傳]]
〈작자〉 蔡濟恭(1720~1799)
〈출전〉 『樊巖集』, 55, 傳
〈관계기록〉
① 『樊巖集』(蔡濟恭 1720~1799), 55, '傳': 樊巖子曰 李忠伯 特狗屠之雄 然其勇敢 亦不世出者歟 余自幼少 聞有李忠伯者 攖朴燁之怒 能不死 頗壯之 及爲關西伯 閱箕城文士金漸所爲文 其叙忠伯事頗詳 然惜其雜之以瑣節三四段 使大俠跅弛之風 反爲所掩 遂點竄爲「李忠伯傳」
◑(이충백은 특히 개백정놈들의 우두머리에 지나지 않는 자이다. 그러나 그의 용감성은 역시 드물게 나타난 인물일 것이다. 내 일찍이 어릴 때부터 '이충백이 박엽[1570~1623]의 노여움을 일으키고서도 죽지 않았다.'는 이야기를 듣고 제법 갸륵하게 여겼더니, 내가 평안감사가 되어, 평양에 살고 있는 문사 김점이 지은 글을 읽다가 이충백의 이야기를 발견했다. 그의 서술은 제법 상세히 썼으나, 다만 자질구레한 구절 서너 마디를 그 속에 섞어 큰 협객의 거룩한 풍도가 오히려 사라진 것이 유감스러웠으므로, 드디어 그 글을 고쳐서 이「이충백전」을 써 본다).

566.1. 〈자료〉
Ⅱ.(역주)
【增】
1) 신해진. 『朝鮮朝傳系小說』. 월인, 2003.

◐567. [이태경전 李泰景傳] ← 삼국이대장전 / 이대장전 / 이사마효충록 / 이진사전 / 이진사효행록

국문필사본

(이태경전)

【增】 니태경젼이라(李進士傳)	김종철[家目]	1(기해연납월십오일등셔라, 52f.)
【增】 니틱경젼	김종철[家目]	1(乙丑 十一月 二十九日 謄出, 50f.)
【增】 이틱경젼 李泰輕傳	미도민속관[생활사 도록](35)	1(檀紀四二八五年 川北公立國民學校)
【增】 리태경젼	박순호[家目]	1(을해정월의셩장이라 갑술음칠월십이일, 72f.)
【增】 리틱경젼	박순호[家目]	1(39f.)
【增】 李泰敬傳	정명기[尋是齋 家目]	1
【增】 유태경전	정명기[尋是齋 家目]	1
【增】 이태경전	정명기[尋是齋 家目]	1

국문활자본

〈삼국이대장전〉

(삼국)리딕쟝전	국중(3634-2-22=7)	1(**8**회, [編·發]朴健會, 朝鮮書館,
(三國)李大將傳 李泰景傳		1917.**10.19**, 58pp.)
【增】(삼국)리대쟝젼 　　三國李大將傳	국중(3634-2-22=2)	1(漢城書館, 1917, 58pp.)

〈이태경전〉

| 【增】 리틱경젼 李泰景傳 | 국중(3634-2-5=8) | 1([著·發]南宮濬, 唯一書舘·漢
城書舘, 재판 1919.2.26, 48pp.) |

567.2. 〈연구〉

Ⅱ. (학위논문)

〈석사〉

【增】

1) 김정순. "「이태경전」의 상호 텍스트성 연구." 碩論(동아대 교육대학원, 2003. 8).

Ⅲ. (학술지)

567.2.6. 辛泰洙. "「이태경전」의 構成과 空間設定 技法." 『嶺南語文學』, 27(嶺南語文學會, 1995. 7).『하층영웅소설의 역사적 성격』(아세아문화사, 1995. 12); <u>刊行委員會, 『澤民金光淳敎授定年紀念論叢』(새문社, 2004. 11)</u>.

【增】

1) 심동복. "「李泰景傳」의 硏究: 박순호 소장본을 중심으로." 『韓國言語文學』, 44(韓國言語文學會, 2000. 5). "「이태경젼」 연구: 박순호 소장본을 중심으로."로 『論文集』, 9(益山大, 2001. 2)에 재수록.
2) 이현국. "「이태경전」(「삼국리대장전」) 연구: 이야기의 결합과 확장을 중심으로." 『문학과언어』, 19(文學과言語學會, 1997. 12).
3) 신태수. "「이태경전」의 구성과 공간설정 기법." 刊行委員會, 『澤民金光淳敎授定年紀念論叢』(새문社, 2004. 11).

【增】〈회목〉

(조선서관판「이대장전」)

1: 모상을당ᄒᆞ믹오씨집에스사로팔니고	當母喪自賣於吳氏家
옛주인을싱각ᄒᆞ야리씨문에슬피우다	思舊主悲哭於李氏門
2: 오졍승이탑젼에졍을베풀고	吳政丞榻前陳情
리진ᄉ일죠에편안홈을사괴다	李政丞一朝交泰
3: 평강수가금방에일홈을걸고	平康守金榜掛名
명국사신틱경을동반ᄒᆞ야가다	明國使同伴泰景
4: 단소를불미일야의인연을밋고	吹短簫結一夜之緣
통골구ᄒᆞ미구년친을이르다	救通骨成九年之親

5: 동방화쵹에리연이월로를밋고		洞房華燭李淵結月姥
만리타국에한림이고토에도라오다		萬里他國翰林還故土
6: 영돈령이다시금슬고르게ᄒ고		領敦寧再調琴瑟
리원수만리에멸치다		李元帥萬里遠征
7: 삼경씍발근초불아ᄅᆡ		三更時明燭下
ᄉ형뎨텬륜을펴다		四兄弟敍天倫
8: 오부자와슴부인이		五父子三夫人
피셤즁에비회가교섭ᄒ다		皮島中悲喜交

▶(이태백 李太白 → 이태백실기)

◪568.[이태백실기 酒中奇仙李太白實記] ← 이태백 / 이적선취초하만서

⟨관계기록⟩

　①『諺文古詩』(가람본), '언문칙목녹', 159: 「니틱빅젼」.

국문활자본

【增】(이태백실기)

(쥬즁긔션)리틱빅실긔	국중(3634-2-37=7)	1(11회, [編‧發]姜義永, 世昌書舘,
(酒中奇仙)李太白實記		1915.2.13, 74pp.)
(쥬즁긔션)리틱빅실긔	국중(3634-2-37=5)/조희웅[家目]	1([著‧發]崔錫鼎, 新舊書林,
(酒中奇仙)李太白實記		1925.11.25, 61pp.)

568.1. ⟨자료⟩

Ⅰ. (영인)

　568.1.1. 仁川大民族文化硏究所 編,『舊活字本古小說全集』, 11. 銀河出版社, 1983; (再刊) 國際아카데미, 2002. (회동서관판)

⟨회목⟩

(신구서림‧박문서관판 / 회동서관판)[473]

▶(이태백전 李太白傳 → 이태백실기)

◪569.[이태왕실기 李太王實記] 【增】 ← 조선이태왕실기[474]

국문활자본

(조선)리티왕실긔	서울대(3350-57)/박순희[家目]/	1([著‧發]盧益煥, 新舊書林, 1930.8.
朝鮮李太王實記	정명기[尋是齋 家目]/조동일	25, 53pp.)
	[국연자](24)	

---

473) 세창서관판의 회차와 회목도 이와 같다.
474) 『이본목록』에 추가.

▶ (이태을전 李太乙傳 → 숙향전 ①)

◆570. [이학사전 李學士傳] ← 이상서전 / 이현경전 / 이형경전

〈관계기록〉

① Courant, 897:「니샹셔젼 李尙書傳」.
② 金台俊,『增補朝鮮小說史』, p. 229:「이학사전」.

국문필사본

【增】(이현경전/이형경전)

【增】 니현경전 일　　　　박순호[家目]　　　　　　1(癸酉年正月十六日, 56f.)

국문활자본

【增】(이학사전)

(녀호걸)리학스젼　　　　국중(3634-2-86=7)　　　1(8회, [著·發]朴健會, 以文堂,
(女豪傑)李學士傳　　　　　　　　　　　　　　　　1917.11.20, 67pp.)

570.1.〈자료〉

Ⅲ.(활자)

【增】

　1) 郭正植.『쉽게 읽는 고소설』. 신지서원. 2001. (회동서관판)

570.2.〈연구〉

Ⅱ.(학위논문)

〈석사〉

【增】「이학사전」

　1) 배원양. "「李學士傳」 연구: 대립양상을 통해 본 여성의 삶." 碩論(영남대 교육대학원, 1999. 8).
　2) 박형애. "「이학사전」 연구." 碩論(동아대 교육대학원, 2003. 8).
　3) 김대은. "여성우위형 여성영웅소설의 근대적 성향 연구:「이학사전」,「정수정전」,「홍계월전」을 중심으로." 碩論(울산대 교육대학원, 2004. 8).

Ⅲ.(학술지)

「이형경전」

【增】

　1) 차옥덕. "'여도(女道)' 거부를 통한 남성우월주의 극복:「홍계월전」,「정수정전」,「이형경전」을 중심으로."『한국여성학』, 15:2(한국여성학회, 1999. 11).

〈회목〉

【增】

　(以文堂 판,「이학사전」)
　1: 남즈즁에영웅은양공즈오　　　　　男中英雄張公子
　　 녀즈즁에호걸은리현경이라　　　　女中豪傑李賢卿

2: 셩텬ᄌ문연각에미힝ᄒ고	聖天子微行文淵閣
셔원슈지의ᄅᆞᆯ밧고드러남왕을치다	徐元帥奉旨征南王
3: 리평도몽즁에현영ᄒ고	李平度夢中顯影
ᄃᆞᆼ한림이진가ᄅᆞᆯ힐문ᄒ다	張翰林詰問眞假
4: 진졍을토ᄒᆞ미유모칙망을보고	吐眞情乳母見責
텬벌을두려ᄒᆞ야리후표ᄅᆞᆯ올니다	畏天罰李侯上表
5: ᄃᆞᆼ한림이결친ᄒᆞᆯ난글을비송ᄒ고	張翰林拜送結親書
황ᄐᆡᄌᆞ계교ᄅᆞᆯ베푸러혼ᄉᆞᄅᆞᆯ쇠ᄒᆞ다	皇太子設計謀婚事
6: 운영이춍을밋다가ᄐᆡ벌을밧고	雲英恃寵受笞罰
학ᄉᆞ가ᄯᅳᆺ을일으미본가로도라가다	學士失意歸本家
7: 갑에로ᄅᆞᆯ을에옴기미다시부인을취ᄒ고	怒甲移乙再娶夫人
바ᄅᆞᆷ이금관을불미ᄌᆞ직을참살ᄒ다	風吹金冠斬殺刺客
8: ᄃᆞᆼ상셔다시금슬ᄅᆞᆯ고르게ᄒ고	張尙書更調琴瑟
리학사팔슌에신션이되다	李學士八旬成仙

【增】⚫570-1.[이한림전 李翰林傳]475)

〈제의〉 이한림과 그의 아들 해룡의 전기

| 국문필사본 |

【增】 니할림전 일명은한림견권지단이라 박순호[家目]　　　　　　　　1(94f.)

570-1.2 〈연구〉

Ⅲ.(학술지)

1) 朴順浩. "「이한림전 李翰林傳」." 『한국민족문화대백과사전』, 18(한국정신문화연구원, 1990. 11).

⚫571.[이해룡전 李海龍傳]476) ← 심부인전 / 해룡전

| 국문필사본 |

【增】(심부인전)

심부인젼 沈夫人傳	국중(3634-2-58=1)<9판>/	([著]洪淳模, [發]李觀
(교명)심쳥젼 沈淸傳	[仁活全](8)<9판>	洙, 光東書舘·博文書
		舘·漢城書舘, 초판 191
		5. 3. 15; 8판 1919. 12. 13;
		9판 1920.1.20, 25pp.)477)

---

475) 『이본목록』·『작품연구 총람』·『문헌정보』에 각주 추가. 【增】 속편으로 「환춘전」이 있는 것으로 알려져 있다.
476) 「육효자전」 제2회.
477) 「심청전」(pp. 1~64) 후미에 「이해룡전」의 이본인 이 작품(pp. 65~89)이 합철되어 있다.

(이해룡전)

[增] 이히룡전 李海龍傳	임형택[莽蒼齋 家目]	1(壬辰年[1892], 34f.)
[增] 李海龍傳	정명기[尋是齋 家目]	1

(해룡전)

[增] 해용전	성대(D07B~0075)	1(1920경)

국문경판본

(이해룡전)

[增] 니히룡전 권지단	박순호[家目]	1(14f.)

Ⅲ. (학술지)

571.2.7. 金昌鉉, "「李海龍傳」에 나타난 인물의 형상."『古典文學硏究』, 12(韓國古典文學會, 1997. 12). 반교어문학회 편, 『고소설의 사적전개와 문학적 지향』(반교어문총서 3, 보고사, 2000. 3)에 재수록.

[增]

1) 김동건, "「이해룡전」에 나타난 賣身 모티프 고찰."『慶熙語文學』, 17(慶熙大 國語國文學科, 1997. 2).

▶(이현경전 李賢卿傳 / 李賢慶傳 → 이학사전)
◨572.[[이현주전]]
▶(이형경전 李馨慶傳 → 이학사전)
◨573.[[이홍전 李泓傳]] ←『도화유수관소고』
〈작자〉李鈺(1760~1813)[478]
〈출전〉金鑢(1766~1821),[479] 『藫庭叢書』, 24, '桃花流水館小藁'
〈관계기록〉
  ① 「李泓傳」, 序頭: 三韓之民 古稱淳素 近世有白勉善之類 多以騙人名 豈俗日趨下 淳素者 變而爲欺詐耶 上古顓蒙之世 亦自有奸譎者 閒之耶◉(우리 나라 백성은 옛부터 순진하고 소박한 것으로 이름 높았으나, 근세에 이르러서는 백면선의 무리가 있어서 흔히들 사람을 속이기로 이름이 났으니, 이는 어찌 풍속이 날마다 낮아져서 앞서 순진·소박하던 것이 점차 속임수로 변한 것이 아니겠는가? 아니면 저 아득한 옛날 사람이 꾸밈없이 순진할 때에도 역시 간사코 흉황[480]스런 자가 가끔 나타났던 것인가?).
  ② 同上, 結尾: 外史氏曰 大騙騙天下 其次騙君相 又其次騙民 若泓之騙末耳 何足道哉 然騙天下者 君天下 其次榮其身 又其次潤屋 而若泓者 卒以騙坐 非騙人也 自騙也 亦悲夫◉(외사씨가 말하기를 커다란 사기꾼은 온 천하를 속이고, 그 다음은 임금이나 정승을 속이고, 그 다음은 백성을 속이는 법이다. 이제 이홍과 같은 속임꾼은 그 중 하찮은 것인 만큼 무엇을 족히 말할

---

478) 모든 사전 수정.
479) 모든 사전 수정.
480) 남을 속이려고 간사함을 부림.

수 있겠는가? 그러나 천하를 속이는 자는 천하의 임금 노릇을 하고, 그 다음은 제 몸을 영광스럽게 하고, 또 그 다음은 살림살이를 윤택케 하는 법이다. 그러면 이홍과 같은 자는 종말에 사기꾼으로서 죄를 입었으니, 이는 실로 남을 속인 것이 아니라 제 스스로를 속인 것이니 역시 슬픈 일이구료).

573.1. 〈자료〉

Ⅱ. (역주)

【增】
1) 실시학사 고전문학연구회 역주. 『역주 이옥전집』, 2. 소명출판, 2001.
2) 신해진. 『朝鮮朝傳系小說』. 월인, 2003.
3) 朴熙秉 標點·校釋. 『韓國漢文小說 交合句解』. 소명출판, 2005. (『潭庭叢書』, '桃花流水館小藁')

◧574. [이화몽 梨花夢]

국문활자본

【增】 리화몽 梨花夢	국중(3634-3-65=3)	1(誠文社, 1918, 87pp..[481])
리화몽 梨花夢	고대(3636-94)/국중(3634-3-65=5)<재판>/정문연 [韓古目](954: R35N-003046-5)	1([著·發]池松旭, 新舊書林, 초판 1914.9.30, 123pp.; 재판 1923.11.25, 87pp.[482])
【增】 이화몽	국중(3634-3-65=6)	1([발행자불명], [발행년불명], 87pp.)

◧575. [이화전 李華傳][483] ← *장인걸전

575.2. 〈연구〉

【增】 Ⅱ. (학위논문)

〈석사〉
1) 한명현. "「이화전」 연구." 碩論(한국교원대 교육대학원, 2001. 2).

Ⅲ. (학술지)

【增】
1) 최귀묵. "「張仁傑傳」 연구: 민담, 「李華傳」과의 비교를 중심으로." 청관고전문학회, 『고전문학과 교육』, 2(太學社, 2000. 6).

▶(이화정기 梨花亭記 → **숙향전** ①)
▶(이화정기우기 梨花亭奇遇記 → **숙향전** ①)
▶(이화정기적 梨花亭奇跡 → **숙향전** ①)
◧576. [이화정서전 梨花征西傳] ← 번이화정서전

---

481) 원본에는 맨 끝장의 페이지 수가 '78'로 되어 있으나 이는 '87'의 誤記이다.
482) 위와 같다.
483) 신소설 형식으로 씌어진 고전 소설이다.

국문활자본

번리화정셔젼 梨花征西傳	국회[目·韓II](811.31)/대전대 [이능우 寄目](1141)/<u>정명기</u> <u>[尋是齋 家目]</u>/조희웅[家目] /[仁活全](30)	1([著·發]申泰三, 世昌書舘, 1951; 1961. 12. 30, 83pp.)
번리화정서전	고대[李:古硏, 281]/국중 <u>(813.5-번124ㅅ)<재판></u>	1(新舊書林, 초판 1931; 재판 1932, 83pp.)

576.1. 〈자료〉

Ⅰ. (영인)

576.1.1. 仁川大民族文化硏究所 編, 『舊活字本古小說全集』, 30. 銀河出版社, 1984; <u>(再刊) 國際아카데미, 2002</u>. (세창서관판)

▶(익부전 益夫傳 → 춘향전)

【增】〈제의〉 '익부'의 전기소설. '익부'는 남주인공의 字이다.

【增】〈작자〉 晩窩

1) 본고에서 다루어야할 점은 「일락정기」의 작자인 晩窩가 李頤淳[1754~1832]인가의 여부가 아니라, 「일락정기」의 작자인 만와와 「익부전」의 만와가 동일인인지의 여부이다. 결론부터 말하자면 「익부전」의 작자와 「일락정기」의 작자는 동일인이 아니다. 먼저 작품의 세계관적 기반이 완전히 다르다. 「일락정기」는 천상과 지상의 이원적 구조로 이루어진 신성 소설인데 반해, 「익부전」은 철저히 실제 현실에 기반하고 있는 세속 소설이다. …… 물론 「일락정기」가 기대고 있는 소설 문법과 「익부전」이 기대고 있을 소설 문법의 차이로 인해 야기된 것으로 파악할 수도 있을 것이다. 하지만 각각의 작품이 신성 소설과 세속 소설의 양극단의 모습을 보인다는 점을 고려한다면 동일 작가에 의해서 나온 작품으로 파악하기는 어렵다고 생각된다. 세계관적 기반의 문제보다 더욱 큰 차이는 표현·문체의 차이이다. 「일락정기」는 전형적인 전통 한문 문장으로 쓰여진 작품이다. 우리가 흔히 보는 한문 소설과 그 문장에 있어서는 별반 차이를 느낄 수 없다. 하지만 「익부전」은 전혀 다른 면모를 보인다. 전통 한문 문장의 표현이라기보다는 우리말 口氣가 느껴지는 문장을 사용하고 있다. …… 「일락정기」는 전통적인 한문에 충실한 문장을 구사하는데 반해, 「익부전」은 문서적 기록성이 강한 조선식 한문 문장을 구사하고 있는 것이다. 요컨대, 작품에 드러나는 주제·작가 의식의 측면에서나 구체적인 문체·표현의 측면에서 「일락정기」와 「익부전」은 전혀 다른 면모를 보이고 있기에, 동일 작가에 의한 작품으로 보기는 어렵다고 하겠다(柳浚景, "漢文本「春香傳」의 作品世界와 文學史의 位相," 서울大 博論[2003. 8], pp. 117~118).

〈관계기록〉

① 「益夫傳」(柳鐸一 所藏), 序: 東坡蘇氏果何人也 塗歌巷說 一經其手 則如点瓦礫而爲黃金 亶其然乎 韓文公 以高明聖賢之學 亦往往作爲怪誕之篇 而猶以善戲謔今自處 抑何故也 余讀晩窩公所撰「益夫傳」始信其大方家 牙頰之間 固有一部爐鞴而假辭戱述 亦無足怪矣 所謂「春香歌」者 本以虛誕之事 傳於歌夫輩 喉舌之間 已久矣 其音韻工則拍髀以讚 拙則掩耳而退

噫 人之所取 不在乎歌之爲歌 而只在乎聲之爲聲也 公老年無聊 似乎戲述而意有在焉 切於傷時 急於警世而作也 …… 益夫以積德餘蔭 位至一品 春香以貞烈雅操 名登萬口 豈非式一代亘千秋者哉 此公所以作是傳也 方其用心與力之勞 固亦切切然 急急然 於傷時警世矣 曷敢曰 老年無聊中出來耶 將使人人如益夫之積德 家家如春香之貞烈 則化民成俗 豈曰 小補之哉484)◐(소동파[蘇軾]는 과연 어떤 사람인가? 길가에서 들은 노래나 이야기가 한번 그의 손을 거치면 마치 기왓조각이 황금으로 된다. 정말 그런가? 한문공은 고명 성현의 학문을 하였지만 역시 가끔 괴탄485)한 글을 짓기도 하고 오히려 희학486)을 잘하는 것으로 자처했으니 그건 왜 그런가? 내가 만와공이 지은「익부전」을 잃고 비로소 그런 대가들의 말에도 진실로 일부의 노비하여 거짓 말과 희롱하는 서술이 있으니 족히 괴상히 여길 것이 없다. 이른바「춘향가」란 것은 원래 허탄한 일로 가객들의 입으로 전하는 지 이미 오래 되었다. 그 노래가 뛰어나면 무릎을 쳐가며 찬탄하고 치졸하면 귀를 막고 물러간다. 아아, 사람들이 취하는 바는 그 노래 자체가 좋고 나쁜지가 아니라 가객의 목소리가 좋고 나쁜 것에만 있도다. 공이 노년에 무료하여 희작487)에 뜻이 있더니 시절을 매우 상심하여 급히 세상을 경계하려 지었다. …… 익부는 덕을 쌓고 음덕을 입어 일품 벼슬까지 올랐고, 춘향은 정절과 행실로 이름이 만대에까지 전한다. 어찌 한 대를 따라 천추까지 미치는 자가 아니랴? 이것이 공이 이 전을 지은 까닭이다. 바야흐로 그 마음과 힘을 쓴 노고는 시절을 상심하고 세상을 경계함에 실로 절절하고 급급했다. 어찌 감히 노년에 무료한 중에 지은 것이라고만 하겠는가? 장차 사람들로 하여금 익부처럼 덕을 쌓고 집집마다 춘향의 정렬을 본받는다면 백성이 교화되고 풍속을 이루니, 어찌 이것을 두고 조금만 보탬이 된다고 하겠는가?).

【增】〈이본연구〉

1) 「益夫傳」에 형상화된 춘향의 모습은「남원고사」계열의 춘향과 비슷한 면모를 보인다. 기생적인 면모를 더욱 많이 담고 있기 때문이다. 따라서「익부전」은 기본적으로「남원고사」계열「춘향전」과 비슷한 면모를 갖고 있다고 하겠다. 하지만「익부전」은「남원고사」계열과의 유사성이 조금 두드러질 뿐이지, 반드시「남원고사」계열의 작품이라 단정할 수는 없다.「익부전」에 나타나는 다른 많은 화소들이 다른 계통의「춘향전」과 비슷한 면모를 보이고 있기 때문이다. 그 내용에 있어서는 상당한 차이가 있긴 하지만 광한루에서 헤어진 후 이도령이 춘향에게 편지를 보내는 화소가 있다는 점에서「익부전」은 '김여란 창본', '김연수 창본', '사재동 소장 낙장 25장본', '70장본'과 동일하다. 또「익부전」에는 과부들이 어사에게 冤狀을 올리는 장면이 있다. 이는「오중화」에 나타나는 화소와 동일한 것이다. 비록 그 내용과 분위기에서 전혀 다른 모습을 띠고 있기는 하지만, 동일한 화소가 나타난다는 점에서 영향 관계를 상정할 수 있다. 그리고 광한루에서 춘향이 이도령에 가게 되는 것이 월매의 지시에 의한 점에 있어서는 '완판 84장본'과 비슷한 면모를 보이고 있기도 하다. 또 신물 교환이 결연시에 나타난다는 것은 '완판 29장본', '완판 33장본'의 특징과 관련이 있음을 알 수도 있다. 이러한 사실들은「익부전」의 생성에 관여한「춘향전」이 단일한 것이 아니었음을 보여 준다. 기본적으로「남원고사」계열과의 관련이

---

484) 柳鐸一,『韓國古小說批評資料集成』(亞細亞文化社, 1994), pp. 178~179 참조.
485) 이상야릇하고 허튼 소리.
486) 희롱의 말로 하는 농지거리.
487) 글 따위를 실없이 지음.

조금 더 깊은 것으로 나타나기는 하지만, 「익부전」은 다양한 계통의 「춘향전」과 관련을 맺으면서 생성된 것이다. 특히 관련을 맺고 있는 작품 중에는 「춘향전」의 후대 이본이 포함되어 있는 것으로 보아, 아마도 「익부전」은 비교적 후대에 생성된 작품이 아닌가 한다(류준경, "「益夫傳」의 서사적 특징과 그 의미," 『韓國文化』, 31[2003. 6], pp. 81~82).

【增】〈판본연대〉

1) 「益夫傳」은 다른 한문 소설과 달리 당대 현실의 정보가 상당히 많이 기록된다. 모든 등장인물의 이름 등을 밝히고, 작품의 시·공간, 그리고 거기서 일어나는 제반 사건을 서사적으로 재현하기보다는 정보로 기록하는 특징이 있다. 이에 따라 당시 현실의 다양한 정보, 특히 당시 향촌 사회의 현실이 반영된다. 여기서 반영된 현실의 모습은 19세기 후반의 상황과 일치한다. …… 특히 앞서 살폈듯이 「익부전」에 수용된 「춘향전」의 몇몇 화소·사설들이 「춘향전」의 후대적 면모를 반영하고 있음을 아울러 고려한다면, 「익부전」은 아마도 19세기 말, 대략적으로 1880년대~1890년대 즈음에 창작된 것이 아닌가 한다(류준경, "「益夫傳」의 서사적 특징과 그 의미," 『韓國文化』, 31[2003. 6], pp. 83~84)

2) 「익부전」에는 당시 전라도 남원의 향촌 사회의 모습이 상당히 반영되어 있다. 여기서 반영된 현실의 모습은 19세기 후반의 상황과 일치한다. 「익부전」에는 賣鄕·賣任이 성행했던 당시의 현실을 보여 주고 있는데, 구체적으로 그 값이 얼마인가까지 드러난다. …… 이 외에도 '9회 李御史出道 各營邑'에 나타나는 각종 民庫錢 偸食, 還作錢犯用이나 암행어사 별단에서 호남 지역의 田結收斂이 매결당 15석으로 나타나는 사실 등은 모두 19세기 후반의 향촌 사회상을 반영하는 것이다. 이러한 사실은 「익부전」은 19세기 후반에 창작되었다는 사실을 보여 주는 것이다. 그리고 「익부전」에 나타나는 지방 행정 단위는 府, 牧, 郡, 縣 등이다. 그런데 1895년(고종 33)에 府, 牧, 郡, 縣 등의 편제인 행정 단위가 府와 郡의 편제로 변경된다. 따라서 「익부전」의 행정 구역은 1895년 이전의 상황을 반영하고 있는 것이다. 또 「익부전」에는 다양한 판소리(계 소설) 「춘향가(전)」의 흔적들이 나타난다. 그 중 몇몇은 「춘향전」 후대 이본의 특징을 보인다. 이상과 같은 「익부전」에 반영된 역사적 사실과 「춘향전」 이본으로서의 특징적인 면모 등을 아울러 고려한다면, 「익부전」은 아마도 19세기 말, 대략적으로 1880년대~1890년대 즈음에 창작된 것이 추측된다고 하겠다(柳浚景, "漢文本 「春香傳」의 作品世界와 文學史的 位相," 서울大 博論[2003. 8], pp. 118~119).

【增】〈회목〉

(柳鐸一 소장 「益夫傳」)
1: 李再興讓書登蔭仕
2: 李陵令出宰龍岡縣
3: 李龍岡復職南原府
4: 李道令月夜宴春香
5: 李道令陪母親上京
6: 春香再上書李道令
7: 李道令登科拜繡衣
8: 李御使出道南原府
9: 李御使出道各營邑

▶(익중전 益重傳 → 권익중전)
◐{인기연}
    〈관계기록〉
      ① 『諺文古詩』(가람본), '언문칙목녹', 86: 「닌긔연」.

▶(인두껍전 → 섬쳐사전)
◪577.[인봉소 麟鳳韶]
    〈참고자료〉
      ①「麟鳳簫」四卷十六回: 淸無名氏撰 題'楓江半雲友輯·鶴皐芟俗生閱'◐(청나라 때 무명씨의 찬. 머릿 부분에 '풍강반운우'가 편집하고 '학부삼속생'이 교열했다고 되어 있다)[孫楷第, 『中國通俗小說書目』, p. 142].

    〈관계기록〉
    (한문)
      ①『中國歷史繪模本』(完山[映嬪]李氏, 1762), no. 44: 「引鳳簫」.
    【增】
      1)『私集』(尹德熙 1685~1766), 4, 「小說經覽者」[1762]: 「引鳳簫」.
      2)『[演慶堂]諺文冊目錄』(1920; 藏書閣所藏): 45. 「麟鳳韶」 3冊.

  577.1.〈자료〉
    【增】Ⅱ.(역주)
    【增】
      1) 崔允姬 校註 『인봉쇼』. 중국소설·희곡번역자료총서, 41. 鮮文大 中韓翻譯文獻硏究所, 2004. 2.488)

◐{인봉쌍계록} ← 이씨후대인봉쌍계록489)
    〈관계기록〉
      ①「니시셰딕록」, 권 26 結尾: 텬되 놉흐나 엇지 슬픠미 쇼쇼치 아니리오 회원 등의 스젹이 만흐딕 이 뎐이 너모 지리흔 고로 다시 닛지 못흐고 또로 뎐을 무어스니 명왈 「니시후딕닌봉쌍 계록」이라 흐니 희라 즈고로 사름이 즈숀이 만코 현달흐느니 니승샹 명국공 가둥 가트니 업슨지라 희원이 한미 만난 수연과 희틴이 뉴흥의 녀 현우을 취흐야 곡경의 수연이며 그 누의 옥쇼의 스젹이 「닌봉쌍 계록」의 잇느니라.
      ②『諺文古詩』(가람본), '언문칙목녹', 72: 「닌봉쌍계록」.

◪578.[인조대왕실기 仁祖大王實記]
  578.1.〈자료〉

---

488) 日本內閣文庫 淺草文庫 소장 「引鳳簫」와 중국 春風文藝出版社 校點本 「引鳳簫」(活字本)가 영인 부재되어 있다.
489) 『연구자료 총서』에서의 항목 배열 순서를 ◪577. 「인봉소」 다음에 넣을 것. 『문헌정보』의 표제 항목 서체를 고딕체로 변경.

Ⅰ. (영인)
578.1.1. 仁川大民族文化硏究所 編. 『舊活字本古小說全集』, 30. 銀河出版社, 1984; (再刊) 國際아카데미, 2002. (세창서관판)

▶(인향전 仁香傳 → 김인향전)
▶(인현성모민씨덕행록 仁顯聖母閔氏德行錄 → 인형왕후전)
【增】▶(인현왕비실록 仁顯王妃實錄 → 인현왕후전)
▶(인현왕후덕행록 仁顯王后德行錄 → 인현왕후전)
▶(인현왕후성덕현행록 仁顯王后聖德賢行錄 → 인현왕후전)
◘579.[인현왕후전 仁顯王后傳] ← 기갑록 / 민성후전 / 민중전기 / 민중전덕행(록) / 민중전실기 / 민중전전 / 인현성모민씨덕행록 / 인현왕비실록 / 인현왕후덕행록

〈작자〉 인현왕후를 모시던 궁녀[490]
〈이본연구〉
⑥ …… 입궐 동기 등을 밝힘으로써 타본에 비해 소설적 재미가 ……

국문필사본			
【增】(기갑록)			
【增】긔갑녹 仁顯王后傳	임형택[莽蒼蒼齋 家目]		1(同治肆年[1865]歲在乙丑 三月, 30f.)
【增】(인현왕비실록)			
【增】인현왕비실녹 권지단	홍윤표[家目]		1(셰지 무신 즁츈 쵸칠일의 필셔, 42f.)
(인현왕후전)			
【增】仁顯王后傳	정명기[尋是齋 家目]		1

국문활자본			
【增】(민중전실기)			
민즁전실긔 (歷史小說) 閔中殿實記	국즁(朝46-A8)<재판>/조동필 /정문연[韓古目](303: R16N~ 000509-2)		1([著·發]韓鳳熙, 大山書林, 초판 1924.5.5; 재판 1925.11. 20, 78pp.)[391]

【增】 영어번역본			
Virtuous Women: Three	Kim Chong~un		(Seoul: Korean National

---
490) 「인현왕후전」의 작자설로는 그 밖에 朴泰輔의 후예 혹은 인현 왕후의 친정 一門 所作說; 西人 중의 한 사람 所作說; 宮外의 제3자의 전문적 문인 所作說 등이 제기된 바 있다.

*masterpieces of traditional fictio Commission for UNESCO, 1974)

579.1. 〈자료〉

Ⅱ. (역주)

【增】

1) 편집부 편.『한중록·인현왕후전』. 한국고전문학선. 인문출판사, 1983.
2) 구인환.『인현왕후전』. 우리고전 다시읽기 9. 신원문화사, 2003.
3) 정은임 교주.『인현왕후전』. 조선시대궁중문학시리즈 2. 이회, 2004.

579.2. 〈연구〉

Ⅱ. (학위논문)

「인현왕후전」

〈박사〉

【增】

1) 이경혜. "「인현왕후전」 연구." 博論(경희대 대학원, 2004. 8).

〈석사〉

【增】

1) 이정희. "「인현왕후전」의 문학교육적 성격 연구: 인물의 형상화 방식을 중심으로" 碩論(숙명여대 교육대학원, 2000. 8).
2) 김은숙. "「인현왕후전」과 「사씨남정기」에 나타난 여성 인물의 현실 대응 양상 연구." 碩論(한국교원대 대학원, 2004. 2).

Ⅲ. (학술지)

「인현왕후전」

579.2.29. 杜錫球. "「仁顯王后傳」 硏究 : 歷史的 事實과 仁顯王后의 性格을 中心으로."『關東語文學』, 3 (關東大, 1984. 2).『國文學硏究』(新陽社, 1996. 2)에 재수록.

【增】

1) 朴大福. "朝鮮朝 敍事文學에 受容된 詛呪와 天觀念 Ⅰ:「謝氏南征記」·「癸丑日記」·「仁顯王后傳」을 中心으로."『語文硏究』, 108(韓國語文教育硏究會, 2000. 12).
2) 鄭恩任. "「仁顯王后傳」." 刊行委員會 編.『古小說硏究史』(月印, 2002. 12).
3) 朴大福. "朝鮮朝 敍事文學에 受容된 詛呪와 天觀念 Ⅱ:「謝氏南征記」·「癸丑日記」·「仁顯王后傳」을 中心으로."『語文硏究』, 109(韓國語文教育硏究會, 2001. 3).

■『일대장관』491) → 「금송아지전」/「녹처사연회」/「벽란도용녀기」/「서대주전」/「황새결송」

국문필사본

---

491) Pp. 74~85에는 '즈미잇난 이약이'란 笑談들이 부록되어 있다.

| 일뒤쟝관 | 국중(3634-3-20=1)/[啓明: 新小全](16) | 1(총 5편, [著·發]朴健會, 東美書市·滙東書舘·廣益書舘, 1918.1.7, 85pp.⁴⁹²⁾) |

◐{일두선생언행록 一蠹先生行錄}
◼580.[일락정기 一樂亭記]
〈작자〉李頤淳(1754~1832)⁴⁹³⁾
【增】
　1)「一樂亭記」의 작자는 晩窩翁이라고 알려져 있다. 추측컨대 金萬重의 조카 金鎭龜가 아닐까 한다. 왜냐하면 그의 호가 晩求窩이고 서문에 보이는 年紀 己巳年은 己巳換局이 있던 해로 그가 실각하여 珍島를 거쳐 제주도에 유배된 해이며, 이 작품이 「사씨남정기」를 모방했다는 점 등으로 미루어 볼 때 그렇게 추측해 볼 수 있기 때문이다. 그러나 확실한 증거가 아직 없으므로 정확히 작자가 누군지 알 수 없다. 다만 이 작품이 한문 소설이므로 한문을 구사할 수 있었던 식자층이 작자일 것이다. 그리고 주인공이 낙향한 고관의 아들로, 이미 중앙 정계에서 세력을 잡은 권세가에게 핍박을 당하다가 이들을 몰아 내는 작품 내용으로 보아, 중앙 정계에 진출하고 싶은 욕망을 지닌 몰락 양반의 의식이 반영되어 있다. 따라서 이 작품의 작자를 추정하자면 한문 구사의 능력을 갖춘 향반이나 몰락 양반일 가능성이 높다고 하겠다(鄭宗大, "「一樂亭記」에 대한 고찰," 『국어교육』, 69·70[1990. 7], p. 186).

〈관계기록〉
　①「一樂亭記」(金東旭 所藏): 世之謂小說者 語皆鄙誕 事亦荒誕 盡歸於奇談詭譎 而其中所謂「南征」·「感義錄」數篇 令人說去便有感發底意矣 余於是乎 不思子雲之僭竊 效西隣之矉 構成是篇 能不爲具眼者 一哂之資耶 蓋一樂亭者 蘇州侯敎育之所 而晉公事業 亦自一樂亭上做來 則是書之名以一樂亭者 竊有取義焉 噫 是書之作 雖出於架空搆虛之說 便亦有福善禍淫底理 則此豈非罪我知我者乎 但願勿令人見之 使家庭間婦孺輩 眞諺讀之 則庶幾有補於敎誨之一道云爾 己巳冬陽復之月 晩窩翁識◐(세상에서 소설이라 일컫는 것들은 말이 모두 더럽고 속되며 내용 역시 황당하고 허탄하여 모두 허튼소리뿐이나, 그 중 이른바「남정기」·「감의록」등 몇 편은 사람으로 하여금 이야기하게 하니, 문득 감동을 일으키는 깊은 뜻이 있다. 내가 이에 양자운⁴⁹⁴⁾의 참람⁴⁹⁵⁾되게 훔침을 생각지 않고 서시⁴⁹⁶⁾의 이웃이 찡그림을 본따⁴⁹⁷⁾ 이 이야기를 꾸며 만드니, 안목을 갖춘 사람이 한번 읽고 웃을 거리는 될 만하지 않겠는가? 대개 일락정은 소주후⁴⁹⁸⁾가 교육하던 곳이고, 진공⁴⁹⁹⁾의 사업 또한 일락정으로부터 이루어진 것이니, 이 책의

---

492) Pp. 74~85는 소설이 아니라 단편적인 민간 설화들을 수록한 것이다
493) 작가가 晩窩라는 같은 호를 가진 金裕壽(1695~1761)일 수도 있다는 이설도 있다.
494) 중국 漢나라 때의 문인 揚雄. '子雲'은 그의 字.
495) 분수에 맞지 않게 너무 과함.
496) 중국 춘추 시대 월나라의 미인으로 월나라왕 勾踐이 오나라에게 패한 뒤 미인계로 서시를 오나라 왕 夫差에게 보내니, 부차는 서시에게 혹하여 姑蘇臺를 짓고 정사를 돌보지 아니하여 드디어 구천과 范少伯의 침공을 받아 망했다.
497) 미인 서시가 병이 있어 눈을 찌푸리고 있었는데, 이것을 본 마을의 못난 여자들이 눈을 찌푸리면 아름답게 보이는 줄 알고 자기도 눈을 찌푸리니 더욱 못나게 보였다고 한다.

이름을 「일락정」으로 한 것은 거기서 뜻을 취한 것이다. 아! 이 책을 지음이 비록 가공의 허구적인 이야기에서 나온 것이지만, 또한 선한 사람에게 복을 주고 악한 사람에게 화를 주는 깊은 뜻이 있으니, 이것이 나를 꾸짖고 나를 아는 것이 아니라고 어찌 말하겠는가? 다만 바라기는 남들이 보게 하지는 말고, 가정 간의 부녀자로 하여금 한문이나 언문으로 읽게 한다면, 혹 가르치는데 보탬이 될 것이다. 기사년 겨울 양복지월에 만와옹은 쓰노라).

【增】
1) 「일락정기」는 그 구조상의 복잡성으로 보아 소설문학이 난숙한 조선 후기에 나온 작품으로 추측된다. 우선 작품 체제가 장회체를 취한 점이나 순차 구조에서 여러 유형의 구조를 차용한 점에서 그러한 근거를 발견할 수 있다. …… 첫째, 이 작품의 서두에 액자 구조를 취하고 있고, 또 그 액자 속의 관찰자적 인물이 柳英이라는 점인데, 이는 「운영전」에서도 보이던 것이다. 또한 「운영전」에서 나온 동일한 구절을 볼 수 있다는 점 등으로 보아 최소한 「운영전」을 읽고 이 작품을 쓰는데 참고했으리라고 생각한다. 둘째, 이미 작품의 서문에서 「사씨남정기」와 「창선감의록」을 본떴다고 했고, 또 이 작품이 가정 소설의 구조를 골격으로 하고 있으므로 「사씨남정기」와의 연관성을 인정할 수 있다. 두 작품의 순차 구조뿐만 아니라 병립 구조의 유사성, 그 밖에 인물과 상황의 유사함을 근거로 들 수 있기 때문이다. 다만 액자 구조, 혼사 장애, 군담 등이 다르지만, 첩의 탄금을 충고함과 첩의 모략, 奸人과의 결탁, 정처의 방랑과 관음의 도움, 권세가 엄승에게 무고하여 가장을 귀양 보냄 등 가정 비극의 대부분은 「사씨남정기」의 삽화를 차용했으므로, 「일락정기」는 상당 부분 「사씨남정기」를 모방했다고 하겠다. 셋째, 이 작품의 남녀 결연 과정에서 「홍백화전」과 유사한 부분이 있다. 남녀가 정혼한 후에 권세가의 개입으로 인한 혼사 장애와 여주인공의 도피, 여주인공이 남장으로 또다른 여자와 결연하여 결국 3인 團聚에 이르는 과정이 「홍백화전」과 매우 비슷하여 상호 관련성을 인정할 수 있다. 넷째, 「삼국지연의」의 영향을 작품 곳곳에서 확인할 수 있다. 군담 부분에서 서원수의 묘사, 진법, 전법, 칠종칠금의 고사, 인명, 지명 등의 동일함은 말할 것도 없고, 남녀 결연 부분에서 권씨가 정씨를 권유하여 서몽상에게 혼인하게 함을 孔明을 劉備에게 추천한 徐元直 같다느니, 권씨와 정씨 두 부인을 취함이 伏龍과 鳳雛를 얻음과 같다는 등의 비유도 모두 「삼국지」의 내용을 끌어다가 표현한 것으로, 작자가 「삼국지」를 여러 번 읽고 그것을 이 작품에 반영한 것이라 하겠다. 이상에서 논의한 바대로 「일락정기」는 「운영전」, 「사씨남정기」, 「홍백화전」, 「삼국지연의」 등 국내·국외의 여러 소설의 삽화나 표현 등 여러가지 요소들을 수용하여 새로운 소설 작품으로 창작해낸 것임을 확인할 수 있다. 따라서 이 작품은 상기한 여러 작품들보다 후대에 나타난 복합된 특징을 지닌 가정 소설이라 하겠다(鄭宗大, "「一樂亭記」에 대한 고찰," 『국어교육』, 69·70[1990. 7], pp. 188~189).

【增】〈이본연구〉
1) 「일락정기」의 이본을 여러 측면에서 경토하여 본 결과, 「일락정기」의 이본 간 선후 관계는 나손본이 원본이며 서울대본이 나손본보다 늦게 나왔다는 기존의 설명과는 달리, 나손본은 원본이 아니며 서울대본이 나손본보다 先行本임을 알 수 있다. 더 나아가 書體와 즐겨 쓰는

---

498) 등장인물인 徐珦.
499) 등장인물인 徐夢祥.

略體字 등을 대비해 본 결과 나손본의 필사자는 서울대본의 필사자와 전혀 다른 사람임을 알 수 있었다(徐賢卿, "「일락정기」 연구," 연세대 碩論[1998. 2], p. 14).

580.2. 〈연구〉

Ⅱ. 〈학위논문〉

〈석사〉

【增】

1) 권정희. "「창선감의록」과 「사씨남정기」·「일락정기」 비교 연구." 碩論(홍익대 교육대학원, 2002. 8).

Ⅲ. 〈학술지〉

580.2.10. 李昇馥. "「一樂亭記」의 前代小說 變容과 作者意識." 『冠嶽語文研究』, 23(서울大 國語國文學科, 1998. 12). "가문소설의 변용과 가정소설: 「一樂亭記」의 경우"로 『고전소설과 가문의식』(월인. 2000. 11)에 재수록.

【增】

1) 이지영. "「일락정기」를 통해 본 한문소설의 관습과 지향." 『冠嶽語文研究』, 28(서울大 國語國文學科, 2003. 12).

▶(일백단팔귀화기 一百單八歸化記 → 수호지)

◪581.[일석화 一夕話]

【增】〈관계기록〉

1) 『私集』(尹德熙 1685~1766), 4, 「小說經覽者」[1762]: 「一夕話」.
2) 『海南尹氏群書目錄』(國立中央圖書館所藏): 「一夕話」.

【增】 ◪581-1.[일지매실기 一枝梅實記]

국문필사본

의도일지매실긔 (捕盜大將張志恒과) 義盜一枝梅實記	국중(3634-2-36=1)	1(국한자 순기, 李圭瑢 著, [著·發]姜殷馨, 大成書林, 1929.11.16, 42pp.)

【增】 ◐{일찰금 一撮金}500)
〈관계기록〉

1) 『大畜觀書目』(19C初?): 「一撮金」 具諺解 二冊.
2) 『[演慶堂]諺文冊目錄』(1920; 藏書閣所藏): 102. 「一撮金」 1冊.
3) 『[가람]칙목녹』(奎章閣所藏): 「일찰금 단」.

◪582.[임거정전 林巨正傳]

【增】〈관계기록〉

---

500) 중국 소설의 번역.

1) 『星湖僿說』(李瀷 1579~1624), 卷14, 人事門, '林居正': 自古西道多劇賊 有洪吉同 世遠不知如何 至今入市兒盟辭 至明廟時 林居正爲最 其人本楊州民也 自畿甸至海西一路 胥吏與之密契 官欲捕之 輒先洩之 朝廷令長淵·甕津·豊川等 四五軍領兵往捕 方會于瑞興 賊六十餘騎 乘高俯瞰 矢下如雨 郡兵遂潰 自是數百里間 幾於路絶 …… 後又名出丙子逆招 竟不知所終也 域中之藏軀竊發 不過如籠鳥盆魚 而擧國憂勤 終有不能跟尋者 東人之無謀 自古如此 況何與論於禦外侮 而威旁國耶 哀哉◐(옛날부터 서도에는 큰 도둑이 많았다. 그 중에 홍길동이란 자가 있었는데, 세대가 멀어서 자세히 알 수는 없으나 지금까지 장사꾼들의 맹세하는 구호에까지 들어 있다. 임거정은 명종 때의 큰 괴수였다. 그는 원래 양주 백성인데, 경기로부터 해서에 이르기까지 연로의 아전들이 모두 그와 밀통되어 있어, 관가에서 잡으려 하면 그 기밀이 먼저 누설되었다. 조정에서 장연·옹진·풍천 등 너댓 고을의 군사를 동원하여 서흥에 집결시켰는데, 적도 60여 명이 높은 데 올라 내려다 보면서 화살을 비 퍼붓듯 쏘아 대므로, 관군이 드디어 무너지고 이로부터 수백 리 사이에 길이 거의 끊어졌다. …… 그 후 병자년[1696]에 이르러 한 반역인의 초사[501])에 그의 이름이 또 나왔으나 끝내 잡지 못했다. 이 좁은 국토 안에서 몸을 숨기고 도둑질하는 것이 마치 새장 속에 든 새와 물동이 안에 든 물고기에 지나지 않는데, 온 나라가 온갖 힘을 기울였으나 끝내 잡지 못했으니, 우리 나라 사람들의 꾀가 없음이 예로부터 이러하다. 어찌 외군의 침략을 막고 이웃 나라에 위력을 과시하기를 논하겠는가? 슬프다).

2) 『頤齋先生遺稿續』(黃胤錫 1729~?), 12, 漫錄: 海西有林巨正者 明宗朝大盜也 築城盤據 爲西路憂 至發軍討之 僅能剿滅◐(해서의 임꺽정은 명종 때에 큰 도적이었다. 성을 쌓고 소굴을 이루어 한때 서쪽 지방에 근심꺼리였는데, 관군을 크게 일으켜 토벌하여 겨우 소탕되었다).

◐583.[임경업전 林慶業傳 ①] ← *병자팔장사전 / 임장군전 / 임충신전 / *임충민공실기[502])

〈관계기록〉

(국문)

① 『燕巖集』(朴趾源 1737~1805), 11, 熱河日記 渡江錄 關帝廟記: 目不知字而口角溜滑 亦如我東巷肆中 口誦「林將軍傳」◐(글자 모르는 까막눈이건만, 외기에 익어서 입이 미끄럽게 내려간다. 이것은 꼭 우리네 거리에서「임장군전」을 외는 것 같다).

② 『象胥記聞』[1794?](小田幾五郎 1754~1831): 朝鮮小說「張風雲傳」·「九雲夢」·「崔賢傳」·「蘇大成傳」·「張朴傳」·「林將軍忠烈傳」·「蘇雲傳」·「崔忠傳」外「泗氏傳」·「淑香傳」·「玉橋黎」·「李白慶傳」類 …… 其外「三國志」類 諺文書本有◐(조선의 소설로는「장풍운전」·「구운몽」·「최현전」·「소대성전」·「장박전」·「임장군충렬전」·「소운전」·「최충전」외에「사씨전」·「숙향전」·「옥교리」·「이백경전」따위가 있고 …… 그 밖에「삼국지」등의 국문 소설이 있다).

③ 「박씨전」(一簑本): 이 책의 미진한 말은「임경업전」의 가셔 보라.

④ 「박씨전」(가람본): 세자 대군과 죠선 人物乙 본국으로 다려온 사젹은「임경업전」의 잇기로 이만 긋치노라.

⑤ 「박부인전」(김광순 소장) 結尾: 차후로 부인의 츙효와 인의가 졈졈 더 ᄒᆞ드라 이 뒤 말은

---

501) 죄인이 범죄 사실을 진술하는 말.
502) 본 작품은 소설이 아니라 임경업의 傳記다.

「임경업전」에 보옵소셔.
⑥ 『諺文古詩』(가람본), '언문칙목녹', 164: 「님경업전」.
⑦ Courant, 815: 「님장군젼 林將軍傳」.

【增】
1) 『孝田散稿』(沈魯崇 1762~1837), 7, 南遷日錄, 1802年 11月 8日: 村中得諺書 所謂「林將軍傳」 德三持 而爲痛齒 聲不堪聞 燈下 余輒取覽 事蹟謬舛 詞理陋錯 不成爲說 此是京裡草市饌肆 破落惡少輩所讀諺傳 昔有一人聽讀此 至金賊子點構殺將軍 氣憤憤衝起如狂 手引切草長刀 斫讀者曰 汝是自點耶 一市駭散 此可見嫉惡好善之人心 使彼見生自點者 必不爲從賊負國之 事耶◯(촌에서 소위 「임장군전」이라 하는 언문 소설을 덕삼이가 가지고 왔으나 그는 치통 때문에 제대로 낭독하지 못하였다. 내가 그것을 취하여 등불 아래에서 보니 사적이 어그러지고 말이 비루하고 잘못되어 통하지 않는 곳이 많았다. 이것은 서울 담뱃가게·밥집의 파락503) 악소배504)들이 낭독하는 언문 소설로, 예전에 어떤 이가 이를 듣다가 김자점[?~1651]이 장군에게 없는 죄를 씌워 죽이는 데 이르러 분한 마음이 솟아올라 미친 듯이 담배 써는 큰칼을 잡고 낭독자를 베면서, "네가 자점이더냐?"라 하니, 같이 듣던 시장 사람들이 놀라 달아났다고 한다. 이에서 악을 미워하고 선을 좋아하는 인심을 볼 수 있으니, 그가 살아 있는 자점을 보았을 정도라면 그는 적을 좇아 나라를 저버리는 일은 하지 않을 자일 것이다).

2) 同上, 1802年 11月 22日: 終日苦痛 懷益無聊 招來李益倫 使讀諺冊所謂「蘇大成傳」沒味之言 徒增擾聒而已 李益倫來宿 使讀諺書「三國志」·「漢水大戰」尙有勝於所謂「林將軍傳」·「蘇 大成傳」 而亦沒意趣 不足以消遣也◯(종일 아파서 더욱 무료하기에 이익륜을 불러 소위 「소대성전」이라는 언문 소설을 읽게 하였는데, 맛없는 글이 한갓 어수선함만 보탤 뿐이었다. 이익륜이 와서 자게 되어 그로 하여금 언문 「삼국지」·「한수대전」을 읽게 하니, 그래도 소위 「임장군전」·「소대성전」이니 하는 것보다는 나았으나, 의지와 취향이 없기는 마찬가지여서 소일할 수 없었다).

3) 「배비장전」(金三不 교주본): 배비장 무료하여 하는 말이 하릴없다 고담이나 얻어 오너라 하더니 할 일없이 남원부사 자제 이도령이 춘향 생각하며 글 읽듯 하던가 보더라 「삼국지」·「구운몽」·「경업 전」 다 후리쳐 버리고 「숙향전」 내어놓고 보아 갈 제…….

4) 『[演慶堂]諺文冊目錄』(1920; 藏書閣所藏): 154. 「林將軍傳」 1冊.

〈작품연대〉
【增】
1) 기울어져 가는 明나라를 돕고 丙子의 舊怨을 씻어 버리려고 陸으로 바다로 東奔西走하다가 간신의 謀害로써 千秋의 한을 남기고 옥중에 冤死한 林忠愍[林慶業 1594~1646]의 일생이야말로 丙亂 이후에 누구든지 흠모하고 애석하지 않은 이가 없었다. 한문본 「임충민공실기」는 정조의 命編이지만 獐川에 忠愍의 廟宇를 세운 것은 英祖 2년[1726]의 일인즉 그의 극적 생애는 그보다 훨씬 먼저 국문본으로 傳讀되었을 것이다. 한글본 「임경업전」은 한문본의 그것과는 내용에 출입이 서로 많고 극적 情調도 더욱 많음으로 알 것이다(金台俊, 『增補 朝鮮小說史』[1939],

---
503) 난봉이 나서 결딴난 사람.
504) 악한 소인의 무리들.

pp. 107~108).

2) [「英祖實錄」 권87에] '林慶業 職調庸其奉祀孫右職 是日 上 命入「林將軍傳」 使筵臣讀奏 感慨有是命'이라고 하여, 영조가 「林慶業傳」을 읽은 사실이 있다. 이때는 「林忠愍公實記」가 지어지기 35년 전이다. 읽은 「林慶業傳」은 李選이 지은 傳이 아닌가 한다. 이러한 시대적 분위기에 편승하여 임경업을 숭명 배청의 영웅으로 삼아 사대부층에서 '傳'을 형성하였고, 백성들은 임경업을 민중의 영웅으로 숭모했던 결과 「林慶業傳」이 이루어졌으리라고 볼 수 있을 것이다. …… 이러한 요구에 부응하여 실전인 「林慶業傳」에다 허구적인 내용에서 가장 중요한 사건인 가달과 호국의 전쟁에서 임경업이 공을 세우는 장면을 의도적으로 삽입시켜 지금의 소설이 나오지 않았을까 한다. 이렇게 본다면 李衡祥의 「林將軍傳」은 그때까지의 실전과 지금의 소설과의 과도기적인 형태가 아닌가 하고서, 그 시기는 『江都志』(1694~1696) 저작 이후에 비로소 오늘날과 같은 소설인 「林慶業傳」이 성립되지 않았을까 추측할 수 있다(吳仁煥, "「林慶業傳」 硏究," 啓明大 碩論[1988. 2], pp. 22~23).

〈이본연구〉

③ …… (李胤錫, "「林慶業傳」 異本考," 曉星女大, 『硏究論文集』, 25[1982. 9], p. 18).

【增】

1) 「林慶業傳」은 경판본 「님장군전」과 활자본 고대 소설 「임경업전」(한글본)이 있고, 한문본으로는 『林忠愍公實記』가 있는데, 여기는 그의 遺文, 碑文, 賜祭文, 事蹟, 年譜, 白鳳奭撰의 「大明忠義林公傳」, 申靖夏撰의 行狀, 閔鎭厚撰의 諡狀 등등 기타 많은 기록이 수록되어 있다. 그러나 여기서 작품으로서의 「임경업전」을 대상으로 하기 때문에 前二者(경판본과 딱지본)를 중심으로 하는 것이 당연하다고 생각한다. 이 양본은 큰 사건이나 대체의 줄거리는 비슷하나 서로 다른 곳도 적지 않다. (一例를 들면 판본에는 18세에 武科壯元했다고 하나 딱지본에는 25세에 登科했다고 이는 25세가 史實과 부합하는 듯)(張德順. "丙子胡亂을 前後한 戰爭小說," 『人文科學』, 3[延世大 國學硏究院, 1959.1]; 『國文學通論』[1960], pp. 315~316).

2) 경판본과 활판본의 비교를 통하여 활판본은 경판본과는 달리 實傳과 부합되는 점이 많으며, 실전 중에서도 특히 白鳳奭撰 「大明忠義林公傳」과 일치되는 점이 많음을 지적했다. 그러면 활판본은 「대명충의임공전」에서 번역되어 이루어진 것인가 하는 의문이 제기된다. 그러나 결코 그렇지 않다. …… 전체적인 줄거리는 경판본과 일치하며 실전의 내용과는 다르다. 따라서 활판본은 경판본의 내용을 계승하면서 부분적으로 가필을 한 것을 알 수 있는데, 그 가필의 영향을 준 것은 白鳳奭의 「대명충의임공전」이라는 것이다(徐大錫, "「林慶業傳」 硏究," 『霞城李瑄根博士古稀紀念論文集 韓國學論叢』[1974. 7], p.361).

국문필사본

(임경업전)

| 【增】 림경업젼 林慶業傳 全박순호[家目] | 1(癸亥七月十三日, 西曆一千九百二十三年八月二十四日, 江原道原州郡建登面厚用里春圃, 34f.) |

(임장군전)

| 【增】 님장군젼이라 | 박순호[家目] | 1(34f.) |

국문경판본

남쟝군젼 권지단	동양문고[在山樓](VII-4-235)/[판2](65)	1(同治丁亥[1887]孟冬, 21f.)[505]
【削】림쟝군젼	前間恭作[『古鮮冊譜』]/[李:古硏, 255]	1(21f.)
【增】임쟝군전	정명기[尋是齋 家目]	1

국문활자본

(임경업전)

임경업전	김종철[家目]	1(東洋書院, 1925, 43pp.)
【增】임경업장군(임경업젼)	정명기[尋是齋 家目]	1(太華書舘, 1948)

【增】(임충민공실기)

【增】임충민공실기	정명기[尋是齋 家目]	1(朝鮮光文會, 1913)

한문필사본

(임경업 / 임경업전)

林慶業傳	사재동[家目](0313)/(R16N-001257-13)	1(黃龍暮春[戊辰]下澣書, 30f.)
【增】林慶業傳	연세대(811.939/12)[漢少目, 英3-6][506]	

(임장군전)

林將軍傳	서울대[奎](古4650-66)	1(31f.)
【增】林將軍傳	연세대(고서920임경업)[漢少目, 英3-7]	1(52f.)
林將軍日記	정명기[尋是齋 家目]	1(19f.)[507]
【增】林將軍傳	정명기[尋是齋 家目]	1(낙장 22f.)[508]

583.1. 〈자료〉

Ⅰ. (영인)

「임경업전」

583.1.1. 仁川大民族文化硏究所 編, 『舊活字本古小說全集』, 30. 銀河出版社, 1984; (再刊) 國際아카데미, 2002. (세창서관판)

Ⅱ. (역주)

---

505) 원소장자는 前間恭作이다.
506) 「壬辰錄」합철.
507) 「南漢日記」등과 합철.
508) 「박태보젼」과 합철.

「임경업전」

583.1.26. 김윤세 역.『림경업전(·몽유달천록·영영전)』. 조선고전문학선집, 39. 평양: 문학예술종합출판사, 1992; 海外우리語文學硏究叢書, 47. 한국문화사, 1995(영인); 연문사, 2000(영인).

Ⅲ.(활자)
「임경업전」
【增】

1) 김윤세 역.『림경업전(·몽유달천록·영영전)』. 조선고전문학선집, 39. 평양: 문예출판사, 1992; 海外우리語文學硏究叢書, 47. 한국문화사, 1995(영인); 연문사, 2000(영인). (한문 원문)

583.2. 〈연구〉

Ⅱ. (학위논문)
「임경업전」
〈석사〉
【增】

1) 김은옥. "「박씨전」과 「임경업전」의 비교 연구." 碩論(홍익대 교육대학원, 2002. 8).
2) 서보경. "병자호란을 배경으로 한 영웅소설 연구:「임경업전」과 「박씨전」을 중심으로" 碩論(울산대 교육대학원, 2004. 8).

Ⅲ. (학술지)
「임경업전」

583.2.54. 辛泰洙. "「임경업전」에서의 時觀과 그 展開方向."『어문학』, 56호(한국어문학회, 1995. 2).『하층영웅소설의 역사적 성격』(아세아문화사, 1995. 12)에 재수록.

【增】

1) 이복규·박정규. "영역본「임경업전」에 대하여." 徐廷範 외,『國語國文學硏究의 새로운 摸索』(集文堂, 1993. 3)
2) 이민희. "「임경업전 林慶業傳」과「국성야합전 國性爺合傳」비교 연구."『국문학연구』, 8(국문학회, 2002. 11).
3) 이주영. "「임경업전」 연구."『湖西文化論叢』, 16(西原大 湖西文化硏究所, 2002. 2)
4) 張庚男. "「林慶業傳」." 刊行委員會 編,『古小說硏究史』(月印, 2002. 12)
5) 임치균. "「임경업전」." 李相澤·朴熙秉·林治均·宋晟旭 엮음,『고전소설의 기초 연구』(태학사, 2002. 10).
6) 박경남. "임경업 영웅상의 실체와 그 의미."『古典文學硏究』, 23(韓國古典文學會, 2003. 6).
7) 박재민. "「임경업전」의 형성 시기."『국문학연구』, 11(국문학회, 2004. 6).
8) 서유경. "「임경업전」의 비극성에 대한 표현 문화론적 고찰."『문학교육학』, 13(한국문학교육학회, 2004 여름).
9) 정병설. "18·19세기 일본인의 조선소설 공부와 조선관:「최충전」과 「임경업전」을 중심으로."『韓國文化』, 35(서울大 韓國文化硏究所, 2005. 6).

「임장군전」
【增】

1) 손경희. "「임장군전」 작품 연구."『연세어문학』, 30·31(연세대, 1999. 2).

◨**584.[임경업전 林慶業傳 ②]**
◐{임선객전}
▶(임시각전 → 진대방전)
　【增】▶(임신정난록 壬申靖難錄 → 신미록)509)
　【增】▶(임신평란록 壬申平亂錄 → 신미록)510)
◨**585.[임씨삼대록 林氏三代錄]**511)
　〈관계기록〉
　　① 「聖賢公淑烈記」, 結尾: 추후 쇼설의 셰셰흔 사젹과 주손의 셜해 히비호니 수유 종말과 언유슈미 호믈 알고져 훌진디 하회를 「님시후록」을 추져 보시옵쇼셔.
　　② 「임시삼디록」, 38: 후인이 임시 일긔를 어더스미 셩현공 슉녈비의 효우 덕힝과 츙의 녈졀을 히비히 긔록호미 주셔호나 두시 빅운 션싱 소부공의 회션 긔약호고 슉덕 션힝흔 아름다온 스덕과 기주 송암 션싱 관홍의 피셰 조은호여 명셰를 샤졀호여 슈련던 힝젹던 호연흔 졍심 고의며 챵흥 부부의 닙공 훈업흔 스젹이며 븍평후 졔주녀의 긔묘흔 사젹이 인멸키 앗가올시 후인이 혹 변이호여 그 디강을 슬펴 긔이흔 스젹만 거두어 초략 번녁호여 후셰 스름으로 호여곰 셩현공 곤졔 주녀 군죵 이십여 인의 긔이흔 스젹을 알게 호느니 견지지 흔갓 표젹으로 스일호여 보지 말고 죵고 이리로 젹덕 힝션호미 복을 밧고 불의 탐악홀진디 앙급기신[殃及其身]호고 다못 후예의 밋느니 계지 계지 홀지니라.
　　③「玉鴛再合奇緣」[1786~1790](溫陽鄭氏 1725~1799), 14, 表紙 裏面:「임시삼대록」.
　　④『諺文古詩』(가람본), '언문칙목녹', 37:「임시슴디록」.
　　⑤ Courant, 903:「님시삼디록 林氏三代錄」.

　【增】
　　1)『[演慶堂]諺文冊目錄』(1920; 藏書閣所藏): 60.「林氏三代錄」一 40; 一 40冊.

【增】▶(임씨정연삼문취록 → 임화정연)512)
◐{임씨현행쌍린기 林氏賢行雙麟記}
　〈관계기록〉
　　① Courant, 906:「님씨현힝쌍닌긔 林氏賢行雙麟記」.

◐{임씨효행록 林氏孝行錄}
　〈관계기록〉
　　①『諺文古詩』(가람본), '언문칙목녹', 43:「님시효힝록」.

---

509)『이본목록』·『작품연구 총람』·『문헌정보』에 추가.
510)『이본목록』·『작품연구 총람』·『문헌정보』에 추가.
511)「셩현공슉렬긔」의 속편.「셩현공슉렬긔」의 주인공인 '임희진'의 자식들의 삶을 그린 내용이다.
512)『작품연구 총람』에 추가.

▶(임열부향낭전 林烈婦薌娘傳 → 향낭전)
◐586.[임오군란기 壬午軍亂記]
 586.1.〈자료〉
  Ⅰ. (영인)
   586.1.1. 仁川大民族文化硏究所 編.『舊活字本古小說全集』, 11. 銀河出版社, 1983; (再刊) 國際아카데미, 2002. (덕흥서림판)

▶(임장군전 林將軍傳 → 임경업전)
【增】▶(임진란기 壬辰亂記 → 임진록)513)
◐587.[임진록 壬辰錄 ①] ← 갑진록 / 고담 / 국복전 / 동국지 / 선임록 / 용강전 / 임진란기514) / 임진병란기 / 임진왜란전515) / 흑룡록 / 흑룡일기
〈관계기록〉
①「壬辰錄」(韓國精神文化硏究院 所藏), 序: 古談之播在閭巷 與「蘇大成」·「趙雄」·「洪吉同」·「田禹致」諸傳者 只以一人事跡 鋟成諺書 以媚雌文者之愚眼 則或奇或誕 無過爲剪燈一語 而至如「壬辰錄」神宗皇帝 眷顧之恩 神[宣]祖大王 興復之業 瞭然如睹 而臣民之爲國秉彛 禪佛之與敦執盟 一一備在此諺 則眞我東之寶史也 竹史主人 頗好集史「水滸」·「漢演」·「三國志」·「西廂記」無不味翫 而以至諺冊中 有可觀文則 雖閨門之秘 而不借者 因緣貸來 然會一通 然後以爲快心 肇錫竹下之史 號因其宜矣 今且讀書之暇 欲究壬辰以來八年[事]實 乃求其諺書播行者 逐條潛心 則許多人氣 往往知蜀漢時諸將 故愛其蹟而翻其錄 爲眞書一卷 群英事爲與諸家譜略 別無差錯 則或人看者 庶乎擊節而表其實無 向所謂「蘇大成」·「趙雄」·「洪吉同」·「田禹致」諸傳者之書 不可同日而論矣 請余敍實 故不嫌鰲尾之文 敢效先儒者之序例 表揭于篇首 光緖二年丙子冬下澣 上黨後學 韓栗山序◑(민간에 널리 전하고 있는「소대성전」·「조웅전」·「홍길동전」·「전우치전」따위는 오로지 한 사람의 영웅적 인물의 어려운 사적을 기록한 것으로 언문을 알 뿐인 어리석은 사람을 만족시킬 뿐이어서, 혹 기이하거나 혹 허탄하여 등불을 돋워가며 읽는 한 마디 말에 지나지 않는다. 반면에「임진록」은 신종[1048~1085]황제516)가 우리 나라를 돌봐 준 은혜와 선조대왕이 나라를 다시 일으켜 세운 일들이 눈 앞에 보듯 환하여, 신하와 백성들이 나라를 위해 기강을 바로잡고 승려들이 연맹한 일들이 모두 이야기 속에 들어 있으니, 이 책은 참으로 우리 나라의 보배스런 역사다. 죽사주인이 집사517)를 꽤 좋아하여「수호」·「서한연의」·「삼국지」·「서싱기」등 완상하지 않은 것이 없었는데, 언문책 중 볼 만한 글이 있으면 비록 규방에 비장되어 빌릴 수 없는 것이라도 연고에 따라 빌려다 한번 읽고난 후에야 만족하곤 했으니, 조석이 그의 호를 죽하지사라 하였음은 옳다고 하겠다. 이제 책을 읽는 겨를에 임진년 이래 8년간의 사실을 살피고자 널리 읽혀지는 국문본[「임진록」]을 구하여 순서대로 읽어가며

---
513)『작품연구 총람』에 추가.
514)『이본목록』,『작품연구 총람』에 추가.
515)『이본목록』,『작품연구 총람』에 추가.
516) 중국 북송의 제6대 황제. 재위 1067~1085. 왕안석을 등용하여 신법으로 부국 강병책을 꾀했으나 내정 파탄과 外征 실패로 뜻을 이루지 못했다.
517) 역사책.

정신을 쏟았더니, 높은 인기가 종종 촉한 시절의 여러 장수들 때문임을 알았다. 그래 그 사적을 사랑하여 「임진록」을 번역하여 한문본 한 권으로 만들었다. 여러 영웅들의 일들을 여러 집안에 전하는 보략518)과 별로 어긋남이 없게 하였으니, 혹 이 책을 보는 이들은 장단을 쳐가며 그 사실 여부를 나타낼 것이다. 이 책은 앞서 초들었던 「소대성전」·「조웅전」·「홍길동전」·「전우치전」 따위의 여러 책들과는 함께 논할 것이 아니다. 내게 사실을 쓰라고 청하기로 오미의 글임을 꺼리지 않고, 선유들이 썼던 서문의 예를 본받아 책머리에 싣는다. 광서 2년 병자년[1876] 겨울 하순에 상당부원군[한명회 1415~1487]의 후학 율산이 서문을 씀).

② 『諺文古詩』(가람본), '언문칙목녹', 70: 「님질록」.

③ Courant, 814: 「임진록 壬辰錄」.

【增】
1) 『大畜觀書目』(19C 初?): 「壬辰錄」諺三冊.

〈작품연대〉

【增】
1) 소설 작품으로서의 「임진록」은 내용에 있어서 인조대 병자호란 때의 명장이었던 金應瑞 장군이 등장하고 있는 것으로 보아, 국한문을 막론하고 인조 말년에 와서 쓰여졌던 것이 아닌가 생각된다(金起東, 『李朝時代小說論』[1959], pp. 210~211).

2) 「임진록」은 전쟁 당시부터 구비화된 설화들에 기초하여 점차 소설적 구성을 보게 된 것이나, 현전하는 「임진록」이 무오심하역(戊午深河役)[1618] 이후에 씌어진 것은 강홍립(姜弘立)·김응서(金應瑞) 등에 관한 기록이 실증하여 주고 있다(과학원 언어문화연구소 문학연구실, 『조선문학통사』, 상[1959], p. 264).

3) 「임진록」은 그 창작 정형에 대한 구체적인 역사 기록이 전해 오지 않으므로 창작 연대와 작가명을 정확히 밝힐 수 없으나, 작품의 내용과 창작적 특성으로 보아 임진왜란이 끝난 직후인 17세기 전반기에 구전 설화를 소재로 하여 우리 글자로 창작되어 널리 읽혀진 것으로 볼 수 있다. 국문 「임진록」의 이본들과 한문 「임진록」의 이본들에 나오는 여러 인명과 지명만 놓고 보아도 그것을 알 수 있다. 국문 「임진록」의 이본들에는 김응서, 정문부 등의 이름은 그대로 '김응서', '정문부'로 적혀 있고, 지명도 '달천', '장산곶' 등이 그대로 '달천', '장산곶'으로 적혀져 있으나, 한문 이본들에서는 '金夢世', '鄭文扶', '月川', '長山庫' 등으로 기록되어 있는 것이 있다(원래는 '金應瑞', '鄭文扶', '達川', '長山串'). 이것은 단적으로 한문 이본들이 국문 이본들의 인명이나 지명의 발음을 그대로 한자로 옮겨 놓으려고 하였다는 것을 보여 준다(김춘택, 『조선고전소설사연구』[1986]; 『우리나라고전소설사』[1993], pp.111~112).

〈판본연대〉

③ …… (임철호, 『壬辰錄 硏究』[1986], pp. 299~300).

【增】
1) 변이 과정을 종합해 볼 때, 역사 계열은 국한본[국리중앙도서관 한문본], 숭전대본, 경판본의 순으로 성립되었다는 점은 거의 확실한 것 같다. …… 필재[최문정]는 한문본인 역사 계열 「임진록」의 원본은 전란 직후인 명 멸망 전에 성립되었을 것으로 추정하였다. 한글로 번역되는 과정에서

---

518) 간추린 족보.

특히 말미에 크게 변이가 일어난 숭전대본에는, 토정의 예견담 대신 이순신과 논개, 김덕령에 대한 진혼담과 김응서, 강홍립의 왜국 정벌 실패담 그리고 사명당 이야기가 붙게 되었는데, 왜국 정벌 실패담은 병자호란의 주역 인물을 등장인물로 삼았다는 점에서 숭전대본은 물론 병자호란 이후의 성립으로 보아야 할 것이다. 일본과 통교 관계를 회복했기 때문에 무력 대응 또는 정벌이 적절치 않다는 것을 알리기 위해 왜국 정벌 실패담이 첨가되었을 것이고, 민중에 존재하는 울분을 다소나마 해소해 주기 위한 의도에서 사명당 이야기가 추가되었을 것으로 판단된다. 숭전대본에 왜왕에 대한 징계가 이본 중 가장 강하게 표출되고 있다는 점에서 전란 후 일본에 대한 원한이 뼈에 사무칠 시기였을 것으로 판단된다. 이러한 점에서 볼 때도 전란을 경험한 세대가 아직 살아 있고 또 전란의 피해로 인한 물심 양면의 고통이 아직 계속되고 있을 때 한글본 숭전대본이 성립되어 민중에 나돌았을 것으로 판단된다. 임·병 양란으로 인해 악정으로 평가될 수밖에 없는 처참한 환경 속에서 이에 대한 변명으로 재상 중심주의 논조를 강하게 부각시킬 필요가 있어 최일영 계열이 성립되었는데, 숭전대본에서 최일영 계열로 갔는지 경판본에서 최일영 계열로 갔는지의 여부는 애매하다. 그러나 왕상 시비담이나 왜장 정탐담 등의 논조와 그 변이상으로 볼 때 경판본의 현전본이 아닌, 현재 존재하지 않는 경판본의 원본이 성립되고 이러한 경판본과 숭전대본을 바탕으로 이상적인 재상의 형상화를 위해 재상 최일영을 주인공으로 하는 군담계 최일영 계열이 성립되었다고 보는 것이 합리적일 것 같다. 최일영 계열에 이순신이 등장하지 않거나 미미한 존재로 표현된다는 역사 왜곡의 의혹을 무마하려는 의도에서 이순신 계열을 성립시키지만, 한편 최일영 계열은 다시 경판본에도 영향을 주고, 이순신 계열도 경판본에 영향을 주는 복잡된 양상을 보이게 된 것으로 판단된다. 경판본의 현전본 후미에 이순신 계열의 일부가 들어와 있다는 점에서 이순신 계열보다 후기본으로 볼 수 있으나, 다른 화소에서는 최일영 계열보다도 앞선 면모를 보이고 있고, 또 일부 화소는 최일영 계열과도 혼합된 양상을 보인다는 점에서 필자는 이상과 같이 추정한 것이다. 최일영 계열이 다시금 경판본에 영향을 주게 된 동기는 숭전대본처럼 왜국 정벌 실패담만을 가지고 무력 양성에 회의감을 표명하기보다는 강홍립 김응서의 잔적 퇴치담 등으로 두 무인을 조선 최고의 무장으로 위치지운 후 왜국 정벌에 실패하는 모습을 서술하는 것이 보다 확실하게 메시지를 전달할 수 있으므로 이러한 의도에서 변이가 이루어진 것으로 판단된다. 그리고 현재 수많은 최일영 계열의 이본이 존재한다는 점은 당시 최일영 계열을 많이 향수했다는 의미이고, 따라서 당대 유명하게 된 최일영이므로 경판본 후반부에 갑자기 최일영의 활약담이 일부 들어가게 되었던 것이 아닐까 판단된다. 역사 계열의 패러디는 『흑룡일기』이고, 모든 계열을 종합하여 패러디 판을 만든 것은 관운장 계열로 가장 후기본으로 판단되는데, 문제는 일부 패러디를 시도한 『흑룡일기』의 시기 측정이다. 『흑룡일기』의 시기 추정에 도움이 될 화소는 관운장 계열을 제외한 모든 이본에 실려 있는 왕상 시비담일 것으로 기대된다. 역사 계열 국한본과 숭전대본에는 대신이나 선조 모두 참으로 어찌할 바를 몰라 저절로 통곡한 것이 예기치 않게 이여송에게 용의 울음소리로 인정받아 일이 해결된 것으로 서술되고 있다. 그러나 경판본에는 '전하는 잠깐 통곡하소서'라는 표현으로 변이되어 있어 대신은 선조의 통곡 소리가 위기를 해결할 수 있음을 이미 알고 있는 이인적(異人的) 존재로 위치지워지고 있다. 독자층도 「임진록」 전대의 이본을 통해 예의 그 선조의 통곡 소리가 국가의 위기를 해결하였음을 알고 있는 상태여야 이러한 표현이 가능했을 것이므로 앞의 두 이본보다 후기본이라고 평가할 수 있다. 최일영 계열과 이순신 계열에서는 경판본과 마찬가지로 대신은 왕의 통곡소리가 위기를 해결할 수 있음을 이미 알고 있다고 하는 구조 위에서 최일영이 왕으로 하여금 독을 향하여 또는 칠성단 위에서 독을 놓고 울도록 충언하여 예의 좋은 효과를 거둔 것으로 되어 있다. 울음소리를 증폭시킬 수 있는 독이나 칠성단 등의 장치가 더 추가되었다는 점에서 최일영 계열이나 이순신 계열이 경판본보다 후기본임을 알 수 있다. 그런데 이순신 계열 안에서도 변이가 진행되어 L경본[정문연 소장 한글 필사본]은 최일영 계열의 구조와 비슷하나, L소본[소재영 소장 한글 필사본]과 『흑룡일기』는 왕이 이여송의 회군을 먼저 우려하고 있고 이에 대신들이 충언하는 모습으로 변이되어 있는데, 이 부분이 양적으로도 많이 부연되어 있는 것으로 보아 더욱 후기본일 것으로 판단된다. 이러한 변이의 원인은 전란으로부터 많은 시간이 흘러 대신 중심주의의 이념도 점차 퇴화되어 갔기 때문이 아닐까 추정된다. 이보다 더 후기본으로 추정되는 관운장 계열에는 이 화소가 실리지 않은 점도 이러한 점을 뒷받침한다고 할 수 있는데, 그 대신 후기 이본인 관운장 계열에도 청병의 어려움과 이여송의 트집담은 한층 증보되어 대신과 이여송의 활약을 강조함과 동시에 조선 무장의 역할을 폄하하는 의도는 계속 이어지고 있다(최문정, 『임진록 연구』[2001. 11], pp. 429~432).

국문필사본

【增】(갑잔록)		
【增】 갑진녹이라	박순호[家目]	1(기미십일월십칠이릴등서하고 기미십이월초칠일의등셔종필이라, 12f.)
【增】(국복전)		
【增】 國福傳	정명기[尋是齋 家目]	1
(임진록)		
【增】 임진녹	계명대[古綜目] (고811.35임진록)	1
【增】 임진녹	계명대[古綜目] (벽811.35임진녹)	1
【增】(임진록)	김종철[家目]	1(서두 낙장 43f.)
【增】 님진록	김종철[家目]	낙질 1(29f.)
【增】 님진록 권지이	김종철[家目]	낙질 1(권2, 28f.)
【增】 임진록	김종철[家目]	1(38f.)
【增】 임진녹이라	綠雨堂[古文獻]	1
【增】 임진녹 권지상	박순호[家目]	낙질 1(상: 41f.)
【增】 임진녹	박순호[家目]	1(壬寅年正月初十日 筆執 趙景伊畢, ??f.)519)
【增】 壬辰錄 卷之一	박순호[家目]	낙질 1(1: 明治四十五年[1912]二月二十四日, 37f.)

---

519) 「듸갑진녹이라」(8f.), 「단가라」(2f.) 합철.

【增】 임진록 임진녹하권이라	박순호[家目]	1(37f.)
【增】 壬辰錄 下	박순호[家目]	낙질 1(下: 己巳年三月始, 21f.)
【增】 님진녹	박순호[家目]	1(己卯八月日, 56f.)
【增】 壬辰錄	박순호[家目]	1(庚午陰十月初四日成冊, 慶北淸道郡梅田面德山洞七二番地 冊主李起元, 34f.)
【增】 壬辰錄	박순호[家目]	1(국한자 혼용, 檀紀四貳九壹年[1959] 正月二十四日 陰, 西紀一九五九年 三月十三日 陽 畢終, 戊戌年, 48f.)
【增】 임진록	박순호[家目]	1(昭和貳年[1927], 71f.)
【增】 임진녹	서울대[일석](813.5-Im5rp)	1(신미팔월초오일, 43f.)
【增】 임진록	성대(D07B-0079)	1(병자?)
【增】 임진록	여태명[家目](105)	1(永同郡龍山面靑化里, 54f.)
【增】 임진록 단	여태명[家目](121)	1(경인십월이십일일등셔, 32f.)
【增】 님진록 권지일	여태명[家目](271)	1(40f.)
임진녹이라 임진록	임형택[莽蒼蒼齋 家目]	1(丁未年正月十日畢, 29f.)⁽⁴²¹⁾
님진녹 壬辰錄	임형택[莽蒼蒼齋 家目]	1(53f.)
임진록 壬辰錄	정명기[尋是齋 家目]	1(丙子, 100pp.)
【增】 壬辰錄	정명기[尋是齋 家目]	1
【增】 임진록	정명기[尋是齋 家目]	1

국문경판본

임진록 권지샹	대영박[판5](154)	낙질 1(상: 25f.)
【增】 님진녹 하권니라	박순호[家目]	낙질 1(15f.)

국문완판본

(임진록)

【增】 임진록 권지삼	여태명[家目](36)	낙질 1(3: 29f.)

국문활자본

(임진록)

임진록 壬辰錄	김종철[家目]<1964>	1([著·發]申泰三, 世昌書館, 1952. 8. 30; 1964, 266pp.)
임진록 상편/하편 秀吉 一代와 壬辰錄	국중(2153-4)	1([著]玄丙周, 新舊書林, 1928: 1930, 상: 86pp.; 하 134pp.)⁽⁴²⁷⁾
【增】 壬辰錄	국중(813.5-임979ㅎ)	1(鄕民社, 1964, 89pp.)

한문필사본

(임진록)

	책명	소장처	비고
【增】	壬辰錄	국중(古2154-17)/(R16N-000204-11)[漢少目, 英6-4]	1(35f.)
【增】	壬辰錄	綠雨堂	
【增】	壬辰錄	원광대[漢少目, 英6-7]	(丙戌五月三十日, 22f.)
【增】	壬辰錄	유탁일[漢少目, 英6-8]	1(辛巳三月)
【增】	壬辰錄	유탁일[漢少目, 英6-9]520)	
【增】	壬辰錄	임형택[莽蒼蒼齋 家目]	1(歲在癸巳至月初七日書, 23f.)
	壬辰錄 <u>救活方</u>	정명기[尋是齋 家目]	1(<u>崇禎紀元後丙寅夏四月下澣……, 壬辰正月書終, 辛未仲春重修, 16f.</u>)⁽⁴³¹⁾
【增】	壬辰錄	정명기[尋是齋 家目]	1521)
【增】	壬辰亂錄	정명기[尋是齋 家目]	1

【增】(임진역사)

	책명	소장처	비고
【增】	壬辰歷史	박순호[家目]	1(江原道三陟郡蘆谷面麻邑川居住時謄書, 己亥年陰正月十九日己卯日白雪이폭포日의終書 冊子主人 趙玉燮, 西紀一九五九年陽曆二月二十六日終書, 30f.)

국문활자본

	책명	소장처	비고
【增】	임진록	Kobay(25010602)	1(永和出版社522), 1961.1.15, 42pp.)
	壬辰錄 附 甲辰錄		
【增】	壬辰錄 海戰篇	국중(813.5-임979ㅎ)/박순호[家目]	1([發]朴彰緖, 鄕民社, 1964.10.30, 89pp.)

【增】 영어번역본

책명	역자	비고
The Record of the Black Dragon Year	Peter H. Lee	1(Institute of Korean Culture·Korea University, Center for Korean Studies, University of Hawaii, 2000)

587.1. 〈자료〉

Ⅰ. (영인)

1) 조규익·장경남 편, 『국문학강독』, 보고사, 2003. (국립중앙도서관 소장)

---

520) 「烈士朴應敎傳」 합철.
521) 『明心寶鑑』 내지에 필사되어 있다.
522) 판권란에는 발행소가 '창문사'로 되어 있다.

Ⅱ. 〈역주〉

「임진록」

587.1.15. 金起東 校. "「壬辰錄」." 『國文學報』, 1(全南大 文理大國文學研究會, 1956. 10). (김기동 소장)

【增】

1) 洪在烋. "注釋「壬辰錄」." 『アジア公論』, 3:5(アジア公論社, 1974. 5).

【增】「항왜연의」

1) 韋旭昇 註解·序文. 『抗倭演義』. 北岳文藝出版社, 1989.

587.2. 〈연구〉

Ⅰ. 〈단행본〉

【增】

1) 韋旭昇. 『抗倭演義錄研究』. 中國北岳文藝出版社, 1989.
2) 최문정. 『임진록연구(한일역사군담소설연구 1)』. 박이정, 2001.

Ⅱ. 〈학위논문〉

〈박사〉

【增】

1) 崔文正. "韓日軍紀「壬辰錄」と「太平記」の對比研究." 博論(日本女子大學 大學院, 2000. 3).

〈석사〉

【增】

1) 정효상. "「임진록」 연구: 등장인물의 죽음양상과 의미를 중심으로." 碩論(영남대 교육대학원, 2000. 2).
2) 우갑수. "「임진록」 지도 방안 연구." 碩論(순천대 교육대학원, 2001. 2).

Ⅲ. 〈학술지〉

587.2.43. 蘇在英. "「壬辰錄」說話의 文學的 價値." 『論文集(人文·社會篇)』, 9(崇田大 附設 人文社會科學研究所 東西文化研究所, 1979. 5).

【增】

1) 張庚男. "壬亂 實記文學「임진녹」研究." 『崇實語文』, 10(崇實大 崇實語文研究會, 1993. 10).
2) 崔文正. "역사계열「임진록」의 서술 의도." 『日語日文學研究』, 1(檀國大 日語日文學會, 1997. 5).
3) 윤일수. "한문희곡「동상기」의 중국극 수용 양상." 『한민족어문학』, 32(한민족어문학회, 1997. 12).
4) 林哲鎬. "「임진록」의 전승과 구비설화." 『古小說研究』, 5(韓國古小說學會, 1998. 6).
5) 姜允晶. "「壬辰錄」과「임진년노래」의 비교." 『開新語文研究』, 15(開新語文學會, 1998. 12).
6) 장경남. "「壬辰錄」群의 結末樣相과 意味." 『崇實語文』, 15(崇實語文學會, 1999. 5).
7) 권혁래. "국가적 전란 체험의 성찰:「임진록」 유형." 『조선후기 역사소설의 성격』(박이정, 2000. 5).

8) 최웅권. "애국주의 소설의 출현과 「임진록」." 『북한의 고전소설 연구』(지식산업사, 2000. 9).
9) 柳炳環. "「壬辰錄」에 나타난 사명당의 신통법력과 그 의미." 『한어문교육』, 8(한국언어문학교육학회, 2000. 12).
10) 洪在烋. "修嚴 柳袗과 「壬辰錄」考." 『韓國의哲學』, 29(慶北大 退溪硏究所, 2001. 6).
11) 崔文正. "日韓軍記物語に表れた勝者・統治者:「太平記」と「壬辰錄」を中心に." 『日本文學』, 7(日本文學協會, 2001. 7).
12) 崔文正. "「임진록」에 나타난 조선 武將像: 역사계열을 중심으로." 『日本硏究』, 16(韓國外大 外國學綜合硏究센터 日本硏究所, 2001. 8).
13) 崔文正. "한일 역사군담소설에 나타난 勝者・통치자像:「太平記」와「壬辰錄」을 중심으로." 『日本硏究』, 17(韓國外大 外國學綜合硏究센터 日本硏究所, 2001. 12).
14) 정종필. "「임진록」 외전 제작 과정." 『정보처리학회지』, 9:3(한국정보처리학회, 2002. 5).
15) 권혁래. "임진왜란 관련 한일 역사서사문학의 성격:「임진록」과「태합기」,「조선정벌기」의 비교를 중심으로." 『Comparative Korean Studies』, 10~1(국제비교한국학회, 2002. 6).
16) 설성경・최문정・권혁래. "임진왜란 관련 한일 역사서사문학의 성격:「임진록」과「태합기」(太閤記)・「조선정벌기」의 비교를 중심으로." 『비교한국학』, 10:1(국제비교한국학회, 2002. 6).
17) 林哲鎬. "「壬辰錄」." 刊行委員 編. 『古小說硏究史』(月印, 2002. 12).
18) 임철호. "「임진록」[M박]본의 형성 배경." 『國語文學』, 37(國語文學會, 2002. 12).
19) 김상헌. "유고슬라비아와 한국 민중영웅의 일생과 그 유형에 관한 고찰: 마르코 끄랄례비치와 「壬辰錄」의 김덕령을 중심으로." 『슬라브학보』, 18:1(한국슬라브학회, 2003. 6).
20) 강현모. "「임진록」에 나타난 김덕령 전승의 양상과 의미." 『한국언어문화』, 24(한국언어문화학회, 2003. 12).

◐{임진록 壬辰錄 ②}
【增】▶(임진명기논개실기 壬辰名妓論介實記 → 논개실기)523)
▶(임진병란기 壬辰兵亂記 → 임진록)
【增】▶(임진524)왜란전 壬辰倭亂傳 → 임진록)525)
▶(임충민공실기 林忠愍公實記 → 임경업전)526)
▶(임충신전 林忠臣傳 → 임경업전)
◐588.[임호은전 林虎隱傳] ← 호은전

국문필사본

(임호은전)

| 【增】 임호은전 권지상/권지하 김광순[筆全](53) 林虎隱傳 乾/坤 | 2(1[乾], [표지]辛丑十一月日上瘒洞 鄭同知宅, 43f.; 2[坤]: [표지]辛丑十 |

---

523) 모든 사전에 추가.
524) 『이본목록』・『문헌정보』 수정.
525) 『작품연구 총람』에 추가.
526) 『林忠愍公實記』는 소설이 아니라 正祖 命編의 실기 작품이다.

一月日上痲洞鄭同知宅, 54f.)

국문활자본

림호은젼	謫降七仙林虎隱傳	국회[目·韓II](811.31)/ 대전대[이능우 寄目](1137) /박순회[家目] 1950/ 조희웅[家目]	1(申泰三, 世昌書舘, <u>檀紀 4283[1950].12.10</u>; ······
임호은젼	謫降七仙林虎隱傳	김종철[家目]	1(<u>上下</u>, 永昌書舘·韓興書林·振興 書舘, 1932, 126pp.)

588.1. 〈자료〉
Ⅰ. (영인)
【增】
　　金光淳 編. 『金光淳所藏 筆寫本韓國古小說全集』, 53. 박이정출판사, 1994. (김광순 소장)

589.[임화정연 林花鄭延] ← 사성기 / 사성기봉527) / 임씨정연삼문취록 / 임화정연긔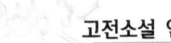

〈관계기록〉
① 「玉鴛再合奇緣」[1786~1790](溫陽鄭氏 1725~1799), 15, 表紙 裏面: 「님하명문녹」528).
② 「玉樹記」(沈能淑 1782~1840), 跋文: 대져 이 췩[「玉樹記」] 하회로 볼진ᄃᆡ 가화왕단[嘉花汪陳] 수가 후진의 소셜을 이어 일우면 「님화정연」과 「명힝졍의」로 더부러 ᄉᆞ양치 아니ᄒᆞ올 듯.
③ 「林花鄭延」(朝鮮圖書株式會社版), 下, 600: 계임이 돌돌 분해ᄒᆞ야 졈졈 큰 죄를 어든 고로 유생에게 구축함을 닙고 부친의 엄로를 만나 엄슈하는 액을 보고 삼년 단장하든 박명을 만나 허다 셜화며 림·졍 량가의 자녀ㅣ 취가 허혼한 셜화ㅣ 다 「쌍셩록」에 명명하니라.
④ 「第一奇諺」(洪羲福 1794~1859), 序: 녁대 연의에 뉴는 임의 진셔로 번역ᄒᆞ 빅니 말슴을 고쳐 보기의 쉽기를 취ᄒᆞᆯ 뿐이요 그 스실은 흐ᄃᆞ지여니와 그 밧 「뉴시삼대록」·「미소명힝」·「조시삼대록」·「츙효명감녹」·「옥원직합」·「님화졍연」·「구릭공츙녈기」·「곽쟝냥문록」·「화산선계록」·「명힝졍의록」·「옥닌몽」·「벽허담」·「완월회밍」·「명쥬보월빙」 모든 쇼셜이 슈삼십 종의 권질이 호대ᄒᆞ야 혹 빅 권이 넘으며 쇼불하 슈십 권에 니르고 그 남아 십여 권 슈샴 권식 되는 수오십 종의 지느니.
⑤ 『諺文古詩』(가람본), '언문칙목녹', 129: 「님하졍연긔」.
⑥ Courant, 900: 「임화졍연긔記」.
⑦ Courant, 913: 「림화졍연삼문취록 林華鄭延三門聚錄」.

【增】〈이본연구〉
1) [필사본 「임화정연」의] 전체 글자 수는 약 190만 자로 되어 있어 약 81만 자인 활자본에 비해

---
527) 「쌍셩봉효록」은 이 작품의 이본격이라거나, 혹은 후속편이라는 설이 있다(金起東, "古典小說의 書誌學的 考察,"『국어국문학』, 51, 1971, p. 103).
528) 혹시 이것은 「윤하정삼문취록」을 가리키는 것일지도 모른다.

2.5배 정도 많은 분량이다. 활자본은 97회의 장회체인데 필사본은 장회가 없다. 활자본의 장회를 기준으로 필사본을 구획한 표1[생략]를 보면 활자본 3권까지에 해당하는 36회까지는 축약의 정도가 미미하지만, 그 이후부터는 점진적으로 축약의 정도가 많아짐을 알 수 있다. 활자본이 어떤 이본을 저본으로 했는지는 알 수 없지만, 적어도 처음에는 충실하게 원전을 반영하려고 노력했음을 알 수 있다. …… [「임화정연」의] 활자본은 [필사본 72책이 아닌] 다른 이본을 저본으로 삼아 이루어졌을 가능성이 있다. 72책본보다 더 부연되어 있는 부분을 보아서는 활자본이 저본으로 삼은 이본은 72책보다 더 내용이 풍부한 이본이었을 수도 있겠다. 아니면 어떤 모본에서 파생된 72책과는 다른 또다른 이본이었을 가능성도 있다. 따라서 72책 역시 「임화정연」의 원전은 아닌 것으로 짐작된다. 이런 사실을 두고 본다면 「임화정연」은 필사본으로도 상당한 정도의 이본이 존재했을 수도 있으며, 이것은 이 작품의 인기가 그만큼 높았음을 반증하는 것이라 하겠다. 활자본에서 더 구체적인 부분은 대체로 지엽적 세부 묘사의 대목이다. 사건의 양상이 더 부연된 경우는 한 곳뿐이다. 훼절한 진상문의 처 이씨가 진상문이 유배에서 풀려 돌아온 후 신분을 속이고 찾아오는 대목이 있다(권 43). 필사본에서는 정체가 발각된 이씨가 도망가는 것으로 사건이 일단락된다. 그러나 활자본에는 도망간 이씨가 중이 되었다가 남편인 장생에게 발각되어 물에 빠져 죽는 것으로 사건이 마무리된다. 이것을 제외한다면 사건 자체의 변이를 주는 변개는 없다. 따라서 활자본에서 더 구체적인 부분으로 주제나 의미적으로 변개를 일으킬 만한 의미 있는 큰 변이는 없다. 이런 점을 감안한다면 필사본 72책본은 비록 원전은 아니라 할지라도 「임화정연」 원전의 모습에 대단히 근접한 작품으로 인정할 만하다(宋晟旭, "필사본 「임화정연」 72책본에 대하여: 구활자본과의 비교를 중심으로," 『紅樓夢的傳播與飜譯 홍루몽의 전파와 번역』[鮮文大 中韓飜譯文獻研究所, 2004. 11], p. 154 및 p. 157).

국문필사본

〈임화정연〉

| 【增】 님화명연긔 林花鄭延奇逢 | 이정호[江村齋] | 72[529)] |
| 【增】 임화정연기봉 | 정명기[尋是齋 家目] | 낙질 1(권95) |

국문활자본

〈임화정연〉

| 임화정연 (四姓奇逢)林花鄭延 | 국민대 낙질 3(고813.5.사01) | 6(3: 朝鮮圖書株式會社 |
| | /국중(N78~1)/대전대 …… | …… |

589.1. 〈자료〉

Ⅱ.(역주)

【增】

1) 조령출, 조운옥 윤색.『사성기봉』, 상하(전 2책). 문예출판사, 1983.

---

529) 宋晟旭, "필사본 「임화정연」 72책본에 대하여: 구활자본과의 비교를 중심으로," 『紅樓夢的傳播與飜譯 홍루몽의 전파와 번역』(鮮文大 中韓飜譯文獻研究所, 2004. 11) 참조..

589.2. 〈연구〉

Ⅱ. (학위논문)

〈석사〉

【增】

1) 오현숙. "「임화정연」 연구." 석론(한국정신문화연구원 한국학대학원, 1999. 2).

Ⅲ. (학술지)

「임화정연」

【增】

1) 조광국. "「임화정연」에 나타난 家門 連帶의 양상과 의미."『古典文學硏究』, 22(韓國古典文學會, 2002. 12).
2) 宋晟旭. "「林花鄭延」連作." 刊行委員會 編.『古小說硏究史』(月印, 2002. 12). "「임화정연」 연작 연구"로『한국대하소설의 미학』(월인, 2002. 12)에 재수록.
3) 조광국. "「임화정연」의 여미주 성격에 대한 고찰."『언어와 진실(김상대교수 정년퇴임기념논총)』(간행위원회, 2003. 5).
4) 宋晟旭. "필사본「임화정연」 72책본에 대하여: 구활자본과의 비교를 중심으로."『紅樓夢的傳播與飜譯 홍루몽의 전파와 번역』(鮮文大 中韓飜譯文獻硏究所, 2004. 11).

▶(임화정연기 林花鄭延記 → 임화정연)
▶(잉어해몽설 鯉魚解夢說 → 메기장군전)530)

【削】 국문필사본

【削】 잉어해몽설　　　　　　이수봉[家目]　　　　　　　　1531)

---

530)『문헌정보』·『이본목록』·『작품연구 총람』수정.『이본목록』의 이본 목록은 ◘161.「메기장군전」조로 이동.
531) 이본 목록을 ◘161.「메기장군전」조로 이동.